인류 공통문화 지각변동 속의 한국2 - 교회 전편

정의채 글

인류 공통문화 지각변동 속의 한국2 –교회 전편

초판 1쇄 발행 2013년 10월 7일
초판 2쇄 발행 2013년 11월 19일

글 정의채

펴낸이 백인순
펴낸곳 위즈앤비즈
주소 서울시 마포구 합정동 381-21 3층
전화 02-324-5677   **팩스** 02-334-5611
출판등록 2005년 4월 12일 제 313-2010-171호

ISBN 978-89-92825-75-7 04230
       978-89-92825-66-5 (세트)
값 30,000원

ⓒ정의채, 2013
· 이 책 내용의 일부를 재사용하려면 반드시 저작권자와 위즈앤비즈 양측의 서면에
  의한 동의를 받아야 합니다.
· 잘못 만들어진 책은 바꾸어 드립니다.

이 책, 1,2,3권을 모든 은인에게 바칩니다.
특히, 오랫동안 저의 사목·저술·사회·국제 활동 등을
헌신적으로 도와주신 방주경 클라라 여사께 바칩니다.

저자 정의채 몬시뇰

발간에 부쳐

유학 시절, 독일어권 신학에서 칼 라너(K. Rahner)가 점했던 태산 같은 위상에 점입가경으로 경탄했다. 아무것도 모르던 초기엔 대부분의 교수들이 그의 글을 가히 절대 권위로 인용하고 있음에 경외심을 품었다. 조금씩 독일 신학을 배워갈 즈음엔, 철학, 신학, 영성, 나아가 실천에 이르기까지 거미줄처럼 뻗쳐 있는 그의 사후 영향력을 확인해가며 전설의 존재감에 황홀하게 빠져들기도 했다. 그리고 박사학위를 쓰던 무렵엔, 그의 후기 저술 속에서 빛나고 있는 미래 교회에 대한 탁월한 예지력에 탄복했다. 특히나 단 한 줄의 주석 없이 인류사상의 과거와 현재를 활보하며 미래의 경계선까지도 넘나드는 그의 자유로운 사량(思量)은 일개 우둔한 학도를 매혹하고도 남았다.

그로부터 정확히 15년이 지난 오늘, 나의 경탄은 계속 진행 중이다. 내 앞에는 여전히 크기를 가늠할 수 없는 한 거목이 서 있다. 바로 나의 은사이신, 가톨릭 철학계의 거두 정의채 몬시뇰이시다.

본디 까마득한 제자였다가, 대담집 『모든 것이 은혜였습니다』를 위한 장기간 대담을 계기로, 몬시뇰님께서는 나의 기억 속에 '20세기 가톨릭의 최고 지성'으로 각인되어 있었다.

이후, 몇 년간 몬시뇰님과의 개인적인 만남과 소통을 통해서 나의 존경심엔 점점 경외감이 가중되어갔다. 창조계 전반에 잇닿아 있는 사유지평, 사태의 표리를 관통하는 통찰력, 그리고 암흑의 시야를 뚫고 미래를 내다보는 예지력은 잦아들었던 경탄의 박동을 다시금 터치하기 시작했다.

이윽고 나는 칼 라너보다 더 큰 지성을 보았다. 특히 복잡다단한 역사적 사건들 속에서 '시대의 징표'를 읽어내어 굵직한 대안을 제시하는 실천 이성에서, 나는 방금의 진술에 한 점 과장이 없다고 확신한다. 몬시뇰께서는 오늘 신문을 장식한 사건들 속에서 진행되고 있는 하느님의 창조경륜과 구원경륜에 대해 자주 말씀하신다. 늘 첨단 국내외 소식들에 정통하신 가운데 듣도 보도 못한 글로벌 프로젝트의 필요성을 불쑥불쑥 영감처럼 토로하신다. 나아가 3천 년기 세계사의 거대 조류 속에서 한국의 선도적 역할론 및 그에 따른 한국 교계의 질적 성숙의 필요성을 예언자의 권위로 역설하신다. 그리고 시간이 흐르고 나면 절로 무릎이 쳐지기 다반사다. 그렇기에 하늘이 부어주신 천재성의 발로라는 것이다.

나는 이런 보물들이 역사의 뒤안길에 사장되는 것이 너무 안타까웠다. 그래서 책으로 내자고 감히 제안 드렸다. 알아볼 눈이 있고 들을 귀가 있는 이 시대 지성들 및 더 많이 공감하게 될 미래세대를 위해서.

2012년 6월
고촌 천등성지에서
미래사목연구소장 차동엽 신부

저자의 말

(2권의 머리말은 1권의 것과 중복되는 부분이 있다. 1권은 한국과 세계 상황을 주로 논하였다. 교회는 사회 안에 존재하기에 사회질서는 '문화'라는 명칭으로 주(主)가 된다. 1권에서는 전진적으로 전개되는 사회질서가 하느님 창조경륜의 새로운 단계 실현이라는 기저에서 논하였고 2권에서는 발전해가는 교회가 전면에 부상하며 사회가 그것의 장(場)이 된다.)

앞으로 본론에서 상론되겠지만, 여기서 우리는 깊이 상처받은 인간의 취약성과 타락성과 이를 바로 잡고 선화(善化)시키는 교회의 위대성을 요약하여 언급할 것이다.

2천 년 로마제국의 속국 유다 베들레헴의 외양간에서 한 아기가 태어났다. 이 아기의 탄생은 인류의 공통연대로 사용되어 탄생의 전과 후를 기원전과 기원후라는 표기로 쓰게 됐다. 그 아기는 후일 대로마제국의 위력을 집약적으로 표현한 '모든 길은 로마로'를 '모든 길은 예루살렘에서 땅 끝까지'로, 더 나아가 인간의 삶 자체가 창조주 하느님께의 여로(旅路)임을 가르쳤다. 그는 십자가의 죽음과 부활, 승천, 성령을 보내신 하느님의 아들 예수 그리스도였다. 또한, 놀라운 것은 모든 사람은 창조주 하느님의 모습이라는 가르침이었다. 이는 대로마제국의 위력을 밑받침하고 당시 인간을 짐승과 같이 취급한 노예제도를 폐지시켰다. 이로써 모든 사람은 삼위일체 하느님 신격(神格)의 모습으로서의 인격(人格)체라는 가르침을 통하여 새로운 세계로 탈바꿈하였다. 이 사건은 인류의 모든 세대에 다시는 있을 수 없는 첫 천 년대 세상 재질서 정립의 사건이었다. 이로써 모든 이가 차별 없이 하느님의 사랑과 인격적인 대우를 받고 원수까지 사랑해야 한다는 그리스도의 가르침과 실천은 어떤 위대한 사상가도 생각할 수 없는 인류사회를 구성하고 실천하는 삶의 문화를 형성하게 되었다.

사방에서 물밀듯이 몰려들던 야만을 순화하고 본연의 인간상으로 탈바꿈시켜 그들로 하여금 서구문명 구축에 크게 기여한 것도 교회였다. 특히 성 베네딕토회의 공헌이 컸다. 교회는 첫 번째 첫 년 후기와 두 번째 천년 초기에 새로운 삶의 차원을 열었다. 모든 사람이 동등한 사회, 인문이 꽃피는 사회를 건설하고, 철학과 신학, 문학의 깊은 사유, 하늘과 땅을 잇는 건축술, 조각, 음악, 회화 등의 예술을 꽃피웠다. 그리하여 1천 년대 후반부터 싹터 2천 년대의 고급문화, 즉 볼로냐의 법과대학, 파도바의 의과대학, 파리 대학, 옥스퍼드 대학 등, 유럽 천지를 종합 대학이 뒤덮게 되었다. 이렇게 2천 년대 초기는 하늘과 땅을 잇는 그리스도교 문화가 만개했다. 그런 여정에서 교회는 동방교회의 분리, 무슬림의 대(大) 침략, 십자군 전쟁 등의 심한 내우외환(內憂外患)과 외침(外侵)의 진통을 겪었다. 그러나 스스로 계발하여 키워낸 하느님께 받은 하느님 모습의 지혜와 용기도 권력에 눈이 어두웠던 당시 교회와 사회 지도부는 발전적으로 전개되는 사회현상을 감당하지 못해 결국 종교를 비롯하여 정치, 경제, 사회 전반에 혁명의 시기를 불러왔다. 그것이 종교혁명이요, 산업혁명이요, 프랑스 대혁명이었고 유럽 지성계를 온통 무신사상으로 뒤덮은 사상의 흐름과 그 실현인 사회 형국이었다. 그런 중에서도 문예부흥의 아름다운 시기가 있었던 것도 주목할 일이다. 그러나 그것마저도 초월에서 내재로의 양태를 띠며 사상계는 직·간접으로 무신세계로 흘러 공산혁명까지 수천 수억의 인명을 살상한 피의 혁명과 인간성을 말살하는 공산 정권(政權)은 천년 철옹성처럼 인류를 악몽으로 몰아갔다. 한편, 가톨릭 교회는 종교개혁 후에 내부를 재정비하여 정통성을 계승하고 강화한 트리엔트 공의회와 수많은 관상 및 선교수도회를 설립했다. 드디어 세계에 문을 활짝 연 제2차 바티칸 공의회의 실천자로 온 지구를 한 마을처럼 누빈 복자(곧 성인이 될) 교황 요한 바오로 2세의 노력은 그분을 암살하고 제거하려던 공산사상과 정권을 물거품처럼 사라지게 했고 화려한 2천년의 테입을 끊었다. 여기서 놀라운 3천 년대를 향한 예표는 온 인류의 이목을 집중시킨 마더 데레사의 인간 사랑의 실천이었다. 그러나 인류는 2천 년대 하반기의 걷잡을 수 없는 인류의 혼란을 3천 년대의 유산으로 이어받았다.

대 신학자 베네딕토 16세 교황의 알찬 지도 하에 숨고르기를 한 교회는 드디어 유럽권이 아닌 옛 식민지 남미에서 예수회원이면서 자신의 명칭을 가난의 상징인 프란치스코로 삼는 교황, 즉 '가난', '겸손', '섬김'을 표어로 하는 교황을 탄생시켰다. 프란치스코 교황은 취임 미사에서 '섬김'의 기치로 3천 년대 교회와 인류가 정진할 첫 삽을 뜬 것을 명백히 했다. 3천 년대에는 권(權)은 민(民)에게, 부(富)는 빈(貧)에게, 강(强)은 약(弱)에게 섬기며 나누어져야 한다. 이런 삶으로 프란치스코 교황은 삼천 년대 인류를 위해 첫 거름을 내디딘 것이기에 온 세계가 환호했다.

인간, 특히 젊은이에게는 언제나 새로운 희망이 떠오르는 법이다. 그것은 누누이 말하는 바와 같이, 젊은이에게는 인류의 비극 앞에 뛰어드는 무조건적 희생정신이 있다. 그것은 실은 그들의 마음 속 깊이 감추어진 사랑의 표현이다. 그것은 인간은 사랑 자체인 하느님 삼위일체의 모습이기 때문이다. 여기에 지금과는 다른 더 근원적인 사랑의 봉사 정신을 개발하고 실천해야 할 3천 년대 교회의 사명이 있기에 교회는 이에 혼신의 힘을 기울여 깨우치고 실천해야 할 것이다. 우주 끝까지 펼쳐질 3천 년대 인류의 삶은 곧 인류 공통문화를 지향할 것이며 인류는 다 같이 공생(共生), 공영(共榮)하는 삶을 살아야 하는 하느님 창조경륜에 따라 그런 삶을 실천케 하는 사랑이야말로 3천 년대에 걸친 교회의 사명이다. 하느님의 사랑은 말이 아니고 실천이다.

여기서 전개되는 내용은 세계적이면서도 한국교회 편이 주(主)가 된다. 한국교회는 교세확장뿐만 아니라 국가 근대화에도 지대한 영향을 미쳤다. 한국과 한국교회의 성쇠는 주로 서울을 중심으로 일어났기에 서울 명동에 중점이 있다는 점도 여기에 밝힌다. 순교로써 한국교회는 은둔을 넘어 세계와의 교류를 피하지 못하게 됐고 조국 근대화의 길을 연 셈이다. 일제 식민시기에는 안중근 의사 같은 분의 안목을 넓게 깊게 해, 호기(豪氣)를 앙양시키는 계기를 제공했다. 또한, 6·25 한국전쟁 시에는 유럽에 체류 중이던 서울교구장 노기남 주교가 세계를 동분서주하며 국제군 파견과 국제적 원조 및 조국의 앞날을 건설할 인재 양성을 위해 서구 여러 나라에 한국학생을 위한 장학회를 설립하도록 했다. 국내적으로는 한국에서 유서 깊은 교회신문인 〈경향신문〉의 폐간을 감수하여 이승만 독재에 종지부를 찍는 데 크게 기여했다.

또한, 일본이 제2차 세계대전 참전국으로 미(美)·영(英)·불(佛) 등의 연합국 선교사들이 한국에서 전면 철수하거나 한국에 잔류해도 일선 사목에서 후퇴할 수 없는 상황에서 초대 한국 주교이며 초대 서울 한국인 교구장 주교인 노기남 대주교는 (일본과 동맹국이었던) 독일 선교사들이 맡은 함흥교구와 덕원 수도원 및 그 일대를 제외하고 평양, 대구, 광주, 춘천 교구 등 당시 존재하던 한국 대부분의 교구 사목까지 담당해야 하는 처지에 놓여 있었다. 노 주교의 사목적 노력은 상상을 초월하는 것이었다. 그뿐만 아니라 그분은 도량이 넓어 가능한 속히 전국 교구 교구장들을 한국인 주교로 교체하도록 하며 연이어 대전교구, 청주교구, 인천교구 등을 신설한 획기적인 업적을 이루었다. (이것은 여기에 꼭 기록되어야 할 부분이다.) 더 나아가 김수환 추기경은 한국의 첫 추기경으로서 명동대성당 지역이 군사독재 정권을 민주정권으로 바꾸는 데 결정적인 역할을 하여 명동은 젊은이 항쟁의 집합처가 되었다. 그 결과 다른 단체들의 움직임도 곁들여 드디어 군사 독재 정권이 무너지고 민주정권 시대로 접어들었다. 말하자면 명동성역은 민주 성지가 된 셈이다. 이 모든 것에 앞서 교회로서 가장 중요한 것은 1930년대 후반기 일본 식민지 시, 남·북한 합쳐 15만가량이던 신자수가 식민지 해방을 거치며 1980년 한국 천주교 2백주년 기념사업 당시에는 150만가량으로 늘었다는 것이다. 특히 2백 주년 사목회의가 민족복음화와 민족문화 창달을 기치를 드높이고 요한 바오로 2세 교황 내한을 기화로 박해로 잠재해 있던 평신도의 능력을 발휘케 하여 신자 배가 운동을 전개하여 곧 3백만 명을 넘더니 드디어 2009년에는 5백만을 초과하는 세계의 경이적 선교지로 변하였다. 또한, 순 동양인 세계에서는 유일하게 국민의 10%를 넘는 가톨릭 신자 보유국이 되었다. 세계교회에 대한 책임도 막중하게 되었다. 명동성역이 한국교회의 대명사처럼 되었기에 이 책에서는 명동에서의 일들이 많이 등장한다. 또한, 내 삶은 이런 외중에서 시중했기에 이 책자의 2권과 3권은 교회 전편과 교회 후편으로 나누어 서술하였다.

나는 가톨릭의 대표로서 대통령 자문기구인 국가원로회의 의원이 되었다. 그런데 대통령과 정부는 G20 서울정상회의를 개최국이 되어 청와대 국가원로회의에서 이명박 대통령이 주재 요청을 하였으나 별다른 의견이 없었다. 그러던 차에 내가 발언 요청을 받아 3천 년대에는 2천 년대의 5백년 식민문화 보상을 해야 하니 '개발도상국 개발안'을 주제로 할 것과 개도국 모인인 G77의 170여 개국 중 주요 대통령들을 옵서버로 초청할 것을 제안한 것이 주효하여, 같은 해 10월 벨기에 브뤼셀의 ASEM 준비회의에서 이명박 대통령이 '개도국 개발안'과 '개도국 주요 대통령들의 옵서버 초청안'을 발의했다. 이것은 개도국들을 한국 뒤에 일렬 도열케 하였기에 온 서구 세계에 심대한 충격을 가했다. 영국의 유력지 〈가디언〉은 3천 년대 인류 진로의 가이드라인이 한국의 이명박 대통령에게서 나왔다며 대서특필하였다는 소식이었다. 그것이 그대로 적중한 듯, 8천8백억 달러라는 천문학적인 '유엔 녹색기후기금'(GCF)이 (사무실이 독일 본에 있어 선진국들이 본을 지지했는데도 이름도 알려지지 않은) 인천의 송도로 막대한 자금이 오게 된 것은 170여 개 개도국의 한국 지지의 결과라고 한다.

  2003년 사제서품 50주년 기념집 『현재와 과거, 미래와 영원을 넘나드는 삶』 1, 2, 3권을 감격에 젖어 출판한 것이 어제 같은데 그때로부터 만 10년이 지나 사제서품 60주년을 맞게 되니 "세월이 유슈(流水)같다"는 격언을 실감케 한다. 금년에 저자는 사제서품 60주년을 맞으니 『인류 공통문화 지각변동 속의 한국』 1, 2, 3권은 사제서품 60주년 기념집이 되는 셈이다.

  이 책자의 주 흐름은 3천년을 맞아 온 인류가 공존 공영해야 하는 것이 하느님 창조경륜의 새로운 실현 단계라는 점을 기저(基底)로 하고 있다. 그런 흐름이 막 시작됐거나 아직 싹조차 비쳐지지 않은 새 천년 미래에 인류의 삶을 상정(想定)한다. 그렇기에 선뜻 출판이 쉬운 것이 아니었다. 거기 더해 차동엽 소장 신부님은 분에 넘치는 발간사까지 써주시니 그 고마움 그지없다. 하느님의 지혜와 성령의 기(氣)로 충만한 미래사목연구소장이며 인천 가톨릭대학교 교수인 차동엽 신부님은 우리 시대를 멀리 보는 예언직의 선각적 지혜를 역사에 남겨야 한다며 내게 출판을 제안했고 제1권을 출간했다. 이 책은 제 2권이다. 그리고 곧 이어 제 3권이 발간될 예정이다. 차 신부님은 평범한 교수이거나 사목 활동가를 넘어 하느님의 창조경륜을 멀리 투시하는 형안을 지니는 특별한 분이다. 지금 우리 교회는 차동엽 소장 신부님이 이 땅, 이 시기에 특수 사명을 띠고 보내진 사도임을 인정하여, 우리 교회는 적극 그 분의 일에 협력하면 좋겠다. 그리스도교국이 아닌 이 나라에서 그 분의 저서가 순식간에 100만 부 이상의 독자층을 확보하니 그리스도교국에서도 이런 일은 듣지도 보지도 못한 일대이변이다. 그 내용으로 보아 독자층 대부분이 젊은 층일 것이니 95% 이상의 젊은이들이 가톨릭교회를 떠나는 것이 우리의 현실이라기에 더욱 놀라운 일이다.

　차 신부님은 나와의 〈사목정보〉지 연재 8회에 걸친 대담을 마치고 대담 내용을 『모든 것이 은혜였습니다』라는 책자로 발간하신 후, 이 시대의 산 증거로서의 나의 경험과 사상을 묶어 책자를 출판하시겠다는 말씀이었다. 나의 교회 내외와 현재와 미래에 걸친 사상과 경험을 저서로 후대에 남기고자 한다고 하셨다. 그분은 지금 하느님의 사람으로서 이 땅뿐만 아니라 온 세계에 '하느님 나리 선포'라는 시대적 사명을 실천하는 분으로 널리 알려져 있다. 그분은 3천 년대 여명에 하느님의 창조경륜 실현에 대한 역사 감각도 뛰어나신 분이다. 또한, 이번 출판에 묵묵히 모든 뒷바라지를 해준 미래사목연구소의 김양석 실장께 깊은 사의를 표하며 그 많은 글자 하나하나에 마음을 써준 최현

주 과장께 감사의 마음을 전한다. 또한, 제1권의 방대한 원고를 아름다운 필치로 교정을 보아주신 이석은 수사께 이 기회에 감사의 말씀을 드린다. 그리고 캐나다에 거주하는 오성철, 강리리 부부께 감사드린다. 이 두 분은 캐나다에서 이민 생활 초기의 고달프고 바쁜 중에도 이 책 3권의 원고 초고를 면밀히 검토하여 주셨다. 음지에서 마음과 정성을 다해 도움을 주신 분들 모두에게 깊은 감사의 마음을 전하며 기도하는 바이다. 실은 이 말씀을 드리고 싶은 심정에서 저자의 말씀이라는 몇 자의 글을 여기 적게 되었다.

2013년 8월

저자 정의채

머리말

　제1권에서는 교회도 인간의 삶, 즉 인간 사회 안에서 성립되는 것이기에 인간 삶의 구체적 상황의 밑바탕을 이루는 선에서 논했다. 그러므로 여기 제1권 머리말을 간략히 요약 제시하며 교회를 중심으로 (때로는 사회 문제가 전면에 부상하는 수도 있지만) 제2권의 머리말을 쓴다.

　시대의 급격한 변화와 더불어 공산주의 사상이 극에 달했다고 할 수 있는 시기에 접어들면서 '공산당 선언'과 칼 맑스의 '자본론'이 세상을 휩쓸 때, 교황 레오 13세의 회칙「새로운 사태」는 1930년 미국의 경제 대공황을 수습하여 번영의 길로 인도하는 역할을 했다. 그런데 그 후 제1,2차 세계대전으로 수많은 인명이 살상되었고, 인류는 빈곤의 악순환에 처하게 되었다. 이러한 위선 진리, 지상천국론으로 의기충천하여 군부와 비밀경찰을 배경으로 천년 철옹성 같았던 공산정권 전성기에도 교회는 그 역할을 충실히 했다. 1962년에서 1965년에 걸쳐 교회는 제2차 바티칸 공의회를 소집하여 현대 세계의 당면한 문제와 다가오는 세계 위기 상황, 20세기 이후 3천 년대를 준비하는 선도(先導) 역할을 하게 되었다. 드디어 교회는 세계에 군림하던 공산주의와 공산정권을 1989년 10월에서 1990년 5월이라는 짧은 기간에 총성 한 방 울리지 않고 자멸게 한 위대한 업적을 남겼다. 오늘날에도 교회는 힘차게 전진하는 생명의 힘을 뿜어내고 있다.

　여기 더해 인류의 심금을 울린 인도의 가난한 사람들에 대한 마더 데레사의 초인적인 봉사와 예수 그리스도를 방불케 하는 교황 요한 바오로 2세의 (지구촌 마을 심산유곡, 절해고도, 사람이 사는 곳이면 어디든지 찾아 헤맴) 이웃 사랑이 있었다. 그들의 장례식에 인종과 종교를 초월한 전 세계 (젊은이들이 대부분인) 4백만 조문객이 찾아든 것은 3천 년대의 가톨릭이 갈 길을 예시한다. 그것은 조건 없는 진정한 사랑의 실천뿐이다. 또한, 18-19세기에 창설된 수많은 남녀 선교회는 세계 영성(靈性)계는 물론, 문화계에도 지대한 공헌을 하였다.

인간의 구원을 위해 성자를 파견한 때부터 교회의 본질은 선교였다. 그렇기에 교회는 예수 그리스도를 구세주로 세상 끝 날까지 선포할 것이다. 이미 지난 세기를 통해 교회는 가능한 모든 지역과 모든 방법으로 만난(萬難)을 무릅쓰고 봉사하며 선교해 왔다.

한국에는 임진왜란 때부터 선교가 시작되었다고 한다. (이 부분의 진위 여부는 사계 학자들의 몫이다.) 그러나 교회에서 통용되는 것은 1984년을 천주교 전래 200주년으로 삼고, 이에 당시 '한국 천주교회 200주년 기념행사'에 교황 요한 바오로 2세를 모시고 성대하게 지냈다. (따라서 그 시기를 한국 천주교회 출발로 한다. 실제로는 그 전부터라고 주장하는 이들도 있다. 그러나 1784년, 이승훈이 북경에서 영세를 받고 서울로 돌아온 것을 한국 천주교회의 시작으로 본다.) 이는 다른 나라들처럼 선교사에 의해 교회가 들어오지 않고 (이승훈 사건에서 보듯) 미신도가 폐쇄된 조국에 숨이 막혀 외국 북경에서 선교사를 만나 신자가 되었고 교회를 이끌어 왔기에 전 세계교회가 경탄한다.

근원적으로 보면, 하느님의 아들 예수 그리스도가 성부의 명을 받들어 육신을 입고 이 세상에 와서 인류 구원 사업을 시작한 자체가 모든 선교의 원천이기에 예수 그리스도가 근원적 사제인 것처럼 예수 그리스도가 인간 선교사의 근원적 선교사라고 할 수 있다.

제2차 바티칸 공의회는 교회는 본성상 선교적이라고 가르친다. 그렇기에 사도들은 오늘날, 모두가 말하는 선교에 투신하여 순교했다. 그 중에서도 바오로 사도는 이교도의 선교사였다. 교회는 시작부터 주변인과 주변 국가를 그리스도교화 했고 점차 폭을 넓혀 가며 온 유럽을 그리스도교국화 했다. 식민지 시기에는 많은 경우, 식민지들이 종주국으로부터 그리스도교를 전래 받았다. 이후, 더 넓은 지대와 교류가 빈번해지며 동북아시아에도 그리스도교가 전래되었다. 이런 경로를 통해 19세기에는 유럽 그리스도교 국가들이 선교회 설립의 전성기를 이루었고 이후, 수많은 선교회가 선교지로 진출하였다.

조선은 당시 외국 문물의 집결체였던 북경에서 미(未)신자들이 서구 선교사들과 접촉하여 세계 역사상 초유(初有)로 이교국에서 교회를 도입한 기이한 사건을 일으켰다. 선교사 없이 평신도에 의해 전국에 수많은 신자가 탄생하여 교회 당국의 경이와 관심을 불러일으켰다. 또한, 김대건 방인 사제와 프랑스 성직자를 비롯한 1만여 명의 순교자를 내는 하느님의 신앙 증거가 이루어졌다.

이런 상황에서 1831년에 파리 외방전교회가 조선교구 초대 교구장으로 취임했다. 1888년에 샬트르 성 바오로 수녀회가 들어왔고 1909년에 성 베네딕토회 왜관 수도원이 설립되었다. 이후, 1923년에 메리놀 외방전교회 한국 지부가 설립되었다. 이후, 1933년에 성 골롬반 외방 선교회, 1937년에 성 프란치스코회(작은 형제회), 1955년에 예수회가 진출했다. 1960년에 성 바오로 딸 수도회가 들어왔고 그 후에도 수많은 수도회가 한국에 진출하였다. 특기할 사항은 방인 남녀 수도회의 설립이며 이는 지금도 적지 않게 진행되고 있다. 내용은 좋으나 아직 교회법적으로 확정되지 않은 단체들도 있다. 영원한 도움의 성모 수도회(1932년), 성가 소비녀회(1943년), 한국 순교 복자 수녀회(1946년), 한국 순교 복자 성직 수도회(1953년), 미리내 천주 성삼 성직 수도회(1976

년) 등이다. 더욱 특이한 것은 한국교회가 외국 선교를 목적으로 하는 한국 외방 선교회(1975년)가 설립된 것이다.[1]

한국은 이조(李朝) 5백 년을 거치며 국내 행정은 물론, 외교 관계 등 모든 것이 서울을 중심으로 이루어졌다. 천주교 조선교구도 서울 중심으로 시작되었기에 이 책에서 논하는 교회 문제도 서울 명동 성역화의 문제가 한국 사회와 국제 문제 등과 뒤섞여 저술됨을 거듭 말하게 된다.

서울은 한국의 모든 것을 대표하는 사례로 쓰이는 때가 많다. 특히 외국 관계의 경우에 그렇다. (이런 의미나 고유한 면에서 '명동'이라는 명칭을 본문에서 쓸 것이다.) 한국 천주교회는 1백여 년에 걸치는 박해로 1만여 명에 이르는 순교자를 내며 굳게 닫혔던 쇄국 한국을 서서히 세계가 주목하는 나라로 그 운명을 바꾸어 갔다. 당시 세계 1등국을 자랑하던 프랑스는 자국민 선교사들을 살해하는 나라에 큰 관심과 항의를 제기했고, 교황청은 자기 심장을 도려내는 아픔을 겪었다. 그런 과정에서 여타 국가들도 한국에 대한 관심이 높아졌다. 한국도 이런 상황에서 고뇌하게 되었고 외국에 대한 관심도 커지게 되었다. 이렇게 순교로 얼룩진 교회는 조국의 근대화를 촉진하는 첫 번째 매개가 된 셈이다. 얼마 안 가 명동에 우뚝 서는 명동성당 건설은 서울 시민에게 천주교의 놀라움과 서구 문명의 선진화를 실감케 했을 것이다. 그뿐 아니라 명동의 천주교는 1906년에 〈경향신문〉(당시 최대 유력지)과 〈경향잡지〉(발행 당시는 〈경향신문〉의 부록 〈보감〉(寶鑑)이고 1911년, 〈경향잡지〉로 복간)를 순 한글로 발행하였다. 이는 조선 민족을 세계 문화 수준으

---

[1] 이상의 수도회 관계는 『2001-2002년 한국 천주교 주소록』 참조.

로 끌어 올리는 데 헌신하고 민족 문화 향상에 크게 이바지했다. 당시 일본 식민지 치하에서(일본군 총탄을 만들기 위해 명동성당 종까지 빼앗길 수 있는 시기) 서울대교구 한국인 초대 노기남 주교는 일제에 항거하여 유서 깊은 명동성당 종탑과 종을 지켜 명동성당은 온 서울 시민에게 해방의 첫 소리를 울렸다. 명동은 6·25 한국전쟁으로 갈라진 가족 상봉의 장으로서 눈물과 기쁨과 희망의 장, 감사와 기원의 장이 되기도 했다.

한국이 경제 발전을 거듭하여 세계적 관심을 받기 시작했을 때, 당시 이명박 서울시장이 2020 서울도시기본계획을 발표하여 추진하는 단계에서 나는 염수정 총대리 주교, 명동성당 주임 신부와 함께 이명박 시장을 면담했다. 그 자리에서 나는 "청계천은 5백년 이조(李朝)의 영욕을 담은 하천인데도 역사는 온데간데없고, 불도저 파헤치는 굉음 소리만 요란할 테니 문화는 아예 없는 시멘트 공사가 아니냐"고 반문했다. 그 후 2020 서울도시기본계획 설계에 한국의 고유 정신이 적지 않게 반영된 것으로 안다. 특히, 명동 성역(聖域) 지대 개조는 천주교의 역사성과 시대에 맞게 국가에 미친 공헌을 고려할 것을 요구했다. "명동은 매일 3백만 명 이상의 젊은이 모임의 장인데 청계천 공사를 군사정권 연장선상 식으로 했다가, 청계천 광장 젊은이들의 대대적 데모가 시청 광장으로 역류하여 시장실을 부수며 퇴진을 요구하면 어떻게 할 것이냐"는 질문에 이 시장의 얼굴은 굳어질 뿐이었다. 실제로 이명박 시장은 훗날 대통령 취임 몇 달 후, 식고기 파동 사건으로 단번에 60만 청년의 반대 시위에 의해 대통령 하야의 함성을 들으며 청와대 뒷산에 몸을 숨겼다는 소식이었다. 이런 이야기를 주고받으며, 나는 젊은이들이 인간 홍수를 이루어 돌진하면 그 길을 터 주어야 하니, 명동에 좋은 휴식처와 문화 공간을 만들어야 한다고 말했다. 다시 말해,

젊은이의 정신적 요구 내지 지친 육신의 휴식처를 만들어 그들이 갈 길을 터주되 그 공간이 진정한 정신과 마음의 휴식과 안정, 새로운 힘의 동력을 제공해야 할 것이라는 얘기였다. 그러면서 나는 지금이 세계를, 즉 인류문화를 지향하는 때인데도 미래 지향적인 면이 2020 계획안에 반영되지 못했다고 말했다. 또, 명동성당 주변은 국운과 깊은 관련이 있는 곳이니, 명동 성역을 젊은이 종교문화예술 광장으로 만들어야 하며 이는 천주교에 맡겨야 한다고 이 시장을 설득했다. 이에 이 시장은 명동 지대 개발 계획을 보류시키며 천주교에서 개발 계획안을 내달라고 요청했다. 명동 교구청은 지금 그 일대를 장기 공사에 들어간 것으로 알고 있다.

지금은 그때(2003년)와 국내·외 사정이 많이 바뀌었다. 그런 그때에도 나는 서울의 국제화를 언급하며 장차 명동이 세계 젊은이들의 관광 터와 모임 터가 될 것이니 이 점에 유의할 것을 간접적으로 강력히 암시하며 명동 성역 개발을 천주교에 일임하게 했다. 그렇게 하여 명동 성역이 젊은이 종교문화예술 광장으로 결정되었다.

이미 2천만 관광객의 제1 선호지 명동은 젊은이들에게 봉사의 종교문화 공간이 되어야 할 것이다. 세계의 새로운 문화 추세는 먼저 동·서와 세계를 아우르는 방향으로 달리고 있으니, 제1호 관광지 명동 성지 개발 계획 구조는 몇 백 년 앞을 바라보며 세계를 아우르는 것이어야 한다. 특히 사랑의 봉사로 비전을 제시하는 젊은이들의 종교문화 공간이 되어야 할 것이다. 이런 내용의 시종(始終)을 잘 알고 있는 염수정 서울대교구장 대주교의 지도하에 명동 성지 개발 계획이 진행되고 있다. 또한, 원대한 계획도 말씀 드린 바 있으니 명동 개발은 잘 될 것으로 기대한다.

지금 막을 올린 3천 년대는 권(權)은 민(民)에게, 부(富)는 빈(貧)에게,

강(强)은 약(弱)에게 봉사하며 자리를 바꾸어가는 도정(道程)을 시작하고 있다. 결국 모든 사람이 하느님의 모습으로, 다사다난한 우여곡절을 거쳐 다 같이 잘 사는 인류의 공존(共存)·공조(共助)·공영(共榮)·공통문화로 발전하여 하느님의 창조 계획을 실현하는 과정을 밟아야 한다. 물론 전제되는 중대 조건이 있다. 간략히 집약하여 '모든 것은 제대로 이어야 한다', '모든 것은 한 만큼이어야 한다'이다. 이런 진행 과정은 인류 불행에 대한 지금 젊은이들의 무조건적 봉사 정신의 근본인 사랑으로 이루어질 때, 본연의 목적을 이룰 것이다. 그렇기에 사랑이 본질이며 시작과 끝인 가톨릭교회는 이러한 차원에서의 시대 변화에 따라 사랑 실천과 육성, 더 나아가 사랑의 몸체로서의 변신이 절실히 요구된다. 그것은 영원에서 영원으로 교류하는 삼위일체 하느님 사이의 사랑에서 하느님의 창조가 이루어졌기에, 모든 것이 사랑을 통하여 하느님 계획이 완성되어, 그분께 돌아가야 하기 때문이다. 이러한 과정의 표준은 교회다. 물론 한마을과 같은 문화가 설립되더라도 깊은 불치의 상처를 입은 인간이 모여 사는 집단이기에, 인간 사회에는 죽음과 육체적 고통, 죄책감 내지 불행이 계속 지속되며 더 나아가 크고 작은 자연 재앙과 천지지변도 있을 것이다. 그러나 영원을 향하는 인간 본성인 창조주에로의 회귀 본능은 지속될 것이다.

2013년 8월
정의채 몬시뇰

차례

발간에 부쳐 _5
저자의 말 _7
머리말 _15
서문 _28
    제266대 프란치스코 새 교황을 맞으며 _28
    제18대 서울대교구장 염수정 대주교를 맞으며 _35
    2천 년 맞이 성탄 _43

1. 수원교구와 인천교구 신학생들에게 _49
    1) 수원교구 신학생들에게 _49
        ① 시작 말씀 - 심상태 몬시뇰
        ② 정의채 몬시뇰 말씀
    2) 인천교구 신학생들에게 _51
        ① 인사 말씀-홍승모 (인천 가톨릭대학교 신학대학장)

2. 정의채 몬시뇰의 특별 강연 준비 전문 _54
    1) 감사의 말씀 _54
    2) 국운영욕(榮辱)의 한국 관문 인천교구를 통해 한국교회는 세계로 뻗어간다 _55
    3) 인류문화 진행 중에서의 사목: 평창 동계 올림픽은 인류문화 전환점, 미래지향적 청년사목 문제 _58
    4) 신학생이 만나야 할 교회 사활의 사목 문제 조감 _60
    5) 신학교 피난 시기 _62
    6) 평신도와 함께하는 신학생의 열린 교육 _63
    7) 한국 천주교 2백 주년 기념 사목회의 평신도상 부상과 신학생 양성 _66
        ① 사랑의 화신으로 신학생 양성
        ② 신학교의 지성 교육
        ③ 통일 대비 북한학 신설과 미래 대비 컴퓨터 교육
        ④ 영성 지도 신부단 강화와 기도 강조, "기도하며 일하라"
        ⑤ 바티칸 교황청 1990년 제8차 주교 대의원회의 발제문 요약본, "신학생 양성을 위하여"
        ⑥ 기도는 영혼의 호흡: 기도와 일상의 자발적 희생은 사제생활의 마지막 버팀목

⑦ 이교 지대인 한국에서 사제의 중요 임무는 민족 복음화
⑧ 일본의 성소 문제 자문과 해결
8) 진정한 사랑으로 떠난 젊은이들 되돌려 오기 _ 87
9) 사목은 미래지향적이지 않고서는 성공할 수 없다 _ 90
① 인류문화의 향방과 우리 교회가 나아가야 할 길
② 옛 스승의 미래 투시적 지혜
③ 하느님은 악에서도 선을 이끌어 내신다
10) 여타의 인류문화 _ 99
① G20 서울정상회담에서의 개도국개발안 제안
② 3천 년대 인류 공통문화의 기저(基底) 개념은 '생명 사랑' 과 '생명 풍요화'
③ G20의 성공은 G7과 경제 착취기구 IMF의 소멸과 '세계 개발은행' 서울 창설에서
④ 로마 유학 중의 추억
⑤ 일본 문화계에서의 한국관 시정
⑥ 마지막 인사 말씀
11) 후기 _ 116
① 최기산 인천교구장 주교와 정의채 몬시뇰의 이메일 서신
② 최인각 수원 가톨릭대학교 학생처장 신부의 글
③ 전헌호 대구 가톨릭대학교 신학대학장 신부의 글
3. 한국 그리스도사상연구소 20주년 제36차 국제 학술회의
    - 동아시아 교회의 복음화와 토착화 현실 그리고 미래 전망-한국·중국·일본을 중심으로
    _ 127

제1부 새 천 년대의 한국 평신도

제1장 한국천주교회 신자들의 새로운 복음화를 위한 사명과 역할 - 제2차 바티칸 공의회의 평신도상 _ 138
1. 새 천 년 복음화 사도회 _ 138
2. 하느님 백성인 평신도상 _ 143

1) 그리스도 신비체로서의 평신도 _ 143
   2) 그리스도의 사제직, 예언직, 왕직에 참여하는 평신도 _ 147
      ① 평신도의 사제직 참여
      ② 평신도의 예언직 참여
      ③ 평신도의 왕직 참여
   3) 사도직 _ 151
   4) 교회의 현세관 _ 152
      ① 일반적 성격
      ② 한국 사회의 현실
      ③ 한국 천주교와 아시아
      ④ 평신도 사도직의 특성과 실천
      ⑤ 평신도 사도직 영성적 원천
      ⑥ 평신도와 교계(목자)
   5) 제3천 년대와 가톨릭 기업인상 _ 199
      ① 새 천 년대와 가톨릭 기업인(경영인)
      ② 평신도의 그리스도의 사제직에의 참여
      ③ 평신도의 그리스도의 예언직에의 참여
      ④ 평신도의 그리스도의 왕직에의 참여

제2부 명동 성역

제1장 한국의 심장부 명동에서 사회와 교회를 생각하다 _ 216
1. 교황 명예 고위성직자 감사 _ 216
2. 명동 성역 개발 _ 218
   1) 이명박 서울시장과의 대담 _ 218
   2) 남산과 명동과 청계천 _ 222
   3) 광화문로, 시청 광장, 명동 _ 225
   4) 명동 젊은이 광장 개발 강의 _ 228

5) 명동 개발안의 기원과 경과 _ 245
6) 명동의 위상 _ 253
7) 명동을 젊은이 종교, 사이버 문화의 터전으로 _ 254
8) 전문대학원 설립 문제 _ 254
9) 가톨릭 종합대학안 무산 _ 259
10) 명동성당 주임되다 _ 272
11) 명동성당 선교 1번지 _ 276
12) 사제단의 일치 _ 280
13) 맺음말 _ 282
3. 어제와 오늘과 내일의 사회와 교회를 생각한다 _ 285
   1) 허두(虛頭) _ 285
   2) 명동 개발 총론 _ 286
      ① 명동 개발의 긴박성과 형태
      ② 정진석 추기경 추대 경위
   3) 명동의 어제, 오늘, 내일과 사회 _ 363
      ① 명동 개발 문제 상론
      ② 명동의 어제, 오늘, 내일과 사회
   4) 맺음말 _ 417
   5) 명동 주차장에 젊은이 센터를! _ 421
      ① 명동 젊은이 센터
      ② 명동 젊은이 센터의 콘텐츠
      ③ 재정 문제
      ④ 명동 젊은이 센터 건축과 X기업 보충건
      ⑤ 질문과 답변
      ⑥ 그 후의 조치
   6) 정진석 추기경께 중요 건의 보충 _ 486
      ① 정진석 추기경과의 대화 및 건의
      ② 평양교구 80주년에 즈음하여(교구 망향 57년간)

I. 북한 현지 교구 23년 간 _ 517
II. 남한에서 57년간 _ 518

제3부 교회와 사회

1. 서울대교구 시노드 사제 평의회 연수 _ 532
    서론 _ 533
   I. 시노드의 원칙과 핵심 내용 _ 534
   II. 서울대교구 사제들의 공동체에 대한 애정과 일치의 모습 구현과 신자들의 바람 _ 542
   III. 교구 시노드에 근거한 사제들의 미래지향적 사목 구상과 비전 _ 555
        i) 청소년 사목은 0순위다 _ 556
        ii) 종교·문화·예술의 장 _ 564
        iii) 종합대학 안에서의 신학생 양성 _ 568
        iv) 신학교 개혁과 혜화동 개발안 _ 571
   IV. 부록: 평양교구 _ 575
2. 복음 선포와 사회 현실 _ 579
3. 사회 현실과 교회 _ 582
4. 사회 현실과 교회의 역할 _ 628
    1) 매스미디어를 통한 직·간접 사회 복음화 _ 637
    2) 미래를 지향하는 오늘의 인류사상계 동향 _ 641
    3) 성모 성월입니다 _ 649
    4) 이병철 삼성 창업자의 인간 죽음 앞에서의 질문 _ 652
    5) 박경리(대데레사) 선생의 별세에 즈음하여 _ 662
    6) 서울대교구 압구정 1동 성당 공현 주일(2009년 1월 4일) 강론 _ 670
    7) 서울대교구 압구정 1동 성당 성모성월(2009년 5월 24일) 강론 _ 680
    8) 서울대교구 압구정 1동 성당 공현주일(2010년 1월 3일) 강론 _ 695
    9) 성 바오로 딸 수도회 강화: 2012년 신년 하례 미사 후 _ 716
    10) 제3차 순교자 시복 시성 수원 세미나 _ 728

11) 성 베네딕토회 한국 진출 1백 주년 _736
      ① 덕원 성 베네딕토회 말기의 경제 문제
      ② 성 베네딕토회 분도 지(誌) 인터뷰
         - 한국 가톨릭교회 대표 원로 정의채 바오로 몬시뇰
   12) 한국 천주교 선조 시성 시복 준비 출판기념회 축사 _768
   13) 심상태 몬시뇰의 "순교의 교의 신학적 고찰"에 대한 소감과 보충 시안 _773
5. 런던 하계 올림픽(2012년)의 큰 성과와 한국 젊은이들의 세계 파견 _782
6. 제18대 박근혜 대통령의 취임을 보며 _788
7. 교황 베네딕토 16세 사임에 즈음하여 _798

부록

1. 서평_〈평화신문〉 2013년 3월 3일 _804
2. 관련기사 _809
   1) 월간 〈사목정보〉 특별대담: 정종휴 교수 & 차동엽 신부 _809
   2) 〈가톨릭신문〉 2012년 12월 9일 _834
   3) 〈평화신문〉 2013년 1월 13일 _844
   4) 〈조선일보〉 2012년 10월 26일 _849
   5) 〈조선일보〉 2013년 4월 15일 _851
   6) 〈중앙일보〉 2013년 3월 28일 _855
3. 정의채 몬시뇰의 삶_ 편집부 편 _859
4. 정의채 몬시뇰 이력 _902

┃ 서문

제266대 프란치스코 새 교황을 맞으며

　이 책의 원고를 마무리할 즈음에는 교황 베네딕토 16세의 자진 사임 직후라 후임 교황이 그렇게 빨리 선출되리라 생각하지 못했다. 그런데 현지 시간 3월 14일 새 교황이 신속히 선출·공표되어 전 세계에 급보로 전해졌다. 그렇기에 이 중대 사건을 책머리에 먼저 소개하고자 한다. 물론 이런 계획, 즉 전임 교황 사임 전에 후임 교황 선출과 그에 대한 이야기가 책 첫머리에 나오고, 말미에 선임 교황의 자진 사퇴가 서술되니 우스운가도 싶다. 어찌 되었든 이번 프란치스코 교황의 특별한 선출은 전 세계에 큰 낭보로 전해지고 있다. 이는 그분의 생활의 특이함, 그리고 3천 년대 진입에서 인류가 출발할 정곡을 제시했기 때문이다. 즉, 3천 년대 인류 구속(救贖) 문화의 테이프를 끊는 교황이기에 그렇다. 그렇기에 온 세계가 대서특필했다.

　교황직의 원천인 그리스도의 탄생은 인류사에 두 번 다시 있을 수 없는 사건이었다. 사람 대접을 받지 못하던 노예제도 하에 있던 인간이, 동등하고 신성 불가침한 존재이자 영원한 생명으로 부르심을 받은 존재라는 교리를 세우고 수도회 영성을 세계사 안에서 이루어 간 것은 인류가 형성한 가장 위대한 것이다.

　두 번째 천 년대에는 교회 속화(俗化) 위험 중에 가난과 겸손과 자연, 사랑으로 교회의 모습을 승화한 성 프란치스코가 나타났다. 그는 본연의 교회상 유지, 즉 영성과 문화 발전에 이바지하였다.

　제3천 년대에 들어서는 예수회원이면서도 스스로 프란치스코로 칭하는 사상 초유의 교황이 출현했다. 매우 의외였다. 아마도 3천 년대의 전 인류 화합의 상징이며 예고인가 싶다. 더 나아가 앞에서 말한 바와 같이 새 천 년대는 두 번째 천 년대와는 지극히 다르다. 2천 년대 중기부터 시작된 종교혁명은 사람들의 마음을 갈기갈기 찢어 놓았고, 신대륙의 발견은 5백 년 식민 정책으로 이어져 새로운 노예제도를 형성하여 인신매매와 수천만 명의 학살 등의 비극을 가져왔다. 또한, 극심한 빈부 격차를 산출한 산업혁명이 '문명 진화'라는 미명 하에 불어 닥쳤다. 프랑스는 전국을 왕족과 성직자의 피로 물들인 프랑스 대혁명을 겪었다. 그 후, 온 유럽 지성계는 무신론으로 무장하였다. 이는 공산과 공동 분배 사상인 공산주의로 발전하여 결국 지상에 없던 폭군 정체(政體)로 수억의 인명 살상과 투옥, 강제 노동으로 이어졌다. 결국 소련과 동구권 공산 체제가 삽시간에 사라졌지만 여전히 그 지류는 형태를 바꾸어가며 인간의 노예화를 진행하고 있다. 이런 것들이 무너져 내리는 데 중요한 예표적 역할을 하고 큰 부분 해결한 것이 교황 레오 13세의 회칙 「새로운 사태」와 제2차 바티칸 공의회, 세계 방방곡곡을 누비며 하느님의 모습을 드러낸 복자 교황 요한 바오로 2세였다. 직접적인 예표는 매일 세계 각지에서 7천여 명이 무료 봉사 동참을 기다린다는 인도의 성녀 마더 데레사의 빈민 구제 활동이었다.

이번 제266대 교황 선출을 온 세계가 기뻐하는 것은 산산이 갈라진 인류를 화합할 새로운 세계질서, 온 인류가 하나 되어 공존(共存) · 공조(共助) · 공영(共榮)의 삶을 살아가는 새 천 년대의 테이프를 끊은 사명을 지고 그분이 나타났기 때문인가 한다.

아직 시작했다 할 수 없고, 윤곽조차 짐작할 수 없지만 이번 프란치스코 교황의 특수한 면모 몇 가지를 짚어 보는 것이 좋을 듯싶다. 물론 어느 정도 시간이 지나 그분의 첫 교서가 발표되면 교황으로서의 면모가 나타날 것이다.

먼저 프란치스코 교황은 명칭부터 특이하다. 예수회원이면서도 전혀 다른 수도회의 창시자인 아시시의 성 프란치스코를 교황 명칭으로 정했기에 프란치스코 1세인 셈이다. 또한, 온 인류를 감동시킨 것은 남미에서도 가장 발전한 아르헨티나의 수도 '부에노스아이레스 대교구장 추기경'이라는 지위에 (남미의 대통령궁과 맞먹는) 대교구청을 가진 추기경이었는데도 작은 아파트에서 손수 밥을 짓고 세탁하고 청소하며 서민들과 같이 살았다는 점이다. 또 80세를 바라보는 노경(老境)인데도 지하철로 출퇴근했다는 것이다. 그러기에 그분은 '가난과 겸손'의 성자로 알려졌다.

그런데 이번 3월 19일 취임 미사에서 그분은 "교황이 예수 그리스도께 받은 권한을 행사하려면 십자가를 위해 빛나는 섬김으로 더 깊숙이 들어가야 한다"고 설파하셨다. 사랑의 섬김으로 이루어진 십자가에서 끊임없이 솟아나는 섬김은 깊이와 폭을 넓혀 가며 급기야는 기아와 아사, 갖가지 질병과 헐벗음과 무지 등 이루 말할 수 없는 고통에 시달리는 사람 모두를 위한 것이어야 한다. 이것은 인류의 공존(共存)·공조(共助)·공영(共榮)의 세계를 여는 것, 즉 3천 년대 초입에서 천 년대마다 하느님 창조 계획의 새로운 실천 단초를 여는 예의 한 면모라고 생각한다.

이번 프란치스코 교황 선출은 새 천 년대가 하느님 창조 계획의 전환점을 제시하며 실천하라는 명을 받은 것이라 생각한다. 이는 옛 식민지 국가에서 유럽 문화를 이끌어갈 가톨릭교회의 수장인 교황이 태어났다는 사실에 기반한다. 다시 말해, 십자가 사랑의 섬김으로 새 천 년대에는 인류가 함께 누려야 할, 공존·공조·공영의 인류 공통문화, 다양성(多樣性) 중의 하나(일(一); unitas in diversitate), 혹은 하나 안에 다양성(diversitas in uitate)으로 나타날 하느님 창조경륜의 새로운 단계 실현의 테이프를 프란치스코 교황이 끊은 것과 같다. 이러한 발전과정은 깊게 상처 받은 인간성으로 말미암아 고통과 우여곡절을 겪으며 이루어지겠지만, 결국은 지금까지 인류 역사가 오랜 세월에 걸쳐 이루어 온 것에 버금가는 반대 과정을 거치며 이루어질 것이다. 그것은 로마제국의 변방 베들레헴에서 하느님의 아들 예수의 탄생으로 대로마제국의 사치와 교만이 극치를 이룬 인간관과 삶을 근본적으로 바꾸어 놓은 것에 비견하는 실천이다.

겸손과 가난과 섬김의 극치인 예수 그리스도의 대리자 프란치스코 교황은 베드로 성당 발코니에서, "다른 사람들을 위해, 세계를 위해, 나를 위해 기도해 달라"고 하였다. 하느님을 등지고 걷잡을 수 없이 변해 가는 이 세계, 특히 젊은 층을 위하여 전 세계는 기도해야 한다.

특히 한국 천주교회는 95% 이상의 젊은이가 성당을 떠나고 있으니 특별히 기도가 필요한 때다. 그러나 기이한 것은 젊은이들이 성당을 떠나는데 젊은 사제가 늘고 있다는 것이다. 한국은 루르드 성모님이 발현하실 때, 프랑스 사제들이 피로 물들이며 순교한 이 땅을 성모님께 바치며 묵주기도를 제일 잘하는 나라로 후손에게 신앙을 전해 주었기에, 한국교회는 번창하고 풍요롭게 되었다.

프란치스코 교황은 이렇듯 사람들의 마음에 잔잔한 물결을 일으켰지만, 위대한 세계 개조로 나타날 징조가 있다. 그것은 로마대교구 교구장인 프란치스코 교황이 로마대교구의 가장 작은 성당을 먼저 찾아 기도하여 수많은 서민을 환호하게 했다는 것이다. 이런 행위가 아무 것도 아닌 것처럼 보일 수 있으나, 물리적 힘과 황금의 힘과 권력, 안락과 쾌락이 세상을 지배하고 군림하는 시기에 교황의 몸에 밴 가난과 겸손과 섬김은 3천 년대의 하느님 창조 계획의 새로운 장을 여는 열쇠 구실을 할 것이다. 그렇기에 온 교회는 그분의 의도대로 세상을 위해 계속 기도하며 섬김을 실천해야 할 것이다.

　이 기회에 회상되는 한두 가지를 꼭 여기에 말해 두고 싶다. 그것은 가난과 겸손과 섬김의 문제다. 1991년 7월로 거슬러 올라간다. 나는 그때 명동성당 주임 신부 직책을 맡으면서, 남미 몇 곳에서 피정 지도를 하기 위해 여행하던 중이었다. 마침 브라질 상파울루에서 피정을 끝내고 돌아오는 길에, 한국에서 내게 세례받은 분의 소개로 (당시 세계에서 가장 큰 도시이며 인구 전체가 가톨릭 신자였던 수도) 상파울루 대교구장 아른스 추기경을 만났다. 그분은 당시 교황 선출설까지 자자했던 유명한 추기경이다. 나는 그보다 2년 더 거스른 1989년 서울에서 개최된 세계 성체대회 문화 분과 위원장을 맡았는데 당시 대회의 표어는 '그리스도 우리의 평화'였다. 이는 남·북이 갈라져 말할 수 없는 긴장과 심리적 불안을 안고 사는 우리 민족과 한국 가톨릭 신자, 동양은 물론 세계인이 다함께 그리스도의 평화를 공유해야 한다는 발상에서 나왔다. 이어서 당시 5년 이내에 노벨 평화상을 받은 분들을 초청하여 평화 세미나를 할 계획으로 아른스 추기경께 안을 말씀드리며 남미 출신 인사를 추천해 달라고 부탁했다. 아른스 추기경은 놀란 표정으로 나를 바라보았다. 어떻게 작은 나라의 종교 행사에서 그런 생각을 할 수 있었느냐며 충분히 도움을 줄 수 있다며 적극적인 자세를 보였다.

　약속 시간보다 15분가량 일찍 추기경청에 도착해 안내 받은 곳은 바닥이 삐걱삐걱 소리가 나는 낡은 집이었다. 아른스 추기경은 지금 회의 중인데 약속 시간에 만날 것이라고 했다. 15분 후 정각에, 허름한 외투를 입은 노인 사제 한 분이 오시더니 내게 "당신이 한국에서 추기경을 만나러 온 사제냐"고 묻기에 "그렇다"고 답했다. 그분이 마주 있는 허름한 나무 의자에 앉으며 이야기를 나누자고 하기에 나는 아르스 추기경을 만나려 한다고 했더니 바로 자신이라고 했다. 나는 얼결에 벌떡 일어나 큰 절을 하며 여기가 추기경궁이냐고 했더니 그렇다고 했다. 그리고 내가 앉았던 자리가 귀빈 모시는 자리라기에 기절할 지경이었다. 연유를 물었더니 본래 대주교관은 대통령궁을 능가할 으리으리한 궁궐이었는데 팔아서 그 돈을 가난한 사람들에게 나누어 주었다는 것이었다.

현 교황도 그러한 그리스도의 사랑이 골수까지 밴 분이 아닌가 싶다. 어찌 되었건 유럽이 아닌 남미의 아르헨티나에서 가난과 순명과 섬김의 상징인 현 교황이 프란치스코라는 명의로 탄생했으니 '앞으로 3천 년대에 이루어질 하느님의 창조 계획이 이런 분에 의해 시작되겠구나' 하는 설렘이 있다. 그것도 유럽의 식민지였던 아르헨티나에서, 5백 년 식민지 종주국들은 물론 인류를 정신적으로 이끌어갈 단초를 여는 교황이 탄생한 것이다.

또 한 가지는 아르헨티나의 부에노스아이레스에서의 일이다. 아르헨티나 국적의 한국인 세 사람을 만났는데, 그들은 처음에는 밀입국자였기에 수용소에서 아르헨티나인이 되는 교육을 일정 기간 받았다고 한다. 가톨릭 국가이기에 특별한 사유가 없는 한 추방이나 송환 등은 없었다. 대신 그 안에서 땅이란 하느님이 만드신 사람이 살기 위해 만든 곳이기에 사람이면 누구나 살 수 있다는 교리 등을 교육받았다고 한다. 그리고 그 기간 동안 성 프란치스코회 사제들이 매주 와서 친절하게 지도했다고 한다. 밀입국자들이었던 그들은 후에, 아르헨티나인이 되어 돈을 벌어, 합심하여 새 양복 세 벌과 새 구두 세 켤레를 성 프란치스코회 사제들에게 선물했다고 한다. 당시 그 사제들은 헌 옷과 헌 구두를 신고 다녔던 것이다. 하지만 이후 이들이 그 사제들을 다시 만났을 때, 전의 옷과 구두 그대로였다고 한다. 더 가난한 사람들이 있어 나누어 주었다는 것이다. 이 말을 듣고 그들은 깊은 감동을 받았다고 한다.

제18대 서울대교구장 염수정 대주교를 맞으며

　서울대교구가 제18대 새 교구장을 맞은 것은 2012년 한국교회의 가장 큰 경사다. 사실 서울대교구는 한국에 있는 모든 교구의 모체라 할 수 있다. 나는 사제품을 1953년에 명동성당에서 노기남 주교께 받았다. 그 후 1980년경에는 150만가량의 신자 증가가, 2008년경에는 5백만을 넘었다. 나는 6·25 한국전쟁의 민족 최대의 비극을 거치며 기적처럼 교회가 신장하는 가운데 사제 생활을 했기에 교회와 민족의 희·비극을 몸으로 체험한 세대에 속한다. 그리고 한국인 초대 서울교구장 노기남 대주교, 후임 서리 윤공희 대주교, 김수환 추기경, 정진석 추기경·교구장의 시대를 거쳐 현재의 염수정 서울대교구장 시대에 살고 있다. 염수정 대주교와의 관계는 좀 특이한 것이기에 그분이 서울대교구장이 된 데 대해서는 남다른 기쁨과 존경심을 갖고 축하와 영광을 드린다.
　나는 사제 생활 대부분을 대신학교인 서울 가톨릭대학교에서 사제 양성을 하며 지냈기에 염수정 대주교를 누구보다도 잘 아는 처지다. 염 대주교는 열성적인 신학생 생활을 하면서도 밖으로는 별로 튀지 않는 모범적인 신학생 시절을 보내고 사제로서 충실한 사목 생활로 사제들과 신자들 사이에 명망이 높았다. 내가 불광동성당과 명동성당 주임 신부를 거쳐, 당시 서울대교구 대신학교인 현 서울 가톨릭대학교 학장으로 있을 때, 그분은 사무처장 신부로 계셨다. 당시는 곧 앞으로 다가오는 새로운 천 년대, 곧 지금 우리가 살고 있는 3천 년대의 도래와 더불어 놀라운 세계 변화 속의 사목자를 양성해야 했다. 사이버 시대의 개막과 더불어 인터넷의 발전으로 컴퓨터 시대가 열리는 등, 신학생들이 교회의 중추(中樞)로 활동할 시대에 대비하여 학교는 지성 교육과 영성 교육에 일대 변혁을 시도했다. 그렇게 하려면 변화에 대비할 경비 문제를 비롯하여 학교 건물 구조에 이르기까지 사무처장 신부의 협조가 필요했다.

그때 학교는 제2차 바티칸 공의회 이후였는데도, 학과 내용은 전통대로, 즉 100년 전 교육을 그대로 답습하고 있다고 할 만큼 별다른 변화 없이 진행되었다. 이를 변혁시키기 위해서 나는 학과 내용부터 공의회 정신을 따라 교육할 교수진을 대대적으로 영입했다. 동시에 3천 년대 들어서는 서구 문명이 퇴조를 일으키며 동양문화가 큰 몫을 차지할 것과 한국 천주교회의 세계적 사명을 감안했다. 이에 영성 교육에서도 경험 많은 교구 사제를 위시하여 새로운 외국 선교사들도 영성 지도 신부로 모셔 왔다. 그뿐만 아니라 인사 관리에서도 변화를 꾀했다. 예컨대 학생들의 세탁을 손빨래로 일관하던 때라 약 80명의 여자 직원, 기관실에 약 30명의 남자 직원이라는 많은 인력을 학교가 안고 있었다. 그때만 해도 인건비가 싸고 사회 보장제도, 즉 가족부양과 자녀교육, 건강 보험, 노후 후생 등의 보장제도가 없었으며 생각조차 못하던 시기였다. 따라서 그들에 대한 규정이 전무한, 원시적인 인간 관리 형태였다. 그런 면에 착안하여, 당시 가톨릭대학교 사무처장 염수정 신부는 사회의 공무원 조직에서부터 대표적 민간 기업 사례 등을 참작하여 서울 대신학교에 맞도록 인사 규정집을 만들었다. 이런 규정집은 후에 염수정 신부가 서울대교구 본부 사무처장 시절, 서울 전 교구의 기구들과 서울 모든 본당의 규정집으로 발전시킨 것으로 알고 있다.

한편, 당시 나는 급속하게 발전할 한국 사회 3천 년대를 대비하는 신학생 교육을 생각하며 학생들에게 컴퓨터 교육을 실시해야 한다고 주장했다. 당시는 컴퓨터가 비싼 시기라 자비로 준비할 수 없는 학생들을 위해 공동으로 사용할 컴퓨터가 필요하다고 했더니 염수정 신부는 학생수에 맞게 컴퓨터를 구입했다. 그리하여 한국교회 전반은 물론, 유럽이나 미국교회보다도 훨씬 앞선 일선 사목에서의 컴퓨터 시스템을 전 교구 차원에서 실천하게 되었다. 더 나아가 당시 신학대학이 안고 있는 인건비 문제는 곧 사회적, 교회적으로도 큰 문제가 제기될 것으로 예상되었다. 그래서 근무 중인 사람들은 그대로 두되 자격증을 요구하는 사람들 외에는, 남녀 직원 이직 시 추가 충원을 하지 않는 인력 정책을 썼다. 이러한 정책을 유지하기 위해, 예컨대 빨래나 청소는 학생 스스로 할 수 있도록 튼튼한 세탁기 외에 필요한 기구를 반 위주로 준비하는 것이 좋겠다는 의견을 제시했다. 이후, 튼튼한 독일제 세탁기를 각 반의 형편에 맞게 준비하는 것을 보았다. 또한, 남자 직원의 경우, 직원들이 이직할 때마다 고등학교나 이전 대학시절의 전공, 혹은 동아리 활동을 통해 업무기술을 알고 있던 학생들의 기능 보조를 받게 하는 등의 방법을 동원하여 학생들에게는 봉사의 보람을 느끼게 하였다. 그렇게 하여 남는 비용을 학생과 교수 후생비로 돌려, 그 후 우리 사회 전체가 휘말린 교내 문제와 일반 사회의 노사분규 등을 앞질러 모범적으로 해결하며 서울 대신학교 분위기를 일신하게 한 일도 있었다.

나는 상상을 초월하는 과학 기술의 놀라운 발전으로 인류문화의 흐름이 공통문화를 지향할 것을 생각하며 준비 단계라 할 수 있는 젊은이들의 무보수 봉사 정신에 착안했다. 그들의 마음속에 감추어진 사랑의 정신을 표면화시켜 인류를 하나의 마을이나 한 가족처럼 여기는 3천 년대의 인류문화를 당시 신학생들에게 주입하여 습성화시키는 지적(知的), 영적(靈的) 교육의 필요성을 절감하였다. 그리하여 당시 서울 대교구장 김수환 추기경과 상의하여, 우선 두 개의 고급반의 신학생들에게 수업이 없는 토요일 하루를 '애덕의 날'로 정하여 실시하도록 했다. 애덕 실천 대상은 어차피 사제가 된 후에는 모든 것을 스스로 결정해야 하기에, 학생들 스스로 가장 불행한 사람들을 찾아 물심양면으로 봉사하게 했다. 점심 값은 염수정 처장 신부에게 일임했는데, 염 신부는 설렁탕 한 그릇 값에 해당하는 3천 원씩 지불했다. 그때 나는 염 처장 신부가 크게 될 것을 직감했다. 나는 학생들에게 말했다. "여러분은 젊은 사람들이니 3천 원짜리 설렁탕 한 그릇을 다 먹고 일해도 좋고, 만난 불우한 사람들의 처지가 너무 딱해서 2백 원짜리 라면 한 그릇을 먹고 남는 것을 가난한 이들에게 사랑의 봉사로 다 쓰면 더 좋을 것입니다." 그들이 귀교 후, 저녁 때 각 그룹 토의에서 한 사람의 예외도 없이 점심은 라면으로 때우고, 비참한 사람들을 도왔다는 얘기를 들으며 가톨릭 영성의 진수인 사랑의 실천에 흐뭇했다. 이런 결과는 결국 당시 처장인 염수정 신부의 실천적 뒷받침 없이는 불가능한 일이었다. 그때 나는 이런 분이 훗날 서울대교구를 맡아야 할 것이라고 어렴풋이 생각하며 교회 고하 계층에 여론화했다.

대학 교수 정년과 때맞추어 나는 극도로 허약해진 건강으로 교구장께 은퇴를 요청하여 허락을 받고 휴양 중이었다. 그때 서강대학교 박홍 총장 신부로부터 생명을 위한 일을 해달라는 요청을 받았다. 그래서 나는 세계 대학사와 세계 문화사에서도 초유인 '생명문화연구소'를 개설하여 이 땅에서 매일 같이 일어나던 어린이 유괴와 살해 사건 등을 근절시켰다. 또한, 아름다운 조국 금수강산의 자연훼손이 극에 달해 터진 낙동강 페놀 오염 사건을 계기로 조국 산하(山河) 오염 사건 정리하는 '환경 보전을 위한 국가 선언문' 제정 위원장과 서강대학교 석좌 교수직을 겸하였다. 같은 기간에 나는 염수정 신부가 서울대교구 목동본당 주임 신부 겸 제15지구장을 하는 가운데 친교를 계속 나누었다. 그러는 동안 서울대교구의 보좌 주교가 필요하게 되었다. 서울대교구의 앞날을 위해 염수정 신부를 1980년대 후반부터 주교로 천거함과 동시에, 젊은이들의 교회 이탈 방지책으로 동성 고등학교 교장이던 (현 춘천 교구장) 김운회 신부를 서울대교구 보좌 주교로 강력히 추천하였다. 밖에서는 전혀 주교직으로 거론조차 되지 않던 분들이었기에 강한 반론에 부딪쳤으나 나는 초지일관하였다. 이렇게 하여 때가 와서 먼저 염수정 신부와 또 다른 한분이 서울대교구 보좌 주교가 되었고, 김운회 신부도 서울대교구 보좌 주교가 되었다. 나는 당시 정진석 서울대교구장 대주교께 염수정 보좌 주교를 총대리로 하여 모든 교구 사제들과의 소통을 준비시켜 후임자로 키울 것을 강력히 권유했다. 서울대교구는 그동안 정치 문제로 수많은 사제가 교구청과 교구장과의 소통이 원만치 않아 사목에 막대한 지장을 받는다는 지적이 있었다. 그런데 염수정 신부는 본 교구 출신에다 동창과 아래·위 반 친구 사제들과의 친분도 돈독하였다. 하지만, 염수정 신부가 보좌 주교 물망에 오르자 외국에서 면학한 경험이 없다느니 그리 뛰어난 분이 아니라는 등의 반발도 심했다. 나는 서울대교구의 가장 시급한 요청은 학위나 명성이 아닌, '교구장과 사제단의 소통'이라고 강조했다. 또한, 진정한 사목자가 절실히 요구되는 때라며 모든 이론(異論)을 일축하게 하였다. 그렇게 10년이란 시간이 흘러 새 서울대교구장으로 교회 내에서나 사회에서 명망 있는 성직자의 존칭이 오르내릴 때도, 서울대교구의 소통과 사목을 위해 염수정 총대리가 서울대교구장이 되어야 한다는 점을 계속 주장했다. 서울대교구는 사제수가 곧 1천 명을 넘을 것인데, 이런 교구에 외부의 명망 있는 인사가 서울대교구장이 될 경우, 근 60대 후반 혹은 70대 정도가 올 것이고, 75세에 교구장직을 은퇴하게 될 것이라 했다. 그렇게 되면 1천 명이 넘을 서울대교구 신부들과의 소통은커녕, 더욱더 교구장과 사제들 간의 교감이 멀어지고 분파 현상만 가중될 것이란 논리를 펼쳤다. 한편, 염수정 총대리가 서울 가톨릭대학교에서 보여준 실천력은 누구도 따라갈 수 없으며, 발로 뛰고 손과 마음으로 어루만져주는 통 큰 사목자가 지금의 서울대교구에 반드시 필요하다는 점을 강조하여 반대론을 잠재웠다. 일각에서는 사회복음화 문제가 약하지 않느냐는 문제도 제기됐다. 그동안 사회 발전으로 세계교회 문제에 대해서도 교황청이 한국교회에 기대하는 바가 크지 않느냐는 반론도 만만치 않았다. 이 반론에 대해, 사회와 국제 문제는 걷잡을 수 없게 변화하기에 뛰어난 실천력을 갖고 문제들에 대한 아이디어 집단을 구성하여 실천적으로 문제를 풀어가는 것이 사회복음화의 진수일 것이라는 말로 잠재웠다. 앞으로 이 문제, 즉 사회복음화 문제는 서울대교구장인 염수정 대주교의 가장 큰 문제가 될 것이다. 그렇지 않으면 교회는 사회에서 점점 더 멀어지고 젊은이들과 지성 세계는 교회에서 등을 돌리는 만회할 수 없는 오점을 한 몸에 지게 될 위험이 크다.

이러한 경로로 2012년 5월 10일, 염수정 총대리 주교가 서울대교구장 대주교로 발표될 때, 나는 형언할 수 없는 기쁨을 느끼며 축하를 드렸다. 다음날 아침 정진석 추기경께 그동안의 노고를 치하하며 염수정 총대리 주교에게 서울대교구장 대주교직을 물려주신 것에 대한 감사의 말씀을 드렸다. 그랬더니 정진석 추기경께서는, "10년 전에, 그렇게 하시는 것이 순리이오니 그리하여 달라고 한 말을 지키노라 힘들었다"라고 말하였다. 그 말씀을 들으며 서울대교구장 정진석 추기경께 대한 감사의 정이 새로워졌다.

나는 서울대교구장 염수정 대주교의 사목 생활과 10년간의 총대리 경험, 나를 통한 신학교에서의 가르침, 학교 운영, 변해가는 교회와 사회의 미래를 투시하는 능력 등을 중시했다. 그리하여 서울대교구가 보유한 성직자, 수도회, 평신도의 역량(力量)을 충분히 발휘해야 한다고 생각했다.

200여 년 전 18세기 말에서 19세기 초, 조선은 당시 정쟁과 부패로 권력층은 영일(寧日) 없었고 민생은 도탄에 빠진 현실에서, 당시 이 사회의 이교도들이 외국의 새로운 기운과 사상을 받아들였다. 또한, 조선은 직접 접촉이 가능했던 북경을 방문하여 세례를 받았다. 이처럼 교회를 들숨의 형태로 받아들인 후에 오늘날 힘에 넘치는 교회가 되었다. 그런데 이제 한국 천주교회는 국내 선교와 교회 활성화는 물론, 교황청이 한국에 기대하는 세계교회에 대한 공헌도 날숨의 형태로 해내야 할 시점에 도달했다. 그러기에 나는 염수정 교구장 대주교가 취임하자 전 지역 교구를 방문하여, 사제들의 말을 일일이 청취하고 각 지역구의 사정을 직접 보고 들을 것을 권유하였다. 그렇게 파악된 여러 문제를 교구 사제가 같이 고민하고 노력하여 발전해야 하니, 그런 기회를 만들 것도 간접적으로 시사했다. 2013년 2월 21~22일에 걸쳐 서울대교구 사제총회를 개최하게 된 것은 염수정 대주교의 대단한 결의 표명이라고 생각한다. 또한, 서울대교구 선교문화봉사국을 신설한 것도 고무적이다. 당시에 나는 다음과 같은 말씀을 드렸다.

"저는 서울대교구장 염수정 대주교께서 무엇이든 국내외를 막론하고 땅 끝까지 당신의 복음을 전하라는 예수님의 말씀에 따라 혼신의 노력을 다해 성직자, 수도자는 물론이고 평신도들 특히 제가 건의한 대로 젊은이들의 동참과 모든 신자의 적극적 후원을 받으며 특히 젊은 층이 동참하여 개도국 개발에 우리의 지난날의 경험을 발전시켜 서울대교구의 시대적 사명을 다하시기를 바라며 기도하는 바입니다. 그렇기에 선교 문화봉사국 신설을 환영합니다. 세계교회와 교황청에서도 색다른 선교 방법에 큰 관심을 가질 것입니다. 또한, 중요한 해외 선교 업무이기에 독자적이며 교구가 큰 힘을 기울이는 독특한 선교 사명으로 해야 성공할 것으로 생각합니다."

『인류 공통문화 지각변동 속의 한국』 제2편인 본서가 '교회 전편'이기에 염수정 서울대교구장 대주교의 아래와 같은 말씀을 감사하는 마음으로 여기 적어 놓는다. 지난 2012년 11월 나의 미수연 겸 출판기념회에서 염수정 대주교는 "연로함에도 불구하고 이런 대작을 지속 발간하시니 감사하는 마음 그지없고 백수를 거뜬히 누리는 장수(長壽)를 빌어 마지않습니다"라고 말씀을 주셨다. 염수정 대주교가 서울대교구는 물론이고 한국 사회가 바라며 우리 교회에 기대하는 국민적 요망과 특히 젊은이들이 하느님의 창조 계획에 따라 세계 속에서 선도(先導)와 선도(善導) 역할을 하는 데 큰 역할을 하도록 지혜와 능력으로 이끌어 주시기를 바라는 마음이 간절하다.

2천 년 맞이 성탄[2,3]

또 한 번의 성탄을 맞는다. 지금 온 인류는 2천 년 맞이에 여념이 없다. 2천 년의 기원은 예수 그리스도의 성탄이다. 이런 성탄을 맞는 모든 이에게 또 새 천 년에 걸쳐 지구 전체에 살게 될 모든 이에게 하느님의 축복을 빈다. 성탄의 뜻은 아래 성경 말씀에 잘 나타나 있다.

"그분 안에 생명이 있었으니 그 생명은 사람들의 빛이었다. 그 빛이 어둠 속에서 비치고 있지만 어둠은 그를 깨닫지 못하였다. […] 모든 사람을 비추는 참빛이 세상에 왔다"(요한 1,4-5.9). 하늘 중천 천사들의 성탄밤 노래는 더욱 감격적이다. "지극히 높은 곳에서는 하느님께 영광 땅에서는 그분 마음에 드는 사람들에게 평화!"(루카 2,14) 천사들은 목자들에게 말한다. "두려워하지 마라. 보라, 나는 온 백성에게 큰 기쁨이 될 소식을 너희에게 전한다"(루카 2,10).

우리나라의 지도급 인사 한 분이 새 천 년에 대해 많은 말을 하면서 21세기만을 말하니 답답하다고 했다. 이 성탄에 새 천 년을 꿈꾸어 보는 것은 큰 의미가 있다고 생각한다. 먼저 지난 두 천 년을 일별한다.

그리스도의 탄생 당시 로마 천하는 창과 칼로 통치되고 노예제도로 뒷받침됐다. 그러나 천하를 제압한 로마의 포악성도 식민지의 한 변방마을에 태어난 예수의 가르침으로 서서히 변해갔다. 예수님의 탄생은 암흑의 세계를 비추는 빛이요, 생명이요, 사랑이며 평화와 기쁨의 메시지였다. 로마는 3백여 년에 걸친 야만의 침입과 방화, 파괴, 약탈 등으로 아수라장이 되었다. 그리스도의 빛은 그들을 순화시켜 새 천

---

2 〈평화신문〉 1999년 12월 25일 특별기고
3 본 고의 성경 구절은 2005년 새 번역 『성경』 본에 따라 수정하였다. - 편집자 주

지를 도래하게 했다. 두 번째 천 년 초반기에는 문화의 세계를 도래하게 했다. 그것은 다름 아닌 유럽 각지에 가톨릭의 절대적 후원으로 우후죽순 격으로 나타난 대학들이었다. 이런 대학은 오늘 인류 문명의 원천이다. 또 두 번째 천 년대에 나타난 수많은 수도회는 인간의 심령에 깊은 평화와 기쁨을 선사했으며 문물을 꽃피웠다. 그러나 두 번째 천 년 중반기의 종교분열은 30년간의 종교 전쟁으로 유럽을 초토화했고 수많은 생명이 살상됐다. 그 후 근·현대에 각 방면에 유혈이 낭자한 정신적·물리적 분열은 꼬리를 물었다.

새 천 년을 맞아 인류는 하나의 공동체를 지향한다. 과학기술의 발달은 이런 흐름을 가속화시킨다. 유럽통합(EU)은 이루어졌고 기존의 미합중국, 남미 정상회의 외에도 최근에는 아프리카 정상회의가 성공하여 합중국형의 아프리카를 구상한다. 그러나 아시아에서는 아직 요원하다. 위대한 종교와 철학의 발상지며 인구가 가장 많은 아시아에서 하나의 공동체가 형성되지 않고서는 세계의 하나됨도 불가능하다. 인류는 지금 '공통문화' 형성의 필요성에 몰리고 있다. 지난 수세기간 식민지 착취와 독재로 인류를 이끌어 온 표어는 '사회 정의'와 '인권'이었다. '공통문화' 시대에는 '생명'과 '사랑'이 주요 테마다. 모든 생명을 소중히 하고 사랑하며 풍요롭게 하자는 데 모든 사람은 공감할 뿐만 아니라 적극적으로 협력할 것이다. 이런 하나로의 역사 진행은 예수님의 간절한 마지막 기도 "이들도 우리처럼 하나가 되게 해 주십시오"(요한 17,11)의 폭넓은 실현이다. 가톨릭은 인류의 이런 흐름에 세계성과 깊은 영성으로 큰 공헌을 할 것이다. 사실 지금 인류는 2천 년을 맞아 예수의 성탄과 부활(주일의 연원은 예수의 부활이다)의 기쁨을 마음껏 누리고 있다.

새 천 년에 전개될 '공통문화', '생명문화'의 핵심은 소수가 누리는 특권을 일반 서민에게 확산시켜 가는 것이다. 부족장이나 왕족과 귀족, 장군, 종교인, 정치인과 자본가의 특권 시대, 그것에 부응하는 크고 작은 특권층은 사라지고 인류 역사는 모든 사람이 특권을 분유하고 참여하는 시대로 전진해 간다. 사람은 누구나 다 똑같은 하느님의 모습이기 때문이다.

어떤 국제학술회의에서는 인간의 '공통 소명'(common vocation)론이 제기됐다. 그것은 또한 각 사람의 참여(participation)에 근거한다는 것이었다. 이 때 사람 개개인은 주인임과 동시에 봉사자가 될 것이다. 이런 문화는 남을 먼저 생각하며 남을 사랑하는 데에 성립된다. 그것은 성경 정신의 실현이다. 마더 데레사 수녀는 새 천 년대 진입에서 이런 흐름에 대한 인류의 상징이다. 이런 문화 형성에는 어떤 중심이 요구된다. 저 유명한 고인류학자 떼이야르 신부는 그런 오메가 포인트를 그리스도로 보았다. 인간이 아무리 발전할지라도 영(靈)과 육(肉)의 갈등을 피할 길 없고 인간의 한계를 극복할 수도 없다. 이런 문화의 실현은 많은 우여곡절을 겪으면서 새 천 년 중반기에나 이루어질 것이며 후반에 우주에까지 활동 무대를 넓혀 가는 새로운 인간 삶이 예상된다. 물질문명만의 발전은 영의 허(虛)함을 더해간다. 여기에 종교의 큰 몫이 있다.

과학기술은 많은 공헌을 하면서도 인간성과 우주질서에 역행할 때 큰 재난을 몰고 올 수 있다. 사실 과학기술은 지금도 어떤 면에서는 예컨대 핵, 생화학무기, 유전자 변형 농산물, 환경호르몬 등의 발생으로 그 한계를 드러낸다. 오늘날 세계 도처에서 고조되는 세계화, 지구화는 일명 미국화라고도 한다. 그런 기술과 자본은 인류가 골고루 인간답게 사는 데 이바지하지 않으면 머지않아 인류 양식의 강력한 저항에 부딪힐 것이다.

하나를 지향하는 인류 역사의 흐름 속에서 교회는 새 천 년의 원천답게 새 역사 창출에 중요한 역할을 하고 있다. 그것은 먼저 '공산당 선언'과 '자본론'에 대한 「새로운 사태」 회칙의 승리, 즉 공산 정권의 붕괴다. 또 다른 하나는 교황의 주선으로 이루어진 인류 세계 종교 지도자들의 두 번에 걸친 기도 모임이다. 이런 모임은 인류 공통문화 형성에 중요한 요인이 된다. 또 다른 하나의 길조(吉兆)는 가톨릭과 개신교의 화해선언이다.

교회는 지난 두 천 년대에 못지않게 3천 년대 인류문화에 공헌해야 하며 본래 사명인 인류구원 선교에 정진해야 한다. 예수 그리스도가 하느님의 아들로서 세상에 강생하신 것은 인간구원 때문이었다. 즉 선교 때문이었다. 이 목적을 달성하기 위해 그는 십자가에서 못 박혀 돌아가시고 부활하셨다. 그러므로 교회는 선교가 핵심일 수밖에 없다.

아시아 시노드를 리드했다는 일본 대표단은 문화를 강조했다. 이 점은 40여 년의 지기인 동경의 사라야나기(白柳) 추기경과의 대화에서 확인됐다. 그것은 일본에서는 선교가 되지 않기 때문이었다고 한다. 그런 아이디어는 유명작가 평신도가 말한 것이었는데 어느 대학 연구소에서 연구한 결과였다고 했다. 또, 사라야나기 추기경은 일본교회가 지난 수십 년 동안 막대한 지출로 사회사업을 했지만 선교와는 전혀 연결이 되지 않는다고 고충을 털어놓았다. 물론 문화를 존중해야 한다. 기실 문화는 인간이 인간답게 사는 생활양태다. 직접 선교가 잘 되는 곳에서는 직접 선교에 뛰어 들어야 한다.

1980년대에 있었던 200주년 사목회의는 '민족 복음화'와 '민족문화 창달'을 표방했다. 그것은 전국에서 교회에 관련된 수십만 명의 풀뿌리에서 올라온 하느님 백성의 목소리의 수렴이었다. 약 7~8년 전 일이었다. 개신교의 어떤 인사가 천주교는 사회사업에 뛰어나고 개신교는 말씀의 선포에 뛰어나다고 해 충격을 받았다. 근년에 국민의 25%가 개신교 신자라는 발표가 있었다. 들리는 말에 40%까지는 무난하다는 전망이라고 한다. 그리스도교의 본류는 가톨릭인데도 가톨릭은 말씀 선포에서 뒤졌다. '만민에게', '땅 끝까지' 복음을 전하라는 명령을 명심해야 한다.

대구대교구의 선교열과 서울대교구장 정진석 대주교의 선교 중심 사목 방향 제시는 한국 천주교회의 선교 침체상을 반전시켰다. 선교의 첨병은 평신도다. 평신도는 세속 한가운데서 살기에 가족관계, 친·인척 관계, 사회 안에서의 동료 관계 등이 폭넓어 선교의 무한한 가능성을 지닌다. 그들에게 선교는 신자로서의 본질적 중대 의무임을 깊이 깨우쳐 주어야 한다. 물론 그리스도의 삶을 충실히 살게 해야 한다. 가톨릭 신자들은 극히 수동적이다. 이 점은 평신도 자신들이 분발해야 할 점이다. 그것은 아마도 교계가 모든 것을 직접 지휘하기 때문인 것 같다.

반면 개신교 신자들은 극히 능동적이다. 선교뿐만 아니라 오늘 이 땅의 정치, 경제, 윤리 등 사회생활 전반에 걸쳐서도 능동적이다. 가톨릭은 고등교육에도 주력해야 한다. 사회 문제에서 성직자는 서서히 후퇴하고 평신도가 책임과 권한을 갖도록 해야 한다. 유럽 시노드에서 몇몇 추기경들이 교계제도가 말씀의 선포를 가로막는 것이 아닌가라는 문제를 제기했다고 한다. 구원을 위해 '신앙'과 '선행' 문제에 대한 가톨릭과 개신교의 화해 선언은 천주교의 정통성을 유지하며 앞으로 양측의 교의, 교계 문제 등을 폭넓게 해석할 소지를 마련할 것으로 보인다. 아마도 초대 교회상이 일치의 귀감이 될 듯싶다.

우리의 현실과 인류의 미래에서도 인간 삶의 가장 기본이 되는 것은 가정이다. 사회 구조의 변화, 모든 분야에 걸친 무정견한 과학기술 발전, 특히 무정견한 사이버와 생명공학 발전은 가정을 송두리째 무너뜨릴 위험이 있다. 가정이 본 모습으로 바로 서지 않는 한, 학교 폭력, 청소년 탈선, 사회의 밑도 끝도 없는 부정과 부패, 되풀이되는 참담한 인명희생의 인재 등 그 어떤 것도 막을 수 없다. 모든 사람은 가정에서 나고 자라며 가정으로 돌아가기 때문이다. 한국교회는 가정에서부터 새로운 삶과 새로운 인간상, 사회상을 이루어내 새 천 년대에 사회의 기틀을 잡아 주어야 한다.

최근 뮌헨에서 있었던 한·독 포럼에서는 사이버가 연출하는 무공간화, 무시간화 때문에 더 이상 외부 규제로는 청소년들을 어찌 할 도리가 없고 자율적으로 키워야 한다는 발표가 있었다.

2천 년 대희년 성탄을 맞아 신자 가정들은 예수님의 새로운 성탄을 맞이해야겠다. 예수, 마리아, 요셉의 성가정에서 넘치는 사랑과 평화와 행복이 우리의 성가정에도 넘쳐 이 땅 모든 가정의 빛이 되어 주면 하는 바람이 간절하다. 가정의 원형은 아버지와 아들과 성령의 삼위일체다. 가정은 삼위일체의 생명과 사랑을 살아야 한다. 성탄을 맞아 교회는 2천 년 대희년을 선포한다. 우리의 신자들은 본래의 정신인 아낌없는 '용서'와 '화해'와 '회개', '선행'의 해를 살아 대희년의 은전을 풍성히 입어야겠다.

다시 한 번 첫 성탄 때의 '땅에서는 그분 마음에 드는 사람들에게 평화!' '온 백성에게 큰 기쁨이 될 소식을 너희에게 전한다'라는 천사의 메시지를 모든 이에게 전하며 축복을 빈다.

1999년 12월 9일
정의채

1. 수원교구와 인천교구 신학생들에게

1) 수원교구 신학생들에게

> 제목: 급변하는 인류 공통문화 속에서 미래 사목자 준비
> 일시: 2011년 4월 23일 성 토요일 13시 30분~17시
> 장소: 한국 그리스도사상연구소
> 강의자: 정의채 몬시뇰 (교황 명예 고위성직자)

① 시작 말씀 – 심상태 몬시뇰

  지금 이 자리는 너무나 소중하고 뜻 깊습니다. 정의채 몬시뇰은 우리가 자주 뵈올 수 없는 분입니다. 1961년 정 몬시뇰님의 강의를 들으며 세계적인 수준의 교육을 받는다고 생각하면서 학부 생활을 마치고 유학을 떠났습니다. 떠나고 나서 모교에 돌아와서 옛 은사님과 같이 가르치는 자리에 서기는 하였으나, 늘 배우는 자세로 오늘날까지 이어오면서 참으로 많은 것을 목격하고 경탄하면서 오늘날까지 모시

고 있다시피 합니다. 그래서 교구는 다르지만 깊은 마음과 정신의 나눔을 통한 배움의 기회를 가질 수 있어서 참 좋습니다. 이것이 가톨릭교회의 원래 정신이라고 할 수 있습니다. 여러분이 정 몬시뇰님의 책을 읽으시면서 느끼셨겠지만 정 몬시뇰님은 한 세기에 나올까 말까 하는 혜안을 지니시고 가톨릭교회의 성숙을 위해서 필요한 것이 무엇인지 정확히 알고 계십니다. 저는 개인적으로 이런 분들이 학교뿐 아니라, 교회 심층부에 자리하셨더라면 오늘의 한국 천주교회의 모습이 변화되었을 거란 아쉬움을 갖고 있습니다. 하지만 이렇게 고령임에도 불구하고 끊임없는 학문적 진리의 탐구 자세를 갖고 계심에 고개를 숙이지 않을 수 없습니다. 정 몬시뇰님은 서강대학교 석좌교수로 강의하시고 끊임없이 학구적인 자세로 집필 활동을 계속 하시어 토마스 아퀴나스의 신학대전의 우리말 번역과 출간을 담당하고 계십니다. 그 밖에도 여러 가지 집필이 있습니다.

② 정의채 몬시뇰 말씀

먼저 여기 있는 신학생들로 하여금 저의 저서 『모든 것이 은혜였습니다』를 읽게 하여 이런 대담의 자리를 마련해 주시고 수원교구를 통해 한국 천주교회를 빛낼 최인각 신부님과 귀한 부활 전날 저와의 대담을 청해 준 신학생 여러분께 심심한 감사를 드립니다. 평소에 큰 존경심을 갖고 있는 심상태 몬시뇰과 많은 것을 생각게 하는 한국 그리스도사상연구소에서 자리를 같이 하게 되니 감개무량합니다. 먼저 허두(虛頭)에서 심 몬시뇰께서 저에게 과찬의 말씀을 주셔서 몸 둘 바를 모르겠습니다. 저에 대한 과찬의 말씀은 제가 심 몬시뇰께 드려야 할 말씀입니다. 그 이유는 뒤의 토착화 부분에서 말씀드리겠습니다.

2) 인천교구 신학생들에게

> 제목: 급변하는 인류 공통문화 속에서 미래 사목자 준비
> 일시: 2011년 10월 5일(수) 오후 2~5시
> 장소: 인천 가톨릭대학교 신학대학 성당
> 강의자: 정의채 몬시뇰(교황 명예 고위성직자)

이 원고는 수원 가톨릭대학교 신학대학 교수 최인각 신부의 주선으로 동 신학대학 3학년 신학생들을 위한 것이었다. 그러나 인천교구장 최기산 주교가 인천교구 신학생에게도 강의하면 좋겠다는 말씀이 인천 가톨릭대학교 신학대학장 홍승모 신부[4]에게 전해져 인천교구 신학생에게도 강의한 것이다. 인천 가톨릭대학교 신학대학 강의 원고는 시간이 흐른 후에 다시 작성했기에 일본에서의 성소 퇴색과 자문과 복구, 한·일 간 민족적 쟁점 해결, 교황청에의 건의와 채택 사항, 생명사상 세계 확산, 인류문화의 흐름, 1% 거부(巨富)와 99% 빈민 사상 흐름의 세계 확산 및 문화적 추세, 사목적 문제 등을 제기하고 G20의 형성 배경과 G7과 경제 착취기구인 IMF의 소멸 등을 밝힌다. 또한, 2011년 10월 24일 교황청 정의평화위원회에서 IMF의 무용론 제시 등은 앞으로 신학생의 의식과 안목을 넓히는 데 필요한 사항이기에 첨부한다.

① 인사 말씀—홍승모 (인천 가톨릭대학교 신학대학장)
인천교구 신학생들을 위한 정의채 몬시뇰 강연에 감사드리며

---
4 이후, 2012년 9월, 홍승모 신부는 몬시뇰로 임명되었다. - 편집자 주

인천 가톨릭대학교의 설립 목적 중의 하나인 북한 선교와 급변하는 국제시대의 흐름 속에서, 지형학적으로 문화 교류의 관문 역할을 하고 있는 인천교구가 나아갈 사목의 안목을 키우기 위해 존경하올 정의채 몬시뇰에게 특강을 부탁드렸습니다. 인천교구를 이끌어 갈 미래 사목자인 신학생들이 국내뿐 아니라 국제적으로도 유연하게 미래지향적인 사목의 혜안을 갖는 것은 교구장의 뜻이기도 합니다.

정의채 몬시뇰께서는 날로 발전하며 다양화되어 가는 사회변화의 추이와 긴밀해져가는 남북관계의 이해 속에서 신학생들이 세계교회와 폭넓은 교류를 통해 미래적 세계상을 갖도록 지성 교육의 질적인 다양화가 전제되어야 한다고 가르치고 계십니다. 그래서 초대교회가 간직했던 순교정신과 애덕행위를 초석으로 교회와 사회에 놀라운 변화를 일으키는 선교열정을 함양해야 하며, 새로운 세대의 새로운 발상을 위해 끊임없는 기도의 영성을 겸비해야 한다고 가르치고 계십니다.

또한, 세계를 감탄시키고 있는 한류 바람과 같은 새로운 문화 흐름의 방향을 바라보면서 평신도를 통한 문화 창달을 위해서 평신도의 열성을 올바로 활성화하는 방안을 수립해야 한다고 지적하십니다. 특히 젊은이들이 교회에 돌아오고 투신하도록 가난한 이들을 위한 사랑의 봉사가 광범위한 차원에서 실현되도록 제안하십니다.

끝으로 3천 년대 인류문화의 공존과 공영 속에서 한국 가톨릭교회가 세상을 향해 선교의 발을 내딛는 교회로 도약하는 데에 열정을 갖고 투신해야 한다고 가르치고 계십니다. 시대와 역사를 관통하며 미래 지향적인 사목의 혜안을 갖고 사제의 삶을 다시 성찰하는 좋은 깨달음을 주심에 감사드립니다. 신학생들에게 해 주신 강연 내용을 정리했습니다.

적지 않은 고령이심에도 끊임없이 연구하시는 학구적인 열정을 갖고 신학생들에게 창조적이고 역동성 있는 사목의 안목을 갖도록 배려해 주심에 깊은 감사를 드리며 영·육간에 주님의 은총이 충만하시기를 기도드립니다.

2011년 10월
홍승모 신부
인천 가톨릭대학교 신학대학장

2. 정의채 몬시뇰의 특별 강연 준비 전문

1) 감사의 말씀

홍승모 학장 신부님으로부터 얼마 전 인천교구 신학생들에게 훈화라 할까 강의라 할까 말을 해 달라는 말씀을 듣고 이 자리에 앉게 되었습니다. 최기복 초대 총장 신부님과 이찬우 총장 신부님이 계실 때에도 초청되어 신학생들에게 말씀을 드렸으니 이번이 세 번째입니다. 다시 오게 되니 감회가 새롭습니다. 무엇보다도 홍 학장 신부님의 훌륭한 지도 하에 조용한 중에서도 활기 있는, 그러면서도 교구장의 의도를 따라 앞으로 한국 국제화의 관문인 인천교구 신학생들에게 제가 조언할 수 있도록 자리를 마련해 주신 데에 마음으로부터 깊은 감사의 말씀을 드립니다.

오늘 제가 이 자리에 앉게 된 것은 인천교구장 최기산 주교님의 특별한 배려에 의한 것으로 홍 학장 신부님으로부터 전해 들었습니다. 최기산 인천교구장 주교님은 놀라운 열성으로 사목하시는 분, 자나 깨나 교구의 최고 목자로서 양들만 생각하며 노력하시는 분입니다. 그렇기에 보좌 주교님을 받으실 때 기자 인터뷰의 첫 말씀이 "이제 신자들을 더 잘 돌볼 수 있게 되어 참으로 기쁘다"고 하실 만큼 양들에 대한 사목열성에 불타는 목자이십니다. 저는 최 주교님이 성령의 지혜로 충만하신 분으로 알고 있기에 두말하지 않고 승낙하였습니다. 최 주교님께서는 급변하는 국제시대에 세계 문화의 중심이 백인 중심 시대를 지나 동양으로 옮겨오고 있으며 동양에서도 기묘한 양상으로 한국으로 옮겨오는데 한국의 모든 문물(文物)의 세계 교류가 인천을 통한다는 것을 잘 알고 계십니다. 사목에서도 이런 면에 깊은 관심을 갖고 있는 분입니다. 최 주교님은 이런 넓고 깊은 안목을 겸비하신 분으로서 멀리 미래를 보십니다. 또한, 세계가 문물을 교류하는 한 가운데에서 앞으로 사목을 담당할 신학생들이 급변하는 국내와 세계, 인류문화 흐름에 열린 마음과 정신으로 준비가 되기 바란다고 하시며 저에게 훈화를 당부하셨습니다. 그만큼 인천교구장 최기산 주교님의 신학생 여러분께 대한 애정과 기대가 크신 것입니다.

한마디로 최기산 교구장 주교님은 인천교구 사목에 열과 성의를 다하는 착한 목자임은 물론이고 인천교구를 통해 이루어질 북한과 중국의 선교를 준비하시며 한국 천주교회가 세계와의 교류에서 바오로 사도가 이룬 바와 같은 한국 천주교회의 세계 복음화 사명에도 신학생을 준비시키시니 신학생 여러분은 참으로 행복합니다. 이런 귀한 자리에 저를 부르게 해 주신 인천교구장 최기산 주교님께 심심한 감사를 드립니다.

2) 국운 영욕(榮辱)의 한국 관문 인천교구를 통해 한국교회는 세계로 뻗어간다

돌이켜 보면 인천교구 태동 전에 병인양요로 외규장각 도서 297책이 약탈됐고(그 중 1차분 75책이 돌아왔습니다만) 강화도조약, 제물포조약 등으로 국치(國恥)를 당한 곳이 인천 지역이었습니다. 그러나 지금 한국은 인천공항, 영종도, 송도 등의 놀라운 개발과 발전으로 인적·물적 교류를 인천교구를 통해 세계와 하고 있습니다. 한국은 지금 그 저력을 인천교구를 통해 세계에 쏟아내고 있는 것에 최기산 교구장 주교님이 주목하시며 이런 인류문화 교류지점 사목에 지대한 관심과 노력을 기울이시는 줄로 알고 있습니다. 그렇기에 인천교구의 미래 사목자인 신학생 여러분이 국내 문제에만 국한되지 않고 세계에 눈뜨는 사목자, 급변하는 인류문화 흐름에 눈뜨는 사목자가 되기를 바라십니다.

우리 한국에는 기적 같은 일들이 수없이 많이 일어났으며 앞으로도 계속 그럴 것입니다. 그런 모든 일을 저는 프랑스 신부님들이 순교하면서 루르드의 성모님께 이 나라를 바쳤으며 한국 신자들에게 유난히 뛰어난 묵주의 기도 신심을 유산으로 남겨준 덕분으로, 즉 성모님의 특별한 보호로 믿고 있습니다. 저는 그런 것을 경험으로 확신하고 있습니다. 그렇기에 일본의 극심한 식민 정치에서 해방된 것도 정치적 역사적 시대 흐름이 어찌 되었건 성모님의 특별한 안배로 이루어진 것으로 생각합니다. 일본이 하와이 진주만 기습 공격으로 미 태평양 함대 전면 궤멸로 촉발된 태평양전쟁도 1941년 12월 8일 성모님의 원죄 없이 잉태되신 축일(前 성모 무염시태 축일), 즉 성모님의 삶이 지상에서 시작되는 12월 8일에 시작되었습니다. 드디어 1945년 8월 15일 성모승천 축일(前 성모 몽소승천 축일), 즉 가장 영광스러운 성모님이 하늘로 올라가신 날에 끝나 우리나라가 해방과 자유를 얻었습니다. 그 후, 6·25 한국전쟁 등 민족 비극과 국난이 겹쳐 올 때마다 우리가 입은 성모님의 특은이야 어찌 다 말할 수 있겠습니까. 이는 우리 신자들이 묵주의 기도를 열성적으로 바쳐 얻은 나라와 개인들의 특별한 은혜로 확신합니다.

따라서 세계의 가장 큰 문제이자 위험천만한 문제로 남아 있는 오늘의 한국 분단 문제와 가톨릭교회의 운명을 좌우할 중국의 종교자유 문제도 앞으로 인간의 생각과 능력을 멀리 초월하는 성모님의 안배로 해결될 것입니다. 그런 모든 것이 인천교구, 특히 지금 신학교에서 교구의 앞날을 준비하는 여러분의 몫입니다. 이런 것을 깊이 통찰하시는 최기산 주교님께서는 성심성의껏 기도하시며 준비에 심혈을 기울이시는 것을 잘 알고 있습니다.

지난 한 세기 동안 국제적으로 또 국가적으로 혼란의 연속이었습니다. 한국 천주교회의 운명도 말할 수 없는 소용돌이 속에 휘말렸지만 거듭 놀라운 발전을 하였습니다. 그 단적인 예가 제가 소신학생 때인 1940년대 초반에 한국의 가톨릭 신자가 약 15만이었으나 지금은 5백만 명을 넘은 것입니다. 그것도 남북한이 합쳐 15만가량이었습니다. 물론 그 당시는 하나의 같은 한국이었기에 남한, 북한이란 말조차 없던 때였습니다. 15만 명에서 지금은 남한에서만 5백만 명을 넘는 것입니다. 이런 것이 순풍으로 이루어진 것은 아닙니다. 피 흘림의 결정(結晶), 공산사상과 자유민주사상의 충돌 중, 즉 6·25 한국전쟁을 계기로 남·북의 많은 성직자와 수도자, 평신도들의 순교, 다시 말해 오늘 시성과 시복 준비를 거치고 있는 순교자들의 피의 결정입니다. 그렇다고 우리 시대가 그랬으니 당신들도 그래야 한다는 것이 아닙니다. 다만 격동과 국난의 소용돌이 속에 휘말린 우리 시대는 이런 저런 일들이 있었다는 것을 말할 뿐, 의기충천 새로운 천 년대 초입에서 하늘과 땅을 휘어잡고 나가는 한국 젊은이들, 여러분은 자기 시대가 요구하는 하느님 창조경륜의 새로운 단계 실천의 징표를 잘 읽어 훌륭한 사명 완수를 하여 주십사 하는 부탁의 말씀입니다.

3) 인류문화 진행 중에서의 사목: 평창 동계 올림픽은 인류문화 전환점, 미래지향적 청년사목 문제

가장 중요한 것은 시대의 흐름, 인류문화의 흐름을 정확히 인식하고 일해 가야만, 즉 인류문화를 선도(先導)와 선도(善導)해 가야만 하느님으로부터 위탁받은 사명인 인류구원 사업을 완수할 수 있습니다. 여기서 제가 말씀드리는 인류문화란 인류의 삶을 말합니다. 인간다운 삶이 바로 올바른 문화입니다. 지금 인류는 급속히 하나가 되어가는 시기이기에 인류가 다 같이 살 수 있는 문화 창조가 시급히 요청되고 있습니다. 한국의 젊은이들은 3천 년대 들어 급속히 한류 바람을 일으키며 동양 중심으로 이동하는 인류문화의 선봉에 설 뿐만 아니라 각 분야에서 선도(先導)하게 된 것입니다. 이런 것은 우연이 아니고 하느님의 특별한 안배로 이루어지는 것으로 생각합니다. 인류문화의 중심이 한국으로 이동하는 징조를 사방에서 볼 수 있지만 전혀 뜻밖의 사건에서도 그것이 내포하는 중대한 의미와 만나게 됩니다.

지난여름(7월 6일)에 평창 동계올림픽이 결정된 것도 저는 일반 언론과는 다른 각도에서 보고 있습니다. 그것은 동계올림픽 유치 상대가 세계 문화를 좌지우지한 프랑스와 근·현대 철학과 신학 사상의 원천으로 자부하며 현 유럽 경제의 근간(根幹)을 이루는 독일과의 쟁탈전에서 이 두 강대국을 누르고 무명의 한국 평창이 절대 다수표 차로 인류문화의 꽃인 동계올림픽 티켓을 따냈다는 사실입니다. 한국이 프랑스와 독일, 두 대표적인 인류문화국을 물리치고 1차 투표에서 절대 압승으로 동계올림픽을 따냈다는 것은 문화의 중심이 한국으로 움직여 오고 있다는 징후로 보아도 무리가 아닙니다. 인류문화의 유구한 흐름 중에 히틀러나 스탈린 등과 같이 왜곡시킨 경우도 있지만, 전체적 흐름은 올바르고 발전적입니다. 인류문화는 결국 인간의 지성과 양심으로 일구어 내는 것이기에 좋은 방향으로 나아갈 수밖에 없기 때문입니다. 인간의 지성과 양심의 작용은 하느님 모습으로서의 활동입니다. 그렇기에 교회 밖에서 이루어지는 인류문화의 흐름이 때로는 교회를 멀리 앞서 가는 것도 인정해야 합니다. 교회는 인류문화 흐름에 적극 협조하고 선도(先導) 내지 선도(善導) 해가야 합니다. 이런 선도(善導)는 하느님의 거룩함까지 세상질서에 나타나는 경지를 의미합니다. 이렇게 할 때 교회가 번성했고 그렇지 못할 때는 쇠퇴(衰退) 내지 쇠락(衰落)의 길을 걸었습니다. 이는 전체적 흐름에서 말하는 것이기에 거창한 것 같지만 시대의 흐름을 제대로 읽지 못하면 수고는 많아도 결과는 도로(徒勞)로 끝나는 일이 많습니다. 비근한 예는 우리 선조들, 특히 프랑스 선교사들이 굳건한 신앙과 열정적 신심생활을 전해 준 것입니다. 이는 무엇보다도 고귀한 것이지만 미래지향적 사목 측면에서는 그리 감탄할 것이 못됩니다. 즉, 농촌지대에 토지는 많이 샀지만 시대 문화의 변화 속에 토지개혁이 되니 거의 날라가 버린 형편과도 같습니다. 이와는 달리 개신교 측에서는 백년이나 늦게 이 땅에 도래했지만 병원 설립과 중등과 고등 대학 등의 교육에 주력했기에 오늘날 사회 복음화 내지 누구나 다 받아야 하는 인간 교육 복음화에서 월등히 앞서가는 형국이 되었습니다. 더 안 된 것은 가톨릭 신자가 이제 5백만을 넘었기에 그들이 내는 세금이 막대한데도 교육에 분배하는 경우, 우리 신자들이 낸 막대한 세금의 대부분이 개신교 측 학교 교육에 할당된다는 사실입이다. 이렇게 급변하는 사회, 한마디로 인간문화를 보지 못하는 사목은 말할 수 없는 도로의 결과를 빚어내는 것입니다. 이런 예는 단적인 것이고 우리가 하는 오늘의 사목에도 많은 부분이 그런 형국일 수 있다는 데 사목의 큰 문제가 내재해 있지 않나 심각하게 고민해야 할 것입니다. 특히 젊은이들 95% 이상이 성당을 떠나는 현실에서 문제의 심각성은 더합니다. 지금 우리 젊은이들은 하늘을 날며 세계를 휘어잡는 한류(韓流) 바람을 일으키기에 더욱 그렇습니다. 이 점이야말로 여러분 젊은 신학생의 가장 큰 관심사이겠습니다. 한마디로 작건 크건 간에 급격한 삶의 변화를 일으키는 현대 문화 현실에 적응하지 못하는 것은 결국 탈락할 수밖에 없습니다. 사목도 그런 테두리 안의 것이기 때문입니다. 한국 천주교회는 이런 점에서 사목 문제, 특히 청년 사목 문제를 매우 심각하게 재고해야 할 시점에 도달했으니, 젊은 신학생 여러분이 자칫 노쇠 현상을 일으켜 과거지향적이 되거나 안일무사, 더 나아가 타성에 젖지 말고 유연하게 인류문화가 전진해가는 미래지향적 관점에서 진지하게 고민해야 합니다.

4) 신학생이 만나야 할 교회 사활의 사목 문제 조감

이제 우리는 한국 천주교회의 지난 50여 년간의 신장세를 개관하고 본론으로 들어갈까 합니다. 앞에서도 언급한 바와 같이 1940년대 초반에 남·북한의 총 교우수는 15만 정도였다고 합니다. 그후, 전체 교세는 꾸준한 증가세를 보여 2008년에는 5백만 명을 넘는 놀라운 교세가 되었습니다. 이런 놀라운 증가는 1950~1980년대에 걸친 신자들의 꾸준한 선교 정신이 기본이 되었기 때문입니다. 더욱이 1980년에 시작하여 1984년에 이루어진 한국 천주교회 2백 주년 기념행사에 교황 요한 바오로 2세가 방한하여 개최된 사목회의를 통해 민족 복음화와 민족 문화창달 기치가 고양되었고 한국 신자들의 의식 변화에 결정적 영향을 미쳤습니다. 그동안 전년 대비 2% 정도의 증가율에 비해, 사목회의 진행과 실현 시기였던 1983~1993년 사이에 3% 이상의 증가율을 보였고 2008년에는 5백만을 넘는 경이적 증가율을 보였습니다. 그러나 그 후로는 증가세율이 둔화되는 것 같습니다. 특히 우려되는 것은 일선 사목자들의 공통 인식인 젊은이 95%의 교회 이탈이라는 현실입니다. 이런 사목적 난점은 사제가 될 여러분의 큰 사목 과제이기에, 여러 신학생의 사제직 준비에서 가장 주목하고 열성적으로 준비해야 할 핵심(核心) 과제입니다. 젊은이를 다 잃어버린 교회는 다른 모양새가 아무리 화려해도 결국 사라져 갈 수밖에 없는 운명인 것입니다.

거기 더해 우리나라는 노령화가 세계에서 가장 빠른 나라이어서 앞으로 노인 복지문제는 젊은 세대에게 감당할 수 없는 세금을 요구할 것입니다. 따라서 이 문제는 가히 가공할 사회문제를 제기할 것입니다. 속된 말로 어떤 젊은이가 두 사람이나 한 사람이 자기와는 무관한 노인 한 사람씩 짊어지고 가야할 세금, 즉 짐을 지겠습니까. 젊은이의 인구감소 문제와 교회 이탈문제는 교회의 사목 문제, 이 땅에서의 교회 운명 문제와 직결하니 이 두 문제를 축구장의 양쪽 골문과 같이 생각하는 사목을 구상해야 할 것입니다. 두 골문이 없으면 축구 경기 자체가 성립되지 못하는 것처럼 젊은이와 노인을 빼 놓은 사목이란 성립될 수 없기 때문입니다. 그렇기에 지금은 신학생 시기부터 이 두 문제에 대한 진지한 연구와 노력이 필수 과제라고 생각합니다. 그러나 여기서는 우선 급한 문제로서 또 여러분과 같은 연배인 젊은이 문제에 강의의 중점이 주어질 것입니다. 또한, 지금 태동 중이며 앞으로 창출할 인류 공통문화 흐름 속에서의 사목 문제를 조감함으로써 여러분이 앞으로 만날 사목 세계를 바라보고자 합니다.

5) 신학교 피난 시기

저는 6·25 한국전쟁으로 피난살이 신학교 생활을 했기에 당시 신학교의 모습에 대해 몇 말씀 드리겠습니다. 저는 1941년 3월 함경남도 원산시에 근접한 덕원이라는 곳에서 왜관 성 베네딕토회 전신인 덕원 성 베네딕토회(당시는 분도회)가 운영하는 신학교에 입학했습니다. 그때 학제는 중등과 5년 고등과 2년 철학과 2년 신학과 4년 과정이었습니다. 그 신학교에서 근 9년 동안 면학하던 중, 1949년 신학과 1학년 5월 9일 야밤에 북한 공산정권에 의해 수도원 신부와 외국인 수사 전원 체포와 더불어 신학교 해산으로 귀가했다가, 1950년 6·25 한국전쟁 발발로 죽을 고비를 넘으며 기적적으로 남하하여 서울 신학교에 편입되었습니다. 저는 제주도 피난 신학교 생활을 거쳐 1951년 여름, 임시로 개설된 부산 영도 신학교에 정착하여 신학 과정을 마쳤습니다. 1953년 7월 정전(停戰)협정과 동시에 전시 중 피랍 내지 행방불명 된 사제수가 많아 사목 공백을 메우기 위해 8월 한 학기를 앞당겨 서울 명동성당에서 노기남 주교로부터 사제직에 서품되었습니다. 그리고 정전은 되었지만 준 전시 중이라 서울과 여타 전시 지역에 일반인의 귀환이 늦어지고 부산 등지에 피난 주민이 많이 잔류하고 있었기에 저는 부산시로 와서 보좌 생활을 시작했습니다.

제주도에 피난하여 신학교 생활을 할 때, 약 2개월여간을 서귀포에서 약 10리 떨어진 홍리 공소에서 신학교 생활을 하다 제주시로 옮겨 성신여자 중·고교 교실을 빌려 신학생 생활을 하게 되었습니다. 전선 상황의 호전으로 약 6개월간의 제주도 생활을 마치고 부산으로 귀환하여, 영도에서 다시 피난 생활을 했습니다. 제주도 피난 시기보다 나아졌지만, 오늘날에는 생각조차 못할 처지였습니다.

부산 영도에 신학교가 자리 잡게 된 것은 거기에 공소 강당 하나가 있었기 때문이었습니다. 강당이라야 커다란 공간 하나였습니다. 그 공간에서 자고 먹고 미사 지내고 강의하고 모든 생활을 했습니다. 그것이 대신학교 생활이었습니다. 그랬기에 나무로 된 사과 상자 하나 얻어 책상을 대신할 수 있으면 그 학생이 특별한 신분처럼 보였고 부러웠습니다. 그러니 다른 모든 삶을 미루어 짐작하고도 남을 것입니다. 소신학교는 밀양에 있었는데 사정은 더 열악했다고 합니다. 그러다가 차츰 사회가 조금씩 안정을 되찾아가게 되었고 신학교도 증축을 하게 되었습니다. 식당이나 공부방과 침실로 쓰는 공간을 구분하기 위해 판자 즉, 나무 조각을 맞추어 기둥을 세우고 판자로 벽이나 지붕을 만들고 두꺼운 종잇조각이나 마분지 같은 것으로 발라 두루 막은 판잣집들이 몇 개 생겨났습니다. 그런 판잣집에 교수 신부님들의 독방을 만들고 신학생의 자습실을 만들었습니다. 그러나 전체 강의실이나 미사 등의 공동행사를 하는 곳은 강당 공간 하나뿐이었습니다. 오늘에는 생각조차 할 수 없는 열악한 환경이었습니다.

6) 평신도와 함께하는 신학생의 열린 교육

저는 로마에서 공부를 마치고 1961년 2학기에 서울 신학교에 교수로 들어왔습니다. 그때는 서울 신학교가 한국의 유일한 가톨릭 신학교였습니다. 그래서 전국 모든 교구, 제주도 신학생들까지 서울 신학교에서 사제 수업을 받았습니다. 본래 저는 로마 라테라노 대학에서 교수생활을 하라는 제안을 지도교수에게 받았습니다. 그러나 한국은 전쟁으로 잿더미가 된 상황이었기에 후학을 양성해야겠다는 생각으로 서둘러 귀국하게 되었습니다. 그러나 이승만 정부의 정책으로 한국의 모든 것이 미국식이 되었기에 귀국 전에 앞으로의 학문 세계와 도래할 인류문화 사회를 예상해 보고자 미국에서 잠시 공부한 후에 귀국했습니다.

제가 신학교로 올 당시 신학교에는 160~180명(군대 복무 80~100명) 정도의 학생들이 있었는데, 그때에는 신학생들이 지도신부를 자유로이 선택할 수 있었고 15~16명 남짓한 교수신부들 가운데(아마도 그때 학생들이 새로운 세계문물에 목말랐기에) 저는 약 80명의 학생들의 지도부탁을 받았고 이를 거절할 수 없어 시간에 몰려 곤혹스러웠습니다.

그때에 저는 "신학교 교육이 이대로는 안 되겠다"라는 입장이었습니다. 100년이라는 역사 속에서 당시 신학교의 문은 막혀 있었습니다. 저보다 훨씬 선배 신부님들의 말씀에 의하면, 신학생들은 1년에 한 번, 20일 남짓 집에 갈 수 있었으며, 우편물의 수발(受發)과 전화 사용 등 모든 것이 학장 신부의 허락을 얻어야 했습니다. 사회의 문화 발전 속도에 비해 지극히 폐쇄적이었습니다. 이렇게 백 년 전 폐쇄된 방식으로 양성된 사람들이 앞으로 만나야 할 개방된 사회에서 제대로 된 지도자가 될 수 있을까 하는 생각이 들었지만 당시에 저는 초년 교수였기에 발언권이 미미했습니다.

그래서 간접적이지만 개방 교육 준비 일환으로 저는 명동성당에서 지성인의 예비자 교리반을 시작했습니다. 그것은 앞으로의 신학생들의 사목 대상과 활동이 개방된 사회의 구성원인 평신도라는 점을 신학생들에게 새겨주기 위해서였습니다. 결국은 그러저러한 것이 신학교 개방으로 이어졌습니다. 학교 들어와서 5~6년 후에 부학장이 되었습니다. 저는 학생들의 요구를 들어주자는 생각으로 당시 학장이었던 정규만 신부님의 동의를 얻어 신학생들의 요구사항을 반(班) 회의와 부서별 회의를 통해 요청하게 했습니다. 당시 신학생들의 요구 사항은 일주일 외출을 한 번 더 늘리자든가 운동 시간을 더 달라든가 저녁 취침시간을 좀 더 늦춰 달라는 정도였습니다. 제가 생각하는 것보다는 미미했습니다. 저는 좀 더 과감하게 생활의 변화를 유도했습니다. 예컨대 그때까지 학장 선에서 검열하던 우편물의 수발검열 제도 일체 폐지, 학생 전용의 전화기 설치와 필요시 외부와의 전화 수발의 자유화, 신학과목 이외의 교육학, 신문학, 노동 문제, 매스컴 등 앞으로 신학생들이 활동할 사회에서 사목에 많은 도움을 줄 과목 등의 타 대학 야간 과정 이수 등을 신학과 성적 80점 이상의 학생들에게 허용하였습니다. 외출은 원칙적으로 학장의 허락으로 하지만 필요할 때는 총학생장 또는 반장의 허락으로 허용하게 하는 등, 쉽게 했지만 남용하지 않도록 했습니다. 그것은 곧 몇 달 뒤에 본당에서 보좌 신부이지만 몇 천 명의 지도자가 될 고급반 학생들에게 간수와 같은 형태의 허락을 장상으로부터 받아야 한다는 것이 시대의 지도자 양성에 모독이라는 생각마저 들었기 때문이었습니다. 그러는 한편 모든 것을, 휴지 한 장까지 학교 당국이 제공하여 당시 표현을 빌린다면 거지 근성을 심어준다는 심성을 바로 잡기 위해 등록금 납부 의무를 가한 것입니다. 극빈자 학생은 본당 신부가 해당 신학생에게 자존심의 손상을 주지 않기 위해 교구청을 통해 비밀리에 납부하도록 했습니다. 또한, 방학 동안 직장에서 일반인과 같이 땀 흘려 등록금이나 용돈을 마련하게 했습니다. 학교 당국이 신자 기업인이나 기관과 협의하여 취업 알선도 했습니다. 이런 변화는 놀라운 신학생들의 심신의 변화, 즉 현대 사회의 의무와 책임을 다하는 성정(性情)을 함양했습니다. 한국 신학교는 제2차 바티칸 공의회(1962~1965) 후의 신학생 양성상을 앞질러 높은 단계의 신학생 교육을 실현한 것입니다.

7) 한국 천주교 2백 주년 기념 사목회의 평신도상 부상과 신학생 양성

한국교회에 획기적 발전의 계기를 마련한 것은 한국 천주교 2백 주년 기념 사목회의였습니다. 1980~1984년에 걸쳐 준비가 진행된 한국 천주교 2백 주년 기념 사목회의 현장 총책을 맡게 되었습니다. 사목회의의 핵심적 목표는 교계 일변도에서 벗어나 평신도의 능력을 표면화하고 활성화하여 평신도와 사제가 서로 협력하여 교회를 활성화하여 대대적인 사회 복음화를 이루는 것이었습니다. 그런 근본적 변화 준비 일부로 한국에 신학교가 생긴 후 "금녀의 집"이며 평신도들에게는 금단의 영역이었던 신학교 수업이 수녀와 평신도들에게 개방되었습니다. 이렇게 하여 신학생과 평신도가 변하여 3천 년대의 교회 발전에 대비하게 한 것입니다. 다른 한편, 사회 변화와 한국 천주교회의 세계 사명을 고려하여 지도 신부단의 다양화와 역할을 강화했습니다. 지도 신부가 양심적인 문제 등을 다루게 하였습니다. 또한, 영성적 차원에서는 앞으로 발전하는 인류문화 속에서의 사제상을 고려하여, 사랑의 화신으로서의 신학생 양성에 역점을 두었습니다. 날로 발전하며 다양화되어 가는 미래 세계상을 고려한 지성 교육의 다양화는 제가 부학장 시절부터 애써왔던 것이었습니다. 특히 더욱 더 긴밀해지는 남북 관계 이해와 앞으로의 사목 요청에 대비하여 북한학을 도입했습니다. 한국의 사목회의는 기실 전국 시노드의 형태였으며 전국 차원으로는 세계교회에서 처음 열린 것이었기에 세계교회 전국 시노드의 표본이 된다고 교황청으로부터 칭송(稱頌)을 받았습니다.

① 사랑의 화신으로 신학생 양성

　당시 우리나라는 경제가 발전하여 부유해짐에 따라 교우들의 신심과 사제에 대한 존경심이 높아지면서 폐단도 발생했습니다. 문제 중 하나는 신자들의 이런 저런 상납으로 성직자들의 물질적 부유(富裕)화였습니다. 고(故) 김수환 추기경은 가난한 이들을 돌보는 목자가 되어야 하는 신부가 가난하지 못한 현실에 대해서 많은 걱정을 하시며 기회가 있을 때마다 몇 번이고 사제들의 가난에 대해 강조했지만 별효과가 없었습니다. 때문에 김 추기경은 난감해 한 때가 한두 번이 아니었습니다. 제가 사제들로 하여금 가난한 사람을 도와 사제들이 가난하게 되도록 해 보겠다는 제안을 했습니다. 물론 김 추기경은 찬성이었습니다.

　그것은 바로 신학교에서 토요일을 애덕의 날로 만드는 것이었습니다. 아침 9시에 신학교를 떠나 3명이 일조(一組)로 가난한 이들과 약자들(감옥, 지체장애자, 버림받은 어린이 집, 정신병원, 시립병원, 양로원, 독거노인 등)을 찾아 도와주는 것이었습니다. 이렇게 신학생들이 인간의 비참과 만나 스스로 애덕을 실천하여 애덕행위가 몸에 배어 사제가 된다면, 보좌 때부터 많은 젊은이와 함께 애덕생활을 계속하게 될 것입니다. 이렇게 되어야 사제들은 스스로 가난해지며 불쌍한 이웃을 사랑하고 행복해질 것이기에 저는 토요일을 애덕의 날로 정했습니다. 신학생들이 갖고 있는 것을 자기보다 못한 이들에게 줌으로써 행복을 느끼게 돼 차츰 애덕의 정신으로 가득 차 가는 것을 느낄 수 있었습니다. 신학생들이 어떤 때는 못 먹고 못 입는 사람들에게 자기 돈으로 쌀과 고기와 옷을 사주기도 했습니다. 당시에는 탕 한 그릇이 3천 원이었고, 라면이 하나에 2백 원 정도였기에 신학생들은 라면 한 그릇으로 점심을 때우고 학교에서 점심 값으로 받은 3천 원으로 가난한 이들을 도왔습니다. 당시 담배를 피우는 신학생들이 많았는데 담배 값도 아껴 가난한 이들을 도와주는 학생수가 늘어갔습니다. 당시 담배 부주의로 신학교 경내에서 화재가 발생한 일도 몇 번 있었고 담배꽁초가 신학교 경내를 어지럽히는 형국이었습니다. 이런 애덕 실천 후에는 신학생들이 자기들이 만나는 가난한 이들을 돕기 위한 금연으로 주변이 깨끗해졌고 화재도 없어졌습니다. 젊은이들이 불쌍한 사람들을 대하며 처참함을 느껴 담배까지 끊어 애덕을 실천한다는 것은 놀라운 애덕행위가 아닐 수 없습니다. 애덕의 날 저녁에는 조(組)별로 리포트를 작성하고 의견을 나누게 하여 서로 분발하게 했습니다. 이런 식으로 양성된 신학생이 보좌 신부가 되어 본당에서 신학생 때 몸에 밴 애덕행위를 실천하게 될 때, 본당 신부들에게도 자극과 때로는 압력도 되어 가난한 사제상이 실천되게 되면 많은 신자들, 특히 젊은이들이 호응하게 되어 초대교회와 같은 사랑의 교회가 될 것입니다. 저는 이러한 놀라운 변화를 교회와 사회에 일으키면 국내외의 선교열도 초대교회를 방불하게 할 것이라고 확신했습니다. 이런 일을 주님의 제자 교육에서 본뜨려는 면도 있었습니다. 주님은 제자들을 훈육(訓育)하는 데에 세상에서 격리된 산간벽지가 아닌 저잣거리, 혹은 예루살렘 한복판에서 바리사이 등의 당대 학자들, 말하자면 하느님 아들의 도래와 인류 구원이라는 새로운 학설로 논쟁을 벌이면서 하신 것입니다. 오늘로 말하면 종합대학의 한 와중에서 인류 구원의 준비를 시킨 것입니다. 저는 신학생들의 영성을 위해 1-2년 영성의 해를 두어, 마치 바오로 사도가 사도로 불림을 받고 광야로 가서 여러 해 동안 자신을 훈련시키고 불타는 열성으로 세계를 누비며 선교를 하신 것처럼 해야 한다고 말했습니다. 그러면 교육 기간이 너무 길어진다고 생각하지도 않았습니다.

제가 신학생이었을 당시에는 대개 50대이면 사제들이 사망했습니다. 그러나 제가 대신학교 학장일 때는 사제들이 65~70세를 훌쩍 넘었습니다. 사회에서도 일반적인 지식이 높아졌고 고등교육이 일반화 되어가는 시기였습니다. 몇 년을 더 공부시키고 수련시킨다고 해도 예전보다 더 오래 살기에 사제들이 더 오래 사목하게 되고 지금 한국에서는 빨리 은퇴하는 것이 좋을 지경이 되었습니다. 이러한 환경에 대비하여 시대에 적응하는 사목자 양성이 시급하며, 과거지향적이기보다는 미래지향적인 사제 양성이 되어야 한다고 생각했습니다. 저는 바티칸 제8차 시노드에서 교황 요한 바오로 2세의 명으로 "종합대학 안에서 신학생 양성"에 대해 이와 같은 내용으로 발표했습니다. 그 후, 로마의 수도 장상회의 임시 총회를 열어 저의 발표 내용을 2년의 준비 기간을 거쳐 모든 수도회가 실천하기로 했습니다. 그 해 로마의 수도장상회의장(長)을 맡고 있던 분이, 세계에서 1천여 개의 가톨릭대학 대부분을 운영하는 수도회들이 어떻게 그런 사고를 하지 않았는지 모르겠다고 했습니다. 추기경도 많고 대주교, 주교도 많고 종합대학 총장, 유명한 학자 교수 신부, 사제 못지않은 평신도 저명 교수도 많은데 어째서 그런 생각이 아무에게서도 나오지 않았는지 의아해 했습니다. 그 분은 임시 총회까지 하여 앞으로 전 세계 수도회 신학생 교육을 저의 발표 내용에 따라 하기로 했다며 감사의 말씀을 전했습니다. 그렇게 저의 발표는 대대적인 환영을 받았습니다.

저는 이런 애덕 수련으로 있는 것을 가난한 사람들에게 다 내어주는 애덕을 몸에 깊이 익히게 함으로써 신학생들에게 청빈의 정신, 즉 가난의 덕을 쌓게 하고 더 나아가 물질뿐만 아니라 자기 자신을 다 내어주는 순명의 정신을 함양하게 하려는 것이었습니다. 정결의 덕도 하느님께 대한 마음과 몸, 생명을 다 바치는, 다 내어주는 전체적인 큰 사랑에서(루카 10,27-28 참조), 작은 부분적 사랑 한 여자나 자식에 대한 사랑을 초월하는 데서 풀이하고자 했습니다. 다시 말해 사랑으로 자기를 다 내어 주는 정신, 즉 인간의 집착의 마지막 보류인 자아 집착과 육욕까지 포기하며 자신의 전부를 내어주는 사랑, 그리스도의 인류에 대한 무한한 사랑에의 참여로 순명과 정덕을 수덕(修德)하게 하고자 했습니다.

② 신학교의 지성 교육

"신학교 교육에서 가장 중요한 것은 지성 교육입니다. 사목 사제는 수백, 수천 때로는 수만 신자를 이 세상 삶을 통해 영원한 생명으로 이끄는 목자의 지도자입니다. 그렇기에 세상의 지도자들을 훨씬 넘는 초월의 길에 능통한 지도자여야 합니다"라는 것이 저의 소신이었습니다. 그렇기에 제가 덕원 신학교에서 독일계 베네딕토회 교수 신부님들께 교육받을 때에 마음에 각인된 것이 사제 수련은 깊은 신심을 지니며 덕을 닦는 것은 물론, 철학과 신학의 풍부한 지식과 정확한 판단력의 소유자가 되어야 한다는 것이었습니다. 그리고 평신도는 자기 시대의 세상을 사는 것이기에 그들을 구원으로 이끌려면 그 시대의 사상, 즉 시대 문화에도 통달하는 지도자여야 한다는 것이었습니다. 그렇기에 제가 신학교에 입학할 때는 우리 반 신입생이 25명이었지만 매학기 성적 미달로 성직 지망을 포기해야 하는 학생들이 있었습니다. 그렇게 하여 3학년 1학기까지 탈락하는 학생이 반 수 정도였습니다. 그렇기에 당시 신학생들은 우수한 학생들로 교회 내외에서 인정받았습니다. 당시 교장 신부님은 강론 말씀 중에 사제를 새에 비긴다면 새는 날기 위해 두 날개가 필요한데 그 두 날개란 성덕과 지식이라고 했습니다. 그런데 불행하게도 한 날개만을 쓸 수밖에 없게 된다면 그것은 지식의 날개라고 했습니다. 그 이유인즉 신자들의 영혼을 영원한 생명에로 인도해 가야 하기 때문이라고 했습니다. 수사는 개인의 성덕(聖德), 수덕(修德)이 알파요 오메가지만 사제는 많은 신자들을 구원에로 이끌어가는 지도자이기에 지혜가 개인 수덕에 앞서야 한다는 것이었습니다. 그렇지만 경계해야 할 것은 교만입니다. 교만은 사제 생활에서 모든 것을 파괴하는 것이기에, "하느님께서는 이 돌들로도 아브라함의 자녀들을 만드실 수 있다"(마태 3,9)의 말씀으로 사제 생활에서 겸손을 강조하신 로머 교장 신부님의 강론은 근 70년이 지난 오늘에도 저의 마음에 깊은 여운으로 남아 있습니다.

그렇기에 저는 학문적 배경을 강조했는데 무엇보다도 시대가 요구하는 측면에서였습니다. 제가 신학교 교수와 학장직을 맡고 있을 당시 인류문화가 새로운 국면, 즉 모든 민족이 갖고 있는 지성적 보화(寶貨)와 그리스도 교리가 조화 내지 상호 동화해야 하는 차원에 이르렀기에, 신학 교육은 토착화가 필요한 단계에 도달했었습니다. 또 그때는 한국교회 2백 주년 기념 사목회의가 진행하던 중이었고 제가 그 현장 총책임을 지고 있었습니다. 매우 중요한 것이 토착화 문제였습니다. 때마침 심상태 몬시뇰이 유럽에서 학위를 성공리에 마치고 귀국하셨기에 김남수 주교님께 품신하여 신학교 교수 신부로 모셨습니다. 당시도 심 몬시뇰은 선견지명으로 토착화에 큰 관심과 깊은 조예를 갖고 있었기에 큰 다행이었습니다. 제가 맡고 있던 2백 주년 기념 사목회의 평신도 의안에 토착화 항목을 신설하여 심상태 몬시뇰을 모셔 사목회의를 풍요롭게 하고 학풍과 전례 실천에서 우리나라뿐만 아니라 세계적으로 토착화의 실질적 바람을 일으키게 된 것입니다. 한국 사목회의 의안집이 교황청으로부터 세계교회 전국 사목회의의 전범(典範)이라는 극찬을 듣게 된 것입니다. 한국교회가 토착화 문제에서 세계교회의 선두를 달리는 양상을 띠게 되었습니다. 본래 동양문화와의 토착화는 1930년대에 중국에 파견된 선교사들과 중국 관련 교황청 고위 인사들이 중국적 건축 등에 관한 관심과 초보적 실천 정도였습니다. 다른 한편 중국 교회의 거물 우핀 추기경은 더 발전된 양태, 즉 가톨릭대학의 명칭을 푸런(輔仁)대학으로 하는 등 학문적 발전에 단초를 연 것이었으나 중국 본토의 공산화 및 성소의 급격한 감소와 대만 교회의 내리막으로 중국에서의 토착화는 퇴색할 수밖에 없는 운명이었습니다. 이런 흐름 속에 학문적이며 전례적인 토착화는 1945년 제2차 세계대전 종전 후, 1950년대와 1960년대에 일본교회가 주도하는 양상을 띠었습니다. 그러나 일본교회와 일본 가톨릭 문화가 내리막길을 걸어 별 볼 일 없이 되었습니다. 그 후 인도에서 활발한 듯했으나 역시 동양에서의 토착화는 유교, 도교, 불교 등과의 깊은 교류에서 해야 하는 것이기에 이 점에 미진했습니다. 그리하여 한국 천주교회 2백주년 기념 사목회의를 계기로 심상태 몬시뇰이 발아(發芽)시키고 꾸준히 발전시킨 토착화 연구 업적이야말로 교회가 지향하는 토착화의 본류가 된 것입니다. 따라서 심 몬시뇰의 토착화 업적은 3천 년대 한국교회의 세계교회에 대한 금자탑이 될 전망입니다. 사실 위대한 교부들은 그리스도 사상을 그리스 사상에 토착화하여 새로운 영성과 정신의 문명, 더 나아가 일찍이 없었던 문화를 창조하여 인류에게 선사했습니다. 유명한 교부들을 낳은 지대의 교회와 같이 한국교회의 학문적·실천적 업적으로 치부해야 할 것이나 심상태 신부님이 계발하는 토착화 신학을 한국교회가 그렇게 하지 못하는 것이 현실이기에 큰 아쉬움으로 남습니다.

저는 신학 교육의 질적 향상을 도모했습니다. 그것은 먼저 성서교육의 강화였습니다. 당시 성서학으로 근 20년 형설의 공을 쌓은 심용

섭 신부님을 성서학 교수로 모셨습니다. 또한, 로마에서 성서신학으로 학위를 얻은 김병학 신부님도 교수로 모시어 성서교육을 강화했습니다. 가톨릭 윤리신학의 본산 알폰시아눔 윤리신학 대학에서 학위를 받은 유봉준 신부님을 모시어 윤리신학을 강화했습니다. 그뿐만 아니라 교의신학에는 박상래 신부님을, 전례학에는 최윤환 몬시뇰을 위촉했습니다. 기존의 교수 팀과 합류하여 당시로서는 국내외에 손색이 없는 교수진을 구비했습니다. 영성 교육 부분에서는 지도 신부단에 당시 한국에서는 희귀했던 영성신학 박사 이재만 신부님을 영성 부장 신부로 부서를 개설했습니다. 이는 오늘날 한국의 가톨릭 중견 사제들의 영성 기틀을 마련했습니다.

여기 토착화에 대한 삽화(揷話) 하나를 첨가한다면 1961년 중반기에 제가 로마에서 유학을 마치고 귀국했을 때의 일입니다. 이런 삽화를 여기 첨가하는 것은 문화적 잘못을 저지를 때 어떤 비참한 결과가 되는지를 실감하게 하기 위해서입니다. 한국의 오랜 숙원이 노기남 대주교님의 비상한 활동으로 이루어져 서강대학교는 벌써 서울에서 개교했고 성심여자대학이 춘천에서 개교 준비를 할 때였습니다. 저는 당시 서울 성심회 고위층의 성심여자대학 개교에 대한 자문을 받게 되었습니다. 그 자문의 내용이 좀 복잡하고 길기에 여기서는 핵심 부분만을 소개하겠습니다. 당시 한국의 정치, 경제, 문화 모든 면에서 우선 이조(李朝) 5백 년의 왕도(王都) 서울이 아니고는 성공할 수 없는 여건이었습니다. 그리고 그때만 해도 서울에서 춘천까지의 도로 사정은 많은 부분이 단선인데다 군사 훈련, 군 수송트럭 등의 왕래가 많아 3~4시간은 족히 걸리고 매우 불편했습니다. 그래서 저는 "우선 왜 서울이 아니고 춘천"이냐고 물었습니다. 대답은 "춘천시에서 땅을 제공 받았기 때문"이라고 했습니다. 저는 또 물었습니다. "어떤 땅이냐"고. "가

파른 산 하나를 받았다"는 것이었습니다. "그런 땅의 정지 비용은 누가 대느냐"고. "수도회 부담"이라고. "그런 비용이 얼마나 드느냐"고 했더니. "한창 진행 중인데 1억 원은 족(足)히 든다"는 것이었습니다. 그때 그런 액수는 가히 재벌급이었기에 "그런 엄청난 돈을 정지에만 쏟아 붓느냐"며 "그런 막대한 돈이라면 왜 수유리 등지(그때는 아직 개발 붐이 일지 않아 서울 외곽 지대는 땅 값이나 물자 값, 노동비가 말할 수 없이 싼 시기였음)에 땅을 10만 평쯤 사 가톨릭 교육의 정수인 좋은 기숙사도 짓고 교사도 잘 지어 한국 국민 전체가 바라는 훌륭한 여자대학을 운영하지 않느냐"고 했더니 "구미(歐美)의 훌륭한 대학들 예컨대 옥스퍼드, 케임브리지, 하버드 등 대학들이 시골에서 이루어졌다"며 그때 로마 수도회 총본부의 총원장 등 "성심회 수뇌들이 서울 수녀원에 와 그런 운영을 결정 진행 중"이라는 것이었습니다. 저는 그때 "서구에서 그것도 중세의 가톨릭의 큰 권세 하에 이루어진 것을 모델로, 모든 것이 이조 5백 년 왕도인 서울에서 먼저 이루어져야 한다는 민족문화 감정을 깡그리 무시하면 반드시 실패할 것"이라고 하였습니다. "오랜 문화 뿌리를 갖고 있는 민족 정서를 무시하고 서구인 중심의 사고로 일을 처리해 실패할 것인데 그런 경우 결정 당사자인 서구인 수녀들은 손 털고 가버리면 그만이겠지만 결정에 아무 발언도 못하고 당하고만 있는 본방인 수녀 지망생들은 후일 뒤처리에 말할 수 없는 고통을 받을 것"이라고 했습니다. 저의 견해는 그런 것이니 10년 후 다시 대학 문제를 말하자고 했습니다. 말하자면 토착문화를 무시하고 "식민지적 사고방식으로 일을 처리하면 후회막급(後悔莫及)일 것"이라는 경고를 했던 것입니다. 그 후 꼭 10년이 되던 해에 (그동안 학군 문제 등 난관도 겹쳤지만 결국 부천으로 옮기는 피나는 노력을 후대 방인 수녀들이 했지만) 서울 혜화동 대신학교 경내 토지 일부로 성심여자대학 교사를 옮기겠다는 무리한 제안 등을 거치면서 내리막길을 거듭하여, 결국 성심여자대학은 가톨릭대학교에 흡수되어 폐교에 이르게 된 것입니다. 이 사건은 토착문화를 외면하면 어떤 결과가 되는지 세계교회의 표본이 되었고 그 후, 교회의 급속한 토착화 문화의 촉진제가 되었습니다.

③ 통일 대비 북한학 신설과 미래 대비 컴퓨터 교육

미래 사목자의 식견과 지도력, 선교와 사목에도 한발 앞서 대응하고자 저는 북한학 강좌를 개설했습니다. 그리고 사계 전문기관에 문의하여 한국에서 가장 권위 있는 분을 강사로 모셔 고급반에서 강의하도록 했습니다. 그때 강의를 듣던 고급반 학생들은 북한의 실상을 속속들이 알게 되어 새로운 선교 천지에 희망에 부풀었습니다. 또한, 사이버 세계 전개와 한국이 세계적인 권위가 될 것을 예상하여 컴퓨터 교육을 실시했습니다. 이는 후일, 컴퓨터 행정에서 천주교가 개신교나 불교를 앞지르고 세계교회에서도 선두를 달리는 컴퓨터 행정을 제공하여 신자들에게 편의를 제공하고 사회에 공헌하게 했습니다.

④ 영성 지도 신부단 강화와 기도 강조, "기도하며 일하라"

저는 새로운 세대의 새로운 발상과 염원에 응(應)하고자 영성 지도 신부단을 강화했습니다. 좀 구체적으로 말한다면 사제의 일생은 피나는 자기와의 싸움과 어찌 말하면 힘에 겨워 매일 같이 지치는 삶의 연속이기에 반드시 필요한 힘의 샘, 힘의 원천이 절대로 필요한데 그것은 끊임없는 기도입니다. 그 당시 신학생 희망자들 중에는 시대 풍조, 즉 군부 독재정권 타도와 민주화 정신이 팽배했습니다. 신학생들과 지망자들도 시대의 아들들이기에 기도는 별로 하지 않고 외부적 사건에의 관심을 두고 행동 위주의 생활을 하고 있었습니다. 저는 그런 식의 사제 생활은 불모(不毛)의 수고이고 결국은 자기 파멸에 이르게 될 것을 확신했기에 공동기도뿐만 아니라 개인기도, "끊임없이 기도하라"(루카 18,1 참조)는 말씀을 따랐습니다. 또 구(舊) 학사, 즉 성 베네딕토 수도원의 유산인 구 학사 현관에 새겨졌던 "기도하고 일하라"(Ora et labora)는 정신으로 신학생들을 고취했습니다. 이는 신학생들이 자기들의 일터가 될 사회의 변화를 깊이 통찰하고 몸에 익히나 자신들은 세상에 속한 사람들이 아니라는 정신을 지니기 위해 언제 어디서나 기도로 일을 시작하고 기도로 끝마치는 영성을 함양하게 한 것입니다. 더 나아가 사제는 다양하게 전개되는 세상 한 가운데서의 영성 지도자입니다. 그렇기에 신학생들의 다양한 요구를 들어주는 영성 지도 신부단을 구성했습니다. 영성 지도 신부단을 강화하기 위해 그때 로마에서 제2차 바티칸 공의회 정신에 따라 영성신학 학위를 받고 귀국하여 영성 지도에 큰 기대를 모았던 박재만 신부님을 서울 대신학교 영성 지도 책임자로 모시고 학년마다 적당한 영적 강화와 영적 독서지도 등으로 새로운 기운을 불러일으켜 당시 신학생들의 영적지도에 획기적인 새로운 차원을 열게 되었습니다. 개별 지도로서는 박재만 영성 책임 지도 신부와 신학교 교수 신부들이 분담하게 했습니다. 일선 사목자가 될 신학생들이 대부분이기에 일선 사목에 경험이 많은 교구 신부들을 계절적으로 모시는 등, 학생들의 요청에 부응하게 했습니다. 외방 선교에 관심이 있는 학생들을 위해서는 벌써 성 골롬반 외방 선교회 신부가 있었지만, 미국 메리놀 외방전교회 신부를 추가로 모셨습니다. 또한, 깊은 영성을 추구하기 위해서 스페인계의 글라렛 선교 수도회 신부를 모셨습니다. 노동 분야 지도 신부는 벌써 훌륭한 신부님이 계셨습니다. 이렇게 신학생의 지성과 영성 지도에 만전을 기해 그들이 만날 국내와 세계 미래 사목에 대비하고자 했습니다.

⑤ 바티칸 교황청 1990년 제8차 주교 대의원회의 발제문 요약본,
  "신학생 양성을 위하여"

저는 바티칸 교황청에서 1990년에 열린 제8차 주교대의원 회의에서 강연하도록 교황 요한 바오로 2세로부터 임명되었고 교황청 관계 기관으로부터 "가톨릭 종합대학 안에서의 신학생 양성"(Seminary Formation in the Context of a Catholic University)이라는 제목을 받았습니다. 그 발표는 놀라운 반향을 불러 일으켰습니다. 여기서는 그 내용을 요약해 여러분의 신학생 생활이 좀 더 넓은 시야에서 조망되었으면 합니다.

아래 발표문에서 기록된 바와 같이 종합대학 안에서의 신학생 교육은 다시 말해 종합대학의 일부인 신학대학 교육은 평신도나 일반학생들과 같이 교육 받음으로써 신학생들의 인간성 형성에 크게 기여하며 앞으로 같이 일해야 할 평신도와의 협력이 원활해질 것입니다. 현재와 앞으로의 세계를 건설할 학문의 세계를 폭넓게 접하여 자만과 폐쇄성을 탈피하여 시대가 요구하는 사목에 큰 도움이 될 것입니다. 무엇보다 동양인들, 예컨대 한국 신학생들은 동양철학 등을 쉽고 깊이 있게 학습할 수 있게 됩니다. 이렇게 하여 후일 사회 복음화에 크게 기여할 수 있게 됩니다. 그러나 일반인, 특히 여성과의 잦은 접촉으로 정신적 집중과 내면생활에 지장을 받을 수 있습니다. 이런 면에서는 신학생의 영성 교육과 훈련 부분에서 영성의 대폭 강화로 극복할 수 있을 것입니다. 영성의 해 제정 등도 고려해 볼 만한 것입니다. 종합대학 안에서의 신학생 교육은 분리되고 제한된 신학 교육에서는 할 수 없는 여러 보조 학문을 보완하고 평신도와의 협동 작업에 익숙하게 하며 인류문화 흐름을 쉽게 파악하여 후일 사회 복음화의 큰 기틀을 마련할 수 있게 됩니다. 또한, 평신도나 일반학생들이 교회 철학

이나 신학 교육에 쉽게 참가할 수 있어 앞으로 절대적으로 요청되는 사회사목에 큰 협조자를 준비하는 것이 될 것입니다. 저는 이런 일들의 긍정적인 면과 부정적인 면을 제시하여 긍정적인 면이 훨씬 크다는 점을 밝혔습니다. 특히 개신교나 불교의 예를 들어 말했습니다. 불교는 천주교보다 천 년을 훨씬 넘는 토착 종교인데도 사회 복음화에 무기력했지만 그들의 종합대학 안에 불교학과를 신설한 후, 사회 불교 활동이 활발해졌다는 것과 개신교는 목사들의 부정과 여타 스캔들로 고통을 받고 있었는데 신학대학을 종합대학 안에 설립한 후, 본래의 개신교 상을 되찾았다는 내용이었습니다. 발표가 끝난 후, 만장의 갈채가 터져 나왔습니다. 발표를 마치고 며칠 후에 로마 남자 수도회 장상 모임의 의장 신부님이 저를 찾아와 제 강의가 주교대의원 대회에 참가한 로마 장상 수도자들에게 충격을 주었다고 했습니다. 그래서 수도 장상 특별 임시 회의를 소집하여 수도회의 신학생 양성에 관한 신중한 논의를 하고 제 발제문의 내용을 따르기로 했다는 것이었습니다.

  그분의 말씀은 수도회가 세계 가톨릭대학의 대부분을 운영하고 있어 가끔 수도자 교황도 배출되거나 고명한 추기경도 많고 대학에 종사하는 학자, 성직자 교수도 많고 학문의 대가(大家)인 평신도 교수들도 많다고 합니다. 그런데 어째서 지금까지 그런 좋은 안이 그들에게 나오지 않았는지 이해할 수 없다며 지금이라도 동양의 한 성직자에게 그런 안을 제시받고 실천하게 되어 수도회를 대표해 감사드린다는 인사를 했습니다. 그분의 말씀에 의하면, 발제문 제안에 따라 수도회 신학생들이 모두 종합대학 안에서 신학 교육을 받게 하려면, 세계에 산재한 수도회 모임이라 준비 기간이 2년은 걸린다고 했습니다. 그 후, 한국 내 큰 수도회로부터 종합대학 안에서 수도자 신학생 교육을 하라는 로마 총원의 지시에 따라 그렇게 하게 되었다는 말씀을 전해 들었습니다.

또 다른 예는 독일 신부님의 경우입니다. 그분은 모국어인 독어 외에 불어와 영어에 능통하여 통역으로 차출되었다는 것이었습니다. 본래 그분은 일본 동경에 있는 동양 가톨릭의 명문 예수회 조치(上智) 대학 교수인데 연구 차 독일에 머물다가 통역으로 차출되었다고 했습니다. 그분은 영·불어 통역을 하다가 제 강의 내용에 도취되어 불어계 대의원 주교, 대주교, 추기경들의 통역을 약 2분간 못했다는 것이었습니다. 그후, 정신이 들어 그 결손 부분을 채우느라 몹시 애를 먹었다는 말을 해 주었습니다. 이런 저런 폭넓은 신학생 교육을 조감하는 것도 인격 도야와 사고 계발에 도움이 될 것입니다.

⑥ 기도는 영혼의 호흡: 기도와 일상의 자발적 희생은 사제생활의 마지막 버팀목

사제의 남다른 생활, 어려운 생활을 처음부터 끝까지 지탱해 주는 힘은 기도입니다. 한마디로 기도는 영혼의 호흡이며 양식입니다. 특히 성무일도의 매일 충실한 기도와 묵주의 기도인 환희의 신비, 고통의 신비, 영광의 신비의 매일 기도는, 사제들의 어머니이신 성모님의 예수님께 대한 사랑과도 같은 사랑과 보호를 신학생들과 신부들도 받게 하는 것입니다. 그 밖에도 개인적 필요에 따른 기도와 작은 것이라도 날마다 바치는 희생은 사제 생활의 버팀목이 되는 것을 체험하게 합니다. 더 나아가 매일 열성을 다해 바치는 공적·사적 미사성제는 사제들에게 말할 수 없는 기쁨과 힘의 원천이 되고 보람을 느끼게 합니다. 또한 여타의 사제직무인 고해성사와 성사 집행, 강론 준비, 병자 방문, 가난한 이들의 방문, 신자 단체 지도 등, 사제생활을 성실히

해야 한다는 것은 더 말할 필요가 없습니다. 사제적 기도를 성실히 하면 반드시 놀라운 하느님의 은혜와 말할 수 없이 보람된 사제생활의 결실과 행복을 느끼게 될 것입니다.

결국 예부터 전해오는 격언 "어떤 신학생이었느냐는 어떤 사제이냐의 척도다"는 틀림없는 격언입니다.

⑦ 이교 지대인 한국에서 사제의 중요 임무는 민족 복음화

그리고 사제 생활에서 중요한 것은 시대의 식별 능력입니다. 저희들의 젊었을 당시의 시대상과 민족 탄압, 종교 탄압을 일삼던 일본 식민지에서의 해방, 6·25 한국전쟁의 전국 파괴와 공산주의의 종교 말살 정책 등은 선교열을 북돋았습니다. 그렇게 불타던 선교열로 해방 시, 15만 정도의 교세에서 오늘의 5백만 교세의 밑거름이 되었습니다. 실례로 제가 보좌 신부로 30년 이상 북한 평양 주교좌 성당과 남한 부산에서 선교한 메리놀회 선교사 신부 밑에서 일하고 있을 때의 일입니다. 그 메리놀 신부님은 선교열에 불타고 있었습니다. 저는 한국전쟁의 비참한 폐허와 수많은 젊은 사상자와 부상자를 껴안고 신음하며 절망에 휩싸인 당시 사람들을 하느님의 인간을 초월하는 은총의 힘, 즉 종말론적 희망으로 극복시키고자 했습니다. 먼저 예비자를 모집하기 위해 평신도의 능력을 십분 발휘하게 해야 한다고 생각하여, 주임 신부님께 강론 끝마다 짧게 가족과 친지들의 구원을 위해 노력하는 것은 신자들의 중대한 의무라는 것을 몇 달 동안 강조하자고 했고 두 신부가 그렇게 했던 것입니다. 이렇게 예비자를 모집했더니 약 2천 명에 달하는 예비자가 쇄도해 교리교육에 몹시 애 먹었습니다. 그 중 약 1,700명이 그해에 영세했습니다. 그때 비참에 빠진 백성에게 인간 이상의 능력과 희망을 제시한 것이 사람들을 그렇게 이끈 것이었다고

생각합니다.

  그런 비참한 상태를 벗어난 1960년대에는 명동성당에서 지성인 교리반을 운영했습니다. 그때는 우리 경제가 부흥하기 시작한 때고 세대도 바뀌어 미국 일변도의 외래문화에서 좀 더 근원적인 유럽풍의 사고와 생활 문화가 서서히 고개를 드는 세태 기운(氣運)이 있었습니다. 저는 이런 시대 기운과 사상 흐름을 활용하여 미국 실용주의 문화의 원류인 유럽문화, 더 근원적으로는 가톨릭문화와 연결시켜 교리강좌를 하여 언론인, 교수, 문인, 의사, 정치인, 고위 군인, 예술인 등 약 1천 명의 지성인을 영세시켰습니다. 이들의 철저한 신앙생활로 가정이 성화되어 그 자녀들이 훌륭한 신자들로 자라나 1980년대 두 번 교황 내한 시, 그들의 적극적 사회 참여로 놀라운 사회 복음화 효과를 거두었습니다. 마침 첫 번 방한 시, 교황의 임석과 축사 하에 의안 확정식을 성대하게 선포한 한국 천주교 2백 주년 기념 사목회의로 인해 감추어져 있던 평신도들의 사회적 능력이 대거 표면화, 의기충천 분출하게 되었습니다. 저는 현장 총책임자로서 사목회의에 핵심을 두었던 것은 평신도 발굴이었으며 그들의 숨은 사회적 능력을 평신도 사도직 사명 측면에서 고취, 활성화시키는 것이었습니다. 또한, 평신도를 통한 문화 창달이었습니다. 사실 저는 사목회의 목표의 핵심적 흐름을 평신도들의 사회 각 분야에 잠재한 능력을 표면화 활성화시키는 데 두었던 것입니다. 이렇게 시대적 요청 혹은 만나야 할 시대사상의 흐름을 보면서 사목활동을 해야 효과를 거둘 수 있으며 부과된 시대적 사명을 다하는 것입니다. 평신도를 통한 문화 창달은 한국 사회에서 가톨릭의 위상을 극상(極上)시켰습니다.

  우리는 여기에 이르러 오늘의 문화적 흐름이 무엇인가 하는 문제와 만날 수밖에 없습니다. 여러 각도에서 생각할 수 있으나 특징적인 것

하나를 제시하고 싶습니다. 3천 년대 들어 인류문화는 급속하게 백인 세계의 식민지 시대를 벗어나 인류의 문화, 즉 새로운 인류 공통문화 창출이 절실히 요청되며 그런 인류 공통문화의 축이 동양으로 옮겨온다는 것입니다. 이런 흐름 속에서 저는 G20 서울정상회의에서 이명박 대통령에게 개도국개발안을 제안하도록 건의했습니다. 이명박 대통령의 발표 후, 3천 년대 인류의 새 질서안이 한국에서 나왔다며 세계가 놀랐습니다. 그것은 3천 년대에 들어서면서 인류문화의 대 변혁을 한국이 주도할 처지에 놓인 것을 세계만방에 천명한 것입니다. 이런 인류문화의 흐름 속에서 가톨릭문화는 한국 천주교회가 주동이 되어야 할 처지에 놓인 것입니다. 좀 더 구체적으로는 동양의 가톨릭문화는 한국 천주교회가 주축이 되는 상황이 되었으며 사회 안에서 천주교문화의 주축은 평신도이고 그것은 곧 한국교회 평신도들의 열성을 올바로 활성화시키는 문제입니다. 금상첨화로 한국의 젊은이들은 지금, 세계 속에서 놀라운 한류 바람을 일으키며 세계를 감탄과 경악으로 몰아넣고 있습니다. 젊은이들은 이론적으로 정립된 학문적 차원에서가 아니라 느낌이나 행동으로 전(前) 세대를 앞서가며 새로운 문화 차원을 여는 것입니다. 그렇기에 우리 젊은이들은 전(前) 세대에 앞서 새로운 문화 흐름의 방향을 제시하는 것입니다. 특히 근일 유럽, 특히 파리에서 한국의 노래와 춤을 관람하려는 팬들이 몰려들어 샤를드골 공항을 마비시키고 공연을 더 연장하라는 군중 시위가 벌어졌습니다. 이러한 한국 젊은이들의 새 천 년대 연출이 세계 문화의 중심인 파리에서 벌어진 것입니다. 영국에서도 마찬가지였다고 합니다. 노래와 춤으로 특이한 남미 특히 브라질도 한류에 휩쓸렸다고 합니다. 일본에서는 극우단체들의 식민지 시대 냄새를 풍기는 반한과 혐한 시위에도 도쿄돔 연출에 전국에서 수만 명 팬들이 모여들어 티켓이 동이나 아우성이었다고 합니다. IT 산업으로 세계를 휩쓴 것은 한국 청년 문화의 서곡이고 절정인 예술로 우리 젊은이들은 3천 년대 인류문화의 새로운 흐름을 극명하게 인류에게 제시하는 것입니다. 앞으로 동양이 중심이 될 인류문화의 핵심적인 것들이 한국을 통해 세계 속에서 이루어질 것이기에 우리 젊은이들이 그들에게 우리 교회가 나아갈 길을 제대로 제시해 주고 동기 부여를 해 준다면 한국교회는 새로운 인류문화 흐름 속에서 놀라운 작용을 할 것으로 생각합니다. 이런 차원에서, 즉 시대문화를 항상 앞서가는 차원에서 지난날 교회는 젊은이들에게 흡인력(吸引力)을 제공했는데 근자에는 교회가 뒤떨어지는 양상이기에 앞을 예감하며 질주하는 우리 젊은이들이 대거 교회를 이탈하는 것이 아닌가 싶어 답답할 때가 있습니다. 지금 사목 일선 주임신부들의 견해에 의하면 젊은이들 95% 이상이 성당을 떠난다고 합니다. 저는 몇 년 전만 해도 80% 정도로 생각했는데 작·금년(昨·今年)에는 95% 정도가 된 셈입니다. 앞으로 젊은이가 다 떠난 성당은 무덤 직전, 노인 집합소 혹은 무덤이나 박물관 신세의 교회가 될 것입니다. 젊은 신학생들은 젊은이가 떠나는 교회에 이들을 되돌아오게 하는 데 전력을 다해 줄 것을 간곡히 부탁합니다. 왜 젊은 여러분이 같은 젊은이 사목을 못하겠습니까. 지금은 지난날의 긍정적인 면과 동시에 근자의 젊은이가 다 떠나는 교회상 등의 부정적인 면이 부각되고 있습니다. 모든 것이 여러분의 사목 시대로 넘어가는 시점인가 합니다. 그리고 저의 신학교에서의 노력과 경험이 한국교회의 앞날을 열어가는 데 조금이라도 도움이 됐으면 하는 바람입니다.

⑧ 일본의 성소 문제 자문과 해결[5]

저의 로마 유학시절부터 절친한 친구인 도쿄대교구장 시라야나기(白柳誠一) 추기경의 경험담과 조처(措處)의 말씀입니다.

한번은 시라야나기 추기경이 제게 다음과 같은 말을 했습니다. 자기는 도쿄대교구장으로서 도쿄대교구에 5년 동안 신학교 지망생이 한 명도 없어 대교구의 앞날이 몹시 어둡기에 밤에 잠을 못 이루는 수가 많다며 무슨 좋은 아이디어가 없겠느냐는 것이었습니다. 저는 하도 사정이 딱하기에 좋은 아이디어가 있기는 한데 여간한 통찰력과 배짱이 아니고서는 실천 불가능하다고 했습니다. 그래도 조언을 구하기에 그런 격외의 아이디어를 절대로 받아들이지 못할 것이니 말하지 않겠다고 했습니다. 시라야나기 추기경은 당신의 직권으로 꼭 그대로 할 것이라며 말해달라는 비장(悲壯)한 결의를 표명했습니다. 도쿄대교구의 모든 신부가 전원 반대해도 결행하겠느냐고 한 번 더 다짐하였습니다. 추기경의 결의도 확고했습니다. 그래서 저는 제 머리를 섬광과 같이 지나가는 기상천외의 신학생 모집 아이디어를 말하였습니다. 첫째는 세계적인 일본 기업 미찌비시(三菱) 중공업의 광고 포스터보다 더 화려한 예술적 신학생 모집 광고를 낼 것. (화려하지 않으면 당시 풀려난 망아지 같은 일본 젊은이들은 거들떠 보지도 않을 것이기 때문이었습니다.) 둘째는 그 헤드라인을 큰 글자로 "한번 여기 들어오면 집에 못 간다"로 찍을 것. 셋째로는 세칙으로 작은 글자로 생활면을 몇 조항 적을 것. 예컨대 일본 젊은이들이 정신 수양으로 좋아하는 "속세(俗世)를 떠난다", "명상(묵상)을 한다", "성서를 읽는다", "영적 독서(lectio divina)

---

[5] 이 원고의 내용은 내가 한국에서 신학 교육으로 성소 문제를 책임지고 있었던 당시에 일어난 일이고 한국 천주교회가 이웃 나라의 모범이 되었기에 해당 원고를 첨부한다.

를 한다", "기도를 한다", "미사에 참여한다", "체육을 한다", "음악을 듣는다", "청소, 세탁, 식사 준비 등 자기생활에 필요한 모든 것은 스스로 한다", "일체 외출은 금지된다", "음란 서적 등 일체 외부 서적독서는 금지된다", "주당 영성 지도신부와 면담을 하며 고해성사를 받는다", "정기적으로 훈화를 들으며 다양한 영성(靈性) 강의를 듣는다", "일 년에 한 번 일주간 내지 열흘간 집에 갔다 돌아온다" 등 예비 신학교에 준하는 엄격한 신학생 수업을 마치게 한다는 내용 등이었습니다. 또한, 주변 경관이 좋은 산간지대에서 수련하는 것이 좋은데 그런 지대가 있느냐고 물었습니다. 답변은 프랑스 선교사 시대에 일본의 명산 후지산(富士山) 밑 하코네(箱根) 근처에 그런 땅이 있다는 것이었습니다. 그럼 그곳에 예비 신학생을 위한 검소하면서도 편리한 건물을 지어 일을 착수하라고 권유했습니다. 그렇게 하는 이유는 제가 1960~1980년대에 일본을 많이 왕래했고 시라야나기 추기경을 친구로 두고 있었기 때문입니다. 또한, 미국이나 유럽 등으로 갈 때, 아직 우리나라의 국제 항공노선이 부족해 일본 동경을 경유해야 했습니다. 그런 연고로 일본의 중·고등학생들과 대학 1, 2학년생 등의 신학생 지망 적령기 학생들의 심적, 정신적, 신체적 기질을 잘 알게 되었던 차였습니다. 그때 일본 젊은이들은 제2차 세계대전 패전 후, 일본의 경제 부흥에 힘입고 산아제한 등으로 물질의 풍요 속에 부모의 과보호로 자라났습니다. 그들은 가정마다 한 명의 귀공자와 귀공주이기에 자신을 가눌 수 없는 인간으로 성장했습니다. 그런 젊은이들이 선생에게 꾸지람을 들었다고 일본의 주머니칼 아이구지로 흑판에 글 쓰는 선생의 등 뒤를 찔러 죽이는 등의 사회 문제를 일으키는 시기였습니다. 이런 젊은이들은 한마디로 자기 멋대로 자라나 전혀 자신의 내부에서 분출하는 욕구와 불만을 어찌 할 줄을 몰라 자기 내부에서 요동치는 광란, 다시 말해 육(肉)의 욕정과 욕구 불만에 깔려 신음하며 자기를 주체하지 못하는 젊은 영(靈)의 신음을 그대로 표출하는 형태, 즉 영의 내부적 요구, 영이 육을 지배해야 하는 강한 요구의 가치혼란을 겪고 있기에 그러는 것이니 그런 잘못된 가치 전도를 제자리로 돌려줄 실마리를 제공하면 어쩔 수 없이 따라올 것이라고 했습니다. 그런 내부적 혼란과 영의 강력한 요구를 역이용하여 안정시켜야 한다고도 하였습니다. 그렇기에 그런 포스터 광고, 즉 "한번 여기 들어오면 집에 못 간다"는 식의 화려한 헤드라인은 먼저 그들에게 "이것은 또 뭐냐. 뭐 이런 것이 세상에 있어 하면서도 읽을 수밖에 없고 읽고는 끌려올 것"이라고 했습니다. 그런 메시지는 강한 반발과 함께 더 강한 메시지로 그들에게 다가가 포스터를 제작한 추기경도 미처 생각하지 못했던 흡입력으로 그들에게 작용할 것이라고 했습니다. 그 후, 그 안을 도쿄대교구 신부 총회에 붙였더니 추기경의 비서까지 전원이 "그렇게 하면 기존 신학생들도 다 신학교를 나갈 것이다" 하며 반대하니 어떻게 하면 좋겠느냐는 내용의 문의 전화가 왔습니다. 저의 대답은 간단했습니다. 그런 것은 다 예상되었던 것으로 "들어오지도 않는데 나가기는 무엇이 나간다는 말이냐. 이제 교구의 앞날은 시계(視界) 완전 제로(零)이니 대교구장의 직권으로 강행한다고 하세요"라고 말했습니다. 강행 결과 14명의 지원자가 생겨 너무 기쁘고 반가워 시라야나기 추기경 자신이 한 사람에게 한 시간씩 면담한 결과 7명은 사제가 될 것 같다고 했습니다. 결국 후일 6명이 사제가 되는 대성과를 거두었다고 합니다. 그 후 시라야나기 추기경은 같은 방법으로 매년 사제 배출을 하고 있다는 후문이었습니다.

8) 진정한 사랑으로 떠난 젊은이 되돌려 오기

교회의 쇄신 문제는 한동안 소리를 높이던 과거와는 달리 현재는 거의 제기되지 않는 듯합니다. 그리고 영성에 대하여도 일변도라 할 만치 강조되던 영성 강조도 요즘에는 뜸한가 싶습니다. 이런 요인은 언제나 필요한 것입니다.

지금 교회의 현실은 어떻습니까? 우리는 교회를 발전시키기 위해 존재하는 것입니다. 교회란 무엇입니까? 한국 천주교회의 앞날도 그리 밝지 않습니다. 왜냐하면 젊은이들이 다 교회를 떠나고 있기 때문입니다. 젊은이가 떠나면 교회는 사회나 가정과 마찬가지로 미래가 없습니다.

지금 젊은이가 95% 이상 교회를 떠난다고 본 것은 일선 사목자들의 이구동성(異口同聲)입니다.

10~15년 전에 중요한 축일이나 기회에 일선 본당에 나가면, 20대 후반에서 30대 초반이 교회 활동의 중심축을 이루었습니다. 이후, 30대 중반에서 40대 초반으로 교회 활동의 중심이 넘어가더니 지금은 40대 후반에서 50대로 가고 있는 것으로 보입니다. 얼마 안 가 그 중심이 60대가 될 것이고 이런 식으로 가면 10~15년 후에는 일할 사람이 거의 없게 될 것입니다. 이렇게 될 때에 결국 우리 교회는 무덤 직전의 노인의 집합소 같이 될 수밖에 없습니다. 그렇기에 이 교회의 미래는 참으로 어두운 것입니다. 10년 전만 해도 성당에 늦게 가면 앉을 자리가 없어 서서 미사에 참례하곤 했는데 이제 그런 일은 더 이상 일어나지 않는다고 합니다. 요즘 교회 안에는 무언가 움직임이 활발한 듯이 보이지만, 속을 들여다보면 그게 아닙니다. 나이가 많은 사람들만이 교회를 움직인다는 인상은 안타깝기만 합니다. 따라서 여러분은

앞으로의 일터에 대해 나름대로 대책을 구상하고 마련해야 하겠습니다.

지금 우리 교회의 전체를 소생의 길, 부흥의 활기찬 힘으로 휘몰아갈 수 있는 것은 바로 사랑의 봉사입니다. 이 시대 특히 젊은이들을 자석처럼 끌어당기는 힘은 봉사의 실천입니다. 한국 젊은이들에게는 넓게 열린 세계 안에서의 봉사정신이 있습니다. 인류문화가 지향해 가는 것은 결국 순수 인간적 봉사를 넘은 사랑의 봉사입니다. 사랑의 봉사이며 사회와 인류 전반에 걸친 봉사여야 인간을 움직일 수 있습니다. 예를 들어서, 마더 데레사가 얼마나 훌륭합니까? 또 얼마나 많은 젊은이들이 세계로부터 여비와 숙식비 등 모든 경비 자부담으로 모여 마더 데레사 터전에서 봉사를 위해 모여들었습니까. 모 유력지의 보도에 따르면 세계도처에 봉사 대기자가 7천 명을 넘는다고 합니다. 한국의 젊은이 10여 명도 봉사를 하고 갔는데 그 10여 명은 개신교 신자도, 가톨릭 신자도 아니었다고 합니다. 이렇게 우리는 행사에는 요란한데 실속 있는 사랑의 봉사에는 인색하며 매우 부족하지 않은가 합니다. 현재 우리는 세계 모든 사람에게 전하는 사랑이 부족한 것이 큰 문제인가 합니다. 지금 우리 젊은이들은 의식적·무의식적으로 세계를 향해 웅비하고 있습니다. 우리는 가톨릭인데도 본당은 본당대로 교구는 교구대로 매우 폐쇄적임을 자인(自認)해야 할 것입니다. 우리는 가톨릭이라는 명칭답게 세계로 향해 열려있어야 하겠습니다. 지금 교회 밖 일반문화에서는 봉사 정신이 주류를 이루고 있습니다. 젊은이들은 봉사 활동에 뛰어들고 있습니다. 다시 말해 봉사의 청년 문화를 형성하고 있습니다. 앞으로 인류문화는 봉사를 넘어 사랑을 간절히 요청하는 단계로 진입할 것입니다. 진정한 사랑의 봉사 실천은 가톨릭교회의 전유물입니다. 진정한 사랑, 인류가 궁극적으로 요구하는 것은 사랑의 삶과 사랑의 문화입니다. 이 사랑은 결국 근원적인 사랑인 삼위일체 내에서 영원에서 영원으로 교류되는 진정한 사랑이어야 하기에 이런 사랑은 가톨릭의 영성만이 쉽게 줄 수 있는 사랑입니다. 이런 사랑의 인류의 삶, 즉 문화 단계를 향해 인류는 전진하면서도 인간의 힘만으로는 이룰 수 없는 것입니다. 가톨릭교회의 영성만이 그런 욕구를 충족시킬 수 있기에 가톨릭교회는 이 점에 크게 각성하여, 사랑으로 찬 세계 건설에 매진하면 수많은 젊은이를 이끌어 삼위일체의 사랑으로 뒤덮인 새로운 하늘과 새로운 땅을 만들 것입니다. 이런 사랑, 생명까지 다 내놓는 진정한 사랑, 하느님의 사랑은 사람의 마음을 한없이 움직이는 힘을 발휘할 것입니다. 이런 사랑의 예표는 인도의 마더 데레사에게 나타났습니다. 또한, 이런 사랑, 하느님의 사랑의 문화를 온 세상에 설파한 분이 교황 요한 바오로 2세였습니다. 그렇기에 그의 장례식에는 인종과 종교, 성별, 연령층을 불문, 세계도처에서 4백여 만 명 젊은 조문객이 운집하여 애도했습니다. 4백만 중 대다수는 젊은이들이었기에 그는 인류의 큰 희망, 실상은 하느님의 사랑의 전파자로서 인류의 큰 희망이었습니다. 이런 모습을 실현하는 자로서의 신학생, 하느님 사랑의 화신인 사제를 양성하고자 한 것이 저의 간절한 소망이었습니다. 그리고 오늘의 우리 젊은이들은 무엇을 하든 즉시 세계와 결부된다는 점에 유의해야 합니다. 그렇기에 가톨릭교회는 국내와 국외에 걸쳐 광범위한 봉사 활동을 전개해야 합니다. 그리하여 자발적인 봉사정신으로 충일한 젊은이들을 불러모아 교회만이 줄 수 있는 하느님의 사랑에서 우러나오는 진정한 사랑의 봉사, 인류문화가 젊은이들 사이에서 꽃피우며 지향해가는 사랑의 봉사를 광범위하게 실천해야 할 것입니다. 그런 봉사의 문화가 지향하는 사랑의 봉사 문화가 가톨릭교회 도처에서 꽃 필 때, 떠나갔던 젊은이들은 다른 친구들과 어깨동무하며 무리지어 더 많은 수가 되어 되돌아 올 것입니다.

지금 이 땅의 우리 교회는 이름은 가톨릭이면서도 실제로는 극히 폐쇄적입니다. 다문화 가족이나 사람들에 대한 태도가 그동안 백의민족 정신에 길들여진 우리에게 전혀 없는 것은 아니지만, 전반적으로 냉정한 편입니다. 가톨릭은 보편성이 그 본질인데도 비종교인들보다 별로 나을 것이 없을 뿐더러 때로는 못하지 않나 싶습니다. 성당에서도 말로는 그렇지 않지만 실제로는 끼리끼리가 아닌지 깊이 새겨볼 문제입니다. 한국교회의 초청으로 여러 해 동안 한국에 머물며 신학 공부를 하고 돌아가는 어느 외국인 신학생이 한국교회의 따뜻함을 전혀 느끼지 못하고 돌아간다는 말은 우리에게 많은 반성을 요구합니다. 그러니 의식 중에 혹은 무의식중에 지금 세계를 향해 무한정 열려 있고 미래를 향해 달려나가는 우리 젊은이들에게 그런 교회가 무슨 매력이 있겠습니까.

9) 사목은 미래지향적이지 않고서는 성공할 수 없다

앞에서 이 문제에 대한 암시가 있었습니다. 가톨릭교회가 그 이름에 걸맞게 세계교회와 폭넓은 교류가 있으면 합니다. 교계 높은 데서의 교류도 필요하지만 교구 대 교구, 그룹 대 그룹, 본당 대 본당의 교류, 단체와 개인의 건설적이며 자기 희생적인 사랑의 봉사와 교류 등이 있으면 좋을 듯합니다.

여기서는 시간 제약상, 미래지향성이란 어떤 것인지 예 한 가지만 짚고 넘어가고자 합니다. 우리가 젊은이를 많이 잃는 중요한 이유 중 하나가 교육계입니다. 한국 가톨릭교회는 고등교육을 할 학교가 없다고 할 만큼 빈약합니다. 현대 세계 발전의 원동력은 교육이고 교육기관입니다. 고등교육이 특히 요구되는 때입니다. 가톨릭교회는 가톨릭대학교(역곡 본부), 서강대학교, 대구 가톨릭대학교 등이 있기는 하지만 터무니없이 적고 사회의 요구에 비해 빈약한 게 현실입니다.

우리 중·고등학교의 대부분은 개신교에 의해 설립 운영됩니다. 지금 한국 고등교육의 75%가 개신교계 학교입니다. 만일 과거부터 한국 교회가 중·고등학교와 대학 등 교육기관 설립에 앞장섰다면 지금은 많은 교육기관, 특히 많은 대학을 보유하고 있어 수많은 젊은이를 가톨릭 교육관에 입각해 훈육하고 있을 것입니다. 이것은 그늘진 우리의 치유할 수 없는 깊은 상처입니다. 이렇듯 미래를 보지 못하는 사목이 우리에게 넘겨진 것입니다. 실제로 개신교나 불교는 우리보다 교육기관이 훨씬 많습니다.

한국에서 일선 사목을 할 여러분은 학문의 폭넓은 지식이 있으면 합니다. 저는 신부님들이 신학 전공 이외에 적어도 한 가지 실천적 부전공을 했으면 합니다. 왜냐하면 그것이 앞으로 폭넓은 사회사목을 하는 데에 큰 도움이 될 것이기 때문입니다. 그런 교육은 종합대학 안에서 사회인들과 같이 받으며 시대의 인격 도야와 지성과 감성 세계의 시계를 넓혀 가는 것이 시대의 지도자 양성으로 적합하겠습니다.

지난 해(2010년) 5월, 서강대학교에서 교육자 대회를 했습니다. 10년 만의 일입니다. 10년 전 2000년 제1회 창립대회에는 전국에서 7백 명이 올 것으로 예상했는데 1천여 명이 왔기에 도시락 준비 등에 당황했습니다. 그런데 작년에는 4천 명이 왔습니다. 10년간 4배가 증가했습니다. 이런 평신도들의 움직임은 사회 복음화의 큰 힘입니다. 따라서 지금 우리 가톨릭교계는 이런 신자들의 바람, 특히 지성세계의 바람에 호응할 충분한 준비를 해야 할 절박한 처지에 놓였습니다. 이런 평신도의 열성을 사회 복음화의 빛과 소금과 누룩이 되게 해야 하는데 그러기 위해서는 그런 사목에 직·간접으로 부응하는 교계와 사목자의 지식과 능력과 협력이 절대적으로 필요합니다.

한국의 가톨릭이 어느 위치에 있고 무엇을 해야 하는가, 또는 어떻게 체질을 바꿔야 하는지에 관한 문제는 교계와 사목자 전체의 문제입니다. 이런 전체의 포괄적 지원을 받아 시행되어야 할 신학교 교육의 개방되고 미래지향적인 문제는 교계와 사목자, 평신도가 합심하여 풀어야 할 매우 긴급하고 어려운 과제라고 생각합니다. 굳건한 전통 위에서 현대 사회 변화, 도래할 미래 사회에 대한 비전에서 이루어지는 신학교 교육이라야 그 답이 되겠습니다. 물론 신학교 당국자들은 안간힘을 쓰며 모든 노력을 다 하는 것으로 알고 있으며 신학교 교육에 일생을 바친 한 노사제로서 고충을 이해하며 노력에 찬사와 경의를 표합니다. 앞으로의 교회는 여러분이 어떤 교육을 받고 사회문화, 더 넓게는 인류 공통문화의 흐름에 어떻게 복음적으로 대처하느냐에 달렸습니다. 한국 사회는 지금 급격한 변화 중에 모든 면이 세계와 직결되어 있습니다. 이 점에 기성교회가 충분히, 아니 거의 대답을 못하는가 싶어 안타깝습니다. 교회는 지금 급변하는 인류문화에 대해서는 완전히 소외 지대에 있는가 싶습니다. 3천 년대 들어 동양으로 세계 문화의 중심이 옮겨 오고 있으며 한국은 그 중심에 서게 되기에 국가는 국가대로 사회단체는 단체대로 개인은 개인대로 국제 교류 성공에 운명을 걸고 안간힘을 쓰고 있습니다. 그런데 우리 교회는 큰 테두리에서 볼 때 무사안일에 젖어있지 않은지 깊이 반성하고 분발해야 할 것입니다. 핵심은 동양에서 한국교회가 가톨릭문화의 중심이 되어야 한다는 것입니다. 이 점에 한국교회는 매우 취약하고 그에 대한 의식조차 없는 것 같아 안쓰럽습니다. 결과가 어떻든 교회는 이런 변화에 적극 대응하고 노력해야 합니다. 사실 교회는 초대에서 중세에 이르며 새로운 인류문화를 창출했고 그 시기에는 교회가 순조롭게 발전했습니다. 문화에서 소외되거나 역행할 때, 교회는 퇴락한다는 교훈을 갖고 있습니다. 이런 큰 테두리 속에 부분 교회가 존재하게 됩니다. 바람직하지 못한 현실이 그대로 여러분께 대물림되는 것 같습니다.

① 인류문화의 향방과 우리 교회가 나아가야 할 길

　독일에서 공부하고 지난 해(2010년) 이탈리아와 독일을 여행하고 돌아온 분이 말씀하시길, 노(老) 수녀가 수녀원이 폐쇄되어 일반 양로원으로 가는가 하면, 2009년 독일 가톨릭교회는 막대한 빚을 졌다고 합니다. 한마디로 가톨릭교회가 큰 위기를 맞고 있다는 것이었습니다. 오스트리아에서 공부하여 학위를 마친 한국의 중진 학자 신부님 한 분은 지난해(2010년) 여름 오스트리아 현지에서는 가톨릭교회가 사라질 것이라고 말들을 한다는 것이었습니다. 아마도 그분의 선배, 동료 교수급 신부님한테 들은 것으로 생각됩니다. 그분에게 이 말들은 충격이었던 듯싶었습니다.

　그런데 이상하게도 가톨릭교회에는 지성적인 요인보다도 감성적인 요인이 많습니다. 하지만 그와 더불어 판단해야 합니다. 단체 활동은 많이 하는데 진짜 그 숫자를 헤아려보면 겉으로 보이는 것처럼 많지 않습니다. 그 이유인즉 같은 사람이 여러 단체에서 활동하기 때문입니다. 이것은 지성적인 판단의 냉철함에 근거한 것이 아니라 그때그때의 감정에 따라 움직인 결과입니다. 교회는 이러한 것이 지속되면 한순간에 주저앉을 위험이 있습니다. 인류문화를 보면, 지금 인류는 하나로 움직여가고 있습니다. 그러기에 어느 하나도 소외

될 수 없는 것이 되었습니다. 그래서 저는 공존(共存)·공생(共生)·공영(共榮)이 중요하다는 것입니다. 같이 살고 같이 번영해야 합니다. 이것은 피할 수 없는 오늘날 인류문화의 방향성입니다. 저는 3천 년대가 2000년에 화려하게 출발했지만 2001년 뉴욕 국제무역센터의 폭발로 인한 삽시간 궤멸(潰滅)은 인류의 앞날에 굉장히 큰 것을 예시한다고 보았습니다.

　백인 중심의 문화는 서서히 사라지고 인류문화의 중심은 동양으로 옮겨 오되 직·간접으로 동양문화와의 토착화를 통하게 되는데 결국에는 한국이 새로운 인류 공통문화의 중심 역할을 하게 될 것입니다. 그것은 공존, 공영, 같이 번영하면서 같이 잘 사는 것을 추구하게 되는 것이며 그런 마음가짐이 문화를 형성하는 것이기에 한국 특히 천주교회는 이 점에 각별한 주의와 노력을 쏟아야 할 것입니다. 하느님은 사랑으로 사람이 살아가고 지배하는 우주를 만드셨습니다. 하느님의 넘쳐흐르는 선성, 즉 사랑이 우리를 있게 하고 행복하게 하는 삶의 원천입니다. 또한, 우주 만물은 하느님의 흔적(vestigium)으로, 사람은 하느님의 모습으로 하느님의 선성(善性)을 구현하기 위해 합작을 하게 됩니다.

② 옛 스승의 미래 투시적 지혜

　지난 날 덕원 신학교 로머 교장 신부님은 역사를 깊이 탐구한 분이셨기에 저희들에게 서양사를 가르쳤습니다. 그분은 역사 신학적 관점에서 중국이 일본의 패전으로 장제스(蔣介石 장개석) 자본주의 정권으로 중국 대륙 국토 전체를 회복해 자유세계의 큰 희망으로 떠오르더라도 중국이 공산주의의 길을 거쳐야 할 것이라고 말해, 듣는 사람들을 의아하게 했습니다. 그때 중국 공산당은 '팔로군'이란 명칭으로 밖의 세계에 그리 크지 않은 존재로 알려진 때였습니다. 로머 교장 신부님은 중국이 워낙 인간적으로 높은 문화를 갖고 있으며 가족문화에 깊이 뿌리 내리고 있어 중국인은 자국의 문화만으로 만족하기에 그리스도교가 들어갈 여지가 많지 않다고 했습니다. 유럽과 미국, 남미나 아프리카도 유럽의 영향 하에 그리스도교화가 되었는데 유독 아시아가 안 되고 있다는 것이었습니다. 그러면서 동양문화의 맹주격인 중국이 그리스도교화가 되어야 하느님의 계획이 온 인류에 이루어진다고 했습니다. 중국이 그리스도교화가 되려면 공산주의에 의해 중국의 문화, 특히 가족 문화가 파괴될 것이라고 했습니다. 그런 징조는 마오쩌둥(毛澤東 모택동)의 공산주의 문화혁명으로 유교 문화는 큰 손상을 입는데, 일단 그런 파괴의 과정을 거쳐야 한다고 했습니다. 그런 과정 중에 중국에서도 그리스도교화가 일어난다는 것이었습니다. 역사의 진행 중, 중국이 공산주의 문화혁명으로 그 과정을 겪는 것을 보며 저는 그분의 예언적 통찰에 놀랐습니다.

또 한 가지 그분의 예언적 말씀입니다. 그때까지는 유럽이나 미국에서 선교사들이 대거 한국으로 유입되는 시기였기에 선교사는 서구 가톨릭 국가에서 한국으로 오는 것으로만 알던 때였습니다. 그런데 그분은 미래에는 한국에서 서구로, 즉 구미(歐美)로 또 세계로 선교사들이 가야 할 것이라는 예언적 강론 말씀을 하였습니다. 저는 그 당시가 1940년대 초반기였기에 그런 말씀을 도무지 믿을 수 없었지만 그 말씀의 실현이 지금은 상식화되었습니다. 무엇보다도 그분이 큰 감명을 준 것은 그 분의 풍요로운 인간성과 깊은 영성의 조화였습니다. 그분은 성 베네딕토회 수도자답게 베네딕토 성인의 방침을 따랐습니다. 베네딕토 성인의 시대는 사막이나 광야 혹은 깊은 산중에서 홀로 은수(隱修)하는 영성이 주류를 이루었던 시기였고 이에 베네딕토 성인은 시에스타(오수-午睡)를 허용하고 수도자들이 충분한 영양을 취하도록 했습니다. 이것은 창조된 인간성, 즉 영혼과 육체로 구성된 인간을 본질적으로 파악한 수덕이었습니다. 더 나아가 그리스도교의 본질은 사랑이기에 사랑의 실천에 핵심을 두는 수덕(修德)을 요체(要諦)로 하는 형제사랑의 수도회를 창시했고 손님을 그리스도처럼 존중하는 인간 사랑의 수도회를 창시하여 당시 수덕의 핵이었던 개인의 고신극기(苦身克己), 즉 굶주리며 육체를 괴롭히고 스스로의 욕망이나 자애심을 극복하는 것이 핵심이었던 동·서 수덕 사상에 획기적인 변화를 일으켜 진정한 그리스도교의 수덕, 즉 하느님 사랑과 이웃 사랑의 수도회를 창설했습니다. 이런 사랑의 기초에서 고신극기의 수덕을 하게 되었습니다.

그러면서 또 한 가지 놀라운 것은 그분은 그 오랜 시기와 수많은 강론과 가르침의 기회에 한 번도 신학생들에게 수도생활을 권유하지 않았습니다. 한번 저는 로머 교장 신부님께 그런 연유(緣由)를 물었습니다. 그분은 알기 쉽고 명쾌하게 대답해 주었습니다. 그 이유는 당신이 선교지대 신학교 교장으로 있는 것은 선교지 교구 신학생들 즉, 교구 신학생들을 양성해 교구 사제를 훌륭하게 키우는 것이 임무이니 수도 지망자 모집으로 교구 신학생을 빼내면 안 된다는 것이었습니다. 신학교 운영의 수도회가 옆에 있으니 학생들 스스로 수도생활을 지원하든 안하든 자유라는 것이었습니다. 저는 그때 그분의 지혜에 감탄하며 사제나 지도자 일반에게 올바른 판단이 얼마나 중요한가를 절실히 느꼈으며 그 후 무슨 일을 맡든지 사랑의 열성과 올바른 판단을 기초로 하는 교육과 일 처리를 하려 노력했습니다. 제가 신학교 교수와 학장으로 있을 때 이런 지도자를 스승으로 모셨다는 것이 얼마나 다행인가를 뼈저리게 느꼈습니다. 이런 판단의 부족으로 가끔 교회 내부에서 불협화음이 일어나는 경우가 있습니다.

 인근 국가에서 일어난 일입니다. 그 나라 주교단 결정으로 여러 교구가 신학생을 어느 수도회가 운영하는 대학 신학과에 보냈더니 우수한 신학생들을 거의 다 빼 수도회로 전입시키는 바람에 주교단은 인재 결핍을 당하게 되어 대학교육에서 교구 신학생들을 떼 내어 따로 신학생 양성기관을 만들었다는 말을 직접 들은 일이 있습니다. 그래서 수도회 운영의 신학과도 시원치 않게 되었고 주교단도 새로 만든 신학생 기관 운영의 곤란을 겪는다는 말을 들으며 로머 교장 신부님의 지혜로운 판단에 감탄한 적이 있습니다.

③ 하느님은 악에서도 선을 이끌어 내신다

 이 세상 삶은 항상 선만이 아니라 상처받은 인간성으로 인해 불행, 즉 악도 가득합니다. 인류사(史)에는 악이 항상 존재하지만 결과적으로 나타나는 것은 더 좋은 단계로의 인류문화의 진화(進化)입니다. 인간 문화가 더 좋은 단계를 지향하는 것은 문화의 발전을 이끌어가는 인간이 하느님의 모습으로서 지성과 양심을 갖고 있기 때문입니다. 물론 3천 년대 인류문화사에서도 때로는 크고 비참하고 때로는 수많은 기복(起伏)과 굴곡(屈曲)이 있을 것입니다. 그러나 이런 와중에서도 새로운 인류 공통문화의 방향 지시는 인류가 공존(共存), 공영(共榮)으로 나아가야 할 것이지만 상처받은 인간성으로 인해 많은 희생과 노력이 필요합니다.

 따라서 시공(時空)적으로 가톨릭인 우리 교회, 전인(全人=영혼과 육신)의 구원과 전(全) 인류의 구원을 책임진 가톨릭교회는 이런 인류문화 구현에 앞장서야 하기에 남다른 많은 희생과 노력을 해야 합니다. 이 시대의 특징, 즉 3천 년대에 들어 인류, 특히 젊은 층이 매력을 갖는 것은 뒤떨어지거나 못 사는 사람들에 대한 도움과 봉사 정신입니다. 진정한 봉사가 있는 곳에 즉 남을 돕는 것에 인류의 양식(良識)은 현금(現今) 놀라운 반향을 일으킵니다. 특히 젊은이들은 그런 봉사에 뛰어듭니다. 미국의 대 재벌 워런 버핏은 1%를 제외한 자신의 막대한 재산 전부를 사회에 내놓겠다고 했습니다. 또한 많은 이가 이런 일에 뛰어듭니다. 가톨릭 안에서도 크고 작음을 불문하고 이런 운동이 활발해지면 좋겠습니다. 그런 일에서 가장 중요한 것은 마음에서 우러나오는 사랑입니다. 우리는 지속적으로, 인류에 대한 사랑을 실천해야 하는데 그것이 잘 이루어지지 못하고 있는 것 같아 마음이 씁쓸할 때가 한두 번이 아닙니다. 그런 모범이 가톨릭계에서 더 활발해지면 세계적으로 큰 반향을 일으킬 것입니다. 그런데 물질적 도움은 마음의 사랑이 같이 가야 합니다. 이런 점에서 사랑의 화신인 가톨릭은 말만 무성하지 말고 묵묵히 진정한 사랑을 실천하는 교회상을 드러내야 할 것입니다. 이런 차원에서 교회를 일신할 때, 많은 젊은이의 호응을 받을 것입니다. 물론 성소 부족으로 사양길에 접어들어 운명을 맞는 것을 우려하는 교회에 젊은이들은 새로운 성소 전성기를 이룰 것입니다. 교회에 성소가 있고 없고는 교회가 그 시대에 요청되는 하느님의 일, 또는 인류가 필요로 하는 일을 선각자적으로 하느냐 않느냐에 달린 것입니다. 현금 구미(歐美)교회에 성소 절멸 위기가 닥친 것은 과거 권위주위에 젖어 새로운 시대의 요청 즉, 말만이 아니고 실천적으로 권위주의에서 벗어나 참으로 선각자적으로 봉사하는 교회, 사랑의 교회가 되지 못하고 있기 때문이라는 역설도 생각해 보아야 합니다. 사실 3천 년대 인류문화가 요구하는 획기적인 것은 인류 사랑이기에 몇 푼 던져주는 식의 푼푼의 시혜(施惠)로써는 현대인의 마음, 특히 젊은이의 마음을 사로잡을 수 없습니다. 기실 3천 년대 들어 인류가 다 같이 살아갈 인류 공통문화 창출은 하느님 창조계획의 더 높은 단계의 실현으로 보아야 하는 것이기에 교회는 더욱 더 시공에 걸친 보편성(Catholicitas)으로 이런 하느님 창조계획의 실천자로서 그 실현에 투신해야 할 것입니다.

10) 여타의 인류문화

① G20 서울정상회담에서의 개도국개발안 제안

우리 사회에서 가톨릭교회의 또 다른 측면의 예도 들어 보겠습니다. 저는 근년 들어 교회 내 중요사항에 대한 관여(關與) 외에 혼탁한 사회에서 복음화의 기회를 갖게 되었습니다. 지금 가톨릭은 이 나라에서 5백 만을 넘는 큰 단체로서 사회에서도 큰 비중을 지녀 국가 주요사(事)에도 대표자의 참여가 요구되었습니다. 이런 시기에 제가 국가원로의 직분을 민(民)과 관(官)에서 받게 되었습니다. 서울대교구장 정진석 추기경의 추천으로 그런 분야에도 시간을 많이 할애하게 되었습니다. 그렇게 저는 우리 국민은 물론 인류에게도 가능한 한 혜택이 돌아가게 해야 하는 입장이 되었습니다. 지금은 어디서든 좋은 의견이 생겨나면 결국 온 인류에게 혜택이 돌아가게 되는 인류문화 진화 선상(線上)인 것입니다. 그 한 예로, 2010년 5월 25일 청와대 이명박 대통령 주재의 국가원로회의에서 대통령이 같은 해 11월 서울에서 열릴 G20 서울정상회의를 어떻게 하면 좋을지 몰라 원로들의 의견을 2009년 12월 회의에서 청한 데 대해, (그때 아무도 G20 서울정상회의에 대해 의견을 제시한 바가 없고 매우 중요한 문제이기에,) 저는 G20 서울정상회의의 태생인 5백 년 식민지 배경과 G7의 경제 식민시기, 2008년 뉴욕 월가 파탄으로 G7 몰락, G20의 부상(浮上) 등의 G20 탄생 배경을 설명했습니다. 그에 따른 오늘의 G20의 사명과 운명을 명시하며 저는 G20 서울정상회의 핵심 의제로 세계 개발도상국 개발안, 즉 개도국개발안과 개도 주요국 초청안을 건의하였습니다. 이런 저의 제안을 받아 이 대통령은 벨기에의 브뤼셀 ASEM 회의에서 발표했는데 놀라운 세계 언론계의 반응을 불러일으켰습니다. 영국의 세계 유력지 〈가디언〉(Guardian)은 이런 개도국 개발 제안은 놀라운 아이디어이자, 새로운 세계 질서를 제시하는 미래지향적 아이디어라고 호평했습니다. 이 아이디어는 88 서울올림픽 이상으로 한국의 위상을 높일 것이며 개도국개발안은 장기적인 것이라고 극찬했습니다. 이 안은 G20 서울정상회의 정식 의제로 채택되었습니다. 이 안의 지속적 실천을 통해 앞으로 오랫동안 인류가 함께 잘 사는 인류문화를 이루게 되는 것입니다. 이 아이디어가 보잘 것 없는 노 성직자인 저에게서 나온 것은 하느님의 창조경륜 실현이라는 신학적 새로운 관점에서였습니다. 이런 안이 인류 공통문화 차원에서 성취될 때, 사설(私設) 기관이나 종교단체가 비참한 사건을 개별로 돕는 것과는 비교할 수 없을 만큼 인간의 불행과 재난을 없앨 것입니다. 그런데 여기에 가장 필요한 것은 순수한 도움의 정신, 즉 사랑의 마음입니다. 이것은 사랑의 화신(化身)이어야 할 가톨릭의 몫입니다. 그러나 현실은 가톨릭교회가 거시적 안목에서의 이해와 실천 준비가 전혀 돼 있지 않는 것 같아 씁쓸합니다. 이런 관점에서 격동하는 인류사의 한복판에서 교회는 새로운 모습의 공의회를 소집하여 교회 자신은 물론이고 이런 일에 인류로 하여금 격동하고, 실천하게 하며 교회 스스로 애덕의 화신으로서의 정체성을 만방에 펼쳐야 할 것입니다. 이렇게 할 때, 수많은 젊은이가 다시 교회로 몰려들어 날로 기울어만 가는 유럽, 미국 등지의 교회를 비롯하여 세계 가톨릭교회에 새로운 성령의 바람을 불러 올 것입니다. 종말론적 희망의 큰 물결을 일으킬 개도국개발안이 한 가톨릭 성직자한테서 발의된 것이니 한국교회는 분발해서 그런 움직임의 원천답게 초대교회처럼 사랑으로 불타, 세계교회에도 교황청을 통해 큰 영향을 미쳐주었으면 하는 것이 저의 소박한 바람입니다. 이런 큰 물결 속에서 개개인이 할 몫이 구체화되는 것이 바람직하다고 생각합니다. 사실 이런 관점에서 개별적인 일들이 무수히 생겨날 것이고 이런 개별적 일들의 성취에서만 올바른 전체 흐름이 성립될 것입니다.

중요한 것은, 제가 이명박 대통령에게 G20 서울정상회의에서 개도국개발안을 제안하도록 하여 3천 년대 새로운 세계 질서 아이디어 제안이라고 세계를 놀라게 했지만 그것을 실제적으로 이행할 새로운 경제 기구의 탄생이 필요했습니다. 그런 실천적 중대사에는 우리 지도자들의 생각이 미치지 못한 듯합니다. 이는 지난 5백 년 식민시기와 20세기 중·후반기 세계 경제를 주무르던 G7 시기도 지나 3천 년대 새로운 세계 질서 창출의 사명을 지고 나타난 G20이 세계 경제 수탈 G7 시기의 IMF 기구를 강화한 것은 자가당착적인 큰 실수입니다. 역시 새로운 G20 시기는 지난날 강대국 기구인 IMF가 아닌, 새로운 '세계 개발은행'과 같은 기구와 개도국개발안을 제안하여 선진국과 개도국 전체의 대환영을 받은 한국의 서울에 설치했어야 했을 것입니다. 그렇게 된다면, 새로운 인류 공통문화의 흐름을 따라 세계 경제기구가 서울에 위치하여 인류문화의 진일보한 양상을 이루었을 것입니다. 물론 이런 기구의 서울 창설은 세계 금융을 서울로 유치, 서울을 중심으로 세계로 들숨날숨 형태로 순환하게 될 것이니 세계에 걸친 한국 젊은이들의 수많은 직장도 부수적으로 얻게 될 것입니다. 이런 세계성은 우리 젊은이들로 하여금 새로운 모습으로 떠오르는 개도국들을 어떤 나라, 어떤 민족보다 먼저 섭렵하여 3천 년대 세계 새 질서를 창출할 놀라운 아이디어를 산출할 것입니다. 앞으로는 발로 뛰는 세계 보다는 아이디어 싸움의 세계가 될 것입니다. 아이디어로 모든 것의 우열과 승부가 결정 날 것입니다.

② 3천 년대 인류 공통문화의 기저(基底) 개념은 '생명 사랑'과 '생명 풍요화'

차제(此際)에 우리에게 먼 문제로 보이지만 오늘날 인류문화 선상에서 특히 동·서 인류가 공조(共助), 공생(共生), 공영(共榮)하기 위해 고도의 동양의 자연 종교와 그리스도교, 특히 가톨릭교회가 어울리는 토착화를 통해 새로운 인류문화를 창출해야 합니다. 동양의 종교는 다양하기에 그리스도교가 이런 종교와 소통할 수 있는 핵심은 무엇일까 생각해 보았습니다. 저는 '생명 사랑과 풍요화'로 보았습니다. 어느 종교나 사상이든 생명을 존중하고 더 잘 살게 하자는 데는 공통적일 수밖에 없습니다. 그러므로 저는 "생명을 사랑하자. 풍요롭게 하자"는 슬로건을 높이 들고 1991년 서강대학교 총장 박홍 신부의 절대적 후원으로 동 대학 부설 생명문화연구소를 발족시켰습니다. 당시 국가적 역량의 총동원으로도 어쩔 수 없을 만큼 한국 천지에 만연되었던 어린이 유괴 살해를 언론을 위시하여 각종 학술단체와 사회단체, 종교단체의 후원을 받아 근절시키려 노력했습니다. 때마침 낙동강 페놀 오염 사건(무분별하고 급속한 산업화로)으로 야기된 전국의 산하 회생 불능의 오염에 경종을 울리며 회복에 공헌했기에 제가 "환경 보전을 위한 국가 선언문" 제장위원장이 되는 등, 이 땅의 환경 되살리기와 보전에 가톨릭교회가 크게 공헌했습니다. 이런 연유로 저는 전혀 예견하지 못했던 생명문화 철학의 새 경지를 개척하여 세계에 공헌하는 우연한 결과를 낳게 되었습니다. 그 요지는 다음과 같습니다.

2000년 찬란하게 밝은 새 천 년 11월 중국 베이징에 창립된 가톨릭의 명문 푸런(輔仁)대학교(현재는 가톨릭대학으로, 공산 정권인 중국 정부가 허락지 않아 베이징으로 복귀하지 못하고 타이완 타이페이에 잔류) 개교 70주년 기념 세계 가톨릭 철학 학술대회에 제가 초청되어 주제 발표를 하게 되었습니다. 저의 발표 주제는 "동양의 생명철학과 서구의 생명관 – 토마스 아퀴나스의 생명철학의 비교 종합"이었습니다. 이런 사상 즉 유교, 불교, 도교, 샤머니즘과 서구의 그리스도교 세계의 기저가 되며 공통성 요인으로서의 생명 사상을 3천 년대 인류 공통문화 창출의 핵심적 요인으로 제시하고 비교 종합하여 3천 년대 전 인류가 공조 · 공영의 기틀로 삼고자 했습니다. 그 발표는 전파를 타고 온 세계에 순식간에 전달돼 저로서는 전혀 예상하지 못했던 반향을 불러일으켰습니다. 그 후로는 세계의 모든 이론적 학술회의와 실천회의, 실천기구, 예컨대 원자재, 생산, 유통 판매처 등의 기구의 밑바탕에는 생명 보호와 사랑이라는 사상이 예외 없이 깔리게 되었습니다. 심지어는 구멍가게에서 중국산 멜라닌 생명 유해식품 대소동에 이르렀습니다. 그뿐만 아니라 학회에서 주제 발표를 같이 한 워싱턴 가톨릭대학의 철학과 가치 연구소 소장 맥린 교수는 저의 강연에 자극을 받아 '문화 역사' 또는 '문화에서 솟아나는 철학' 등 삶을 여러 각도에서 비추는 주제로 세계적 철학회를 매년 2005년까지 열어 큰 성과를 올렸습니다. 2006년부터는 어느 면을 어떻게 하면 좋겠느냐고 문의했습니다. 저는 문제를 좀 더 진전시킨 답신을 보냈습니다. 그 요지는 다음과 같습니다.

앞으로 다가올 세계인의 삶을 준비해 주십시오. 그것은 유색인, 약소민족, 저개발국인, 절해고도와 사람의 발길의 닿지 않은 심산유곡

(深山幽谷)의 원시인에 이르기까지, 모든 사람이 하느님의 모습으로서의 인간으로, 지금 지배세력의 백인들과 같이 인권을 보장받고 유복한 삶을 살도록 인류를 계몽하며 노력해 달라는 것이었습니다. 또한 그렇게 되기 위해 우선 미국에서 백인 위주의 모든 제도와 관행을 철폐하여 유색인이 같은 인간 대우를 받게 하며 풍요로운 삶을 살게 하도록 노력할 것을 요구했습니다. 그 다음으로는 중국의 현 한족(漢族) 중심의 국가 제도가 전면 해체되어 다민족이 같은 인간 대우를 받는 사회로 변해야 하며, 다음은 다민족이 사는 인도, 백인이 월등이 우위에 있으며 많은 중앙 아시아인을 괴롭히는 러시아에서 백인 위주의 시스템이 전면 해체되어야 할 것입니다. 그리고 옛 식민지들에서 노동력 착취로 유럽 국가에 유입된 유색인들에게도 백인 위주의 사회 시스템을 철폐하여 전부 공조·공영할 세상 건설을 위한 인류문화 건설에 힘쓰라고 했습니다. 그래도 이런 일에 앞장서 모범이 되는 국가는 미국으로, 미국은 많은 유색인종이 가장 인권보장을 잘 받는 나라라는 점을 말했습니다. 이런 답신을 이메일로 보냈는데 전과는 달리 상당 기간 아무런 연락이 없었습니다. 그래서 저는 많이 상심한 것으로 생각했습니다. 그런데 상당한 시간 후, 의외의 답이 왔습니다. 대단히 고맙다는 말과 더불어 놀라운 반성과 암시, 용기 부여라는 등의 말씀이었습니다. 아마도 나름대로 많은 회의를 거친 것으로 생각되었습니다. 그 후 지금까지 그런 선상에서 중국, 인도, 중앙아시아, 중동, 유럽, 아프리카, 아시아 등지에 그런 취지의 수많은 국제세미나를 진행하고 있는 것으로 알고 있습니다. 이후 2008년 미국에서는 흑인계의 오바마 미 대통령 선출이 있게 되었습니다.

③ G20의 성공은 G7과 경제 착취기구 IMF의 소멸과 '세계 개발은행'

서울 창설에서

지금(2011년 10월)도 미국에서 일어나는 일, 즉 2008년 뉴욕 월가의 경제 파탄으로 야기된 위기는 좀처럼 가라앉을 기미를 보이지 않습니다. 젊은이들은 미국 재벌 1%가 미국의 거대한 경제를 독점하여 99% 국민은 빈곤에 시달리고 있으며 이제는 고등교육을 받은 사람들도 실직으로 허덕인다고 월가를 위시해 전국 대도시에서 야단법석입니다. 그런 와중에서도 1%의 자본가는 막대한 이익을 챙기며 호화생활로 나날을 보내고 있는 반면, 99%의 대다수 인간은 가난과 실직과 질병과 굶주림과 헐벗음에 시달리고 있습니다. 이런 세계적 현실에서 미국의 대도시에서는 매일 큰 데모가 지속되며 전국과 국제적으로 번질 기세입니다. 이제 큰 자본과 과학 기술 발달로 세계 경제를 마음대로 주무르며 착취를 거듭하던 미국식 자본주의도 한계를 드러냈고 모든 사람이 골고루 다 잘 살 수 있기 위해 만든 세계 내 재보(財寶)를 사랑으로 나누어야 할 새로운 인류문화 단계에 접어든 형국입니다. 이런 분배는 물리적 차원의 공평만으로는 이루어질 수 없다는 것이 공산주의 붕괴로 입증되었습니다. 그것은 정신적인 가치 규정에서만 이루어질 것입니다. 정신적 가치에서도 결국 세상 재보의 창조는 하느님의 사랑에서 이루어진 것이니 그 잣대에서 실천해야 할 것입니다. 하느님의 사랑 실천이야말로 가톨릭교회의 몫입니다. 미국 뉴욕 월가에서 발단한 시위는 미국 국민의 99%가 빈곤에 시달리고 1%만이 미국의 거대한 경제를 독점하기에 젊은이들이 사회의 지각 변동을 요구하고 나선 것이며 이는 하느님 창조경륜의 새로운 단계의 실천입니다. 지금까지는 자유민주주의의 인간사회 지각 변동으로 권력의 분유(分有)가 이루어졌습니다. 단적으로 말해 절대 왕권이 국민의 참정권으로 일반 국민에게까지 분유와 참여가 이루어졌지만, 금권은 자유주의,

특히 신자유주의 미명으로 자본가의 독점물이었습니다. 그러나 하느님 창조계획의 또 다른 단계의 실천인 이 세상에 삶을 받고 오는 모든 사람에게 하느님이 창조한 재보가 골고루 나누어져야 할 단계에 도달했습니다. 이렇게 인류문화는 진화하고 있습니다. 이런 문화의 진화에 사랑 실천이 핵(核)이기에 사랑의 화신이어야 할 가톨릭교회가 선도(先導)적이며 선도(善導)적 역할을 해야 더 효과적으로 인류 공통문화의 진보는 본궤도를 달리게 될 것입니다. 선도(善導)적임은 급기야 하느님 창조경륜의 극상(極上)에 도달하여 하느님과 나의 구별조차 어려운 하느님 안에 함몰(陷沒)되는 경지에 이르게 될 것입니다.

저는 "세상 재보가 소수인의 치부 소유시기를 지나 골고루 배분되는 문화 단계로 발전할 것"이라는 논리를 3천 년대 들어 줄곧 펴왔습니다. 드디어 24일(2011년 10월) 바티칸 정의평화위원회가 "윤리와 보편적 선의 가치에 근거한 새로운 경제 질서를 이루어낼 세계적 경제기구의 필요성"을 역설했습니다. "세계도처에 창궐하는 소수의 치부(致富)를 거부하며 부의 정의로운 분배를 요구"했습니다. 또한, 이 성명은 "현재 인류가 당면하는 경제 위기는 세계은행이나 IMF 등의 지난날의 낡은 기구로서는 더 이상 감당할 수 없는 처지에 이르렀기에 진정으로 공정 분배를 할 수 있는 국제기구의 필요성"을 역설한 것입니다. 저는 IMF를 분명 1970년대 오일 쇼크를 계기로 발생한 G7과 경제착취 기구로 보았습니다. 그런 기구를 5백 년 식민지 착취시기의 후속으로 보았기에 그런 IMF는 G20의 출현으로 어두운 역사 속으로 사라져 가야 하고 3천 년대 새로운 인류의 공통문화 시기에 걸맞은, 즉 개도국개발안에 걸맞은 세계 개발은행이 G20 서울정상회의에서 개도국개발안을 낸 서울에 창설되어야 한다는 주장입니다. 그런 은행은 콜럼버스 신대륙 발견 후, 5백 년 지역 식민시기와 G7 시기 경제착취를 일삼은 나라들이 자본의 대부분을 투자하고 그런 경제기구는 동양의 서울에 있어야 한다는 주장을 줄곧 펴왔습니다. 그러던 차에 세계에서 가장 권위 있는 바티칸 정의평화위원회가 같은 맥락에서 IMF 기구의 소멸과 새로운 국제 경제 기구를 제창했기에(2011년 10월 24일) 참으로 고마운 생각입니다.

다음에 제시하는 일반 인류문화 발전 과정에 나타나는 한두 가지 문제도 하느님 창조경륜 실천의 문제입니다. 이는 또한, 인류의 평화와 복지향상의 문제고 하느님의 정의와 평화로 더 좋은 인간 삶이 이루어져야 하기에 하느님의 사랑에 뒷받침을 받는 관점에서 노력하여 하느님의 나라가 세상 질서 속에도 발전되어야 할 것으로 생각합니다. 그렇기에 저는 국가적, 국제적, 더 크게는 인류문화적 문제에 적극 개재(介在) 내지 계몽에 노력했습니다. 여기에 그 중 교회 내와 교회 밖의 사건 한두 가지를 소개합니다.

④ 로마 유학 중의 추억

경제 부흥과 정치적 세력이 강한 나라에는 교회의 선교가 부진(不振)해도 교회에 전력투구하여 재력과 인력을 제공합니다. 그 한 예로 일본 도쿄 시내에는 선교가 잘 되지 않아도 1천 명의 선교 수도회 사제가 안락한 생활을 누리고 있습니다. 반면, 한국은 수십만의 전사(戰死)자와 전상(戰傷)자, 1천만 이산가족이 있고 모든 것이 파괴된 처지에서도 선교가 잘 되었으나 선교 수도회나 단체가 가난한 상태였습니다.

저는 한 해에 1,700명이라는 영세자를 냈지만, 그들을 교리교육 할 때, 예비자들은 장소가 마땅치 않아 비가 올 때는 우비, 즉 거적을 쓰거나 두꺼운 종이로 머리와 몸을 가리고 고무신을 신고 땅 위에 서서 교리 교육을 받았습니다. 그뿐만 아니라 돈이 없어서 성당 건축은 엄두도 못 내는 곳이 부지기수로 많았습니다. 그런 현실, 즉 선교는 전혀 안 되지만 정치적으로 강대국이고, 경제 발전을 해 살기가 편한 일본은 교황청을 위시하여 수도회가 재력과 인재를 양성하니 그것이 그리스도 정신이냐는 항의 겸 건의를 교황청 민족들의 복음화 성성(전에는 포교성성) 총무 시지스몬디(Sigismondi) 대주교(후에 추기경 임명)께 1958년 성 베드로 꼴레지오(전교 지방 로마 면학 사제 기숙사)를 방문했을 때 했습니다. 저는 교구나 선교 수도회가 선교사를 보낼 수 없으면 수도회의 재력이 있으니 무이자론(이자 없는 대여)을 10~20년간 해 주면 한국이 부흥하니 후일 갚을 것이라고 했습니다. 그리고 성직 지망생이 많다는 말도 곁들였습니다. 시지스몬디(Sigismondi) 대주교는 경청하시더니 긍정적으로 받아들였습니다. 그 후 정확한 소식통으로 아래와 같은 말을 들었습니다. 그 얼마 후 대주교께서는 로마 주재 선교회 장상(長上) 회의를 열어 한국의 실정을 말하며 선교회의 선교 열성을 잘 알고 있지만 인력이 부족해 직접 선교지에 뛰어들지 못할지라도 경제적으로는 도울 수 있지 않겠느냐며 10년이나 20년 거치 무이자론을 해 주기 바란다는 말씀을 하셨다는 후문이었습니다. 물론 이런 대주교님의 표현은 대범한 인격의 완곡한 표현이지만, 실은 총무 대주교 말씀은 장관 추기경의 말씀과 다를 바가 없고 선교를 떠나 달라는 완곡한 표현이기에 가능한 모든 선교 단체와 선교 수도회가 한국으로 선교를 떠나야 했습니다. 수도회가 준비 작업을 하려면 2년여의 시간이 필요하니 1960년부터 한국에 수도회와 선교사가 대거 진출하게 되었습니다. 물론 유럽에서는 사제나 수도자 지망생이 많이 떨어지는데 한국에서는 성소(聖召) 지망생이 많은 것도 작용했습니다.

⑤ 일본 문화계에서의 한국관 시정

일본 정부와 일본 국제교류기금(The Japan Foundation) 초청으로 방문하던 중에 일어났던 중대한 사항 한 가지를 덧붙입니다. 이는 문화의 문제이고 한·일 양국 국민의 자존심이 걸린 중대사였습니다. 저는 이 초청을 일본에서 시라야나기 세이이치(白柳誠一) 도쿄대교구장 추기경 주선으로 도쿄 본부에서 직접 받았습니다. 그때 초청자들은 미국, 영국, 프랑스 등지의 교수들, 저와 어느 한 분이었습니다. 하여튼 첫 번째 날 일본 문화 탐방을 나갔는데 그들은 일본에 대한 지식이 깊지 않아 감탄일색으로 보였습니다. 저는 독립운동 집안이라 저의 숙부가 신간회 사건, 즉 105인 사건으로 체포되어 3개월 만에 고문으로 29세 혈기 왕성한 청년이 시신으로 돌아 온 터라 사정이 좀 달랐습니다. 숙부의 시신을 인수 받은 저의 아버지 말씀에 의하면 정수리에서 발톱 끝까지 고문으로 상처나지 않은 곳이 없이 심한 고문 자국으로 전신이 누더기가 되어 있었다는 것입니다. 그렇기에 저는 일본 군국주의 문화에 대해 알려는 관심과 노력도 많이 한 편이었고 시대가 일본 식민지 시대였고, 일본 역사도 학교에서 배운 바 있기에 감탄 일변도의 분들과 같은 행보(行步)를 할 필요가 없어 귀국할 뜻을 초청 당국에 전했더니 깜짝 놀란 모양이었습니다. 그 후로 저는 독자적으로 본부 측에서 주선하는 개별적인 에스코트를 받으며 가볼 곳과 만나야 할 사람들을 선정하게 되었습니다. 저는 일본의 유명 박물관이나 유적지, 명승지들을 대부분 다녔기에 다시 갈 필요가 없었습니다. 일본을 많이 거치게 된 것은 그때 유럽이나 미국 등지에 갈 때는 일본 도쿄의 세계 항공망을 이용해야 했기 때문입니다. 서울에서는 아직 항공망이 세계적으로 뻗지 못한 때였습니다. 따라서 저는 독자적인 행보를 시작했습니다.

제가 그 당시 가톨릭대학교 대학원장 신분이었기에 제가 낸 방문 제목이 "일본 대학원 교육이 일본 발전에 미친 영향"이었습니다. 이런 제목은 일본 국제교류기금 측과 일본 정부도 처음 받는 보람된 제목이라며 대환영이었습니다. 제일 먼저 방문할 곳으로 신청한 곳이 일본의 수재들이 모이고 일본의 명운을 좌우한다는 도쿄대학교 총장 면담이었습니다. 제가 날짜를 잡아 만남이 결정되었습니다. 저는 도쿄 통행에 자유로운 편이었기에 에스코트를 사절하고 단신으로 이른바 아카몽(赤門), (일본인 수재만 모인다는) 일본인들의 꿈의 동경(憧憬)의 전당에 들어섰습니다. 정문에서부터 정열로 선 행렬이 있기에 무슨 특별행사가 있는 줄로 알고 행렬을 피해 길을 재촉했더니 어떤 분이 다가와 혹시 제가 일본국제 교류기금의 초청 받은 손님이 아니냐기에 그렇다고 했습니다. 그러면 양쪽 행렬 사이로 사열식으로 통과하라며 그분이 앞장 섰습니다. 연유를 물으니 도쿄대학교 총장을 면회할 인사 중 국왕이나 대통령, 내각책임제 총리 등 최상급 인사를 만나는 경우에는 예식을 거쳐 별도로 마련한 총장 면회 장소, 일본어로는 야시기(邸宅)라는 곳이 있는데 제가 그곳에서 특별대우로 하야시 겐타로(林健太郎) 총장을 만나게 되어 있다는 것입니다. 저는 일본식 90도 경례로 대열이 머리 숙이는 환영을 받으며 야시기에 도착하였습니다. 잘 꾸며진 일본식 정원이 있는 일본식 저택이었습니다. 현관에 들어가 중년 신사의 안내로 검소하면서도 산뜻한 일본식 방으로 인도되었습니다. (이런 뜻밖의 환대를 받은 것은 일본을 모르는 팀과 행보를 같이 하지 않겠다며 귀국을 통보했기에 치밀한 일본인 기질로 저의 배경을 조사했던 것 같았습니다.) 하야시 총장과 초면 인사 후, 잠시 날씨 말씀을 나눈 뒤 그분은 자기는 원래 지한파도 반한파도 아니었지만 미국 하버드대학에 초빙 교수로 있을 때 한국 교수를 만났는데 그분과 친구가 되어 한국에

호의를 갖게 되었다고 했습니다. 그분은 일본 국민으로부터 총리 이상의 존경을 받는다는 도쿄대학교 총장 자리에 있는 분이라 인격적으로 고매한 분으로 보였습니다. 그렇기에 저도 상응한 예의를 다 갖추어 정중한 인사를 드렸습니다. 그리고 하야시 총장은 자기는 자유민주주의자였기에 1945년 일본의 패망 전쟁 말기 요주의 인물로 투옥되어 있었다고 했습니다. 전쟁이 지속되었다면 군부에 의해 처형되었을 것이라고 했습니다. 이런 말은 물론 상당히 신빙성이 있는 말이었습니다. 그 당시 한국에서도 전쟁이 더 지연되었으면 한국 지도급 인사 약 18만 명을 식민정책의 야만적 형태로 처형하기로 되어 있었다는 말이 자자했었습니다. 그렇기에 그가 일본 군부를 반대한 자유주의자로서 처형됐을 가능성은 상당히 컸습니다. 그런 식으로 그가 대화를 이끌어갔지만 저는 의외의 문제를 제기한 셈이었습니다. 저는 말씀에 공감과 경의를 표하지만 그런 문제는 일본 내의 문제라고 했습니다. 저는 총장님이 일본의 수재 중에서도 뛰어나셨기에 훌륭한 교육을 받으셨을 것이라고 말했습니다. 제가 보기에 도쿄대학교는 세계에서도 우수한 대학으로 서울의 옛 경성제국대학은 새끼 대학 같다고 했습니다. 도쿄대학교가 그렇게 막대한 재원을 들여 훌륭한 대학이 된 것은 가장 큰 식민지인 한국에서 착취로 얻은 막대한 재원으로 된 것이라고 했습니다. 식민지의 쓰라린 경험을 갖고 있는 저는 그런 시각에서 말씀드릴 수밖에 없다고 했습니다. 그리고 미·일(美日) 전쟁에도 무서운 위력을 발휘한 일본의 근본정신인 야마도 다마시(大和魂)가 어디서 출발하는지 알고 싶다고 했습니다. 그분은 마침 사학과 출신이었기에 저의 문제 제기를 진지하게 받아들였습니다. 그리고 제가 보기에 일본 박물관에 진열한 문물을 설명하는데, 그 중 대부분이 당(唐)에서 도입된 것으로 되어 있었습니다. 예컨대 할머니들의 수건은, 50~60년 전 한국에서 흔히 보던 것인데도 당에서 왔다니 전혀 이해할 수 없다고 했습니다. 그것은 분명히 한국에서 왔을 것이라고 했습니다. 그런 식으로 모든 문물이 한국이 아닌 당에서 왔다는 등 역사를 왜곡한다면 앞으로의 세계에서는 용납될 수 없을 것입니다. 모든 것은 사실대로이어야지 역사가 조작되면 후대에 잘못 전달되어 다시 후대가 불화를 일으키고 전쟁까지 치르는 불행의 씨를 남기는 큰 잘못을 저지르는 것입니다. 특히 식민시기를 지낸 한·일의 역사관이 그렇다고 했습니다. 그랬더니 그분은 학자답게 옳은 말이라며 동감을 표했습니다. 저의 질문인 일본혼의 발생 장소와 시기는 자기로서는 알 수 없다며 마침 도쿄대학교 안에 일본사연구소가 있다며 소장 교수가 식민지 시기 서울 태생이고 서울대학교의 전신(前身)인 경성제국대학에서도 강의하고 일본사를 전공한 분이니 좋은 답을 줄 것이라며 직접 전화를 걸어 만나도록 주선해 주었습니다. 일본사연구소는 일본의 자랑이었습니다. 그러면서 가구시인(學士院)에서 점심 식사 준비가 되어 있으니 그곳으로 옮기자고 했습니다. 사실 약속 시간은 오전 9시부터 30분 동안이었는데 그분과 진지한 대화가 이루어져 질의와 답변, 토의 등으로 시간이 흐른 줄을 몰랐습니다. 점심 약속은 전혀 없었던 것이었는데도 큰 후의를 베풀어 준 것입니다. 그분은 진정한 학자였으며 신사였습니다. 또한, 친절하며 학문뿐만 아니라 인간성도 넉넉한 분이었습니다. 가구시인이라기에 한국에서는 4년제 대학을 졸업하면 가구시(學士), 말하자면 학사라고 하는데 그런 곳에서 도쿄대학교 총장이 외국 손님을 대접하나 마음속으로 생각했습니다. 가보니 우리의 학술원에 해당하는 명칭이고 그런 분들의 식당이었습니다. 도쿄대학교의 핵심 인사 문학부장(일본에서는 문학부장이 대학원장 겸임), 교무처장, 학생처장에 해당되는 분들과 같이 점심을 하게 되었습니다. 점심 후 도쿄대학교의 심장이며 일본사의 혼이라 할 수 있는 일본사연구소장을 만나게 되었습니다. 그 분은 식민시기 서울 경복궁 근처에서 태어나 경성제국대학을 졸업하고 모교에서 교수로 봉직했으며 자기를 야마다(山田)소장이라고 소개하였습니다. 또한, 서울의 경복궁 근처에서 보낸 소년시절을 그리워했습니다. 그런데 저를 좀 놀라게 하고 그 분도 좀 당혹하게 된 일이 생겼습니다. 그것은 그분이 저의 도착 전에 대형본인 『일본 근대사』 5권을 갖다 놓고 저를 기다리고 있었습니다. 그리고 그분은 그 책 5권은 이미 출간된 5백 권의 일부이고 앞으로 7백 권을 더 출판할 계획인데, 출판 총 권 수는 1,200권까지 목표하고 있다고 했습니다. 이런 방대한 학문적 계획이 학풍의 전수와 더불어 계승되는 면이 저를 놀라게 했습니다.

사정이 어찌 되었건 저는 그 책들을 유심이 살펴보았습니다. 그리고 자료들을 어디서 구했느냐고 했습니다. 그는 잠깐 그 책이 시작된 경유를 말했습니다. 그 일은 메이지(明治) 유신(維新)이 성공한 후, 두 교수가 위대한 사건을 기록으로 남겨야겠다고 시작한 것이라고 했습니다. 메이지 유신 이후, 1백 수십 년이 지난 후까지 일본의 발자취를 기록했는데, 가장 어려웠을 때가 미·일 전쟁 중, 미군의 폭격이 심해 대학원생들이 교수들과 같이 (당시는 필름이 없는 때라) 유리판에 화학 물질로 만든 자료를 품에 안고 피신하던 것이라는 말까지 곁들였습니다. 저는 그 자료들을 어디서 취한 것이냐고 반문했습니다. 관보(官報)나 대본영(大本營, 일본 군부 총사령부)발표 또는 일간 신문들에 의한 것이라고 했습니다. 그래서 저는 그런 발표는 대부분이 군부통제 기구나 경찰 등에 의해 엄격히 통제되거나 조작된 것인데 그런 자료에 의한 것을 책 장정(裝幀)은 근사할망정 어떻게 믿을 수 있느냐며 그런 허위로 역사를 왜곡하면 다음 세대 간에 다시 불신과 증오와 전쟁까지 일으키는 씨앗을 남겨 주게 되어 선조로서 못할 짓을 하는 것이라고 말했습니다. 여기에 이르러 그는 그러면 어떻게 하면 좋겠느냐며 반문했습니다. 저는 일본은 대동아 평화라는 슬로건으로 한국, 만주, 결국은 중국 전토와 필리핀, 인도네시아, 말레이시아, 태국 등 전 동아시아를 침공하여 살인, 인권유린, 약탈 등 온갖 악행을 감행했으니 그런 지대에서 사실적 자료들을 수집하여 일본 근대사를 써야 할 것이라고 했습니다. 그는 침묵했습니다. 이런 일이 있은 얼마 후, 초청 본부로부터 연락이 왔습니다. 저와 대담할 사람을 전국에 수배해 보았는데 오사카(大阪) 대학의 우메다니 노보루(梅谷 昇) 문학부장이라고 했습니다. 그래서 그분께 저를 인도해 가겠다는 것이었습니다. 저는 에스코트인과 더불어 오사카에 도착하여 우메다니 부장을 만났습니다. 그분은 시야가 트인 새로운 세대의 분이었습니다. 자기는 군부 지배를 받는 역사관에는 일체 반대며 역사는 사실대로야 한다고 했습니다. 그러면서 일본 역사의 시작이나 일본혼의 출처는 고구려, 신라, 백제 중에서 일본으로 건너온 분들에 의한 것인데 더 개연성이 높은 것은 백제에서 온 문화인 같다고 했습니다. 특히 백제에서 온 문화인이 그 당시 일본 본토의 원시인들을 모아놓고 촌락을 이루게 한 데서 시작된 것 같다고 했습니다. 그분은 언어학적 역사가였기에 그 증거로 언어적 예증 세 가지를 들었는데 지금은 그 하나만을 확실하게 기억하고 있습니다. 한국말에 '무리'란 말이 있느냐기에 있다고 하며 동물 집단에 쓰이며 때로는 사람들의 집단에도 쓰인다고 했습니다. 그랬더니 그분은 한반도에서 온 문화인들이 일본의 원시인들을 모아 촌락을 이루게 하며 '무리'라고 표현했는데 그런 무리(群)가 일본어의 '무라(村)'로 발음이 변화하게 되는 데서 일본 정신인 야마도 다마시(大和魂)를 풀어야 한다기에 납득할 수 있었습니다. 그분의 견해는 일본 문물의 주류가 한국에서 들어왔다는 것이었습니다.

그렇기에 저로서는 그런대로 납득이 갔지만 한 가지를 더 부연했습니다. 한·일 문화 문제에서 더 확실한 해결은 인체 해부학적인 면에서 가능하지 않겠느냐는 견해를 간접적으로 말해 주었습니다. 이런 견해를 다른 데서 다른 기회에도 저는 여러 번 밝혔습니다. 제가 일본에서 귀국하고 두 달쯤 되었을 때 일본 나가사키 의대(醫大)의 연구 결과, 일본 관서(關西) 지방, 즉 도쿄에서 한국 쪽 지방의 주민 85%가 몽고반점을 갖고 있고 나머지 15%에는 몽고반점이 없는 반면, 동북(東北) 지방, 즉 도쿄에서 홋카이도(北海道) 방향 주민들은 그와 반대로 85%가 몽고반점이 없고 15%에만 있다는 것입니다. 시간의 흐름에 따라 관서와 동북 지방 주민들이 뒤섞이게 되어 그런 결과가 나왔으며, 이런 신체 구조의 사실은 일본에 한국인이 이주하면서 문화가 전달됐다는 확증인 것입니다. 그때까지만 해도 일본인의 원조(元祖)와 문화가 한국에서 도래하지 않았다는 왜곡으로 양국 간에 논쟁을 넘어 민족 감정의 첨예한 대립이 있었는데 그 후로는 그런 논쟁은 사라졌고 지금은 독도문제로 옮겨 간 셈입니다. 이런 식의 사실적 연구로 독도 문제도 일본이 주장하지 못할 근거를 찾을 수 있지 않을까 생각합니다. 설전보다는 학문적 확증을 찾아 인류의 지성과 양식에 호소하는 것입니다. 마치 몽고반점과 같이. 이렇게 사실에 근거해 국제 문제를 해결하여 분쟁은 물론 전쟁까지 피해, 평화를 이룰 수 있다면 이런 일이야말로 교회가 적극 애써야 할 일입니다.

⑥ **마지막 인사 말씀**

신학생들을 마주하고 강의를 하게 되니 옛날로 돌아간 기분입니다. 사제 생활을 주로 신학교에서 했기 때문인 것 같습니다. 감회가 새롭고 지금 제가 여러분에게 준 것보다는 여러분이 제게 준 것이 더 큰 것 같습니다. 신학생들, 참으로 반갑고 고맙습니다.

이런 좋은 자리를 마련해 주신 인천교구장 최기산 주교님께 다시 한 번 심심한 감사를 드립니다. 또한 저와도 인연이 깊은 홍승모 학장 신부님과 동료 교수 신부님들, 참석해 주신 모든 분께 변변치 못한 말씀이었지만 끝까지 자리를 같이해 주신 데 진심으로 감사드립니다.

2011년 10월 4일

11) 후기

① 최기산 인천교구장 주교와 정의채 몬시뇰의 이메일 서신

지극히 공경하올 몬시뇰님,

보내주신 강의 원고 감사히 잘 읽었습니다. 우리 신학생들에게 꿈을 크게 갖게 해 주시고, 몬시뇰님의 혜안처럼 이 세상을 넓게 보고, 시대의 필요에 응답할 수 있도록 좋은 말씀을 해주셔서 감사드립니다. 우리 신학생뿐 아니라, 전국의 모든 신학생이 몬시뇰님의 걸어오신 인생길을 들으며 많은 영감을 얻고 미래를 잘 설계할 수 있었으면 하는 바램입니다.

얼마 전 우리 교구 사제들이 김진현 씨의 강의를 들은 적이 있습니다. 예전에 장관을 지냈고 대학교 총장을 지냈으며 지금은 울산의 어느 대학교 이사장으로 뽑혀 가신 것으로 압니다. 그분이 한국의 미래에 대해서 잘 설명했습니다. 그 중에서 정 몬시뇰님의 제안을 설명하

는 것을 듣고 그가 아직 신자도 아닌데도, 정 몬시뇰님의 깊은 통찰력을 잘 이해하고 있구나 하는 생각을 하였습니다. 그래서 반가웠습니다.

부디 옥체 보존하셔서 많은 이에게 한국 천주교회의 나아갈 길을 전해 주시고, 귀한 말씀을 많이 전하게 되시기를 기원 합니다.

안녕히 계십시오.

최 보니파시오 주교 드림

지극히 존경하올 최기산 교구장 주교님께

비서실로부터 주교회의를 오늘 마치고 돌아오셨다는 말씀을 들었습니다. 좋은 회의가 되었고 결실이 풍부하기를 바랍니다. 노고가 크셨겠습니다. 얼마 전 주교님의 말씀으로 인천 신학교에서 한 강의 원고를 이메일로 보내드렸는데 마지막 손질이 되지 않은 것을 보낸 셈입니다. 지금 첨부로 드리는 것은 인천교구의 특수성과 중요성 등에 언급했고 교구장 주교님의 드높은 뜻을 말한 곳들이 있는데 서론에서 요약되었습니다. 그리고 교황청과의 관계와 일본 성소 문제 회복 이야기, 일본의 식민지 근성으로 일본인의 선조와 문화가 한반도에서 건너 간 것을 끝까지 부정하다가 신체 해부학적으로 접근하라는 저의 제안으로 결국 한국에 가까운 관서 지방의 일본인 85%에서 몽고반점이 나오게 되어 도쿄에서 한반도에 이르는 문화지대가 한반도에서 도래한 선조와 문화라는 것을 입증하게 하여 더 이상 이론을 제기하지 못한 이야기도 곁들였습니다. 더욱이 1950년대 부(富)의 축적으로 강국으로 다시 변하는 일본에서는 교회가 온갖 재보와 선교 인력을 쏟아 부었습니다. 그러나 전쟁 후유증으로 가난과 비참에 시달리는 가운데도 선교가 잘되는 한국을 외면하는 교황청과 선교 수도회를 직접 교황청에 대놓고 본정신을 이탈했음을 이야기했습니다. 또한, 지금 미국에서 1% 대 99% 빈부격차 젊은이 시위 사건도 일어날 수밖에 없는 인류문화의 과정, 결국은 하느님 창조경륜의 새로운 단계의 실천이란 면을 결부시켜 공부하며 자라는 신학생의 안목과 정신과 심령을 일깨워 최 교구장의 크신 의도에 따라 넓고 깊게 볼 수 있는 소질을 키워볼까 해 보았습니다.

기도 중 뵈오며 최 주교님의 아무도 따를 수 없는 사목적 열정으로 하느님과 성모님의 풍성한 은총 속에 인간이 생각조차 할 수 없는 사목적 놀라운 결실 거두시기 기도하며 믿습니다.

2011년 10월 14일
정의채 몬시뇰 올림

② 최인각 수원 가톨릭대학교 학생처장 신부의 글
　지난겨울에 개인 피정을 하며, 정 몬시뇰님의 『모든 것이 은혜였습니다』라는 책을 정독하였습니다. 그동안 저를 사로잡았던 정의채 몬시뇰님의 힘이 어디에서 나오는지 확인하고 그분을 정확히 알고 싶어서였습니다. 몬시뇰님과 전화 통화를 할 때마다, 그분의 말씀을 적고 있는 저 자신을 발견하면서, '참 새롭다' 아니 '많이 다르다', '내 마음을 사로잡는다', '정말 크신 분이다'라는 생각을 하곤 했기 때문입니다.

몬시뇰님의 책을 읽으면서, 이것은 새로운 창을 열 수 있는 열쇠가 담긴 책이라고 느꼈습니다. 당신의 과거 이야기를 하지만, 결코 과거의 무용담이 아닌, 현재를 꿰뚫어 보고, 미래를 투시하는 전개로, 현재를 어떻게 조망하고 미래를 어떻게 준비해야 하는지 통감하게 해 주었습니다. 그래서 가슴이 시원했고 통쾌했습니다.

한 명의 대한민국 국민이자, 천주교 신앙인으로서, 신학도로서, 철학도로서, 세상을 조명하는 예언자이며 사제로서 고민하며 거침없이 살았던 몬시뇰님의 인생 속에 많은 보화가 들어 있음을 느꼈습니다. 단순히 듣기 좋은 말들을 잡다하게 모아 놓은 글이 아니라, 시대와 역사를 관통하는 신비를 맛보게 하는 글임을 느낄 수 있었습니다. 몬시뇰님께 이미 들어서 알고 있던 내용이 대부분이었지만, 글로 읽을 때의 느낌은 달랐습니다.

몬시뇰님께서 그동안 하느님 안에서 사시면서 왜 그토록 당당하시고, 한 번도 주저하지 않으셨는지 알 수 있었습니다. 왜 몬시뇰님께서 글로써, 책으로써 후배들에게 남겨주고 싶어 하는지를 알 수 있었습니다. 당신의 삶의 여정을 글로써 풀어내면서, '인류를 향한 하느님의 창조경륜과 구원경륜'을 풍부히 담는 '보배'를 선물로 주시기 위함이라는 것을 깨닫게 되었습니다. 당신이 하느님 안에서 깨닫고 경험했던 진주들을 묻혀두고 가고 싶지 않았던 것이겠지요. 하느님으로부터 받은 예지의 선물, 철학과 신학적 숙고를 통해 얻어낸 통찰, 시대와 문화를 세기를 초월하여 읽어내고 시대가 가야 할 방향을 제시했던 많은 외침, 한 명의 선구자이며 구도자가 걸었던 수행과 득도(得道)의 여정, 시대와 문화를 뛰어넘게 하는 기지(奇智), 가난과 어려움의 질곡 속에서도 빛과 희망을 선사한 수많은 말씀. 당신은 아셨습니다. 그것들이 결코 무덤 뒤편의 파편이 되어서는 안 된다는 것을…. 그래서 당신은 용기를 내셨으리라 봅니다. 저는 감히 그 용기에 찬사를 보냅니다.

과거와 현재와 미래를 뛰어넘는 글을 읽으면서 하느님께서 주시는 창조력과 생명력, 구원의 힘을 받아 재충전하시는 당신의 모습, 그리고 엄청난 에너지를 쏟아내시는 모습이 그려졌습니다. 그리고 눈을 감고 그분을 그려봅니다.

당신은 작지만, 결코 작으신 분이 아니십니다. 당신은 천상의 진리와 지상의 질서를 한 손 안에 잡을 수 있는 분이시기 때문입니다.
당신은 하느님이 주신 의로움을 그대로 실천하시는 거인이십니다. 어전에서 겁 없이 하느님과 마주하며 그분 앞에 당당히 서셨던 분이시기 때문입니다. 그래서 두려움을 잊은 채 지내셨던 분이십니다.
당신은 이 시대의 대장부(大丈夫)이십니다. 이제 아흔을 바라보는 고령이시지만, 결코 늙은이가 아니시기 때문입니다. 그 어떤 젊은이보다 많은 고민과 미래에 대한 꿈을, 그 어떤 사제보다 많은 기도와 묵상을, 그 어떤 개혁가보다 현재와 미래에 대해 많은 진단과 새로운 정책을 제시하시는 원기 왕성한 청년이자 진정한 젊은이십니다.
당신은 젊은이들의 친구이십니다. 젊은이보다 더 젊게 사시며 그들과 호흡하며 그들 안으로 들어가시기 때문입니다. 그들의 미래를 걱정하기보다 미래의 꿈을 멋지게 꾸도록 이끌어주시는 스승이며 친구이십니다.
당신은 신앙인이면서도 애국자이십니다. 민족을 가슴에 안고 민족과 나라가 가야 할 길을 비추시기 때문입니다. 나라가 개발과 하느님 나라 확장을 조화 있는 눈으로 바라보시며, 이 시대에 나라가 세계 안에서 필요로 하는 것을 가르쳐주시고 몸소 실천하는 분이십니다.

당신은 문화의 창달자이십니다. 인류문화의 흐름을 읽고, 문화를 어떻게 살아가고 꾸며갈지를 아는 도사(道士)이시기 때문입니다. 무엇보다 하느님의 창조경륜이 어디까지 미치고 인간은 어떻게 응답하는지를 아시는, 하느님 문화의 창달자이십니다.

당신은 당신 자신이 아무것도 아니라고 말씀하시지만, 우리에게는 전부로 다가옵니다. 참으로 새로운 지평을 열어 주시는 선구자요, 지도자이며, 진정한 천주의 사제이십니다.

그래서 몬시뇰님의 존재가 그저 감사합니다. 그 존재에서 쏟아져 나오는 말씀에 탄복합니다. 그러한 분을 알고 있고, 그분을 통해 무언가를 배우고 느끼며, 새로운 힘을 얻음에 참으로 행복합니다. 그분을 국가에서, 교회에서, 사회에서 왜 어른으로, 원로(元老)로 지명하였는지를, 시간이 지나면서 만천하가 다 알게 될 것입니다. 특별히 교회에서 그 힘이 발휘될 것입니다.

저는 많은 이가 그분의 살아계심에 감사드리며, 그분의 가르침에 함께하는 시간이 있으면 좋겠다는 생각을 합니다. 직접적인 만남이 어렵다면 책을 통해서라도 말입니다. 제가 몬시뇰님의 책을 다 읽은 후, 미래의 꿈나무이며 우리 사회에서 크나큰 영향력을 행사하며 하느님 나라를 앞당길 우리 신학생들에게 이 책을 꼭 읽히고 싶은 생각이 들었습니다. 그래서 제가 지도하는 저희 반 학생들에게 방학 필독서로 정해 주고, 개학 후 소감을 나누는 시간을 갖기로 하였습니다. 개학 후 학생들의 여러 이야기를 들었습니다. 저와 같은 느낌을 받은 친구들도 있었고, 몬시뇰님의 글을 통해 자신의 삶을 재점검하는 기회가 되었다고 이야기를 한 친구도 있었습니다. 참으로 다양했습니다. 다양한 것을 전해준 책이니 당연한 것이 아니겠습니까?

그 후, 부활 대축일을 얼마 앞둔 때였습니다. 우리 신학생들은 부활 대축일 전날에 부활 맞이 순례 혹은 만남, 선행을 하도록 되어 있는데, 학생들 스스로 '정의채 몬시뇰님을 직접 만나서 이야기를 듣고 함께 나누고 싶다'고 하였습니다. 참으로 놀라웠습니다. 그래서 저는 학생들과 몬시뇰님의 만남을 주선하게 되었습니다. 제가 중간 역할을 하며 학생들에게 도움을 줄 수 있다는 것은 저에게 큰 기쁨이며 행복이었습니다. 정의채 몬시뇰님의 크신 뜻과 깨달음을 학생들과 함께 나눌 수 있었기 때문입니다.

부활 대축일 전날, 저희 반 신학생들은 심상태 몬시뇰님이 계시는 그리스도사상연구소에서 정 몬시뇰님과 3시간의 대담(만남)을 했습니다. 학생들은 그들이 존경하는 심 몬시뇰님과 함께하고, 그들이 글로 보면서 존경과 사랑을 드린 정 몬시뇰님을 만나는 시간에 대하여 참으로 좋아했고 고마워했습니다. 대담은 한 번도 쉬지 않고 세 시간 동안 이어졌습니다. 젊은 연설가처럼 한 손에 마이크를 잡고, 청중(신학생)의 눈과 귀를 즐겁고 명쾌하게 해 주시며, 신학생들을 미래의 세계로 안내하며 이끌어가셨습니다. 학생들이 그 사이에 녹음과 타이프를 하면서 대담 내용을 정리하였습니다.

그 내용을 전체 신학생들과 나누고 싶어, 몬시뇰님의 허락을 얻어 〈성령 강림 대축일 학교 주보 특집호〉에 정리하여 싣기로 하였습니다. 지면상의 한계로 3시간 동안 이어진 말씀을 20여 쪽으로 정리하고, 그것을 또 축소하여 발간하기로 하였습니다. 몬시뇰님에게는 죄송스러웠지만, 전체 학생들과 학교 신부님들과 함께 나눌 수 있다는 것에 의미를 두고 일을 진행했습니다.

〈주보 특집호〉를 읽는 우리 신학생들을 보면서, 나름대로 위안과 기쁨이 되었습니다. "어쩜, 그때 그런 생각을 하며 행동하시고 판단하셨는지 참으로 놀랍습니다", "우리 시대에 신학생들이 어떤 마음으로 어떻게 살아가야 하는지를 알게 되었고, 신학교의 분위기를 어떻게 개선해 나가야 할지 많이 생각하게 되었습니다"라는 신학생들의 이야기를 들으며 참으로 고마웠습니다. 학기말 고사를 준비하는 바쁜 기간에도 꼼꼼히 주보를 읽는 모습 속에서 '미래에 또 다른 정의채 몬시뇰이 탄생하겠구나!'라는 생각을 하게 되었습니다. 저는 그들에게 이렇게 이야기했습니다. 로머 교장 신부님이 정의채 몬시뇰에게 큰길과 통찰력을 보여주고 가르쳐 주었듯이, 우리는 지금 정 몬시뇰과 심상태 몬시뇰을 통해 그것을 배우고 있고, 나중에 자네들이 커서 로머 신부님과 정 몬시뇰, 심상태 몬시뇰, 나의 이야기를 후배들에게 이야기하는 시간이 되었으면 좋겠고, 자네들도 그 후배들에게 좋은 기억으로 남는 멋진 사제가 되기를 바란다는 이야기를 해 주었습니다. 그러면서, 지금 우리가 나누는 이야기는 적어도 5대에 걸쳐있는 이야기라고 했습니다. 제1대 로머 교장 신부님, 제2대 정의채 몬시뇰, 제3대 심상태 몬시뇰, 제4대 지금 여러분의 교수 신부님들, 그리고 미래의 희망인 여러분이 5대라고. 학생들의 흐뭇해 하는 모습에 그저 감사했습니다.

저는 정의채 몬시뇰님의 책(『모든 것이 은혜였습니다』)과 신학생들의 대담을 통해 소개된 내용(주보 특집호)이 한국교회와 신학교에 많은 파장을 일으키며 영향을 줄 것으로 생각합니다. 저는 그렇게 되도록 기도하고 있습니다. 몬시뇰님의 영육간의 건강을 위해서도 기도합니다. 감사합니다.

2011년 7월 17일
수원 가톨릭대학교
최인각 바오로 신부

③ 전헌호 대구 가톨릭대학교 신학대학장 신부의 글

지극히 공경하올 정의채 몬시뇰님,

보내주신 수원 가톨릭대학교 3학년 신학생들에게 말씀하신 자료를 다시 읽어보았습니다. 무엇보다 먼저 정 몬시뇰님의 교회와 젊은이, 이 나라에 대한 사랑에 깊이 감동했습니다. 대단히 감사드립니다.

놀라우신 혜안으로 정곡을 정확하게 짚으시면서 가르치시고 활동하시는 것에서 하느님의 섭리와 은총, 몬시뇰님의 엄청난 사랑과 노력을 봅니다. 저에게도 큰 격려와 자극이 됩니다. 지난 날 저희들을 가르치실 때의 바른 자세와 깊은 내용에 대해 다시금 떠올려 보게 됩니다.

동서고금을 두루 섭렵하시면서 인류 전체의 신앙생활과 문화의 핵심을 집어주셔서 감사합니다. 학문적 깊은 이론이 삶의 현장에서 구현되게 하시려는 과정에서 많은 어려움도 겪으셨으리라 생각됩니다. 제가 1974년도에 신학생이 되어 혜화동에서 공부할 때 누렸던 다소 자유로웠던 학교 분위기가 몬시뇰님의 혜안 덕분이었다는 것도 알게 되었습니다.

토요일을 애덕의 날로 정하셔서 신학생들로 하여금 삶의 구체적인 현장을 보고 몸과 마음에 사랑으로 채우고 실천하도록 하신 것은 참으로 뛰어난 교육이었습니다. '영성의 해'를 생각하신 것도, 청빈의 정신을 익히도록 하신 것도, 지성 교육을 강조하신 것도 깊은 통찰력을 가진 혜안에서 나온 것입니다.

오늘날 우리나라에서 살고 있는 젊은 사람들이 지닌 활력을 감안하면 대한민국이란 나라와 교회는 말씀하신 대로 지구촌의 리더가 될 수 있다고 생각합니다. 문제는 이런 열정을 가진 젊은이들 중에서도 많은 수의 똑똑하고 신심이 깊은 젊은이들이 사명의식을 가지고 교회에 들어오고 성직의 길로 나아가야 하는 것입니다.

신부가 되기 위해 신학대학에서 공부하고 있는 학생들의 모습을 감안해 보면, 희망이 있을 수 있는데, 우리 기성 신부들이, 그 중에서도 교수신부들이 모범적으로 기도하고 공부하고 성실하게 살면서 그들을 잘 가르치는 것이 선행되어야 그 희망이 커지고 현실화될 것입니다. 이 점에서 저희들이 많이 노력해야 할 것으로 생각합니다.

몬시뇰님께서 지성을 강조하시면서도 기도를 모든 일의 중심에 두셨습니다. 무엇보다 먼저 저희들이 기도하는 사제가 되어야 하겠습니다. 주님을 알기 위해, 기도가 무엇인지 알기 위해 기도하기 시작하다가 좀 더 잘 살기 위해 기도하는 단계를 거쳐 이제는 기도하기 위해 살아가는 단계로 나아가야 하겠습니다. 기도가 모든 행복의 원천이고 중심이며 기도하면서 갖는 기쁨보다 더 큰 기쁨이 없기 때문입니다.

이런 점에서 저는 현시대에서 나타나는 교회로부터의 이탈행위에도 한계가 있다고 봅니다. 이탈하여 더 나은 것을 찾기가 불가능할 것이기 때문입니다. 가톨릭교회는 오늘날 사람들이 왜 교회로부터 이탈하는가에 대해 좀 더 진실하고 진지하게 고찰하는 용기를 가져야 할 것 같습니다. 신앙의 본질적인 것을 강조해야 할 것인데, 시대의 변화에 맞추어 버려야 할 전근대적인 요소들을 유지하기 위해 고집하는 것은 교회가 지닌 또 하나의 탐욕이고 오류이며 게으른 행위라고 생각합니다.

  교회를 떠나는 신자들의 이탈행위는 교회가 정화될 필요가 있다는 것을 알려주는 메시지일 것입니다. 그래서 올바르게 정화되고 개혁해 나갈 때까지 이탈행위는 지속될 것입니다. 그렇지만 하느님이 계시고 죽음이라는 단절의 관문을 인식하는 인간의 감성과 이성과 영성이 있기에 희망적이지 않을 수 없습니다. 이 모든 것은 가능성과 한계를 가진 인간이 살아가는 삶의 현장에서 진행되는 과정 중의 하나라고 생각됩니다.

  몬시뇰님, 다시 한 번 더 몬시뇰님의 모든 가르침과 삶, 깊은 신심과 사랑에 감사드립니다. 계속 건강하시어 저희들을 가르치시고 재촉해 주시기를 감히 청해 올리면서 맺습니다.

  저의 견해가 두서없고 부족한 것을 죄송하게 생각합니다.

2011년 7월 1일 금요일
전헌호 신부 올림
대구 가톨릭대학교 신학대학장

3. 한국 그리스도사상연구소 20주년 제36차 국제 학술회의
- 동아시아 교회의 복음화와 토착화 현실 그리고 미래 전망-한국 · 중국 · 일본을 중심으로

일시: 2011년 11월 19일(토) 10:00~17:30
장소: 서울 정동 프란치스코 회관 성당
초대 이사장 정의채 몬시뇰(교황 명예 고위성직자)
말씀: "한국 그리스도사상연구소의 회고와 전망"

오늘의 학술회의는 한국 그리스도사상연구소 탄생 20주년 36회째 회의이며 첫 번째 국제 학술회의이기에 매우 뜻 깊고 기쁜 날입니다. 이 땅에서 한국 천주교회가 "동아시아 교회의 복음화와 토착화 현실 그리고 미래 전망" 다시 말해 동 · 서 사상을 아우르는 3천 년대 세계 교회상 주조(鑄造)의 준비를 하게 되는 것이기에 그 의미가 매우 중차대함을 실감하게 합니다. 한국교회사의 새로운 한 획을 긋는다는 기뽐을 만끽하는 바입니다. 사실 인류의 모든 위대한 종교와 사상을 발생시킨 동양사상과의 접목 없이 "땅 끝까지 복음 선포의 명을 받은 교회"가 그 사명을 완수할 수는 없는 것입니다. 지난 2천 년간 교회의 초기 천년 교부시대를 거치며 그리스 사상과의 만남으로 유럽 천지에 뿌리내려 새로운 하늘과 땅을 주조해낸 그리스도교 사상은 이제 그보다 더 위대하고 더 큰 지대와 인류를 이룬 동양문화, 특히 동아시아 문화와 만나 또 다른 형태의 구원 작업을 해야 할 사명수행 시기에 도달한 것입니다. 다시 말해 오늘의 이 모임은 3천 년대 들어 교부들의 그리스 로마 문화 토착화 시기보다 더 큰 교회의 또 다른 문화 토착화의 시발점으로서 그 의미가 매우 큰 것입니다.

먼저 저는 20년 전 이 연구소가 발족할 때를 회고하면서 연구소의 초대 이사장직을 맡아 연구소 출생의 산파조역을 한 사람으로서 참으로 감개가 무량함을 금할 길 없습니다. 이 연구소를 일구어내고 오늘이 있기까지 키워낸 소장 심상태 몬시뇰은 성령의 입김을 따라 그야말로 적수공권(赤手空拳) 무에서 유를 창조해 낸 것입니다. 심 몬시뇰은 오로지 하느님의 나라가 도래하기 위해 현재와 미래에 걸쳐 동·서를 아우르는 사상을 이루어 내야 한다는 일념에서 한국 그리스도사상연구소를 3천 년대가 도래하기 전야, 즉 1991년에 출발시켰습니다. 그것은 실은 하느님 창조경륜 실현의 놀라운 단계인 복음 말씀에 따라 인류의 가장 큰 부분인 동양종교와 사상과의 만남으로 이루어야 할 사명을 감지하여 단초를 연 것입니다. 그러한 위대한 섭리의 초입에서 소장 심상태 몬시뇰은 필요한 것이기에 해야 한다는 신념과 뜨거운 열정, 하느님이 마련해 주실 선의의 분들이 뒷받침해 주신다는 신념 하나로 연구소를 개설하여 동양사상을 아우르는 교회의 거대한 미래상을 한·중·일의 학자들이 모여 처음으로 진지하게 논의하게 된 것입니다. 소장 심상태 몬시뇰의 열성과 지칠 줄 모르는 노력과 그런 열성에 호응하는 수많은 선의의 사람들이 오늘의 이런 결실을 맺게 한 것입니다. 제 생각으로는 이번 제36회 학술회의로 20주년을 맞는 그리스도사상연구소가 그동안 소리 없이 준비해 오던 것을 교회가 3천 년대를 맞아 필연적으로 요청할 수밖에 없는 진정한 복음화, 즉 세계 복음화를 위해 동·서 사상을 아우르는 토착화 문화 형성에 직접 뛰어드는 셈입니다.

　4백 년 전 중국에서 마태오 리치 등의 놀라운 학문적 토착화 작업이 있었고 한국 땅에서는 평신도 학자들에 의해 교회가 도입되면서부터 새로운 기풍으로 세계를 주름잡을 수 있는 기상으로 나름대로의 보유론(補儒論)을 주조했습니다. 1920년대와 1930년대부터 중국에서는 동양식 건축을 비롯하여 학문적으로도 토착화 작업에 힘을 기울여, 토착화 문화 발전에 큰 희망을 걸게 했으나 중국 본토의 공산화는 그 작업에 찬물을 끼얹었습니다. 1945년 제2차 세계대전 종전(終戰) 후, 일본 등지에서 또 다른 모습으로 토착화 작업이 활발히 진행되었으나 물질주의의 성황(盛況)과 교세 퇴조 등으로 오늘에는 그리 활발치 못하게 된 것입니다. 이런 흐름 속에서 한국 천주교회의 놀라운 발전은 세계의 지대한 관심을 끌며 양적 팽창을 이루었습니다. 또한, 3천 년대 교회의 진정한 세계화인 인류화를 위한 동·서 사상의 참된 교류로 토착화를 학문적으로 이루는 작업이 오늘 이 연구소의 국제회의를 통해 단초를 열게 된 것입니다. 그렇기에 이 연구소는 그동안 꾸준히 36회의 발표회를 거듭하였고 그런 알찬 발표 모음 16집을 발간하였습니다. 단행본 또한 근 십 권을 발간한 것이 그 밑거름이 된 것입니다.

　이제 우리는 이 연구소가 당면하여 가야 할 3천 년대에 전과는 전혀 다른 새로운 인류 공통문화의 흐름을 발견하며 연구소의 중차대한 임무를 잠깐 훑어보고자 합니다. 오늘날 인류문화의 흐름은 그 위에 사회가 성립되어 있는 요인들에서 쉽게 향방(向方)을 간취할 수 있습니다. 인류는 큰 희망과 화려한 행사들로 2천 년을 환상적으로 출발하였습니다. 인류는 3천 년대 여명을 온 인류의 축복으로 출발했지만 그런 희망은 곧 이어 세계를 경악하게 한 2001년 9월 11일 미국 뉴욕의 세계 무역센터 테러에 의한 무참한 파괴로 산산조각이 나는 듯했습니다. 세계 무역센터의 삽시간의 붕괴는 그 후 일어날 세계의 운명을 예시하는 것이었습니다. 그것은 현대 세계의 특징이 모든 것이 경제로 가늠되며, 미국에 왕좌를 정한 세계 경제의 궁전이 뿌리 채 붕괴되었기에, 미국 경제 왕좌가 근본부터 흔들리는 양상이었습니다. 그래도 인류는 희망차게 출발한 3천 년 여명에 대한 큰 애착으로 연연하였지만 2008년에는 리먼 브라더스 사건이 세계 금융의 심장인 미국 뉴욕의 월가를 강타하여, 주저앉게 했습니다. 이로써 세계 경제는 큰 수렁에 빠졌으며 3년이 지난 오늘에도 미국과 유럽 경제는 혼란을 거듭하며 수렁에서 빠져나올 기미를 보이지 못하며 그 수렁이 어디까지인지 가늠조차 못하게 하는 것입니다. 더욱 기이한 것은 자타가 공인하는 유럽 문화와 그리스도교 문화의 핵심을 이룬 그리스와 이탈리아가 오늘날 유럽 경제 파탄의 원천 구실을 하며 백인지배 문화의 종언을 예고하고 있다는 아이러니입니다.

이런 와중에서 세계의 눈길은 동양에 집중되었습니다. 그것은 바로 한국이 2011년 11월에 G20 서울정상회의를 개최하여 한국 국민에게는 자긍심을 주고 세계에는, 특히 이른바 개발도상국에게 큰 희망과 용기를 주었기 때문입니다.

2009년 가을, 이명박 대통령이 미국에서 G20 서울정상회의 의장국을 맡고 같은 해 12월 초 청와대 국가원로회의에서 2011년 11월 G20 서울정상회의를 개최해야 한다며 국민원로들에게 좋은 의견을 달라는 간곡한 요청이 있었습니다. 그러나 근 50명에 이르는 단 한 사람도 의견을 제시하는 사람이 없었습니다. 아마도 G20이란 말 자체가 생소한 것으로 보였기 때문인 것 같습니다. 그날 회의는 그럭저럭 넘어가고 2010년 5월에 같은 회의가 청와대에서 열렸습니다. 저는 그 회의에서 발언할 것을 요구 받았습니다. 저는 G20 회의의 태생과 사명과 운명에 대해 말했습니다.

5백 년의 인간 탄압과 착취의 식민지 정책이 있은 후, 1945년 8월 15일 제2차 세계대전 종전에 의한 식민지 독립과 더불어 식민시대가 종결되었습니다. 이후, 1970년대 오일 쇼크로 다시 전 식민종주국이 주축이 되는 G7 시대가 시작되며 IMF 경제 기구를 통해 세계 경제와 과학이 발전했습니다. 최근에 이르러 인터넷 등의 발달된 기술까지 합세하여 미국을 정점으로 G7이 세계 경제 착취를 했습니다. 이후, 2008년 미국 월가에서 대자본끼리 충돌이 일어난 것은 리먼 브라더스 사건으로 세계 경제 파탄을 일으킨 것이기에 이런 잘못을 시정하는 방향에서 일을 과감하게 처리하면 문제를 해결할 수 있다고 말했습니다. 인류는 더 많은 고통의 우여곡절을 겪으면서 새로운 3천 년대의 세계 질서를 확립하고 새로운 인류 공통문화 흐름은 개도국까지 다 같이 잘 사는 세계 질서를 형성해야 할 것이라고 했습니다. 저는 3천 년 들어 인류문화의 지향점이 바로 그렇다는 점을 강조하며 이명박 대통령이 G20 서울정상회의에서 개도국 170여개국 개발안을 제안하라고 강력히 건의했습니다. 이후, 2011년 벨기에 브뤼셀 ASEM 회의에서 한 이명박 대통령의 G20 서울정상회의 개발도상국개발안의 의제 상정 발안을 영국의 세계적 권위지 〈가디언〉(Guardian) 등의 서방 언론이 극찬했습니다. 개도국개발안은 3천 년대 세계 새 질서의 골격안으로 받아들여졌고 서방 세계를 놀라게 했습니다. 이 제안은 G20 서울정상회의에서 의제로 채택되어 3천 년대 세계가 나아가야 할 향방(向方)을 분명하게 제시했습니다.

이런 건의를 제가 발의한 것은 다음과 같습니다. 하느님이 우주만물을 창조하신 것은 모든 피조물, 특히 이 우주에 오는 당신 모습으로서의 모든 인간 존재가 우주의 정신적·물질적 보화(寶貨)를 다 같이 누리며 행복한 삶을 영위하게 되어야 한다는 신학의 종말론적 관점에서입니다. 아쉬운 것은 3천 년대 세계 새 질서의 원대한 실현을 위해서는 G7과 경제 착취기구였던 IMF가 역사 속으로 사라지고 새로운 경제 실천 기구, 다시 말해 세계 개발은행 기구의 신설이 필요한데 역으로 G7과 경제 식민시대 경제 착취 핵심기구인 IMF를 강화하게 되어 인류문화 흐름에 역주행한 발상으로 일관한 감을 지울 수 없게 된 것입니다. 저는 3천 년대 들어 G7과 경체착취 기구인 IMF가 역사의 뒤안길로 사라져야 한다는 주장을 줄곧 펴왔습니다. 이런 저의 논조를 뒷받침하는 성명을 2011년 10월 24일 바티칸의 주요기구인 교황청 정의평화위원회가 발표했습니다. 그 발표는 공정한 정의 실천으로 인류가 다 같이 공평하게 사는 세계를 지향하는 것입니다. 교황청 정의평화위원회는 이런 인류문화를 형성하기 위해 IMF 기구는 사라져야 하고 새로운 세계 중앙은행 기구를 요청했습니다.

한마디로 3천 년대의 인류문화는 인류가 다 같이 잘 사는 세계를 형성하는 것입니다. 그것은 하느님 창조계획의 실천입니다. 교회가 권위주의를 넘어 영성의 중요성을 말하면서도 교권이 시대적 행정 편의에 사로잡히게 되면, 중세 말기와 같이 지성과 양심을 핵으로 하는 하느님의 모습으로서의 인간이 문화로써, 교회의 가르침과 노력보다 앞서가며 실현할 수 있음을 교회는 겸허하게 인정해야 할 것입니다. 인간지성의 올바른 깨우침과 하느님의 선성(善性)의 표현인 인간 양심이 이루어 놓는 자연적 선성은 그것이 어디에서 어떤 모양으로 이루어지건 다 존중하고, 포용하여 가톨릭교회는 인간 문화와 역사를 선도(先導)하고 선도(善導)해 풍요롭게 해 가야 할 것입니다. 이런 점에서 가톨릭교회는 다른 종교들과 자연 문화에 산재한 가지가지의 진리와 선을 존중하며 인류의 공동선 형성에 적극 노력하여 3천 년대가 요구하는 차원 높고 폭넓은 복음의 정신과 은총으로 새로운 인류 공통문화 형성과 발전에 적극 협력하여 모든 진리와 선(善)의 성취에 지도적 역할을 해야 할 것입니다. 3천 년대에 인류문화 형성에서 작아 보이면서도 가장 중요한 요인을 내포하는 한·중·일 3국 동아시아 국제회의가 앞으로 필요로 하는 세계 차원의 새로운 종교문화, 내재를 넘어 초월까지 내포하는 인간의 총체적 문화 형성에서 성경에서 말하는 겨자씨의 역할, 즉 "겨자씨는 어떤 씨앗보다도 작지만, 자라면 어떤 풀보다도 커져 나무가 되고 하늘의 새들이 와서 그 가지에 깃들인다"(마태 13,32)의 역할을 해 주면 하는 것이 간절한 소망이며 그렇게 되리라는 것이 저의 확신입니다.

　이런 소망은 인류문화 흐름을 통찰(洞察)하는 데서도 징조를 찾을 수 있습니다. 2천 년을 지배한 서구문화가 2008년 미국 뉴욕 월가의 리먼 브라더스 사건으로 파탄이 난 후에 유럽까지 정치와 경제의 혼란을 야기했습니다. 이는 점차적으로 인류문화의 중심이 동양으로 옮겨오는 차제(此際)에, G20 서울정상회의에서 3천 년대 새 질서의 핵심인 170여개 개도국개발안을 한국이 제안했습니다. 서구 선진국이 3백여 년에 걸쳐 달성한 경제력과 자유 민주화를 한국은 50년 만에 수혜(受惠)국에서 시혜(施惠)국으로 변모하여 이루었습니다. 이에 170여 개도국이 한국을 모델로 삼고 그 뒤에 일렬도열(一列堵列)하는 형국입니다. 이렇게 앞으로 3천 년대 문화형성에 중요한 위치에 서게 되는 한국 서울에서 그것도 20년, 성년기를 맞는 한국 그리스도사상연구소가 3천 년대에 그리스도교 사상이 감행할 자연적, 또 다른 표현으로는 내재적 사상으로는 최대 최고인 동아시아 유불선(儒佛仙) 문화 속에서 또 다른 형태의 육화를 시도하는 단초를 열어 주게 된 것은 우연이 아니고 심오한 하느님 계획의 실천으로 생각하게 됩니다. 여기 더해 현금 한국 천주교회는 세계교회 중 가장 활발한 생명력을 뿜어내고 있기에 더욱 그렇습니다.

지금 인류문화는 젊은이들에서 선구적 실상(實相)구현을 볼 수 있습니다. 그것은 무조건적 봉사입니다. 생명의 희생까지 무릅쓰는 봉사입니다. 지금 젊은이들에게 봉사는 몸에 배인 체질로 보입니다. 우리는 3천 년대 진입에 앞서 두 가지의 놀라운 예시(豫示)와 만났습니다. 그 하나는 하느님의 아들로서 사람들 사이에 육화하여 오신 그리스도의 현현(顯現)인 복자 교황 요한 바오로 2세입니다. 그분은 현대의 모든 문명 이기(利器)를 이용하여 인적이 닿지 않은 절해고도(絶海孤島)와 심산유곡(深山幽谷) 지상 어디든지 찾는 마음으로 지구의 방방곡곡을 다니셨습니다. 요한 바오로 2세의 장례에는 (사상 그 유례가 없는) 4백만 조문객이 모여들었는데 대부분이 젊은이들이었습니다.

다른 예시(豫示)는 인도 콜카타(구 캘커타)의 마더 데레사입니다. 마더 데레사가 설립한 가난한 이들을 위한 병원과 시약(施藥)소 봉사를 위해 1980년대 어느 해에는 7천 명의 봉사자가 세계 도처에 대기 중이었다고 합니다. 봉사를 위한 여비와 숙식대 등의 일체의 비용은 본인 부담이었는데 말입니다. 한국 젊은이 몇 명도 그때 봉사를 마치고 돌아갔지만 그들은 그리스도교도가 아닌 무종교자들이었다고 합니다. 위 두 사건은 분명히 인류문화의 새로운 '무조건적 봉사' 장르를 형성합니다. 이것은 대단히 값진 것입니다. 그러나 아직 더 전진해야 할 드높은 인류문화 단계가 있습니다. 그것도 역시 시발은 항상 새로운 차원을 열어가는 젊은 층의 몫이 되겠습니다. 그것은 창조주 하느님이 당신의 선성(善性)에서 만물을 창조하신 것이기에 피조물(被造物)인 인간의 선성도 하느님의 선성에서 흘러온 것이며 '원천(源泉)적 핵(核)은 삼위일체 안에서 영원에서 영원으로 상호 교류되는 사랑이기에 하느님께 대한 무조건적 사랑과 그리스도의 삶을 따르는 사람에 대한 무조건적 사랑에서 사람을 사랑해야 하는[6] 단계로 인류문화가 발전해 가야 하는 것'이고 이는 그리스도교 특히 가톨릭교회의 몫일 수밖에 없기에 가톨릭은 전통이나 형식을 존중하되 너무 얽매이지 말고 유연 자유자재, 자기 시대 언제 어디서나 참 사랑 실천이 골수까지 배어있음을 만방에 젊은이들을 통해 드러내야 하겠습니다.

지금 이 자리는 동양 한·중·일 3국이 새로운 천 년대에 사향 길을 거듭하고 있는 구미(歐美) 교회와는 달리 유·불·선(儒佛仙) 공동문화 선상에서 서로 양상을 달리하면서도 공통의 기반을 같이 하는 정신문화에서 토착화의 문제를 진지하게 논하여 (보편성이 본질인) 가톨릭성(catholicitas)을 더 풍요롭게 구현했으면 하는 것이 저의 바람입니다. 이런 방향에서 3천 년대 들어 다양성 속에서도 하나(unitas in diversitate)이고 하나 속에 다양성(diversitas in unitate)의 새로운 인류 공통문화 형성으로 치닫고 있는 인류문화의 흐름과 궤(軌)를 같이 하여 동양 3국이 자국의 토착화와 가톨릭교회의 보편성을 이룸으로써, 교부들이 그리스문화에 그리스도교의 토착화를 이룬 것 이상으로, 오늘

---

[6] 마르 12, 28-32; 1요한 4, 7 참조

의 진지한 논의가 3국의 유불선 복음 토착화에 발화점이 되어주면 하는 것이 저의 소망입니다. 3천 년대 여명에 대만, 일본, 한국에 가장 큰 위기는 교회에서 젊은이들이 대거 이탈하는 현상입니다. 젊은이 교회 이탈현상은 시차(時差)는 있지만 유럽 교회에 먼저 일어났습니다. 동양에서도 일본 대만이 그 뒤를 이었습니다. 지금 한국에서도 겉으로는 교회가 화려하고 생동감이 넘치는 것 같지만 실은 95% 이상의 젊은이가 교회를 이탈하고 있습니다. 사실 우리 교회도 10~15년 전에는 20대 후반~30대 초반 여성이 교회 내부 활동의 기간(基幹)이었습니다. 그런데 젊은이 이탈로 작년과 금년에는 50대 초반에서 중반이 활동의 중추가 되었으니 10~15년 후에는 교회의 노쇠 현상이 뚜렷하게 되지 않을까 우려됩니다. 우리 젊은이들은 지금 세계를 휘어잡으며 세계 도처에서 한류 바람을 불러일으키는 형국입니다. 그러나 교회는 이들의 특이한 시대적 기질을 활용할 줄 모르는 실정이기에 이런 현실 문제에도 무게를 두어야 교회의 생명을 살리고 복음화 요청에 답하는 것이 될 것이라고 생각합니다. 젊은이가 다 떠난 교회는 무덤이 될 것이기 때문입니다. 중국 본토의 철저한 무신론적 유물사관에 근거한 종교, 애국교회와 북한의 독재 세습체제 하에서의 관제 종교 형태는 가톨릭교회가 만나 소화해야 할 또 다른 문제이며 흡수 대상이고 기이한 종교 현상입니다. 감사합니다.

2011년 11월 3일

제1부 새 천 년대의 한국 평신도

제1장 한국 천주교회 신자들의 새로운 복음화를 위한 사명과 역할[7] –제2차 바티칸 공의회의 평신도상

1. 새 천 년 복음화 사도회

저는 새 천 년 복음화 사도회가 평신도 사도직을 핵으로 하는 단체라고 생각합니다. 이는 1987년 교황 요한 바오로 2세에 의해 인준되었으니 한국 천주교 2백 주년 기념 사목회의(이하 '사목회의'라 함)의 영향이 있었다고 생각합니다. 그 이유는 1984년 사목회의에 교황이 내한하여 직접 개회하셨기 때문입니다. 사목회의는 한국 천주교회의 내부적인 면과 외부적인 것들을 총체적으로 다루었습니다. 특별히 다가오는 시대에는 평신도 사도직이 교회의 명운을 가르는 중대 요소이자 핵심 과제로 제시한 것이 두드러진 특징이며 효과도 엄청났기 때문입니다. 제2차 바티칸 공의회는 아조르나멘토(aggiornamento: 현대화)의

---

7 새 천년 복음화 사도회 제2회 심포지엄, 발표자: 정의채 몬시뇰, 일시: 2005년 10월 29일 오후 2시, 장소: 서울 정동 프란치스코 교육회관

기치로 세상과 담을 쌓고 거대한 자기 내부 세계에 수세기 동안 칩거하던 교회상을 탈피하여 혼탁해진 세상 탁류에 교회가 뛰어들어 빛과 소금과 누룩의 역할을 하여 세상을 놀라게 했습니다. 이와 같이 사목회의는 100여 년 동안 혹독한 박해로 세상에서는 멀리 떨어져 은신과 칩거의 삶이 체질화되고 성직 지상주의로 완전히 수동 상태가 200여 년 동안 체질화된 평신도가 자신의 본 모습을 자각하여, 자신의 고유 영역인 세상사에 뛰어 들어 빛과 소금과 누룩의 역할을 다하게 한 것입니다. 우리 신자들은 열성에서 어느 나라 평신도에도 뒤지지 않지만 지성적 성숙도에서는 빈약하여 세계교회의 관심사 밖인 것을 명심해야 할 것입니다. 이런 현상은 인류문화의 미래지향적 흐름에서 볼 때 교회의 어두운 면입니다. 단적으로 지성인 천주교 신자들 중의 많은 분이 교회에 대해 무관심하거나 이탈 현상이 날로 가중되고 있다는 것에 유의한다면 바로 알 수 있습니다. 또한, 시대의 흐름에 민감한 젊은 층의 이탈이 여러 주요 종교 중에서 천주교가 가장 심한 것을 통해서도 알 수 있습니다. 유구한 인류문화의 창조력과 미래지향적 저력을 갖는 가톨릭이 이 땅에서 이런 면을 나타내는 것에 교회 당국자들은 먼저 진지한 반성을 해야 합니다. 또한, 최근 수동적 자세로의 복귀 현상을 두드러지게 나타내는 지성인 신자들의 자성도 절실히 필요합니다. 그렇기에 신자들의 지도급 인사들이 많이 참석했다고 보이는 이 모임에서는 먼저 신자로서의 자기 자신의 의식, 즉 '평신도는 누구인가'를 철저히 짚어보고자 합니다. 오늘의 삶 속에서 평신도 사도직의 본질적 요인을 고찰하고 우리 삶의 장, 즉 정치, 경제, 교육, 사회, 문화 일반의 핵심적 요인을 짚어보면서, 빛과 소금과 누룩의 역할을 어떻게 해야 할 것인지 평신도의 역할을 생각해 보겠습니다. 물론 이런 삶의 성찰은 먼저 우리가 사는 현실 사회문제이고, 운명적으로 만나야 하는 아시아 태평양 시대의 문화와의 문제이며, 바티칸을 중심으로한 세계교회와의 만남의 문제입니다. 이런 맥락에서의 성찰이 아니라면 주어진 제목을 이 자리에서 논하는 것 자체가 무의미한 것이라 생각합니다.

그런데 이런 문제에 가장 적합한 기본적 내용을 담고 있는 것이 사목회의의 '평신도 의안'입니다. 저는 한국교회 사상 처음으로 성직자, 수도자, 평신도가 같이 참여하여 이룬 사목회의 부위원장(위원장은 박정일 주교-당시 제주교구장)으로서 실무 총책임을 지고 4년여에 걸쳐 사목회의 의안집을 완성하게 되었습니다. 그런 가운데 "평신도 의안" 분과 위원장을 겸하게 되어 아래에 소개되는 평신도의 신원 문제와 사도직 문제를 집약(集約)하여 의안에 담았습니다. 그 의안의 평신도의 신원 문제와 사도직에 대해서는 실제 상황에 대입하면 그대로 적용될 것이기에 그대로 인용했으나 필요한 곳에는 더 첨가했고 '사도직의 영적 원천' 부분에는 많이 보태었습니다. 평신도 의안은 소제목들이 드러내는 바와 같이 제2차 바티칸 공의회의 문헌에 근거하여 우리의 평신도상을 정립했습니다. 현실 상황 문제에서는 하느님의 창조경륜에 의해 정초(定礎)되었습니다. 또한, 그리스도의 구속경륜에 의해 완성된 인간 세계 안에서의 존재성, 즉 내재성과 더불어 물질적 세계를 넘는 정신성, 더 나아가 영성(靈性)을 제시하여 영혼과 육체로 이루어진 인간의 삶이 내재적이면서 초월적이고, 초월적이면서 내재적인 존재론적 성격을 제시하고 있습니다. 이런 존재인 인간은 구체적인 삶의 장으로서 우리의 현실 사회에서 평신도의 신원으로 어떻게 살아야 하는지의 사도직을 제시했습니다. 이런 상황은 3천 년 여명기를 맞은 21세기 인들에게는 아시아 태평양 시대 속에 새롭게 형성되어야 할 인류문화 차원에서 아시아에 대한 사명과 역할을 논하지 않을 수 없게 됩니다. 원초적으로 가톨릭은 세계적이요, 하느님의 창조경륜과 그리스도의 구속경륜은 전 인류적이기에 세계 상황과 연결되는 것입니다. 그것은 또한 현재를 과거에서 재조명하게 하며 동시에 미래를 투시하는 종말론적 성격을 띠게 합니다. 주어진 제목은 이렇게 방대한 차원을 우리 앞에 펼쳐 놓는 것입니다.

평신도의 신원과 사도직 문제는 제2차 바티칸 공의회가 취급한 문제 중에 가장 비중이 큰 문제 중 하나입니다. 사실 넓게는 공의회 전체가 평신도를 위해 있었던 것이라 해도 과언이 아닐 것입니다. 이 공의회는 '현대화'의 기치를 높이 들고 교회가 현대 세계 안에 생동하고 있음을 보여주며, 현대 세계를 그리스도 안에 건설해야 한다는 그리스도께 받은 사명을 천명하였습니다. 자칫하면 부정적이거나 소극적이기 쉬운 종교의 현세관을 지양하여 현세의 가치를 긍정적이며 적극적으로 인정하게 된 것은 가히 가치판단의 큰 전환기를 마련했다고 할 것입니다.

공의회가 현 세계 안에서의 교회, 현 세계를 내부에서부터 순화하여 하느님이 창조하신 본연의 모습으로 형성해내는 교회를 천명함에 따라 필연적으로 평신도와 평신도 사도직 문제가 전면에 드러나게 된 것은 당연한 귀결이었습니다. 왜냐하면 평신도는 현 세계 자체의 구성요인이며 평신도를 통하지 않고서는 교회가 현 세계 질서 안에서 빛과 소금과 누룩의 구실을 한다는 것이 거의 불가능하기 때문입니다. 교회의 역사가 여실히 보여주는 바와 같이 초대 교회처럼 평신도가 교회 안에서 본연의 위치를 인정받고 활동할 때는 교회가 영적으로 풍요로웠고 세계를 향해 발전했습니다. 반면에, 평신도가 교회의 본질적 요인에서 탈락되어 부수적인 것같이 취급되었을 때는 교회가 외형상 아무리 화려하게 나타났다 해도 조만간 쇠퇴의 길을 걸어야 할 숙명을 자체 내에 배태했던 것입니다. 근래에 이르러 교회 안에서 현세를 그리스도 안에 회복시키려는 운동이 활발해짐에 따라 평신도 사도직의 중요성이 고조되어 왔음은 순리의 귀결입니다.

제2차 바티칸 공의회는 평신도 사도직을 외적인 이유에서만이 아니라 평신도의 신학적·내적 본질에서, 즉 그리스도의 몸, 하느님의 백성, 평신도의 사제직, 예언직, 왕직 참여에서 구명하고 천명하였습니다. 제2차 바티칸 공의회가 제시한 평신도상과 평신도 사도직이 전면적으로 수행될 때, 교회는 현 세계 안에서 자기를 표현하는 면모에 큰 변화가 있을 것으로 예상됩니다. 저는 여기에서 다가오는 세대의 교회상 형성을 위해 중대한 역할을 할 평신도 사도직에 대하여 제2차 바티칸 공의회 문헌에 나타난 평신도 사도직상을 요약하여 한국 천주교 전래 2백 주년을 지나며 3천 년대를 맞는 한국 천주교회의 평신도상 형성과 민족 복음화와 역사적 사명 완수에 이바지하는 평신도상을 제시하고자 합니다.

2. 하느님 백성인 평신도상

1) 그리스도 신비체로서의 평신도

　전통적으로 교회는 신자를 하느님의 아들 예수 그리스도의 십자가에서의 죽으심과 부활하심의 구속에 힘입어 세례를 받아 원죄와 본죄의 사함을 받고, 하느님 생명의 은총에 참여하여 하느님의 자녀가 되고 영원한 생명을 얻을 사람들로 규정해왔습니다. 또한, 제2차 바티칸 공의회는 〈교회에 관한 교의헌장〉에서 평신도는 신품에 속하는 이들과 교회에서 인가된 수도 신분에 속하는 이들 외의 모든 그리스도 신자를 말한다고 하였습니다. 즉 평신도는 성체로 말미암아 그리스도와 합체(合體)된 사람으로서 하느님의 백성에 들고 그들대로의 양식으로 그리스도의 사제직과 예언직과 왕직에 참여하여 교회와 세계에서 그리스도 백성 전체의 사명을 자기 분(分)에 상응하게 이행하는 그리스도 신자를 뜻합니다. 그러므로 평신도는 성직자와 마찬가지로 하느님의 백성입니다. 평신도는 하느님의 백성 안에 집합되고 한 머리 아

래 그리스도의 한 몸을 구성합니다.[8]

교회 초기 시대의 성직자와 평신도가 일치 화합하여 하나인 교회를 건설하던 상태에서 역사의 변천과 더불어 차차 성직자의 교회 독점 경향과 평신도의 교회 참여 후퇴 현상이 나타났습니다. 특히 종교개혁이 주안을 두었던 교계제도 파괴에 대처하여 옹호에 주력한 나머지 교회는 마치 성직자 일변도의 교회이고 평신도는 교회에서 부수적이거나 이차적인 것처럼 생각되거나 실제로 그렇게 취급되는 감이 없지 않았습니다. 이런 현실에서 공의회가 평신도의 원래 모습을 되찾으려 했습니다. 이 두 요소를 제2차 바티칸 공의회는 일원적인 근원, 즉 하느님의 백성과 그리스도의 몸을 통해 설명하고 있습니다. 성직자도 평신도도 다 같이 한 하느님의 백성이며 한 그리스도의 몸을 이루고 있습니다. 그러므로 성직자와 평신도는 이질적 차원에 속하는 두 요소가 아니라 하나인 그리스도의 몸을 이루며 같은 하느님의 백성으로서, 직위와 직분상의 차이가 있을 뿐입니다. 그러므로 그들은 상호 협조하고 상호 보완하는 관계를 이루어 하느님의 백성, 그리스도의 몸을 완성시켜 가야 합니다.

신자는 하느님의 백성이며 교회의 본질적 요소입니다. 교회는 지상의 갖가지 고난을 통하여 역사 속에서 천상의 하느님 나라를 완성해 가는 사람들의 집합소입니다. 하느님 백성의 모든 구성원은 직위 여하를 막론하고 모두 하느님의 백성이며, 동등한 자격을 가집니다. 따라서 평신도는 성직자나 수도자와 마찬가지로 그리스도 몸의 지체이며 하느님 백성의 일원입니다.

그리스도께서는 하느님의 백성을 모으시고 그 백성이 이 세상의 험

---

8 〈교회헌장〉 33.

난한 행로 중에 신앙을 굳건히 보존하여 구원에 도달할 수 있도록 하느님의 백성을 돕는 역할을 백성의 일부에게 위촉하셨습니다. 이들이 이른바 성직자입니다. 그러므로 모든 성직자는 그리스도의 몸, 하느님의 백성을 섬기는 공복(公僕)입니다. 그들은 권력에 의한 지배의 사람들이 아니고 봉사의 사람들입니다. 그렇기에 〈교회에 관한 교의헌장〉을 위시하여 제2차 바티칸 공의회의 여러 문헌에는 일관하여 하느님 백성에 대한 성직자의 사랑의 봉사가 거듭 강조되고 있습니다. 그뿐만 아니라 그리스도는 당신 사제 직무의 일부를 평신도에게 부여했습니다.[9]

사도 바오로 서간에서 교회는 그리스도의 신비체로 규정되고 있습니다. 이 교회관이 제2차 바티칸 공의회에서 공식적으로 수용되고 있습니다. 하느님 백성으로서의 교회관 안에서 성체와 견진성사에 의한 모든 신자의 본질적인 일치와 동등성이 강조된다면, 그리스도 신비체로서의 교회 규정 안에서는 신자들의 상대적 구별성이 부각된다고 할 수 있습니다.

모든 신자는 성사를 통하여 그리스도와 신비롭게 결합됩니다. 그리스도는 당신과 신자들의 생명적 관계를 포도나무와 가지의 비유로 말씀하십니다. "나는 포도나무요 너희는 가지다. 내 안에 머무르고 나도 그 안에 머무르는 사람은 많은 열매를 맺는다. 너희는 나 없이 아무것도 하지 못한다."[10] 이렇게 그리스도는 그 가지들인 신자들에 대해 생명선입니다. 성령은 신자들을 그리스도의 죽음과 부활에 결합시켜 그리스도와 한 몸을 이루게 합니다.[11] 성체성사에 참여함으로써 신자들

---

9 〈교회헌장〉 34.
10 요한 15,5.
11 1코린 12,13 참조.

은 그리스도와 결합되고 신자들 서로 결합됩니다.[12] 이렇게 신자들은 그리스도 신비체의 지체를 형성합니다. 그런데 그리스도 신비체를 형성하는 데에도 여러 지체와 직무가 있습니다. 이 신비체의 생명력의 원천인 성령이 교회의 유익을 위해 필요한 갖가지 은혜를 나누어 주십니다. 지혜의 말씀, 지식의 말씀, 믿음, 치유 능력, 기적을 행하는 능력, 하느님 말씀의 선포 능력, 분별 능력, 이상한 언어를 말하는 능력, 이상한 언어를 해석하는 능력 등 갖가지 은총의 선물이 신자들에게 분배됩니다.[13] 신비체 안에 분열이 생기지 않고 모든 지체가 서로 도와 나가도록 각기 다른 기능을 가진 지체들이 존재합니다.[14]

그런데 바오로 서간과 제2차 바티칸 공의회에서도 교회 안의 직책들 가운데 사도들이 받은 은총이 가장 탁월하다고 언급되고 있습니다.[15] 그렇지만 하느님의 말씀을 전하는 직책, 가르치는 직책, 기적을 행하는 직책, 병 고치는 직책, 남을 돕는 직책, 지도하는 직책, 이상한 언어를 할 수 있는 능력 등이 교회 안에서의 직책으로 교회인 신비체의 성장과 발전에 필요한 기능을 행사하는 것입니다. 평신도는 바로 이러한 직책을 맡아 지체 상호간의 일치와 관심과 예속을 형성하면서 신비체의 성장과 발전에 이바지합니다.[16] "그분께서 어떤 이들은 사도로, 어떤 이들은 예언자로, 어떤 이들은 복음 선포자로, 어떤 이들은 목자나 교사로 세워 주셨습니다. 성도들이 직무를 수행하고 그리스도의 몸을 성장시키는 일을 하도록, 그들을 준비시키시려는 것이었습니다. […] 그분은 머리이신 그리스도이십니다. 그분 덕분에, 영양을 공

---

12 1코린 10,17 참조.
13 1코린 12,6-11 참조.
14 1코린 12-21 참조.
15 1코린 12,28; 〈교회헌장〉 7 참조.
16 1코린 12,27-31;14 참조.

급하는 각각의 관절로 온몸이 잘 결합되고 연결됩니다. 또한, 각 기관이 알맞게 기능을 하여 온몸이 자라나게 됩니다."[17] 즉, 성직자나 평신도를 막론하고 모든 신자가 머리이신 그리스도를 닮아 자신 안에서 그리스도가 형성되도록 해야 합니다. 모두가 지상의 순례자로서 십자가를 진 그리스도의 발자취를 따라 머리에 결합된 몸으로서 그리스도의 수난에 동참하여 그분과 함께 영광을 받을 수 있어야 합니다.

2) 그리스도의 사제직, 예언직, 왕직에 참여하는 평신도

① 평신도의 사제직 참여

모든 하느님의 백성, 즉 주교, 사제, 평신도는 다 하느님의 백성인 동시에 그리스도의 사제직에 참여합니다. 물과 성령으로 다시 난 사람은 "'선택된 겨레고 임금의 사제단이며 거룩한 민족이고 그분의 소유가 된 백성입니다. 그러므로 여러분은' 여러분을 어둠에서 불러내어 당신의 놀라운 빛 속으로 이끌어 주신 분의 '위업을 선포하게 되었습니다.' 여러분은 한때 하느님의 백성이 아니었지만 이제는 그분의 백성"[18] 이 되었습니다.

그러므로 공의회는 아래와 같이 말합니다. "세례를 받은 사람들은 재생과 성령의 도유로 축성되어 영적 집과 거룩한 사제직을 형성하는 것입니다."[19] "성체로써 그리스도와 한 몸이 되고, 하느님의 백성 중에 들고, 그들 나름대로 그리스도의 사제직과 예언직과 왕직에 참여합니

---

17 에페 4,11-12.15-16; 〈교회헌장〉 7.
18 1베드 2,9-10.
19 〈교회헌장〉 10.

다."[20] "신도들은 성체를 받음으로써 교회에 결합되어 그리스도교적 예배를 드릴 수 있는 인호를 받고 하느님의 자녀로 재생하였기에 교회를 통하여 하느님께 받은 신앙을 사람들 앞에 고백해야 하는 것입니다."[21]

이와 같이 물과 성령으로 나고 기름발라짐으로 그리스도의 사제직에 참여하는 신자의 사제직을 일반 사제직이라 합니다. 이 일반 사제직은 성직자의 직위적 혹은 교계적 특수 사제직과는 정도에서만이 아니라 본질적으로 다르나, 상호 관련되어 있으며 각각 독특한 방법으로 그리스도의 유일한 사제직에 참여합니다. 사제는 그가 향유하는 성스러운 권능으로 사제적 백성을 형성하고 다스리며 그리스도의 대리자로서 성체의 제사를 거행하며 그 제사를 백성 전체의 이름으로 하느님께 바칩니다. 사제의 임무는 그리스도 자신이 당신 '몸'을 건설하고 성화하여 통치하시는 권위에 참여하는 것입니다. 따라서 사제들의 사제직은 그리스도교 안에서의 여러 성사를 전제하면서도 별개의 성사로 수여되는 것이며, 이 성사에 의하여 사제는 성령의 도유로써 특별한 인호가 새겨지고 이로써 '머리'이신 그리스도의 대리로 행동할 수 있도록 사제이신 그리스도의 모습을 닮게 됩니다.[22]

평신도는 자기들의 사제직의 능력으로 성체 봉헌에 참가하고 성사들의 배령과 기도와 감사와 성스러운 생활의 증거와 자아포기와 행동적 사랑으로 이루어지는 일상생활로써 이 사제직을 수행합니다. 그리스도께서 당신의 사제 직무의 일부를 평신도에게 부여하신 것은 그들

---

20 〈교회헌장〉 31.
21 〈교회헌장〉 11.
22 〈사제 양성 교령〉 2.

이 행하는 신심행위와 일상생활 모두를 성령 안에 행하여 그 모든 것이 하느님께 가납되는 영적 희생이 되게 하고 특히 그 모든 것이 성체성사 거행에서 주의 몸과 더불어 성부께 봉헌되기 위해서입니다. 이와 같이 평신도는 그 일반 사제직으로 말미암아 세상 어디서든지 성스러운 예배자로서 세상 자체를 하느님께 봉헌합니다.[23]

② 평신도의 예언직 참여

성부의 나라를 선포하신 위대한 예언자이신 그리스도께서는 당신 영광을 완전히 나타내실 종말 때까지 성직자만이 아니라 평신도를 통해서도 당신의 예언직을 성취하십니다. 그리스도께서는 평신도를 증인으로 세우시고 신앙의 마음과 말의 은혜를 그들에게 주시어 복음의 힘이 가정과 사회에서 그들의 일상생활 중에 드러나게 하십니다. 평신도는 이와 같은 실천생활과 말로 그리스도를 증거하여 예언직을 수행합니다. 또한, 예언직은 평신도가 견고한 신앙과 확고한 희망으로 현세를 잘 이용하고, 인내를 가지고 장래에 임할 영광을 기다리며, 그 생활을 통하여 자신들을 약속의 아들로 나타내는 것입니다. 그 희망은 마음속에 깊이 감추어 둘 것이 아니라 자기 안에서의 계속적인 개심과 노력으로 세상에 전파해야 합니다. 하느님을 알지 못하거나 잃어버렸기에 인간 본연의 희망을 상실한 현대인의 마음속에 영원한 희망을 다시 일으켜주어야 합니다. 이 복음의 선포, 즉 생활의 증거와 말로써 평신도가 살고 있는 세상의 일반 상황 중에서 그리스도를 알

---

[23] 〈교회헌장〉 10,34., 평신도의 사제직에 관한 참고 성경 구절과 공의회 문헌 일람: - 이스라엘은 사제의 나라, 거룩한 백성: 탈출 19,6; 이사 61,1,. - 대사제이신 그리스도: 히브 5,1-5; 9,11-14. 25-28., - 사제적 백성인 신도: 1베드 2,4-10; 묵시 1,6; 5,10; 20,6., - 자기희생의 증거: 로마 12,1; 1베드 3,15., - 봉사로서의 희생: 필리 2,17; 4,18., - 〈교회헌장〉 10,11,34; 〈사제교령〉 2.

리는 데 평신도 예언직의 독특성이 있습니다. 현금 이 땅에서의 평신도 예언직 수행의 역사적 사명은 민족 복음화, 곧 선교이며 사회를 그리스도의 정신으로 새롭게 하는 것입니다.[24]

③ 평신도의 왕직 참여

성부의 뜻에 죽기까지 순명하신 그리스도께서는 성부께 높임을 받으시어 당신 나라의 영광에 들어가셨습니다. 이에 모든 것은 그리스도께 굴복되었습니다. 그리스도께서는 이런 권능을 당신 제자들에게도 주셨으니, 이는 제자들이 그리스도의 왕적(王的) 자유를 얻게 되어 자아포기와 성스러운 생활로 죄의 지배를 이기고, 그리스도께 봉사하여 겸손과 인내로 사람들을 그리스도 왕께 인도하기 위해서입니다. 그리스도 왕직에 참여하는 것은 그리스도의 모범을 따라 세상을 섬기며 세상에 봉헌하는 것입니다. "예수님께서는 그들을 가까이 불러 이르셨다. '너희도 알다시피 다른 민족들의 통치자라는 자들은 백성 위에 군림하고, 고관들은 백성에게 세도를 부린다. 그러나 너희는 그래서는 안 된다. 너희 가운데에서 높은 사람이 되려는 이는 너희를 섬기는 사람이 되어야 한다. 또한 너희 가운데에서 첫째가 되려는 이는 모든 이의 종이 되어야 한다. 사실 사람의 아들은 섬김을 받으러 온 것이 아니라 섬기러 왔고, 또 많은 이들의 몸값으로 자기 목숨을 바치러 왔다.'"[25]

주께서는 당신 나라를 평신도를 통하여 넓히시기를 원하십니다. 이 나라는 피조물 자체가 죄의 노예 처지에서 해방되어 하느님의 자녀들

---

24 평신도의 예언직에 관한 참고 성경 구절과 공의회 문헌 일람: 〈교회헌장〉 12,33,35. - 평신도의 예언직 참여: 히브 13,15; 1테살 2,13; 사도 2,17-18; 묵시 19,10 이하; 에페 5,16; 콜로 4,5; 에페 6,12; 히브 11,1; 필리 4,3; 로마 16,3 이하. - 전 세계에의 복음 전파: 마태 28,16-20; 마르 16,14-20; 로마 10,14-18., - 제자들의 파견: 요한 20,21., - 주의 죽으심을 전함: 1코린 11,26. - 〈교회헌장〉 12,33,35.
25 마르 10,42-45.

의 자유에 참여하는 진리와 명의 나라이요 성성(聖性)과 은총의 나라이며 사랑과 평화의 나라입니다. 이 땅의 평신도는 죄를 초극하고 선교로써 이런 그리스도의 왕국을 이 땅의 모든 사람에게 전하여 신장함으로 그 왕직을 행사하게 됩니다.[26]

3) 사도직

그리스도께서 교회를 창립하신 목적은 아버지이신 하느님의 영광을 위해 그리스도의 왕국을 온 땅에 확장하여 모든 사람을 구원하고 그 사람들을 통하여 온 세계를 그리스도와의 연관 아래 건설하기 위함이었습니다. 이 목적을 달성하기 위한 그리스도 신비체의 모든 활동을 통틀어 '사도직'이라 합니다. 그러므로 그리스도 신자로 부르심을 받은 것은 본질적으로 사도직에 불림을 받은 것입니다.[27]

따라서 평신도 사도직은 사제가 자의로 평신도에게 베푸는 특전이나 사정에 따라 사제가 평신도에게 청하는 부탁이 아니며, 평신도가 사제를 개인적 호의에서 돕는 동정적 협력이 아닙니다. 기실 평신도 사도직은 성체와 견진으로 주님께 직접 받은 것입니다.[28] 그러므로 평신도 사도직은 하느님의 백성, 그리스도 신비체의 지체가 된 내적 본질에 근거하여 부여되는 것입니다.

---

26 평신도의 왕직에 관한 참고 성경 구절과 공의회 문헌 일람:
　- 왕이신 그리스도: 요한 8,33-37; 19,13.19; 루카 23,3-4.37-38; 마르 15,1-12; 마태 27,11.29; 28,18.
　- 그리스도의 왕직: 히브 1,2; 요한 18,36; 시편 2,8; 71(72),10; 이사 60,4-7; 묵시 21,24; 1코린 15,27-28; 필리 2,8-11.
　- 봉사하는 그리스도: 마르 9,33-35; 10,42-45; 마태 20,20-28; 요한 13,1-15.
　〈교회헌장〉 36.
27 〈평신도 교령〉 2.
28 〈교회헌장〉 33.

4) 교회의 현세관

① 일반적 성격

제2차 바티칸 공의회는 평신도 사도직, 즉 세상에서의 그들의 사도직의 진가(眞價)를 통찰함과 동시에 교회의 현세관을 본연의 모습에서 제시합니다. 우리가 사는 세상은 고대 그리스 사람들이 생각하던 대로 멀리 있는 이념 세계의 한 영상이 아니며, 그 실상이 무엇인지 알 수 없는 것도 아닙니다. 또한 이 세상은, 근본적으로 허무주의에 젖은 사람들이 생각하던 대로 무의미하고 무가치한 것도 아닙니다. 혹은 무신론적 실존주의자들의 생각처럼 이 세상이 불안과 모순으로 가득 차 있고 그 근저에는 절대적 허무만이 숨겨져 있는 것도 아닙니다. 이와는 반대로, 존재하는 것은 하느님뿐이요, 세상의 모든 현상은 하느님의 발로 내지 자기발현 현상이므로 인간도 이런 하느님의 일부인 까닭에 인간 각자가 요구하는 것은 무엇이든 가(可)하다고 할 수 없으며 또한 무엇이든지 다 선한 것이라고 보는 식의 낙천주의도 아닙니다. 또한, 세상의 모든 것이 아름답고 선한 것이 아님은 물론이고 결정론적으로 예정되어 있는 것도 아닙니다. 나아가, 과학기술 만능과 물질지상의 지상 낙원을 내세워 물리적인 힘으로 모든 인권과 자유를 짓밟는 횡포스러운 현세관도 아니며 내재(內在)의 세계 안에만 침전하여 무한과 영원에로 열린 인간 정신이 출구를 찾지 못하고 질식하고 마는 막다른 현세관도 아닙니다. 그렇다고 현세를 전혀 무시하고 초월만을 논하는 비현실적인 현세관도 아닙니다.

그렇다고 교회가 이런 모든 주의와 사상에 내포된 올바른 진선미를 거부하거나 배척하는 것은 아닙니다. 오히려 모든 좋은 것을 긍정하고 본연의 인간상 안에 순화시킵니다. 제2차 바티칸 공의회가 제시한 현세관은 하느님의 계시에 입각한, 있는 그대로의 진상(眞相)의 현세관이며 세계의 내재성과 초월성을 잇는 현세관입니다. 공의회는 현세 만물을 창조주의 창조 가치에서 풀이하여 모든 것은 그 자체로서 좋은 것, 가치 있는 것이라는 점을 상기시킵니다. 교회는 현세가 하느님의 창조경륜에 따라 하느님으로부터 왔고 하느님께로 돌아가는 운명을 지니고 있음을 제시합니다. 그러나 공의회는 피조물이 본연상에서 왜곡되어 갖가지의 물질적, 정신적 불행과 비참과 악이 발생하는 현실도 직시합니다. 교회는 현세사를 그 근원에서 단절되고 유한성에 유폐된 허무 위에서가 아니라 존재 근원과의 연결에서, 즉 창조주의 계획에 근거한 영원의 배경에서 바라보며 종말론적 희망과 운명을 제시합니다.

  교회는 이 세계가 죄의 상태로 떨어졌으나 인간과 세상을 구원하시고자 강생하신 그리스도의 십자가상 죽음과 부활로 말미암아 해방되어 언젠가는 마침내 완성될 세계라고 파악하고 있습니다. 그래서 공의회는 현세의 악과 위협을 간과하지 않으면서 선과 희망의 요소를 동시에 강조하고 있습니다. 그리고 현세가 보여주는 갖가지 분쟁과 갈등을 순전히 인간의 죄악의 결과라고 단정하지 않고 하나의 '성장위기'로 간주하고 있습니다. "이 시대는 심각하고도 신속한 변화가 점차로 전 세계를 휩쓸고 있는 시대입니다. 인간의 지능과 창조적 노력에 의해서 일어난 이 변혁들이 이제는 인간 자체를 변혁시키게 되었습니다. 성장의 어떠한 위기에서나 마찬가지로 이런 변혁에도 중대한 난관이 수반됩니다."[29] 고도로 발달한 과학과 기계 기술이 지배하는 현세는 강하면서도 약하고, 크나큰 선을 할 수 있는가 하면 크나큰 악

---

29 〈사목헌장〉 4

을 저지를 수도 있으며, 자유와 예속, 진보와 퇴보, 사랑과 증오의 문이 동시에 열려 있습니다. 여기서 인간이 개발한 힘을 인간의 자유 신장과 세계 평화에 기여하는 바른 방향으로 사용할 책임이 교회와 전 신자들에게 일차적으로 주어져 있음이 분명하게 나타납니다.

현세사(現世事) 전반은 그 자체로서 참된 의의와 가치를 가집니다. 그러나 모든 것은 인간의 목적과 관련됨으로써 의의와 가치가 더 정확히 판단되고 올바르게 인정됩니다. 그러므로 그리스도교적 영성 생활과 사도직 활동이 마치 세상사와는 아무런 관련이 없는 것, 세상사와 차원이 전혀 다른 세계에서 이루어지는 것과 같이 생각하여 온 일부의 재래 관념과는 달리 제2차 바티칸 공의회는 사도직을 전(全) 인간과 그가 사는 세계와 거기서 발생하는 행(幸)·불행의 모든 사건과 관련시키며 인간의 모든 활동영역에 걸쳐 논합니다. 즉 창조주의 이념에 입각하여 영원에로 순례하여 가는 종말론적 인간상에서 현세사를 바라보는 것입니다. "그리스도 신자들은 이 세상의 것이 아니기는 하나 이 세상의 빛이며 또한 사람들 앞에서 성부께 영광을 드립니다."[30] 이와 같이 공의회는 그리스도 신자들이 세상 질서 안에서 하느님의 나라를 건설하기 위해 전력을 다해야 한다고 가르칩니다.

② 한국 사회의 현실

우리는 이제 우리가 살고 있는 현실을 생각해야 합니다. 그러나 그것은 너무 광범위하고 다기다양하기에 여기서는 지금 우리가 같이 살면서 대다수 국민이 겪고 있는 문제 몇 가지를 짚어보며 평신도 사도직에 대해 말씀드려 보겠습니다. 단적인 예 한 가지는 젊은이 실업률

---

30 〈전례헌장〉 9

입니다. 노무현 정부 들어 실업률이 2년 반 동안 계속 내리막이더니 근래에는 실질적 실업률이 15% 정도일 거라는 믿을 만한 분석이 있습니다. 이런 현상은 지나친 아이러니입니다. 기실 노무현 정권은 젊은이들의 인터넷 연대 맹활동으로 정권을 장악한 것입니다. 그런 정권 하에서 실업과 생활고를 못 이겨 많은 젊은이들이 자살을 택한다는 것입니다. OECD 국가 중 한국 젊은이의 20~30대 자살률이 지난 2년간 내리 세계 최고라고 합니다. 주요 원인은 실직과 생활고 때문이라고 합니다. 중소기업들은 불황을 견디다 못해 중국을 위시하여 동남아 쪽으로 대이동 한다고 합니다. 국내외(國內外)인을 막론하고 대기업은 전망이 밝지 않아 투자는 하지 않고 단기 이익만 노리는 투기성에 열중한다니 서민의 삶은 갈수록 고통스러운 일입니다. 사정이 이렇다보니 부익부 빈익빈의 심화는 불 보듯 뻔한 일이고 중산층은 소멸돼 빈민화 되는 과정입니다. 요즈음 모처럼 주가도 큰 상승세를 타며 젊은이들의 취직문도 조금은 넓어진다니 제발 경제 전반의 활력소가 되어 젊은이들에게 충분한 일자리 창출과 서민들의 생활고가 줄었으면 하는 소망입니다. 정부는 정책 수립 초기 단계에서 분배 우선을 표방한 셈입니다. 이런 사고방식과 정책은 실패를 거듭하다 지상에서 소멸된 것입니다. 또한, 정책이 실패할수록 모든 것을 남의 탓으로 돌리는 습성이 노무현 정권의 체질인 듯합니다. 또 한편 정부는 가진 자들의 것을 거두어 없는 자들을 골고루 잘살게 한다는 것이 경제정책의 기조인 듯합니다. 물론 이론적으로 일리 있는 말입니다. 그러나 그런 것은 인류 사조의 흐름 속에서 한참 고물이 된 것입니다. 인간이 무엇인지도 모르고 뒷북치는 졸책입니다. 지금은 모든 것을 올바른 인간성의 발로인 자유와 창의성으로 인간의 필요 충족 차원에서 이루어가는 때입니다. 지금 우리의 현실은 자유세계의 논리가 아닌, 이미

실험이 실패로 끝난 사회주의적 논리가 정책의 기저가 아닌지 위구심을 갖게 합니다. 앞으로의 인류문화는 점점 더 인성 완성이라는 데 초점이 모아질 것입니다. 지금 우리는 은연중에 가진 자를 죄악시하거나 적대시하게 할 것이 아니라 그들에게 기업에 뛰어들도록 동기부여를 하여, 일자리 창출과 생산을 촉진하여 공평 세제와 공정 이윤분배를 기해 못 가진 자들도 가진 자가 되게 하는 데 초점을 맞춰야 할 것입니다. 한 마디로 말해 부정적 시각에서 긍정적 시각으로, 부분적인 시각에서 전체적인 시각, 과거적 시각에서 미래적 시각으로, 좁은 국수주의적 시각에서 넓은 국제적 시각으로, 후진적(後進的) 시각에서 전진적(前進的) 시각으로의 의식 전환과 실천이 필요한 때입니다. 물론 그동안의 부정 축재자나 세금 탈루자는 지위 고하를 막론하고 공정하게 의법 처리해야 함은 두말할 여지가 없습니다. 정부가 그동안 은연중에 중점을 두었다고 생각되는 분배우선 정책의 표본은 공산주의나 사회주의, 그런 정책으로 지구상에서 사라진 지 한참 되는 주의사상들의 핵심 강령이었습니다. 그런 사상과 그런 정부가 출현한 때에는 그럴 만한 어떤 이유가 있었으나 그런 정책의 기저에는 잘못된 인간학이 자리 잡고 있었기에 그런 사상과 정책은 인간성에 막심한 손해를 끼치고 인간성의 강력한 저항에 부딪쳐 반사적 이점만을 남겨놓고 역사의 뒤안길로 사라져간 것입니다. 그런 주의 사상, 특히 그 실현이 인류의 새로운 구세주인양 환호를 받은 것은 산업혁명 후, 무자비한 착취를 감행한 자본주들의 재산을 혁명적인 폭력으로 몰수하여 무산계급에 무상 분배할 때였습니다. 물론 그럴 때 그런 자본가들에게 씌우는 죄목이 있었는데 착취계급이나 그런 정권이 성립됐을 때는 악질, 반동 등으로 몰아 붙여 재산몰수와 숙청을 단행했던 것입니다. 초기에는 어떤 긍정적인 면이 있었지만 시간이 흐르면서 대부분의 경우, 인민재판식 죄 뒤집어씌우기식이 되기 일쑤였습니다. 또한, 그런 세력은 비밀경찰 등의 강력한 국가적 힘의 옹호를 받았습니다. 그러나 수십 년 혹은 근 한 세기가 흐르는 동안 분배우선을 주장한 주의나 사상은 인간성을 파괴시키는 작용을 한 것입니다. 그것은 남의 것을 죄를 뒤집어씌워 빼앗고 무상으로 분배받는 데 습성이 붙은 사람들에게는 자기 노력이나 창의성, 경쟁성, 노력의 대가 등의 참 인간성의 개념이 사라졌기 때문입니다. 따라서 그런 주의나 사상, 정권들이 앞다투어 도미노 현상으로 쓰러져 가는 과정을 1989년 10월경에서 1990년 5월까지 소련과 이른바 동구 공산 국가 내지 사회주의 국가들에서 보아 왔습니다. 이것은 역사적 사실이며 현실이었습니다. 공산주의나 사회주의 사상이 욱일승천(旭日昇天)할 때, 즉 맑스의 공산당 선언과 자본론이 인류의 새로운 구세주로 행세할 때, 가톨릭교회가 그런 주의 사상이 근본적으로, 다시 말해 인간학적으로 잘못됐음을 지적하여 파멸적 말로를 예언했던 것입니다. 그렇기에 교회는 공산주의나 사회주의와는 다른 올바른 인간관을 제시하여 인간의 파탄을 막는 사명을 다 했던 것입니다. 인간은 창조주 하느님의 모습이며 하느님의 속성인 자유와 창의성은 인간의 근본적 속성입니다. 우리는 여기서 한 가지를 짚고 넘어 가야 할 것입니다. 지난 날 불행했던 군사 독재정권 통치 하에서 그런 사상의 아류에 기댈 수밖에 없었던 일면적 정당성을 인정할 수 없는 것은 아니지만 혹시라도 현 정권의 정책 핵심에 그런 류의 인사들이 있다면 국가적으로 크게 불행한 것입니다. 인류의 역사는 그런 식으로 진행해 가지 않기 때문이며 그런 주의와 사상들은 인간에게 말할 수 없는 아픔과 상흔을 남기고 사라졌기 때문입니다. 한 가지 분명한 것은, 그런 사상은 근본적으로 잘못되었기에 역사의 뒤안길로 사라져 갔습니다. 또한, 그런 사상에 근거한 현존하는 체제도 인간에게 심대한 손상을 입히고 사라질 운명에 있습니다. 현재 우리 경제는 그 성장률에서 비견할 국가들 사이에서 꼴찌를 헤매고 있다니 참담한 기분마저 듭니다. 국민적 문화 수준이나 기술 선진성, 그동안 쌓아놓은 모든 분야에서의 노하우를 보나 우리는 단연 선두그룹에 서야 할 것인데 왜 나 홀로 추락이냐의 중대한 문제에 봉착한 것입니다. 여기서 일차적 책임이 정부 정책에 있다는 것을 부인할 사람은 없을 것입니다. 그렇다면 핵심적인 오류는 무엇이겠습니까? 그것은 '분배우선'이라는 사회주의적 이념 하에 가진 자를 적대시하고 공산주의나 아류 사회주의 국가에서 전 세대를 매도하고 몰아 부치며 모든 권력을 장악하여 이른바 코드 중심으로, 멋대로 나라를 뒤흔든 데 근원이 있지 않나 싶습니다. 그렇기에 저는 탄핵안 기각 후만 하더라도 노무현 대통령에게 기대하는 바가 있었으므로 탄핵안 기각 직후부터 계속 강연, 지면[31] 등을 통해 대통령은 모든 국민의 대통령이니 심기일전(心機一轉) 정치 지향적 386의 필마(匹馬), 더 구체적으로는 졸마(拙馬)를 버리고 숙련된 준마(駿馬)로 바꿔 타 역사에 남는 대통령이 되어 달라고 부탁한 바도 있지만 모든 것이 공허한 메아리일 뿐이었습니다. 이제 여당의 국민 지지도는 16%대라니 그런 정당이 어떻게 대통령을 보필하는 여당일 수 있겠습니까. 그냥 일개 군소 정당에 불과하지 않겠습니까. 국회에서 무슨 면목으로 그런 정당이 정부안을 성사시키고자 주도적으로 법안을 심의하며 입법 활동을 할 수 있겠습니까. 그런 여당이라면 여당으로서는 벌써 도태되었어야 하지 않겠습니까. 노 대통령의 인기도 20.4%라니 참으로 안 됐습니다. 대통

---

31 "지난 잘잘못 따져봤자 서로 상처만 더 깊어져, 앞으로의 일만 생각을. 대통령 진퇴 여부보다 국론 분열 심화가 문제, 민심 통합 지혜 모을 때" - 〈조선일보〉 2004년 3월 13일자

령 본인도 참담한 심경으로 말했듯이 3분의 1도 안 되는 국민의 지지도(이런 토로는 그래도 얼마 전 국민의 지지도가 29%대일 때의 말씀이었음)로 어떻게 국정을 이끌어 갈 수 있겠느냐고 한탄했지만 이제는 지지도가 20.4%라니 무슨 말을 할 수 있겠습니까. 국민 5인 중 4명이 노무현 정권에 아예 등을 돌리고 있으니 말입니다. 이제 연정이니 권력 이양이니 등의 이야기는 국민에게는 배부른 투정으로 비쳐질 것입니다. 탄핵안 헌재 기각 후, 국민 화합의 정신으로 정치해 달라고도 했습니다. 이제 시기를 다 놓친 것 같아 참으로 안타깝습니다. 민심은 천심이라는 격언이 이유 없이 생겨난 것이겠습니까. 서양에서도 "백성의 소리는 하느님의 소리"(Vox populi, Vox Dei)라는 라틴 격언을 대단히 존중합니다. 지금까지는 대통령이 국민 대다수의 뜻을 따르기보다는 국민 대다수가 대통령의 뜻을 따라야 한다는 식이었다 해도 과히 지나치지 않는 표현일 것입니다. 그렇기에 국민의 노 대통령 지지도는 20%대로 주저앉은 것입니다. 사태의 심각성을 통감하여 그 원인을 철저히 규명하여 국민의 뜻을 살 필사의 노력을 해야 할 것입니다. 이런 결과는 무식 무능한 386세대를 핵으로 하는 정책 입안과 실천에 기인했기 때문이라는 생각이 지배적입니다.

저는 우연히 들은 날카로운 민심의 일단을 여기에 적어 봅니다. 386세대도 이제는 40을 훌쩍 넘어섰고 50대를 바라보니 이제 더는 386세대가 아니라고 했더니 택시 기사가 386은 영원히 386이라고 말했습니다. 그 이유인즉 그들은 3·1절을, 8·15를, 6·25를 모르기 때문이라는 것이었습니다. 저는 듣는 순간 깜짝 놀랐습니다. 민심이 이쯤 되면 그들은 한국 사람이 아니기 때문입니다. 이번 UN총회에서 노무현 대통령의 강연 중 '제국주의'란 표현만 해도 그렇습니다. 제국주의라는 용어는 1950년대 냉전시대의 핵심 용어였습니다. 그것을 정치적인 면에서 가장 강력하게 사용한 것이 반둥에서의 제3세계 정상 회의일 것입니다. 그러나 1990년대 소련과 동구에서의 공산국가와 사회주의 국가의 몰락과 더불어 제3세계라는 존재도 인류사상 발전 선상에서는 더 이상 주요 흐름으로서는 설 자리가 없는 용어가 되었습니다. 제국주의니 식민주의니 등은 지나간 것이고 1980년대와 1990년대에 인류 사상계에서 인기 있었던 용어는 탈식민주의 혹은 식민주의 후시기(post-colonialism)이겠습니다. 3천 년 들어서는 문화(culture)가 인류 사상발전 선상의 중심 용어로 부상한 셈입니다. 이렇게 인류사상의 중심 용어가 바뀌는 것은 인류의 삶이 그런 차원으로 옮겨 가고 있다는 것을 뜻합니다. 문화가 오늘날, 특히 인류 사상의 중심이 되고 있다는 데 대해 저는 남다른 감회를 갖습니다. 그것은 1984년에 제가 실무 총책임자를 맡고 있던 한국 천주교 2백 주년 기념 사목회의 표어의 한 부분을 '민족문화 창달'로 정했기 때문입니다. 그 당시로서는 그 회의가 한국교회의 문제였기에 민족문화 창달이라고 했지만 가톨릭은 그 본질이 세계성이기에 인류문화와 직결되었고 앞으로 3천 년대를 향하는 것을 명시했기에 오늘 즉 3천 년 여명기에 인류가 지향하는 바를 정확히 지시한 것이었습니다. 또한, 1986년 당시 제가 주임 신부로 있던 불광동 성당에서 있은 국제회의에서 인류의 공통 주제가 3천 년 여명에는 문화가 될 것이며, 그것은 동·서의 문화가 합류하여 새로운 인류 공통문화 형성이어야 한다는 점을 강조하였습니다. 저는 이 점을 더 구체적으로 설명하여 홍콩과 마카오의 반환을 계기로 수면 위로 급부상할 것이란 점과 미국과 중국의 태평양과 아시아에서의 만남으로 본격화 될 것인데 중국은 상당히 빠른 속도로 거인이 될 것이란 점도 제시했습니다. 그 이유인즉, 중국은 본래 높은 문화를 갖고 있으며 새롭게 진출로를 개척할 것 없이 수백 년에 걸쳐 영국 등의 서방 식민주의 국가들이 잘 닦아 놓은 해로와 육로를 이용하면 되기 때문입니다. 거기 더해 세계도처에 흩어져 있는 화교의 풍부한 인적 자원과 막강한 경제력을 활용할 수 있다는 점도 제시하였습니다. 그런데 이런 모든 것의 근원적 동력은 인류 최고(最古)이며 최심(最深)의 동양 문화이니 동·서의 3천 년 여명기의 만남은 문화적 만남이어야 한다는 점과 새로운 인류 공통문화 창조가 시급히 요청된다는 점을 제시했습니다. 그런 저의 논조는 1990년대와 3천 년 여명에 여러 각도에서 국제회의의 주제가 되었습니다. 처음에는 세계적 학자들도 이해하지 못하는 것 같더니 3천 년 여명에 들어서는 그런 문화 사상이 여러 가지로 분화되며 모든 분야에 기초가 되었습니다. 그런 저의 주장이 세계 학계에 호소력이 있었던 것은 세계도처에서 빈발하는 문화적 충돌에 기인하는 대참사들로 당황한 선진국들에게 공존(共存), 공생(共生), 공영(共榮)의 새로운 인류문화 창출을 제창했기 때문이었습니다. 이 때문에 저는 세계학회에서 인류에 새로운 사상 제시 발표 등의 요청을 심심치 않게 받게 되었습니다.

지금 저의 강연에서 중요한 것은 노무현 대통령은 우리 대통령이니 중요한 국제회의에서 사상은 물론이고 용어 하나라도 앞서 갔으면 하는 간절한 바람입니다. 대통령 주변에는 이 나라의 두뇌를 집결시켜 한국은 세계가 부러워하는 국가가 되어 국민에게 긍지를 갖게 해 주면 하는 바람도 큽니다. 이제 한국의 국제적 위치나 역량은 지난날 군사 독재에 맞서 싸우던 386세대, 그 후에도 세계사 흐름 속에서는 별로 발전하지 못한 세대의 역량으로는 감당할 수 없는 비중이 큰 국가가 되었습니다. 노무현 대통령은 과감히 386세대의 테두리를 벗어나 전 국민의 대통령이어야 할 것입니다. 386은 386대로 큰 역할은 한 것입니다. 노 대통령은 하루 빨리 특단의 조치를 내려 지금 말할 수 없이 내려앉은 20%를 간신히 넘는 국민의 지지도를 국민의 뜻을 따른 선정을 함으로써 정상적인 선으로 올려놓아야 할 것입니다. 그렇지 않으면 조금씩 굴곡은 있겠지만 결국 계속 국민은 고달프고 대통령은 매일 야당과 국민과 입씨름만 하는 형국이 연속될 것으로 생각되며 국민의 불신은 날로 더 커갈 것입니다.

여기서 또 한 가지 유념해야 할 점은 노무현 정권이 그렇게도 폄하하고 싶어 하는 박정희 군사 독재의 문제입니다. 저는 박 정권의 인권 유린과 착취 옹호, 극심한 정경 유착 심지어는 유신까지 가는 막무가내 정권에 크게 반발하여 반대 세력에 위험을 무릅쓰고 힘을 실어 주었습니다. 그렇지만 경제적인 면에서 박정희 정권이 오늘날 한국이 경제 선진국 10위권을 넘보는 기틀을 놓아준 것에 대해서는 인정해야 할 것입니다. 이제 국민 초미의 관심사인 경제 문제에 대해 두 정권을 비교해 봄도 우리 사회 현상 분석에 도움이 될 것입니다. 박정희 정권은 독재 정권이었지만 경제 건설에 관한 한 사계 전문학자들, 예컨대 국내외로 인정된 서강학파를 등용하는 등의 미국식의 자유분방한 자본주의의 도입하여 당시 세계 최빈국에서 오늘날 세계 경제대국 10위권을 넘보는 경이적 발전의 기틀을 마련했습니다. 계속된 경이적 경제성장에는 정부의 전폭적 지원과 우수한 두뇌들 외에도 우수한 경영인들과 지칠 줄 모르는 근면한 민초들이 있었던 것을 잊어서는 안 됩니다. 이렇게 이루어 놓은 풍요 속에서 386을 포함한 후대들은 풍요를 구가하며 지금 세계를 어깨 펴고 당당히 누비고 있는 것입니다. 한마디로 경제는 경제의 생리가 있는 것이니 이 나라는 사계전문가들의 자유로운 활동으로 성장의 내적 속성을 충분히 활용하고 성장 행진을 계속하여 세계에서 유례를 찾기 힘든 경제적 대성공을 거두었던 것입니다. 이런 저력을 가진 우리로서는 근년 들어 계속 추락 행진만 거듭하는 경제의 연유가 무엇이냐고 묻지 않을 수 없게 되었습니다. 여기에 대한 납득할만한 정부 측의 설명이 없기에 추측이 난무하는 것입니다. 저는 개인적으로 간단한 답을 갖고 있습니다. 그것은 전자의 시기는 경제가 갖고 있는 생리와 요구 여건을 국가가 총동원되어 충족시킨 것이고 지금은 무식한 권력적 외부 요인이 경제의 가장 중요한 내부적 요인을 억압하고 있기 때문이라고 생각합니다. 더 단적으로 말하면 '분배우선'이라는 사회주의적 요인이 자유주의적 경제로 꽃핀 이 땅의 경제 풍토에서 알게 모르게 경제 정책의 기저를 지배하지 않나 걱정되는 것입니다. 물론 빈민층과 서민층의 복지정책은 매우 중요한 이 나라의 과제입니다. 그러나 우선 경제가 잘 성장해야 복지 정책, 즉 분배 정책도 잘 될 수 있을 것입니다. 모든 것이 다 자기 자리와 단계가 있는 법인데 현 단계에서는 정부와 공공 기관의 인건비와 낭비를 줄이고 민간인과 민간단체들의 도움도 받아 복지정책, 즉 분배정책을 점진적으로 폭을 넓히며 질을 향상해 가야 할 것입니다. 그렇지 않으면 일과성이 되거나 정치적 과시용이 되거나 하여 용두사미가 되기 십상입니다. 저는 물론 박정희 시대를 예찬할 수 없는 사람입니다. 저는 그 시대에 열화 같이 일어났던 반독재 움직임에 힘을 실어주었던 사람입니다. 우리는 이제 지난날 경제 성장 과정에서 발생했던 극심한 착취, 인권 탄압, 상상을 초월하는 정경 유착 등에 대한 강력한 신 정책을 써야 합니다. 그러나 방법과 시기 등에 관해서는 신중하고 끈기 있게 일을 추진해가야 할 것입니다. 경제성장을 이루면서 이런 결점들을 조화롭게 시정하며 고른 분배와 질 높은 복지 정책을 써야 할 것입니다. 현 단계에서는 성장정책을 우선 시켜야 할 것입니다. 자칫 해당 분야의 전문 지식과 경험도 없이 혈기에 좌우된다면 교각살우(矯角殺牛)의 돌이킬 수 없는 우를 범하게 될 것입니다. 노 정권이 그런 것이 아니기를 바라는 마음 간절합니다.

또 한 가지를 첨가하고 싶은 것은 미·일 관계와 일본 경제, 한·미 관계와 한국 경제의 문제에 대한 것입니다. 지난날 일본의 경제 장기 불황과 근년 들어 빠른 회복의 문제입니다. 일본은 6·25 한국전쟁에 힘입어 경제 부흥을 하기 시작하여 경제 대국이 되었습니다. 그러나 전후세대의 등장과 공산주의 사상의 지휘를 받는 적군파(赤軍派), 교원단체를 좌지우지한 극 좌경 교원 단체 일교조(日敎組)를 비롯하여 일본 서점가를 풍미했던 공산 서적의 범람, 학원가를 휩쓸었던 좌익서적, 전국 대학가에 몰아친 극 좌경 데모 학생 대열, 도쿄대학 일부를 불태우고 오른 붉은 깃발, 좌경 노조의 연속 파업, 이런 모든 것에 침투했던 강한 반미 감정 등이 일본 열도를 붉게 물들였습니다. 그 와중에서 반미 감정은 젊은이들 사이에 충천했습니다. (후일, 일본의 젊은 층은 서구에서 공산·사회주의 정권이 무너진 후 우경(右傾)하게 되었습니다. 당시에도 학생으로서는 좌경이었지만 회사원으로서는 극 우경한다는 말이 있었습니다. 이것이 일본인의 생리이며 일본의 저력인 것 같기도 합니다. 분명한 것은 일본의 젊은 층은 세계 사조에 민감하다는 것입니다. 그렇기에 지금은 좌경 풍조도 사라지게 된 것입니다.) 그런 데모 중에서도 정부는 친미로 일관했습니다. 이런 껄끄러운 흐름 속에서 우연의 일치인지는 몰라도 일본 경제는 장기 불황에 빠져들었고 근년 몇 해 동안 한국과 미국 관계가 매끄럽지 못하게 진행되는 틈에서 일본과 미국의 관계는 밀착되었습니다. 이런 동안 일본 경제는 불황을 급속히 탈출하는 처지로 변해 갔습니다. 물론 일본과 미국관계가 반미운동으로 불편할 때는 한국과 미국의 관계가 좋았으며 한국 경제가 계속 큰 발전을 이루어 갔음도 눈여겨 볼 만합니다. 혹시라도 한미 관계가 원만치 못하게 되는 경우, 제가 염려하는 것은 한국 경제가 긴 불황에 빠져들어 서민들의 고통이 가중되지나 않을까 하는 것입니다. 이런 것은 순전히 노파심이기를 바랍니다. 노무현 정부 초기 한미 관계가 원만하지 못한 시기에 (미국의 병력 재배치 계획으로 불가피했다고는 하지만 그 와중에도 사이가 좋은) 일본에서는 미군의 이동이 없었으며 한국이 누리던 경제적 이익을 일본이 누리게 됐다고 합니다. 한국에서는 미군의 병력을 모두 후방으로 뺄 것이란 바람에 향후 장기적으로 한국은 미군의 자리를 메우는 데 국군 장비를 위해서만 6백 수십조가 들 것이라는 분석이 있으니 그 막대한 비용을 어떻게 충당하겠습니까. 국민은 얼마나 더 큰 세금의 부담을 져야 하겠습니까. 독일은 통일될 때까지 나토군의 보호 하에 놀라운 경제적 번영을 하여 오늘의 통독의 기틀을 마련했고 일본은 미국의 핵우산 아래서 경제 대국으로 번영했습니다. 좋은 정부라면 할 수 있는 대로 국민의 부담을 줄여주고 더 풍요로운 삶을 제공해 주어야 합니다. 이 정부의 간판구호가 '개혁'입니다. 그런데 실천은 정반대인 것으로 보입니다. 현 정권의 권력 핵심들의 자가당착인가 싶습니다. 어느 나라든 개혁의 첫 신호는 정부구조의 축소이며 인건비 절약입니다. 그런데 정부는 그동안 2만 3천여 명의 공무원을 증원했습니다. 그 대부분의 자리 차지가 논공행상식이 아니었기를 바랍니다. 이런 방대한 증원은 방대한 인건비 지출로 이어지고 무거운 짐은 고스란히 세금으로 국민의 몫으로 돌아갑니다. 이렇게 되면 개혁은 의미를 상실합니다. 노 정권이 스스로 개혁이란 미명 하에 반개혁이라는 자가당착에 빠질 수도 있을 것입니다. 연년이 세금 미수가 쌓여 가는데 경기 회복 없이 세금이 가중 되어 국민이 감당할 수 없는 지경에 이르게 되면 정부는 매우 난감해지지 않을까 염려됩니다. 요즈음은 또 이해찬 총리를 비롯하여 청와대 경제 비서관들의 부동산 투기로 세상이 시끄럽습니다. 그동안도 줄곧 노무현 대통령 주변 인물들이 이권 개입 등의 구설수가 끊이지 않아 노 정권의 간판인 개혁은 남들에 대한 것이지 코드와는 상관이 없는 것으로 국민의 의식 속에 치부되어 왔습니다.

언필칭 이 정권을 배후에서 움직이는 사람들은 노무현 대통령을 위시하여 인권운동가, 독재에 대한 민주투사로 표지가 붙은 사람들이었습니다. 헌데 북한의 인권문제는 최악이라고 세계 언론과 지성이 소리를 높이는데도 우리 정부와 여당 인사들은 일언반구도 못하니 과거의 그런 운동은 역시 다른 정권 때와 마찬가지로 정권 잡기 위한 수단에 불과했다는 평을 부정하기 어렵게 됐습니다. 구차한 변병은 필요 없는 것입니다. 종교인들의 경우는 더욱 그렇기에 지금 양식 있는 이들의 빈축을 사고 있는 것입니다.

요즈음 벌어지고 있는 '과거사 규명법'의 일환으로 보이는 친일파 명단 발표만 해도 그렇습니다. 이제 과거사 규명법에 대해서도 한 말씀 곁들여야 하겠습니다. 요즈음 발표된 친일파 명단으로는 진짜 친일파를 가리기보다는 속으로는 진짜 민족주의자였던 인사들을 잡기에 알맞은 정황이 되기 쉽습니다. 가장 중요한 증거는 그때를 같이 산 사람들의 증언입니다. 그런데 그런 사람들이 아는 내용과는 다른 경우가 있는 것으로 생각합니다. 예컨대, 노기남 대주교님을 친일파 명단에 넣었다는 말이 들리는데 그것은 언어도단입니다. 노기남 대주교님은 제가 가까이 모신 어른이였기에 저는 그분을 너무 잘 압니다. 그분은 일제 말기 일본인이 포탄용으로 교회의 종과 철물을 닥치는 대로 공출시켰을 때, 명동성당 종들을 지키기 위해 감옥에 갈 각오를 하고 항일하여 결국 악랄한 일경도 그 종들을 어찌하지 못했습니다. 이렇게 그분은 실질적으로 항일을 했던 것입니다. 그뿐만 아니라 노기남 대주교님은 6·25 한국전쟁시, 로마에 계셨는데 조국의 위기 상황을 구하고자 유럽을 동분서주하며 여러 나라가 UN 군으로 참전하게 하는 데 공헌했습니다. 또한, 그분은 구한말을 살고 한일합방에 통한을 삼킨 분입니다. 신학교 시절에는 밖에 나갈 수 없어 삼일 독립만세를 신학교 안에서 밤새도록 불러 당시 프랑스인 교수 신부님들을 당황하게 했다고 합니다. 그런데도 당시 일본 통치 아래에서 겉으로 드러난 몇 가지 말이나 행동으로 친일파를 규정한다면 그 시대를 산 사람들치고 친일파 아닌 사람이 누가 있겠습니까. 전쟁의 퇴색이 깊어지자 일제 군부 통치는 거의 발악에 가까워져 교회들에서는 어떤 축일이나 주일에 일군필승(日軍必勝) 미사를 바치게 하였는데 저의 본당 신부님은 일본이란 낱말은 빼고 '필승'이라고만 써 붙이고 미군필승과 조국광복을 기원하는 미사를 봉헌했습니다. 겉으로 보기에는 친일이지만 실은 조국광복을 기원하는 미사였습니다. 그런 것은 그 당시 절대 밖으로 공언할 수 없는 내용이었기에 최측근들만 알고 속으로 그렇게 미사를 봉헌했던 것입니다. 이런 내막은 그 시대를 같이 산 사람들만이 증언할 수 있습니다. 그렇기에 이런 산 증언들이 공정하게 청취된 것이 아니라면 친일파 명단은 일방적이라든가 자칫 정치적이라든가의 의혹을 받거나 학문적으로 미숙한 작업이란 비난을 면하기 어려울 것입니다. 그런데도 이런 식의 "과거사 규명법"을 서두르는 이유가 무엇이겠습니까. 개혁법안(국보법 개혁안, 사립학교법 개혁안, 신문법 개혁안, 과거사 정리 개혁안)은 위에서 말한 역사 바로 잡기와 대동소이한 요인이 있는 것 같습니다.[32] 그렇기에 지금 386세대가 갖고 있는 지식으로 민족사관(民族史觀)을 운위하는 데는 한계가 있습니다. 또한,

---

32 졸고(拙稿), '21세기 가톨릭 지성인의 역할과 사명', 『나는 누구이며 어디로 가는가?』, 가톨릭출판사, 2005 참조.

이 문제는 먼 훗날 역사가들의 진지한 연구를 거친 후 이루어져야 할 것으로 생각합니다. 1945년 해방 후부터의 과거사를 거론한다면 가장 큰 문제가 북한의 공산 정권수립을 민족사관적으로 어떻게 정립할 것이냐가 문제이겠고 특히 민족사에 일찍이 없었던 동족상잔의 비극을, 이른바 5천 년 민족사에서 어떻게 정리할 것이냐의 문제가 필연적으로 제기되어 여당이 감당할 수 없는 부메랑 효과 때문에 자폭적인 참사도 만날 수 있을 것입니다. 이 문제는 복잡다단하고 지금으로서는 여러 가지 이유 때문에 정확히 정립할 수 없습니다. 먼 훗날 많은 역사학자들의 피나는 연구 결과로서만 이 시기의 민족사관을 올바로 정립할 수 있을 것입니다.

난항을 거듭하던 북핵 문제 6자회담의 첫 합의로 우리 정부 고위 당국자들은 흥분하며 자화자찬에 여념이 없는 듯합니다. 경제 번영도 곧 이루어질 듯이 당국자들과 TV 매체는 물론, 친여 언론이 들떴던 것입니다. 그런데 북한 당국은 합의한 바로 그 이튿날 경수(輕水)를 감속재와 냉각재로 사용하는 원자로인 경수로를 우선 제공해주기를 공식 요구하여 합의의 앞날이 몹시 불확실하며 험난하다는 것을 여실히 보여 주었습니다. 이렇게 북한 당국의 발표는 우리 당국자들의 말에 찬물을 끼얹은 것입니다. 저는 이런 회담의 어려움을 벌써 제네바회담 합의 때도 북한이 그 어려움 중에서도 그야말로 국운을 걸고 한 핵개발인데 그렇게 쉽게 합의가 되겠느냐고 어떤 글에 썼던 것입니다. 만일 합의와 이행이 될 수밖에 없는 처지가 된다면 어마어마한 천문학적 경제 보상을 요구할 것이며 그것은 고스란히 우리 몫이 되지 않겠느냐고도 했습니다. 이런 북한의 발표로 무디스사를 위시한 3대 경제 평가 기구는 한국의 신용등급을 올릴 계획이 없다는 것을 명백히 밝혀 국민을 실망시켰으며 국민의 정부에 대한 불신만 가중시킨 것입니다. 정동영 통일원 장관이 국회에서 북핵문제가 풀릴 전망이 보일 경우, 6조 내지 11조의 우리 부담이 있을 것이라는 증언으로, (어차피 경제 투자 문제는 정부 발표보다 실제로 더 많이 드는 것이 우리 풍토이기에 15~20조를 추정하는 측도 있으니) 가뜩이나 경제사정에 어려움을 겪고 있는 국민의 마음을 무겁게 하였습니다. 거기 더해 정부의 무모한 국책사업이 7백조를 넘어서 국민의 허리가 부러진다는 보도가 있었습니다. 정부의 행정 종합도시 계획으로 전국의 땅값을 인위적으로 극상으로 올려놓았으니 경제적이며 그에 부수되어 발생할 교육적 가정적 사회적 부작용들이 꼬리를 물 것이어서 앞으로 이 민족이 큰 혼란기를 맞을 전망입니다. 물론 상당한 긍정적인 면도 예상할 수 있으나, 순리로 풀어야 할 것을 독재 시기와 비슷하게 강권으로 일을 처리해가니 앞날은 험난할 것만 같습니다. 뜻하지 않은 복병을 사방에서 만날 것이기 때문입니다. 노무현 정부 들어 세금은 줄줄이 새고 정부 조직은 비대해졌고 돈은 사방에서 물 쓰듯 하며 국채 발행은 눈덩이처럼 불어나 국민 일인당 부채가 575만 원이라니 나라의 앞날이 암울하게만 느껴집니다. 물론 6자회담의 첫 번째 회담 합의는 실행만 된다면 큰 의미를 갖는 것이나, 지난 번 제네바 회담 합의를 북한이 파기한 전례가 있기에 큰 희망을 건다는 것은 너무 나이브한 것으로 보입니다. 북한 측은 고도의 전술을 구사하는 것으로 보입니다. 하기야 북한은 미국을 상대로 6·25 한국전쟁을 3년 이상 치른 데다 그 후 근 50년간 판문점에서 헤아릴 수 없이 많은 회담으로 미국을 애먹여 지치게 하고 세계를 놀라게 하는 등 미국을 다루는 놀라운 노하우를 축적한 인물들이 진을 치고 있으니 지금의 남한의 나이브한 정치인들 알기를 식은 죽 먹기로 생각하는 것은 아닌지 걱정이 앞섭니다. 그들의 언동을 보면 시작도 끝도 상대는 미국입니다. 남한은 돈을 싸들고 와 무어라하니 받자하는 것이 아닌가 싶은 때가 한두 번이 아닙니다.

　북핵 문제를 다루는 데 그동안 우리 정부의 처신을 지켜보며 느끼는 것은 다음과 같습니다. 우리가 열강의 각축 중에서 우리의 주권적 입장을 지키는 것은 매우 중요한 것입니다. 그러기에 정부는 이른바 코드에 구애 받지 말고 여·야를 초월하여 전 국민적 지혜와 역량으로 북핵 문제를 위시하여 국내외적으로 닥쳐오는 난국을 타개하여 국익을 최대한 챙겨 주었으면 합니다. 진짜 실리를 챙기는 데에서는 소외되고 경제적 부담만 지는 결과가 되지 않도록 우리가 보유한 민족적 힘을 한 데 모아 총력전을 펼쳐야 할 것입니다. 북핵 문제에서 미국과 일본, 중국까지 끼어들어 북측과 결판을 내려야 할 조짐이니 많은 사람이 마음이 놓이지 않아 합니다. 대북 문제에서 정부는 국민을 보아서라도 위신을 좀 세워 주었으면 하는 바램입니다. 우리 정부 인사들은 우리가 응당 요구하고 받아야 할 것은 아무것도 성사시키지 못하고 북측의 필요한 것과 요구만을 일방적으로 충족시키는 것으로 국민에게 비쳐져 평양 정부의 대변인 같다는 인상을 국민에게 주지 않았으면 좋겠습니다.

　이 기회에 북한과의 관계에서 중요한 것 한 가지를 언급하고자 합니다. 지난 50여 년간 이산의 아픔을 겪고 있는 이산가족이 꿈에도 그리는 것은 고향에서의 가족 상봉이며 조상, 특히 부모님의 묘를 찾아가 돌보는 것입니다. 이것이 성사된다면 우리의 대북 정책은 분명 큰 획을 그을 것이며 앞날이 희망 찰 것입니다. 지금 우리가 현실적으로 해야 할 것은 통일은 훗날로 좀 미루고, 우선 이산가족 고향 방문의 자유 왕래를 실현시키는 것이며 온 국민의 자유 왕래입니다. 통일을 후로 미루어야 한다는 것은 해방 후 50여 년간 남북에서 서로 이질적으로 자라온 세대가 급작스럽게 통일이 되는 경우 심리적, 사회적, 정치적, 경제적, 풍습적, 일상 생활적, 언어적, 문화 전반에 걸친 큰 혼란과 갈등과 부담을 견디어내며 소화하기가 어려울 것이라 생각되기 때문입니다. 우리보다 훨씬 통일의 준비를 잘했다는 독일도 천문학적 비용과 상상도 못했던 증세와 오랜 시간에 걸쳐 상반된 두 이념으로 살아온 삶의 생리, 특히 경제적 격차에서 오는 열등감 등 지금도 양쪽이 헤아릴 수 없이 많은 어려움을 겪고 있다고 합니다. 저는 이제 80이니 세상에서 마음속 깊은 소원이 있다면 조국이 하루 빨리 통일이 되어 고향을 찾아 부모님께 성묘 한번 하고 싶은 것입니다. 그러나 급격한 통일이 온 민족, 특히 젊은 세대에게 큰 혼란과 고통을 야기시킬 것이라면 차선책으로 자유로운 고향 방문과 친척 상봉과 부모님께 성묘하게 하는 것이 우선일 것입니다. 이런 한 맺힌 인간 소원을 이루지 못하고 매일 같이 떠나는 수많은 고령자들이 안타깝기만 합니다. 그래서 어려운 통일의 준비단계로 먼저 자유로운 고향 방문의 길이 열리면 하는 마음 간절합니다. 이런 것은 인간 삶의 가장 기본적인 권리이며 하느님이 인간에게 부여한 아무도 거부할 수 없는 인간의 권리입니다. 이런 것은 앞으로 인권 문제로 세계인의 양식에 의해 계속 몰리게 될 북한 당국을 위해서도 좋은 구실이 될 것입니다. 그것은 또한 북한 경제 발전에도 큰 도움이 될 것입니다. 한두 가지 예를 든다면 50년 만에 고향을 찾은 아버지가 그 쪽에 남아 아버지 없이 온갖 고생과 수모를 겪으며 살아온 아들을 오막살이집에서 만날 때 무엇인들 아까워하겠습니까. 있는 것 다 줄 수밖에. 또 한 가지 예를 든다면 저의 경우에도 해당됩니다만, 6·25 한국전쟁 때 큰 형제들은 다 남하했고 어린 막내 동생만 고향에 남아 가난과 온갖 고생을 다하면서 부모님의 산소를 지키고 있었을 것이니 형들은 그 동생에게 아까운 것이 무엇이 있겠습니까. 6·25 한국전쟁 시, 북한의 방방곡곡에서 수 없이 많은 사람들이 남하했으니 이렇게 찾는 고향 길은 북한 전역에 많은 돈을 뿌려놓는 결과가 되어 북한 각지의 경제 부흥에 큰 계기가 될 것입니다. 지금 많은 사람들이 남북을 넘나드는 것은 참으로 좋은 현상입니다.

저는 1988년 말경 어느 유력 월간지와 인터뷰를 한 적이 있습니다. 그때는 남북관계가 최고도의 긴장 상태라 아무도 오갈 수 없는 때였습니다. 그래서 저는 빈차라도 좋으니 공기만이라도 싣고 서울에서 평양까지 평양에서 서울까지 왕래하자고 제안한 바 있습니다. 그런 희망이 그로부터 10년이 조금 지나면서, 금강산 관광 길이 열리더니 지금은 정치인들뿐만 아니라 경제계, 학계, 체육계, 예술계, 종교계 등 그야말로 사회 분야 전반에 걸쳐 수많은 인적·물적 교류가 이루어지고 있습니다. 어찌 보면 꿈만 같은 변화입니다. 그러나 50여 년 생사를 모르며 꿈에 그리던 부모형제들이 천만 요행으로 만나기는 하나 서로 마음대로 오가는 자유로운 만남이 아니기에 여전히 갈라진 상태는 그대로입니다. 더 큰 이산의 아픔이 사람들의 마음을 저밉니다. 무엇보다도 남북의 만남은 젊은이들의 것이어야 합니다. 정치적, 이해타산적인 것을 넘어 순수 인간적인 것이어야 합니다. 남북의 수많은 젊은이가 자유롭게, 특히 정치적이거나 이념적 목적 없이 순수하게 만나며 어울려야 합니다.

다시 말하거니와 남측이 일방적으로 북측에 끌려 다닌다는 인식을 국민에게 주지 말아야 할 것입니다. 자기 것을 다 퍼주면서도 이런 인상을 줄 경우, 얼마 안 가 큰 암초에 부딪칠 것입니다. 정부는 민심을 대변해야 하는데 그것이 아니기 때문입니다. 국민의 피땀의 결정체인 세금을 정부가, 다시 말해 국민의 심부름꾼들이어야 할 정부가 국민의 돈인 세금을 국민의 뜻과는 상관없이 멋대로 탕진하는 것으로 비

처지기 때문입니다. 그 결과는 선거와 직결되는 것입니다. 정부는 이런 점에서 대북 관계도, 다른 모든 면에서도 근일 사회조사에서 나타나는 정부에 대한 국민의 불신을 깊이 반성해야 합니다. 한마디로 남북관계도 호혜(互惠)적이어야 서로 떳떳하고 오래 갈 것이며 국민 앞에서도 위신이 서게 되는 것입니다. 이 기회에 젊은이들에게 꼭 부탁하고 싶은 것은, 젊은이들은 남북을 불문하고 그 정신이 세계에 활짝 열려 있어야 한다는 것입니다. 젊은이가 국수주의에 갇히는 것은 현대 인류 사조에서는 조로(早老)이기 때문입니다. 어느 기간 동안 자유 왕래를 한 후, 상호 이해의 폭이 넓어지고 경제도 비슷하게 발전될 때, 민족적 통일이 이루어지는 것이 순리입니다.

　과거사 정리에 대해 좀 더 말씀드리고자 합니다. 6·25 한국전쟁 이후, 혹은 그 전부터 친미, 친북 행위를 어떻게 정리할 것인가는 많은 연구와 고증, 시대적 역사 흐름을 깊이 있고 객관적으로 학문적으로 조명할 문제입니다. 아니면 극히 단편적이고 편파적, 심하면 정치적 편법으로 정리되어 상훈·처벌 등이 이루어질 위험이 큽니다. 참으로 그 시대를 같이 살아보지 않고서 친일과 항일을 사실에 입각하여 규정하기란 매우 어려운 것입니다. 그 뿐만 아니라 오늘의 역사 연구는 외부적이며 집단적 힘에 초점을 맞추기보다는 각 개인의 인권과 자유, 행복권 등에 근거한 공동체성의 관점에서 이루어지는 것으로 알고 있는데 지식이 짧고 집단적 힘만을 능사로 하는 386세대를 핵심으로 하는 여당과 현 집권층이 이런 문제를 제기할 입장에 있느냐는 의문도 꼬리를 물 것입니다. 그러므로 그런 명단을 만드는 사람들이 역사의 심판대를 스스로 만드는 것이 될 수도 있습니다.

　특히 사회주의적 시각에서의 민족사관 정립은 후대의 진지한 역사학적 관점에서 크나큰 오류였다는 비난을 면할 수 없게 될 것입니다.

또 그 전 시기인 일제시의 친일파 정리 문제에서도 간단한 것이 아닐 것입니다. 조상의 잘못된 정치로 식민지 시대를 살아온 온 민족이 강점된 일제 밑에서 살아남기 위해, 가족을 부양하고 자식을 키우기 위해 일제통치에 적응하고 순응하며 협력할 수밖에 없는 처지였던 것을 인정해야 합니다. 그런 선대의 대를 잇고 그분들의 덕분으로 오늘의 우리가 삶을 받고 독립하고 번영한 이 땅에서 살고 있다는 전제 하에서 이런 문제를 다루어야 할 것입니다. 물론 악질적 친일분자가 있었으니 경우에 따라 처벌하면 될 것입니다. 무엇보다도 그 당시의 사람들은, 지금 일제에서의 해방이 60년이 지나 거의 타계하여 정확한 자료를 얻기도 어려운 형편인데 민생고가 극한에 달한 시점에서 그런 문제로 국력을 쏟아 분열시키는 것이 우선 과제이냐는 문제가 제기됩니다.

지난 백 년간의 민족사 정립은 일제 식민지 시기 36년과 해방 후 오늘까지 60년 동안의 역사 정립을 말합니다. 그동안의 민족사는 좌우 사상의 격돌과 혼란, 6·25 한국전쟁의 공산주의와 자유민주주의 충돌의 비극이 가장 큰 비중을 차지합니다. 이것을 섣불리 건드리다가는 극심한 국론 분열과 사상 결단을 내야 하는 걷잡을 수 없는 대혼란도 각오해야 합니다. 6·25 한국전쟁의 비극은 이 땅에 민족사가 시작된 이래 최악의 민족적, 인간적 참극인 것입니다. 수백만 명의 살상과 천만을 헤아리는 이산가족이 발생했으며, 50년 이상 상봉조차 못하는 인간 대비극이 이 땅에서 우리 눈앞에서 벌어졌기 때문입니다. 어쩌면 이런 일을 벌이는 측은 모든 것이 부메랑 효과로 돌아 올 수 있다는 것도 각오해야 할 것입니다.

저는 어렸을 때 교육 사업을 하기 위해 겉으로는 모범적인 일본 신민인 것 같으면서도 뒤로는 중국의 임시정부에 돈을 보내는 사람도 있다는 말을 들으며 자랐습니다. 그때 저는 어려서 그런 것이 무슨 말인지 잘 몰랐습니다. 사정이 이러하기에 친일의 옥석을 가리기가 그리 쉬운 일이 아니라는 것입니다. 국회에서 강압적으로 입법을 한다고 될 일도 아닙니다.

친일의 민족사관에 대해 말한다면 저는 요즘 정치지향적 386세대보다는 할 말이 훨씬 더 많은 사람입니다. 저의 집안은 독립운동을 하다 일제의 탄압으로 쇠락(衰落)한 집안이기 때문입니다. 저의 백부(伯父, 鄭希淳)는 혈기왕성한 독립운동 청년으로서 소위 '105인 사건'에 연루되어 조선총독부 제2헌병대(당시 경복궁 앞에 위치) 유치장에 수감되어 허위 자백을 강요하는 혹심한 고문으로 3개월 후에 운명했습니다. 시신을 인수받은 저의 아버님의 말씀은, 머리끝에서 발끝에 이르기까지 극심한 고문의 상처가 나지 않은 곳이 한 곳도 없었다고 했습니다. 그런 대로 괜찮았다는 가세는 그 후 급격히 기울었다고 합니다. 그러나 남강 이승훈, 고당 조만식, 춘원 이광수(이 분은 말년에 친일분자로 배신자라는 평도 있습니다) 선생 등과 후배 민족 사상가들이 오산학교에 운집했기에 오산학교에 다닌 저는 어렸을 때부터 민족정신을 이어 받을 수 있었습니다. 저는 친일 분자들에 대해 남다른 아픔을 지니고 있지만 지금 여당과 정부가 하려는 식의 과거사 청산에는 반대합니다. 그것은 미숙한 정치인들의 단견이고 참된 역사와 양국의 젊은이들은 앞으로 선린 협력 관계에 있는 인류사의 운명을 지고 있기에 좀 더 깊은 학문 연구로 진실을 밝혀야 한다고 생각합니다. 노무현 정부와 여당은 고구려사와 발해사, 간도사 등에 대한 뿌리 찾기에는 입도 열지 못하면서 과거사 정립이라는 명분으로 국내 사람들만을 들볶고 분열시키는 인상을 주는 것 같아 참으로 안 됐습니다.

노무현 대통령은 승부수를 거는 데 가히 카리스마적이니 대통령 권한 이양 등 위헌 시비도 일으킬 수 있는 일로 시끄러운 정국을 조성하지 말고 국론 분열을 최소화하고 이념 차이로 생긴 세대 간의 극한 분열을 막아야 할 것입니다. 그래서 냉전시대의 행태는 386세대라는 말이 더 이상 없게 해야 할 것입니다. 이 일을 할 수 있는 사람은 현금 이 땅에 노 대통령뿐이라고 생각합니다. 어찌 그동안의 사연을 일일이 다 말할 수 있겠습니까. 노 대통령은 하루 빨리 부정적 사고에서 긍정적 사고로, 일부 국민의 대통령에서 전 국민의 대통령으로 특히 세대 간의 (386세대와 여타 세대들 간의) 분열에서 화합의 대통령으로 근본적 변화를 해 주었으면 하는 간절한 바램입니다. 노 대통령은 이제 지천명(知天命)의 연륜도 지나 이순(耳順) 인생, 원숙기의 연륜이니 자연의 이치를 따르는 정치를 해 주면 합니다.

 저는 어렸을 때 배추 잎들이 자라는 것을 보며 신기해 했습니다. 어린 싹이 속에서 움트면 먼저 나와 튼튼해진 잎들이 기온이 차지는 저녁과 밤에는 감싸주고 아침에는 열어 어린 새싹이 햇살을 받게 하고 비바람에는 덮어주어 충분히 자라 튼튼해진 어린 싹이 떡잎이 되어 스스로 살아가는 것을 보았습니다. 또 한 번은 제가 4세쯤인 때로 생각합니다. 5월 초순이었던 같습니다. 할머니 등에 업혀 마늘 밭으로 갔습니다. 할머니는 그때 막 자라난 마늘종을 하나하나 뽑아보더니 쉽게 잘 빠지는 것을 뽑아 저에게 주어서 먹게 했습니다. 저는 그 싱그러운 맛이 그렇게도 좋았습니다. 그래서 저는 혼자서 아장아장 걸어가 마늘종을 죄다 뽑아 놓았습니다. 다음날 가서 싱그러운 맛을 만끽하려 했던 것입니다. 그런데 이튿날 가보니 다 말라 볼품 없이 되었고 어른들한테 크게 야단을 맞았습니다. 그때 저는 자연은 자연이 주는 대로 해야지 억지로 하면 안 된다는 것을 알게 되었습니다. 아마도 그런 일로 저에게는 어떤 일이든 억지로 하지 않고 순리로 풀려는 성격이 생긴 것 같습니다.

  노 대통령께 자연과 같이 큰 도량과 심정에서 온 국민을 감싸는 정치를 하여 줄 것을 부탁드립니다. 자연은 누구에게나 필생의 스승입니다. 국민 대다수가 잘 살게 됐다면 좋은 대통령이 아니겠습니까. 대다수 국민에게 나를 따라오라고 해서야 되겠습니까. 주요 일간지들과도 싸운다는 인상을 국민에게 주지 않으면 좋겠습니다. 적색 독재가 아닌 민주국가 체제 속에서 주요 일간지들과의 싸움에서 이기는 대통령이나 정부를 본 일이 없습니다. 민의를 외면한 정권은 민족적 비극이나 인류에 대재앙을 불러놓고 파멸해 간 것입니다. 이 나라 역대 대통령들도 주요 일간지와 다투어 이긴 대통령은 없었다고 저는 생각합니다. 주요 일간지의 배경과 힘은 수백만 독자이기 때문입니다. 만일 정부가 언론에 편파적이고 어용적 언론만을 감싸고 돌며 어떤 언론을 직·간접으로 탄압한다고 국민에게 인식되면 그런 신문은 독자와 민심에 의해 더 강해지는 것이 생리입니다. 권력자는 권력과 아부에 눈이 멀지만 민의는 항상 정확하기 마련입니다. 민의는 어떤 제왕이나 대통령보다 힘이 세며 사태를 정확히 본다는 것은 만고의 진리입니다. 민의는 여론, 언론으로 표현됩니다. 언론도 과거의 시대적 역풍 속에서 저질렀던 잘못을 스스로 고백하는 용기가 있어야 합니다. 언론은 그 자체가 공기(公器) 중의 공기임을 한시라도 잊어서는 안 될 것입니다. 세습은 선진국들의 유서 깊은 유력지의 경우처럼 가당치 않습니다. 대기업의 광고에 의지하는 것도 공정성 유지에 큰 지장이 될 것입니다. 그렇기에 세계적인 권위지들이 초지를 일관하기에 경영난에 허덕이는 수가 비일비재하게 되는 것입니다. 인간의 양식이 이런 문제 해결에 적극 동참해야 하는데 우리 문화풍토에서 이것은 요원해 보이기만 합니다. 어쨌든 창업자의 순수한 정신은 살아있어야 합니다. 세상에서 가장 무서운 것은 무지와 권력의 야합입니다. 더 한심한 것은 무지를 지혜로 착각하고 권력과 야합하여 독을 뿜는 독선입니다. 노 대통령은 큰마음으로 백성을 품기 바랍니다. 무조건 대다수 백성 편에 서야 합니다. 그것이 야당이면 어떻고 여당이면 어떻습니까. 또 다른 견해인들 어떻습니까. 대다수 국민이 바라는 것을 이루어 주면 되는 것입니다. 민의에 반대되는 것은 단호히 거절해야 합니다. 여러 가지 어려운 중에서도 지난 번 총선은 지금까지 없었던 비교적 깨끗한 선거였다고 생각하기에 희망을 거는 바이니 이 땅에서 만악(萬惡)의 근원인 정경유착을 뿌리 뽑아주면 하는 바람이 큽니다. 시간이 없습니다. 노무현 대통령도 가톨릭 신자라니 평화의 하느님의 기적의 은총을 받을 수 있는 아시시 성 프란치스코의 '평화의 기도'를 매일 한 번씩 순수한 마음으로 바치면 하는 마음 간절합니다.

③ 한국 천주교와 아시아

이제 한국 천주교와 아시아에 대해 몇 말씀 드리겠습니다. 아시아와 교회의 문제는 3천 년 여명에 이르러 문화의 문제에 초점이 맞추어져 있습니다. 그러므로 먼저 이 대목에서는 한국교회와 사목회의(1980-1985), 문화 창달과 평신도 문제에 대해 먼저 말씀 드려야 하겠습니다. 한국의 지성인 평신도들이 사목회의에 적극적으로 참여하게 된 것은 사목회의가 대담하게 민족 복음화와 민족 문화 창달의 기치를 높이 든 것이 주요 동인이었습니다. 또 한편 사목회의의 이런 기치는 평신도의 적극적 사도직 활동 없이는 성취될 수 없는 것이었습니다. 따라서 평신도 사도직 문제는 사목회의의 핵심 문제였으며 세계교회에서 유례를 찾기 힘든 한국 사목회의 특징이었습니다. 이렇게 우리는 또 한 번, 신앙 최초 도입자들의 드높은 신앙 기개를 발로시켰던 것입니다. 이렇게 평신도 사도직의 활성화는 선교열에 불타 놀라운 교세 증가세를 보이는 한편, 3천 년대 수세기에 걸쳐 인류 공통의 운명일 수밖에 없는 문화에 대한 영감(靈感)을 불러 일으켜 누구도 예상하지 못했던 문화 문제가 세계도처와 인간의 삶 전반에 걸쳐 계속 그 폭을 넓히며 가속적으로 운위되고 있는 것입니다. 어찌 말하면 세계 지성은 입만 열면 인종의 차이와 지식의 유무, 문제의 다기 다양성 등을 불문하고 문화를 말하는 것입니다. 이런 문화 문제의 단초가 보이지 않는 영감, 즉 성령의 감도로 한국의 사목회의에서 시동되었던 것입니다. 이런 문제의 주역이 평신도라는 것은 삼척동자에게도 자명한 것입니다. 이렇게 사목회의는 앞으로 수세기 동안 교회의 절체절명의 명제인 문화 복음화의 차원을 열었습니다. 그때 세계에서는 누구도 문화 복음화 문제를 착안하지 못했습니다. 그것은 분명히 성령의 입김이었고 수세기를 앞서간 신앙 최초 도입자들의 예지 만개의 징후였습니다. 이런 평신도 역점의 종교회의는 교회 안에서 유례가 없습니다. 이런 기치 아래서 평신도는 보이지 않는 힘에 자극되어 자신 안에 잠재한 능력을 자각하여, 사회 삶 전반에서 평신도 사도직을 수행했습니다. 이런 일이 한국에서 일어나고 있음을 잘 알고 있던 교황청에 제가 1983년 여름 사목회의 문제로 바티칸의 평신도국을 방문했을 때, 평신도국은 장관 추기경도 없고 대주교도 없는 몬시뇰 한 사람뿐인 형국이었습니다. 그리고 1981년 초부터 가동되기 시작한 한국 사목회의 핵심으로 평신도가 부각된 데 영향을 받아 활성화되기 시작했다는 것을 몬시뇰과의 대화 중에 직감했습니다. 또한, 서강대학교에 생명문화연구소가 설립되어 언론계, 정계, 학계, 종교계, 문화계 등 사회 모든 분야의 호응을 얻어 이 땅의 어린이 유괴살해를 종식시켰던 것이 교황청으로 하여금 생명위원회를 1994~1995년경에 발족시킨 계기가 된 것으로 생각됩니다. 그것은 생명문화연구소의 활동이 적지 않게 국내외의 큰 뉴스로 전해졌으며 교회 내부의 통로를 통해서도 계속 교황청에 보고되고 있었기 때문입니다. 오늘에는 물론 도래하는 미래에 중차대한 역할을 특히 아태시대에 종교적 동·서 사상의 상호 교류를 넘어 새로운 인류 공존, 공생, 공영의 인류공통 문화를 건설하는 데 절대적 역할을 해야 할 교황청 문화위원회 신설도 생명문화연구소와 맥을 같이하는 바가 있습니다. 교황의 인준으로 설립되고 활기를 띠게 된 '새 천년 복음화 사도회'의 연원도 한국일 수 있고 그럴 만한 근거도 있기에 이런 일을 하고 있는 평신도 분들은 남다른 열성으로 이런 사도직을 성실히, 더 나아가 시대와 장소와 문화가 요구하는 창의성을 발휘하며 순교 신앙 최초 도입자들을 본받아 실천해 줄 것을 간곡히 부탁드립니다. 이런 것들을 스스럼없이 말씀드릴 수 있는 것은 제가 사목회의 실무 총책임자였고 서강대학교에서 큰 성공을 거두었던 생명문화연구소의 창설 및 첫 번째 소장을 역임했기에 저간의 자초지종을 잘 알고 있기 때문입니다.

  제가 처음에 부탁 받았던 이 발표의 제목은 "아시아 복음화에 있어 한국교회가 담당해야 할 역할"이었습니다. 물론 좋은 제목이었으며 저와 같은 사람을 흥분시키기에 충분한 제목이었습니다. 그 이유는 우리 신앙의 최초 도입자들은 이역만리 타국에 가 모진 고생 속에 하느님의 진리와 구원 신앙을 들여와 순교로 전해 주었는데, 이제 그 후손인 우리가 중국은 물론이고 아시아 전역에 걸쳐 하느님의 진리와 구원의 말씀을 전할 수 있을 만큼 이 땅에서 하느님의 교회가 자라나 조상에게 영광을 돌릴 수 있게 되었기 때문입니다. 신앙을 처음으로 도입한 분들이 하늘나라에서 우리를 굽어보시며 얼마나 대견해 하며 흐뭇해 하실까에 생각이 미칠 때 그 감동도 헤아릴 길 없습니다.

현금 교황청이 아시아 지역 선교에 지대한 관심과 노력을 기울이고 있는 것은 3천 년 들어 더욱 절실한 사명감을 어느 때보다도 강하게 느꼈기 때문입니다. 사실 아시아는 세계 지역 중 가장 광대한 지역이고 인류문화, 특히 모든 위대한 종교의 발상지입니다. 아시아는 유다교, 그리스도교, 힌두교, 불교, 유교, 도교, 이슬람교 등 위대한 종교의 발상지이며 오늘날에도 민중 속에서 활발히 생명력을 뿜어내고 있습니다. 아시아 태평양 지역에는 육지와 바다에 무진장한 자원이 담겨 있습니다. 그뿐만 아니라 이 지역에는 세계 전체인구의 반 이상이 살고 있습니다. 그렇기에 교회의 제1차적 사명이 아시아에 있어야 할 것입니다. 그런데도 가톨릭 신자는 전체 인구의 2%에 불과합니다. 아시아는 가장 오래되고 높은 수준의 문화 때문에 그리스도교 선교가 부진했던 것으로 생각됩니다. 지금의 가톨릭은 아시아의 문화와 그리스도교의 만남, 즉 문화 복음화에 전력을 기울이고 있습니다. 그런 연유로 저자도 세계 가톨릭 철학대학 연맹 창립총회 및 학술회의[33]에서 '아시아의 그리스도교', '동양철학과 토마스 아퀴나스의 생명철학', '우리 시대의 폭력과 정의와 평화—동양 철학과 그리스도교 철학에 있어서' 등을 발표했습니다. 이런 학문적, 문화 복음화적 움직임이 유럽 및 아시아에서 활발히 전개되고 있는 것이 현실입니다. 그밖에도 여러 분야의 국제 학술회의가 개최되고 있습니다.

이런 와중에 한국 천주교의 위상은 독특한 것으로 부각되고 있습니다. 특히 아시아에서 그렇습니다. 지금 아시아에서 가톨릭의 현실은 서글픔을 넘어 비참하다고까지 할 수 있습니다. 아시아에서 전체 인구 대 가톨릭 신자의 비율은 2%로 알고 있습니다. 필리핀은 유일한

---

33 교황청 후원 및 프랑스 정부 문화부 후원

가톨릭 국가이지만 문화적으로 볼 때 아시아 문화와는 관련이 없는 서구 문화권의 나라입니다. 오랜 스페인의 식민지로서 스페인적 색채가 짙을 뿐만 아니라 스페인을 이은 미국의 식민지였기에, 동양에 위치하면서도 동양의 전통 사상이나 생활양식과는 전혀 다른 서구적 문화 지대라 할 수 있습니다. 그밖에 동북, 동남아 지대의 손꼽을 만한 나라는 중국인데, 중국 본토는 공산 체제여서 종교의 자유, 특히 로마 가톨릭의 자유가 제약을 받고 있는 형편입니다. 그 전에는 대만을 중심으로, 특히 문화 문제에서는 대북의 보인대학을 중심으로 활발한 가톨릭 활동을 하였으나 신자와 성소의 격감, 고령화 등으로 대만이 더 이상 동양에서 가톨릭의 중심 역할을 할 수 없게 되었습니다. 또한, 북경 당국이 대만의 국제적 종교 활동에 부정적이기에, 대만 가톨릭의 국제적 문화 활동은 쇠퇴해 가고 있습니다. 한동안 상당한 인력과 재력, 특히 명문 가톨릭 대학과 수많은 우수한 교육 기관을 보유한 (신자수는 적어도 동양에서 가톨릭 문화의 중심이 되다시피 했던) 일본교회는, 경제 부흥과 전후 세대 등장으로 인력이 전면적으로 감소했습니다. 특히 성소의 격감과 교회의 고령화로 보유한 고등 문화 기관을 어떻게 할 것이냐의 큰 문제에 직면한 실정입니다. 그 외, 태국은 불교 국가이고 말레이시아와 인도네시아는 이슬람국가이어서 가톨릭이 미미한 편이니 이 나라들도 인적으로나 경제적으로나 동양에서 가톨릭의 중심이 될 수 없는 형편입니다. 이와는 달리 한국교회는 신자수도 국민의 10%를 바라볼 수 있는 증가세를 지난 수십 년간에 이루었습니다. 한국은 고급 인력이 풍부하며 성소도 세계의 찬탄과 부러움을 살 만큼 많은 나라가 되었습니다. 한국의 경제력도 교계의 지휘 여하에 따라 무엇이든 해내는 신자들의 열성과 저력을 갖고 있습니다. 그러나 한국의 가톨릭 교육 기관, 특히 고등교육 기관은 미미합니다. 지도부의 시대

식별과 시대적 요청을 과감히 실천해가는 용기가 필요합니다. 앞으로의 시대는 고등교육 기관에서 소외되면 어떤 조직이든 희망이 없기에 이런 점에서 한국 천주교회는 현금 큰 갈림길에 서 있습니다.

앞에서 살펴본 바와 같이 한국교회는 한국에서의 교육 문제뿐만 아니라 아시아 각국 가톨릭문화의 중심이 되는 사명을 받고 있습니다. 언어 문제가 있지만, 영어가 공용어이니 가톨릭의 세계성을 이 기회에 발휘할 수 있습니다. 이 문제에 대해서는 UN 총회에서 각국 원수가 모국어로 연설하거나 바티칸의 시노두스(Synodus)가 주요 언어로 회의를 진행하는 것과 같은 새로운 방도를 고안할 수 있을 것입니다.

한국교회라고 해서 새로운 방도를 찾아 내지 못할 이유가 없을 것입니다. 지금 각 대학은 혈안이 되어 형태는 다르지만 이런 일을 성사시키려 전력을 다하고 있습니다. 물론 일을 진행할 때는 신중을 기하고 경험을 쌓아가며 적은 규모에서 큰 것으로 진행되어야 할 것입니다. 이런 일이야말로 우리 신앙 최초 도입자들처럼 지성인 평신도의 역할이 크게 작용했으면 하는 바람입니다. 물론 교계에 더 무거운 책임이 있습니다. 이런 면에서 한국교회는 자폐적인 양상이 아닌가 싶어 마음을 무겁게 합니다. 당장 급한 것은 사목회의 때처럼 어떻게 사방에 흩어져 있는 지성인 평신도를 모아 그들의 사도직을 분야별로 활성화 시키느냐의 문제입니다. 또한, 국내외적으로 긴급한 사명이며 요청인 한국교회에 육박해 오는 동양에서의 가톨릭문화의 중심 역할입니다. 그것은 곧 문화적 인프라 구축의 긴급성으로 이어집니다.

일이 이렇게 진전되어 갈 때, 통탄스러운 것은 1984년 교황의 내한 시, 혜화동 가톨릭 종합대학안이 교회 당국자의 말 한마디로 무산된 것입니다. 이런 저런 문화는 대학을 중심으로 창시되고 개발되기 때문입니다. 한국교회에서 가톨릭 문제에 대해 가장 큰 책임을 느끼며 실천해야 할 곳은 서울대교구입니다.

　물론 한국교회가 세계교회는 물론, 아시아 교회들에 대해서도 적지 않은 나라에 적지 않은 선교사를 파견하고 있는 점은 높이 평가 받아 마땅합니다. 이것은 분명 성령의 인도로 생각합니다. 이런 선교 면에서도 한국의 고등교육기관 예컨대 전문대학원이나 특수 연구소 등에서 학문적이며 체계적인 연구가 뒷받침 되면 훨씬 더 효과적이며 능률적일 것입니다.

④ 평신도 사도직의 특성과 실천

　세속적 능력은 평신도에게 고유한 것이며 특징적인 것입니다. 평신도의 고유한 소명은 현세사에 종사하며 현세의 모든 것을 하느님께 향하게 함으로 현세사 전반에 걸쳐 하느님의 나라가 건설되도록 노력하는 것입니다. 평신도는 세상에 살며 그 안에서 그리스도인으로 살도록 불리움을 받았습니다. 그러므로 평신도는 세상의 시민으로서 이 세상 질서를 건설하고 운영하는 데 협력하여 가정, 직업, 문화 등의 사회생활 전반에 걸쳐 더 높은 지도 원리를 신앙의 빛에서 구해야 하며 창조주의 영원한 계획에 비추어 세상 질서를 적극 건설해 나가야 합니다. 이렇게 그들은 세상에서의 자신의 임무를 수행하고 복음의 전신으로 인도되어 세상의 성화를 위해 누룩과도 같이 세속 안에서부터 작용합니다. 세상에서 영위하는 삶이 신앙과 희망과 사랑으로 빛남으로써, 특히 자기들의 실생활의 증거로 그리스도를 다른 사람들에게 나타내기 위하여 그들은 불리었습니다. 그렇기에 평신도는 그들이 살고 있는 현세의 모든 것이 그리스도의 의도에 따라 실현되고 성장되며 세상만사가 창조주와 구세주께 대한 찬미가 되도록 현세의 모든 것을 비추고 방향을 잡아주어야 합니다. 이것이 바로 평신도에게 부

과된 사명입니다.[34]

평신도는 이런 사명을 개별적으로 성취하기보다는 인간 공동체 안에서 수행합니다.[35] 평신도는 이 땅의 소금과 빛이 될 수 있는 장소와 환경에서 교회를 현존하게 하고 활성화시키기 위해 불리움을 받았습니다. 그러므로 평신도는 교회의 선교의 증인인 동시에 산 도구입니다. 평신도는 하느님의 인류 구원 계획이 만대와 만방 만인에게 잘 전달되도록 노력해야 할 성스러운 의무를 지고 있습니다.[36]

교회는 사도직을 신비체의 전 지체를 통하여 수행합니다. 교회 안에는 여러 가지의 직무가 있습니다. 그러나 사명은 하나입니다. 사도들과 후계자들은 주의 이름으로 가르치고 성화하고 다스리는 임무를 그리스도께 받았습니다. 평신도도 그리스도의 사제직, 예언직, 왕직에 참여하고 있으므로 교회와 사회에서 하느님 백성 전체의 사명 중에서 수행할 역할이 있습니다. 평신도는 복음을 선포하며 사람들을 성화하기로 힘쓸 때, 또 복음의 정신을 세상에 침투시켜 세상의 질서를 창조주의 의도에 따라 완성하기로 노력할 때 사도직을 실천합니다. 이런 그들의 노력은 세상에 대해 그리스도의 증거가 되며 사람들의 구원에 봉사합니다. 이런 활동으로 그들은 사도직을 수행합니다. 세상에 살면서 세상일에 종사하는 것이 평신도의 특징이므로, 그들이야말로 그리스도 정신과 하나가 되어 누룩과 같이 되어 세상 안에서 사도직을 수행하도록 하느님께 부르심을 받았습니다.[37] 그리고 이런 사도직 활동은 성령이 교회를 통치하도록 정하신 사람들과 일치해야

---

34 〈교회헌장〉 31.
35 〈교회헌장〉 9.
36 〈교회헌장〉 33.
37 〈교회헌장〉 33.

하며, 이것이야말로 그리스도교적 사도직의 본질적 요소임을 공의회는 상기시킵니다.[38]

⑤ 평신도 사도직 영성적 원천

이제 본 강연자는 세계 사상의 흐름에 더해 몇 말씀 더 드리겠습니다. 그것은 지금은 국지적 사건이라도 세계의 흐름 속에서 보아야 하기 때문입니다. 저는 1980년대 이후 국제학술회의 때마다 홍콩 반환 후 전개될 아시아와 태평양 중심의 세계 정치, 경제, 군사 재편을 역설했고 그런 것들이 진행되어야 할 사상적 기반은 동·서 문화의 만남과 새롭게 창출되어야 하는 인류 공통문화라는 점을 제시해 왔습니다. 사실 문화의 상호이해와 교류의 새로운 차원에로의 승화 없이는 충돌과 경쟁, 전쟁, 유혈, 파괴만 되풀이될 것이라는 점을 거듭 주장해왔습니다. 3천 년대 들어서는 더욱 그랬습니다. 이슬람계의 9·11 테러, 아프가니스탄과 이라크에서의 전쟁, 세계 도처에서 일어나는 테러 등은 폭력이나 무력으로 진압될 수 없고 피의 악순환만 반복하게 될 것입니다. 여기에는 얼마 전 인류의 양심을 경악시킨 코소보의 인종 박멸과 동티모르의 학살사건 등을 곁들일 수 있습니다. 온 인류가 축제와 흥분, 큰 희망 속에 출발한 3천 년은 출발에서부터 큰 비극을 당하며 불안과 불확실에 휩싸여 가고 있습니다. 그러나 위기는 기회입니다. 인류의 새로운 위기는 인류의 삶을 새로운 차원으로 열어가는 크나큰 기회이기도 합니다.

저는 그동안 적지 않게 국제 학술회의나 종교회의 등에서 동·서 문화의 융합과 새로운 인류 공통문화 창출을 제창하여 폭넓은 새로운

---

[38] 〈평신도 교령〉 33.

이념을 제공하여 환영을 받고 있습니다. 그 핵심은 인간인 한 모든 사람에게 절대적으로 인정되어야 할 생명권과 인권 특히 행복권이었습니다. 그것은 동양의 도교, 유교, 불교 등의 근본사상이기도 하고 가톨릭 문화의 근본사상이며 동·서 문화 서로가 잘 상통하고 융합할 수 있는 사상입니다. 그것을 공존(共存), 공생(共生), 공영(共榮) 사상으로 표현하여 큰 호응을 얻었습니다. 근래에 새롭게 움직이는 세계 사상에는 이런 기저가 깔리기 시작했으며 그것을 세분화, 구체화하기 시작했습니다. 이런 사상 전개를 사제서품 50주년 기념 문집 『현재와 과거, 미래, 영원을 넘나드는 삶3』(가톨릭출판사, 2003)에 수록했습니다.

이제 우리는 앞에서 제시한 국내와 국외 현실을 전제로 본 강연 제목인 '21세기 가톨릭 지성인의 사명'에 대해 결론을 짓고자 합니다. 물론 현실 상황에서 신자들의 사명은 같이 사는 이 사회의 모든 선의(善意)의 사람들과의 공동 노력으로 난국을 해결해야 하는 것입니다.

신자들은 강의의 허두에서 말한 바와 같이 세례를 받음으로써 그리스도의 사제직에 참여했다는 점을 말했습니다. 그리스도의 사제직은 그리스도께서 천주 성부께로부터 받고 육신을 취해 지상에 나타나 어려운 지상생활을 하셨고 십자가에서 세상의 모든 죄를 속죄하고 이 세상을 봉헌하기 위해 피를 다 쏟고 돌아가시며 사흘 만에 부활하심으로써 이행된 것입니다. 그리스도는 이런 사제직 이행으로 세상의 모든 죄를 사해 주어 인간을 영원한 생명으로 이끄는 역할을 하신 것입니다. 이런 고귀한 지위로 신자들은 불리었으며 실제로 그리스도의 삶과 같은 삶을 살아야 한다는 것입니다. 그뿐만 아니라 신자들은 세례를 받음으로써 그리스도의 예언직에 참여하는 삶을 사는 것입니다. 예언직은 이 지상에 성부의 나라를 선포하신 위대한 예언자이신 그리스도께서 당신의 영광을 완전히 나타내실 종말시기까지 성직자뿐만 아니라 평신도를 통해서도 당신의 예언직을 수행하시는 것입니다. 평신도들은 이 예언직을 그리스도의 복음 정신으로 현세 삶을 살아감으로써 실현하는 것입니다. 다시 말해 신자들은 큰 희망 중에 영원으로 가는 순례자로서 약속의 아들들로 현세 삶을 살아감으로써 수행합니다. 이런 아름다운 삶을 이웃들도 살아가게 함으로써 신자들은 예언직을 수행하는 것입니다. 또한, 신자들은 세례를 받음으로써 그리스도의 왕직에 참여합니다. 성부의 뜻에 죽기까지 순명하신 그리스도께서는 성부께 높임을 받으시어 천상천하의 모든 것을 당신께 굴복시키는 왕으로서 당신 나라에 들어가셨습니다. 이런 그리스도의 왕직에 평신도가 참여하는 것입니다. 평신도의 왕직 수행은 먼저 자신 안에서 시작합니다. 그것은 자기 안에서 죄를 이기고 거룩한 생활로써 그리스도의 왕적 자유를 누리는 데서 성립됩니다. 평신도는 먼저 죄의 사슬에서 벗어나 양심의 자유, 마음의 자유와 평화를 누려야 합니다. 그리스도의 나라는 진리와 생명의 나라이며 거룩함과 은총의 나라이고 사랑과 평화의 나라입니다. 평신도는 그리스도의 복음을 살아가면서 그런 나라를 자신 안에 이루고 그런 삶을 이웃에 전파함으로써 그리스도의 왕국을 이 세상 삶에서 건설하는 것입니다.

따라서 평신도는 그리스도의 사제직과 예언직과 왕직의 삶을 먼저 자신 안에서 살아야 합니다. 개인기도와 희생과 사랑실천의 삶을 살며 영원한 삶을 향해가는 순례자로서 큰 희망 중에 살아가며 계속 죄를 극복하며 하느님의 사랑과 희망이 깃드는 삶을 살아야 합니다. 먼저 하느님의 나라가 자신 안에 오게 하는 삶을 살아야 합니다. 개인으로만 그런 삶을 사는 것이 아니라 가정에서 아내와 자녀들과 같이 살아야 합니다. 하느님으로부터 받은 가장 귀한 선물인 자녀들에게 현세 삶에 필요한 모든 것을 마련해 주는 것 못지않게 생명과 온갖 좋은 것의 근원이시며 이승 삶의 종착점인 하느님께로의 삶을 깊이 인식시키고 실천하는 삶을 가르쳐주어야 합니다. 더 나아가 평신도는 사회 구성원으로 때로는 사회의 중요한 요인 혹은 지도자로서, 다시 말해 자기가 처해 있는 위치에서 그가 향유하는 사제직과 예언직과 왕직으로 이 세상을 순화하고 하느님과 사람들 앞에서 올바르고 평화롭고 모든 사람이 다 같이 행복하게 살 수 있는 사회가 되도록 직·간접으로 노력해야 합니다. 평신도는 세상 삶에서 악을 거부하며 소멸시키고 선(善)을 고양시키는 삶을 삶으로써 왕직을 수행해야 합니다. 교회는 이런 삶과 행동을 교회는 평신도 사도직이라고 합니다. 모든 신자는 세례를 받음으로써 그리스도의 신비체의 일원, 즉 그리스도 몸의 한 지체가 되어 그리스도의 사명을 실천해야 합니다. 즉 평신도 사도직을 수행해야 하는 것입니다.

하느님의 백성에 근거한 평신도의 내적이고 신학 존재론적인 고찰을 전제로 평신도의 사도직에 대해 요약합니다. 그리스도께서 교회를 창립하신 목적은 아버지이신 하느님의 영광을 위해 그리스도의 왕국을 온 땅에 확장하여 모든 사람을 구원하고 그 사람들을 통하여 온 세계를 그리스도와의 연관 하에 건설하기 위함입니다. 이 목적을 달성키 위한 그리스도 신비체의 활동을 그 모두 '사도직'이라 합니다. 그러므로 그리스도 신자로 부르심을 받은 것은 본질적으로 사도직에 불림, 즉 하느님께 소명(召命)을 받은 것입니다.

우리 사회 안에서 신자들은 사도직을 행사하여 올바른 사회와 국가가 되도록 온갖 노력을 할 의무가 있습니다. 우리나라에서는 정치계, 사법계, 경제계, 학계, 예술계, 문화계, 군계 등 사회 전반에 신자들이 많습니다. 이런 분들은 자기가 처해 있는 처지에서 하느님의 창조경륜에 걸맞은 사회가 되도록 노력해야 합니다. 그렇게 함으로써 나라가 직면한 난관을 넘어 정말 창조주 하느님께서 당신이 창조한 것을 보시며 하신 말씀 '좋다'가 세상 삶, 즉 개인의 삶, 가정의 삶, 국가의 삶, 국제 사회의 삶 안에서 이루어져야 합니다. 특히 혼란을 거듭하는 현금의 우리 사회가 하느님이 보시기에 '좋다', '참 좋다'라 할 수 있는 사회로 변해가야 합니다. 이런 사회를 이루어야 하는 것은 가톨릭 신자들의 몫입니다. 가톨릭 정치인들은 더욱 그렇습니다.

사도직은 성령이 교회 전 지체의 마음에 부어주시는 믿음, 희망, 사랑으로 실천되어야 합니다. 특히 주의 최대 계명이며 그리스도교의 본질을 이루는 하느님께 대한 사랑과 인간에 대한 사랑에서 실천되어야 합니다.

신자들은 하느님께서 자기에게 주신 사명을 완수한다는 지향에서 일상생활 직무를 성실히 이행해야 하고, 영적 생활, 즉 그리스도와의 일치를 심화해가야 하며, 영적 심연에서 흘러나오는 열성에서 사도직을 수행해야 합니다. 사실 사도직 활동은 생생한 애덕의 표현이어야 합니다.

이런 일을 이루어 가는 원동력은 그리스도 신비체의 삶입니다. 그리스도 신비체의 영성은 그리스도교 영성의 절정입니다. "나는 포도나무요 너희는 가지다. 내 안에 머무르고 나도 그 안에 머무르는 사람은 많은 열매를 맺는다. 너희는 나 없이 아무것도 하지 못한다"[39]라는 주님의 말씀은 신비체 영성의 기초이며 완성이고 전부입니다. 사실 우리는 하느님의 아들인 그리스도의 강생하심과 십자가에서 죽으심과 부활하심에 의하지 않고는 아무것도 할 수 없습니다. 주님께서는 당신을 포도나무라 하시고 우리를 가지라고 하시어 우리의 생명 전부

---

[39] 요한 15,5.

를 그것이 붙어 있는 줄기에서 받고 있다는 것을 분명히 하십니다. 그렇지 않고 가지가 끊겨 줄기에서 떨어지면 즉시 말라 죽게 됩니다. 주님께서는 이 점을 분명히 하시면서 너희가 나 없이는 아무것도 할 수 없다고 하십니다. 바오로 사도는 이 점을 더 부연 설명하여 그리스도를 인체의 머리에 비기고 모든 믿는 이들을 지체와 같은 것이라고 했습니다. 이렇게 그리스도 신비체 사상이 성립되었습니다. 이제 우리는 우리가 그 지체인 우리의 머리되시는 그리스도는 누구이시며 그 머리는 우리에게 무슨 작용을 하시는지 잠깐 생각해 보겠습니다. 머리는 온 몸의 생명을 줍니다. 머리가 없어지면 그 순간 온 몸, 즉 모든 지체는 죽습니다. 우리의 머리이신 그리스도는 하느님의 외아들이시기에 하느님의 생명이 그분 안에 약동하고 있는 것입니다. 다시 말해 성부께서 발원되어 성부와 성자와 성령 삼위일체 안에 영원에서 영원으로 교류하고 있는 하느님의 존재와 생명과 사랑이 그리스도 안에 주어진 것입니다. 그런 하느님의 존재와 생명과 사랑과 능력이 그리스도를 머리로 하는 신비체의 지체인 우리 안에도 주어집니다. 우리는 그리스도 신비체 교리 안에서 이렇게 고귀한 신분으로 올림을 받는 것입니다. 이렇게 지체들과 머리이신 그리스도를 결합시켜 한 몸, 즉 그리스도의 신비체를 이루게 하시는 분은 성령이십니다.[40] 이렇게 이루어지는 신비체는 "몸은 하나이지만 많은 지체를 가지고 있고 몸의 지체는 많지만 모두 한 몸인 것처럼, 그리스도께서도 그러하십니다".[41] 바오로 사도는 성령께서는 각 지체에게 가지각색의 은혜를 내리신다고 다음과 같이 말합니다. "은사는 여러 가지지만 성령은 같은 성령이십니다. 직

---

40 1코린 12,13 참조.
41 1코린 12,12

분은 여러 가지지만 주님은 같은 주님이십니다. 활동은 여러 가지지만 모든 사람 안에서 모든 활동을 일으키시는 분은 같은 하느님이십니다. 하느님께서 각 사람에게 공동선을 위하여 성령을 드러내 보여 주십니다. 그리하여 어떤 이에게는 성령을 통하여 지혜의 말씀이, 어떤 이에게는 같은 성령에 따라 지식의 말씀이 주어집니다. 어떤 이에게는 같은 성령 안에서 믿음이, 어떤 이에게는 그 한 성령 안에서 병을 고치는 은사가 주어집니다. 어떤 이에게는 기적을 일으키는 은사가, 어떤 이에게는 예언을 하는 은사가, 어떤 이에게는 영들을 식별하는 은사가, 어떤 이에게는 여러 가지 신령한 언어를 말하는 은사가, 어떤 이에게는 신령한 언어를 해석하는 은사가 주어집니다. 이 모든 것을 한 분이신 같은 성령께서 일으키십니다. 그분께서는 당신이 원하시는 대로 각자에게 그것들을 따로따로 나누어 주십니다."[42] 바오로 사도는 또 말을 계속합니다. "하느님께서 교회 안에 세우신 이들은, 첫째가 사도들이고 둘째가 예언자들이며 셋째가 교사들입니다. 그다음은 기적을 일으키는 사람들, 그다음은 병을 고치는 은사, 도와주는 은사, 지도하는 은사, 여러 가지 신령한 언어를 말하는 은사를 받은 사람들입니다. 모두 사도일 수야 없지 않습니까? 모두 예언자일 수야 없지 않습니까? 모두 교사일 수야 없지 않습니까? 모두 기적을 일으킬 수야 없지 않습니까? 모두 병을 고치는 은사를 가질 수야 없지 않습니까? 모두 신령한 언어로 말할 수야 없지 않습니까? 모두 신령한 언어를 해석할 수야 없지 않습니까? 여러분은 더 큰 은사를 열심히 구하십시오."[43] 이렇게 성령께서는 그리스도의 신비체가 이 세상에서 하느님의 창조

---

42 1코린 12,4-11.
43 1코린 12,28-31.

경륜과 예수 그리스도의 구속경륜을 완성하는 데 필요한 가지가지의 은사를 지체들에게 나누어 주신다는 것을 바오로 사도는 가르쳐 줍니다. 그런데 "각 사람에게 공동선을 위하여 성령을 드러내 보여 주십니다"[44]라고 하여 바오로 사도는 그리스도의 신비체가 더욱 더 풍요롭게 살아가기 위해 성령의 놀라운 은사가 지체인 신자들에게 주어진다는 것을 명백히 합니다. 더 나아가 바오로 사도는 "이제 나는 여러분을 위하여 고난을 겪으며 기뻐합니다. 그리스도의 환난에서 모자란 부분을 내가 이렇게 그분의 몸인 교회를 위하여 내 육신으로 채우고 있습니다"[45]라고 하여 그의 신비체 사상의 절정을 보여 줍니다. 이렇게 바오로 사도는 그리스도의 수난과 십자가의 죽음과 부활로 이루어지는 그리스도의 신비체는 그 지체를 통해 채워져야 할 부분이 있다고 말합니다. 즉 바오로 사도는 그 부족한 수난을 자기 몸의 고통으로 채우고 있는 것을 기뻐한다고 말합니다. 이 말씀은 그리스도 신비체의 지체인 우리에게 많은 것을 시사하며 그리스도 수난에의 동참에로 우리를 격동 시키는 것입니다.

 그리스도 신비체의 혼인 성령의 능력이 폭발하여 새 하늘과 새 땅을 이룬 것은 성령강림 사건입니다. 이 오순절 사건에 대해 사도행전은 말합니다. "오순절이 되었을 때 그들은 모두 한자리에 모여 있었다. 그런데 갑자기 하늘에서 거센 바람이 부는 듯한 소리가 나더니, 그들이 앉아 있는 온 집 안을 가득 채웠다. 그리고 불꽃 모양의 혀들이 나타나 갈라지면서 각 사람 위에 내려앉았다. 그러자 그들은 모두 성령으로 가득 차, 성령께서 표현의 능력을 주시는 대로 다른 언어들로

---

[44] 1코린 12,7.
[45] 콜로 1,24.

말하기 시작하였다. 〔…〕 여러분도 알다시피, 나자렛 사람 예수님은 하느님께서 여러 기적과 이적과 표징으로 여러분에게 확인해 주신 분이십니다. 하느님께서 그분을 통하여 여러분 가운데에서 그것들을 일으키셨습니다. 하느님께서 미리 정하신 계획과 예지에 따라 여러분에게 넘겨지신 그분을, 여러분은 무법자들의 손을 빌려 십자가에 못 박아 죽였습니다. 그러나 하느님께서는 그분을 죽음의 고통에서 풀어 다시 살리셨습니다. 〔…〕 이 예수님을 하느님께서 다시 살리셨고 우리는 모두 그 증인입니다. 하느님의 오른쪽으로 들어 올려지신 그분께서는 약속된 성령을 아버지에게서 받으신 다음, 여러분이 지금 보고 듣는 것처럼 그 성령을 부어 주셨습니다. 〔…〕 베드로가 그들에게 말하였다. '회개하십시오. 그리고 저마다 예수 그리스도의 이름으로 세례를 받아 여러분의 죄를 용서받으십시오. 그러면 성령을 선물로 받을 것입니다. 이 약속은 여러분과 여러분의 자손들과 또 멀리 있는 모든 이들, 곧 주 우리 하느님께서 부르시는 모든 이에게 해당됩니다.' 베드로는 이 밖에도 많은 증거를 들어 간곡히 이야기하며, '여러분은 이 타락한 세대로부터 자신을 구원하십시오.' 하고 타일렀다. 베드로의 말을 받아들인 이들은 세례를 받았다. 그리하여 그날에 신자가 삼천 명가량 늘었다."[46]

 이 오순절 사건은 유다 천지만이 아니라 역사의 흐름 중에 온 세계 온 인류의 삶을 바꾸어 새로운 하늘과 새로운 땅을 이루게 합니다. 오늘 우리가 바로 그런 한 계기에 서 있는 것입니다. 우리는 오늘 몹시 탁해진, 질식할 것 같은 정신 풍토 속에서, 굉장히 혼란스러운 현실 속에서 살고 있습니다. 이 땅의 대다수 국민이 진정 구원의 손길을 기다리고 있습니다. 그렇기에 하느님의 백성인 우리, 그리스도의 사제

---

46 사도 2,1-4. 22-24. 32-33. 38-41.

직과 예언직, 왕직에 참여한 우리, 그리스도의 신비체의 한 지체인 평신도는 성령의 조용하면서도 열화 같은 능력으로 우리 삶 속에서 빛과 소금과 누룩의 역할을 다하여 하느님의 생기로 충만한 새 천지를 이루어야 하겠습니다.

이제 우리는 좀 더 조용히 신자로서 매일 매일 해야 할 신앙생활 몇 가지를 짚어 보겠습니다. 우리에게 오신 성령이 우리 마음속에 부어 주신[47] 하느님의 사랑은 평신도로 하여금 그들의 생활 속에서 진복팔단의 정신을 표현하도록 합니다.[48] 그러므로 공의회 이후에 일부에서 잘못 생각하고 있는 바와 같이 사도직 수행이란 순 행동주의적 활동만이 아니라 그리스도교가 전통적으로 지켜온 깊은 영성생활, 특히 애덕을 근본적인 힘으로 하는 사도직 활동입니다. 공의회는 초대교회에서 성체 만찬을 통하여 사랑의 유대를 강화했던 것을 상기시키며, 성체에서 사랑을 길러내고 애덕 행위를 실천할 것을 강력히 요구합니다. 사실 성직자만이 아니라 모든 평신도도 완전한 그리스도인의 생활과 완전한 사랑에 불리워졌습니다.[49]

하느님의 말씀은 교회에 대해서는 지탱과 힘이 되고 교회의 자녀들에게는 신앙의 힘, 마음의 양식, 영성 생활의 깨끗하고 마르지 않는 샘이 되는 힘을 간직하고 있습니다.[50] 그러므로 공의회는 성서와 친숙해질 것을 간곡히 권고합니다.[51]

또한, 신자들은 기도와 신심행위에서만이 아니라 특히 성서와 전례에서 깊은 영적 활력을 얻습니다. "전례는 신자들로 하여금 '파스

---

47 로마 5,5 참조.
48 〈평신도 교령〉 4.
49 〈평신도 교령〉 8.
50 〈계시헌장〉 21.
51 〈계시헌장〉 25.

카 미사로 보양되어 사랑 안에 한 마음이 되도록' 하며 신자들을 그리스도의 충동적인 사랑으로 이끌고 불타오르게 합니다."[52] 교회는 신자들에게 이런 영적 활력으로써 사도직 활동에 전력을 다하도록 촉구합니다.[53] 성체는 그리스도의 신비체 삶의 원천입니다. 성체는 그리스도의 몸과 피이기에 우리는 성체를 받아 모심으로써 신비체의 머리이신 그리스도를 그 지체인 우리 안에 모시는 것입니다. 즉 신비체의 머리와 지체가 하나인 것을 깊이 체험하는 것입니다. 머리 없이 한 몸의 생명이 있을 수 없는 것처럼 성체 없이는 신비체의 생명도 없는 것입니다. 성체는 그리스도 신비체의 심장입니다. 이 심장의 작동에서 놀라운 가톨릭의 영적 생명이 분출합니다. 견고한 가톨릭의 일치는 성체에서 우러나옵니다. 성체는 직·간접으로 인류의 일치를 이루는 데도 크게 이바지합니다. 그것은 성체의 힘으로 사신 교황 바오로 2세의 삶과 그분이 세상을 평화와 일치에로 이끌어 가신 능력에서도 잘 드러납니다. 또한, 이런 것은 전적으로 성체의 힘으로 사셨던 인간 사랑의 화신 성녀 마더 데레사의 삶에서도 잘 드러납니다. 그 밖의 역사상에 나타난 수많은 순교자와 성인들의 영성의 힘도 성체성사에서 온 것입니다. 오늘의 성직자, 수도자들의 일생 동정 생활과 인간 사랑의 힘도 성체성사에서 나오는 것입니다. 그것은 예수께서 수난 전날 최후의 만찬석에서 하신 말씀에 근거합니다. "예수님께서 빵을 들고 찬미를 드리신 다음, 그것을 떼어 제자들에게 주시며 말씀하셨다. '받아먹어라. 이는 내 몸이다.' 또 잔을 들어 감사를 드리신 다음 제자들에게 주시며 말씀하셨다. '모두 이 잔을 마셔라. 이는 죄를 용서해 주려

---

[52] 〈전례헌장〉 10.
[53] 〈전례헌장〉 9.

고 많은 사람을 위하여 흘리는 내 계약의 피다.'"⁵⁴ 이렇게 제정된 예수 그리스도 자신이 성체입니다. 주님께서 만민의 영원한 구원을 위해 하느님의 아들로서 사람이 되시어 세상에 오신 그리스도께서 성부께로부터 받은 사명을 십자가상에서 죽으심으로, 완수하시기 전날 최후의 만찬석상에서 유언과 유산으로 제자들과 당신을 믿는 모든 이에게 당신 자신을 주신 성체는 가톨릭 영성의 모든 것입니다. 이렇게 예수님은 성체 안에 계심으로써 우리와 같이 계시고 성체를 영할 때마다 우리의 마음 안에 들어오시는 것입니다. 이런 우리에게 불가능이란 없다고 할 만큼, 주님의 이름으로 모든 것이 가능하다고 할 수 있습니다. 이런 주님께서 같은 만찬에서 이렇게 말씀하셨습니다. "내가 너희에게 새 계명을 준다. 서로 사랑하여라. 내가 너희를 사랑한 것처럼 너희도 서로 사랑하여라. 너희가 서로 사랑하면, 모든 사람이 그것을 보고 너희가 내 제자라는 것을 알게 될 것이다."⁵⁵ 그러므로 성체성사는 사랑의 성사라고도 합니다. 가톨릭 신자들은 이런 사랑에 격동되어 사도직을 수행하는 것입니다.

⑥ 평신도와 교계(목자)

평신도는 목자로부터 교회의 영적 부(靈的 富), 특히 하느님의 말씀과 성사의 도움을 풍성히 받을 권리를 가지고 있습니다. 그리고 그들이 필요로 하며 바라는 바를 하느님의 자녀와 그리스도 안에 형제 된 바에 합당한 자유와 신뢰로써 목자에게 표명해야 합니다. 평신도는 그들이 향유하는 지식과 능력과 탁월성에 의하여 교회의 유익을 위해

---

54 마태 26,26-28.
55 요한 13,34-35.

자기들의 의견을 표명할 권리가 있고 때로는 그렇게 할 의무가 있습니다.[56]

평신도는 또한 그리스도를 대리하는 성스러운 목자들이 교회에서 지도자와 교사로서 제정하는 것을 그리스도의 순명의 모범을 따라 그리스도교적 순명으로 받아들여야 합니다.[57]

교회의 목자들은 주의 모범을 따라 서로 봉사해야 하며 다른 신자들에게 봉사해야 합니다. 이렇게 하여 목자와 신자는 다 같이 그리스도의 몸 안에 있는 다양하면서도 감탄스러운 일치를 뚜렷이 증거하게 됩니다.[58]

제2차 바티칸 공의회 문헌 도처에서 강조되고 있으며 목자는 교회와 신자에 대해 사심 없이 봉사해야 하며, 평신도는 교회에 대한 피동적이며 방관적 내지 개인적, 이기적인 정신 자세와 실생활 태도에서 탈피하여 평신도 본연의 자세에서 적극적이며 희생적이고 범세계적인 교회활동에 참가해야 합니다. 공의회 문헌들은 성직자나 평신도에게 그리스도교 본연의 정신인 인류의 보편성과 공동성 안에서의 구원을 강조하면서 상호 협조와 협력의 정신을 열심히 개발하고 실천하기를 절실히 요망하고 있습니다.

목자는 교회 안에서의 평신도의 지위와 책임을 인정하고 그것을 향상시켜야 하며, 평신도의 현명한 의견을 활용해야 합니다. 목자와 평신도 간의 건설적 대화와 친교가 요청됩니다. 목자는 평신도에게 교회에의 봉사를 위해 신뢰를 갖고 임무를 맡길 것이며 행동의 자유와 여지를 주어야 합니다. 또한, 그들이 자발적으로 일을 착수하며, 실천

---

56 〈교회헌장〉 37.
57 〈교회헌장〉 37.
58 〈교회헌장〉 32.

할 수 있도록 교육하고 격려해 주어야 합니다. 평신도의 창의, 요구, 희망을 그리스도 안에서의 사랑과 봉사의 정신으로 신중히 고려해야 하며 모든 사람이 갖고 있는 정당한 자유와 인간 가치를 존중해야 합니다.[59]

목자와 평신도 사이의 친밀한 사귐은 교회에 크게 기여합니다. 교회는 친교하는 공동체입니다. 신자와 목자가 친교하면서 서로가 사랑으로 봉사하고 하느님의 구원경륜을 만인 앞에 또 모든 시대에 땅 극변까지 증거하는 공동체입니다. 이런 친교로 말미암아 평신도의 책임감이 강해지며 열성이 육성되고 평신도의 힘이 목자의 힘과 합쳐져서[60] 상호 보충함으로 하느님의 백성, 그리스도의 왕국, 그 신비체가 영광스러운 종말론적 완성에로 전진하게 됩니다.

5) 제3천 년대와 가톨릭 기업인상[61]

기업인상 특히 가톨릭 기업인상은 하느님의 우주만물 창조선상에서 고찰해야 비로소 그 본질적 요인과 그 정도를 밝힐 수 있겠습니다. 하느님은 천지 만물을 창조하실 때, 완전 기성품으로 만들지 않으시고 되어갈 것, 즉 미래지향적으로 만드셨습니다. 이런 과정에서 중요한 역할을 할 요인은 크게 보아 두 가지입니다.

첫째 요인은 사물 자체입니다. 사물은 어느 것이든 하느님께서 창조하실 때 그 자체가 발전적으로 변화해 가도록 만드신 것입니다. 둘

---

59 〈교회헌장〉 37
60 〈교회헌장〉 37
61 새 천년(제3천 년)대와 가톨릭기업인상 특강, 서강대학교 경영대학원, 가톨릭 경영자 과정, 일시: 2000년 6월 15일 제1교시, 오후 5시 30분 - 6시 45분), 장소: 서강대학교, 강연자: 정의채 (석좌교수, 서강대학교)

째, 하느님께서 당신의 모습인 인간이 지성과 자유와 욕구로 세상만물을 발전적으로 또는 파괴적으로 조작하도록 인간을 만드신 것입니다.

따라서 우주만물의 창조는 완성된 기성품이 아닌 완성에로의 도상에 있습니다. 그런데 이런 창조의 완성에서 중요한 역할을 하는 것은 기업인입니다. 그러므로 기업인은 위대한 하느님 창조사업의 조력자입니다. 기업인이 이런 각자의 신분을 깨닫게 될 때, 크나큰 자긍심과 막중한 책임감을 느끼게 됩니다. 또한, 자연과 인간에 대한 경외심과 고마움을 갖고 성실하게 자기 일에 임하게 될 것입니다.

그러므로 우리는 먼저 하느님이 창조 하실 때의 광경을 되새겨 보겠습니다. 이 창조의 말씀은 우리에게 많은 것을 시사해 줍니다.

"한 처음에 하느님께서 하늘과 땅을 창조하셨다. 땅은 아직 꼴을 갖추지 못하고 비어 있었는데, 어둠이 심연을 덮고 하느님의 영이 그 물 위를 감돌고 있었다. 하느님께서 말씀하시기를 '빛이 생겨라.' 하시자 빛이 생겼다. 하느님께서 보시니 그 빛이 좋았다. 하느님께서는 빛과 어둠을 가르시어, 빛을 낮이라 부르시고 어둠을 밤이라 부르셨다. 저녁이 되고 아침이 되니 첫날이 지났다. 하느님께서 말씀하셨다. '물 한가운데에 궁창이 생겨, 물과 물 사이를 갈라놓아라.' 하느님께서 이렇게 궁창을 만들어 궁창 아래에 있는 물과 궁창 위에 있는 물을 가르시자, 그대로 되었다. 하느님께서는 궁창을 하늘이라 부르셨다. 저녁이 되고 아침이 되니 이튿날이 지났다. 하느님께서 말씀하시기를 '하늘 아래에 있는 물은 한곳으로 모여, 뭍이 드러나라.' 하시자, 그대로 되었다. 하느님께서는 뭍을 땅이라, 물이 모인 곳을 바다라 부르셨다. 하느님께서 보시니 좋았다. 하느님께서 말씀하시기를 '땅은 푸른 싹을 돋게 하여라. 씨를 맺는 풀과 씨 있는 과일나무를 제 종류대로 땅 위에 돋게 하여라.' 하시자, 그대로 되었다. 땅은 푸른 싹을 돋아나게 하였다. 씨를 맺는 풀과 씨 있는 과일나무를 제 종류대로 돋아나게 하였다. 하느님께서 보시니 좋았다. 저녁이 되고 아침이 되니 사흘날이 지났다.

하느님께서 말씀하시기를 '하늘의 궁창에 빛물체들이 생겨, 낮과 밤을 가르고, 표징과 절기, 날과 해를 나타내어라. 그리고 하늘의 궁창에서 땅을 비추는 빛물체들이 되어라.' 하시자, 그대로 되었다. 하느님께서는 큰 빛물체 두 개를 만드시어, 그 가운데에서 큰 빛물체는 낮을 다스리고 작은 빛물체는 밤을 다스리게 하셨다. 그리고 별들도 만드셨다. 하느님께서 이것들을 하늘 궁창에 두시어 땅을 비추게 하시고, 낮과 밤을 다스리며 빛과 어둠을 가르게 하셨다. 하느님께서 보시니 좋았다. 저녁이 되고 아침이 되니 나흘날이 지났다. 하느님께서 말씀하셨다. '물에는 생물이 우글거리고, 새들은 땅 위 하늘 궁창 아래를 날아다녀라.'

이렇게 하느님께서는 큰 용들과 물에서 우글거리며 움직이는 온갖 생물들을 제 종류대로, 또 날아다니는 온갖 새들을 제 종류대로 창조하셨다. 하느님께서 보시니 좋았다.

하느님께서 이들에게 복을 내리며 말씀하셨다. '번식하고 번성하여 바닷물을 가득 채워라. 새들도 땅 위에서 번성하여라.' 저녁이 되고 아침이 되니 닷샛날이 지났다. 하느님께서 말씀하시기를 '땅은 생물을 제 종류대로, 곧 집짐승과 기어 다니는 것과 들짐승을 제 종류대로 내어라.' 하시자, 그대로 되었다. 하느님께서는 이렇게 들짐승을 제 종류대로, 집짐승을 제 종류대로, 땅바닥을 기어 다니는 온갖 것을 제 종류대로 만드셨다. 하느님께서 보시니 좋았다. 하느님께서 말씀하셨다. '우리와 비슷하게 우리 모습으로 사람을 만들자. 그래서 그가 바다의 물고기와 하늘의 새와 집짐승과 온갖 들짐승과 땅을 기어 다니는 온갖 것을 다스리게 하자.' 하느님께서는 이렇게 당신의 모습으로 사람을 창조하셨다. 하느님의 모습으로 사람을 창조하시되 남자와 여자로 그들을 창조하셨다. 하느님께서 그들에게 복을 내리며 말씀하셨다. '자식을 많이 낳고 번성하여 땅을 가득 채우고 지배하여라. 그리고 바다의 물고기와 하늘의 새와 땅을 기어 다니는 온갖 생물을 다스려라.'

하느님께서 말씀하시기를 '이제 내가 온 땅 위에서 씨를 맺는 모든 풀과 씨 있는 모든 과일나무를 너희에게 준다. 이것이 너희의 양식이 될 것이다. 땅의 모든 짐승과 하늘의 모든 새와 땅을 기어 다니는 모든 생물에게는 온갖 푸른 풀을 양식으로 준다.' 하시자, 그대로 되었다.

하느님께서 보시니 손수 만드신 모든 것이 참 좋았다. 저녁이 되고 아침이 되니 엿샛날이 지났다. 이렇게 하늘과 땅과 그 안의 모든 것이 이루어졌다"(창세 1,1-2,1).

요약하면, 하느님께서는 하늘과 땅과 그 안에 있는 모든 것을 창조하시고 기능을 부여하시면서 좋았다고 하시고 사람을 당신의 모습으로 남녀로 창조하시고 모든 것을 다스리라는 권능을 주시며 참 좋았다고 하셨습니다.

우리 가톨릭 기업인(경영인)은 하느님이 만물을 창조하시고 그것들에 부여하신 능력을 작용시키며 이용함으로써 하느님의 창조 사업을 계속하는 것입니다.

그러므로 우리 기업인들은 '한처음에 하느님께서 땅을 창조하셨다. 땅은 아직 꼴을 갖추지 못하고 비어 있었는데, 어둠이 심연을 덮고 하느님의 영이 그 물 위를 감돌고 있었다'의 말씀에 유의할 필요가 있습니다. 여러분은 물질계 형성에 더 나아가 인간 생명과 자연을 풍요롭게 하는 데 힘쓰는 사람들입니다. 여러분의 마음과 하는 일에도 먼저 하느님의 영이 휘돌아야 합니다. 그 영의 능력으로 하느님께서 하늘과 땅에 있는 모든 것을 이루셨듯이 여러분도 그 영의 힘으로 세상 질서인 물질계를 건설해야 합니다.

① 새 천 년대와 가톨릭 기업인(경영인)

우리는 지난 두 천 년대에 걸친 생산적 측면, 즉 산업적 측면을 잠깐 짚어 보겠습니다. 예수님의 탄생 시기와 그 후 수백 년간은 노예제도, 즉 인간이 인간을 부려 경제 생산을 하는 시기였습니다. 즉 생산 현장은 인간탄압과 억압, 우마의 사용보다 나을 것이 없는 혹사와 착취가 자행되었습니다. 그 후 중세기를 지탱해온 생산 현장은 농경사회가 주종을 이루었습니다. 즉 영주 혹은 지주와 소작인의 생산관계였습니다. 노예제도가 그리스도의 가르침으로 사라지고 농경사회로 변한 것은 사회의 대변혁이었습니다. 이 시기는 인간이 자연의 품 안에서 자연이 제공하는 농산물과 축산물에 의존하며 사는 비교적 자연스럽고 안정된 시기였습니다.

이때의 농경사회 형성과 발전에 중요한 역할을 하고 정신적·심령적 지주 구실을 한 것은 가톨릭교회였으며 수도원이었습니다. 마을마다 성당이나 수도원이 중심이 되어 농촌과 도시가 형성되었습니다. 그렇다고 착취나 억압이 완전히 사라진 것은 아니었습니다. 지금의 입장에서 보면 사회 정의가 이상적으로 실현되었다고 할 수는 없지만 역사의 흐름 속에서 볼 때, 즉 같은 시기 지구의 다른 지역들과 비교해 볼 때, 비교적 좋은 편이었다고 할 수 있습니다.

이런 사회는 또 다른 시기로 넘어가게 되었습니다. 그것은 과학의 발전으로 차차 산업사회의 싹이 움터 산업혁명으로 사회현상이 변해 가고 항해술과 과학 등의 발전으로 식민시대가 열리며 새로운 형태의 인간 탄압과 자연정복, 더 나아가 자연파괴로 이어지는 시기로 볼 수 있습니다.

산업혁명은 농경사회를 근본적으로 뒤흔들어 놓았으며 한계를 모르는 인간의 이기심과 탐욕을 발동시켜 절대 다수의 빈곤층인 노동계층과 극소수의 자본계층을 산출하여 극도로 부정의한 자본주의 사회를 만들어 냈습니다. 또 한편으로는 과학의 발전으로 화약, 총기, 대포 등의 살상무기를 대량생산하여 세계열강의 무차별한 세계 식민화를 가속시켰습니다. 이렇게 하여 온 지구를 식민 대제국들의 분할 구역으로 만들었고 수많은 전쟁을 치렀으며 맑스주의 혁명은 성공했습니다. 이로 인해 인류는 많은 인명살상과 파괴, 물질적 손실을 겪었습니다. 지난 천 년대를 마감한 21세기에는 양대 세계대전이 발발했으며, 제2차 세계대전으로 불이 붙은 과학기술의 발전은 인간 삶에 크게 공헌하고 또 다른 한편 인간과 대자연의 오염과 파괴를 가져왔습니다. 현금 인류는 이런 파멸을 막으려 안간힘을 쓰고 있습니다. 바로 이 점에, 즉 인류의 위기와 파국을 막는 데에 가톨릭 기업인이 해야 할 사명과 몫이 있습니다.

식민지 시대를 지나고 인권탄압의 시기를 서서히 벗어나 인류는 새 천 년대에 진입하고 있습니다. 그러나 인간의 이기심과 탐욕의 발로인 강대국들의 교묘한 경제 식민정책, 앞선 과학기술과 불공정한 거래와 착취로 이룬 풍부한 자본을 가진 강대국들, 특히 미국의 경제식민정책은 세계도처에서 자행되고 있습니다. 또한, 이런 경향은 시간의 흐름에 따라 더 심화될 것입니다. 그러므로 그런 체제는 NGO 등의 인간 양식의 강력한 저항에 부딪치고 있는 것입니다. 이런 움직임은 벌써 교황 요한 바오로 2세가 사태를 투시하여 신자유주의 경제를 경고한 데서 단초를 열었다고 할 수 있습니다.

두 번째 천 년대의 후반기에는 하느님이 한처음에 창조하신 하늘과 땅 그리고 그 안에서 잘 살 것을 축복하신 모든 생명의 행복한 에덴동산과는 정반대의 현상을 지구와 우주 도처에 인간 스스로 빚어내었고 지금도 빚어내고 있습니다. 그것은 또한 당신의 모습으로 창조된 인간, 참 좋다고 하시며 인간에게 다스리라고 주신 지배권의 극심한 오·남용입니다. 더 나아가 이런 현상은 지금 인류가 과학기술과 개발의 명분으로 자행하는 인간과 자연에 대한 오만불손한 지배입니다. 이런 지배는 자칫 성경에서 주인이 잠시 하인들을 맡긴 종이 주인의 부재중에 동료 종을 때리고 먹고 마시기만 하여 주인의 진노를 사, 벌을 받게 되는 비유[62]를 상기시켜 줍니다.

그러므로 새 천 년대에 들어서도 계속 인권과 사회 정의는 요청되는 것입니다. 그러나 인지(人智)와 인류사(人類史)의 발전은 새 천 년대를 맞는 인류에게 더 근본적인 차원의 문제를 제기하고 있습니다. 그것은 다름 아닌 '생명사랑'입니다. 오늘날의 인류문명은 지구상의 모든 사람, 즉 지구상의 어떤 오지나 절해고도에 사는 사람이라도 다 같이 살아야 하고 문명의 혜택을 누려야 하는 인류 공통문화를 건설할 필요에 몰리고 있습니다. 이런 문화는 물론 다양성 안에서의 하나의 인류 공통문화입니다. 인류가 다 같이 사는 데에는 공통 이념이 필요합니다. 이런 공통 이념은 '생명사랑'입니다. 그것은 인간은 누구나 다 생명을 존중하고 사랑하기에 '생명사랑'은 모든 사람에게 공통된 삶

---

[62] 마태, 24,45-51 참조.

의 기본요인이기 때문입니다. 이런 인류의 공통문화 형성에 가장 중요한 요인은 이른바 '공통사명'(common vocation) 의식 계발입니다. 또한, 그것은 모든 구성원이 참여(participation)하는 데에만 성립될 것입니다. 이런 사상은 지금 가톨릭 안에 서서히 싹트고 있습니다.

이런 과업을 수행하는 데 큰 몫을 해야 할 부분이 바로 가톨릭교회입니다. 가톨릭교회는 역사에서도 확연히 드러나는 바와 같이 세상 질서에서도 인류를 위기에서 구원해야 하는 사명을 하느님으로부터 위임받은 것입니다. 가톨릭교회는 이런 사명을 신자들을 통해 수행합니다.

그렇다면 신자인 나는 누구인가를 스스로 묻고 스스로 역할을 해내야 할 것입니다. 가톨릭 신자는 예수께로부터 출발되고 사도로부터 전해 오는 가톨릭교회 안에서 세례를 받은 사람들입니다. 이런 세례로 그들은 하느님의 자녀가 되었으며 영원한 생명을 얻을 자격을 부여받은 사람들입니다. 그것은 그리스도의 신비체, 하느님의 백성이라고 합니다. 더 구체적으로 제2차 바티칸 공의회는 신자는 세례로써 그리스도의 사제직과 예언과 왕직에 참여한 사람이라고 규정합니다.

② 평신도의 그리스도의 사제직에의 참여

이 참여로 평신도는 성체 봉헌에 참가하고 성사를 받고 기도하며 감사와 거룩한 생활로 그리스도를 증거하며 행동적 사랑으로 이루어지는 일상생활로 사제직을 수행하는 것입니다. 무엇보다도 평신도는 생활 전체를 그리스도 사제직의 완전한 실현인 십자가의 희생에 합치시킴으로써 사제직을 수행합니다. 한마디로 신자들은 그리스도의 지상 생활과 같은 삶을 사는 것입니다.

③ 평신도의 그리스도의 예언직에의 참여

　본래 예언직 수행은 구약 시대 예언자들에게서 잘 나타납니다. 그들은 인간의 지식으로는 알 수 없는 것들, 앞으로 닥쳐올 민족의 재난, 왕의 운명, 개인의 운명 등을 하느님의 계시로 알게 되어 당사자들에게 미리 알려주어 재앙을 예방하며 백성이 하느님의 뜻을 실천하게 했습니다. 예수님은 예언자 중의 예언자이시며 당신의 예언직을 사도들에게 주셨고 더 나아가 사제들을 통해서만이 아니라 신자들을 통해서도 예언직을 수행하십니다. 그러므로 예수께서는 평신도도 당신의 예언직에 참여하게 했습니다. 그런데 예언직의 핵심은 인간의 지식으로서는 알 수 없는 일들, 세상사(世上事)에 담겨져 있는 하느님의 뜻을 알게 하여 그것을 실천하게 하는 것입니다. 신자들은 이런 예언직을 일상생활 중에 즉 가정생활과 사회생활에서 그리스도를 직·간접으로 증거함으로써 수행합니다. 현재 이 땅에서의 평신도 예언직 수행의 역사적 사명은 민족 복음화, 즉 선교입니다. 또한, 신앙에 근거한 인권과 정의의 실천이며 생명사랑입니다.

④ 평신도의 그리스도의 왕직에의 참여

　성부의 뜻을 이루시기 위해 죽기까지 순명하신 그리스도께서는 성부께 높임을 받아 당신 나라의 영광에 들어가셨습니다. 이에 모든 것은 그리스도께 굴복되었습니다. 사실 그리스도는 왕 중의 왕이십니다. 그리스도는 이런 권능을 제자들에게도 주셨습니다. 예수께서 당신 나라의 옥좌에 앉게 될 때, 제자들도 열두 옥좌에서 심판할 것입니다. 평신도가 그리스도의 왕직에 참여하는 것은 세상 삶에서 제자들이 그리스도의 왕적(王的) 자유를 얻어 자기희생과 거룩한 생활로 죄의 지배를 이기고 그리스도께 봉사하여 겸손과 인내로 사람들을 섬기고 그들을 그리스도 왕께 인도하기 위해서입니다. 신자들이 그리스도의 왕직에 참여하는 것은 그리스도의 모범을 따라 세상을 섬기며 세상에 봉사하기 위한 것입니다.

주님께서는 당신의 나라를 평신도를 통하여 넓히시기를 원하십니다. 이 나라는 피조물(인간)이 죄의 노예 처지에서 해방되어 하느님 자녀들의 자유에 참여하는 생명의 나라요 거룩함과 은총의 나라이며, 사랑과 평화의 나라입니다. 특히 이 나라는 우리 기업인들에게는 정의와 사랑과 생명의 나라입니다.

사실 이 나라가 기업인들을 통해 이루어지는 것은 '주님의 기도'를 음미하면 더욱 명백해집니다. 하느님께서 세상을, 특히 물질계를 창조하실 때 기업인들이 창조 사업을 계속해 갈 것을 마음에 두시고 창조하셨습니다. 그러므로 우리 기업인들은 하느님의 창조사업을 자기에게 맡겨 주신 분수대로 완성하기 위해 기업하는 것입니다. 사실 우리 기업인은 하느님의 하늘과 땅과 그 안에 있는 모든 것, 특히 인간을 창조하시고 모든 것이 행복하도록 안배하신 창조의 일을 계속하는 것입니다. 물론, 물질세계의 창조와 완성도 하느님의 뜻에 의한 것입니다. 그렇기에 기업인 여러분이 하시는 일에 하느님의 뜻을 이루는 것이며 거룩한 것입니다. 이것은 가장 좋은 기도문인 '주님의 기도'에서 잘 나타납니다. 여기서 우리는 주님의 기도를 묵상하고 음미하기에 앞서 세상 질서의 골격인 정의에 대해 요점을 생각해 보겠습니다.

우리는 여기서 물질계 건설의 필수요건인 정의에 대해 간략하게 짚고 넘어가야 할 대목이 있습니다. 정의는 모든 사람과 사람의 집단에 속하는 것을 그들에게 인정해 주는 넓은 의미의 덕, 의지의 상태를 말합니다. 정의는 사추덕(四樞德) 혹은 사원덕(四元德) 중에 꼽히는 덕입니다. 정의는 크게 나누어 다음과 같이 분류됩니다. ①교환 정의(justitia commutativa) ②일반 정의 혹은 법적 정의(justitia generalis, justatia legalis), ③분배 정의(justitia distributiva), ④사회 정의(justitia socialis), ⑤보복 정의(justitia vindicativa) 등입니다. 교환 정의와 분배 정의는 특수 정의에 속합니다. 여기서 저는 교환 정의, 분배 정의, 사회 정의에 대해 간략하게 소개하고자 합니다.

교환 정의: 이 정의는 주는 물건과 받는 물건의 동등이 핵심입니다. 이 정의는 개인의 계약에 의해 규정됩니다. 권리자와 권리 행사자는 개인(법인과 단체도 포함)이며, 이 권리의 대상은 개인적 이익, 개인(자연인 또는 법인)의 사적인 재산입니다. 교환 정의는 교환이 동등할 것을 명하고 타자의 권리를 침해하거나 어떤 손해를 끼치는 것을 금지합니다. 교환 정의의 주된 침해 사례는 도둑, 사기, 부당한 가해(加害) 등이며 여기에는 응당한 배상이 요구됩니다. 어떤 사람이 다른 사람의 말 한 필을 훔쳤다면 말을 되돌려 주어야 하며 거기에 따른 모든 손해를 배상해야 합니다.

분배 정의: 이 정의의 주체는 소유하는 사회관계에서의 개인입니다. 권리의 목적은 사회를 구성하는 각 개인의 올바른 이익옹호입니다. 그것을 실현시킬 책임자는 사회의 공공기관이나 대표자인데, 그들을 통해 정의가 실현됩니다. 분배 정의는 사회구성원의 권리, 부담, 의무 등의 분배를 규정합니다. 각 개의 사회인은 사회에 대해 기본적인 권리를 갖습니다. 사회는 그것을 보호, 보장해야 합니다. 개인은 사회에 대해 부당하거나 지나친 요구를 하지 못하며 의무와 특권, 의무의 정당한 분배를 받아들여야 합니다. 정치선전, 선거권에 따른 의무와 실천은 이 덕에 의해 규제되어야 합니다. 공공복지에 반대되는 집단을 후원하는 것은 이 덕에 위배됩니다. 사회의 재물을 많이 차지

한 자는 그만 못한 자와 가난한 자에게 재물을 나누어 주어야 할 의무를 집니다. 사실 이 덕은 비례적 평등에 성립됩니다. 많은 재물과 특권을 가진 자들이 그런 특권을 사유물로 고집하여 공공의 복지가 요구하는 것을 인정하지 않는다면 그것은 부정이며, 공공권력은 그것을 공공의 복지가 되도록 혹은 공평하게 되도록 강요하는 것이 분배 정의입니다. 비례적 평등을 어떻게 정하느냐는 획일적일 수 없고 시대 상황, 경제적 여건, 문화적 배경 등에 의해 신축적일 수밖에 없습니다.

사회 정의: 사회 개조에 관한 회칙 〈40주년〉(Quadragesimo anno) 반포 이후, 교회의 윤리학에서 사회 정의가 많이 발전했습니다. 사회 정의는 공동선을 다룹니다. 따라서 사회 정의를 '공공복지 정의' 혹은 '공동체 정의'라고도 합니다. 그러므로 사회 정의는 법에 의해서 이기 보다는 공동체와 그 구성원이 지니는 자연 권리에 근거합니다.

사회 정의는 그 조건으로서 교환 정의의 선행(先行)을 요구합니다. 임금문제를 논할 때, 노동과 임금의 평등이라는 원리가 먼저 결정되어야 합니다. 사회 정의는 교환 정의를 넘어 성립합니다. 예컨대 노동자는 가족의 일원, 가족부양자로 인정되어야 합니다. 수익과 임금은 사업의 이익과 일반 경제 등을 같이 고려해야 합니다.

사회 정의의 문제는 교환 정의와 분배 정의를 전제하지만 이것만으로는 해결되지 못하는 데에서 성립되는 정의입니다. 사회 정의는 이 두 정의를 넘어 사회의 이익을 지향합니다. 특히 경제적 정치적으로 힘이 없는 사람들, 어린이와 노약자 신체장애자도 인간 인격체로서 존중되어야 하며 자연적 권리를 갖는 자들입니다. 여기에는 깊은 인간 공동체 의식이 밑받침되어야 합니다. 모든 공동체, 가정, 국가, 국제, 사회적 모든 집단은 구성원의 의무와 권리를 보호해 주고 육성해 주어야 합니다. 따라서 부모는 이런 관점에서, 즉 자연이 공동체 안에서 그들에게 주어진 부모라는 성격과 지위에 의해 자녀를 양육할 의무를 집니다. 자녀는 자녀라는 입장에서, 즉 생명을 받고 사랑 받고 양육된 관점에서 부모에게 순종하고 사랑하며 후일 양육할 의무를 집니다. 그러므로 국가, 국제 사회 등은 그런 사회의 각 구성원에 대해 본인이 과실로 인해 권리를 상실하지 않는 한 생명, 생활, 직업의 기회를 보장해 줄 의무가 있습니다. 사회 정의에서 이런 보장을 받을 권리는 인간의 자연적 권리인 생존권에 유래합니다. 반면, 각 구성원은 그런 사회 기구를 구성하고 참여하고 유지해 가는 응분의 책임이 있습니다. 인간은 누구나 하느님의 모습인 인격체이며 그들이 다 같이 행복하게 살게 하기 위해 하느님이 사회제도를 만들어 살도록 인간을 창조하였고 우주만물을 지어내셨다는 근본에서 사회 정의가 고찰되고 실천되어야 합니다.

이런 인간의 기본 태도는 가정이나 국가뿐만 아니라 국제사회에서도 통용되며 인류가 하나를 지향하며 지구와 우주에 그 삶을 펼쳐 나갈 때에도 그대로 통용될 것입니다. 공동체성의 핵심은 역시 사랑입니다. 사실 정의는 모두 사랑으로 뒷받침 될 때 완전해집니다. 사랑이 없이 정의의 삶만을 사는 인간 세계를 상정한다면 너무 삭막하고, 살고는 있지만 차갑고 무덤과 같은 삶일 것입니다. 정의는 사랑으로 뒷받침될 때, 비로소 아름답고 행복하고 생명력 있게 됩니다. 그런 사랑이 순 인간끼리의 사랑만이라면 크게 잘못될 위험이 있습니다. 현재 우리 사회에 흘러넘치는 퇴폐적 사랑이 웅변으로 말해 줍니다. 그렇기에 참된 사랑이 요청됩니다. 샘에서 샘물이 솟아오듯이 사랑은 그 근원에서 끊임없이 새로 샘솟아야 합니다.

"아버지께서 나를 사랑하신 것처럼 나도 너희를 사랑하였다. 너희는 내 사랑 안에 머물러라. 내가 내 아버지의 계명을 지켜 그분의 사랑 안에 머무르는 것처럼, 너희도 내 계명을 지키면 내 사랑 안에 머무를 것이다. 〔…〕 내가 너희에게 명령하는 것은 이것이다. 서로 사랑하여라"(요한 15,9-10.17).

 정의를 뒷받침하는 사랑은 바로 이런 사랑이어야 합니다. 이제 우리는 또 다른 차원의 정의의 문제에 봉착하게 되었습니다. 정의는 모든 것에 그것에 속하는 것을 인정해 주는 것입니다. 또 이 문제는 새 천 년대에 들어선 기업인의 긴급 과제입니다. 하느님이 인간 삶의 모체와 터전으로 마련하여 주신 자연의 문제입니다. 달리 말하면 자연환경의 문제입니다. 더 나아가 우주 전체와 관련되는 문제입니다. 인간은 이제 자연과 우주의 정복, 착취라는 오만불손에서 벗어나야 합니다. 자연과의 친화도 부족한 표현입니다. 인간은 자연에 대해서도 정의로워야 합니다. 자연의 것을 인정해 주어야 하고 지켜주고 더 풍요롭게 해 주어야 합니다. 더 나아가 인간은 하느님께서 창조하시고 귀하게 여기시며, 사랑으로 보전하여 주시는 자연을 사랑해야 합니다. 이 세계 질서에서 사랑은 섬김의 정신을 내포합니다. 그러므로 사람은 인간뿐만이 아니라 자연을 정의롭게 대하고 사랑해야 하겠습니다. 더 나아가 인간 사이에 성립되는 정의 질서에 깊이 깔려 있는 사랑의 핵심에 섬김이 있는 것처럼, 인간은 자연을 보존하기 위해 자연을 섬겨야 하는 문화에 이르러야 합니다. 이때 비로소 인간은 완전한 정의를 실현할 것입니다. 다시 말해 인간의 마음은 천지만물과 인간을 창조하신 하느님의 마음을 지녀야 합니다. 이런 경지에 비로소 하느님의 나라가 임하여 올 것입니다. 또한, 하느님 안에서는 정의와 사랑이 구별이 있을 수 없으며 완전히 하나이며 같은 것입니다. 하느님 안에서 사랑과 정의와 거룩함은 같은 것입니다. 그러므로 하느님 안에서 정의는 사랑이고 거룩함입니다. 성경에도 성 요셉과 같은 분은 의로운(homo justus), 정의로운 사람이었고 거룩한 사람이었습니다. 세례자 성 요한도 그러했습니다. 우리 가톨릭 경영인에게는 정의와 사랑과 거룩함이 하나가 되는 정의관이 몸에 배어야 합니다. 그럴 때에 비로소 마음으로부터 창조주 하느님을 '하늘에 계신 우리 아버지'라고 부르며 '아버지의 이름이 거룩히 빛나시며 아버지의 나라가 오시며, 아버지의 뜻이 하늘에서와 같이 땅에서도 이루어지소서'라고 기도할 수 있습니다.

　이렇게 기도하며 우리는 삶 전체와 우리가 하는 모든 일에 하느님 아버지의 나라가 임하여 오실 것을 축원합니다.

제2부 명동 성역

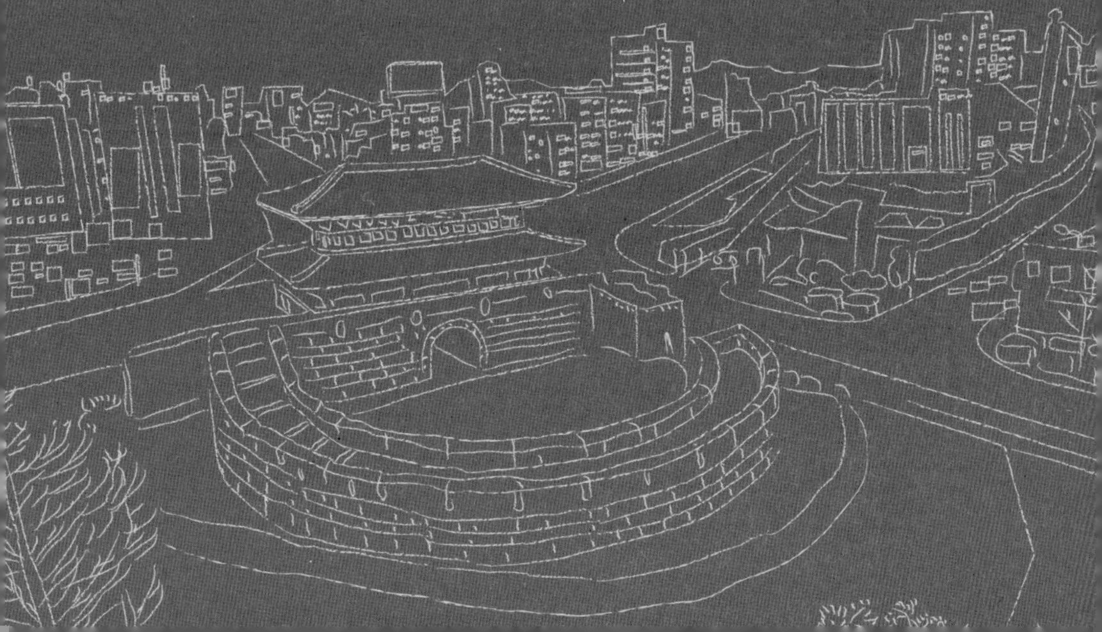

제1장 한국의 심장부 명동에서 사회와 교회를 생각하다[63]

1. 교황 명예 고위성직자 감사

 먼저 저는 지난 2005년 3월 10일부로 교황 요한 2세 성하께서 서거 직전 저를 교황 명예 고위성직자(Prelate of Honor of His Holiness)로 임명하여 주신 데에 표현할 수 없는 마음으로 교황께 감사드립니다. 그것도 청원자인 서울대교구장 정진석 대주교의 말씀에 의하면 청한 것보다 훨씬 더 높은 것으로 나왔다니 더욱 그렇습니다. 토마스 아퀴나스의 『신학대전』 번역에 즈음하여 교황께서 제게 직접 강복을 내리시고 격려의 말씀을 주셨습니다. 또한, 국무성 장관 소다노 추기경이 장문의 저서에서 동양에서 미래지향적 중요성에 대해 폭넓고 깊은 말씀을 해주셨습니다. 번역본이 출간될 때마다 그분들께 보내드리고 저의 저간의 국내외 활동을 좋게 보아 주셨기에 격외의 명예직을 내리신

---

63 2005년 10월

것으로 생각합니다. 이에 교황과 소다노 추기경께 깊은 감사를 드립니다. 더 나아가 청한 것보다 더 높은 것을 주는 것은 극히 예외적인 것으로 알고 있기에 감격스러운 마음 그지없습니다. 정 대주교께서 "한 분 더 같이 청했습니다"라고 하셨을 때, "한 사람보다 두 사람이니 더 좋네요" 하고 말했습니다. 무엇보다도 고마우신 분은 정진석 대주교님이십니다. 그분이 청원하지 않으셨으면 이런 일이 있을 수 없기 때문입니다. 그리고 많은 주교님과 성직자, 수도자, 신자들을 위시하여 비신자인 사회 인사들로부터 뜻밖의 많은 축하와 기도와 축전, 전화, 서신, 후의를 받게 된 데 대해, 특히 임명식 미사, 6월 30일 축하미사와 축하식, 그 밖의 크고 작은 여러 축하식에 많은 분이 참석해 주신 데 대해 진심으로 감사를 드립니다. 많은 분들이 저의 이번 경사를 마음으로부터 기뻐하는 것을 볼 수 있었습니다. 그들은 두 가지 말씀을 해 주셨습니다. 첫째, "너무 늦었습니다." 저는 대답했습니다. 죽지 않고 오래 사니까 이런 것도 주시네요. 그러면서 우리는 서로 웃고 행복했습니다. 둘째, "더 높은 것이어야 했는데요." 저는 답했습니다. 더 높은 것이었으면 이렇게 뒤엉켜서 농담하지 못할 것입니다. 저는 한 번도 교회 안에서 현직을 바란 적이 없었습니다. 그리고 우리는 다 같이 웃으며 행복했습니다. 그저 하느님께 감사하고 그렇게 티 없이 기뻐해 준 모든 분께 고마울 따름입니다.

2. 명동 성역 개발

1) 이명박 서울시장과의 대담

　2003년 1월 14일, 이명박 서울시장을 만났을 때, 그분은 청계천 재건 투시도 몇 장을 장황히 설명하면서 공사에 관한 집념에 불타고 있었습니다. 저는 그런 계획이 멀지 않아 누군가에 의해 또 전면적인 개축을 당할 위험도 배제할 수 없다고 했습니다. 마치 47년 전, '장마철에 진흙탕 물의 청계천을 건너던 우리 또래가 청계천 복개 공사를 대대적으로 환영하였지만, 그런 복개를 지금 사람들의 박수 중에 걷어내는 것처럼'이라고 했습니다. 그분은 여러 가지 말씀을 장황하게 하면서도 문화에 대해 한마디도 하지 않았습니다. 저는 청계천은 이조 500년의 영욕(榮辱)을 담은 개천인데 그런 대대적인 공사에 어떻게 문화에 대한 언급이 없느냐고 했습니다. 그랬더니 그분은 문화가 무엇이냐고 정색으로 반문했습니다. 눈에 번듯한 토목공사에 모든 것이 맞추어져 있었습니다. 청사진 몇 장을 보며 그런 식으로 청계천을 불도저로 걷어내고 시멘트로 이겨 바르기식 공사를 한다면 문화가 없는 것이라고 했습니다. 지금은 모든 것이 문화선상에서 이루어져야 하기에 문화 없이 토목공사 일방이면 얼마 안 가 개축해야만 할 것이라고 했습니다. 물론 그때 옆에는 염수정 총대리 주교와 명당 본당 주임 백남용 신부가 있었습니다. 그때 이명박 시장은 그런 공사에 문화 문제를 개재시키는 것이 생소한 듯, 문화가 무엇이냐기에 나는 "좀 전에 저희가 인사를 나눌 때 시장님은 소망교회 장로님이라고 하셨습니다. 그러면 그런 면에서 설명을 드리겠습니다"고 하며 "장로님, 인간이 영혼과 육신인 것을 믿으시지요?"라고 하니 "물론이지요" 하기에 그러면 영혼이 떠난 육신은 무엇이냐고 하니, 시체라고 답했습니다. 저는 '문화는 육신에서 영혼과 같은 것'이라고 하고 청계천 공사에서도 문화는 그 개천이 담고 있는 '이조 500년의 영욕의 역사'라고 하며 물길과 시멘트 길과 벽만이 아닌, 역사 유적(遺蹟)을 잘 살리는 공사가 되어야 할 것이라고 했습니다. 이명박 시장은 솔직담백한 면이 있어 그 후 서울시 개조와 복원에서 문화적인 면을 많이 고려하는 시장이 되었습니다. 근일(2011년 7월 21일, 김석원 사회통합 수석실 비서관 전언)에 듣기에는 평창 동계올림픽도 비서진에서 경제적 측면에서 안을 올렸는데 이명박 대통령이 문화적 측면에서 재고하라는 시달을 내렸다는 전언이었습니다.

여기서 그때 이명박 시장과 이야기 나눈 기회에 있었던 일들과 가톨릭교회가 이 땅에서 긴(緊)히 해야 할 문화적 방향과 행적에 대해 말씀드리겠습니다. 로마와 같은 고도에서는 2천 년 혼의 숨결을 사람들이 느끼기에 과거와 오늘과 미래에도 인류의 마음의 고향, 더 쉽게는 인류의 관광 도시로 남아있을 것이라고 했습니다. 그 혼이란 무엇이냐기에 혼이란 한마디로 문화라 할 수 있는데, 종교문화가 가장 근본적이고 인간이 가장 애착하며 소중히 여기는 것이라고 했습니다. 그 후부터 이 시장의 시정(市政) 설명에는 언필칭 문화란 말이 핵심 용어가 되다시피 했습니다. 그뿐만 아니라 이명박 시장은 문화의 개념을 십분 활용하여 서울시 곳곳에 문화 지역을 제창했습니다. 예컨대 동대문 문화 지역, 신촌 문화 지역, 양화진 문화 지역 등의 구상입니다. 그러나 면밀히 따져 보면 이런 문화 지역 등은 거의 예외 없이 가톨릭의 중심 지대입니다. 동대문 지역 문화 지대라지만 현실적으로 보아 그곳은 대학로입니다. 대학로는 역사, 문화 일반, 더 나아가 종교문화적으로 보더라도 가톨릭 대신학교가 중심이 되어 문화를 형성해야 합니다. 이 점에서 가톨릭대학교는 벌써 혜화동 지구에서 종합대학이 됐어야 했으나, 교권의 문화 의식 부족으로 교회는 문화적으로 제 구실을 못하게 된 것입니다. 또한, 신촌 지구는 서강대학교가 있습니다. 절두산 지구는 우리 선조들이 순교한 성지여서 그동안 가꾸어 놓은 터전이 있으니 개신교 측의 양화진 묘역보다 훨씬 유리한 입지입니다. 프랑스 신부님들이 문화적으로 자리를 잘 잡아 주었으나 노기남 대주교 시기를 제외하고는 우리 손으로 한 것이 없어 문화적으로는 개신교, 불교 등과 비교하여 가톨릭이 가장 뒤떨어지는 양상을 보이게 되었습니다. 오늘날 문화는 지역 문화라도 세계성을 가집니다. 신앙 최초 도입자들의 토착 문화 정신으로 보나 가톨릭의 보편성, 세계성, 종말론적 미래성으로 보나 이 땅의 문화면에서는 가톨릭이 선두에 서야 하는데 실제는 그렇지 못하니 자괴(自愧)할 따름입니다. 다시 한 번 깊이 생각해야 할 것은 오늘날 문화 창출의 원천이 대학이라는 점을 명심해야 합니다. 그렇기에 1980년 초반에 불길처럼 일었으며 틀림없이 실현되었을 가톨릭 종합대학 안이 교회 당국자의 말 한마디로 여지없이 무산된 것은 참으로 통탄스러운 일입니다. 그러나 지금이라도 분발하여 명동에 젊은이들을 위한 문화 광장을 만들어 기세를 올리고 혜화동 지대와 신촌, 중림동 지대, 절두산 지대를 연결하여 순환적인 가톨릭 문화 지대를 형성하여 세계성을 띤 가톨릭 문화권을 형성한다면, 우리 교회는 앞서가는 종교문화권을 이룰 것입니다. 문제는 교권 의식과 실천 의지입니다. 이런 문화권 형성은 어차피 대학 문화와 연결함으로써 가능합니다. 이어서 명동과 혜화동 가톨릭 지대에 시대와 사회가 요구하는 전문대학원 및 연구소 설립과 집합 연결 연구가 요구되는 것입니다. 이런 것들은 촌각(寸刻)을 다투는 사항인데도 천주교에서는 말만 하다마는 것이 현실인 것 같습니다. 오늘의 사회 복음화는 이런 문화 선상에 핵심이 있는데 한국 가톨릭교회는 명동과 같은 좋은 지대와 역사적 배경, 언제든지 연계 활용할 수 있는 교황청 등 세계성에서 뛰어난 배경이 있음에도 활용하는 데에는 전혀 감조차 잡지 못해 안타까움이 더합니다.

이명박 시장과의 대화 중 한 가지를 부연하고자 합니다.

2003년 1월 14일 이명박 시장과 면담 시, 명동성당 영역 개발을 설명하면서 젊은이 종교문화예술 광장이니 설계의 주요 인사들은 이탈리아의 거장을 모시고, 편의시설은 우리 젊은이들의 문화 형태가 미국식이니 사계 미국인 전문가를 모시자고 했습니다. 또한, 이는 한국 심장부에 일어나는 일이니 전국의 종교, 문화, 예술의 정서도 깊이 침투된, 동·서 융합의 문화와 예술을 구상하는 국제위원회를 구상할 계획이라고 했습니다. 그런데 이번 청계천 공사에 대한 어느 인터뷰에서 외국인들의 자문이 큰 도움이 됐다고 합니다. 제가 만날 때까지는 외국인에 대한 이야기가 전혀 없고 내국인에 대한 말씀이었는데 아마도 저와의 대화 중에서 힌트를 얻은 것이 아닌가 싶었습니다. 어찌되었건 이명박 서울 시장은 그런 일을 하는 데 마음과 정신이 크게 열려있고 실천력이 뛰어나다는 것을 강하게 느꼈습니다.

2) 남산과 명동과 청계천

이명박 시장과의 대화 중 하나는 남산이 살아야 청계천이 살고 청계천이 살아야 남산도 살고 그래야 서울도 산다는 것이었습니다. 그렇게 하려면, 남산 순환도로의 차량 통행을 하루 빨리 금지시켜야 한다고 했습니다. 이런 과감한 제의에 불도저식이라는 이 시장도 어안이 벙벙한 듯 '어떻게 그렇게' 하며 놀라는 표정이었습니다. 저는 단호하게 그거야 생각하고 행동하기에 달린 것이라고 했습니다. 시민들도 편리만을 추구할 것이 아니고 자연을 보호하여 서울을 살리는 데 기꺼이 희생할 것을 요구해야 한다고 했는데 과연 이명박 시장답게 금년 5월경에 남산 도로 일부의 교통을 차단했다고 합니다. 제 생각으로는 어느 날 다른 방도를 강구하여 전면 차단해야 할 것으로 생각합니다. 예컨대 지금의 순환 도로 밑 주택가 등을 연차적으로 사들여 더 유용하고 자연 친화적인 차와 인도의 순환 도로를 생각해 볼 수 있을 것이라고 했습니다. 그때 이 시장은 경청하는 모습이었습니다.

또 한 가지는 명동 개발은 개발 아이디어가 나온 지도 3년여가 되는데 아직 제자리걸음도 못하고 있으니 할 말을 잃을 뿐입니다. 저는 시장에게 청계천과 남산은 형성 과정이 상호 밀접히 연결된 것들이어서 양자를 공존, 공생, 상호 보완하는 관계로 복원해야 하며, 서울시 전체의 복원과 발전을 그 테두리 안에서 해야 한다는 점을 말했습니다. 이런 계획은 자연과 인간의 삶이 하나됨을 지향하는 것이어서 청계천과 남산을 잇는 통로도 반드시 필요하며, 통로에는 자동차 등의 통행을 금지하고 보행로 등을 건설하면 청계천에서 남산까지 아침저녁으로 산책하거나 조깅하는 청·장년층 인구가 많아질 것이라고 했습니다. 이렇게 하여 서울시는 시민 심신의 건전화에 놀라운 공헌을 할 것이라고도 했습니다. 그것은 또한 세계의 도시 계획에도 좋은 본보기가 될 것이며 많은 외국인 관광객 유치에도 큰 몫을 할 것입니다. 저는 외국의 좋은 도시라는 곳도 많이 눈여겨보았지만 아직 그런 도시를 만나지 못했습니다. 그러면서도 저는 그 통로에 대한 제 속내를 다 드러내지는 않았습니다. 이런 구상에서 저의 진짜 속내는 그런 통로가 명동성당 쪽을 지나가게 하여 성당 역내와는 인터체인지로 연결하여 남산을 성당의 앞마당화하여 명동성당이 서울 시민들의 하느님의 은혜 받는 곳이게 하고 싶었던 것입니다. 또한, 성당은 시민의 필요에 봉사하는 곳, 심신의 쉼터도 되어야 한다고 생각했습니다. 그때 시장은 확정적으로는 아니지만, 양 쪽 사이에 통로를 계획하는데 어디가 좋을까 생각하는 중이라는 의중을 비쳤습니다. 그것은 아마 영락교회 쪽일 것이라는 것을 감지하게 했습니다. 서울시의 이명박 시장은 자타가 인정하듯이 독실한 개신교 장로입니다. 이렇게 되는 경우, 우리 교회가 무위도식 격으로 시간만 낭비한다면 역사적으로 돌이킬 수 없는 사목적 과오를 저질렀다는 호된 비난을 현재의 교구 지도층은 면하기 어려울 것입니다.

  10월 1일 청계천 복원 공사 준공식을 보며 느낀 소감 일단을 여기에서 밝힙니다. 그것은 명동 개발 계획이 직접적으로는 청계천 개발과 관련되었기 때문입니다. 청계천 복원 준공은 역사적으로 큰 의미가 있습니다. 500년 왕도 서울의 옛 대동맥을 찾아 놓았습니다. 또한, 비좁은 공간에서 매순간 부딪치는 각박한 서울 시민의 삶에 맑고 시원한 물줄기와 신선한 공기, 여유로운 공간을 선사합니다. 서울 시민에게 살맛나는 일이 아닐 수 없습니다. 수많은 관광객이 찾아들 것입니다. 국민의 자부심도 고양되는 쾌거입니다. 그러나 저는 한편 왕도 500년의 정취가 부족한 미흡함도 같이 느껴왔습니다. 저는 모임에서 곧잘 말했습니다. 청계천은 500년 왕도와 영욕을 같이 한 서울의 젖줄기에 한강물을 펑펑 끌어들여 시원스런 경관, 좋은 하천을 이루는 것보다는, 그 개천을 이룬 사방에서 모여든 작은 개울들을 찾아 자연의 생성 과정을 더듬어, 할 수 있는 한, 원 형성 과정을 드러내고 그에 따라 전개된 역사적 흔적을 찾아 청계천다운 복원이 이루어졌으면 하는 아쉬움이 남습니다. 500년 왕도의 대동맥을 복원했다기보다는 현재의 편리와 전시 효과가 더 부각된 것 같아 아쉬움이 남습니다. 좀 더 끈질긴 끈기와 학문적 고증과 장인 정신 등이 필요하기에 기업 공장 건설처럼 2~3년에 후닥닥 해치워 눈에 번쩍 띄기보다는 수십 년, 수백 년이 걸려도 로마나 이집트 등의 인류의 위대한 유적지 복원처럼 했으면 더 좋았을 걸 하는 아쉬움이 남았습니다. 이런 관점에서 앞으로 시간의 흐름 속에서 많은 논의가 있을 것으로 예상됩니다. 혹시 언제일지는 몰라도 또 다시 역사적인 더 근본적인 복원도 예상할 수 있겠다는 생각도 듭니다. 또 한 가지는 서울시의 전력을 기울이다시피 한 사업이었다면, 좀 더 문화적이며 낭만이 흐르는 쉼터였으면 하는 바람도 큽니다. 주마간산 격이어서 그랬을까 혹은 그 자리가 지난날 후미진 상가 자리여서인지 주변에 여유 있게 앉아 커피라도 한잔 즐길 수 있는 분위기가 아닌 듯싶었습니다. 파리 센 강가의 분위기를 조금이라도 풍겨 주었으면 하는 바람입니다. 독서 삼매경에 빠져든 젊은이가 있는가 하면 한 쪽에서는 그림 그리기에 푹 빠진 사람들이 진을 치고 있습니다. 그런 낭만이 어디 파리뿐이겠습니까. 로마도 프라하도 비엔나도 노래하는 사람, 춤추는 사람, 그림 그리는 사람 등과 아름다운 차일로 장관을 이루는 주변의 커피숍, 다과점 등, 남녀노소

본방인 이방인들의 여유로운 모습도 일품입니다. 우리네 청계천 주변 도로는 도로라기보다는 사람과 차가 뒤엉킬 수밖에 없는 고행길 같고 주변 건물들은 철물, 중고 차량 부품들로 산적하니 영 분위기가 아닌 곳들이 즐비합니다. 물론 첫술에 배 부르겠습니까만, 문화의 거리로서의 분위기 조성에는 참으로 많은 노력이 필요하겠습니다. 어쨌든 청계천 복원은 나름대로 이 시대의 큰 업적이었음을 인정해야 할 것입니다. 앞으로 명동 개발은 더 많은 과제를 안게 되었습니다.

3) 광화문로, 시청 광장, 명동

또 한 가지 질의와 건의는 그 당시 시의 구상으로는 광화문에서 시청 앞 광장에 이르는 통로를 5~10미터 정도 더 넓혀 더 많은 군중이 행진하게 한다는 것으로 알고 있습니다. 그럴 경우, 그 넓은 대통로를 구호를 외치며 행진할 사람들은 10대, 20대이고 그들은 지난 대선과 총선에서 경험한 바와 같이 시대의 불만을 함성으로 폭발시켜 국운까지 좌우할 수 있음을 말했습니다. 또한, 시청 앞에서 쓰나미 같은 인간 홍수가 더 이상 갈 곳 없이 막혀 버린다면 시청사를 덮칠 사태도 벌어질 수 있다는 점을 지적했습니다. 그런 말을 하는 동안 시장의 얼굴은 굳어지는 듯했습니다. 저는 말을 이어갔습니다. 이런 젊은 군중은 대부분이 학생일 것이니 명동으로 문화적인 아름다운 큰 통로를 만들어 젊은이들이 명동에서 즐거운 시간을 갖게 하는 것이 시장의 시대적 사명일 것이라는 점을 말했습니다. 명동 시민들도 그렇게 하려면 명동 지대를 현재와는 완전히 다르게, 즉 돈만 벌리면 무엇이든지 한다는 퇴폐적 사고에서 벗어나 명동을 참으로 젊은이 문화 지대로 탈바꿈 시켜야 한다는 점도 말했습니다. 쉽게 말해, 젊은이들의 경제 사정, 심성과 취향, 문화 분위기에 알맞게 명동의 구조가 바뀌어야 한다는 말도 했습니다. 이런 것의 좋은 유형이 일본 오사카의 신사이바시라는 말도 했습니다. 저녁만 되면 신사이바시 거리는 온통 젊은 이들로 뒤덮여 젊은이들의 즐거운 문화 거리로 꽃피더라는 말도 곁들였습니다. 그뿐만 아니라 문화의 근본은 종교이니 명동성당은 오늘과 내일의 젊은이들에 대한 소명 의식을 절감하기에 성당 영역을 젊은이 종교문화예술 광장으로 개발할 용의와 사명 의식도 갖고 있다 했더니, 그렇다면 명동성당 영역 개발안을 작성해 달라는 요청까지 했던 것입니다. 이 시장은 명동성당 구내가 몇 평이나 되는지 물었습니다. 이에 대해서는 백남용 주임신부가 말했습니다. 그때 이 시장은 "계성학교도 있지요"라며 좀 좁다는 듯한 표정인 듯했습니다. 저는 이참에 그 문제도 제기했습니다. 그것은 계성 여 중·고교의 교육 환경이 좋다고 할 수 없으니 교육적으로 좋은 환경으로 가는 것이 좋을 것이라고 했습니다. 그랬더니 이 시장은 이제 그것은 불가능하다는 단호한 태도였습니다. 그 이유인즉, 더 이상 강북 학교가 강남 등지로 가지 못하도록 서울 교육감과 이야기됐다는 것이었습니다. 그래서 저는 계성학교는 정문이 환락가인 명동 중심부와 직면해 있어 1년 365일 정문은 잠그고 뒷문으로만 학생들이 만 6년을 출입하니 심성 교육이 제대로 되겠느냐면서 서울시가 솔선하여 학교 측을 도와야 한다고 했습니다. 더 이상 강남으로 못 간다 하나, 우리가 필요에 따라서 가야 한다고 했더니 왜냐기에 서울시의 천주교 신자는 그 당시 약 140만 명인데 약 80만 명이 강 건너에 있는데도 천주교가 운영하는 학교는 가톨릭의대 외에는 전무한 실정이기 때문이라고 했습니다. 만일 가톨릭 학교의 강남으로의 이전을 저지하면 하느님의 모습으로 교육하려는 가톨릭 교육의 이념을 어느 지역에서 제약하거나 금지하는 것이 되어 위헌적 소지도 있을 수 있다고 했습니다. 이 시장은 화제를 바꾸어 명동에 대규모 수족관과 박물관 건설도 생각한다고 했습니다. 일이 그렇게 발전될 경우, 명동은 전국 학생들의 수학터가 되며 명동성당은 젊은이들에 대한 새로운 민족적 사명을 띠게 되는 것입니다.

그런 대화 중에 이명박 시장은 한 가지 난점을 말했습니다. 시청 앞 광장과 명동 간의 통로 건설이 어렵다는 것이었습니다. 그것은 남대문으로의 큰 통로 때문이라는 것이었습니다. 그러나 저는 그것이 큰 문제가 되지 않을 것이라고 했습니다. 젊은이들을 매혹시킬 근사한 지하 통로를 만들든지 소공동과 명동 사이에 밤에는 조명으로 아름다울 다리를 더 만들면 젊은이들이 좋아하는 통로가 되고 오히려 서울의 명물이 될 것이라고 말했습니다. 명동이 젊은이들이 흘러넘치는 곳(지금도 젊은이들이 수없이 모여드는 곳이지만)이 될 때, 우리 교회는 명동을 젊은이 종교문화예술 광장으로 개발하여 젊은 층의 복음화에 지대한 역할을 하게 될 것입니다. 이는 한국교회 전체는 물론, 한국과 세계의 젊은 층에 큰 영향을 미쳐 한국교회가 해야 할 시대적 소명을 다할 것이라고 생각했습니다. 그러나 이명박 서울시장은 아무런 계획도 내놓지 않고 있다고 합니다. 지금 종교문화적인 명동 개발을 훌륭히 성취하여 세계가 주목하며 찬탄하는 명동성당이 되어야 합니다. 그것이 이 땅의 선각 신앙 최초 도입자들이 세기를 앞서 실천했던 하느님의 창조와 구속 경륜을 맺게 하는 것이라고 확신합니다.

4) 명동 젊은이 광장 개발 강의

> 장소: 명동성당 코스트홀
> 일시: 2003년 4월 30일 오후 3시
> 주최: 정진석 대주교 서울대교구장
> 대상: 서울대교구 성직자 전원
> 강의자: 정의채 신부(서울대교구 소속, 서강대학교 석좌교수)

서론

  무엇보다도 먼저 여러 신부님께서 지난 4월 17일 성 목요일 성유축성 미사 때 저의 사제수품 50주년을 축하해 주고 기도해 주신 데 대해 진심으로 감사드립니다. 오늘 이렇게 여러 신부님을 뵙게 되니 참으로 반갑고 감회가 새롭습니다. 여러 신부님이 서울대교구라는 주님의 큰 포도밭에서 원로나 중추로서, 또는 혈기왕성한 젊은 일꾼으로서 피땀 흘려 일하시니 대교구의 앞날이 밝다고 생각합니다. 신부님들과 신학교 생활을 통해 각별한 관계를 갖고 있는 저로서는 참으로 기쁘고 마음이 든든합니다. 오늘 저는, 서울대교구장 정진석 대주교님이 지금 숨 가쁘게 돌아가는 서울시 대개발 와중에 명동성당 경내 개발 문제에 대해 말해 달라는 요청으로 이 자리에 서게 되었습니다. 이 문제는 저의 역량과 한계를 완전히 넘는 것입니다만, 사안의 중대성에 비추어 졸견이나마 나름대로의 생각을 말씀드리겠습니다. 또한, 교구청에서 정진석 대주교 취임 이래 처음으로 사제총회를 갖게 된 것은 그만큼 일의 중대성을 인식한 교구장의 단호한 의지 표명으로 생각합니다. 저는 지난 3월 30일 안경렬 몬시뇰의 요청에 의해 한강성당에서 중 서울지역 지구장 사제 모임에서 명동 개발에 대해 말한 바 있습니다. 그때 지역구장 사제들이 명동에서 하는 일에 그리 큰 무게를 두지 않는 것을 느꼈지만, 강의가 끝날 때 그렇게 중대한 일이고 교구장이 단호한 의지로 나오신다면 해야 될 일이 아니겠느냐는 의지를 표명해 준 것이 교구장이 사제총회를 열게 된 동기로 생각합니다. 물론 안경렬 몬시뇰의 사회 복음화에 대한 남다른 통찰력과 열성이 크게 주효한 것으로 생각합니다.

명동성당 역내 개발의 긴박성: 현 이명박 서울시장의 청계천 재개발과 서울시 전역의 대대적인 개발은 논의 단계를 넘어 실천 단계에 접어들었습니다. 그동안 청계천 재개발을 중심으로 서울시 전역에 대한 대대적인 개발 계획이 발표되었습니다. 그런데 이런 계획에서 명동성당 지역이 간과된 채, 시의 명동 개발이 추진되는 분위기였습니다. 그런 경우, 명동성당은 변두리화되거나 다른 계획에 예속되어 볼품없는 것으로 전락될 위험이 있습니다. 그런데도 명동성당은 주임신부가 바뀔 때마다 지난 십여 년 동안 말만 무성했을 뿐, 실제로 개발이 이루어진 것은 아무것도 없고 구상 자체도 그저 큰 성당하나 정돈한다는 차원을 넘지 못한 것 같습니다. 우선 이 자리에서는 명동성당의 역사적, 현실적, 미래적 위상을 짚어보는 것이 좋겠습니다.

역사적 조감: 명동성당은 조국 근대화, 특히 500년의 고도(古都) 한양(서울) 근대화의 모체이며 단초입니다. 천주교는 끈질긴 박해를 견디어내며 쇄국 조선을 서구 세계와 접촉하게 한 장본인으로 나타났습니다. 쇄국 정부는 싫건 좋건 천주교 박해를 통해 프랑스인 성직자들을 처형하여 바티칸을 비롯하여 프랑스 등의 서구 세계와 접촉해야만 했습니다. 따라서 한국 순교사는 쇄국 조선을 개국으로 이끌어 가

는 중요한 도화선이었습니다. 드디어 순교의 선혈은 개국의 문을 활짝 열게 했습니다. 그것의 단적인 표출은 바로 조선 조야의 눈을 번쩍 뜨게 한 명동성당 건축이었습니다. 명동성당과 교구청 건축은 이 땅의 왕실, 정부 고관대작, 양반, 서민 모두에게 놀라운 의식의 지각변동을 일으켜 놓았습니다. 한때는 남산을 등에 업고, 인왕산을 품에 안고 왕궁을 내려다보는 성당 건축 공사를 정부 측에서 중단시켰다고 합니다. 어찌되었건 명동성당 없는 서울 근대 도시화는 생각할 수 없습니다. 더 나아가 명동성당은 서울 주재 외국 공관원 왕래를 비롯하여 천주교회를 통해 서구 문명의 연원인 가톨릭 사상과 이 민족의 만남의 장 역할을 했습니다. 또한, 명동성당은 한국 근대사에서 가장 위대한 인물 중 하나인 안중근 의사의 애국애족 정신뿐만 아니라 인간의 기본권과 인류애 사상과 인격을 함양시킨 연원지였습니다. 더 나아가 명동성당에 바탕을 둔 천주교회는 남녀평등 사상과 기도서 등에 한글 전용은 물론이고 국운이 기울어 갈 때 민족정기를 되살려 이 백성을 하느님께 이끌어 가기 위해서 이 땅에 〈경향신문〉을 발간했습니다. 즉 경향, 서울과 시골, 향리(이 표현은 라틴어의 Urbs et Orbis에 해당됩니다. 이 표현은 교회에서 로마와 세계 도처를 지칭하는 표현이며 세계성의 깊은 의미를 내포합니다)라는 아름다운 이름으로 한글 신문을 발간했습니다. 그러나 일제 시기의 모진 탄압으로 폐간의 운명을 맞기도 했습니다. 저는 여기서 별로 언급되지 않는 사건 하나를 소개하겠습니다. 그것은 일제말기 이른바 태평양 전쟁 때 일제는 포탄 제조용으로 한국에서까지 전국적으로 쇠붙이와 성당, 예배당, 사찰 등의 종들을 (그들의 말로는 헌납을 시켰는데) 강제 약탈해 갔습니다. 당시 노기남 주교님도 명당성당 종의 헌납을 집요하게 강요받았지만, 끝까지 거부했습니다. 거부의 변은 종들을 떼어내려면 명동성당의 종탑을 헐어야 하는

데 이는 매우 복잡한 작업이라는 등 어려운 일이 한두 가지가 아니라는 것을 들어 종 헌납을 끝까지 거부했다고 합니다.

또 다른 일화는 6·25 한국전쟁 시 중공이 개입하게 되어 서울이 두 번째로 함락될 위기에 처해, 온 시민이 다시 남하의 피난길을 떠날 때 (1950년 12월 8일 성모님의 '원죄 없으신 잉태 대축일' 미사 강론 때) 노기남 주교님은 성모님께서 다시 서울이 침공되지 않게 보호해 주신다면 큰 성당을 지어 바치겠다는 간절한 기원을 올리고 서원을 공표했습니다. 저는 그때 신학생으로 그 미사에서 복사를 했기에 노 주교님의 강론을 듣고 깊이 간직했습니다. 드디어 해방이 되어 〈경향신문〉은 복간되었으나 교회의 정의관에 입각하여, 이승만 독재 부패 장기 정권 시, 끼리끼리 권력 나누기에 항거하여 민주주의 수호의 선봉에 섰다가 이승만 정권에 의해 다시 폐간의 비운을 맞았습니다. 이후, 4·19 의거로 복간된 후에는, 박정희 군사 독재 장기 정권에 항쟁했던 것입니다. 이런 항쟁은 명동성당을 중심으로 전국으로 확산되고 가열되어 박정희 군사 독재 장기정권도 무너졌습니다. 연이은 전두환, 노태우 군사정권을 민간정부로, 즉 민주주의를 이 땅에 정착시키는 데 명동성당이 그 요람이었음을 우리 시대의 모든 사람이 알고 있습니다. 수십 년 동안 매일같이 민주주의를 열망하는 젊은이들의 데모 함성으로 명동성당은 날이 새고 저물었습니다. 그렇기에 명동성당은 이 땅의 민주주의의 보루가 되었으며 민주주의의 성지가 되었습니다. 이렇게 명동성당은 세계에 한국 민주주의와 인권 옹호의 본산으로 알려졌으며 한국인의 숨결이며 정신적 지주이며 희망과 용기의 산실이었습니다. 또한, 많은 고달픈 마음의 위안처이며 하늘 은총의 시여(施與)처였습니다. 그렇기에 저도 그 와중에 명동성당의 주임 신부로 있었던 것을 큰 보람으로 느끼고 있습니다.

현황: 물론 지금 이 땅에서 시대상과 세태는 많이 변했습니다. 이제 명동성당은 지난날에 만났던 민족적 고통을 넘어 새로운 차원의 사명을 수행할 긴박한 처지에 놓여 있습니다. 그것은 이 땅의 젊은이들을 문화, 예술적으로 순화하여 올바르고 생기발랄한 젊은이 상으로 이끌어 주어야 하는 일입니다. 하느님 생명의 가장 아름다운 표현인 젊은이들은 이 땅에서 놀랍고도 새로운 생기를 뿜어내고 있습니다. 한편, 매우 걱정스런 면을 지니고 있음을 이 땅의 지성과 국민이 걱정하게 되었습니다. 그것은 바로 지난해 월드컵 때, 분출되기 시작한 '붉은 악마'의 물결에서 비롯된 촛불시위, 16대 대선의 승리, 반미 운동, 성조기 소각, 미군 철수 주장에 이르기까지 국운을 좌우하는 급진적 흐름이었습니다. 오늘날 서울대교구는 젊은이들 70~80%의 교회 이탈 문제를 안고 있습니다. 젊은이들 문제는 교회 미래 사활의 문제이기도 합니다.

이제 명동성당은 경내를 중심으로 종교문화예술 광장으로 변신시켜 가야겠습니다. 지금의 젊은이들은 정확한 정향(定向)없이 마구 흔들리며 개별성, 인격성 더 나아가 하느님 모습으로서의 고귀한 인간성에는 아랑곳없는 인터넷 과학기술의 마술과 군중 심리에 휩쓸리고 있습니다. 이제 갓 막이 오른 3천 년대에 젊은이를 이끌어줄 사상은 문화와 예술입니다. 이 땅의 어려운 고비마다 또 새로운 차원으로 비약할 시기마다 명동성당은 핵심적 역할을 해왔습니다. 지금 이 시점에서 더욱 그렇습니다. 따라서 명동성당은 지금 젊은이들을 새로운 차원으로 이끌어 갈 문화와 예술의 광장 구실을 해야 할 것입니다. 물론 명동성당이 하는 문화와 예술은 급기야는 인간의 가장 깊은 면에서 요청되는 복음적 바탕에서 이루어지는 것이어야 합니다.

우리 가톨릭교회는 이 점에서 어느 시대나 어느 조직이나 어떤 위대한 개인도 따라갈 수 없는 위대한 유산과 현실적 표본을 갖고 있습니다. 예컨대 베네치아의 성 마르코 광장, 피렌체의 돔을 중심으로 사통팔달한 아름다운 도시와 문화, 예술, 로마의 나보나 성심 성당이 굽어보는 스페인 광장, 파리의 성심 성당을 중심으로 한 아름다운 몽마르트르 언덕, 프라하의 자유선언 광장과 그것에 이어진 아름다운 광장(루터를 150년이나 앞서 종교개혁을 주창했던 후스의 거대한 상이 있는 광장-프라하는 가톨릭 정신으로 침투된 도시이지만 자기 나름의 문화유산을 소중히 여김), 거기에 이어지는 왕궁과 추기경궁이 자리한 언덕의 아름다움, 성 가롤로 차 없는 다리, 그 건너편에 왕비의 고해 비밀을 발설하지 않아 처형된 사제의 혀가 오늘까지 썩지 않고 있다는 성지와 강 주변의 아름다운 조화, 왕궁과 추기경궁에서 내려오는 좁은 골목길에 오밀조밀하게 이어지는 안티크와 그림-명화의 거리, 후스 광장(가칭) 가까이에 자리한 소피아 대학-중세기에 창립, 중유럽을 그리스도교 정신으로 개화시킨 유서 깊은 대학 등이 어울려진 문화, 예술의 도시 프라하, 오늘에는 세계의 젊은이들이 들끓는 도시, 온통 가톨릭 정신으로 침투된 문화와 예술의 도시 프라하, 오스트리아의 성 스테판 돔과 주변의 문화, 예술의 향기, 그 근처의 차 없는 도로의 넓은 통로와 광장, 젊은 음악인들, 화가, 노래와 춤이 어우러지는 광장 등이 세계 도처에서 다가오는 인류의 삶과 향기를 뿜어냅니다. 그렇다면 우리의 명동성당의 오늘과 내일의 사명을 되묻게 됩니다.

미래: 이런 저력을 지닌 가톨릭교회를 모체로 하는 명동성당은 지금 새로운 천 년대에 진입한 이 땅에서 새로운 사명의 도전을 받고 있습니다. 그것은 큰 가치 혼란에 빠진 채 열정적으로 움직이는 젊은이들의 세계에서 더욱 그렇습니다. 제가 명동성당 주임으로 있을 때, 주

일미사 참여 숫자는 약 1만 2,000~1만 5,000명으로 기억합니다. 그 80% 이상이 젊은이들이었습니다. 명동은 전통적으로 서울 젊은이들의 모임 터였습니다. 앞으로도 그럴 것입니다. 그렇기에 명동성당의 사명은 젊은이들의 마음과 정신을 순화하고 고양시켜야 할 민족적 사명이며 교회적 사명입니다. 저는 이 사명은 지엄한 것이라 생각합니다. 그렇기에 저는 현존 명동성당이 이 점에 둔감하지 않나 싶어 지난해 10월경부터 염수정 총대리 주교와 정진석 교구장 대주교를 몇 차례 만났습니다. 정진석 대주교는 서울시가 저렇게 개발을 감행하는데 명동성당은 어떻게 되나 걱정이었다고 했습니다. 아래에 열거하는 것들을 말씀드렸을 때, 마음이 정리되며 안도된다고도 했습니다. 그래서 교회가 그리스도교 문화와 예술을 개발해온 것과 명동성당이 수행할 사명에 대해 이야기했습니다. 이는 지금 진행되는 서울시 대개발사업과 맞물린 명동 개발이어야 하며 명동성당 개발은 젊은이에게 초점이 맞추어져 종교예술 광장으로 개발해야 한다는 점이라고 말했습니다. 저는 정 대주교께 서울 고도(古都)의 근대화 과정에서의 천주교, 특히 명동성당의 위상과 정신적 지주 역할과 현재 진행되는 청계천 재개발과 명동성당과의 관련 및 광화문에서 시청광장까지의 대통로 확장과 심심치 않게 이루어질 군중, 특히 젊은이들의 광화문에서의 대행진과 시청 앞 광장에서의 집결 등을 설명했습니다. 또한, 이런 집회나 모임의 해산 후, 갈 곳은 명동으로 이어져야 한다는 점이었습니다. 그러기 위해서는 서울시청 광장에서 조선호텔 앞 소공동을 통해 명동으로 이어지는 직행통로를 만들어야 하는데 그것은 소박하면서도 화려한 젊은이 거리로 건설하고 문화, 예술적인 마무리는 명동성당에서 이루어져야 한다는 점이었습니다. 성공회 성당의 세실 극장은 위치나 규모가 작은데도 근래에 큰 효과를 내는데, 왜 명동성당과 같이 유서 깊은 곳이 종교문화예술 광장 역할을 할 수 없겠느냐는 것이 저의 생각이었습니다. 또한, 이런 것은 동양에서는 형태는 다르지만 오사카의 신사이바시 야경이라고 했습니다. 그곳에서 저는 성당 주변은 아니지만, 젊은이들이 물밀 듯이 지나가는 밤거리, 그러면서도 사치나 광란이 아닌 젊은이들이 즐거워 희희낙락하는 물결을 볼 수 있었습니다. 지금 이 땅에서 무정견하다 싶은 젊은이들의 혈기 방출을 문화, 예술적으로 급기야는 종교적 바탕에서 순화하고 고양시킬 수 있는 곳이 바로 명동의 종교문화예술 광장일 것이라는 점도 말씀드렸습니다. 또한, 시청 측에서 구상한다는 3·1 고가로 철거와 남산을 연결시키는 새로운 차도 구상 등도 명동성당이 직접 참여하여 성당 뒷산이었던 남산을 앞마당 구실로 바꾸었으면 하는 희망도 이야기했습니다. 그것은 뮌헨의 성 프란치스코회 성 안나 수도원이 뮌헨시의 허파인 뮌헨 대공원과 인접해 있는 데서 떠오른 아이디어입니다. 그것은 청계천 복원 때, 시민들의 산책과 조깅로를 남산으로 유도하고 보도만으로 된 남산 둘레 산책로를 새로 건설하고 군데군데 운동기구를 설치하여 몇 군데의 남산 정상까지 오를 등산로를 내면 남산은 서울시민의 진정한 허파와 명줄이 될 것이라고 했습니다. 이것은 이명박 시장과의 담화에서도 제가 제안한 것입니다. 그 산책로는 명동성당 옆을 지나게 되니 명동성당과 직결시켜 남산을 명동성당 앞마당 구실도 하게 할 수 있다는 점입니다. 또한, 서울시가 큰 공사를 하니 성당이 좋은 아이디어만 제공하면 얼마든지 시에서는 수용할 것이라고 했습니다.

저는 1960년대 중·후반기에 명동 개발안을 냈지만 당시 지도층의 이해 부족과 무성의로 묵살되고 큰 시행착오를 겪었습니다. 그래서 오늘의 명동성당 경내 모습을 갖추게 된 경위도 언급하는 것이 좋겠습니다. 그때도 명동 개발 문제가 심심치 않게 교회 내에 대두되었습니다. 저는 그때 명동성당 전면은 열린 그대로 두고 양쪽 측면과 후면에는 고층 빌딩을 원형으로 지어 교회 활동과 시민 봉사의 터전을 만들어야 한다고 생각했으며 명동상가 쪽과 닿아있는 곳에는 시민들이 필요로 하는 레저나 스포츠 등의 장을 만들고 명동성당 입구 오른쪽(들어가면서)에는 큰 빌딩을 지어 1,2,3층 정도는 좋은 외서를 공급하는 서점을 만들자고 했습니다. 당시에는 외환 사정으로 외서 구입이 매우 어려운 때이니 교수, 일반 지성인, 대학원생, 대학생들에게 실비에 가까운 값으로 책을 제공하자는 제안도 했습니다. 그때 교회는 외국 원조를 많이 받는 때라 그 돈으로 학술적 외서를 사오고 서울에서는 한화로 판매하면 지성계와 이 나라 발전에 공헌할 것이라고 했습니다. 이렇게 개발되고 활용되는 명동은 개신교 측의 YMCA나 YWCA보다 훨씬 더 광범위하고 깊이 있게 사회에 봉사할 수 있다고 생각했습니다. 그때는 젊은이 모임의 장이 명동이었던 때이니 안성맞춤이라고 했습니다. 그리고 그 서점을 이용할 때는 반드시 종교 서적부를 통해 나가도록 하면 우리의 좋은 사상을 제공하는 기회도 된다는 생각이었습니다. 경비는 남산 제1터널의 경우처럼, 은행에서 장기 저리대출이 가능하다는 말을 권위 있는 은행가한테서 들었습니다. 그는 성당이 원하면 주선할 용의가 있다는 말도 했습니다. 그래서 옛 기숙사였던 건물을 헐었는데 헐자마자 전혀 의외의 의견이 나왔습니다. 즉 주차장을 한다는 것이었습니다. 그때 주차장에는 서울시가 면세를 해 준다는 것이었습니다. 그때 저는 자학적으로 호미를 사다 달라고 했습니다. 다들 의아해 하기에 저는 바오로 사도의 정신을 따라 그 자리에 호박을 우리 손으로 심어 먹는 것이 좋을 것이라고 했던 기억이 새롭습니다. 그때는 여의도가 발전하기 전이라 금융의 중심이 명동이었기에 고급 차가 주차할 곳이 마땅치 않아 성당 터의 주차장을 많이 이용했습니다. 그 주차장이 지금의 로얄호텔 맞은편입니다. 지난 30여 년 동안 그 금싸라기 땅이 대여비나 받는 주차장이 되었습니다. 샬트르 성 바오로 수녀회도 땅을 넓게 잡고 공기 좋고 경관 좋은 곳으로 나가 영성 수련과 수양, 묵상, 휴양 등을 하는 것이 좋을 것이라 했습니다. 명동에는 본부의 중추 기관만 있는 것이 좋습니다. 특히 고아원 등의 시설은 전국 최고가를 호가하던 명동 중심부에서 하는 것이 아니라고 했습니다. 강남이 개발되고 중·고등학교들이 강남으로 이전할 때는 계성학교도 강남으로 이전해야 한다는 의견도 개진했습니다. 근자에 계성 초등학교가 강남으로 이전할 것이라니 잘됐다고 봅니다. 계성여자 중·고등학교는 교육부 시책에 따라, 강북의 학교가 더 이상 강남 등지로 나갈 수 없다는 말을 이명박 시장과의 면담 중에 들었습니다. 그러나 계성여자 중·고등학교는 명동을 떠나야 교육다운 교육을 할 수 있을 것이라고 말했습니다. 첫째, 학교 정문이 번잡한 명동 중심가, 환락가와 직통하기에 하루 24시간, 1년 365일 정문을 잠가 놓고 모든 것을 후문 쪽으로만 하게 되는 불편함 때문입니다. 둘째, 교육부 시책에 따라 강북 학교가 강남으로 못 나간다는 것은 천주교 학교에는 해당되지 않았으면 합니다. 서울대교구는 지금 130여 만 신자 중 반이 훨씬 넘는 신자들이 강남 지역에 살고 있습니다. 그런데도 강남에는 천주교의 초, 중, 고등 교육시설이 전무합니다. 때문에 천주교는 자기 자녀들을 교회 정신으로 교육할 의무와 권리가 있다는 이론을 펼 것을 정진석 대주교와 염수정 총대리 주교께도 말씀드렸습니다. 이런 배려와 노력은 교육 당사자들의 의무이며 권리입니다. 또한, 서울시는 명동 개발에 대해 어떤 계획이 있는지를 먼저 알아보고 교구는 교구 나름으로 명동 개발 계획을 세우고 실천해야 한다는 점을 말했습니다. 드디어 저는 2003년 1월 14일 염 주교와 당시 명동성당 주임 백남용 신부와 함께 서울 시청에서 1시간여 이명박 시장과 면담했습니다. 면담에 앞서 나는 이명박 시장과는 생면부지였기에 먼저 서울시장을 지낸 한나라당 부총재 최병렬 국회의원께 전화로라도 소개의 말을 해달라고 부탁도 했습니다. 먼저 저는 이명박 시장의 명동 개발 계획에 대해 물었습니다. 그는 서울시 명동성당 인근의 개발 계획은 공원 녹지로, 명동 상인들의 휴식 공간 정도로 생각하고 있었습니다. 명동성당 측으로부터 나무를 좀 심고, 의자를 비치하여 휴식 공간으로 할 것이란 말을 들은 터라 그런 이야기를 하는구나 생각되어 아찔했습니다. 명동은 서울시, 더 나아가 대한민국의 시대 변천에 따른 요청에 응답하는 예언자적 목소리와 정신적 힘의 산출처이어야 합니다. 특히 명동은 젊은이들에게 새 천 년대의 세계가 승화시켜 가야 할 종교문화예술 광장이 되어야 합니다. 다음으로는 대선으로 심각하게 노출된 세대 간의 충돌이라 할 수 있는 분열을 문화적으로 봉합·합치시켜야 합니다. 새로운 차원에서 명동성당은 큰 역할을 해야 하기 때문입니다. 지난날에는 명동성당이 시대의 요청에 따라 젊은이들의 거친 함성과 시위의 광장이었지만 3천 년대 인류문화의 흐름을 따라 평화와 문화와 예술의 광장이 되어야 할 것입니다.

이명박 시장은 거침없이 자기네 계획을 말해 나갔습니다. 그분은 20~30분간 주로 물질적 건설에 대한 이야기를 했습니다. 염 주교께서 간략히 명동성당에 대해서 설명했습니다. 저는 우선 500년 고도(古都) 서울이란 점을 부각하며 한국 얼이 살아 숨 쉬는 곳이 서울이란 점을 상기시키며 정신적, 문화적 더 나아가 예술적 깊은 면을 고려하지 않고 눈의 경관적인 측면과 생활 편의에만 치중하는 건설은 또 다시 재개발해야 하는 악순환에 빠질 것이라고 말했습니다. 또한, 지난 대선을 전후해 나타난 젊은 층의 흐름과 반미, 미군 철수 등을 비롯한 민족감정 외, 유일 가치관 등이 국가의 명운에 미칠 영향에 대한 주의를 환기시켰습니다. 젊은이들에게 올바른 정신적 가치의 통로가 문화 예술 광장이며 이는 명동성당만이 할 수 있는 역할을 말했습니다. 그랬더니 이명박 시장은 경청하는 입장으로 바뀌었습니다. 청계천 개발을 책임진 부시장 대우의 서울대 건축과 천주교 신자 양 모 교수를 불러와 대담하도록 했습니다. 유럽 천지에서 찬란한 문화를 창출하고 정착시킨 원동력은 도처의 유서 깊고 아름다운 대성당, 돔 등이었다는 점을 상기시켰고, 서울에는 명동성당이 바로 그런 위치에 있다는 점을 말했습니다. 서울시의 휴식 공간 개념은 젊은이들에게는 지나간 생소한 것이란 점도 곁들였습니다. 사이버 세대의 휴식은 계속 움직이며 쉬는 새로운 동중정(動中靜)의 형태이므로, 명동성당이 그런 식의 쉼터 공원이 된다면 모여들던 젊은이들을 다 쫓아버리는 결과가 될 것이라고 말했습니다. 그 예로 장충단공원, 사직공원, 종묘공원 등을 들었고, 압구정동 한양 아파트 쪽 한 길가의 원두막형 정자들이 그런 신세로 전락했다는 점도 말했습니다. 그랬더니 이명박 시장은 새로운 면과 만난 듯 경청일변도였습니다. 그렇다면 명동성당 측에서 안을 내달라며 명동성당 지대는 일단 유보할 뜻을 비쳤습니다. 물론 나는 청년 문화, 예술에 대한 스케치도 말했습니다. 그렇지 않으면 그런 분들에게는 우리 쪽의 설명이 뜬구름 같을 수도 있기 때문이었습니다.

젊은이 문화 예술 광장에 대해 좀 더 부연하면, 지금과 미래 젊은 세대에게는 사이버 공간이 바로 생활공간입니다. 사이버를 뺀 삶은 더 이상 젊은이에게는 의미가 없습니다. 사이버 게임에서 사이버 효능성의 이용, 사이버 학습, 심지어는 사이버 전문대학원의 설립 등을 생각할 수 있습니다. 문화적으로 사이버를 흡수하여 발전시키려면,

이른바 슈퍼 사이버 세계의 개발을 지향하는 것이 오늘날 기술 세계의 과제이며 명동의 문화 예술 광장의 지향점입니다. 지금까지는 사이버 기술이 인간성과 인간생활 전반을 지배했기에 놀라운 효능성에도 불구하고 인간성 파괴, 청소년 인성 파괴, 가정 파괴, 세대 간 단절, 반생명과 반인륜, 반천륜의 삶 등의 인간 삶의 근본적 문제를 야기했기에 인간성의 풍요와 완성에 봉사하는 사이버 개발이 요청된다고 생각합니다. 이런 사이버 세계, 특히 인터넷 세계는 젊은이들의 삶의 공간이기에 교회는 이 세계를 통해 젊은이들을 복음화해가야 할 것입니다. 이 점에서 교회, 즉 명동성당은 선도적 역할을 해야 할 것입니다. 이 점에서 미국의 주교단(해당 분과)은 훌륭한 일을 하고 있습니다. 지난해 어떤 외지에서 읽었는데 컴맹이 태반인 부모 세대를 감안하여, 미국 교회는 많은 성직자, 수도자, 평신도 사이버 전문가를 양성하고 조직하여 상담에 응하고 필요한 경우, 가정을 방문하여 젊은이들을 지도하게 한다는 사목 계획이었습니다. 우리에게도 이런 시도가 절실히 요청됩니다. 명동에 젊은이 사이버 공동의 장과 연구와 학습의 장을 만들어 각 본당과 가정에까지 지도와 효율성을 침투시켜가야 할 것입니다. 이와 더불어 한국교회에 가정방문 교리교사가 시급히 요청된다는 점입니다. 고등학교 3학년, 주일학교, 교리학교에 나올 수 없거나 나오지 않는 학생들을 위해 가정 방문 교육을 실시할 사목적 필요성이 있습니다. 기술은 기술대로 인간 삶에 봉사하는 것으로서 더욱 발전시켜가야 할 것입니다. 더 나아가 명동의 젊은이 종교 문화예술 광장은 노래, 음악, 춤, 연극, 서예 등 젊은이의 심성과 재능을 마음껏 발휘하고 계발하는 장이 되어야 합니다. 또한, 그런 것들을 위해 소극장, 중극장 등과 모임 장소, 토론 장소, 그런 마당에 걸맞은 소박하면서 아름다운 커피숍과 다과점, 경쾌한 간이식당, 위락시설,

가톨릭 사상의 연구와 수련 장소 등이 필요하기에 건물이 필요합니다. 더 욕심을 부린다면, 야외극장입니다. 제가 생각하는 것은, 여러 가지 문화와 예술의 전시장이자, 극장이며, 오케스트라 장, 무도장, 토론의 장, 적절한 체육장도 되는 야외극장입니다. 필요할 때는 전천후적인 것이 되는 새로운 형태의 야외극장인 것입니다. 일이 이렇게 될 때 명동성당은 다른 차원에서의 민족의 명운을 열어 가는 개화(開化)의 터전이 될 것입니다. 그뿐만 아니라 명동성당은 새 세대의 특징인 헌신, 봉사의 정신을 분출시켜 인간 사랑을 다각적이고 필요할 때는 세계적 차원에서 투신하는 활력의 장소로 마련되어야 할 것입니다. 이 모든 것의 기본 정신은 복음에 근거한 인간성, 하느님의 모습으로서의 인간성을 피워내는 일이겠습니다. 여기에는 반드시 영성 교육이 밑받침해야 할 것이며 세계 젊은이들과의 어울림도 필요합니다. 이런 아이디어는 벌써 새나간 것 같습니다. 심화된 세대 간 분열을 조화시키기 위해 정부에서는 젊은이들을 문화 예술로 승화시켜 간다는 것이며 전통문화를 통해 세대 간 갈등도 해소시킨다는 것입니다(2003년 3월 7일 KBS 9시 뉴스). 그러나 사이버 공간에서 열기를 뿜어내는 젊은 세대를 전통문화만으로 순화시키기는 매우 힘들 것입니다. 그것을 그리스도교적 복음에 기초한 위대한 젊은이 종교문화예술 광장이 해낼 수 있을 것입니다. 예레미야서는 말했습니다. "젊은이들과 노인들이 함께 즐거워하리라"(예레 31,13). 우리는 지금 세대 간의 갈등과 분열로 민족적 고통을 당하고 있습니다. 우리는 이 고통의 치유를 위해 자연의 지혜를 배워야 합니다. 배추는 속에서 새싹이 움터 나오면 전의 잎들이 볕과 추위, 폭풍우에 의해 새싹이 무너질세라 감싸줍니다. 그리고 새싹이 충분히 자라면 전의 잎들은 스스로 스러져 갑니다. 성공 여부와는 관계없이 시대적 소명인 이 일을 교회는 해야 합니다. 교회는 교회를 떠나는 청년사목을 위해서도 이 일에 다 같이 발 벗고 나서야 합니다.

이명박 시장에게 명동 일대 개발에 대해 물었더니 박물관, 수족관 등의 계획도 말했습니다. 그런 계획이 이루어진다면 명동은 전국의 젊은이들이 예전처럼 반드시 거쳐 가야 할 장소가 될 것입니다.

2003년 1월 16일, 저는 명동 유네스코(UNESCO) 김여수 총장의 초청으로 명동 개발에 대해 담소할 기회가 있었습니다. 그분은 한국인으로서는 처음으로 유네스코 파리 본부에서 철학과 윤리 분야의 책임자로 일한 분이기에 세계 젊은이들에 대한 관심도 큽니다. 그분과 저는 대학교수 시절 학문적인 관계로 깊은 우정을 맺게 되었습니다. 앞으로 한국에서 특히 서울에서의 유네스코 활동과 관련하여 한국의 젊은이들과 세계 젊은이들의 생각과 삶의 어울림을 계획해 보라고 권했습니다. 즉 한국의 젊은이들이 외국으로 많이 나가 외국 가정에 투숙하여 그곳 젊은이들의 삶과 생각을 익히고 역으로 외국의 많은 젊은이가 한국에 와 한국 가정에 투숙하여 한국 젊은이들의 생각과 삶을 익히면 세계가 하나 되어가는 시대의 젊은이로서 발전하는 바가 클 것이라고 했습니다. 특히 한국 젊은이들의 인터넷 일변도의 현재의 힘의 분출이 세계 젊은이들의 세계는 아니라는 것을 깨닫게 되어 그들 내부로부터 자연스러운 변화가 일 것이라고 했습니다. 그러면서 저는 명동성당을 젊은이 문화 예술 광장으로 하는 구상에 대해 협력할 가능성도 비쳤습니다. 그분은 명동 유네스코 옥상에서는 유네스코 본부 사업으로서 북한산에서 남산에 이르는 지대의 공기와 생태계를 연구하는 계획이 세워졌다고 합니다. 명동 상가는 상가대로 활발히 움직이고 옛 시 공관도 곧 다시 명동 옛터로 돌아온다고 합니다. 지금 명동의 유동 인구는 주간에는 전에 비해 약 3배가량 늘었다는 소식도 들립니다. 명동성당 경내만 낮잠 자고 있는 것 아닌가 싶어 서글픔마저 들었습니다.

결론

저는 지금이 명동성당 경내 개발의 역사적 시기로 생각하였기에 서울시 대개발을 서두르는 시청 측과 시급히 교섭을 벌여야 한다고 생각했습니다. 그런데 이 일로 처음 주교님을 만난 시점에서 벌써 6개월이라는 시간이 흘렀으나 그때보다 진전된 것이 별로 없는 것 같습니다. 그 이유를 저는 다음과 같이 생각합니다. 먼저, 명동교구청과 교구의 구조는 상당히 크고 다단계적으로 되어 급격히 변하는 사회에 대한 인식이 부족하고, 긴급 사태에 대한 권위 있는 결정 기구가 없습니다. 다시 말해 중론은 듣되 강력한 권한으로 시급히 결정해야 할 사항들이 있는데, 현재 이런 결정 기능을 갖춘 기구가 없는 듯합니다. 교황청의 예를 보면 주교 시노드에서의 의견을 수합하여 결정할 것이 있고 배아 문제, 인간복제 등 생명공학 기술의 급속한 발달에 대처하여 긴급히 결정하고 공표할 사항이 있습니다. 시급한 경우는 생명과학 위원회 등의 심의를 거쳐 신학적 관점에 근거하여 교황 명의로 신속히 발표되는 사항이 있습니다.

교구의 중요 사항 즉, 명동 개발 건 같은 것은 특별 사제총회나 임시 사제총회 등을 열어 전체 의견을 먼저 듣고 사계 전문가의 의견을 수렴하여 교구장이 신속한 결정을 내려야 할 것으로 생각됩니다. 이것은 또한, 지난 3월 20일 중 서울지역 지구장 회의 강연에서 지구장 신부님들이 논의한 귀결이었습니다. 그리고 교구 전체, 특히 사제들과 본당들은 이런 역사적 과업 수행에 모두 힘을 합쳐 사업을 추진해야 할 것입니다. 사실 지난 30여 년간 서울대교구는 정치, 사회 문제에 중점을 두고 노력하여 좋은 성과를 거두었습니다. 특히 가난한 사람들, 고통 받는 사람들을 위한 애덕 행위, 즉 사회사업과 인권운동에 놀랄 만한 성과를 거둔 것이 사실이지만, 사제단 결속이 많이 해이해진 것도 부인하기 어렵습니다. 노기남 대주교 때만 해도 사제단의 결속은 마치 예수님 당시의 사도들처럼 탄탄했습니다. 이 점의 복구는 교구가 어떤 일을 하든 핵심적인 요인이기에 사목적으로 기필코 회복해야 할 일차적인 과제입니다. 지금 명동 개발 계획은 중요한 계기를 맞고 있습니다. 그것은 서울시가 급속하게 시의 대개발을 '2020 서울 도시기본계획'으로 진행시키고 있으며 적어도 계획 단계에서 시와 명동성당이 보조를 맞추는 것이 필요하기 때문입니다. 우리는 그렇게 함으로써 서울의 각 지역 개발에도 영향력을 행사하고 각 지역의 문화, 예술 창달에도 기여하게 될 것입니다. 그것은 또한 명동성당의 중심적 역할에 비슷하게 각 지역 성당들의 역할도 될 것입니다.

또한, 설계도 작성은 첫 단계부터 사계의 세계적 차원의 일류 전문가들을 기용해야 하며 결국은 국제 공모 입찰 등의 절차를 거쳐야 할 것입니다. 그런 평가를 할 수 있는 인사들로 위원회도 구성해야 할 것입니다. 분명한 것은 이런 전문적 위원회는 교구청 고위직이나 성직자 위주의 위원회여서는 곤란합니다. 인근 일본 도쿄 대성당의 예를 들면, 도이(土井) 추기경의 비서였던 시라야나기(白柳) 신부(현 시라야나기 추기경)가 일을 맡게 되었습니다. 시라야나기 신부는 대성당 설계를 세계 건축설계업계에 공모했고, 당시 세계 건축계의 화제였으며 경이었던 팔레비 왕궁 건축을 설계했던 일본인에게 낙찰되었다고 합니다. 그분은 신자는 아니었지만 교회 측으로부터 훌륭한 철학적, 신학적, 예술적 아이디어를 제공받아 도쿄 관광의 명물 중 하나인 도쿄 가테도라루(주교좌 대성당)를 설계하고 완공하였습니다. 그 후 가테도라루에서는 가끔 국제 음악회 등을 공연합니다. 도쿄의 택시 기사들은 천주교는 몰라도 그들의 발음대로 가테도라루는 다 압니다.

이런 문제에서 경비 문제는 핵심일 수밖에 없습니다. 들리는 말로는 명동에 납골당 운위하는데 이것은 근본적으로 심사숙고할 일이라고 생각합니다. 물론 재정 형편상 어쩔 수 없이 그런 안이 나왔을 것입니다. 납골당은 그 자체가 묘지이기에 가능한 한 삶의 공간에서는 떨어진 한적한 곳이 좋을 것입니다. 젊은이들은 그들의 왕성한 삶의 터전인 광장이 납골당이 있는 곳에 즉, 묘지와 같이 있는 것을 기피할 것이기 때문입니다. 그러나 부득이한 경우에는 설계의 묘를 살린다면 생각해 볼 수는 있을 것입니다. 그보다는 이런 교구 차원의 역사적 대사업은 전체 교구의 전적인 협력으로 이루어져야 합니다. 그러기 위해서는 교구청, 특히 교구장 대주교님의 과단성 있는 결단과 교구 사제들과 교구민의 적극적 협력을 얻어내는 설득력이 필요합니다. 교구 성직자들은 이 일이 어느 특정인을 위한 것이 아니고 모두의 역사적 사명임을 통감하여, 적극적으로 협력해야 합니다. 세계적 차원에서 설계가 잘되고 서울시와의 협력이 원활하다면, 유럽의 유명 성당이나 광장들처럼 수십 년을 두고 공사할 수도 있을 것입니다. 우선은 젊은이 종교문화예술 광장에 필요한 것부터 착공하면 될 것입니다.

5) 명동 개발안의 기원과 경과

저는 본래 명동 개발안과 인연이 깊습니다. 그것은 1960년대 후반기로 거슬러 올라갑니다. 당시 박정희 혁명 정부가 경제 재건을 표방하여 전 국토개발의 기치를 올리고 제1호 남산 터널 공사 등에 열을 올린 때였습니다. 그때 개신교 측에서는 명동 YWCA와 종로 YMCA

를 통해 많은 시민 활동을 하고 있었습니다. 국민은 가난했지만 부흥의 활기에 넘쳐 있었습니다. 저는 외국에서도 본 바가 있어 그때야말로 교회가 명동을 개발하여 시민들에게 봉사하는 좋은 기회라고 생각했습니다. 그때는 여의도와 강남 개발도 되지 않았으며, 시민들의 건전한 위락 시설이 전무한 때였습니다. 그러면서도 명동에는 젊은이들이 구름처럼 모여드는 때였습니다. 이에 명동 시장과 연결된 성당 부분에는 시민의 건전한 휴식처인 볼링장, 수영장, 간이 음식점, 편의점 등을 만들고 명동성당 전면에는 가톨릭회관이 있으니 맞은편의 오래된 기숙사를 헐고 고층 현대식 건물을 지어 건물 아래층에 대형 서점을 만들어 양서를 공급하면, 이 나라의 문화 창달에 크게 기여할 수 있다고 생각했습니다. 당시 경제 사정이 좋지 않아 교수나 학생들이 외국 원서를 살 수 없었습니다. 당시에는 가톨릭교회가 외국의 원조를 많이 받는 때였으니 학계에 필요한 서적을 해외에서 구입하여 서울에서는 원가에 송료와 인건비만 더해 보급하면, 학문 발전에 크게 이바지하게 될 것이라고 생각했습니다. 또한, 서점 출입구에 종교 서적부를 두하게 하면 지성인 선교에도 큰 몫을 하게 될 것이기 때문이었습니다. 그 안이 설득력을 얻어 구식 기숙사(당시에는 의과대학에서 교실로 사용하다 경운동으로 이사한 후였음)를 허는 데까지는 의견 일치를 보았으나 (여의도나 강남이 개발되지 않은 때라) 명동이 금융의 중심부였기에 주차난에 허덕이던 때였습니다. 시청이 주차장에 면세 혜택을 준다고 그 편을 고집하는 분들이 있어 본래의 문화적 활동과 시민 봉사의 구상은 사라지고 30여 년 동안, 금싸라기 땅이 호텔 주차장 신세가 된 것입니다. 당시에도 자금이 문제였는데 융자를 업으로 하는 신탁은행이 발족했던 때였고 신탁은행 법규를 저술하고 출간한 분이 제게 영세하고 감사로 있었기에 의논과 도움을 구했습니다. 그런 경우, 남산 제1터널처럼 저리로 융자하고 건물의 일정 부분을 은행 측에서 몇 년간 사용하고 교회에 환원한다는 것이었습니다. 당시에는 인플레가 연 수십 프로가 되었으니 저리로 융자 받을 수 있으면, 앉아서 큰돈을 버는 시대였습니다. 한편, 먼 앞을 내다보며 명동을 개발할 때, 수녀원에서 운영하는 고아원, 계성학교, 수녀원도 명동을 떠나되 학생 수녀들이나 집행부 요원들의 사무실, 연락처, 필요한 요원들의 숙소 등만 명동에 남는 것이 좋겠다는 것이 제 의견이었습니다. 수녀원은 수유리와 같은 곳에 10만 평가량 산기슭에 자리 잡고 계성학교는 교육환경이 적합한 곳에서 운영하는 것이 좋을 것이라는 의견도 냈습니다. 그때는 우이동이나 수유리 지대가 아직 개발되지 않아 땅값도 헐값인 때였습니다. 그런 것은 이제 아무런 결실도 없이 후회만 남기고 지나간 이야기이나 아직 유효한 아이디어입니다.

이제는 명동 개발안 발의의 동기와 배경, 직·간접적 관련 사항과 전망 등에 대해 부연 설명하고자 합니다. 명동개발위원회(아래에서는 위원회라고도 함)가 출발한 것은 2020 서울도시기본계획 중, 시의 명동 개발안에 명동성당이 완전히 빠진 데에 근원이 있습니다. 2003년 4월 30일, 서울대교구 사제총회가 이 문제로 소집되었습니다. 당시에 제가 발표한 명동성당 영역의 젊은이 종교문화예술 광장 조성안을 결의했습니다. 그것은 젊은이들의 약 95%가 가톨릭교회를 떠나고 있다는 사목적 현실 때문이었습니다. 한편, 그 당시(2003년)에 벌써 2~3년 전에 비해 명동에 3배가량 더 많은 젊은이들이 모여들었고 5배가량이 더 모여올 전망이었습니다. 지금은 그보다도 더 큰 전망입니다. 당시 소집됐던 서울대교구 사제들은 그 취지에 전적으로 찬동하여 집행을 위해 명동 개발위원회 구성까지 승인했습니다. 그러므로 명동 개발위원회의 근거는 사제총회의 결의이며 교구장의 재가였습니다. 저는 그때 교구 사제단의 청년사목에 대한 놀라운 열성과 호응, 적극적 지원에 큰 감명을 받았습니다. 그때 저는 염수정 총대리 주교와 당시 명동성당 백남용 주임 신부와 함께 이명박 시장과 면담하고, 명동 개발은 명동성당이 중심이 되어야 한다고 말했습니다. 지난 200여 년의 종교적, 국제적, 국내적, 정치·경제사회적, 문화적 차원에서 설명했는데 이 시장은 그런 배경을 전혀 몰랐다며 서울시의 안을 전적으로 보류하고 명동성당 측에서 안을 내 달라는 요청을 했습니다. 다시 말해 명동성당 개발안이 나오기까지 서울시의 명동 개발안 작성이 보류된 셈입니다. 사실 2020 서울도시기본계획에서 명동성당 영역이 빠진다면, 현재와 후대를 위해 이 시대 교계의 큰 실책이 될 것이기에 명동성당 영역 개발은 교구의 중대사이니 교구의 사제총회 소집을 주교들에게 종용하고 총회를 열었습니다. 그것도 이 시장과의 대화에서 국가적이며 현금의 중대사, 즉 대선과 총선을 지배하여 국가와 민족의 앞날을 좌우하게 된 젊은이들을 명동성당에서 문화, 예술, 종교적으로 유구한 역사와 전통을 갖는 가톨릭의 저력으로 계발하고 순화하여 고양할 것이라고 하여 명동성당 영역 개발에 대해 이 시장님과 의기투합하게 되었습니다. 그런 취지로 사제총회에서 정 대주교님의 요청으로 제가 주제 강연을 했습니다. 그 사제총회에 교구 사제들의 만장일치로 명동 개발안이 결의되고 위원회 구성안도 가결되었습니다. 숫자의 달인인 당시 정 대주교님의 비서였던 전승규 신부는 회의에 참가한 사제 수가 약 450명에 이른다고 했습니다. 그때 보좌 신부 60여 명은 연수 중이었다고 하니 부득이 못 올 사제들을 제외한다면, 가히 전원 참가한 서울대교구 초유의 사제총회 참가 인원이었습니다. 당시 교구 내에서 실제로 움직이는 서울대교구 사제 수는 530명 내지 550명 정도였습니다. 명동 개발 계획은 이런 사제총회의 결정에 따라 진행되어야 하는데 다른 방향으로 추진된다면, 사제총회를 재소집하여 경과를 보고하고 방향을 달리 잡아야 한다고 설명했습니다. 그리하여 새롭게 동의를 얻거나 교구장의 단독적 결정임을 천명한 후에 지난 2년여 동안 위원회가 추진한 계획을 진행하는 것이 좋았을 것이라고 생각합니다. 그렇지 않고 지금과 같은 계획이 진행된다면, 지난번 사제 회의 결정과는 아무 관련이 없는 것으로 인식될 위험이 있습니다. 이런 경우, 교구장의 단독 결정임을 천명하고 위원회가 현재의 납골당 계획을 실천하는 것이 순리일 것입니다. 이런 일이 아무런 정당한 절차도 거치지 않고 감행될 경우, 전체 사제단의 협조를 얻기 어렵게 되고 교구 사제단의 일치의 정신도 다시 이완될 위험이 크게 될 것입니다.

〈납골당 중심 개발〉

지금까지 2년여에 걸친 위원회의 구상과 실천 방향을 보고 가장 놀란 것은 납골당을 건설하는 것이 지금까지의 핵심 작업이었다는 점입니다. 사제총회에서 다룬 명동 개발에서 교회 초미(焦眉)의 긴급 사항이며 사목의 지상 과제인 95% 이상의 젊은이들이 교회를 떠나는 문제는 온데간데없어졌습니다. 그것도 막대한 수입이라는 데 초점이 맞추어져 있고 심지어는 교회의 타 묘지에 나있는 납골당 허가를 명동에 끌어다가 할 계획이라는 풍문까지 나도니 그런 계획은 재고되어야 할 것입니다. 단적으로 말해, 명동을 거대한 묘역으로 만들어 막대한 자금을 조성하여 명동 개발을 하겠다는 취지인데 이럴 경우, 명동 일대는 연일 영구차가 꼬리를 물 것입니다. 통곡 소리가 매일 명동 천지를 진동하는 분위기 속에서 명동에 과연 젊은이 문화 광장이 성립될 것인가는 깊이 성찰해 보아야 합니다. 종교·문화·예술·시민의 광장 등으로 세기적이며 인류적인 명성이 높은, 특히 요한 바오로 2세의 서거를 계기로 세계에서 운집한 400만 조문객 중 대부분이 젊은 층이었던 세계 젊은이 광장으로 떠오른 로마의 성 베드로 광장, 스페인 광장, 파리의 노트르담 대성당 광장, 성심 성당 광장, 스페인 가우디의 성 가정 성당 광장, 라벤나의 기적 같은 모자이크 성당 광장, 피렌체의 두오모 광장, 베네치아의 성 마르코 광장 등 수없이 건설된 성당 광장들은 묘지화(墓地化)와는 거리가 먼 생명에 넘치는 종교문화예술 광장입니다. 그렇기에 젊은이를 위한 명동성당 개발은 납골당으로 막대한 수입을 올려서 추진하려는 개발과는 전적으로 차원을 달리해야 합니다. 앞에서 열거한 세계적인 종교 광장 조성에도 거대한 재력을 쌓아 놓고 한 것 아니라 세기적인 마스터플랜을 완성하고 백년 또는 수세기에 걸쳐 한 가지씩 이루어 인류사에 빛나는 놀라운 종교문화예술 광장을 이루어 낸 것입니다.

　명동의 역사적 개발에는 경제적 문제로 논란도 있었으나 서울의 명동은 위치와 역사적 가치, 즉 근대화의 핵심이 자리잡고 있습니다. 근년에는 전 세계 관광객이 집중하여, 세계 청소년의 문화적 집합처가 되었습니다. 이제 명동은 인간 지혜로는 감조차 잡을 수 없는 창조주 하느님이 이루실 3천 년대 인류 공통문화의 새로운 진화 중심까지 점칠 수 있는 하느님 창조 진화의 중심도 될 수 있는 곳입니다.

　첫 번째 천년 노예제도 시기에는 짐승 이하의 취급을 받던 인간이 하느님의 모습인 인격으로 대접을 받게 되었습니다. 두 번째 천년에는 창조문화의 개발에서 농경을 중심으로 인간 사회를 형성하며 인류문화의 놀라운 인간 삶을 형성했습니다. 이런 와중에서 땅에서 하늘을 찌르는 기상천외의 고딕 성당들이 중세 도처에서 풍미했습니다. 또 한편으로 온 세계를 한 품에 끌어 모아 하늘을 향하는 (당시로서는 인류의 사상과 찬탄을 넘던) 로마의 성 베드로 대성당이 나타나 인류의 행로를 되새기게 하였습니다. 이렇게 인류문화는 천 년대를 맞을 때마다 몇 천 년을 앞서가는 증좌들을 나타냈듯이 오늘 명동성당 영역 건설도 이와 비슷하게 3천 년대 여명에, 그것도 인류 공통문화의 중심을 이룰 동양에 인류의 동서남북의 미래를 설계하여 적어도 3천 년대 후반까지 경탄하게 하는 명동성당 지역 건축이 되어주면 하는 바람 간절합니다.

2003년 1월에 총대리 염수정 주교(당시 명동성당 주임)를 모시고 이명박 서울 시장을 방문했습니다. 당시 이명박 시장이 추구하던 대개혁인 '2020 서울도시기본계획'을 계기로 그를 방문하여 이명박 시장이 계획한 내용의 브리핑을 듣고 조감도를 보았습니다. 그 방문 내용을 제가 교구장 정진석 대주교께 전언했습니다. 그런 경우 서울의 핵심인 서울 명동성당 지구 일대가 교구와 관계없이 큰 그림으로 추진할 징조가 농후했기에 서울 명동 지대 발전사와 국가 공헌사를 제기하여 일일이 설명하고 민족의 진행 방향과 근대화에 미칠 영향, 향후 명동성당 지대를 중심으로 이루어질 세계 속에서의 서울과 한국의 발전, 3천 년 새 천 년대에 인류문화 발전을 촉진할 것을 설명했습니다. 서울은 불가피하게 세계 관광, 특히 세계 젊은이들의 운집처와 새로운 인류문화 발상지 역할을 역설하여 명동 성역에 대해 서울시가 계획했던 청사진을 일단 보류했습니다. 그것이 오늘 명동성당 지대 건설의 시발점이었습니다. 이 회담 후, 같은 해 4월에 서울대교구장 정진석 대주교 교구장 명의로 서울대교구 사제 전체 회의를 열었습니다. 제가 주제 발표를 하며 저간의 시장과의 회담을 소개하여 2020 서울도시기본계획의 명동 지구 계획 등을 발표했습니다. 이는 대대적인 찬성을 받았고 제가 그 위원장으로 추대된 것이 오늘 명동성당 건축의 직접적 단초였습니다. 그러나 저는 연로하여 은퇴한 개인 사정 등을 고려하여, 명동개발 위원직을 사양했습니다. 지금은 교구장 지시 하에 누구보다도 열성적이고 앞을 보며 실천력이 뛰어난 총대리 염수정 주교의 지도 하에 위원들의 협력으로 진행 중인 명동 성역 공사 진행은 대교구의 역사적 큰 공적으로 기대되는 바가 크다는 말씀도 곁들이고 싶습니다.

그뿐만 아니라 명동 개발이 납골당 중심이 되는 경우, 천주교의 명동 개발이 납골당 개발밖에 안 되느냐는 국민 여론의 비판과 반발에 부딪칠 수 있습니다. 그것은 명동성당이 지정학적·역사적으로 이 민족의 영욕과 운명을 같이 해왔기에 명동 성역 개발은 성당 일변도로 자의적으로만 나아갈 수 없는 민족적 성소의 문제이기 때문입니다. 납골당 안이 서울대교구 지역구장 사제 회의에서 환영 받지 못했다는 소식도 들리니 지역구장 신부님들의 올바른 판단에 경의를 표합니다. 이런 안을 전해들은 수많은 사제는 물론, 평신도 지도자들도 경악하는 것입니다. 사정이 그렇기에 평신도 지도자들이 저에게 계획을 취소해 달라는 요청을 합니다. 한번 확정된 묘지 문제는 법적인 규정 밖에서는 어찌할 도리가 없는 유족들과의 민감한 사항입니다. 후일 필요에 따라 묘 이전이나 변경의 필요성이 발생할 경우, 교회로서는 감당하기 어려운 인간적인 문제와 재정 문제가 후대에게 물려질 것입니다. 따라서 명동성당과 같은 교회적·사회적으로 공적인 성격을 띠는 장소에서는 납골당 설치와 같은 경우에 광범위한 여론 수렴과 전체 사제단의 동의를 얻어야 합니다. 명동 성역 개발은 인류 공통문화의 흐름 속에서 세계교회와 연계하여 사목을 펼쳐야 할 곳입니다. 그러기에 3천 년대에 들어 동·서의 인류문화를 새롭게 주조해야 할 명당에 지금의 경제 문제에 얽매인 납골당 안은 적합하지 않다고 생각합니다.

6) 명동의 위상

　동양에서 가톨릭의 거점이라고 할 수 있는 명동성당의 역내 개발은 단기에 끝낼 일시 전시용이 아니니 몇 년 후 계성여고까지 나가는 경우와 수련자와 노인 거주 문제도 고려하고 전 근대적인 거대 집단생활 양식을 지양(止揚)해야 하는 영성학적·인간학적 요청까지 감안해야 합니다. 서구의 일반적인 현상인 성소의 급감으로 거대한 수도원 건물들의 무용지물화를 타산지석으로 하여 어느 날 명동 역내 수도원 이전(移轉)까지 염두에 두는 등, 명동 개발의 마스터플랜을 먼저 작성해야 합니다. 즉 1~2년 내에 동·서의 사계 거장들이 마스터플랜을 작성하여 공통된 부분부터 필요한 것들을 가려 순차적으로 건설해 가면, 한꺼번에 축적된 막대한 재화를 전제하지 않고도 훌륭하고 역사적인 개발이 이루어질 것으로 생각합니다. 그뿐만 아니라 저는, 교황청은 이런 면에서 세계의 어떤 조직이나 천재적인 한 개인과도 비견할 수 없는 지식과 풍부한 내용, 이른바 노하우를 갖고 있으니 교황청의 자문을 받아 일을 진행하면 명동성당 지역을 세기적이자 동·서양에 걸친 놀라운 종교문화 중심지로 이루어 낼 것이라 생각합니다.
　한국은 이제 동양에서 가톨릭의 중심이 될 수밖에 없는 운명에 놓였습니다. 한국 천주교하면 서울대교구가 얼굴임을 부인할 사람은 없을 것입니다. 서울대교구, 더 구체적으로 명동성당은 세계교회에 대해 한국의 얼굴입니다. 이에 따라 명동성당 역내에는 세계적인 가톨릭회의를 위한 인프라가 조성되어야 할 것입니다.

7) 명동을 젊은이 종교, 사이버 문화의 터전으로

지금 한국 가톨릭교회에 시급한 것은 젊은이들을 훈육할 종교문화 예술 광장과 센터 조성입니다. 그들과의 교류는 사이버네틱스로만 가능하기에 명동 개발은 이런 면을 우선시해야 할 것입니다. 이것이야말로 2003년 사제총회에서 가결된 명동 개발의 핵심입니다. 물론 이런 사이버 사목은 피상적이며 일시방편적인 것이 아닌 학문적 뒷받침을 받는 것이어야 합니다. 젊은이들의 사이버네틱스 사목은 사이버 전문대학원을 필수 요건으로 요구합니다. 그렇지 않을 경우, 사이버 세계는 3년 내지 5년이면 기존의 것은 거의 쓸모없게 되기에 학문적인 계발을 하지 않는 경우에는 국·공립이나 개신교 등의 다른 대학에서 계발하는 학문적 발전과 기술에 의존하는 위치로 전락하게 될 것입니다. 이는 사회복지, 전문대학원의 경우에도 마찬가지입니다.

8) 전문대학원 설립 문제

저는 혜화동 가톨릭 지대의 가톨릭 종합대학 설립안이 무산된 후부터 명동과 혜화동 지대에 전문대학원을 설립할 것을 계속 주장해 왔습니다. 그래서 정진석 대주교님이 서울대교구장으로 부임한 후의 브리핑에서도 고등교육 기관 문제에서 각 대학이 열을 뿜고 있는 로스쿨과 사활의 문제로 떠오를 젊은이 문제 전문대학원, 노인 문제 전문대학원, 사회에서 요구하며 교회가 운영할 수 있는 전문대학원 설립을 권장했습니다. 지금 가톨릭대학교에서는 끼어들 수도 없는 로스쿨도 쉽게 허락받을 수 있었습니다. 그러나 시기를 놓쳐 지금은 불가능하게 되었고 지금까지 전문대학원 하나도 설립되지 않았습니다. 명동 개발은 필연적인 요청으로 청소년의 사이버 문화를 위한 사이버 문화 전문대학원을 요청하고 있습니다. 명동 개발 역시 혜화동의 문화적 연계 개발을 필연적으로 요청하게 될 것입니다. 특히 명동에는 바티칸 외에서는 유례를 찾아 볼 수 없는 〈평화신문〉과 〈평화라디오〉, 〈평화TV〉등 교계 전문 매체를 구비하고 있으므로, 이런 선진성과 전통을 살려 매스미디어 전문대학원 등을 설립할 수 있습니다. 급속한 사회 변동기에 절대적으로 필요한, 효율적이며 사회가 요구하는 것을 신속히 가려 대처해야 합니다. 지금 가장 중요하며 교회 교육기관으로서 할 수 있는 것은 전문대학원입니다. 그런데 전문대학원은 한 대학원이 매년 수십 명의 신입생을 받아야 하고 전문인 교수에게 연차적으로 막대한 보수를 지급하며 영입해야 하기에 그에 따른 재원 마련이 큰 문제로 등장합니다. 따라서 매년 상당수의 학생을 영입해야 하며, 매년 수십 명씩 쏟아지는 학위 소유 졸업생들의 취직이 원활히 이루어져야 하는데 대단히 어려운 일입니다. 취업이 원만히 해결되지 않으면, 신입생이 끊길 것이므로 후속 일이 힘들게 됩니다. 일단 채용된 교수를 해고한다는 것은 현재 상황에서 거의 불가능하여 재단 측이 책임을 떠맡아야 합니다. 요즈음 대학가에서 통폐합과 구조 조정의 큰 바람이 일고 있습니다. 학부에서는 비인기 학과들이 겪는 어려움을 제2 지망이나 교양 과목 배정 등으로 어느 정도 해결할 수 있습니다. 그러나 혜화동 전문대학원의 경우에는 특정 학과가 이런 운명에 처해지는 경우, 타 대학처럼 구조 조정의 길도 없어 폐과해야만 합니다. 그러므로 선뜻 전문대학원을 시작하지 못하는 것입니다. 학위 소유자들의 지속적인 취직을 어느 정도 보장하기 위해서는 변동하는 사회의 수요를 감안하는 것이 상식이며 전제 조건입니다. 만일 신입생 부족으로 폐과에 직면하게 되면, 재학생의 반발과 동창회와의 마찰도 각오해야 합니다. 지금 어느 학과이든 자체가 자급자족할 수 없다면, 다른 것에 의존할 수밖에 없는 때인 것도 전과는 다른 면입니다. 따라서 전문대학원 설립은 시급한 문제이지만 현직 전문가의 철저한 연구와 심의를 거쳐서 해야 할 것입니다. 그렇지 않고 섣불리 일을 저지르면 큰 낭패를 볼 위험이 있습니다. 가톨릭은 근본적으로 하느님의 창조경륜에 근거한 교육과 실천, 세계성이 밑바탕이기에 설명 여하에 따라서는 다른 교육 이념들보다 유리한 입장에 설 수 있습니다.

국가와 사회에 필요한 학문을 나열하면 대략 다음의 것들을 꼽을 수 있겠습니다. 청소년 문화 중심의 사이버 문화 전문대학원, 출산율의 급속한 저하와 노령화는 세계 최고로 급속히 진행되니 멀지 않아 사회구조가 청소년과 노인 위주로 바뀔 것이기에 정치, 경제, 사회, 가정 문제 등의 모든 것이 이 두 축에서 고려되고 조정될 수밖에 없는 시대가 도래할 것입니다. 지금부터 청·장년층은 자신들의 노후를 준비하고 있으니 노년층이 상당한 경제력도 가질 것이고 수(數)도 젊은 세대와 맞먹거나 더 많게 될 것이어서 자연히 표에 좌우되는 정치도 노인층에 힘을 실어 줄 것입니다. 또한, 그들의 경제력도 만만치 않을 것이니 경제계도 그들의 노하우와 구매력을 중시하게 될 것입니다. 그러나 우리의 사회 현상이 이대로 가면 빈익빈 부익부 현상은 더 심화되어 빈곤층 노인들은 더 비참하게 될 것입니다. 더 나아가 수가 적어진 젊은 층은 엄청나게 불어난 노인층을 부양할 짐을 지려고 하지 않을 것입니다. 이런 와중에서 전 세대와 젊은 세대 사이에는 말할 수 없는 인간 비극이 초래할 것입니다. 이런 것은 전문대학원 같은 고등 연구 기관에서 연구하여 방도를 다각적으로 강구해야 할 국가적·인간적 과제입니다. 이런 문제에 대한 연구기관, 즉 젊은이와 노인 문제 전문대학원은 극히 유용하며 그 면도 다양해 신입생이나 졸업생의 수급 관계도 문제가 없을 것이고 국가, 기업, 개인의 경제적 후원을 쉽게 얻을 수 있을 것입니다. 국가는 노인 문제에 천문학적 예산을 투입해야 할 것입니다. 이런 예산은 상당 부분이 연구 기관과 노인 봉양 애덕 기관 등에 배당될 것입니다. 교회는 노인 문제 전문 교육기관만 갖추고 현재 도처에 산재한 애덕 기관을 집합 조직하여 상호 협조하고 교류한다면 연구의 뒷받침을 받아 인간 사랑으로 공헌할 수 있을 것입니다. 사람은 누구나 노인이 될 것을 전제로 사는 것이기에 노인 문제 전문대학원은 모든 사람의 지대한 관심사이며 후원의 대상이 될 것입니다. 앞으로 노인 문제는 국가적·개인적으로 많은 일거리를 창출하여 배출 인력의 소화도 문제가 없을 것입니다. 이런 모든 문제에 앞서 교회는 노인사목 문제가 핵심이 될 수밖에 없습니다.

  이주민 전문대학원도 이에 못지않게 중요한 국가적·인간적 문제로 등장할 것이기에 설립이 시급합니다. 이주민 문제는 우리와 같이 출산이 급감하는 처지에서는 화급한 문제입니다. 이 문제는 외국인 노동자들이 얼마나 많이 유입되느냐의 문제이기보다는 국가의 운명적인 문제로 발전해 가야 할 것입니다. 수많은 외국인 유입과 내국인 송출 등으로 크고 작은 문제들이 무수히 야기될 것입니다. 지금 추산 급감(急減)으로는 머지않아 외국인 노동자 등 외국인 거주자가 200~300만 명 정도 더 유입될 것으로 예상됩니다. 그것은 외국인 유입과 내국인 해외로의 송출이 여러 가지 이유로 차차 더 필요해지고 더 자유로워질 것이기 때문입니다. 이와 버금가는 이유 등으로 일어날 인구 문제 전문대학원, 여성 문제 전문대학원, 생명·환경 문제 전문대학원, 무엇보다 교회가 중요시하는 매스미디어 전문대학원, (방송국, 신문, 라디오 등을 완전하게 갖춘 교구로서는 아마도 서울대교구가 전 세계 교구 중의 유일하나 연구의 뒷받침을 받지 못하는 것은 세계 1위일 것이다) 경영자 전문대학원 등 많은 전문대학원이 가톨릭의 손길을 기다리고 있습니다. 그것은 가톨릭은 무엇을 하든지 하느님에 대한 사랑과 사람에 대한 사랑에서 하기 때문입니다.

이렇게 가톨릭 교육기관은 인간 삶의 원천인 고등교육 기관에서 하느님의 창조경륜과 구세(救世)경륜에 바탕을 두고 복음화를 실천합니다. 앞으로의 전문대학원과 고등교육 기관은 사회와 인류에 공헌하는 정도 여하에 따라 존폐 여부가 결정될 시기를 향해 가고 있습니다. 이런 전문대학원 안이 혜화동에 구상되어 실현되고, 신학대학 3~4년생들이 가톨릭대학교 역곡 교정에서 수학하게 하면 오늘날 신학생 교육의 주요 요소인 평신도와 함께 교육받는 여건도 충족시키며 미래 시대의 사목자를 양성할 수 있습니다. 한편, 역곡 캠퍼스는 신학생들의 합류로 상향되고 강화될 것입니다. 혜화동 교정에서는 전문대학원 수준에서 신학과 일반 학문이 교류되어 우수한 사제 양성이 이루어질 것입니다. 신학대학도 체제를 좀 더 정비하여, 시대에 적응하며 시대 안에서 복음의 일꾼으로 요구하는 사제 양성을 위해 4년 학부제와 3년 전문대학원제로 개편하면, 다른 전문대학원생들에게도 신학 분야를 필수 내지 자유 선택하도록 할 수 있을 것입니다. 신학생들에게도 개개인의 성향에 따라 일반 사회 과목들을 선택 이수하고 자격증도 취득하도록 할 수 있을 것입니다. 사제가 될 사람들의 정규 교육은 강화해야 할 것은 두말할 여지가 없으나 폭을 넓혀 다른 전문대학원 학생들도 신학 강의에 참여할 기회도 충분이 제공해야 할 것입니다. 가톨릭의 교육 전반은 복음에 바탕을 둔 인간 완성이니 이렇게 혜화동 지구가 가톨릭 전문대학원 대학 지구로 운영되면 한국에서는 단연 선두를 달리는 고등교육의 장(場)이 될 것입니다. 거기 더해 알찬 연구기관 창설과 기존 기관들의 집결로 이루어질 공동 연구, 더 나아가 가톨릭의 장점인 국제성까지 결부시킨다면 누구도 넘볼 수 없는 교육계의 독보적인 존재가 될 것입니다. 물론 이런 일을 창조해 가는 데는 큰 지혜와 용기, 끈기가 성패의 관건입니다. 지금이 이런 기관 창설에는 적기입니다. 교회가 또 다시 이런 기회마저 놓친다면, 천주교의 고등교육은 이 땅에서 피어나지 못하고 교회에 대한 국민의 관심은 점점 더 멀어질 것입니다.

9) 가톨릭 종합대학안 무산

두고두고 아쉽게 생각되는 것은 1984년 가톨릭 종합대학 설립안의 무산입니다. 전제하고 드려야 할 말씀은, 정당한 불평이나 불만을 해소할 길을 터놓지 않고 국권이나 교권을 막론하고 권력으로 누르고 질식시키는 인류문화 시대는 이제 한 세기가 훨씬 지났다는 사실입니다. 그렇기에 세속은 민주주의 정착으로 문제를 해결하고 교회는 직·간접의 사전 이견 수렴으로 사전에 문제를 해결하는 지혜를 발휘하는 것입니다. 우리 시대에 이르러 가장 표본이 되는 것은 제2차 바티칸 공의회입니다. 그 외에도 수많은 채널이 올바른 의견 수렴을 위해 가동되고 있습니다. 저는 로마 유학 중에 가장 약자의 위치에서도 교황청 고위 성직자에게 교황청 처사에 불만을 토로해, 불만의 이유가 있다고 판단하면 교황청이 수용하여 정책을 바꾸는 것을 경험했습니다. 지금은 지방 교회일수록 교권 일변도인 경우를 체험하게 되는 수가 왕왕 있다는 점을 먼저 말해 둘 필요가 있습니다. 권력 앞에 정정당당하지 못한 아부근성이야말로 먼저 몰아내야 할 적입니다. 그렇지 못하고 교회 장상들이 권력 무소부재(無所不在) 행사이거나 윗분을 모시는 분들이 윗분들의 의중이나 눈치나 살피는 수하(手下)들이라면 참으로 못할 짓을 하는 아부 분자일 뿐입니다. 저는 교회와 사회의 오랜 삶의 경험에서 이런 사람들이 출세는 할지 몰라도 사회는 물론, 교회를 망치는 분자들임을 체험으로 확인했습니다.

한국 천주교 2백 주년 기념 사목회의(1980~1984, 이하 사목회의라 칭함) 준비 중에 성직자들과 평신도들로부터 가톨릭 종합대학 설립안이 강력히 제기되었습니다. 저는 평신도들의 요청에 의해 그 내용과 필요성에 대해 강연하고 방도를 제시했습니다. 저는 그 당시 한국 천주교 2백 주년 기념 사목회의의 실무 책임자였습니다. 저는 그 방도로서 사목회의 개회를 주재할 교황 요한 바오로 2세의 방한의 기회를 호기로 활용하는 것이 최상의 방도라고 했습니다. 사실 평화의 사도 교황 요한 바오로 2세의 방한은 광주 민주화 항쟁으로 전 세계에서 극도로 악화되었던 한국 국가 수장의 이미지가 많이 제고되는 계기가 됐습니다. 그때 이런 호기를 활용하여, 국제적인 관례에 따라 교황의 방한과 공헌을 기리는 의미에서 혜화동 가톨릭 지대에 알차고 세계성을 띠는, 그렇기에 국내 대학이 따라올 수 없는 우수한 가톨릭 종합대학 설립을 계획했습니다. 그 실현을 위해 유력 평신도들이 국가 최고기관과 수장과 접촉하도록 하여 물밑 교섭도 다 끝나 가톨릭 종합대학 설립은 교구 책임자의 최종 승인만 남아 있는 상태였습니다. 그러나 당시 윗분의 일언지하의 거부로 종합대학안이 무산된 것은 회복할 수 없는 천추의 한으로 남게 되었습니다.

당시 서울에 있는 가톨릭대학의 종합대학안의 가장 어려운 문제는 시내 대학의 정원 문제였습니다. 정부 당국과 청와대 측에서도 천주교에만 혜택을 줄 수 없는 문제였기에 고민이 컸던 것입니다. 이런 난처한 계기(契機)에 제게 묘안이 떠올랐습니다. 평화의 사도 교황 요한 바오로 2세 방한은 놀라운 국내적 반향과 지대한 세계적 관심사였습니다. 교황과 대통령이 평화 공동 성명을 발표하게 된 것은 당시 광주 민주화 항쟁이 양민 학살로 국외에 비쳐져 한국 정부와 대통령의 위상이 말이 아니게 땅에 떨어진 때였기에 평화의 이미지 회복과 국위 선양에 하늘이 내려준 천재일우(千載一遇)의 호기였습니다. 저는 모두가 당혹해 하는 문제에 대해 말했습니다. 교황이 처음으로 방문하는 나라들에서는 형편에 따라 국가적으로 기념할 것을 남기는 관례가 있었습니다. 이에 교황 요한 바오로 2세의 방한은 한국의 평화 이미지를 세계에 심어주고 국위를 세계에 드높이는 것이었습니다. 한국은 국가 차원에서 큰 선물을 드려야 할 입장이니, 한국교회가 교황께 사전에 품신하여 한국의 젊은이들이 좋은 교육을 받을 수 있는 가톨릭대학의 종합대학 승인이라고 하면, 역사적·국제적 관례에도 부합하고 정부나 청와대도 떳떳하며 격조 높은 것이 될 것이라고 했습니다. 이런 것은 교황의 첫 번 국가 방문 때 있는 국제적 관례이니 좋은 마무리가 될 것이라고 건의했더니 만장(滿場)이 명안 중 명안이라며 박수갈채를 보냈습니다. 그런 안을 청와대에 전했더니 당시 대통령은 절묘한 안이라며 무릎을 치더라는 후문이었습니다. 이렇게 사전에 만반의 준비가 끝났던 것입니다. 30년 전 그때에 그 안이 성취되었으면 지금은 큰 수목(樹木)의 모습일 것입니다. 무엇보다 아쉬운 것은 선진국의 경우처럼 시대가 요구하는 사제 재교육의 다양한 프로그램 실현, (한국교회도 전래 200년도 훨씬 넘었으니) 외국에 가지 않고 국내에서 필요한 학위 취득 등, 지금 서울대교구와 한국교회에 요구되는 것과 학문을 통해 사회에 큰 복음적 역할을 충족시킬 수 있었을 것입니다. 또한, 그것은 가톨릭대학이 역곡에 본부를 둔 형태가 되어 현실적으로 서울 시내 대학이 아니기에 2~3급의 취급을 받는 불이익이 없으며 더 나아가 여러 형태의 전문대학원 설치도 수월할 수 있었을 것입니다. 몇몇 전문대학원은 뿌리를 깊이 내려 학문 세계뿐만 아니라 실천 분야에서도 중요한 역할과 큰 공헌을 하고 있을 것이나 이제는 한낱 백일몽과 같은 이야기가 되었습니다.

저는 이 기회에 한국교회의 중대한 문제인 서울에서의 가톨릭대학 종합대학안을 둘러싸고 일어났던 희비(喜悲)가 뒤엉킨 이야기 한 토막을 하겠습니다. 앞으로 이런 큰 실책이 되풀이 되어서는 안 된다는 역사적 교훈을 위해 여기에 적습니다. 우리 시대에 서울에 종합대학 설립의 천재일우의 절대 호기를 무효화시킨 것은 현재와 도래하는 미래에 복음적 문화 창달과 민족 복음화의 큰 길을 막는 우를 범한 것이며 돌이킬 수 없는 실책을 저지른 것으로 생각합니다. 동양의 사상과 심성에 따라서는 이 땅의 신앙 최초 도입자들을 대할 면목이 없게 된 것입니다. 그 이유는 신앙의 최초 도입자들은 당대에 학문에 뛰어난 분들로 국운을 열며 학문적 형안으로 미래지향적으로 민족 복음화의 기틀을 마련했습니다. 또한, 몇 세기를 앞서 토착화 신학까지 숭상하고 있었습니다. 그런 그들이 도상에서 꺾인 것은 민족적·교회적 큰 비극이었으며 이런 역사적 불행은 직접적으로는 무지와 권력의 노예가 된 사람들의 박해에 의한 것이었습니다. 다른 한편으로는 인류문화의 흐름을 전혀 몰랐던 당대의 선교사와 교회 지도자들의 인류문화 흐름에 대한 맹목에서 기인한 것입니다. 국가는 물론 교회조차도 민족 문화의 복음화와는 거리가 멀 수 있습니다. 이 두 요인에 공통된 것이 있는데 그것은 국권이든 교권이든 막강한 권력으로 무소불위(無所不爲) 난도질을 감행하고도 아무런 책임을 지지 않을 뿐더러 오히려 영광을 받는 아이러니도 일어나는 수가 있습니다. 더 기이한 것은 이런 사람들이 시대의 선각자인 듯하는 것입니다. 우리 시대 이 땅의 많은 정치 권력가가 이런 유형인데 그들의 숨겨진 심성은 마음속 깊이 깔린 막강한 권력 의식뿐입니다. 또한, 여기에는 일반적으로 무지가 곁들입니다. 겉으로는 유식한 것 같으나 문화의 흐름에서 볼 때, 실은 무식하기 이를 데 없는 권력가, 더 나아가 이런 사람들이 의로운 사람으로 가장되는 것을 심심치 않게 보게 됩니다. 무서운 적의(敵意) 내지는 보복의 폭발이거나 처사인데도 잘못이 질책되지 않을 뿐더러 오히려 존경 받는 인물이 되기도 합니다. 우리는 이런 행태를 근래에 이른바 정치 권력가, 왕년의 민주 투사, 인권 운동가 중에서 심심치 않게 봅니다. 인류문화의 흐름에서 볼 때, 그런 막강한 권력으로 아부하지 않는 자들을, 더 나아가 선각자를 무자비하게 매도하거나 처단하거나 매장해 버리는 예를 주위에서나 역사의 흐름 속에서 적지 않게 보게 됩니다. 어떤 때, 그런 권력가들이 본연의 모습에서는 거리가 먼 형태이지만, 일시적 성과를 올려 대중의 영웅이 되기도 하고 민족의 지도자가 되기도 합니다. 우리는 이런 일들을 우리 시대의 정권사(政權史)에서 흔히 보게 됩니다. 어찌된 일인지 집권하는 층은 어느 정권이든 정도의 차이는 있지만 거의 예외 없이 전 정권들을 잘못한 것으로 몰아가고 자기들만이 국민을 올바로 이끌어 가며 선정(善政)을 베푸는 것으로 국내·외에 선전하기에 바쁩니다. 오히려 이런 사람일수록 무지와 독선에 사로잡힌 사람들입니다. 그렇기에 우리는 전 집권층에서는 그 이상은 없을 위대한 인물로 나타났으나 후 정권 시기에는 무지와 독선과 위선의 화신으로 드러나는 것을 보게 됩니다. 또한, 그 뒤에서의 무고한 많은 희생을 강요한 것을 보며 허탈감과 배신감, 분노마저 느끼게 되는 수가 있습니다. 인류문화사가 전진해 가는 향방과 궤를 같이 하지 않고서는 교회도 살아남을 길이 없습니다. 또한, 문화사의 흐름 속에는 권력과의 알력이 그 핵심 과제 중 하나입니다.

사실 인류문화 개명사(開明史)는 인간 의식 계발과 더불어 권력의 집중화가 해체되어 한 사람 혹은 소수에 집중되었던 권력이 가능한 한 본연의 주인인 각 개인에게 귀속되어 가는 과정입니다. 물론 이런 개인의 사회성 내지 공동체성이 중요한 것은 더 말할 필요가 없습니다. 그러나 이런 필요성도 인간 본성의 발로로서 자발적 참여의식을 핵으로 하는, 다시 말해 인류문화는 직·간접으로 하느님 모습의 발로인 생존권과 모든 기본권이 존중받는 개개인이 자발적으로 형성하는 공동체를 지향하는 단계에 이른 것입니다. 그렇기에 오늘의 권력상은 책임 수반과 개개인의 천부적 인격 존중 및 그런 권리를 조장하여 주도록 봉사하는 위치로 변해가는 것을 쉽게 볼 수 있습니다. 문화 개명은 결국 복음 정신에 접근하는 것임을 쉽게 감지할 수 있습니다. 그렇기에 교권은 더욱 더 이러한 정신 구현과 실천에 앞장 서야 합니다. 여기서 이탈할 때는 교권(教權)은 물론이고 속권(俗權)도 위선이며 그 존재 가치와 존재 근거를 잃어버리는 것입니다.

이렇게 인류의 양식(良識)과 문화사가 전진해 가는데도 교회 안에서는 고스란히 희생되는 예가 있는 것도 사실입니다. 사실 인권 의식이 극한으로 발전해 가는 20세기 후반과 21세기에 이르러 많은 지성과 젊은 세대가 대거 교회를 이탈하며 성소가 격감하는 것은 교권의 몰이해와 구태의연한 행태에도 그 일부의 이유가 있다는 점을 교권은 심각하게 성찰해야 할 것입니다. 교회는 신학적으로 수호할 교권과 인간에게 돌려주어야 할 인권을 재정립하여 실천해 가야 합니다. 더 나아가 교회는 문화의 미래지향성까지 선도(先導)하며 선도(善導)해 가야 합니다. 그것은 교회가 종말론적 세계관과 구원관을 갖고 있기에 하고도 남음이 있습니다.

안중근 의사는 한국의 미래를 위해 근대 대학 교육의 필요성을 절감했다고 합니다. 그래서 당시 서울교구장이었던 프랑스인 주교님께

돈은 자기가 댈 터이니(당시 안 의사 집은 큰 부자였다고 함) 대학하는 것을 도와 달라고 했으나 그 주교님은 한국 사람은 머리가 좋기에 대학 교육을 받으면 교만해져 지옥 간다고 하며 거절하는 바람에 안 의사는 당신들이 전하는 천주님은 받아들이지만, 그런 사상은 안 받아들인다고 하며 문을 밖 차고 나와 일기장에 이 사실을 적어 놓았다는 후문이 있었습니다. 이것은 신자가 아닌 어떤 사학가로부터 들은 이야기였습니다. 사실 제가 어릴 때는 그 프랑스 주교님은 하느님 다음으로 높은 분으로 알 만큼 대단했지만 후일, 그분의 명성은 온데간데없게 되었습니다. 교회가 세상의 어느 조직보다도 진실, 즉 사실에 근거하여 솔직하며 겸손해야 할 것을 일깨워주는 중대한 교훈이라고 생각합니다. 그렇기에 인류문화사의 흐름을 직시한 교황 요한 바오로 2세는 우리도 역사에서 일곱 가지 잘못을 저질렀다고 고백하여 세계인의 공감을 산 것입니다. 그러면서 요한 바오로 2세 교황은 다른 것도 말할 것이 있으나 지금은 아니라고 했습니다. 그 다른 것이란, 교회는 그런 잘못과는 비교도 할 수 없는 문화적, 특히 영성적 부(富)를 유럽과 온 인류에게 베풀어 준 것을 말씀하시는 것이겠습니다. 그런 것은 다 접어 두고 교황은 잘못만을 말한다기에 인류의 마음을 울린 것입니다. 그것은 교회가 분명히 잘못한 것을 잘한 것으로, 혹은 상대방이 잘못한 것으로 궤변을 펴 교회 옹호 일변도로 시종했는데 교황은 솔직한 참회의 목소리를 냈기에 세계인들의 심금을 울리고 세계인 양식(良識)에 큰 반향(反響)을 불러왔던 것입니다. 따라서 인류문화, 더욱더 종교문화는 고해성사 같은 것과 순 개인적인 것을 제외하고는 정도와 단계의 차이는 있겠지만, 모든 것이 사실에 근거하여 만민 앞에 투명해야 하며 그렇게 되도록 노력해야 합니다. 이런 면에서도 교회는 어느 문화보다도 앞서 가야 합니다.

가톨릭 종학대학안 성취를 위해 열성적으로 노력한 고마운 분들 중에는 흔히 말하는 최고위급 현직을 두루 지낸 평신도 인사들이 있었습니다. 그분들의 노력은 참으로 두드러졌고 희생이었습니다. 한국 천주교 2백 주년 기념 사목회의 이후 평신도들, 특히 수많은 지성인 평신도가 교회 전면으로 부상하여 놀라운 열성을 뿜어냈으나 교회가 이를 충분히 수용하지 못해 시들어 가는 것은 몹시 안타까운 일입니다.

종합대학안의 직접적 동기는 다음과 같습니다. 평소 가톨릭종합대학안에 의견을 같이했던 고(故) 김창석 신부님이 절친한 인사들과 논의한 후, 한남동 외국인촌 아파트 식당에 20여 명의 지성인 평신도를 모아 놓고 가톨릭 종합대학에 대한 강의를 해달라고 했습니다. 저는 종합대학안의 필요성을 조목조목 제시하면서, 마침 한국 천주교 2백 주년 기념 사목회의 준비가 있어 교황의 내한이 임박했으니 절대적 호기임을 역설했습니다. 그리하여 참석자 전원의 화답 속에 그 운동이 확산되었습니다. 저는 요청에 의해 강의 원고를 더 복사하여 나누어 주었으며 그 취지가 요로에도 전달되었습니다. 그러나 김창석 신부님과 유력 평신도 분들도 가톨릭대학의 이념에 대한 지식이나 경험이 전혀 없었으므로 모든 아이디어와 실천 방도는 그들의 요청에 의해 제가 제공했던 것입니다. 이런 과정을 거치면서 평신도 유력인사들이 국가 기구와 접촉하여 합리적인 방안 제시로 사전 준비를 마치고 교회 최고책임자의 결정만 남은 상태였습니다. 물론 이런 과정은 그 시기에 교구장이 로마에 체류하고 계셨기에 경갑룡 보좌 주교님과의 회의를 거친 것이었습니다. 경 주교님께서는 오히려 문제를 폭넓게 보시며 서강대학교와 성심여자대학과도 접촉해 보라는 지시였습니다. 이런 지시도 모두 이행한 후였습니다.

여기에 대해 조금 더 설명할 사건이 있습니다. 1980년대 초반 겨울 방학 중 혜화동 신학교에서의 서울대교구 사제피정 때, 모든 분과 회의에서 종합대학 설립을 건의할 만큼 종합대학안이 강력히 제기되었을 때, 다시 신부님들에게 요청을 받았고 그 절박한 필요성에 대해 제 견해를 밝힐 수밖에 없었던 일도 있었습니다. 그때 가톨릭대학 종합대학안은 거의 만장일치의 신부님들의 요구였습니다.

이러 저러한 일들이 있은 후, 저는 불광동 주임 신부로 임명되었습니다. 그 이유인즉 제가 종합대학안을 추진했기 때문이라는 것이었습니다. 저는 종합대학 문제가 그렇게 비화될 줄은 몰랐습니다. 평신도들의 순수한 열성의 요청이었고 교회로서는 절대 필요로 하는 것을 이룰 수 있는 천재일우의 호기였습니다. 절차적으로는 교구장 부재 시 대행인 보좌 주교의 회의 참석과 지시를 따랐기 때문이었습니다. 한국 천주교 2백 주년 기념 사목회의 실무 총책임과 가톨릭 종합대학안 추진과 이 문제에 대한 윗분의 이해하기 힘든 처사로 저는 지칠대로 지쳐 있었습니다. 거기에 저는 남미와 미국에서의 피정 관계로 35시간가량의 장거리 비행과 연속되는 벅찬 일과로 하루 3시간의 수면만을 할 수 있었으니 심신의 고통이 매우 컸던 것 같습니다. 그렇지만 마음의 초조나 비굴함은 없었고 마음은 담담하고 당당함조차 느꼈던 것입니다. 저는 벌써 약속이 되어있던 남미와 미국에서의 피정 지도를 위해 화급히 떠나야 할 처지였는데도 경갑룡 주교께 체류할 장소와 일정을 인편으로 보내면서 김포공항으로 떠났습니다. 그 보고에 접하자 경 주교께서는 김포공항으로 사람을 급파하여 꼭 돌아오라는 말씀을 전하려 공항 내 방송을 통해 저를 찾았으나 저는 비행기에 탑승한 후였습니다. 그 후 남미 가는 곳마다 경 주교님의 메시지가 친서 형식으로 전해져 감격했습니다. 그때에는 그런 경우 미국 등지로 출국하여 귀국하지 않거나 환속하는 등의 사제들도 왕왕 있는 시기였기 때문인가 싶었습니다. 저는 어찌되었건 후속 임명에는 사제로서 순명할 생각이었고 또 그렇게 실천하며 사제생활을 했습니다.

저는 그 후 불광동성당과 명동성당 주임 신부를 거치고 다시 (그 연유는 아래 "10) 명동성당 주임되다"란에서 말하는 바와 같이) 신학교 학장으로 부임하게 되었습니다. 이런 임명은 신학교에서 퇴출시킬 때를 생각하면 역시 김수환 추기경의 인품의 큰 면의 발로로 생각됩니다. 저는 신학교 학장 임무와 서울대교구 관구 신학원장 및 가톨릭대학 총장 임기를 여러 신부님과 교수, 교직원 및 사회 인사들의 도움을 얻어 혼신의 노력으로 새롭게 신학교의 자리를 잡아놓고 정년퇴임을 하였습니다. 그런데 그 후 시간이 지나면서 좋지 않은 소식이 들려왔습니다. 그것은 신학생들의 사랑과 촉망을 받던 교수 신부 10여 명이 신학교를 떠나게 된다는 소식이었습니다. 이런 일은 윗선의 지시는 아니고 신학교 내의 문제였습니다. 저는 서울 대신학교의 유서 깊은 전통을 지키려 애써왔기에 어떻게 신학교 교육이 이런 식으로 난도질당할 수 있을까 놀랐습니다. 한국에서 유서 깊은 신학교의 전통이 마구 무너지는 굉음을 듣는 것 같았습니다. 그 중에는 세계 어디를 내놓아도 조금도 손색이 없는 분들도 있었습니다. 신학생들의 정신에 말할 수 없는 혼란이 발생했습니다. 논문 지도조차 생나무를 끊어내듯 중단시켰다는 것입니다. 그 교수님들이 교회의 교의적 단죄라도 받았다는 것입니까. 제가 경험한 바로는 로마의 대학에서는 학생이 제출한 논문을 지도할 전문 교수가 해당 학교에 없는 경우, 학교 당국이 타 대학 등 해당 학계에 사방으로 수소문하여 학생들에게 학문적 편의와 도움을 주는 것을 직접 보았습니다. 인권과 학문의 자유가 보장된 20세기 후반, 3천 년 여명기를 눈앞에 둔 시점에서 한국교회의 심장부인 가톨릭 신학대학에서 그런 일들이 이루어졌으니 참으로 교회의 앞날이 암담하게 느껴졌습니다. 당한 당사자들의 억울함은 차치하고 그런 일을 몸으로 겪으며 울분을 속에서 새길 수밖에 달리 도리가 없었던 신학생들, 성소의 위협으로 입을 봉쇄당한 채 신학생의 정신적, 인격적, 영성적 수련을 쌓아야 했으니 고통이 얼마나 컸을 것이며 손실이 얼마나 큰 것이었겠습니까. 지극히 불리한 정신적 여건 하에서 자란 그들이지만 오늘 사목 일선에서 열성적으로 뛰고 있는 모습을 보면 남달리 마음의 뿌듯함을 느낍니다. 간혹 지금의 사제들은 이기주의라든가 직업적이라든가의 말들이 있기는 하지만 그것이 사실이라면 그들의 교육 환경을 그렇게 만든 당사자들이 1차적으로 책임을 져야 합니다. 그 다음으로는 사제들의 전세대인 우리 모두가 이런 사태에 이르게 된 책임을 느끼며, 오히려 그들의 대견함을 높이 사며 감싸 안아 주어야 합니다. 한편, 파리 목숨처럼 가볍게 여기지는 교수 신부와 영성 지도 신부를 외국의 전통 있는 가톨릭 국가에서처럼 존중하며 귀하게 여기는 풍토가 조성되어야 합니다. 신학교의 전통과 중요성 때문에 저는 임기 중 본인들이 자진 원하는 두 명의 교수의 이동을 허용했을 뿐 오히려 10여 명의 우수한 교수 신부들과 영성 지도 신부들을 본방인과 선교사 중에서 선별하여 요청되는 분야에 따라 영입했습니다. 그런 와중에서도 다행한 것은 그렇게 이동된 분들이 현재 교회의 전국 기구나 교구 요직, 중요한 여타기구 등에서 놀라운 활동을 하고 있습니다.

지금 저는 오랜 시간에 걸쳐 수많은 고락(苦樂)을 겪어서인지 혹은 나이를 많이 먹어서인지 지난날들의 고통스러웠던 일들이 담담한 추억으로 남습니다. 명동 개발은 조금만 폭넓게 다루어도 희비가 교차하는 사건들이 많았기에 이야기가 옆으로 빠지기 일쑤입니다. 논지(論旨)를 좀 더 펼쳐간다면 교회 권력이, 새롭게 전개되는 인류문화사에 무감각했고 새로운 도전을 해결하는 데 무능했기에 종교개혁을 위시하여 프랑스 전토를 성직자의 피로 물들인 프랑스 대혁명, 맑스주의의 인류 대학살극 등이 가톨릭 지대 중심부에서 유발하게 된 것입니다. 그러면서도 가톨릭교회의 몰지각한 교권이나 지성분야에서는 호교론 일변도와 잘못된 것을 덮고 옹호로 일관했던 것입니다. 그러나 제2차 바티칸 공의회는 진리 앞에 숨길 것이 아무것도 없다는 시각을 드러내기 시작했습니다. 드디어 교황 요한 바오로 2세는 우리는 역사 앞에 7가지 잘못을 저질렀다는 고백을 함으로써 세계 양식(良識)에 크나큰 공감을 불러 일으켰던 것입니다. 그러나 한국교회의 일부는 아직도 이런 문화의 흐름에서 뒤처져 있는 것 같아 마음이 무겁습니다. 그렇지만 주교단이 싱싱한 젊음과 학문에 대한 열성과 진취성으로 가득 찬 분들로 보충돼 가고 있기에 앞날의 희망을 걸게 됩니다.

가톨릭 종합대학이 운위(云謂)된 이 대목에 맞물려 거론된 또 한 가지의 일도 밝힙니다. 저는 혜화동 신학대학 지구에 가톨릭 종합대학이 설치되는 경우, 동성 중·고등학교는 강남으로 연차적으로 이전하는 것이 좋겠다는 의견을 냈습니다. 그때만 해도 강남은 아직 개발 붐을 타지 못한 지역이었으나 몇 몇 선견지명이 있는 명문 학교가 그쪽으로 옮겨가는 중이었습니다. 정부 정책도 강남 발전에 역점을 두는 시점이어서 학교 발전에 여러 가지 편의도 받을 수 있는 때였습니다. 무엇보다도 중요한 이유는 강남 지대가 크게 발전하면서 신자수도 한강 건너 폭넓은 강남 지대에 훨씬 더 많아질 것인데 그 곳에는 가톨릭 의과대학이 하나 있을 뿐 가톨릭 교육시설이나 문화시설이 전무한 상태였기 때문이었습니다. 그러므로 저는 포괄적이며 미래지향적인 관점에서, 먼저 동성학교가 그 곳으로 옮겨갈 것을 가정하여, 서울시 관계부서의 의견을 타진해 보았습니다. 그들은 동성학교와 같은 명문교가 그쪽으로 가는 것에 대환영이었고 지역은 학교 측이 원하는 곳으로 할 수 있다고 했습니다. 동성은 공립이 아니고 사립이니 교지 매입은 재단 측에서 해야 한다고 했습니다. 교지를 매입하는 경우, 교육기관이니 최대한 편의를 보아줄 수 있다고 했습니다. 평당 지가가 얼마냐고 물었더니 공시지가로 평당 1천7백 원 정도라고 했던 것으로 어렴풋이 기억하고 있습니다. 물론 1980년대 초반 화폐가치가 지금과는 다르지만 당시에도 아주 싼 값이었습니다. 그러므로 가톨릭 종합대학이 혜화동에 설립되는 경우, 연차적으로 동성학교가 강남으로 무리 없이 이전해 갈 수 있다는 확신이 섰기에 그런 계획을 흘리면서 종합대학 설립에 적극적으로 힘을 보탰던 것입니다. 강남의 부지로서는 동성 중·고등학교 부지를 마련하는 기회에 강남에 가톨릭의 교육 문화 타운을 만들어야 할 것을 예상하여 적어도 20만 평 정도는 잡아야겠다는 생각이었습니다. 장소는 그때 강남 전체가 구릉 아니면 논밭이었었는데 가톨릭의 문화 타운이라면 우면산을 낀 지대가 좋을 것이라고 생각했습니다. 이런 일을 추진하면서 가장 아깝게 생각했던 것은 1960년대 초반에 교회가 프랑스 신부님들이 옛날에 구입했던 곳, 지금의 국립묘지 자리를 평당 160원 내외(지금 기억에 정확치는 않지만)로 국가에 판 것이었습니다. 저는 그때 그런 땅은 파는 것이 아니라고 했지만 너무 어린 사제였기에 힘없는 말일 뿐이었습니다. 프랑스 선교사들이 순교하며 신앙을 이 땅에 전해 준 것은 더 말할 것도 없고 서울에 지대를 잘 잡은 것에 감탄할 수밖에 없습니다. 명동과 혜화동, 중림동, 절두산, 지금의 국립묘지 터 등을 순환적으로 묶어서 생각할 때, 오늘에도 그렇게 생각하기 어려웠다고 말할 수밖에 없습니다. 혜화동에 가톨릭 종합대학이 설립되는 경우, (당시 그런 일에 귀재라고 불리며 모 사립 명문대가 재정적으로 큰 난관에 봉착했을 때 재정을 견고한 반석 위에 올려놓다시피 한) 장덕진 전 장관은 삼복더위에도 선풍기 하나에 의지하여 며칠 동안, 제 교수 연구실에서 웃통을 벗어 제치고 헌신적으로 치밀한 연구 끝에 서울대교구가 혜화동에 갖고 있는 잠재력만으로도 종합대학을 하는 데 충분하고 2년 후에는 은행 빚을 다 갚고 거대한 건물 두 동쯤 생겨날 것이라고 했습니다. 거기에 같은 대학인 가톨릭 의과대학의 잠재력까지 합치면 당시로서는 어느 대학도 넘볼 수 없는 시너지 효과를 낼 것이라고 했습니다. 그러나 이런 연구와 희생과 노력도 무산된 후 10년가량 지나 교구청 자체에서 전보다 더 강하게 혜화동에 가톨릭 종합대학안을 들고 나왔지만 호기를 놓쳤기에 사제들의 무관심 속에 없는 것이 되어 버렸습니다.

10) 명동성당 주임되다

사제의 운명은 알다가도 모를 것인가 봅니다. 불광동 성당으로 간 지 약 2년 반 후에 명동성당 주임으로 와달라는 김옥균 주교의 종용이 있었습니다. 그 이유인즉 명동성당은 정치적 데모로 해가 지고 날이 새 주교님 두 분, 즉 김수환 추기경과 김옥균 주교가 아침에 사목 방문을 나가면 그날 저녁에 주교관으로 돌아올 수 없는 형편이라고 했습니다. 이에 지혜와 실천력을 갖춘 강자가 필요한데 서울대교구 사제 명단을 아무리 살펴보아도 제 이름만 떠오른다는 것이었습니다. 저는 사양했지만 일 년 후에 다시 같은 이유로 김옥균 주교에게 요청이 왔기에 받아들였습니다. 과연 명동성당은 연일 극한 데모로 격전장과도 같은 아수라장이었습니다. 제가 부임한 1988년 2월 25일은 노태우 대통령의 취임일이었는데 사상 최악의 반대 시위가 명동에서 벌어져 저는 정문으로 들어 갈 수가 없어 가톨릭 회관의 좁은 통로로 간

신히 성당에 들어 갈 수 있었습니다. 그 후 이틀간은 독한 가스 냄새와 독기 때문에 눈을 뜰 수 없는 지경이었습니다. 저는 그런 와중에서 천신만고 끝에 명동성당의 데모를 폭력 데모에서 평화 시위로 바꾸었고 명동을 성당으로서의 본연의 모습으로 되돌렸으며 그동안 데모 난장판으로 흐려졌던 명동성당 주임 신부의 위상도 되찾았습니다.

일이 그렇게 진전되니 데모를 조장하는 편에서는 극약 조치가 필요했던 것 같습니다. 근 20년 만에 성당다운 평온을 되찾은 명동성당에 비극적인 사건이 발생했습니다. 그것은 조성만 군의 좌경화 구호 외침과 명동성당 구내에서의 할복투신자살이었습니다. 명동성당은 더 큰 혼란의 소용돌이에 빠져들고 있었습니다. 국내는 물론이고 세계가 경악했습니다. 정국은 한치 앞을 예측할 수 없는 혼미로 빠져들었습니다. 조성만 군의 자살은 그런 유(類)의 자살로는 15번째였고 자살 리스트는 35번까지 결정되어 있다는 풍문이었습니다. 저는 그런 생명 말살의 흐름을 역이용하여 젊은이들을 자살로 내 모는 것은 천인공노(天人共怒)할 죄악임을 강조하여 국민 여론을 환기시켰습니다. 이는 언론과 국민의 절대 지지를 얻어 그런 자살극을 이 땅에서 종식시켰습니다.

또한, 교구장좌인 명동성당의 주임은 교구장이기에 저는 중요한 사항들을 교구장의 지시 하에 집행하는 과정을 일일이 밟았습니다. 아마도 이런 저런 과정을 거치는 동안 김수환 추기경도 저의 본모습을 보신 것으로 생각되었습니다. 김수환 추기경은 시대상 관찰과 언론과의 대화 등에는 특수한 재능을 가진 분입니다. 미래지향적 통찰력까지를 가졌으면 얼마나 좋을까 하는 큰 아쉬움이 남습니다. 저를 불광동성당 주임 신부에서 명동성당 주임 신부로 이동시킨 것은 극한 폭력 데모를 잠재워 명동성당을 성당 본연의 모습으로 돌려놓기 위해서였습니다. 이 일이 성공적으로 이루어졌기에 저는 국가적이며 범 동양적이고 세계적 큰 관심사였던 중대사를 명동성당을 중심으로 계획하고 있었을 때, 서울 대신학교 대다수 사제들의 선거로 대신학교 학장(당시 제도는 서울대교구 대신학교 학장은 서울대교구 관구 교황청립 신학원 원장과 신학대학 학장, 가톨릭대학 총장 겸임)으로 선출되었습니다. 임명 직전 김수환 추기경은 제가 대신학교 학장으로 가야겠는데 그러면 명동성당은 또 어떻게 하지 하며 걱정과 염려를 표하셨습니다. 저는 명동 주임 신부이든지 대신학교를 맡기든지 한 가지만 시켜달라고 했습니다. 김 추기경은 교황청에도 보고했고 승인도 났으니 대신학교를 맡으라는 것이었습니다.

저는 김수환 추기경의 큰 인품의 면모를 몇 번이고 지근에서 교회와 사회의 대사(大事)를 다루며 느꼈습니다. 그분이 저를 다루는 데 상당히 곤란한 때도 있었을 것입니다. 그런데도 그분은 "주교가 되어도 벌써 되었어야 했을 사람인데"라는 말씀을 혼자 말씀처럼 하시는 것과 이와 비슷한 말씀을 저에게 직접 대놓고 하시는 것을 몇 번 들었습니다. 그러나 저는 정색으로 "추기경님! 사람을 잘못 보셔도 한참 잘못 보셨군요. 저는 주교직 같은 현직(顯職)에 적합지도 않고 바라지도 않습니다. 제가 사제가 된 것은 교회의 높은 직책을 얻기 위한 것이 절대 아니었습니다"라고 저의 부족함과 그런 높은 지위에 가당치 않음을 분명히 했습니다.

그 당시 저는 명동에서의 폭력적 데모를 평화적 데모로 바꾸었기에 명동의 국가적 사명으로서 장기간에 걸친 군사정권 하에서 거칠어지고 극좌경화의 경향을 뚜렷이 보이던 젊은이들, 특히 대학생들의 정신을 미래지향적으로 올바로 이끌어 주기 위해, 1960년대와 1970년대 서구 대학가를 휩쓸었던 극좌 성향의 학생들이 1980년대 후반기에 언론인, 교수, 기업인 등으로 대다수가 변신했는데 왜 그렇게 되었는지 또 소수이긴 하지만 좌익으로 남아있는 인사들은 왜 그대로인지를 다 같이 참여하여 논의할 국제 학술회의를 준비하고 있었습니다. 물론 우리 편에서는 그동안 대학가에서 경험이 많은 교수, 언론인, 학생 대표 등이 골고루 참여하도록 할 작정이었습니다. 또 한편으로는 한반도를 둘러싸고 있는 열강, 즉 미국, 일본, 중국, 소련, 서독 그리고 그 당시 5년 내의 노벨 평화상 수상자들을 초청하는 국제평화 회의를 UN 후원으로 준비하고 있었습니다. 그것은 1989년 가을에 있을 서울 대교구의 국제 성체대회를 "그리스도 우리의 평화"라는 성경 말씀 표어로 기치를 올릴 것이었기 때문이었습니다. 우리끼리의 평화만 말고 UN의 후원 아래 한반도의 평화와 인류평화를 주제로 성체대회의 평화회의를 하고자 했던 것입니다. 그때는 제가 UN 후원 하에 참가 인물을 인선하고 있는 때였습니다. 그 당시 남북관계는 극도로 긴장 상태에 있었습니다. 한국이 주최국이니 한국의 참가는 물론 북한도 당사자로서 UN이나 주변 우방국을 통해 초청할 계획이었습니다. 저는 그때 성체대회 준비위원회의 문화분과 위원장이며 명동성당 주임 신부였습니다. 이런 일들이 진행 중이었기에 김수환 추기경은 저의 대신학교 학장 임명을 망설이는 것 같았습니다.

 명동 개발 사건과 관련되니 이런저런 일이 있었습니다. 제가 한국 신부님으로서 가장 존경하는 분 중 한 분인 구천우(97세 선종–한국 성직자 최고령 선종) 신부님이 1960년대 중반 신학교에서 영성 지도 신부로 계실 때 저에게 의미 있는 말씀을 해 주셨습니다. 말씀인즉, 신부님(구 신부님)이 오랜 시간 옆에서 면밀히 지켜보니 "정의채 신부는 주교는 물론 추기경인들 못 하겠나 하고도 남지. 헌데 한 가지 결정적으로 부족한 점이 있거든. 그것이 무엇이냐 하면 아부할 줄을 전혀 모른다 이 말씀이야. 나(구 신부님)는 오랜 사제생활 중 별 일을 다 보아왔는데 역시 윗사람에게 아부할 줄 알아야 높은 자리에 오르게 된단 말이야" 하시는 것이었습니다. 말하자면 저에게 처세술을 가르쳐 주시는 것이었습니다. 저는 그때 너무 젊어서였을까 아니면 본래 모자라는 사람이었기 때문이었을까. "그것 참 잘 되었군요, 저는 교회 안에서의 현직(顯職)에 전혀 관심이 없거든요"라고 한 것이 기억에 새롭습니다.

11) 명동성당 선교 1번지

명동성당은 무엇을 하든 모든 것이 복음화로 귀착될 수밖에 없습니다. 물론 명동 개발 문제는 먼저 명동성당의 출현과 그 후 교회 내적이나 외적으로, 즉 이 땅에서 전개되는 문화 전반과의 만남에서 어떤 모습이었는지 조감할 필요가 있습니다. 그러나 그것은 너무 큰 과제이기에 우리 시대에 체험한 사건들과 선교 지대에서 교회의 일차적 사명인 선교의 양상을 한국 천주교중앙협의회(C.C.K.)가 2005년에 발행한 〈공식통계〉에 의해 조감해 보고자 합니다. 그것은 오늘날 일반적으로 알고 있는 것과는 큰 차이가 나는 것이어서 저를 놀라게 했습니다.

사실 우리는 1960~1990년대에 걸쳐 교황의 두 번의 방문을 위시하여 많은 사회사업과 사회운동을 전개하여 교회 위상을 대외적으로 높였으며 신자들의 자부심도 드높였습니다. 이로 말미암아 교세 확장의 폭이 유례없이 컸던 것으로 생각했으며 그렇게 말해 왔습니다. 전통적 의미의 선교도 유례없이 잘 된 것으로 생각했습니다. 그런데 막상 통계표를 보고 정리하니 다음과 같은 분석이 도출되었습니다. 물론 이런 통계는 여러 각도에서 심도 있게 분석되어야 합니다.

1945년 해방 당시는 기록된 통계가 없어 상세한 것은 알 수 없으나, 제 기억으로는 가톨릭 신자가 전국적으로 15만~17만 명가량이었습니다. 그 중 3만 명가량이 북한에 있었는데 2만 명가량은 평양교구에, 나머지 1만 명가량은 함흥교구와 덕원 면속 수도원 지구에 있은 것으로 기억합니다. 그후, 6·25 한국전쟁과 더불어 당시 평양교구장 서리였던 메리놀회 조지 캐롤 몬시뇰(Msgr. George Caroll), 일명 안 몬시뇰의 주관 하에 미국 가톨릭 구제회(N.C.W.C.)의 막대한 식량, 의류, 일용품 등의 원조는 당시 전쟁으로 무수한 인명 살상과 파괴, 피난, 가난과 정신적 황폐화에 시달린 사람들에게 큰 힘이 되었으며 고달프고 극도로 지치고 절망에 휩싸인 마음에 신앙은 마른 땅에 빗물과 같이 받아들여져 교세는 놀라운 증가세로 나타났습니다. 따라서 6·25 한국전쟁 종전 다음 해인 1954년에는 교세가 약 19만 명이 되었으며 N.C.W.C.의 원조활동이 한층 강화됨에 따라 교세 증가는 1955년에서 1959년 사이에는 연 약 13%에서 17% 사이의 전년 대비 증가율을 오르내렸습니다. 심지어 1958년에는 24%를 넘는 비약적 증가세를 보이기도 했습니다. 그러던 것이 증가세는 차차 하강 국면을 나타냈습니다. 그러나 증가율은 여전히 높은 편이어서 1961년에서 1966년까지는 6%선이라고 할 수 있었습니다. 그러나 1967년부터는 증가세가 급격히 둔화되어 3%대에서 2%, 1% 심지어 1971년에는 0.3%의 마이너스 성장에 가까운 급락 현상으로 나타났습니다. 그 후에는 1973년에 근 19% 증가의 이변이 한 번 있었을 뿐, 그 이후로는 전과 같은 증가율의 회복은 이루어지지 않았습니다. 1950년대와 1960년대 초반에 놀라운 증가에 힘입어 1954년에 약 20만이었던 신자가 20년 후인 1974년에는 1백 만을 돌파한 5배, 즉 500% 이상의 신자 증가율을 보였습니다. 1971년 이후 1979년까지는 4%선대의 증가율이라서 1950

년대와 1960년대에 비해 비교적 낮은 증가율을 유지했습니다. 이 기간 중에, 즉 1970년대에 천주교는 사회 정의 구현, 인권, 민주화 운동 등을 활발히 하던 때였습니다. 저도 이런 활동에 직접적으로 힘을 실어 주는 때였습니다. 사회복지 활동도 이웃 종교들에 비해 월등히 활발한 때였습니다. 1980년 추계 주교회의에서 한국 천주교 2백 주년 기념 사목회의가 발의되고 민족 복음화와 민족문화 창달이라는 사목회의의 기치가 오르면서 전국 평신도의 선교열이 폭발했습니다. 수면 아래에 가라 앉아 있던 지성인 평신도가 수면 위로 광범위하게 급부상하여 각 분야에의 참여열 고조로 1981년과 1982년의 교세 증가율은 다시 9%와 9.6%의 급상승세를 나타냈습니다. 일반적인 인식과는 달리, 1984년 교황 요한 바오로 2의 제1차 방한과 교회 내외의 화려한 행사의 해에는 오히려 소폭이긴 하지만 교세 증가율이 8%로 하락세를 나타냈습니다. 그 후는 계속 8%대, 7%대, 6%대, 5%대, 4%대, 3%대, 2%대, 1%대 등 하강을 계속하게 된 것입니다. 이 과정에서 또 한 가지 유념해야 할 점은 교황 요한 바오로 2세께서 서울 세계성체대회에 참석하기 위해 두 번째로 방한한 1989년에도 외적 화려함은 극치였지만 신자 증가율은 계속 하락세를 지속하고 있었다는 점입니다. 다시 말해 1987년 7.7%, 1988년 7.6%이던 것이 교황의 두 번째 해인 1989년에는 5.9% 증가율로 작지 않은 하락폭을 나타냈습니다. 이듬해인 1990년에는 5.3%로 나타나는 등, 증가율 하락 행진은 꾸준히 계속되었습니다. 여기서 주목할 점은 이 민족의 종교관 내지 종교 의식입니다. 종교에의 귀의는 외적인 화려한 행사와 활발한 사회운동과는 별개의 것입니다. 위의 통계 제시에서도 나타나듯이 선교 혹은 종교에의 귀의는, 교회의 전교 열성, 특히 평신도의 선교열에 달려 있습니다. 1950년대 1960년대의 선교 호조에도 성직자와 평신도의 선교열이 가히 절대적이었습니다. 한 예를 든다면 1957년 한 해에 제가 봉사하던 본당에서 1천7백 명이라는 영세자를 냈습니다. 그때 그 본당은 새로 건축된 곳이었는데 주임 신부님은 메리놀회 권 신부(Fr. Joseph Connors)였습니다. 저는 그분의 보좌 신부였는데 서로 의논하여 주일 미사마다 강론 끝에 "전교는 신자의 최대의 의무입니다. 미신자를 성당으로 인도합시다"라는 말을 몇 달 동안 했습니다. 그 후 신자들이 인도한 예비자 수는 약 2천 명에 달했고 그중에서 약 1천7백 명이 한 해에 영세했습니다. 이렇게 신자들이 기하학적 증가세를 보였기에 즉시즉시 본당을 분할하는 사태가 발생했습니다. 그 당시에는 성직자와 평신도가 혼연 일체가 되어 선교에 전력하였습니다. 우리의 선교열이 하강할 때에도 개신교 측은 놀라운 민족 복음화를 지속하고 있었습니다. 저는 1989년과 1991년 두 번에 걸쳐 러시아를 방문했는데, 첫 번째는 소연방이 완전히 와해되기 전이고 두 번째는 소연방이 와해되어 러시아국이 된 때였습니다. 두 번 다 독실한 개신교의 대학 교수와 장로와 같이 여행하게 되었습니다. 그때 그 교수는 통계학 계통인 듯 당시 자기들은 개신교의 교세가 국민의 20%선인 줄 알았는데 어느 사이엔가 25%를 넘었기에 깜짝 놀랐다며 앞으로 멀지 않아 국민의 40%까지는 복음화가 무난할 전망이라고 했고, 또 한 분 장로는 천주교는 김수환 추기경을 정점으로 사회문제와 사회사업에서 뛰어날 것이나 개신교는 민족의 직접 복음화에서 천주교를 몇 배 앞설 것이라고 말했던 것이 기억에 새롭습니다.

사실 이런 이야기들은 일본 전 도쿄교구장 사라야나기 추기경의 말씀과 어딘가 통하는 면이 있어 많은 것을 생각하게 했습니다. 그 추기경은 저에게 자문을 구하듯 일본 주교단은 수십 년 동안 주교단 경비의 십분의 일을 외국 빈국을 원조했고 국내에서도 막대한 경비를 사회사업에 지출했는데도 그런 희생이 전혀 선교와 연결되지 않아 고민이라고 했습니다. 저의 대답은 간단했습니다. 가톨릭의 애덕 행위는 순 인도주의적인 것만은 아니고, 특히 비그리스도교국 선교 지대에서는 가톨릭의 모든 활동이 복음화, 즉 선교와 관련되어야 하는 것이 아니겠느냐고 해 그분에게 새로운 확신을 드린 것으로 보였습니다. 그 후 일본 주교단은 정책을 바꾼 것으로 생각합니다. 사실 선교지대에서는 "너희는 온 세상에 가서 모든 피조물에게 복음을 선포하여라. 믿고 세례를 받는 이는 구원을 받고 믿지 않는 자는 단죄를 받을 것이다"(마르 16,15-16)라는 제자들에게 내리신 주님의 말씀을 따라 선교가 교회의 절체절명의 사명인 것은 두말할 여지가 없습니다.

명동 개발도 이 말씀의 실천입니다. 오늘에 이르러 인류의 삶은 문화의 삶, 특히 젊은이의 삶은 사이버 문화의 삶으로 요약되니 사이버 세계의 복음화, 문화의 복음화가 절실히 요구되며 이런 복음화야말로 젊은이들이 운집하는 명동 개발의 핵심입니다.

12) 사제단의 일치

끝으로 한 가지 말씀을 더 붙인다면 명동 개발은 사람들의 화합의 장, 일치의 장의 조성이어야 하겠습니다. 그런 대업이 이루어지기 위해서는 그것을 조성하는 이들의 마음의 화합과 강력한 일치의 유대가 필요합니다. 이런 일치야말로 명동 개발의 원동력입니다. 그렇기에 2003년 4월 30일 서울대교구 사제총회의 명동 개발과 위원회 구성은 매우 중요한 의미를 갖습니다. 그것은 사제총회가 참석 가능 인원의 대부분이 자발적으로 참여한 서울대교구 사제총회였으며 진지한 의견 개진을 거쳐 명동 개발안과 위원회 구성을 결정했기 때문입니다.

여기서 우리가 하느님께 감사하는 마음으로 주목해야 할 점은 오랫동안 사제들의 마음이 많이 흐트러져 있어 수년 동안 사제총회다운 총회가 한 번도 없었는데 청소년 사목을 위한 개발이라는 점에 신부님들의 사목적 본심이 발동되어 공전의 대성황을 이룬 사제총회를 갖게 되었던 것입니다. 그것은 교구 최고책임자의 올바른 사목 지침만 서면 일치된 사제단의 힘이 분출될 수 있다는 명백한 증거였습니다. 그러므로 개인적 호불호(好不好)의 견해나 손익(損益)의 입장도 넘어 일치하고 협력하여 시대적이고, 세기적이며 그야말로 가톨릭적 대과업, 이 땅의 한복판에서 하느님의 교회와 민족이 요구하며 염원하는 명동 개발과 젊은이들 훈육의 장을 훌륭히 이루어 내야 할 것입니다. 돌이켜 보건대, 지난 수십 년간 사제단은 불행했던 사회 정치적 상황에 휘말려 현실 참여파와 반대파로 나뉘어 흐트러졌습니다. 어떤 의미로는 찢겼다고도 할 수 있었던 사제단의 일치를 지금이야말로 본연의 모습으로 되돌려야 할 시점으로 생각합니다. 1960년대 노기남 대주교 시기만 하더라도 사제단의 일치는 견고했던 것을 생생히 기억하고 있습니다. 장기 군사 독재 하에서 사제단의 일치가 흐트러지는 것을 눈으로 보며 체험할 수 있었습니다. 이런 경우 가장 중요한 것은 교구장의 현실 시국에 대한 태도 여부인 것도 경험으로 알게 되었습니다. 교구장이 현실에 깊숙이 빠져들면 많은 사제가 교구청과의 관계에서 소홀해지거나 멀어지는 수가 왕왕 있습니다. 지난 수십 년간 서울대교구의 경우도 이런 경우에 해당되지 않나 생각합니다. 교구장은 복음 정신과 교회의 가르침에 따라 시시비비는 분명히 하되 어느 정파나 한편에 서는 것은 바람직하지 않습니다. 흐트러졌던 사제들의 마음은 사회의 정치 경제 문화의 많은 변화 속에서 차차 개인주의 내지는 본당 이기주의, 부서 이기주의 등의 양상을 띠게 되었다고 보는 것이 현재 많은 사제의 견해입니다. 서울대교구의 많은 사제가 교구청과의 관계에 무관심한 것은 틀림없는 것 같습니다. 그러나 우리는 명동 개발을 계기로 서울대교구 사제단 일치에 큰 희망을 갖게 되었습니다. 그것은 진정한 사목적인 동기가 부여되면 사제들 마음속 깊이 잠재해 있는 사제적이며 사목적인 열성이 분출되며 사제단의 본연의 일치를 이루어 내는 저력입니다. 그런 면모가 지난 번 사제총회에서 비쳐진 것입니다. 그것은 사제들의 마음속 깊은 곳에는 항상 "그들이 완전히 하나가 되게 하려는 것입니다"(요한 17,23)라는 주님의 기도가 반향하고 있기 때문입니다. 지난 날 바람직하지 못한 배경을 갖고 있는 사제단이지만 오늘날 전반적으로는 사제들의 헌신적인 사목 활동을 보며 눈물겹도록 고마움을 느끼는 것은 사제 양성에 일생을 바친 모든 분의 공통된 심정이라고 생각합니다.

13) 맺음말

저는 저간의 사정이야 어찌되었든 그동안 정진석 대주교님의 각별한 친절과 배려에 깊은 감사를 드립니다. 특히 정 대주교님의 열린 마음에 감탄한 때가 한두 번이 아니었습니다. 저는 지난 근 3년 간 정 대주교께 의견을 자주 드린 편입니다. 어느 때에는 받아들이기 힘든 항간의 말도 가감 없이 전해 드렸습니다. 그럴 때에도 정 대주교님께서는 조금도 언짢은 기색 없이 다 받아들였습니다. 하도 실천되는 것이 없어서 제가 더 이상 무슨 말씀을 드릴 수 있겠느냐고 자문을 사양할 때에도, 정 대주교님은 제가 하는 말과 같은 그런 말을 어디서 들을 수 있겠느냐며 계속 조언을 청했습니다. 그러나 저는 정 대주교님은 시간을 필요로 할 뿐 결국 실천을 하실 것이라고 신부님들은 물론 교회에 어른들과 사회 인사들에게도 말한 바 있기에, 또 그런 의견들 중 중요한 것들을 정진석 대주교님께서 다 이행할 것으로 대화 중 확신했기에, 교회 내외에 또 국내외에 정 대주교님께 대해 좋은 인상을 갖도록 많은 노력을 했는데 아무것도 실천을 안 하시니 저만 빈말을 한 것으로 만든 것이라고 한 적도 있었습니다. 사실 저는 정 대주교님께서 교구 사제들 사이에서 사목과 인간적 유대에서도 혼자이신 것 같아 주교님이 되시기 전 사제 시기의 우정을 생각하며 (또 지금은 어찌 되었건 교구장이시기에 미력이라도 보태여 교구민에게 선익이 있어야겠다는 심정으로) 적지 않은 의견을 드렸던 것이고 대주교님도 흔쾌히 받아들였던 것입니다. 그러나 실천은 거의 없기에 더 이상 대주교님과는 할 말이 없다고 단호한 입장을 말씀드린 적도 있었습니다. 그때마다 정 대주교님은 그대로 실천할 것이라는 진심어린 다짐을 하셨습니다. 그럴 때마다 저는 정 대주교님은 상당히 여린 마음과 깊은 겸손을 지니고 있다는 것과 어려운 말씀도 흔쾌히 받아들이는 것을 보며 큰 인물이라는 것을 느꼈습니다. 실천하시겠다고 다짐하셨으니 아직 기다리고 있는 중이나 이제 시간이 얼마 남지 않았습니다. 그래서 저는 희망 사항으로서 서울대교구는 워낙 큰 교구이니 정 대주교님은 거함과 같이 서서히 돌고 있다는 표현으로 빨리 실천해 달라는 주문을 한 셈입니다. 저는 다음과 같이 말씀드렸습니다. 제 생각에 지난 번 교황 요한 바오로 2세 서거와 새 교황 베네딕토 16세 선출을 계기로 나타난 교황 선출권을 갖는 한국인 추기경 출현에 대한 국민적 염원은 멀지 않아 실현되어야 할 것인데 한국교회의 교세로 보나 아시아 교회 위상으로 보나 한국교회에는 두 분의 투표권자 추기경이 요청됩니다. 서울대교구장이신 정진석 대주교님은 의당 추기경이 되어야 할 것으로 생각합니다. 여러 가지 이유가 있지만 무엇보다도 정진석 대주교님은 평양교구장 서리이기 때문입니다. 평양 당국자들 입장에서 볼 때 평양은 모든 면에서 서울과 대등한 입장으로 생각하는데 평양교구장 서리가 추기경이 아니고 다른 데서 추기경이 나온다면 서울대교구장은 그들의 눈에 월등히 낮은 대주교로 볼 것이어서 위상을 낮게 잡아 대우를 제대로 하지 않을 것이니 평양교구 사목에 미칠 영향이 지대할 것이기 때문입니다. 그것은 평양 당국자들이 우리의 교리적 입장에서 문제를 보는 것이 아니라 지위의 높고 낮음에서 모든 것을 판단하고 처리해 가기 때문입니다. 실제로 교황청은 평양교구에 대해 지대한 관심을 갖고 있기에 현지에서는 더욱 더 큰 관심을 가져야 할 것으로 생각합니다. 추기경의 교황 선출권은 만 80세까지니 정진석 대주교님은 기간도 넉넉히 남아 있습니다. 교구장 임기는 사정에 따라 몇 년씩 연장될 수 있습니다. 따라서 정진석 대주교님이 추기경이 되는 경우에도 연한 등을 염려할 필요는 없습니다. 또한, 저는 염수정 총대리 주교의 각별한 배려와 항상 제가 하는 일을 기쁘게 보아 주시는 김운회 주교님, 몬시뇰, 교구청 여러 부서의 국장 신부님, 지구장 신부님들과 모든 서울대교구 사제들이 부족한 저를 아껴주시고 믿어주신 데 진심으로 감사드리는 마음입니다. 그밖에도 기도와 성원으로 저를 아껴주신 또 다른 신부님들과 수도자, 신자 분들께 고개 숙여 깊은 감사의 말씀을 드립니다. 더 나아가 저의 잘됨을 항상 기뻐해 주신 신자가 아닌 모든 분께도, 특히 언론인들께 깊은 감사의 말씀을 드리는 바입니다.

이 글을 읽어 주시는 분들께 다시 한 번 깊은 감사의 말씀을 드립니다. 저에게 고마운 모든 분께 백배의 은혜 내려주시기를 하느님과 성모님께 기도드립니다.

2005년 10월

3. 어제와 오늘과 내일의 사회와 교회를 생각한다[64]

1) 허두(虛頭)

지난 1년 동안 북핵 문제, 6자회담, 북한 문제, 전시작전권 전환 문제와 한미연합사 해체, 한미동맹의 이완과 경제악화, 미증유의 청년 실업률과 세계 최고의 자살률, 수많은 탈북자 문제 등 거센 민족적 풍운(風雲) 속에서 교회의 교세는 겉으로는 화려하면서도 속은 비어 있는 양상이다. 10년 전만 해도 대략 신자의 70%가량이 주일 미사에 참여한다고 할 수 있었던 것이 현재는 30% 정도가 주일 미사에 참여하고 젊은이들은 대략 70%가량이 성당에 머물던 것이 지금은 5% 정도

---

64 이 글은 2006년 6월에서 2007년 2월까지 장시간에 걸쳐 쓴 것이다. 문제에 따라서는 시간의 흐름 속에서 사회상(社會相)과 교회 사목상이 적지 않게 변한 것들이 있으나 급변하는 이 땅과 세계 상황 속에서 이루어야 할 교회의 사목에는 일관된 사명이 흐른다. 이를 전제로 이 글은 당시의 사정과 요청에 따라 기록했다.

만이 교회에 남는다는 실정이라서, 교회 사목의 명암을 고민하며 현재적이면서도 미래지향적인 사목을 짚어 본다.

2) 명동 개발 총론

나는 2005년 7월 25일 명동 개발 특위 위원장직 사임을 정식으로 정진석 교구장 추기경께 표명한 후, 근 1년간 명동 개발에 대해서는 오불관언이었다. 그러던 중 지난 2006년 5월 24일에 총대리 염수정 주교가 명동 개발 문제는 그동안 진전이 있었으나 고민이 많다며 아이디어의 도움을 청하기에 그 후 몇 차례 염 주교를 만났다. (다음은 교구장 정진석 추기경과 총대리 염수정 주교께 구상하고 진언해 드린 것과 새로운 몇 가지를 첨부한 것이다.)

결론은 명동성당 영역은 먼저 건설 당시의 원지형을 살려 광장화해야 한다는 것이다. 지금 인류의 유서 깊은 곳들은 원형 살리기에 주안점을 두고 있는데 명동성당은 그동안 건물의 난립으로 아름다운 원지형이 많이 훼손되었으니 먼저 원지형을 살려 교회와 젊은이 종교문화 예술 광장을 형성해야 한다. 전 인류종교문화사 흐름의 원조격은 바티칸 성 베드로 광장이며 그 영향은 지대한 것이다. 가톨릭교회는 베네치아의 성 마르코 성당 광장, 밀라노의 도모 광장, 아시시의 성 프란치스코 성당 광장, 파티마의 성전 광장 등, 세계 도처에 헤아릴 수 없이 많은 종교문화 광장으로 세계인들에게 정신적 · 영성적 생명을 제공하고 있다. 지금 인류문화와 종교사의 흐름은 성당을 광장화하여 신자뿐만 아니라 일반인도 종교예식에 참여하고, 화합하여 동참하도록 하는 것이다. 명동성당의 경우, 현 가톨릭회관 앞에 있는 성모 동굴을 헐고, 주차장 끝에서 명동성당 정문 앞까지 넓히고, 대성당 주변에 잡다하게 난립한 건물을 정리하고, 성당 양쪽에 회랑을 두르면, 남산을 배경으로 숨이 탁 트이는 세계 어디에서도 볼 수 없는 웅장하면서도 아름다운 타원형 광장이 될 것이다. 이런 명동성당은 젊은이들의 종교, 문화, 예술의 장소로서 한국의 종교문화 명물이 될 뿐이 아니라, 아시아에서도 가톨릭의 거점이 되기에 손색이 없을 것이고, 앞으로 전개될 세계 가톨릭 성지의 구실을 다할 것이다. 그렇지 않고 지금 계획대로 지상 1층의 성당으로 그나마 트여있는 공간을 채워버리면, 명동성당 영역을 숨 막아 질식하게 할 것이다. 또한, 성당 원지형 복원은 영구(永久)히 불가능하게 될 것이다. 지금 시급히 요청되는 것은 원지형 복원이다. 그 복원 위에 젊은이 종교문화예술 광장을 건설하는 것이다. 이런 광장을 지금 우리 교회와 사회는 절실히 요청하는 시점이다. 현대 인류문화가 진행되면서, 가톨릭의 위대한 유산 중의 하나가 광장문화인데, 지금의 명동성당 코 밑에 또 큰 성당을 건축하면 역사를 역류해 가는 것이다. 이런 성당 건축은 명동의 숨통을 막는 것이 되어 경관과 정기를 막아버리는 결과가 될 것이다. 젊은이 95%가 교회를 떠나는 현실에서 젊은이 종교문화예술 광장 건설이 시급히 요청되는 것이다. 참된 정신적 바탕이 없는 문화지대에서 명동의 젊은이 종교문화예술 광장은 큰 의미를 갖는다. 지금 서울시는 광화문 통로를 인간 통행을 위해 대폭 증폭한다는 것이고 청계천과 명동을 연계하여, 광범위한 관광특구를 만든다는 것이다. 서울대교구청이 명동성당 영역의 트인 공간을 다 막으며 땅 속으로 들어가려 해서야 되겠는가. 그것도 근 1천억이라는 천문학적 예산을 들인다니 이해하기 어려운 처사가 아닐 수 없다. 남산을 배경으로 북악산을 안은 잘 생긴 명동성당을 질식시키는 괴이한 개발이 될까 걱정이다.

여기에 적는 것은 그동안 명동 개발의 어떤 모습이나 결정과도 상관없다. 다만 오늘과 미래의 교회의 예언직 수행과 지난 2백여 년, 특히 지난 백 년간 민족의 격동기에 명동 천주교회가 이룬 교회의 구원사업과 민족적 사명을 계속해야 한다는 것이다. 지금은 그 당시 젊은 성조선열(聖祖先烈) 학자들에 의해 이 땅에 불변의 진리와 선(善), 영원한 생명과 선혈(鮮血)로 도입된 신앙이 풍성한 열매가 되어, 명동은 이 민족 젊은이들의 장(場)이자, 동양 전체의 가톨릭 거점으로 자리매김해야 할 때다. 이와 같은 주님의 지엄한 사명의 관점에서 명동 개발의 중요성과 형태가 조명되어야 한다. 그런 역사적 사명의식에서 벗어난 견해나 형태라면, 그것이 어떤 과정을 거쳤고 지금이 어떤 경우이건, 잘못된 것이기에 재고해야 할 것이다. 지금 교구청에는 객관적으로 보아 사리에 맞으면 그것이 어려운 말일지라도 잘 받아들이시는 분들이 있는 것으로 알기에 희망적이다. 교구장께서는 작고 큰 회의에서 참가원이 자유롭게 의견 개진을 할 수 있는 분위기를 조성해 주는 것이 매우 중요하다고 생각한다. 또한, 참가원에게는 윗전의 눈치만 보지 말고 객관적으로 옳은 견해를 말하고, 지역구나 소속 부서의 실정을 있는 그대로 대변할 수 있는 여지를 갖게 해 주면 좋을 것이다. 지금 서울대교구 사제들과 책임 부서는 현장에서 열심히 일하고 있다. 다만 급변하는 사회가 요청하는 사목, 즉 현재적이면서도 미래지향적인 사목에 폭넓은 안목과 실천이 필요하다. 이 점은 어차피 교구장의 몫이다.

근자에 염수정 총대리 주교에게 아이디어를 정식으로 요청 받았고 몇 번이고 정진석 교구장 추기경께도 요청 받았기에, 명동 개발의 모습을 말씀드리고 시급성을 알려드리는 것이 원로사제이자 교구장 고문으로서의 중대한 임무라고 생각한다. 또한, 이런 실상은 교회의 소수만이 아니라 교인 모두가, 특히 서울대교구 성직자 모두와 관련 수도자, 평신도 지도자가 알고 참여하며 적극적으로 협력해야 할 일로 생각하기에 내 생각을 진솔하게 적는다.

본당에 경제적 짐을 지우지 않는다 하더라도, 납골당 구상이든 묘지 수입이든, 그간의 정성어린 헌금과 교구 잉여금이든, 권력 당사자가 마음대로 쓸 수 없다. 지금의 젊은이들은 맨발로 세계를 누비며 하늘 구천을 나는 사람들이다. 이런 젊은이들이기에 지금과 같은 사목은 어림도 없는데, 땅굴에 그들을 가두어 넣겠다니 웃음거리가 될 것이다. 젊은이들이 그런 곳으로 젊은이 문화 종교, 예술의 공간이라고 몰려 들어가겠는가. 새 성당 건축도 그렇다. 새로 짓는다는 성당이 3천 명이 들어가는 성당 건축이라는데, 현재 대성당도 많이 들어가면 1천 5백 내지 초만원이면 2천 명까지는 들어갈 수 있는데, 3천 명 들어가는 성당이 한 달 치고 몇 번이나 필요하겠는가. 이런 성당은 시의 규제로 단층일 수밖에 없을 뿐만 아니라 이름이 대성당이지 실상은 기를 못 펴고 움츠러든 모습이 아니겠는가. 물론 그런 성당이 명동성당 영역을 숨통 막는 것은 더 말할 필요도 없다. 그뿐만 아니라 실용적 가치 문제에서도 7~8천 명 내지 근 만 명이 운집하는 사제서품식 때에 본 대성당과 새로 지은 대성당을 다 비워 놓고, 잠실체육관 등의 외부 대형 건물을 빌려 써야 하니 얼마나 웃음거리와 가십거리가 되겠는가. 명동에 젊은이 종교문화예술 광장을 조성하여 성 베드로 광장처럼 장엄한 전례 행사를 치르면 안 되는 것인가. 그렇기에 이런 시대 역행적 성당을 지어 명동의 원상 복구를 영구히 불가능하게 만드는 경우, 후대가 제대로 사용할 수도 없게 했으니, '그들에게 얼마나 한스럽겠는가' 하고 반문하고 싶다. 어차피 결국은 본당 주임 신부님들과 신자들과 관련될 사업이고, 이런 성당 안이 실행될 때, 불화와 분열상, 냉담함, 더 나아가 치언을 어떻게 감당할 것인가.

모든 책임은 현 교구장이 져야 한다. 그런 일은 이제 곧 나타날 다음 교구장께 넘기는 것이 정상적인 판단이다. 이런 새 성당 건립 계획은 많은 문제점과 후유증, 교구 사제들의 추기경으로부터의 마음의 이탈 가속화를 몰고 올 것이며, 전진하는 시대에 50~70년을 역주행하는 것이니, 머지않은 다음 교구장 시기에는 용도 폐기 처분의 운명을 맞거나, 계속 불평과 불만 산출의 샘으로 남을 공산이 크다. 그뿐만 아니라 지난 백 년간 어쩔 수 없이 잡동사니가 돼버린 명동성당 영역에 대해 서울시청이 공식으로, 지형을 망가뜨려 공중에서 보면 괴물처럼 되었을 가톨릭회관의 철거나 층 변경 내지 조정을 들고 나오니, 교회 자체가 원지형 복구를 서둘러 지상에서의 젊은이 종교문화예술 광장 공사로 외연(外延)을 빨리 확보해 놓아야 한다.

그렇기에 한국교회의 특별한 사명을 받은 이 시대를 사는 한 원로 사제로서, 다각도로 명동 개발을 조명하며, '명동의 어제와 오늘과 내일 그리고 사회'에 대한 예언직 수행도 예견해 본다.

지난 100년간 명동에 연면히 흐른 국민의 고통에의 동참은 지난 10년간 완전히 사라진 셈이다. 오히려 시대에 역행하는 일들이 추기경을 중심으로 일어나는 것 같다. 어떻든 교구의 시대적 사명을 제대로 해 후대에 넘겨주어야 한다는 일념으로 주야로 노심초사하시며 나에게 의견을 청하시는 총대리 염수정 주교와 교구장 정진석 추기경은 교구 사목을 현재와 미래에 걸친 예언직 수행에 만전을 기하려는 일념으로, 듣기에 거북한 말이라도 서슴지 말고 해 달라고 하셨다. 그것도 교구장께서 수차에 걸쳐 간곡히 청하셨기에, 현재 서울대교구가 내외로 강요되고 있는 일들을 진솔하게 말씀드렸다.

사실 내가 이런 일에 무관심할 수 없고 잘 되기만을 기도하며 고대하는 것은, 명동 개발의 발의자며 강력한 추진자가 나였기 때문이다.

그것은 2천 년 들어서의 확고한 신념이었으며, 2020 서울도시기본계획 발표로 명동 개발을 표면화했다. 드디어 2003년 1월 14일 오후 총대리 염수정 주교와 당시 명동 주임이었던 백남용 신부와 함께 한 이명박 서울시장과의 면담에서, 명동 개발을 서둘러야 하는 긴박성을 느끼게 되었다. 이때부터 명동 개발의 중대성과 시급성이 교구 내 신부들 사이에 급부상했다.

청계천의 수로 공사와 광화문에서 서울 시청까지의 대행진로 구상의 브리핑을 이명박 서울시장으로부터 받으며, 공사로서만 진행한다는 것을 들었다. 나는 이 시장에게 문화가 빠진 공사일 뿐이니 실패할 것이라고 했다. 그때 이 시장은 문화가 무엇이냐고 묻기에 문화는 인간에 비기면 영혼과 같은 것이어서 문화 없는 공사는 조만간 실패작으로 끝날 것이라고 하고, 광화문 거리의 행진 대통로는 10~20대들이 통로를 가득 메워 수십만이 대행진을 한 다음 시청 앞에 모이게 되고, 그들은 일종의 인간 대홍수이니, 갈 곳이 없게 되면 불만에 찬 그들은 시청 안으로 역류, 시장실부터 부술 것이라 했다. 그때가 동두천 여학생 미군 전차 압사사고와 대선과 총선에서 한나라당이 젊은 층에 의해 대패한 후라, 겁을 먹고 그러면 어떻게 하면 좋겠느냐 하기에, 이런 것을 다 문화적으로 순화해야 하는데 시청 앞 젊은 군중의 경우 명동 쪽으로 젊은 인간 홍수를 빼 그들을 문화적으로 순화해야 한다고 했다. 문화의 해석을 좀 더 선진적으로 하여 그들의 쉴 곳, 다시 말해 커피라도 한잔, 생맥주라도 한잔, 음악이라도 한곡, 심지어는 춤이라도 한바퀴 돌 수 있는 여지를 주어야 한다고 했더니, 이 시장은 큰 것을 얻은 듯 크게 수긍하면서도 시청 앞과 소공동 명동 사이에는 남대문 쪽으로 질주하는 자동차 홍수의 대로가 가로 막고 있어 곤란하다기에, 그것이야말로 일석이조의 효과를 거둘 수 있는 절대 호기라고 했다. 그게 무슨 뜻이냐기에, 서울시의 재정능력으로 보나 우리 기술력, 이명박 시장의 실천력으로 보아 놀라운 업적을 쌓을 수 있는 절대 호기라 했다. 구체적으로, 소공동 길을 좀 더 넓히고 명동과 사이에 통로는 지하상가를 일신시켜 젊은이들의 취향에 맞게, 현재를 넘어 미래지향적으로 통로를 만들거나 예술적이며 환상적인 공중 다리를 만들어주면, 이것도 서울의 명물이 될 것이어서, 젊은 군중이 큰 물결을 이루며 다리를 앞다투어 넘나들 것이라 했다. 또한, 그런 젊은이들의 대부분이 대학생들이거나 이상과 지식, 실천, 한마디로 문화를 갈구하는 층이므로, 명동의 유흥가에서 채우지 못한 정신적·영성적인 것은 명동교구청이 젊은이 종교문화예술 광장 조성으로 채워줄 것이라 하며, 명동 천주교 교구청에서는 그런 구상이 진행 중이라고 했다. 이 시장은 몹시 반기며 시청 자체가 구상해 놓은 명동 주변 설계도를 펴 보이는 것이었다. 나는 이 시장께 그것은 시의 건설로서는 이유가 있으나, 청년 문화와는 동떨어졌고, 유구한 가톨릭의 종교, 문화, 예술의 문화 광장에는 도움이 안 된다는 취지의 말을 했다. 그 구상에 따르면 자칫 명동성당 영역은 명동 유흥가 주변의 놀이터나 연장선상이 되어, 당시 성당의 많은 젊은이가 떠나고 있던 것에 대한 큰 사목의 기회를 무산시켜 젊은이가 다 쫓아버릴 위험이 큰 것이다.

  이렇게 하여 교구의 명동 개발이 주(主)가 되고 시청이 협조하도록 일이 진행되었던 셈이다. 그런데도 교구청 안은 전혀 진전되는 것이 없었는데, 첫째는 시대를 잘못 알아들은 것이고, 둘째로는 성의가 없었던 것이다. 이 시장 측은 그로부터 약 2년이 지난 후에도 교구청으로부터 아무런 안이 없으니, '모처럼 봐주었는데'라는 불평을 터뜨린다는 소식이 들려 왔다. 그러는 동안 세월은 흘러 3년이란 시간이 지났다. 교회는 그동안 무위도식한 셈이 되었다. 그러는 중 서울시는 명동 일대를 관광특구로 지정하여, 이제 가톨릭회관까지 헐라는 권유성 지시(?)를 내리는 모양이어서 이 시장 때의 서울시가 돕는 형태에서 오히려 반대가 되었다. 명동 개발에서 시(市)가 주(主)가 되고 교구가 종(從)이 되는 주종(主從) 전도의 현상을 맞게 된 것이다. 일이 이렇게 될 때 아무리 권위주의적 교회라 할지라도 교구장은 책임을 아래에만 떠맡길 수 없는 처지에 놓이는 것이다. 영광과 책임은 같이 가야 하기 때문이다.

그러니 지혜 있고 열성이 있는 주임 신부님의 항변은 많은 것을 생각하게 했다. 그 신부님의 말씀의 대요는 다음과 같다. "아무리 교구청에서 법적인 경로를 거쳐 무엇을 결정했다 해도 (자유로운 의견 개진이 없는 침묵의 회의, 눈치 보기 회의로는) 모든 경력 있는 신부가 육감으로 당(當), 부당(不當)을 판단하기에, 다 쓸데없는 수고 즉 도로(徒勞)에 그친다"는 것이었다. 그렇기에 지금 서울대교구 사제들의 마음이 말없이 교구장으로부터 멀리 떠나 있는 것을 부정할 수 없는 것이다. 이런 진실을 교구장이 듣지 못하거나 외면하신다면 그런 교구장을 모신 교구의 불행은 말할 것도 없고, 교구장이 추기경의 높은 위치에 올라 감격과 흥분의 도가니에 빠져 있어도 결국 다 허사였으며 허구였음을 웅변으로 드러내는 것이다. 그런 것을 만천하가 아는데도 혼자만 속으며 만족하는 모양새가 되어, 보기에도 민망한 때가 한두 번이 아니다. 그러니 다들 빨리 임기가 끝나 주었으면 하는 실정이다. 이번에 정진석 서울대교구장 취임(1998년 4월) 후 처음이라는 사제 모임은 참으로 내실 있는 것이기를 바라는 마음이 간절했다.

이번 사제총회에 교구장께서 사제들의 수고를 치하한 것은 늦은 감이 있지만 매우 잘된 일이다. 서울대교구 10개년 계획에 의해 100개 성당 신축 계획이 87개 신축이 되었으니 성공적이란 말씀도 곁들였다. 그런데 지금 젊은이들 95%가 교회를 이탈하고 있으며 지난 10년 간 가톨릭 교세가 배가(倍加)했다는 정확치 못한 통계발표(실은 교회 당국이 내부적으로 갖고 있는 실수보다 많은 불확실한 것에 편승)에 들떠 있지만 약 10년 전만 해도 70% 내지 80% 정도의 신자들이 실천적 신앙생활을 하고 있었으나 지금은 30% 이하로 격감했고 젊은이들 또한 약 10년 전에는 70% 정도가 신앙인들이었던 것이 지금은 약 5%만이 교회에 남아있다. 한국교회, 특히 서울대교구장은 안으로는 사제들과 신자들 앞에서, 밖으로는 교황청이나 유럽 등 선진 교회 앞에서 자랑할 것이 아니라 위로는 교황청과 안으로는 사제단과 신자들과 같이 고뇌해야 성경에서 말하는 착한 목자상이 구현될 것이다. 오히려 성당을 많이 지은 것이 앞으로 머지않아 한국교회의 큰 짐이 될 것이라는 걱정도 사제들 간에 무성하다. 다시 말해 10년 후쯤부터는 성당이 비워지기 시작해 유럽이나 미국 교회가 겪는 것처럼 빈 성당들로 교회가 큰 고통을 당할 수 있기에 그런 저런 문제를 연구하여 대처해야 한다는 것이다. 그리고 많은 사제가 참가한 것은 고무적이나 완전히 수동적이어서 좀 더 역동적인 사제회의여야 한다는 것이다.

　명동 개발을 당초의 신부들의 합의대로 젊은이 종교문화예술 광장 문화로 하면 교구장에 대한 사제들의 인식도 달라질 것이다. 이런 측면에서 이번 김민수 신부님의 총무 전담과 조군호 신부님의 관리처장과 명동개발위의 경리 담당 임명은 일말(一抹)의 희망을 던져준 것이다. 그들로 하여금 소신껏 일할 수 있는 여건과 후원을 아끼지 말아야 한다. 지금 명동의 숨통을 막는 새 성당 계획과 땅굴을 파서 젊은이 종교문화예술 광장을 만든다는 사목 계획을 전진하는 시대가 요청하는 사목으로 지향하는 것이 좋겠다. 정 추기경이 그렇게도 사제들이 다 못마땅해 하거나 무관심한 대성당 건축을 천문학적 비용을 들여 임기가 얼마 남지 않은 때에 한다면 예기치 않았던 여러 가지 문제에 봉착할 것이다. 그야말로 지금은 심기일전 그런 마음의 집착을 깨끗이 버리시고 사제들과 온 시민이 바라는 젊은이 종교문화예술 광장 조성을 시작하시어 시청으로 하여금 교구 사업을 돕게 하여야 한다. 이것은 지난 2003년 4월 30일 서울대교구의 전체 모임인 사제총회의 결정 사항이다.

나는 이런 일을 다 잊고 조용히 지내고 싶으나 이런 저런 만남에서 사태를 제대로 보시며 교구사목을 많이 염려하시는 원로사제들과 중견사제들이 내가 보는 견지에서 먼저 두 분 교구 어른께 말씀드리고, 사제들에게도 실상을 알림이 좋겠다고 간곡히 권고하였다. 나는 사제들의 마음에 공감을 일으킨다면 그것으로 족할 것이며, 실천까지 뒤따른다면 더 없는 기쁨이 되겠다.

한 가지 분명한 것은 나는 티끌만 한 사심도 없이 담담한 심경(心境)으로 교회와 사회에 대한 교회의 현재적이며 미래지향적인 예언직 수행과 큰 준비가 되는 명동 개발의 시기와 형태를 말씀드리는 것이다.

여기서 특별히 기록해 두어야 할 것은 총대리 염수정 주교의 교구의 미래에 대한 혜안과 열성이다. 염 주교는 저간의 명동 개발 진행을 보며 몹시 염려하였다. 총대리 주교는 그렇게 대성당을 짓는 것이 과연 이 시대와 미래 사목을 위해 교구가 해야 할 일인지, 적어도 전체적인 구도를 먼저 잡고 여타의 일을 논의해야 할 것으로 생각하고 행동한 것이니, 시대적 예언직에 출중한 감각을 지닌 분이라고 생각한다. 만일 염 주교가 그렇게 움직이지 않고 그동안 어설프게 결정났다는 대로 설계를 내고 공사에 착수했다면 그런 낭패는 없었을 것이다. 다시는 명동의 원지형을 되살려 가톨릭의 진수이며 자랑이고 세계가 고마워하는 종교문화광장의 가능성은 명동에서 영원히 사라졌을 것이기 때문이다. 명동의 젊은이 종교문화예술 광장은 한국 천주교회뿐만 아니라 서울 시민과 한국 문화사가 절실히 요구하는 것이다. 이 점을 살려 놓은 것만으로도 총대리 염수정 주교는 서울대교구 총대리이자 주교로서 할 바를 다했다고 해도 지나친 말이 아니다. 또한, 앞으로 이 문화광장을 성사시킬 분들에게는 교회의 위대한 시대적 사명 완수와 민족 문화적 염원과 기대에 부응한다는 긍지와 보람을 느끼는 것이 당연한 일이다.

그렇기에 총대리 염수정 주교는 내게 명동 개발 특위 위원장직 사표가 수리되지 않았으니 위원장으로 빨리 복귀해 달라는 말씀을 수차례했지만 나는 이제 80세의 고령이고 제자 사제들 사이에는 학문도 깊고 열성이 있으며 어느 정도 경험을 갖춘 분들이 있으니 그들이 전면에서 활동하게 하고 나는 자문 역할을 하는 것이 모양새도 좋고 좋은 귀감(龜鑑)도 될 것이라고 했다. 물론 이런 요청은 정 추기경 선에서도 같은 것이었을 것이라 생각하며 근 1년 반이나 내 사표를 수리하지 않고 기다려주신 두 분께 감사드리며 관련 인사 분들께도 감사드린다.

① 명동 개발의 긴박성과 형태

명동 개발은 역사적이며 세기적 과업이니 미력이나마 도움이 되고자 다음의 것들을 심사숙고하여 정진석 추기경과 염수정 주교께 알려드렸고 역사에도 남기고자 한다. 명동 개발은 지금 긴박한 처지에 이른 것 같다. 그것은 명동이 관광특구로 지정되어 서울시의 간섭과 제재를 받게 되었다는 소식이 들려오기 때문이다. 정식으로 서울시가 명동을 관광구로 개발하기 시작할 때는 성당이 해야 할 것도 못하게 되는 수가 있다. 나는 지난여름 문화 탐방 관계로 발칸 반도와 남프랑스와 중 유럽을 여행 중에 파리에서 노트르담 성당을 방문하고 주최 측에 요청했는데, 그 지대가 특별지역으로 묶이는 바람에 버스 등의 통행이 일체 금지되어 단체로서 관광이 불가능하다는 것이었다. 물론 서울 명동의 경우는 아직은 그와 사정이 많이 다르겠지만 세계 대도시의 특구 계획은 시간적 차이는 있지만 거의 비슷하게 이루어지므로, 명동 개발에 가일층(加一層)의 깊은 관심과 신속한 노력이 요구된다. 아직 서울시가 관광특구 계획 실천에 들어가기 전에, 앞으로 명동성당이 해야 할 사목적 예언직 수행과 명당성당 건립 후 명동이 계속해온 시민사회적 역할을 수행하는 데 필요한 시설과 주위환경 분위기 조성 등 지금 해야 할 일들의 긴급성에 몰리고 있다. 시청이 관광지구로서 요구되는 유락시설 등을 성당 주변 국유지에 설립하거나, 워낙 명동은 유흥가의 분위기가 강한 곳이니 시민공원을 만들면서 난잡한 분위기가 조성될 수도 있어, 성당다운 분위기를 망칠 수도 있다는 가능성을 염두에 두고 명동 개발 계획을 미래지향적으로 설계하고 개발해야 한다. 무엇보다도 외형적인 것과 외연(外延)적인 것을 서울시 관광 계획이 따라오도록 명동개발위원회가 먼저 해야 할 것이다. 이것은 시간을 다투는 문제로 교회의 심장부를 압박하는 것이며 현 서울대교구청 수뇌부의 중대한 역사적 사명이며 의무일 것이다. 한 지대의 원지형과 분위기가 망가지면 다시는 회복할 수 없기에 지형 보존 및 시대 문화 속에서 교회가 예언직 사명을 수행할 수 있는 지대와 분위기 보존과 내용 조성은 급선무다.

  지난 백 년간 본의는 아니었지만 명동의 아름다운 원지형은 망가졌기에 명동은 지금 원형 복구와 앞으로 수세기에 걸친 가톨릭의 동양 거점의 역할을 해야 하는 사명을 지게 됐다는 것을 염두에 두고 개발해야 한다. 서울시가 성당이니 괜찮다고 해도 그 말을 곧이 믿고 일을 하다가는 큰 코 다치는 수가 왕왕 있다. 관리들의 속성은 우선 귀찮은 일은 대개 2년인 자기 보직 임기 중에는 적당히 피하려는 속성이고 그 다음 팀은 자기의 능력 과시나 객관적 여건 변화 여하에 따라 그전과는 달리 하는 수가 다반사다. 교회 측은 명동의 외형적·외연적 지형과 외관 건축물이나 구조물을 서울시가 따라오도록 먼저 시작해야 한다. 그런 명동 개발은 세기적이며 세계적인 것이고, 고도의 종교 예술성까지 띠는 것이어서 세계적 명장(名匠)이 일을 시작하면 교회 지침에 서울시가 따라오게 될 것이다. 명동 수뇌부는 이런 고도의 사목적 지혜를 발휘해야 한다. 어찌 보면 두뇌 싸움으로 시작하는 것이다.

지금 화급(火急)한 것은 두고두고 내부적으로 할 수 있는 일이 아니라, 빨리 명동의 젊은이 종교문화예술 광장의 아름답고 웅장한 외관 설계가 이루어져 일이 착수되는 것이다. 조급증으로 성당 건축 등의 일을 빨리 끝내려 하지 말고 교회의 유구한 전통에 따라 종교 문화예술 광장을 설계할 수 있는 세계적 거장(巨匠)들을 유럽에서 모셔서 진정한 종교, 문화, 예술의 광장문화가 무엇인지 모든 주요 신문 매체와 TV 매체 등을 동원하여 민(民)과 관(官), 사회에 확산시켜 문화에 대한 새바람을 불러일으킨다면, 지난 10년간 명동은 맥이 끊기다시피 된 시민의 관심과 감동도 불러일으킬 수 있을 것이다.

지금 서울시는 청계천 복구공사에 고무되어 광화문에서 시청에 이르는 대통로에 인도를 대폭 넓혀 큰 세종 광장문화를 이루려고자 한다. 또한, 전시 작통권 문제 등으로 온 국민이 총궐기하다시피 했는데도 명동은 지난날과는 달리 시민의 불안과 고통에 안일무사로 일관했다. 이에 교회는 문화적인 측면에서 사회에 더 큰 공헌을 할 수 있음을 명동 문화광장 조성을 통해 시민에게 보여주어야 할 절박성에 몰려 있다. 교회가 진정한 문화광장을 건설한다는 것은, 지난 1970년대와 1980년대에 민주화의 정치적 이슈로 각광 받던 일보다 교회와 시민에 대한 위대한 봉사를 하게 되는 것이다. 이런 시점에서 교구장이 교회와 시민이 다 같이 바라는 일에는 눈을 감고, 서울시의 고도제한과 본 성당을 가린다는 명목으로 움츠린 3천 명이 들어간다는 성당을 건축하는 것은 명동의 경관을 해치고 숨통을 막아 문화광장의 희망을 영원히 봉쇄하는 것이다. 기상천외(奇想天外)의 발상인 땅굴 속 청년 광장 건설 때문에, 두더지 교구장이라는 등의 말이 나와서야 되겠는가. 지금 인류문화는 모든 자연, 동식물과 무기물 일체에 자연 본성 찾아주기, 땅덩이에는 원지형 찾아주기, 인간에게는 인간 본성 찾아주기에 모든 힘을 기울이는 차원으로 접어들었다. 그리스도교 문화세계는 이런 흐름을 하느님의 창조경륜 실천에 가까이 오고 있다고 쌍수를 들어 환영하고 있다. 그런데도 명동의 원지형을 깡그리 무시하고, 그나마 남아 있는 명동 공간마저, 고슴도치 성당, 별로 필요치도 않은 성당 건축으로 영구히 원지형 복원 불능 상태로 몰고 간다는 말이 들린다. 서울시가 가톨릭회관 철거를 요구하는 것도 그 깊은 의미는 명동의 원지형을 살리라는 말이 아니겠는가.

  필자가 성당 짓는 것 자체에 반대하는 것은 아니지만 성당도 성당 나름이다. 지금 교회가 긴급히 할 일은 잔뜩 움츠러들고 명동을 숨 막는 쓸모없는 성당과 땅굴을 파 두더지 명동 젊은이 광장을 만드는 일이 아니고, 지상의 좋은 원지형을 살려 먼저 젊은이 문화광장을 건설하는 것이다. 교회의 사활의 문제는 청년사목 예언직 수행 완수다. 그렇기에 사회에서 누구도 하지 못하는 공헌인 명동의 종교문화예술 광장 건설을 하자는 것이다. 이런 처사는 러시아워에 고속도로에서 마구잡이로 역주행하는 모델인 꼴이다. 어떻게 이런 발상이 21세기 서울 한복판에서 일어날 수 있는가. 그것도 가장 빛나는 역사의 현장에서 말이다.

내가 정진석 대주교가 추기경이 되도록 4~5년간 노력한 것은 추기경의 끝이 사제들에게 외면되어 교구장직을 떠나는 것을 보기 위한 것이 아니었다. 나는 아직도 정 추기경께 희망을 건다. 그동안 내가 건의한 것은 그대로 하신다고 몇 번이고 다짐하셨고 그렇게 하시는 조그마한 징조가 보이기는 했지만 아무것도 이루어진 것이 없어 모든 것은 추기경이 되기 위한 수사(修辭)와 허언이었구나 하고 허탈해 했다. 다행히 시대의 흐름을 보는 김민수 신부를 명동 개발위의 전담 총무로 임명하신 것과 청년 사목에 열성과 나름대로의 노하우를 가진 조군호 신부를 교구청 관리국장 및 명동 개발 특별 위원회 경리책임자로 임명하신 것은 의미 있는 일이라 생각한다. 정 추기경께서는 그들이 열심히 일하게 될 것이라 하셨으니 그들이 소신껏 일할 수 있도록 배려해 주십사고 한 간곡한 부탁을 들어주실 것으로 생각한다.

그들이 날개를 펴고 미래지향적으로 날아갈 수 있도록 권한과 힘을 실어주시어 명동 개발이 젊은이들을 위한 광장으로 건설되기 시작하면 정 추기경께도 예상치 않았던 좋은 일이 있을 수 있을 것이다. 그런데 벌써 정 추기경께 위구(危懼)로 말씀드린 바와 같이 김민수 신부는 그동안 자기 소신껏 할 일이란 아무것도 없었다는 것이다. 그것은 그분의 전공 분야가 '교회 공간과 사회와 문화' 등인데 성당 짓는데 매여야 하기 때문이라고 알고 있다. 이렇게 되면 정 추기경께 말씀드린 대로, 너무나 맞지 않는 일을 시켜 인간적 고뇌와 불화만을 키우게 하여 유능한 한 신부에게 크나큰 좌절감을 안겨주는 결과가 될 것이다. 성당을 짓는 것이라면 그런 면에 경험이 있는 신부님을 임명하시면 더 효과적일 것이다. 이런 일을 제대로 알아듣고 실천력을 갖춘 분은 총대리 염수정 주교다. 그분의 실천력은 뛰어나다. 명동 개발은 총대리 주교를 위원장으로 하고, 유능한 신부들이 외국에서 학문을 쌓고 그 방면에 폭넓은 교우관계도 갖고 있으니 적지 않은 경험을 쌓은 분들을 기용하면, 역사적이고 동양의 가톨릭의 중심이 될 수밖에 없는 명동 개발은 훌륭하게 이루어질 것이다. 다른 일을 좀 덜고 총대리 주교가 직접 위원장으로서 중요한 일을 관장하시고 김민수 총무 신부를 적극 활용하시면 훌륭한 세기적인 교회와 민족적인 문화광장을 만드실 것이라고도 염 주교께 말씀드렸다. 나는 2005년 7월 25일에 명동 개발 특별 위원장직 사퇴한 것을 책자를 통해 알리면서, 뒤에서 필요하다면 정 추기경이나 염 주교께 인류문화 흐름 선상에서의 전망과 거기에 근거한 조언은 드릴 수 있다고 했다. 염 총대리 주교께서는 인간적으로 폭넓은 면이 있어 지리멸렬했던 교구 사제 사회를 오늘과 같이 일치시키는 데 큰 역할을 했다고 생각한다.

정진석 추기경께서는 눈앞에서 마음에 든다고 측근 한 두 사람에게 몇 개의 큰 감투를 씌워 주는 일이 있다면 많은 유능한 사제들이 추기경을 떠나게 하는 첩경임을 마음에 새겨 두시는 것이 좋을 것이다. 그런 인사들은 시대 흐름의 한치 앞을 못 보며 모든 것을 후향(後向)적으로 사고하고 행동하기 일쑤다. 더욱이 권력에 연연하는 인사들이라면 그런 분들께는 상응한 일만을 맡겨야 할 것이다. 그러는 것이 교회와 교구장, 본인들에게도 좋을 것이다. 깊은 지식과 큰 관심과 좋은 논문 발표, 꾸준한 노력과 현장적 경험으로 성숙된 사제들과 많은 특수능력을 가진 분들, 뛰어난 특징은 없지만 참으로 좋은 사목자를 잘 식별하여 적재적소에 배치하는 것은 교구장에게 사제들의 마음을 모으는 지혜이며 능력이다. 사제들 중 누구도 소외감을 느끼게 해서는 안 될 것이다. 그리고 서울대교구에는 공부를 많이 한 분, 세계교회 사정에 능통한 분들도 많다. 사회 속에서 특수 분야의 일을 잘 할 수 있는 분들도 적지 않다. 이렇게 서울대교구 사제들 중에는 이 땅의 사목이 미래지향적으로 요구하는 일을 제대로 할 사제들이 수두룩하니 그들을 기용하시고 그 분들이 모두 내 제자이니 나는 성심성의껏 자문하며 뒤에서 일을 돕겠다고 했다. 지금 교구청에는 열심히 일하시는 처장 지구장 신부님들과 훌륭한 두 분 젊은 주교, 김운회 주교와 조규만 주교가 계시니 마음이 든든하다.

이런 명동 개발에 누구보다도 뛰어난 감각과 뛰어난 실천 능력을 가진 분은 총대리 염수정 주교다. 명동이 서울대교구 전체와 한국교회 전체의 청년사목에 결정적 전기를 마련할 뿐만 아니라, 앞으로 동양의 가톨릭 허브는 한국교회가 되어야 하고 그것도 명동이 될 수밖에 없는 운명, 즉 하느님의 섭리라는 점을 깊이 느끼며 고민하는 분도 염수정 총대리 주교다. 선조 신앙인들은 순교하며 개국을 이끌어냈고 그 상징으로 명동성당이 솟아올랐다. 명동성당은 19세기 초반에 순 한글 일간 〈경향신문〉 발행으로 종교와 민족 문화 창달에서 선구적 역할을 했으며, 민족 수난의 고비에서 명동성당을 중심으로 민주화의 물결이 전국에 흘러 넘쳐 결국 민주화를 이루어내기까지, 명동은 이 민족과 사회의 기쁨과 슬픔, 즉 이 민족과 영욕의 명운을 같이 해왔다. 그러던 명동이 어쩌다 지난 근 10년간 특히 민족적 위기의식이 팽배한 이때 이렇게 무기력한 상태에 빠진 것인가. 물론 명동이 지난날처럼 언제까지나 정치적 사건으로 시종하는 것은 바람직하지 않다. 그러나 현재 명동이 이 민족 사회가 사활을 걸고 고민하는 문제들에 현재적이며 미래지향적인 사목 실천으로 큰 공헌을 할 수 있는 것이 아니겠는가. 사실 지금 파다하게 퍼져있는 식의 성당 건축이라면 구태여 명동 개발 특별위원회 같은 조직이 필요 없으며 관리국에서 직접 하면 될 것이다.

또 한 가지 주목해야 할 것은 지난 8월 교황청 카스퍼 추기경의 방한과 한국교회 실상에 대한 그의 이례적인 관심이다. "아시아 주교회의의 교회일치 세미나"를 주재하고 감리교와 함께 의화 교리에 관한 공동 선언문에 가톨릭교회 대표로 서명하기 위해 방한한 교황청의 카스퍼 추기경(현재 교황청에서 실질적으로는 제2인자 격인 분)은 "아시아 주교회의의 교회 일치 세미나"에서의 심상태 몬시뇰의 발표가 끝날 때 즉시 감리교 측으로 가야하는데도 이례적으로 자진해서 발표 단상으로 올라와 심상태 몬시뇰의 발표가 출중(excellent)했다며 극찬하면서, 한국교회의 겉으로 나타난 것과는 다른 일그러진 참모습을 알게 됐다며 이것을 교황청 추기경들과 논의하겠다고 공식으로 선언했다. 참 안타깝다는 말도 했다는 것이다. 이로써 서울대교구는 겉으로는 평온하면서도 속으로는 대교구의 앞날이 교황청과의 관계에서 껄끄럽게 되었다는 점도 정 추기경께 말씀드렸다.

카스퍼 추기경이 한국교회에 대해 충격적으로 받아들였다는 발표 내용의 핵심은, 한국교회의 교계는 지금 봉사하는 교계가 아니라 제왕적 권위주의의 교회이며, 없는 것 없는 풍족을 누리는 교회이고 사제들과의 관계에서는 측근의 몇몇 사제 외에는 교구장과 소통이 단절된 상태라는 점이었다. 따라서 교회가 이런 모습이니 젊은이들의 5%만이 교회에 남아 있을 뿐 95%는 떠나갔다는 점을 지적하여, 그 중요한 대책으로 '명동의 젊은이 종교문화예술 광장' 조성안이 제기되어 사제들의 열렬한 지지를 받았으나, 교구장의 몰이해와 제한된 주변인들의 50년 이상 뒤떨어진 역(逆)발상의 영향으로 잘 안 되어 가는 실정을 지적한 것이다. 카스퍼 추기경은 한국교회의 실상에 접하면서 큰 충격을 받았기에 교황청 추기경들에게 이 사실을 알리고 논의할 것을 분명히 했다는 점이다. 그런 것이 우리 교회의 실상인데도 그동안 잘 위장되어 있었던 것이다. 이번에 심상태 몬시뇰이 사실을 있는 그대로 말씀하신 것은 성령의 감도로 받아들여야 할 것이다. 고마운 일이다.

그런 중에서 청년사목의 완전한 실패를 말한 것과 그래도 청년사목의 큰 희망으로 떠오른 '명동의 젊은이 종교문화예술 광장' 조성에 카스퍼 추기경이 큰 관심을 가진 이유는, 교황청의 문화평의회(의장: 폴 푸파드 추기경)가 교황청 종교 간의 대화 평의회와 공동으로 청년사목이 교회의 사활의 문제임을 다각적으로 심도 있게 검토한 교서를 발표하였기 때문이다. 그 교서는 우리말로도 번역되어 〈가톨릭교회의 가르침〉(2003년 제26호)에 거의 100쪽에 걸쳐 〈생명수를 지니신 예수 그리스도-뉴에이지에 관한 그리스도교적 관심〉이란 교서로 실린 바 있다. 여기서 각별한 관심을 끄는 것은 젊은이들의 사목교서를 교황청 문화평의회가 주관했다는 것이다. 이 점은 서울대교구의 청년사목이 0순위이고 그것도 '명동의 젊은이 종교문화예술 광장' 개발이란 점에서 상통할 뿐만 아니라 교황청에서는 2003년에야 교서가 나왔는데 서울대교구에서 2000년 도래에 즈음한 20세기 후반부터 나는 청년사목을 강조해 왔으니 교황청과 서울대교구는 청년사목에 이심전심이었고 이론에서는 서울대교구가 한발 뒤떨어졌다는 점을 보여준다. 실천적으로는 '명동의 젊은이 종교문화예술 광장' 조성안이 제고되어 실행만 하면 교황청이 미래지향적으로 세계교회에 대해 소리치는 바를 어쩌면 교황청의 지시 이전에 서울대교구가 구상하고 실천하려 했던 것이다.

이렇게 서울대교구는 한발 앞서 세계의 귀감이 될 수 있다. 그 교서를 읽으면 교황청이 얼마나 청년사목 문제에 교회의 사활을 걸고 있는지를 뼈저리게 느끼고도 남음이 있다. 이런 현실에 직면하여 교황청의 제2인자격인 카스퍼 추기경이 젊은이 95% 이탈이라는 한국교회의 현실 앞에 얼마나 당혹스러워 했을지는 불을 보듯 뻔한 사실이며, '명동의 젊은이 종교문화예술 광장' 개발에 카스퍼 추기경이 얼마나 큰 관심을 가졌을지는 더 말할 필요조차 없다. 그렇기에 지금 서울대교구가 추진하는 성당 건축 위주의, 젊은이들이 다 떠나가는 빈 공간 건축을 중심으로 하는 개발에 근 1천억 원을 헤아리는 공사를 한다는 실상이 알려지기 시작했으니 교황청에서 웃음거리가 되지 않을까 걱정이다. 이런 청년사목의 중대성을 서울대교구 사제들은 물론 서울대교구 성직자와 관계 인사들은 다 아는 것이지만, 사안의 중대성에 비추어 실정을 실정대로 다시 한 번 되새기고, 하느님 나라 건설에 다 같이 동참하여야 한다는 생각이다. 하느님 나라 건설을 위해 더 좋은 것이면 어떠한 구차한 변명도 필요 없고 실천하면 된다. 누구의 권한이니 결정과정이 어떠니 등은 쓸데없는 권위주의적 구태인 것이다. 더 나아가 이런 젊은이들을 위한 명동 광장이 교회의 세기적인 예언직 수행인데도, 그것을 지지하는 사람들을 누구누구의 사람이니 어쩌니 등 언사를 농하는 사람들은 아예 이런 일에서 손을 떼야 할 것이다.

   지금 명동 개발 문제는 하느님의 구세사 흐름의 관점에서 어떻게 하는 것이 더 타당하냐의 문제인데도 누구의 파 어쩌고 하는 식의, 다시 말해 50년 내지 70년 뒤로 역주행하는 사고(思考)에 놀아날 일이 아니다. 여기서 나는 바오로 사도의 말씀을 인용해야 하겠다.

   "어떤 이는 '나는 바오로 편이다.' 하고 어떤 이는 '나는 아폴로 편이다.' 하고 있으니, 여러분을 속된 사람이 아니라고 할 수 있습니까?"(1코린 3,4), "도대체 아폴로가 무엇입니까? 바오로가 무엇입니까? 아폴로와 나는 주님께서 우리 각자에게 정해 주신 대로, 여러분을 믿음으로 이끈 일꾼일 따름입니다. 나는 심고 아폴로는 물을 주었습니다. 그러나 자라게 하신 분은 하느님이십니다"(1코린 3,5-6), "바오로도 아폴로도 케파도, 세상도 생명도 죽음도, 현재도 미래도 다 여러분의 것입니다. 그리고 여러분은 그리스도의 것이고 그리스도는 하느님의 것입니다"(1코린 3,22-23).

사실 명동 개발 문제는 2003년 4월 하순 가능한 서울대교구 내 현직 사제들 전체가 모였다고 해야 할 430~450명의 출석으로 이루어진 모임에서 결의된 '명동의 젊은이 종교문화예술 광장' 개발과 위원회 구성에 근거하면 된다. 물론 이런 가결을 교구장도 승인한 것이다. 이런 가결을 무시하고 교구장이 움직인다면 법적으로는 유효할지 몰라도 하루 빨리 교구장직에서 물러나야 한다는 소리 없는 반항에 직면하게 될 것이다. 사정이 그렇기에 그런 처지에서 하급 조직이 결의한 결정은 원천 무효일 수밖에 없고 교구장의 인준으로 간신히 법적 유효성을 인정받는다 하더라도, 교구 사제들의 협력을 기대하기 어렵다. 그렇기에 요즘 신부들 사이에서는, 각종 회의가 무엇인데 멋대로 결정하고 후에 돈은 본당 신부들이 내라는 식이냐며 어림도 없다는 이야기가 오가는 것 아니겠는가. 여기에 대해 한 인사는 그런 막대한 돈은 교회 안에서 달리 변통할 것이니 교구 신부들은 왈가왈부할 것이 없다는 말을 한다고 한다. 이런 말이 사실이라면 한심한 일이 아닐 수 없다.

더욱이 명동 개발이 돈 문제를 지상 과제로 한다면 참으로 안 될 발상이 아니겠는가. 만일 이런 교구 사제들의 입을 봉쇄하고 땅이나 파, 본 대성당 앞면이나 가리는 대성당을 또 짓고 그 밑에 젊은이 광장을 만드는 식의 본말이 전도된 사고와 사목이라면, 서울대교구 사제들의 마음의 동의를 얻기는 어려울 것이다. 따라서 사제들이 교구장과의 사제적 일치를 이룬다는 것은 무망(無望)한 일이다. 하루 빨리 교구장께서는 사제들의 자유로운 의견 개진을 가로 막는 모든 장애를 제거하고 그들이 자유롭게 의견을 개진할 수 있는 분위기를 조성하여 의견을 수렴하시기를 바란다.

세계교회의 흐름을 아는 유능한 중견 주임 신부님들은 말한다. "들어볼 것도 없이 그런 말은 그냥 육감으로 알아 식별하는 것이지요"라고 말이다. 또한, 한 본당 신부님은 "자기네 지역구에서는 지구장 신부가 명동성당 앞 성당 건축과 땅굴공사를 지구장 회의에서 수동적으로 받았다는 것도 제대로 말도 못하고 입 안에서 뭐라고 우물쭈물하였는데 아무도 관심이 없어 명동성당 앞 새 성당 공사와 땅굴공사 안은 도대체 화제에 오르지도 못했다"는 것이다. 한 지구장 신부님은 지역구 신부님의 왜 그런 안을 반대하지 않고 통과시켰느냐의 항변에 "글쎄 호텔에서 좋은 점심 대접받고 반대하기가 뭣해서" 라고도 했다. 모든 지역구가 대동소이한 모양인데 이렇게 사제단의 근저에서부터 무너져 내리는 명동성당 공사와 땅굴공사 안으로 두더지 교구장 정 추기경이란 오명을 왜 뒤집어 쓰셔야 하는가. 왜 사제들이 바라는 사목을 못 하시는가? 누가 이런 안을 구상했으며 밀어붙이시는 것인가? 나는 그래도 정 추기경은 교구에 좋은 일이고 사제들이 원하는 일이라면 언제든지 그런 사목을 하실 것을 믿는다. 그리고 정 추기경은 사목의 끝을 사제들이 화기애애하는 중에 유종의 미로 끝낼 것을 바라는 마음이 간절하다.

어떤 성당을 짓던 명동에 본 대성당이 건재하는 한, 채플(chapel)의 형태가 될 것이다. 현재 명동은 서울대교구와 한국 전체 교회를 대표하는 것이니 여러 형태의 채플이 필요하다. 여러 형태의 신심 행사와 크고 작은 많은 교회모임이 동시다발적으로 필요하여 여러 형태의 미사를 동시에 지내야 할 필요가 있다. 사회의 다양성에 따라 사방에 자발적으로 발생한 수많은 신심 단체나 활동 단체가 동시적으로 명동에 모여 특성에 따라 각각의 미사를 봉헌할 수 있기 위해 여러 개의 채플이 필요한 것이 사실이다. 그러나 그런 채플들은 현재 망가진 명동성당의 원지형 복원을 먼저 한 후, 역사적이며 세기적이고 동양의 거점으로서의 종교 문화 예술성을 갖춘 세계적 거장들이 만든 명동 문화광장 조성에 걸맞게 서야 할 자리에 세워 전체의 웅장함과 아름다움, 실용성을 갖추어야 한다. 그렇게 되면 정 추기경은 하느님의 예언직을 완수하시는 인물로 역사에 기록될 것이며 사제도 그의 위업(偉業)에 머리 숙일 것이며 교구장과의 일체감을 실감하게 될 것이다.

사제들 마음의 일체감은 억지로 만들어지는 것이 아니라 교구장의 사목 여하에 따라 스스로 이루어진다. 교구 신부들의 마음을 움직일 수 없었던 이유는, 교구장의 성품과 시기의 부적절성, 여건의 미비, 방법의 부적합성 등 과거 요인들과, 일선 신부들의 마음에 와 닿지 않은 것들이 주요 요인들로 보였다. 시노드에 종사한 신부님들의 수고는 필설(筆舌)로 다 표현할 수 없는 것이었다.

이번 명동 개발을 정 교구장께서 심기일전하여 사제들 대다수가 자유로운 의견 개진을 거쳐서 하시면 의외로 사제들의 마음을 교구장 주위로 응집시킬 수 있을 것이다. 지구장 사제들과 각 부서 사제들은 성의를 다해 열심히 일하는 것으로 알고 있다. 지난 4~5년 물불을 가리지 않고 정진석 대주교가 추기경이 되기 위해 뛴 나는 거듭 말한다. "교구 신부님들, 특히 지구장 신부님들과 부서 책임 신부님들, 경험이 많고 좋은 아이디어들을 가진 사제들이 자유롭게 의견을 개진할 수 있게 해 주십시오."

이런 말을 솔직 담백하게 드린 것은, 그런 말을 나한테서가 아니면 어디에서 듣겠느냐며 계속 말해 달라는 정 추기경의 존경스러운 대인

풍(大人風)의 인품 때문이다. 한국인들 마음에 깊이 자리 잡은 5백 년 왕도 서울이고, 교세로 보나 사회적 위치로 보나 더 나아가 평양교구장 서리라는 위상에서 보나 한국에 현지 추기경이 난다면 먼저 서울 대교구장이 되어야 하기에, 나는 물불을 가리지 않고 정진석 대주교가 추기경이 되게 하기 위해 4~5년간 감당키 어려운 일들을 감내하며 일을 성사시켰다. 나는 정진석 교구장 추기경께서 진정 사제단이 원하는 사목을 베풀어 사제단의 환호 속에 좀 더 오래 서울대교구장으로 계시면서 역사적 대업을 시작이라도 근사하게 해 주시면 하는 바람이다.

지금은 서울대교구가 젊은이 종교문화예술 광장을 유럽 가톨릭교회의 오랜 전통에 따라 조성하여, 교회의 청년 교육은 물론, 국가 전체의 젊은이들의 미래지향적 교육을 해야 할 때다. 하느님이 주신 절호의 계기임에도, 참으로 주어진 좋은 기회를 잃지 말라는 물실호기(勿失好機)라는 어구만이 머리를 맴돈다. 나는 젊은이 종교교육의 절대호기가 도래했다고 보았기에 2020 서울도시기본계획으로 구상한 명동 지대 시민공원 계획을, 교회의 명동 개발안에 도움을 주도록 일을 추진하게 했다. 우리의 입장을 설명하여 서울대교구의 명동 개발안이 나오기까지 보류시켰다. 그것이 2003년 1월 14일이었으니 이제 만 3년 반이라는 긴 세월이 흘렀는데도 그때 한 공적(公的)인 약속과 서울시의 호의는 무시한 채, 교구는 그때에는 말조차 없었던 또 다른 성당을 운운하니 서울시가 개입해 들어오는 것은 당연한 것이다. 이제는 교구가 주도권을 쥐고 명동 일대를, 시유지(市有地)까지 서울대교구 명동 개발안에 동참하게 할 수 있는 기회를 온전히 놓치고 역(逆)으로 서울시청 안에 서울대교구의 안이 종속될 수밖에 없는 처지가 된 셈이다. 그리고 그때 총대리 주교까지 합석하여, 모양이나 내용, 구성원,

테마 등을 보면 공적인 것이었는데 새 성당 건설과 지하광장을 운위(云爲)하여 서울시에서 볼 때는 교회의 일방적 파기로 볼 것이 분명하니, 앞으로 자기 식으로 움직일 것이다. 더 답답한 것은 그때 내가 종교문화예술 광장 이야기를 주제로 이야기했는데, 이명박 시장은 문화란 말은 전혀 없었고 도로를 넓히고 공원 조성의 말뿐이었다. 그 후 이 시장은 사방으로 문화 이야기를 하더니 지금은 시가 도로 확장이나 공원보다는 문화광장을 말하며 그 실현을 계획·실천할 단계에 이른 것이다. 예컨대, 시가 처음에는 광화문 앞에 넓은 도로 확장 공사를 말했는데 지금은 넓은 세종 광장 조성을 발표했다. 문화광장 안은 내가 냈는데도 교회는 아무것도 못하고 서울시가 그런 아이디어를 실천하는 모양새가 되었다.

　더욱이 그때는 생각조차 없었던 서울시의 명동 관광특구안이 성립되어 명동을 한국 1번지의 관광특구로 서울시가 조성할 모양이니, 아무리 명동성당을 종교 특수 구역으로 인정한다 해도 그것은 임시적일 뿐, 결국 명동성당 영역은 전체 계획안에 고스란히 묶일 수밖에 없는 운명이 된 것이다. 외국의 경우에서 볼 수 있는 바와 같이 국가나 시의 계획에 따라가게 되면, 유서 깊은 성당도 차차 그 빛을 잃어 가는 것을 잘 알고 있다. 그렇기에 서울시가 명동 일대를 시민의 공원, 녹지로 조성하고 성당 주변을 그런 시설로 에워싸면 서울대교구의 젊은 이 종교문화예술 광장은 불가능하게 될 수도 있다. 그런 운명을 맞이하기 전에 교구는 교구의 힘과 중지를 모아 외형 정비에 박차를 가해야 한다. 젊은이들을 위한 명동 광장 조성은 교구의 역사적 미래지향적 사목의 중차대한 문제이니, 흉금을 터놓고 공론으로 결정해야 할 것이다. 신부님들은 물론이고 평신도 지도자들도 현재의 대성당 건축 명동 개발에 모두 반대하는 것으로 알고 있다. 실정을 실정대로 아시면 정 추기경은 사제들의 여망에 따라 현재적이며 미래지향적인 교구 사목에 적극적일 것으로 생각한다.

　명동에는 지상이고 지하이고 성당을 지어도, 본 카테드랄(Cathedral)이 엄존하니 그 위치가 채플(chapel)일 수밖에 없다. 나 역시 청년의 특수 활동을 위한 채플의 필요성은 인정한다. 지금은 이와 같은 명동광장 개방안에서 명동성당 건축 당시의 지형, 원형질을 살려 웅장한 종교 광장 안을 만들어 오히려 서울시로 하여금 교구 안에 협조하게 하느냐에 초점을 맞추어야 할 것이다. 또 혹자는 지금의 명동성당 앞마당, 즉 현 가톨릭회관 마당은 너무 좁다고 할 수 있다. 그러니 광장이 뒤로 가면 어떠냐는 것인데, 그런 뒷마당 식의 명동광장이란 너무나 어울리지 않는다. 수많은 광장은 모두 성당 전면에 있다. 그뿐만 아니라 명동성당 정문에서부터 지금의 가톨릭회관 주차장 끝까지 광장으로 조성하면 그리 작은 것이 아니다. 즉 현재 있는 마사비엘 성모 동굴을 없애고, 성당 정문 앞까지 평지로 고루면 상당한 넓이가 될 것이고, 현 가톨릭회관을 헐고, 광장을 타원형으로 조성하면 크기에서도 손색이 없을 것이다. 또한, 세계에서 희귀한 타원형 광장이 될 것이며 명물이 될 것이다.

　현재의 가톨릭회관을 헐고 명동성당 정문까지 평지로 조성하면 아름답고 쓸모 있게 꾸며진 아시시의 성 프란치스코 광장 못지않을 것이다. 더욱이 명동성당 광장은 전면을 양 옆면과 후면까지 연결시킬 수 있기에 더욱 운치가 있고 묘미가 있을 것이다. 그야말로 대행사가 열렸다 하면 전후 상하좌우 인산인해를 이루는 장관을 연출할 것이다. 그렇기에 이런 구상과 실현 가능한 제도(製圖)를 하려면 국내 두뇌와 기술진으로서는 역부족이고, 절대 호기임에도 지대를 더욱 망치고, 종교문화를 하치장화(荷置場化)하는 꼴이 연출될 수도 있다. 이런 구상에는 반드시 풍부한 지식과 노하우와 천부적 재능을 가진 대가의 두뇌와 기술을 요하는 것이다.

2003년 4월 30일 사제회의 결의는 교구장이 수용 공표하시어, 명동 개발 특별 위원회까지 구성 발표하신 것이다. 그런데도 이런 과정을 완전히 무시하고, 이제 새 성당과 지하 젊은이 광장 조성에 초점이 맞추어진다고 한다. 이런 교회 통치에 어떻게 사제들의 민심이 모여지겠는가.

당초의 계획대로 명동의 문화광장을 개발하면서 성당 건축까지 구상하면 모를까, 아름다운 명동 공간을 폐쇄시키는 새 성당과 지하 광장을 구상한다면 몰상식한 교구행정이었다는 비난을 면키 어려울 것이다. 물론 나는 정진석 서울대교구장 추기경이 이런 분이라고 생각하지 않는다. 교회법상 그렇게 해도 유효하다고 말한다면, 교회 교리에 저촉되지 않는 한, 널리 의견을 받아들이는 것이 바티칸 공의회의 기본 정신이자, 정신 구현의 실체인 바티칸의 시노드, 새 교회법의 근본정신도 그와 일치한다. 그렇기에 오늘날 모든 교회행정은 저류에 흐르는 불후의 명 격언, 즉 "백성의 소리는 하느님의 소리"(vox populi, vox Dei)라는 격언에 준하는 것이지 "군주의 종교는 백성의 종교"(cuius religio, eius religio)라는 정신이 아니다. 그렇기에 지금 교황청은 지역교회의 의견을 충분히 수집하고 십분 반영시키고 있다. 이는 개인적 명예욕 충족이나 식견이 부족한 이들의 견해에 맡길 것이 아니라, 유구한 역사적 관점에서 고민하며 미래지향 사목에서 진행해야 할 것이다.

또한, 나는 서울대교구 중견 사제들에게 "정 추기경의 임기는 금년(2006년) 12월인데 그때 정년퇴임하거나 1년쯤 연장하면 되는 것 아닌가요" 하는 질문을 공개석상에서 받기도 했다. 아무도 10여개월밖에 남지 않은 정진석 대주교가 추기경이 되는 것을 원치 않는 상황에서 나는 한국 국민의 정서와 정 대주교가 평양교구장 서리라는 대국적 견지에서, 정진석 대주교가 추기경이 되어야 한다는 것을 교황 대사들에게 납득시키고, 교황님께 전달하게 했다. 그것도 정 대주교 시절에 사목에서의 근본적인 변화에 대한 약속을 받고 천신만고 노력했다.

서울대교구 사제들은 마음이 순박하고 합리적이고 시대가 요청하는 미래지향적인 예언직 수행의 사목이라면 잘 식별하여 따라올 것이다. 그렇지 않고 과거지향적 사목이라면 육감으로 분별하여, 목자와 양떼는 떼 지어 멀어질 것이다. 어느 지구장 사제들은 명동 개발에 대해 마지못해 회의에서 수동적으로 논의를 강요당한 셈인데 그런 말을 지구회의에서 꺼내기조차 힘들어 한다는 것이다. 이런 점에서 총대리 염수정 주교는 뛰어난 감각을 갖고 있다. 먼저 명동 전체 개발의 청사진을 내놓지 않고 성당을 짓는다는 것이 얼마나 무모한 일인지는 이제 삼척동자라도 다 아는 것이기 때문이다. 명동 개발 마스터플랜을 내기 위해서는 국내 기술진으로는 어림도 없는 것이라는 것은 모두 알고 있다. 서강대학교 손병두 총장도 명동 개발은 한국 기술진으로는 어림도 없는 일이라고 하였다. 그래서 지금 기초적인 명동 전체 플랜을 시급히 만들어야 한다.

염수정 총대리 주교는 무엇보다도 명동성당 설립 당시의 원지형 복구가 우선이고, 앞으로의 수세기를 조감하는 아시아와 세계 안에서의 한국 가톨릭의 위상, 동양에서의 가톨릭의 허브를 생각하며 명동을 개발해야 한다고 생각하는 것은 극히 당연한 예언직 수행(遂行)의 구상이다.

교구장 정 추기경도 이를 추진할 아량과 능력을 갖고 있는 것으로 근래에 다시 생각하게 되었다. 그리하여 광장의 이름도 정 니콜라오 카르디날 광장(Cardinal Chung Nicolaus' Plaza, 혹은 Square)으로 하면 이색적이면서도 역사적으로 의미심장하고 민족의 정신과 마음에 와 닿을 뿐만 아니라 신선한 감을 주는 것이겠다. 지금 종교문화, 특히 성당문화는 대형화되며, 시각 매체와 음성 매체, 사이버 세계의 발전으로 시간과 공간의 개념과 활용이 근본적으로 바뀌어 가고 있다. 이에 따른 성당 개념도 변화를 일으켜 종교 집회나 행사도 대형화되는 경우, 광장에서 거행하여 그 효과를 교회 내외로 극대화하는 것이 현재적이며 미래지향적인 사목이다.

지금은 가능한 대로 벽을 무너뜨리고 마음이 통하며, 투명한 시간과 공간 안에서의 시각과 청각, 후각, 체온까지 느끼며, 전 인간적 공동참여를 지향하는 시기다. 그렇지 않고 모든 것을 외부와 격리하여 두껍고 높은 벽으로 막고 차단하는 식의 성당 문화는 점점 의미와 매력을 잃어가고 있다. 그런 것의 단적인 표현이 지금은 밀실 정치나 끼리끼리의 정치나 단합을 지양(止揚)하고 모든 것을 투명하고 구성원 전체가 참여하는 문화로 발전시켜가는 흐름이다. 교회는 이런 흐름의 급류를 타는 인류문화 속에서 같이 가야 하며 전례를 포함하여 종교문화 전반을, 성당의 두터운 담벼락으로 가로 막아 모든 것을 성당 안에 가두지 말고 광장을 성당화하여 웅장하고 아름다운 전례로 지양시켜 천지와 인간의 조화를 이루어내는 일대 드라마를 펼쳐주었으면 한다. 명동의 종교문화예술 광장을 조성하여 교회 내외 모든 사람이 직·간접으로 다 같이 큰 전례를 광장에서 펼쳤으면 싶다. 지금은 기술이 많이 발전하여 광장 전례 행사도 전천후 장치로 궂은 날씨에도 문제가 되지 않는가 싶다. 이런 것은 성 베드로 광장이 선구자다. 그 광장은 세계인의 마음을 사로잡고 이목을 집중시켜, 정신과 마음, 영의 아름다움과 풍요를 세계인이 같이 만끽하는 마음의 고장이다.

  명동광장 개발은 분명히 서울 시민의, 더 나아가 한국민(韓國民)의 장소가 될 것이며 동양과 세계 가톨릭이 주시하는 마음의 고장이 될 것이다. 이런 바탕 위에서 컨벤션 센터(convention center)가 되든, 가톨릭 청소년 센터(Catholic Youth Center)가 되든, 혹은 아름다운 채플(chapel)이 되든, 필요에 따라 건축이 이루어지면 될 것이다. 어차피 현재의 명동성당이 카테드랄(Cathedral)로 엄존하니, 새 성당을 지어도 채플의 성격이 될 것이다. 내가 1960년대 초반, 뉴욕에 머물 때였다. 당시 세계 가톨릭계에 혜성처럼 빛나던 스펠만 추기경의 위업을 기리기 위해 스펠만 추기경 고등학교(Cardinal Spellman High School)가 계획되고 있었다. 당시 학교 계획의 총책임자 신부님과 저녁을 같이 하며 담소할 기회가 있었다. 총책(總責) 신부님은 거목의 인품을 풍겼다. 후세에 길이 남으며 계속 풍요로운 결실을 맺어야 하는 것이 기념사업의 핵심이었는데, 청소년을 복음정신으로 계속 함양할 수 있는 고등학교 설립이 가장 좋은 방도라는 말을 그분으로부터 들었다. 그때가 미국 가톨릭의 전성기여서 주일에는 신자들이 산지사방에서 구름처럼 모여들어 성당만으로 다 수용할 수가 없어 본당마다 운영하는 초등학교 강당이나 큰 교실 등을 이용하여 주일 미사를 봉헌하던 때였다. 이렇게 성당 건립 요구가 절박한 때였는데도 그들은 젊은이들을 신앙적으로 잘 교육할 수 있는 기념 고등학교를 지어 후대에 남겨 준 것이다. 그들은 깊은 연구 끝에 성당 여러 개를 짓는다거나 더욱 큰 대성당을 짓는다는 것은 꿈에도 생각하지 않았다. 돌이켜 보면 지금 성당들은 수없이 비어가는 형편이고 고등학교는 명문고로 건재해 수많은 젊은이를 국민이자 신앙인으로서 계속 교육하는 것이니 사목에서 얼마나 예언직을 잘 수행한 것이겠는가. 지금도 그 고등학교는 미국의 좋은 고등학교 중 하나다. 물론 명동의 젊은이 종교문화예술 광장은 그런 고등학교와 비견할 수 없는 위대한 복음의 터전, 한국인의 마음의 고향으로 자리 잡을 것이다. 이 일만 성사시킨다면 정 추기경은 한국 교회사뿐만 아니라 한국 문화사에도 길이 남을 존재가 될 것이다. 물론 이런 모든 영예와 기쁨은 세기적인 일을 해내어야만 주어질 것이다. 만일, 한국 가톨릭에 하느님으로부터 부과된 시대 예언적 사목이 절대로 요구하는 명동광장 개발을 소홀히 하고 앞으로 별 가치가 없을 거대한 새 성당과 지하광장 건축에만 치중한다면 역사적인 엄중한 견책의 대상이 될 것이라는 것은 명약관화한 일이다.

젊은이들은 점점 윤리적으로 또 인간적으로 망가져가고 있다. 그렇기에 서울대교구가 하느님의 예시적 안배로 갖게 된 3가지의 평화 매스미디어를 발전적으로 뒷받침할 매스미디어 전문대학원 혹은 사이버 전문대학원을 설립해야 한다. 거기에 종사할 교수진과 여타 이 땅의 매스미디어계, 예컨대 KBS, MBC, SBS 등에 산재한 열성적인 신자 전문인과 기술인을 활용하여, 청년을 위한 유효 적절한 프로그램을 제작할 수 있다. 또 전문대학원이 세계교회의 사계, 특히 교황청의 신문, TV, 라디오와 밀접히 연결되어 이 땅의 복음화와 나라 전체를 위해 놀라운 공헌을 할 것이다. 서울대교구는 가톨릭이라는 세계 배경까지 활용할 때 어느 조직도 따라올 수 없는 위력을 발휘할 수 있을 것이다.

"정 추기경 힘내십시오. 결정만 내리시면 일은 일사천리로 진행될 것입니다. 병사들은 출정 준비를 완료한 상태입니다. 성패의 관건은 총지휘할 인재 문제입니다." 이 기회에 조직을 정비하여 위원장은 총대리 주교가 맡아야 일이 제대로 풀리고 훌륭하게 성사될 수 있을 것이다. 염수정 총대리 주교는 추진력과 실천력에서 아무도 따라갈 수 없는 카리스마적 능력을 갖고 있다. 염 주교에게 요청되는 것은 좋은 싱크 탱크를 갖는 것이다. 이런 경우 총대리 염 주교께 일이 과중될 것이니, 중부 서울 본당 관리는 다른 두 주교가 더 분담하여 맡고, 그분들에게도 일이 과중하게 되면 특수사목 업무를 그 방면에 유능한 신부님이 맡는 식으로 하는 것이 좋을 것이다. 명동 개발은 무게 있는 총대리 선에서 맡는 것이 정석이라고 생각한다. 필요하다면 중부 서울은 또 다른 유능한 원로 신부님을 몬시뇰로 만들어 맡기실 수도 있다.

특히 중요한 것은 명동 개발을 중심으로 전문대학원이 생기는 경우, 혜화동에도 가톨릭이 사회적으로 해야 할 사회 사목을 위한 해당 분야의 전문대학원을 연계 설립해야 한다. 위원장직을 맡으실 총대리 주교나 추기경이 가톨릭대학의 위상도 높일 겸 대신학교까지 관장하고 혜화동과 가톨릭대학 전체의 개발과 지휘 감독권을 맡는 것이 좋을 듯하다. 염수정 주교는 가톨릭대학교 신학대학 사무처장도 다년간 하셨기에 그런 직무에도 충분한 자질을 갖고 있다. 그렇게 되면 은퇴를 원하시는 착한 목자 김병도 몬시뇰의 숙원도 풀어드리는 것이 될 것이다. 혹은 김병도 몬시뇰은 사목 경험이 풍부하니 지역구 담당 교구장 대리를 맡기셔도 좋을 것이다.

"지극히 존경하올 정진석 추기경, 자신을 완전히 버리시고 교구의 선익만을 생각해 주십시오. 이런 내용을 담은 명동 개발안은 처음에 명동성당을 짓는 것 못지않은 중대사이기 때문입니다." 명동성당 신축 때는 한 신부님이 현장 감독으로 있었지만, 당시 교구장 민 주교(뮈텔 주교)님이 직접 총 지휘하신 것으로 들었다. 명동 개발에 정 추기경도 전력투구하여 주시기를 바란다. 이 일은 지난 백 년의 잘못된 것을 바로 잡고 앞으로 수백 년에 걸친 명동, 즉 서울대교구뿐만 아니라 한국교회, 동양의 가톨릭 허브를 형성하는 것이며 한국문화사의 큰 부분을 새롭게 구상하고 실현하는 것이다.

이제 이런 글을 다시 올리게 되며 내일(9월 13일) 오전에 다시 추기경을 뵙게 되니 반가우며 기대하는 바도 크지만 한두 가지는 여기서 말씀드려 두어야 할 것 같다. 첫 번째는 지난번에 편지를 드리고 이번 임명(2006년 8월 24일)에서도 조금도 변함이 없다면 다시 추기경에게 사목적 건의를 할 필요가 없을 것이라고 생각한다. 그러나 다행히도 이번 임명에 문화 공간을 여는 데 출중한 김민수 신부와 청년 사목에 열성적이며 좋은 논문도 발표하고 한국 그리스도사상연구소의 실천적인 청소년부 담당을 맡은 조군호 신부가 명동 개발에 발탁됐기에 큰 희망을 건다. 정 추기경은 인사에도 신경을 많이 써 주셔야 하겠다. 언젠가도 강력히 말씀드린 대로 적재적소에 인사배치를 하셔야 할 것이다. 많은 유능한 신부들이 추기경 인사가 그렇지 않다고 생각하기에 그들의 마음이 추기경을 떠나고 있는 것이다.

내게는 현재 서울대교구 사제들이 모두 제자이기에, 누가 중책을 맡든 상관이 없고 적재적소이면 된다는 원칙이고 도와주면 된다는 마음이다. 그런 자리는 부족한 면이 있어도 그 방면의 지식과 능력을 갖춘 제자들에게 양보하고 뒤에서 돕는 것이 나의 현재의 위치이고 모양새도 좋다고 생각한다. 정 추기경은 왜 그리도 한두 사람이 아니면 안 되는 것인가. 그래도 불행 중 다행인 것은 명동의 납골당 안(案)에는 추기경도 선뜻 동의하지 않았다는 풍문이다. 내가 이미 말한 바와 같이 비록 그런 분이 누구이든 그 사람이 윗분 마음에 들게 한다 해도 한두 사람에게 많은 영광을 안겨주면 안 될 것이다. 나는 여기서 특정인을 말하는 것이 아닌, 원칙적인 말을 하는 것이다.

정 대주교가 추기경이 될 때부터 문제가 되었던 것은 퇴임 10여개월을 앞둔 분이 무슨 추기경이냐는 강력한 반발이었다. 그때, 나는 임기 연장을 하면 될 것 아니냐고 하며 추기경이 되었으니 얼마간은 연장되겠지만 신부님들의 마음이 떠나 있어 얼마 동안일지 알 수 없었다. 일반적으로 생각해 1년 내지 많아야 2년으로 생각되는 교구장직 연장기한을 두고 대교구의 주교좌 성당 코앞에 또 다른 대성당 신축의 사업을 벌인다는 것 자체가 정상은 아니다. 그것은 누가 그런 안을 권유했다고 하더라도 다음 교구장이 해야 할 일이라고 잘라 말씀 했어야 했을 것이다.

그렇기에 나는 명동의 숨통을 막는 움츠려진 새 대성당 짓기와 두더지처럼 땅을 파 땅 속에 젊은이 종교문화예술 광장을 조성한다기에, 그럴 바에는 다목적 성당 설계면 좋겠다는데도 추기경은 3천 명 들어가는 성당만을 고집하시기에, 고집을 접으라고 말씀 드렸다. 그 이유인즉, 다음 교구장은 그렇게 불합리하고 신부들과 지각 있는 신자들의 불평불만인 대성당을 그대로 놓아둘 리 없고 얼마 안 가 목적을 변경할 것이 뻔하기 때문이라고 말씀드렸다. 한마디로 지금 정 추기경의 성당 신축과 지하광장에 대한 고집은 추기경을 두더지 추기경으로 만들고 사제들 사이에 추기경의 사목에 대한 마음으로부터의 동조자는 아무도 없게 된다. 잘해야 체념적 수동 자세니 국민 인기 10%대인 노무현 정권과 같다는 뒷말을 들어도 할 말이 없게 되는 것이다. 그런데도 불행 중 다행인 것은 전번 임명공고를 보고 이제 추기경께서 변하시는가 싶어 다시 추기경을 만나 진언을 드리기로 한 것이다. 변하시려면 일이 성취되도록 화끈하게 변해 주시기를 바란다. 그렇지 않다면 같이 일하는 신부들 사이에 보이지 않는 알력과 불만, 투쟁심만을 조장시키는 인사가 되어 추기경께 대한 사제들의 신임도와 추기경의 인간성에 대한 평가는 계속 떨어질 것이다.

② 정진석 추기경 추대 경위[65]

정 추기경 임명까지 나름으로 노력한 것을 여기에 좀 더 소상히 밝힌다. 그것은 한편의 드라마 같은 기적적인 사건이었다.

I) 내가 정진석 대주교가 추기경이 되어야 한다는 것을 구체적으로 행동에 옮긴 것은 당시(2002년 6월 30일) 지오반니 바티스타 모란디니(Giovanni Battista Morandini, 이하 모란디니로 칭함) 대주교를 방문하면서였다. 그때는 한국의 또 한 명의 추기경이 천거되고 있었는데, 다른 교구의 교구장이며 김수환 추기경의 강력한 추천을 받고 있는 분이라고 항간에 말들이 자자했다. 그 존함까지 널리 알려진 상태였다. 그때 나는 그분도 응당 추기경이 될 만한 분이지만 정 대주교를 제외한다는 것은 한국 국민의 정서에도 맞지 않고 실제 교세에도 맞지 않을 뿐더러 사회주의 정권의 수도 평양은 항상 서울보다 우위에 서려거나 적어도 동등한 위치에 서려는데, 만일 평양교구장 서리이자 서울대교구장인 정진석 대주교를 제외하고 다른 교구에서 새 추기경을 임명한다면 앞으로 평양교구 사목에 지대한 손실을 가져올 수 있다고 밝혔다. 또한, 교황청은 북한에 대해 지대한 관심을 가지고 노력하는데 현지 대사가 일을 그렇게 처리하면 어떻게 되는 것이냐고 강력한 항의와 더불어 시정을 촉구했다. 그때 벌써 추천은 끝난 것 같은 느낌을 강하게 받았다. 서울에는 김수환 추기경이 건재하니 서울에 낼 필요

---

65 정진석 추기경 서임 비화(秘話) 공개, "평양교구 포기할 겁니까" 교황청 설득-2006년 3월 23일 〈조선일보〉 종합 A4면.

가 없다는 것을 모란디니 교황 대사는 분명히 했다. 그러나 교황 대사님은 몹시 당황하며 '아차 큰 점을 놓쳤구나' 하는 식으로 얼굴빛이 파래지며 손에 가벼운 경련조차 일으키는 것을 보았다. 일의 중대성에 비추어 이 문제는 교황청에 보고됐을 것으로 생각한다. 이때부터 나는 계속 서울대교구장 정진석 평양교구 서리 대주교가 추기경이 되어야 한다는 것을 널리 퍼뜨렸다.

그로부터 약 1년이 지난 후(2003년 9월) 새 추기경 명단이 발표되었고 그 해 10월 21일에 서임식이 있었다. 이런 와중에서 한국은 빠져 있었고 새 추기경 임명은 오랜 시간이 걸릴 것으로 알고 있었다. 그때 분위기는 한국에 새 추기경이 틀림없이 나올 계제였다. 한국보다 교세나 교회 활력이 떨어지는 일본이나 베트남에도 한 명씩 추기경이 추가되는 계제였다. 그때 한국에서 새 추기경이 못 나온 이유는 그때까지 아무도 교황 대사까지 생각하지 못했던 평양교구 문제가 느닷없이 큰 이슈로 떠올랐기 때문이라고 생각한다. 그래서 나는 새 교황 대사인 에밀 폴 체릭(Emil Paul Tscherrig, 이하 체릭 교황 대사라 칭함) 대주교를 2005년 6월 7일 만나 이번에 한국에 추기경이 날 때 서울대교구장이며 평양교구장 서리인 정진석 대주교가 추기경이 되어야 한다는 것을 강력히 말씀드렸다. 한국 사람들의 서울 5백 년 왕도(王都)의 민족적 깊은 정서에 대해서도 말씀드렸다. 한국 말고 세상 어느 나라가 헌법 위배를 이유로 수도를 옮기지 못하는 나라가 있겠느냐고도 했다. 체릭 교황 대사는 처음에는 별로 움직이지 않았는데 근 4시간의 대화 끝에 웃으면서 'I agree with you'(당신 의견에 동의합니다)라며 전적인 동의의 답을 연거푸 했다. 입 무거운 교황 대사님이 이렇게 철석같은 답을 했으니 그냥 믿어도 될 것이었으나 일의 중대성에 비추어 그래도 안심이 안 되어 나는 교황 대사가 신임하는 선교사 한 분을 통해 교황 대사께 정 대주교가 추기경이 되어야 한다는 이유를 설득력 있게 품신하게 했다. 하느님의 안배는 실로 오묘한 것이어서 정진석 대주교의 임명이 난관에 부딪쳤을 때, 교황 베네딕토 16세와 40년간 지기인 분이 교황 초청으로 지난 해 9월 초 카스텔 칸돌포에서 교황을 만나게 된다기에 그로 하여금 교황과 면담 시, 정 대주교가 평양교구장 서리임을 들어 정 대주교를 다음 번 한국 추기경으로 직접 품신하게 해, 한국교회의 실정을 전달하도록 했다. 그때 교황께서는 서울대교구 말씀에는 무덤덤한 표정이었고 평양교구 말씀에는 중국의 중요성을 말씀하시며 한국의 문제를 그런 큰 테두리 안에서 생각하시는 듯 말씀하셨다고 한다. 그런데 남·북한 분단의 아픔과 동·서독 분단의 아픔을 상기시키며 말씀드릴 때, 교황은 각별한 관심과 큰 호의를 보이셨다는 것이다. 그 분은 이런 말씀을 평양교구 출신이며 토마스 아퀴나스의 『신학대전』(라틴-한글 대역) 번역을 하는 정의채 바오로 몬시뇰의 말이란 것도 덧붙였다는 것이다. 얼마 후 교황은 그 분께 친서를 보내시어 정진석 대주교가 추기경이 될 것이라고 말씀하셨다고 한다. 아마 그동안 교황께서는 관계 부처와 연락을 취하고 체릭 교황 대사가 정진석 교구장을 추기경에 추천하는 보고도 (그분이 확고한 언질을 주신 것이니) 교황청 관계부처에 가 있었을 것이다. 주교 임명이나 추기경 추천에서 현지 교황 대사의 천거는 가히 절대적이라 할 수 있다. 이런 것은 교회 심층의 이구동성의 견해이며 한국교회도 과거에 경험한 바 있다. 그렇기에 이번 정진석 추기경 임명에는 체릭 교황 대사의 굳건한 동의와 보고, 베네딕토 교황과 친분이 깊은 분이 교황의 특별 초청으로 교황을 만났을 때 드린 말씀, 특히 동·서독 분단의 아픔과 한국 남북분단의 아픔을 비교하여 평양교구에 관심을 호소한 것은 정진석 대주교를 추기경으로 임명하게 하는 데 결정적 요인이 되었다고 생각한다.

　서울대교구 사제들의 냉담과 주교들이 더 젊은 층의 추기경을 선호한다는 항간에 퍼진 설은 정 대주교 추기경 임명의 큰 암운이었다. 만일 2003년 추기경 임명에 만일 당시 한국 교황 대사의 견해와 (한국교회의 항간에 널리 퍼져있던 대로 김수환 추기경도 강력히 밀고 있던) 다른 교구의 주교가 추기경이 되었다면 정진석 추기경 임명은 불가능했을 것이다. 그렇기에 나는 2002년 하반기 당시 교황 대사께 서울대교구의 중요성과 특히 평양교구의 운명에 관한 것이니 새 추기경은 먼저 평양교구 서리를 맡고 있는 서울대교구장이 되어야 한다고 주장했다. 그 때는 유산되었지만 이번에 이루어진 것으로 생각되어 이번의 경사가 남다른 감회와 말할 수 없는 기쁨으로 다가온다. 이런 저런 일들이 있은 후, 지난 10월 초순경에 정 대주교가 추기경이 될 것이라는 것을 감지하게 되었다. 본래 추기경 임명은 전 번 임명의 경우에서 보는 바와 같이 많은 시간이 걸리지만 이번에는 새 교황 등극과 더불어 준비가 시작된 듯 상당히 일이 빨리 추진된 것으로 보인다.

　2005년 11월 당시 정 대주교가 추기경이 되시면 꼭 유념하고 실천해 주시면 하는 것 몇 가지를 말씀드렸다. 서울대교구 사제들 사이에는 정진석 교구장에 대한 심한 말기 레임덕 현상이 있었다. 그것을 극복하지 않고서는 내부적으로는 사제들의 무언의 저항에 부딪치거나 정 추기경이 하는 일에 사제들이 무관심하게 될 위험이 있다. 그것은 이른바 지성 신부들, 중견 신부들 사이에 만연된 레임덕 현상인데, 평신도 지도자들 사이에도 퍼져 있었다. 나는 오랜 경험에서 말기 레임덕 현상은 교구장이 사제들과 소통이 잘 안 되는 사목을 하는데 기인하는 것을 익히 보아 왔기에 사제들 편에 상당한 이유가 있다고 생각한다. 물론 때로는 사제들이 잘못 알거나 선입견, 잘못된 여론이나 판단에 근거하는 경우도 있다. 이런 경우 가장 중요한 것은 교구장과 사제들의 직접 소통이며 때로는 주변 분들의 중화작용 내지 중재 역할인데 이런 점들이 원활하지 못한 것 같다. 그렇다고 신부님들이 노골적으로 반발하는 것은 아니고 나름대로 열심히 사목생활을 하는 것이니 겉으로 보기에는 그런 대로 교회가 잘 움직여 가나 교구장과의 밀접한 유대가 없기에 경우에 따라서는 이기주의 내지는 개인주의, 더 심하면 속세와 같은 직업적 생활이 되기 쉽다. 나는 정 대주교가 추기경이 되어 임기를 몇 년 더 연장해야 한다는 데 동의하는 중견 신부님들을 별로 만나지 못했다. 하루 빨리 새 교구장 시기가 와야 한다는 분위기다. 그렇다면 다음은 누구냐고 물을 때에 선뜻 대답은 못하면서도, 지금의 상태는 빨리 끝나야 한다는 것이 공통이다. 좋은 입장이라야 누가 되어도 좋은데 극히 소수이지만 그 중 한분이 정 추기경이 좀 더 계속한들 어떠냐는 정도였다. 그렇기에 내가 또 새로운 분이 다른 교구에서 오는 경우 적어도 3년은 서로 서먹서먹하여 교구가 완전히 공백상태에 빠질 가능성이 있다는 것과 평양교구 문제를 설득력 있게 설명하면 그런 대로 수긍하는 편이었다. 근본적 이유는 한국 교회 특히 서울대교구는 젊은이들의 대거 이탈과 냉담자(쉬는 신자) 급증으로 쓰나미 현상으로 치닫고 있는데도 서울대교구 사목은 미래는 물론 한치 앞을 못 보는 과거지향적이라는 것이다. 그저 전문 지식도 없이 그때그때의 바람결 같은 의견과 교구장의 독단으로 교구 사목이 이루어진다는 것이다. 다시 말해 일선 사제들 사이에 이런 풍조가 만연되어 있고 깊은 연구와 고뇌 없는 사목뿐이라는 생각이 퍼져있기에 추기경한테서 또는 교구청에서 무슨 발표가 있으면 무어라고 했대 하는 식의 시니컬한 분위기가 사제들 사이에 자리 잡고 있다. 결국 소리만 요란했고 막대한 경비만 들고 많은 인재를 적재, 적소, 적시에 활용치 못한다는 것이다. 그렇기에 지난 7~8년 동안 실(實)있는 사목이 이루어지지 못했다는 것이다. 나는 이런 면 저런 면들이 추기경의 발목을 계속 잡을 것을 알고 있었기에 사목적인 측면에서 여러 가지 획기적인 안을 말씀드렸지만 제대로 실천된 것은 거의 없는 셈이다. 실천한다 해도, 시기를 놓치고 인재를 제대로 활용하지 못했다는 뒷공론이다. 진심으로 정 추기경께서 서울대교구 사목에서 유종의 미를 거두시기 위해 드리는 말씀이다.

내가 정 대주교가 이번에 추기경이 되실 것을 감지한 것은 지난 해 10월 초순경이었다. 그러나 그때는 새로운 추기경의 적임자를 물색 중이라며 뒷공론으로 인명이 거론되고 있는 때였다. 만의 하나의 경우를 생각하여 대주교에게도 사실을 똑똑히 말씀드리지 않고, 이번에는 좀 더 젊은 주교가 급부상한다는 등을 귀띔해 드렸다. 그런 중에서도 한 번은 정 대주교가 곧 추기경이 되실 것이라고 명확하게 말씀드린 적이 있다. 이번(2005년 10월 경)에는 형태를 바꾸어 다른 안이 떠돌았다. 서울대교구 계승자 보좌 대주교(부교구장)는 현재의 다른 교구의 주교가 들어와 차지하고, 정 대주교의 임기가 이제 10개월여밖에 남지 않았으니 끝날 때 자동적으로 보좌 대주교가 서울대교구장을 계승하고 추기경이 된다는 설이 한동안 교회 안에 유포되었다. 그런데 새해(2006년) 2월 초순경에 한국인 추기경 한 명이 임명될 것이라는 바티칸의 소식 이후, 또 다시 다른 교구의 모 주교가 추기경이 되고 금년 안에 있을 정 대주교의 정년과 더불어 추기경 된 분이 서울대교구장으로 이동하여 온다는 설이 현금(2006년 1월 초·중순경) 특정 계층에 유포되었다. 이런 것을 염려했기에 약 2년 전부터 이번에는 서울대교구 성직자 중에서 계승자 보좌 주교(부교구장 주교)가 나와야 한다는 것을 대주교께 간곡히 말씀 드렸다.

　나는 정 대주교가 나의 관점에서 추기경이 되기 위해 계속 유리한 고지에 서 있다고 믿고 있었으며 추기경이 될 것이라고 확언했다. 교황 대사도 근자에 이르러 정 대주교에 대한 여러 가지 엇갈린 의견으로 새 추기경 문제에 많이 고통스러워한다는 소리도 간접적으로 들려왔다. 김수환 추기경도 이번에는 새 추기경을 내는 데 전과는 좀 달라진 것 같다는 느낌이었다. 나는 2003년 추기경 임명에 한국이 빠진 후 후회스러운 일이라는 것을 사방에 말하여 그런 견해가 널리 퍼져 있다. 나는 몬시뇰의 임명을 2005년 4월에 대주교로부터 정식으로 통고받고 5월 11일 김수환 추기경을 찾아갔다. 나는 김수환 추기경께 정 대주교 말고 다른 분이 추기경이 된다면 일을 크게 그르치는 것이라는 점을 강조했다. 한국에는 또 한 분의 현직 추기경이 필요한데, 교황 요한 바오로 2세 서거와 교황 베네딕토 16세 선출과 더불어 교회 내는 물론이고 우리의 일반 사회 여론까지 교황 선출권을 가진 한국인 추기경을 교회 당국에 강력히 요구하고 있던 때였기에 2003년도 새 추기경 서임 때와 같은 실수가 다시 있어서는 안 되겠다고 말씀드렸다. 특히 정 대주교가 평양교구장 서리라는 점을 고려하지 않고 정 대주교를 빼고 다른 교구에서 추기경이 나온다면 평양 정부 당국은 교회 정신은 전혀 모르고 지위의 높고 낮음만을 아는 것이니 평양교구 사목에 돌이킬 수 없는 타격이 될 수 있을 것이라는 점을 강력히 말씀드렸다. 사실 나는 평양교구 사목 문제에 대해서는 당시 모란디니 교황 대사를 위시하여 김 추기경과 그 누구도 전혀 생각지 않고 있었다는 인상을 강하게 받았다. 나는 이런 것을 새 추기경 문제로 모란디니 대사와 대화 중에 확신하게 되었던 것이다.

　정작 2003년 9월 일본(실제 일본 신자수는 40여 만 명이고 외국인 신자가

50여 만 명인데도)과 베트남(공산 국가이며 가톨릭 교세 즉 교회의 활력 등 모든 면에서 한국과는 비교할 수 없을 만큼 빈약)에는 새로운 한 명씩의 추기경이 더 추가되어 일본과 베트남은 교황 선거권이 있는 추기경이 기존의 분을 합쳐 각각 2명이 되었다. 한국은 한 명의 추기경이 있기는 하나 만 80세가 넘어 교황 선출권이 없을 뿐만 아니라 추기경 회의에도 참석 못하는 처지이니, 실제로는 있으나마나 한 셈인데도 한 명의 추기경도 임명되지 못했으니 교황 대사를 위시하여 그런 일에 영향을 미칠 수 있는 분들에 대한 아쉬움이 있었다. 막상 새 추기경 명단에서 한국이 빠지고 유력 일간지의 지적을 받고 나서 당황한 모란디니 교황 대사는 이번 일을 어떻게 생각 하느냐고 동정을 구하는 듯 물었다. 나는 이런 결과를 예견하고 벌써 오래 전에 대사님께 다 말해 주지 않았느냐며 한마디로 '지금 한국인은 다 불만이다'(Now nobody in Korea is happy)라고 했더니 당황하며 실망하는 표정이었다. 그때 그는 자기를 변호하는 식으로 전에 김남수 주교가 추기경은 지방 교구로 돌아가면서 하는 것이 좋다는 말을 하였다는 이야기까지 털어 놓았다. 그뿐만 아니라 모란디니 교황 대사는 당신이 근무했던 남미의 파라과이는 신자가 한국보다 많지만 한 명의 추기경도 없다고도 했다. 그러나 이런 것은 언어의 둔사는 되지만 실제와는 거리가 먼 말이다. 그 이유는 남미는 전부 가톨릭 국가이고 대부분이 스페인 언어권이기에 교회로 볼 때는 국가별보다는 남미 전체를 기준으로 추기경을 배분하기 때문이다.

서울대교구장이고 평양교구장 서리인 정 대주교가 추기경이 되어야 한다는 논리를 김수환 추기경께 좀 더 소상히 말씀 드렸더니, 새 추기경 문제에서 평양교구 사목 문제에는 전혀 생각이 미치지 못했던 것 같은 인상을 받았다. 또한, 신자가 5백 만 선이면 경우에 따라서는 두 명의 현직 추기경이 임명될 수 있다는 말씀을 전해 드리며 한국인 두 명의 현직 추기경도 우리가 하기 여하에 따라서는 가능할 것이라는 점도 대화 중에 김수환 추기경께(그 전에는 교황 대사께) 말씀드렸다. 사정이 그러했기에 나는, 만일 그때 평양교구장 서리 문제가 불거져 나오지 않았다면, 다른 분이 추기경이 되었을 것이기에 지금 정진석 대주교가 추기경이 되지 못했을 것은 자명(自明)한 것이다. 그 이유는 교황청이 당시 아시아 교회를 중요시했는데 아시아에서 가장 활력 있고 교세가 강한 한국교회에는 현직 추기경이 한 명도 없었기 때문이다. 또한, 지난 해(2005년) 성주간 성목요일에 교황 대사 체릭 대주교를 명동성당 제의실에서 만났을 때 체릭 대사께, '대사님 부활 축하합니다'라고 했더니 '카르디날 폴 정, 부활 축하합니다'라고 하기에 무엇인가 발음이 잘못 되었나 싶어 무슨 말씀이냐고 했더니 또 꼭 같은 말을 하며 웃으시기에 농담으로 알아차리고 나는 대사님! 당신이야말로 머지않아 추기경이 되어 교황청으로 가셔야 할 분이라고 농담하였고 이 말은 진짜라고 하며 웃은 일이 있었다. 아마도 그때 벌써 교황 대사는 내가 교황 명예 고위성직자가 될 것을 알고 있었기에 한 말씀이었던 것 같았다. 지난해(2005년) 6월 30일 나의 몬시뇰 서임 축하와 기념 출판식 때, 주최 측 한국 그리스도사상연구소(소장 심상태 몬시뇰)의 요청으로 참석해 주신 체릭 교황 대사는 교황 명예 고위성직자 정장을 한 저더러 대주교 같다느니 장미꽃 덩어리 같다느니 등 농담으로 일관했다. 피치 못할 국제적 선약이 있었는데도 일을 단축하시고 축하식에 참석하시어 정성어린 축사와 말씀을 하여 주신 정 추기경께 대한 고마움은 길이 잊을 수 없다. 또한 그날 행사를 변경해 가며 축하 미사와 축하식전에 참석하여 처음에 정 추기경의 축사를 대독해 주신 염수정 총대리 주교의 성의도 말할 수 없이 고마웠다.

내가 몬시뇰이 된다는 것은 전혀 몰랐다. 아마도 염수정 총대리 주교의 제청으로 정진석 교구장 대주교가 교황청에 신청해 이루어진 것이라 생각한다. 2005년 3월 10일 부로 교황 요한 바오로 2세의 결재가 났다. 그 몇 달 전에 당시 정진석 대주교가 영문으로 내 이력서를 자세히 기록하여 제출하라고 하신 후에 4월 15일 몬시뇰 서임이 됐다는 정 대주교의 말씀이었다. 일반적으로 몬시뇰 하면 이른바 교황 명예 전속 사제(Chaplain of Honor of His Holiness)인데 이번 나에게 주어진 것은 교황 명예 고위성직자(Prelate of Honor of His Holiness)라는 것이었다. 고위 성직자(Prelate)라는 호칭은 주교급 이상 추기경까지 총칭적으로 말하는 것이다. 교황청에서는 교구장이 청하는 것을 자진해서 그 보다 더 높은 급수로 수여하는 일은 드문 일이다. 물론 이런 호칭을 받은 데 대해 교회는 물론 사회도 대대적으로 환영하며 일간 유력지들이 크게 기사화하는 등 일대 경사로 반겨주었기에 고마운 일이다. 다들 너무 늦었다는 평들이었기에 더욱 고마웠다. 이것은 정 추기경이 되기 전 일이고, 내가 정 대주교가 추기경이 되기 위해 노력한 것은 위에서 밝힌 바와 같이 2002년 전반기부터이니 추기경이 되는 것과는 별개의 것으로 생각된다. 다시 한 번 서울대교구장 정진석 추기경과 염수정 총대리 주교께 심심한 감사를 드리는 바이다.

정 추기경 임명 과정을 다시 짚어 보면, 현재 한국교회에 추기경이 한 명 더 나오게 되는 경우의 사정도 쉽게 짚어 볼 수 있겠다. 나는 로마 유학 시절부터 추기경 임명에는 준비 기간이 오래 걸린다는 말을 들어왔다. 물론 예외적인 경우가 있지만, 2003년에 여러 명의 새 추기경이 임명될 때 일본, 공산 국가 베트남 등에는 기존의 추기경 외에도 또 한 명씩의 추기경이 임명되었다. 그런데 월등한 교세와 활력에도 불구하고 한국교회는 또 한 명의 추기경을 내는 데서 탈락했다. 새 교황 선출에 일본에서도 2명, 베트남에서도 2명의 현직 추기경이 투표권을 행사했는데 한국교회는 투표권자 추기경이 한 명도 없는 창피를 당한 것이다. 따라서 한국교회에 대해 국내의 여론도 허탈 했던 것은 지극히 당연한 것이었다. 한국교회는 동양에서 가톨릭의 거점이 되어야 하는 역사적 사명을 지니기에 더욱 그렇다. 교황청이 중국에 중점을 두는 앞날의 교회를 생각한다면 더욱 그렇다. 한국은 교회의 중국 진출에서 절대적으로 필요한 교두보이기 때문이다. 그것은 중국이 오늘의 경제 부흥을 하는 데도 한국의 경제적, 특히 산업 기술적 도움이 절대적으로 필요했던 것처럼 말이다. 한국교회는 지금 동양에서 종교 전반을 아우르고 종교교육과 종교문화, 특히 가톨릭 문화 전반의 중심이 되어야 하는 역사적, 예언자적 사명을 띠고 있기에 인프라 구축을 서둘러야 한다.

추기경 임명에는 그 과정에 많은 시간이 걸리는 것을 엿볼 수 있다. 지난 2003년 추기경 임명의 경우, 2003년 9월 28일 임명이 발표됐고 10월 21일에 서임식이 거행되었지만, 추천 과정은 훨씬 전에 진행되고 마무리되었다. 추기경 추천 문제로 한국에서도 2002년 5~6월에 많은 말이 오갔다. 즉 서울이 아닌 다른 교구에서 새 추기경이 난다는 말이 거의 확정적인 것으로 전해지고 있었다. 나는 당시 교황 대사였던 모란디니 대주교를 2002년 6월 30일에 (추기경 임명이 난 2003년 9월 28일보다 근 1년 3개월이나 앞질러) 찾아가 서울대교구장이며 평양교구장 서리인 정진석 대주교가 꼭 추기경이 되어야 하고 한국 교세로 보아 또 한 분의 추기경이 더 나면 좋겠다는 의견도 제시했다. 그뿐만 아니라 교황 대사 체릭 대주교께 간곡히 말씀드렸다. 이런 오랜 과정을 통해 추기경 임명이 되는 것이기에 오래 전부터 정 대주교의 추기경 임명을 유력한 여러 경로를 통해 있는 힘을 다해 추진하였다. 더욱이 행운이었던 것은, 정 추기경의 임명이 인간적으로 생각할 때, 전혀 희망이 없다고 보일 때, 베네딕토 16세 교황과 절친한 분이 교황 알현 시, 직접적으로 현지의 사정을, 교황이 젊은 날에 겪었던 뼈에 사무친 조국 분단의 고통과 그보다 더한 한국 분단의 고통을 호소함으로써 교황의 큰 관심을 끌게 되었다. 드디어 교황께서 친서로 평양교구장 서리인 서울대교구장 정진석 대주교가 추기경이 된다는 소식을 공식 발표보다 일찍 알현하며 말씀드린 분께 전달했다. 나는 정진석 추기경 임명이 희망적이라는 것을 지난(2002년) 10월 초순경에 모 소식통을 통해 감지하게 되었다. 그렇기에 나는 지난(2002년) 11월 중순 정 대주교가 회의 차 교황청을 방문하셨을 때 무슨 낌새를 느끼지 못하셨느냐고 물었다. 그동안의 경유야 어찌됐건 큰 희망 중에 미리 감축 드리고 싶은 마음이었다.

첫 번째 지구장 사제 회의가 교구청에서 2005년 5월 13일에 있었다. 그 회의에서 내가 평양교구장 서리직을 맡고 있는 서울대교구장이 추기경이 되어야 할 이유와 서울대교구의 성직자가 서울대교구장 계승자 보좌 주교(부주교)가 이번에는 꼭 되어야 한다는 점을 강조하고 설득했다. 지구장 회의에서 교구청이 안을 내달라는 데까지 의견이 모아지게 했는데 그 후 그런 의견이 실천되는 것을 보지 못했다. 그때 그런 결론으로 이끌어간 것은 교구 사제 대표 몇 사람이 교황 대사께 집약된 교구 사제들의 의견을 전달할 수 있는 좋은 계기라고 생각했고 신임 교황 대사 체릭 대주교가 한국교회의 실정을 알고 싶어 하는 것을 그분과의 대화 중에 실감했기 때문이었다. 그러나 모처럼의 호기를 살리지 못하는 것을 보고 금년(2005년) 6월 초에 체릭 교황 대사를 만나 단독으로 문제점과 해결책을 제시해야겠다고 마음먹었다. 사실 그때 서울대교구는 교구장과 사제들이 많이 유리돼 있다는 소문이 널리 퍼져있었고 그런 현실이 교황 대사관에 그대로 전달되고 있었다고 전제할 수밖에 없는 상황이었다. 사제 대표의 문제가 잘 되면 연이어 평신도 대표가 쉽게 같은 의사를 교황 대사께 전달하도록 하여 일이 자연스럽게 잘 풀려갈 수 있기 때문이다. 그러나 지구장 사제들의 결론은 어찌 되었는지 알 길 없이 되었다. (들리는 말로는 이 문제에 대해 주무자들이 큰 시행착오를 범했다 한다.)

일이 이렇게 됨과 더불어 명동 개발이 납골당 중심으로 되어간다는 소식이 퍼지게 되니 지성 성직자 또는 중진 성직자 사이에는 교구청 고위층에 대해 판단 미숙이고 무능하다는 등의 말들이 스스럼없이 오갔다. 지난 7월 25일에 명동 개발 위원장 사퇴를 정식으로 교구장께 말씀드린 후, 그동안 이런저런 일로 교구 사제들의 마음이 교구청과 점점 멀어져 가는 것을 보고 놀랐으며, 더는 수수방관할 수 없어 내 입장을 교구 사제들에게 알리고 교구의 현상도 알릴 겸, 『명동 개발 위원장직 사퇴에 즈음하여』라는 책자를 내고 국내 모든 서울대교구 사제들에게 보내 저간의 사정을 알렸다. 그 글에서 중점을 둔 것은 서울대교구의 현재의 문제는 물론 곧 닥쳐올 여러 사목적 문제에 대해 고민하며 나름대로 필사의 노력을 한 부분이 있었다는 것을 역사에 남기고자 한 것이다. 그리하여 크나큰 변동기에 교회가 어떻게 사목적 대처를 하였는지 후대에게 남겨 타산지석으로 삼고자 한다.

그 책자의 끝 부분들도 중요한 사항인데 그것은 사제들의 일치이며 더 나아가 정 대주교가 한국의 추기경이 되어야 하는 가장 중요한 이유는 현재 큰 어려움에 놓여있는 평양교구의 사목 문제였다.

1968년 10월 바티칸에서 한국의 복자가 새로 24위가 시복되어 기존의 79위를 합쳐 103위가 될 때의 일이다. 그 당시 여권 내기란 그야말로 하늘의 별따기라 할 수 있을 만큼 어려웠다. 어째든 보릿고개 절대 빈곤을 벗어나려 민(民)과 관(官)이 일체가 되어 애쓰는 때였기에 외환 절약이 지상 명령인 때였다. 그런 때 106장의 여권 내기는 이만 저만한 어려움이 아니었다. 벌써 5~6장의 여권을 내려 해도 청와대 경제수석비서관, 경제기획원 장관, 한은총재들이 합동회의를 해야 한다고 할 때였다. 그렇기에 106장의 여권이 나오기까지는 그 과정에서의 난관이 이만 저만한 것이 아니었다. 그 기간도 약 두 달가량 걸렸던 것으로 기억한다. 그런 상황이었기에 당시 모 종교단체에서는 국제회의 관계로 25장의 여권을 신청했다가 5장만 발부 받았다는 후문이었다. 나는 사안의 중대성과 교회의 역사적 대행사임을 감안하여 당시 내게 영세 준비를 하던 청와대 비서관들과 대통령 측근들에게 행사의 의미를 자상히 설명하고 간곡히 부탁하여 106장이라는 다량의 여권이 발부되어 큰 국제적 행사를 로마에서 성대하게 치를 수 있었다. 그 당시이 일을 내게 부탁했던 한국 천주교중앙협의회 사무총장 김남수 신부(후에 주교)는 매우 고마워하며 내게 여권 한 장과 여비 전액을 약속했지만 한 분이 더 가시는 게 좋겠다며 사양했다. 그래서 당시 노기남 대주교가 가시게 되었다.

이번 정 추기경 서임에서는 세속적인 분위기에 들떠 일이 매끄럽지 못했다. 이번 경사는 그동안 교회와 국가적 불운 중에도 오늘날과 같은 교회상을 이룬 선배 사제들의 순교적 노력의 결정이었는데 이에 대해서는 한마디 말씀도 없었다. 단지 이 정부에 감사하는 등의 말씀 뿐 이었다. 그러나 당시 한국교회의 위상이나 실정으로 보아 한국에서 현직 추기경이 나야 했고, 나는 서울대교구장이며 평양교구장 서리인 정진석 대주교가 추기경이 되어야 한다는 확신이 있었다. 또한, 지금 명동 개발 등을 적극적으로 돕는 것도 교회의 선익(善益)을 위한 것이다.

로마에서의 시복식 행사 참석자들이 김포공항으로 가는 버스 안에서 김수환 추기경이 당신이 박정희 대통령을 만나 이야기하여 많은 여권을 얻어 냈다는 식으로 말했다는 당시 한국 천주교중앙협의회 간부 신부님의 말을 전해 들으며 쓴 웃음을 지은 적이 있다. 김수환 추기경의 박정희 대통령과의 만남도 시복식 참여 차 로마로 떠나시기 직전에 김수환 추기경의 간곡한 요청으로 내가 중간에서 박 대통령의 미리 잡힌 일정을 취소해 가면서 주선해 드린 것인데 말이다. 김수환 추기경의 박 대통령과의 면담은 이미 여권이 발부되어 참가자들의 손에 쥐어진 후였다. 그 시복식은 한국교회의 위상을 교황청을 위시하여 세계에 한껏 높였다. 김수환 추기경은 귀국 후 다시 나에게 박 대통령과의 면담 주선을 부탁했다. 나는 그 일을 요로를 통해 청와대 측에 전달했지만 묵묵부답이었다. 박정희 대통령 측에서 볼 때야 무슨 국가적 대사(大事)도 아니고 국회 의장이나 대법원장 등 국가의 요인도 아닌데 잡힌 국사 일정을 변경하면서 만날 이유가 없었을 것이다. 나는 김 추기경의 부탁이기에 일은 추진했지만 내 소견으로도 출국 면담, 귀국 면담 등이 좀 멋적어 보였지만 그분의 의사를 존중했던 것이다. 그러나 호사다마(好事多魔)라던가 그 당시 상황에서는 김수환 추기경께 치명적인 상처가 될 문제가 해외에서 시복식 참가자들 사이에 발생하였다. 김수환 추기경은 시복식 후 급거 귀국하여 나에게 사후 수습을 간곡히 부탁하기에 어쩔 수 없이 나의 몫이 되었다. 그러나 김 추기경은 운이 좋은 분인가 싶었다. 이렇게 권력에의 접근에 상처를 입고 있을 계제에 젊은이들 특히 대학생들의 박정희 독재 타도의 거센 물결이 국운과 역사의 유서 깊은 명동성당에서 충천(沖天)하게 되니 김 추기경은 언론의 각광을 받으며 민주 투쟁의 영도자로 추앙 받았지만 기실 명동의 독재타도 운동은 날이 갈수록 평양을 따르는 꼴이 되었고 추기경이 전념 지휘해야 할 가톨릭 사회교리 전수는 전무했다. 급기야는 명동의 데모와 김 추기경의 데모 선두주자 형태는 교황청의 우려의 대상이 되었으며, 명동 데모의 좌경적 색깔은 이 땅 많은 지성인의 걱정거리가 되었다. 물론 데모에 물불을 가리지 않는 순진한 젊은이들은 노회한 사회주의적 계략을 알 턱이 없이 이용되는 형국이었다. 이런 잘못된 좌경 데모 흐름의 물줄기를 진정한 인간 권익, 즉 창조 이념에 입각한 교회의 사회교리에 근거한 데모로 바꾸기 위해 나는 1988년 2월 명동성당 주임 신부로 부임한 후 약 5개월간 숱한 고비를 넘으며 명동의 데모를 제대로의 데모로 되돌려 놓았다. 그러나 1960년대 후반부터 잘못나간 수십 년간의 데모 후유증을 단기간에 말끔히 씻어낼 수는 없었다. 드디어 명동은 국민 대다수가 등 돌리는 노무현 정권, 이른바 데모 386세대, 평양 사회주의의 아류(亞流)격이라고 지탄 받는 좌파정권 출현의 원천과 힘을 제공한 결과가 되었다. 정치 세계는 특히 좌경 386 데모 세대에 모든 권력이 쥐어져 민생은 도탄에 빠졌으며 국민의 고통은 이루 말할 수 없게 되었다. 여기 대한 책임의 큰 부분을 그 당시 교구장이었으며 데모의 영도자로 숭앙 받던 김 추기경이 외면할 수 없게 되었다. 김 추기경에게는 그런 장구한 시기가 교구장의 외부적 명성 고양에는 더 없이 좋은 시기였지만 사회 정치적 문제로 사제단이 갈기갈기 찢기고 앞으로 전개될 사회변화, 즉 문화의 변화에는 전혀 아는 바가 없어 맹목이다시피 했다. 그런 면에 통찰력을 갖는 사제들을 멀리하고 교회의 미래지향적 본모습의 성장과 문화적 성장을 퇴화시킨 것 등도 교회의 종말론적 본 모습 구현을 위해 후일 짚어야 할 점이다. 그런데 지난날과는 전혀 달리 미군철수 촉구 극렬 데모, 북핵 문제 등 자유민주주의의 사활이 걸리고 온 국민이 극도의 불안에 휘말려 수없이 수많은 시민이 아우성인데도 개신교 측과도 달리 천주교는 민족적 고통에(극히 예외적인 국부적 사례를 예외로 한다면) 거의 오불관언의 태도를 견지한 셈이다.

또 한 가지는 1984년 교황 요한 바오로 2세 한국방문을 계기로 교계와 정치권이 합의한 것이다. 여기에는 서울대교구 학교법인 이사장 김수환 추기경의 재가만이 남았다. 이러한 가톨릭 종합대학안에 대해, 김수환 추기경은 브리핑 시작부터 종합대학안은 일고의 가치도 없다는 발언을 하며 사회적 경력이 유능한 신자들의 강력한 반발에 부딪혔다. 김 추기경은 상당히 당황하며 어쩔 줄을 몰라 했다. 나는 김 추기경의 최소한의 체면이라도 살려드리고자 전원 퇴장을 선언하는 유력 인사들을 달랬다. 김 추기경은 로마에서 전날 도착했기에 피곤이 풀리지 않아 그럴 것이니 좀 더 인내를 갖자며 자리를 박차고 나가려는 분들을 다시 앉히고 브리핑을 마쳤다. 물론 그런 사건은 막강한 추기경의 권력 앞에 한 사제인 내가 얼마가지 않아 김 추기경의 서슬 푸른 단칼에 거절되었다. 그 단두대의 선언을 받을 때 나는 벌을 받아 목이 잘리는 모양이니 변명은 할 마음도 없고 또 할 수도 없을망정 죄목이나 알고 (참수를) 당하자고 했더니 왜 종합대학안을 냈느냐는 온 교구청을 울리는 고성과 삿대질까지 당했다. 그때 나는 반사적으로 하고 안하고는 절대 권력을 쥔 추기경의 마음이지만 이 대명천지에서 어찌 그런 안조차 말할 수 없느냐는 맞고함을 질렀다. 그것도 그런 첫 발의자는 서울대교구 사제총회이고 김창석 신부와 유력 평신도들의 적극적 움직임으로 안이 성립되었고, 나는 이론적 뒷받침과 함께 한국교회의 시대적 사명이라는 점을 강조했다. 열심히 준비 작업을 해 당시 보좌 주교였던 경갑룡 주교(후에 대전 교구장 주교)와도 회의를 거쳐 그분의 지시를 받아 수행한 것이었다. 그런데 마치 내가 무슨 모략이나 음모나 꾸민 듯이 노기에 찬 감정과 막강한 권력을 무슨 쾌도(快刀)나 되는 듯이 번득이며 나의 목을 쳤으니 말이다. 나는 그런 일을 당했지만, 한국 천주교 2백 주년 기념 사목회의 실무 책임자 일과 신학교 교수직을 수행해 갔다.

그 후 일 년 전부터 계획됐던 미국과 남미에서의 강연과 피정 관계로 외유 길을 떠났다. 이런 와중에 당시 청주 교구장이었던 정진석 주교(현 서울대교구장 추기경)을 로스앤젤레스에서 뵈웠는데 친분이 두텁던 처지라 즐거운 담화만을 나누었기에 정 추기경은 후에 나에 대한 의외의 소식을 알게 되었다. 밖에서 보는 나의 억울한 처지를 못마땅해 하는 분들은 내가 미국에서 귀국하지 않을 수도 있다는 염려가 컸던듯 싶다. 그런 일을 당할 때 성직자들에게 그런 일이 다반사로 일어났기 때문이었다. 신학교에서 순명을 가르친 사람으로서 그런 마음은 추호도 없었는데도 고마웠던 분들이 내가 너무 억울하게 됐다며 염려한 모양이었다. 그저 고마울 뿐이었다. 특히 고마웠던 분은 위에서 언급한 경갑룡 주교가 나를 감싸준 마음이었다. 내가 가는 곳에 몇 번이고 일을 마치고 꼭 귀국하라는 간곡한 서신이나 전갈이 와 있었다.

우리는, 교회의 높은 위치에 있기에 막강한 권력으로 어떠한 불의를 감행하거나 교회의 앞날에 어떤 손실을 가져오든 다 덮어두어야 한다는 전 근대적이며 폭군 시대에나 자행되던 사고방식이나 행태가 더 이상 통할 수 없는 인류의 양식 시대에 살고 있다. 이런 일이 속권(俗權)에서는 권력의 상호 견제 기능과 언론, 발전된 인류양식으로 더 이상 지탱할 수 없는 구조로 바뀐 지 이미 오래이니, 교권에서는 더욱 그런 전횡(專橫)이 있어서는 안 된다. 교권은 종말론적 신앙에 의해 속권을 정화하고 새로운 차원으로 선도(先導)와 선도(善導)를 해 가야 하는데 오히려 역행하여 폭거를 수하(手下) 약자에게 무자비하게 감행하면 안 되기 때문이다.

위와 같은 내부적 억압은, 가혹했던 중세의 종교재판에서도 없었던 일이다. 종교재판은 공개적이었고 당사자가 할 말은 다 할 수 있었다. 그러나 교황 요한 바오로 2세는 종교재판 등 교회의 역사적 잘못을 피눈물을 머금고 인류 앞에 고백하며 참회했다. 그분은 위대함을 넘어 절세의 사목자이며 인류 양심의 선도자(先導者)였다.

결국 오늘과 미래에 이 땅의 교회와 사회에 지대한 역할을 할 수 있는 가톨릭 종합대학안, 가톨릭의 조야(朝野), 특히 사제총회 전체의 요청이었고 평신도 대표자들의 간곡한 바람이자 노력의 결정체였던 가톨릭 종합대학안은 교구장 한 분의 막강한 권력에 짓밟혀 사라졌다.

나는 이런 저간의 사실을 후일 출판으로 밝힐 것이라는 단호한 입장을 김 추기경께 밝혔기에 기록하고 출판했다.[66] 그러나 나는 사제이기에 사리대로 말했을 뿐 교회의 권위를 존중하며 순종하는 마음에는 추호의 동요도 없었다. 그렇기에 편한 마음으로 새 임지인 불광동 본당 주임으로 떠났다.

지금 인류문화는 자성(自省)의 차원에 접어들었기에 누구보다도, 이런 면에서 앞서 가야 할 교회는 교황 요한 바오로 2세의 위대한 모범을 따라 스스로 잘못을 공개적으로 고백하며 세상을 정화시켜야 할 사명의 중대 고비를 맞은 것이다. 요는 실천이다. 교회와 사회에서 이런저런 일을 다 체험하면서 민족 지도자로 추앙 받는 분들의 겉과 속이 다른 것을 보고 환멸을 느끼는 일도 여러 번이었다. 물론 언론 등

---

66 더 자세한 사항은 사제 서품 50주년 기념집, 『현재와 과거, 미래, 영원을 넘나드는 삶』 제3권 제2부 3 "I과 II 가톨릭 대학 종합대학안", 168-185쪽 참조.

에는 그럴듯하게 대서특필되어도 말이다. 그런 면면을 접하며 이승의 삶이란 허상(虛像)이 난무(亂舞)하는 가설무대 같은 느낌이 든 것도 한두 번이 아니었다. 그렇기에 오늘 진보한 인류문명은 공인의 삶의 투명성을 요구하기에 이른 것이다. 그것이 그 나라, 지대 문명의 잣대가 되고, 지도자의 가늠자가 된다. 내면의 인간성은 어떻든 그들이 이룬 외형적 일은 나름대로 마땅한 평가를 받아야 할 것이다. 그렇기에 교회의 사회교리와 진정한 의미의 복음화는 차치하고 김수환 추기경의 민주화 과정에서의 큰 공헌은 높이 사야 할 것이다. 물론 그분은 지체 높은 교회의 추기경이니 인간적 약점으로 여울진 삶의 면이 있었을지라도 그분의 삶의 근본은 하느님의 영광을 위한 것으로 믿어 의심치 않는다. 사실 나는 그런 처사 중에도 서울 불광동 성당의 주임 신부로 축복받은 사목생활을 할 수 있었다. 사목자와 신자들이 혼연일체가 되어 참으로 보람 있는 나날을 보내던 중 느닷없이 명동성당 주임으로 오라는 제안이 교구청 김옥균 주교에게 왔다. 김 주교는 본래 성격이 온후하고 무게가 있으며 젊은 시절 프랑스에서 매스컴을 전공한 진취성을 가진 분이기에 명동 사태를 심상치 않게 본 것이었다. 그런 처지에서 사제인 내가 더 이상 사절할 수가 없었다. 당장은 불광동 성당의 두 번에 걸친 대보수공사로 큰 일이 진행 중이니 그 일을 마친 후인 1년 후에 다시 생각해 보자고 했다. 그 후 1년 후에 김 주교로부터 명동성당 주임 신부로 와 달라는 전화에 나는 자진해서 갈 마음은 없으나 사제이니 명령하면 순명으로 가겠다고 했는데 바로 임명이 났다.

나는 우선 명동성당을 데모의 장이기보다는 성당 본연의 위치로 돌려놓아야겠고 데모를 해야 한다면 진정한 자유민주주의 데모, 교회의 사회교리에 부합한 데모, 다시 말해 하느님의 창조경륜에 따른 진정한 인권회복을 위한 데모로 데모의 양상을 바꾸어 놓기로 작심했다. 결국 2개월 내에 극렬 폭력 데모를 잠재워 성당의 본 모습을 되찾았다. 그렇기에 신학교의 교수 식당에서 나를 잘 아는 교수 신부 한 분이 "정의채 신부가 명동에 등장하니 난장판이던 곳이 잠잠해졌다. 정 신부는 누구의 힘에 의지하지 않고 자기능력으로 일하는 사람이니 그대로 버려두어야 한다"는 이야기를 했다는 말을 현장의 교수 신부로부터 전해 들었다. 그 후 4~5개월에 걸쳐 명동 데모를 좌경 색채가 사라지는 형국으로 바꾸어 놓았다. 그러나 5월 15일 느닷없이 반미 자주통일을 외치며 명동성당 교육관 옥상에서 할복 투신자살하는 서울대생 조성만 요셉 군의 비극이 벌어졌다. 그때 그런 유(類)의 자살로서 조군의 자살은 15번째였다. 나는 피어 보지도 못한 젊은 생명을 그런 식으로 희생시키는 것은 천륜과 인륜에 대한 반역이라는 점을 강론과 언론 인터뷰 등으로 국민에게 호소했다. 이는 언론과 국민적 큰 호응으로 35번까지 결정되어 있다던 젊은이들의 투신 혹은 분신자살 소동을 막을 수 있었다.

 조성만 군의 사건으로 가장 어려웠던 고비는 시신을 성당영안실로 모신 날 밤이었다. 그날 저녁 미도파(현 Lotte Young Plaza)에서 행진하는 1만 명의 젊은이 시위가 명동성당에서 벌어진다고 했다. 한 젊은이의 피를 본 1만 명의 젊은이, 대부분 대학생들인 젊은이들이 손에 돌과 화염병과 쇠붙이를 한 아름씩 들고 명동에서 시위를 벌인다면 경찰과의 충돌은 불가피하고 결과는 예측하지 못할 국가 운명적 재앙으로 될 것이 뻔했다. 나는 중부 경찰서에 명동성당 일대는 물론, 중앙극장과 성당 주변 일대에서 경찰 병력 전원을 철수할 것을 강력히 요청했다. 결국, 을지로에 경찰이 배치되어 밤새도록 을지로에서 경찰과 젊은이들의 치열한 전투가 벌어졌다. 만일 성당에서 그런 격돌이 벌어졌다면 성당이 결단 났을 위험이 컸다 또한, 그곳은 주민 거주지역이었으니 시민 가담이라는 최악의 상황도 예견할 수 있는 긴박한 순간의 연속이었다. 이런 와중에서 피눈물 나는 노력과 때로는 생명을 거는 모험과 신자들에 대한, 특히 젊은이들에 대한 사랑으로 사목에 전력하였다. 가시밭길 과정을 거치면서 명동성당은 신자들과 사회, 특히 언론의 도움으로 본모습을 되찾았고 나라도 차차 평온한 상태로 되돌아가는 상황으로 변하게 되었다.

이에 앞서 일어났던 사건은 다음과 같다. 4월 12일 갑자기 지방에 있는 방위산업체 근로자 약 2천 명이 파업을 일으키고 서울 본사를 점거 농성키 위해 기차 편으로 대거 상경했다. 그런데 중도에서 대부분 체포되고 2백 명가량의 노조 간부급이 명동성당으로 피신했다. 그 당시 성당 분위기는 그런 무단 침입에는 너무 지쳐 진저리를 내고 있었기에 방치하자는 편이었다. 그러나 내 생각은 좀 달랐다. 우선 약자들이 쫓겨 온 것이니 아무리 여름이라도 이슬 맞는 노숙을 시키면 안 된다고 하여 문화관을 개방했다. 그들에게 잠자리와 담요 한 장씩 주게 하고 물이 필요하니 임시수도를 놓아주고 TV도 가설해 주었다. 단 음식물 반입은 흉기, 독극물 등 바람직스럽지 못한 것들의 반입이 있을 수 있기에 반드시 사무실을 거쳐 전해지도록 했다. 그날 그쪽 위원장이 사람이 주임 신부와의 면담을 요청했다. 나는 이런 경우 앞으로의 사태가 어떻게 진전될지 모르는 것이니 먼저 사무장이 만나게 하고 그 다음 필요하면 사회 경험이 많은 본당 총회장이 만나고 그래도 더 필요하면 수석 신부가 만나고 사태의 중대성을 보아 가며 마지막으로 주임 신부가 사태를 마무리 짓는 과정을 밟도록 했다. 처음부터 분명하게 한 것은 어느 경우에도 성당 행사에 방해되는 일은 절대 하지 않는다는 다짐을 받아두는 것이었다. 일이 지진하여 나는 그 위원장을 불렀다. 그는 상당히 좌경화된 것으로 보였다. 얼굴은 살기가 찬 듯했다. 나는 그에게 "오죽하면 당신들이 명동성당으로 피신했겠습니까. 믿을 곳은 오직 성당뿐이라고 생각했기 때문이 아니겠습니까. 저는 여러분이 하룻밤을 이 성역에서 지내고 나가도 우리 손님으로 대합니다. 가고 싶은 집에도 가지 못하고 얼마나 자식과 가족이 보고 싶겠습니까. 또 생활은 얼마나 불편하겠습니까"라고 했더니 그는 눈물을 쏟았다. 눈물을 주체할 수 없어 밖으로 나갔다가 한참 만에 돌아왔다. 그동안 성당은 잠자리 주선과 생활 주변을 돌보아 주고 형사 고소취하 등 최대의 노력을 했지만 이제 더 이상 성당으로서는 어찌할 도리가 없다며 퇴거를 요구했다. 그러자 위원장은 잠깐 나갔다 오겠다며 자리를 떴다. 하도 뜻밖에 일들이 일어나는 때라 사무장더러 나가보라 했더니 사무장 말이 밖에 나가 담배를 피우며 몹시 울고 있다는 것이었다. 그런 무쇠 사나이의 마음이 눈물을 쏟는다면 일은 다 끝난 것이기에 기다려 주었다. 별것 아닌 말과 정중한 인간대접에, 투쟁인 말만 들어왔던 처지라 감격했던 것으로 보였다. 그는 그동안 고마웠다며 다 다음날 버스를 준비해 주면 전원 철수하겠다는 것이었다. 그런데 나는 대화 중에 놀라운 사실 하나를 알게 됐다. 그것은 파업 자체가 방위산업체 문제라 자동 형사고발이 되기에 일이 복잡하게 얽히는 것이었다. 그들이 집으로 돌아가기 위해서는 먼저 형사고발이 취하되어야지 그렇지 않으면 성당 영역 밖에 나서는 순간 체포된다는 것이다. 그래서 성당의 노력으로 (특히 이때 수고한 분은 함세웅 신부다) 일단 그 고발을 취하의 형식을 취해 일은 일사천리로 진행되는 듯싶었다. 그런데 정한 시간에 버스에 다 오르더니 갑자기 전부 내려 다시 문화관 안에 죽치는 것이었다. 그리고는 다른 요구 사항을 내밀었다. 요구인즉 임금인상 문제인데 노동자들이 요구하는 것과 회사 측이 내놓는 안의 차이가 너무 커 그것까지 성당이 해결해 준 다음에 퇴거한다는 억지 요구였다. 나는 단호할 수밖에 없었다. 그런 것은 전 노동자와 각종 증거 서류가 있어야 하며 무엇보다 회사 측과의 문제인데 그런 것을 성당에서 해결하라는 억지가 어디 있느냐며 그렇다면 형사고발 취하도 무효화 시키고 모든 것을 법대로 할 수밖에 없다는 말을 전하게 했더니 다시 차에 올랐다. 또 회사측, 대우측은 자기네 회사 때문에 성당이 근 2주간 말할 수 없는 불편과 고통을 당하고 있었다. 김우중 회장은 부평공장을 들락거리면서도 성당에는 동태를 살피기 위해 전무를 가끔 보내고 일처리는 성당이 알아서 하라는 태도였다. 물질적 손해나 보상한다는 식이었다. 명동성당은 가톨릭의 얼굴인데 폐를 끼쳐도 이만 저만이 아니니 그런 상황에서 회장이 직접 성당까지 오기가 어려운 점이 있다면 제3의 장소에서라도 정중히 사과해야 최소한의 인간적 도리를 하는 것인데 그것은 성당 일이요 하는 식이었다. 하도 잘못된 인간에게 막대한 국가 돈이 쥐어져 크게 일을 그르친다고 보았기에 나는 주일 강론에서 그런 기업주가 있다는 것은 나라의 불행이라고 공개적으로 비난했다.

여담 한마디를 곁들인다. 나를 임명하는 참사위원 회의에서 김 추기경이 정의채 신부는 명동주임 신부로서 모든 것이 다 좋은데 한 가지 "당신이 무섭단 말이야" 하는 유머러스한 말씀을 했다고 한다. 현장에 있던 참사위원 신부님의 말을 한 중진 신부님이 나에게 해 주며 김 추기경을 좀 무섭게 하지 말라는 조언도 곁들였다. 그때 나는 추기경이 얼마나 높은 위치인데, 무섭다면 신부인 내가 추기경을 무서워해야지 추기경이 나를 무서워한다는 것은 한참 잘못된 것이라는 농담을 한 적이 있었다. 나는 명동 주임 신부로 일하는 동안 법적으로 교구장 추기경이 주교좌 명동성당의 주임이고 나는 대리임을 깊이 명심하여 김 추기경의 의사를 항상 존중하는 입장에서 일을 처리 해갔다. 아마도 김수환 추기경은 잘못된 보고로 생긴 나에 대한 잘못됐던 인식을 그때 바꾸지 않았나 싶었다.

하여간 데모로 난장판 되었던 명동성당이 제 모습을 찾아 안정된 후, 1989년에 열리는 서울 세계성체대회 문화분과 위원장으로 남미를 여행했다. 남미 순방 중 브라질 상 바오로 대교구장 아른스 추기경(당시 세계적 큰 인물 중 한 분)을 만나 구상했던 세계평화회의의 실천 계획을 논의했다. 1980년대 후반기에는 동구의 공산주의 국가들이 건재할 때이고 남북한 관계도 첨예한 대립관계였다. 그러므로 서울 세계성체대회의 "그리스도 우리의 평화"라는 표어를 신자들끼리만이 아닌 한반도 평화에 집중시키되 세계적 차원에서 다루어야 효과적이란 관점에서 당시 5년간 노벨 평화상을 받은 분들과 세계적 평화학자들, 쇠퇴의 기미를 농후하게 풍기던 소련 학자 아직 개방의 징조는 안 보였지만 중국 학자와 통독을 오랜 동안 연구 공헌한 서독 학자와 미국 학자, 일본 학자 등을 비롯하여 한국의 남북 학자가 참여하는 세계평화회의를 구상하였다. 이런 구상은 당시로서는 획기적인 것이었다. 이런 구상을 하고 있을 때, 유력한 경로를 통해 세계 평화 문제를 현실적으로 권위 있게 다루는 UN 대학의 부총장(학사와 학술 문제, 대학 내 제반 사항의 총책임자)을 만나게 되어 계획을 말했더니 적극 협력하겠다고 했다. 자기도 한반도 평화에 대해 발표하겠다며 세계 일급 평화론자들을 UN 대학의 부총장인 자기가 나서면 초빙할 수 있다며 적극적으로 한국 평화회의를 찬성했다. 그러면서 그는 당시 붕괴 직전의 소련에는 사회과학 원장 프리마코프(후의 러시아의 총리) 씨가, 중국에서는 사회과학 부원장인 조복산 씨가 실력자이며 동시에 평화 문제의 대가들이라는 점을 말했다. 또한, UN 대학의 부총장인 자기가 나서면 그분들을 초대할 수 있다는 주장을 반복했다. 다만 미국에는 예일대학에 프리코트라는 유명한 분이 있는데 교황청 해당 부서 추기경이 초청하면 가능하다는 말씀까지 곁들였다. 부총장은 세계 평화 기구인 UN의 평화 문제를 학술적 면에서 뒷받침하는 대가로서 세계 평화론자들과 긴밀한 관계를 맺고 있으며 평화 문제에 경험이 많았다. 그분은 물론 가톨릭교회가 세계적 종교임은 틀림이 없지만 한 종교단체 행사가 이렇게 세계 현안 핵심문제를 사계전문가들을 총동원하여 다룬다는 것은 듣지도 보지도 못했고 파급 효과도 매우 클 것이라며 놀라울 뿐이라고 했다. 그러면서 그는 평화 회의가 종교행사이기에 UN 사무총장이 직접 가지는 못하지만 축사는 보낼 것이라고 하며 적극적인 협력을 약속했다.

이런 사정까지 김수환 추기경께 보고했기에 김 추기경은 대신학교 학장과 신학원장 문제를 고민하면서 그러면 '명동성당은 어떻게 하지' 하며 난감한 표정을 지었다. 나의 대답은 간단했다. 명동성당이냐 가톨릭대학이냐 두 가지 중 한 가지를 선택해 주십시오. 한 사람이 두 가지를 다 할 수는 없습니다. 사실 신학교의 신부 양성도 시국의 영향을 너무 받아 신학생들의 관심사가 온통 세속사에 휘말리다시피 한 때였기에 정신적 영성적 혁명에 가까운 일대 쇄신이 필요한 때였으며 가톨릭대학의 종합대학안에서 본 바와 같이 가톨릭대학도 새로운 단계로의 도약이 절대 요청되는 시기였다. 임명권자인 김수환 추기경은 교황청의 허락도 났으니 신학교와 관구 신학원, 가톨릭대학의 책임자로 가는 것이 좋겠다는 결단을 내리시기에 나는 거기 따른 것이었다.

명동성당을 떠나면서 몹시 아쉬웠던 것은 명동의 폭력 좌경 데모를 평화의 데모로 바꾸어 놓고, 그 당시 민족지고의 사명이 젊은이들 특히 대학생들에게 나아갈 진로를 제시하는 것이었기에 그 일을 구상하였으나 이루지 못하고 떠나는 것이었다. 그 일에 명동성당이 적지(適地)였던 것은 명동성당은 지난 20년간 매일 같이 일어난 데모, 드디어 군사 독재를 무너뜨린 데모 때의 실상을 그대로 보여줄 수 있는 유인물 한 장에서, 그동안 수없이 일어난 데모 내용과 양상의 기록을 그대로 간직하고 있기 때문이었다. 나는 현장 자료를 토대로 대학의 학생처장급을 지낸 교수들과 사회의 각계 사계 전문가로 위원회를 구성하여 저간의 데모 내용과 양상을 분석 종합하고 사계 각 분야의 국내외 전문가들과 세미나를 개최할 구상이었다. 예컨대 1960년대 후반부터 프랑스나 독일 그리고 일본 등지에서 일어난 학생 좌경화 운동, 파리 대학이 좌경 학생들에 의해 붉은 기가 오르고 유럽에 모택동 모자가 유행하던 일, 도쿄대학이 붉은 머리띠를 두른 좌경 학생들에 의해 점령되던 일들과 그로부터 20여 년이 지난 뒤, 그때 좌경 학생 선봉들이 대부분 완전 전향하여 사업가, 교수, 정치인, 기자, 사회 각계의 지도자가 된 경유, 또 한편 소수이지만 좌익에 그대로 남아 있는 이들을 초빙하여 국내 학자들과 학생들이 같이 하는 대형 국제 세미나를 하고 청년대회도 열어 청년 백서를 내려했던 것이었다. 이런 일은 당시 우리나라의 긴급 지상과제였고 명동성당만이 할 수 있는 일이었다. 이런 계획 구상을 언론 기관 중진들과 사계 경력자 교수 분들과 사전 논의를 하고 있던 중이었다. 모두들 대환영이었으며 적극적 협조를 약속했다.[67]

그런 일들이 성사됐더라면 명동을 중심으로 전국에 요원의 불길처럼 일었던 폭력 좌경 데모에서 커온 386세대가 정권을 장악하여 역사 역주행으로 나라를 마구 난도질하는 오늘의 불행, 국민 대다수가 외면하며 등 돌리는 현 정권의 형태도 지금과는 달랐을 걸 하는 상념이

---

[67] 『현재와 과거, 미래, 영원을 넘나든 삶』(2003, 가톨릭출판사) 1권 83-105쪽 및 동 3권 67-73쪽 참조.

든다. 어쨌건 명동성당은 그곳에서 근 30년에 걸쳐 자란 젊은이들의 데모에 가톨릭 사회교리 전수는 전무했고 오히려 교회의 사회교리와는 거리가 먼, 유물사관적 사회주의 아류들이 성장한 386세대가 나라의 전권을 장악하여, 국민 대다수가 나라의 앞날을 심히 우려하게 만든 결과가 되었다. 그렇기에 서울대교구와 그 일에 선봉적 역할을 한 당시 교구장은 민주화에 지대한 공헌은 했지만 일단의 책임을 회피하기는 어렵게 됐다. 모든 것은 제대로여야 하고, 한 만큼이어야 하니 일의 공과는 어느 것이든 공정하고 분명해야 한다. 그래야 종말론적 신앙의 사목을 하는 것이며 민족의 지도자에도 걸맞은 것이다. 그것은 인류문화가 그런 차원에 이미 도달했기에 더 이상 신앙이라는 망토로 모든 잘못은 감싸서 보이지 않게 하고 잘못된 것을 미화하는 위선적인 시대는 지났기 때문이다. 나는 사제이기에 일단 이런 모든 계획을 포기하고 순명으로 서울대교구 대신학교와 서울대교구 관구 신학원(원장, 교황 인가)과 가톨릭 총장을 겸임하는 중책을 맡게 되었다. 지난날을 생각하면 교구임명권자인 김수환 추기경께는, 물론 사태의 중대성 때문에 어쩔 수 없이 그리 되었지만, 나에게 이런 중책을 연거푸 맡기는 것은 그리 쉬운 일이 아니었을 것이다. 이런 점에서 김수환 추기경의 큰 아량을 느낀다. 나는 지난날의 김수환 추기경과의 관계를 후회하지는 않지만 그분에게 내가 얼마나 버거웠는지, 힘들었는지, 어느 교구장 주교께 정의채 신부를 그 교구로 데려가 달라는 부탁을 하더라고, 그 주교가 내게 말하던 것이 새삼 귓가를 울리니 미안한 감이 든다. 나야 물론 그때 김수환 추기경과 의견 차이가 있다고 해서 다른 교구로 갈 것이 아니며 서울에서 할 일이 많기에 안 간다고 했다. 그리고 서울대교구가 김수환 추기경 개인 것이냐고 웃으며 어이없는 착각의 말씀이라고 젊음의 혈기로 말했던 것도 좀 말을 아낄 것을 하는 마음이다. 한번은 김수환 추기경께서 나더러 재기하자는 (그때 내가 직감적으로 느낀 것은 교회의 고위직으로 나가야 않겠느냐는) 말씀을 하셨을 때, "사람을 잘못 보아도 한참 잘못 보셨군요. 제가 왜 쓰러졌어요? 저는 쓰러지지 않았어요"라고 한 것이라든가, "대신학교 학장이 되었어도 벌써 되었어야 했고 주교가 되어도 벌써 되었을 사람이 왜 이러느냐?"고 하실 만큼 내가 힘든 존재였던가 싶어 많이 미안한 감이 든다. 물론 이런 경우, 하느님의 이름으로 절대권이라 할 수 있는 교구장 추기경이 자기 수하인 한낱 수하 사제에게 마음대로 감정을 폭발시키며 일반 사회에서도 극히 삼가야 할 말씀을 논할 때, 당하는 사람에게는 폭언으로 들릴 수밖에 없는 언사를 구사할 때, 약자가 당하는 고통은 전권을 쥐고 마음대로 뒤흔든 상전 강자의 심기 불편과는 비교가 안 된다. 그런데 이상한 것은 그때 나는 그런 고통을 당하면서도 오히려 마음은 당당했다는 것이다. 아마도 나는 평소에 김수환 추기경이 인기에 편승하고 인간을 편애한다고 생각했기 때문이었던 것으로 생각된다. 사정이 그러했기에 1970년대 초반에 교회 직책상 김수환 추기경과 밀접한 관계에 있던 유능한 신부가 "김수환 추기경은 실은 감정적 보복이 심한 분"이라고 흘러가는 말처럼 말했는데, 나를 아끼는 마음에서 한 말씀이었기에 지금도 그분에 대한 고마움을 마음에 간직하고 있다. 또한, 김수환 추기경이 나에 대해 그런 감정임을 잘 아는 분은 계속 나에 대해 좋지 않은 보고를 하고 있는 것으로 느꼈지만 나는 그에 대해 나만 떳떳하면 됐지 하는 마음에서, 오불관언하는 심정이며 태도였다.

이러저런 성직 사회의 삶을 회고하며 앞으로 오는 인류문화는 성직계의 막강한 권력이라도 신비의 망토로 인간 비극을 감쌀 수는 없고 투명하게 노출되어야 하기에 선행(先行)적으로 또 있어야 할 교회 권력상을 예시(豫示)적으로 적어본다.

　1969년 교구 사제 전체 피정 시기였다. 교구장 김수환 대주교의 인사 말씀 중, 대부분의 사제가 일제히 기립하여 퇴장한 일이 있었다. 오랜 전통에 의해 전체 피정 시, 전체 사제 회의를 갖는 것이 상례(常例)였다. 그해 피정은 춘천의 성심여자대학(지금은 가톨릭대학과 통합)에서 있었다. 당시 마산 교구장 김수환 주교가 서울대교구장으로 온 것에 대한 서울대교구 사제들의 불만이 팽배해 있을 때였다. 노기남 대주교가 〈경향신문〉(당시 서울대교구 소유) 운영부실로 물러나고, 교황청은 수원교구장 윤공희 주교(후에 광주대교구장 대주교)를 서울대교구장 서리로 임명했다. 서울대교구 사제들은 서울대교구 출신이 아닌 주교가 교구장이 된 데 불만이 컸기에 성자와 같고 사심 없는 판단으로 정평이 나있는 윤공희 주교 서리는 교황청에 자진 사표를 제출(당신 말씀으로는 "하도 교황청이 안 받기에 세 번 사표를 냈더니 수리해 주더군"이라고 할 만큼 교회 안에서 영달에 관심이 없으신 분—더욱이 세 번째 사표를 내고는 자진하여 수원교구로 돌아갔다.)로 김수환 대주교가 경남에서 서울대교구로 들어온 터였다. 그때 서울대교구 신부들 사이에는 북부전선(윤공희 주교는 평양교구 출신)을 지키려다 남부전선이 무너졌다고 할 만큼 김수환 대주교에 대한 거부감이 심했다. 서울대교구장 취임 후 첫 사제총회라 할 수 있는 회의에서 말 실수로 당시 원로 신부 한 분이 "다 나가자" 하는 바람에 거의 전원이 퇴장해 버리는 서울대교구 전대미문의 사제 소동이 벌어졌다. 나는 끝까지 자리를 지켰다. 아마도 남아서 자리를 지킨 신부들은 10명 안팎으로 기억된다. 그때 참가한 사제수는 150명가량이었다. 그러니 인사, 사목 방향 등은 물 건너간 것이 되었다. 당시 김수환 대주교의 얼굴은 사색이었고 어찌 할 줄을 몰라 우왕좌왕하는 모습은 보기에 민망했다. 그러나 사제들의 행동에 대한 나의 생각은 전혀 달랐다. 사제들이 모두 퇴장한 후 3분 정도가 지난 후, 밖에 나와 보니 사제들이 삼삼오오 모여 있었다. 10명 내외의 원로 사제들이 심각한 말씀을 나누고 있었다. 그때 분위기로는 김수환 대주교의 시기는 연명을 해도 그게 무슨 교구장이겠느냐는 절박한 사태의 도래를 피부로 느끼게 했다. 그래서 나는 그 원로 사제들에게 달려가 강력히 말했다. "원로 신부님들, 제가 아직 사제의 현실 사목 활동에 그리 많은 경험은 없습니다만, 꼭 드려야 할 말씀이 있습니다. 우리는 가톨릭 사제입니다. 그렇기에 서품식 때 교구장께 순명을 맹세한 것입니다. 그러니 교황청이 임명한 교구장은 받아들이고 사목에 적극 협력하면서 시간을 지나면서 사목의 옳고 그름을 순리적으로 따져, 도무지 안 될 사목을 해간다면 교황청에 상소하여 견책을 하든가 무슨 방도를 강구해야지 처음부터 이러면 되겠습니까. 서울대교구 소속 사제라면 누구나 서울대교구 사제 중에서 지도자 교구장이 나야 한다고 생각하지 않을 사람이 어디 있겠습니까. 그러나 사정을 냉정히 생각해 봅시다. 노기남 대주교도 사제들의 반항에 부딪혀 물러나고 윤공희 주교(후에 광주대교구장 대주교, 現 은퇴) 서리는 서울대교구 출신이 아니라서 반대해 스스로 물러났습니다. 이번에 김수환 대주교는 첫 번째 총회 벽두 말씀을 문제 삼아 이렇게 원로 신부님들을 위시하여 사제들이 거의 전원 퇴장해 버리면 어떻게 합니까. 그러니 가면 간다고 야단이고 서면 선다고 야단이고 앉으면 앉는다고 야단이고 일어나면 일어난다고 야단인 꼴로 비쳐질 거 아닙니까. 적어도 몇 년 사목 후에 정당한 사유가 있다면 모를까. 이런 행동은 아니라고 생각합니다. 어른답게 선배 신부님답게 후배들과 신자들에게 모범이 되어주시고 역사의식을 가져주십시오. 간곡히 부탁드립니다." 그때 상황에서 이런 말을 한다는 것은 어찌 말하면 사제 생명을 거는 용기 없이는 불가능했다. 당시에 나는 중견 사제 정도에 해당하는 연령층이었는데도 원로 신부님들이 좋게 보아주셨기에 일단 벌어진 사태를 없는 것으로 하고 정상적인 피정과 전체 회의를 갖게 되었다. 험악했던 분위기가 현장에서 정상적으로 되돌아 왔는지 김수환 대주교는 전혀 모르고 있다가 30여 년이 지난 후, 내가 은퇴할 때 말씀드렸다. 그때 그분은 그런 뒤의 기막힌 사건이 있었던 것을 전혀 몰랐기에 몹시 놀라는 기색이었다. 그때 그런 반항적인 일이 그대로 진행됐으면 김수환 대주교는 그 후 대교구 사목에 큰 낭패가 되었을 것이다. 일이 그렇게 첫발부터 잘못되기 시작하면 교구장 노기남 대주교와 교구장 서리 윤공희 주교를 몰아낸 기세가 서울대교구 사제들 사이에 충만해 있었고 서울대교구 사제들이 집요하게 물고 늘어질 태세였으니 김수환 대주교의 교구장 위치도 오래 가기 어려운 처지다. 나는 묵묵히 모든 고통을 몸으로 받아내며 30년이 지난 후 은퇴에 즈음하여 이것은 김수환 추기경께서 서울대교구장 대주교로 취임한 지 얼마 안 돼 그런 기막히는 일이 있었다는 것을 말씀드렸다. 김수환 추기경은 몹시 놀랐다. 나는 그때그때 맡은 일에 충실하며 사태에 옳고 그름에 중점을 두고 성의를 다해 일했을 뿐이었다. 그런 마음으로 신학생 양성에 신명을 바쳤던 것이다. 지성이면 감천(至誠感天)이라 했든가 신학생들은 내면적인 것은 잘 몰랐어도 진심만은 알아들은 듯 사제가 된 후, 나와 같이 보낸 신학교에서의 시간이 은혜였다며 진심어린 감사를 말하고 행동으로 보여 줄 때 과거에 어려웠던 시간은 씻은 듯이 사라지고 더 없는 보람을 느낀다. 그저 모든 것이 고마울 따름이다.

가톨릭 종합대학안이 무산된 후 서울대교구 사제들 사이에는 교구 종교신문안이 강력히 대두되었다. 그러나 교구장 김수환 추기경은 교구 신부님들의 눈에 부정적으로 비쳐졌기에 사제들의 큰 불만의 계기가 되었다. 그것에 관한 〈평화신문〉의 출발 과정을 소개한다.

　겨울에 혜화동 신학교에서 한 사제 피정시, 서울대교구가 교구 신문을 발행해야 한다는 것이 자유 토론의 큰 이슈가 되었다. 분과 토의 결과도 해야 한다는 의견이 지배적이었지만 교구장은 망설였다. 아마도 기존의 〈가톨릭신문〉을 의식하고 한국교회에서 두 개의 가톨릭 신문이 필요하며 과연 성공할 것인가 하는 의문을 품고 있었던 것 같다. 피정 중 어느 날 저녁 '사제 평의회'가 열렸다. 회의는 교구장이 맨 가운데에, 나는 그 맞은편에 앉고 다른 평의원 사제들이 둘러앉게 되었다. 중요 안건 토의가 다 끝났을 때 평의원 사제들은 하나둘 자리를 떴다. 교구장이 그냥 앉아 계시기에 나는 자리를 뜰 수 없었다. 무슨 걱정거리가 있는 것 같아 나는 "무슨 걱정이 있으시냐?"고 물었다. 교구장은 "신문이…"라고 하셨다. 나는 "그것 말씀입니까, 해야 합니다." "왜요?" "손해 봐도 해야 합니다." "손해 보는데 왜요?" 하시며 좀 긴장하는 것 같았다. "그것은요. 그럴 경우 교구장 한 분의 의견이 전체 신부의 의견보다 정확했다는 증거가 되니까요. 그런 후에는 교구장의 권위는 더 커져 일하시기에 더 쉬우실 겁니다." 그랬더니 교구장의 얼굴이 많이 펴지는 것 같았다. "그렇지만 손해 보지 않게 될 겁니다"라고 했더니 좀 의아해 하시면서 "어떻게요?" 하시기에 "만일 손해 보는 경우, '여러분 전체가 하자고 했으니 신부님들이 책임지고 신문을 살려내야 합니다'고 하시면 120~130개의 본당에서 종교 신문 5~6만 부쯤 소화 못하겠습니까? 절대로 서울대교구 신문이 안 될 리가 없습니다"라는 요지의 말씀을 드렸더니 긴장이 확 풀리시는 것 같았다. 얼마 후 교구 신문 발간 승인 공문이 나오고 드디어 〈평화신문〉이 1988년 5월 15일 창간되었다.

그 후 〈평화신문〉은 시국관 때문에 본당 주임 신부들과 마찰이 커져 자진 정간하기 전, 당시 사장이었던 함세웅 신부가 긴급 위촉한 자문회의를 가졌다. 교회 밖의 분들로는 현 KBS 사장 박권상 씨와 문인 최일남 씨가 있었다. 교회 내에는 정달영(전 〈한국일보〉 상무) 씨, 함세웅 신부, 김병학 신부와 당시 명동성당 주임 신부였던 나도 그 중 한 사람이었다. 문제의 핵심은 종교지로서의 위상이었다. 당시 신문 편집은 종교보다는 사회·정치적인 면에 치중한다는 비난이 있었다. 우선 종교지이니 종교적 요인이 신문의 핵심이라는 점과 정치·사회적 측면은 가톨릭적 시각에서의 조명이 필요하다는 의견이 김 신부와 나의 논리였다. 그렇지 않다면 "〈평화신문〉은 서울대교구 주임 신부들의 동의를 얻을 수 없다"는 점을 분명히 했다. 그때 박권상 선생과 최일남 선생이 그렇다면 〈평화신문〉은 종교지이니 먼저 종교적 입장을 정리한 후에 자문을 할 수 있다는 말씀을 하셨다. 그 후로도 교회의 입장과 〈평화신문〉 편집과의 불협화음은 커져만 갔다. 드디어 〈평화신문〉은 1989년 9월부터 12월까지 정간 상태에 들어갔다가 운영진과 편집진이 바뀌면서 복간되어 오늘에 이르고 있다. 드디어 〈평화신문〉은 장족의 발전을 거듭하여 1995년 3월 1일 〈평화 TV〉가 출범했고, 당시 홍문택 상무 신부님의 부탁으로 나는 〈평화 TV〉 개국 기념 방송(1시간)을 하게 되었으니, 그것은 나에게 기이한 인연이며 기쁨이었다.[68]

같은 환경이 나에게 주어진다면 근본적으로 같은 삶이 재연될 것이다. 즉, 교계적인 순명은 철저히 하되 사태의 실상은 분명히 할 것이

---

[68] 『현재와 과거, 미래, 영원을 넘나든 삶』 3, (2003, 가톨릭출판사), 65-66쪽,

다. 그리고 더 부드럽고 사랑에 찬 삶을 살고 싶다. 이런 정신은 덕원 신학교에서 성 베네딕토회 교수 신부님들에게 훈육된 심성이라 생각된다. 그렇기에 지금과는 다른 사제의 삶, 즉 오로지 소외되고 고통 받는 사람들을 위한 삶을 살았으면 한다. 물론 나는 굉장히 부족한 사람으로 많은 결점이 있기에 하느님께 용서를 빌며 그분의 자비에 의지할 뿐이다. 이 기회에 나로 말미암아 고통 받은 분들과 마음의 상처 받은 분들께 용서를 청하는 바이다. 많은 시간이 흐른 오늘 김 추기경께는 깊은 감사의 정을 느낀다. 그것은 어려운 시기를 거치면서 김 추기경을 도와 놀라운 교회 발전시기에 신명을 바쳐 일할 수 있었기 때문이다. 김수환 추기경은 격랑하는 국운과 시대의 흐름 속에서 나름으로 열심히 노력하고 큰 성과를 거둔 분이다. 다만 좀 더 인간의 애증(愛憎)과 편향의 감정을 벗어나 앞으로 걷잡을 수 없이 빠르게 전진하는 인류문화 흐름에 대한 식견을 가지셨으면 하는 아쉬움과 그런 면에 특출한 안목과 지혜가 있는 사제들이나 신자들을 두뇌 집단으로 갖고 있어야 했는데 하는 생각이다. 불행히도 그분은 이런 면에서는 거의 맹목(盲目)으로 보였으며 당신의 능력을 과신했거나 감성적인 면에 너무 기울고 있다는 인상이었다. 그랬기에 김수환 추기경은 급변하는 시대상에 속수무책이어서 그분에게 빨리 그리고 은연중에, 또 끈질기게 반항한 부류가 바로 그의 품에서 커왔다고 보아야 할 데모권 출신 386 정치인들이라고 보는 것이 무방하겠다.

나는 아부는 절대 금물로 교육받으며 성직자 지망 수련을 쌓았다. 아직도 내게 계속 영향을 미치는 분은 덕원 신학교 교장이었던 성 베네딕토회 독일인 안셀모 로머(Anselmus Romer) 신부(일명 노 신부)님이다. 그분은 교회의 윗사람에게 중요한 품성 중 하나가 아부하는 사람에 대한 편애(라틴어로는 acceptio personarum)의 금기라고 했다. 그래서인지 나는 아부를 금기 제1호로 여기며 일의 옳고 그름의 사리판단을 정확히 하려 했으며 그런 바탕에서 뜨거운 사랑으로 직분을 충실히 이행하려 했다. 그렇게 신학생들을 훈육하려 노력했고 신자들의 사목에도 이 정신으로 열과 성을 다 했다.

나는 지난날도 오늘도 그 원칙에는 추호의 변함이 없다. 오늘날 가톨릭교회 안에는 얄팍한 인간적 기교나 겉치레가 아닌 순수성과 참 겸허, 사랑과 봉사의 정신으로 충만한 수도자, 사제, 주교들이 많은 것은 이 땅의 교회와 인류의 큰 축복이며 밝은 미래다.

나는 일제 침략으로 국권 상실의 한 많은 가정에서 태어나 성장했다. 일제의 만주 강점과 중·일전(中日戰), 태평양 전쟁(미·일 전쟁, 제2차 세계대전), 조국 광복, 적(赤)과 백(白)으로 분단된 조국, 곧 이어진 민족의 참극으로 1백 만 명의 전사자와 1천 만 명의 이산가족을 부른 적백(赤白)의 6·25 한국전쟁, 군사 독재와 경제 번영, 인권과 민주화의 민족적 함성과 군사 독재의 궤멸을 겪어왔다. 그런 와중에 나는 가톨릭의 품 안에서의 동·서의 폭넓은 교육과 세계 문화계를 섭렵하여 왕성한 사목 활동을 하고 교회와 사회에서의 지도자 역할을 했다. 또한, 인류문화 발전에서의 미래투시의 안목과 국제회의에서의 인류 미래상을 제시하는 등 고락(苦樂)의 삶을 살아온 행운아 성직자였다. 뒤돌아보면 모든 것이 하느님과 성모님의 각별한 은혜였다.

2007년은 유달리 흐뭇한 해였다. 그것은 첫째로 교황 베네딕토 16세의 오랜 측근으로부터 동·서 문화, 특히 종교문화와 급속한 인류문화의 미래지향적 성격에 대한 의견 교환을 제안 받았다. 벌써 그분은 교황의 등극 초기부터 말씀드려온 것이라며 금년이 베네딕토 16세 교황 탄신 80주년이어서 비공식이지만 큰 모임이 있다는 것이었다. 다시 한 번 내게 고마운 간곡한 제안을 해온 것이다. 그러나 이제 나이 여든을 넘은 지도 한참이고 하찮은 한 성직자가 그런 영광스런 일을 한다는 것은 분에 넘치며 더 유능한 분이 하는 것이 순리이기에 사양하였다. 또 한 가지는 미국 워싱턴(DC) 가톨릭대학의 가치와 철학 연구소(Research in Values and Philosophy) 소장 맥클린 교수(Prof. George F. McLean)로부터 연구소의 향후 연구과제 제시와 설정을 위해 방미해 달라는 요청이 몇 번 있었다. 연구소장과의 인연은 1986년 연구소가 미 국무성의 위촉으로 태평양 연안 국가들에서 연 태평양 시대를 위한 세미나에서의 만남이 계기가 됐다. 사실 나는 그때 홍콩 반환 후 중국을 염두에 두라고 했는데 그것이 적중했다. 이를 2000년 중국의 명문 보인대학 70주년 세계 철학자 대회에서 같이 발표했다. 나는 앞으로 인류는 크나큰 충돌과 재난을 피하고 더 행복한 삶으로의 전진을 위해 새로운 차원에서 공통문화를 창출해야 할 긴급성에 몰리고 있다는 점을 강조했다. 마침 2001년 뉴욕에서 전대미문의 테러와 이라크 전에 직면하여 연구소는 문화적 해결이 아니고서는 인류의 운명을 이끌어갈 수 없다는 내 발표에 주목하여, 2006년 9월 하순에서 11월 초순에 이르는 장기간에 걸친 국제 세미나를 '역사와 문화적 정체성'(History and Cutural Identity)으로 중국과 인도, 러시아를 비롯한 옛 동구권 제국과 중동국가, 베트남, 남미, 아프리카 약소국가들의 학자들을 초청 다음에 다가올 세계의 새 질서를 문화적으로 구상했는데 그 효과가 좋았던 것으로 보인다. 물론 나는 이 밖에도 2000년 파리 유네스코 본부에서 교황청 문화 위원회와 프랑스 정부 후원으로 열린 제1차 세계 가톨릭 철학자 대회에서도 동·서의 종교와 철학을 바탕으로 한 새로운 인류 공통문화 창출의 필요성을 간접적으로 기초적인 것을 제시했다. 또한, 2002년 일본 오쿠라 아카데미 센터(Okura

Akademia Center, Chiba)에서 아시아 가톨릭 철학회와 세계 형이상학회 합동 세미나에서 '폭력과 정의와 평화'라는 제목으로 (미국의 이라크전 승승장구인 때인데도) 무력으로 종교전을 이길 수는 없고 문화, 특히 인류 공통문화 창출로만 평화가 가능하다고 했다. 또한 식민정책으로 부를 축적한 선진국들의 무조건의 원조와 높은 수준의 기술전수, 특히 높은 수준의 정신가치 교육으로 후진국 젊은이들의 의식 계발과 공동 번영으로만 인류 평화와 전진이 가능하다는 것을 역설했다. 그때 맥클린 교수(Prof. McLean)도 같이 발표하며 나의 발표에 깊이 공감했다. 이런 아이디어 제공자로 나를 지목한 듯, 다음의 연구 내용 구상을 위해 아이디어를 요청하기에 세계의 새 질서 창출을 위한 아이디어는 미국 같은 지도적 위치에 있는 정치, 경제, 문화에서는 적어도 3~4백 년 앞을 보며 해야 한다는 윤곽을 제시해 주었다. 수세기에 걸친 인류의 새 질서 구상에는 엄두가 나지 않는 듯, 아이디어 빈곤이니 직접 방미하여 자문에 응해 달라는 간곡한 청이 맥클린 교수로부터 몇 차례 있었다. 그러나 이제 연로한 나이에 그런 일에까지 직접 뛰어들어 세계를 누빈다는 것이 분수에 걸맞지 않는다는 생각에서 사절했다. 미국 워싱턴 가톨릭대학의 가치와 철학 연구소는 미 국무성 자문기구의 성격도 띠고 있는 것으로 알고 있기에 속 좁고 구태의연한 우리와는 다르구나 하는 느낌이었다.

2천 년대에서 기필코 인류가 이루어야 할 인류 공통문화 창출의 문제를 언급하겠다. 하느님의 창조경륜과 그리스도 십자가상에서의 창조경륜 완성으로서의 인류 구속경륜 실천은 기필코 인류가 하나가 되어야 하는 시점에 도달한 것이다. 이것은 인류의 새로운 공통문화 창출로 이루어져야 한다. 나는 2000년 11월 동양에서 가톨릭대학의 명문 중의 하나인 대만 대북 소재(본래 중국 본토 공산화 전에는 베이징 소재였으나 공산화 후 대북으로 망명) 보인대학 70주년 기념 세계 가톨릭 철학대회에서 적어도 2000년 초반 3~4세기에 걸쳐 이 문제를 필히 성사시켜야 할 것이며 그것은 인류의 정치·경제·사회 등 모든 삶의 기초이며 공통적 핵심적 요인인 생명 존중에 바탕해야 한다는 점을 들어 역설하여 놀라운 반향을 일으켰다. 그 후 세계적 신학 철학회뿐만 아니라 일반 학회 심지어는 생필품에 이르기까지 '생명문화'라는 철학적 바탕을 깔게 되었기에 나는 큰 보람을 느꼈다. 이런 면에서 서로 반목하는 종교들까지도 일치 협력할 수 있다는 주장을 펴 공감대를 형성했기에 더욱 보람된 일이었다. 또 하나는 일본 도쿄 근처 지바(千葉)현에서 2002년 아시아 가톨릭 철학회와 세계 형이상학회가 공동으로 "폭력, 정의, 평화"를 주제로 한 학회의 문제였다. 마침 미국에서 2001년 9월 11일, 무슬림에 의한 인류가 경악한 테러 사건이 있었고 참극의 동기가 무슬림이라는 종교적 동기와 무관하지 않았다. 또한, 세계의 대부분의 종교가 동양에서 발생했기에, 나는 동·서의 종교철학적 신학적 관점에서 실상을 규명하고 해결책을 제시하여 큰 반향을 불러 일으켰다. 무엇보다도 가톨릭 학계로서 중요했던 것은 해묵고 상처 깊었던 서구에서의 학문적 논쟁이 내 발표로 일단락이 된 것이다. 즉, 1950년대에는 심각했고 그 후에도 저류(低流)에 흐르던 수십 년간의 불협화음이 해소된 것이다. 그것은 로마의 토마스 학자들과 루뱅 대학 현상학파에 기운 학자들 사이의 논쟁이었다. 나는 가톨릭의 관점, 특히 토마스 아퀴나스와 유교의 관점을 대비 설명했다. 루뱅 학파를 대변하는 라드리에르(Ladrière) 교수(다년간 세계 가톨릭 철학회장 역임)는 내 강연을 들은 후, 앞으로 토마스 사상을 연구하겠다고 했다. 나는 놀랄 수밖에 없었다. 유럽 본산에서 수십 년간 해결되지 못했던, 것이 유럽의 대가들이 격론 내지 내연(內燃) 상태이던 충돌이 동양에서 학술 강연으로 매듭지어지는지 참으로 알다가도 모를 일이었다. 그것도 유럽에서 나의 은사인 위대한 학자 C. 파브로 교수가 1950년대 루뱅대학에 뛰어들었는데도 본산에서 해결되지 않은 것이 동양의 학회에서 동양 학자에 의해 해결되니 3천 년대의 예시로 생각되었다. 성령의 이끄심은 인간의 생각이 미치지 못하는 데서 일어남을 느끼게 하여 감사하는 마음뿐이었다. 나는 학회에서조차 명예직에 연연하는 것은 별로 좋은 것이 아니라 생각하기에 아시아 가톨릭 철학회장직은 한 번만 하는 것이 그때까지 아시아 철학회의 전통이었는데도, 두 번 (그것도 4년이어야 하는 것을 사정에 의해 5년을) 했으니 더 이상 할 마음이 없었다. 그렇기에 내가 불참한 방콕 회의 후에도 몇 차례 회장직을 연임해 달라는 연락을 몇 차례 받아 사절하는 데 애먹었다. 아마도 내 발표와 파급 효과 때문인 것으로 생각된다.

교회는 어제도 오늘도 내일도 사제단의 일치가 최우선이다. 지난 근 30년에 걸쳐 이 땅의 교회는 정치 사회적 문제로 사제단이 정의구현사제단과 구국사제단으로 심각하게 갈라졌다. 그에 따라 평신도들도 심각한 분열상을 나타내는 형국으로 치달았다. 이에 한국교회는 교황청에서도 염려하는 지경에 이르렀으며 오늘에 이르기까지 후유증은, (시간의 흐름에 따라 특히 정진석 추기경의 서울대교구장 취임 후 많이 희석되긴 하였지만) 여전히 있다. 교회로서 가장 중요한 것은 예수님의 최후의 만찬 유언에 따른 사제단의 견고한 일치다. 세상 질서는 권불십년(權不十年)이라 했든가 세상의 권력은 십 년이면 바뀌지만 사제단의 일치는 어느 것에도 흔들려서는 안 되는 영원한 것이다. (사제단의 교구장과의 일치에 대해서는 이 책자의 추기1과 2에서 다룬다.) 그러면서 사목자, 특히 서울대교구장의 사목은 현재적이면서도 종말론적 신앙에 근거한 미래지향적일 수밖에 없다. 그 이유는 날이 갈수록 인간의 삶이 걷잡을 수 없는 급속한 변화를 일으키기에 거기에 상응한 사목을 수행해야 하기 때문이다. 특히 오늘날 이 땅의 젊은이들 대개가 교회를 떠나기에 더욱 그렇다.

이런 저런 문제에도 나는 정진석 추기경은 겸손하고 큰 그릇으로 생각한다. 내가 조언을 드릴 때 상당히 곤혹스럽고 듣기에 참으로 어려운 말씀이라도 언짢은 기색 한 번 하지 않고 다 들어 주셨으며 항상 그런 조언을 해 달라는 말씀을 하시기 때문이다. 이런 일은 막강한 권좌에 앉은 분에게는 극히 이례적인 품성으로 생각된다. 그렇기에 나는 정진석 추기경을 큰 인물로 믿으며 진심으로 존경한다. 정진석 추기경의 사목에 더 큰 기대를 거는 것이 사실이지만 그분의 남다른 사목의 면면으로 서울대교구에 지금까지 없었던 하느님의 특수한 축복이 내리는 것을 의심치 않는다. 근일에 있은 교회재산 관리를 교회와 사회에 공개한 것은, 교회의 신성불가침의 전통적 통념에의 투명이라는 인류 발전적 개념은 도입한 것이다. 이는 정 추기경 사목 하에서의 획기적 사건으로 보아야 할 것이다. 교회의 일반적인 비공개 재정 문제는 적지 않게 비리의 온상으로 지탄받던 것인데, 재정의 공개 투명성 천명은 이 땅의 종교계와 사회에 신선한 충격이었다. 이 점에서 나는 정 추기경과 총대리 염수정 주교께 특별한 고마움을 표하며 다른 주교들, 특히 관리국장 신부와 사무처장 신부, 홍보국장 신부께 찬사를 보내는 바이다. 그것은 내가 지난 약 20년간 교회의 투명성과 자성의 시기를 거쳐야 한다는 것을 쉬지 않고 주장해 왔기 때문이다. 이후 좀 더 시간이 흐르는 동안 평신도 측에서의 독실한 신앙과 고도의 경제 지식과 운영의 경험을 쌓고 봉사의 정신이 충만한 사람들이 경제 문제를 전담하기에 이르기까지 또 더 투명성을 드러내기에 이르기까지 투명성 문제는 발전해야 할 것이다. 초대 교회시기에도 규모는 작았지만 가난한 사람들에게 생필품 분배에서 불평이 일어, 사도들은 일곱 부제를 선발하여 물질 분배를 맡겼다. 오늘의 경제 운영은 전문적 지식과 국내외적인 경험도 풍부해야 하기에 평신도 전문인이 등장하게 될 것이다. 지금도 세계적으로 유능한 교구에서는 실질적으로 사계의 전문 평신도들이 운영하고 있는 것으로 알고 있다. 이런 문제에서 한국교회는 교회 당국과 평신도 측도 전혀 준비가 안된 상태다. 교황청도 IMF 총재 미셸 캉드쉬가 경제 전문위원회에서 중요한 역할을 한다는 말이 들린다. 어차피 모든 분야가 사계 전문가들에 의해 운명될 수밖에 없게 인류문화는 발전해 가며 이것이 하느님의 창조경륜이다. 세계교회에서 가장 활력에 넘치는 서울대교구는 교회가 사회와 깊은 관련을 갖고 만나야 할 모든 면을 싫건 좋건 평신도들이 운영할 수밖에 없는 방향으로 인류문화가 급속히 바뀌어 가고 있으니 이런 면에서도 많은 정신과 노력을 기울여야 할 것이다. 이 기회에 미래지향적 사목의 한 면모인 성직자의 세금 문제를 언급함이 좋을 듯싶다. 사실 가톨릭 성직자들의 세금 자진 납부는 당시 사회에 큰 충격으로 다가왔고 오늘도 가톨릭에 대한 사회에서 신뢰의 한 원천이다. 지금 사회나 언론에서는 주교단에 효시가 있는 것으로 아는데 이는 매우 좋은 일이다. 그러나 주교단이 선언적으로 나오기 여러 해 전에 실은 서울대교구에서 먼저 시행했다. 1970년대 후반 혹은 1980년대 초반에 세금 문제가 큰 사회문제로 나타났고 종교의 세금 문제에 대해 은연 중 곱지 않은 사회적 시선이 있을 때였다. 나는 서울대교구 사제 평의원으로서 회의 중 자진 납부하자는 의견을 처음에는 유순하게, 그러나 잘 납득이 안 되는 것 같아 두 세 번 거듭할 때는 강력하게 주장했다. 결국 사제 평의회원 신부들의 동의도 있었지만 이런 면에서 특별한 시대적 감각을 가진 김수환 추기경의 강력한 의지가 있어 결정되고 공표되었다. 이는 사회적으로 큰 호응을 얻고 많은 사람이 가톨릭 교회로 귀의(歸依)하는 동기가 되었다. 이렇게 사회, 더 나아가 인류문화가 지향하는 데 맞추어가며 종말론적 신앙에 의해 앞서가는 교회상을 드러낼 때, 교회는 미래지향적 사목을 하는 것이다.

명동 개발건을 더 말하고 싶다. 그동안 약 1년 동안 명동 개발특위 총무 김민수 신부는 명동 개발의 당초의 의도를 살려 현 단계로서 할 수 있는 일을 준비했다. 그것은 나의 근 50년 지기인 미국인 친구(여러 해 전에는 미국의 체이스맨허턴 은행 동양 총책임자로 홍콩에 5년간 거주하며 호주까지 합친 동양 전체를 관리하며 개발 등에도 일가견이 있는 사람)가 그 가족과 함께 나를 보러 서울에 온 기회에 김민수 신부의 명동 개발 모형과 브리핑을 듣고 대단히 감탄하였다. 내가 보기에 김민수 신부의 명동 개발 준비는 (이 면에 오랜 역사와 경험을 갖는 이태리 등지의 전문가들이 직접 그려야 할 실천 단계이기에) 이제부터는 실천을 최종 결단할 교구장과 총대리 주교 선에서의 실천 의지와 결단과 뒷받침이 없이는 한 발도 전진할 수 없는 시점에 있다. 김민수 신부는 현 상태에서 자기로서는 더 할 일이 없기에 그 자리를 떠나 다른 사목을 해야겠다는 마음이니 참으로 안 됐다. 모처럼 그런 유능한 인재가 있는데도 실천적 뒷받침이 없어 떠난다는 말이 나오니 말이다. 이제 명동 개발은 취소할 수 없는 교회와 사회의 요청에 부응해야 할 것이다. 또 그 일 자체는 물론이고 그것과 관련되는 문화 복음화의 중대성을 감안할 때 총대리 주교 선에서 전체를 실권으로 지휘해야 할 시점에 이른 것으로 생각한다. 이런 안을 누차에 걸쳐 교구장 정진석 추기경께 제청했다. 그렇게 하시면 정진석 추기경의 사목에는 금상첨화일 것이다. 그 유종의 미는 한국과 동양 교회사에 길이 빛날 것이며 세계교회에도 크게 기여하게 될 것이다.

3) 명동의 어제, 오늘, 내일과 사회

① 명동 개발 문제 상론[69]

(아래 글은 명동성당 영역 개발에 대해 염수정 주교와 2006년 5월 24일에 나눈 말씀과 그 후에 제기된 사항이다.)

염 주교는 명동 개발이 지하 몇 층과 지상 1층으로 하여 현재의 명동성당 경관을 해치지 않는 설계로 대성당과 컨벤션 센터(convention center)를 계획하였다. 이는 지구장 사제 회의에서 통과되었기에 설계를 낼 단계였는데, 염 주교로는 아이디어 부족으로 고민한다고 했다. 그래서 나는 아이디어만이라도 도와드려야겠다고 생각했다. 그때는 초기 단계이니 좋은 아이디어면 수용할 여지가 있다고 하기에 다음의 생각을 말씀드렸다.

그때 나는 경비는 얼마나 들겠느냐고 하였더니 9백억가량이라고 들었다. 우선 나는 개발이 추진되는 것은 좋은 일이라고 했다. 그리고 위와 같은 두 가지 일(성당 신축과 컨벤션 센터 건축)은 내가 여러 해 전에 명동 개발 구상을 할 때 발표는 하지 않고 염 주교와 정 추기경께 젊은이 종교문화예술 광장으로 명동성당 역내 개발을 말할 때, 결국 그런 문제들과 더 나아가 5~6년째 교구장과 교구청이 씨름하는 교구 시노드 문제도 명동 개발안과의 연계 속에서 신중히 고려할 문제

---

69 이 글은 정진석 교구장 추기경께 드리는 형식으로 되어 있으며 책자를 만들기 시작한 초기에 쓴 것이다.

라는 의견을 제시했다. 그렇게 일을 추진하는 것이 본당 신부에게 더 호응을 얻을 수 있고 현실적일 것이라는 것을 수차 말했던 것을 염 주교께 상기시켰다. 그뿐만 아니라 가장 중요한 것은 돈 문제인데, 지금도 막대한 액수의 예산이지만 결국 실천과정에서는 (경험으로 보아) 본래 예산보다 3분의 1배 내지는 반 정도의 추가 예산이 소요되니 천이삼백억 원을 상정해야 할 것이며 최악의 경우에는 천오백억 원까지도 각오해야 할 것이니 교구 단위에서 볼 때 천문학적 예산이 소요될 것이라고 했다. 그렇기에 교구 사제들의 동의가 절대적으로 필요하다는 점과, 그렇지 않고 일을 총대리 선에서, (물론 교구장의 승인 하에서 추진된다 해도.) 본당 신부들이 몇 억 원씩 부담하게 될 때 그들은 거부반응을 일으킬 것이 뻔하고, 신자들도 강력히 반발할 위험이 큰데, 그때 모든 책임은 총대리 주교가 져야 할 것이 아니겠느냐는 걱정도 말씀드렸다.

특히 명동 개발 문제는 자칫 시대의 요청을 외면하고 상식적으로 흐르기 쉬우니, 그런 방면에 공부를 한 신부가 실무 책임자가 되는 것이 좋으니, 염수정 총대리 주교가 위원장이 되고 김민수 신부가 총무가 되는 것이 좋겠다고 건의했다. 염 주교는 좀 난색인 것으로 보였다. (두 가지 이유인 것 같았는데, 그 하나는 주교 자신이 위원장이란 직함으로 있는 것이 꺼림칙한 것이 아닌가 싶었다.) 그래서 나는 1980년대 초반에 (4~5년에 걸쳐서 있었던) 한국교회 2백 주년 전국 사목회의의 예를 들었다. 그때 위원장은 제주교구장인 박정일 주교였고 부위원장(실무 총책임자)이 나였다. 사목회의는 세계에서 가장 잘된 사목회의로 교황청의 인정을 받았으며 한국교회의 평신도가 전면에 등장하고 묻혀 있던 많은 지성인 시자들이 표면화되어 교회의 놀라운 동력으로 작용하게 되었다는 점을 말씀드렸는데 이 점은 완전히 납득하신 것 같았다.

그리고 나는 이 일의 적임자는 김민수 신부라는 점도 분명히 했다. 나는 일의 중대성과 적임(適任)성을 보아 일을 적임자에게 맡겨야지 호불호(好不好)에 따라 인선을 한다면 큰일은 할 수 없을 것이라고 했다. 그 예로서 성 베드로 대성당을 지을 때 희대(稀代)의 천재 예술가 미켈란젤로 작업 도중 두 번이나 피렌체로 돌아가 버리는 사태가 빚어졌는데, 로마 추기경들의 간섭이나 구설수로 예측할 수 있다. 또한, 교황 직속으로 베드로 대성전 신축 작업을 재개한 것이 아니겠느냐고 쉽게 추측할 수 있다는 점을 말했다. 지금 세계적으로 화제와 관광 명소가 된 바르셀로나 성가정 성당의 설계 및 건축사였던 가우디도 성당 건축에 관한 한 교구청조차도 일체 간섭치 못하게 했다는 점을 말씀드렸다. 김민수 신부는 (미국에서 가장 좋은 TV학과를 갖고 있는) 펜실베이니아 대학에서 문화적 관점에서 조망하여 우수한 성적으로 TV학 박사 학위를 받았다고 말씀드렸다. 또한, 최근 하와이에서 열린 세계 TV학회에서의 '교회의 공간과 사회'라는 제목으로 발표하여 좋은 반응을 얻어 미국의 대학으로부터 강의 청탁과 교수직까지 제안받았다. 그러나 사제이기에 거부하고 시간적 여유가 생길 때 특강을 하고 있는 것으로 알고 있다는 것과 이런 세기적인 큰일에는 일의 능력에서 인물을 평가해야 한다는 점을 말씀드렸다. 명동 개발을 미래지향적이고 세기적이며 세계적인 관점에서 이끌어 가려면 김민수 신부를 등용해야 하다고 했다.

그 후, 염 주교는 김 신부를 등용할 뜻을 밝혔다. 강남 성모병원 신축에 중요한 역할을 하고 있는 임인섭 마태오 신부도 명동 개발 현장에 투입하면 훌륭한 작품 광장을 만들어 낼 수 있을 것이다. 임 신부의 능력은 높은 예술적 감각을 지닌 성모병원 교수들도 높이 평가 하고 있다. 물론 그런 일을 하기 위해서는 유럽과 미국, 캐나다, 남미 등지에 산재한 가톨릭의 유서 깊은 광장문화를 탐방하거나 연구하게 하는 것이 좋을 것이다.

현재의 명동성당 주변이 (그동안의 필요에 따라 어쩔 수 없이 그리 되었지만.) 잡동사니처럼 건물들이 난립하였으니, 이번 기회에 명동성당 주변 건물을 대대적으로 정리하여, 대성당의 본 모습을 따라, 명동성당에 성 베드로 대성전처럼 양쪽에 회랑을 달고, 가톨릭회관 마당을 대성당 앞에서부터 지대를 폭넓고 아름답게 광장화하면, 필요할 때는 성 베드로 광장처럼 교회의 장엄한 전례를 거행하는 장소로 쓸 수 있을 것이라고 했다. 또한, 수만 명이 모여 할 장엄한 성체대회나 교황을 맞이하는 전국적이거나 범 동양적이고 세계적인 행사도 가능할 것이라고 했다.

전 교구 성체대회도 명동성당 광장을 제대로 개발하여 광장에서 하면, (혜화동 같이 일반 시민들은 전혀 보지도 못하는 지대에서 마치 숨어서 하는 행사인 것처럼 하기보다는,) 전 시민 행사로 승화시킬 수 있을 것이다. 이번 개발 계제에 본래 계획대로 명동 성역 광장을 개발하고 여타의 필요한 건물이나 부대시설을 갖추는 것이 좋을 것으로 생각한다. 현재 있는 그대로 두고 대성당을 짓는다거나 다른 시설을 만들면 명동성당 지역은 더 혼잡해질 것이다. 성 베드로 광장이나 루르드 광장, 파티마 광장처럼 대대적인 종교행사는 물론, 종교의 뒷받침을 받아야 할 국가적 내지는 시민적 장소가 필요할 때 현재 주교좌 성당 앞에 큰 성당을 짓는다면 지금의 터가 그런 광장으로 건설될 수도 없고 사용될 수 없게 될 것이다.

지금의 명동성당 지대는 명동성당을 정방위(正方位)로 잡고 전면에서 바라볼 때, 여러 교회 건물이 명동성당의 경관을 해쳤다. 물론 그동안의 필요에 몰려 그렇게 되었고 종교, 문화, 예술의 관점에서 고찰할 정신적·물질적 여유가 없었기에 그랬을 것이다. 더 근본적인 이유는 그동안 한국교회는 명동성당 영역을 성 베드로 대성당이나 유럽에 수두룩 사방에 산재한 종교문화예술 광장 개발에 대한 지각이 전무한 탓이기도 하겠다. 전체적 구도에서 볼 때, 본래의 경관이 망가져 있다. 사계의 세계적 전문가들의 식견에서 현재의 명동성당을 본래의 생김대로 아름다운 회랑을 두른 광장을 조성할 수 있다면 최선일 것이다. 차선으로는 현재의 상태를 전혀 무시할 수 없다거나 지형(地形)의 원 형질대로 놓고 보아도, 대성당에 양쪽 날개를 달 수 있는 지형은 아니어도, 원 형질에서 구상한다 해도 색다른 구도를 창출한다면, 그것도 좋을 것이고, 그런 것조차 안 된다고 해도 나름대로 최선의 설계로 아름다운 광장을 세울 수 있을 것이다.

현재의 가톨릭회관은 서서히 없어져야 할 건물로 생각했다. 건물이 낡았고 1950년대 말 신축 당시 겉은 근사해 보였지만 내부는 조잡했다. 우리 시대와 앞날에는 구식 건물이고 명동성당의 원형을 망가트린 건물로 생각되기 때문이다. 그 건물 건축 당시는 문화와 예술은 생각할 여지조차 없는 빈곤에 허덕이는 시기였다. 그렇기에, 선진형으로 눈에 번쩍 띄는 건물 건축에 치중했기에, 실용적인 가치나, 종교·문화·예술적 관점에서도 존재 가치가 없게 되었다. 지금 당장은 어려우나 서서히 허물고, 명동성당을 중심으로 전체적인 구도를 잡아 명동의 종교, 문화, 예술 광장 건설을 유럽 광장처럼 오랜 세월에 걸쳐 해나가야 할 것이다.

지금은 공적인 모든 것은 투명할수록 선진적이며 소속원의 참여와 협조를 얻게 된다. 중대한 일은 일단 교구 사제총회를 거치는 것이 교구장과 일하는 분들을 위해 좋을 것이다. 지금은 모든 것이 공청회나 간담회 등을 거치는 것이 상식이 되어 있다. 이런 문제에서 전체의 의견 수렴을 하려면 자유롭게 의견을 개진할 수 있는 교구 사제 총회를 해야 할 것이다. 그렇지 않고 윗분의 뜻이 그렇다니 수동적으로 받아들이는 식의 절차라면 아예 아무 말하지 않고 권위만 내세워 밀어 붙이는 것이 솔직하다. 이런 문제를 순리로 풀어 사제들의 마음을 자발적이고 적극적으로 움직이게 하는 역할은 총대리의 리더십에도 많이 달린다. 염수정 총대리 주교께 그런 안목과 능력이 있는 것은 매우 다행한 일이다. 또 지하에 건물의 큰 부분을 집어넣는다니 비용은 엄청나게 더 들지 않을까 우려된다. 다시 말해 젊은이 광장을 지하에 만든다는 것이다. 요즘 지하건설은 채광, 환기, 쾌적한 분위기 조성, 치장 등 지상보다 훨씬 더 화려하고 호화롭게 하기에 지상층보다 경비가 훨씬 많이 든다는 풍문이다. 그런 것은 전문가들의 계산에 달린 것이니 논외로 한다. 우리나라에서도 코엑스(COEX), 일류 호텔 등이 훌륭한 지하층을 갖고 있으니 참고가 될 것이다. 또한, 지하 도시로 세계적으로 유명한 곳은 20세기 후반에 건설된 캐나다의 에드먼턴(Edmonton)시다. 에드먼턴의 지하도시는 지상보다 더 쾌적하고 편리하고 아름다운 도시라고 한다. 그러나 천문학적 경비가 투입됐다는 후문이었다.

새 대성당 건축에서 가장 중요한 것은 정 추기경의 임기 문제다. 정 추기경은 정상적으로는 금년(2006년) 12월이 임기 정년인 셈인데 금년에 추기경이 임명되셨으니 연기되리라는 가정은 설득력이 있다. 임기 연장은 보통 1~2년으로 알고 있는데 정 추기경의 경우 전 뉴욕대교구장 오커너 추기경처럼 전 교구 사제들의 전적인 호응을 받지 않는한, 임기 연장은 보통의 경우가 아닐까 싶다. 다시 말해 오커너 추기경처럼 80세까지 임기 연장은 정 추기경의 경우, 어려울 것으로 보인다. 무엇보다도 교구 사제들의 절대적 지지가 아쉽다. 그렇게 하려면 교구 사제들과 호흡을 같이하며 교구 사제들과 교구민이 바라는 사목을 했어야 했는데, 정 추기경과 사제들의 간격이 컸고 현재도 전혀 가까워지는 기미가 보이지 않기 때문이다. 그렇기에 서울대교구의 이 시기를 사목 부재시기로 여길 수도 있다. 아마도 정 추기경께 변화된 사목을 기대하는 것 자체가 전혀 가망 없는 것 같다는 풍문이다. 그렇기에 만일 1~2년 후 은퇴하신다면 많은 경비가 들고 명동성당 지형의 원 형질을 더 망가뜨릴 수 있는 대성당 신축은 시작하지 않는 것이 교구나 후임자에 대한 도리인듯 하다. 사정이 그러하니 유관 부서나 인사들도 정 추기경의 임기가 이렇다면, 지금 전혀 새로운 큰일을 시작하지 않는 것이 좋을 것이라고 생각한다.

다만 '명동의 젊은이 종교문화예술 광장' 조성은 언제든지 할 수 있고 빠를수록 좋다. 그동안 1년가량 까마득히 잊었던 명동 개발건을 염 주교를 만난 후 고충을 듣고 다시 한 번 생각하게 되었으나 어차피 현 단계에서는 실현되지 못할 것을 고뇌한 결과가 되는 것이 아닐까 생각한다. (그러나 이런 노력과 고뇌가 있었다는 것만은 후대에 남길 필요가 있기에 이런 글을 쓴다.) 사실 서울에는 시청 앞 광장, 서울역 광장 등이 있기는 하나 군중 대집회 하는 정도이지 진정한 종교문화예술 광장은 아니다. 진정한 시민 광장 구실을 할 수 있는 곳은 역사적, 지형적, 세계 문화 배경적으로 또 국민의 심성적으로, 더욱이 미래지향적으로 명동성당 광장만이 할 수 있다고 확신한다.

명동은 참으로 잘생긴 지형이고 종교문화적 저력으로 이 민족과 고락을 같이한 곳이다. 성 베드로 광장과 아시시의 성 프란치스코 광장, 루르드와 파티마 광장, 스페인의 세비야시의 스페인 광장을 혼합하여, 한국 문화에 맞게 미래지향적으로 명동성당 광장을 설계하고 조성한다면 동양의 명소일 뿐만 아니라 세계적 각광을 받을 것이다. 청계천 복원은 경관과 산책로로는 훌륭하지만 500년 왕도의 이끼가 쌓이고 얼이 녹아 있는 문화와 역사는 오간 데 없이 되었다는 것이 학계와 식자들의 지적이다. 그런 심정은 시간의 흐름에 따라 국민들 사이에 더 해 갈 것이니 명동 성역의 젊은이 종교문화예술 광장 조성은 서울대교구가 반드시 해야 할 이 시대의 예언직 수행의 중대한 의무라고 생각한다.

　명동에 모이는 젊은이들의 수는 작금년 기하학적으로 늘고 있다는 소식이다. 2~3년 전에는 매일 2백만 정도였던 것이 지금은 3백만 명을 훨씬 넘고 그 수는 계속 늘어 날 전망이라고 들린다. 성당 일선 사목자의 공통된 견해가 가톨릭 젊은이들의 교회 이탈자가 이제 95% 선이고(약 10년 전만 해도 가톨릭의 젊은이들 70%가량은 교회 품 안에 있었다) 저 출산이 가속화된다니, 교회를 죽음으로 몰아가는 현실을 직시하여 교구장 정진석 추기경을 위시하여 모든 성직자는 사태의 치사(致死)성을 응시하여 명동의 젊은이 종교문화예술 광장 조성을 게을리 해서는 안 될 것이다.

　그 후에 알게 되었지만 6월 사제 성화의 날의 주지 사항으로 현재의 개발안이 사제들에게 설명되었다니 그런 대로 형식을 갖추려 하였으나 지도부의 함량 미달을 사제들의 마음에 심어줄 공산이 크다. 모든 것은 정정당당하고 자유로운 의사 표시와 총의에 의한 것이어야 한다. 그때 결의를 바꾸려면 사제총회를 열어 다른 안을 가결시켜야 할 것이다. 그렇지 않으면 교구장의 직권으로 밀어붙이는 것이 오히려 실제나 모양새가 훨씬 나을 것이다. 이런 경우, 아예 교구 사제들의 협조는 단념해야 할 것이다.

　나는 지금의 명동 개발을 큰 틀 속에서 다음과 같이 생각한다.

1) 전문가의 지혜를 빌려 주변의 건물이나 조형물, 인위적인 지형 조성 등을 일체 배제한 본래의 방위(方位)와 지형을 생각하여 (동저고리 바람의 사대부가 저잣거리에 서 있는 것 같은 현금의 대성당을 준공 당시를 상기하여) 성 베드로 광장이나 아시시의 성 프란치스코 광장, 스페인의 세비야 시의 스페인 광장 건물처럼 양쪽으로 회랑을 달아 광장을 조성하는 방안이다.

2) 회랑 없이 명동성당 정문에서부터 있는 가톨릭회관을 철거하고 성모동굴 등을 철거 이동하여 정지(整地)하고 아래 주차장 끝까지 넓은 광장을 조성하는 방안이다. 그 이후에 대성당과 어울리는 분수나 조각 등으로 광장을 조성하되 큰 전례나 집회 등에 지장이 되지 않도록 한다.

3) 이런 큰 구도가 잡힌 다음 여타의 건물(필요하다면 성당 건축 포함), 예컨대 서울의 명동은 동양에서 가톨릭의 중심 혹은 허브가 될 수밖에 없으니 컨벤션 센터와 부대시설을 설계한다. 이런 기본적 설계 없이 현재 있는 경관 중심으로 설계하여 실행한다면 현재의 경관 자체가 본래 있는 경관 내지는 앞으로 명동성당이 있어야 할 모습을 훼손할 것이다. 그곳에 또 다른 육중한 건물을 짓는다면 명동성당 영역은 본래 있어야 할 모습을 되찾지 못하게 되어 후대에 천추의 한을 남길 수 있다. 따라서 이런 구상을 하는 사람은 행정 집행적 차원이 아닌 고도의 전문 지식과 노하우를 갖는 구상과 설계의 세계적인 권위자이어야 한다.

4) 따라서 이런 구상과 설계자는 국내에서는 현금 구하기 어려울 것이다. 그 이유는 이런 가톨릭식의 종교문화예술 광장은 (한국에서는 아직 제대로 해 본 일이 없어) 국내 설계자로는 부족하기 때문이다. 그렇게 되면 회복할 수 없는 명동 성역 개발의 역사적 과오를 이 시대의 교

계 높은 분들이 남기게 될 것이다. 또한, 추기경 서임 후, 첫 작품이라는 점에서 역사적으로 이루 말할 수 없는 오점으로 남을 것이다. 나는 주교직이나 추기경과 같은 높은 지위를 갈망하는 분들을, 겸손이라는 덕만을 내세워 잘못한다고 생각하지 않는다. 오히려 좋은 일이며 당연한 일이라고 생각한다. 그것은 바오로 사도의 말씀인 "어떤 사람이 감독 직분을 맡고 싶어 한다면 훌륭한 직무를 바라는 것"(1티모 3,1)이기 때문이다. 다만 문제는 그런 직분을 시대가 요구하는 사목에 걸맞게 수행해 내느냐의 문제다. 그런데도 오늘날 주교 직무에 합당한 훌륭한 자질을 가진 많은 사제가 주교직 수락을 거부하기에 이 문제도 교회의 미래에 심각한 암운이다. 위와 같은 말씀은 현재 교황청 민족복음화성성 장관인 이반 디아스 추기경이 주한 교황 대사로 있을 당시 들려주었다. 또한, 교구장을 보좌하고 이런 안을 밀어붙인 분들도 (밀어붙인 분들이 있다면) 책임을 면키 어려울 것이다. 일반적으로 교구청의 의도라며 그냥 수동적이었던 분들보다는 주동적 역할을 한 분들, 예컨대 추기경과 그의 측근에서 그런 아이디어를 짜낸 사람들이 있다면, 그분들은 전적인 책임을 져야 한다. 이번 명동성당 신축 안에 대해 총대리 주교는 먼저 명동 개발의 전체적 구도가 나오고 거기 준해 성당 건축을 구상한다는 입장이니 참으로 명동의 퇴락을 막는 지혜라고 생각된다.

5) 해결 방도는 추기경을 중심으로 몇 분의 행정 집행적 인사들을 넘어 지식과 경륜이 풍부한 아이디어맨의 능력을 총동원해야 한다. 세계적 권위를 지닌 분들의 머리와 손끝에서 나오는 설계와 시공이 필요하다. 총대리 주교는 이런 안에 적극적으로 찬성인 것으로 알고 있다. 그 방도로는 교황청의 자문과 인사 추천 등이 제일 좋은 것이다. 그것이 힘들면 성 프란치스코회 한국 지부 등에 의뢰하는 것도 한 가지 방편이다. 그 이유는 여러 해 전 아시시의 성 프란치스코 대성

전이 지진으로 대파된 후, 대성당은 옛 모습대로 복구하였으나 광장은 새로운 모습, 즉 지형상 한 쪽에는 웅장하고 아름다운 회랑을 두르고 큰 전례 행사를 할 수 있도록 대성당 광장을 조성했다. 나는 1958년 아시시 성 프란치스코 성당을 처음 순례하며 그분의 무덤 제대에서 미사를 드렸기에 더욱 그런 변화에 큰 관심과 감명을 받았다. 나는 자연히 우리의 명동성당 개발을 하는 상념에 사로 잡혔다. 지금은 대성당을 짓기보다는 성 베드로 광장에서 보는 바와 같이 필요에 따라 대광장을 성당화하여 수십만 명 내지 수백만 명이 참가하는 전례 자체를 인류의 종교행사로 승화시키는 시대상이다. 이것은 요한 바오로 2세 교황의 4백만 명 운집의 성 베드로 광장 장례식이 웅변으로 말해 주며, 신임 교황 베네딕토 16세의 성 베드로 광장에서의 세계도처에서 구름같이 모여든 인파 속에서의 등극식도 인류사(人類史)의 흐름과 종교적 요청을 말해 준다. 세계에서 수없이 모여드는 순례자들을 위한 대전례 행사는 아시시의 성 프란치스코 대성전 광장도 마찬가지라고 한다. 파티마도 그렇다. 금년(2006년) 여름 나는 48년 만에 파티마를 찾았다. 1958년 여름 방학 때 학생 신분으로 파티마를 순례하고 성전에서 미사를 드렸을 때만 해도 순례객이 그리 많지 않았다. 그 성당의 앞마당은 야산 평지 같은 좀 넓지만 걷기에도 불편한 곳이었는데 그런 야산 지대가 근 50년이 지난 오늘은 수백만 명이 세계도처에서 운집하여 대전례 행사를 할 수 있는 광장으로 조성되어 있었다. 대성당은 옛 그대로였으나 안이 더 단장되어 있었다. 성모님 발현 당시 목격자였던 소녀인 루시아 수녀의 시신이 성당 내에 안장된 것이 당시 순례 때와 다를 뿐이었다. 성당 내부의 수용 능력은 명동성당보다 작을 것으로 보였으나 순례자가 세계 도처에서 구름처럼 모여드는데도 대성당 증축이나 신축은 생각하지 않고 대광장을 조성하여 필요에 응했다. 이런 흐름이 오늘과 내일의 종교문화이고 인류의 바람이다. 그런 중에도 한 가지 마음에 와 닿는 것은 48년 전 방문 때에는 정강이에 닿을 정도였던 길가의 나무들이 아름드리로 커져 큰 숲을 이루어 뜨거운 햇빛에 큰 그늘을 지어 준 것이었다.

아시시의 대성당을 아름답게 원형대로 복구하고 속이 탁 트이고 수려한 광장을 조성한 정도의 전문가라도 한국에 있는 프란치스칸을 통해 초빙하여 일을 맡기는 것이 좋을 것이다. 그렇지 않고 일을 서두르다가는 명동 개발이 돌팔이 의사 수술로 사람 잡는 격이 되기 십상일 것이다.

6) 명동 광장을 개발하는 목적은 젊은이 육성이다. 젊은이들의 종교교육은 현재와 미래에서 한국 가톨릭교회의 삶과 죽음의 문제이고 교회의 알파요 오메가다. 따라서 명동 개발에서 이 점에 대해 추호의 소홀함이 있어서는 안 될 점은 명동 개발과 더불어 혜화동 지대 가톨릭 문화타운 개발이다. 또한, 등한시해서는 안 될 요인은 명동에는 (가톨릭에서 그 유례가 없는) 서울대교구의 〈평화신문〉과 TV, 라디오가 있으니 해당 전문대학원을 창출하는 것이다. 또한, 그에 필연적으로 연계되는 혜화동 가톨릭 지대에 사회의 현재와 미래가 요구하며 가톨릭이, 어느 조직도 갖지 못하는 세계성과 역사성, 희생과 사랑의 마음을 갖고 있어 어느 단체나 조직보다 더 잘할 수 있으니 전문대학원과 이론적 실천적 연구기관을 창출하고 집결하여, 혜화동 지대에 가톨릭 문화타운을 조성해야 하는 시대 사명의 긴박성에 몰리고 있다.

이렇게 하여 대학 본부가 명실 공히 서울 시내 한복판에 있게 함으로써 가톨릭대학의 수월성을 교육계에서 인정받게 될 것이다.[70]

---

[70] 이 문제에 대해서 "1장 한국의 심장부 명동에서 사회와 교회를 생각하다"에서 폭넓게 다루었다.

7) 경비 문제는 몇 년 안에 개발 계획을 끝내려는 식으로 서두른다면 다른 방도를 강구함이 좋을 것이다. 유럽 가톨릭의 오랜 전통에 근거하여 40~50년, 혹은 그 이상의 오랜 기간에 걸쳐 종교문화예술 광장을 문화 기관과 더불어 만들어 가는 저력을 보여 온 것처럼, 서울대교구의 명동 개발도 당장 교구청이 지출할 수 있는 범위 내에서 경비를 지출하고 신자들에게 사업의 중대성을 각 본당이나 교회 각 조직을 통해 널리 알려 헌금과 특별 기부 등을 요청하여 일을 추진해 가는 것이 순리일 것이다.

교구청은 노무현 정부와 같은 중앙 조직의 비대화를 지양하고 경비를 줄여, 전 교구 차원에서는[71] 명동 개발 기금도 여러 방법을 동원하여 쉽게 충당할 수 있을 것이다. 각 본당에서 교구 납부금의 10%씩 추가 부담하는 경우, 한 본당의 부가 부담금을 평균 5천만 원으로 친다면 2백 본당으로 어림잡아 두 본당이 1억일 것이니 일 년에 1백억은 만들어 낼 것이다. 이런 것을 4~5년만 하더라도 4백억 원 내지 5백억 원은 쉽게 조달할 수 있을 것이다. 또한, 방법은 얼마든지 있으니 경비 문제는 큰 문제가 되지 않을 것이다.

문제는 사제들의 적극적 호응이며 그에 따른 신자들의 열성과 협조다. 또 문제는 쓸데없는 공명심이나 "빨리 빨리" 습성으로 몇 년 안에 일을 끝마치려는 조급증으로 하면 안 된다는 것이다. 이런 식으로 우리 교회의 저력에 의해 역사적이며 세기적인 사목 예언직을 잘 수행하려면, 교구 사제들의 마음에서 우러나오는 협력이 절대적으로 필요하다. 이런 점을 소홀히 한다면 결국 많은 후유증을 남겨놓고 실패할

---

[71] 사회에서의 활용 범위는 영화 진흥을 위해서는 극장표에 10% 정도, 암 치료비 조달을 위해 담배 값에 10% 정도 부가세 부여, 여러 특별행사 등으로 해당 분야의 막대한 경비 지출을 충당하는 것 등이다.

것이다.

  8) 단 1~2백억이라도 할애하여 명동과 혜화동에 가톨릭대학의 전문대학원 두세 개라도 개설하여, 항간에서 많이 추락되었다고 생각하는 가톨릭대학의 위상을 올리고, 사회의 필요에도 이바지하는 것이 절실히 요청된다. 역시 사회 발전에, 다시 말해 인간의 필요와 발전에 이바지하는 대학의 발전은 항상 생산적이며 생명적이며 활력적인 사목의 영역이기 때문이다.

  교회는 창조경륜의 지혜와 진정한 사랑의 마음과 희생으로, 실천 분야에서 다른 어느 조직이나 기구보다 잘 할 수 있다. 또한, 지금이 적시(適時)이니 지금이야말로 명동 개발과 더불어 요청되는 전문대학원과 이론적, 실천적 연구소 설립과 현장 실천이 요구되는 시점이다. 명동지구의 공간적 개발은 사람에 비기면 신체와 같고, 개발의 정신적이고 내용적인 면은 혼과 같다. 신체와 혼이 합쳐야 완전한 사람이 되는 것과 같이 명동 개발에서 정신적 요인을 소홀히 다루면 명동 개발은 정신적 요인 부족으로 지진아적 형태가 되기 쉽다. 이제 명동은 명동이란 좁은 테두리 속에서 생각하고 요량할 시기는 완전히 지나간 것이다. 그렇지 않고 명동을 정신적인 것, 즉 내용면 다시 말해 혼과 관련시키지 않고 혹은 함량미달 사고(思考)로 구상하거나 실천한다면 전세기적인 발상, 즉 후진적 발상이 되어 역주행적 행태라는 비난을 면치 못할 것이다.

  지금 인류사의 흐름은 어느 것이든 전체상 속에서 구상해 가는 것이며 세계적이고 현재적이면서도 미래지향적이다. 여기에 가톨릭의 강점이 있다. 그러므로 명동 개발은 서울대교구의 명동 영역만이 아니고 전 한국교회, 더 나아가 서울 시민사회와 관련된다. 명동 개발은 교회뿐만 아니라 서울시민의 종교문화의 광장이란 관점을 소홀히 하면 안 된다. 명동 개발은 이런 문화 선상의 것인데도 교회 안에서조차 국부적(局部的)으로만 일을 추진한다면 기형이 되기 쉽다. 명동 개발은 내용 면, 더 나아가 정신적·문화적 요소로서 혜화동 지대의 문화 센터까지 염두에 두면 좋을 것이다. 혜화동 지대에 사회가 필요로 하는 것, 다시 말해 현재를 살며 미래를 향하는 인간 삶이 요청하는 것, 즉 그런 분야의 전문대학원과 이론적·실천적 연구소들을 집결시키면, 신학부의 전문대학원생들이 각기의 소질을 따라 사회의 전문대학원에서 학문과 자격을 겸비하여 사회 속에서 살아 숨 쉬는 사목활동을 할 수 있을 것이다. 또한, 지금 적지 않게 나타나는 바와 같은 성당 안에 폐쇄된 사목을 탈피할 것이다. 한편, 신학부 전문 신학대학원에서 다른 전문대학원생들이 가톨릭 철학과 신학, 성서학, 인간학, 윤리학 등의 강의를 들어 평신도 교육과 일반 지성인 복음화 교육, 즉 복음 정신에 근거한 자연관, 사회관, 인간관, 기술관 교육에 크게 이바지하게 될 것이다. 이렇게 하여 1990년 교황청 제8차 시노드가 지향한 종합대학안에서의 신학생 교육이 명실 공히 성취될 것이다. 적어도 그런 여지를 두면서 개발해야 할 것이다. 그러려면 그 방면의 전문적 지식과 노하우가 있는 이들이 아이디어와 설계, 시공 등을 지휘하고 감독해야 한다. 그런 차원에서 명동의 공간적 개발은 영혼과 육체가 합쳐져 이루어지는 한 인간에 비유할 수 있다. 근시적으로 보지 말고 거시적이고 미래지향적으로 종교문화 발전을 기해야 한다. 명동 공간 개발을 할 때, 영과 육이 합쳐져 하나의 훌륭한 인간이 되는 것처럼, 좋은 내용과 형식을 갖추는 개발이 될 것이다. 그렇기에 이번 명동 개발을 주도하는 염수정 주교도 개념 부족, 즉 아이디어 부족을 호소한 것이다. 더 나아가 근자에 건물은 짓는데 콘텐츠를 염려하신다니, 총대리 염수정 주교는 핵심적 요인을 지적하는 것으로 생각한다. 담아야 할 내용, 다시 말해 그런 내용 때문에 건물을 짓고 공간을 만드는 것인데, 내용은 다듬어지지 않고 어설픈 이념이나 후향적 근시안적 내용을 갖고 물질적·공간적인 것을 설계하고 건축한다면 많은 낭비와 비효율이 따르고 후일 비난과 큰 짐으로 작용할 수도 있다. 물론 지금 노력하는 분들이 많은 노력을 한 것을 좋게 평가해야 할 것이지만, 정신적인 면, 즉 전문대학원 문제도 병행해 주었으면 금상첨화이겠다.

지나치게 성과에 치우쳐 조급하게 일을 추진한다면 시작은 괜찮은 것 같아도 중간에서부터 불만과 불평에 휩싸일 수도 있을 것이다. 명동 개발은 명동성당 설립 당시의 정신과 구도를 생각하고 역사적 인류문화의 흐름 속에서 미래지향적으로 건물 자체보다는 내실이 충실한 명동의 종교문화예술 광장 건설이 되었으면 하는 바람 간절하다.

9) 남산을 배경으로 북악산을 품에 안은 명동은 참으로 잘 생겼다. 나는 지난 5월 문화탐방 중 스페인의 세비야에서 본 스페인 광장 건물, 성 베드로 광장, 아시시의 성 프란치스코 성당 광장처럼 명동성당 양쪽에 아름답고 품위 있는 회랑을 만들면 금상첨화이겠다고 생각했다. 회랑을 다는 경우, 고민은 장소의 어느 부분을 무용지물로 만들어 좁은 공간을 많이 활용하지 못하는 것이 아닌가 싶었다. 그런데 세비야의 것을 보니 회랑 벽면을 조화 있게 구분하여 현재 지방 정부의 각 부서, 우리로 말하면 예컨대 행정자치부, 사회복지부, 교육인적자원부, 총무부 등의 여러 부서가 회랑 뒤편으로 아름다운 건축을 이은 것을 볼 수 있었다. 물론 회랑 전면에 그런 부서들의 출입문이 있었고 그 건물 벽에는 아름다운 벽화가 있었다. 이 건물은 후기 고딕양식인 양 싶었다. 건물 전면에는 큰 광장을 조성했고 중앙에는 웅장한 큰 분수가 물줄기를 높이 뿜고 있었다. 명동성당 앞은 그보다도 더 아름답

게 꾸밀 수 있겠다고 생각했다. 다만 분수는 성 베드로 광장과 같이 중앙에 놓지 말고 양쪽으로 아름답게 만들어 전례 행사에 지장이 없게 하면 오히려 전례를 더 운치 있게 거행할 수 있을 것이라는 생각이 들었다. 그리고 두 회랑은 대성당을 마주 보는 편 우측에는 국내·외 교회의 여러 사무국을 두고 좌측에는 젊은이들의 여러 교육과 활동, 국제 교류 등의 사무실을 두는 것이 좋을 것이다.

현재 존재하는 건물과 지형 관계를 고려하여 양쪽에 아름다운 회랑을 달아 성당의 웅장미를 드러내는 것이 좋을 것이다. 그러나 각 부서를 위한 사무실까지 다는 데는 상당한 무리가 있을 수 있다. 그런 경우 양쪽 회랑은 달고, 성당 뒷면의 성모 동산은 (성당 앞면에 큰 광장이 조성되었으니 더 이상 필요 없을 것이어서) 인수한 계성초등학교와 그 운동장을 성모 동산과 같이 큰 대지로 조성하면, 컨벤션 센터를 위한 건물을 조화 있고 실용적인 건물을 설계할 수 있을 것이다. 사실 내가 1980년대 말 명동 주임 신부로 있을 때, 성모 동산과 계성초등학교 운동장의 지하를 젊은이들을 위해 어떻게 활용할지 생각한 적이 있다. 인수한 구 계성초등학교 건물도 잘 리모델링하여 컨벤션 센터로 쓰는 방안이나, 사회가 요구하는 교회의 역할을 위한 사무실이나 공공장소로 쓸 수 있을 것이다. 대성당 뒤쪽으로 꽤 넓은 공터가 생기니 여기에 교회가 대내외적으로 필요한 건물을 아름답게 지을 수 있다. 다목적 건물로는 교황청의 성 베드로 광장 옆에 건축한 성 바오로 홀도 참고하는 것이 좋을 것이다.

1990년 세계 시노드 1개월 회의 참석 중 회의 장소인 성 바오로 홀은 참으로 효율적이고 쾌적한 건물이었다. 물론 이런 건물은 컨벤션 센터 구실을 하고도 남는다. 중요한 것은 사용 내용과 아이디어와 설계 문제다. 지금도 그렇고 앞으로는 더 급변하며 모든 것을 새롭게 하는 인간 삶과 문화의 시대이니 현재적이면서도 미래지향적이고 역사와 전래성(傳來性)을 간직하는 아이디어와 노하우, 설계, 시공 등이 어우러지는 명동 개발이 되어야 한다. 이렇게 명동이 개발될 때 명동 전체의 면모가 근본적으로 바뀌는 사태가 나타날 것이며 서울시는 물론, 한국 사회가 정신적 쉼터와 영성의 샘터를 명동광장 조성으로 서울대교구가 창출할 것이다. 또한 이런 명동광장은 동양에서 가톨릭의 허브가 되고 순례지가 될 것이다. 물론 순례지다운 면모도 갖추어야 할 것이다.

10) 현 가톨릭회관 앞마당(주차장)을 가득 채우는 1층짜리 새 성당을 지으면, 천추의 한을 남기는 것이 아닌지도 깊이 헤아려야 할 것이다. 또한 이런 교회의 처신과 처사는 이 땅의 시민 사회와 문화계에 커다란 아쉬움으로 남을 것이며, 심지어는 조롱거리 내지는 비난거리가 될 수도 있다. 그것은 민족의 기쁨과 슬픔을 같이 해온 명동성당, 특히 국난이 몰아칠 때마다 고통을 같이하며 국운의 앞날을 열어준 명동성당, 민족의 칠흑 같이 어두웠던 밤(暗夜) 시기에도 빛과 희망이었던 명동성당은 더 이상 교회 것만이 아니고 오늘도 내일도 국민의 마음에 자리 잡은 성지이며 희망이고 빛이기 때문이다. 지금 명동의 젊은이 광장이라는 "주"는 사계의 인사 한 분도 모시고 갈 수 없는 장소, 오늘날 청년 문화의 ABC도 모르는 사람들의 돈놀이밖에 아닌 꼴이 됐다. 이런 식으로라면 새 성당 건축을 중심으로 하는 명동 개발은 한국교회 설정 이후 최대의 사업이며 전대미문의 천문학적 경비를 투입하는 사업인데도 시작하기 전부터 실패작인 셈이다. 이 글에서 제시되는 논조에서 이는 더욱 명백해질 것이다.

종교문화 광장의 경우 초기 투자에 큰 차이가 난다. 지하 몇 층 시설과 지상 1층의 새 성당 건축보다 지금 가톨릭회관 주차장 끝에서부터 현 성모동굴을 없애고 대성당 정문까지 지형을 잘 이용하여 광장을 조성하는 작업은 비용이 훨씬 적게 든다.

이 같은 광장 조성의 경우, 경관을 보기 좋게 다듬어 필요시 큰 전례 행사를 하면서 차츰 광장을 넓혀갈 수 있다. 다시 말해, 시간과 여타 실용적 가치에서 명동광장 조성이 새 성전 건축보다 뛰어나다. 성당은 3천이나 5천 명 정도의 전례 참가자로 제한되지만 광장은 수만, 수십만의 참가자를 포용할 수 있다.

명동광장 조성은 광장에서 큰 전례를 거행하여 많은 일반 시민도 참관하게 하여 가톨릭의 아름다운 전례 영성과 접촉하게 하는 장점이 있다. 참관도 간접적 참여이며 선(先)전교적 좋은 계기가 된다. 큰 축일이나 성체대회, 서품식 때의 장엄 예식은 인간의 마음을 성스러운 감정으로 압도하고 정화하여 안온과 평화와 기쁨을 느끼게 하는 은총을 참여자와 참관자에게 선사한다.

이런 광장에서의 대례(大禮) 전례 행사, 예컨대 정장을 갖춘 주례자 추기경과 수 명의 주교, 수십 명의 몬시뇰, 수백 명의 공동 집전 사제들의 광장 입장과 입추의 여지없는 참여 신자들이 하나가 되어 하느님께 바치는 경건한 기도와 미사성제는 상상을 초월하는 감명을 신자들에게는 물론 참관하는 미신자(未信者)에게도 선사할 것이다. 전국 규모의 전례 행사나 전(全)동양적 내지 교황이 주재하는 세계적 규모의 전례 행사에서는 더 말할 것도 없을 것이다. 한국의 어느 종교 행사도 명동광장의 장엄행사에는 미치지 못할 것이다. 놀라운 시너지 선교 효과를 낼 것이다.

무엇보다도 당장의 큰 문제로 등장할 경비 문제에도 교구청이 5백억 정도 갹출할 수 있는 모양이니 본당 등에 부담을 지우지 않고도 전문대학원 한두 개는 개설할 수 있다.

장기적으로 볼 때, 경제적인 현재의 순기능이 전부일 것이냐는 문제도 제기될 수 있다. 우선 광장에서의 전례에는 성당 안에서의 전례보다는 산만함을 피할 수는 없을 것이다. 장기적으로 볼 때, 문화광장 조성도 만만치 않은 투자를 요한다는 것이다. 그러나 새 성당 건축보다는 훨씬 덜 하며 여러 각도에서의 순기능이 훨씬 우월하다. 그리고 성 베드로 광장이 우리 시대에 보여주는 바와 같이 인류의 종교문화사는 광장을 성당화 내지 성역화 하는 추세다. 광장문화 건설은 성당 건설과는 달리 시간적 장기화에 대해 더 융통성이 크다. 따라서 예술작품 등 치장물 설비에서도 돈이 생기는대로 한다는 점에서 더 융통성이 있으며 필요한 곳 등에서는 입장료도 부과할 수 있는 등 자금 조달에도 더 유리할 것이다. 더욱이 사용의 다양성에서는 단연 문화광장이 성당을 앞지른다. 이상의 견해는 큰 줄거리를 짚어 본 것이며 구체적으로는 전문가들의 세밀한 연구와 분석 종합이 필요하다.

이렇게 현금의 명동 개발안을 2000년대 들어 계속 제기했고 2003년 4월 30일 정식으로 서울대교구 사제 전체 모임에서 제기하여 이유를 소상히 밝혔다. 이런저런 연유로 해당 책임자로 일할 수는 없었지만 몇 가지 생각을 적어 우리 시대 생각의 한 단면을 역사에 남기고자 한다.

11) 성당을 새로 건축해야 하는 경우, 앞에서 말한 바와 같이 현재의 명동성당을 정방위로 대광장 조성에 지장이 없도록, 다시 말해 명동성당 건축 당시의 원 지형(지금은 많이 일그러진 지형)을 살리는 데 장해가 되지 않도록 위치 선정과 설계에 각별히 유의해야 할 것이다.

12) 내가 아는 바로는 세계 어디에도 교구 주교좌 성당(Ecclesia Cathedralis) 바로 옆에 주교좌 성당을 대체할 대성당을 따로 짓는 예를 발견할 수 없었다. 혹시 작은 경당이면 가능할 것이다. 로마는 물

론, 파리, 런던, 뉴욕, 밀라노, 베네치아, 쾰른, 마닐라에서도 그랬다. 현재의 명동성당은 한국교회의 유서 깊은 역사적 성당이며 규모도 작은 성당이 아니다. 이런 주교좌 성당을 놓아두고 같은 영역 내 대성당 바로 코밑에 또 다른 대성당을 짓는다는 것이 과연 가톨릭교회의 오랜 전통에 부합하는지도 면밀히 검토해야 할 것이다. 이런 문제는 법적인 문제 이전의 관습의 문제다. 자칫 세계인의 웃음거리가 되지 않을까 염려되기 때문이다. 물론 주교좌 성당이 다른 곳으로 옮겨가는 경우는 다를 것이다. 나의 과문의 탓인지는 몰라도 어찌 되었건 확실한 것은 그런 예를 세계 가톨릭 주교좌 성당에서는 만날 수 없다. 그런 대성당을 명동에 짓는 경우, 새 대성당을 주교좌 성당으로 정할 것인지 그렇지 않은지도 명백히 해야 할 문제가 된다.

13) 지금의 계획대로 명동에 새 성당을 짓는 경우, 경당(chapel) 격일 수밖에 없다. 그것은 바로 옆에 본 주교좌 성당이 있기 때문이다. 총론 편에서 소상히 말한 바와 같이 기실 명동에는 여러 개의 경당이 필요하다. 경당은 본래 거의 특수 목적이 있다. 예컨대 군인, 학생, 노동자, 각양각색의 순례자, 심신 단체, 심지어는 수도 단체들의 경당이 좋은 예다. 이런 경당이 명동에 여러 개가 필요한데, 그것은 우리 신자들이 자생적으로 수많은 신심 또는 자선 세포를 도처에 갖고 있기 때문이다. 그들은 우리 교회의 자랑이며 뿌리이며 힘이다. 그들이야말로 신앙의 진리를 이끌어 들이고 순교하여 이 땅에 교회의 초석을 놓은 신앙 최초 도입자와 같은 신앙인이다. 이런 자생적 소단위 세포 조직은 이 사회 도처에 산재해 있다. 예컨대 사회에 복잡하게 펼쳐져 있는 직장: 은행계, 노동계, 교육계, 학생계, 법조계, 경찰계, 공무원계 등 이루 말할 수 없는 사회 조직 안에 산재해 있다. 이런 부분의 사목을 위해 교구청 사목국에서 노력하고 있다. 그러나 그런 조직과 연

계되지 않은 작은 부분도 상당수 있는 것으로 추정된다. 어찌되었건 이런 부분이 자기들의 신앙생태대로 신앙생활을 할 수 있도록, 즉 필요한 때 모여 자기들의 성향대로 원하는 때에 미사하고 공동 기도하고 의견을 나누도록 하기 위해 이용할 수 있는 경당이 명동에 있는 것이 바람직하다. 명동은 그들의 편의를 보아 주는 위치에 서는 것, 교권의 군림이나 통제보다는 진정한 봉사 정신으로 그들의 성향에 따라 신앙이 발전하도록 보살펴주는 사목 자세가 필요하다. 명동은 항상 자기들의 집이라는 마음과 느낌을 갖도록 하는 사목이 요청된다. 따라서 경당도 중·소 정도의 것들이 필요할 듯싶다. 이런 경당의 위치는 명동 광장 개발 중 적절한 곳이 발견될 것이다. 내가 명동의 광장 개발이 새 성당 건축과 상치되지 않는다는 의견은 이런 맥락에서다.

14) 2006년 8월 20일 염수정 주교와의 담화 중에 서울시에서 가톨릭회관을 철거하거나 대성당 지면 높이로 낮추어 사용해야 한다는 통보를 받았다는 이야기를 들었다. 서울시에서 그런 것을 종용하여 지시한 것이다. 아마도 도시 미관을 해치고 있기 때문으로 생각된다. 공중에서 서울시를 조감하면 이는 더욱 명백해질 것이다. 일이 여기까지 진전되었으니 교구청은 명동광장 개발을 서둘러야 한다. 특히 교회의 명동 문화광장 조성 계획을 서울시가 도와야 한다는 주장을 펴야 한다. 2003년 1월 14일 총대리 염수정 주교와 함께 이명박 서울 시장을 만나 명동 문화광장안을 냈는데 지금 구상하고 실천하는 것을 교회는 아무것도 하지 못하고 서울시가 하고 있는 것이다.

미미한 의견이지만 명동 광장을 현 대성당 뒤를 생각하는 수도 있는 모양인데, 대성당 광장은 어디서나 성전 앞이지 뒤에 있는 것을 본 적이 없다. 또 한 가지는 위와 같은 명동 광장 조성을 위해서는 공간이 좁다는 견해도 있는 듯하다. 그것은 유럽의 광장문화가 무엇인지 잘 몰라서 하는 말이다. 유럽의 광장문화는 대도시, 중소도시, 촌락에 이르기까지 사방에 산재하고 그 대종은 성당을 중심으로 하고 있다. 따라서 광장의 크기도 유만부동(類萬不同)이어서 성 베드로 광장이나 파티마 성전 광장과 같이 초대형이 있고 한 촌락의 작은 성당의 광장과 같은 소형도 있다. 내가 본 바로는 명동성당 정문에서 현 가톨릭회관 앞마당 주차장의 끝까지를 밀고 나가고 지금의 성모동굴을 철거 이동하고 헐어야 할 현 가톨릭회관을 철거하고 로얄호텔 맞은 편 주차장까지 포함하는 타원형의 광장을 광장으로 형성하면 아시시의 성 프란치스코 대성당 광장보다 작지 않을 것이다. 또한, 명동성당은 앞면과 뒷면이 연결될 수 있으니 오스트리아 비엔나의 성 스테판 대성당을 에워싼 광장보다 클 것이다. 이 광장은 세계의 순례자들과 관광객으로 24시간 붐비는 곳이다. 명동의 종교문화예술 광장은 잘 설계하고 꾸민다면 세계에서 유례를 찾기 어려운 타원형이며 필요시에는 옆면과 뒷면까지 감싸 앉는 아름답고 독특한 광장이 될 것이다.

15) 지금 명동 개발 특별위원회(이하 '명개위'라고도 함)는 한국교회사에서 참으로 중대한 시민사회적 사명을 완수해야 할 것으로 생각한다. 교구측이 성당 건축은 아직 시작하지도 않고 전체적인 것을 논의하고 있는 것은 매우 다행한 일이다. 이것은 총대리 염수정 주교의 지혜와 용기와 실천적 감각 덕분으로 생각한다. 지혜와 선의의 모든 분께 치하와 감사를 드리며 큰 희망 중에 앞을 지켜보고자 한다. 그것은 세계 종교문화의 흐름을 인지(認知)하여 현재적이며 미래지향적인 사목의 장(場)인 '명동의 젊은이 종교문화예술 광장' 조성안 실현의 가능성이 높아졌기 때문이다.

그간의 경과를 돌이켜 본다면 암울하다. 서울대교구장 정진석 추기경은 명동의 종교문화예술 광장의 탁 트인 조성으로 지금 민족 문화와 인류문화의 진행에 대한 깊은 통찰과 먼 미래의 전망까지 감지하면서, 현재적이면서도 미래지향적 교회의 예언직 수행을 해야 하는데도, 시간과 공간을 밀폐시켜 민족문화와 인류문화의 진행과의 고리를 끊어, 교회와 인간을 질식시키는 상징과도 같은 또 다른 대성당 건축을 현 주교좌 성당 코밑에 건축하려고 한다면, 그나마 트여 있는 물리적, 정신적 소생 공간이자 민족적이며 인류적 문화 교류의 장(場)을 밀폐하여 질식시키는 결과를 초래할 것이다.

지금이 명동성당 원지형 복원의 절체절명의 때인데도, 인류문화사의 흐름을 역주행(逆走行)하여 명동성당을 원지형 복구 영구(永久) 불능의 상태로 몰아가는 무지와 무모로 일관하며 현재적이며 미래지향적 예언직 수행에 큰 지장을 일으키는 잘못을 저지르는 것이다. 나는 정진석 추기경의 지혜와 판단력을 믿고자 하기에 그런 처사는 어느 분들의 의견에 좌우된 결과일 것으로 생각한다.

16) 명동 광장 조성은 필연적으로 〈평화방송〉과 연결되어 젊은이들의 종교, 문화, 예술 교육에 지대한 영향을 미칠 것이다. 여기에 〈평화방송〉과 연결되는 전문대학원 설립이 요구된다. 국가 사회가 절실히 요구하는 방면의 전문대학원을 정부나 큰 기업의 후원을 받아 혜화동 등지에 개설하고 운영하게 될 것이다. 이렇게 함으로써 가톨릭대학의 위상도 지금보다 훨씬 높아질 것이다.

17) 이와 같은 명동 개발안은 무엇보다도 우리나라에는 그런 지식과 역사와 노하우가 없으니, 이탈리아 등의 역사와 지식과 경험과 기술이 풍부한 시대 거장(巨匠)들의 철저한 검증을 거친 후, 그들의 지휘하에 이루어져야 한다. 큰 위기는 큰 성공의 기회이니 정 추기경은 용단을 내려 천재일우(千載一遇)의 기회를 놓치지 말아야 한다. 사실 나는 정 교구장의 큰 인품을 믿는다. 그것은 실정을 가감(加減)없이 있는

그대로 전하고 내 견해를 전할 여지를 준다는 것은 범인(凡人)으로서는 불가능하기 때문이다. 정 추기경의 이 부분을 높이 사며 추기경께 존경을 드린다. 또한, 어떤 경우에도 그분께 희망을 둔다.

18) 차제(此際)에 내가 명동 본당 신부 때부터 소원이었고, 시작은 했지만 결국 내가 떠난 후 없어진 '매일 성체현시 조배실'이 명동성당 영역에 복구되었으면 한다. 명동성당 지하성당에 매일 성체를 현시해 놓고 조배 기도하게 했는데 지하성당이 사제들의 시신 안치실이나 큰 축일 대례(大禮) 전례 행사 시 성직자들의 제의(祭衣)실로 이용되는 경우가 있어 폐지되기는 했지만 경당을 만드는 기회에 매일 성체현시 조배실 조성도 생각해 볼 만한 문제다. 조배자들은 서울대교구 수도단체와 본당 신심단체 등을 활용하면 효과적일 것이다.

명동성당 주임 시 시작한 매일 성체현시와 조배는 그 후 없어졌지만 그때 같이 시작한 매일 고해소, 즉 상설 고해소는 꾸준히 계속하여 지금은 서울대교구뿐만 아니라 다른 교구의 신자들까지 많이 이용한다기에 큰 보람을 느낀다.[72]

정진석 교구장 추기경님, 지금 추기경은 어려운 시기에 처해 있습니다. 그것은 추기경께서 앞에 열거한 사목밖에 하지 못하시니 서울대교구 사제들이 추기경님의 서임을 기대도 바라지도 않았고 평신도 지도자도 그랬던 것입니다. 그래도 서임 후에는 일신된 사목을 하신다는 약속을 거듭하셨기에 저는 추기경 서임을 백방으로 노력하여 성사시킨 것입니다. 그러나 그런 거듭된 약속을 버리고 영예에만 도취

---

[72] 위 글은 명동성당 영역 개발에 대해 염수정 주교와 2006년 5월 24일에 나눈 말씀과 그 후에 제기된 사항을 기록했다.

하여 추기경 서임 전보다 나을 것이 없는 사목 자세이니 날이 갈수록 사제들의 마음은 추기경을 떠나는가 합니다.

　추기경 서임 후에 정 추기경님의 전면적으로 새로운 사목이 이루어지리라는 것을 믿지 않으면서도 사제들은 그래도 한 가닥 희망을 가졌던 것입니다. 지금은 서울대교구 사제들 중 누구도 추기경님의 사목에 공감하거나 희망을 걸지 않고 임기가 빨리 끝나기만을 고대하는 현실이기에 정 추기경님은 날로 어려워지는 상황에 놓인 것입니다. 이대로 가다 서울대교구 신부들이 명동 개발에 서울시의 간섭을 알게 될 때, 또 시간이 지나면서 그런 일이 실천에 옮겨질 때, 사제들의 마음이 그동안 이런 중대한 문제를 의식하지 못하고 아무 대책도 없는 추기경을 완전히 떠나게 되어, 정 추기경님은 곤란한 처지에 놓이게 될 것입니다.

　그렇지만 정말 정 추기경께서 현재적이면서도 미래지향적인 사목에 투신하신다면 아직 기회는 있습니다. 위기는 항상 성공의 기회를 내포하는 것이기 때문입니다. 2003년 4월 30일 서울대교구 내 절대 다수 사제들이 모여 결의한 '명동의 젊은이 종교문화예술 광장 개발'을 과감히 실천해 주십시오. 심사숙고하여 위원회 진용(陣容)을 잘 짜 주십시오. 저간의 풍문으로 돌던 안이한 진용으로는 추기경님의 위신만 추락시킬 것입니다. 큰 위기는 큰 성공의 기회입니다. 최대의 위기는 최대 성공의 기회입니다. 정 추기경님은 남들이 갖지 못한 겸손과 넓은 마음을 갖고 계십니다. 서울대교구 역사에 길이 남는 위대한 사목자가 되십시오. 동양의 가톨릭의 중심이 되는 '명동 젊은이 종교문화예술 광장' 개발을 그동안 정 추기경께서는 무지와 안일과 무능, 성직 최고위직의 명예에만 도취되었다던 일반 인식을 실천으로 불식하여 이 안을 단호히 성취시키면 사태는 급전할 수 있을 것입니다. 이번 김민수 신부와 조군호 신부의 임명은 그런 희망을 불러일으켰습니다.

서울시의 인내도 한계에 도달한 듯, 명동성당 일대를 마음대로 주무르게 되어 교회의 '명동 젊은이 종교문화예술 광장' 조성에 큰 지장이 있게 되거나 명동광장 조성이 기형화 된다면, 정 추기경의 사목은 역사적 대과(大過)로 남을 수도 있습니다. 이제 정 추기경께서는 위와 같은 명동광장 개발을 교회 내외에 선포하시어 이번에 임명하신 새 멤버들을 독려하고 조속히 착수하여, 서울시의 계획을 하느님의 더 큰 영광을 위해 선(善)이용 내지 역(逆)이용하시는 지혜와 용기를 내십시오. 현재적이며 미래지향적인 큰 사목을 베풀 때, 사제들은 틀림없이 교구장 추기경을 따라올 것입니다. 한 가지 확실한 것은 서울대교구 사제단이 교구장을 중심으로 일치단결하여 사목에 임한다면 어떤 일에서든 실패란 있을 수 없고 결국 위대한 시대적 예언직 사명을 완수한다는 것입니다. 지혜로우십시오. 과감한 결단을 내리십시오. 시간이 없습니다. 기도합니다.

② 명동의 어제, 오늘, 내일과 사회[73]

그동안도 신심이 평안하시어 교구 최고 목자로서 주님의 양 떼를 돌보시기에 여념이 없으시리라 믿는다. 특히 예수성심축일(2006년 6월) 사제 성화의 날에 사제들의 장기기증식을 갖는 등, 보람 있는 일을 하신 것으로 생각하기에 축하의 말씀을 드린다.

명동 주교좌에서 생명에 대한 물결이 이는 것으로 생각되기에 정 추기경께 지난 날 언제인가 말씀드린 대로, 정 추기경이야말로 정치사회문제에 치중하기보다는 목자 본연의 모습인 본래의 사목자상을

---

[73] 아래 글은 이 문건을 만들기 시작할 때 정진석 추기경께 드린 글을 서술형으로 작성한 것이다.

구현하는 추기경상 정립을 구현하시는 듯해 기뻤다. 이 기회에 교구의 최고 사목자인 정 추기경은 지난날 명동을 중심으로 일어났던 문화와 생명의 문제와, 젊은이들의 폭력, 현금 이 나라의 명운을 좌우하는 좌경사상, 그 대책 등에 명동성당이 어떤 역할을 해왔는지 알아두시면 사목지침이나 말씀을 하실 때 더 풍요롭고 사제들에게 와 닿는 사목을 베푸실 수 있을 것으로 생각한다.

그렇지 않을 경우, 모처럼 좋은 말씀인데도 사제들 사이에 겉도는 수가 왕왕 있게 된다. 그렇기에 나는 명동성당을 중심으로 지난 30년간 격동기에 체험했던 역사적인 사건 몇 가지를 적는다. 정 추기경께서 장기기증 등 명동성당 역내에서 생명운동에 주력하시는 것을 보며 감회가 깊었다. 특히 그것은 이 시대에 이 민족과 기쁨과 고통을 같이 해 준 명동의 역사가 주마등처럼 뇌리를 스쳐갔기 때문이다. 그것은 일관되게 근·현대사의 흐름 속에서 명동을 본거지로 지대한 영향을 미친 신앙심과 영성의 저력에 의한 것이었다.

순교의 피는 극한적 쇄국주의로 민족정기를 빈사상태로 몰아간 시기에도 교회로 하여금 세계에 대해 민족정기에 숨통을 터주는 역할을 하게 하였다. 피의 대가로 얻은 근대 인류 문명의 핵인 신앙의 자유는 명동성당의 위용으로 나타났다. 또한, 명동성당의 출현은 십만 기와집 장안을 온통 들쑤셔 이 민족 전체를 세계에 눈뜨게 하였다. 그 후 명동성당은 서구문명에 대한 들숨날숨의 역할을 하게 되었다. 더 나아가 명동의 가톨릭은 식민지 시기에 민족의 드높은 문화의식을 고취하는 일대 계기가 되는, 이른바 민중 운동의 저변을 깔아주었던 것이다. 그것이 바로 순 한글판 〈경향신문〉 창간(1906년)과 〈보감〉을 내어 소수에게만 가능했던 한자문화계를 넘어, 근·현대의 세계를 쉽게 접할 수 있게 하여 민족의 민중 계몽기를 출발시켰다. 물론 이런 일은 교회의 본 사명인 모든 사람의 구원을 위한 교리 전수와 복음 선포를 위한 것이었으나, 민족정신 함양을 위한 것이었음도 두말할 여지가 없다. 우리 민족사에 길이 빛나야 할 조선어 사전 편찬이 1910년 처음으로 출발했다. 그러나 우여곡절 끝에 1947년에야 『큰 사전』(총6권)의 제1권이 출간되었으며, 제6권은 1957년에 발간되었으니, 명동을 모체로 하는 우리말 보급에 천주교회가 얼마나 선구적 역할을 했는지를 알 수 있다. 명동은 우리 문화 창달의 선봉에 섰던 것이다. 일본 식민지 말기의 단말마적 행태였던 철물(鐵物) 수거령에 의해 전쟁 포탄용으로 명동성당 종의 공출을 일본 총독부가 강요할 때, 당시 노기남 주교는 감옥행을 각오하고 명동성당 종을 일정 침략 전장(戰場)의 인명 살상의 총알 신세를 면하게 했다. 이런 명동성당은 1945년 8월 15일 민족 해방의 종소리를 맨 먼저 서울 장안에 우렁차게 울렸던 것이다.

이렇게 가톨릭 정신은 민족혼을 고취하여 강건(剛健)하게 했다. 해방 후 군과 민의 외국인들이 쏟아져 들어올 때 명동성당은 그들의 마음의 고향과 만남과 교류의 장이었다. 38선으로 조국 분단이 고착화될 때 북한 피난민의 안식처와 이산가족 만남의 장이었으며, 6·25 한국전쟁 전후는 더욱 그랬다. 드디어 민주주의를 표방하는 이승만 독재자의 출현기를 맞아 명동성당은 분연히 일어서 항거한 곳이었다. 그런 항쟁은 국민의 절대적 열망을 업고 독재를 맹비난한 천주교가 경영한 〈경향신문〉 폐간 사건에 이르러 절정을 이루었다. 그러나 그때만 해도 사제단은 교구장 주위에 굳게 하나로 뭉쳐있었다. 당시에 나는 젊은 사제였지만 사제총회에서 노기남 대주교의 비장한 각오의 말씀을 들으며 박해를 마주하는 것 같은 각오를 했던 것이 기억에 새롭다. 물론 그런 각오는 그 당시 모든 사제의 같은 심정이었다. 시간은 흘러 군사 독재 말기에 이르러 항거는 날로 가중되어 전국이 데모장화되는 형국이었다.

이런 데모의 1번지는 단연 명동성당이었다. 이런 교회의 움직임이 집단적으로 노골화된 것은 1969년, 혜화동 가톨릭 신학대학에서 있었던 서울대교구 사제 피정 때였다. 그것은 당시 젊은 사제들을 중심으로 결성된 정의구현사제단의 출범이었다. 그때 나는 이 단체의 탄생과 활동을 적극 지원한 중견 사제였다. 젊은 사제들이 대부분 나의 제자들이었으며, 군사 독재의 장기화와 횡포가 도를 넘은 지 오래되었기 때문이었다. 물론 나는 군사 독재 초기부터 언론이나 강연 등을 통해 군사 독재를 통렬히 비판하는 입장이었는데 이런 움직임이 단체로 등장하면 더 효과적이라고 생각했다. 서울대학교 최 모 교수가 독재 반체제 인사로서 남산 중앙정보부에서 고문에 의해 치사한 것을 실족사로 위장하여 유족에게 관을 열지 않는다는 조건 하에 시신이 인도되었다는 소문이 파다한 때였다. 그 위령 미사를 명동성당에서 지냈는데, 성당은 터질 듯이 젊은이들로 가득 찼으며, 대부분은 신자가 아닌 열혈 반정부 데모에 참가하는 젊은이들이었다. 미사 중 신자들의 기도에 신자들이 아닌 사람들까지 가담하여 악담과 저주라고 할 수밖에 없는 증오가 성전에서 솟구치는 것을 보며, 이제 더 이상 명동성당은 그런 집단의 장(場)이 되어서는 안 된다는 확신을 갖게 되었다. 젊은이들의 격렬한 폭력 시위의 사상적 배경은 극 좌경 내지 공산 사상 쪽인 것을 물씬 느끼게 했다. 그런데도 민족의 지도자라는 분들 중에서도 그런 흐름을 타이르거나 시정하는 분이 없었다. 나는 복음과 교회의 가르침, 철학관과 가치관 등에 근거하여 젊은이들과 이런 흐름에 편승하는 사람들을 타이를 겸, 인권탄압을 일삼으며 패거리 정치로 시종하는 군사 독재에 항거했다. 그 후 좌경 폭력화를 이끌어 간 주체사상의 물결은 대학가를 휩쓸었고, 명동성당은 차차 그런 힘의 응집과 발산의 장으로 변해갔다. 물론 명동성당이 군사 독재정권 타도에 결정적 역할을 한 것과 이 과정에서 김수환 추기경의 역할이 매우 컸던 것은 주지의 사실이다. 그러나 많은 지성인은, 좌경 폭력사상을 원동력으로 하고 군사 독재 타도를 명분으로 하는 젊은이들의 활화산 용암의 분출 같은 명동 데모에 대해 걱정이 태산 같았을 뿐, 젊은이들의 지탄의 대상이 되는 것, 독재자 추종 분자, 자본주의 앞잡이, 반동, 보수, 수구 등의 악명이 씌워지는 것을 겁내는 경향이 뚜렷했다. 교회의 쟁쟁한 지도자들조차도 이런 흐름에 대한 분명한 가치관 정립이 없었을 뿐만 아니라, 잘못 가고 있는 젊은이들을 올바른 국가관과 가치관으로 이끌 수 있는 지식도 능력도 없었다. 실천하지 못하면서 정의의 구호만 소리 높이 외쳐 언론 보도에 의한 양명(揚名)에만 급급했던 분들이 태반이었다. 이 점은 종교 지도자라도 지위의 높고 낮음과는 상관없이 자행된 것이며, 오히려 세계 종교라는 보호막 속에서 높은 이기에 한술 더 뜰 수 있다는 것도 지근에서 보게 되는 수도 있었다.

　나는 명동성당의 주임 신부이자 국가의 앞날을 걱정하는 한 지성인으로서 이런 것을 안에서 투시할 수 있었고 몸으로 체험했기에 실상을 말할 수 있는 위치에 있다고 생각한다. 나의 소신은 '모든 것은 제대로 이어야 한다'는 것이다. 군사 정권이 연장되면서 명동을 원동력으로 하는 전국의 반정부 데모, 대학가의 데모는 반미와 평양정권 찬양의 노선으로 바뀌게 되어 국민의 커다란 근심거리로 변해가고 있었다. 그러나 민족 지도자 또는 종교 지도자라고 자타가 공인하던 인사들은 젊은이들의 데모와 궤를 같이하거나 그 물결에 편승했다. 누구도 이런 극좌적 친북 반미적 급기야는 공산화의 길을 가고 있는 흐름을 질책하거나 잘못된 가치관을 강력히 지적하여 시정하는 노력을 하지 않는 것 같아 안타까웠다. 오히려 학자나 언론계분들 중에 간혹 그런 분들이 있었다. 물론 명동성당을 중심으로 하고 전국에서 전개된 반독재 데모는 군사 독재 체제를 타도하고 민주주의를 소생시키는 데 지대한 역할을 한 것은 교회의 영광이기도 하고 자랑이다. 그러나 명동성당은 더 이상 교회 직무를 집행할 수 없는 극좌사상을 배경으로 하는 데모의 독무대가 되고, 민족이란 미명 하에 속으로는 공산정권의 선전장과 실천장으로 변해갔다. 교회와 이 땅의 지성은 소수의 인사를 제외한다면 속수무책의 처지로 빠져들고 있었다.

젊은 남녀가 혼인성사를 받으며 축복된 결혼식을 성당에서 올려야 할 혼인미사도, 사람이 세상을 떠나가는 마지막 장례미사도, 느닷없는 데모 발생으로 불가능하게 된 것을 성당으로 오는 도중에 알게 되어, 젊은 남녀와 하객을 혼비백산하게 하는 일과, 장례미사를 위해 시체를 모신 영구차와 조문객도 졸지에 장례식장을 바꿔야 하는 등 명동성당의 업무 전체는 완전히 마비되고, 데모의 구호와 행동은 날이 갈수록 격화하여 좌경화되어, 평양정권 준비의 남한 거점으로 명동성당이 변해가는 양상이었다. 나는 그런 와중에서 명동성당 주임 신부 임명을 받았으며, 그런 현장에서 명동성당을 성당으로 돌려야 했다. 또한, 부가되는 민족적 사명은 사명대로 완수해야 하는 책무를 지고 완수해야 했기에 명동을 중심으로 하는 속 다르고 겉 달랐던 그동안의 사정까지 있는 그대로 말할 수 있다. 명동에서의 저간의 사정도 언론 보도나 겉으로 나타난 것과는 실제 사정이 달랐다는 면도 사실대로 알려져야 하고, 기록하여 역사적 자료로 남겨야 한다. 그것은 하느님은 진실 자체이시며 있는 그대로를 요구하시는 분이시기 때문이다. 그렇기에 2천 년에 걸친 경험과 하느님의 지혜와 용기로써 근시안적으로 당면한 정치, 경제, 교육, 국방, 등 사회적 질서 안에서만이 아니라, 근본적으로 실현되어야 할 인간 삶의 모습을 투시하며, 모든 것을 종말론적 희망 속에서 지도해가는 교황청은 한국의 가톨릭 교계 지도자 몇 분에게 강력한 경고성 권유를 내린 것을 알만 한 사람들은 다 아는 것이다.

한국교회의 가장 높은 분께는 더 강력한 경고성 권유가, 다른 두 분 주교(지금은 고인이 되신 분들)께는 그에 상응한 권유가 내린 것으로 알고 있다. 자칫 이런 분들의 행동에는 자신이 알건 모르건 세속적인 명예욕이나 여타 종교 지도자들에게는 걸맞지 않는 동기가 작용하고 있는 것을 지근 인사들은 쉽게 간취하게 되는 것이었다. 심지어 종교계에서 지체 높으신 분은 밖으로는 정의의 화신이면서도 속으로는, 전두환 정권과 특히 노태우 정권 때는 수시로 청와대에서 오찬을 같이 한다는 것을 자랑스럽게 말씀하시는 것을 보고 놀란 적이 있다. 그렇기에 그 당시 젊은 지성층에서 그분의 행보에 대해 큰 의혹을 갖고 있다는 것을 나는 가끔 들었던 것이다.

국립묘지에서 아웅산 희생 10주기 기념식이 열렸을 때, 나는 가톨릭 대표로서 추도사를 한 적이 있었는데, 아까운 인재들이 희생되었다며 미국정부도 탐내는 인사들이었다는 말씀도 곁들였다. 그 자리에는 전두환 전 대통령도 참석했는데, 이 말씀이 그리도 기분 좋은 말씀이었는지, 그날 미망인들과의 오찬 석상에서 한 번의 면식도 없었고 전두환 대통령의 통치기간 중, 계속 공적으로 군사 통치를 반대해온 나를 그날 추도사가 좋았다고 극구 칭찬하더라는 것이었다. 얼마 후 연희동 자택에서 점심이나 저녁 아무 때든지 좋은 시간에 식사 초대를 한다는 소식이 사무실 직원을 통해 전달되었다. 대통령직에서 물러나긴 했지만 대통령으로서의 적법성 문제, 광주 민중항쟁 등의 문책 요구 등 학생들의 데모는 연희동에서 지속되는 때였다. 한편으로는 막대한 자금력으로 정치적 재기를 노린다는 말과 초청되면 후사(厚謝)도 받는다는 말도 항간에 유포되어 있던 때였다. 나는 그분의 여러 가지 개인적 심경 문제라면 사제이니 만날 수 있지만, 그도 저도 아닌 전직 대통령에게 대접받을 이유가 없기에 사절했다.

오늘과 같이 공적인 모든 것의 투명성이 요구되는 문화 시기에도, 속에 잠재해 있으면서도 겉으로는 드러나지 않은 취약점을 속내를 모르고 겉만 보는 사회의 각 분야에서는, (언론계를 포함,) 그런 속내가 조금씩이나마 드러날 때, 그런 것을 덮거나 미화 내지-(무의식적이겠지만)-우상화 시키려 노력하는 데 급급하는 것을 보게 되는 것 같다. 선진국에서는 그 속에 숨겨져 있는 것을 앞 다투어 보도하여 학문계나 종교계에 큰 충격을 주어 새로운 차원으로 종교와 인류문화를 열어가는 것과는 전혀 다른 양상이다. 우리는 겉으로는 선진 같으면서도 속이나 실상에서는 아직 아니라는 감을 깊게 한다. 정진석 추기경께서는 이런 면에서도 명실 공히 현재적이면서도 미래지향적인 사목자가 되어 주시면 하는 바람 간절하다.

내가 1988년 2월, 명동성당 신부로 임명된 것을 전무후무하게 일간 유력지들이 대서특필 보도한 것은 극렬좌경 데모에 대한 위기감을 명동성당을 중심으로 해소시켜 줄 것을 기대했기 때문이었다. 내가 명동성당 주임 신부로 임명된 것도 겉으로 나타난 바와 같이 화려한 것이 아니었다.

명동성당 주임으로 교섭을 받은 것은 1987년 2월 초였다. 나는 불광동성당에서 나름대로 보람 있는 사제생활을 하고 있었다. 당시 군사 독재 박정희 정권은 무너졌지만 정권은 전두환과 노태우의 군사정권으로 연장되어 데모는 명동성당에서 극렬 좌경화되어갔다. 김수환 추기경이 아침에 사목 방문을 나가시면 극렬 데모로 명동 교구청으로 돌아올 수 없었고 이튿날 오전 데모가 시작되기 전에 교구청 숙소로 돌아오셔야 했다. 김옥균 주교도 같은 처지였다.

젊은이들이 가장 많이 참여하는 토요일 오후 미사와 주일 오후 미사시간에 극렬 데모를 일으켜 미사집전을 불가능하게 만들고 미사 참례 하러 온 수천 명의 젊은이를 데모에 합류시키는 일도 다반사였다. 그 외에도 극렬 데모는 교리 강좌 시간을 비롯하여 성당의 활동을 불가능하게 하여 명동성당의 기능을 완전히 마비시키는 형국이 되었다.

이런 와중에 가장 격렬한 데모였다는 1988년 2월 25일 노태우 대통령 취임식 날의 나의 부임은 그야말로 글자 그대로 경찰과 극렬 데모대의 충돌이었다. 즉 경찰의 최루탄 투척과 젊은이들의 폭발성의 화염병과 돌, 쇠뭉치 등의 투척으로 사투(死鬪)의 전장(戰場) 속에서 이루어졌던 것이다. 그와 같이 된 명동성당으로 한치 앞을 못 보며 계속 흐르는 눈물을 닦으며, 명동성당 전면으로는 들어갈 수 없어 현 가톨릭회관 샛길로 부임했다. 데모대는 완전히 좌경 사상으로 물들어 있어, 여기가 바로 평양 정권 남한 적화통일의 거점과 실천장이 아닌가 싶을 정도로 사태는 심각했다. 물론 그런 데모에 가담한 젊은이들이 다 적색분자라는 말은 아니고, 자기들도 모르는 사이에 데모 군중의 대부분이 그런 흐름에 휩싸여 있었던 것이다. 어떻게 성당 경내에서 이런 일이 진전되었을까 참으로 통탄스러웠다. 아마도 현 집권층 핵심 인사들과 전교조 핵심 부분이 당시 전국 데모를 주도하던 명동의 데모 분위기에서 커온 사람들일 것이다.

사태가 그러했기에, 명동을 중심으로 하는 교회 고위층은 이 땅에서 벌어지는 정치, 경제, 교육, 국방, 사회 등과 외교 국제, 북한 문제 등의 전반적 실패에 대해, 극렬 군중 데모에 선봉에 선 셈이니, 올바른 가치관을 제시하여, 젊은이들을 선도(先導)하지 못한 데 대해 일단의 책임을 면할 길 없게 되었다.

  사태의 심각성을 육감적으로 예감하고 공산주의의 실체를 투시한 나는 주일 미사강론과 젊은이 모임의 훈시를 통해 성당 업무를 마비시키는 일체의 행동이나 집회를 엄금하는 쪽으로 방향을 잡았던 것이다. 또한, 극좌 사상과 공산 사상의 정체를 밝혀 반인륜적이며 반 천륜적인 면을 파헤쳐 젊은이들의 이성과 양식(良識)에 호소했다. 궁지에 몰리게 된 이른바 명청련(명동청년연합회; 이 조직은 명동의 연일 격렬 데모에 큰 역할을 하고 있었다.) 좌경학생들 중 일부는 나의 사목에 이의를 제기했다. 그 요점인즉 당시 박정희 군사정권에 뿌리를 둔 모든 여당 정치인과 인사들은 다 민족적 죄인이니 성당에 발붙일 수 없을 뿐만 아니라 성당 출입도 막아야 한다는 것이었다. 그때 나는 그들이 죄인이라면 누구보다도 먼저 성당에 들어와야 한다고 했다. 그 이유인즉 하느님의 집인 성당은 그런 사람들이 먼저 들어와 하느님과 화해하고 은혜를 받아 사람들과도 화해하는 사람들이 되어야 한다는 점을 강조했다. 이 점을 어기는 자는 수하(誰何)를 막론하고 다 하느님의 뜻을 거역한다고 단호히 말하여 납득시켰던 것이다. 신자 젊은이들은 마음이 선량한데 잘못된 인식으로 폭력 좌경 데모에 열성적이었기에 끈질긴 설득으로 차차 데모의 양상에 변화를 일으켜, 약 2개월 후에는 극렬 좌경 폭력 시위는 자취를 감추게 되어 명동성당은 성당 본래의 분위기를 회복하게 되었다.

  한편, 정당한 데모는 비폭력적이고 성당 본래의 임무를 존중하며 할 것을 권장했다. 그리고 데모는 말 그대로 의사 표시이니, 명동성당까지 올라올 것 없이 잘 보이는 곳, 즉 계단이 있는 성당 전면의 진입로에서 하면, 사진이나 영상에도 잘 찍혀 신문이나 TV 등에도 잘 보도될 것이라는 점을 강조하여 오히려 데모하는 사람들의 협조를 얻기에 이르렀던 것이다. 말하자면 평화적 데모를 정착시키게 되었다. 그것을 제일 먼저 사용한 것이 지금 이름 있는 모 일간지다. 그 신문은 주임 신부가 제시한 데모의 시간과 장소, 양태 등을 정확히 지켜, 그때까지 받지 못했던 등록증인가 무슨 허가증을 정부로부터 발부받아, 즉시 신문을 발행하게 되었다. 이런 과정을 거치는 동안, 데모에 지칠 대로 지친 교회내외로부터, '정의채 신부는 지혜로운 강자'라는 평을 받았다. 그런데 실상을 보면 체구도 작은 내가 무슨 강자이겠는가? 하느님의 창조경륜과 복음말씀에 근거하여 헌신적으로 실천한 데서 하느님의 은총으로 얻은 결과였을 뿐이다.

그렇다고 명동 데모를 조종하던 세력이 속수무책으로 가만히 있었겠는가. 나는 무서운 반격이 있을 것을 각오했으나 무엇인지 몰랐다. 그 반격은 바로 같은 해 5월 15일 토요일에 일어난 서울대생 조성만 군의 성당 교육관 옥상에서의 할복 투신자살이었다. 그날 나는 점심 후 성당 경내를 한 바퀴 돌던 중, 성당 우측 벽에 기대어 담배를 피우던 조 군을 보고 가까이 다가갔다. 그때가 마침 젊은이들의 농활 준비 기간이었고 조 군은 민속반 반장이었기에, 모든 일이 잘되어 가느냐고 물었더니 입에 물었던 담배를 뒤로하며 "예" 하는데, 몸이 많이 비대해 보였고 눈은 상당히 충혈되어 있었다. 그때가 조 군이 투신 10여 분 전으로 생각된다. 나는 낌새가 전과는 좀 다르긴 했지만 잘해 보라는 말을 남기고 지나갔다. 후에 생각해 보니, 그때 조 군은 몸에 칼을 품고 있어 몸이 부해 보였던가 싶었다. 또 그런 경우 사전에 무슨 약을 먹어야 한다는 풍문이었는데, 눈이 많이 충혈됐던 것으로 보아 그랬는지도 모르겠다.

조 군이 한 달만 더 살았더라면 그런 참사로 인생을 마감하지는 않았을 것이다. 그 연유인즉, 그때 나는 주임 신부로서 명동성당의 사목회장들을 위시하여 주요 인사들과 개별 면담을 거의 끝마쳤고, 그 후로는 젊은이들의 단체 부서장과의 개별 면담을 실시하려던 참이었다. 개별 면담은 진지한 것이었기에, 지성적이며 선심의 청년이었던 조 군은 나의 설명에 납득이 갔을 것으로 나는 확신하는 것이다. 그렇지만 전체의 선익(善益)을 위해, 조 군의 죽음이 이 민족과 세계에 경종을 울리기 위해, 또 다른 새로운 세계의 도래를 예고하기 위해 필요했던 것으로 생각된다.

이런 일이 발생하기 일주일 전 토요일 오후 1시 30분에서 2시경, 나는 보통 하던 대로 그날은 유난한 충동을 느끼며 성당 구내를 한 바퀴 돌면서 문화관에 들렸다. 1층에서 2층 계단에 평양을 미화한 천연색 사진이 벽 가득히 붙어 있는 것을 보고 놀라, 잠깐 옆으로 돌아서 마당에 있는 사무장을 소리쳐 불러 그 사진들을 증거물로 압수하여 보관하려 했는데, 시간이 아마 30초가량이나 되었을까 자세를 바로하고 보니, 사진들이 감쪽같이 사라졌다. 이렇게 나는 극좌 데모 측에서 명동성당을 독재타도의 명분 하에 평양 공산정권의 선전장 내지는 공산 혁명 전초 기지화 하려는 것을 직감하게 되었다. 나는 그때 더 큰 비극이 다가오고 있는 것을 예감했다. 그 다음 주 토요일 오후에 교육관 옥상에서 '미군 철수와 조국 통일'을 외치며 조성만 군이 할복 투신자살한 사건이 일어났다. 삽시간에 같은 내용의 삐라가 수많이 뿌려졌다. 그때는 사방에서 엇비슷한 젊은이들의 투신자살이 자행되고 있었고, 조성만 군은 15번째라고 했다. 그뿐만 아니라 35번까지 투신자살자가 결정돼 있다는 소문이 파다했다. 나는 우선 급히 피투성이가 된 조성만 군을 인근 백병원으로 옮기는 한편, 서울대교구장인 김수환 추기경께 비상 전화로 변고를 알리고 사태 수습에 돌입했다. 그날 저녁 8시경 김수환 추기경의 요청으로 그분의 방을 방문하여 당시 보좌 주교였던 김옥균 주교도 동석하여 자정까지 사태 수습을 논의했다. 그러나 젊은 생명까지 희생물로 삼으며 적화 목적달성으로 급물살을 타고 있는 사건을 어떻게 처리해야 하는지에 대한 아무런 비전이나 아이디어가 없는 것을 간파했다. 사실은 이런 결과까지 염두에 두고 젊은이들을 올바른 가치관으로 시위 문화를 이끌어가야 할 중대한 종교 지도자의 자질과 책무가 있는데도, 저간의 명동 지도자에게는 전혀 그런 면모가 없었다. 그래서 나는 뒷수습이 잘못되는 경우, 모든 것을 책임지겠다는 말을 남겨놓고 사제관 숙소로 돌아와 경찰과 흥분한 젊은 학생들과의 충돌을 막고 더 이상 젊은이들의 피 흘림이 있어서는 안 된다는 신념으로 경찰을 명동 주변에서 철수하여 을지로까지 퇴각하게 했다. 이런 참사에 직면하여 경찰이나 정부는 크게 당혹하여 이런 요구를 받아들일 수밖에 없는 처지였다. 이튿날인 주일날 저녁에는 구 미도파(지금의 롯데 플라자) 앞에서 4열종대로 만여 명의 젊은이가 쇠 갈고랑이와 화염병, 돌덩어리, 각목 등을 휘두르며 소리 높이 구호를 외치며 명동거리 통로를 거쳐 명동성당을 향해 행진해 왔다. 그러나 성당 앞에서의 경찰과의 충돌이 없으니 계속 행진하여 결국 을지로에서 경찰과 마주쳐 밤새도록 격렬 전투를 연상케 하는, 상당수의 부상자를 내는 대충돌을 일으켰다. 만일 경찰을 을지로까지 후퇴시키지 않고 성당 앞면에서 격양된 젊은이들과 경찰이 충돌했다면 명동성당은 무사하지 못했을 것이다.

일단 급박한 위기상황을 넘기면서 다음 단계의 일은, 예정되어 있다는 20여 명의 젊은 생명의 투신 혹은 분신자살 등의 희생을 막는 것이 급선무였다. 그러므로 나는 명동성당 주임 신부로서 조성만 군 할복투신자살 다음 날인 주일에 10대가량의 모든 미사 강론에서 인간의 생명, 아직 다 피지 못한 젊은이들의 생명을 어떤 목적을 위해서든 희생시키는 것, 더 나아가 이데올로기를 위해 희생시키는 것은 인륜과 천륜을 거슬리는 것이어서 천인공노할 대역(大逆)이라는 점을 강조했다. 이 땅에서 그런 인간성 반역이 또 다시 일어나서는 안 된다는 것을 피를 토하는 심정으로 인간 양심에 호소했다. 이런 심경은 이심전심으로 도하(都下) 모든 신문과 TV매체, 특히 유력 일간지의 깊은 공감을 사, 모든 사설과 주요 논설의 절대적 호응 속에 그때까지 다반사로 일어났던 할복 투신자살이나 분신자살 등을 막는 전화위복(轉禍爲福)의 결과가 되었다.

 이런 일련의 사건과 이 땅의 6·25 한국전쟁 등 비극적 대량 인명 살상사건들은 나에게 더 깊은 생명사랑의 심정을 싹 트여준 계기가 되었다. 드디어 유사 이래 초유의 서강대학교에서 '생명문화연구소'[74]가 나타났으며 "세상의 생명을 위하여—pro mundi vita"(요한 6,52 참조)와 "생명을 사랑하자, 풍요롭게 하자"라는 기치를 드높인 연구소가 창립되었다. 생명문화연구소의 탄생은 전 국민과 모든 언론·모든 종교·사회 각 계층의 적극적 후원과 지원 속에 당시 매일 같이 몇 건씩 연발하던 어린이 유괴살해사건을 종식시켰다. 또한 당시 이윤추구 일방의 무분별 무자비한 산업화로 야기된 낙동강 페놀 오염 사건으로 낙동강이 송두리째 죽어가는 등, 이 땅 산천의 전면적 파괴는 연구소의 활동을 이 민족 전체가 절실히 요청하게 하여, 생명문화연구소는 생명사랑·자연사랑의 민족의 지표를 제시했다.

 이에 앞서 천주교 2백 주년 기념 사목회의[75]는 안구 장기기증 운동을 펴서 사회에 충격을 주었다. 또한, 사목회의와 생명문화연구소 활

---

[74] 창설자 및 초대 소장 정의채 신부. 이사장 박홍 신부의 뛰어난 순발력과 큰 후원이 없었으면 창설이 불가능했을 것이다.
[75] 1980-1985년 위원장 박정일 주교, 실무 총책임자 정의채 신부.

동은 내부적으로는 교회의 계통을 통해, 외부적으로는 일반 매스미디어를 통해 교황청에 시시각각 전달되었다. 그 후 교황청에는 전통적 성(省)급인 문화위원회와 생명 아카데미 등이 창설되어 전 세계적인 생명사랑의 원천역할을 하게 되었다. 이런 일련의 생명사랑 운동을 보며 정 추기경의 '사제들의 장기기증 생명사랑 운동'은 시대의 변화와 절실한 요구 속에 생명에 대한 큰 사랑의 표현이라 할 것이다. 그렇기에 마음에서부터 축하드리는 바이다. 그러나 이 사실이 일간지에 사(社)의 호의로 전날 보도되었는데 사제들 사이에 회의의 눈길이 생겨 교구 당국자의 해명거리가 되기도 했다. 또한, 정 추기경이 장기 기증서 작성의 사진과 기사를 보며, '어설픈 쇼'라는 시각도 있었다. 혈기왕성하여 당장 죽어가는 생명을 살릴 수 있는 쓸모 있는 사제들의 장기가, 죽어가는 생명들에게 기증된다면 명실상부한 크나큰 사랑의 실천이 될 것이다. 왜냐하면 현금 장기 기증자들이 이런 저런 이유와 주위환경으로 기증을 서약하지만 실천은 10% 미만이라고 한다. 수십 년 후에, 그것도 죽은 다음에 할 것이라는 약속은 그리 사람들의 마음에 와 닿지 않을 뿐더러, 일종의 쇼의 냄새를 풍길 수도 있기 때문이다. 지금은 생명이 많이 연장되어 고령화 사회로 급속히 이동 중에서 장기가 쓸모없는 연령까지 사는 것이 사제들의 일반적 수명이기 때문이다. 또한, 경험에 비추어 보아도 지난 2백 주년 사목회의 때의 안구 기증도 언제 그랬느냐는 식으로 깡그리 없던 일이 되었다. 한동안은 피가 부족하다 하여 교회가 헌혈 운동을 펴 상당량의 헌혈을 한 바 있다. 김수환 추기경이 전 고려대 총장이었으며 당시 적십자사 총재였던 김상협 씨의 주선으로 고려대학교에서 명예박사를 받는 등 (나도 그 수여식에 참여) 법석이었으나 그 후 얼마 안 가 언제 그랬느냐는 식이 된 것이니, 우리 사회와 교회의 풍토는 개탄할 일이다. 교회는 무엇인가 달라야 하는데 어쩌면 교회가 한술 더 뜨는지도 모를 일이라며 교회 내·외 식자들 사이에서 그런 운동의 부실성과 쇼 성격을 자타가 공인하기에 이르렀다. 그렇기에 정 추기경의 의도와는 전혀 관계없는 일이겠지만, 별로 내용도 없는 말씀과 행동으로 매스컴을 의식한다는 것이 요즘 사제단에 널리 퍼진 의견이란 점도 유의해 주었으면 한다.

나는 취임사에서 명동성당은 복음 선포의 땅, 사랑 실천의 땅, 죄인도 보통 사람도 선인도 다 같이 들어와 하느님과 화해하고 하느님의 은총을 받고 하느님과 사람을 사랑하는 땅이란 점을 강조하여 사회에도 또 명동 성역에도 데모로 인해 가득 찬 미움과 투쟁을 순화시키고 서로 사랑하며 성화되는 곳임을 강조했다. 이런 것은 하느님의 거룩함에 참여하여 이루어진다는 것을 모세가 하느님의 땅, 거룩한 땅에서 엎드려 사명을 받는 데서 풀이하였다. 미움으로 가득 찬 사람들의 마음을 용서와 화해와 사랑으로 승화하여 하느님의 의로움(정의)과 거룩함이 나타나게 하는 곳이 명동성전임을 역설했다. 특히 젊은이들에게 호소했다. 신자들은 잘 따라 주었다. 어느 사이에 명동성당에서 극 좌경 폭력시위는 사라졌고 평화와 기쁨의 나팔소리가 우렁찬 5월 성모 성월의 찬가가 명동 천지와 서울 장내에 울려 퍼졌다. 그뿐만 아니라 서울대학교 조성만 군이 명동 성역에서 좌경구호를 외치며 할복 투신자살한 사건은 전화위복이 되어 결국 35번까지 결정되어 있었던 더 많은 젊은이들의 자살을 종식시키는 계기가 되었다. 그렇지만 고통스러운 일은 연속되고 있었다.

〈주교좌 명동성당을 떠나며〉

이제 저는 떠날 때가 되었습니다. 교구장의 명을 받들어 대신학교

즉 가톨릭대학의 학장직을 맡아 명동성당을 떠나게 되었습니다. 물론 한번 시작한 일은 꼭 끝이 오는 것이 이치이지만 이렇게 빨리, 즉 6개월 만에 떠날 줄은 몰랐습니다.

그동안 저를 아껴주시고 후원해 주시고 저의 사목을 잘 따라주신 여러 신자 분들께 감사의 말씀과 이임인사의 말씀을 드립니다. 특히 저와 같이 사목한 동료 신부님들께 감사합니다. 수녀님과 모든 직원께도 감사합니다. 특히 사목회 총회장님과 여러 회장님과 위원님, 성가대원과 복사단과 뒤에서 움직여준 모든 봉사자에게도 그동안 아낌없이 협력하여주신 데 대해 진심으로 감사드립니다.

성직자에게 가장 소중한 것은 순명의 정신입니다. 짧은 시간이지만 많은 추억과 아픔도 간직하고 떠납니다. 또 마음속에 아쉬움도 안고 떠납니다. 무엇보다도 제가 부임하던 지난 2월 25일은 노태우 씨가 대통령에 취임한다 하여 명동에서도 유례없이 격렬한 데모가 있었습니다. 그 후 데모가 산발적으로 있기는 했으나 지난해들에 비해 많이 감소되었으며, 그 양상이 많이 변하였습니다. 그렇다고 밖의 데모 수나 양상이 변한 것은 아닙니다. 지난 6월에서 7월에 걸쳐 일어난 밖에서의 데모 수는 거의 배가 되었고 더욱 난폭하고 격렬하여졌다는 보도입니다. 그러나 성당에서의 데모는 그와는 양상을 달리하였습니다. 성무집행에 거의 지장을 받지 않았습니다. 최루탄 난사와 화염병 투척이 거의 사라지고 평화로운 데모로 변했습니다. 정쟁(政爭)과 정치적 오염을 벗어나 성당 본연의 자세를 지키기로 노력했습니다.

성당은 무엇보다도 먼저 하느님을 만나는 곳, 기도하는 곳, 죄인도 선인도 보통사람도 또 신자도 비신자도 같이 들어오는 하느님의 집이어야 한다는 신념으로 사목에 임했습니다. 이 점 여러분의 적극적인 호응과 협조가 있어 확실히 눈에 띄게 명동성당의 모습이 과거와 달라졌습니다.

또 한 가지 감격스러웠던 일은 지난 봄, 대우정밀의 노동자 약 2천 명이 서울역 앞 대우본부 건물을 점거 농성하려다 대부분이 경찰에 체포되는 바람에 근 200명의 간부급 노동자들이 명동성당으로 느닷없이 몰려와 농성을 한 일입니다. 처음에 성당측은 농성에 지쳐, 마침 때가 여름인지라 성당 뒤 성모 동산이나 성당 역내에 텐트를 치고 지내게 하려는 것을, 저는 이웃 집 개가 와서 자도 자리를 만들어 주는 법인데, 그들은 인간이고 또 약자이니 노숙은 안 된다며 문화관을 열어 긴 의자를 사용하게 하고, 담요를 한 장씩 주고 물이 필요하니 수도를 놓아주고 전화와 TV도 가설해 주었습니다. 식사는 밖에서 가족이나 그 쪽 사람들이 제공하되 반드시 사무실을 거쳐 하도록 했습니다. 그것은 위험물이나, 독극물을 미연에 방지하기 위한 것이었습니다. 물론 그 당일로 위원장으로부터 주임 신부와의 면담 요청이 있었지만 거절했습니다. 두 번째도 세 번째도 다 거절했습니다. 이런 경우, 사태가 매우 유동적이고 걷잡을 수 없이 흘러 갈 수 있기에 아무런 말도 책임 있게 할 수 없기 때문이었습니다. 따라서 처음에는 사목회장 사무장이 만나고 그 다음에는 수석 보좌 신부가 만나고 마지막 단계에서 필요하면 제가 만날 계획이었습니다. 파업 점거계획은 그들이 방위 산업체 노동자들이었기에 자동 형사 고발된 처지여서 더욱 그랬습니다. 따라서 사태는 예측 불허였습니다. 그들은 처음부터 주임 신부로부터 인간 대우를 받았기에 다행히도 성당의 요청에 잘 순응하여 성당 행사에는 전혀 누를 끼치지 않았습니다. 그러나 12일간의 점거농성은 참으로 견디기 어려운 여러 가지 문제를 제기하였습니다. 마지막으로 저와 노조위원장과의 대면은 감격적인 일화를 남겼습니다. 그는 처음에 저의 회의실에 살기어린 눈으로 들어왔으나, 저는 "오죽하면 당신들이 성당으로 피신했겠습니까. 믿을 곳은 오직 성당뿐이라고 생각했기 때문이 아니겠습니까. 저는 여러분이 하룻밤을 이 성역에서 지내고 나가도 우리 손님으로 대합니다. 가고 싶은 집에도 가지 못하고 얼마나 불편이 많습니까?"라고 했더니 그는 마구 울었습니다. 눈물을 주체할 수 없어 밖으로 나갔다 한참 만에 돌아왔습니다. 그 후부터 평화 타결의 실마리가 풀리기 시작했습니다. 물론 노동자들에게도 탓이 있지만 사용주, 즉 대우 측에 더 큰 탓이 있다는 것을 알게 되었습니다. 이 성당에서의 대우 노동자 농성 중, 대우 측은 매우 비인간적이었습니다. 그것은 성당측이 대우 노조 때문에 큰 고통을 겪고 있는데, 대우의 총회장은 부천 공장에는 들락거린다면서도 성당에는 얼씬도 하지 않고 간부 한 명만 염탐꾼처럼 보내는 것이었습니다. 김 회장 자신이 농성 중인 사람들을 꺼리는 것이라면, 근처 어디에서도 주임 신부를 찾아 사과와 부탁을 하는 것이 인간의 도리인데, 그는 돈 버는 데만 눈독이었지 인간적인 면을 내던진 것 같았습니다. 남에게 그렇게 불편과 고통을 주는 데도 일고의 죄책감이나 보통사람들이 갖고 있는 미안한 감도 없는 것이었습니다. 저는 단호하게 약 2주간에 걸쳐 대우 노동자들로 말미암아 성당이 입은 손해에 대한 보상을 요구했습니다. 그랬더니 회사 측은 그 당시 물가로 160만 원인지 180만 원인지를 성당 측에 전달했습니다. 당시 이런 금액은 물질적 손실을 정확히 계산한 액수였습니다. 아예 정신적으로 또 성지(聖地)로서 입은 손실은 고려의 대상이 아니었습니다. 물론 성당은 의지가지없는 약자들이라면 돈이 얼마가 들든 자진하여 돕지만, 세계적인 재벌로 인해 당한 물질적 손실까지 가난한 사람들이 안 먹고 안 써 낸 돈으로 충당할 것이 아니라고 생각했던 것입니다. 이런 경위도 교구청 주간 회의 때 보고했더니 김수환 추기경 이하 모든 참석자가 놀라며 지금까지 수많은 데모가 명동성당에서 있었는데 한 번도 물질적 손실에 대한 보상이란 받아 본 적이 없었다는 것이었습니다. 저는 억압받는 약자들의 데모는 성당이 유치하고 도와주고, 부정(不正)하고 악랄한 강자, 부자들한테서는 받아내야 한다고 했더니, 분위기가 좀 숙연해 졌습니다.

노동자 측에도 문제가 있었습니다. 사랑으로 인간적 대우를 다하며 인내하다가 데모를 풀고 귀가하겠다고 합의했습니다. 처음에는 대기하던 버스에 오르더니 잠시 후 모두 내려 문화관으로 들어가 회의를 한 후, 회사와의 당초 문제였던 임금 인상안 25%를 성당이 해결해 주어야 데모를 푼다는 것이었습니다. 일이 이렇게 될 때 저는 단호할 수밖에 없었습니다. 그들의 파업 자체가 방위 산업체 파업 데모였기에 자동 형사 고발된 것을 천신만고 관계기관과의 협조 하에 일을 무사히 수습한 것만도 천만다행이었는데 성당측이 무슨 재주로 높은 임금 인상률까지 해결해 주어야 한다는 발상인지 도무지 이해할 수 없었습니다. 너무나 이기주의적 요구이기에 더 이상 성당으로서는 어찌할 도리가 없으니, 성당이 애써 이룬 법원 소송 취하 문제 등도 원점으로 돌릴 수밖에 없다고 했더니 다시 귀향버스에 오르는 것이었습니다.

특히 오래도록 기억에 남을 것은 성체대회를 앞두고 매일 성체현시를 시작한 것입니다. 그동안 수많은 사람이 성체께 대한 찬미와 영광을 드렸습니다. 이제 명동성당은 기도 소리가 끊이지 않는 성소가 되었습니다. 이렇게 신자들이 기도를 하는데 어떻게 하느님께서 개인과 가정과 이 땅에 큰 은혜를 내리지 않을 수 있겠습니까. (없어진 것으로 알고 있는 매일 성체현시와 조배를, 이 글을 쓰는 지금도 서울대교구는 성체 대회를 성대하게 치르고 있으니 명동성당에서는 했으면 하는 바람입니다.)

또 한편 매일 상설고해소와 상설 상담소를 개설한 것입니다. 이 고

해소는 수많은 사람의 상처를 어루만져 주며 고뇌를 풀어주어 밝은 앞날을 비춰주고 있습니다. 이제 서울 전역과 때로는 전국 각지에서 찾아오는 그 많은 사람을 어떻게 다 수용해야 하나 걱정이 될 정도입니다. 고해성사 사제들을 개별적으로 접촉하여 모시자는 안이 명동 본당 사제들 사이에 있었으나 저는 수도회나 선교회에 위탁하였습니다. 그 이유인즉 개별적으로 접촉한 신부님들은 사정에 의해 수시로 바뀌게 되는데, 그때마다 고해 사제를 개별적으로 구한다는 것이 쉬운 일이 아니었기 때문입니다. 또한, 수도회나 선교회에 맡기면 항시 안정적이고 고해성사 집행에 성실한 사제들을 파견 받을 수가 있기 때문이었습니다. 오늘까지 그 점은 잘 지속되고 있으리라 믿습니다. 또한, 지난 5월 성모성월을 마감하는 매주 토요일의 성모의 밤 기도와 악대를 앞세운 평화의 촛불행렬은 교우들의 마음과 인근 사람들의 마음에 지울 수 없는 인상을 남겨주었다고 들었습니다.

무엇보다도 소중한 것은 사목위원을 위시하여 전 교우의 마음의 일치입니다. '우리는 하나'라는 의식이 근자에 이르러 두드러지게 나타났으며, 하는 일마다 잘 되어 감을 실감합니다. 그러나 가장 마음 아팠던 것은 역시 조성만(요셉) 군의 투신 자살사건입니다. 어쩌다 우리 교우 젊은이가 이렇게 스스로 생명을 끊는 (그것도 이 성당 역내에서) 처지에까지 도달했는가의 아픔은 제 마음속에 그대로 남아 있습니다. 교리를 어떻게 가르쳤기에 생명을 스스로 끊는 자살행위를 감행하게 되었는가 입니다. 물론 그 순수성을 이해한다 하더라도 교리가 변하는 것은 아닙니다.

지난 10여 년간 이 성당을 중심으로 인권옹호와 사회 정의구현, 민주화 등에 이 땅의 교회는 지대한 공헌을 했습니다. 앞으로도 여기서 인권옹호와 사회 정의의 큰소리가 울려 퍼지고 필요할 때는 사생결단의 데모도 불사할 것입니다. 그렇다고 경솔하게 매일 데모하는 장소로 성당이 이용될 수는 없습니다. 젊은이들 객기의 발산장이 될 수는 없습니다. 민주화는 되어야 하겠습니다. 그러나 교회의 입장에서 볼 때 민주주의는 이 시대에 사람들이 사람답게 사는 제일 좋은 방법이지만 인류가 지향하는 최고 최종의 가치는 아닙니다. 어디까지나 한 방법일 뿐입니다. 교회는 그렇지 않은 시대와 지대에서도 인류를 구원했습니다. 현재의 제도(민주화까지를 합하여)가 사라지고 새로운 제도가 창출되리라고 생각되는 25세기, 30세기에도 같은 진리로 교회는 인류를 구원할 것입니다. 교회 사명의 본질은 현재의 사회 문제를 훨씬 넘는 것입니다.

우리 젊은이들에게 전통적 교리와 올바른 사회교리의 깊은 연구가 절실히 요청됩니다. 특히 명동성당이 그렇습니다. 명동성당에는 주일 전체미사 참여자의 근 80%가 젊은이들입니다. 그러므로 명동성당은 이기우 신부의 지도 하에 '청년 명례방'을 발족시켰습니다. 이 조직은 몇 달밖에 안 되었지만, (지금 2기생까지 교육하고 있지만.) 벌써 5기생 예약까지 끝났습니다. 이렇게 올바르게 교육된 가톨릭 청년들이 5백 명, 1천 명, 5천 명, 1만 명으로 늘어난다면 무서운 힘으로 작용할 것이며 진정으로 사회를 변화시키는 소금과 누룩의 역할을 다할 것입니다. 참으로 반가운 일이며 앞으로 큰 희망을 주는 현상입니다. 이것은 하느님의 큰 축복이 그들 자신과 교회와 이 나라에 내려오게 하는 원동력이 될 것입니다.

또 근자에 이르러 범우관이 낮에는 일반인에게 문화강좌의 장으로 이용되는 것도 의미 있는 일입니다. 저에게 또 하나의 아쉬움이 있다면 명동 젊은이들을 통해 이 나라 젊은이들의 갈 길을 밝히려 했던 것을 못다 하고 떠나는 것입니다. 그렇지 않아도 지난 20년간 명동성당을 중심으로 일어났던 모든 사건, 삐라 한 장에서 유인물, 일기, 공식기록 등을 비롯하여 사방에 산재해 있는 수많은 데모 기록을 다 수집하여 전문가, 대학교수들에게 위촉하여 분석하고, 대학의 학생처장급 및 여타 교수들에게 위촉하여 세미나를 갖고 그 결과를 토대로 학생들(운동권도 포함해서)과도 세미나를 갖고자 했습니다. 또한, 그 결과를 갖고 언론계, 학계, 종교계, 사회 모든 지도층 인사들과 세미나를 열어 이 나라 젊은이들의 나아갈 길을 제시하려고 계획했습니다. 그리고 이런 작업은 실천 단계에 들어섰었습니다. 그 결과를 백서(白書)로 만들어 각 대학과 언론계 등 사회지도층에 널리 보급하려 했던 것입니다. 그리고 전국 규모의 청년대회를 갖고자 하였던 것입니다. 이것은 오로지 명동성당만이 해낼 수 있는 시대적 사명이라 생각하였습니다. 일간 유력지들은 이런 계획을 쌍수를 들어 환영하며 적극적인 후원을 약속했습니다.

또 한 가지는 지금으로부터 15년 내지 20년 전에 서구를 풍미했던 이른바 Student Power의 경험을 이 땅에서 유효하게 살리고 싶었던 것입니다. 1970년 초반에서 중반에 이르기까지 프랑스, 독일, 일본 등의 전국을 휩쓸었던 학생들의 '공산화' 움직임입니다. 파리의 소르본 대학이 불타고 붉은 기가 올라갔고 일본의 도쿄 대학에도 붉은 기가 올라갔습니다. 유럽 천지를 모택동 모자가 휩쓸었습니다. 그때의 리더들이 오늘날 어엿한 중견교수, 큰 기업인, 중견 언론인 등으로 탈바꿈하여 성장했고 어떤 이들은 좌익에 그대로 남아 있다고 합니다. 이들을 초청하여 그들이 젊은 시절에 무엇을 생각했으며 왜 오늘은 그렇게 변하게 되었는지를 공개적으로 들을 수 있는 세미나 같은 것을 갖고자 했습니다. 또 한편 현재 사목회 회장단을 주축으로 서울 시내의 모든 유능한 가톨릭 인사들을 명동으로 이끌어 들여 명동성당을 교육, 재계, 정치 등 현재 이 사회 속의 모든 계층에 산재해 있는 가톨릭 인사들의 능력을 현장적 인력으로 삼고자 했습니다.

그러나 이제 다 지나간 이야기가 되었습니다. 어디 세상 일 다 하고 갑니까. 그때그때 주어진 여건에서 (할 수 있으면 여건도 바꾸어가며) 최선을 다하는 것이 인간의 길이며 하느님의 뜻으로 생각합니다.

끝으로 바오로 사도의 에페소서의 맺음말을 소개하며 이 강론을 마치겠습니다.

"하느님 아버지와 주 예수 그리스도에게서 평화가, 그리고 믿음과 더불어 사랑이 형제들에게 내리기를 빕니다. 불멸의 생명과 더불어 은총이 우리 주 예수 그리스도를 사랑하는 모든 이와 함께하기를 빕니다"(에페 6,23-24).

저는 이 명동성당에 주임 신부로 온 이래 여러분을 위해 어떻게 좋은 사목을 할 수 있을까 밤낮으로 고심하며 실천하기로 노력했습니다. 저는 진정으로 여러분을 사랑했습니다. 기도 중에 저를 기억해 주십시오.[76] 저를 새 임지로 보내시며 임명권자인 김수환 추기경은 저에게 이렇게 말씀했습니다. "정 신부님이 가톨릭대학 책임자로 가면 명동은 또 어떻게 하지?"라고 하셨는데 제가 말씀드렸던 모든 계획을 염두에 두고 하시는 말씀 같았습니다. 그때 저는 "추기경님이 정해 주십시오. 명동성당 주임으로 남아 있으라면 그렇게 할 것이고 대신학교 책임자로 가라면 그렇게 할 것입니다." 김 추기경은 잠깐 생각하신 후 "교황청의 인준도 났으니 대신학교로 가시죠"라고 하셨습니다. 그래서 저는 떠납니다.[77]

---

[76] 『사상과 시대의 증언』 II, (1990, 성바오로 출판사), 381-385쪽.]

이렇게 저는 하느님의 구속경륜과 세상 질서 안에서의 창조경륜 실현을 위해, 명동 주교좌 성당을 중심으로 일어난 저간 사정들의 편린을 적어보았습니다. 다시 말해 근자에 이르기까지 명동성당이 수행한 국운의 명암을 가르며, 그 신장에 지대한 역할을 한 발자취를 발견했습니다.

또 다른 큰 행사는 1989년의 제44차 세계 성체대회였습니다. 그 성체대회의 표어는 "그리스도 우리의 평화"[78]였습니다. 저는 준비 위원회의 위원장 강우일 주교의 간청으로 문화분과 위원장직을 맡고 있었습니다. 물론 성체대회의 핵심이 그리스도께서 당신 몸과 피를 신자들에게 주시는 사랑의 성사이니, 이런 영성적인 면을 고양시켜야 하지만 사랑에 바탕을 둔 그리스도의 평화는 이 땅의 모든 사람이 다 같이 누려야 하기에 한반도와 동양과 세계 평화에도 직·간접으로 영향을 미쳐야 한다고 생각했습니다. 이야말로 가톨릭교회가 이 땅, 이 민족이 갈구하는 평화 건설에 크게 공헌하는 시대적 사명이라고 생각했습니다.

저는 어떻게 하면 평화의 성체대회를 가능한 한 더 넓혀 이웃과 그리스도의 평화 증진, 지상의 평화 증진에로 펼쳐 나갈 것인가를 생각하게 되었습니다. 그때 저의 생각은 그런 움직임이 성공하거나 실패하느냐는 문제가 되지 않고 역사적 사명감에서 노력하는데, 또 신자들과 일반인들에게 그런 의식을 일으켜주는 데 의미가 있다고 생각했고, 그런 씨앗은 멀지 않은 훗날에 이 땅에 피어날 것으로 생각했습니다.

---

77 "주교좌 명동성당을 떠나면서", 명동성당 주임 신부 이임 강론.
78 에페 2,14 참조.

그러므로 성체대회는 대회대로 전통적으로 거행하되 문화분과위는 좀 더 폭넓게 생각하고 일을 추진해 가야겠다고 생각했습니다. 그것은 먼저 그 시점에서 지난 5년간 노벨 평화상을 받은 분들과 미국, 일본, 중국(중국 본토), 소련 등의 대표적 평화론자들을 초청하여 진정한 동양 평화와 인류 평화, 특히 한반도의 평화 세미나를 갖고자 하는 구상으로 나타났습니다. 그러면 자연히 북한도 참가하게 할 수 있을 것이라는 막연한 기대와 희망을 갖게 되었습니다. 그러나 구체적 안은 전혀 없었습니다.

그러던 차에 저는 그해(1988년) 여름 7월에 남미 브라질로 피정 지도차 떠났습니다. 그것은 전혀 뜻하지도 생각지도 못했던 저의 희망의 실현 가능성을 떠오르게 한 계기가 되었습니다. 브라질 상파울루에서 한인 신자들에게 약 3일간 피정을 시키고 귀국하려던 때에 이른바 당시 세계 최대 교구인 상파울루 교구장 아른스 추기경을 뵐 수 있는 좋은 계기가 생겼습니다. 저는 서울 세계 성체대회와 문화분과 위원회 소식을 단도직입적으로 전하며, "그 대회의 표어는 '그리스도 우리의 평화'인데 한반도는 지금 좌우가 격돌할 수 있는 화약고입니다. 마침 서울 세계 성체대회를 평화의 기치로 하게 되어 큰 은혜로 알고 있습니다. 그러므로 5년간의 노벨 평화상 수상자들, 예컨대 남아공의 투투 대주교, 남미의 코스타리카 대통령, 노벨 평화상 수상자는 아니지만 폭력의 희생자인 필리핀의 아키노 상원의원의 부인 코라손 아퀴노 여사(후에 필리핀 대통령) 등을 초대하고 미, 일, 중, 소 등 인류의 대표적 평화론자들도 초빙하여 평화 세미나를 갖고 싶습니다"고 했더니 많이 놀라는 기색으로 적극적인 자세를 보이며 '매우 유익하고 앞을 보는 놀라운 발상'이라며, 자신도 적극적으로 돕겠다고 했습니다. 우선 코스타리카 대통령의 노벨 평화상(너무 정치적이어서)은 별 가치가 없으며, 오히려 가치 있는 노벨 평화상 수상자는 부에노스아이레스 대학의 교수라며 그 분의 긴 이름을 소개했습니다. 그 이름이 길어서 외우지는 못했지만, 당시 그의 이름은 특출한 인권 운동가로 널리 알려져 있었습니다. 그 이유를 물었더니 그 교수는 브라질에서 군부독재에 저항하는 인권 운동을 벌이다 체포되어 사형선고를 받은 것을, 당신이 직접 브라질 대통령에게 탄원하여 석방되어 아르헨티나로 돌려 보내졌다는 것입니다. 그는 목숨을 건 운동으로 노벨 평화상을 받았으니 그런 상을 받을 만하다는 것이었습니다. 그에게는 당신이 직접 전화를 하든지 아니면 전문(電文)이나 편지를 보내면 즉시 수락할 것이라는 것이었습니다. 그러면서 그 성체대회에 당신도 초청해 달라고 소박하게 부탁하는 것이었습니다. 저는 그 자리에서 제가 초청할 수 있는 위치는 아니지만 김수환 추기경께 말씀드리겠다고 했고 후일 보고 때 김 추기경께 말씀드렸습니다. 이 기회에 당시 해방신학의 선두 주자였던 보프 신부와도 전화 통화가 있었습니다. 그것은 그분이 벌써 서울의 프란치스코외(작은 형제회)의 방한 초청을 받고 수락한 때였습니다. 그때 저는 교회의 세계적 석학들의 서울 성체대회 개막 연설회를 계획했습니다. 성서학자들로서는 안병철 신부의 은사인 프랑스의 대표적 성서학자와 교의 신학자로는 심상태 신부의 논문지도 교수인 카스퍼 교수(현 바티칸의 교황청 일치위원회 위원장 추기경)과 실천 신학자로서는 보프 신부(서울 작은형제회 방문 시)를 초청하여 세계 성체대회 개막 세미나를 열고자 했습니다. 그런데 프랑스 성서학자는 심장 수술로 내한할 수 없었고 보프 신부는 급진성으로 교회의 기피 인물이 되어 내한이 불가능하게 되었습니다. 사실 교회의 판단은 옳은 것이었습니다. 보프 신부는 그 후 성직을 떠나 결혼했다는 후문이었습니다. 물론 공산주의, 극좌 사회주의의 몰락과 더불어 그의 급진적 해방

신학도 빛을 잃게 되었습니다. 심상태 신부님가 중재 역할을 한 카스퍼 교수는 갑자기 일이 생겨 불참할 수밖에 없다는 급보였습니다. 일은 완전 수포로 돌아갈 처지였습니다. 그래서 심상태 신부께 신신당부하여 카스퍼 교수만은 어떻게든 모셔와야겠다고 했습니다. 결국 그분은 그때 막 독일의 대교구의 주교로 임명되는 계기였기에 비밀 준수의 기간이었는데도, 심상태 신부에 대한 놀라운 신임으로 수락 했습니다. 그리고 주교 수품식이 끝나자 곧바로 내한하여 2천여 성직자, 수도자, 평신도가 참가한 가운데 성대하고 충실한 세미나를 열었습니다.

그런데 인접 국가 대표학자들을 어떻게 끌어들일 것인가가 큰 과제였습니다. 그러던 차에 좋은 계기가 있어 UN 대학의 부총장이었던 세계의 저명한 평화론자 무샤고지(武者小路) 씨를 만나게 되었습니다. 그것은 저의 수십 년 지기(知己)인 도쿄대교구 시라야나기 추기경(白柳誠一樞機卿)의 소개 덕분이었습니다. 당시 총장은 인도인이었는데 총장은 외무와 행정의 책임이어서 업무상 외국 여행 중이었습니다. UN 대학의 내부 관계는 무샤고지 부총장의 전담이었습니다. UN 대학에는 정규적인 학년이 있는 것이 아니고, 그때에 필요한 세계의 평화적 안건에 대한 세미나 등을 연 몇 회씩 개최한다는 것이었습니다. 무샤고지 부총장은 독실한 가톨릭 신자였습니다. 그분은 우선 아무리 교황이 임석하는 대회라고 해도 UN도 주목할 규모의 세계적인 평화 세미나를 하겠다는데 놀라움을 표하며, 자기도 힘이 닿는 대로 돕겠다는 것이었습니다. 그래서 내용을 구체적으로 말했더니 전부 가능하다는 것이었습니다. 소련에는 프리마코프라는 사회과학연구소장(후에 러시아의 총리)이 있고, 중국에는 조복산이라는 중국 사회과학연구소의 부소장(중국의 실력자)이 있고 일본은 자신이 대표가 되면 될 것인데, 이상 열거한 사람들이 UN 대학과 밀접한 관계에 있으며 자신과 친분이 두텁기에 부탁하면 모두 수락할 처지에 있다고 하며 적극적이었습니다. 그런 평화회의는 UN 대학으로도 쉽지 않은 일이라고 하며, 한반도의 평화뿐만 아니라 UN의 목표인 세계 평화와 부합한다는 것이었습니다. UN 사무총장은 종교 행사이기에 회의에 참석하지 못해도 축사를 보낸다고 했습니다. 미국의 대표적 평화론자인 예일 대학의 프리콧트 교수는 가톨릭 신자인데 미국의 주교단이 요청해도 움직이지 않을 것이나 교황청의 해당 부서 장관 추기경의 초청이 있으면 가능하다는 방법까지 알려줘 제게 큰 희망과 용기를 북돋아주었습니다.

이런 경위를 그대로 김수환 추기경께 보고했더니 추기경도 만족하셨습니다. 그 후 문화 분과위원회에서 아직 발설하지 말 것을 신신당부하며 노벨 평화상 수상자들을 모시고 평화 국제 세미나를 할 계획을 말했더니 놀랍게 받아들였습니다. 그러나 그 후, 일간지에 기사가 실려 당황했습니다. 그런 일은 다 완전히 결정된 후에 기사화되는 것이 바람직하기 때문이었습니다. 하지만 이런 일이 진행되고 있는 중에 저는 대신학교 학장(서울관구 신학원장, 신학대학장, 가톨릭대학교 총장)으로 임명되어 업무의 폭주와 과로에 의한 입원 등으로 문화분과위원장직을 사임하게 되었고 계획은 무산되었습니다.[79]

4) 맺음말

이 땅 교회 내외의 현실과 곧 도래할 미래상의 제시와 사목적 대응의 긴요(緊要)성에 대한 핵심적 요인을 말하고자 한다. 중요한 것은 모

---

79 『현재와 과거, 미래, 영원을 넘나드는 삶』3, (2003, 가톨릭출판사), 67-71쪽.

든 것은 다 자기 때가 있는 것이니 시기를 놓치지 말아야 하는 것이다.

이 자리를 빌려 듣기에 힘든 것이라도 자유롭게 의견을 드릴 수 있게 하시는 정진석 추기경의 큰 인품과 겸손에 감사드리고 큰 존경을 바친다. 부디 서울대교구 사제들과 일심동체가 되어 사제들이 그렇게도 갈망하는 미래를 열어가는 사목자가 되시어 서울대교구사에 큰 발자취를 남기시고 앞으로 동양 가톨릭의 중심이 되는 서울대교구의 기반을 다져주시기를 기대하며 기도하는 바이다. 정진석 추기경은 서울대교구장으로서 지난 근 십 년간 나름대로 많은 노력을 하셨다. 또한, 역대 교구장들이 못한 여러 가지 큰일도 하셨다. 예컨대 대교구 시노드 개최, 교구장 대리제도 실시, 몬시뇰 제도 도입, 신자들의 영적·정신적 양식이 될 저술, 생명사목 실천, 의정부교구 설정, 역대 평양교구장 서리들 중 유일하게 평양교구 사목에 중대한 일을 시작한 분이라고 할 수 있다. 물론 노기남 대주교는 초대 서울교구장이자 평안도 출신으로 평양교구 사제 인재 양성 및 크고 작은 일들을 도우시고 처리하셨다. 메리놀 회원인 조지 캐롤(George Carroll, M. M.) 몬시뇰은 가장 어려운 시기에 평양교구장 서리로서 교구가 본 터전을 잃고 피난살이 중인데도 많은 신학생의 양성비와 용돈을 마련하여, 교구 사제들의 미사예물 조달 등의 많은 일을 했지만 실질적으로 직접적 사목 관련 일을 할 수 없었다. 그러던 중 정진석 추기경은 평양교구장 서리로서 평양교구의 실제적 사목의 전초기지를 마련한 셈이다. 그것은 다름 아닌 파주 지구의 땅, 이북 선교를 위해 마련한 땅에 '참회와 속죄의 성당'을 건설하여 탈북 난민을 위한 사목을 계획하기 때문이다. 어찌되었건 평양교구장으로서 1950년 6·25 한국전쟁 후 50여 년의 잃어버린 평양교구 사목을 재개하는 것이니 그 의미는 자못 크다. 이것은 평양교구사뿐만 아니라 한국교회사에도 특기할 문제다. 정진석 추기경은 평양교구장 서리로서 한시도 평양교구와 북한교회를 잊지 않고 기도하며 노심초사하시는 것으로 알고 있다.

심혈을 다 바친 정 추기경의 사목이 많은 결실을 거두었을 것을 믿어 의심치 않는다. 그러나 유감스럽게도 사제들과의 호흡이 잘 맞지 않아 소기의 결실을 거두지 못하고 적지 않은 부분이 일시적 행사에 그친 감이 있는 것을 부인하기 어렵다. 사제들의 입장에서는 여러 가지 사목 행사가 있었지만 방법과 내용이 새로운 것이 없어 공감을 불러일으키지 못했다. 특히 정 교구장의 저간의 사목은 서울과 같이 세계적이며 급변하는 시대의 최첨단에 있는 지대의 사목에 적합하지 않다는 여론과 중론은 교구장의 사목을 계속 퇴색시키고 있었다. 더욱이 정치 경제, 국방, 국제, 교육 등 사회의 큰 혼란으로 국론이 갈기갈기 찢기고 민생은 도탄에 빠졌을 때, 특히 북한 핵개발과 전시 작전통수권 전환 정책 등으로 국민이 공포와 불안에 시달릴 때, 침묵으로 일관하며 무풍지대, 안전지대에서의 개인주의적 평온주의(quietismus) 같은 강론과 행동은 본인의 의사와는 상관없이 민족 격랑 시기의 사목자로서는 사제들이나 신자들, 더 나아가 사회의 바람을 채우기에 멀리 못 미쳤다. 물론 나는 정 추기경이 노력하신 것을 잘 알고 있다. 아직도 사제들과 교구민을 비롯하여 사회의 가톨릭에 대한 바람을 어느 정도 채울 길은 남아 있다. 정진석 추기경은 이제 시간이 얼마 남지 않은 것으로 보이는 잔여기간 중에 사목적인 심기일전(心機一轉)을 이루시어 사제들이 바라고 공감하며 따라갈 수 있는 사목자로 변신하여 사목의 아름다운 유종(有終)의 미(美)를 거두시기 바라는 마음 간절하다. 그렇게만 된다면 예수님께서 최후의 만찬 석상에서 간곡히 말씀하신 "그들이 모두 하나가 되게 해 주십시오. 아버지, 아버지께서 제 안에 계시고 제가 아버지 안에 있듯이, 그들도 우리 안에 있게 해 주십시오. 그리하여 […] 그들도 하나가 되게 하려는 것입니다"(요한 17,21-23)라는 사제적 일치로 전대미문의 풍요로운 사목을 이루실 것이다. 서울대교구의 사목은 하늘과 땅에 울려 퍼지는 장엄 오케스트라와 같아 이른바 제제다사(濟濟多士), 가지가지 뛰어난 재능의 악사(樂士)들의 모임이다. 정 추기경이 명지휘자로 복음 악보의 시대적이며 종말론적 새로운 해석과 각 단원의 기묘한 자질을 계발하여 화합하게 하면 하늘과 땅이 화답하는 일대 사목 연주를 이룰 것이다. 사제의 모든 힘은 영성에서 온다. 그것은 복음적 삶을 사는 것 외에 다른 왕도(王道)가 없다. 지금 서울대교구 사제들의 마음은 겉으로는 평온한 것 같아도 현 교구장에게는 관심이 없고 차기 교구장에 대한 관심과 기대로 차 있다. 그렇기에 정진석 교구장은 가일층(加一層) 분발하시어 사제들과 식별력 있는 신자들이 "바로 이것이다"라고 할 수 있는 사목으로 일대 변신을 했으면 하는 바람이 간절하다.

다음 계승자가 누가 되든, 그런 분은 지난 수십 년간 잃어버린 교구장과 사제들 간의 강력한 일치를 되찾아 올 분이어야 한다. 이런 일치는 서울대교구 사제들의 정신과 마음에 호소력 있는 사목으로만 가능하다. 지금 한국, 특히 서울은 급변하는 세계의 모든 분야에 걸쳐 최첨단에 서있기에 서울대교구 사제들은 이런 변화에 상응하는 사목, 즉 현재적이면서도 급변하는 인류문화 속에서의 미래지향적인 목장 교회와 사회의 사목자를 기다리고 있다. 이런 사목자가 아니면 지난 수십 년간 사제들과 교구장의 불일치로 야기된 영적 손실을 사목 전반에 걸쳐 반복하게 될 것이다. 우리는 이 점에서 교구장이나 사제들은 다 같이 사제적 초심(初心)으로 돌아가 깊이 반성하며 겸허한 마음으로 기도하며 노력해야 할 것이다.

끝으로 교구 사목에 도움이 된다면 아무리 듣기에 거북한 말이라도 다 들으시며 수용하신 정진석 추기경 교구장의 큰 그릇됨과 깊은 겸손과 사목적 열성에 감사와 존경을 드린다.[80]

5) 명동 주차장[81]에 젊은이 센터를!

① 명동 젊은이 센터

이제(2007년 12월) 한국 사회는 지난 10년간의 역주행을 끝내고 새로운 모습을 보일 것이다. 이명박 대통령 당선자 시기이기에 그렇다. 명동 성역 개발 계획은 그분이 서울시장 시절 2020 서울도시기본계획과 맞물려 계획되었다. 서울시 전역은 가는 곳마다 발전하는 시대의 요청에 따라 새로운 모습으로 변해 가는데 비해, 역사적으로나 문화적으로 이 나라 국운과 운명을 같이하며 공간적으로 변화와 진보의 선두에 선 명동성당 영역은, 전혀 변하지 않을 뿐만 아니라 전진하는 민족 문화와 세계 문화의 요청에 무감각한 지대라는 평이다.

그 단적인 예가 로얄호텔 맞은편 금싸라기 값의 땅이 근 40년간 종교문화적으로 제 구실을 못하고 호텔 주차장으로 전락하여 주차비나 받는 처지가 되었다. 이것은 교회 내외가 공감하는 우리의 공개된 치부다. 물론 그런 곱지 않은 시선이 현 교구 고위층이나 책임 부서 성직자들에게 있는 것은 아니다. 그들은 지난 수십 년간 누적된 폐단을 이어받고 있는 셈이다.

한 가지 유의할 점은 근간(近間) 교황 대사의 경질이다. 물론 정규적

---

80 2006년 6월 5일-2007년 2월 28일.
81 현 로얄호텔 맞은편.

인 인사이지만 교황 대사의 경질 시기에 중대한 일들이 일어나곤 했다. 예컨대 현 체릭 대주교가 교황 대사로 오시기(2004년) 전에는 한국의 새 추기경 임명 문제로 교회 내외가 시끄러웠다. 전임 대사 모란디니 대주교는 다른 교구의 주교가 추기경이 될 것이란 점을 강력히 시사하기에 나는 "평양교구장 서리까지 겸임하는 서울대교구장을 제쳐놓고 또 왕도 5백 년의 한국인의 정서를 고려치 않고 새 추기경을 낸다는 것은 북한교회에 큰 손실을 줄 수도 있을 것"이라 하여 일단 보류시켰다. 당시 교세가 한국과 비교도 안 되는 일본이나 공산 치하에서 위축된 베트남 교회에도 한 명씩 새 추기경이 나왔는데 한국교회가 제외된다는 것, 그 중에서도 세계에서 가장 활력 있다고 할 서울대교구장이 빠진다는 것은 이치에 어긋난다고 했다. 그때는 그냥 지나갔지만 지금의(2004년) 체릭 대사에게 사정을 말씀드렸더니 모든 것을 수용하여 서울대교구장 정진석 대주교가 추기경으로 추대되었다. 이번 교황 대사 교체도 서울대교구에 좋은 징조이기를 바란다. 좋은 징조는 시대가 요구하는 좋은 일을 할 때 이루어진다. 가시는 교황 대사님은, "왜 서울대교구는 혜화동 등 좋은 공간을 교회와 사회를 위해 유용하게 사용하지 않느냐"고 한 적이 있다. 명동의 공간을 사용하지 않는 데 대한 불만이 전제되는 것은 두말할 여지가 없다.

　지금 명동 성역은 현실적이며 역사적 요청에 응답할 시점에 도달했다. 2020 서울도시기본계획의 대역사를 감행한 분이 대통령이 되어 전국적으로 사회와 지역의 대변혁을 예고하고 있기 때문이다. 서울대교구는 그 땅을 교회와 시민을 위해 시대 요청에 따라 잘 활용하여 그간의 부족과 미진(未盡)을 보완할 시점에 이르렀다. 그 자리에 청년 문화센터를 지어 젊은이들의 종교문화를 함양하고 영성적, 정신적 힘으로, 젊은이들의 메마른 정신 풍토에 복음에 근거한 새로운 생기를 불어넣는 것이다. 그 자리는 몇 년 전만 해도 명동상가 지구에서 하루에 움직이는 젊은이들이 2백만 명 정도였는데, 지금은 3백만 명을 넘는 다는 것이며, 곧 4백만 명을 상회할 것이라는 전망이다. 이런 젊은이들의 물결이 명동성당 영역인 현 로얄호텔 주차장과 맞닿아 있는 지점에서 일어나고 있다. 그런데 현재는 젊은이들의 흐름을 주차장이 가로막아 아래 번화가로 되돌아가게 만들어, 결과적으로 젊은이들이 정신적·영성적인 신선한 바람을 호흡하게 하는 성역으로 들어오는 것을 차단하는 벽이 되었다. 주차장 자리에 종교문화 센터를 건축하면 젊은이들의 운집(雲集)장이 될 것이다. 또한, 이 기회를 잘 이용하면, 영성적, 지성적, 종교적, 윤리적으로 훈육 계발된 젊은이들의 저력은 서울을 넘어 전국으로 핵분열을 일으키며 확산될 수 있다. 이는 세종로에서 젊은이들의 인기를 독점하는 성공회가 운영하는 세실극장이나 카페보다는 몇 백 배로 더 능률적이고 효과적인 역할을 할 수 있을 것이다. 교회는 지금 그런 노력을 해야 할 책임과 하느님으로부터의 엄중한 사명이 주어져 있다. 공간이나 시간 어느 것도 순 소유주의 것으로 남아 있지 않고 공익(公益)에 이바지해야 하는 시기로 인류 문화는 진화하고 있다.

　명동 교구청이 이런 일을 하는데 지금이 적시라고 생각한다. 매일 3백만 명이 움직이니 백 분의 일만 치더라도 3만 명은 족히 되는 젊은이들의 분위기와 취향과 요청에 교회가 응답하면, 한국의 전 교회가 전력을 기울여도 그들의 요구에 응답하기에 역부족인 상황이 될 것이다. 또한, 서울대교구는 천주교 신자가 인구의 10%대이니 3백만 중에 가톨릭 신자가 30만이 된다. 천주교의 젊은이들 대개가 교회를 떠나고 있는 이 시점을 고려하면, 명동은 스스로 모여드는 젊은이들의 황금 어장이다. 젊은 시절에는 누구나 이상적이고, 보람 있으며, 정신적인 것, 영성적인 것, 종교적인 것을 추구하기 마련이다. 명동 성역은 하느님께서 특별히 마련해 주시는 어장이 아니고 무엇이겠는가. 나는 밤새도록 수고하고도 물고기를 한 마리도 못 잡았지만 주님께서 그물을 치라고 하실 때 그곳에 그물을 쳐 그물이 터질 만큼 많은 물고기를 잡았다는 성경 말씀[82]을 연상하게 된다.

그렇다면 젊은이 문화센터는 어떤 건물이어야 하는가. 우선 젊은이들은 독서를 해야 하니, 책 카페(정식 서점이 아닌 독서실), 토론실, 사이버 카페, 음악실, 소규모의 무대실, 영화 감상실, 중·소 규모의 강의실(필히 동시 통역실－외국 강사 초청이나 외국 젊은이들과 어울릴 경우를 위해), 동시통역을 겸한 대강당 하나, 물론 음료나 다과, 간단한 식사, 교회 봉사에서 운영되는 실비 식당 등의 편의시설을 생각할 수 있다.

지금 우리 젊은이들은 예능 중심의 한류 바람을 일으키고 있다. 어차피 구미(歐美) 중심의 세계 문화는 동양, 그 중에서도 한국, 특히 서울로 옮겨오고 있다. 서울은 14세기 말 이조(李朝) 5백 년 왕도가 자리 잡고 뿌리내리기 시작한 곳이다. 명동은 모진 순교사 교난(敎難)을 통해 굳게 닫힌 쇄국의 문을 열게 하며 오늘의 명동을 형성해 낸 천주교의 심장부이다. 명동성당 영역의 역할은, 국가적 사회적 더 나아가 교황청과 연계하여 세계적으로 놀라운 영향을 미칠 수 있는 한국의 문화와 인류의 공통문화 시기와 맞물려 있다. 이런 관점에서 국내외를 지향하는 젊은이들이 인류 공통문화 형성에 이바지하도록 요청하는 데 응답해야 함은 물론이고, 컨벤션 센터와 트레이닝 센터도 필요하다.

젊은이들의 〈평화방송〉과의 연계 혹은 공동 작업도 생각할 수 있

---

82 루카 5,1-11 참조.

다. 무엇보다도 중요한 것은 젊은이들 스스로 자발적이고 적극적으로 참여하여 제작하는 프로그램이 필요할 것이다. 그렇게 하려면 국제적 교류도 빈번해야 할 것이다. 이런 콘텐츠 문제에서는 평신도 전문가의 자문과 협력을 많이 받을 수 있다. 물론 명동의 젊은이 종교문화예술 광장과 문화센터 조성이 여기에서 그치는 것은 아니다. 시급히 요청되는 것은 젊은이 문화센터 건립이다. 명동 같은 시민들의 모임 중심 지대에는 시민 봉사 시설, 종교 정신에 의한 젊은이 봉사 시설을 시민들이 절실히 요구한다.

이런 정도의 일은 즉시 시작할 수 있다. 서울대교구장 정진석 대주교가 첫 삽을 뜨는 것이 그리 어려운 일이 아니다. 내가 알기로 정 추기경도 광장과 젊은이 문화센터를 시작할 의향을 가지신 지가 오래 전이다. 교구청 요직 사제들도 적극적으로 협조하려는 마음가짐이라는 말도 들었기에 지금이 정 추기경이 청년 문화 센터 건설의 첫 삽을 뜨시기에 적기인 듯하다. 명동에 청소년 센터 본부가 있고 서울이나 지방 여러 곳에 지부 형태의 센터가 형성되는 것이 순리다. 명동에 형성될 젊은이 문화센터는 개신교 측의 선교와 문화 창달에 지대한 공헌을 한 YMCA(그리스도교 청년회)나 YWCA(그리스도교 여자청년회)를 합친 것에 버금갈 수 있다. 명동 성역의 젊은이 센터는 현재와 미래를 투시하며 가톨릭이라는 세계적 배경과 명동이라는 민족사의 장소적 장점을 활용하여, 외래문화를 우리의 깊은 동양 문화에서 재생산하여 세계에 미래지향적으로 내뿜는 형태로 더 높은 차원의 작용과 공헌을 할 수 있을 것이다. 명동 성역은 2백 년 전 우리 선조 젊은 학자들이, 퇴조를 거듭하는 우리 학문 풍토와 정치 풍토에 천주교라는 새로운 서구학문과 신앙세계를 열어준 곳이다. 한국 젊은이들은 한류를 필두(筆頭)로 세계를 휘저으며 인류와 미래에 새로운 문화 개천(開天)의 후

예(後裔)가 될 것이다.

지난날 교회가 지난날의 토지 공간은 잘못 이용한 것에 대해 짚어보겠다. YWCA는 명동성당 바로 앞에 있다. 해방 직후 양기섭 신부가 경향신문사가 된 소공동 부지와 건물과 더불어 그 자리도 미 군정청과 교섭하여 천주교에서 받았다. 당시 좁은 과거 윤리관에 묶인 교구청의 요직 성직자들의 반발로 군정청에 반납하게 되었는데, 반납이 되자마자 개신교 측에서 인수하여, 오늘의 YWCA로 발전했다고 한다. 나는 양기섭 신부께 직접 들었으며 그런 말이 당시 교구청에서 흘러 나왔다. 만일 그때 양기섭 신부가 결정한 대로 현 YWCA 부지와 건물을 천주교가 인수하여 소유하고 있었다면, 교회는 명동 언덕 전부를 차지하여 놀라운 복음 선포적, 문화적, 사회 공헌적 작용을 했을 것이다. 지금이라도 명동 성역은 좋은 여건을 잘 활용하면 교회와 국민이 요구하는 것을 충족시킬 수 있을 것이다. 시민과 같이 하는 미래 지향적 문화관은 교구장을 비롯하여 서울대교구의 결정권을 가진 지도적 성직자에게 절대로 요구된다. 이런 식견은 성직계 위주로는 감당하지 못하고, 교구와 한국 문화계, 교회의 선구자적 식견자 견해까지 청취하는 폭넓은 의견 수렴이 절실히 요구된다. 시민과 같이 하는 명동 성역 개발은, 앞을 보고 세계를 보는 식견으로 감싸 안아 명동의 앞으로의 문화적 의미를 계몽하고 설득하는 과정이 필요하다. 명동 성역을 오늘의 교회 편의만을 생각하는 건물 증축에 치중한다면 후대의 비판과 치언 등을 면하기 어려울 것이다. 선배들은 발전하는 인류 문화에 맹목(盲目)인 사목을 펼쳐 말할 수 없는 물적·정신적·영성적 손실을 후대에게 끼쳐 후대에 후회막심, 비판의 대상이 되고 있다. 오늘의 교구청 행정부에서 중추적 역할을 하는 분들은 전대의 실책을 반복해서는 안 된다. 인류문화 흐름에 대한 무지하여, 이 나라 민족

문화, 오늘의 세계교회가 한국교회에 대한 요청에 무지와 무능은 하느님의 창조경륜 실천 흐름에 역주행을 감행하는 결과가 될 수 있다.

그런 유(類)의 한 가지가 현 국립묘지 일대는 프랑스 선교사 시기에 산 교회 땅으로, 선배 신부님들이 용산신학교 시절에 매주 산책가던 곳이라고 했다. 그러던 것이 국가에서 국립묘지가 필요해, 교회가 그 땅을 팔았는데 당시 평당 160~170원가량의 헐값으로 팔았다고 한다. 프랑스 선교사들은 명동을 위시해 서울의 좋은 봉우리들을 샀을 뿐만 아니라 국립묘지와 같은 명당을 다 잡아주었지만 우리 본방인들의 무지 내지 단견, 미래지향적 인류문화사 흐름에 대한 맹목과 무모로, (국립묘지 터가 얼마나 좋은 땅이며 지형인지는 이제 삼척동자도 다 아는 곳인데,) 무용지물로 만들더니 결국 잃어버리고 만 셈이다. 그곳에 가톨릭대학이나 자선기관 등 생명문화 타운이나 청년 문화타운을 건설했다면 세계가 놀랐을 것이며 서울대교구는 세계교회의 전범(典範)이 되었을 것이다. 이런 회한은 오늘날 우리가 방치하거나 문화의 흐름에 대한 무지다. 그리하여 명동 개발이 후대에게 잘못 물려지면 이 시대의 지도자들은 천추의 한을 남기게 되는 것이다. 멀리 앞을 보며 세계의 중심으로 변해가는 서울의 심장부 지대, 민족의 영욕을 같이 해 온 하느님이 점지해 준 땅을 하느님의 지혜와 선의가 돕는 발전이 이루어지기를 기도한다.

프랑스 선교사들이 전국 곳곳에 많은 농지와 산지(山地)를 사 놓았는데 해방 후 농지개혁법으로 받은 막대한 자금으로, 서울대교구는 영등포에 직물공장을 운영하다 실패해 큰 손실을 보았다. 그 공장은 일본 자본에 의해 판본방적(阪本紡績)이라는 이름으로 운영되었다는 정통한 소식이 있다. 서울대교구가 실패한 방적공장은 그 후의 운영주들이 크게 성공하여 막대한 이익을 냈다는 후문이다. 역시 성직자들이 경제사회적, 기업적 문제를 좌지우지하는 것은 시대착오라는 것이 그때 이미 입증되었다. 교회라 할지라도 무지와 안일에 젖으면 일이 어떻게 잘못되고 후대에 잘못된 결과와 비참을 물려주는지 우리는 몸으로 체험하며 살고 있다. 그렇기에 나는 윤공희 주교가 1963년 수원교구장으로 주교가 되시고 처음으로 제2차 바티칸 공의회에 참석차 떠나시며 무슨 발언이 좋을까 하실 때, "무지와 권력의 야합은 무서운 비극을 초래한다"고 하여 영민하고 착한 목자이신 그분을 당황하게 한 적이 있다. 이런 것은 지난 5년간 이 땅에 사는 사람들이 뼈저리게 느낀 것이다. 다행히도 현 서울대교구장 정진석 추기경은 현재 명동 개발의 사목적, 역사적 의미와 사명을 충분히 이해하고 계실 것을 기대하며 명동 성역 개발에 희망을 걸어본다.

  개발될 명동광장은 영어로는 정 니콜나스 추기경 광장(Plaza of Nicholas Cardinal Cheong 약자 PNCC) 혹은 정 니콜라스 추기경의 젊은이 광장(Youth Plaza of Nicholas Cardinal Cheong 약자 YPCN 혹은 YPNC)이라고 하는 것이 좋을 듯싶다. 일반의 표현으로는 니콜라스 광장(이 명칭은 젊은이들에게 정겨울 것이며 앞으로 더욱 그럴 것이다. 성탄이라는 이름보다는 젊은이들에게 크리스마스가 더 친근하고 산타클로스 할아버지는 누구에게나 좋은 것처럼 말이다. 지금 서울이나 근교 유명 건물 명칭이 한국의 서울이 세계의 중심으로 떠오르고 세계인들의 왕래가 빈번해지면서 서구식 명칭으로 불리게 되었다. 이는 세계화되는 과정에서의 추세다) 또는 명동 젊은이 광장 혹은 명동광장 등이 무난할 것이다. 이런 광장과 센터 조성은 시작하는 데 경비가 그리 많이 안 들고 사제 서품식 등 의미 깊은 전례 행사가 거룩한 분위기 속에 이루어질 수 있을 것이다. 모든 것이 다 갖추어진 다음에 하려면 영영 못하고 말 것이다. 우선 정 추기경이 젊은이 센터 조성의 첫 삽을 뜸으로써 일은 반을 성사시킨 것이나 마찬가지겠다.

그리고 그 광장은 한국교회와 한국 민족에게 좋을 뿐만 아니라 그런 존재 자체가 동양의 허브 교회 모습을 나타내기에 서울대교구는 교황청이 바라는 동양의 가톨릭 허브 교구로 나타날 것이다. 거기 더해 계속 주장해 온 컨벤션 센터(Convention Center)와 트레이닝 센터(Training Center)를 시간을 두고 갖추게 되면 명실상부한 허브가 될 것이다. 그렇게 하려면 계성초등학교와 여자 중·고등학교도 명동 성역을 떠나야 하며 샬트르 성 바오로 수녀회 수련원과 본부도 (본부 사무실이나 학생 수녀 숙소 정도를 제외하고) 떠나는 것이 본당 성역의 교회와 국가 발전, 수녀원과 교구청 모두를 위해 좋을 것이다(이는 1960년대 초부터 내가 주장해 왔다.)

전국의 최고 금싸라기 땅이며 명당성역 땅이 근 40년간 한 호텔의 주차장 꼴이 되었는지는 역사에 남겨두어야 할 것이다.

김수환 추기경이 서울대교구장으로 부임하신 지 얼마 안 된 시기다. 그때는 우리나라의 외환 사정이 너무 나빠 대학생들과 교수들이 외국 서적이 필요한데도 도무지 살 수가 없는 처지였다. 당시 한국교회는 너무 가난하기에 교황청으로부터 상당한 액수의 외환 원조를 받고 있는 때였다. 그 외환으로 외국 학술 서적을 사와 한국에서 한화로 판매하면 되겠다는 생각이 떠올랐다. 그 당시 밀수로 외서들이 조금씩 국내에 반입되는 수가 있은 모양인데 값이 엄청나게 비싸 한화로 계산 시 4~5배는 보통이고 많게는 8배까지 폭리가 취해진다는 풍문이었다. 그러나 교회는 지성계에 대한 봉사이니 실비인 2배 이상은 받지 않아야 한다고 생각했다. 그리고 책 구매 시 서점을 나갈 때 반드시 종교 서적부를 통해 나가게 하여 종교적 기회를 제공하기로 구상했다. 마침 그때 명동성당에서 지성인 예비자 교리 강좌가 있어 많은 지성인을 영세시키던 시기였기에 그런 아이디어는 안성맞춤이라고 생각했다.

그런데 문제는 막대한 경비 문제였다. 궁리를 거듭한 끝에 생각난 것이 몇 년 전에 개설된 신탁은행의 감사 분이었다. 신탁은행은 후에 서울은행과 합쳐져 서울신탁은행이 된 것으로 알고 있다. 그분은 은행 전문가로서 신탁은행 개설의 산파역을 한 분이었는데 부산에서 보좌 신부 시절에 내게 영세한 분이었다. 그분의 말씀이 남산 제1터널 공사 때 저리로 은행돈을 빌려주었는데, 조건은 10~15년간의 통행료를 은행의 수입으로 하고 기한이 끝나면 해당 기관에 권리를 완전히 이양한다는 것이었다. 서울대교구에 대해서도 그렇게 할 수 있는데 요는 통행료와 같은 수입원이 없으니 곤란하다는 것이었다. 그래도 무슨 수가 없겠느냐고 간곡히 물었더니 한 가지 수가 있기는 한데 그것은 건물의 1층에서 3층까지 십수 년간 아마도 15년간 은행에서 쓰고 교회는 그 이상의 층들만 써야 한다는 것이었다. 그러나 교회는 교회대로 1층, 2층 등을 쓰려고 할 것이니 어렵다는 것이었다. 그때는 여의도도 개발되지 않았고 금융가는 명동이었으니 은행이 서울의 노른자위 땅 명동성당 영역에 점포 개설을 원한 것은 당연한 일이었다. 그래도 무슨 수가 없겠느냐고 했더니 (그분도 교회를 돕고 싶은 심정에서) 그렇다면 서울대교구의 예금 거래는 신탁은행하고만 하면 된다는 안이었다. 그렇게 가까스로 교회는 서점용으로 1~3층을 쓰고 은행은 그 위층을 쓰기로 했다. 그러는 동안 교회 측에서는 김수환 추기경 교구장 승인 하에 내부적으로 위원회가 구성되어 일이 진행되고 있었다.

그때 가톨릭 의과대학이 명동에 있었다. 그 전부터 교회가 지방 신자 학생들을 위해 운영하던 기숙사(그때는 의과대학 교실) 구식 건물을 강력하게 요구하여 다 헐고 건물공사를 시작하려 했는데 교구청 모부처에서 강력한 이의를 제기하여 공사를 시작할 수 없게 되었다. 그 이의인즉 당시 명동은 금융의 중심가이고 번화가였는데 주차장이 없어 서울시가 골치를 앓으니 명동에 공공 주차장을 만들면 면세 혜택을 준다는 것이었다. 그러니 빚을 얻어 (물론 그 빚은 건물 장기 무료 사용이었지만) 건물을 올리는 것보다는 면세 주차장을 운영하면 수입이 고스란히 교구의 것이라는 논리였다. 그렇게 기숙사가 헐린 교회의 심장부 같은 자리가 그때부터 현재까지 근 40년간 로얄호텔의 주차장 구실을 하며 호텔한테서 사용료나 받는 어처구니없는 땅이 된 것이다. 그런 이견이 완강히 제기될 때, 마지막 회의에서 '호미를 사다 주시오'라고 했더니 '호미는 왜요' 하기에 '바오로 사도가 손수 일해 생활한 것처럼 그 자리에다 호미로 호박이나 심어 먹으렵니다'라고 한 것이 어제 같은데 어언 40년이란 시간이 흘렀다. 그 당시 명동은 금융의 중심지였고 큰 금융거래는 명동에서 이루어졌다. 그때는 부정부패로 얼룩진 시기였기에 명동을 드나드는 외제 고급 승용차의 주차비 수령보다는 땀 흘리는 호박농사가 더 교회다운 일이라는 것이라는 말도 곁들였던 것이다. 이런 아이디어가 명동 성역에서 파탄난 후 (짧지 않은 시간이 흐른 후) 그와 엇비슷한 큰 서점(배후는 개신교 측이라는 후문이었음)이 종로서적이라는 이름으로 생겨 독서계에 공헌을 했다. (내적 관련은 모르겠지만) 드디어 교보문고로 발전해 이 땅의 독서계와 문화발전에 지대한 공헌을 하게 되었다. 그러니 적어도 이번 기회만큼은 청년 사목 황금 어장의 땅 주차장을, 그야말로 교회의 심장이며 생명 자체인 젊은이를 위한 본연의 사목의 장으로, 즉 젊은이 센터로 바꾸어 놓아야 할 것이다. 이런 사목적 큰 변혁을 일으키는 것이 정진석 추기경의 손과 서울대교구 주교단, 교구청의 요직 사제들과 교구의 주요 직책 사제들의 시기에 이루어진다는 것은 명동성당 건축 최대의 사목적

예언직 수행이다.[83]

② 명동 젊은이 센터의 콘텐츠[84]

　젊은이 센터의 콘텐츠에 대해 큰 스케치를 조감해 본다. 그런데 이런 콘텐츠는 시대와 변화무쌍한 청년 문화의 변화에 따라야 할 것이기에 고정적으로 논할 수는 없다. 그러나 현재 그들의 문화의 핵(核)은 젊은이에 대한 그리스도교 교육과 그리스도 사랑의 봉사 정신 함양과 실천이다. 천주교는 유구한 역사 속에서 항상 종말론적 신앙과 희망의 지혜와 용기로써 앞서 가며 인류를 이끌어 온 경험에 바탕을 두고 명동의 젊은이 센터를 운영해 시대적 사목 사명을 완수해 가야 할 것이다. 그것은 젊은이들은 항상 새로워지기를 원하는 것이며 그런 성향은 하느님으로부터 받은 천성이기 때문이다. 그것에 교회가 응답하지 못하면 교회는 역사가 제시하는 바와 같이 쇠퇴의 길을 걷게 될 것이다. 젊은이들 95% 이상이 교회를 떠나는 이유도 그런 측면일 것이기에 지금 한국 천주교회는 가장 큰 위기 국면에 처해있다.

　이런 관점에서 '명동 젊은이 센터'의 교육 프로그램과 실천 계획을 생각해 봤다. 인류문화가 세기적 격변을 겪을 때 교회는 놀라운 신학적, 철학적, 사회학적, 인류문화적인 새로운 차원의 해석으로 새로운 삶을 이루어 준다. 그렇게 하지 못했을 때는 근대와 현대사에서 보는 바와 같이 급격한 쇠락의 길을 걷다가 위대한 선각자들이, 가톨릭 사상 전반에 걸친 시대적이면서도 미래지향적인 새로운 해석과 실천으

---

83 2008년 2월 6일, 이상의 글은 서울대교구장 정진석 추기경께 드린 것인데 서울대교구 주교들과 지구장 등 요직 신부들께도 보낸 글이다.
84 아래 글은 2차에 걸쳐 콘텐츠를 보충하여 정 추기경과 서울대교구 주교들께 드린 글이다. 특히 2008년 2월 23일의 것은 정진석 추기경과의 대화 부분인데 2월 20일 분과 합쳐졌다. 그 후 문맥과 내용 등이 인류문화 흐름 속에 조금 변화되었다.

로 인류를 이끌어 가는 것이다. 지금은 인류문화가 중심부에서 이루어지지 않으며, 새로 생겨나는 기운과 시도가 성공할 수 있는 시대로 진입한 것이다. 새로운 사상과 실천은 곧 바로 세계 인류문화 진행에 결정적인 영향을 준다. 지금 한국교회는 동양 가톨릭교회 전체의 지도적 위치에 설 수밖에 없으며, 바로 세계교회에 관한 문제로 이어진다. 이 모든 것은 젊은이들을 중심으로 이루어져야 한다. 젊은이들이 다 떠나간 교회는 니체가 백 년 전에 말한 대로 거대한 묘지(墓地), 즉 무덤일 수밖에 없기 때문이다.

앞을 향해 질주하는 한국의 젊은이들을 위해서는 현재와 미래에 요청되는 신학을 비롯하여, 가톨릭 사상 전반에 대한 새로운 해석과 실천, 즉 새로운 사목이 필요하다. 그것은 그리 어려운 것이 아니다. 공학적 발전을 가져다주는 자연 구조도 다름 아닌 하느님 창조경륜의 어떤 면을 과학 공학 기술계가 새롭게 발견하여 실용화하는 데 불과하다. 이 점을 젊은 세대에게 명쾌히 설명하여 납득시키면 된다. 젊은 세대는 전 세대에 비해 과학 공학 기술적인 면을 쉽게 접촉하고 이용할 수 있을 뿐이란 점을 그들 눈높이에 맞게 설명하면 충분하다. 여기에 더해 하느님 우주 창조경륜의 완성이 그리스도의 구속경륜, 즉 십자가의 죽음과 부활 사건이란 정신적이고 영성적인 측면까지 설명하면 놀라운 근원적 세계와 만난다. 우주공학을 포함한 기술 공학조차도 하느님의 놀라운 지혜와 선의(善意)와 전능의 힘으로 이루진 것을 인간이 부분적으로 이용할 뿐이라는 사실을 젊은이들은 깨닫게 된다. 그들은 지금의 발전이 어쩌면 대우주와 소우주 발견의 시작에 불과하다는 것을 알아들으면, 인간의 정신과 영성계는 그것보다 한 차원 높은 것이라는 것을 알게 할 필요가 있다. 그러면 젊은이들의 정신과 마음을 사로잡을 수 있다. 물론 분야별로 이런 작업을 한다는 것이 그리

쉬운 일은 아니다. 가르치는 사람이나 훈육하는 사람들이 급변하는 시대에 첨단적으로 변화하고 있는 젊은 세대를 위해 그만한 노력도 안 하고서야 어찌 그들의 사목자나 교육자가 될 수 있겠는가. 구시대적 지식이나 가치관, 사고방식으로는 젊은이들을 몰아내기만 할 뿐이다. 하느님의 우주 창조경륜과 완성인 그리스도의 구속경륜을 새로운 세계 질서 속에서 새로운 차원에서 "명동 젊은이 센터"에서 젊은이들에게 설명하며, 하느님의 모습인 인간을 더 완전한 존재로 설명해 확신하게 해야 한다. 세계의 어느 젊은이들보다도 앞서 추구하는 한국의 젊은이들에게 '명동 젊은이 센터'는 예언자적 사목을 다하는 엘리야의 처소와 복음적 삶과 선교에 열혈인 바오로 사도 정신의 계승의 장이 될 것이다.

지금의 명동의 호텔 대여 주차장 터는 반드시 젊은이들을 위한 장(場)이 되어야지 다른 것으로 용도가 변경된다면 지금보다도 더 젊은이들의 발길을 명동 성역과는 끊어 놓는 결과가 될 것이다. 젊은이들은 본능적으로 자기들의 장을 선호하지 전 시대의 명칭이 붙거나 그런 모임의 장소를 기피한다. 그와 반대로 전 세대 혹은 연장자들은 젊은이와 섞이는 것에 거부감이 없을 뿐더러 오히려 좋아한다. 우리는 명동 개발에서 종교계와 문화계에 지대한 영향을 미친 개신교의 YMCA나 YWCA의 놀라운 활동과 성과를 타산지석으로 삼아야 한다. 그들은 초창기에 젊은이들이 갈망하던 문화 세계로 문을 활짝 열고 실천하여 민족의 기대와 열망에 호응했다. 개신교는 그렇게 오늘날 대학교육 등, 고등교육의 75% 이상을 형성하는 공헌을 해왔다. 역사적, 장소적으로 한국의 문화 형성에서 명동보다 나은 장소는 없다. 지도층이 선견지명을 가지고 잘한다면 지난날 문화적으로 좋은 성과를 거둔 어떤 기관이나 단체보다도 훨씬 더 잘될 수 있다. 지난날은 서구 문명, 미국 문물 중심으로 수입 동화식으로 문화를 개화(開化)시켰으나 지금의 국력 신장세, 청년 문화 수출적 입장을 고려하면, 젊은이들을 정신적, 영성적으로 길러내는 데는 명동 성역을 따를 곳이 없다. 그렇기에 명동을 물량 개발에 중점을 두면 자칫 인류문화의 흐름에 역주행할 위험이 크다.

이제 가톨릭은 프랑스 선교사들이 전통 신앙 전수와 순교, 그 상징으로 나타난 명동성당, 민족의 운명과 같이하며 길잡이 역할을 했던 명동 성역을 이어 받은 명동 가톨릭 본부는, 젊은이들을 신천지(新天地)로 이끌어 갈 수 있는 '젊은이 센터'를 열어야 한다. 우리는 그 천재일우(千載一遇)의 기회를 하느님으로부터 큰 은혜로 부여받았다. 명동이 얼마나 이 땅의 지성과 젊은이들에게 큰 영향을 미치는 곳인지를 절절히 체험했다. 그 한 예로 명동에서 1961년에서 1971년까지 지성인 교리강좌를 열어 1천여 명의 교수, 법조인, 정치인, 경제인, 언론인, 문인 등의 영세자를 냈다. 그리하여 그들과 그들의 후손을 통해 천주교회가 국운을 좌우하며 사회전반의 발전에 큰 영향을 미쳤다. 또 하나의 예는 바오로딸 서원이 현 명동의 위치로 이사왔을 때인 1972년부터 1982년까지 10년간 시작한 사상 강좌였다. 그 건물 한 층에는 젊은 대학생층이 입추의 여지없이 모여들었고, 아래층 계단까지 앉아 청강하는 형편이었다. 같은 추세로 바오로딸 서원은 대구, 부산 등에서도 같은 유(類)의 강좌를 열어 큰 성과를 거두었다.

지금 명동 주차장 자리에 '젊은이 센터'를 건축하여, 실천적 강좌와 문화 행사를 펼치면 젊은이들과 지성층을 중심으로 앞날의 교회와 국가에 미칠 영향은 상상을 초월한다. 또한, 이런 문화적 바람은 전국 각 교구에서도 동류 현상이 나타날 것이기에, 명동 성역이 전국에 미칠 영향은 지대할 수밖에 없다. 현재 명동에서 대교구를 지휘하시는 정진석 추기경은 다독(多讀), 다저술(著述)하시는 분이며, 염수정 총대리 주교와 서울대교구 청소년부를 책임지고 있는 조규만 주교 등은 모두 교육계에 몸담으셨던 분으로 젊은이 교육과 봉사 준비에 발 벗고 나설 분들이다. 금상첨화로 사무처장으로 근자에 대교구청으로 부임한 안병철 신부는 프랑스에서 면학한 분으로, 프랑스 선교사들의 순교로 열어 놓은 명동 성역에서, 제2의 르네상스를 열 수도 있다. 젊은이들의 실천적 훈련장을 마련하는 데는 지금이 적시라고 생각된다. 명동에는 지금 매일 3백만 이상의 젊은이들이 뒤끓고 있으며 관광 특구로서 젊은이들의 국제적인 문화 장터를 이루는 셈이다. 명동 성역은 외국 젊은이들까지 아우르는 세계적 사목 터전이 될 수 있다. 이번 계기는 천우(天佑), 즉 하늘이 내리며 돕는 기회이며 개발 방식은 안일한 물량적 차원이어서는 안 된다는 점을 명심해야 한다. 그렇지 않고 역사적·세계적 문화의 흐름과 요구를 외면한 지난날의 과오를 답습한다면 역사적 사명을 다하지 못하는 결과가 될 것이다.

매일 명동에로 회귀하는 젊은이 3백만 명 중 대부분이 학생층으로 생각된다. 분류는 대학생부, 중고등 학생부, 더 세부적으로는 초등부와 유년부 등으로 나누어 생각해야 할 것이다. 이런 계획의 세세한 면은 사계(斯界) 전문가의 의견을 따라야 할 것이다. 명동은 지금도 그렇지만 앞으로는 더욱 교회 소유 일변도 지대가 아니다.

명동 지역이 YMCA나 YWCA가 한국 젊은이의 개화와 발전에 크게 기여했듯이 다른 차원에서, 국제적 젊은이들까지 염두에 둔 문화적 발전 비전에서 성역 개발이 이루어져야 할 것이다. 물론 우리는 더 깊고 넓은 가톨릭의 양태로 발전시켜야 한다. 특히 명동 젊은이센터는 제일 먼저 서울대교구의 각 본당에서 모여올 수많은 젊은이들을 염두에 두게 될 것이다.

'젊은이 센터'의 사업 내용, 즉 콘텐츠를 대충 열거하면 젊은이들의 교육과 봉사와 실천, 헌신을 국내와 국제로 나누어 볼 수 있다. 특히 유념해야 할 것은 봉사 정신이, 기필코 사랑에 찬 봉사로 발전해가야 한다는 점이다. 청년 문화 콘텐츠는 다양하고 급속하게 변할 수밖에 없다. 따라서 단 1년도 콘텐츠를 고정시킬 수 없다. 물론 이런 변화 속에서도 상대적으로 안정된 콘텐츠를 생각할 수 있다. 그뿐만 아니라 앞으로 IT 발전을 BT(생명공학산업, Bio Technology), 특히 녹색성장을 기본으로 하는 발전을 염두에 두어야 하기에 그 양상은 매우 복잡하다.

〈국내 청년 문화 강좌〉
국내는 교회 내와 사회 분야로 구분한다.

- 젊은이와 삶의 가치
- 젊은 교리교사 양성
- 젊은이와 성서
- 젊은이와 영성
- 젊은이와 신학
  (교의 신학적 측면이나 순수 교리보다 삶 속에서의 신학을 고려)
- 젊은이와 사회(가정, 학교, 사회로 구분)
- 젊은이와 문화
- 젊은이와 세계성
- 젊은이와 민족의 정체성
- 젊은이와 동양사상
- 젊은이와 미래 세계

- 젊은이와 교육
- 젊은이와 정치, 경제, 사회(IT 기술의 발전으로, 인간 삶 전반에 '공학'이란 용어가 등장할 것으로 예상)를 포함한 문화적인 삶 전반의 변화에 대한 문화 강좌[85]
- 젊은이와 유학(대학생, 중·고교생, 초등생과 장·단기 유학, 해외 체류, 기러기 부모 등의 가정 문제와 어린이 유학생의 정체성 문제)
- 젊은이와 결혼(성(性), 저출산 등)
- 젊은이와 고령화 사회
- 젊은이와 이민(이민 유입과 이민 송출 문제)
- 젊은이와 민족 통일과 이념, 사회 심리, 정치·사회 구조, 경제적 갈등 등
- 고령화는 중대 문제로 별도로 취급

교회는 고령화 문제에 지대한 관심을 가져야 한다. 교회는 젊은이들에 대한 관심과 더불어 노인 문제, 즉 고령화 문제에 대해 사목적 관심과 지대한 노력을 기울여야 한다. 교회는 축구장과 같이 두 축을 놓고 중간의 가지가지의 사목을 펼쳐가야 할 것이다. 이 두 축은 국가의 존망이 걸린 문제이니 앞으로 막대한 국가 경비가 지출될 것이다. 교회는 국가의 막대한 경비를 보조 받아 사랑의 봉사를 할 수 있다. 우선 명동은 매일 젊은이 3백만 명 이상이 운집하는 곳이므로 젊은이 집합장의 사목을 중점적으로 고찰해야 한다. 또 명동 성역에서 좁은 의미, 또 넓은 의미의 문화 광장을 펼쳐 궁극적으로는 청년사목을 실천한다면 다른 교구들에게도 같은 유(類)의 사목이 펼칠 것이다. 이런

---

85 이는 급변하는 사회와 문화 변화에 따른 것이기에 각계 전문가에 의해 작성되어야 한다.

사목은 전국적으로 상승작용을 일으켜 놀라운 시너지 효과를 낼 것이기에 국가적으로도 놀라운 공헌을 할 것이다. 한국에서의 노령화 봉사는 세계 가톨릭교회에 사목적인 큰 물결을 일으킬 수 있을 것이다.

이상과 같이 부지기수의 문제가 젊은이들의 삶과 연결되며 이 모든 것은 인간 삶과 직결되는 문제이기에 '젊은이 센터'에서 그리스도교 관점에서의 조명이 필요하다. 또한, 개신교 측에서는 YMCA, YWCA 등의 조직에서 시대의 요청에 부응하였기에 오늘의 종교적 문화적 성공을 이루었다. 물론 우리가 명동 성역에서 이 나라 젊은이와 세계 문화 흐름에 요청되는 문제에 응한다면 더 큰 성과를 거둘 수 있다.

여기서 덧붙이고 싶은 것은, '명동 젊은이 센터'의 편의 시설 중 식당은 저렴하고 청결하며 실비로 봉사적으로 운영되어야 한다. 한식, 양식 등 간소하면서도 위생적인 식사 제공의 운영이 요구된다. 그런 식당은 많은 젊은이 만남의 장이 될 것이며 센터 목적 달성의 중요한 계기가 될 것이다. 독서실과 커피숍은 필수다. 건전한 오락 시설도 추가로 필요하다.

젊은이 봉사 실천의 문제를 고려해 보자. 지금 세대의 젊은이들이 전 세대와 다른 점은 소신만 확실하면 투신한다는 점이다. 한국 젊은이들은 예능, 과학, 공학, 체육 등 각 분야에서 세계를 놀라게 하는 재능을 발휘하고 있다. 그러므로 그에 걸맞은 가치관이나 윤리관을 공학적인 면과 예능적인 면에서 제시하여 그들이 하느님으로부터 부여받은 소질 내지 기질, 즉 자기 투신의 정신을 발휘하게 해야 한다. 이 점은 젊은이들의 고귀한 장점이다. 젊은이들에게는 그들의 이해와 현실적응에 적절한 해석과 유연성에 근거한 가치관과 윤리관이 필요하며, 이는 하느님의 창조경륜에 대한 인간 지혜의 이해와 새로운 조명으로 얼마든지 가능하다. 이런 젊은이들의 인류문화로의 발전은 하느님 창조경륜의 또 다른 차원의 발로다.

투신이나 봉사는 모든 사람에게 하느님의 선의(善意)의 창조에서 주어지는 것이다. 이 면은 모든 사람에게 내재해 있는데 어떤 시대적 환경에서 의식을 갖게 하며, 어떤 동기를 부여하느냐에 따라 크게 좌우된다. 이런 투신이나 봉사하는 마음을 발휘하게 하는 데는 그런 심정을 부여하신 하느님을 중심으로 하는 것이 가장 강력하며 효과적이다.

나는 1953~1957년의 보좌 신부 시절 기간 동안, 6·25 한국전쟁으로 부산에서 피난살이 하던 시기에 이를 경험했다. 보좌 신부 마지막인 1956년 중반에서 1957년 중반에는 그런 경험이 켜켜이 쌓여 그 결실이 절정에 이르렀다. 부산 서대신동 본당은 처음에 신자 약 250명으로 출발했다. 초창기 2~3개월 동안 나는, 주임 신부께 주일 강론 끝 말씀마다 "가족이나 친지를 하느님께로 인도하는 것은 신자들의 가장 큰 의무"라는 말을 첨가하여 독려할 것을 건의하여 실천했다. 그런 지 몇 달 후 예비자를 모집했는데, 첫 번에는 약 7백 명이 모였고 예비자들 대부분이 영세했다. 그 다음 번에는 2천여 명이 모여 제2기(期)에서는 1천 7백여 명의 영세자가 태어났다. 이런 성과는 역시 신자들의 마음에 하느님으로부터 주어진 전교열을 자극 발동시킨 결과였다. 당면한 큰 문제는 그 많은 예비자를 어떻게 교육하느냐는 것이었다. 자칫 잘못하면 다 흩어질 위기였다. 예비자 모집 직전에 본당에서는 방인 주교 교구로서는 처음으로 레지오 마리애가 도입되어 남녀 10여 개 프레세디움이 운영되고 있었다. 그 단원들과 본당 내 가용 인력을 총동원하여 보좌 신부인 내가 교사들을 교육하고, 그들에게 능력에 따라 10명에서 30명까지 교리를 가르치고, 기도와 주일 미사를 같이 하게 하였으며, 월 1~2회 보좌 신부가 직접 전체 예비자 교육을 하였다. 그런 본당의 활기는 당시 신생 부산교구에 큰 활력이 되었으며 곧 서대신동 본당은 괴정동과 동대신동 본당 분할을 생각하기에 이르렀다.

  1988년에서 1991년까지 서울 대신학교 학장으로 있을 때다. 그때까지 이 땅 민주화 투쟁의 열기가 젊은이들 사이에 팽배해 있었기에, 신학생 입학자들과 재학생들의 정신 상태도 무풍지대일 수는 없었다. 그러나 1988년 2학기, 내가 학장으로 부임했을 때는 공산주의적 사회주의 내지 모든 유형의 독재 정권은 내부적 붕괴에 직면해 있는데도, 한국의 젊은이들은 독재 타도, 민주주의 성취라는 강력한 바람 속에 있었고 대신학교도 예외가 아니었다. 이런 풍조 속에서 신학생 본연의 자세가 흐트러진 것도 무리가 아니었다. 그렇기에 더욱 신학생 본연의 정신 강화와 앞으로 요구되는 사제상 정립을 위해 혼신의 노력을 기울였다. 외국 선교사와 영성 원천지 출신 선교사들을 포함하는 본방인 영성 지도 신부단의 강화, 북한학의 도입과 성서학의 강화, 시대 인류문화 흐름에 대한 사상과 가치, 윤리 의식 교육 강화에 힘쓰는 한편, 성직자와 평신도가 같이 가는 3천 년대의 교회를 위해 신학교육에 평신도 영입을 단행했다. 즉, 신학교 교육에 수녀들을 위시한 수도자 및 평신도가 신학교의 철학·신학 교육에 참가하게 하였다. 그 중에서도 젊은 신학생들이 인간의 고통과 아픔을 몸으로 느낄 필요가 있고 인류문화는 그런 방향으로 흐르기에, 젊은 신학생들의 현장 체험이 절실히 요청되기에 이르렀다. 그렇기에 사목자의 사회 실상에 대한 인식 부족으로 교회와 성직자들의 부유층화, 사회 권력층화와 유사한 생활 행태, 신학생 자신들도 모르는 사이에 성직자들의 권위 의식에 젖어드는 생활 형태에 대한 자각이 필요했다. 그래서 신학교 고급반, 즉 부제반과 그 다음 반의 두 반 학생들을 토요일을 사랑 실천의 날로 제정하여, 이 땅 구석구석에 버려진 노약자, 환자, 지체장애자, 정신박약자, 노숙자, 어린이 집, 가출 청소년, 병원 등 소외 계층을 찾아 봉사하는 날로 정하여 아침 9시부터 오후 5시까지 봉사하도록 했다. 그리고 3인조로 해 스스로 찾아가 봉사하되 점심값은 당시 탕 한 그릇 값인 3천 원을 경리 신부(현 서울대교구 총대리 염수정 주교)가 지불했다. 그들에게 학장으로서 "여러분은 젊은이들이니 배가 고파 탕 한 그릇을 다 먹어야겠다면 잘하는 일이다. 그러나 비참한 인간 삶을 보며 라면 한 그릇(당시 라면 한 봉지 2백 원 미만)을 먹고 남는 것으로 남을 도우면 더 잘하는 일이다"라고 했더니 대부분의 신학생이 라면 한 봉지로 점심을 때우고 비참한 이들을 도왔다. 이런 봉사활동 이후, 외출 시 거의 예외 없이 발생한 한두 건씩의 음주 사건이 애덕의 날 이후 및 다른 외출 시에도 자취를 감추는 것을 서서히 느끼게 됐다. 또한, 학교의 큰 문제였던 흡연으로 버려지는 꽁초의 심각한 오염과 그로 인해 가끔 일어나던 화재 사건도 종적을 감추게 되었다. 가난한 이들을 돕기 위한 절약, 금연으로 마련한 돈과 용돈도 최소한으로 줄여, 빈민들의 비참을 돕기 위해 헌신하는 모습을 보았다. 참으로 놀라운 변화였다. 하느님이 젊은 마음속 깊이 박아준 자기 헌신과 봉사, 투신의 모습이었다. 또한, 다른 수 없이 많은 마더 데레사를 방불하게 하는 사랑의 사도들의 나타남이었다. 그들이 귀교해서는 활동 상황 보고서를 학장에게 제출하고, 그룹 경험담과 교류와 의견 교환도 갖게 했다. 나는 그때 젊은이들의 놀라운 자기 희생과 사랑의 투신의 열기를 보았다. 지금의 젊은이들은 확신만 서면 어디든 뛰어드는 지혜와 용기를 겸비하고 있다. 문제는 동기 부여다. 이런 속성을 지닌 젊은이 3백만 명 이상이 매일 명동 성역 바로 밑에서 범람하고 있다는 점에 유의하며, 다음과 같은 봉사 실천 계획을 제안한다. 물론 이런 계획은 학생들과 젊은이들의 삶의 터전인 사회가 걷잡을 수없이 변하기에 수시로 변할 수밖에 없다는 전제 하에서다. 내용도 방법도 수시로 변한다. 특히 중요한 것은 그 내용, 즉 본사 프로그램 편성과 가르치고 지도할 사람, 대상 등의 인선은 매우 중요한 것이다. 이들은 당연히 교회 사상과 사명감과 교회 지식에도 조예가 있는 분야별 사계 전문가 그룹이 필요하다는 것을 전제로 한다. 여기서는 현재 추정되는 필요성에 따른 극히 제한된 범위와 내용이다. 무엇보다도 중요한 것은 젊은이의 발전과 사회의 발전적 요청을 충족시켜야 한다는 것이다.

〈헌신과 실천 계획〉

명동 "젊은이 센터"는 각 개인에게 국내와 국제 사회에 걸쳐서 한 가지의 봉사 활동을 하여야 한다는 확신을 심어줘야 한다.

국내: 교회 내 각종 활동에 적극 참여하고, 교회 밖 사회에서 이루어지는 수많은 봉사 활동에 참여할 때, 하느님의 사랑에 근거한 마음의 자세를 정향(定向)하며 함양한다. 변화하는 시대상, 사회상의 요구에 맞는 평신도 사도직의 정신과 열의를 갖게 한다. 근원적 동기는 하느님 창조경륜의 실현이라는 의식과 마음가짐이다.

오늘날 과학 기술, 사회 편의시설, 사회 각계각층의 기능적 발달로 풍요롭고 편리한 삶이 사회 구성원에게 제공되고 있다. 하지만 부익부(富益富) 빈익빈(貧益貧)의 현상은 날로 더욱 심화되며 겉으로 화려한 사회 발전이라는 미명하에 부의 집중 현상은 가속화되며 사회의 그늘진 골짜기는 더욱 깊어지고 넓어져만 간다. 이러한 사회 병리 현상 확대로 인간성 상실, 특히 윤리 부재, 약육강식(弱肉强食) 사회로 인한 인간 비참 현상은 도처에 도사린다. 이럴 때일수록 종교의 역할이 기대된다. 특히 가톨릭교회의 깊은 사랑의 영성이, 사랑의 봉사 활동이 기대된다. 지금 인류문화, 특히 젊은이들 문화는 봉사의 정신이 특징이다. 세계 도처에 젊은이들의 봉사가 펼쳐진다. 지금 이 시기에 전개되는 젊은이 봉사 활동은 결국 사랑의 활동을 지향할 것이다. 가톨릭교회는 이런 젊은 세대의 문화 흐름을 최대한 반영하여, 하느님의 사랑으로 펼치는 사랑의 실천을 명동 성역에서 교육과 실천적 조직을 통해 이루어가야 한다.

지금 한국 젊은이들은 외국에서의 봉사 활동에 더 큰 성과를 내고 있기에, 가톨릭교회는 인류 보편성에 걸맞게 젊은이들의 활동을 국외 가톨릭 기관과 연계하여 국외 봉사 활동을 해야 한다. 필요시에는 세계 최대의 영향력과 노하우를 가진 교황청의 도움을 받을 수도 있다.

젊은이 센터의 조직은 봉사 활동부와 각종 도우미 활동부 등으로 구성된다. 세부적인 사항은 다음과 같다.

- 문화 활동부
- 교양 문화 전반
- 예체능계 활동. 연극, 그림, 서예, 체능 등
- 사이버 세계. TV, 컴퓨터계, 다양한 공학계 전반
- 다양한 현대 사회의 직장 활동에 창조경륜에 의한 정신적 자양 공급 등
- 젊은이들을 위한 명동 바오로딸 서점의 가톨릭 문화 강좌에는 많은 젊은 청중이 운집(雲集)했다. 지금도 여전히 명동에서의 다양한 가톨릭 문화 강좌는 큰 효과를 낼 것이다. 특히 새롭게 발전하는

사이버의 세계와 같이 하는 가톨릭 문화 강좌는 더욱 큰 반향을 불러일으킬 것이다.

국제: 이 면에서는 개신교 측이 한참 앞서 있음을 인정하나 가톨릭은 초대교회부터 바오로 사도의 선교 여행과 열정과 전통성에 근거하여 젊은이들의 선교 열성을 고양시킬 수 있다. 지금 천주교에서는 평신도의 자발적인 해외 선교 활동이 이루어지고 있다. 성직계나 수도회는 이런 젊은이들의 해외 선교열을 북돋우어 주고 잘 협력해야 한다. 사실 개신교는 지난 날 아프가니스탄 사태에서 드러난 바와 같은 부작용도 있었지만, 2만여 명의 젊은 선교사들이 해외에 파견하고 있다는 놀라운 사실에 주목해야 할 것이다. 해외 현지에서 그런 숫자가 활동한다는 것은 국내에는 적어도 몇 배에 달하는 예비군 내지 지원군이 있다고 추정할 수 있다. 한국 가톨릭도 적지 않은 수의 선교사 근 8백 명이 해외에 파견되어 있으나, 대부분이 교구나 수도회이고 비교적 나이가 있는 측이니 한국 천주교는 평신도, 특히 젊은이의 선교열에 더욱 관심을 가져야 할 것이다.

대상지로는 중국, 일본, 러시아를 위시하여 동남, 중동, 아프리카, 남아메리카 지역 국가가 될 것이나, 유럽이나 미국 등의 선진국도 가톨릭이 쇠퇴(衰退)하고 있으므로 우리 젊은층의 선교의 대상이 될 것이다. 이런 일을 하기 위해서는 단기, 중기, 장기 계획과 준비가 필요하다. 특히 선교 대상국의 사회 심리적, 문화적, 역사적 배경 의식과 인접 국가와의 선린 관계, 종족 관계 등에 대한 소양 교육이 필요하며, 여기에 대한 신자들의 의식 계발이 요청된다. 물론 쉬운 일이 아니지만 교회가 젊은이들에 관심만 둔다면, 지금 한국 젊은이들 전체는 세계로 그 정신이 쏠리고 있는 때이니 그리 어려운 일도 아니다.

이럴 때 중요한 역할을 할 조직은 외방선교에 많은 노하우를 갖고 있는 국내·외 선교 단체다. 그런 단체와 협력하여 계획을 세우는 것이 좋을 것이다.

− **문화 교류부(종교문화와 일반문화)**: 이 부분은 미국 가톨릭에서 많은 시사를 얻을 수 있을 것이다. 그렇기에 국제부가 생기면 이런 측면에서 미국 가톨릭을 연구해야 할 것이다. 미국 가톨릭교회는 중·고등학교를 많이 갖고 있으며 종교교육과 실천 활동 면에서 경험이 풍부하다. 또한, 미국 가톨릭교회는 대학교육에서도 많은 대학을 갖고 있어 젊은이들의 종교교육과 사도직 실천에 풍부한 경험과 노하우를 갖고 있을 것이다. 그뿐만 아니라, 미국의 주요 교구의 평신도국이나 청소년국과 연결하여 이런 분야의 교육과 활동 정보를 수집하여, 우리 실정에 적용하고 재생산하여 교류함으로써 역으로 그런 교회에 영향을 미칠 수 있다. 이런 과정은 비록 미국과의 교류에만 통용되는 것이 아니라 유럽교회나 후발 국가 교회들과 교류함에서도 양태를 달리하며 새로운 방도를 개발하여 통용할 수 있다. 이런 과제를 세계교회 중에서 가장 효율적으로 할 수 있는 곳이 서울대교구이며 '명동 젊은이 센터'일 것이다.

특히 선진국과의 청년 문화 교류에서는 단기와 중기, 장기가 있는데 단기는 상호 가정체류(home-stay)를 하는 것이 좋을 것이다. 우리의 청소년들이 미국이나 유럽 선진국의 가정에 묶어 그 나라 삶의 문화의 진수와 접촉할 수 있다. 이런 홈스테이는 교회 당국이 조금만 관심을 갖고 상대국 교구를 통해 노력한다면 개신교 등의 어느 종파나 국가 기관보다도 가톨릭교회가 월등히 나은 입지에 있어, 우리 젊은이들과 부모들의 긍지와 교회 협력에 커다란 도움이 될 것이다. 특히 영어 어학 붐이 극성을 부리는 지금과 앞날에는 더욱 그럴 것이다. 교구의 중대 사목이며 오늘과 앞날의 제1차 사목인 청년 사목의 가장 중요한 부분을 '젊은이 센터'가 감당하게 될 것이다. 이런 문화 교류는 선진국의 물질 지상주의로 잃어버린 인간성의 결여를 동양적인 인간미와 가족애로 문화적인 큰 영향을 미칠 수 있다.

이런 문화 교류는 1960년대 미국의 존 F. 케네디 대통령이 선교 단체를 모방하여 만들었고 후일 미국 사회의 큰 힘이 되었으며 많은 후진 국가들에 도움이 되었던 '평화봉사단'의 원형을 '젊은이 센터'가 구현하는 양상이 될 것이다. 또한, 이런 국제 교류는 교회가 민간단체로서 국가위상 고양에 지대한 공헌을 할 것이다. 더욱이 후진 국가들과의 교류는 문화적으로, 인간적으로, 종교적으로 큰 혜택을 후진국민에게 베풀 것이다. 이런 일은 반드시 그 규모가 커야 하는 것이 아니고 그런 기운을 세계 속에 일으키는 데 의의가 있다.

- **일반 문화 교류:** 인문, 경제, 정치, 사회, 예체능, 공학 분야 등이다. 미국은 이런 교류 문제에서도 세계 국제 질서를 포함하여, 모든 분야에서 선두에 서서 성패(成敗)를 거듭했다. 미국 가톨릭교회는 다수의 고등교육 기관을 보유하여 많은 경험과 노하우를 축적하고 있기에 미국교회에서 얻을 것이 많을 것으로 추정된다. 이 또한, 국제부가 출범한 후 많은 노력으로 단초를 열어가야 할 것이다. 그렇다고 명동 젊은이 센터가 미국 일변도일 수 없으며 유럽 교회와 후진국 교회, 특히 아시아 교회와 문화 교류를 해야 한다. 명동 젊은이 센터를 중심으로 국가별 맞춤 전략으로 국제부 활동을 전개해야 할 것이다.

무엇이든 숙고와 준비를 완벽하게 끝낸 후 일을 하려면 아무것도 못할 것이다. 하느님의 창조경륜과 그 완성인 그리스도의 구속 경륜과 직·간접으로 일치하고 인류문화가 그 시점에 접근했다고 생각되면 일을 시작해야 한다.

한국교회와 사회 전체에 영향을 미치며 한국교회를 동양의 허브로 자리매김하기 위해서는 중요한 변화가 명동에서 일어날 수밖에 없다. 이에 명동 주차장 터에서 젊은이 센터 본부를 설립하는 것은 당대의 지상 사명이다. 여타 서울지역이나 다른 곳에 지부가 성립되면 좋을 것이다. 매일 3백만 이상의 젊은이가 뒤끓는 명동 한복판에서 국가와 운명을 같이 해온 명동 성역에서 '젊은이 센터' 건설과 활용은 사목의 필수 요건이다.

정진석 추기경과의 대화 중에 나는 그분의 의중에 그런 염원이 깊이 담겨 있는 것을 느꼈다. 또 정 추기경이 좌고우면(左顧右眄)할 것이 아니라 당신의 막강한 교구장 직권을 발휘하여, 이 좋은 내외의 여건 가운데 명동에 젊은이 센터 건립을 위한 첫 삽을 하루 속히 뜨기를 간곡히 바란다. 지난 수십 년간 몇 번이고 경험한 바와 같이 모처럼 좋은 아이디어도 수용하고 성취하지 못하면 즉시 밖으로 새 다른 교파나 기구에서 실천하는 것을 보았기에, 명동 젊은이 센터 건립안이 그렇게 되지 않기를 바라는 마음 간절하다. 이런 일은 젊은이 자신의 힘만으로는 감당하기 불가능하고, 교구의 두뇌집단이 관련될 것이며, 모든 신자 가정과 자녀의 문제이기에 지대한 관심과 후원이 필요하다. 그리고 사회단체 특히 정부의 관심과 막대한 지원도 시간이 지나는 동안 기대할 수 있을 것이다. 지금이야말로 정진석 추기경이 청년을 대상으로 하는 현재적이고 미래지향적인 사목을 결연히 단행하여, 서울대교구 사상(史上) 전무후무한 교구장으로 역사에 부각되느냐 하는 천우(天佑)의 기회다.

이제 '명동 젊은이 센터'의 국제적인 면은, 한 마을 지구촌이 형성된 오늘의 문화선상에서는 대부분이 국제성과 세계성과 연결되기에, 두드러진 몇 가지만 제시한다.

  – **국제 교류(문화 교류)**: 3천 년대 들어 인류는 새로운 인류 공통문화 창출의 필요에 몰리고 있다. 그렇지 않고서는 지금 중동에서 벌어지고 있는 피 흘림과 증오, 폭력의 난무, 무수한 인명 살상 같은 것을 피할 길 없다. 지금 첨예하게 대립하는 문화 충돌을 단적으로 말한다면, 그리스도교 문화에 바탕한 서구 문화와 이슬람 문화의 충돌이지만, 동양의 오래인 불교 유교 문화와 서구 문화의 충돌은 더 큰 인류의 위기를 내포한다. 그렇기에 나는 2000년 11월 중국의 명문 보인대학(가톨릭대학) 개교 70주년 세계 철학자 학술 대회에서, 동·서 문명, 특히 그리스도교 문화와 유교 문화의 합류로 "새로운 인류문화 창출–모든 사상과 종교, 이념의 기초개념으로서 '생명사랑'과 생명 풍요화"란 주제 발표로 만당의 갈채를 받았다. 그 후 주제 발표와 관련한 세계적 흐름이 확산되며 서서히 결실을 맺고 있음을 볼 수 있다. 근자에는 미국의 가톨릭 명문대의 유명 연구소로부터 앞으로 세계 문화 형성에서 중요 가이드라인 제시를 요청 받아, "현존하는 빅 파워(big power) 국가, 즉 미국을 비롯하여 러시아, 중국, 인도는 물론이고 식민정책으로 인간성에 씻을 수 없는 범죄를 저지른 국가들은, 적어도 2~3세기 안에 오지 산간이나 절해고도에 사는 모든 부족이나 사람들이 다 같이 인권과 문명의 혜택을 누리도록 현존의 모든 체제를 자진해서 바꾸지 않고서는, 인류의 비극을 막을 수 없다"는 제안을 해 사계에 큰 충격을 준 일이 있다. 힘 있는 국가나 그에 준하는 조직이 그런 문명의 시대로 움직이지 않으면 안 된다는 점을 역설했다. 특히 앞으로 인류는 새로운 인류 공통문화를 창조해야 한다는 것을 제시했

다. 이것은 하느님의 창조경륜과 그 완성인 그리스도의 십자가 구속 경륜에 근거한 것이다. 이 예를 든 것은 이런 모든 문제의 비극과 성공의 열쇠를 젊은이들이 쥐고 있으며, 근본 해결책은 하느님의 창조경륜과 그리스도의 구속경륜에서 찾아야 함을 강조하는 것이다.

이런 견해는 국제 문제에만 국한되는 것이 아니라 국내 문제에도 해당된다. 하느님의 창조경륜이 반드시 교회를 통해서만 이루어지는 것이 아니라 교회가 제대로 역할을 수행하지 못할 때에 교회 밖의 기구나 연구에 의해 이루어진다는 점에 유의해야 할 것이다. 이것은 역사가 증명한다. 그것은 하느님의 창조경륜은 인간의 의도와는 상관없이 하느님의 뜻대로 이루어지는 것이기 때문이다.

유다인이 아브라함의 후손이란 점만을 들먹이며 할 바를 다 하지 않는데 대한 주님의 말씀이 떠오른다. "'우리는 아브라함을 조상으로 모시고 있다.'고 말할 생각일랑 하지 마라. 내가 너희에게 말하는데, 하느님께서는 이 돌들로도 아브라함의 자녀들을 만드실 수 있다"(마태 3,9)는 구절이다. 우리는 이 어려운 사목시대에 겸허한 마음과 기도와 희생으로 성경에서 말씀하시는 "나는 이제 양들을 이리 떼 가운데로 보내는 것처럼 너희를 보낸다. 그러므로 뱀처럼 슬기롭고 비둘기처럼 순박하게 되어라"(마태 10,16)라는 말씀을 기억하게 된다. 우리가 여기에 충실하면 풍부한 결실은 하느님께서 직접 맺어 줄 것을 알고 있다. 사실 지금 인류문화는 급속히 하느님의 창조경륜 실현에로 방향을 잡고 있다. 창조경륜을 깊이 통찰한다면, 성속(聖俗)을 서로 넘지 못할 영역으로 금 그어놓을 수 없는 것이라 생각된다. 그 이유는 속(俗)이란 것도 거룩함 자체이신 하느님의 창조물이고, 성 토마스의 표현대로 하느님의 어떤 유사, 즉 흔적(vestigium)이기 때문이며, 결국 하느님께로 돌아가야 하기 때문이다. 성(聖)은 이른바 속(俗) 안에서 이루어지고 속은 성 안에서 거룩하신 하느님의 창조물로서 본모습을 갖게 되는 것이기 때문이다.

③ 재정 문제

이 문제는 현실적으로 매우 중요한 문제다. 청년사목에 교회의 사활이 걸려있다는 것은 더 말할 여지가 없다. 우리 젊은이들은 이제 국내만이 아니라 직·간접으로 세계 속에서 살아가야 하기에, 가톨릭 정체성, 즉 신자로서 생활현장에서 살아가기 위한 사목내용의 면면을 국내외적으로 제시해 보았다. 그런 내용의 구체화에는 순차와 시기의 선후가 있을 것이다. 그러나 실천 과정에서의 중요한 문제는 재정이다. 젊은이의 교육과 봉사에서 수강료나 기타 부담금으로 청년사목을 할 수는 없다. 즉 청년사목을 그들의 부담금으로 운영할 수는 없다는 것이다. 이것은 본당에서 주일학교나 젊은이들의 본당 봉사 활동 등에서도 잘 알고 있다. 이들의 사목에는 교회가 과감히 투자해야 한다. 마치 부모들이 전력을 다해 자녀 교육에 투자하듯이 말이다. 그렇다면 그 비용을 어떻게 염출할 것인가의 문제가 제기된다.

그것은 교회가 가장 중요한 사목을 위한 비용으로 지출해야 할 것이다. 선교사들이 자기들의 생명과 정신적·물질적 능력 전부를 바쳐 이역만리 타국에서 선교 사목을 하는 것처럼 말이다. 그런데 우리는 의외로 쉽게 해결될 수 있다. 그것은 '명동 젊은이 센터'를 건축할 때 일부를 상업용이나 기타 사무실용 등으로 임대할 여지를 갖고 건축하거나, 부속 대여 건물을 지대를 잘 활용하여 건축하는 것이다. 명동은 워낙 황금터이어서 건물 수익은 젊은이 센터를 운용하고도 남음이 있지 않을까 생각한다. 이것은 YMCA나 YWCA가 시대의 필요와 수요에 적응해 가며 잘 운영하고 있는 것에서도 알 수 있다. YMCA는 그 옛 날부터 서울 중심인 종로에서, YWCA는 서울의 문화 혼이라 할 수 있는 명동성당 바로 밑에서 임대 수입으로, 국내·외 젊은이 활동을 벌이고 있는 것으로 생각한다. 그렇다면 명동이라는 가장 번화한 상가 지대에서, 교구가 그 지형을 잘 이용하면 그 이상 임대에 유리한 곳이란 없을 것이다. 또한, 전국 교회의 여러 기구도 명동에 자리 잡고 싶지 않을까 싶다. 어찌 되었건 명동 젊은이 센터를 알차게 운영하는 데는 경제적으로 별 문제가 없을 것이다. 지금은 모든 것이 변화가 심한 때이니 변화에 적응할 수 있는 식별력이 교육뿐만 아니라 임대나 건물 이용에도 필요할 것이다. 그렇지만 여기서 주객이 전도되면 안 된다. 그것은 젊은이 센터가 주가 되어야지 임대업이 주가 되거나 다른 사항이 목적이 되면, 시대의 가장 중요 사업인 청년사목을 소홀히 하는 막중한 사명을 망각하는 것이 될 것이다. 이상, 젊은이들의 폭넓은 교육과 봉사, 헌신, 경제적 운영 측면까지 대략 짚어 보았다. 교회 젊은이들의 교육과 실천은 무상으로 해야 한다. 젊은이들에게 경제적 부담까지 씌우면 아무것도 이루어질 수 없을 것이란 점을 다시 한 번 상기한다. 또한, 여기서 앞으로 전개될 일반 국민과 재벌의 기부 문화에도 교회는 유의할 필요가 있다. 앞으로 진행될 인류 공통문화 발전은 하느님 창조계획의 실천이고 모든 창조된 재보(財寶)의 고른 나눔이다. 어디에서나 젊은이 육성은 앞선 세대의 기본적 의무이며 하느님 창조경륜의 기본 요인이다.[86]

④ 명동 젊은이 센터 건축과 X기업 보충건

---

86 2008년 2월 25일 작성

다음 글은 명동 젊은이 센터 건축과 관련되어 한국의 국내외적으로 큰 명성을 갖고 있는 모 재벌(아래에서는 편의상 A재벌 혹은 X기업 혹은 A라 칭[稱]함)과의 관련 사항에 대한 기술이다. 이런 기술을 남기는 것은, (사실(事實)은 야사(野史)적 성격이지만) 역사적 비화(秘話) 혹은 비화(悲話)로서 남는 것이 후 시대에 돌이켜 봤을 때, 이 시대 교회 내외의 실상을 바로 아는 데 도움이 될 것 같아 덧붙인다.

나는 지난 (2008년 10월 1일) 서울대교구청 교구 주교회의에서 설명한 내용을 다음과 정리했다. 설명 자체는 미리 준비했던 그대로이며 문맥상 약간의 첨가가 있다. 그밖에 이번 기회를 교구장과 보좌관의 위치에 대해 약간의 반성의 계기로도 삼았다.

오늘날 세계에서 훌륭한 교구장이나 수도 장상(長上), 더 나아가 교황청 실무 책임자들은 전진하는 세계 속에서 교권으로 어떻게 단호하고 과감하게 결정을 내려, 시대가 요청하는 사목직, 특히 예언직을 어떻게 행사하며 어떤 결과를 내는지도 짚어 보았다. 또한, 오늘 서울대교구가 명동 지대를 중심으로 세계 변화 충격의 핵심인 서울의 한복판에서 과거지향적인 고식적 판단과 실천으로는, 미래 세대의 불만과 비난의 초점이 될 수 있다는 점도 우회적으로 짚어 보았다. 또한, 오늘의 하느님 창조경륜의 실현 선상에서 인류문화가 어떻게 나타나는지 서강대학교의 예를 들어 제시했다. 즉, 상아탑이라는 곳에도 민간 투자가 어떻게 유치되며, 하느님이 창조한 공간이 어떻게 모든 사람의 것으로 (책임과 권리에서) 창조경륜 실현 과정에서 전개되어가는지도 성찰해 보았다. 젊은이들의 문제도 정부 차원, 특히 한승수 총리 지휘 하에 물밑에서 어떻게 움직이고 있는지도 제시했다. 이런 현실 속에서 교회사목도 비추어 보았다. 그것은 이번 계기가 명동 성역사에서 특수성을 갖는 것이기에, 후대에 좀 더 구체적으로 또 일어날 사실이 여과 없이 그대로 공개적으로 전해져야 할 것으로 생각되기 때문이다. 그것은 앞으로의 인류문화는 극히 사적(私的)인 것 외에는 모든 것이 투명성을 가져야 하고 종교는 그 선두에 서야 하기 때문이다.

⟨명동 서울대교구청 참사회[87]에서의 설명 준비 원고⟩
– 명동 젊은이 광장 개발과 젊은이 센터 건축 및 X기업 원조의 건

서울대교구 천주교 교구 참사회의는 교구장과 주교 등과 요직 몬시뇰 및 사무처장 신부가 참석하는 교구 최고 결정 기구다. 나는 이번 모임에서 명동 주임 박신언 몬시뇰과 여타 관련된 분들도 염수정 총대리 주교의 의중대로 같이 하는 것이 좋다고 했다. 이 회의에서 말한 것은, 지금의 로얄호텔 맞은편에 자리잡은 서울대교구의 땅이 30년 훨씬 넘게 이윤추구를 위해 모 사업체의 주차장으로 세를 받는 신세로 전락되었기에, 현재 시급히 요청되는 서울대교구 사회사목에 부응하기 위해서였다. 근자에 이르러 "명동 주차장에 젊은이 센터를!"이라는 주장과 연속 두 편의 회람, 잠정적 결론 등이 추기경과 주교, 요직 신부들에게 배포된 후, 염수정 총대리 주교의 노력으로 젊은이 센터 건축 신축 결정과 설계도가 마무리되어 지으려는 단계라니 반가운 일이다. 그런 계기에 지금 젊은이들은 디지털 세대이니 그에 맞도록 지어야 한다는 의견이 사계 전문가들에 의해 제기됐다. 나는 이런 의견을 교구장 정진석 추기경과 총대리 염 주교께 직접 전했고 우연스럽게도 디지털 첨단 기술로 세계 최고의 위치에 있는 X기업의 요직 분, 전부터 인간적 관련이 있는 분과 우연히 접촉하게 되었다. 그래서 사

---

[87] 2008년 10월 1일

유와 X기업의 첨단 기술을 생각하며 X기업 측에 젊은이 센터 건립에 아이디어와 기술적 도움을 청했다. 내가 그래야만 하는 이유는 다음과 같다.

X기업은 세계 최고급 수준의 디지털 기술을 갖고 있어, 우리 젊은이들과 세계에 디지털 단말기 보급에 크게 기여했다. 그런데 앞으로 전진하는 인류문화는 모두 윤리적 측면, 특히 삶의 가치와 자연 보호 가치와의 직결을 요구한다. 이 부분에서 X기업은 세계에서 앞서 가는 기업답게 선두에 서야 한다. 그렇지 못하고 한낱 이윤 추구에만 급급하는 기업체로 전락한다면, 인류문화의 외면을 당할 것이다. 그 대표적인 전주곡이 지난번 쇠고기 파동 촛불시위의 위력으로 정부가 휘청거려, 결국 대통령 사과와 청와대 전면 개편과 정부 개각으로 몰고 갔으며, 좌익 난동으로 수조원의 막대한 손실과 법질서 파괴, 국기를 뒤흔든 사태까지 벌어졌다. 그 원인을 근본적으로 따져보면 디지털 기술의 동영상 현장 직접 전송의 위력이었는데, 그것은 기술만 앞서갔지 사용하는 젊은이의 가치관은 전혀 형성돼 있지 않았기 때문이었다. 지금은 아직 국민의 의식이 여기 도달해 있지 않지만, 어느 날엔가는 그런 기술을 가치 판단 준비가 돼있지 않은 젊은이들에게 제공하여, 사회의 큰 혼란과 젊은이들의 광란과 국가 혹은 세계적인 혼란을 일으켜 결국, 국민과 인류의 비난을 자초하여, 도태될 수밖에 없는 처지에 이를 수 있다. 인류문화의 흐름은 이렇게 전진해 가는 것이다. 그러나 이런 것은 조금만 선견지명이 있으면 쉽게 극복될 수 있으며 지금이 적기라고 했다. 그 이유로, 천주교에서 명동에 젊은이 센터를 짓는데 젊은 세대가 향후 다가올 시대의 주인이 되어 이룩할 세계는 디지털 일변도의 사회가 될 것인데, 그들의 윤리와 가치교육은 오

랜 역사와 세계적 권위를 갖고 있는 천주교회가 맡고 X기업은 젊은이들에게 디지털 교육을 시키면 세계 디지털계에 새로운 바람을 일으킬 수 있다는 점을 밝혔다. 또한, 지금 명동은 매일 3백만 이상의 젊은이가 구름처럼 모이는 곳이니, 젊은이의 가치와 새로운 기술을 접합시킬 수 있는 곳은 세계 어디에도 없을 것이라는 점을 강조했다. 그랬더니 X기업 측에서 의외의 반응이 있었다. 그런 면은 전혀 생각하지 못했다며, 천주교회가 X에 제안할 것이 아니라 X가 명동 천주교회에 제안해야 할 것이라는 것이었다. 그러면서 상호 새로운 차원에서 진지성을 보이기 시작했다. X 측에서는 8월 늦은 중순, 그 당시 사(社)의 막대한 사회 환원 자금을 계획하고 있으나 사용용도가 결정되지 않았기에 이런 기회에 그것을 명동 개발에 일부 사용이 가능할 수 있다는 귀띔이었다. 너무나 뜻밖의 시사였고 상당한 가능성도 엿보였다. 나는 속으로 흥분했다. 그러면서 X사 측은 명동 개발이 고작 그 정도냐는 눈치였다. 그래서 나는 확실치는 않다는 것을 전제로 원래 계획은, 지금의 가톨릭회관을 헐고, 그 뒤의 대로변, 그 뒷마당까지 밀고 나가 도로변과 연하여 깊은 지하층의 고층 빌딩을 짓되 전 계성초등학교까지 연결되는 건물이면 좋겠다고 했다. 교회는 그런 돈이 없으니 멋진 건물을 서울의 중심에 X가 짓고, 전체는 교회가 쓰고 그 일부를 X가 무료로 10년이나 적당한 기간 사용하고 교구에 돌려주는 형태면 좋겠다고 했다. 그런 예로 지금 젊은이 센터를 지으려는 자리가 본래에는 지방에서 서울로 오는 대학생 기숙사였고 어느 기간에는 가톨릭 의대 교실이었다. 그런데, 가톨릭 문화센터를 설립하자는 주장으로 1969년 경에 기숙사를 헐었다는 점을 얘기했다. 그 당시도 교회는 재력이 없어, 당시 나에게 가톨릭 세례를 받은 분으로, 신탁은행법 책을 저술했고 신탁은행(후에 서울은행과 합쳐 서울신탁은행)을 창설, 감사로 있던 분이 남산 제1호 터널의 경우를 사례로 들어 자문했다고 했다. 1호 터널은 공사비용을, 저리로 신탁은행에서 융자를 받았고, 통행료를 10년여 동안 징수하여 부채와 이자를 전액 지불한 후 서울시 등 국가 기관에 반납했다는 방안을 얘기했다. 이런 예를 들어 X가 건물을 짓고 일부를 합리적인 기간 동안 사용한 후에 교구에 반환하는 방안도 있다고 했다. 그 비용을 얼마로 보느냐기에 지금 내가 말할 수 없고 후일 말하겠다고 했다. 그런데 그쪽에서는 워낙 세계적인 건축을 하는 건설팀(현재 세계의 주목을 한 몸에 받고 있는 중동의 세계적인 건물도 X가 건축)이 짓고 있다는 말을 그쪽에서 말했다. 말하자면 이야기가 진지하게 진행된 것이다.

상대편의 관심은 계성 여학교까지 합쳐 명동 전체를 아우르는 건설 구도였다. 그렇기에 우선 명동성당이 고딕양식인데 지금의 산만한 건축 구조는 6·25 한국전쟁 등의 민족 수난을 겪으며 필요에 따라 된 것이기에 산만한 구조가 아니어야 한다는 점이다. 또한, 명동성당은 사대부가 동저고리 바람으로 저잣거리에 서 있는 모양새이기에 성당 양식으로 보아 회랑을 두르는 등 원래의 모습을 되찾아야 한다. 한편으로는 지금 한국 젊은이들은 디지털 문화 발전으로 전 세대와는 단절의 도가 날로 심해져 상당한 차이를 만들고 있는데, 교회와 X가 명동 성역을 젊은이 종교문화예술 광장으로 같이 조성하여 각기 그 할 바를 다하면 큰 공헌을 할 수 있다고 했다. 그때 그쪽은 매우 감탄하는 기색이었다. 윤리적 측면을 고려치 않은 기술 일변도의 발전은 결국 흉기 제작이 될 것이기에 인류문화의 배척을 받을 것이라는 나의 주장에 X측은 매료된 듯 나의 의견에 깊은 관심을 보였다. 그리고 계성 여학교와 성당 뒤 공터에 대해서도 묻기에, 나는 일단 염두에 두고 큰 그림을 그려놓고 우선 앞면부터 즉, 젊은이 센터부터 지어야 할 것이라 했으나, 워낙 세계적인 큰 기업이라 그런지 그 정도로는 마음에 안 차는 듯했다.

새삼 옛 기억이 났다. 1962년, 그때 벌써 명동 전체의 미래지향적 밑그림이 필요하다고 생각하고 있었다. 당시 샬트르 성 바오로 수녀회가 경영하던 약 80명의 고아원의 책임자 아폴리나 수녀께 왜 이 비싼 땅(당시 평당 약 2백만 원으로 큰 액수였다.)에서 고아들이 살아야 하느냐고 했더니, 그곳에 있어야 당시 미국 병사들이 찾아와 아이들을 하나씩 맡아 준다는 것이었다. 그래서 그들이 한 달에 얼마씩 돕느냐고 했더니 한 사람이 월 미화 10달러 정도라고 했다. 그래서 나는 그런 시기는 지났고 곧 전쟁고아들은 없어질 것이고, 있다고 해도 명동과 같이 용도가 많고 비싼 땅에서 고아원을 한다는 것은 아이들과 교회를 위해서도 문제가 크다는 것을 지적했다. 그 다음 언제가 들렸더니 학교 도서관으로 변해 있었다. 그뿐만 아니라 수녀원 본원도 좀 더 넓고 좋은 자연 속에서 수련도 하고 심신 단련기와 수련기를 가져야 하니 본부의 핵심 부분만 남겨 놓고는 당시 값도 싸고 지대도 좋은 (그때 강남은 전혀 개발되지 않은 때) 수유리, 우이동 등 자연 속에서 신체와 육신의 단련하고 인간 성정과 영성을 쌓는 것이 좋겠다는 의견을 냈다. 처음에는 그런 방향으로 움직이는 것 같더니, 거기에 부수되는 여러 가지 불편 사항(사실 그런 불편은 임시적이고 지나가는 것인데도) 때문에 포기한다는 후문이 들렸다. 나는 그 후에도 날이 가면서 계성 여학교는 교육상으로도 명동 지역에서 떠나야 한다는 지론을 강하게 폈다. 지금 생각하면 웃을 일이지만, 1950년대 후반까지 교구청과 학교 운영 주체인 수녀원 사이에 그 땅의 양도 증서나 매매증서가 없이 학교가 운영되어 왔었다. 당시는 교육기관이 생겼다는 것만으로 대견하고, 하느님의 사업이니 교구의 것, 수녀원의 것 가릴 것이 없었기 때문이었던가 보다. 그렇지만 그때 추정으로 (지금 내 기억으로) 미화 약 5만 달러가 교구청에 건네진 것으로 생각된다. 어찌 되었건 그때 계성여학교는 미래를 크게 보는 안목으로 명동 번화가와 비좁은 성당 구역을 떠나야 한다는 것이 나의 지론이었다.

이제 명동 성역은 동양의 가톨릭 중심이 될 수밖에 없으니 지금이라도 무슨 수를 쓰든 명동 성역 전체는 동양 가톨릭의 허브답게 젊은이 종교문화예술 광장, 컨벤션 센터, 트레이닝 센터, 기숙사 등으로 건설해야 할 것이다. 지금도 세계 주요 대회의도 거의 동양에서 이루어지며, 향후 몇 세기 동안은 더욱 그럴 것이기에, 교회는 명동 성역을 이런 준비에 만전을 기해야 할 것이다. 그런데도 지난 수십 년간, 특히 최근 10년간은 서울이 무서운 발전과 개발이 이루어졌는데도, 명동 성당 구역은 낙후된 지대로 남아있었다. 명동은 젊은이들이 구름과 같이 모여드는 곳이기에 젊은이 위주의 개발과 편의 시설, 종교문화 시설의 완비가 시급히 요청되는 곳이다.

젊은이 센터를 말할 때, X측 사람은 별로 마음에 와 닿지 않는 듯했다. 세계적이고 미래적 차원을 다루는 대 X가 그럴 수밖에 없을 것이라는 것은 상식에 속하는 것이다. 나는 이런저런 것을 생각하며 정진석 추기경께 저간의 말씀을 드리며 제가 어디까지, 또 어떤 권한으로 말할 수 있느냐고 물었더니 전권을 부여한다기에 이 일에 자신감을 갖고 대하게 되었다. 처음 그쪽과 접촉한 것은 순전히 디지털 시대의 젊은이 센터 건축의 아이디어를 제공 받을 정도였는데, 그쪽 고위층과 애기가 된 듯 즉시 만나자는 것이었다. 그러나 나는 8월 25일 위장 수술을 하도록 날짜가 잡혀있어 퇴원 후에 하자고 했더니 서운한 듯

병원으로 찾아온다고 했다. 병실이라야 회의를 할 만한 곳이 못되기에 퇴원 이틀 후인 9월 2일에 만났다. 물론 나는 계획서를 자료로 제공해야 했으므로 염 총대리 주교께 말씀드려 X측에서 검토할 수 있는 플랜을 받았다. 그 날이 바로 X측 분을 만나는 날이었다. 그때까지 일 추진에 대해 아는 사람은 정진석 추기경과 염수정 총대리 주교뿐이었다. 그것은 이 일이 밖으로 누설되는 것은 극히 해로울 것이었기 때문이었다. 그 자료는 조학문 관리국장 신부와 설계팀에서 일하는 황 수녀로부터 설명을 들으며 넘겨받으면서, 가톨릭회관까지 재건하는 경우의 경비를 물어보니 약 천억이라고 들었다. 이것을 토대로 한 2천억이라며 X 측과 검토하기 시작했다. A는 워낙 큰 회사인지라 먼저 수뇌부에서 검토하고, 실무 검토는 건설팀에서 하는데 아파트 등 건설은 X측 물산 계열에서 한다는 것이었다. 아마도 몇 번 검토를 하는 듯 낙관적인 분위기였는데 15일 미국의 제4위 은행 리먼 브라더스가 파산되어 월가가 쑥밭이 되며 세계 경제계를 강타했다. 여기에 X도 깊이 말려들게 되었다는 것이다. 그래서 X의 선행지수, 즉 수출 주문은 뚝 떨어지고 주가도 폭락의 전조를 보인다는 것이었다. 이런 와중에서 막대한 자산 사회 환원 계획도 무산되었다는 것이었다. X가 주도하는 한국의 첨단기술도 지난해 발표에서는 세계 선두그룹이던 것이 금년 발표에서는 급락했고, 수출도 원화 가치 상승으로 큰 타격을 입었을 뿐만 아니라 선행지수도 뚝 떨어지는 등, 어두운 것이어서 경영 전망에 먹구름이 드리웠다는 것이었다. 한국은 물론, 전 세계 대기업계가 같은 어려움을 겪게 된 것도 마찬가지다. 따라서 교구의 젊은이 센터 건립과 명동 개발에 경제적 도움을 줄 처지가 전혀 못 된다는 것이다. 다만 젊은이 센터 건립 원자재는 실비로 교구청 부담으로 하고 기술적 도움도 줄 수 있다는 전언이었다. 그것도 원래 X는 수천억 대사업이 아니면 발주하지 않는다는 것인데 명동의 젊은이 센터는 예외적으로 받은 셈이다. 지금 실무진의 접촉이 요구되는데 그것도 우리는 액수가 너무 적어 이런 상황에서 받아들여질지도 문제인 것이다. 급변 사태, 미국 자본주의 상징 월가가 파탄나는 형국에서 큰 것은 큰 대로, 작은 것은 작은 대로 미국 경제와 연계되어 있어 세계경제가 큰 타격을 입게 되어있다는 것이다. 따라서 나는 기업이 큰 손실을 입을 수밖에 없는 시점에서 무슨 말을 더 할 수가 없었다. 그렇기에 그동안의 호의에 감사하며 아무리 우리 일이 작은 것이지만 맨 처음에 말한 나의 아이디어에 의해 일이 좋은 방향으로 전개되었으니 최소한 젊은이 센터 건립에 대해서는 디지털 시대 건물 아이디어와 2~3백억 정도라도 도와 줄 수 있으면 좋겠다고 하였다. 만일 그런 세계적 경제적 파탄이 그 전에 일어났으면 교구 설명회가 필요없다고 했을 것이다. 월가의 파탄은 서구 세계에는 치명적일지라도, 한국은 다른 동인들에 의해 발전하는 저력을 갖고 있기에 어느 정도 혼란을 겪겠지만 조만간 손실을 복구 부흥을 계속할 것으로 생각했기에, 모처럼의 천운의 기회를 놓치고 싶지 않지만 고집할 생각은 없었다.

사실 내가 이 강연을 수락한 것은, 안병철 처장 신부가 정진석 추기경이 지난번 참사회의에서 정의채 몬시뇰이 젊은이 센터 건축에 대해 설명할 것이라는 말씀을 했다는 전언 때문이었다. 또한, 그때만 해도 미국 경제 파탄이 일어나지 않아 낙관적인 때였다.

그러는 동안 교구 측으로서는 가부간 빨리 결정하여 시청의 건축 허가를 얻어야 할 처지인 것 같았다. 그렇기에 교구 측으로서는 X측에 너무 기대하지 말고 본래대로 일을 추진해 가는 것이 좋을 듯싶다. X는 워낙 큰 세계적 기업인지라 소소한 것은 거들떠보지도 않을 것이었으나, 처음에 내가 제시한 인류문화사에 사활의 영향을 미칠 아이디어에 큰 관심을 갖게 되어, 지금까지 우리 문제를 상당히 비중 있게 다룬 것이다. 또 앞으로 그들을 이끌어가기 위해서는 그때그때 제기되는 문제에서 계속 우리 측이 그들이 관심가질 만한 아이디어나 능력을 제공하는 것이 필요하다. 그렇지 않고 한 본당에서 하는 식으로 명동 성역 일을 처리하다가는 우리 측이 큰 코를 다칠 수도 있는 것이다. 불리한 여건에서도 X기업이 교회 건축에 관심을 갖도록 한 것은 내가 제공한 새로운 아이디어에서 기인한다. 이것은 향후 세계 선도(先導)적 기업의 기술은 인간을 해치는 흉기가 되거나 새롭게 전개되는 인류문화 요청에 응답하여 윤리적인 측면에서 선도(善導)적 역할을 하는 이기(利器)의 구실을 할 수 있다는 측면에서 가부(可否)간 결정해야 한다는 이론이 큰 공감을 불러 일으켰기 때문이다.

 오래 전 창업주 왕회장이 돌아가기 전, 인생이 마지막으로 가야 하는 길을 찾아 헤매다 나에게 인생의 남(生)과 죽음(死)과 삶의 심각한 문제 20개를 제출하고 만나기로 했다. 그런데, 그 분의 병세가 급작스럽게 악화되어 만나서 문제를 해결하지 못한 채, 창업주 왕 회장은 세상을 떠났다. 그런 문제를 창업 왕회장의 후계자인 아들 현(現) 총수 회장께 전달한 것도 그분의 마음에 형언하기 어려운 감회를 불러 일으켰을 것이다. 또한, 고 창업자 회장의 형님 되시는 분인 현(現) 총수 회장의 숙부는 내게 영세를 받고 세상을 떠나셨기에 전혀 모르는 처지에서의 일은 아니었다. 지금 아무것도 확정된 것은 없으니 교구장께서 가부간 방향을 하달하시면 나는 이 방향에서 도와드릴 것이다.

 그런데 한 가지 문제가 우리 내부에서 제기될 수 있다. 그것은 다름 아닌 X측이 대기업이니 이 땅에서 흔히 있는 바와 같이 윤리성 문제가 제기된다. 이 기회에 나는 급변하는 인류의 삶 속에서, 인류의 문화 속에서 가톨릭은 윤리의 본질적 면, 원칙적 면은 그대로 유지하면서 인류 삶의 놀라운 변화 속에서 시대의 유구함과 온 지구와 전 인류를 감싸 안는 무한대의 진폭을 지니고 있음을 실감하게 되기에 몇 가지를 적고자 한다.

미개발된 단순 사회에서 선진적으로 개발된 복합 사회로 이행하는 과정에서 계속 알려지지 않았던 사회구조 개편이 요구되기에 전혀 생각하지 못했던 인간의 삶과 사회구조가 생성된다. 민족적, 전통적 정서에서는 허용되지만 현대사회에서는 허용되지 않는 것들이 인간 삶 속에 뒤섞이게 되어 법적 공방이나 오류도 다반사로 일어나게 된다. 그 중의 하나가 개인적으로 또 자수성가로 일구어 놓은 기업체의 상속 문제다. 우리 민족적 전통 정서에서는 기업주가 자손에게 상속으로 기업체를 넘겨주는 것이 당연시되는 수도 있었지만, 현대 사회구조에서는 법적으로 상당한 상속세를 내야 하니, 거의 모든 대기업은 이 점에서 사회적 물의를 일으켰다. 편법이나 불법으로 상속을 하다 범법이라는 오점을 남기게 되는 수가 적지 않다. 교회는 의당 정당한 법의 준수를 권장하며 시대의 문화 흐름 속에서 이런 준법이 자연스럽게 기업에게 체질화되도록 도와주어야 할 것이다.

이럴 때 중요한 중용적 역할을 하는 것이 그런 기업이 사회에 하는 공과(功過)의 문제이다. 사실 X기업만큼 우리 국가 이미지와 개인적 국민의 긍지를 높여준 기관이나 조직도 이 나라에 드물 것이다. X기업의 기술적·혁명적 공헌은 한국인에게뿐만 아니라 세계인들에게 놀라운 새로운 인간 삶을 제공했다. 나는 1950년대 후반 유럽에서 유학 중 여러 나라 국경을 수없이 넘나들 때, 한국을 알고 있는 공무원들이 거의 없었다. 그러나 기업과 국민의 불철주야 각고의 노력으로 특히 기업인들의 노력으로 한국제(made in Korea) 제품의 세계적 선풍과, 때 마침 그런 기술 발전을 배경으로 화려하게 세계 속에 펼친 88

올림픽으로 한국은 일약 신흥국으로 세계에 떠올랐다. 한국 비약의 일익을 담당한 X기업의 공적이나 그 후 디지털 시대에 한국의 위상과 세계인에게 제공한 편의와 발전은 필설(筆舌)로 다 표현하기 어려울 정도다. 이런 X기업의 공헌(貢獻)도 과(過)와 같이 고려해야 할 것이다. 이러 점에서 가톨릭교회 윤리는 윤리의 본질적 요소, 즉 원리에 충실하면서도 변화무쌍한 현대 인류문화 발전에 놀라운 적응력을 보여 온 것도 타(他)의 추종(追從)을 불허(不許)한다. 한마디로 공(功)이나 과(過) 일면만 보고 호(好)·불호(不好), 선(善)과 악(惡), 협력과 불협력 등의 잣대가 아닌, 천차만별(千差萬別)의 인류가 공존(共存)·공생(共生)·공영(共榮) 해가야 할 동반자에게 앞으로 인류윤리의 핵이 될 놀라운 선견지명(先見之明)으로 새로운 중용(中庸)의 덕을 가르치며 실천하는 것이다. 이 또한 놀라운 동양사상과의 토착화의 정지작업이 될 것이다. 이렇게 불완전한 세상 질서 속에서 일변도의 판단을 내리지 않고 공과(功過)의 중용을 잡아주는 것이 오늘날 천차만별의 선진과 후진, 시간과 공간을 주름잡으며 인류 공통문화를 이끌어가는 가장 좋은 인류의 인도자 가톨릭교회 윤리의 위력이다.

성경은 중요한 부분, 많은 부분에서 예수님을 공공연히 인정되는 죄인들과 먹고 마시는 부류의 사람으로, 바리사이들이나 그 반대파를 비난했다. 그러나 예수님께서는 그런 것에는 아랑 곳 없이 공공연히 죄인으로 취급되던 세리 마태오를 사도로 부르고, 죄인으로 세상의 비난을 받던 세관장 자캐오를 부르며 그 집에 머무신 내용도 성경에 자세히 기록되어 있다. 또 죄인으로 비난 받던 여인들도 감싸주셨다. 의사는 성한 사람에게 필요치 않고 앓는 사람에게 필요하다고 하셨고 당신은 죄인들이 있고 그들에게 필요하기에 또 그들과 같이 하는 것이 당신의 강생 구속의 사명임을 명백히 하셨다. 물론 당시 예수님께서는 많은 제자를 거느리고 있었으니 선의의 사람들의 도움을 받으셨겠지만 이런 죄인이라고 하는 사람들의 희사도 많이 받았을 것이다. 이런 부류 사람들, 즉 죄인으로 치부되는 사람들 중에는 부자도 있었다. 우리는 하느님 앞에 다 죄인이어서 사제도 죄인이지만, 죄인으로 다른 죄인의 죄를 용서하는 특권까지 받은 사람들이다.

지난 날 강남에 가톨릭 의과대학과 성모병원을 지을 때 그곳에서 몇 대를 살아온 농민들이 끝까지 정착을 주장했다. 그때 교회는 자본가들이 흔히 사용하던 토지 수용령을 박정희 대통령 시절 박 대통령의 측근인 서울 시장에게 부탁하여 농민들의 통로까지 막았다. 그리하여 오늘의 가톨릭 의과대학과 성모병원을 지어 수많은 이에게 혜택을 주었다.

이런저런 점을 감안할 때 교회가 X기업의 세계적인 기술의 도움을 받는 것, 그것이 청년사목에 유용하다면 편견으로 비난하거나 주저할 이유가 없다. 그뿐만 아니라 세계로 뻗는 기술세계에 가톨릭 윤리관과 가치관을 명동 성역이 제공할 수만 있다면, 인류문화 복음화의 새로운 차원을 여는 놀라운 단초가 될 것이다. 한편, 여러 경로를 통해 X기업 일가의 주님께로의 회심도 바라볼 수 있을 것이다.

오래 전의 일이다. 양기섭 신부가 영어에 능했기에 소공동에 있는 일본인 적산(敵産)을 미 군정청으로부터 인수하여 〈경향신문〉을 복간했고, 지금 YWCA 자리 적산도 인수했는데 당시 시대의 흐름, 즉 문화의 흐름을 전혀 이해하지 못한 낡은 윤리관으로 당시 교구 요직 사제들의 극렬한 반대로 양 신부가 그 자리를 내어놓자, 개신교 측이 바로 접수하여 한국 여성 인권과 사회적 지위 향상, 국민 복지 향상, 세계적 인재 배출의 큰 원천인 YWCA를 명동성당 바로 앞에서 이루고 있다. 만일 그때 앞서 간 양기섭 신부의 행적을 그대로 받아들여 지금 YWCA 자리까지 명동 천주교가 성역으로 갖고 있었다면, 천주교가 제대로 사회 복음화로 발전하는 사회 필요에 응(應)하는 일을 수행했다면, 오늘의 명동은 물론 한국문화의 큰 흐름도 한층 복음적인 방향으로 이끌어 갈 수 있었을 것이다.

끝으로 나는 우리 시대에 가장 중요한 사목인 청년 사목을 위한 젊은이 센터 건립을 쌍수로 환영한다. 그것은 가톨릭의 젊은층 95% 이상이 성당을 떠난다는 현실 앞에서, 개신교 젊은이들은 활력이 왕성하여 많은 젊은이가 국내뿐만 아니라 세계 각지에 복음 선교를 위해 뛰고 있는 시점에서 명동 성역이 가톨릭 젊은이들의 활력이 치솟는 곳이 되었으면 하는 바람에서다.

2011년 11월 10일
정의채 몬시뇰

⑤ 질문과 답변

질문 1_ 젊은이들이 교회를 많이 떠난다고 하는데 명동성당의 경우, 수많은 젊은이가 미사에 참여하여 셈하기조차 어려울 정도다.

나도 명동 주임 신부를 지냈지만 이것은 명동의 특수 사정이다. 그렇게 토요 특전 미사와 주일 미사에 젊은이들이 모이는 것은 명동성당이 젊은 남녀들의 연애 등 만남의 장소로 이용되는 것이 주원인으로 보이며, 개신교와 같이 사도적 활동에 열이 넘치는 것도 아니다.

우리는 청년사목이 잘 된다는 자기기만에 빠지면 참으로 시대 사목에는 맹목이라는 현재적이면서도 역사적 비난을 면치 못할 것이다. 한편, 명동에는 매일 3백 만 이상의 젊은이들이 넘쳐나니 그중 10% 정도가 신자일 것이다. 그렇다면 30만 명의 신자들이 명동성당 주변에서 뒤끓고 있는 셈이다. 이런 입장에서 그런 수많은 가톨릭 젊은 신자들이 명동 성역에서 무슨 영감이나 사도적 활력을 얻고 있는지 심각하게 반성해야 할 것이다.

질문 2_ X기업이 왜 우리에게 그런 도움을 주려 하는가?

세계 최첨단 기술 개발 만으로는 국내는 물론 세계 젊은이들에게 우리의 촛불시위 현장에서 일어난 것과 같은 큰 흥기를 제공하는 결과라는 것을 나에게 듣고 교회가 윤리교육과 가치교육을 한다고 하여 돕겠다는 것이다.

질문 3_ 명동 개발에 X기업이 경제적으로 큰 도움을 주는 경우, 건물의 일부를 X기업이 사용한다는 말씀이 있었는데 그렇다면 젊은이 센터에 대해서도 그런가.

아니다. 현 가톨릭회관을 헐고 뒷대로까지 나가는 큰 건물을 지으며 명동에 젊은이 종교문화예술 광장을 건설하는 경우를 상정한 것이다.

질문 4_ 천주교가 윤리적 하자가 있는 X와 손잡고 명동을 개발하는 경우, 국민이 납득하겠는가.

국민이 납득 못할 이유가 없다. 충분히 설명되었다고 본다. 대기업 치고 X와 경로를 걷지 않고 오늘을 이루었는가. 또한 국민에게 혜택을 주고 한국의 위상을 세계에서 올려놓은 기업이 어디 있는가. 대기업들은 예외 없이 X와 같은 길을 걸어 국민의 생활을 향상시키고 국위를 선양했다는 것을 인정해야 할 것이다. 그 중에서도 X가 세계 최고의 첨단기술 발전으로 국민의 자긍심을 세계 속에서 올려 놓은 것이다. 그렇게 국민이 X기업을 못 마땅해 하면 국민들이 X기업 제품에 대해 불매운동을 일으킬 것이다. 정의의 문제만 해도 그렇다. 오늘날 농경시대나 산업사회의 정의관은 첨단 기술, 극대화된 IT산업, BT, NT 산업시대에는 그대로 통용되지 않는다는 점도 고려에 넣어야 한다. 그렇기에 교황청 문헌이나 교황 교서는 정의 문제도 상당히 융통성 있고 폭넓게 다루는 것이다. 놀라운 것은 교황청 주체도 내가 유럽 면학 중과 그 시기에 이탈리아의 유명 기업 Fiat 차에 투자한다고 했는데 Fiat이 여러 스캔들에 휘말릴 때에도 투자를 계속한다는 것이었다.

나는 이 문제에 대해 한 예를 제시하겠다. 그것은 도쿄대교구와 일본을 대표하는 세계적 기업 미쓰비시(三菱) 중공업과의 관계였다. 사실 미쓰비시는 태평양 전쟁 중 가장 많은 전쟁 물자, 군수품을 공급했고 일본 식민정책의 선두에 선 기업이었다. (X기업이 한국에서 부정에 연루된 정도가 아니다) 그렇지만, 도쿄대교구는 1950년대 중반 혹은 60년대 초반, 미쓰비시와 긴밀한 관계를 맺었다. 그것은 선견지명이 있는 도쿄대교구로서는 놀라운 업적이었다. 그것은 도쿄대교구가 일본은 부자이지만 교회는 가난하기에 교황청으로부터 연 미화 4만 달러씩 받는 원조금 10년분을 일시불로 선불 받아 미쓰비시에 투자하고, 그 대신 미쓰비시는 도쿄대교구 은퇴 사제들과 직원들의 연금을 회사 직원들과 같은 수준으로 지불한다는 계약이었다고 한다. 즉 근무 연한에 따라 회사 은퇴 직원과 같은 연금을 지불한다는 것이었다. (따라서 사제들의 막대한 노후 생활비와 병원비 등에 교구는 아무 어려움이 없다는 것이다. 나는 이 말을 전 도쿄대교구장 시라야나기 추기경이 전임자 도이 추기경의 비서 시절, 시라야나기 신부에게 직접 들었다. 또한, 그런 구상은 세계은행 이사 등 세계적 고위직을 거친 독실한 일본인 평신도들의 아이디어에 의해 시라야나기 신부 자신이 성사시킨 것이라고 했다.)[88] 그뿐만 아니라 급기야는 1970년대인가 80년대에 미쓰비시는 조치대학(上智大學, 예수회 경영)에 세계적인 공과대학을 지어주고 운영비도 기업이 책임진다는 것이었다. 단 조건은 졸업생 중, 미쓰비시 기업이 먼저 우수 학생을 선발한다는 것이었다.

여기에 꼭 참고로 덧붙여야 할 모범사례가 있다. 그것은 서강대학교 민자 유치의 일이다. 서강대학교는 명문 대학으로서 갖추어야 할 학생 기숙사가 필요했는데 경제 문제로 어려웠다. 그래서 서강대학교가 땅을 제공하고 민자를 유치하여 기숙사를 건축하게 하며 20년간 그들이 운영하여 이윤추구를 하고, 20년 후에 서강대학교에 돌려준다는 조건이라고 했다. 대외적으로는 서강대학교가 학생 기숙사를 갖고 있어 한 발 앞선 대학으로 평가되는 것이었다. 또 한 가지는 영국 회사를 약 1천억 상당으로 유치하여, 수십 년 전에 지은 자연과학관 건물 R관을 헐고 새로 건축하여 지하를 상가로 꾸며 30년간 민자 회사가 상업 활동을 하고 시한이 끝나면 지하상가도 학교에 반납하는 조건으로 민자 유치가 이루어졌다는 것이다. (이는 당시 손병두 총장께 들은 말씀이다.) 이런 방식의 민자 유치가 이른바 대학가에 이상으로 되어

---

88 괄호 안은 설명 중에는 말하지 않았지만 그런 맥락에서 말했음을 의미한다.

있다는 것이다. 이런 차원으로 이른바 신성하다는 대학이, 상아탑이라던 대학이 시민 사회 속에서의 학원, 이윤추구의 회사까지 불러들이는 세계로 바뀌고 있고 오늘날 세계도처에서 공간 이용과 학문 발전의 이상으로 떠오르고 있다. 또한, 이미 상식화되어 있는 시대에 접어들었다. 우리끼리 혹은 우리 것이니 우리 힘이 미치는 데까지라는 생각은 구태의연한 것이다. 이렇게 하느님이 모든 사람을 위해 창조한 공간은 인류문화 발전의 흐름 속에서 모든 사람이 어울리게 되어 자연스럽게 창조경륜을 실현해가는 것이다.

⑥ 그 후의 조치

2008년 10월 2일 오전 서울대교구청 안병철 사무총장 신부가 전화로 젊은이 센터 건축은 종전의 교구 계획대로 하기로 했다고 하며 후일 필요할 때 X기업의 도움을 받기로 결정됐다고 했다. 나는 잘 알았다고 했다. 그러나 일이 이렇게 되었으니 앞으로 X기업의 도움을 받기는 어려울 것이라 했다. 그리고 나는 X기업에 그간 고마웠다며 교구청의 결정을 알렸다. 무조건 도우려는 열성으로 임했으니 이런 반응을 의아해했다.

〈처리 후감〉

사실 나는 교구청의 결정을 존중하여 그대로 X측에 전하면서도 매우 아쉬운 감이 있었다. 그런 모처럼의 호의에 대한 우리 측 태도에 X측 사람에게서도 의아해 함을 느낄 수 있었다. 그 이유는 다음과 같다.

첫째, 본디 X측의 도움이 필요했던 것은 교구가 젊은이 센터를 짓는 데 앞으로의 젊은이들은 디지털 세대이니 거기에 상응하는 기술의 도움을 받으려는 것이었다. 그런데 미국 월가의 경제 대혼란으로 격외의 경제적 도움은 못 주어도 기술 제공을 하겠다는 혜택이었는데 왜 교구회의가 거부했는지 이해하기 어려웠다는 반응이었다. 본래의 목적, 즉 기술 제공을 목적으로 한 것이었기에 그런 목적은 그쪽의 호의로 모두 달성된 것인데도 말이다. 또 나는, 그렇더라도 X기업은 워낙 큰 재벌이니 우리 공사비가 5~6백억 정도인데 교구가 어려우니 2~3백억 정도의 도움을 줄 수 없겠느냐고 청까지 해 놓은 상태였는데도 말이다. 그뿐만 아니라 무료 기술 제공을 약속 받았으니 자료도 그곳에 의뢰하면 더 싼값으로 더 품질 좋은 것을 제공받을 수 있다는 것은 너무나 당연한 이치다. 그럴 경우, 자료를 거의 원가로 제공받을 것인데 교구청은 그 것만으로도 1백억 내지 2백억 대의 도움을 받았을 것을 하는 아쉬움이 남았다. 그것도 5~6백억 정도의 공사는 거들떠보지도 않는 X기업의 후의를 일언지하에 거절한 것이 된 셈이다.

둘째, 윤리적 운운했다면 더 말할 필요가 없다. 그리고 정진석 교구장이 전권을 주시면서 할 수 있는 대로 잘 해보라기에 노력한 것인데, 전혀 교구장의 뜻도 반영이 안 되는구나 싶은 심정이었다. 나는 누구의 잘 잘못을 말하려는 의도는 전혀 없고 교구의 대내적, 대 사회적 사목을 위해 모처럼 맞은 호기가 수포로 돌아갔다는 아쉬움이 남는다. 전체적 구도를 잡지 않고 부분적인 건물만을 지을 경우, 어차피 한국 천주교의 얼굴인 명동 지대가 동양의 가톨릭 중심으로 될 수밖에 없어 전체적 개발이 머지않아 불가피하게 될 터인데, 이번 X기업과의 연결은 1백 년에 한 번 있을까 말까 하는 천재일우(千載一遇)의 절대적 호기였는데 그런 기회를 놓쳤기에 말이다. 우리는, 제대로 현재와 앞을 보며, 또 교회 내와 사회적 측면에서 수천 억대를 예상해야 하는 명동 개발을 할 힘이 없는데, 우리 힘으로라는 자만심으로 절대 호기를 놓친 것이 아닌가 싶으며, 시대가 요청하는 사목적 인프라 준비에 큰 실수가 아니었는지 하는 생각이 들었다. 후대가 사정을 상세히 알게 될 때 역사적 판단을 내릴 것으로 생각한다. 지금까지 우리 힘으로 한다는 것이 명동 성역 전체 개발의 입장에서 볼 때, 부분 부분의 잡다한 건물이 그때그때의 필요에 의해 지어져 지대를 망가뜨리고 시대적 사명을 못한 셈이다. 그런데 미래지향적으로 전체적 구도에서 개발하려니 많은 부분을 헐거나 수리비를 엄청 들여 막대한 경비 손실을 입게 되었음을 누구도 부정할 수 없게 되었다. 이런 전철을 다시 밟지 말아야 한다. 후대에게 짐이 되지 않을까 염려되는 바도 적지 않다. 물론 그렇다고 X기업한테서 당장 그런 큰 도움을 받는 것은 아니지만 교회가 인연이 쌓이고 경제 사정이 좋을 때, 또 지금 그런 후의를 보였으니 2~3년 후 경기가 회복될 것으로 보이기고 X기업은 앞으로 막대한 재력을 사회에 환원시킬 것이기에 이번 젊은이 센터 건설 기회에 생긴 강인한 내부적 유대를 (그 센터가 교회로 볼 때는 큰 일이고 X기업으로 볼 때는 작은 일이지만) 계속 유지함이 현명한 판단이 아니었을까 생각된다. 지난 수십 년간 특히 최근 10년간 서울 전역의 개발은 눈부시고 상상을 뛰어 넘는 것이지만 명동 개발은 전혀 이루어지지 않아 낙후된 지역으로 전락하고 있음을 인정해야 한다.

교회의 모든 회의는 수뇌부, 즉 교황청에서는 교황의 의도를 중심으로 움직이는 것을 근년 들어 잘 체험하고 있다. 그 비근한 예가 고요한 바오로 2세 교황 때와 현 베네딕토 16세 교황 때의 교회 사목과 통치 스타일이 얼마나 다른지, 우리는 몸으로 느끼고 있다. 그것은 새 교황의 의도를 그대로 받들어 교황청 추기경단(추기경단은 전 요한 바오로 2세 교황 시 그대로이지만)이 보좌하기 때문이다. 교황이 토의해 보라거나 다른 의견을 청하는 경우에 교황을 보좌하는 교황청 추기경단이 건설적인 또 다른 의견들로 보좌하는 것으로 알고 있다. 모든 주제와 실천 행동은 교황의 뜻에 따른다.

특히 정진석 추기경의 경우, 독특한 방법으로 추기경의 위치에 오른 것이기에 더욱 그렇다. 교구에서는 교구장을 교황청에서 하는 식으로 보좌해야 할 것으로 생각된다. 사실 정진석 추기경이 추기경이 되신 것은 교회사에서도 극히 드문 일이다. 그것은 교구장 은퇴를 10여개월 앞두고 추기경이 되었기 때문이다. 교구청에서는 당시 곧 은퇴하실 교구장 정진석 대주교의 거처를 준비하고 있다는 공공연한 말들이 있었다. 그런 와중에서 정진석 대주교께 추기경 임명 소식이 전해졌고, 정년을 넘긴 지도 벌써 근 3년이다. 그러니 아마도 80세까지 연장되지 않겠느냐는 예측도 가능하게 된다. 만일 그렇게 된다면 전 교회에서 극히 드문 예가 될 것이며 특은으로 생각해야 할 것이다. 교구장으로 장수했다는 김수환 추기경도 정년 후 1년을 좀 넘게 임기 연장을 하고 물러났다. 그런 정진석 추기경이기에 그의 간절한 소망인 명동 성역의 '젊은이 종교문화예술 광장'(영어로는 "정 니콜라우스 추기경의 젊은이 광장") 조성과 젊은이 센터 건설도 정 추기경과 운명을 같이 할 현 보좌 진영의 헌신적 노력으로 이루어져야 할 것으로 생각한다. 이것을 꼭 이루어 격외로 교구장직 연장이 이루어지고 있는 정 추기경의 길이 남을 치적을 만들어 그 분의 아름다운 역사적 사목적 마감이 되게 함이 좋겠다. 물론 정 추기경께서는 교구 시노드 개최, 많은 성당 축성, 교구장 대리제 설정, 의정부 교구 신설 등의 업적을 남겼지만 이는 모든 교구에 일상적으로 일어나는 일이다. 이에 반해, 명동 젊은이 광장 조성은 동양의 가톨릭 허브이자 한국교회의 필수적 요청이다. 더 나아가 방향 감각을 잃은 한국 젊은이들의 마음의 고향이 될 것이기에 현 서울대교구 교구 정진석 추기경의 마지막 치적으로 이루어 놓음이 마땅할 것이다. 명동 광장 개발은 정 추기경의 소망이며 명동성당 건축에 버금가는 업적이고 한국 사회, 특히 한국 젊은이들과 한국 문화를 위해서도 교회의 위대한 공헌이 될 것이다. 그렇기에 본인은 물불을 가리지 않고 동분서주한 것이다. 또한, 교구장 정 추기경은 10월 1일 서울대교구 주교평의회에서 내가 강의하도록 자리를 마련하시고 강의가 끝난 후, 안쪽 자리에서 출입문까지 오셔서 배웅해 주신 것도 이런 의사표현으로 알고 있다. 그렇지만 정 추기경께서는 워낙 마음이 어지셔서 강력히 당신의 의사를 펴시는 분이 아니시기에 보좌진은 그분의 뜻을 깊이 헤아려 그 뜻을 성취시켜 드려야 할 것으로 생각한다. 그렇기에 교구의 직·간접 보좌진은 적극적으로 교구장 정진석 추기경의 마지막 소원이 꼭 이루어지도록 힘을 모아 일을 추진해야 할 것으로, 한 원로 사제이며 그 자리에 참석했던 모든 이의 옛 스승으로서, 또 교구장 고문으로서 간곡히 부탁드리는 바이다. 이런 것은 교회의 대성(大聖)이시고 대학(大學)이시며 교황의 고문이었던 성 토마스 아퀴나스의 시종일관한 태도였으며 교회의 위대한 많은 일을 성사시킨 바이기도 하다.

정진석 추기경께 몇 말씀 드리고 싶다. 먼저 나는 정 추기경과 기탄없는 대화를 수시로 나눈 사람으로 깊은 감사와 존경을 드린다. 교구 성직자, 수도자, 평신도, 사회 일반의 바람과 기대에 부응하여야 하는데도 그렇게 되지 못해 서운한 점도 있었지만 좋은 점이 더 많았다. 예컨대 지난날 군사 독재 시대에 사회정치적 문제로 찬반 대립과 행동으로 사제단의 갈등 내지 때로는 분열상이 심했는데, 정치 사회 문제와는 거리를 두고 시간이 경과하는 중에 상처가 서서히 아물어 간 것은 교구 최고 사목자로서 큰 장점이다. 그런 반면, 때로는 다른 교구에서 들어온 분으로서 사제들과의 일치가 부족하며 더욱이 국민이 정치적 이념적 문제로 극심한 분열을 일으키며 혼란이 가중할 때 침묵으로 일관하여 교회 내·외적 바람을 채우지 못한 것도 사실이다. 이런 사정을 있는 그대로 전해 드릴 때 정 추기경은 조금도 싫은 기색 없이 자유롭게 말하게 하는 등 그분의 큰 도량에 감탄한 때가 많았다. 그럴 때마다 나는 죄송하다며 그러나 아무것도 실천되지 않는 것으로 보이니 더 이상 말씀드릴 필요가 없겠다고 할 때, 내가 그런 말을 안 해 주면 그런 사실을 어디서 듣겠느냐며 계속 이야기해 달라고 하시는 데는, 사목자로서의 진지하심이 그대로 묻어나기에 큰 인품에 당황한 적이 여러 번이다. 또한, 그 분은 그렇게 하려고 노력하지만, 주위 환경이 잘 움직여 주지 않음을 감지하게 되었다. 그렇기에 나는 주님과 성모님이 정 추기경을 특별히 축복하시어 그 자리에 오래 계시도록 안배하시는구나 하는 생각을 하게 되었다. 정 추기경은 마음이 어지셔서 누구의 마음도 상하지 않게 하시려 많은 인내로 모든 어려움을 당신이 받으신다고 생각하게 되었다.

그렇지만 서울과 같이 변화와 세계교류의 첨단과 온갖 좋고 나쁜 것이 다 일어나는 지대의 사목자로서는 과단성 있는 결단이 필요하다. 그런 관점에서 일일이 구구하게 설명하기보다는 참으로 적시에 만난을 무릅쓰고 소신껏 결단적 판단을 내려 위대한 일들을 성취 시키는 교회 장상의 예를 드는 것이 더 좋을 듯싶다. 그 하나는 서강대학교를 설립할 때의 일이고, 또 하나는 도쿄대교구가 완전히 성소가 끊겨갈 때 교구장 시라야나기 대주교(후에 추기경)의 과단성 있는 판단으로 적지 않은 사제를 배출하게 된 것이다. 그 외에도 나는 교황청의 당시(1950년 후반기) 포교성성의 총무 시지스몬디 대주교(후에 추기경)께 단도직입적으로 선교 불모지대인 일본에는 수많은 아름다운 예술적 성당 신축과 교육기관, 사회사업 등에 막대한 돈을 쏟아 붙고 있다는 점을 지적하였다. 특히 도쿄에는 1천여 명의 선교 사제와 그 배에 달하는 수녀들이 진출하였다. 그러나 자유세계를 위한 공산주의의 세계 확산에 대한 방파제로 한국전쟁을 거치면서 백만의 젊은이 목숨이 희생되었다. 그로 인해, 1천만 이산가족의 비극과 물질적 빈곤을 초래했다. 그런데도 영적으로 풍요를 구가하여 초대 교회를 방불케 하는 한국에는 안중이 없으니 과연 이런 것이 그리스도 강생 십자가 구속 신비의 실현이고, 바오로 사도의 선교 정신인가 하고 물었다. 내가 이야기했을 때, 시지스몬디 포교성성 총무 대주교는 깊이 귀를 기울이시어 그분 특유의 유순함과 과단성으로 당시 포교성성 명의로 모든 선교 수도회 장상 모임을 소집했다. 그래서 내게 들은 실정의 자초지종을 설명했다. 그 당시는 1958년경이었는데 2년여간의 준비 기간을 거쳐 1960년대에 들어서면서 일본에는 수도회 진출이 끊기고 한국으로 대거 집중되는 결과를 가져왔다. 그밖에도 교황청 성 베드로 대성당 건립과 개신교 분열이라는 아픈 상처의 예를 들어 교황청 주간회의에 상정시켜 선교 지대에 대한 관심과 참여를 높이는 일을 한 것도 기억에 새롭다. 물론 이때 나는 포교성성의 참사위원인 성 베드로 기숙사원장 신부님과 대주교께 한국에서의 놀라운 선교 결실뿐만이 아니라 성소의 풍요함도 말했다. 이런 말씀을 여기서 드리는 것은, 옳고 미래지향적이면 지위의 높고 낮음, 직책과도 상관없이, 교권자는 권력을 십분 활용하여 과단성 있게 일을 추진해 간다는 것이다. 전(全) 교회는 교황의 사목의도에 따라 모든 기구나 교황청 추기경단이 움직이고 교구는 교구장의 사목의도에 따라 움직이며 다른 모든 기구나 의견은 자문의 성격을 지니고 있다. 이런 면모를 지켜보며 자모(慈母)이신 교회가 교권자에게 얼마나 지혜롭게 권력을 위임했는지도 잘 알게 된다.

서강대학교 설립시의 비화(秘話): 이 비화는 서강대학교 설립 40주년 기념 세계 학술회의 기조 강연이다. 1950년대에 이르러 그동안 후문으로만 돌던 한국에서의 가톨릭대학 교육 문제가 전면으로 부상되었다. 이는 젊은 사제들, 특히 서울 지역 젊은이들이 노기남 주교께 강력히 요구한 것이었다. 그 결과, 노 주교의 맹렬한 활동으로 교황청에 의사가 전달되고 예수회 본부와도 접촉하여 예수회 교육을 서울에서 시작하게 되었다. 그 결과, 일본에서 대학 교육 즉 조치대학(上智大學)으로 성공한 예수회 신부들이 한국에 파견되어 대학교육을 준비했다. 그러나 독일은 제2차 대전의 패전국이었고 한국은 이승만 대통령을 위시하여 미국계 인사들이 모든 분야를 휩쓰는 때였기에 독일계 예수회는 철수하고 대신 미국 위스콘신 예수회가 진출하게 됐다. 당시 나는 부산 서대신동 성당에서 미국 메리놀회 권 요셉(J. Connors) 주임 신부 밑에서 보좌 신부로 일하고 있었다. 그때 정부는 서울로 환도했지만 일반 모든 일들은 (피난 시절이었기에) 부산에서 이루어졌다. 당시 예수회 미국 위스콘신 관구장 번즈 신부(Fr. Burns)라는 분이 마침 부산으로 입국, 세속 대학의 동기였던 선교사 권 요셉 신부를 찾아 서대신동 성당에 머물게 되었다. 그런데 그분이 서울에서 이승만 대통령과 장면 씨, 당시 문교부 장관이었던 고광만 씨 등 유력 인사들을 만나고 부산으로 돌아와 대학을 시작하기에 앞서 고등학교부터 시작하여 차츰 적당한 시기에 대학을 시작하겠다는 주장이었다. 아마도 6·25 한국전쟁으로 폐허화된 서울을 보고 그렇게 결정하려는 것 같았다. 무엇보다도 일본을 거쳐 왔기에 일본은 문화국으로 보였고 한국은 미개국으로 보였던 듯싶었다. 그런데 30년 이상 북한에서 선교사 활동을 한 학창시절 동기 메리놀회 권 요셉(J. Connors) 신부의 의견은 관구장 신부께 절대적이었다. 권 신부는 여러 해 동안, 한국의 고등교육의 필요성을 들은 바가 있기에 관구장 신부께 내 의견을 존중하는 것이 좋겠다는 말을 했고, 어느 날 밤 12시까지 나는 관구장과 토론을 벌였다. 결국 그분은 고등학교를 하려는 마음이 확고하기에 나는 고등학교 정도라면 굳이 미국 분들이 올 필요가 없으니 아예 오지 말라고 했다. 그 이유인즉 친구 신부들 중에도 2명이나 고등학교를 시작하고 있기 때문이라고 했다. 이 말은 그 분께 충격적이었던 것이었다. 또 일본을 보고 그러는 것 같았는데 우리는 세계 공산화를 막기 위한 그 방파제로 희생이 되어서 그렇지, 본래 일본이 미개국일 때 우리에게서 문화를 받아들였다는 사실을 말하며 10년 후면 우리도 경제 회복을 시작하여, 앞으로 우리 민족의 우수성을 드러낼 것이라고 했다. 무엇보다도 "고등학교 정도라면 오지 말라"는 나의 단도직입적인 말이 그분께 충격적이었다고 메리놀회 선교사 권 요셉 신부께 전해 들었다. 그때 그분은 과연 수도자답게 그날 밤새 기도하고 아침 미사와 조반 후, 당신의 결정을 말해 주겠다고 했다. 그 이튿날 아침 미사가 끝나자 즉시 응접실로 가자고 하더니 기쁜 소식(good news)이라며 대학을 시작하기로 결심했다는 것이었다. 그러나 당신 관구 사제 총회를 거쳐야 하는데 물론 대다수의 의견은 부정적일 것이 뻔하지만, 그 의견은 자문적 성격이기에 대학을 할 것이라는 결정을 분명히 약속한다고 했다. 그 40주년 기념 학술회의에서 서강대학교 명예총장으로 오셔서 12년간 서강대학교 총장을 지냈던 예수회의 델리(J. Daly) 신부는 초청 강연에서, 자신은 젊은 신부로서 예수회 대다수 신부가 서강대학 설립을 반대했고 한국이 통일된 다음에나 대학을 해야 한다는 의견이 절대 다수였는데, 결과는 한다는 결정으로 나 알 수 없는 일이었고 만일 통일이 된 후에 시작해야 한다는 의견에 따랐다면 아직 서강은 존재하지 않았을 것이라는 말까지 덧붙였다. 이렇게 번즈 관구장은 과단성 있는 결단으로써 오늘 한국 가톨릭을 대표하는 훌륭한 대학을 설립하여 교회에 크나큰 공헌을 한 것이다. 이렇게 교구장이나 책임 있는 윗분들은 그 위치의 중대성에 따라 미래지향적인 단호한 결단을 내려야 한다.

또 한 가지 우리 교회와 직결된 사건이 있었다. 그것은 1989년 교황 요한 바오로 2세가 제2차 방한 시 한국 103 순교자 시성식 때의 일이었다. 시성식을 그때까지 교황청 밖에서 한 일이 없었기에 담당 부서에서 그런 교황의 의도에 난색을 표했다는 후문이었다. 물론 그 담당 부서의 장은 추기경이었다. 보기에 따라서는 근 2천 년에 걸쳐 그런 예가 없다는 이유는 상당한 전통적 이유였다. 그러나 교황의 직접 지시로 시성식이 순교자 본토인 한국에서 이루어져 교회사적 새 기원을 이룬 것이었다. 교황의 의사가 들어나자 바티칸 전체는 그렇게 움직였다. 물론 좋은 의견을 널리 듣는 것은 중요하지만, 그것에 좌우되거나 휘둘려 중요 사항에서 시기와 기회를 놓치거나 잃어버려 큰 실수나 손실로 돌아오게 하면 안 되는 것이다.

〈참고 말씀〉

나는 정진석 추기경의 추천으로 대통령이 위촉하는 건국 60주년 기념 사업위원회 위원으로 위촉됐다. 총리 공관에서 한두 차례 회합이 있었고 대통령 주최로 청와대에서도 고문과 장관 도지사 각계각층의 지도급 인사 회의가 있었다. 그런 회의가 요식적으로 흐르기 쉬우므로 나는 원고를 미리 작성했다가 이명박 대통령에게 직접 드렸다. 이명박 대통령은 직접 안주머니에 넣으면서 정독하겠다고 하며 내 글을 다 읽고 있다고 했다. 그것은 세계를 휘몰아가는 우리 젊은이들에게 아이디어 산업으로 승부를 걸게 해야 한다는 것이었다. 한 주간 후 청와대에 "미래위원회"라는 조직이 발족한다는 신문 기사를 읽었다.

그뿐만 아니라 거의 같은 내용이지만 좀 더 다듬은 것을 한승수 총리에게도 주었다. 한 총리는 참으로 훌륭한 인재로 생각한다. 학식과 국제적 견식, 인품이 훌륭할 뿐 아니라 봉사 정신도 훌륭한 것을 느낄 수 있었다. 한 총리는 처음으로 만난 후 나에게 "사심 없이 봉사하려하니 기도해 달라"는 진정 어린 말씀도 했다. 그는 진솔한 신앙인임을 체취로 풍겼다. 나는 한 총리에게 앞으로의 세계는 모든 것이 아이디어에서 판결나고 그 부가가치는 무한대라는 것을 말했다. 그렇기에 모든 위대한 아이디어맨이 지금 밀라노에 모여 일상생활이나 건축, 인테리어, 도시계획 등만 아니라 비행기, 전함, 잠수함, 전차, 소총에 이르기까지 모든 것이 아이디어로 판단 나며 그 부가가치는 부르는 것이 값이어서 국부(國富)창출의 황금 낳는 거위가 된다는 것을 말했다. 그런데 지금 우리 젊은이들은 아이디어 창출에서 세계의 톱을 달리고 있으니 이 점에 국력을 집중하는 것이 이른바 건국 60주년 행사의 가장 중요한 과제라는 것과 이런 일을 잘 이해하고 실천할 분은 한승수 총리라는 점을 명시했다. 그런데 지금 미국은 남미의 토속 문화와 혼합해 수십 년간, 유럽은 아프리카 토속 문화와 융합하여, 지난 수십 년간 그들의 문화를 새로운 단계로 올렸으나 이제 한계에 왔기에 오랜 역사와 깊은 동양 문화의 합류를 시도하려 하나 이 점에서는 세계 아이디어의 집결처이며 산출처인 밀라노도 완전히 한계에 와 있는데, 동·서 문화를 아우르며 새 아이디어를 창출할 사람들은 한국의 젊은이들이라는 점을 한 총리께 제시했다. 한 총리는 정부의 몇 개부처를 통해 젊은이들에게서 아이디어를 모집해 보았는데 놀라운 아이디어들이 쏟아졌다는 것이다. 또한, 한 총리는 현 이탈리아 정부 총리 하의 유력한 장관이었고 현 밀라노 시장인 분이 내한한 계기에 밀라노에 대해 묻고 들은 바에 따라(한 총리는 밀라노에 간 것은 아니고 밀라노 시장을 만난 기회에 아이디어 산업이 얼마나 중요한지 실상을 알게 되었다고 했다.) 한 총리는 나에게 "밀라노가 전 이탈리아를 먹여 살리더군요"라고도 하였다. 따라서 한 총리 자신도 젊은이의 아이디어 산업에 대해 깊이 생각하고 있는 것으로 알아들었다. 이렇게 세상은 변해가니 우리의 사목도 젊은이를 중심으로 하는 획기적인 전기가 필요하다. 그것이 바로 명동에서 젊은이 광장과 젊은이 센터를 중심으로 새롭게 전개되어야 할 시대적 사목의 절대적 요청이다.

이명박 대통령과 특히 한승수 총리가 움직이게 된 나의 글 한 구절을 참고로 소개한다. 나는 이런 일을 국가의 이익, 즉 국민 특히 젊은이들의 세계 도약을 위해 말한다.

"나는 이런 계기에 방향을 잃고, 어찌 말하면 마구 뛰노는 우리 젊은이들, 지금 세계 젊은이들의 선망의 대상이 되고 있는 우리 젊은이들의 세기적으로 세계를 향해 폭발하는 정기를 수용하는 시설을 준비하는 것이 건국 60주년 기념사업의 역사적 사명이라는 것을 국무총리 공관회의에서 말했다. 오늘날 세계적 젊은이들의 새로운 흐름과 새로운 세기 인류문화의 흐름은 손발을 작동시켜 국운을 열어가는 식의 시기가 아니고 머리로, 즉 아이디어로 세계와 승부를 거는 시기에 도달했다는 점을 예를 들어가며 말했다. 그 예로 나는 매년 세계를 여행하며 젊은이들과 많은 대담을 나누는데, 새 천 년대 들어 (특히 작금년에 이르러) 젊은이들 세계에 놀라운 변화가 일어났으며 그것은 바로 세계 젊은이들이 급속히 하나가 되어가는 놀라운 변화란 점을 들어 말했다. 또한, 미국 흑인 유력대선 주자 오바마도 73% 백인 세계에서 젊은이들의 인기에 힘입어 선두 주자를 달리고 있다고도 했다.[89] 그중에서도 괄목할 만한 것은 한국 젊은이들의 활동, 이른바 한류의 선풍이 대단한 것을 세계도처에서 보았다고 했다. 몇 년 전까지만 하여도 동남아 정도인 줄 알았는데 그 동안 몇 년 사이에 전 세계 젊은이들 사이에 퍼져 간 것을 실감했다는 점을 구체적인 예로 말씀 드렸다. 그 하나의 예가 서구 여러 나라 젊은이들이 한국의 젊은이들을 선망하기에 그들이 한국에 대해 무엇을 아느냐고 물었을 때 예외 없이 드라마 '주몽'을 꼽았고 그 다음은 '대장금'을 꼽았다. 한동안은 일본의 젊은층, 특히 여성층에 전세기를 타고 한국을 찾을 만큼 드라마 '겨울 연가'가 선풍적인 인기를 끌더니 우리 젊은이들의 다른 형태의 아이디어가 세계 젊은이들을 사로잡고 있는 것이라고 했다. 이런 젊은이들의 정기 발로는 저간의 예를 보아 예컨대 해방 직후 약 20-30년간은 일본 젊은이들이 아시아를, 그 다음 홍콩의 젊은이들이 약 20년간 동양과 세계를 휩쓸었는데, 지금은 우리 젊은이들이 그들의 활동을 멀리 능가하는 아이디어 차원에서 세계 젊은이들 사이에 정기를 폭발시키고 있으니, 그들의 정기를 마음껏 쏟아낼 수 있는 아이디어 산업단지를 조성하여 우수한 젊은이들을 집중시키면, (지금은 위대한 건축물은 물론이고 자연 살리기에서도 그렇고 일생생활은 말할 것도 없고 심지어는 비행기, 전함, 잠수함, 전차, 소총에 이르기까지도 그 운명을 디자인이 좌우하는 시기이니) 가능성은 가히 무한대일 것이란 점을 말했다. 또한, 근년 밀라노 아이디어 산업의 세기적 변창이라는 말도 곁들였다. 근년 들어 밀라

---

[89] 이 글은 미국 대통령 선거 이전 글이다.

노는 세기적 새로운 아이디어, 특히 디자인의 메카가 되어 세계 유수 디자인의 80%를 이루어내는 괴력을 발휘하여, 파리와 뉴욕 등 세계 유수의 디자이너들이 모여든 고장이 되었다는 것이다. 그런 획기적인 디자인들은 부르는 것이 값이어서 가히 천문학적인 금액이라고 한다. 그런데 우리나라와 이탈리아는 자연적, 지리적 여건도 비슷하고 사람들의 기질도 비슷하고 예술적 재능도 유사성이 많아 우리는 젊은이 재능 함양에서 동양의 아이디어 메카가 되기에 충분하다는 점도 말했다. 한국과 밀라노 아이디어 산업 공동 단지 조성도 생각해 볼 수 있다. 물론 이런 세기적 인류 사명을 수행하는 것은 현금 한국 젊은이들만이 할 수 있다는 것도 말했다. 그 이유인즉, 유럽 문명과 북 중남미 문화의 배합, 아프리카 토인 문화와의 배합은 식민지 정책시기로 이제 바닥이 난 상태이고, 3천 년대 새 인류문화 창조의 큰 흐름은 동양적 사고와 느낌과 유럽 문화의 새로운 만남, 즉 새로운 인류 공통문화 창출이다. 이런 면에서 특히 생활적 아이디어, 즉 동·서를 아우르는 아이디어 창출은 일본도 아니고 (일본은 모방에는 뛰어나고 단결에는 뛰어나지만 창의성에서는 우리 젊은이들을 따를 수 없음) 중국도 아니기에 (중국은 자신의 유구한 전통에 근거하여 타국으로부터 타의나 자의에 의해 들어오는 문물과 문화를 동화하는 데는 어디에서도 유례를 찾아 볼 수 없지만) 동·서를 아우르며 새 것을 창조해내는 데는 우리 젊은이들이 멀리 앞서 있다고 말했다. 그러나 그런 기운이 폭발하는 것은 주기적 현상을 띠는 것이기에, 지금 이 시기에 먼저 가는 세대가 뒷받침 해 주어야 할 의무가 있다는 것도 말했다. 이것이야말로 건국 60주년 기념 사업위원회가 해야 할 중차대한 의무라는 점을 우회적으로 말했다. 사태를 멀리 보시는 중후한 인품의 위원장 현승종 전 총리와 김남조 위원장(이 분은 시인으로서 우리 젊은이 아이디어 산업에 본격적으로 뛰어들 때, 새로운 가치관 형성에서 사나워지기 쉬운 우리 젊은이의 심성에 큰 역할을 하실 수 있는 분)도, 전 KBS 사장도 새로운 아이디어에 주목해야 한다는 동의와 격려의 말씀을 해 주었기에 보람을 느꼈다. 그때 옆에 계시던 전 과학기술부 장관, 전 〈문화일보〉 사장 김진현 기획 위원장은 세계 속에서의 젊은이들의 윤리관을 저에게 말씀하였는데 저는 전적으로 찬동하며 더 폭넓게 젊은이들의 세계적·미래적 차원에서의 새로운 가치관 형성이 필요하다는 것을 말했다. 우리 젊은이들에게는 지금 새로운 인류문화에 대한 가치관 형성이 전혀 안 되어 있기에 종북(從北) 이념적 가치관에 휩쓸려 큰 문제를 일으키고 있는 것이다. 그런 경향을 탓할 것만이 아니라 새 세기, 즉 3천 년대라는 새 천 년대를 맞아 도래하고 있는 것, 그것이 무엇인지를 모르면서도 정신과 몸으로 느끼면서 안에서 분출되어 나오는 새로운 기운을 억제하지 못해 잘못 발산하는 우리 젊은이들의 정열을 (그들에게 진로만 바로 터주면) 삽시간에 바로잡아 줄 수 있을 것이라는 점도 말했다. 문제는 앞으로 전혀 새로운 차원으로 뻗는 새로운 세기적 분출을 과거지향적 전근대적 인식으로 억누르려 한다는 느낌을 젊은이들에게 주는 전(前) 세대의 사고와 행동에 있는 것이라는 말도 했다. 건국 시의 위업과 피 끓는 자기희생과 헌신 등을 소중히 여겨 역사에 유물로 남기는 것도 좋고 표창도 좋지만 그런 것에 앞서 젊은이들의 앞날을 더 넓게, 더 높게 열어 주는 것은 60주년에 더 의미 있는 일이며 더 값진 것이겠다고 했다. 일을 그렇게 전개해 갈 때 젊은이들은 전 세대를 소중히 여길 것이다. 그뿐만 아니라 젊은이들의 좌경도 그리 걱정할 것이 없게 되는 것이다. 그 이유인즉, 아이디어 산업 단지로 우수한 젊은이들을 집결시키고 세계 젊은이들과 교류시키기 시작하면 그런 젊은이들의 움직임은 스스로 자취를 감추기 마련이기 때문이다. 그뿐만 아니라 세계적인 아이디어 단지는 연결되는 많은 산업을 유발하여 젊은이들을 수없이 이끌어 들이는 효과를 유발할 것이다. 여기에 덧붙여 오늘날 미국 고급 두뇌 사회에서도 큰 주목과 관심거리임과 문제이기도 한 한국 젊은이들의 문제에 대해서도 언급함이 좋을 듯싶다. 지금 미국의 유수 대학들에서는 한국 학생들이 두드러지게 앞서가 장학금을 독식한다는 말까지 나온다. 이대로 가면 장학금 제도도 좀 더 골고루 돌아가도록 제도를 고쳐야 하지 않겠느냐는 의견도 있다는 소문이다. 나는 1980년 중반부터 미국 인사들에게 제안한 것이 이루어지는 것 같아 마음이 흐뭇했다. 그것은 미국의 외국 유학생 장학금 지급 문제다. 외국인 장학생의 경우, 미국에 이민 간 분들의 2-3세에게보다는 외국 현지의 우수한 학생들에게 주어야 장학제도의 본뜻을 살린다는 내용이었다. 그 이유는 미국이 외국인에게 주는 장학금은 멀리는 미국의 이익을 생각하고 넓게는 인간의 능력을 개발하여 인류 공동의 발전을 위한 것인데 이런 목적을 달성하기 위해서는 외국 현지인을 육성해야 한다는 논지였다. 현지인이라야 자기 말과 문화를 제대로 이해하고 각 분야에서 현실적으로 활동하고 있는 인사들과 지도층 인사, 동창이나 여러 가지 연유로 지인 관계를 갖고 있어 정치 경제, 사회의 모든 분야에서 원활히 교류하여 당사국들의 이익 증진과 발전과 문화 발전에 더 기여할 수 있다는 것이었다. 여러 해 동안 여러 각도에서 펼친 이론이 설득력이 있은 듯 1990년대 후반에서 2000년 초반에 걸쳐 그런 정책이 서서히 시행된다는 소문을 들었다. 그런데 근년 들어서는 한국 유학생들이 거의 모든 유수 대학에서 선두를 달린다는 소문이다. 얼마 전부터는 교육을 위해, 즉 미국의 좋은 대학에 가기 위해 역이민도 있다는 풍문을 들은 적이 있다. 일의 본말은 어찌 되었건 한국 젊은이들이 세계를 누비며 어느 나라 젊은이들보다 앞서가는 현실을 그대로 인정하고 먼저 가는 세대가 무슨 힘을 써서라도 그들의 앞길을 순탄하고 비약적으로 해주는 것이 앞 세대의 임무인 것이다." 이런 내용을 나는 이명박 대통령에게 솔직담백하게 전했다.

2008년 11월 22일
정의채 몬시뇰

6) 정진석 추기경께 중요 건의 보충[90]

① 정진석 추기경과의 대화 및 건의[91]

(아래 글은 이미 말한 것들과 함께 새로운 것을 함께 묶은 것이다. 우리나라가 지금 국내외적으로 중대한 국면에 접어든 것과 같이 이 땅의 교회에도 작지 않은 일들이 일어나고 있으며 큰 변화가 요청된다.)

〈메리놀회 신부의 평양 주재 건〉

메리놀회는 평양에서의 메리놀회원의 주재를 위해 UN 본부와 접촉하던 중, 근래에 UN으로부터 NGO 자격을 얻게 되었다. 또한, 북한에 거주하는 여러 나라 외교관 신자들의 종교 생활을 위해 북한 당국에 영어로 미사를 지내며 성사를 집행할 수 있는 메리놀회 사제의 상주를 바라던 차였다. 나는 그런 건의를 몇 년 전부터 해왔다. 그러던 차에 UN의 NGO 승인으로 메리놀 외방전교회(이하 메리놀회) 총장 신부와 함제도 신부(Fr. Gerard E. Hammond, M.M.)가 로마에서 교황청 인

---
90 2007년 11월 21일 작성
91 장소: 정진석 추기경 집무실, 일시: 2007년 11월 14일(수) 오전 11시-12시 15분

류복음화성성 장관 이반 디아스(Ivan Dias) 추기경을 만나 사정을 상의하기 위해 두 분이 로마에 간다고 했다. 함제도 신부는 UN과 NGO의 채플린(chaplain) 역할인데 어느 쪽을 선택하는 것이 좋을지 전화로 다급하게 물어왔다. 나는 함 신부는 사제이고 평양은 메리놀회가 시작한 교구이니 19일 아침에 로마에 가서 총장신부님을 만나 구체적으로 추진하는 것이 좋겠다고 했다. 함 신부는 그 일을 추진하고 성탄 후에나 한국에 돌아 올 것이라고 했다. 일이 잘 풀리지 않을 때에는 전화로 내 의견을 다시 물어 처리하겠다고 했다. 이렇게 내 의견을 묻게 된 데는 지난 3~4년간 그럴 만한 일들이 있었기 때문이다.

먼저 나는 북한 천주교의 운명은 평양 당국의 결정 여하에 따라 북한 전역에 작용할 것이기에 서울대교구장의 역할이 절대적이라는 지론을 정진석 추기경께 말씀드린 바 있다. 더 나아가 북한 천주교의 운명은 한 교구만의 문제가 아니라 한국 천주교 전체의 하느님으로부터의 지상 명령이라 생각한다. 여기에 서울대교구장이며 평양교구장 서리인 정진석 추기경의 중대한 책임감과 권한이 있다고 생각한다.

지난 수년간 함제도 신부에게 UN을 통해 평양 주재 외교관 신자들의 종교생활을 돌보기 위해 사제 상주를 노력할 것을 간곡히 권유해 왔다. 북측은 그동안 계속 미국과의 국교 트기에 온 힘을 기울이며 중국까지도 그 목적을 위해 징검다리로 이용할 뿐이었다. 그에 장애가 되는 경우에는 관계 악화도 주저치 않았고, 남한 정권은 스스로 잘못 판단하여 미국과의 관계를 악화시키고 있으니 평양 정권은 그런 부분에 관심도 없고 남한 정권은 돈이나 내놓되 쓰는 것은 북한 마음대로라는 태도였다. 남한의 요구는 들어주는 척 시늉만 하고 남한 정부에게 이래라 저래라 하니 남한 정부는 한참 눈이 멀었다. 한편, 북측은 미국과의 관계 맺기에 조금이라도 도움이 되면 무엇이든 오케이였다.

이에 미국인 선교사 함 신부는 한국어도 잘 하고 북한 병자들을 돕기 위해 많은 노력과 물자공급을 해 주었기에 고마워하는 인물이다. 또한, 평양교구는 메리놀회가 시작한 교구이고 한국이 6·25 한국전쟁으로 이 땅이 황폐화의 극에 달해 국민 대부분이 아사지경에 놓였을 때, 당시 평양교구장 서리였던 메리놀회 조지 캐롤 몬시뇰(Msgr. George Caroll)이 미국 주교단을 업고 막대한 구제물자로 이 나라 경제 발전의 기틀을 놓았는데 정보에 능통한 북한 정권이 이를 모를 리가 없었다. 그러니 나는 어느 모로 보나 지금이 바로 메리놀회가 UN을 통해 무엇인가 평양에서 해야 할 때라며, 외교관과 여타 무역 등 국제 관계로 평양에 상주하는 외국인 신자들을 위한 사제 상주를 노력해 보라고 했다. 처음에는 메리놀회 본부에서 관심이 없어 보였으나 차차 이해되어(그것은 내가 평양교구 선교 신부들에 의해 영세를 받아 신학교에 보내졌고 서품 후에는 줄곧 메리놀회 신부들의 보좌로 성실히 일한 것이 인정되어) 메리놀회 본부에서 UN과 긴밀한 관계를 맺고 UN의 NGO로 승인되었다는 것이다.

 결국 신부 상주는 선교회의 일이니 채플린에 목적을 두어야 했다. 이런 연유로 메리놀회 총장 신부와 함 신부가 교황청을 방문하여 논의하게 되었다. 그렇기에 함제도 신부는 급하게 로마로 떠나기 전에 의견을 물어 왔는데, 핵심은 두 가지였다. 하나는 UN의 NGO로 가는 것이고 또 하나는 교황청 파견의 외국인 신자 종교생활을 위해 사제로 상주하는 것이다. 이런 물음에 대해 처음에 함 신부는 메리놀 선교 사제이고 평양교구는 메리놀회가 창시했으니 채플린으로 가는 것이 좋겠다고 했다. 그후, 그날 밤 곰곰히 생각해 보니 북한 정권이 더 관심을 갖는 것은 물질적 원조와 미국과의 관계 개선이니 채플린과 UN의 NGO 역할을 다 갖고 평양 상주를 위해 노력하되, 그런 경우 교황청 국무성장관 추기경과도 상의하는 것이 좋겠다는 의견을 이메일로 (함 신부는 매우 바빴기에) 함 신부께 전달했다. 함 신부는 전화로 매우 고맙다는 말을 전하고 로마로 떠났다.

내가 함 신부가 평양에 상주하기를 원하는 것은 아직도 나타나지 않고 있을 교우와 접촉하기 위한 것이며 머지않아 가능하게 될 북한의 자유, 특히 종교의 자유에 대비하기 위한 것이었다. 실제로 우리 현실에서는 어느 기간 동안 자유 왕래로 통일을 준비하지 않으면 독일의 통일의 경우보다 더 어려운 민족적 고통을 당할 수 있기에 먼저 자유 왕래와 종교 자유가 선행되어야 한다고 생각하여 그런 안을 제시했다. 평양의 종교 문제는 현 상황에서 여러 가지 여건으로 보아 미국계를 통하는 것이 효과적일 것이다. 나의 그 동안의 작용은 마침 한국 천주교의 입장에서는 메리놀회가 이런 일에 선봉에 서고 필요한 경우, 6·25 한국전쟁 시와 같이 미국 주교단의 후원을 받아 북한의 빈민이나 질병 등으로 고통 받는 사람들의 구제에 이바지할 가능성도 염두에 두었다. 나는 이런 전망을 함 신부를 통해 메리놀회에 전달해 두었다. 또한, 여러해 전부터 평양에서 메리놀회 사제와 수녀들이 주축이 되어 미국인 평신도들과 같이 영어 학교를 운영할 것을 건의했다. 그 이유는 어차피 평양의 고위층과 자녀들을 위한 영어 붐이 일테니 평양교구를 시작한 연고도 있고 함 신부가 평양에서 많은 병자를 돌보는 등의 인프라를 만들어 놓았으니 영어 교육 실천을 평양 당국에 요청하라는 제안을 했다. 그러나 메리놀회 측에서는 생각이 거기까지 미치지 못했던 것 같았다. 근일 소식으로는 평양에서 지금 영어 학습 붐이 대단하다는 것이다.

여기에 덧붙이고 싶은 것이 있다. 그것은 지금은 10년도 훨씬 전의 일이다. 당시 메리놀회 본부에서는 한국에서 일 년가량의 짧은 경험이 있는 젊은 층의 메리놀회 사제 등이 주동이 되어 미국에서 영향력이 있는 〈메리놀 매거진〉(Maryknoll Magazine)이란 잡지가 호응을 받았다. 한국 성직계에도 극히 일부이긴 하지만 북측과의 관계에서 당시에 국민이 받아드릴 수 없는 좌경의 양상을 띠어 한국교회 내의 사정이 복잡해진 일이 있었다. 나는 함 신부를 통해 한국 문제를 평양과 뉴욕 특히 메리놀회 본부가 말할 것이 아니라 한국의 정치, 경제, 사회, 이념, 종교 등의 모든 문제는 서울과 평양이 직접 해결하고 뉴욕은 손을 떼어야 한다는 것을 주장했다. 이런 중대한 문제는 종교의 범위를 벗어나고 미국인들의 미숙한 흥미거리로는 할 수 없다고 주장했다. 이와 더불어 서울대교구 민족화해위원회의 발생 당시, 평양교구 사제들과는 전혀 무관하게 인원 구성이 이루어졌다. 당시 나는 부당성을 강력히 지적하여 결국 오늘과 같이 평양교구 신부가 민화위 실무를 맡는 형태로 바뀌게 됐다. 그 후 주교회의 민화위도 북한 출신 신부가 맡게 됐다. 이번 평양교구 80주년 기념행사는 그럭저럭 지낸 편이나 교구 초창기 메리놀회 시기 15년에 치중하여 감사기념비 제작과 기념 미사가 주를 이루고 유배 시기인 남한에서의 57년에 대한 언급이나 기념행사의 자취가 없었던 것은 매우 유감스러운 일이다. 나는 준비회의 중에 메리놀회 총장 신부와 메리놀 수녀회 총장 수녀와 평양에서 선교하던 메리놀회 사제와 수녀 중 혹시라도 살아계시는 분이 계시면 예의를 다해, 2등석(prestige class) 비행기표로 모시자고 제안하여 실천되었다. 평양교구 설정 80주년 행사에는 북한에서 선교한 분으로 유일하게 남은 수녀까지 내한하여 기념행사를 치렀다. 이런 초청에 깊이 감동하여 답례로 정진석 추기경과 황인국 몬시뇰, 장긍선 신부를 기념비 축성 시, 메리놀회 측에서 초청한 것으로 알고 있다. 무엇보다도 이번 메리놀회 총장 방한 시, 5월 평양교구 80주년 기념식이 끝나는 대로 6월에는 함제도 신부를 은퇴 신부로서 미국 본부로 소환할 계획이었는데, 한국 현지 사정 설명과 요청, 특히 내가 제시한 메리놀회 사제들의 활동상을 급히 영어로 번역하여 내한한 총장 신부께 보여드려 만 70세가 넘은 함 신부의 본국 소환 계획이 취소되었다. 또한, UN과 교황청, 메리놀회가 공동 작업으로 함 신부의 평양 주재 문제까지 논하게 된 것은 1백 주년을 향해 가고 있는 평양교구사와 메리놀 선교사에 특이하고 유례가 없는 기이한 사건이라 할 것이다. 그런 일이 평양교구 80년을 계기로 UN과 교황청, 메리놀회, 불초 나와의 관련이 중대한 영향을 미치며 이루어지는 데에 어리둥절하다는 말밖에 달리 표현할 길이 없으며 하느님께서 부족하기 짝이 없는 나를 도구로 써 주시니 감사하는 마음일 뿐이다.

한반도 사정은 물론 평양교구의 사태가 UN과 교황청, 메리놀회를 주축으로 지각변동적으로 움직인다. 그런데 당사자인 평양교구장 서리인 정진석 추기경이 겉으로 빛나지만, 정작 속에서 혹은 뒤에서 중대사가 어떻게 이루어지는지를 모르고 있어 나는 정 추기경을 직접 만나 앞에서 말한 사정을 소상히 말씀드렸다. 물론 이런 큰 일이 오늘 시동된다고 해서 즉각 내일 결실을 맺는 것은 아니다. 지금 북한에서 공산주의에 전혀 어울리지 않는 왕조적 세습 작업이 진행되고 있다. 여기에는 항상 장자(長子)가 우위에 있으며 김정일 위원장도 세습과정에서 지나온 경로다. 장자인 김정남 씨가 후계자가 되는 경우, 북한의 근본적 변화를 기대할 수 있을 것이다. 김정남 씨는 컴퓨터에 능하다니 전진하는 세계 정세에 밝을 것이고 지금까지의 행적으로 보아 쾌남형이며 자유분방형으로 보이니 그의 시대 도래에 기대를 거는 것도 그리 무리한 것은 아니겠다. 그러나 그의 자유분방한 성격은 그런 자리에 연연하지 않거나 혹은 심한 세력 다툼에서 밀려 날 수도 있을 것이다. 김정남 씨가 밀려나 그의 이복동생 정철 씨가 된다 해도(실은 그 후 그의 동생 김정은 씨가 정식으로 후계자로 추대되었다. 그러나 김정은 씨 역시 스위스에서 같은 기간 4년간 수학했기에 초기에는 군부 등의 압력으로 공산 독재체제를 유지할 것이나 모든 권한을 실질적으로 행사할 때는 그가 젊었을 때 받은 교육으로 인해 자유민주적으로 선회할 것을 기대한다.) 그 역시 스위스에서 대학 4년 정규 과정을 마쳤다 한다. 따라서 쉽게 독일이나 프랑스 등지에 여인과 같이 나타난다는 소식이니 북한은 (지금과 같이 인권이 억압된 폐쇄 사회로 남기는 어려워) 인권 사상을 기본으로 하는 사회로의 전환을 피할 수 없을 것이다. 더 나아가 지금도 그곳의 변화는 북한의 내부 사정에 의한 것일 것이고 특히 젊은층의 부상(浮上)은 언제까지나 북한을 폐쇄된 사회로 남아 있지 못하게 할 것이다. 지척에 자유민주의 남한이 있기에 더욱 그렇다. 요는 시간의 문제이며 남한 지도자들의 확고한 신념과 자유세계 속에서의 인간 계발과 경제 발전의 문제일 뿐이다. 세계의 흐름은 벌써 자유를 몰수당하고 극빈의 삶으로 몰락해가는 공산·사회주의의 사회와 인권을 기본으로 하는 자유 민주주의적이며 풍요로운 인간 삶의 사회의 대결에서 공산·사회주의의 완패로 끝난 지 오래다. 그 단적인 증거가 공산 사회주의 국가의 마지막 보류라고 할 수 있는 북한 정권이 원수로 생각하던 자본주의 미국과 어떻게든 교류하려는 데서도 잘 드러난다. 그러는 동안 중국은 자유로운 국가로 탈바꿈할 것으로 예상된다. 앞으로 10년 내지 15년가량이 북한 자유화의 유예기간으로 생각된다. 그렇기에 남한의 386이 북한의 "우리끼리" 공조(共助) 슬로건에 현혹되는 것은 "변종의 신(新) 쇄국주의"를 농(弄)하는 것과 다를 바가 없다. 그러면서도 자기들은 진보이고 앞으로의 세계 흐름까지 지휘해 가는 지성이나 선인(先人)을 수구꼴통으로 몰아붙이는 것은 패륜에 가깝다고 생각된다. 오늘의 선진 한국과 경제력을 쌓아 올린 사람들은 그들이 수구꼴통으로 몰아붙인 그 사람들이며 그들이 쌓아 올린 세계로 뻗은 국력, 외교력, 경제력 등을 멋대로 낭비하여, 개별 축재, 권력 남용을 자행하며 국력(國力)을 피땀 흘려 쌓은 사람들을 대역(大逆)죄인이나 되는 듯이 몰아붙이니 말이다. 그러나 이제 그런 식으로 북한에 비위나 맞추려는 시기는 사라졌다. 그러니 그들은 선인(先人)이 쌓아놓은 돈이나 국력을 갖다 바쳐 북한의 눈치나 보는 딱한 처지로 전락한 것이다. 북한은 겉으로는 어자 어자하며 돈은 있는 대로 다 갖다 바치라는 배포다. 그렇지만 그들의 연명의 날도 얼마 남지 않았는데 가히 광적이 아닌가 싶을 정도로 다음 정부와 세대가 해야 할 일까지 마구 저질러 놓아 인간 이하, 상식 이하의 작태를 노출하는 것이나 다를 바 없어 국민과 후대에 큰 짐과 빚을 남기는 결과를 남기는 것이다. 그래도 중국이 공산국가로 남아 준다면 언덕이라도 기댈 수 있겠지만 겉으로는 오냐오냐하면서도 중국은 혹독한 자본주의 국가 못지않게 경제적 이익을 챙기는 것을 북한은 날이 갈수록 뼈저리게 느끼게 될 것이다.

사실 나는 이런 중국의 앞날을 근 50년 전에 보았다. 그것은 내가 로마에서 학위를 마치고 한국의 미래 사목을 하려면 미국을 모르고서는 효과적인 사목 활동을 할 수 없기에 한국인 사제로서는 처음으로 유럽 유학길에서 자의로 미국행을 결정하여 미국의 유수 대학에서 연구하던 중에 중국의 놀라운 미래를 투시할 기회가 있었다. 그 예시는 지금 중국에서 극히 느린 속도이긴 하지만 서서히 진행되고 있었으며 지금은 거의 마무리 단계에 이른 것이다. 그것은 다음과 같은 통찰이었다.

1961년 내가 뉴욕에 머물 때 벌써 중공(中共)계 학생 3천 명가량이 미국에서 학부와 학위 등의 공부를 하고 있다는 소문이었다. 물론 그들이 권력층의 자녀라는 것은 불문가지(不問可知)의 현실이었다. 그들은 생활은 집단적이었지만 학교 수업 때는 자유로울 수밖에 없었다. 그 당시 그 학생들은 20대였고 중국은 혁명적이기보다는 서서히 순리대로 국내파 우선으로 세대교체와 사상과 제도 교체를 이루는 대륙적 기질이니 껍데기만 남을 공산체제의 최고기구를 인수 받을 당시에는 50~70년 후에 자유 국가로 변신하리라는 통찰이었다.

이는 시간의 흐름 속에서 적중되어 머지 않아 중국은 완전 자유국가 체제로 변화될 가능성이 커지고 있다고 생각한다. 앞으로 중국의 고민은 티베트, 신장성 등을 비롯하여 중국이 내포한 수많은 다민족의 인권 문제다. 중국은 앞으로 세계 대국으로서 다민족의 인권적 요구를 계속 무력 탄압으로 억누르기는 어렵게 될 것이다. 결국 중국은 인류문화의 흐름을 따라 좀 변형되는 자유민주주의 사회로 변해 갈 것이다. 이와는 달리 북한은 시대에 다 지난 공산-사회주의적 이념이라지만 그런 주의 사상은 이념적으로도 실천적으로도 존재할 수도 없고 존재하지도 않는다. 모든 것은 김일성 가계 세습 우상화로 찬 당과 군과 사회 안전부 요원 등의 골수 인사와 많은 젊은이가 죽치고 있다. 이런 체제는 시간의 흐름 속에 피비린내 나는 과정을 겪게 되는 것이 상례다. 확실한 것은 이제 뒤로 돌릴 수 없는 앞으로의 인류문화의 흐름은 고비를 돌면서도 앞으로 도도히 흐른다는 점이다. 그러므로 남북경협을 비롯하여 모든 교류는 인권에 바탕을 둔 상호주의적이어야 한다. 한마디로 인권 상태가 나아지면 그만큼 도움을 주고 그렇지 않으면 말아야 한다. 그렇기에 이 땅의 교회는, 그 중에서도 서울대교구장이며 평양교구장 서리인 정진석 추기경 사목의 역사적 사명은 중차대함을 느끼게 한다. 또한, UN과 교황청과 메리놀회가 함제도 신부의 평양 주재를 위해 노력하는 가운데 정진석 추기경이 함 신부의 몬시놀 서임을 제청하고 경제적 후원을 한다면 효과적인 성과를 이룰 것이다.

〈가톨릭 문화 선상에서 재촉 받는 서울대교구의 현실〉

이 문제에 대해 단적인 예를 든다. 2008년 7월 31일부터 8월 5일까지 서울에서 세계적인 문화 행사가 있다. 그것이 바로 사상, 특히 철학 올림픽이라 불리는 제22차 세계철학자대회가 서울에서 열리는 것이다. 이 대회는 5년마다 세계유수의 사상 도시에서 열리는 것인데 2003년에 서구 사상의 원천인 그리스 아테네와의 치열한 경쟁에서 한국 사상이 아테네를 꺾고 서울에 대회를 유치했다. 그 대회에는 세계에서 약 3천 명의 철학자가 참가할 것이다. 나도 그 조직 위원회의 고문으로 위촉 받았다. 이 대회에 앞서 가톨릭 세계 철학자회는 세계대회 개최지에서 2~3일간 가톨릭 세계 철학자 대회를 열어 세계대회에 우리의 주장과 비전을 제시하는 것이 관례이기에 나는 해당 가톨릭 세계 철학회 측으로부터 회의 장소와 숙소 의뢰를 받았다. 참가인원은 75명 내지 100명 정도인데 다른 나라들의 예처럼 대학이나 하다못해 홍콩의 까리타스처럼 저가로 투숙할 장소를 물색해 달라는 의뢰가 있었다. 그러나 우리의 교회 형편은 국제적인 학술적 대집회 인원을 무리 없이 수용할 시설이 전무한 상태였다. 나는 호텔을 물색하여 좋은 지인, 힘이 있는 지인을 통해 정상가의 61% 할인까지 약속 받았지만 동남아 등 저개발 국가 인사들에게는 여전히 큰 부담이 되었다. 홍콩의 까리타스가 운영하는 숙소 정도의 문화시설도 우리에게는 없는 것이다. 외형적으로는 화려할지 몰라도 속의 알맹이를 들여다보면 빈약하기 짝이 없고 다른 데서 찾아보기 힘들 정도로 후진적임을 자인해야 할 것이다. 이런 일이 앞으로 닥칠 것에 대비하여 1988년 가을에서 1989년 초에 이르는 혜화동 대신학교 기숙사 설계 시, 나는 신학생 고급반 기숙사 독방에 한 평 정도의 간단하고 저렴한 샤워 시설을 계획했다. 그러나 당시 서울대교구 주교회의에서 부결되어 그나마 앞을 보는 간략한 설계조차 비토되어 오늘날 최소한의 세계 문화 요구에도 응하지 못하게 되었다. 그 후 6개월도 안 되어 주교 한 분이 동남아 후진국에서도 신학교 기숙사를 짓는데 독방에 샤워 시설을 하더라며 내가 계획했던 계획 취소를 아쉬워했다. 그래도 그런 말씀을 하신 주교는 솔직한 편이어서 좋은 편이었다. 사정이 이런데도 윗분들이 하는 일에는 순종 일변도로 치닫는 것이 우리 교회의 실정이다. 그렇지만 때가 늦은 것은 아니다. 그것이 바로 명동의 젊은이 종교문화예술 광장 개발과 젊은이 문화센터 건립 계획이다. 젊은이 90%가 교회에서 이탈한다는 현실 앞에서 교회 사목은 초점을 잃은 셈이다. 국가도 좀 떨어지는 저출산율로 난리인데 하물며 교회가 젊은이 95% 이탈에는 무감각하여 50대 내지 60대 열심 교우들에 도취돼 있다면 이것이야말로 양떼에는 관심이 없는 성경에 질책 받는 목자상일 수밖에 없을 것이다. 5~6년 전만 해도 주일 미사나 일반 행사에 30대가 성당을 메우는 것 같더니 요즘은 40대 후반에서 50대 중반이다. 이제 얼마 안 가 50~60대가 될 것이다. 요즘 교회는 납골당에 열을 올리고 있으니 산 사람은 비고 무덤만이 차지하는 곳, 즉 니체가 100년 전에 한 예언대로 교회는 무덤으로 변해가는 것이 아닐까 염려스럽다. 물론 우리 교회도 청년사목에 손을 놓고 있는 것은 아니다. 지난여름 제주도에서 열린 청년 대회는 의미가 있고 행사도 잘 치루어졌다. 그러나 청년사목이라는 본질적 면에서 볼 때, 대부분의 젊은이가 교회를 이탈하는데 이른바 5백만을 헤아리는 신자수에 고작 4천 명의 모임이라니 기실은 말을 꺼내기조차 쑥스러운 일이다. 청년사목의 핵심은 행사

위주일 수는 없다. 쉽게 말해 젊은이 교육은 지성 교육을 필두로 그런 지식을 바탕으로 하는 인격 함양이어야 한다. 젊은이의 본성은 새로운 세계, 더 참신한 세계로의 발전이며 이런 것은 지성계발과 의지와 정서 함양으로 이루어지며 급기야는 좋은 일에 대한 투신으로 이어진다. 그렇기에 지금 교회에게는 젊은 지성의 요구에 응하는 새로운 교육 계발이 필요하다. 다른 한편 우리는 개신교 측 젊은이들의 움직임을 주시할 필요가 있다. 물론 그네들이 지난번 아프가니스탄 사태로 국민의 골칫거리가 됐던 것도 사실이지만 개신교 젊은 신자들은 1만 7천여 명이 세계각지를 누비며 봉사 활동과 선교 활동에 뛰어 들고 있다는 데 주목해 젊은이들의 활력을 직시하며 찬사를 보내야 한다. 현실적으로 세계 활동에 1만 7천 명이 뛰어 들었다면 교체 인원과 후원 활동 등을 감안하면 수배의 젊은이들이 배후에서 세계 활동을 위해 움직이고 있다는 것을 타산지석으로 감탄해야 할 것이며 사목자들은 분발해야 한다. 물론 우리도 근 8백 명에 이르는 해외 선교사가 있지만 대부분 성직자나 수도자이기에 개신교 측의 일반 청년 신자 활동과는 비교가 되지 않는다. 개신교 측에서 젊은이들의 활력은 그들의 이 땅 교육에서의 앞서간 풍토에서 찾아야 할 것이다. 이들의 활력은 움직임이나 강조만으로 이루어지는 것이 아니다. 그렇게 젊은이들을 이끌어 갈 지성적·정서적 풍토, 말하자면 인프라가 형성되어 있어야 한다. 우리는 이 점에 뒤떨어져 있음을 솔직히 인정하고 젊은이가 지향하는 문화 선상에서의 종교, 문화, 예술 교육이 필요하다는 것을 절감해야 한다. 지금 우리 교회는 이 땅에서의 젊은이 교육에 대한 근본적인 반성과 혁신이 요청된다. 우리 가톨릭은 본래 그리스도교 모든 문화면의 뿌리이기에 교육면에서도 놀라운 경륜과 노하우를 갖고 있다. 따라서 진솔한 반성과 실천에 뛰어든다면 어느 조직이나 기관도 따라올 수 없는 저력을 발휘할 것이다. 다시 말해 우리에게는 우리 나름의 오랜 그리스도교적 문화 전통이 있고 세계성이 있으니 서울 대교구장이 청년사목에 목장을 올바르고 강력하게 뻗친다면 어느 종파도 기관도 따라올 수 없는 젊은이들의 교육적 사목을 이룰 것이다. 온 교회는 이에 전력투구해야 할 것이다. 그런데 무엇으로 보나 서울 대교구에서 먼저 원천이 되어야 할 처지이고 여건인데도 다른 교구에서 청년사목에 더 열성이니 아이러니가 아닐 수 없다. 청년 사목의 큰 물결을 일으키고자 명동 광장 개발안과 젊은이센터 안을 제안했고 서울 시장까지 협력하겠다는 다짐이었는데도 일이 흐지부지되어 유능한 인재들을 육성에 실패하는 꼴이 됐다. 문제는 간단하다. 명동 개발 인력 배치 구조를 정상적으로 (적어도 상식이 통하는 식으로) 배치해야 한다. 명동 개발위는 중대성과 역사적 사명감에 비추어 총대리 주교가 위원장으로 진두지휘하는 것이 격에 맞는다. 현재 총대리 염수정 주교는 실천력에 뛰어나기에 더욱 그렇다. 지금 명동 개발은 분명히 실천 단계에 와 있다. 김민수 신부가 일 년 동안 작업한 것을 토대로 공청회 등을 거쳐 세계 사계 전문가들이 설계를 해야 할 단계다. 명동성당 일대의 잡다한 건물을 다 없는 것으로 하고 할 것인지 아니면 살릴 수 있는 일부를 살리고 할 것인지, 그것도 아니면 현재의 건축물을 다 살리고 할 것인지 거기 따른 경비는 얼마인지, 또 완공 시한은 어느 정도인지 등이다. 물론 유구한 교회의 역사에서 볼 때 완공 시한은 그리 문제가 되지 않을 것이다. 어느 것이든 결정이 나면 먼저 해야 할 것부터 시작하여 하나하나 완공되는 대로 사용하며 일을 진척시켜 나가야 할 것이다. 중요한 것은 젊은이 종교문화예술 광장과 센터이며 사목적으로 긴급을 요하니 이에 맞추어 일을 진행해야 할 것이다.

또한, 명동성당 주변을 왕래하며 마음 아픈 것은 청계천을 지나 인사동에서 남산에 이르는 보행로가 시청의 일방적 계획으로 추진된다는 현실이다. 본래 2003년 1월 명동성당 영역 개발계획으로 이명박 시장과 명동 교구청 측과의 만남이 이루어졌을 때, 나는 명동의 젊은이 종교문화예술 광장 개발 계획을 설명했다. 3·1 고가도로를 철거한다기에 청계천에서 남산에 이르는 시민 산책로를 제안했다. 그것은 명동성당 영역을 지나야 하며 명동광장 개발과 연계하여 개발 계획의 일환으로 설명해 이명박 시장에게 양해를 얻었다. 명동 개발계획이 하도 지지부진하니 이쪽에서 낸 아이디어가 성당 측과 상관없이 진행돼 오히려 명동성당 영역을 시 계획이 사방에서 포위하는 형국이 되었다. 통로 계획으로는 처음에 영락교회 측의 어느 지점을 통해 남산으로 난다고 했다. 그러나 그 만남에서 나는 그 통로가 현재의 위치, 즉 명동성당 곁으로 시민 보행로나 산책로로 나야 한다는 것을 주장하여, 지금의 위치로 확정되었다고 한다. 이렇게 여러 모로 당초의 명동성당 영역 개발이 주변의 시 개발계획을 주도하려던 것이 정반대로 능동과 수동의 위치가 바뀐 형국이 되었다. 몹시 애석한 일이다. 서울시는 전체가 전무후무한 개발로 세계가 놀라는 변화를 일으키는데 매일 젊은이 3백여 만 명이 뒤끓는 명동에서 쇄국을 개국으로, 은둔 한국을 근대화로 이끈 명동 성역이 개발이 가장 뒤떨진 곳, 특히 문화적으로 가장 정체된 곳이라는 달갑지 않은 호칭의 장이 된 것이다. 그러나 본래의 명동광장과 센터 개발 계획을 실천에 옮기면, 즉 시의 보행로 계획을 아름다운 진입로와 출구로 연결하고 봉사정신으로 사람들의 심신의 정화와 안정을 이루고 희망과 용기를 줄 수 있다. 정진석 추기경은 명동성당 창건 이래 처음으로 명동 성역을 민족적 문화의 세계 도약의 장으로 만들고 아시아 허브 교회의 모습을 유감없이 발휘할 절대적 호기에 서 있다. 명동의 젊은이 종교문화예술 광장을 '카르디날 니콜라스 광장' 혹은 '정 추기경 광장'으로 명명하여 하루 빨리 개발이 시작되기를 기대한다. 이렇게 은퇴 10여개월을 앞둔 시점에서 기적적으로 추기경에 서임되신 분답게 큰 족적을 남기시기 바라는 마음 간절하다.

근자에 중요한 일로 들리는 것은 베네딕토 16세 교황으로부터 바티칸 방송에 한국어 방송이 들어가는 것이 좋겠다며 어떤 분에게 로마 주재를 권유하셨다는 전문(傳聞)이다. 그분은 이외의 제안이기에 일단 답을 유보했다고 했다. 이런 교황의 말씀 배경에는 한국 사회에 복음적 소리가 바티칸으로부터 더 생생하게 들리게 하려는 의도가 깔린 것으로 풀이된다. 서울대교구는 바티칸 말고는 전 교회에서 유일하게 신문과 TV, 라디오 등 매체를 고루 갖고 있으니 오히려 교황청이 평화매체에 귀를 기울여야 하는데 이런 말씀이 교황으로부터 발설되었다니 평화 매체에 좋은 더 큰 발전의 계기로 생각된다. 지금까지 역대 사장들의 노력으로 (특히 근자에는 사장 신부들과 협조자들의 피나는 노력으로 평화 매체가 많이 발전했지만) 교회 내뿐만 아니라 더욱 더 세상의 빛과 소금, 누룩의 역할을 하도록 교회 당국자들이 힘을 북돋아 주어야 할 것이다. 정상대로라면 바티칸 매체가 평화 매체에 의뢰하는 형식이 더 좋았을 것이나 우리의 처지가 거기까지 미치지 못한 점을 겸손하게 인정하고 가일층 교계와 회사 측이 교회와 사회 안에서 역할을 증대시켜 분발함이 좋을 것이다.

명동 젊은이 광장과 센터 개발은 온 교회 내외의 시대적 긴급 요청이며 최소한 다음 사항 등이 내포되어야 할 것이다.

개발할 명동광장은 젊은이들을 위한 것이니 책 카페는 필수적이며 그들의 읽을거리 제공은 가톨릭출판사를 필두로 성 바오로딸, 분도출판사 등 천주교 유명 출판사의 공동의 장을 조성하여 다양한 독서 요구에 응한다. 지금은 젊은이를 위한 푸드코트(food court), 입을 거리, 치장거리 등의 다양한 요구를 한 곳에서 충족시키며 성황을 이루는 때다. 말하자면 고객의 편의와 문화적 욕구를 최대한 배려하는 때다. 그렇기에 장소의 편안함과 편의, 즉 간단한 음료 등을 들며 독서삼매에 빠지거나 2~3인이 모여 토론하며 책을 읽을 수 있는 장소, 국내외 학자들의 강의나 토론, 질의, 대담 등을 위한 통역실을 겸한 소강의실과 중강의실, 대강의실, 음악과 춤 등의 소·중 규모의 극장 등의 건물 시설이 필요하다. 이런 저런 요구를 최소한으로 충당한다 해도 동시 통역시설을 갖춘 대강당이 필수적이다. 지금 한국 젊은이들은 무엇을 하든 즉시 국제적일 수밖에 없는 인류문화 주도 선상에 서 있다. 가톨릭의 본질은 인류 보편적이기에 명동 젊은이 광장과 센터는 세계적이며 시공을 훨씬 넘는 보편적일 수밖에 없다.

앞으로 우리 젊은이에게는 사이버 세계가 필수다. 우리나라는 사이버 최강국이기에 더욱 그렇다. 다양하고 최첨단을 가는 사이버 카페가 필히 요구된다. 미래지향성이 남달리 강한 우리 젊은이들에게 사이버, 특히 유비쿼터스 시대에 걸맞은 시설과 교육 등의 준비가 필수다.

장소가 허용되는 대로 젊은이들을 위한 야외극장(가능하면 전천후)이 필요하다. 한국의 젊은이들은 한류 물결을 동남아뿐만 아니라 전 세계에 일으키는 역동성이 강한 젊은이들이기에 교회는 그런 면에서의 젊은이들의 복음화를 게을리해서는 안 된다. 이렇게 명동의 젊은이 광장과 센터는 상가 주변을 맴도는 매일 3~4백만의 젊은이를 흡입하는 좋은 계기를 잡을 수 있을 것이다.

교황께서도 직접 언급하신 매스미디어 문제는 매우 중요한 교회 사목의 문제다. 그렇기에 1990년 성 대 레오 교황 개혁 후 1백 년 만에 열렸던 현대세계에서의 사제 양성, 즉 신학교 교육에서에서도 매스미디어 교육은 필수로 인정되었다. 참으로 하느님의 섭리는 오묘한 것이어서 명동에는 바티칸 외 세계 가톨릭 계 어디에도 없는 〈평화신문〉, TV, 라디오가 있어 이런 면에서 단연 선두 주자다. 그러나 순간순간 발전을 거듭하는 미디어계이기에 미디어 전문대학원이 필히 요구되며 최첨단을 가는 전문대학원이라면 많은 젊은이를 복음 정신으로 교육하여 이 땅과 아시아 전역, 나아가 세계교회에 이바지할 수 있을 것이다. 그러기 위해서는 명동의 젊은이 광장 개발과 센터는 좋은 계기가 될 것이며, 이 땅 문화발전에 기여하는 데에 타의 추종을 불허할 절호의 기회를 맞이한 것이다. 그리스도가 육화되어 오신 것도 인간의 목소리를 통해 하느님의 창조경륜을 전하기 위한 것이었고 그 끝맺음도 십자가에서의 7언(言)을 위한 것이었고 최종의 육성, '다 마쳤다'로 성부의 창조경륜을 십자가의 구속 경륜으로 완성하기 위한 것이었다. 그렇기에 오늘의 시간과 공간을 유비쿼터스화하는 과학 기술의 발전을 최대한 이용할 수 있는 매체를 통해 젊은이들을 흡수 교육하는 것은 놀라운 복음화의 실현이다. 특히 명동 개발은 젊은이들을 무조건적으로 흡수할 수 있기에 더욱 그렇다.

그뿐만 아니라, 이제 곧 출산의 급격한 감소와 세계 최고의 고령화 사회, 수십 년 내에 2~3백만에 이를 이민자 유입과 거기에 비례하는 이민자 송출 등의 사태는 비인간화 문제를 야기할 것이다. 이런 문제에 답하며 실천할 의무는 가톨릭교회의 몫이다. 현대세계에서 모든 것은 연구의 결과로 나타나야 효율적이고 그렇지 못하면 퇴출되거나 다른 것의 하수인 격으로 전락하여 제대로의 기능을 하지 못하게 된다. 그렇기에 매스미디어 전문대학원 설립과 더불어 여러 문제들에 대한 전문대학원, 예컨대 사이버 전문대학원, 청소년 문제 전문대학원, 이민(입출)자 전문대학원, 노령화 전문대학원, 출산문제 전문대학원 등 하느님의 모습인 인간 지킴과 발전을 위해 교회가 국가 사회와 더불어 시대의 고민을 해결하고 증진시켜야 할 학문인 면과 그것과 결부되는 실천 기구 종합 내지 설립이 시급히 요청된다. 이런 바탕에서 젊은이들을 위한 현실적이고 미래적이며 흥미로운 프로그램이 계속 창출되어 젊은이들의 관심은 물론, 인간과 시대가 절실히 요청하는 교회 사목의 새 차원이 속속 열릴 것이다. 이런 일에 명동광장이 중요한 몫을 할 수 있을 것이다. 왜냐하면 그런 분야에 종사할 인력 양성의 주류는 젊은이기 때문이다. 물론 이렇게 교회의 사명이 전개될 때 그것은 의당 혜화동 신학대학 지대와 연결되며 의정부 소재의 넓은 땅의 활용과 반포동 의과대학과의 연계도 생각해야 할 것이다. 그렇기에 우선 생명 전문대학원이 의과대학 내에 이동익 신부의 주도로 설립되는 것은 환영할 일이며, 그런 전문대학원이 가톨릭대학에 설립되는 것 자체가 매우 의미 있는 일이다. 그런데 앞으로의 큰 전망에서 볼 때, 의과대학은 생체공학이라고도 할 수 있다. 생명 전문대학원은 인간사(人間事)와 자연사, 우주사의 아우름 속에 근원적 생명가치제시의 문제이어서 더 고차원적인 것이기에 복음정신에 근거하여 이룰 생명가치와 여타 모든 가치의 규명과 판단 기구다. 따라서 독자적인 시간적, 공간적, 인력적 영역이 필요하게 될 것이다. 사실 교황청 구조의 예를 보더라도 과학 아카데미의 장(長)은 주교 급이고 더 후발한 문화위원회장은 추기경으로서 문화위원회가 과학 아카데미의 상위에 존재함을 알 수 있다.

지금 시급히 현실적으로 요구되는 것은 명동의 젊은이 종교문화예술 광장과 센터를 조성하여 국제적 세미나 등을 충분히 소화할 수 있는 컨벤션 센터, 즉 가톨릭문화 빌딩 건립이다. 이번에 2008년 8월에 열리는 세계에서 3천 명 철학자 참가 예정인 세계철학자 대회에 큰 몫을 할 가톨릭 세계철학회의 서울 개최에 75~100명 참가의 회합장소와 숙소 알선에 큰 난관을 겪고 있는 것이 우리문화 인프라의 실정이다. 이런 문제도 이번 명동 개발에서 컨벤션 센터를 건립하여 해결할 수 있다. 센터 건물의 표본은 교황청의 바오로관이 안성맞춤이다. 바오로관을 모델로 하되 우리 실정과 용도에 맞게 설계되어야 할 것이다. 저렴한 숙소 문제 해결은 1980년대 후반에 계획했던 신학교 기숙사 독방의 샤우 시설화가 첩경이다. 명동 컨벤션 센터와의 연결은 셔틀 버스 운행 등으로 쉽게 해결할 수 있을 것이다. 이런 범례는 벌써 교황청에서 주교 시노드 등의 계기에 회의는 바오로관에서 하고 숙소는 우르바노 대학교 기숙사 등을 이용하는 예에서도 쉽게 볼 수 있다. 또한 동양의 가톨릭 허브, 명동지대에는 적어도 동양 가톨릭을 위한 트레이닝 센터도 구상해야 할 것이다.

앞으로 머지않아 닥쳐올 남북 민족 문제 대비를 위해서도 명동에 젊은이 광장 개발이 시급히 요청된다. 어차피 남북의 만남은 우여 곡절이 있겠지만 이제 국내외적으로 가속화될 것이기에 젊은이 종교문화예술 광장으로 개발된 명동광장은 북한 젊은이들을 부르는 터전이 될 것이다. 그리고 그들이 남한 젊은이들이 어울리는 마당, 큰 잔치의 마당이 될 운명인 것이다. 명동성당 영역은 어찌 말하면 참으로 기구한 민족 운명의 장이며 심오하게는 국내와 세계에 뻗치는 민족정기 발로의 장, 섭리의 장이다. 참으로 명동성당의 출현은 세계에 유례없는 이 민족의 하느님의 나라의 자진 도입과 순교로 쇄국 은둔의 땅을 개국으로, 민중을 세계로 열어 가는 민족 기상 발로의 상징이었으며 앞날의 민족 운명과 세계와의 어울림의 약속의 장이 되었다. 그렇기에 명동은 개국 초에 주한 외국인들의 만남의 장이었으며 해방과 더불어 좌우충돌의 민족 격랑을 헤쳐 낸 곳이며 6·25 한국전쟁 중에는 천만 이산가족의 상봉의 장이였다. 또한, 민족 비극의 참담한 시기, 마음과 정신의 황폐의 시기, 극빈의 시기에는 세계도처에서 정신적, 지적, 물질적 지원도출(支援導出)의 장이기도 했다. 군사 독재 시기에는 민주화와 인권옹호의 원천 구실을 했다. 앞으로 명동은 이 민족의 남북 젊은이들의 충돌을 중화 화합시켜 그들이 힘을 합쳐 전진하는 세계로 뻗어 가는 데 지대한 역학을 해야 할 역사적 운명을 지니게 됐다. 이런 젊은 어울림의 마당으로서 명동과 같은 명당은 어디에도 없을 것이다. 이런 만남과 축제의 장, 또 미래 세계 진입의 장으로서의 명동광장은 세계젊은이들 속에서 한국 젊은이들의 기상과 뛰어난 능력을 유감없이 발휘하게 하여 개국 초기의 명동과는 또 다른 역사적인 기념비적 사건의 단초가 정진석 추기경 사목 시기에 열린다면, 하느님의 홍은(鴻恩)으로 생각된다. 시대적 사명을 외면하면 후대에 가혹한 역사의 심판의 대상이 되는 것은 하느님 창조경륜의 요청이며 앞으로 인류문화 발전은 이런 흐름을 더욱 강화하여 가속화시킬 것이다.

　이상의 것은 이번(2007년 11월 14일 오전 11시부터 약 1시간 15분에 걸친) 정진석 추기경과의 대화 내역이다. 무엇보다도 감사하고 감탄스러운 것은 정진석 추기경의 넓은 도량과 사목에 유익한 것이면 다 받아들이는 착한 목자상이다. 이번에도 이런 듣기 힘든 말씀을 드리고 죄송하다는 말씀을 드렸더니 정 추기경께서는 스스럼없이 '그런 말을 어디서 들을 수 있어요'하시며 오히려 감사하는 모습이었다. 참으로 큰 인물의 면모였다. 이 험난한 시대에 주님의 양을 치는데 도움이 된다면 무엇이든지 귀담아 들으시며 시간과 노력을 아끼지 않으시는 교구의 최고 목자상 앞에 스스로 머리가 숙여졌으며 그동안 바친 정성의 무위(無爲)의 허탈감도 씻은 듯이 사라짐을 느꼈다. 이런 분을 교구장으로 모신 것은 서울대교구의 큰 복이구나 생각했다. 다만, "지금은 간곡히 말씀드린 것들의 실천의 결단을 내려주십시오"라고 한 마지막 소원이 이루어지면 하는 바람뿐이다.

② 평양교구 80주년에 즈음하여(교구 망향 57년간)[92]

여기에 한국 천주교회사(史)의 중요한 한 계기로 생각되는 사건 하나를 첨가한다. 그것은 세계열강의 큰 회오리에 휘말려 급변하는 한반도, 특히 북한에서의 전반적인 선교 준비 문제다. 북한은 전국의 모든 사건이 평양 중심이므로 이루어지기에 현 단계의 평양에서의 교회 활동은 전 북한에 대한 교회 활동이다. 그렇기에 평양교구장 서리인 정진석 추기경의 평양교구에 대한 사목 조치는 결국 전 북한 교회에 대한 것이다. 또한, 북한 교회에 대한 관심과 노력은 서울대교구만의 관심사이거나 노력이 아니고 전체 남한교회의 문제다. 특히 평양교구의 사목은 서울대교구 전체의 관심사다. 그것은 서울대교구가 평양교구의 뿌리이며 교황청에서 평양교구 담당 주교를 서울대교구장으로 정했기 때문이다. 정진석 추기경은 메리놀 외방 전교회 함제도 한국 지부장 신부를 정진석 평양교구장 서리의 고문으로 임명했다. 이 임명은 정진석 추기경의 미래지향적 사목의 일면을 드러내는 것이며 조국의 운명에 큰 영향을 미칠 예언직 수행이다. 함 신부는 지난 11년간, (중점적으로는 정 추기경이 평양교구를 맡으신 동안) 25회에 걸

---

[92] 2007년 4월 25일 작성

쳐 평양교구를 드나들며 평양교구 관활 지역인 평안 남·북도 전역에 걸쳐 40곳에 시약(施藥)소와 수술(手術)소를 개설했고 15곳의 인민병원 지원 명목으로 병원을 운영하여 1만 2천 5백 명의 폐병 환자를 도왔다. 많은 의료기기, 의약품 등의 의료 직접 지원과 이불, 환자복을 위시하여 환자들에게 필요한 물품과 교통편을 위한 차 구입 등(2004년 보고서) 가난으로 약 한 첩 못 쓰고 죽어갈 생명을 돌보는 선교 활동을 하고 있는 것이다. 이런 애덕 활동은 현찰 지불이나 기타 방법으로 북한의 독재 체제 강화나 군비 확충이나 핵 개발비 제공이라는 국내·외로 들끓는 여론과는 무관한 지혜롭고 북한에서 할 수 있는 최선의 애덕을 통한 선교다. 함 신부도 한번 말씀한 적이 있다. 복음의 씨를 뿌리는 마음으로 어느 날 복음의 열매로 나타날 것을 희망하면서 고달픈 일을 하고 있다고 했다. 그리 멀지 않은 앞날에 그런 선교열에 불타는 애덕 행위는 성경에서 말씀하시는 바와 같이 '100배 60배 30배의 결실'(마태 13,8 참조)로 나타날 것이다. 이런 선교 사업을 평양교구 설립 메리놀회 함제도 신부가 하시기에 평양교구장 서리이신 정진석 추기경이 그분을 평양교구장 고문이자 선교 책임자로 임명하신 것은 의미하는 바가 매우 크다. 말하자면 당신이 직접 하시지 못하는 사목을 교구장을 대신하여 함 신부가 직접 현지에서 (주어진 제약된 여건 하에서지만) 효과적으로 선교사목을 하게 하시는 셈이다. 그런 분을 고문으로 모시는 것은 당연한 것이다. 위계질서의 높고 낮음에 치중하여 모든 일을 처리하는 북한 권력층의 속성을 감안하여 함 신부가 북한에서 더 효과적으로 일하도록 몬시뇰의 지위를 받게 하시면 모양새도 좋고 평양교구 현장에서의 일에 실질적인 효과도 더욱 클 것이다. 평양교구에 대한 선교열, 적어도 이에 대한 큰 관심을 직·간접으로 불러일으킨다면 그로 인해 교황청이 한국교회를 한층 높이 평가하게 되니 그것은 그리 멀거나 어려운 일이 아니다. 평양교구에 대한 사목적 열성은 한 교구의 일이 아니고 북한 교회 전체에 대한 것이다. 그렇기에 나는 『정진석 서울대교구장 추기경께 올리는 말씀』(2005년 12월 30일) 책자 '후기'에 함 신부의 평양교구 안에서의 의료 선교 활동을 소개했다. 북한 문제가 북핵 문제로 세계 문제로 비화된 지금, 현 한반도 실정에서 한반도에 조선교구가 하나였던 시기를 연상하게 된다. 한국 모든 교구의 근원적 뿌리는 서울대교구이어서 한국교회를 대표하니 북한 교회에 대한 부담도 지게 되는 것이다. 그렇기에 북한 교회에 대한 관심과 직접적 투신과 노력, 원조 등에 대해 모든 성직자와 수도자, 평신도는 자기일로 생각하고 열성적이어야 할 것이다. 따라서 평양교구장 서리를 겸임한 서울대교구장은 폐부에서 우러나오는 진정한 사목자의 사랑에서 솔선하여 사람들의 마음, 특히 성직자의 마음을 감동시키면 문제없이 잘 이루어질 것이다. 이런 일을 위해 중요한 것은 교구장과 사제들의 마음으로부터의 일치이다. 지금은 한반도의 모든 것이 국제적으로 해결될 수밖에 없는 상황이다. 이는 한국교회의 큰 뿌리 중 하나다. 특히 서울대교구가 북한 교회의 뿌리인 미국 메리놀회를 북한 선교를 위해 활용하는 것은 시의적절하고 현명한 방법으로 이 땅에서의 하느님 창조경륜의 시대적 실현이며 의무다. 더욱이 북핵 6자회담에서 강력히 제기되는 미국 측 원조 문제에서 미국은 한국에서 북한 원조를 위해 효과적으로 활동하고 있는 미국계의 "유진 벨"을 말하고 있는 점에 함 신부가 북한 교회를 위해 하고 있는 애덕 선교 활동도 그 범주 안에 있기에 안성맞춤이다. 메리놀회는 이런 면에서 한국과 깊은 인연이 있다. 그것은 한국이 6·25 한국전쟁으로 전국이 초토화되고 민생이 가난으로 피폐(疲弊)의 극에 달했을 때, 메리놀회원이며 당시 평양교구장 서리였던 통칭 안 주교(Msgr.

George Carroll, M. M.)의 막대한 난민 구제활동이다. 이에 앞서 우리는 캐롤(Carroll) 몬시뇰의 평양교구장 서리(1950-1975년)로서 25년간에 걸친 평양교구 재건을 위한 피나는 노력을 거론하지 않을 수 없다. 그분의 가장 두드러진 업적은 서울대교구에서 서울대교구 사제로서 활동하는 전 평양교구 신부나 신학생 양성이었다. 교구 수입이란 전혀 없는 피난 교구 교구장으로서 신학생 수십 명을 단독 재력으로 양성한다는 것은 상상을 초월하는 어려운 일이었다. 신학생 양성비, 즉 신학교에서의 막대한 비용과 책대, 학용품비, 용돈을 위시하여 병원비 등 일체의 비용 조달은 캐롤 몬시뇰의 개인적 몫이었다. 그뿐만 아니라, 신학교에서 추천되어 외국 유학을 가는 신학생들의 여비 등 비용 일체도 그분의 몫이었다. 국내에서 매년 실시되는 평양교구 신부들의 연례 피정과 본당 사목에 종사하지 않은 사제들의 미사예물 조달, 매년 교구 사제 단합을 위한 성대한 만찬 비용도 모두 캐롤 몬시뇰의 부담이었다. 현재는 모두 서울대교구 사제가 되었지만 그들의 신학생 시절의 막대한 비용은 전적으로 캐롤 몬시뇰의 몫이었고 그 사제들의 일생 봉사는 서울대교구에서 하는 셈이 되었다. 그런 중에서 영광스러웠던 것은 평양교구 출신 사제들 중에서 윤공희 대주교, 고(故) 지학순 주교, 박정일 주교, 현 군종교구장이신 이기헌 주교 등의 4명의 주교를 배출하여 한국교회 전체에 큰 역할을 한 것이다. 평양교구장 서리인 캐롤 몬시뇰은 오늘날 한국교회의 발전의 밑거름을 주고 싹트게 한 위대한 사도적 업적을 쌓고 소리 없이 사라져 갔다.

    그분이 미국 주교단을 업고 펼친 막대한 구제물자 도입과 원조는 극한의 굶주림과 헐벗음에서 남한 전국의 사람들을 구제했다. 이 업적은 국가적으로도 마땅히 높이 기려야 할 점이다. 그분의 애덕행위는 수없이 많은 입교자로 이어져 오늘날 한국 가톨릭의 교세의 기틀을 만들었다. 그때만 해도 한국 천주교의 교세는 20만 안팎으로 매우 빈약했다. 캐롤(Carroll) 몬시뇰을 통한 미국 NCWC 원조 이후, 교세는 기하학적 급수로 급격한 성장세를 보였다. 이것은 마치 초대교회 예루살렘에서 교회의 자선 행위를 통해 일어났던 교회의 신장을 연상시켰다. 이렇게 평양교구 안에서 직접 선교는 못할 형편이었지만 장차 어느 날 남한에서 북한 선교의 절대적 역할을 할 역량(力量)을 평양교구장 서리 캐롤 몬시뇰은 미국 주교단의 막대한 애덕 행위를 배경으로 축적했다. 그리하여 북한에서의 실현은 멀지않은 현실로 다가오는 징조를 우리는 지금 신앙의 눈으로 보게 된다. 그런 와중에서 해야 할 일이 있다. 그 하나가 함 신부가 국제 원조, 특히 미국의 원조를 통해 더 효과적으로 일하도록 역량을 키워 주고 협력하는 것이다. 우리는 "말씀을 선포하십시오. 기회가 좋든지 나쁘든지 꾸준히 계속하십시오"(2 티모 4,2)라는 바오로 사도의 말씀을 기억한다. 여기에 극한의 빈곤을 구제하던 미국 가톨릭 구제회 일명 NCWC의 활동 이면의 이야기를 소개한다.

당시 내가 모시던 주임 신부님 이야기다. 그분은 메리놀 외방전교회 소속 권 신부(Fr. Joseph Connors)였다. 그분은 메리놀 대신학교 학장도 지냈고 평양교구에서는 마산 관후리 본당(평양교구 주교좌 성당) 주임 등을 지냈으며 한국에서 30여 년 동안 선교한 메리놀회의 거물급 선교사였다. 그분은 중대사가 있을 때, 보좌 신부인 내 의견을 묻고 절대적으로 존중하는 편이었다. 한국 문화에 대한 존중심과 선견지명으로 일관한 내가 모신 권 신부님은 벌써 평양교구에서 성모 보통학교(지금의 초등학교)를 시작했는데 교사를 어떻게 잘 지었던지 당시 경성(서울) 총독부 학무국에서 직접 시찰을 올 정도였다고 했다. 보통학교를 잘 지은 이유는 한국이 독립한 후, 대학을 그 건물로 하려는 계획이었다고 지금까지 알려지지 않은 이야기를 해주었다. 그 당시에는 일본의 식민 정책이 극성을 부리는 시기라 총독부로부터의 대학교육 인가는 불가능했다는 것이었다. 그뿐만 아니라 일본의 진주만 급습으로 발발한 미·일 전쟁으로 한국에서 메리놀회 선교 사제 전원이 철수함에 따라 대구나 광주 교구처럼 일본인 주교를 평양에도 앉히려고 희망했지만 미국에서 한국 선교사 메리놀회 사제들, 특히 권 신부님은 한국인 주교를 고집하여, 당신의 보좌를 지낸 홍용호 신부를 평양교구장 주교로 임명하게 했다. 이에 앞서 권 신부님은 당신 보좌였던 홍용호 신부가 가톨릭 문화 사업으로 『가톨릭 조선』을 하고 싶어 할 때 가톨릭 문화 형성의 중요성을 절감(切感)하여 적극적으로 밀어주어 한국교회의 자랑인 문화지를 평양교구에서 발간하게 했다는 것이다. 그분은 모든 것을 평양교구에 선교사로 파견된 열성으로 했다. 그랬기에 부산 서대신동 본당을 창설 신축하고 그 본당을 거점으로 평양교구 부산 신우회가 공전의 대성황을 이루었다. 나는 그 본당의 보좌였기에 신우회 지도 신부가 되었다. 이런 권 신부님은 당연히 평양교구 80주년 기념의 큰 한 자락으로 치부함이 당연하다. 또한, 권 신부님은 나를 지극히 신임하시고 내 의견을 실천하셨다. 한번은 부산 서대신동 성당 시절 NCWC 구제 활동 방향에 대해 의견을 물으셨다. 나는 막대한 자금의 출처를 물었더니, 미국 전역 가톨릭 신자들의 특별 헌금과 의류, 신발, 곡물 등 물품 현물 제공에 의한 것이라고 했다. 권 신부님은 그 당시 부산에서 NCWC 한국 지부 특별 고문으로 계셨기에 NCWC에 막강한 영향력을 갖고 있었다. 현찰 헌금이 얼마나 되느냐고 물었더니 미국 주교단이 전국적으로 벌이는 활동이라 막대한 금액이었다. 그 돈을 어떻게 쓰느냐고 했더니 미국은 자국의 잉여 농산물 등을 사서 한국에 보낸다기에 그것도 좋은 일이지만,

그런 현금으로 한국의 도(道)마다 연차적으로 예컨대 경기도, 강원도, 충청남·북도, 경상남·북도, 전라남·북도의 도청 소재지나 적절한 곳에 큰 생산 공장을 지으면 공장마다 몇 천 명씩 노동자가 일할 것이고 유통 과정에서 시장 점포에 이르기까지 많은 사람이 일할 것이니 한국 경제 살리기에 좋은 원조가 될 것이라고 했다. 그 분은 기가 막히는 좋은 아이디어라며 한국은 물론, 뉴욕 본부까지 강력히 건의하겠다고 했고, 실제로 그렇게 건의했다. 그러나 얼마 후 미국은 농민을 보호하기 위해 잉여 농산물을 사서 보내는 정책을 고수하기에 한국의 공장 건설안은 '노'(No)라는 답이었다며 그것이 미국의 한계라며 몹시 아쉬워했다. 권 신부님은 미국인이었지만 진정으로 한국을 사랑했다. 앞으로 한반도를 둘러싼 사태의 진전 여하에 따라서는 특히 북한을 위해 미국 주교단의 북한 돕기 가담을 유도할 수 있을 것이다. 당시 한국교회에서 메리놀회는 국내외적으로 필요한 존재일 수 있을 것이다. 지금 그 준비가 요구되는데 정진석 추기경이 북한 애덕 선교 활동에 투신하는 메리놀회 함 신부를 고문으로 임명했으니 평양교구장으로서 미래지향적인 큰일을 시작하신 것이다. 이왕 시작한 일이니 더 효과적이기 위해 함 신부를 일반 몬시뇰, 즉 교황의 명예 전속 사제(Chaplain of Honor of His Holiness)보다는 주교급에 해당하는 교황의 명예 고위성직자(Prelate of Honor of His Holiness)로 하시면 앞으로 북한은 물론, 필요에 따라 교황청이나 미국 주교단을 위시하여 국제적으로 활동하는 데에 효과적일 것이라고 정진석 추기경께 말씀드렸다. 그렇다고 이런 일의 과정과 경로가 순탄할 수만은 없고 우여곡절을 겪으며, 가는 중에 심한 진로 변경도 일으킬 것이나 결국 도착점에는 큰 차이가 없을 것이기에 하느님의 창조와 구속경륜 실현에 의지하여 인간으로서 가능한 모든 노력을 다해야 할 것이다.

지금 북한 교회에 대해 가장 중요한 것은 화려한 말이나 행사보다는 선조 순교사에서 겪었던 것에 비견(比肩)하는 심한 박해의 고통을 겪으며 신앙생활을 영웅적으로 지켜온 신자들의 심정을 헤아리며 그 고통에 심정적으로라도 동참하는 것이다. 또한, 그들을 위해 계속 기도하는 것이다. 그것은 하느님께서 인간이 모르는 방법으로 당신을 위해 고통 받은 사람들을 보호하시기 때문이다. 북한에 종교의 자유가 찾아올 때 (우리는 전혀 생각하지 못했던,) 박해 하에서 신자들에게 내린 하느님의 놀라운 은총 체험담을 들을 것이다. 우리 선조들의 박해 때는 교우들끼리 산 속으로 숨어들어 교우촌 생활을 할 수 있었지만 북한에서는 그것이 전혀 불가능한 것이다. 북한에서의 신자 생활은 40년 광야에서의 유다 민족의 삶과 70년 바빌론 포로 생활보다도 더 힘들고, 우리의 선조 박해시대의 것도 멀리 넘어가는 고난과 죽음의 행진일 것이다. 유다 민족의 40년 광야 시대도 70년 포로시대도 지역적으로, 제한된 시기이긴 했으나 그들은 자기들의 종교자유를 누릴 수 있었고 종교지도자도 같이 있었다. 그러나 북한은 그들의 종교 자유와 종교 지도자를 빼앗긴 지 근 60년이다. 그리고 북한에서 현재 공식적으로 만나는 신자들은 관제라는 것이 만난 성직자들의 한결 같은 말이다. 그러니 진짜 신자들은 아직도 숨어 신앙생활을 한다는 이야기가 된다. 어느 수용소 등에서 신앙으로 인해 생을 마감하는 신자들도 있을 수 있다. 매우 특이한 순교사다. 우리가 이런 신자들을 위해 무엇을 어떻게 해야 하는지 답답하다. 이런 것이 우리의 실정이다. 그렇기에 우리가 남한에서 평양교구 80주년을 기쁨일색으로 지낼 수만은 없는 것이다. 교구 설정 80년이니 기쁘면서도 신자들이 처한 순교적 현실 때문에 슬픈 것이다. 이 때문에 윤공희 대주교는 축사에서 북한 교회의 고통을 상기시켰고 박정일 주교는 "우리의 경축은 기쁨으로만 할 수 없다"며 말씀을 더 잇지 못했다. 그것은 북한에서는 근 60년간 신자들이 목자 없이 박해 하에서 숨은 신자생활을 해야 하기 때문이다. 그렇기에 우리는 평양교구 설정 80주년에 무엇보다도 먼저 목자 없이 60년간 홀로 순교의 길을 가는 양들을 생각해야 하는 것이 기념행사의 일차적일 수밖에 없다. 우리는 미신자로 진리 탐구의 열성에서 이역만리 북경에 가 평신도로서 천주교를 영입하고 때로는 수십 년간 목자 없이 순교의 길을 간 우리의 순교선열들을 자랑스럽게 생각한다. 그에 못지않게 (아니 그보다 더 훌륭하게) 목자 없이 60년간 신앙을 지키며 순교하는 북한의 교우들을 자랑스럽게 생각하며, 그들의 고통에 동참해야 할 것이다. 사실 북한 전역은 순교의 땅, 성지다. 참으로 아이러니한 것은 남과 북은 같은 땅이라 지척에 얼굴을 마주하는데도 (또 근년에 들어서는 북한과의 다른 왕래는 수없이 허용되며 남한에서는 성직자들이 넘쳐나 세계의 오지까지 선교의 발길을 누빌 뿐 아니라 남한의 성직자 특히 평양교구 출신 성직자 대개가 평양을 들락거리는데) 북한의 형제 신자들은 60년간 목자 없이 순교의 길을 가고 있다는 사실이다. 그렇기에 북한의 순교사는 세계 순교사에서도 유례를 찾아볼 수 없으며 그 독특한 영성을 계발해야 할 것이다. 우리 교회가 남한에서 그동안 화려하게 펼쳐질 수 있었던 것은 전대미문 박해 하에서 계속되는 십자가의 죽음의 행진 때문이라는 것을 남한 교회는 한시도 잊어서는 안 될 것이다. 한편, 80주년 기념은 훌륭히 지나는데 50주년은 별것이 아니었다고 생각해서도 안 될 것이다. 두 계기를 다 준비하며 중심에 있었던 나는 이번 80주년 행사가 외형상 화려했으니 더 잘된 것이라고 보기는 힘들다. 북한에서 피 흘리며 죽어간 양들과 신앙 때문에 굶주림과 강제 수용소에서 노역에 혹사되며 숨져간 수많은 양들도 있을 수 있으니 그들을 생각해야 한다. 80주년 기념은 아직도 북한에서 신앙의 자유를 고대하며 목자 없이 질곡(桎梏)의 길을 헤매는 양들을 먼저 생각하며 소중히 여기는 날이어야 하기 때문이다. 이런 점에서는 어떤 면으로 50주년이 더 교회 정신적으로 알찼다고 할 수 있을 것이다. 그것은 우선 교회의 전통적 관습(25주년, 50주년, 75주년, 1백 주년 등)인 50주년 행사였고 그 당시 북한은 완전히 밀폐된 공산주의 사회였기에 신자들은 박해상황에 놓여 있은 것이니 외부적 행사보다는 공산주의에 의해 교구가 파괴된 현실을 증언할 수 있는 산 증언들을 근거로 『평양교구 50년사』를 편찬했기 때문이다. 그때는 산 증인들이 비교적 많은 편이어서 그때를 놓치면 다시는 불가능한 귀중한 자료들을 토대로 교구 50년사를 편찬하여 후대에 평양교구가 어떤 피와 고통의 대가를 치르며 초석을 놓았는지의 역사적 사실을 전하게 한 것이다. 80주년에는 비교적 큰 미사와 회식을 해, 사진 몇 장의 기록이 될 수는 있지만 내용적으로 고귀한 순교사를 이루지는 못한 것이며 이제 계획한 것을 잘 이룬다 해도 50년사를 보충하는 정도가 될 것이다. 교구 설정 50년 때에는 나름대로 열심히 기도하며 규모는 작지만 내실 있는 신자와 성직자 모임이 있었다. 사실 이 두 계기는 상호보완 관계이며 50주년은 공산 치하에서 교회의 참상을 그대로 체험한 신자들과 더 밀착되어 있었고 생생한 교구사를 남겨 놓을 수 있었다. 지금 평양교구장이신 정진석 추기경과 성직자들은 조선교구 초대 교구장인 소 바르톨로메오(프랑스인) 주교의 마음을 간직하고 할 수 있다면 그런 사목자의 열성을 실천해야 할 것이다. 소 주교는 순교의 땅 조선에서 순교하는 교우들과 같이 양들의 대한 사랑으로 순교하려고 밀입국을 고대하다 허허 벌판 내몽고에서 숨을 거두었다. 이런 사랑의 심정이 무엇보다도 절실히 요구되는 날이 바로 80주년 기념행사의 날이다. 불후의 『평양교구 50년사』 작업을 하는데 가장 큰 수고를 하신 분들은 돌아가신 김진하 신부와 그 형님인 김경하 씨 내외분이었으며 사통팔달 물불을 가리지 않고 몸으로 뛴 분들은 김득권 신부와 역사학도인 김경하 씨 부인이다. 그 작업에 헌신한 분들과 80주년 행사를 위해 수고하신 모든 분께 평양교구는 감사의 정을 잊지 말아야 할 것이다.

무엇보다도 이번 평양교구 80주년 행사와 정진석 추기경의 추기경 서임 1주년을 맞이하여 보내주신 베네딕토 16세 교황의 축사에서는 평양교구, 즉 평양교구 신자들에 대한 관심과 끝없는 연민의 정과 사랑을 강조하시며 평양교구를 부탁하셨다. 지금부터 1년 반쯤 전 한국 새 추기경 임명설이 한창일 때였다. 나는 교황 대사는 물론 교황의 측근을 통해 강력히 정진석 서울대교구장을 추천했으나 교황은 별로 반응을 보이지 않을 것을 예상하여 그 경우, 동·서독 분단의 아픔을 상기시키게 했다. 교황은 서울대교구장의 추기경 임명에는 별 관심을 보이지 않다가 분단 독일의 교회상을 상기시키고 평양교구 교구장 서리인 정진석 서울대교구장을 추천하라는 부탁을 측근에게 했다. 그런 분단의 말씀을 듣자, 돌연 교황의 태도가 달라지고 얼마 후, 측근에게 교황으로부터 평양교구장 서리 정진석 대주교가 추기경으로 확정됐다는 친서가 전달되었다고 한다. 2003년 일본과 베트남에 새 추기경이 났을 때, 월등히 교세가 우위에 있던 한국도 추기경이 나올 수 있었는데 당시에는 서울이 아니었기에 교황 대사를 통해 평양교구에 큰 타격이 올 수 있다는 점을 강력히 제기하여, 일단 보류시켰다. 결국 2006년 2월 임기가 10여개월밖에 남지 않아 불가능하며 교회 사상 유례없는 추기경 임명이 정진석 대주교께 떨어졌다. 그렇기에 교황이 각별히 정진석 추기경에게 평양교구 신자를 돌보는 데 마음을 써달라고 하신 것으로 생각한다.

Ⅰ. 북한 현지 교구 23년 간

1. 메리놀회 시기 (1927~1941년: 14년간)

(1941년 미·일 전쟁으로 메리놀 신부와 수사, 수녀 전원 본국 송환)

교구장: 패트릭 번 몬시뇰(Very Rev. Msgr. Patrik Bynne, M.M.)(1927) 외 3명

메리놀회 신부 45명

메리놀회 수사 5명

메리놀회 수녀 42명

도합 92명

2. 방인교구 시기 (1942~1950년: 8년간)

교구장: 노기남 바오로 주교(1942년)

홍용호 프란치스코 주교(1943~1950년)

평양교구 신부수(주교 포함): 합 15명

타 교구 신부수: 서울교구[93] 7명

춘천교구 1명

함흥교구 1명

덕원교구 3명

연길교구 3명

합 15명

---

93 서울교구는 1962년 한국 교계 제도 설정으로 정식 교구인 천주교 서울대교구로 승격되었다.

도합 30명

이상 1950년 현재

1950년 6·25 한국전쟁으로 평양 현지 교구 침묵의 교회로 들어갔다.
교구 신부 2명 남하. 이외 교구 사제 전원과 타 교구 지원 잔류 사제 전원은 공산정권에 체포, 순교한 것으로 예상한다.

II. 남한에서 57년간

3. 남한에서의 시기 (1950~2007년: 57년간)

    교구장 서리: 조지 캐롤 몬시뇰(Very Rev. Msgr. George Carroll, M.M. 1950)
    김수환 추기경(1975): 평양교구장 서리직 겸임,(당시 교황청 지시로) 평양교구 소속 사제와 신학생 전원이 서울대교구에 입적함
    정진석 추기경(1998-2007년)
    남한: 평양교구 소속 출신 주교, 신부(후에 서울대교구 입적) = 총 31명
    주교 4명: (대주교 1명, 주교 3명, 1명 선종)
    사제 27명
    사제 선종 7명(타 교구 사목활동 시 2명 선종 포함)
    몬시뇰 3명: 교황 명예 고위성직자 1명
    교황 명예 전속 사제 2명

서울대교구 내 주요 직책 수행
서울대교구장 고문 1명

서울대교구 수도자 담당 교구장 대리 1명

서울대교구 특수사목 담당 교구장 대리 1명

서울 관구대신학교 학장 3명(가톨릭대학 총장 겸임)

위 대신학교 상주 교수 6명

위 대신학교 강사 4명

서울대교구 주교좌 명동성당 주임 신부 4명

서울대교구 사무처장 4명

서울대교구 민족화해 위원회 2명

서울대교구 사이버 사목 창시 및 담당 1명

서울대교구 사이버 사목 창시 및 담당 1명

한국 천주교 중앙협의회 사무총장 1명

차장 1명 및 민화위 총무 등 동 협의회 총 3명

(서울대교구 민화위 첫 번째 위원 명단에 평양교구 출신 사제가 전원 배제되었다. 이에 나는 강력히 항의하여 지금의 형태로 바뀌었다. 그 후, 주교회의 민화위도 같은 형태의 민화위 위원 구성이 되었다. 여타 신부들은 서울, 부산, 마산, 청주 교구 등의 본당과 특수사목에서 열성적으로 활동했으며 현재도 하고 있다.)

영원한 도움의 성모 수녀회
서원 수녀 남한 소재 538명(2007년 11월 현재)

남한에서의 선교 현황 별지 참조(2007년 10월 현재)

평양교구 영원한 도움의 성모 수녀회 수녀(1950년 현재):

북한 잔류 수녀 10명

남하 수녀 17명

남하 수련 수녀 3명

남하 수녀 중 생존 8명(2007년 11월 현재)

1) 명동 본당 주임 신부 재임기(在任記)[94]

질문 1_ 재임 기간 중 중점을 둔 사목 활동은?

이 문제에 답하려면 먼저 당시 명동성당 상황에 대해 간략하게 설명해야 한다. 박정희 장기 군사 독재, 인권 탄압의 정권에 항거하는 데모가 전두환 군사 독재, 노태우 군사 정권으로 이어지면서 명동성당을 중심으로 한 젊은이들의 데모는 걷잡을 수 없는 상황에 빠져들었다. 따라서 명동성당은 전국 데모의 진원지이며 폭발지가 되어 성당의 기능이 마비되는 상태에 이르렀다. 이런 성당과 사회 분위기 속에서 부임한 뒤에 "성당 본연의 기능 회복, 즉 사목의 정상화와 영성적 능력에 의한 미움과 갈등, 물리적 충돌을 지양(止揚)하고, 복음적 정의(正義)와 선의(善意)에 의한 개인적 마음과 사회적 평화를 지향(志向)하는 사목"을 펼쳤다. 이런 노력과 교회 내와 사회에 대한 강력한 호소는 절대적 호응을 얻어 부임한 지 얼마 안 되어 명동성당의 극렬 폭력 시위는 사라지고 성당 본연의 사목상을 되찾게 되었다. 정당한 시위는 있어야 하나 명동성당에서의 시위는 평화적이어야 한다는 것이 나의 소신이었다. 그렇기에 나는 5월 성모성월 기간 동안 매주 토

---

[94] 명동성당 1백년사 편찬위에 2007년 1월 9일 교부한 것으로 한국교회사 연구소 편찬 부장 박상근 씨와 최종 합의한 문안이다. "주교좌 성당 주임 신부"라는 표현은 2008년 5월 4일 문건을 분명하게 하기 위해 첨가했다. 재임 기간은 1988년 2월부터 8월까지다. 이 내용은 〈교회와 역사〉 한국교회사 연구소, 2007년 2-3월호에 요약 게재했다.

요일 저녁에 성당 뒤 성모 동산에서 행사를 하고, 끝 부분은 거기에 참여한 주악(奏樂)대를 선두로 가톨릭회관 앞마당 성모님의 마사비엘 동굴까지 행진한 뒤, 악대의 주악소리에 맞추어 마무리 했다. 이것은 서울 시민 모두에게 명동성당의 평화의 사도 모습을 선포하는 것이었다. 규모가 대단한 것은 아니었지만 극한적 폭력 시위에서 평화 시위로, 즉 평화를 전하는 명동성당의 참 모습을 드러내는 상징적 의미는 매우 큰 것이었다.

질문 2_ 재임 기간 중 새롭게 시작한 제도는?

1988년 4월 26일 상설 고해소를 개설했다. 즉 앞에서 설명한 것과 같은 상황에서 명동성당은 우선적으로 사람들의 화해와 사랑이 필요했는데, 그러기 위해서는 먼저 사람들이 하느님과 화해하고 하느님의 은혜와 능력으로 사람들과 화해해야 했다. 이에 명동성당에 상설고해소를 개설하여 언제나 고해성사는 물론, 필요한 분들의 상담에도 응하게 했던 것이다. 이런 고해소는 전국적으로 교류가 이루어지는 명당성당에 꼭 필요하다고 생각했으며, 지금도 유용하게 이용되는 것으로 알고 있다. 고해 신부는 그때 명동성당에 보좌 신부가 다섯 분 있었는데 각각 한 분씩 천거하는 것이 좋겠다는 의견이 있었으나 개인이 추천한다면 해당 신부들이 국내 이동이나 해외 파견 등의 사정이 번거로울 뿐만 아니라 매우 어렵게 되기에 나는 수도회나 선교회에 맡기기로 했다. 이동 시 해당 수도회나 선교회가 대체 사제를 보내게 하기 위해서였다. 이런 상설고해소는 유용하게 지금까지 잘 운용되고 있는 것으로 알고 있다. 그뿐만 아니라 명동성당에서 한국에서 처음으로 시작된 상설고해소는 다른 교구에도 확산되어 신자들, 성직자나 수도자들에게도 신익(神益)을 베풀게 되었다.

이와 동시에 매일 성체 현시와 조배를 시작했지만 사정에 의해 일시 중단되었다가 지금은 재개된 듯하여 큰 다행으로 생각한다. 그 당시 전국 데모의 총본부격인 명동성당에 이런 화해와 기도의 장(場)이 꼭 필요했다고 생각했다.

질문 3_ 가장 기억에 남는 단체와 그 단체의 활동은?

지난 1970년대와 1980년대는 군사 독재 반대 데모의 중심지가 명동성당이었는데, 당시 명동성당에 있던 '가톨릭 명동청년연합회' 이른바 '명청연'이 아직도 기억에 새롭다. 이 단체가 중심이 되어 외부 청년 조직들과 연결되어 명동에서의 극렬 폭력 데모가 진행되었다.

그런데 내가 이들에게 자기들도 모르는 사이에 지휘를 받는다고 우려되는 심한 좌경(左傾)사상의 불가(不可)성과 교회의 사회 정의관에 입각한 데모의 긍정성 등을 제시하였을 때, 그들은 선의의 신자들이었기에 흔쾌히 주임 신부의 사목지침에 따라 행동하여, 이후 명동에서의 데모는 평화시위로 변할 수 있었다. 물론 이런 변화의 초기에는 일부 젊은이들의 반발이 있었다.

이렇게 명동의 시위가 평화 시위로 바뀌면서 제일 먼저 효과를 본 것은 (그때 준비는 다 끝난 상태이지만 등록증 인가가 나지 않아 신문 발행을 하지 못하고 있던) 현재의 〈한겨레신문〉이다. 당시 〈한겨레신문〉은 이 문제로 명동성당에서 데모를 하였는데, 내 방침에 따라 성당에서 정해 준 장소와 합의한 시간에 평화적으로 시위를 한 결과, 즉시 등록증 인가를 취득했다.

질문 4_ 재임 기간 중 기억에 남는 일화를 소개해 주십시오.

내가 주임 신부로 봉직할 때는 교회 내적으로 특히 명동성당을 중심으로 나라의 운명이 격동기를 맞은 때였기에 할 말이·있지만 이 문제는 생략한다. 그 이유는 그 대신 다른 문제들, 즉 최소한 여기 적은 것들을 다 수용하면 하는 의도에서다.

질문 5_ 이외에 명동 본당과 관련된 내용이 있으면 자유롭게 기술해 주십시오.

1) 조성만 군의 투신자살 사건: 그는 1988년 5월 15일 명동성당 교육관 옥상에서 미군철수와 조국 통일을 외치며 할복 투신자살했다. 그 당시 군사 독재 반대 시위는 강한 반미운동과 결부되었으며, 그것은 북한에서 주조되는 주체사상 내지 민족 공조 사상과 결부된 통일론으로 젊은이들 사이에 급속하게 번져 갔다. 나는 그들도 모르는 사이에 명동성당이 북한의 이념에 심각하게 감염된 젊은이들의 거점처럼 되어 가는 것을 깊이 느끼고 있었다.

이 투신자살은 일반 사회의 지식층이 명동 데모의 좌경화에 대해 우려를 더해가던 시기에 일어났다. 자살한 서울대학교 학생인 조성만 군은 착실한 신자로서 명청연의 민속(民俗)부를 맡고 있는 처지였다. 그때가 5월이라 곧 다가올 대학생들의 농활(농촌활동) 준비에 명청연이 정신없던 때였다. 그날이 토요일로 기억되는데, 나는 항상 하던 대로 점심을 먹고 성당 주변을 한 바퀴 돌고 있었다. 조 군은 문화관을 마주보며 성당 벽에 기대서서 담배를 피우고 있었다. 나는 그에게 가까이 가 준비는 잘 되느냐고 물었다. 그는 내가 가까이 오는 것을 보고 피우던 담배를 뒤로하며 자세를 바로 하였다. 그리고는 간단하게 '예'

하고 대답했다. 나는 별다른 이상을 느끼지 못하고, 그러면 열심히 준비하라고 하며 그 자리를 떴다.

그때 그의 몸은 좀 비대하여 보였고 눈은 많이 충혈되어 있었다. 후에 생각해보니 몸에는 칼을 품고 있었으며 그때 풍문에 들리던 대로 자극제 약물을 복용하고 있었던 것 같다. 그의 몸매와 충혈된 눈에 대해, 농활 준비로 피곤해서인가 보다 정도로 생각했을 뿐이었다. 그로부터 잠시 후, 밖에서 무엇인가가 떨어지는 소리 같은 것이 나더니 큰 소란이 일어났다. 투신자살이라는 외침이 들려왔다. 나가 보니 참변이었다. 순간 반미구호와 조국 통일의 글귀가 빼곡히 적힌 삐라가 난무했다. 피투성이가 된 조성만 군은 인근 백병원으로 급송되었다.

나는 그때 명동성당과 사회에서 일어나는 여러 가지 사건과 정황으로 보아 명동성당에 무슨 흉사가 닥칠 것 같은 예감이 들던 때라 결국 올 것이 왔구나 하는 심경이었다. 그래서 나는 마음을 가다듬고 다음에 일어날 사태를 예의주시하며 서강대와 가톨릭대에서의 강의를 모두 취소했다. 나는 분초도 성당을 떠나지 않고 불의에 일어날 사태에 만반의 준비를 했으며, 젊은이들의 생명을 죽음으로 몰아가는 주의와 사상은 무엇이든 천륜과 인륜을 거스르는 죄악이란 것에 초점을 맞추어, 다음 날 주일 미사 강론에서 구름처럼 모여드는 사람들에게 피를 토하는 심정으로 호소했다.

물론 이 사건은 삽시간에 급보로 전국에 퍼졌으며 세계에 긴급 뉴스로 타전됐다. 각 유력지와 TV 매체 등은 나의 견해에 전적으로 동조하여 그 후에 일어날 비극적 사태 수습에 큰 도움을 주었다. 아울러 경찰을 중앙극장 주변에서 을지로까지 전면 철수하게 하여 명동성당 일대를 완전 비무장화하고, 주일날 저녁 옛 미도파(현 롯데 플라자)에서 중앙극장 쪽으로 행진해 오는 만 명의 학생들에게는 명동성당 내에서의 충돌을 포기할 것을 종용했다. 그런데, 비극적 폭력의 희생물인 조성만 군의 가는 길을 평온하게 하자고 호소한 것이 주효하여 폭력에 의한 비극을 그리스도의 평화로 종결짓는 결과를 가져 올 수 있었다. 물론 이런 극한 상황에서 충돌 없이 만 명 학생 시위 행렬이 진행된 가장 큰 원인은 명동성당 주변에서 경찰을 전면철수시킨 것이었다.

이런 비극에서도 하느님은 선(善)을 이끌어 내시는 분이시기에, 조성만 군이 15번째 분신 자살자였고 이런 자살자가 35번까지 지목되어 지정되었다는 설이 끊임없이 나돌았는데, 조성만 군의 비극으로 더 이상 분신자살의 비극을 끝내게 되었다. 착한 조성만 군의 죽음은 이렇게 20명의 아까운 비운의 생명을 구해준 셈이다.

2) 당시 이 나라 수많은 이가 걱정한 것인데, 이는 명동성당에서의 백색 독재를 배격하는 데모가 적화 통일로 가는 지름길 역할이 아니냐는 것이다. 주임 신부로서 이 점을 걱정했기에 한 가지 묘책을 생각했다. 그것은 젊은 학생들이 백색 독재에 대한 증오 때문에 다른 위험, 즉 더 무서운 인권 탄압과 빈궁한 적색 독재로 질주할 수 있다는 점을 실제 사례에 근거하여 납득할 기회를 만들고자 한 것이다.

즉, 1960년대와 70년대에 유럽에서 좌익 데모의 선봉에 서서 모택동 모자를 유행시키며 파리대학을 불태우던 선봉장이, 1980년대에 들어서는 우익 교수로, 자유세계 기업인이나 또는 자유 언론인으로 변신했는데, 이런 사람들은 맑스 레닌 사상이 잘못되었음을 알고 자유사상으로 변신한 것이니 (사실 1980년대 후반에는 유럽에서 좌경 사상은 인기 없는 형편이니), 이들을 초청하여 우리나라 학생들과 더불어 세미나를 갖고 자유 토론을 하게 되면 효과적일 것이라는 생각을 하게 되었던 것이다.

그때 내 입장에서 더 유리했던 것은 내가 마침 1989년에 개최될 제 44차 서울 성체대회의 문화 분과 위원장을 맡고 있었다는 것이다. 당시 성체대회의 표어가 '그리스도는 우리의 평화'였기에, 문화 분과 위원장으로서 우리 교회 안에서의 평화를 넘어 각박하기 이를 데 없었던 한반도의 평화와 동양의 평화를 위한 '평화 세미나'를 해야 겠다고 생각했다. 그리하여 1988년 여름에 피정 지도 차 남미를 방문했을 때, 당시 평화문제에 큰 기여를 하고 있던 브라질 상파울로 대교구장 아른스 추기경을 만나 노벨 평화상 수상자 중 한 분을 남미에서 서울 세계성체대회 때 초청하도록 도와주겠다는 약속을 받았고, 또 UN 대학의 부총장(실은 UN 대학의 교내 문제 전담)의 각별한 후의로 그때 개방되기 시작한 소련과 중국 그리고 미국의 저명한 평화 학자들을 참석하게 할 수 있다는 확약을 받고 준비를 시작했다. 그런데 느닷없이 서울 관구 대신학교 학장과 의학대학과 간호대학 등을 총괄하는 가톨릭대학 총장에 임명되는 바람에 명동성당 주임 신부와 성체대회 문화분과 위원장직을 사임하게 되어 일이 성사되지 못했다.

이렇게 명동성당에서의 격렬한 데모는 여러 가지 문제를 생각하게 하고 실천 단계에까지 이르게 했다. 이런 사정은 김수환 추기경께 모두 보고된 것이었기에 김 추기경이 나를 대신학교 학장으로 임명하실 때, '그러면 명동성당은 어떻게 하지' 하시기에, 나는 두 가지 일 중 한 가지만 시켜달라고 했다. '그렇다면 로마 교황청으로부터도 신학대학(대신학교) 학장으로 임명이 났으니 그리로 가야지' 하시기에 혜화동 신학대학 학장과 가톨릭대학 총장으로 부임하게 되었다.

3) 명동성당에서 근 20년간 벌어진 수많은 데모 중에 명청연을 중심으로 하는 데모 관련 서류와 (외부에서 와서 한) 데모 관련 삐라 등의 유

인물은 명동성당에 모두 수집되어 있었다. 그러므로 그런 문건과 사건들을 중심으로 각 대학의 학생처장 경력 교수 및 총학생회장급, 그 방면에 풍부한 경험을 갖는 언론인, 사계 전문가 등이 함께하는 전국 규모의 세미나를 '국제 평화 세미나'와 병행할 계획도 세웠다. 이는 명동성당이 아니면 어디에서도 할 수 없는 일이었다. 이런 계획을 당시 언론 중진과 사계 전문가에게 문의 했더니 쌍수를 들어 환영하며 고마워했다. 그러나 그런 계획도 논의 단계에서 대신학교 학장으로 임명되는 바람에 성사되지 못했다. 만일 그런 세미나가 순조롭게 실행됐다면 아마도 우리나라 정치나 사회, 문화 전반에 걸쳐 지금과는 다른 사회형태가 일어나지 않았을까 하는 생각이다.

4) 이런저런 일로 명동성당은 우리나라 근·현대사와 밀접히 연결되는 운명을 지닌 곳이 되었다. 이에 대한 평가는 대부분 긍정적이었지만 호사다마 격으로 부정적인 경우도 있었다. 그것은 지금 청와대를 움직이는 386 세력이 명동에서 수십 년 데모 와중에 커났지만, 교회는 그들을 교회 정신, 즉 교회의 사회 교리적으로 아무런 영향을 주지 못했고 오히려 교회의 입장과는 다른 북한 공산 사상과 상통하는 듯 비쳐져 온 국민의 걱정과 큰 부담거리가 되고 있다. 이 점은 교회가 진지하게 반성해야 할 것이다. 앞으로의 교회는 자화자찬에 빠질 것이 아니라 겸허한 자세로 잘못을 반성하며 모든 사태에 임해야 할 것이다.

또한, 이 정부가 그렇게도 빈부의 차이를 해소한다고 시작부터 법석이었지만 날이 갈수록 커져만 가는 빈부 양극화 심화와 작전권 환수로 국방 안전의 위협과 전시작전권 환수에 뒤따를 천문학적 경제 부담으로 국민은 큰 불안과 부담을 느끼고 있다. 이처럼 국민 전체가 뒤끓고 있는 와중에 교회, 특히 명동이 국민의 고통에는 오불관언 안전지대에서 오수를 즐기는 형태라면, 천주교 특히 명동은 역사적으로 오점을 남기는 것이 아닐까 우려된다.

끝으로 내가 명동 주임으로 있는 동안 비록 짧은 기간이긴 하였지만(서울 관구 대신학교 학장(관구 신학원장 겸임)으로 임명되어), 약 20여 년에 걸친 이 민족 미증유(未曾有)의 정치·사회·경제의 격동기에 또 좌경의 극한적인 난폭 중에, 종교적·민족적으로 올바른 마무리를 하여야 할 중대한 갈림길에서 자칫 잘못하면 천 길 낭떠러지로 곤두박질 칠 수 있는 종교적·민족적 위기에서, 명동성당이 뼈아픈 고통을 감내하며 올바른 방향으로 종교적 사명과 국운을 이끌어 갈 수 있었던 것은, 무엇보다도 국민의, 특히 언론의 절대적 후원의 덕이었으며, 내부적으로는 명동성당의 보좌 신부들과 회장단, 그리고 여러 부서 직원과 교구 사제들의 전적인 후원, 교우들의 일치단결된 합심에 힘입은 것이었다.

명동성당은 한국교회의 시발부터 특별한 사명을 부여받은 곳이다. 그렇기에 전국 교회의 기도와 성원과 지원에 힘입어 어려운 고비를 넘길 수 있었고, 하느님의 창조 구원 경륜과 국운을 새로운 차원에서 열어 갈 수 있었다. 무엇보다 고마웠던 것은 교구장 김수환 추기경과 김옥균 주교가 나로 하여금 이 난국을 자유자재로 헤쳐 나갈 수 있도록 행동의 크나큰 여지를 주고 내 의견을 무조건 수용해 준 것이다.

본래 나는 부임하던 1988년보다 1년 앞선 1987년 초에 김옥균 주교로부터 명동 주임을 제안 받았으나 사절한 적이 있다. 그 이유로는 첫째, 복음 정신을 떠나 정의 구현이라는 미명 하에 정치 격돌장이 되어 가는 명동의 분위기가 마음에 들지 않았기 때문이었다. 특히 서울대모 교수가 중앙정보부에서 고문 치사된 후, 명동성당에서 위령미사가 거행되었는데, 미사 중에 저주라고밖에 볼 수 없는 기도가 쏟아지는 것을 보고, 사제 양성을 하는 성직자가 같이 할 활동이 아님을 절실히 느끼게 되었다. 그리하여 정치인들과는 상관없이 한 성직자이자 한 지성인으로서 강의와 수많은 강연, 도하(都下) 유력지에의 투고 등을 통해 인권과 사회 정의론을 복음 정신과 교회의 가르침에 근거하여 펴고 있었기에, 정치·사회적인 측면에 치중한 듯한 성당과는 멀찍이 거리를 두는 것이 좋겠다고 생각했다.

둘째, 당시 신축된 불광동성당의 보수공사 때문이었다. 불광동성당은 부실공사로 1984년 가을 대홍수 때에는 풀장이 되다시피 했고, 새 건축에 버금가는 대보수를 두 번이나 해 나도 두 번이나 쓰러질 정도였다. 이런 상황에서 하던 사람이 성당 공사를 마쳐야지 다른 사제가 그 짐을 떠맡고 고생하게 할 수는 없다는 생각에서 명동 주임을 사절했다. 그래도 신중하고 사리 판단에 밝은 김옥균 주교가 꼭 명동 주임으로 와야 한다기에 왜냐고 물었다. 김옥균 주교는 명동성당은 데모로 거의 본연의 성당 분위기를 잃은 상태이니 지혜롭고 사회적 명망을 가진 강자가 와야겠는데 아무리 교구 성직자 명단을 훑어보아도 '정의채'라는 석자만이 눈에 밟힌다는 것이었다. 물론 그 뒤에는 당시 명동성당 주임이었던 김병도 신부(現 몬시뇰)의 추천도 있었던 것으로 보인다.

정 그렇다면 일 년 후면 성당 보수가 끝날 터이니 그때 가서 보자고 했는데, 꼭 일 년이 지나 성당 보수가 끝나자 이제 명동으로 오면 어떠냐기에 자진해서 갈 마음은 없고 교구장 명령이면 순명하겠다고 했더니 즉시 공문으로 임명됐던 것이다. 임명 절차 마지막 회의에서 교구장 김수환 추기경이 '정의채 신부의 명동성당 주임 부임이 다 좋은

데 내가 좀 무섭단 말이야'라는 그분 특유의 말씀이 있었다며 나더러 무섭게 하지 말라는 농담 귀띔이 들려왔기에, 나는 내가 추기경을 무서워해야지 어떻게 추기경이 나를 무서워하겠느냐며 농담을 한 기억이 새롭다. 돌이켜 보면 모든 것을 하느님께서는 처음부터 끝까지 하나하나 큰 은혜로써 챙기고 계셨던 것을 피부로 느낄 수 있으며, 나의 모든 일의 시작과 과정, 끝의 외마디 말은 "주님! 모든 것은 주님의 넓고 큰 은혜로 이루어졌나이다. 그저 감사할 뿐입니다"이다.

제3부 교회와 사회

1. 서울대교구 시노드 사제 평의회 연수

> 기조 강연자: 정의채 신부
> 일시: 2004년 9월 22일 14시 30분~15시 30분
> 장소: 한마음 수련장 피정동

서론
I. 시노드의 원칙과 핵심 내용
II. 서울대교구 사제들의 공동체에 대한 애정과 일치의 모습 구현과
    신자들의 바람
III. 교구 시노드에 근거한 사제들의 미래지향적 사목 구상과 비전
    i) 청소년 사목은 0순위다
IV. 부록: 평양교구

서론

존경하올 정진석 대주교님, 주교님들, 교구장 대리님들과 요직 신부님들, 만나게 되어 매우 반갑습니다.

우선 그동안 3년여에 걸쳐 서울대교구 시노드(이하 '시노드'라 함) 준비를 위해 전교구적으로 많은 분이 무진 노력했고 좋은 자료들을 많이 수집한 것으로 알고 있습니다. 훌륭한 일을 한 것입니다. 또 지난 1년 동안 그 후속 조치를 위해 수고해 주신 분들이 적지 않은 일을 하였으니 매우 고마운 일이라 생각합니다. 시노드가 꼭 풍성한 결실을 거두길 바랍니다.

저는 강연 준비에 앞서 10여 명의 몬시뇰과 중진, 중간급 등 여러 신부님에게 시노드의 실상을 문의했고 좋은 조언을 받았습니다. 저는 직접적인 접촉을 통해 사제들 마음의 밑바탕에 깔린 무관심과 불신을 들을 수 있었습니다. 그런 중에도 희망적인 면도 보았습니다. 교구장께서는 저의 기조 강연 직전에 제시하는 것을 다 실천하실 것이라는 언약을 주셨습니다. 시노드가 잘되기 위해서는 아픈 곳도 과감히 짚어보아야 할 것입니다. 교구장의 교서는 그런 넓은 폭을 갖고 있는 것으로 생각합니다. 따라서 시노드는 더 큰 테두리 속에서 현재에 묶인 주변사항만이 아니라 급속히 변해가는 사회 속에서 역사적으로 부과되는 서울대교구의 사명에도 과감히 도전해야 할 것입니다.

교구 사제들의 무관심과 침체된 분위기에 새로운 생기를 불러일으키기 위해서는 교구민 전체, 특히 대교구 사제들의 새로운 관심사를 기존의 자료에 투입해야 할 것으로 생각합니다. 시노드 사무국에서 요청한 문제들에 따라 말씀을 진행하겠습니다.

I. 시노드의 원칙과 핵심 내용

이 점은 제2차 바티칸 공의회(이하 '공의회'라 함)가 분명히 제시하고 그 후 세계 주교 시노드, 지역 시노드, 전국 시노드(사목회의 포함), 몇몇 세계 교구 시노드가 분명히 드러내주고 있는 것입니다.

공의회는 세계에 열린 교회가 주제였으며 아조르나멘토(aggiornamento; 현대화, 오늘에 맞는)라는 기치를 높이 들고 출발했습니다. 종교개혁 이후 4백년간 교회는 깊은 상처를 딛고 힘을 길러 세계에 활짝 열린 교회로 나타난 것이 공의회였습니다. 그렇기에 공의회는 그 힘의 원천이 영성임을 자각하여, 먼저 〈전례헌장〉을 제정했고 그 다음 교회의 정체성인 〈교의헌장〉을 새로운 차원, 즉 성직자와 평신도를 구성요인으로 하는 교회상을 선포했습니다. 이런 기초에서 〈현대 세계의 사목헌장〉 즉, 그 당시 인류의 구세주처럼 행세하던 공산주의(이것은 진행과정에서 무신론으로 제목이 바뀌었음)와 자본주의의 폐해를 시정하여 올바른 인간사회의 지향과 실천을 강력히 촉구한 헌장을 반포했던 것입니다. 이 헌장은 결국 공산주의의 몰락을 몰고 왔으며 정의로운 사회, 인간다운 사회를 실현하는 데 목적이 있었습니다. 더 나아가 하느님 모습으로서의 인간사회를 이루어가는 데 지대한 공헌을 했습니다. 이 세 헌장을 동맥으로 하고 〈매스미디어에 관한 교령〉, 〈일치 운동에 관한 교령〉, 〈수도자 생활의 새 쇄신 적응에 관한 교령〉, 〈사제 양성에 관한 교령〉, 〈평신도 사도직에 관한 교령〉, 〈교회의 전교 활동에 관한 교령〉, 〈사제의 직무와 생활에 관한 교령〉 등 9교령과 〈그리스도교적 교육에 관한 선언〉, 〈비 그리스도교에 관한 선언〉, 〈종교 자유에 관한 선언〉 등의 3개 선언을 모세 혈관처럼 짜 넣었던 것입니다. 또 하나의 예는 그때까지 잘되었다는 평을 받고 있던

〈리버풀 1980〉이라는 영국의 전국 사목회의입니다. 이 사목회의는 그 당시 영국의 옛 식민지에서 영국으로 봇물처럼 쏟아져 들어오던 유색인 문제에 초점을 맞췄으며 교회의 내면생활을 구석구석 점검하여 생기를 북돋아 주었습니다. 다시 말해 유입되는 수많은 유색인종의 의·식·주 문제와 교육, 직업, 건강보험, 사회보장 등의 문제 해결이 〈리버풀 1980〉의 기치였으며 이것을 원활히 하기 위해 각 성당은 가히 셀(cell)이라 할 수 있는 소공동체 활성화와 이웃 간, 특히 유색인과의 연대와 사랑과 봉사 등으로 불꽃을 튀겼던 것입니다. 이런 활동에는 성직자, 수도자, 평신도의 참여열이 높았기에 훌륭한 결과를 가져왔던 것입니다.

우리 한국 천주교 2백 주년 기념 사목회의(이하 '사목회의'라 함)에서도 참여열이 충천하여 사목회의 실무 책임자로서 큰 어려움은 하늘을 찌르는 성직자, 수도자, 평신도의 참여 열기를 어떻게 수렴하느냐의 문제였습니다. 사회도 큰 관심과 후원으로 사목회의를 지켜보니 그런 열망에 어떻게 부응하느냐의 문제였습니다. 결국 그 자체 열기로 모든 것이 순조롭게 풀려가는 방향을 취해 교회 내적으로 또 사회적으로 결실을 맺게 되었습니다. 나는 우리 선조의 자진적인 교회 도입에 걸맞게 성직자, 수도자, 평신도가 일체가 되어 한국교회사상 처음으로 하는 사목회의답게 회의를 진행하여 결실을 맺게 하는 데 온 정력을 쏟았습니다. 사목회의는 '민족 복음화'와 '민족문화 창달'의 기치를 높이 들었습니다. 사실 사목회의의 '민족 복음화' 기치는 모든 신자에게 강한 시대적 사명감을 불러일으켜 1990년까지 신자수는 배로 늘어났고 '민족문화 창달'과 토착화의 기치는 신자들에게는 긍지와 용기를 주고 한국 전 사회에는 충격을 주었으며 이 땅에 토착화 문화의 새로운 물결을 일으켰습니다. 사목회의의 가장 큰 성과는 역시 성직자,

수도자, 평신도의 제2차 바티칸 공의회 정신에 의한 신분의 자각이었으며 교회 내외에서의 맹렬한 활동이었습니다. 그런 중에서도 특기할 것은 그때까지 순전히 수동적이던 평신도의 신분과 책임의 자각에 근거한 교회 내외에서의 능동적 사도직 수행이었습니다. 드러나지 않게 잠재해 있던 평신도, 특히 지성인 평신도가 표면으로 부상하여 적극적으로 사도직을 실천했습니다. 그런 흐름은 퇴색되기는 했지만 지금도 이어지고 있습니다. 사목회의의 줄거리를 살펴보면 내성(內省 ad intra-대내)과 대화라는 두 가지 큰 방도를 제시했습니다. 내성(대내)에서는 교회구조 요소로서 '성직자', '수도자', '평신도'를 다루었고 교회의 삶은 영성이니 '전례와 신심운동'을, 교회의 활동, 즉 사목으로서는 '지역사목', '교리교육', '가정사목', '특수사목', '교회 운영'을 다루었습니다. 이렇게 내성(대내)에서는 크게 4부분으로 나누고 그것을 다시 나누어 10의제로 했습니다. 따라서 의제로서는 내성에서 구조 부분 3, 영성생활 2, 사목생활 4, 교회운영 1 등의 10의제를 설정했습니다. 대화(ad extra-대외)에서는 '선교'와 '사목' 등의 두 가지 의제를 설정했습니다. 이렇게 사목회의 12의제를 설정했고 늦게 제출된 '병원', '군종', '교포사목'은 부록으로 다루어졌습니다. 요약 정리한다면 사목회의는 '민족 복음화'와 '민족문화 창달'의 기치를 들고 내성(대내)에서 4분야, 대화(대외)에서 2분야 등 총 6분야에 걸쳐 12의제를 다루었습니다. 그 밖의 하나의 부록이 첨가됐습니다. 의제별로 10~15명의 전문위원을 두어 약 180명의 전문위원이 활동했습니다. 전국 본당 차원에서 활동한 인원수는 수만, 수십만 명으로 추정되나 정확히 알 수 없습니다. 이런 의제 내용의 현장을 정확히 파악하기 위해 후에 사회조사부를 추가 신설했습니다. 이렇게 사목회의는 전국 교회 구성원의 충천하는 참여 열기와 한국 사회의 큰 기대 속에 결실이 풍부한 회의가 되었습니다. 그렇지만 사목회의는 교회 당국의 요청되는 후속조치에 대한 무관심으로 오랫동안 사장되었지만 근년에 다시 관심의 표적이 되었습니다.

이런 관점에 서울대교구 시노드를 비추어볼 때, 지금이라도 시노드는 투입해야 할 새로운 요인, 특히 성직자들의 큰 관심사인 사목적 요인, 사회적 요인, 역사적 사명 요인이 무엇인지 깊이 생각해 볼 필요가 있다고 생각합니다. 사실 지난해 4월 30일 명동성당 코스트 홀에서 2020 서울도시기본계획에 발맞춰 가졌던 명동성당 영역 개발, 즉 문화와 예술과 종교의 젊은이 광장 조성에 대한 발표 시에는 약 430명의 (보좌 신부 60명이 연수 중이어서 불참) 여러 사제가 참가했습니다. 이런 현상은 사제들의 마음속 갈망을 드러내는 것입니다. 분명히 사목자의 마음에는 간곡히 바라는 것이 있습니다. 그것을 어떻게 감지하여 촉발시키느냐가 시노드 성공의 핵이며 현금 서울대교구 사목의 절체절명의 사명이라고 생각합니다.

또 한 가지 예는 제가 1991년 서강대학교 부설기관으로 생명문화연구소를 창설했을 때 그 당시에는 '생명문화'라는 말 자체가 생소한 것이었으나 그 후 인간 삶의 모든 영역에 생명이라는 말이 붙을 정도로 그 용어는 사람들의 삶 전체를 파고드는 낱말이 되었습니다. 곧 이어 '죽음의 문화'라는 낱말까지 등장하여 생명문화라는 말은 전 세계적으로 지대한 영향을 미치게 되었습니다. 사실 '세상의 생명을 위하여', '생명을 사랑하자', '생명을 풍요롭게 하자'라는 생명문화연구소의 표어는 전 국민의 마음을 사로잡아 그때 매일같이 발생하던 어린이 유괴 살해사건을 일소하고 인간 생명의 고귀함을 일깨우며 이 땅에 자연보호 운동의 거센 불길을 일으켰던 것입니다. 성직자의 자발적 참여의식과 열기 없이 시노드가 성공한다는 것은 불가능한 것입니다. 절실한 관심사가 아닌 일상적인 혹은 통상적인 요인 나열만으로는 벌써 4년을 끌어온 시노드가 성직자의 관심을 끌어 자발적 열성과 참여를 기대하기는 어려울 것입니다. 다시 말해 수많은 회합, 화려한 포스터, 대형 활자의 종교 신문 기사 등 외형적인 꼴을 갖추고 외형적 성과 등을 낼 수는 있어도 오늘과 앞날이 요구하는 진정한 의미의 시노드가 되기는 어려울 것입니다. 1980~1984년까지 준비하고 1984년 6월에 교황의 임석 하에 열렸던 사목회의는 위의 공의회나 시노드와 비슷하게 '민족 복음화와 민족문화 창달'이라는 기치를 높이 들고 3대 기간 요인, 성직자, 수도자, 평신도의 삶을 깊이 성찰하고 실천하여 올바른 교회상을 정립하고 사회에 진입하여 선교 3백 년대, 즉 제3천년대를 구상했던 것입니다.

 서울 시노드는 서울대교구가 지금과 앞날에 세계성을 띨 수밖에 없는 운명을 지니고 있다는 점도 큰 부분으로 다루어야 할 것입니다. 이 점의 소홀이나 무관심은 후일 큰 결함으로 지적될 것입니다. 그것은 서울은 교회뿐만 아니라 전 세계 관심의 중심에 있고 서울대교구는 아시아에서 가톨릭의 중심이 되는 운명이기 때문입니다. 벌써 세계의 정치, 경제, 군사, 문제에서 아시아가 중심이 되어 가는 실정과 같이 지금 아시아 교회는 세계교회에서도 큰 비중을 차지하는 추세에 있는 것입니다. 그런데 아시아 교회에서는 한국교회, 특히 서울대교구가 가톨릭의 중심적 역할을 해야 할 처지에 놓여 있습니다. 이 점도 빼놓을 수 없는 서울대교구 시노드의 역사적 과제입니다. 우선 이런 사명 완수를 위해 서울대교구는 인프라 구축이 시급하게 되었습니다. 지난 여름에 개최했던 아시아 주교회의(FABC)만 해도 그렇습니다. 한 대표는 인천공항에 오기까지는 2시간 안팎의 시간이 걸렸는데 인천공항에서 회의 장소인 대전 가톨릭대학(신학교)까지는 택시로 3시간, 요금은

15만 원 정도였다고 합니다. 그곳은 외진 곳이고 이왕 한국에 온 바에 서울을 한번 보고 가야 하니 불편이 컸다고 합니다. 이렇게 불편하고 비효율적인 회의가 된 것은 서울대교구에 회의를 할 만한 시설, 즉 인프라가 전혀 준비돼 있지 않기 때문입니다. 다른 수도회에도 사정은 마찬가지였다고 합니다. 물론 이런 준비는 주교단의 일로 생각할 수 있지만 실제적으로 서울대교구의 일이 될 수밖에 없으니 서울에서 그런 준비를 한다 하여 주교단이 마다할 이유가 없습니다. 오히려 고마운 일입니다. 사실 사목회의는 그때 의식적 · 무의식적으로 전체 한국 교회와 사회가 바라던 여망에 (마치 공의회가 전 교회와 혼란된 세계가 바라던 바에 대해 했던 것과 같이) 응답했던 것입니다. 공의회가 전 교회와 전 세계의 지대한 관심과 참여 속에 진행됐던 것처럼 한국 사목회의도 전국에 충천하는 관심과 참여 열기 속에 진행되었습니다. 이 점에 서울 시노드가 유의해야 할 것입니다. 이른바 교구민과 사제단과 사회의 바람을 채워주어야 할 것입니다.

그뿐만 아니라 시노드의 출발부터 방법은 대단히 중요합니다. 그것은 집에 비유하면 기초를 놓는 것과 같습니다. 잘못 놓인 기초 위에 집을 짓는다면 집은 조만간 붕괴되게 마련입니다. 교회의 모든 유의 사목회의는 그 시작에서 전문가 즉 신학자, 철학자, 사회학자 등 관련 분야 전문인들의 구상이 선행(先行)되어야 합니다. 그것은 예컨대 공의회나 세계 주교 시노드의 경우에 잘 드러납니다. 공의회의 경우, 먼저 신학자 등 사계 전문가들이 스케마 초안을 구상하고, 또 세계 전문가들 예컨대 신학대학 교수, 학자 전문가 등의 자문을 받고 세계 주교들의 의견을 들어 스케마를 확정하는 것으로 알고 있습니다. 교회의 공의회나 시노드 등은 기간 교리가 바탕이 되고 전통과 세계성 등 여러 가지 중요 요인들이 작용하기에 사회조사 일변도에 근거하게 되면 잘못되게 되는 것입니다. 사계 전문가들의 의견을 넓게 듣는다는 것과 사회조사에 근거한다는 것은 전혀 다른 것입니다. 사회조사는 아침, 점심, 저녁이 다를 수 있는 속성이 있습니다. 정치인, 경제인에게는 사업의 기본이 되겠지만 교회의 공의회인 시노드는 성격이 다릅니다. 물론 사회조사가 어느 시기에 좋은 보조 수단이 될 수 있습니다. 그렇기에 사목회의는 각 분야별로 10-15명가량의 전문위원을 두어 안건을 연구하고 작성하게 하고 회의가 얼마 동안 진행한 다음, 사회조사부를 증설하여 보조수단으로 광범위하게 활용했던 것입니다. 시노드에 대한 교구 사제들의 관심이 없거나 저조한 것은 시노드 준비 과정의 구성원들이 부서에 따라 (혹은 경우에 따라) 차이는 있겠지만 전문가라기보다는 평신도의 경우, 주임 신부들이 주변의 사람들, 열심한 사람들을 교구의 요청에 따라 (물론 열성과 진지한 노력으로 인선하여 보내는 경우도 있겠지만 그렇지 않고) 적당히 천거해 보낸 경우도 적지 않았을 것입니다. 이런 경우, 그들이 만들어 내는 내용(물론 평신도들의 의견이 중요하지만)에 주임 신부나 성직자가 전적으로 수긍하기는 쉽지 않았을 것이고 더욱이 전문가가 아닌 신자들의 의견에 좌우되는 경우, 미래지향적이기는 어렵고 잘하면 현재적이고 일반적으로는 후향적(後向的)이기 쉽습니다. 그 이유는 그들이 20-30년 전 젊었을 때 이상으로 생각하던 교회상, 성직자상이 작용해 그들의 눈에 현재의 성직자상이 잘못된 것으로 비춰지기 쉬우며 때로는 공격적이 될 수도 있기 때문입니다. 저는 시노드 후속 문헌을 다 읽어보지는 못했지만 그 문헌 중에는 오늘날 세계에 펼쳐지는 교회상, 앞으로 격변하는 사회 안에 펼쳐질 교회상보다는 앞에서 염려한 교회상이 더 많이 작용한 듯해 마음이 답답하며 벌써 4년 전에 시작한 시노드 준비가 정작 5년 정도 후에 실현될 때는 혹시 낡아버린 것이 되지 않을까 염려하게 됩니다. 우리가 공의회나 시노드를 하게 되는 것은 급속하게 구조적으로 변해가는 사회 속에서 복음적 신자생활을 원활하게 하기 위한 것이며 사회변화에도 영향을 미치려는 것인데 실제 사회변화에는 감각조차 없는 신심일변도의 신앙생활을 강요하거나 권장하게 되면 결국 신자들이 교회에서 멀어지는 결과가 됩니다. 젊으면 젊을수록 더욱 그렇습니다. 또한, 사제들에게는 무관심을 조성하게 되는 것입니다.

지금 사회는 깜짝 놀랄 정도로 무서운 변화를 일으켜 사람들의 삶을 송두리째 바꿔놓고 있습니다. 얼마 전만 해도 아날로그, 디지털, 사이버, 인터넷, 나노, 하더니 느닷없이 유비쿼터스(Ubiquitous)가 U자로 등장하여 사람의 정신을 어리둥절하게 만듭니다. 유비쿼터스 기술은 제가 1960년대에 한 일간지의 기고에서 과학기술을 신기(神技)에 가깝다고 표현했는데 그것의 더 발전한 형태, 즉, 하느님의 속성인 '아니 계시는 데 없는 무소부재(無所不在-ubicumque)'라는 데에 접근한 것입니다. 신학용어로는 무량성(無量性) 혹은 무변성(無變性, immensitas)입니다. 즉 하느님은 아니 계시는 데 없이 어디든지 다 계셔 모든 것을 섭리하신다는 것인데 유비쿼터스는 첨단 기술을 통해 인간이 언제 어디서나 정보원에 작용할 수 있다는 것입니다. 이렇게 사람은 첨단기술을 통해 하느님의 속성에 비록 유사성이지만 더 가까이 가고 있는 것입니다. 이렇게 인간은 놀라운 기술 발전으로 풍요와 안락을 누리면서 다른 편으로는 삶의 모든 것을 기술에 의존하는 노예상태로 전락해가는 것입니다. 이런 기술을 교회가 어떻게 이해하고 복음화에 이용해야 하는가는 오늘날의 중요한 사목적 과제입니다. 이런 첨단 기술은 사회구조와 생활 구조를 근본적으로 바꿔놓아 신자들의 생활이 더 이상 과거의 형태로 계속할 수 없는데도 시노드가 기술 세계에 대한 고민이나 진지한 연구의 흔적이나마 보이지 않는다면 스스로 도태의 길을 가게 되며 시노드도 조만간 외면될 수밖에 없습니다. 이런 것을 성직자와 젊은이는 육감(六感)으로 느끼는 것입니다. 그렇기에 이런 세계와의 관련과 필사의 사목적 노력 없이는 젊은 세대와의 접촉은 단절될 수밖에 없습니다. 이런 저런 기본적인 점들을 시노드 실천 과정에서 충분히 고려하고 보충하여 이행해야 사제들이 동참하고 시노드는 결실을 거둘 수 있습니다. 가장 중요한 것은 성직자의 깊은 관심과 자발적인 참여입니다. 온전히 이 점에 시노드의 성패가 달린 것입니다.

II. 서울대교구 사제들의 공동체에 대한 애정과 일치의 모습 구현과 신자들의 바람

'서울대교구 사제들의 공동체에 대한 애정과 일치의 모습 구현'은 한마디로 쉽게 답할 수 있는 문제가 아니고 서울대교구에 관한한, 지난날의 사회현상과 사제단의 모습을 잠깐 짚어보아야 오늘날 왜 사제들의 일치와 애정이 흐트러졌는지의 진상을 파악할 수 있을 것입니다. 교회는 언제나 교회 내 문제도 그렇고 사회와의 관계에서도 많은 문제와 갈등을 갖기 마련입니다. 노 대주교 때, 교회는 비판적〈경향신문〉(당시에는 서울대교구 운영, 유력 일간지)을 중심으로 이승만 독재정권과 껄끄러운 관계를 가졌는데도 주교와 사제단의 유대는 견고했습니다. 그러던 중 박정희 장기독재 군사정권의 등장으로 교회는 1970, 1980, 1990년대 30년간에 걸쳐 정치적 문제에 휘말려 어느 시기에는 사제단이 거의 두 동강이 나다시피 했습니다. 그런 현상이 단적으로 표출된 것이 (1973년경) 서울 장충동 베네딕토회에서 있었던 정의구현 사제단에 대항하는 구국사제단의 모임이었습니다. 그때 총대리였던 김철규 신부가 혜화동 신학교로 저를 찾아와 그 회의에의 참석을 간곡히 종용했습니다. 그러나 저는 사제단을 양분하여 나이가 있는 측 따로, 젊은 측 따로 하는 식의 회의, 특히 시국문제로 갈라져 하는 사제회의에는 참석할 수 없다고 하며 불참했습니다. 저는 정치 사회문제는 어차피 시간의 흐름 속에서 해결되게 마련이고 교회는 여·야를 떠나 하느님의 입장에서 올바른 길을 가르치고 신자들이 사회의 주역이니 신자들이 자기의 양심에 따라 행동하게 하는 것이 정도라고 생각했기 때문이었습니다. 저는 이렇게 함으로써 야에는 물론이고, 여에도 영향력을 행사할 수 있고 사회 전체에도 크게 기여할 수 있다고 생각했던 것입니다. 이럴 때 교구장의 태도가 매우 중요합니다. 그 당시 김수환 추기경은 자신의 의도는 어쨌든 사회 일반은 정의구현사제단 일변도의 입장이라고 인식되어 있었습니다. 정치 사회 문제도 중요하지만 우리에게 가장 중요한 것은 사제단의 분열을 막고 강력한 일치를 보존하는 것입니다. 그때 극한적이라 할 수 있을 정도로 정의구현사제단 측과 구국사제단 측이 분열되어 있었던 것으로 보였습니다. 그런 와중에 사목자들이 말로는 사목의 중요성을 강조했지만 실제로 사목은 뒷전이 된 느낌이었습니다. 사제단이 정치적 문제로 분열되고 사목에 대한 사제들의 마음이 해이해지면 생명의 희생까지 무릅쓰고 지탱해야 할 사제들의 일치와 사목적 본 모습을 되찾아 오기가 어렵다는 것을 지금도 뼈저리게 느끼고 있습니다. 특히 정치적 문제가 사제들의 분열의 계기가 되어서는 안 될 것입니다. 한마디로 사제들, 특히 본당 사목자는 정치적 권력과는 불원(不遠) 불근(不近)의 입장에 서 있어야 합니다. 그것은 본당 신자들 중에는 여도 있고 야도 있고 중간도 있기 때문입니다. 특수사목 사제들은 담당분야에 서는 것이 이치에 맞겠습니다. 사목자들은 자기구역 내 모든 신자의 목자이기 때문입니다. 따라서 저는 반정부 데모가 극심할 때, 명동 주임 신부로서 '나는 여야와 중간에 서 있는 모든 신자의 목자, 아버지'라는 점을 분명히 하여 미움과 투쟁심으로 가득 찬 데모를 명동성당에서 잠재운 일이 있습니다. 그때 데모 분위기는 여당은 악이고 야당과 데모 군중은 무조건 선이라는 관념에 사로잡혀 악이라는 여는 명동성당에 들어올 수 없는 형편이었습니다. 저는 주임 신부로서 정말 악인이라면 더욱더 성당에 와서 은혜를 받아 하느님과 화해하고 사람들과 화해해야 한다고 하며 성당 출입을 가로막는 어떤 형태의 폭력도 용인할 수 없다는 단호한 입장을 취했습니다. 사실 하느님 외에 누구도 누가 선인인지 누가 악인인지 단정할 수 없다는 것을 명백히 했습니다.

이 점은 앞으로 말할 교황청에서 있었던 제8차 주교 시노두스(1990) 때에도 분명하게 드러났습니다. 제가 '종합대학 안에서의 사제 양성'이란 제목으로 동양을 대표하여 발표할 때, 한국의 정의구현사제단의 업적을 치하한 몇 마디를 삽입했습니다. 발표가 끝나고 휴식시간에 톰코 추기경을 위시하여 교황청 몇몇 추기경이 발표의 다른 부분에는 대찬성이면서도 정의구현사제단 부분에서는 노골적으로 불만을 표시했습니다. 이 점을 무마시키느라 애를 먹었습니다. 교황청은 사제들이 정치 문제에서 파당적 형태를 띠는 것을 못 마땅해 하며 그것은 평신도의 몫이란 것이 교회의 입장임을 분명히 느낄 수 있었습니다. 물론 사제가 어느 당파에도 관련되지 않고 정정당당하게 자기의 소신을 밝히는 것은 옳은 일입니다. 사제도 개인적으로는 정당을 선호할 수 있습니다. 사제들은 사제 신분으로서는 복음과 교회의 가르침을 분명히 하며 신자들에게 전달해 그들이 정치, 사회 문제 등의 구체적인 세속의 문제를 양심적으로 수행하게 하라는 것이 저의 진의였습니다. 사목적 위치에서 사제들은 어느 정권이든 교회의 가르침과 복음적 정신에서 시시비비를 말해주어야 할 것입니다. 사제가 권력의 맛에 따라 나오는 금력의 맛을 보고 권력층과 일체가 되어 종교의 탈을 쓴 정치인이라는 비난을 받게 되면 안 될 것입니다. 이런 비난, 특히 사제들이 정치 권력과 결탁되었다는 비난은 군사정권 시대에도, 오늘도 있는 것입니다.

교회와 사제가 하는 모든 것은 사목적이어야 하겠습니다. 그렇기에 교황청은 정치문제나 사회 경제문제라 할지라도 구체적으로 개입하는 고위성직자, 특히 교구의 책임자들에 대해 직·간접적으로 경고를 하는 것이 사실이고 우리나라도 예외가 아니었습니다. 라틴 아메리카의 아른스 추기경, 까마라 대주교, 보프 신부 등에 대한 불호의(不好意)적 교황청의 태도는 분명했으며 그것은 오늘에 이르러 옳았다는 평가입니다. 물론 교회가 19세기 후반부터 20세기를 통해, 또 앞으로도 정치, 사회, 경제, 환경, 과학, 기술, 기아, 분쟁, 전쟁, 평화, 인권 등의 문제에 계속 발언하며 올바른 인간상, 자연상, 우주상의 실천을 촉구할 것입니다. 그러나 그런 교회의 입장은 여·야나 국가, 민족, 지역 등에 편중하지 않고 만인의 아버지 하느님의 입장에서 하느님의 모습인 인간과 그 흔적이 담긴 자연과 우주를 지키고 풍요롭게 한다는 입장에서 할 것입니다. 이러저러한 요인이 복합되어 오늘 서울대교구 사제들은 그 중심인 교구청으로부터 마음이 떠나있지 않나 생각됩니다. 서울대교구 사제들이 교구청으로부터 소원해진 이유는 여러가지이겠습니다만 큰 이유 중 하나는 사제들이 교구장에 대해 아버지다운 애정을 느끼지 못하는 것이 아닐까 생각합니다. 교구장은 아버지의 애정과 사목적 열성으로 발로 뛰어 사제들을 만나야 합니다. 그들의 고통과 소망을 마음으로 같이 느끼며 들어주어야 합니다. 그럴 때 교구장과 사제의 일치, 사제간 일치는 자연스럽게 이루어질 것입니다. 이런 풍토에서만 사제간의 일치와 애정이 싹 터올 것입니다. 이런 면에 저는 인상 깊은 체험을 했습니다. 제8차 주교 시노드가 1990년 10월에 바티칸에서 열렸을 때의 일입니다. 그 시노드는 현대 세계에서 사제 양성을 위한 것이었기에 (레오 13세의 교서 〈영원한 아버지〉 이후, 1백 년 만의 사제 양성의 실천적 개혁이었기에) 각국의 무게 있는 추기경, 대주교, 주교들의 회의였습니다. 저는 그 시노드에 신학교 양성 문제의 동양 대표로 참석하여 정확히 20분간 강연한 적이 있습니다.(추기경, 대주교도 7~8분만 발언할 수 있었다.) 참석 인원은 150~180명 정도였다. 교황 요한 바오로 2세는 몸이 불편하신데도 참석자들과 매일 아침·점심·저녁으로 나누어 언어권별로 식사를 같이 하며 아버지와 같이 담소하였습니다. 주로 듣는 편이었습니다. 질문이 있을 때는 놀랄만한 정확성과 더 높은 차원의 답을 주셨습니다. 그때 느낀 것은 그분은 참으로 우리의 아버지시구나 하는 따뜻한 마음이었습니다. 정진석 대주교의 사목적 장점과 선교열에 대해 조금 더 말씀드리겠습니다.

　교구장실은 사제들에게는 언제나 열려 있으면 합니다. 관료적, 사무적으로 층층으로 높으면 인정이 끊어집니다. 물론 교구장은 항상 문이 열려 있다고 생각하실 것입니다. 저는 비교적 자유로운 편이고 몇 번 교구장실에 가게 된 것은 이런 시기에 이런 일은 꼭 말씀드려야겠다고 생각했기 때문입니다. 또한, 대주교께서 당신 방이 저에게 항상 열려 있다고 하시며 저의 조언은 많은 도움이 된다고 하셨기에 갔습니다. 그러나 여러 신부님들은 교구장실의 문턱이 높다고 생각하는 것 같습니다. 의견이 수렴되었으면 실천해 주시기 바랍니다. 대주교께서 지구 사제 회합까지 직접 나가신다니 참으로 좋은 일이라 생각하며 그렇게 하시기를 간곡히 권해 드린 것을 저는 큰 보람으로 생각합니다. 제가 여러 가지를 말씀드렸지만 실행된 것은 이것 하나뿐인 것 같습니다. 교구장이 사제들과 격의 없이 만나 허심탄회한 대화를 한다면 사제들 간에도 격의 없는 만남과 의사소통을 하게 하여 일치를 이루고 애정을 갖게 하는 것입니다. 이런 것은 사제들과 신자들과의 관계에서도 해당됩니다. 지금은 세속의 회사들이 생존과 발전을 위해 필사적이며 효능성의 극대화를 위해 팀제, 팀장제로 회사를 운영하여 팀 구성원 각자의 능력과 능률의 극대화를 꾀하는 때입니다. 이런 관점에 교구청 기구를 위시하여 교구가 안고 있는 모든 기구와 조직에 대해 냉정히 객관적인 검토를 해보는 것이 유익할 것입니다. 이제 해결책과 관련한 방안을 모색하겠습니다.

첫째, 교구장의 애정을 사제들이 느끼고 교구장은 현장 사목을 위해 심신을 다 소진하는 분이시구나 하는 것을 사제들에게 느끼게 하는 것입니다.

둘째, 그런 정신과 마음이 즉 복음적 마음이 실제로 행동으로 옮겨지는 것입니다. 그 행동을 여기에 다 열거할 수는 없습니다만 그 근본정신이 피부로 느껴지게 나타나야 할 것입니다. 그것은 주님의 말씀 그대로입니다. 사실 "사람의 아들도 섬김을 받으러 온 것이 아니라 섬기러 왔고, 또 많은 이들의 몸값으로 자기 목숨을 바치러 왔다"(마태 20,28)는 말씀의 실천입니다. 사제와 신자들의 마음을 움직일 수 있는 것은 이 말씀뿐입니다. 공의회 후 세계교회에서 근본적으로 변한 교회상은 주교와 성직자의 생활 태도 변화이고 이것은 교회의 힘이며 희망입니다. 실제로 권위주의적, 관료주의적 교계의 태도는 공의회 이후에 섬기는 자세로 변했습니다. 회의, 회식, 로비 등에서 옛날과 같이 주교들은 특별좌석에 그 다음으로 신부님들 하는 식은 불식됐고 오히려 주교들이 사제나 평신도에게 섬기는 자세로 변했습니다. 성직자도 신자들에게 그와 같습니다. 그런데 한국의 주교와 성직계는 옛 그대로이니 마음은 그렇지 않겠지만 행동으로는 봉사 정신에 투철하지 못한 것 같습니다. 주교와 사제들이 높은 자리에서 먼저 내려앉으면 좋겠습니다. 그리고 그런 자리나 회식에 서투른 신자나 일반인에게 진심에서 봉사하는 습성이 주교들이나 신부들의 몸에 배었으면 좋겠습니다. 물론 우리의 종교문화가 다른 점이 있는 것도 사실입니다. 사제적 존경은 섬기는 데서 온다는 것을 절실히 느껴야 하고 그런 자세는 신학교 교육에서부터 몸에 배어야 합니다. 그렇기에 저는 혜화동 신학교 학장으로 있을 때 6·25 한국전쟁 전화(戰禍)로 피난살이 중에 흐트러진 교수 신부들의 식사 습성을 뜯어 고쳤던 것입니다. 적어도 점심 식사 때만은 교수 신부들이 신학생들과 식사를 같이 하되 교수 신부들의 식탁이 따로 있는 것이 아니라 여기 저기 무작위적으로 앉았습니다. 그래서 신학생과 같은 식사를 하게 했습니다. 예컨대 후식 과일을 다 같이하는 식의 변화를 시도해 교수 신부들의 식사 질은 낮추고 학생들의 식사 질은 높여주었습니다. 이로써 학생들의 정신에 큰 변화가 일어나는 것을 보았습니다.

 사목회의 관계로 바티칸에 가는 길에 파리 외방선교회에 묵게 되었습니다. 점심시간이었는데 젊은 선교사 한 분이 몹시 흥분하며 들어왔습니다. 그 연유인즉, 지하철에서 파리대교구장 추기경을 만났다는 것입니다. 그 당시 추기경의 명성은 세계교회에 자자했습니다. 그러나 그분은 허름한 복장에 비서도 없이 낡은 가방 하나를 들고 있었다는 것이었습니다. 그 신부는 놀라 '추기경, 어떻게 이렇게'라고 하며 말을 잊지 못했더니 '아니야, 나는 중고차 하나를 자가운전하고 다녔는데 고장이 잦더니 오늘 또 고장이나 수리소에 들어갔어'라고 했다는 것이었습니다. 이런 분들의 삶과 모범이 있기에 모든 유행과 윤리퇴폐의 온상처럼 여겨지는 파리와 프랑스가 건전하다는 생각이 들었습니다.

또 한 번은 1988년, 브라질 상파울루의 교구장 아른스 추기경을 방문하여 환담했을 때의 일입니다. 그때 저는 서울 세계성체대회(1989년) 문화 분과를 책임지고 있었습니다. 저는 '그리스도 우리의 평화'라는 표어를 '동양의 평화'를 위해 UN의 도움까지 받으며 평화회의를 하기 위해 지난 5년간 노벨 평화상을 받은 분들의 초청을 구상할 때였습니다. 남미에서 노벨 평화상을 받는 분을 아른스 추기경께 소개해 달라고 했습니다. 물론 그 분은 그런 아이디어를 보시며 쾌히 승낙했습니다. 그때 만남의 장면은 충격적이었습니다. 저는 아침 8시 20분경 안내원의 안내를 따라 아직 회의 중이라 허름한 응접실에서 아른스 추기경을 기다리고 있었습니다. 8시 30분이 되었을 때 허름한 옷을 입은 늙은이 한 분이 저에게 다가왔습니다. 저더러 한국에서 온 신부냐고 물었습니다. 그렇다고 하였더니 이야기하자고 하며 옆에 의자를 갖다 놓으며 말씀했습니다. 저는 아른스 추기경을 기다린다고 하며 일어서지 않았습니다. 그 분은 당신이 아른스 추기경이라고 했습니다. 저는 너무 놀라 벌떡 일어섰습니다. 다 낡아빠진 의자와 탁자였습니다. 여기가 추기경궁이냐고 물었더니 그렇다고 했습니다. 전에는 대통령궁이냐 추기경궁이냐며 쌍벽을 이룰 만큼 웅장하고 화려했지만 팔아서 다 가난한 사람들에게 주고 지금은 이 조그만 곳에서 당신은 집무도 하고 사람도 만난다는 것이었습니다. 그렇기에 아른스 추기경과 프란치스칸의 가난의 정신이 남미의 정신적 지주라고 생각했습니다.

저는 성직자들이 풍요 속에서 가난의 정신을 몸에 익혀야 한다고 생각하여 학장으로 있을 때 우선 고급학년 두 반에게 토요일을 '애덕의 날'로 설정하여 아침 9시부터 오후 5시까지 3인씩 한 팀이 되어 가난한 사람, 버림받은 사람, 정신박약자 등 불우한 사람들을 돕게 했습니다. 그 결과 신학생들에게 흔히 있던 음주습관이나 낭비벽이 사라지고 가진 것을 불우한 사람들을 위해 다 쓰는 즉 담배 값, 용돈을 불우한 사람들을 위해 다 쓰고 기쁜 마음을 느끼는 신학생으로 변해가는 것을 보았습니다.

또 한 번은 20년 전, 김포공항에서의 일입니다. 지방에 가는 비행기 편을 기다리며 대기실 한쪽에 앉아있었습니다. 옆에는 허름한 복장의 소박한 촌로 비슷한 외국인 한 사람이 작은 나무 십자가, 프란치스칸들이 즐겨 매는 작은 나무십자가 하나를 목에 걸고 앉아 있었습니다. 당신이 누구냐고 물었더니 동남아의 한 교구장 주교였습니다. 놀라며 '어떻게 이렇게 혼자서'라고 했더니 그분은 오히려 그런 질문을 의아해 하며 묵묵부답 섬기는 삶, 가난한 삶을 살아야 한다는 것이 몸에 배인 듯했습니다. 오늘날 세계교회에는 고위 성직계와 일반 성직계에 이런 일들이 화젯거리조차 되지 않는 당연한 것이 되었습니다. 이런 성직계의 삶에서 교회는 새롭게 태어나며 생명의 활기를 내뿜는 것입니다. 한국교회에서도 이런 점에 특히 유의하여 주교와 사제, 사제와 신자의 유대가 새로 재정립될 필요가 있습니다. 사실 진정한 사랑을 받고 자란 사람, 진정한 섬김을 받고 자란 사람만이 진정한 사랑을 할 수 있고 진정한 봉사를 할 수 있다고 생각합니다. 사제 간의 일치와 애정은 교구장과 사제 간이 원활할 때는 잘되고 그렇지 못한 경우에는 끼리끼리의 일치와 애정만이 커가 전체 소통에는 지장이 되는 수가 많습니다. 그러므로 여기에 교구장과 사제 간의 희망사항 몇 가지를 말해보겠습니다. 교구장과 사제 일치의 또 하나의 기본 요인은 교구장의 마음이 전체에 열려있어야 할 것입니다. 사제들이 교구장을 아버지처럼 느낄 수 있었으면 합니다. 밀실 행정이 없어지는 시대입니다. 정치도 재정도 행정도 기업도 투명성의 시대로 전진해가는 때입니다. 교회도 그렇습니다. 그 본뜻은 간단명료한 것입니다. 투명성은 소속원 모두 참여하게 하고 공동 노력, 최대한의 효능을 발휘하게 하는 핵입니다. 공룡과도 같이 겉으로 거대해지고 속으로는 공동화 현상에 직면한 서울대교구의 사목 전반은 이제 인사, 재정 등에 걸쳐 투명하게 하여 사제들의 참여를 이끌어내야 할 때입니다. 물론 그 방법에서, 또 시기적으로는 융통성을 갖고 진행해야 할 것입니다. 연구가 필요합니다.

이제 서울대교구는 사목적인 새로운 차원을 열 수밖에 없는 처지에 놓여있습니다. 세계에서 가장 빠른 세기적 지각변동을 일으킨다는 서울이라는 중심부에서 구태의연한 사목 일변도로는 안 되게 되어 있습니다. 서울대교구는 그런 사명을 성취하고도 남을 저력을 지니고 있습니다. 우선 정진석 대교구장은 본래 명철한 분으로서 이해력이 뛰어나셨는데 그동안 30년이라는 긴 세월 동안 지방적 타성이 많이 작용하시는 듯하다는 말들이 정진석 대주교와 동년배(同年輩) 서울대교구 사제들 사이에 퍼져 있었습니다. 지금은 서서히 그런 것이 걷혀가고 있는 것으로 생각합니다. 서울대교구는 이제 세계적 거대 교구로서 인사, 재정, 행정 등 사목 전반에 걸쳐 유능 인사가 등용되어야 하며 투명성이 요구됩니다. 특히 인사의 공정성과 능률성은 교구장과 사제의 일치에서 매우 중요한 요인으로 생각됩니다. 특히 재정의 투명성이 요청됩니다. 제 생각과 경험으로는 윗사람, 책임자의 존재가 필요한 것은 모든 것이 제대로 굴러가는 평상시가 아니고 소속 단체가 위기를 만나 소속원이 곤경에 처할 때입니다. 이런 경우, 책임 있는 윗분이 전면에 나서 도와주고 옹호하고 책임을 져주어야 합니다. 사제의 경우는 물론 더욱 그렇습니다. 교구장과 사제 일치의 또 한 가지 측면은 교구장은 교구 최고 책임자로서 미래지향적인 안목과 실천력을 겸비하여 그런 사목상을 제시해야 하는 것입니다. 특히 인재를 적재적소에 기용해야 할 것입니다. 그러기 위해서는 지혜를 모으고 올바른 실천적 판단력을 가져야 합니다. 이런 사목을 펴기 위해서는 전문인의 자문이 반드시 필요합니다. 현금 교황청은 복잡한 세계상과 과학기술의 급속한 발전으로 세계적 전문인의 자문을 십분 활용하고 있습니다. 교구의 경우도 마찬가지입니다. 그렇지 않으면, 현장에서 뛰는 사제들의 요청에 부응할 수가 없게 되어 본당뿐만 아니라 사회에서 큰 비중을 차지하는 단체들의 사목은 실수와 시행착오, 낙후를 거듭하게 될 것입니다. 시노드에서 이런 비전이 제시되지 못하면 사전에 실패한 것이나 다름없게 됩니다. 따라서 사제들의 불신 속에 더 이상 사목다운 사목을 할 수 없는 시기에 도달하게 될 것입니다. 그렇기에 교구장은 현금 서울대교구가 갖고 있는 모든 지혜와 역량을 모으고 올바르고 굳건한 판단력과 실천력을 발휘하여, 미래지향적인 사목을 펼쳐주시면 합니다. 현금 서울대교구의 경우, 윗분들의 큰일 중 하나는 인재양성과 사목적으로 요청되는 가지가지의 일자리 창출입니다. 아래에서 말할 혜화동 개발(명동 개발과 연계하여)은 이런 면에 크게 이바지할 것입니다. 그런 개발은 적합한 사제들을 투입하고 평신도의 능력을 집결하여 발전하는 사회 안에서의 사목에 크게 기여할 것입니다.

여기에 이르러 나폴레옹의 말이 생각납니다. 자신은 대포 한방 바로 쏘지 못하지만 잘 쏘는 사람을 부릴 줄 안다면서 그렇기에 자기는 대 나폴레옹이라고 했답니다. 이런 경우 사제들의 마음은 자연스럽게 교구장께로 모일 수밖에 없습니다. 그뿐만 아니라 염수정 총대리 주교는 서울대교구 사제들 사이에 넓고 깊은 뿌리를 갖고 있는 분입니다. 그런 분이 밤과 낮을 가리지 않고 발로 뛰며 신부님들을 일일이 접촉하고 계시니 서울대교구 사목이란 측면에서 매우 다행한 일로 생각합니다. 총대리 염 주교는 시대의 변화를 잘 보시며 거기에 합당한 사목적 아이디어를 흡수하여 실천할 저력을 지닌 분입니다. 저는 서울 대신학교가 속으로 큰 변혁을 일으킬 때, 염 주교는 사무처장으로서 어떤 실천력을 발휘했는지를 잘 알고 있습니다. 한두 가지 예를 든다면 제가 대신학교 학장 때입니다. 사회의 큰 변동 속에서의 미래 사목자 양성을 생각하며 신학생들에게 스스로 빨래를 하게 하였습니다. 그래서 튼튼한 세탁기 10여 대를 사는 것이 좋겠다고 했습니다. 당시 사무처장 염수정 신부(現 서울대교구 총대리 주교)는 튼튼한 독일제 세탁기를 사다놓아 신학생 스스로 빨래하게 했습니다. 그때만 해도 컴퓨터는 대기업의 주요부서에서만 사용할 때입니다. 저는 신학생들에게 컴퓨터 교육을 실시하게 했으며 컴퓨터가 없는 학생들을 위해 시설을 부탁했습니다. 사무처장 염수정 신부는 그런 일을 훌륭하게 해냈습니다. 그래서 한동안 서울대교구 본당 업무 행정은 컴퓨터 행정으로 한국의 모든 종교계에서 선도(先導)적 역할을 하여 신자들에게 최대의 편의를 제공했습니다. 또한, 교환실 직원도 낮에만 출근하게 하고 밤에는 수위실에서 작동하게 하는 안도 제시했는데 그 후 잘 실천한 것으로 알고 있습니다. 이런 염수정 주교가 전개할 서울대교구의 일들을 끈기 있게 뒷받침할 것이니 고통스러운 시기를 지내야겠지만 큰 희망을 갖는 것입니다. 지금 사제들의 절대다수는 큰 변화를 알게 모르게 내심 바라고 있습니다. 윗분들이 이런 사제들의 마음속에 깊이 잠재한 바람을 어떻게 촉발시키고 이끌어 주느냐에 모든 것이 달려있습니다. 물론 이런 거대한 새로운 물결을 일으키며 실천해 갈 때는 시행착오도 각오해야 합니다. 그러나 저는 교구장을 위시하여 주교들의 결의가 있고 시기를 놓치지 않는다면 서울대교구의 앞날에 큰 희망을 보는 것입니다.

시노드를 계기로 사제들도 깊은 반성을 요청받고 있습니다. 사제들은 잘됐던 잘못됐던 시노드를 계기로 더 이상 수수방관만 하고 윗분들이나 밖으로만 탓을 돌릴 수 없는 시점에 이르렀습니다. 물론 어른들이 변한다는 조건 하에서 말입니다. 우선 사제생활 즉 기도와 희생, 미사봉헌, 정성을 다하는 성사집행, 묵주의 기도, 매일 스스로 작고 큰 개인적 희생생활 등에 충실한가를 깊이 자성해 보아야겠고 참으로 양들을 위해 목숨을 바치는 사제인가를 양심에 손을 얹고 생각해 보아야 하겠습니다. 신품 받던 사제적 초심(初心)에 충실한가를 깊이 반성하며 사는 매일의 생활이 필요합니다. 나름대로 젊은 세대와 사회 변화에 사목적 큰 관심을 갖는지, 전력을 다하고 있는지를 반성하며 자세를 가다듬어야 하겠습니다. 풍요 속에서 가난과 애덕 실천에 더욱 마음을 써야 하겠습니다. 영성 생활을 깊이 가야겠습니다. 이렇게 함으로써 사제들은 과학기술의 상상을 초월하는 발달로 야기되는 사회구조 변동으로 소외된 인간 마음과 공허해진 마음에 생기와 영적인 생명을 불어넣을 수 있을 것입니다.

III. 교구 시노드에 근거한 사제들의 미래지향적 사목 구상과 비전

 그동안 3년여에 걸쳐 시노드 준비위가 마련한 자료는 교구의 현상을 잘 말해주는 것으로 생각합니다. 그동안 시노드에 대해 많은 사제의 무관심 내지 참여 의욕이 없는 것은 한마디로 관심을 끌 만한 새로운 문제점을 제시하지 못했기 때문이라고 생각합니다.
 잡다하고 항상 있는 현장의 일이라면 지역회의라면 몰라도 교구 차원에서 그렇게 요란하게, 그렇게 오랜 시간에 많은 인력과 금력을 소진할 필요가 있었느냐는 것이며 교구장의 실천의지도 많이 희석되었습니다. 교구장 임기도 얼마 남지 않았으니 어느 정도 시간이 지나면 된다는 견해도 있습니다. 이 때문에 시노드는 사제들의 적극적인 참여를 위해 획기적인 요인을 투입하지 않고서는 더 이상 사제들의 참여의식을 기대하기 어렵다는 생각이 듭니다. 이 시점에서 가장 중요한 것은 교구 사제들의 관심을 끌 수 있는 새로운 요인을 교구장 정 대주교와 시노드가 제시하는 것입니다. 그리고 정 대주교는 선장(船長)격이니 지치거나 방향감각이 없어 움직이지 않는 배와 선원들에게 확실한 지표와 의욕을 일으켜 배를 정한 방향으로 이끌어 가도록 선원들을 독려하며 확고한 신념으로 진두지휘해야 할 것입니다. 그렇지 않고서는 시노드 실천위가 아무리 공문을 연발해도 외견상으로는 다 된 것 같아도 별로 소득이 없는 것이 아닐까 걱정됩니다. 물론 천주교의 체질상 교구장의 지시면 그럭저럭 되어가기는 할 것입니다. 따라서 저는 서울대교구가 해야 할 시대적 사명, 사목의 긴급사항이라고 생각되는 한두 가지를 다음에 제시하겠습니다.

i) 청소년 사목은 0순위다

청소년들의 문제는 지금 이 땅의 교회로서는 교회의 명운을 가르는 사활의 문제입니다. 지금 젊은이 95% 정도가 교회에서 이탈한다는 주임 신부들의 말을 심심치 않게 듣게 됩니다. 몇 년 전만해도 60% 선 혹은 70% 정도의 청소년들이 이탈한다고 하더니 요즈음에는 95% 정도의 젊은이가 교회를 떠난다는 말을 본당 사목자들이 거침없이 하니 교회의 앞날이 크게 걱정됩니다. 이런 현상을 뒷받침하는 연구 결과가 발표됐습니다. 그것은 차동엽 신부(인천교구 미래사목연구소장)의 교회 밖의 권위 있는 사회조사에 근거한 발표입니다(《가톨릭 신문》, 2004년 5월 16일자 11면). 그 글에 따르면 18~30세 청년 인구가 가톨릭은 19%, 개신교는 46%, 불교는 33%로 나타납니다. 청소년의 연령을 15세 정도로 더 낮추면 약 95%가 가톨릭교회에서 이탈한다는 주임 신부들의 말들이 맞게 되겠습니다. 그것도 여러 주요 종교 중 천주교가 가장 나쁜 실정입니다. 전에는 천주교 신자들의 정체성 인식은 순교의 정신으로 철저했는데 지금은 정체성이 흐려져 가톨릭의 종교심과 교리가 금기시하는 어떤 종교이든, 심지어 미신이라도, 우상숭배라도 구별하지 않는 절충주의에 동화되어 가톨릭 신자들은 정체성을 완전히 잃어버린 것이 아닌가 생각하게 됩니다. 이런 풍조는 가속화되어 가톨릭 젊은이들의 이탈을 부추기는 것으로 생각합니다. 더 나아가 이름 있는 불교 강좌 등에는 가톨릭 젊은이들이 보통 청중의 반을 넘는다는 말들이 자주 들립니다. 1989년 내가 문교부 주선으로 대학 교육계 시찰 관계로 붕괴 와중에 있던 소련을 위시하여 동구 공산국을 방문할 때였습니다. 개신교 명문의 신학대학 교수 한 분도 동행했습니다. 그 분 말씀에는 개신교의 선교열이 대단했습니다. 다음해 동구 여행 중 개신교 권사나 장로로 생각되는 분이 성경책을 많이 가지고 가며 선교열이 컸습니다.

　정치, 사회적인 문제는 시간의 경과 속에 어차피 전 국민의 의식 변화와 노력으로 바뀌게 돼 있으며 교회가 전면에 크게 부상하는 것은 좋은 일이나 그런 일에 정신을 다 쓴 나머지 직접적인 복음 선포와 본래적 의미의 사목적 노력을 등한시한다면 그리 잘 된 일이 아닙니다. 사실 우리 교회는 1970, 1980, 1990년의 30년에 걸쳐 정치, 사회 문제에 온 정렬을 쏟아 큰 공헌을 했지만 선교와 교회의 본령인 본래의 사목에는 소홀했기에 사제단은 정의구현사제단과 구국사제단으로 나뉜 것이 아니었나 의견이 분분했습니다. 그 여파는 사제들 간에 오늘날에도 지속되고 있음을 부인하기 어렵습니다. 신자들 간에도 그렇습니다. 그런 단계도 지나 현재 한국교회는 젊은이들의 총 붕괴적 이탈 현상 앞에 속수무책이 아닌가 싶어 당혹스럽습니다. 교회는 언제 어디서나 하느님 사랑과 인간사랑에 혼신의 노력을 다하는 것이 하느님의 지상 명령입니다. 순 인도주의적인 것에도 복음 선포적 의미를 담아야 합니다. 일본의 전 도쿄대교구장 시라야나기 추기경은 사랑의 행위도 복음적 색깔로 해야 한다고 하면서 저에게 자기는 일본 주교단과 더불어 많은 돈을 일본 내와 국외의 사회사업에 쏟아 붓는데도 전혀 선교와는 연결이 안 되어 고민이라고 했습니다. 그래서 저는 예수님이 모든 것을 하느님 아버지의 뜻에 따른 선교 정신으로 하시고 이로 인해 세말까지 온 땅에 결실이 풍부할 것이라고 말했습니다.

　제2차 바티칸 공의회 후, 그 정신을 올바르게 이해하지 못한 탓에 특히 가톨릭교회의 정체성과 선교 정신을 올바로 이해하지 못한 탓과 제2차 세계대전 후 놀라운 경제성장과 과학기술의 발달로 윤택하고 안락한 생활로 젊은 층이 줄줄이 교회를 떠나게 된 유럽 교회와 미국 교회는 성직자, 수도자 성소의 급격한 하락과 더불어 교회의 공동화 현상이 가속화 됐습니다. 그 결과 교회는 젊은 층이 없는 어린이와 노인의 집합소로 변해가는 형편이 됐습니다. 이런 현상, 특히 젊은이 없는 공동화 현상이 그대로 한국교회에 전래하고 있는 것입니다. 한국교회는 한층 더 젊은이 공동화 형상이 심화되는 형편입니다.

그렇기에 청소년 사목은 0순위이어야 하는 것을 절실히 느낍니다. 우리 한국의 젊은이들은 지금 전 세계에 걸쳐 왕성한 힘을 분출시키고 있습니다. 동남아를 휩쓸고 있는 한류만 해도 그렇습니다. 또한, 정치계가 아닌 학계, 예술계, 자연계, 기술계, 산업계, 스포츠계 등 여러 분야에서 젊은이들, 이른바 386세대의 놀라운 능력이 국내뿐만 아니라 특히 국외에서 발휘되어 세계를 놀라게 합니다. 그렇지만 한편으로는 특히 386세대가 정치, 경제, 국제, 안보, 언론, 학계 등 모든 것을 장악하려 하니 큰 오산입니다. 모든 것은 제 자리가 있고 시간적, 공간적으로뿐 아니라 정신적, 인간적 한계와 단계가 있습니다. 지금 이 땅에서 세대 간의 분열이 너무 심합니다. 자연생명의 이치는 그렇지가 않습니다. 진정 자연을 존중한다면 가장 고귀한 인간 자연(인간 본성)을 존중해야 합니다. 전 세대가 피땀 흘려 오늘의 번영된 조국을 일구었다는 것을 386세대가 인정해야 합니다. 전 세대가 쌓아올린 터전에서 그들이 자랐고 학업을 닦았고 오늘의 행복과 권력을 누리고 있는 것을 유념해야 합니다. 그렇지 않으면 인간이 아닌 행태를 노출할 것입니다. 그러나 전 세대도 자연의 이치에 따라 물러설 줄 알아야 합니다. 사제들의 삶도 마찬가지입니다. 젊은 사제들은 나이가 많은 사제들을 존중하고 나이가 많은 사제들은 말로만 젊은 사제들을 아낀다고 하지 말고 70세 정도이면 경우에 따라서는 그 전에라도 빨리 자진 은퇴하여, 자리를 후배들에게 내어 주어야 할 것입니다. 그리고 옆에서 돕는 것이 좋을 것입니다. 그렇기에 시대의 요청에 따라 1970년으로 생각됩니다만 저는 서울대교구 인사제도 위원회 위원장으로 만 65세에는 원칙적으로 은퇴한다는 규정을 만들었습니다. 후에 알게 된 일이지만 인사 제도가 잘 돼있다는 미국교회에서는 65세에 은퇴서를 내면 받아주고 70세이면 반드시 은퇴해야 한다고 합니다. 저는 교구장께 말씀드린 바이지만 우리도 65세 자원 은퇴자는 받아주고 70세에는 반드시 은퇴하여 다음 세대에게 자리를 넘겨주어야 할 것입니다. 이렇게 함으로써 은퇴 사제들이 사정에 따라서는 본당 옆에 거주하면서 심신의 적성에 따라 보좌 신부격의 일 등을 도울 수 있을 것입니다.

저는 금년 여름 유럽의 실상을 볼 수 있는 여행을 했습니다. 고 2, 3에서 대학 1~2학년으로 보이는 유럽 각지의 젊은이들, 이탈리아, 독일, 프랑스, 스페인, 영국, 미국 젊은이들이 유럽의 정신적, 문화 예술적으로 유서 깊은 고장, 예컨대 라벤나 등지에 물밀듯이 모여들어 서로 어울리며 종교와 문화 예술에 심취하며 앞으로의 시대, 20~30년 후의 시대를 준비하고 있는 것을 보았습니다. 거기 비하면 우리네 젊은이들은 인간적 교양도, 인식도, 학문도, 이치도 결여된 어찌 보면 완전히 수십 년 후향적(後向的)인 것으로 생각됩니다. 특히 정치지향적인 그룹이 그렇습니다. 이런 식의 386세대에 둘러싸인 노무현 정권이 이끄는 이 나라의 앞날이 크게 걱정입니다. 국가와 민족의 운명을 좌우할 정도로 극명하게 나타난 젊은이들, 교회를 폐허 내지 묘지화로 몰고 갈 청년사목, 이들을 핵으로 하여 질질 끌려가고 있는 가정의 실상을 외면한 '가정의 해' 사목은 소리만 요란하고 머지않아 여운만 남기고 사라질 위험이 있습니다. 그것은 전 세대와 사이버 세대인 젊은이들이 단절되어 있기 때문입니다.

서울대교구는 한국교회의 얼굴입니다. 그렇기에 청소년 사목이 교회 사활의 문제임을 감안하여, 교구청에 청소년국 설치가 절실히 요청됩니다. 한국 천주교에서는 지방의 작은 한두 교구를 제외한 모든 교구가 청소년 사목국을 운영합니다. 예컨대 대구대교구와 광주대교구는 몇 부서로 나뉜 청소년국을 운영해 빛을 발합니다. 전의 개발 시기에는 지방에서 돈을 벌면 모두 서울로 가니 서울대교구는 지방의 가난한 교구를 도와야 한다는 소리가 커져 나는 사제 평의회에서 가난한 교구를 돕자고 제안하여, 김 추기경이 경제적으로 도운 것으로 생각합니다. 앞으로는 지방에서 똑똑한 학생, 유능한 젊은이들이 서울로 가는데 가기만 하면 서울대교구는 청소년 사목국 하나 제대로 없어 청소년 냉담자를 양산한다는 치언을 듣게 되지 않을까 염려됩니다. 교회와 민족의 사활이 걸린 청소년 문제를 이 국(局) 저 국에 흩어 놓고 있대서야 말이 되겠습니까. 아래에서 언급할 바와 같이 교황청도 뉴 에이지, 즉 청소년 사목에 사활을 걸고 그 사목을 촉구하고 있으니 서울대교구청에 청소년국(靑少年局)을 빨리 신설하여 다각적인 연구와 사목이 실천되면 합니다.

  한국의 부모들은 세계에 유례가 없을 정도로 자식 사랑이 강합니다. 특히 교육면에서 그렇습니다. 아마도 외국에서 박사학위를 취득한 여인이라도 어머니로서 자식 교육을 위해 파출부라도 해야 할 형편이라면 기꺼이 그런 일에 뛰어 들 수 있는 게 한국의 어머니상, 부모상이 아닌가 싶습니다. 5~6년 아니 10년이라도 한창 젊은 시절에 모든 어려움과 불편을 감수하면서 자식교육을 위해 기러기 아빠, 기러기 엄마 신세를 감수할 수 있는 것도 우리네 아빠, 엄마들의 자식 사랑입니다. 청소년들한테는 전 세대에 없었던 좋은 면도 많지만 우리네 가정과 학교, 사회할 것 없이 청소년들의 사회가 큰 가치 혼란과 혼돈에 빠져 있는 면도 간과하기 어렵습니다. 젊은이들의 가정은 약

반이 이혼으로 치닫는다니 혼인 신고 없이 동거하는 남녀들의 갈라섬까지 생각한다면 이혼율이 60%를 상회하는 것이 아닐까 싶습니다. 출산율 저하도 세계 1위라고 합니다. 이제 이 나라 젊은이들은 가정도 없는 사회를 향해 치닫는 감마저 듭니다. 젊은이들에게 삶의 올바른 가치관 정립이 시급합니다. 굳이 한마디로 표현한다면 가정도 학교도 사회도 군(軍)도 가지가지의 직장도 다 젊은이들로 구성되어 있습니다. 지금 우리 젊은이들은 혼란을 거듭하는 시기에 살고 있습니다. 언급한 바와 같이 젊은이의 95%가 교회를 떠나고 있습니다. 때마침 한국교회, 특히 서울대교구는 금년을 '가정의 해'로 지내고 있습니다. 현재 한국의 가정들은 청소년들에게 질질 끌려가고 있습니다. 청소년들의 삶을 가정이 훈육 지배하기보다는 사태는 오히려 그 역(逆)입니다. 사이버세대 특히 인터넷 세대 출현은 개인·가정·사회의 삶을 근본적으로 바꾸어 놓았습니다. 그들은 인터넷으로 대선도 좌우했고 총선도 좌우했습니다. 오늘날 이 땅이 겪고 있는 정치적, 이념적, 사회적, 경제적, 교육적, 가정적 모든 혼란은 젊은이들에게서 출발했으며 지금도 진행 중입니다. 이런 현실 속에서 '가정의 해' 설정은 좋은 것이나 옛날식으로 부모가 자식을 훈육한다는 식의 사목은 우이독경일 위험이 큽니다. 그렇기에, 넓은 장을 만들어 그들을 모이게 하고 사이버를 통한 청년 사목이 절실히 요구됩니다. 전 세대와는 달리 그들의 삶의 장이 따로 있습니다. 그 안이 지난해 부상한 젊은이 종교문화예술 광장과 센터로서의 명동성당 영역 개발론이었습니다. 사정이 그랬기에 지난해 4월 30일 개발론 강의에는 서울대교구에 유례없이 많은 약 430명의 본당 신부급 사제들이 운집했습니다. 보좌 60명은 연수에 가 있었는데도 말씀입니다. 명동성당 영역은 젊은이 광장으로서 다시 말해 지리적으로, 교통 편의로, 문화 예술적으로 종교적으로, 편의시설적으로 젊은이들을 위해 더 없이 좋은 곳이며 이런 광장과 센터가 성립되면 서울과 한국 전체 젊은이들에게 지대한 영향을 미칠 수 있을 것입니다. 차제에 기러기 아빠, 기러기 엄마들의 가정의 심각한 위기에 대해서도 연구하여 사목적 특별 배려를 해야 할 것입니다. 그 시대의 아픈 곳과 힘든 것을 비켜 민족적 고통에 동참하지 않으면 더 이상 시대의 사목이 아닙니다. 교회는 시대의 고통과 정면으로 만나야 합니다.

〈가톨릭 신문〉(2004년 8월 22일자)의 한국 천주교회 교세 통계에 의한 분석 보도는 우리의 암울한 앞날을 더욱 어둡게 합니다. "10~30대 신자 증감률을 보면 만 13~19세의 경우 1998년, 1.4%에서 2002년에는 -6.5%로 급감했다"고 합니다. 곧 교회의 공동화가 닥칠 형편입니다. 사목자들, 특히 고위 사목자들은 잠을 못 이루어야 할 사목 존망의 시점입니다. 따라서 이 땅에서의 청년사목은 교회와 민족의 사활의 문제이며 사목의 0순위이어야 합니다. 벌써 위에서 말한 바와 같이 지금 가톨릭의 젊은이들은 95%가 교회를 떠난다는 것이니(사회 통계적으로도 확인) 젊은이가 다 떠난 교회는 곧 공동화현상을 맞을 것입니다. 이런 현상은 곧 몇 년 앞 또는 10년 내로 다가오고 있습니다. 벌써 시작되었다고 해도 과언이 아닙니다. 선진국에서는 가톨릭의 학교가 많거나 국·공립학교에서도 적어도 고등학교 3학년까지 정규 종교교육을 받게 되어 있어 새로운 신앙 세대를 길러내고 있으나 우리에게는 이런 길이 거의 전무한 형편입니다. 앞날이 암담할 뿐입니다. 온 교회의 사목의 중점은 청년 사목에 모아져야 합니다. 젊은이들이 다 떠나는 것으로 보였던 유럽교회는 장기간에 걸친 학교와 여타의 종교교육으로 새싹이 나옴을 느끼게 했습니다. 그것은 지난여름 저의 개인 배낭여행에서 확인할 수 있었습니다. 예컨대 모자이크 예술의 극치, 기적이라고밖에 볼 수 없는 종교문화예술 광장인 라벤나에는 전에 생각할 수 없었던 젊은이들의 현상, 즉 지역과 국경을 초월한 젊은이들의 어울림은 인류의 앞날을 위한 희망찬 현상이었습니다.

그래도 일말의 우리의 희망은 군에서의 청년사목입니다. 그것은 군종교구에서 이기헌 주교의 확고한 사목 이념으로 근년 들어 매년 약 2만 명의 젊은 영세자를 내고 있다는 것입니다. 또한, 군종교구는 전국 각지에서 모여온 젊은이들의 교구이기에 마치 초대교회 신앙이 박해로 신자들이, 사방으로 불씨가 튀듯 흩어져간 것이 그리스도교 세계 전파에 동인(動因)이 되었으니 군종교구 선교에 온 교회가 힘을 실어주면 몇 배의 영세자를 더 내어 다가오는 교회의 공동화 현상을 막는 데 큰 힘이 될 것입니다.

왜관 성 베네딕토 수도원의 청년사목도 이채로웠습니다. 이형우 아빠스는 근일 저에게 대략 다음과 같은 것을 말해주었습니다. 저는 수도원 아침미사에 젊은 수도자가 많은 데 놀라 연유를 물었습니다. 약 4~5년 전 미사 때에는 젊은 수도자가 별로 많지 않았습니다. 이형우 신부는 아빠스가 되자마자 역점을 둔 것이 '성소 증가 계획'이었습니다. 성소가 없으면 모든 것이 허사라는 것을 유럽 교회 현상에서 뼈저리게 느꼈답니다. 그래서 이 문제에 총력을 기울였답니다. 처음에는 얼마 안 되는 젊은이들이 수도원에 모여왔습니다. 와서 같이 기도하고 노동하고 수도원 경내에서 산책을 했습니다. 무엇보다도 젊은이들에게 감명을 준 것은 P신부의 헌신적 노력이었습니다. 예컨대 식탁에서 수저, 밥 그릇, 찬 그릇 하나하나 챙겨주며 돌보아주었던 것이었답니다. 숫자는 저희들끼리의 이메일 교류로 기하급수로 늘어나 지금은 6백 명을 넘는 젊은이들이 '베네딕토의 벗' 회원이랍니다. 당초 계획은 매년 10명 정도의 성소자(聖召者) 모집이 목표였으나 금년에는 20

명가량의 성소자가 지원해서 별도의 건물을 지어야 하게 됐다는 것이었습니다. 교회는 지금 청년사목에 필사의 노력을 기울여야 할 시점에 서 있습니다.

우리 교회가 학교에서의 종교교육에서는 미흡하지만 세계성 안에서의 종교·문화·예술에서는 어느 종교도 따라올 수 없는 장점을 갖고 있습니다. 앞으로 도래하는 세계에서는 젊은이들의 관심이 온통 이런 면으로 치우칠 것이기에 한국 천주교회는 청년사목의 중점을 두어야 합니다.

ii) 종교·문화·예술의 장

저는 2003년 1월 14일 이명박 서울 시장에게 3천 년의 고도 로마와 거기에 준하는 파리, 런던, 비엔나, 프라하, 바르셀로나 등 수많은 종교, 문화, 예술의 도시가 기술문명으로 메마르고 거칠기 짝이 없게 된 인간 마음에 쉴 새 없이 생기와 영감을 불러일으키는지, 왜 세계의 관광객이 끝없이 몰려드는지도 설명하였습니다. 이런 작용을 서울에서 명동성당 지대에 종교에 바탕을 둔 젊은이 문화와 예술의 광장을 조성하여 이룰 수 있다는 점도 설명하여 공감을 얻었습니다.

저는 20004년 5월 중 개별적으로 이탈리아의 베네치아, 라벤나, 피렌체, 시에나, 산 제밍나노(St. Gemingnano) 등의 문화예술 관광을 하며 몹시 놀랐습니다. 이탈리아 중·고·대학생은 물론이고 프랑스, 독일, 영국, 스페인, 미국 등지의 또래 학생들과 일반인 관광객의 진지한 그리스도교 문화에 대한 관심과 열성에 놀랐습니다. 그런 문화예술 지(地)에는 발붙일 여지가 없을 정도로 젊은이와 중년의 문화 탐문객이 인산인해를 이루었습니다.

그런데 한국교회는 이런 점에서, 즉 앞으로 인류문화 교류 속에서의 교회 사명 완수라는 점에서의 이해가 극히 초보 단계에 있는 것 같습니다. 우리 선조를 생각할 때 부끄럽기조차 합니다. 앞으로 동양에서 가톨릭의 중심은 한국이 될 수밖에 없습니다. 필리핀은 가톨릭 국가이긴 하지만 지리적 위치만 동양일 뿐 동양문화와는 전혀 관련없는 서구적 사고와 생활방식을 갖고 있기 때문입니다. 또한, 일본은 가톨릭의 힘이 너무 약하고 가톨릭 인력은 소진상태여서 방대하게 펼쳐놓은 교육기관도 가톨릭교회가 유지해가기 어렵게 됐습니다. 대만도 교세 열악과 신자들의 노쇠로 공동화 현상이 뚜렷하고 대만에서의 국제회의는 북경 정부가 꺼려하는 바이기에 더욱 그렇습니다. 또한, 북경은 종교 회의를 허락하지도 않는 형편입니다. 태국은 완전히 불교국이고 인도네시아는 무슬림과의 갈등이 심한 곳입니다. 따라서 한국교회는 앞으로 요구될 즉, 넓은 의미로 또 좁은 의미로 요구될, 아시아에서 가톨릭의 모든 회의 요청에, 가톨릭 문화와 예술 요청에 응답할 중대한 의무를 지니기에 미래 지향적인 사명을 완수할 준비를 갖추어 가야 할 것입니다. 특히 서울대교구가 그렇습니다. 이것은 또한, 한국 천주교 2백 주년 기념 사목회의가 지향했던 한국교회 3백 년대, 다시 말해 3천 년대의 소명입니다. 서울대교구는 늦었지만 지금이라도 서둘러 이런 사명에 응답할 인프라를 구축해야 합니다. 그것은 또한 이어질 신학교 문제와 결부되어 명동과 혜화동의 연계개발로 나타나야 할 것입니다. 이런 개발은 몇 백 년 앞을 보며 세계성을 고려하여, 종교·문화·예술에 바탕하고 세계적, 세기적 안목에서 계획, 설계, 실행해야 할 것입니다.

    서울대교구는 앞으로 아시아에서 전개될 동양 문화와 그리스도교의 만남에도 깊은 관심을 두어야 할 것입니다. 교황청은 이 점에 큰 관심을 두고 계속적으로 노력을 기울이고 있습니다. 작·금년에도 일본, 태국 등지에서 이런 국제회의를 교황청이 수차 주관했습니다. 앞으로 이런 회의들의 주최도 한국, 특히 서울대교구의 몫이 되어야 할 것입니다. 어느 사이엔가 서울대교구는 교구의 노력과 개인들의 열성으로 풍부한 인력이 길러졌고 경제적 힘도 있는데 공간적·시설적 인프라가 구축되지 않았습니다. 어찌 말하면 밑에서부터 거의 자생적으로 커오는 힘을 교회 당국의 시대적 흐름에 대한 인식 부족과 타성으로 수용하지 못하는 결과가 된 셈입니다. 우리는 여기서 아시아의 종교문화에 깊은 관심을 나타낸 '아시아 주교대의원회'의 문헌인 교황 요한 바오로 2세의 교서, 〈아시아 교회〉(1999년)에 유의하게 됩니다. 본래 이 대의원 대회의 줄거리는 다른 대의원회처럼 교황청에서 시달된 것이었으나 아시아 회의 때는 일본 주교단의 강력한 건의로 스케마가 전례 없이 바뀌었다는 말을 전 도쿄대교구장 시라야나기 추기경으로부터 들은 적이 있습니다. 그것은 동양인의 심성, 동양의 문화와 그리스도교의 문제였다고 했습니다. 시라야나기 추기경의 일본 문인 평신도와의 대화 중에 그 문인으로부터 자기는 전통적인 가톨릭 가정에서 났고 교육되었는데도 가톨릭 교리와 신앙생활은 외국의 옷을 빌려 입은 느낌이라고 한 데서 문화 문제가 심각하다는 점에 착안했습니다. 이후, 아시아 문화 문제를 유수한 가톨릭계 대학 연구소에 의뢰하여 연구 안건을 작성하여 교황청과의 끈질긴 교섭 끝에 아시아 주교대의원회의 스케마의 기저를 바꾸어 동양 문화를 바탕으로 하는 안건으로 다루게 했다는 것입니다. 여기서 교황은 '미흡하지만'이란 단서를 붙이기는 했지만 동양 문화를 상당히 폭넓게 언급하여 그런 토양 위에서 예수 그리스도의 복음 선포와 선교 사업의 지침을 내리고 있습니다.

오늘 교황청의 사목이 뉴 에이지, 즉 청년 사목에 전력하고 있음에 유의해야 합니다. 그것은 지난 수십 년 동안 드물게 보는 심각한 교황청의 사목적 배려입니다. 그것은 〈생명수를 지니신 예수 그리스도: 뉴 에이지에 관한 그리스도교적 성찰〉이란 논문에 잘 나타납니다. 어찌 말하면, 교황청의 직접적 사목의 초점이 오로지 뉴 에이지 문화에 맞추어졌다고 해도 과언이 아닙니다. 〈가톨릭 교리의 가르침〉 제26호에 실린 이 논문은 교황청 문화평의회와 교황청 종교 간의 대화 평의회가 합동으로 만든 뉴 에이지(젊은이들)에 관한 교황청 사목 지침서입니다. 신국판으로 장장 106쪽에 이르는 뉴 에이지 문화의 총체적 분석과 연구 방향 및 절실한 그리스도교적 성찰이 담겨 있습니다. 교황청은 뉴 에이지 문화, 즉 젊은이들에 대한 사목적 관심이 얼마나 큰가를 이 논문에서 극명히 나타내고 있습니다. 3천 년 들어 교황청의 가장 큰 사목적 관심사는 뉴 에이지 문화에 대한 사목, 즉 젊은이들에 대한 사목과 체세포 문제로 야기되는 인간생명 수호 문제와 동·서 문화, 특히 동양사상과 서구사상이 만나 3천 년대 전반기 수세기 동안에 이루어야 할 새로운 인류 공통문화 창출에서 그리스도교 문화가 수행할 문화적 관심사이며 실천적 노력입니다. 이 문제에 대해 교황청은 지대한 관심과 노력을 기울이고 있습니다. 어쩔 수 없이 3천 년대 초반기 아시아 가톨릭의 중심 역할을 해야 할 한국교회, 특히 서울대교구는 역사적 사명에서 비켜설 수 없기에 '청년 사목'은 서울대교구 시노드의 간판적 화두입니다. 이 점을 시노드의 여러 항목 중의 하나로만 다루는 것은 사목의 시대적 사명과 요청을 외면하는 것이 됩니다. 또한, 후일 시노드가 시대적 사명의 핵심에 접근하지 못했다는 비난의 표적이 될 것입니다. 그러므로 교황청의 이 논문은 청년 사목이 얼마나 중대한 것인가를 전 교회에 일깨우고 실천을 촉구한다는 점을 시노드가 명심해야 합니다.

둘째, 신학교 대개혁, 혜화동 지대와 명동성당 영역의 연계 개발입니다. 신학교 개혁안에 대해서는 먼저 제8차 세계 주교 대의원회(제8차 주교 시노드)에서 한 저의 발표 내용과 반응, 서울 대신학교 개혁에 대해 말씀드리겠습니다.

iii) 종합대학 안에서의 신학생 양성 [95]

신학교 문제는 이 땅의 모든 신학교가 열과 성을 다하여 사제 양성을 하는 것입니다. 한국만큼 성소가 많고 사제 배출률이 높은 나라는 없습니다. 대구대교구는 신학교를 경영하는 데에 1990년 바티칸에서 제8차 세계 주교대의원 회의의 의견을 수렴한 요한 바오로 2세 교황의 〈현대 세계의 사제 양성〉 교서, 즉 레오 13세 교황의 〈영원한 아버지〉(1887) 교서에 의한 신학교 교육의 대개혁 후, 100여 년 만에 〈현대 세계의 사제 양성〉(1992) 교서의 정신을 모범적으로 실천하는 것으로 생각됩니다. 즉, 일정 기간 동안 신학생들이 대구 가톨릭대학교 안에서 일반인과 같이 신학 교육을 받고 고학년 때에는 신학원에서 따로 교육을 받으며 영성을 깊게 하는 것입니다. 이 때문에 대구대교구는 한국에서 사목을 제일 잘하는 교구로 교황청에 알려져 있고 이문희 대주교가 추기경이 된다는 말이 널리 퍼져 있었던 것으로 알고 있습니다. 이 대주교는 추기경이 되고도 남을 인품과 사목적 혜안을 가진 분입니다. 저는 정진석 대주교는 서울대주교이며 평양교구장 서리이기에 (또한, 평양은 높고 낮음에 중점을 두기에) 정 대주교도 추기경이 되어야 한다고 교황 대사에게 강력히 권고했습니다. 그 분은 미처 그 점을 생각하지 못했던 듯, 몹시 당황해 하셨습니다. 사실 신자가 5백만

---

95 제8차 세계주교 대표자 회의 발표문 내용의 핵심이다.

이면, 두 명의 현직 추기경이 가능함을 교황청 회의에서 들은 적이 있습니다. 어찌 되었건 서울 대신학교 개정안은 교수 사제들이 피땀을 흘려 많이 진척되었는데 교구장의 뜻이 달라 중도 파기되었다고 합니다. 서울 대신학교도 개혁을 위해 많은 고심과 노력을 했던 것으로 알고 있습니다. 교황청은 제8차 주교 시노드의 산물인 〈현대 세계의 사제 양성〉 교서 정신에 따라 신학교를 개혁하여 사제를 양성하길 간절히 바랍니다.

저는 2002년 4월경, 시노드의 사화분과를 맡은 안경렬 몬시뇰의 초청으로 그 모임에서 기조 강연을 했습니다. 이는 여러 분야 사계 전문가 모임이었습니다. 질의 토의 시간에 어느 선교사 분이 "신부님 말씀에 전적으로 동의합니다. 그런데 서울대교구 사제들을 보면 젊을수록 더욱 보수적이고 옛날 그대로이니 어찌된 일입니까."라고 말했습니다. 이후, 신학교 교육 문제로 화제가 비화됐습니다. 저는 신학교 교육을 현재 세계 사제 양성에 맞추어 개혁하려고 했는데 교구장의 뜻이 달라 본당으로 나가게 되었다고 했습니다. 그랬더니 알고 있었다는 듯 수긍이 간다고 한 해프닝도 있었습니다.

사실 사제 양성은 사목회의의 가장 중요한 부분이었습니다. 그리고 제8차 세계 주교대의원회 때에, 제가 서울 대신학교 사제 양성 책임자이자, 가톨릭대학교(의학부까지 합친) 총장이었기에 전문위원으로서 참가했습니다. 그리고 동양을 대표하여 '종합대학안에서의 신학생 양성(교황청에서 주어진 제목)'의 제목으로 20분간 발표했습니다. 핵심은 종합대학 안에서 평신도와 같이 양성되어야 할 사제상의 실례를 들어 발표한 것입니다. 그리고 바오로 사도가 근본적 개심을 한 것처럼 신학생들의 근본적 개심을 위해서 1~2년 영성의 해를 도입할 것을 강조했습니다. 교황은 옆자리에 앉아 강의 내용을 일일이 점검하시며 많은 준비를 했고 좋은 내용이었다고 찬사하셨습니다. 또한, 교황청의 국무성장관 소다노 추기경, 대사원장 바움 추기경, 인류복음화성 장관 톰코 추기경, 미국의 워싱턴 대교구장 히키 추기경, 미국 주교회의 의장 필타르치크 대주교 등에게 찬사를 받았습니다. 그것은 제 자신의 생각이라기보다는 사목회의를 하는 동안의 확신이었습니다. 그전에도 그런 생각이 있었기에 1960년대 후반부터 서울 대신학교를 개방하여 평신도, 예컨대 유력 평신도와 수녀, 평신도 남·여 일반 학생들의 가톨릭대학교 신학부에서의 청강과 정식 입학을 허락했던 경험이 밑받침된 것이었습니다. 서울 대신학교 교수 신부들의 조언도 큰 도움이 되었습니다. 그 발표가 있은 지 약 5일 후에 그 해의 로마의 수도자 장상(長上)연합회장(연합회는 베네딕토회, 성 프란치스코회, 도미니코회, 예수회, 살레시오회 등의 장상 모임)이 나를 찾아와 고맙다는 인사를 하며 축하한다고 했습니다. 그 분은 전 세계에 추기경, 대주교, 주교, 선교사 등도 많고 특히 교회가 운영하는 대학들은 대부분 수도회가 운영하기에 각 방면의 쟁쟁한 교수도 많고 시대와 세계가 요구하는 특수 사목 전문가도 많은데 왜 지금까지 아무도 사제는 평신도와 같이 종합대학에서 교육되어야 한다는 데 생각이 미치지 못했는지 모르겠다고 했습니다. 내 발표가 있은 후에 긴급 로마 수도자 장상회의를 열고 앞으로 좀 더 연구하여 2년 후에는 모든 수도회가 사제 양성을 종합대학 안에서 평신도와 같이 받도록 시달할 것이라고 했습니다. 그 후 정확히 2년이 지난 후, 한국 예수회의 한 미국 신부님이 로마 본부에서 그런 내용의 시달이 두 번 있었다고 했습니다. 또한, 다른 수도회 관구장 신부님도 그와 같은 내용을 저에게 말해 준 바 있습니다. 이후, 서강대학교에 박홍 총장 신부의 주도 하에 수도자 대학원(현 신학대학원)이 설립되었습니다. 제8차 세계 주교대의원 회의에는 많은 통역인

이 동원되었는데 일본 조치(上智)대학의 독일인 예수회 젊은 교수 신부 한 분은 자기는 영어, 불어, 독일어에 능숙하여 제가 발표할 때, 통역을 했는데 내용에 심취되었다고 합니다. 그래서 약 2분간 통역을 못해 여러 교부가 어리둥절했고 본인은 못한 부분을 만회해야 했기에 몹시 당황했다고 합니다.

문제의 핵심과 중대성은 신학생이 평신도와 종합대학안에서 현실사회 속에서 생동하며 미래지향적인 교육을 같이 받는 과정이 필요하며 사목회의 평신도 의안에서 평신도와 사제가 같이 하는 교회상을 구현하는 것이었습니다. 물론 바티칸 대의원회가 있은 1990년 10월은 공산 세계의 붕괴 직후였기에 교회 사상 처음으로 구소련 연방 전역과 유럽은 물론, 동양 전역(중국 본토 불참), 인도, 북·중남미, 호주, 아프리카 등의 전 세계교회가 모여 한 회의였기에 다양하고 풍부한 의견들이 제기되었습니다. 그것의 종합이 〈현대 세계의 사제 양성〉 교서입니다.

iv) 신학교 개혁과 혜화동 개발안

이 개발안은 종합대학 안에서의 신학생 양성과 맞물려 고찰되며 명동 개발안과도 밀접히 관련됩니다. 실상 명동 개발안의 내용과 핵심은 젊은이 종교문화예술 광장과 젊은이 센터 조성이기 때문입니다. 이 점은 벌써 위에서도 언급된 바 있습니다. 이런 경유와 내용을 전제로 저는 서울 대신학교 신학생들이 1~2학년은 혜화동에서 교양 교육과 영성 교육을 받고 3~4학년 때는 역곡 국제(성심) 캠퍼스인 종합 대학에서 평신도와 일반인과 같이 신학 교육을 받고 군복무를 마친 후, 5~7학년 때에 다시 혜화동에서 신학 공부를 끝내게 하자고 했습니다. 혜화동, 신학대학은 지금 성소가 내리막이고 여러 교구 신학생은 해당 교구에서 신학교를 운영하고 있습니다. 3~4학년생들이 역곡 국제(성심) 캠퍼스에로 이동함으로 상당한 여유 공간이 생길 것입니다. 따라서 거기에는 사회와 교회의 요구에 응답하는 특수 대학원과 전문 대학원 등을 만들어 신학생은 물론, 기성 사제들도 소질과 관심에 따라 학위를 받게 하고 평신도나 일반 학생들의 신학 공부에도 부응하는 것이 좋다고 생각합니다. 이런 계획은 벌써 세워졌던 것입니다. 다시 말해 1984년 사목회의 때, 저는 혜화동에 가톨릭대학의 종합대학 안을 유력 평신도들과 함께 구상했으나 실현되지 못한 것이 아쉽기만 합니다. 늦었지만 지금이라도 신학교가 발전적으로 개혁되는 경우, 사제평생 교육, 성직자와 수도자, 평신도의 인재 양성 등과 성직자와 일반인의 특수 교육, 학위 공부, 교회와 사회에서 요구되는 인재 양성소와 연구기관 등이 설립될 것이기에 파급 효과는 상당할 것입니다. 더욱이 이대로 가면 가톨릭대학교는 점점 하향의 길을 갈 것이고 신학교 교육도 자폐증에 걸려 급속히 구조적으로 변해가는 사회 속의 복음적 일꾼을 양성하기 힘들 것입니다. 또한, 역곡 국제(성심) 캠퍼스에는 상당수의 유능한 교수 신부님들이 배속되어 있으나 그들이 대학에서 교양과목을 가르치기보다는 전공과목도 가르치게 되어 국제캠퍼스도 활기를 띠게 될 것입니다. 그뿐만 아니라, 인천 신학교도 수원 신학교도 3~4학년들이 역곡 캠퍼스로 이동하여 교육을 받는다면, 교수진 배치 등에도 여러 교구가 참가하여 활기를 띠게 될 것입니다. 가장 큰 이익은 신학생들에게 돌아갈 것입니다. 한 곳에서 7년 내지 근 10년에 걸쳐 큰 집단으로서의 생활과 교육을 같이 받는다는 것은 구시대적 교육방법이니 이런 면에도 큰 기여가 될 것입니다. 사실 이런 교육은 대구대교구에서는 실시하고 있고 유럽, 특히 독일에서는 상식화 된 사례입니다. 이 점은 신학교 교육에서 모범적이라는 시카고대교구가 잘하고 있었습니다. 그 교육은 여기에 제시된 것과 비슷합니다. 또한, 혜화동에는 학제 개혁뿐만 아니라 여러 형태의 대학원, 예컨대 국가적 운명을 좌우할 젊은이 관련의 전문대학원 및 급격히 노령화 되는 사회를 위한 노인 관련 전문대학원 등이 집결하게 될 것입니다. 또한, 연구소를 창설하거나 기존의 알찬 사회사업이면서도 사방에 산재한 군소 집단 형태의 사업체 연합체를 조성하면 연구에 뒷받침을 받는 교회상, 미래지향적인 교회상이 실현될 것입니다.

  2백 주년 사목회의가 충분한 결실을 맺지 못한 것은 사목회의를 일시적 행사로 교회 당국이 마무리했기 때문입니다. 종결회의 때, 저는 그 의안 중에 1~2년 내에 즉시 실행할 것이 있고 10년 내에 실행할 것이 있다고 했습니다. 또한, 어느 부분은 교황청과 협의해야 하니 필요한 연구소를 설립하여 결실을 거두자고 제안했으나 결국 이루어지지 않았습니다. 지금이 혜화동에 필요한 여러 대학원과 연구소를 창설하고 기존의 사방에 산재한 군소 사업체 연합체를 구성하여, 운영체는 교구나 여러 수도회, 평신도 단체 등 각각일지라도 집결하여 운영할 적기에 도달한 것입니다. 혜화동이 이렇게 개발되는 경우, 마치 IT 산업단지에 비교할 때, IT 연구소 단지와 유사하며 미래지향적인 사목의 세계적 모범이 될 것입니다. 앞에서 말한 바와 같은 신학교 학제 개편에서 발생하는 혜화동의 빈자리에 사제 숙소를 짓고 피정의 집이나 연수원을 짓는 등의 우를 범하지 말기를 바랍니다. 사실 1988~1991년에 혜화동 낙산에 신학생 기숙사 3동을 지을 때, 저는 멀리 내다보며 독방(샤워 시설 겸비)을 설계했습니다. 그러나 그 당시 교구청의 단견으로 취소되었습니다. 몇 년 후에 주교 한 분이 외국에 가보니 신학생 독방에 샤워 시설을 겸비하여 신축하더라고 후회했습니다. 제가 그런 방에 샤워 시설을 계획한 것은 지금처럼 세계 회의를 하게 되는 경우, 외국의 고위성직자, 고위층 인사들을 받을 때, 즉 서울에서 국제회의를 하는 경우, 유용하게 이용하기 위한 먼 포석이었습니다. 이렇게 될 때, 지금 이 땅에서 다반사로 이루어지는 자의적 인사나 재정 운영, 사목을 넘어 투명하고 연구에 뒷받침을 받은 진정한 사목이 이루어질 것입니다. 이 문제는 지금 실천적 결단이 절실히 요구되는 문제입니다. 또한, 그것은 교구민, 특히 사제들의 적극적 관심을 불러일으킬 사명입니다. 그렇지 못하면, 사태는 계속 악화되어 교구장께 역사적인 큰 부담으로 남을 것입니다. 다행히 이 일은 근자에 교구장 정진석 대주교가 열린 자세로 사제들의 지구 모임까지 가시는 열의를 보이시고 총대리 염수정 주교가 밤낮으로 신부님들을 만나며 사목에 열중하시니 그동안 사목자 주교를 고대하던 교구민과 사제들에게 사목의 열성을 불러일으키는 계기가 될 것으로 기대합니다.

이런 시각에서 명동 개발과 혜화동 연계 개발은 현 시점에서 서울대교구에 부과된 사목적인 큰 책무입니다. 그렇기에 신학교 개혁과 혜화동, 명동 개발 연계는 시노드의 핵심적 관심사여야 합니다. 이러한 서울대교구의 세계에 열린 인프라 구축은 시급을 요하는 시대적 사명입니다. 지금 서울대교구는 문화 사목에 큰 비중을 두고 투자할 때임을 깊이 자각해야 합니다. 한 가지 이 자리에서 덧붙이고 싶은 것은 시노드를 중심으로 하고 이런 사목 목표가 달성되려면, 교구의 안정과 사목적 연속성이 필요합니다. 이제 교구장 임기가 2년여 남은 것 같습니다. 후임도 문제인데 연속성과 함께 사목적 능력과 열성이 있는 분, 특히 서울대교구 사제들의 흐트러진 마음을 아우를 좋은 후임자가 나오면 하는 바램입니다. 다른 조건들, 예컨대 외국에서 공부를 했느니, 학위가 있느니 주교 연륜이 높으니 등은 모두 부차적인 조건입니다. 이번에는 전에 우리가 겪었던 유의 혼란을 피하기 위해 계승자 보좌 주교(episcopus coadjutor cum jure succesionis)가 먼저 선정되는 것이 좋을 듯싶습니다. 이런 기본적인 것들이 이루어질 때, 시노드는 사제들의 관심과 협력을 이끌어 낼 수 있습니다. 지금은 교회도 인류문화의 흐름을 따라 밀실을 넘어 투명한 인사, 재정, 행정 등의 사목 시대가 되었습니다. 이런 것들은 모두 시노드의 핵심 문제입니다. 이런저런 견해를 밝힌 것은 한국교회와 서울대교구 사목이 사제들의 진정한 관심과 협력으로 지금 다가오는 사회변동에 적응하기 위한 일념에서입니다. 저는 이렇게 발표한 내용은 향후 실천 진행 과정을 지켜보며 나름의 평가를 덧붙여 출판하여 역사적 증거로 남기고자 합니다.

IV. 부록: 평양교구

일정표에는 북한 전역의 문제가 들어있습니다. 여기에서 저는 평양교구에 대해 몇 말씀드리겠습니다. 저는 2백 주년 사목회의 때, 이미 강우일 신부(현 제주교구장 주교)께 선교 분야를 맡고 일본에 근거를 갖고 있으니 조총련계를 통해 (그때만 해도 달리 북한과 통할 길이 없어 필요한 국내법에 대해서는 별도로 해결해 드릴 터이니) 평양에의 길을 열어보시라고 부탁한 일이 있었습니다. 그리고 1994년 늦가을이나 초겨울경이었습니다. 김수환 추기경이 최창무 주교를 통해 통일 문제를 논하고자 회의를 소집하니 와달라는 전갈을 받고 가보니 20여 명의 인사가 모여 있었습니다. 김옥균 주교, 강우일 주교, 최창무 주교, 이동호 아빠스, 수도자 대표, 평신도 대표, 장익 신부(현[現] 춘천교구장 주교), 메리놀 함제도 신부, 통일원 전문가 등이었습니다. 많은 분이 당시 사회 분위기로 보아 곧 통일이 될 것 같은 발언을 했습니다. 저는 통일은 먼 훗날이 아니고서는 어려울 것이라고 했습니다. 우선 한반도에 절대적 영향을 미칠 중국에 공산주의가 그대로 남아있고 그때만 해도 북한의 경제가 지금처럼 나쁜 때도 아니었고 북한 체제가 그렇게 허약하지 않다는 점 등을 들었습니다. 장익 신부는 벌써 교황청 관계로 평양을 다녀온 처지여서 그곳의 가톨릭 집회에 모이는 신자들이 진짜 신자인지가 문제라는 점 등을 들었습니다. 메리놀회 함 신부도 제 의견에 찬동하면서 성급한 통일관은 이르다는 견해였습니다. 그때 저는 10년쯤 지난 후에 다시 비슷한 모임을 하는 것이 좋을 것이라며 나름의 견해를 정리해 김 추기경께 전달하며 회의를 다시 소집할 경우, 저를 부르지 말아달라고 했는데 그 후로 다시 열리지 않았습니다.

한 번은 서울 세계성체대회 때의 일입니다. 대회 직전에 김수환 추기경이 저를 불러 북한 신자들이 오니 신학교 방문에 대비하여 신학생들과 교수 신부들이 만날 준비를 하라고 했습니다. 저는 회의적으로 반응하며 학교에 돌아와 준비했지만 결국 오지 않았습니다. 온다고 해도 지극히 형식적일 것이라고 생각했기 때문입니다.

지난 6월 13일 평양교구장 서리인 정진석 대주교를 모시고 평양교구 사제 모임이 있었습니다. 그때 정 대주교께서 서울대교구에서 은퇴한 평양교구 사제들은 서울대교구가 노후를 책임진다고 말씀하셨습니다. 동유럽 공산권이 무너진 다음에 서유럽에서 일하다 은퇴한 사제들, 병자, 특수사목 분야 사제, 서유럽에 잔류를 희망하는 동유럽 사제들은 그대로 남아 있는 줄로 알기에 올바른 결정이라고 생각했습니다. 한두 가지 일이 더 있었습니다. 평양교구일이라고 하지만 내용적으로 특히 경제적으로는 서울대교구의 일(민족화해위원회)이기에 저는 더 말씀드리고자 합니다. 먼저 평양교구의 교구장 대리자 임명입니다. 임명은 좋다고 생각합니다. 그러나 신문에 발표하는 것은 많은 것을 더 신중하게 생각해야 했습니다. 그 이유는 평양 측에서는 〈평화신문〉과 〈가톨릭신문〉을 면밀히 검토하기 때문입니다. 평양 측에서는 정 대주교의 서리직도 무시하는 편이고 자기네 역내에 남한 측에서의 모든 권리 행사를 거부하는 형편입니다. 그런 발표는 지금까지 왕래하던 것마저 어렵게 할 위험이 있으며 더 나아가 입북을 허락하는 경우, 더 많은 돈을 요구하게 되지 않을까 우려되기 때문입니다. 그렇다면 그 비용은 고스란히 서울대교구가 부담해야 할 것입니다. 또한, 정진석 평양교구장 서리의 평양 방문도 더욱 어렵게 만들 것입니다. 어찌 보면 서울대교구는 아무런 참견도 하지 못한 채, 돈만 댈 공산이 커집니다. 또한, 서울대교구는 황해도도 교구 관할 지역이니 앞으로 그곳 관리에도 불편을 당할 수 있습니다. 또한, 함흥과 덕원교구도 마찬가지입니다. 이런저런 여파를 고려하여 좀 더 신중을 기했으면 하는 생각입니다. 그보다는 신의주 특구를 홍콩처럼 만들어 개방할 것이라는 데 관심을 두는 것이 좋을 것입니다. 평양 왕래는 이제 새로운 것도 아니고 사목적인 효과도 없고 관광 정도에 지나지 않게 되었습니다. 저는 신의주 특구가 양빈이라는 사람의 중국 수감으로 다 사라진 듯이 말할 때도 평양은 어떤 식으로든 밀고 나갈 것이라고 한 적이 있었습니다. 또 한 가지는 정진석 대주교가 비장한 각오를 표명하면서 평양에서 영세 받은 신자가 아닌 회중(會衆)에게 영성체를 시킬 수 없다고 단언했습니다. 성체성사는 교회의 가장 큰 성사, 그리스도의 몸과 피 자체이기에 절대로 독성돼서는 안 됩니다. 더 나아가 성체 대축일 성무일도에는 성체성사를 이교인에게 주지 말라고 명시되어 있습니다. 남한에서는 예비자에게도 줄 수 없다고 정 대주교는 단언하셨습니다. 이런 교구장으로서의 결의는 존경스럽고 높이 사야 할 것으로 생각하여 저는 적극 찬성했습니다. 또한, 그것은 교구장으로서 사목적 의무인데도 그 중 한두 사람이 적당히 그대로 하자는 의견도 있었습니다. 그렇기에 저는 그곳에서는 공소예절을 하는 것이 좋을 것이라는 말씀과 일이 이렇게 됐음을 바티칸에 문의하는 것이 좋겠다고 했습니다.

끝으로 이 모임이 교구민 전체와 사제단이 혼연일체되어 시노드가 유종의 미를 거두는 계기가 됐으면 합니다. 이렇게 제가 이런저런 말씀을 드리는 것은 서울대교구가 사회 속에서 복음화 사명을 시노드를 통해 교구장의 진두지휘 하에 원만히 이루기 위해서라는 것을 대주교와 주교, 몬시뇰, 여러 신부님이 이해해 주시면 참으로 고맙겠습니다. 감사합니다.

2. 복음 선포와 사회 현실

우리가 복음 선포 문제에서 왜 사회 현실을 직시해야 하느냐의 문제는 주어지는 사회 현실 속에서 복음을 선포해야 하기 때문이다. 그것은 그리스도의 강생(降生)에서 분명하게 드러난다. 그리스도께서는 하느님 아버지께서 예정하신 때가 차서, 하느님 아버지의 창조경륜이 한 단계 높게 실천될 때, 육신을 취해 사람으로 지상에 나타난 것이다. 그것이 바로 천주 강생의 원년이었으며 인간의 셈으로 이제 곧 2006번의 예수님의 탄생을 맞는 것이다. 성탄절은 이제 일주일 앞으로 다가왔다. 천상 아기의 말구유 탄생은 낭만적이며 목가적인 감성적 도취를 위한 것이 아니다. 그 아기가 육신을 통해 그 당시 이 날을 위해 수천 년 선민이었던 유다 민족의 문화, 다시 말해 의식주(衣食住)를 같이하며 언어와 삶의 기반인 사고와 역사의식, 사회상과 미래 희망, 한마디로 말해, 그들의 문화 속에서 삶을 같이 하며 당신의 사제직과 예언직과 왕직을 실천하여 아버지의 창조경륜 속에 들어있는 인류 구원 계획을 실천하고 완성하신 것을 의미한다. 이것은 그 후 그리스도의 사업을 계승하는 모든 이의 원형적 귀감(龜鑑)이 된다. 물론 이때, 특히 정체성과 고도의 분별력과 자제력과 용기가 필요하다. 이 땅에서 작금의 정치, 사회, 경제 등 권력은 교회의 뭉친 힘을 배경으로 한 교회 고위성직자에서부터 일반 성직자들에 이르기까지 노예적 유혹의 손길은 끊이지 않고 있다. 그 후유증 즉, 교회의 분열상 내지는 많은 신자의 냉담 현상, 더 나아가 가톨릭 성직자의 정체성에 대해 신자들뿐만 아니라 일반 사회의 크나큰 회의를 가져오고 있는 것이 이 땅의 가톨릭교회 현실이기도 하다. 그런데도 그것을 분명히 해야 할 권위 측에서는 침묵으로 일관하여, 책임회피나 직무유기의 감을 짙게 하며 자아도취 내지 시대의 사목적 식별력에 무디거나 아예 그런 일을 외면하고 명예욕에만 사로잡혀 자기기만을 농(弄)하거나 후안무치(厚顔無恥)의 탈을 드러내는 수가 있다. 중병을 중병대로 진단하지 않는 의사는 나쁜 의사이며 결국 사이비 의사여서 환자의 돈만 가로채고 환자를 죽음으로 몰아간다. 이보다 더 나쁜 현상이 이 땅의 교회 지도상 일반에 나타나는 수가 있다. 이런 점에 경종을 울리지 않고 그런 것을 다 덮어 두고 적당히 윗전의 눈치나 보며 단 맛이나 같이 즐기는 성직계이거나 수도자상이라면, 그런 교회는 그리스도의 정신이 아닌 양의 탈을 쓴 늑대의 모습이기 쉽다. 그렇기에 그리스도는 당시 유다 민족의 위선적 지도층에 대해 "불행하여라, 너희 위선자 율법 학자들과 바리사이들아! 너희가 겉은 아름답게 보이지만 속은 죽은 이들의 뼈와 온갖 더러운 것으로 가득 차 있는 회칠한 무덤 같기 때문이다"(마태 23,27)라고 하셨고 주님의 태도가 이러했기에 그분은 급기야 십자가의 죽음을 당하셨던 것이다. 주님의 불의에 대한 태도는 이렇게 결연(決然)한 것이었지만, 그분은 자기를 못 박아 죽이는 사람들에 대해서는 "아버지, 저들을 용서해 주십시오. 저들은 자기들이 무슨 일을 하는지 모릅니다"(루카 23,34)라는 무한한 사랑을 보이셨다. 오늘 이 땅의 사목자와 선교사에게는 이런 주님의 마음과 태도가 요청된다.

이제 우리가 살아 숨 쉬며 복음 선교를 해야 하는 우리의 사회 현실에 대해 살펴보아야 한다.

3. 사회 현실과 교회

　앞 글에서는 한국 천주교회의 중심이며 상징인 명동 성역(聖域)을 장(場)으로 하여 벌어진 교회와 사회문제에 대해 기술하고 교회와 사회의 구체적 상황 속에서의 한국 천주교의 지속적인 움직임을 짚어 보았다. 이 난에서는 사회가 당면한 중대한 국가적 문제 몇 가지를 짚어보며 교회의 침묵과 발언에 대한 견해를 제시할 것이다. 그것은 교회의 복음 선포 사명이 현존하는 세상 질서와 다가오는 세상 질서 속에서 이루어지기 때문이다. 교회는 세상 질서가 하느님의 창조경륜에 따라 올바로 되도록 가르치며 그런 질서 속에서 현재와 미래에 걸친 사목 예언직을 실천한다. 여기 제시되는 사회 현실상은 노무현 정권 출범 직후부터 갖고 있던 지론이 밑바탕을 이룬다. 이는 가끔 교회 내외 지면 등의 투고에 제시되기도 했다. 나의 투시는 거의 그대로 적중되었으며 앞으로도 우리의 사회상은 그대로 실현될 것으로 예상된다. 여기 글은 2006년 6월부터 2007년 2월에 걸쳐 당면하는 문제에 접하며 기록한 것이다.

이 나라에서 정치, 경제, 교육, 외교, 국방, 문화 등 모든 분야에서 벌어지는 혼란과 성공은 이루 다 표현할 수도 없고 세계사에서 그 유형을 찾아 볼 수 없는 독특하고 기이한 것이 많다. 6·25 한국전쟁 때엔 수백만 동족상잔과 상해의 대비극을 이루어 1천만 이산가족의 한을 품는가 하면, 세계 최하위 빈곤에서 30~40년 안에 세계 10대 교역국으로 부상하여 서구 세계에서 2~3백 년이 족히 걸릴 세계 경이의 경제발전을 이루고 최첨단 기술국으로 도약하기도 했다. 한편에서는 젊은이들의 노래와 춤바람이 동남아 전역을 휩쓸었으며 세계의 관심을 끌더니 근일에는 북한의 핵실험으로 세계가 뒤끓는다. 또 무슨 세계적 사고를 언제 어디서 치를지, 또 무슨 희한한 성공담으로 세계를 놀라게 할지 아무도 모른다. 물론 자신도 모른다. 한 가지 확실한 것은 뛰어난 재능의 나라이며 간혹 가다가는 굉장한 멍청이 나라라는 것이다. 한때는 군사 독재로 입을 모두 봉하더니 지금은 세계에서 입과 펜을 가장 마구 놀리는 나라가 한국일지도 모른다. 적어도 나는 살아온 지난 60년 정치사를 돌아보며 그렇게 느낀다. 그것은 정부가 뛰어난 민주주의이기 때문이 아니고 언론 개혁법 등의 온갖 언론 통제 수단을 다 사용하고 친여 신문들에게 무작정 돈 퍼붓기와 TV 등의 매체를 친여로 손아귀에 넣고 언론을 억압하는 데도 그렇다. 그럴 수밖에 없이 된 것이 한국이다. 그것은 독자들과 국민의 의식이, 386세대보다 훨씬 수준이 높기 때문이다. 남한은 자유와 풍요에 넘치는가 하면 북한은 정반대다. 북한은 세계 최하위 인권 탄압국이며 인민이 수없이 아사해, 속출하는 탈북자 행렬과 세계 식량, 비료, 약품 구걸 행렬이 끝없이 이어지는 곳이다. 또한, 북한은 위조지폐, 마약과 담배 밀매 등의 온갖 반윤리적·반인륜적 행위가 판치는데도 세계의 지탄 속에 천문학적 경비가 소요되는 핵실험을 감행했다. 햇볕정책

이전 북한은 극심한 경제난으로 기름 부족에 의해 군 전차, 공군 항공대, 해군 함정 등의 훈련이 일체 중단된 상태라는 보도였다. 남한의 김대중 정권과 특히 노무현 정권이 막대한 현금과 물자를 퍼준 후, 군 전력 증강은 말할 것도 없고 이제 미사일 실험과 핵폭탄 제조 실험까지 서슴지 않는다고 한다. 북한의 핵실험으로 세계의 인간 양식(良識)이 뒤끓는다. 남한의 정부와 여당은 자기들이 준 돈으로 군 전력 증강과 미사일과 핵폭탄 제조로 남한을 되려 전쟁 상황으로 위협한다. 그러면 청와대와 정부, 여당은 두말 않고 물러서 비위 맞추기에 여념이 없는 상태다. 그러니 어느 단계에 이르러 생화학 무기와 더 발전된 핵무기로 남한을 위협하면 대한민국을 고스란히 바칠 것이란 논리도 성립된다. 전쟁을 억제하려면, 지금부터라도 북한을 압도하는 군사력을 유지하고 동시에 북한에의 현찰 송금과 지불은 중단해야 한다. 그런데도 노무현 정부는 희한한 변명을 붙여 가며 금강산 관광과 개성공단으로 계속 북한에 현찰을 지불하여, 북한 군사력 증강에 기여하려 하니 참으로 어이가 없다. 북한에 막대한 현찰을 지불하면 그것이 군 전력 증강에 이용되리란 것은 이 땅에 사는 사람치고 모를 사람이 없을 텐데 말이다. 북핵 실험 등으로 북한을 거의 적성국가시하는 미국이 (북한에의 현찰 제공의 창구라고 보는) 금강산 관광과 개성공단 제재 요구에 우리 정부와 여당은 즉각적으로 반대 의사를 표명하여 계속 현찰 원조의 의사를 표명하였다. 여당 김근태 대표는 미국의 라이스 국무장관의 요구가 있자마자 개성공단을 방문하여, 민족 공조를 외치며 뒤에서는 북한 정권의 사주로 움직인다고 보아야 할 여성 종업원과 신바람 나는 춤판을 벌이면서도, 한·미 국방장관 회의에서는 미국의 강력한 한반도 핵우산을 요구하니 이게 어디 제 정신인가. 거기 더해 개성공단 제품을 FTA 회의에서는 한국산으로 인정하라는 요구다.

또한, 한·미 국방 장관 회담에서는 미국 측이 PSI, 즉 북의 전략 무기 수송선 강제 검색을 강력히 요구했는데도 선뜻 응하지 않고 이리저리 피할 궁리만 한 모양이니, 미국 사람들 눈에 노무현 정권은 논리도 없고 체면도 없는 무지막지한 사람들로 비쳐질 것이란 것은 지극히 당연하다. 더욱이 라이스 국무는 방한 중에 뼈대 있는 말, "혜택을 받으면 분담도 같이 해야 한다"고 했다. 미국의 시각에서 볼 때, 뒤에서는 적과 손잡고 면전에서는 미국에 손 벌리는 격으로 보일 테니, 그런 몰염치와 파렴치가 미국 정치계와 사회에 통할 수 있을까. 미국과 일본 세계 여론은 북핵 제재의 강도를 더해갈 터인데 (특히, 경제 제재) 한국은 386 정부의 무지와 무능, 만용으로 국민만 못 살게 되는 형국으로 가는 것이 아닐까. 그것은 한·미 국방장관 회담 후 공동 성명에서, 한국 측 장관이 미국으로부터 강력한 핵우산 제공을 약속했다는 대목에서 "나도 모르는 것을 당신이 어떻게 아느냐"는 식의 미 국방장관의 면박이었다니, 도대체 노 정권 사람들의 정신은 보통 이상한 것이 아닌가 싶다. 그리고 돌아온 윤 장관을 노무현 대통령이 식사 초청까지 하고 청와대가 공식 발표까지 하는지 한심한 정권이라는 생각이 든다.

 라이스 국무장관은 한국에서의 회담을 소득 없는 것으로, 다시 말해 한국에 대해 볼멘소리를 하는 모양이다. 한국과 중국 순방을 마친 라이스 장관은 중국은 북핵에 대해 단호한 입장인데 "북한군의 사정(射程)거리 안에 있는 한국은 북한을 압박하는 것을 걱정했다"며, 북한에의 현금 통로인 개성공단과 금강산 관광사업의 포기를 바라는 미국에 대해 "포기 약속이 아니라 UN 결의에 맞게 운영하겠다는 약속이 전부였다"고 말했다고 외신 로이타 통신(22일)은 보도했다고 한다. 한국의 앞날이 몹시 어둡게 느껴진다. 이제 미국의 군사적 압박과 경제적 압박이, 보이게 또는 보이지 않게 가해질 것이고 국제적 따돌림은 어떻게 감당할 것인가. 그렇다고 북한 정권이 노 정권을 애지중지하는가. 그것은 물론 아니다. 지금 그들의 남한 정권에 대한 태도는 남한 정권을 북한 정권의 한 부서 정도로 취급하는 듯하다. 노 정권이 아무리 북측을 감싸도 북한은 당연한 것이라 치부하는 것 같고 북측은 그런대로 중국에는 핵 실험 등의 정보를 줄망정, 남한 정권은 아예 그런 문제에는 끼어들 수 없는 똘마니로밖에 보지 않는 듯싶다. 남한은 자기 돈을 다 퍼주고 그런 결과 즉, 북한의 핵 개발 성공에 이르렀는데도 말이다. 이제 김대중 전 대통령과 노무현 대통령은 북한의 핵 개발을 막지 못했을 뿐만 아니라 실제로는 돈을 퍼줌으로써 방조한 것이나 다름없이 되었으니 무슨 면목으로 국민에게 말한다는 걸까. 그러면서도 한국은 북핵 6자회담의 중요한 예비회담에는 아예 끼어들지도 못했다고 한다. 북한은 좌경 386이 좌지우지(左之右之)하는 남한 정부를 미숙하기 짝이 없는 철부지로 알아 아예 얼씬도 못하게 했을 것이고, 미국은 한국 정부를 일에 지장만 주는 거추장스러운 존재로 아는 모양이다. 이번 경우에는 누가 왕따를 시킨 것이 아니라 한국이 왕따를 자처한 것이다. 지난날 한국은 쇄국주의 여파로 국제 사회에서 설 자리를 잃어 결국은 미국과 일본의 협약으로 미국은 필리핀을, 일본은 한국을 점유하는 결과가 되지 않았던가. 북한의 태도는 분명하다고 보아야 할 것이다. 6·25 한국전쟁을 단독으로, UN군이라고 하지만 주로 미군과 3년간 싸웠고 판문점에서는 미국과 50여 년 동안 회담을 하면서 미국을 골탕 먹이며 한국을 옵서버로만 곁에 앉혔는데, 이제 핵무기를 손에 쥐고 세계를 골탕 먹이는 마당에 한국을 끼어 주기는커녕 한국은 아예 없는 존재이거나 자기 수하에 있는 한 부서처럼 여길 것이 아니겠는가. 따라서 북한은 어느 날 여차하면 6자회담에서 한국을 제외시키려는 고자세로 나올 수도 있을 것이다. 이번 긴박한 핵 문제에서도 노무현 대통령은 북한과의 직접 접촉은 엄두도 못 내고 중국 베이징에 달려가 중국에게 제발 평양에 말 좀 잘 해달라는 꼴이 되었다. 중국은 한국의 이쪽저쪽을 다 거느리는 식으로 어른처럼 행세하는 모양새가 됐다. 북한은 중국이 간청하는 식의 특사를 받아들여 조건부로 2차 핵실험의 연기 비슷한 것을 말한 듯하고 중국은 이런 기회에 자기들의 위력을 세계에 과시하여, 북한이 제기했을 조건을 다 빼고 핵실험 중지만을 보도하여, 북한에 대한 영향력 증대와 외교력 과시를 극대화했다. 우리는 일단 유사시 중국은 북한편이라는 것을 염두에 두어야 한다. 그러니 이 정부의 수뇌들, 특히 노무현 대통령은 판단력에 문제가 있는 인물이란 평을 받을 수밖에 없다. 한 사람의 판단력에는 역시 자라온 과정과 학생 시절, 사회생활 등 전체가 영향을 미친다는 것은 심리학의 기조(基調)이며 상식이다.

북핵에 대해서는 세계가 UN을 중심으로 강력한 제재 움직임을 보이고 있다. 그런데 핵폭탄 위험 대상 제1호인 대한민국 정부와 여당은 북한 돕기에만 열을 올린다. 집권 여당 대표라는 좌익 인사와 좌파 총리 여사는 UN 결의안이 나오기도 전에 북한 돕기 발언에 열을 올렸다. 이러다가는 적화 통일이 된다면 북한 종업원과 신나는 춤판을 벌인 김근태 씨에게 격식과 위계질서를 매우 중하게 여기는 북한 정권은 그런 행동에 걸맞은 대우를 할 것이다. 나는 노무현 정권 출범 때부터 매우 회의적이었다. 취임 초부터 자신이 신명을 바쳐 수호하겠다던 헌법과 중대사인 경우, 사사건건 충돌하는 형태를 보이더니 국회로부터 탄핵 가결을 당했다. 그때만 해도 나는 노무현 대통령의 승부수를 기대하며 잘되기만을 바랐다. 그렇기에 나는 노무현 대통령 국회 탄핵 후 얼마 후에, 모 유력지와의 인터뷰 (그때가 부활을 준비하는 사순절) 마무리에서 탄핵 정국을 생각하며 "사랑하자, 용서하자, 서로 같이 죽자, 다 같이 힘차게 다시 살아나자"고 마무리했다. 그 후 얼마 후에 노무현 대통령이 묵상을 하고 있다는 근황을 밝힌 신문을 읽으며 나의 글을 읽었는가 싶기도 하고 탄핵의 고초도 겪으니 통치 스타일이 달라질 것을 기대했다.

  그러나 세상은 정치 386 세대의 독무대로, 패거리 정치인 임명 등의 코드 정치로 극치를 이루었다. 정치 핵심 386은 학생 시절에 데모로 일관한 세대임을 세상이 다 알고 있다. 그들의 독서는 일본 좌익 서적의 번역물 정도라는 소문이 당시에 파다했다. 그렇기에 그들은 공산·사회주의적 방법에 충실하여 자신의 목적 달성을 위해 수단과 방법을 가리지 않는다. 그러나 그들의 공산·사회주의적 지식은 북한의 본 공산 사회주의자들이 볼 때는 한창 풋내기라서 가관으로 보일 것이다. 사태가 그렇기에 요즘 북한의 노련한 공산, 사회주의자들의 남한 386 정권에 대한 태도가 그런 것이 아닌가. 그렇기에 노 정권은 북한 정권의 대변인이라는 말이 공공연한 것이 아니겠는가. 그뿐만 아니라 386 세대 몇 명의 일심회 회원을 간첩 혐의로 제대로 수사하려다 국정원장이 물러나고 코드에 맞는 인사가 국정원장이 되었다는 등, 온 나라가 뒤숭숭한 형국이다.

  정상 회담을 위해 아무리 두들겨도 대답조차 않는 것은 북한정권의 무시의 답이 아닐까. 무엇보다도 안 된 것은 김대중 전 대통령으로 생각된다. 김정일 위원장과의 회담과 6·15 선언에 대한 답은 핵 실험이 아니었던가. 김대중 전 대통령은 그것을 미국 탓으로 돌리기에 바쁘다. 햇볕 정책으로 저쪽의 문을 연다며 막대한 자금을 제공했지만 지금은 아무리 저쪽 문을 두드려도 답조차 하지 않는 듯하다. 사실 햇볕 정책 전에는 북한이 최악의 경제난으로 기름이 없어 전차, 해군 함정,

공군 항공기 등의 훈련이 중단된 상태라는 보도였다. 김 전 정권과 노 정권이 돈을 퍼붓기 시작한 후, 북한군의 연평도 사건, 잠수함 강릉 앞바다 좌초 사건 등의 도발뿐만 아니라 미사일 발사, 핵 실험 사건 등이 연달아 일어나고 있다. 북한은 무슨 일이 있어도 핵 개발을 계속할 것이며 그것은 남한 적화 통일에 필수 조건으로 생각할 것이다. 우리의 국가 최고 책임자가 북한의 핵 실험 움직임이 전혀 없다고 한 지 며칠 안 돼 북한은 핵실험을 선언 후, 수일 내에 핵 실험을 강행했다. 이렇게 북한 정권은 좌경 386의 핵인 현 노 정권을 우습게 본다고 해야 할 것이다. 북한은 어려운 고비가 지나고 적당한 시기가 오면 상당량의 핵을 보유하게 될 것이니, 그때 가서는 한국의 국군을 인민군에게 흡수·종속시키려 할 것이다. 이유인즉, 민족 공조 아래서 두 형태의 군은 필요 없고 군은 단일화되는 것이 더 효율적인데 북한 인민군은 핵과 미사일을 충분히 갖고 있어 막강하니 세계의 어떤 도발에도 국토방위에 손색없는 실력을 갖고 있기 때문일 것이다. 그러니 국군은 인민군에 흡수되어야 한다고 할 것이다. 그뿐만 아니라, UN을 비롯하여 남한의 모든 외교 문제도 남한은 북한에 넘기라고 강압적으로 요구할 것이다. 그것은 북한이 민족의 독립과 자존을 위해 6·25 한국전쟁과 판문점에서 미국과 50년 냉전 시대를 거치면서 이 땅과 이 민족의 자존과 자주를 지켰고, 세계의 핵 압력을 끝까지 물리치는 등 세계 최고의 외교력을 갖고 있기 때문이라고 할 것이다. 고려연방제의 낮은 단계에서 통일을 해야 하는데, 그들이 시종일관 고수하며 충실한 북한의 노동당 강령, 즉 적화 통일을 절체절명의 목표로 하고 있기에, 한반도 통일은 남조선 적화 통일을 강령대로 해야 한다고 할 것이기 때문이다. 다시 말해 한반도 전체는 적화 통일된 조선인민 공화국이어야 한다 할 것이다. 그들은 나름대로 자기네 원칙에 충실하다.

그 가장 큰 힘의 배경은 핵무기다. 어떤 의미로 북한은 현재의 노무현 정권을 로드맵 실천의 첫 걸음으로 보고 있을 상 싶다. 그것은 남한 정권의 핵심인 좌경한 386이 평양 정권에 무조건 순종하는 속성을 지닌 것으로 북한 정권에 비쳐질 수 있기 때문이다. 물론 이런 것이 쉽게 될 수 있는 것은 아니지만, 북한 당국자에게는 실현 가능한 것으로 생각될 것이다.

가장 큰 변수는 한반도를 둘러 싼 강대국 간의 힘의 균형 문제다. 지금과 같은 노 정권의 외교는 스스로 고립될 수밖에 없는 처지에 놓일 것이다. 한국의 평화와 번영을 지켜줄 가장 큰 힘은 한·미 동맹 강화다. 또한, 큰 무력충돌의 가능성을 갖고 있는 한반도에서의 평화 유지는 한·미 군사동맹 강화다. 이것은 또한, 경제 번영의 견고한 기반이다. 그것은 이 땅에서의 저간의 경제 발전이 웅변으로 입증하며 일본의 예는 그것을 더욱 분명히 해 준다. 내가 보기에는 동경에서 서울로 UN군 사령부(물론 그 핵심은 미 8군 사령부)가 옮겨온 후, 차차, 시차를 두긴 했지만, 이 땅의 경제 발전은 비약적으로 상승했다고 생각한다. 그와는 달리 일본은 한국전쟁 특수로 경제가 비약적으로 발전한 시기를 계기로 국수주의의 반미적 적군(赤軍) 세력이 강해지며 미국과 충돌이 잦아질 때, 경제 불황의 늪에 빠져들기 시작하여 긴 불황기에 들었던 것이, 근래 3~4년에 이르러 경기 회복세를 두드러지게 드러내게 되었다. 드디어 일본은 세계경제를 주무르는 처지에 이르렀다. 일본의 이런 시기 도래는 바로 노무현 정권의 시기이며 반미 민족공조를 외친 시기로 생각된다. 특히 주목할 점은 미국과 일본이 가까워지며 군사적으로 동일 사령부 설치설까지 나도는 시기란 점이다.

지금 일본은 경기 상승세를 타고 한국은 내리막길을 걷고 있다. 그 단적인 예가 지난 7월 일본 여행에서 보고 들은 체험담 중 하나다. 지난 기나긴 불황 중 일본의 청년 실업자는 세계 최고라고 할 만큼 많은 실업자를 양산하여 젊은이들의 자살률이 급등하는 추세였다. 그러나 근래 몇 년 동안은 경기 회복의 가파른 상승세로 회사마다 대학을 방문하여 학생 인력 유치에 혈안이라니 대학 졸업자 미취업 시기는 지난날의 이야기다. 미국과 우호관계 여부는 뚜렷하게 경제 불황, 혹은 번영과 밀접히 관련된다. 노무현 정권은 경제의 가장 중요한 기반을 무너뜨리는 작업을 우선의 과제로 한 셈이다.

노무현 대통령은 북핵 문제를 중국 주석에게 매달린 모양새가 되었다. 그러나 중국은 결국 북한의 입장에 서게 된다는 것을 명심해야 할 것이다. 이번 핵 문제로 중국이 북한에 특사를 파견하기 전에 중국이 미국에 특사를 파견하여 미국과 의견을 조율하고 북한에 특사를 파견했다는 것은 많은 것을 시사한다. 그런데 뒤늦게 중국에 달려가 매달린 셈이니 헛다리짚는 것 같아 보기에도 민망하다. 북핵 문제 해결에서 저간의 사정은 미·일이 하나가 되고 중국이 거간꾼이 되어 평양을 오가는데 소외된 서울은 대통령이 미·중 간에 틀이 짜여진 연후에 허둥대며 북경 나들이를 한 꼴로 비쳐진다. 중국 특사가 평양에서 한국 측 의사를 전달했다는 말조차 들리지 않는다. 핵에 관해서 평양은 서울이 입만 뻥끗하면 평양 중앙통신이나 〈로동신문〉 사설로 전쟁 맛보겠느냐며 한 대씩 쥐어박으면 숨도 못 쉬는 꼴이니, 서울에 대해 금강산 관광이나 개성공단 혹은 또 다른 루트를 통해 현금을 보내고, 더 많이 보내라는 명령밖에 할 말이 없다는 모양새가 아니겠는가. 그래야 핵폭탄을 더 많이 만들 수 있을 것이라는 의미로 말이다. 그래서 북한은 미국이 소외시키기 시작한 서울은 안중에도 없고 미국을 직접 대하려는 것이고 할 수 없으면 중국이라도 통하려는 것이 아닌가. 노무현 정권의 자주와 민족 공조의 꼴이 말이 아니다. 달리 말해 북한은 미국과의 직접 교섭의 길을 트는데 미국과 사사건건 마찰을 빚는 한국은 필요 없고 미국이 한국까지 북한 압박에 끌어넣으려 할 필요가 없도록 한·미 간이 벌어졌다. 이에 북한 정권은 남한 정권을 무시하고 비위에 안 맞으면 전쟁으로 일갈(一喝)하면 한국 정부는 쑥 들어가니 앞마당의 무엇 모양으로 다루면 된다는 심사일 것이다. 미국과 일본은 북핵 문제에서 대단한 결집력을 과시하는데 미·일과 결국에는 맞서게 될 중국 편에 서니, 구한 말 사태보다도 결과는 더 심각해질 수 있다. 사태가 그렇게 전개되는 경우, 또 한국 정부가 지금과 같은 대북 정책인 경우, 미·일은 실제로 북핵 문제에서 한국을 제쳐놓고 체면만 세워 주는 식으로 일을 전개해 갈 것이다. 급기야 한국은 전과는 달리 북축(北軸)의 일원, 즉 중국, 소련, 북한 측의 언저리에 서게 되고 남축(南軸), 즉 미국과 일본 축에서 이탈하는 꼴이 되어, 경제적·군사적·사회적·문화적인 모든 교류를 미국에 의존한 한국은 양 축에게 다 믿을 수 없는 존재가 되어 구한말의 우리의 참여나 선택의 여지없이 일본의 식민지가 된 것과 비슷한 국운을 맞지 않을까 우려된다.

그러나 우리의 국운은 그리되지 않을 것이다. 그 이유는 노 정권의 임기가 얼마 남지 않았을 뿐만 아니라 국민의 절대 다수가 노 정권을 불신하여 등을 돌리고 있기 때문이다. 즉 노 대통령에 대한 지지가 9%대이며 열린 우리당의 지지율도 9%대 초반이라니 정권 재창출은 꿈도 꿀 수 없는 처지다. 다급해진 정부가 무슨 고용 정책, 경제 성장 정책을 획기적이라고 내놓을 모양이나 하는 것마다 결국은 실패로 돌아가 국민의 실망과 부담만 가중시킬 것이다. 그 이유는 간단하다. 이제 세계 10대 경제 대국을 넘보는 한국경제 성장은 사회주의적 이념인 현 정권의 정략적 선전 계획으로는 실패밖에 올 것이 없기 때문이다. 그것은 현 세계경제 구조에서는 자유분방한 시장경제가 아니고서는 달리 방도가 없기 때문이다. 현 노무현 정권으로서 가장 무서워해야 할 것은 정부가 무슨 말을 해도, 국민은 노무현 대통령과 정권의 말을 전혀 믿지 않을 뿐만 아니라, 그와는 반대된 것이 옳을 것이라는 확신을 지난 근 4년의 체험에서 갖게 된 것이다.

그렇다고 지금 야당인 한나라당은 정책이란 전무한 좌초당, 구호(口號)당인 셈이니, 이 또한 국민에게 희망과 믿음을 주는 정당이 못되어 국민에게는 어려움이 가중될 수밖에 없다. 현 한나라당 대표 K씨가 당선 소감에서 "한나라당은 아이디어는 많은데 실천이 부족했다며 실천에 힘쓰겠다"는 식의 소신을 밝힐 때 나는 실소(失笑)를 금할 수 없었다. 나는 한나라당은 무정책당으로 확신하고 있기 때문이었다. 어쨌든 정권은 바뀔 수밖에 없는 실정이니 한나라당도 정신 바짝 차려야 한다. 지난 두 번의 대선 때처럼 의외의 놀라운 사건이 발생할 수도 있기 때문이다.

지금 10%대의 민의 찬성의 노 정권은 국민 절대 다수가 벌써 장기간 불신하는 것이어서 더 이상 존재 이유가 없이 된 셈이다. 10월 25일 국회의원과 자치단체장 9개 재·보선에서 여당은 0대 9로 완패했다. 여당은 군수 한 명도 당선시키지 못했다. 2005년 이후 세 차례 재·보선에서 여당인 열린 우리당은 완패를 거듭하여 0대 40라는 전패의 괴멸 정당 꼴이 되었다. 민심이 완전히 떠난 대통령과 여당인데도 국가의 운명을 좌우하는 사건들, 예컨대 전시 작전 통수권 단독 행사 같은 것을 마구 행사하는 경우, 민의가 반영돼 제동을 거는 긴급조치법 같은 것이 있어야 할 것이다. 지금 한국의 대통령과 여당의 지지도와 같은 경우, 국가의 중대 사항에 대한 국내외 결정 사항은 무효라는 국제법과 국내법이 개발되거나 현재의 대통령제 권한이 바뀌어야 할 것이다. 이제 노무현 대통령은 실질적으로 국민을 대표하는 대통령이 아니라 소수 좌익적 패거리를 대표하는 대통령이 돼 버린 셈이다. 그러니 노 정권은 시간이 빨리 흘러 국사에서 손을 떼는 것이 국민을 위해 최선의 방도일 것이다. 지난 3년 9개월간에는 국가와 개인들의 손실이 큰 시기였으며 우리 역사에 패거리 정치가 다시는 있어서는 안 된다는 뼈저린 경험을 국민에게 안겨 주었다. 그나마 국민의 동정을 얻을 수 있는 방법은 386의 덫을 벗어나 국민 대다수의 의사를 반영하는 정책을 펴는 것뿐이다. 이 점을 나는 노무현 대통령 탄핵 모면 후, 줄곧 주장해온 것이다. 이제는 그것조차도 너무 늦었다.

이 정권은 초기에 4대 개혁안을 들고 나와, 맑스나 레닌처럼 지상 낙원을 건설하는 양 소란을 피웠다. 이제 노 정권은 국내 국외의 정사(政事)를 풀 수 없는 헝클어진 실타래로 만들었으며 국민 정체성은 분열을 거듭해 산산 조각을 냈다. 지금 정치 상태 그대로 여·야가 바뀌었다면 지금 청와대와 여당의 386 세력은 학생 시절 못지않게 자기들이 하는 일에 밤낮을 가리지 않고 데모하여 대항하여 전국을 소란의 도가니로 몰아넣었을 것이다. 유럽 세계에서는 벌써 사상적으로는 50~60년 전에 괴멸됐고 군과 경찰, 비밀경찰의 탄압으로 유지되던, 이른바 공산 사회주의 정권이 인민의 봉기로 근 20년 전에 완전히 역사의 뒤안길로 사라졌다. 그런데도, 그 망령이 이 땅의 자유민주주의 한복판에 나타나 우리 경제를 망치고 빈민은 더 가난하게, 부자는 더 부(富)하게 만드는 괴이한 현상을 일으키는가 하면 다른 편으로는, 사회주의 평등사상으로 교육을 망쳐 이 나라를 자손 대까지 후진의 구렁으로 몰아넣고 있다.

드디어 국민이 가장 불안해하는 전시 작전권 독자 운영이니 하는 와중에 북한은 핵실험으로 응답했다. 이번 북핵 폭발 지점 하나 제대로 못 찍어 50km 이상 동떨어진 곳을 지적하는 등 정보 능력은 전무하다시피 하다. 또한, 전시 방위력도 전혀 준비되지 않은 상태에서, 아이들의 병정놀이처럼, 국민의 재산과 생명보호의 가장 중요한 헌법의 기본을 책임진 대통령이 이 나라의 초석을 다진 국가원로와 군 장성, 군 원로, 각계 지도자, 민족지(民族紙)들의 우국충정의 소리를 무시(無視)로 짓밟는 셈이니 패륜이란 비난을 면키 어렵게 됐다. 선인의 피땀과 죽음으로 이루어 놓은 국부(國富)와 세계로 뻗는 국력을 10%대 초반의 지지밖에 못 받는 노무현 정권과 여당이 탕진하는 셈이다. 어쩌다 나라가 이 꼴이 되었는가. 지난 3년 9개월도 그렇고 앞으로 국민이 감당할 수 없는 세 부담을 지워 놓으니 말이다. 지난 3년 우리 세 부담 증가율은 세계에서 두 번째라는 보도에 깜짝 놀랐다. 이 정권이 가장 큰 불안과 부담을 안겨준 일은 전시 작전권 회수로 견고한 한·미 군사 연합을 해체한다는 것이다. 유럽과 같은 선진 경제 대국에서도 전시 작전권은 나토 군사령관에 있다는데 말이다. 여러 가지 괴변을 쏟아 놓지만 전문가와 국민은 누구도 믿지 않으며, 큰 불안만이 국민의 마음을 짓누른다.

공산·사회주의 국가의 눈에 드러나는 특징은 중앙정부의 비대화다. 또한, 이른바 당원인 패거리의 대거 등용과 그들이 손쉽게 할 수 있는 일인 규제 강화 및 창의성 말살 등이다. 이렇게 하여 공무원의 기강해이를 초래하고, 부정부패가 난무하며, 막대한 고혈을 짜낸 세금을 낭비하고 착복한다. 이 땅에서도 큰 국가적 부정 사건이 터졌다 하면 청와대 386이 직·간법으로 거론된다. 자유 시장경제에 전면으로 배치되는 정부조직의 비대화와 철밥통을 노무현 대통령은 언제인가 자랑삼아 말한 적이 있다. 무지와 오만의 극치다. 정부 조직은 작을수록 좋다. 또한, 규제는 적을수록 경쟁 속에 가속적으로 창의성이 발휘되고 부가 창출된다. 빈곤은 그 속에서 자취를 감추어가며 인간 선진 자유 문화가 이루어지는 것이 자연 생리다. 산업혁명 이후에 생겨난 노동자 계급을 착취하여 자본을 축적하는 단계는 이미 자유경제 시장 생리 자체가 허용하지 못하는 문화 단계에 접어들었다. 정부는 이런 흐름으로 가는 데 도움을 주는 입장에 서야 한다.

정부는 경제 문제에 대해, (정치 386이 사회주의적 규제밖에 아는 것이 없으니) 규제를 거듭하여 상승일로를 걷던 한국 경제는 하강을 거듭한 끝에 젊은 세대의 실업군 대량 생산, 취업난과 경제난으로 한국 젊은이 자살률이 OECD 국가 중 최고라는 처참한 풍토를 조성했다. 실업난 해소를 위해 천문학적 예산을 쏟아 붓지만, 자유 시장경제 체제에서 사회주의 이념에 근거한 경제 정책은 실패를 거듭해 감당할 수 없는 빚더미를 국민과 후대에 지워놓을 뿐이다. 대표적인 예가 가진 자들의 것을 거두어 없는 자들에게 주어 평등한 사회를 만든다는 것이다. 그런 돈으로 사회보장제도를 확립하여 못 가진 자, 병자, 노약자 등을 보호하고 정의로운 사회를 이룬다는 것이다. 그것을 사회주의 이념으로 하려니 모든 것이 실패를 되풀이해 가진 자와 못가진 자 모두의 고통으로 끝나게 되었다. 특히 괴이한 것은 못가진 자는 더 가난하게 되었고 중산층은 파괴되어 없는 자로 전락하고 있다는 점이다.

그 이치는 간단하다. 노무현 정부가 금과옥조(金科玉條) 표본으로 삼던 요람에서 무덤까지 생활이 보장돼 있던 스웨덴도 결국 사회주의 정책을 버리고 자유경제 체제를 선택한 데서 잘 나타난다. 스웨덴조차 버린 정책을 노 정권은 신주 모시듯 한다. 이 또한 노 정권의 기수 386이, 다 지나가버린 공산 사회주의 이념이거나 아류(亞流)이기 때문이다. 이조 시대의 토색질을 방불하게 할 만큼 세금만 눈덩이처럼 불려, 도저히 건널 수 없는 빈부 격차만 만들어 빈자를 더욱 비참하게 만들었다. 국민 경제의 전반적인 후퇴와 추락뿐이다. 인류가 지향하는 현재와 미래의 사회는 하느님의 창조경륜에 따라 각자가 있는 힘을 다해 열심히 일하여 노후 보장, 병 보험 등을 저축과 여러 보험 제도를 통해 해결하는 것이다. 모든 사람이 일할 수 있도록 사회 제도를 형성해가는 것이다. 당연히 경쟁을 통해 해야 한다. 공산 사회 제도에서는 가진 자의 것을 빼앗아 분배했다. 힘들여 일하는 것을 기피하는 인간상을 조장, 빼앗을 것이 더 이상 없게 되면 그 사회는 망할 수밖에 없다. 이와 같은 공산·사회주의 아류 사회에서는 자본가의 왕성한 생산 활동 의욕을 꺾어 자본이 해외로 빠지거나 투자는 하지 않고 수수방관하는 사회가 되어, 젊은 실직자를 양산하여 경제를 점점 더 악화의 길로 몰고 간다. 급기야 그런 사회는 파탄의 운명을 맞게 된다. 이것이 바로 우리 경제의 현주소가 아닌가 싶다. 경제는 생물과 같아, 정부는 경제가 자연 생태적으로 건전하게 발전해 가도록 도와주는 입장에 서야 한다. 그러나 정치 386세대에 이런 것을 기대한다는 것은 이른바 연목구어(緣木求魚), 즉 나무에 올라가서 물고기를 구하는 격이다. 386이 아는 것이란 공산·사회주의식의 중앙 집권적인 대형 정부와 권력의 규제 통치다. 그렇기에 이 정부 들어 경제가 실패를 거듭해 국가의 빚이 지금까지의 역대 정부보다 지난 3년간이 더 많다는 보도다.

  이 정권의 핵심인 386은 정의와 민주, 인권을 부르짖었다. 그러나 386은 방대한 정부 조직과 낙하산 인사로 현 노무현 정권은 부정(不正)의 복마전 기수가 되었고, 북한의 인권에 대해서는 입도 열지 못하는 인권주의자들의 가면이 폭로되었다. 이제 이런 386이 지휘하는 노 정권은 그 뿌리부터 윤리를 잃어버려 부도덕, 자가당착의 정권이 되어 버렸다. 구소련 시대만 해도 세계는 지속적으로 소련의 인권 문제를 제기해 급기야 소련은, 사하로프, 솔제니친 등의 인권주의자들을 소련 자체 내에서 낳게 되었다. 또한, 인권을 핵심으로 하는 헬싱키 조약은, 인권 탄압의 공산·사회주의 국가들이 지상에서 사라지게 한 인류문화사의 전진을 이룬 또 하나의 증표가 되었다. 그런데도 공산·사회주의적 미망(迷妄)에서 깨어나지 못한 정치 386과 그 지휘를 받는 노 정권은 북한의 인권에 대해서 일언반구도 하지 못하는 비겁과 인권 탄압 독재의 유산을 받는 셈이 됐다. 결과적으로 이 정권은 그런 인권 탄압 정권을 돕고 있다. 차이가 있다면 백색 독재냐 적색 독재냐의 차이 정도다. 세상만사는 인간이 인간답게 잘 살기 위한 것인데 그 핵심은 인권 보장이다. 이 정권이 북한의 인권에 전적으로 입을 다무는 것은 자신들의 위선(僞善)(성)을 만천하에 드러내는 것이다. 그런데도 그들은 오랜 기간 인권을 이유로 군사 독재에 항거해서 전국을 데모장화 했다. 정권을 잡자마자 가장 먼저 들고 나와야 할 동족을 상대로 극악무도한 범죄를 저지르는 처참한 북한의 인권에는 눈을 감고 입과 귀를 막는다. 인간적으로 가장 비열한 행위이며 위선의 극치다. 이것을 단적으로 드러낸 것이 국가인권위원회가 "북한 인권 문제는 조사대상이 아니다"라며 북한 인권 문제에 직접 개입하지 않기로 최종 결정했다니 참으로 놀라운 일이다. 인권은 인간 존재의 기본 가치이기에 권한이 미치고 안 미치고와는 상관없이 인권 탄압을 극렬히 비판하고 인권 보장을 인륜과 천륜의 이름으로 천명해야 한다. 이 정부가 세계에 유례를 찾기 어려울 정도로 이 땅 온 천지를 극렬 데모와 폭력으로 몰아갔던 것은 군사 독재의 인권 탄압이 아니었던가. 친북인 노 정권은 북한의 인권 탄압을 포상되어야 할 것으로 생각할 것이라는 의혹을 국민에게 받을 수 있다. 또한, 이 결정은 노 정권과 위원들의 천추에 씻을 수 없는 오명을 후대에게 남길 것이다. 앞으로 인류 역사는 모든 사람의 인권보장을 핵으로 삼아 발전해 갈 것이기 때문이다.

노무현 정권의 핵심 세력은 민주와 정의를 밤낮으로 부르짖은 사람들이었다. 그것도 위선이었다는 비난을 면할 길이 없게 됐다. 그것은 노 정권이 가장 큰 부정(不正)한 정치를 감행하고 있기 때문이다. 이는 역대 정권에 없었던 공무원 1만 3천여 명(3만여 명 추산 주장도 있음) 증원과, 정부의 권력의 손 안에 있는 정부 조직과 국영 기업체, 여타의 기관에도 손길만 고위직과 쓸 만한 자리에의 낙하산 인사로 모든 것이 좌우되기 때문이다. 무능, 부적격자들을 낙하산으로 요직에 마구 앉힌 것이다. 패거리 인사는, 윤리적 흠이 있거나 인기가 없어 국회의원, 지방자치장 선거 등에서 낙선한 인사도 청와대와 정부의 고위직 복귀는 희망적이다. '인사는 만사'라 했는데 이런 인사는 부정(不正) 중 부정이며, 이로 인해 부패는 도처에 뿌리내리고 있다. 그뿐만 아니라 위원회를 150개 이상 만들고, 그 장(長)들은 장관급이 수두룩하며, 그 위원회 역시 코드 인사로 채워진 듯하다. 예산도 방대하여 국민의 세 부담은 이루 말할 수 없이 가중된다. 그러므로 지금 청와대를 좌지우지한다는 386과 연결 세력은 완전히 허구와 기만에 찬 인간이란 비난을 면키 어렵다. 따라서 그들에 업힌 노무현 정권도 허상의 정권일 수밖에 없다. 그렇기에 국가적 큰 문제로 제기된 전국을 도박장화한 '바다 이야기'만 해도, 노 정권의 무능과 실상을 여실히 드러낸 것으로 볼 수밖에 없다.

또한, 청와대의 인사 개입설도 끊이지 않는다. 대법원장, 헌재 소장도 청와대 코드 인사라니 3권 분리의 자유민주의 기본이 무너진다는 걱정이 태산 같다. 민심은 노무현 정권에서 떠날 수밖에 없다. 더욱 가관인 것은 여론이 워낙 나쁘고 야당의 반발도 극심해서, 전효숙 헌재 소장의 국회에서의 인준 요청안을 대통령 스스로 3개월여 만에 철회하는 헌정 사상 초유의 일이 벌어져 대통령 인사권이 말이 아니게 됐다. 그런데도 국가 기밀과 안보의 핵심 부서장에 국가관이 전혀 없는, 야당이 전면 거부한 인물을 통일원 장관에 임명했다.

노무현 대통령의 말은 종잡을 수가 없다. 국정의 잘못은 전부 남의 탓으로 돌리다가 느닷없이 자기 탓이라 하는 등 일관성을 찾아 볼 수 없다. 워낙 인기가 떨어지니 이제는 집값 반 값 정책 운운한다. 이런 정책이 선거용으로 눈어림과 속임수 정책이 아니기를 바란다. 실제로는 전(全) 국토 균형 발전이란 명목 하에 전국의 땅값을 천정부지로 올려놓고 이러지도 저러지도 못 할 뿐만 아니라, 무책임이 극에 달한 노무현 정권이 마지막으로 이 나라를 온통 벌집 뒤집는 꼴로 만들지 않기를 바라는 마음 간절하다. 국민이 생활 여건(직장, 자녀 교육, 의료 시설, 문화 시설, 주거 이동 등 주거 여건)에 맞는 주택의 국가 소유지가 얼마나 되는지가 기본적인 문제다. 이렇게 관제(官制)적인 주거를 누가 선호할 것인가의 문제다. 반(半) 관제적이며 반(半) 자유시장적인 주택을 민간 기업이 건설하도록 할 때 유발되는 문제를 어떻게 감당할 것인가. 지금 한국 국민의 주거 선호 수준은 세계에서 가장 높다고 해야 하는데 이런 식의 주택 정책으로 국민의 점증하는 더 좋은 주거 문화를 찾는 강력한 욕구를 채울 수 있을까. 나 같은 사람의 눈에는 이 정부가 반짝 눈속임을 할 수는 있어도, 결국 돌이킬 수 없는 낭패와 부담만을 국민에게 지운다. 국민은 또 다른 감당할 수 없는 세 부담을 안은 노예의 운명에 빠질 것 같아 걱정이 앞선다. 또한, 이로 말미암은 국민적 위화감도 큰 문제다. 땅과 집을 제대로 소유한 층과 반 값 집에 거주하는 부류 사이의 위화감은 없을까. 또한, 그런 주택 건설에 정부가 치중하여 거의 천편일률적이거나 소비자의 취향과는 동떨어진 관료형 주택이 양산될 때, 소비자의 외면과 기존 수요자 위주의 주택 값 폭등만 부추겨 놓는 것은 아닐까. 완전한 주택 소유욕이야말로 우리 국민성에 가장 뿌리 깊은 유산적 정서다. 반 소유권적 주택으로는 국민 주택 정서를 만족시킬 수 없을 뿐만 아니라, 그동안의 정부의 부동산 정책의 100% 실패의 전철을 밟아 잘못되는 경우, 어떤 정책 실패보다도 무서운 국민적 저항에 부딪칠 것이다. 나는 주택 전문가가 아니기에 단언은 하지 않지만, 저간의 정부의 주택과 토지 정책은 번번이 큰 낭패로 끝난 것이 우려의 근본 원인이다. 젊은 세대의 문화 주택 선호도가 세계에서 둘째라면 서운할 정도로 높다. 이제 문화적, 경제적, 정서적 주택 욕구를 채워 주기 위해서는 젊은이들의 꿈을 실현하도록 경제 체제를 자유경제 체제로 전환하여 직장을 늘리고, 열심히 일해 절약하면 된다는 확신을 젊은이들에게 심어 주어야 한다. 기업인은 소비자의 취향에 맞추어야 이득이 온다는 체제로 바꾸어야 한다. 독점적이 아닌 자유경쟁 체제로 가야 값의 투명성과 가격 하락을 가져오는데, 계속 사회주의식의 통제를 복선으로 깔고 정책을 펴면 실패는 예정된 것이다. 생필품도 자유경쟁 속에서 품질도 좋아졌고 값도 합리적으로 조절된 경우를 얼마든지 보고 있다. 집 없는 빈민을 위한 주택 정책이라면 다른 방도가 얼마든지 있을 것이다. 이런 주택 반 값 안이 다름 아닌 야당 측이 먼저 구상한 것이라니, 야당 정책의 빈곤성이 얼마나 심각한지도 분명하게 드러난 셈이다.

더 한심스러운 것은 연일 문제가 되는 간첩들의 국가 포상 문제다. 참으로 어이없는 논리다. 간첩은 했어도 그들이 군사 독재 정권을 무너뜨리는 운동에 적극 가담했기 때문이란다. 어찌 되었건 백색 독재는 적색과는 비교가 안 되는 것이다. 나는 이 땅의 군사 백색 독재에 계속 항거한 사람이다. 그런 백색 독재를 무너뜨리고 북한 적색 독재를 적극 옹호한 적색 사람들에게, 대한민국 국기(國基)를 뒤흔드는 사람들에게 자유 대한민국의 이름으로 포상을 한다는 것이다. 이제 이 땅은 인민 공화국이라고 해도 조금도 손색이 없을 것 같다. 이제 정부는 북한 인민 공화국 편인지, 자유 대한민국 편인지 정체성을 분명히 해야 한다.

경제적 추락과 한·미 동맹의 약화, 북핵 실험 등으로 국민이 많이 불안해 해도 결국 대한민국은 민초들의 강인한 민족성으로 고비를 넘으면서 번영할 것이다. 대한민국은 정치, 경제, 국제, 문화 등의 모든 분야에서 자유민주화 됐으며 국력이 신장됐다. 현 정부의 시간은 실제로 얼마 남지 않아 지금까지 망가뜨려온 것을 더 연장하기 힘들게 됐다. 북핵 문제는, 북한 지도층이 의기양양해 하는 것과는 반대의 길을 걸어 북한은 잠정적 중단 등의 방법으로 핵 실험을 거듭할 것이나 결국은 체제붕괴라는 비극으로 끝날 공산이 크다. 북한은 공산 사회주의 체제에서도 기이한 체제다. 왜냐하면 공산 사회주의에서 용납될 수 없는 세습체제이기 때문이다. 또 다른 이유는 민족 공조를 들고 나오기 때문이다. 본래 공산 사회주의 이념에는 세계의 인민들이 있을 뿐이다. 그렇기에 공산당 선언의 집약된 구호가 "만국의 노동자여 단결하라"이다. 그런데도 북한 공산주의 정권은 민족 공조를 들고 나와 강력한 국수주의적 색채와 세습 왕조적 성격을 띤다.

북한 공산 정권이 제시한 '민족 공조'라는 표어는 노 정권의 후진성을 여실히 드러내는 표지다. 물론 민족 공조는 좋은 말이며 필요한 말이다. 그러나 그것은 우리 시대의 문화 선상에서는 후향적(後向的)이어서는 안 되고 전향(前向) 선진(先進)적이어야 한다. 또한, 폐쇄적이 아니고 세계에 열려 있어야 한다. 게다가 일방적인 것이 아닌 호혜적이어야 한다. 그런데 북한이 제시하는 민족 공조는 세계 흐름에 대해 극히 폐쇄적이다. 인류 발전사에서 볼 때는, 인류 역사의 뒤안길로 사라진 지 이미 오랜 것으로, 후진적이며, 호혜적 내지 평등적이기보다는 일방적이다. 공조(共助)는 공영(共榮)을 내포해야 하는데 이런 후향적 공조는 인류사 흐름 속에서 전진하는 인류의 공조, 공영에서 이탈하여 공멸(共滅)과 공망(共亡)의 길을 걷는다. 이런 국가 흥망성쇠(興亡盛衰)가 달린 문제는 민족의 지혜를 모으고 민의에 의해 결정할 문제이지 정치 386 주도의 노무현 정권이 할 일이 아니다.

우리 속담에 "선무당이 사람 잡는다"는 말이 있다. 북한이 핵무기를 보유하기에 그렇다. 북은 핵무기 보유로 오히려 체제가 무너질 가능성이 높아질 수 있다. 그것은 세계의 인간 양식(良識)이 반인륜적 행태를 용인할 수 없기 때문이다. 사실 우리는 북한의 핵 실험에까지 이르러 선택의 여지없이 미국의 강력한 요구를 수용해야 할 처지다. 아니면 무서운 경제 제재를 북한과 동조의 대가로 감수하게 될지도 모른다. 세계가 우려했던 북한의 2차 핵 실험 유보는 일단은 다행한 일이지만 언제라도 북측의 태도가 돌변할 수 있어 예측 불허다. 6자회담으로 복귀한다고는 하나, 일시적 방편이거나 제네바 회담과 궤를 같이 하는 것이라는 예측도 틀린 말이 아닐 것이다.

남한 정권은 신중을 기울여야 할 터인데도 경솔하기 짝이 없어 국민의 불안을 가중시킨다. 결국 막강한 힘을 가진 미국의 의사(意思)를 외면하기 어렵게 될 것이다. 그것이 결국은 국민을 번영으로 이끌어 갈 것이다. 이 정부가 그렇게도 좋아하며 나라를 위험에로 몰고 가는 자주는, 경제적 힘을 위시하여 국방, 교육, 사회, 인문과학, 자연과학 등 각 분야의 실력이 미국을 비롯한 모든 선진국과 대등하거나 우월해질 때, 구태여 자주를 큰 소리로 외치지 않아도 주어지며, 오히려 우위에 서게도 된다. 현 시점에서 북한이 그렇게 힘들여 쌓아올린 핵폭탄 개발을 완전히 포기하리라 생각하는 것은 어리석은 판단이다. 한국 정부는 세계 여론과 UN의 결의, 국내의 경악하는 여론에 밀려 미국의 핵우산을 강력히 요구하게 되었다. 미국은 북한 제재에 회피적이며 소극적인 우리를 한 통속으로 몰아 국민 생활을 점점 더 어려운 처지로 몰아 갈 수 있을 것이다. 지난해 청와대와 국가 안전보장회의(NSC)에서 북한의 눈치 보느라 미국의 핵우산 조항 삭제를 시도한 정책 입안자들이 있었다고 한다. 한국 주변 상황이 강대국들의 이해관계로 소용돌이치는데 자주가 어떠니 민족 공조가 어떠니 한다면 국민을 더 큰 고통으로 끌고 가는 것이다. 인류문화가 지향하는 인간 삶은 식민지 시기에나 통하던 자주니, 민족 공조니, 무조건 평화니 하는 따위가 아니다.

  세계는 지금 또 다른 형태의 인간 대이동 시대를 맞고 있다. 한국만 하더라도 차츰 단일 민족의 벽은 허물어지고 있다. 수많은 외국인이 이 땅에 삶을 정착시키고 있으며 그들의 자식들은 분명 한국인이다. 수많은 한국인도 이민을 통해 세계 각지로 흩어진다. 인류는 경제적으로 더 살기 좋은 지대를 따라 부단히 이동하여 새로운 인류 공동체를 형성해 가고 있다. 민족 공동체도 그러한 유형이어서 자유분방한 자유 민주주의 시대에서 50~70년 인류사를 거슬러 올라가 사회주의적 민족 공조나 운위하면서 국제 선진대열에서 역행함은 참으로 어리석고 무지한 일이다. 경제적으로 번영하면서 인간적으로 더 좋은 삶을 어떻게, 어디에서 영위할 수 있는가가 앞으로 인간 삶의 관건이다. 이런 삶을 살기 위해 그것을 위협하는 모든 것에 저항하며 그런 선진적 삶을 향하여 모든 개인과 공동체가 협동하여 더 나은 삶을 이루려는 것이 오늘의 인류문화다. 그렇기에 지금 인류문화에는 못 사는 옛날로 역행하는 식의 민족 공조 내지 자주는 존재할 수 없다. 그것은 인간 생존에 필수인 공기와 구름과 물이 세계를 돌고 돌아서 자연과 인간을 살게 하는 것과 같기 때문이다. 또한, 경제도 이제는 더이상 자주는 통하지 않는다. 학문은 물론이요, 인간의 삶 전반이 인류 공동체의 흐름 속에서 운명을 같이 해야 하는 세계로 옮아가고 있다. 아무리 세계 초강대국인 미국이라도 혼자서 자주니 어쩌니 한다면 정신 이상으로 취급될 것이다. 세계는 모두 공기 소통과 같이 상호 연결되어 있으며 상호의존적으로 살아가는 문화 단계에 도달했다. 이것은 태초(太初)에 있었던 하느님의 창조경륜이다. 나는 그동안 노 정권이 하는 국내외의 일들을 보며 최근에는 '복잡하게 생각할 것 없이 노무현 대통령이 하는 것과 정반대로 생각하면 맞는 것이 되겠구나' 하고 생각을 단순화하게 되었다. 노무현 대통령의 많은 발언과 공언이 일관된 것도 보지 못했고, 더욱이 맞는 것을 보지 못했기 때문이다.

어찌 됐건 국민들은 6·25 한국전쟁 이후 가장 불안한 심정이다. 그것은 북핵 실험과 노 대통령의 전시 작전권 독자 행사 주장 때문이다. 경제도 점점 더 암운(暗雲)을 드리우고 있다. 이즈음에는 좌경 데모로 정권을 잡은 노 정권이, 데모가 전국을 무정부 상태로 휩쓸어 가는데도 속수무책임을 보며, 결국 좌경 데모로 치명상을 입겠구나 싶어 "때는 때대로 간다"는 속담마저 뇌리를 어지럽힌다.

나는 북한과의 제네바 비핵화 협정 때도 북한은 핵실험을 계속할 것이라는 것을 공공연히 주장해 왔다. 제네바 비핵화 협정 이후에도 북한에서는 70여 차례에 걸친 지하 고성능 폭발 실험이 있었다는 보도가 있었다. 북한은 이번 핵 지하 실험으로 세계가 경악하는 속에 확실히 핵 보유 국가임을 세계만방에 과시했으며 그렇게 인정되었다. 세계는 지금 북핵 저지에 총력을 기울이지만 북한 핵 실험의 완전한 중단은, 북한 당국이 꿈에도 그리던 남한 적화 통일이 이루어질 때에

나 가능할 것이다. 북한은 핵 문제에 관한 한, 한국의 개입을 전혀 용납하지 않을 것이다. 북한은 적화 통일이 이루어지기까지 시기의 조절 등의 융통성을 보일지라도 절대 핵을 포기하려 하지 않을 것이다. 평양 당국자들이 볼 때, 적화 통일을 위해 핵무기만큼 강력한 힘은 없다고 확신할 것이다. 이번에도 미국을 선두로 UN 안전보장 이사회 등 세계가 소동이지만, 북한은 UN군과 3년여 동안 전쟁을 했고 그 후 50여 년간 판문점 회담에서 UN과 미국을 애먹인 경험이 있다. 북한은 핵문제에서 중단이나 폐기는 있을 수 없는 교조와 같은 신념을 갖고 있다. 다만, 중국 등의 강력한 권유로 일시적인 유보는 있을 것이다. 북한 측에서 볼 때 남한은 애당초 핵에 관한 한, 없는 존재이거나 오히려 핵개발에 유용한 존재다. 금강산 관광과 개성공단을 통해 흘러 들어 가는 현찰만 하더라도 사유재산이 부인되는 공산 체제에서는 전액이 정부 혹은 당에 들어가 무기화된다는 것은 한국인이라면 삼척동자라도 다 아는 일이다. 그런데 무슨 확증이 어떠니 등, 이른바 '유식한 무식'(docta ignorantia)이 판을 치니 참 우습기 짝이 없다. 북한이 전쟁으로 위협하면 청, 당, 정 등이 총 투항하다시피 비위 맞추기에 정신이 없으니, 북한으로서야 핵 개발 지속을 위해 이보다 더 좋고, 안전하고, 돈 줄 넉넉하고, 국제무대에서 미국과 회원국의 북측 제재에 제동을 걸며 북한에 유리하게 하는 더 좋은 우군이 어디 있겠는가. 요즘 북한이 6자회담에 복귀할 것이라고 온통 들뜬 모양이다. 북한으로서는 6자회담을 세계가 애걸복걸하는 셈이니, 복귀하지 않을 때 외부세계의 경제적 압박으로 식량원조 중단 등 각종 원조의 급속 감소로 발생할 국내 난국을 고려해서 응할 것이다. 다만, 제네바 핵 협약 때처럼 어느 정도의 협약은 해놓고 챙길 것은 다 챙기고 지난번과는 다른 방식으로 요구 사항을 제시해 핵 실험을 계속하는 길을 걸을 가능성이 높다. 이런 것은 한두 번 있었던 일이 아니다. 그리고 남한 정부에는 전쟁으로 위협하면 될 것이라는 계산이 깔려 있을 것이다.

그 좋은 예가 지난 번 한·미 국방장관 회의에서 미국 측이 강력히 요청했다는 PSI 적극 참여에 대한 북한의 전쟁 불사 발언에 우리 정부는 (숨도 못 쉬고) 북한의 주장을 그대로 따르는 형국이었으니 더 말할 여지가 없다. 이제 북한은 처음에는 새끼 호랑이 같더니 지금은 남한이 제공하는 육류(肉類)로 성장을 거듭해 핵폭탄을 쥔 젊은 호랑이로 자라 먹이를 주던 남한을 위협하는 중진 호랑이가 됐다. 이제 멀지 않아 남한을 통째로 삼키려는 큰 호랑이로 나타날 준비 중일 것이다. 그것이야 물론 핵개발에 박차를 가하는 것이겠다. 북한이 전쟁 불사라는 말만 해도 남한은 혼비백산 하는 형국이 되었다. 이대로 계속 간다면 어느 날, '핵(폭) 전쟁을 감수하겠느냐 아니면 남한 공산화를 받아들이겠느냐'라고 하면 후자를 택할 것이라는 전제 하에 북측이 움직일 것이라는 상정(想定)이 가능해진다. 국제 질서에서 평화는 힘의 뒷받침으로 가능한 것이지 일방적 양보의 계속과 투항 양식으로 성립되는 것이 아니다. 사람들은 북한을 다루는 데 미국이 있지 않느냐의 안이한 자기기만에 쉽게 빠진다. 미국도 북측이 볼 때는 종이호랑이 외에 아무것도 아닐 것이다. 제네바 협정 후, 북한은 계속 핵개발을 하고 있었는데 클린턴 정부의 매들린 올브라이트 국무장관이 평양에 가서 북핵 문제가 해결이나 된 듯 야단이었다. 어린애 같은 당시 특권 대사격이었던 인물은 제네바 협정을 마치고 세계 평화의 사도처럼 행세했지만 결국 북한에 속은 것이었다. 이에 북핵 실험 후에야 북한이 속였으니 그들은 매우 어려운 고통을 받을 것이라 했다. 매들린 전 국무장관은 몇 년 전 북한이 핵실험을 공표하자 마치 속았다는 듯 유감스러운 일이라고 말했으나, 북한에게는 그런 말은 아예 들을 가치조차 없는 궁색한 변명일 것이다. 김대중 대통령과 노무현 대통령은 언제인가 미국을 몰아붙이며 북한이 핵무기를 갖는 것이 일리 있다는 식의 발언을 하면서도 북한이 핵실험하는 것을 반대하는 발언을 뒤섞으니 이들의 논리는 참 괴이하다. 북한 입장에서는 '지금 우리가 핵폭발 실험을 했는데 어쩔 거야' 하는 식이니 말이 핵 해결에 무슨 용(用)이 있느냐는 저쪽 태도가 아니겠는가.

또 다른 문제는 중국이다. 중국은 북한이 핵무장을 하는 경우, 일본이 핵무장한다는 전제를 가지고 있다. 그 경우 한국도 대만도 핵무장을 할 것이어서 적극적으로 북핵 무장을 저지하려 할 것이다. 그러나 북한이 중국의 권유도 뿌리치고 핵무기 개발을 강행할 경우, 중국도 속수무책일 수밖에 없다. 그것은 지정학적 국제적 입장에서 볼 때 중국은 북한을 옹호할 수밖에 없는 것이기 때문이다. 그런 와중에서 한국은 노무현 정권과 여당을 잘못 만나 국제적으로 설자리가 없게 되어 구한말의 국운처럼 열강의 밥이 될 수도 있을 것이다. 한편, 딱하기 그지없는 것은 제1야당인 한나라당이다. 야당은 지금 이런 국난의 시기에 민심이 완전히 노 정권과 여당을 떠났는데도 경제난과 북핵 개발과 북한의 전쟁 위협이 노골화 되어 국민의 불안이 극에 달하는데도 아무런 정책적 비전이 없다.

이런 냉엄한 현실 앞에 우리는 아무 희망이 없는 것일까. 이런 겹겹이 쌓인 어두운 면과 국민의 많은 고통이 앞을 가로 막고 있는데도 불구하고 국민의 노력 여하에 따라서는 의외로 국운이 밝게 트일 수 있는 요소가 많다. 그것은 미국과의 공고한 동맹 관계, 특히 군사 동맹 관계로 군비 절감과 국민의 불안 심리 안전, 각 분야의 광범위한 인재 양성 등으로 민주 국력과 경제력은 세계가 놀라는 발전을 하였다는 것이다. 얼마 남지 않은 좌파 정권이 탕을 치고 있는 것도 곧 끝날 것이다. 또한, 수면 아래로 가라앉아 시기를 고대하는 각 방면의 민주 저력이 수면 위로 떠올라 활약할 것이기 때문이다. 물론 어차피 바뀔 수밖에 없는 다음 정권은 현 정부가 망가뜨린 그간의 막대한 국가적 손실, 특히 경제적, 정치적, 국방적, 교육적, 국제 외교적 손실, 이념적 손실을 원상 복구하는 데 노력해야 할 것이다. 국가 전반에 침투되어 있는 좌익적 이념, 특히 노동계와 교육계의 전교조 등에 깔려 있는 좌경 이념의 불식이 시급하다. 세대간, 지역간 분열은 더 심화됐다. 그러나 이런 난제도 인류사와 세계사의 흐름 속에서 시간은 좀 걸릴지라도 결국은 해소될 것이나 다음 정부와 국민의 협력이 매우 중요하다. 어떤 민족적 손실과 이념적 문제는 전면 재조사, 헌법에 의한 엄중한 책임을 물어야 할 문제도 제기될 수 있다. 국민도 의식 수준을 꾸준히 높이며 만사에 적극 참여 의지를 다짐해야 할 것이다.

이 문제에서 한국 사회에서의 종교의 역할이 심대하다. 특히 명동에서의 발언과 거취는 가히 절대적인 영향을 미칠 수 있다. 이 정권의 무지와 무모, 저돌적 행동으로 보아, 정치의 평화적 교체에 혼란이나 차질이 없도록 온 국민, 그중에서도 언론과 여론, 종교, 민관 기구들은 감시의 끈을 잠시라도 늦추어서는 안 된다. 이 정권에서 가장 중한 것의 손실이 컸던 것은, 많은 젊은이의 정기와 기백이 사라진 것이 아닌가 싶다. 지금 대학을 중심으로 볼 때, 젊은이들은 낭만과 이상으로 새로운 국운과 새로운 세계질서에 대한 꿈과 열기가 뿜어져 나와야 할 터인데도 취직에 목숨을 거는 것이 전부가 되었다. 그들이 세계사에서 사라진 좌경이념 정권의 처참한 모습을 있는 그대로 보는 것도 서글프다.

중대한 요인은 북한 체제의 붕괴 운명이다. 북한은 공산, 사회주의 체제에서 전혀 있을 수 없는 왕조 체제를 끌고 갈 수만은 없는 한계를 맞이할 수밖에 없다. 그것은 외부와의 교류를 통해, 인권 문제 등의 자각 등에서 일어나는 공산주의자들이 즐겨 쓰는 자기모순의 표출이 그 사회 내부에서도 일어나기 때문이다. 또한, 폐쇄 사회와 군비 증강, 국민의 빈곤화, 풍요로운 21세기에 아사자의 속출, 북한 체제의 인권 탄압 등의 인류 양식(良識)과의 충돌은 결국 앞날에 북한 체제 붕괴라는 굉음을 낼 것으로 예견된다. 그것은 인권 보장을 핵심으로 하는 헬싱키 조약을 거치면서 세계에서 미국과 더불어 가장 강력했던 핵보유국 소련이 소리 없이 무너진 점에서도 명백하다. 어쩌면 북한은 말할 수 없는 인민의 빈곤을 담보로 핵개발을 하여 세계에서 북한 정권의 위상을 한껏 높이고 적화통일을 꿈꾸고 있을지 모른다. 그러나 그것은 한낱 신기루 같은 것이고 현실은 자기 발을 찍는 결과로 돌아올 수 있다. 북한도 이제 더 이상 국토와 인민을 가두어 놓고 금강산 관광을 가도 지척의 핏줄은 만날 수 없는 상태를 계속할 수만은 없는 것이다.

세계와 남한은 계속 북한의 젊은이들을 밖으로 끌어내야 한다. 동서고금(東西古今) 젊은이들은 새로운 세계와 미래의 세계를 지향하는 것이 본질이다. 이것은 하느님이 인간을 창조할 때, 인간 본성에 박아준 것이다. 그들의 세대는 북한에서도 완전히 달라져야 하기 때문이다.

나는 이런 기이한 경험을 하게 된 계기가 있었다. 그것은 1957년 경, 이탈리아 로마에서 유학하던 시절의 일이다. 어쩌다 나는 당시 이탈리아의 정부 기관에서 상당히 중요한 업무를 맡고 있는 분을 알게 되었다. 그분은 외국으로 이탈리아인 송출을 감독하는 일을 맡고 있었다. 그분은 나에게 무슨 좋은 아이디어가 있으면 말해 달라고 했다. 나는 이탈리아인들의 외국 송출보다는 소련인 초청에 대해 할 말이 있다고 했다. 이탈리아 로마에는 UN 농업기구 등 국제회의가 많아 전승국이자 대국인 소련은 국제회의에 참여하는 인사들이 수없이 왕래한다. 그러나 소련은, 돈이 없는 가난한 나라로서 다른 나라 대표들이 부부동반은 물론, 때로는 가족동반으로 여행와서 대표가 회의에 참석하는 것에 비해 소련은 항상 남자 대표 한 사람만 온다. 소련 대표를 초청할 때, 부인도 같이 오게 하고 가능하면 성장한 자녀도 같이 오도록 초청 비용을 지원하면 좋을 것이라고 했다. 그들을 문화 관광을 주로 시키되, 부인들은 쇼핑 등을 자유롭게 하게 하는 것이 좋으며, 무엇보다도 경제적으로 발전하며 자유분방하게 살아가는 서방 젊은이들의 세계를 공산권 젊은이들에게 보여주는 것은 가장 중요하다고 했다. 그 후 소련 대표들도 부인 동반으로 오게 되었고 젊은 자녀도 동반하게 되었다. 드디어 유고 연방에는 미국의 자본은 물론 이탈리아의 당시 유명하던 Fiat 자동차가 넘쳐났다. 그 당시의 이런 일은 젊은 층의 성장과 궤(軌)를 같이하며 공산 국가 내부에서의 변화를 유도하는 동력이 되었다.

또한, 1990년 소연방이 해체되기 직전의 일이었다. 고르바초프 등장으로 소련이 개혁 개방의 기치를 들기 시작할 때 소련을 시찰할 기회가 있었다. 모스크바에서 여러 가지 변화를 젊은 층에서 보았다. 인상 깊은 것은 맥도널드 한 지점에 젊은이들이 끝도 없이 줄지어 선 모습이었다. 약 4km에 걸쳐 햄버거를 한번 먹으려고 줄을 선 젊은이들의 도열이었다. 때로는 4시간 정도 기다려야 차례가 돌아온다는 것이다. 그리고 젊은이들이 열광하는 것은 진 바지였다. 어디나 젊음에는 공통점이 있는 법이다. 젊은이들에게 밀폐 교육을 하면, 미·일 전쟁 중 일본의 젊은이들이 경비행기에 폭탄을 싣고 적 군함 연통 속으로 자폭하는 가미카제(神風隊) 역할도 마다하지 않는 인간상을 연출하기도 한다. 그러므로 나는 북한의 젊은이들을 한국을 비롯하여 서방 세계로 이끌어 내어 참 인간이 사는 모습을 보여주고, 가능하면 교육도 시켜주는 것이 북한을 진정 돕는 것이라고 생각한다. 나는 여러 해 전에 여당의 실세인 어느 분이 막대한 북한 원조 계획을 계획하는 것으로 보였기에, 그들 젊은이들의 신체 성장에 도움을 줄 겸, 젊은이들이 좋아하는 햄버거, 콜라 등의 쿠폰을 무제한 우리 돈으로 구입하여 북한 전역, 그것이 불가능하면 대도시 젊은이들에게 무료로 배부하기 위해 북한에서 음식점을 운영하는 것이 좋지 않겠느냐는 농담 비슷한 진담을 한 것이 기억에 새롭다.

나는 처음부터 끝까지 이산가족의 고향 자유 왕래를 전제로 북한 원조가 있어야 한다고 생각한다. 죽기 전의 50~60년간 못 본 피붙이를 한 번이라도 보고 눈 감겠다는 인간의 마지막 소원을 외면한 것이 무슨 원조이겠는가. 그런 원조이니 북핵 성공을 돈 갖다 바쳐 이루어 준 것이 아닌가.

1960년대 초 내가 미국에 체류하고 있을 때, 뉴욕에 벌써 3천 명가량의 중국 본토 학생들이 집단으로 생활하며 미국 대학에서 공부한다는 말을 들었다. 그 당시 중공 학생이 미국에서 공부한다는 것은 중공의 특수층 자녀들일 것이었을 것이다. 그들이 오늘날 중국 권력의 허리를 형성했으니, 중국이 공산 체제를 벗어나 경제적으로 번영하는 체제를 만들며 미국과의 관계도 원만히 유지해 가는 것으로 생각한다. 중국은 본래 만만디 성격이고 장유(長幼) 질서가 엄격하나 권력 이양을 서두르지 않고 순리를 밟으며, 그때의 미국 유학파들이 아버지 세대를 뒤이어 지금 중국의 권력층을 움직이고 있다고 생각한다. 정말 민족 공조를 하려면 북한 청년을 대량 남한이나 미국으로 이끌어 무상 교육을 시키는 것이 진짜 민족 공조가 될 것이다. 비용은 남한

이 북한에 직접 송금하기보다는 그들을 교육시켜 북한 재건에 이바지 하도록 하는 것이, 실질적으로 돕는 것이며 먼 훗날 무리 없는 통일을 준비하는 것이 될 것이다.

　남북 접촉과 원조에서 선결되어야 할 문제는 인간의 가장 기본인 혈육 상봉이다. 지금과 같은 북한의 일방 주도적이고, 북한의 돈벌이와 선전술밖에 안 되는 금강산 상봉, 만나야 할 사람들의 몇 천 분의 일도 안 되는 상봉 말고, 고향 방문으로 자유롭게 만나야 한다. 이런 만남은 분명 막대한 민간 자본이 북으로 가족 관계를 통해 흘러들어 갈 것이다. 50여 년 동안 핏덩어리로 남겨 놓고 온 아들딸을 만날 때, 어느 부모가 가진 것을 다 내놓지 않을 수 있겠는가. 또한, 어린 동생에게 부모님의 산소를 맡긴 꼴이 되었으니 어느 형제인들 그 동생에게 경제적으로 최선을 다하지 않겠는가. 피난민이 이북 방방곡곡에서 왔으니 이북 천지는 크나큰 민간 자본이 흘러 들어가 지방 재건과 풍요화에 기여할 것이다. 먼저 자유 왕래가 이루어진다는 조건 하에 남북교류도 좋고 경제 협력도 좋다. 이런 상태가 상당한 기간동안, 이루어진 후, 즉 어느 정도 이념적 문제나 경제적 격차나 심리적 갈등이 해소된 다음에 정식으로 통일 논의가 이루어져야 한다. 그렇지 않고 지금 상태로 가면, 많은 젊은이가 피흘릴 위험이 있다. 북한이 남한을 좌익 선전이나 폭동, 폭력, 기만술 등으로 손 안에 넣으려 한다면 크나큰 오산이며 스스로 몰락을 자초하게 될 것이다. 남한은 이제 역사의 뒤안길로 사라진 이념의 먹잇감이 아닌, 국제적으로 상당한 수준에 올라 있다. 그것은 북한의 대변인으로 인식되는 현 정권이 얼마나 민심에서 떨어져 있는지에서도 분명하다.

　다음의 남한 정권은 정상적으로 가려는 한, 지금과는 다른 국내외 정책, 특히 대북정책을 펼 수밖에 없다. 우리 국운의 기이한 현상은 절대 위기 상황에 절대 번영의 싹이 터 더 큰 번영으로의 도약을 이루어내는 것이다. 이것은 시대를 뒤돌아보아도 일목요연하다. 이 땅은 미군과 소련군의 점령 하에 한반도 전체가 5년간 열강의 신탁통치(信託統治)안이 대두하여, 공산 진영의 찬탁(贊託)과 민족진영의 반탁(反託) 진영이 맞서 민족은 적(赤)과 백(白)으로 산산 조각이 나더니, 북한의 공산 정권이 한반도 적화로 일으킨 6·25 한국전쟁으로 인민군은 대구 지역과 부산 지역을 제외하고 남한을 점령하여 적화 통일은 거의 이루어진 판국이었다. 그런데 난데없이 UN군 참전으로 전세와 역사는 완전히 뒤바뀌게 되었다. '난데없이'라고 한 것은 중국이 공산화 되는 무렵 미국은, 애티슨 미 국무장관의 한반도를 제외한 알라스카에서 일본 열도를 거쳐 필리핀에 이르는 '애티슨 라인'이 발표됐기 때문이다. 남한에서는 소총 한 자루도 주지 않은 채 미군 전면 철수가 이루어져, 중국이 공산화된 후라 중국 대륙의 끝자락에 붙은 남한의 적화는 시간의 문제일 뿐이었다. 그런데도 UN 안보리에서 소련 대표 말리크가 한반도 적화를 기정사실로 보아 불참하여 거부권 행사를 하지 않는 바람에 UN 안보리 참전 결정으로, UN군과 한국군은 북진하여 평양을 점령하였으며, 일부 국군은 압록강까지 진격하는 기현상이 벌어졌다. 중공군 개입으로 현 38선이 고정되었지만 남한은 UN군, 특히 미군의 보호 아래 한국은 경제 분야를 중심으로 세계에서 유례를 찾아 볼 수 없는 세계 10대 경제 대국과 기술의 초 선진국으로 발전했다. 유럽에서는 나토군 보호 아래 독일이 번창한 것과 같다. 또 한 번의 위기도 인간의 지혜로서는 상상조차 할 수 없는 북한의 큰 실수로 남한이 적화의 위기를 모면했다. 1974년경, 월남에서 패전으로 미군이 철수하고 베트남이 적화통일 되는 시기였다. 그것은 다름 아닌 북한 김일성 주석이 "잃을 것은 38선 철조망이요 얻을 것은 남한 전부다"고 했다는 것이다. 또한, 이런 의기양양으로 북경을 방문하여, 당에 복귀 권력을 장악한 지 얼마 안 된 등소평에게 남침을 제안했으나 등소평은 미국과 중국의 충돌을 우려해 만류했다. 미국은 베트남 패전으로 한국에서도 내부적으로는 철수 가능성이 농후했기에, 북한이 남침했다면 한반도 적화의 위험이 컸다는 후문이었다. 저간의 이런 후문은 하늘의 도움, 즉 기적이 아니고서는 해석할 수 없는 사건이다.

나는 이 나라에 대한 하느님의 특별한 안배를 믿어 의심치 않는다. 한국은 하느님께 대한 신앙으로 순교의 피로 젖은 땅이고 성모님께 바쳐진 땅이다. 특히 명동성당은 원죄 없으신 성모님께 한국 전체와 같이 바쳐졌다. 한국은 분명 하느님께 대한 신앙의 나라이며 기적의 나라다. 그런 남침을 북측이 감행하기에는 한국은 너무 커진 셈이나 북측의 무모한 행동은 언제 무슨 일을 일으킬지 모른다는 경계심을 정부와 군, 국민은 일순간이라도 늦춰서는 안 될 것이다. 더욱이 패배주의적 의식은 금물이다. 패배주의 의식은 현 정권의 트레이드마크인 셈이다. 인간의 잘못으로 현 시점의 한국의 국내외 정황(政況)은 암울하고 불안하다. 지금의 정치 386은 반미주의적이라고 한다.

진짜 반미 감정은 당대와 전 시대 혹은 다음 시대 사람들의 것이다. 그들이야말로 미국인에게 인간 대우를 받지 못했다. 미국 땅에서 참기 어려운 인간 차별 대우를 받으며, 미국인의 기피 종목인 천박한 일들을 마다하지 않고 주경야독(晝耕夜讀) 분초(分秒)를 아껴가며 면학을 거듭하여 오늘의 한국을 이룬 세대다. 그 덕분으로 후대는 동등한 대우를 받으며 당당하게 미국과 맞설 수 있게 되었다. 노력을 거듭하여 실력을 쌓으면 현재의 EU 국가들이 미국과 동등한 것처럼, 또 일본이 미국과 대등한 입장인 것처럼, 우리도 미국과 동등한 입장이 될 수 있다. 그뿐만 아니라 때로는 지정학적 내지는 민족적 우수성 때문에 우위에 서게 될 것이다. 지금 현실이 그런 예라고 생각한다. 3천 년대에 들어선 인류문화는 모든 것이 지역이나 집단 중심으로 이루어지기에 구시대적인 자주 국방 등으로 국민의 불안을 가중시키고 감당할 수 없는 경제적 부담이나 자손대까지 지워놓는 어리석은 정치가 이 땅에 있다는 것 자체가 부끄러운 일이다. 그렇다면 왜 자주 경제를 주장하지 않는가. 미국이라 해도 자주 국방과 자주 경제는 불가능하다. 전시작전권 문제란 실책이 노무현 정권에 의해 저질러졌다. 대한민국이 침입을 받는 경우, 미군 60여 만이 자동 개입하게 돼 있는 국가 안전과 상상을 초월하는 경비를 미국이 떠안게 된 협약을 무효화하여, 그런 모든 부담을 자국민에 떠안겨 후손까지 떠맡게 되었다. 미군 60만 개입이면 군 첨단 장비와 군수 보급 물자 등을 감안할 때 미국도 국력을 쏟아야 한다. 그런데 이런 황금 어장을 스스로 박차 버리는 정부가 과연 국민을 위한 정부인가 하고 국민은 심각하게 물어야 한다. 제대로 국방을 하려면 이런 빈자리 메우기에 엄청난 재정적 부담(전문가 추산으로는 1천2백조에서 1천3백조 원)이 들어간다. 미군이 일선에 포진하고 있으면 한국은 누구도 침략을 엄두도 못 낼 평화의 지대인데, 이 정부 인사들이 미국에 가서까지 미국인이 왜 한국에서 인계철선의 부담까지 져야 하느냐는 식의 말을 했다는 보도다. 이런 정치 형태로 이 땅에 전쟁이 일어나 무수한 젊은이가 자유민주주의 조국을 지키기 위해 피를 억수로 흘리게 된다면, 이런 희생을 감당할 국민은 이 정부 사람들을 대천지원수(戴天之怨讐)로 삼을 것이다. 또한, 미군의 빈자리와 그 막강한 군 장비를 메우기 위해 국민이, 후손까지 감당해야 해야 할 경제적 부담은 어떻게 할 것인가. 그로 말미암아 국민이 감당할 불안감은 어떻게 할 것인가. 민주주의 국가의 대통령은 이런 국민의 걱정과 근심 불안을 일소하고 국민을 평안하고 더 풍요로운 삶을 살도록 해 주어야 하는 것이 자기 생명보다 더 귀한 것이 아닌가. 그런데 노 정권은 날이 갈수록 이런 질곡(桎梏)을 국민에게 더 짊어지우고 있다. 그러니 대통령과 여당에 대한 민심 지지도는 세계 정치사에서 유례를 찾아 볼 수 없을 만큼 추락을 거듭한다. 저간의 한·미 군사 관계는 선인(先人)의 지혜와 하늘의 도움으로 세계가 부러워하는 한·미 군사 협정이었다고 하지 않았던가. 그러니 국민은 극도의 불안에 휘말리며 정부의 실체가 무엇이냐는 무언의 항변으로 국회의원 재보선, 지방자치단체장 선거에서 0대 40이라는 전대미문의 참패를 노무현 정권과 여당에 안겨 준 것이 아닌가. 따라서 노무현 정부는 현상 유지 외 국민의 의사에 반(反)하는 어떠한 중대 결정도 하면 안 된다.

운동권 386의 중대 간첩사건 혐의가 사회의 큰 이슈로 떠올랐다. 그 사건 발표 후, 국정원장의 퇴진까지 있어 여론과 항간에는 386 실세의 정치적 압력이란 설이 강력하고 광범위하게 퍼지고 있다. 386 세대에 의해 모든 것이 이루어진다는 청와대, 특히 노무현 대통령은 진상 규명을 철저히 할 것을 국민에게 공개적으로 약속하고 실행해야 할 것이다. 북핵 문제 처리에 미온적인 정부에 대한 국민의 불안과 의혹의 눈길은 더 깊어가는 때임을 노 정권은 명심해야 할 것이다.

특히 노무현이 더욱 곤혹스럽게 된 것은 6자회담 개최 논의에서 북한, 미국, 중국 3개국만의 회동이 되었고 가장 심각한 핵 위협에 놓여 있는 핵 문제의 직접 당사자인 한국은 완전히 소외됐다는 점이다. 북한에 막대한 현금을 퍼부어 군 장비 현대화는 물론, 핵실험까지 성공적으로 이룬 북한이 이제 남한을 우습게 알게 되었다. 예비 3자회담 북, 미, 중 회담에 가장 중요 당사자인 한국은 끼지도 못하고 미국과 중국에게 귀동냥이나 할 뿐이다. 북한 정권이 남한 정권을 대접해 줄 이유는 오직 한 가지다. 그것은 남한 정권을 통해 미국과 어떤 형태로

든 접촉의 도움이 되는 한에서다. 그런데 386 정권은 미국과의 우호 관계를 모두 끊어버리니 노 정권은 쓸모없는 정부로 전락해 버렸다. 경제원조야 전쟁할 테니 뺨 한 대 되게 맞아 볼 테야 하면 "예, 알아 모시겠습니다"이고 눈치 살피기와 대령하기에 급급하다. 이런 처지에서 한·미의 지난 반세기 이상 공고했던 동맹의 테두리 속에서 세계의 경의와 흠모를 한 몸에 받으며 성장한 국가 안전과 번영의 기틀을 기초부터 거의 부셔놓은 현 단계에서 미국의 노여움과 불신과 함께 경제적·군사적으로 보이지 않는 제재와 보복으로 곤궁에 빠지게 될 남한 정권을 동등하게 대할 리 없게 된다. 근 50년간 악조건 하에서도 판문점에서 한국을 회담장 한구석에 앉혀놓고 미국을 골탕먹인 북한인데, 청와대를 멋대로 주무르는 386을 그 측을 끼어 주겠는가. 이것은 우리 정부 자체가 천방지축으로 근 4년 동안 날뛴 결과로 스스로 왕따를 불러 왔기 때문이다. 이제 노무현 대통령은 중국에 뛰어가 중국에 북한을 설득하여 달라고 부탁하니 일이 잘못된 형편이다. 그래서 나는 헌재의 탄핵 기각 후, 이대로 가면 얼마 안 가 "노무현 대통령 우리 대통령 맞아?" 하는 말이 나올 것이라고 글을 통해 밝힌 적이 있다. 이제 두 자리 숫자 아래로 떨어진 지지율이다. 나는 이런 불행을 막기 위해 유력지 투고나 강연의 기회가 있을 때마다 노무현 대통령은 386의 그물에서 벗어나 모든 국민의 대통령이 되어 인재와 경제력 등 그동안 쌓아 올린, 세계가 경이의 눈으로 바라보는 국력을 십분 활용하여 역사에 남는 대통령이 되어 달라고 했다. 그러나 역사에 역주행만을 계속 부딪쳐 모든 것을 파탄으로 몰고 가 노 대통령이 끝날 무렵에는 이 땅에 성한 것은 아무것도 남아 있지 못 할 것 같다.

우리 민족은 놀라운 민족이기에 일단 때가 되면 대통령이라 해도 하야를 시키는가 하면 총살도 감행하고 감옥에도 보냈다. 대통령의 자식을 감옥에 보내는 것쯤은 다반사로 알고 있다. 이 민족이 정의의 민족임도 염두에 두어야 할 것이다. 현 단계에서는 시간이 빨리 흘러 하루라도 속히 정부의 임기가 끝나는 길만이 민족의 앞날을 위해 가장 좋은 길이라 생각한다.

　참으로 이 정부의 훗날이 많이 걱정된다. 그것은 많은 국민의 손실과 좌절, 몰락을 초래했고 국운을 벼랑으로 몰고 갔기 때문이다. 특히 노무현 정권으로 자유민주주의 한국의 정통성에서 벗어난 20여 년으로 추산되는 역사와 전통성과 번영에서 이탈한 것을 바른 궤도로 올려놓는 데 초반 대부분의 시간을 소비해야 할 것으로 생각된다. 동양에서 단연 선두를 달린 한국의 비약상을 꺾어 놓은 지난 10년, 특히 지난 5년을 세계의 전문가들은 매우 아쉬워한다. 그러나 그동안 우수한 두뇌 집단과 근면한 민초들이 쌓아 올린 풍부한 인적 자원과 노하우가 워낙 컸다. 또한, 경제적 기반이 튼튼했기에 지난 두 정권이 많이 부셔 놓았지만 다 망해 역사의 뒤안길로 사라진 공산 좌경 이념 정치로는 부수는 데도 한계가 있어, 스스로 쳐 놓은 올가미에 스스로 빠져든 형국이 되어 이제 한국이 다시 도약하여 비상할 날도 그리 멀지 않았다고 생각된다. 노무현 정권은 더 이상 국운의 진로를 가로막지 말고 조용히 물러나야 하는 것이다. 만일 북한이 현재의 386 정권 하에서 마음껏 누리는 행운이 지속되리라 믿는다면 그것도 북한의 폐쇄된 사고방식이며 이런 폐쇄성은 스스로 운명을 재촉하는 결과로 이어질 것이다. 북한 당국자들이 지금 청와대에 자리잡은 386에 의지하고 있는 것은 자살 행위다. 386 세대 중, 시대의 흐름을 보며 나라의 앞날을 이루는 데 크게 공헌할 수 있는 분들도 정치, 경제, 국제, 국방, 외교, 과학계에 수없이 많은 것은 이 나라 앞날에 큰 희망이다. 더 나아가 그들이 국가의 각 분야를 책임지는 날, 더 웅비할 수 있는 소지를 그 세대와 다음 세대가 갖추고 있다. 그들의 세계는 우리가 생각하는 이상으로 자유분방하며 개성의 연대 발전을 이루어 갈 것이기에 희망적이다. 인권 문제는 결국 북한 존망(存亡)의 열쇠다. 이런 시험은 이미 1989년 10월에서 1990년 5월에 걸쳐 구소련과 동구 공산 국가에서 끝났다. 이는 인간이 사는 곳에서는 이루어지고야 마는 인간의 숙명이다.

이번 6자회담과 핵 문제 회담이 있을 때마다, 모든 핵무기는 강대국의 것이건 약소국의 것이건 무조건 폐기되어야 한다는 것을 계속 주장하여 핵무기에 대한 인간 양식을 자극해야 한다. 마치 1차 세계대전 후, 독가스 무기화가 전면 금지 폐기된 것처럼 말이다.

이 정부에서 국민에게 일말의 위안과 기쁨을 준 것은 반기문 씨의 한국인으로서 만장일치의 UN 사무총장 선출이다. 물론 이번 일은, 그동안 수십 년간 쌓아올린 국력의 바탕으로 된 것이기에 온 국민의 경사다. 또한, 이 정부가 고소득에도 불구하고 탈세를 일삼는 계층의 탈세를 방지하여 빈민층의 사회복지를 증진시킨다면 높이 평가할 만한 일이다. 이런 복지는 공평 세제와 경제의 지속적 성장 속에서 이루어져야 한다. 무엇보다 먼저 사회주의적 이념을 버리고 (공산·사회주의적 사회보장 정책은 사회주의적 사회보장 정책으로 망한 것이기에) 자유민주주의와 시장경제, 인간의 존엄성을 새로운 차원에서 보는 사상적 바탕에서 사회 복지 정책이 이루어져야 한다. 또한, 노무현 정권이 자랑해도 좋을 듯싶은 것은, '바다 이야기' 등 전국이 도박판화 되는 와중에 청와대 인사 개입설이 꼬리를 문 것이 사실이지만 정경유착의 크나큰 고질병의 뿌리를 빼버리지 않았나 하는 점이다. 또한, 언론 자유도 전 정권에서는 볼 수 없었던 폭넓은 자유가 허용되었다고 생각한다.

한국교회, 특히 명동성당(서울대교구)은 한국이 군사 독재에 종지부를 찍고 민주화하는 데 지대한 공헌을 하였다. 한편으로는 크게 반성해야 할 점이 있다. 자성(自省)은 앞으로의 인류문화 발전의 중요한 가늠자가 된다. 이 점에서 위대한 공헌자는 역시 고 요한 바오로 2세 교황이다. 그 분은 전에는 교회 안에서 생각도 못했고 만일 발설이라도 했다면 정당의 해당분자처럼 내외로부터 백안시되었을 위대한 자성의 목소리를 만천하에 공개적으로 한 위대한 분이었다. 그것은 가톨릭교회는 종교 재판 등 역사적으로 일곱 가지 잘못을 저질렀다는 고백이었다. 교황의 발언은 각계에 큰 반향을 일으켜 투명성을 지나, 각계에 자성의 소리를 우선시키는 문화 풍토를 조성한 것이다. 세계도처의 가톨릭교회는 남을 탓하기에 앞서 자성의 목소리를 높여야 할 것이다. 이 점에서 한국교회는 많이 뒤떨어진 감이 있다. 한 가지 중요한 점을 자성한다면, 한국 정치를 좌지우지하며 전대미문의 혼란을 일으키는 청와대 386 세대도 민주화 데모의 진원지이며 성취지였던 명동성당 데모의 영향 하에서 큰 사람들이며, 명동에서의 데모의 덕을 최대한으로 입은 사람들이다. 그러나 교회는 그들을 복음화의 정신으로 민주화시킨 흔적은 없고, 오히려 무신론적 공산·사회주의적 친북적 데모에 휩쓸리는 것을 방관한 결과가 되었다. 이는 교회 당국이 공개적으로 고 교황 요한 바오로 2세와 같이 반성해야 할 점이다. 한편, 위대한 교황은 교회가 잘한 일도 많으나 그때는 말하지 않겠다고 하였다.

교회는 민족적 혼란, 북핵과 작전 통수권, 경제적 위기, 젊은이, 저출산, 급속한 노령화 문제 등 국민적이며 교회 사목적인 문제에 대해 분명한 메시지를 신자뿐만 아니라 국민에게 제시해야 한다. 교회는 이 민족에게 비중이 매우 큰 지도적 단체로 자리매김하고 있기 때문이다. 삶의 폭넓은 자성과 이타(利他)에 의한 새로운 자아(自我), 즉 이

타(利他) 속에서의 이기(利己) 정립의 영성을 새롭게 개발해야 하고 실천해야 할 때다. 또한, 교회는 3천 년대가 흐르는 동안 새로운 인류 공통문화 형성의 핵심적 요인으로 등장했기 때문이다. 이런 면에서 가톨릭은 하느님의 창조경륜에 근거한 깊은 영성(靈性)으로 누구도 따라올 수 없는 역할을 할 수 있다. 인류문화는 본연의 모습으로 발전하여 가야 하며 하느님의 창조경륜과 궤를 같이하며 나아갈 것이기 때문이다. 이 점에서 가톨릭은 영원한 구원, 즉 후세 구원의 책임뿐만 아니라 세상 삶의 질서, 즉 인류문화 발전에서도 중대한 역할을 해야 한다. 한국에서는 명동이 바로 그런 곳이다. 그것은 영원한 구원이 세상의 삶, 즉 세상 질서 속에서 이루어지기 때문이다.

현안 중에서도 북한의 핵개발 성공과 전시 작전권 독자 행사 문제는 국민의 가장 큰 불안과 고통이다. 교회는 고통에의 동참을 선언해야 한다. 1960년대 중반 미소(美蘇)가 핵무기 경쟁을 할 때, 교황청은 인류 생존의 수호자이자 하느님 창조경륜의 실현자로서 단호하게 핵무기 개발 중지와 폐기를 요구하여, 인류의 양심을 일깨웠다. 결국 미·소를 위시하여 모든 핵 보유 국가가 급기야는 핵무기 개발의 전면 중단과 폐기를 지향하게 되었다. 이렇게 교회는 인류를 핵 공포와 피해에서 해방하는 방향으로 인류문화를 전진시키는 데 중요한 역할을 했다. 한국교회는 지금, 지난날 교황청의 핵 금지 선언 요구와 같은 상황에 놓여 있다. 타 종교 측과 민간에서는 민족의 비극을 막기 위해 북핵 폐기와 전시 작전권 환수 반대를 위해 나름대로 열심히 하고 있다. 천주교, 특히 명동성당을 중심으로 서울대교구는 지난날 민족 고통에의 동참과 해결에 투신하여 혁혁한 업적을 남긴 바 있어, 교회 내외에서 큰 기대를 받고 있다. 민족적 기대에 대해 교회, 특히 명동성당은 응답할 의무가 있다. 물론 교회는 어느 쪽에 치우치지 말고 하느님의 창조경륜에 의거하여, 세상질서 건설을 인간 양심에 호소해야 한다. 나는 국가적 큰 난국을 맞고 있는 현시점에서 교회의 최소의 역할은 다음과 같다고 생각한다. 서울대교구장은 교구 내 모든 신자에게 당면한 국가적 난국을 위하여 하느님과 성모님의 특별한 가호를 청하는 기도를 지시하실 것과, 특히 본당 차원과 수도 단체에서 기도할 것을 요구하며 각 본당이나 단체는 자기 양심과 교회의 가르침에 따라 나라의 안녕과 번영을 위해 적극적으로 난국 해결에 참여할 것을 권고하는 공한을 교구 모든 본당과 유관 기관에 시달하면 좋을 것이다. 바티칸 공의회에서 세상사는 평신도의 고유 영역으로 규정짓고 있으니 과거와 같이 성직자의 정치 일선 참여는 삼가되 평신도들은 개인으로나 단체로 세상 질서의 올바른 건설을 위해 노력할 의무를 지며 영광을 누릴 자격을 갖는 것이라는 면을 일깨워 주고 독려해야 할 것이다.

우리 국운은 아직 거쳐야 할 시련이 남아 있는가 보다. 12월 21일 보도기관이 일제히 전한 노무현 대통령의 발언은 나라를 온통 침울의 도가니로 몰아갔다. 우리의 전통에는 국민의 삶이 고달파질 때, 국난이 겹칠 때 "먼저 짐의 부덕으로"라며 누구의 잘잘못을 묻기 전에 모든 책임을 스스로 짊어지는 겸양과 아름다운 국왕의 덕치(德治)가 있지 않았던가. 그런데 노 대통령의 21일 발언은 대통령으로서의 인격 파탄 선고와 무엇이 다르겠는가. 모든 것이 잘못됐는데 자기의 잘못은 전혀 없고 모두 자기가 임명한 사람들을 위시해 생명을 바쳐 이 땅을 지켜 피땀 흘려 오늘의 번영을 이룬 군 장성, 국가 원로와 지식인, 언론, 국민, 피 흘려 자유 대한민국을 지켜 준 동맹국 등 모든 것은 잘못되었으며 유일하게 공산국가 북한의 김정일 국방 위원장은 예외라는 것이 언론의 보도다. 이제 무지와 오만과 독선의 극치 386에 싸인 노무현 대통령은 이번 발언으로 민주국가의 절체절명의 원리인 국민의 뜻을 받드는 것이 아니라 10% 안팎의 민의 찬성을 등에 업고 "민의(民意)는 두말 말고 나를 따라오라! 아니면 다 잘못된 것이니 대통령인 나의 호된 비판과 견책을 면치 못하리라"라는 대통령상을 국민에게 깊이 각인시킨 것이다. 노 대통령의 발언과 몸짓을 보며 '민주국가에서의 단말마(斷末摩)'란 어구(語句)가 바로 저런 것인가 보다 하는 상념이었다. 나는 노무현 대통령의 탄핵 모면 후, 그가 불편한 심기를 여과 없이 드러낼 때, "노무현 대통령, 우리 대통령 맞아?"라는 말이 어느 날 국민 사이에 나올 것이라고 했다. 그날이 바로 지난 12월 21일이 아닐까. 그의 가려졌던 본심과 정체가 명백히 드러났다는 것이 언론과 여론의 평판이다. 남은 일 년 동안을 국민이 손해를 더 입지 않게 하느냐에 모든 국민의 지혜와 노력이 집중되어야 한다. 법적으로는 유효하다 해도 실질적으로, 또 민의(民意)상으로는 국민의 대통령으로 치기 어렵게 되었다. 이것이 그분의 시운(時運)이고 천기(天氣)인가 싶다.

　대한민국은 정진(精進)할 것이다. 이는 12월 초순에 이룬 수출 3천억 불 달성의 국민적 위력이 웅변으로 말해준다. 한국은 국민 소득 60~70불 세계 최빈국에서 40여 년의 피땀으로 세계 경제 10대국을 넘보게 됐다. 오늘의 정치 상황은 골짜기가 깊었기에 산은 높아 기상(氣像)이 더욱 준수(俊秀)할 것이다. 밤의 암흑이 짙었기에 정해(丁亥)년의 새아침은 더 찬란히 밝는다. 지칠 줄 모르는 민초들과, 불굴의 선남선녀들이 자유 대한민국을 밑받침하고 있기 때문이며, 자유와 행복을 위해 전진(前進) 질주하는 세계 흐름의 선봉에서 민족정기가 불을 뿜기 때문이다. 분명 이 민족은 선택된 민족이다. 그렇기에 오늘도 우리는 "하느님이 보우하사 우리나라 만세"를 힘차게 부른다. 새해 복

많이 받으십시오. 새해는 분명 온 국민에게 희망찬 한 해다. 새해에는 지난 4년간 잘못된 이념으로 점철된 정치로 국운은 20년은 뒤로 물러갔고 10년은 앞으로 전진했어야 할 국운은 주저앉았기 때문이다. 선진국에서는 어언 20년, 사상적으로 궤멸 된 지 50~60년의 좌익 이념의 정치도 이 땅에서 금년 대선에서 끝날 것이기 때문이다. 진정 금년 대선에서는 국민이 대오각성(大悟覺醒)해 역주행 질주하는 정체가 이 땅에 다시는 발붙이지 못하게 해야 한다. 국민이 더 자유롭고 더 잘 살게 되는 것만이 정치에 대한 국민의 한결 같은 염원이다. 올해는 대한민국이 앞 다투어 전진하는 선진 문화에 몸 바치며 자유 민주주의와 자유 시장경제에 뛰어들어 또 다시 경제에서 웅비(雄飛)하여 세계의 놀람과 귀감(龜鑑)이 될 정체 선정의 희망찬 해다. 금년은 이 민족 성쇠(盛衰)의 해로 이 민족은 대선을 통해 밝은 앞날을 이루어 낼 것이기에 희망찬 한 해다. 올해는 온 국민이 정신을 가다듬고 마음을 새롭게 하며 전력투구, 지난 10년간 잃어 버렸던 대한민국의 근본을 대선을 통해 되찾아 와야 할 엄중한 한 해다.

교회, 특히 서울대교구는 젊은이 95%가 교회를 떠난다고 하며 신자들의 주일 미사참여 수도 급격히 감소하여 30%를 밑돈다고 경험이 풍부한 사목자들이 말한다. 사목적으로 심각한 고민을 해야 할 것이다. 10년 후부터는 교회가 걷잡을 수 없이 큰 공동화 현상을 일으키며 많은 교회가 비게 되어 성당 건물 자체가 교회의 큰 짐이 된다는 것을 제2차 바티칸 공의회 후, 유럽이나 미국에서 통절히 느끼게 된 것이다. 젊은이들이 다 떠난 교회, 그것은 무덤과 같다. 지금 벌써 젊은이들이 썰물처럼 빠져 나간 성당들에서는 연령층으로 보아 40~50대들이 미사 참여의 대종을 이루는 것으로 보인다. 그것도 여신자들이 대부분이다. 3천 년대 들어 설 때만 해도 젊은이들이 종교 생활에서 개신교는 45% 정도, 불교는 33%, 가톨릭은 19% 정도가 잔류한다는 통계에 놀란 일이 있었다. 이제 공공연히 가톨릭의 젊은이들 95%가량이 교회를 떠난다니 서울대교구장으로서는 잠을 이룰 수 없는 일이 아닐 수 없다. 10년 전만 해도 신자 젊은이들 대부분이 주일 미사에 참여하며 교회의 품 안에 있었다. 위의 통계를 보며 느낀 것은 개신교 측은 워낙 이 나라의 교육기관의 절대 다수를 차지하고 있으니 시대 문화에 부응하는 교육으로 젊은이들을 교회 안에 유지할 수 있을 것이고, 불교는 토착종교로서 그 정도의 젊은이들을 유지할 수 있을 것인데 심산유곡(深山幽谷)의 아름답고 사람들의 마음에 신선함과 편안함을 주는 사찰들의 사통팔달(四通八達), 넓고 청결한 경내(境內)와 이런 분위기 속에서의 스님의 생활과 설법이 감각 위주의 현대 생활에 지친 젊은이들의 마음을 불교에 잡아 놓는 것으로 생각된다.

이렇게 좋은 면에도 동양의 종교에서는 본연의 의미로 내재적인데 반해, 가톨릭은 내재적이면서도 강력한 초월성을 제시하여 하느님의 모습으로 창조된 인간 본성의 욕구를 더욱 풍요롭게 충족시키며 그것을 체험하게 한다. 인간은 본디 영물(靈物)이기에 땅에만 내재적으로 가둘 수 없어 하늘이 필요한 존재다. 그 하늘은 물질세계를 멀리 초월하는 하느님의 영(靈)의 세계다. 이런 세계와의 교류 측면에서, 또 전진하는 인류사상과의 조화 속에서 가톨릭교회는 어느 종교도 따라 올 수 없는 광장문화를 갖고 있으며 내재 초월적이고, 초월 내재적인 아름답고 풍요로운 전례를 갖고 있다. 오늘의 문화 선상에서 이런 전례는 광장문화로 극치를 이루는 것을 도처에서 경험한다. 대표적인 예는 근년에 고 요한 바오로 2세 교황의 성 베드로 광장 서거 미사에 4백만 조문객이 세계로부터 운집한 것과 베네딕토 16세 새 교황의 등극식에 성 베드로 광장에 운집한 하례객의 전례였다. 이런 종교문화와 인류문화의 흐름은 내재(內在)와 속세적인 것을 넘는 초월(超越)의 세계를 내포하는 것이다. 이런 문화의 흐름의 한국에서의 현현(顯現)이 어디서나 언제든 생활의 한복판에서 내재와 초월의 세계를 넘나들 수 있는 명당성당 역내에 젊은이 종교문화예술 광장을 조성해야 한다. 그것은 시대가 요청하는 사목은 물론이고 우리 문화계에도, 명동성당이 민족의 수난과 길을 같이 하며 항상 이 민족이 나아가야 할 길을 제시한 역할을 계속하게 됨을 의미한다. 본당 차원에서는 어려운 청년사목과 시대의 현재와 미래가 절실히 요청하는 문화 복음화의 불길을 명동성당 역내에서 종교문화예술 광장 조성으로 불길을 당기면 각지의 성당으로 펼쳐 나갈 것이다.

4. 사회 현실과 교회의 역할

지난 2006년 11월 명동성당에서의 '하상 신앙대학' 강좌 때에 내 강연이 4대 개혁안 핵심의 허를 찔러 개혁안을 허둥대게 하였다. 또한, 당시 내 강연은 통치권의 무지와 무능과 무경험을 질타하여 공산주의나 사회주의 아류 냄새를 풍기는 이념의 정곡을 찔러, 그때까지 대학가에서 학생회장직이나 각종 모임을 이념적으로 전유물처럼 지배하던 한총련과 좌파 학생 단체가 더 이상 발붙이지 못하게 됐다는 것이 교수들의 진단이었다. 그 후 이 현상이 대학가에 연쇄적으로 적중하여, 대학 캠퍼스에서의 탈 한총련, 탈 좌경화가 이루어졌다. 또한, 일간지 기사들의 영향은 국민 의식과 여론 형성에 말할 수 없이 컸다는 것이 언론계와 지성계의 공통된 견해였다. 이는 누구도 못하는 정론을 펴달라는 것이며 작금에 이르러서는, (아마도 나이 탓이고, 사회 원로들이 제대로 역할을 못해서이기도 하겠지만,) 나를 나라의 큰 어른이라는 말까지 스스럼없이 하니 쑥스럽기 짝이 없다. 그저 이 시대를 살아가는 한 사제이자 지성인으로서 양심의 소리를 해야 한다는 소박한 심정일 뿐이다. 여러 기회에 강연이나 기고 등으로 현 정권의 무지, 무능, 무경험을 폭로하여 국민의 마음에 큰 공감을 일으켰을 뿐만 아니라 여·야 모두에게 큰 경고를 주어 정부와 여당의 잘못 가는 것에 제동을 걸어, 그때그때 정부와 여당을 당혹하게 하며 방향 전환을 시킨다는 것이다.

심지어는 〈평화 라디오〉[96]를 통해 여당에게는 '역주행당'이란 딱지로 야당에게는 정책 부재의 '좌초당'이라는 굴레를 씌워 각 방면 논객의 붓을 윤택하게 했으며, 정치 좌파들이 흔히 쓰는 '꼴통'이니 '수구반동'이니 등도 공산주의나 사회주의에서 그들의 입장에서 숙청의 대상이 되는 자들에게 뒤집어 씌우는 용어 '반동' 미제주구(美帝走狗), 즉 미 제국주의 앞잡이 개니 하는 식이라는 점 등을 들어 이런 용어야말로 여러 기고나 강연을 통해 그렇게 몰아붙이는 부류의 사람들에게 그대로 해당된다는 점을 상기시켰다. 그래서 더 이상 그런 용어가 남용되는 것을 막았다. 그 이유인즉, 빼앗아 나눠주는 식의 좌파이념 정치는 실패를 거듭하여 인류의 역사 뒤안길로 사라진 지 오래되었음을 분명히 했기 때문이다. 나는 급기야 보수와 진보의 논쟁, 즉 진보는 선(善)이고 보수는 악(惡)이라는 딱지 붙이기도 따지고 보면 정치 386이 청와대나 여당에서 좌파적 정치극에서 효능의 극대화를 노린 것이었을 뿐, 더 자유롭고 잘살고 싶은 것이 전부인 국민에게는 정치적 기만용어에 불과하다고 논조를 폈다. 이 후에 어찌된 셈인지 자기들은 진보라며 상대방을 보수로 몰아세우던 작태가 사라진 듯싶다. 오히려 논란은 진보적 학자들 간의 문제로 바뀐 듯한 양상이다. 북핵과 경협문제에서도 전쟁으로 위협만 하면 쩔쩔매며 대령하는 식의 평화론은

---

96 2006년 5월 24일

패배주의적 평화론이라고 공개적으로 비판한 후, 남한 통치자들은 그들의 근본이 바뀌지는 않았지만 (또 바꾸고자 해도 아는 것이 없어 바꿀 수도 없는 것이지만) 이 눈치 저 눈치 보며 뒷구멍으로 갖다 바치는 꼴이 되지 않았나 싶었다.

그러던 것이 노무현 대통령은, 어설프기 짝이 없는 북핵 문제 6자 회담 초기 단계에서의 북경 합의(2월 13일)가 무슨 대수나 얻은 것처럼 흥분을 감추지 못하면서, 15일 로마의 교포 간담회에서, "우리가 (6자 회담에서 북한에) 다 주더라도, 우리가 다 부담하더라도 (북한 핵) 문제는 해결되어야 한다"며, 또 "그래도 남는 장사다"라며 제2차 세계대전 후의 '마샬 플랜'으로 유럽이 번창하고 가장 큰 이익은 미국이 보았다는 예를 들었다니 무지와 무식에 어안이 벙벙할 지경이다. 북한 정권이 궁극적으로 원하는 것은 남한의 적화 통일이니 그것도 들어 줄 것이냐는 반론에도 직면할 수 있다. 더 나아가 '마샬 플랜'의 문제이다. 그것은 백색 독재자 히틀러가 병적으로 일으킨 제2차 세계대전으로 전 유럽이 초토화되고 극심한 빈곤이 전 유럽을 휩쓸었다. 마샬 플랜은 히틀러 독재가 무너진 후, 빈곤을 틈타 공산주의의 기만이 휩쓸 위험에 직면한 유럽을 자유 민주주의와 시장경제로 풍요롭게 하기 위해 당시 철저한 반공사상과 반독재 사상으로 실천되고 성공한 것이다. 마샬 플랜의 밑바탕은 인권 수호였다.

북한은 세습에 철저한 독재정권이며 인권의 유례없는 사각 지대다. 또한, 그동안 노무현 정권의 퍼주기로 북측은 핵 실험에 성공했고 북측의 선군(先軍) 정책은 위력을 발휘하게 되었다. 인권의 사각지대와 전제(專制) 정권은 이제 그들 나름대로 굳건히 움직일 수 없도록 공고화되었는데도, 노무현 대통령은 무제한 퍼주기에 전념할 생각인가 보다. 그 실천 과정에서 노 정권은 걷잡을 수 없는 국내·외의 저항에 부딪쳐 국민적 혼란에 직면하게 될 수 있다. 그때 가서 노무현 대통령은 특유의 말 바꾸기나 또 다른 국민적 혼란을 야기시켜 곤궁을 면하려 할 것이다. 그럴수록 민심은 노 정권에서 줄행랑을 칠 것이다. 민심은 다 떠날 것이고 미국은 그리 호락호락 넘어가지 않으며, 노 정권의 기한은 이제 얼마 남지 않았기 때문이다.

나의 2월 29일 〈평화 라디오〉 생중계 대담 방송의 여러 기사는 현 정부의 실정과 무능에 지친 국민의 의식에 깊은 공감을 불러일으키는 데 기여한 것으로 보였다. 그것은 생면부지의 사람들에게 말할 수 없는 공감과 감사의 말을 듣고 그런 표정을 읽었기 때문이다. 그 〈평화 라디오〉 생중계에서의 나의 '선지식(善知識)과 그릇된 지식론'은 많은 국민의 깊은 공감을 얻어 긍정적인 큰 반향을 체험했다.

나의 유일한 소망은 여도 야도 아니고 하느님의 창조경륜에 따라 올바른 세상 질서가 성립되어 사람들이 골고루 행복하게 사는 것이다. 이런 사상은 성 아우구스티누스의 『신국론』의 저류에 도도히 흐르는 사상이다. 이렇게 하여 교회가 국민으로부터 의문시되는, 국민의 고통 외면 현상을 해소시켜, 교회는 항상 고통 받는 자의 편에 서 있다는 것을 확인시켜야 한다. 국민의 고통 편에서 사회교리와 사회 복음화를 실천할 때, 교회는 동서고금에 걸쳐 십자가의 길을 가게 되는 것이 정도(正道)다. 또한, 탄압과 보복을 전면 거부하며 정의를 제일 구호로 내걸고 전권을 쥔 노무현 정권이, 다시 독재 시대의 수법을 쓴다면 그것은 스스로 무덤을 파도 벌써 파고, 그 무덤에 벌써 묻혔어야 할 운명을 재촉하는 것이다.

교회는 불의와 싸우며 혼탁한 세상에서 사랑으로, 정의를 가장(假裝)한 부정의(不正義)의 세상 질서 속에서 십자가의 아픔을 감내하며, 하느님의 창조경륜에 따라 올바른 질서의 나라, 하느님의 나라를 완성해 가는 것이다. 이렇게 함으로써 교회는 신자가 아닌 국민에게도 깊은 감명을 주며 사회 복음화를 이루어 간다.

이런 문제를 우리 시대에 가장 뛰어나게 가르친 교본은 교황 레오 13세의 〈새로운 사태〉(Rerum Novarum) 교서이다. 그 실천을 바로잡으려 애쓴 분이, 위대한 교황 요한 바오로 2세였다. 그는 창조질서에 반(反)하여 인간 삶을 정신적이고 물질적으로 고통으로 이끌어가는 질서가 지배하는 곳은 어디나 뛰어들어, 암살의 위협까지 받았다. 우리 시대 교회는 큰 불이익을 감수하면서도 인류의 중대사, 인류의 비극으로 나타난 사건에 주저하지 않고 뛰어 들어서 사건을 종식시키는 데 크게 기여했다.

그것의 단적인 예는 베트남전 종식에 힘을 기울인 교황청의 노력이다. 베트남전이 날로 심해질 때, 교황청은 하노이 공산 정권에 교황 특사 추기경을 보내는 등의 노력을 게을리하지 않았다. 아르헨티나와 영국이 포클랜드 문제로 전쟁 상태에 돌입했을 때, 교황 요한 바오로 2세가 영국의 엘리자베스 여왕을 만나는 등의 전쟁 종식을 위해 노력했다. 특히 발칸 반도에서 인종 청소 전쟁이 일어났을 때도, 무슬림을 돕는 문제였지만, 교황은 지대한 노력을 기울인 끝에 피어린 보복적 인종 청소 전쟁을 종식시켰다. 교회는 항상 하느님의 정의로 세상사를 공정하게 다루는데, 그 근본은 사랑이다. 특히 횡포와 폭력은 절대 금물이다. 그렇기에 교황 요한 바오로 2세는 미국의 이라크 침공을 부시 대통령에게 극구 말렸고, 사태가 급박해지자 교황은 특사로 추기경을 파견하여 침공 취소를 간곡히 권유하기도 했다. 교회가 야만인의 침공으로 로마가 파괴, 약탈, 방화 등의 온갖 고통에 직면할 때, 교황은 적장을 만나는 등 민중과 고통을 같이 하며 '백성의 아버지 파파'라는 칭호를 얻게 되었다. 이런 정신과 투신은 교회 안에 오늘에도 면면히 흐르고 있다. 우리 시대에는 교황 요한 바오로 2세가 그런 화신이었으며 애덕 행위에서는 콜베 신부와 마더 데레사 수녀였다. 교황 요한 바오로 2세와 콜베 신부와 데레사 수녀는 세상의 모든 마음, 다른 종교인들과 미신자들의 마음을 감동시켰다. 교회의 가장 강력한 힘은 영성의 힘이며 그 지체들, 특히 성직자와 수도자는 끊임없이 자신을 쇄신하여 거룩하게 해가야 한다. 신자들의 삶도 여기에 준한다. 우리는 궁극적으로는 이런 영성에 힘입어 우리가 사는 잘못된 세상 질서를 자기희생, 즉 십자가의 길로 바로 잡아가는 것이다. 이런 흐름이 행동적으로 어떻게 나타나야 하는지를 성 아우구스티누스는 그의 불후의 명저 『신국론』에서 잘 보여준다.

그런데 불행 중 다행인 것은 지난 2월 17일 노무현 대통령이 유럽 순방에서 돌아오자마자, 청와대 브리핑에 올린 "대한민국 진보 달라져야 합니다"라는 글에서 "우리나라가 진보진영만 사는 나라인가"라고 묻고 "이제 우리 진보가 달라지기를 희망한다"고 말했다는 것이다. 이런 글에 대해 여론은 반기면서도 의도하는 바에 대해 대체적으로 회의적이다. 그동안 좌파 편향적인 정책의 대실패에 대한 반발 심리로 보는 견해가 있는가 하면, 좌파 학자들의 노 대통령의 실정(失政)에 대한 노골적 비판에 대한 불쾌한 심경 토로로 보기도 한다. 또 무슨 정치적 복선이 깔린 것 아니냐는 견해도 있는 듯하다. 어찌 되었건 청와대에 죽치고 있는 386 세대의 이념으로는 도저히 안 된다는 것을 실토한 것이나 다름없다고 보는 것이 무방하다. 그러면서도 노 대통령은 주변의 정치 386 세대는 정리할 마음이 없으니 이제부터는 더 극심한 내외의 혼란을 난마(亂麻)처럼 야기할 것으로 예측된다. 결국 이런 사태도 올 것이 오는 것뿐이다. 애초 자유민주주의 대한민국 대통령으로서 386에 둘러싸인 노무현 정권이, 그를 뒷받침하던 학자들 간에도 의견이 대립하여 권력권(權力圈)까지 분열상이 노출되었다. 그리하여 좌파 대 좌파의 논쟁과 투쟁이 가열되는 형국에 이르렀다. 노 정권은, 본인이 그동안 끊임없이 언론에서 질타한 좌파 사상은 사실상 수구(守舊)라는 것은 국내외적으로 널리 알려졌다. 그래서 국민이 선거 때마다 전면 패잔병의 꼴이 되었다. 이승만 백색 독재 후의 적색 독재, 기만 선동적인 적색 독재까지 다 거부한 얼간이 좌파 정권일 뿐이다. 좌파 정권은 경제를 악화시키고, 국제 정세에서는 스스로 왕따 당하며, 청년 실업률은 OECD 국가 중 최고, 실업에 의한 청년 자살률 최고, 빈부의 격차는 이제 되돌아 올 수 없는 다리를 건넌 셈이다. 공산·사회주의적 아류, 좌파 정권이 그들의 용어대로 인민의 힘찬 발끝에 걸려 비참한 운명을 어떻게 맞이하는지는 세계적으로 사계 연구의 대상이 되기에 충분하다. 그런데도 노 대통령은 자신은 아직도 "굳이 이름을 붙인다면 유연한 진보"라고 했다는 것이다. 그것은 그가 말한 대로 1980년대 압도적으로 많이 읽은 책들이 "종속이론, 사회구성체 이론, 민족경제론 이런 것들이었다"고 하기에 그는 시대에 뒤떨어진 좌파적 성격으로 통치하려는 것이다. 그분의 발언 맥락에서 볼 때, 그는 아직 사회주의적 좌파를 진보로 보며 지금은 좌파에 유연성을 부과하면 된다는 정도다.

   노 대통령은 자유 지대인 대한민국에서 현재까지 분명 시장경제와는 상충하는 좌파 이론에 근거했다. 말하자면 정리가 제대로 안 된 두뇌로 통치했기에 경제적 혼란과 분열과 온갖 실정(失政)을 거듭하게 되었다. 결국 실정을 거듭하여 노무현 대통령 중심의 좌파끼리도 충돌하게 되었다. 노무현 정권 초기부터 결국 서로 충돌하여 파탄될 것을 경고하고 어설픈 좌파에서 대한민국 정통 자유사상으로 돌아올 것을 강력히 주장한 나는 이제 그 정권이 끝날 무렵이 되어 좌파간 난투

극을 보니 참으로 민망스럽다.

더 근본적인 것은 인권 문제이니 더욱 그렇다. 무지와 무능, 오기로 가득한 386 중심의 노 정권은 인권 문제가 무엇인지조차 모르는 치한 모임인 것 같다. 소련과 동구권 공산체제가 삽시간에 무너져 역사 속으로 사라진 근본 원인은 인권 문제였다. 공산·사회주의는 인간의 존재론적 요인을 모르고, 강제적 권력으로 경제 문제를 전부로 보며, 모든 인간 문제를 다루었기에 표면적으로는 경제적 붕괴로 나타났다. 그러나 근본은 인간을 잘못 다룬 것, 즉 인권 문제를 무시한 데서 공산·사회주의 총 붕괴의 뿌리가 있다.

지금 노 정권을 좌지우지하는 좌파는 백색 독재를 반대하여 인권 문제를 코에 걸고 귀에 걸고 자유 시민의 절대적 공헌으로 정권을 잡았다. 그러나 그들은 지난날 소련과 유럽의 중·북부 지역에서 인권으로 망해간 주의 사상을 뿌리부터 추종한다. 특히 적색 독재의 영향을 심하게 받는다. 따라서 대통령이 진보를 자처하는 현 정권은 지난 임기 내내 실정을 거듭했다. 우리 현실에서 그런 진보는 좌파적인 것이기에 조만간 큰 파탄을 일으키고 사라질 것이다. 노 정권 사람들이 소리 높여 외치던 인권을 세계 최악의 북한 인권 문제에 대해서는 일언반구도 못하는 벙어리가 됨으로써 이중성과 기만성을 드러내는 것이다.

어찌 되었건 노무현 대통령이 "대한민국 진보, 달라져야 합니다"라고 한 말 자체로는 상당한 의미를 갖는다. 이제는 좌파 대 우파가 아니라 좌파끼리 충돌하는 양상이다.

22일에는 노 대통령이 열린 우리당의 강권(強勸)에 의해 탈당을 공식 표명했으나 기획된 위장 탈당이라는 여론이 뒤끓는다. 열린 우리당 국회위원들이 탈당하면서도 노 대통령의 정책을 지지한다는 것이 이를 반증한다. 현 정권은 대통령은 탈당하고 장관들은 열린 우리당 충성 당원이다. 탈당한 국회위원이나 잔류해 통합 신당으로 권력의 향수를 잊지 못해 안달인 사람들은 탈당한 대통령의 정책을 밀겠다니 정치계는 그야말로 점입가경(漸入佳境)이 될 것이다.

나는 2007년 1월 29일 〈평화방송〉 라디오 오전 생방송 프로그램에서, 노 대통령의 통치 스타일을, 다 지나간 공산주의 내지 사회주의 아류의 인식에 근거한 잘못된 '그릇된 지식'에 기인한다고 했다. 이 내용이 30일 조간 세 유력지와 여타 신문에 일제히 보도되어 전국의 큰 화제가 되었다. 또 시기적으로, 노 대통령은 유럽 순방(11일) 전에 발표하려던 진보주의에 대한 공격을 순방 직후(17일)에 발표한 것이었다. 또한, 내 발언이 청와대 홈페이지에도 그대로 실리는 것이니 내 발언임을 다 알고 했을 것이다. 이 정권의 전 독재 정권들과 좀 다른 점은 자기들에게 거슬리는 말이라도 일일이 보복하지는 않는 듯싶다. 노 정권은 북한의 영향을 심하게 받는 386 주도의 정권이기에 자유 대한민국 국민에게는 이루 말할 수 없는 부담과 불안과 고통을 떠안겨 주고 역사의 뒤안길로 사라질 것이다.

그 단적인 예가 한 · 미 연합사 체제의 해체이다. 그 체제는 한반도 유사시 미군이 자동적으로 69만이 투입되고 160여 척의 함정과 2천5백여 대의 항공기가 투입될 것이었다. 그런데 전시 작전권 이양으로 한 · 미 연합사를 해체시켜 막대한 지원을 무산시키고 한국 방어를 위해 국민은 1천2백조 원 이상의 부담을 떠안아야 한다. 그러니 국민의 불안은 6 · 25 한국전쟁 이후, 가장 심각하며 경제적 전망도 극히 어둡다. 제대로 된 대통령이면 국민의 짐을 덜어주고 더 편안하고 윤택한 삶을 살게 해주는 것이다. 이 사람들이 권력의 단맛에 취해 덩달아 날뛰는 것은 참으로 가관이다. 한국은 수십 년간 자유세계에서 쌓아

올린 각 방면의 역량으로 UN 수장인 사무총장까지 배출했다. 한국은 머리와 가슴을 세계로 미래로 활짝 열고 전진해야 하는데 국내에서 노무현 정권은 폐쇄와 역주행에 열을 올리고 있다.

북핵 문제로 세계가 뒤끓고 있는데 가장 큰 위험에 노출된 곳이 바로 한국이다. 그런 한국의 노무현 대통령이 북핵은 공격용이 아니라는 등의 말을 서슴지 않는다. 물론 핵폭(核爆)은 1945년 일본 히로시마와 나가사키에 한번 투하된 후, 다시는 인간 양식(良識)의 제재로 투하될 수 없었던 것이다. 그렇기에 인간 위에 핵폭 투하를 하고 지구상에 살아남을 수 없게 될 것이다. 그런 상황에서 인간에게는 단말마(斷末摩)적 성격이라는 것이 있다는 것을 염두에 두고 한반도에서 핵 전면 폐기의 앞장서야 할 대통령이 경솔한 발언을 서슴지 않다는 것은 참으로 민망하기 짝이 없다.

교회는 세상 질서가 잘못될 때, 그로 이해 많은 사람이 불안에 떨거나 고통을 당할 때, 복음과 희생의 정신으로, 국민 편에 서서 고통에 동참하고 감소시켜 주어야 한다.[97]

1) 매스미디어를 통한 직·간접 사회 복음화

가톨릭교회는 현대의 사회 복음화 및 문화 복음화에서 미디어의 활용이 교회의 사활의 문제인지를 지속적으로 강조한다. 그것을 더욱 강조한 것이 1990년 10월 한 달에 걸쳐 있었던 바티칸에서의 제8차 세계 주교대의원(시노드)에서의 신학생 양성에서의 매스미디어 교육

---

[97] 지난 2007년 1월 29일 〈평화 라디오〉 방송과 일간지 보도는 시간과 지면 등의 제약으로 부분적이었기에 현 정부에 대한 바램까지 포함한 본 원고 전문을 사회편에 수록하였다.

강조였다.

〈언론 기고와 〈평화 라디오〉 대담 생중계에 대한 언론의 반응〉[98]

〈중앙일보〉 기사와 몇몇 언론과 기사 관계에 대해 잠깐 언급하고자 한다. 지난 12월 20일경 중앙일보사에서 인터뷰 요청이 있었으나 병석이라 불가능하다고 사절했다. 그런데 지난 몇 년 사(社)의 요청에 응하지 못한 것이 미안해 내가 근간 만든 원고[99] 한 편을 보냈다. 그것은 사(社) 측에서 본문 일부를 발췌하여 성탄 기사로 기사화했다.

〈조선일보〉에서는 "왜 자기들에게는 그런 기사를 안 주고?"라고 했다. 사실 그 무렵 여당인 열린 우리당이 신당 창당을 발설했으나 노무현 대통령의 격렬한 반대와 당 사수파에 의해 주춤거리던 차에 내 기사가 나간 후 – 물론 우연의 일치라고 할 수도 있지만, 내 기사와 아래와 같은 여당의 정치적 움직임이 절묘하게 일치하고 인간적으로 절친한 관계에서 내 말을 경청하는 여당 측 거물 인사도 있기에 – 거물급 인사들의 신당 창당을 위한 움직임이 아연 활기를 띠는가 하면 또 다른 탈당파 움직임이 활발해졌다. 이런 움직임과 파장은 노무현 정치에 심대한 타격일 수도 있다. 그래서인지 요즘 노 대통령은 느닷없이 대통령 4년 임기와 일회 연임제를 제기하여 정국에 큰 소용돌이를 일으키며 국민을 일대 혼란으로 몰아가는 양상이다. 나같이 나이 많은 사람의 경험으로는 이승만 대통령과 박정희 대통령의 경우처럼 연임제는 밑도 끝도 모르는 부패와 독재화로 귀결되곤 했다. 이런 문제는 정치계에서 다각적으로 분석 논의될 것이다. 문제의 핵심은 일반

---

[98] 〈중앙일보〉 2006년 12월 25일 월요일, "천주교 원로 정의채 몬시뇰의 성탄 고언, 국민의 삶은 고달픈데… 대통령의 겸양 덕치 필요"
[99] "명동의 어제, 오늘, 내일과 사회 II, C) 사회 현실과 교회"

적으로 2년 정도인 내각책임제가 아닌 이상, 대통령제가 5년이든 4년이든 선정(善政)과 실정(失政)에 대한 중간 평가를 받아야 한다. 그것은 국회의원 선거를 통해 하는 것이 가장 좋은 방법이다. 또한, 국회는 정부가 잘못 나가는 경우, 견제하거나 중용을 잡아야 하는데, 대통령과 국회의원 선거를 동시에 하면 여당이 다수가 되는 경우가 적지 않을 것이니, 4년이라는 긴 기간 동안 국민은 속수무책일 수밖에 없다. 이런 현상을 그동안 다수 여당의원과 대통령 통치 아래에서 현재 국민이 뼈저리게 느끼고 있다. 자유 민주국가인 대한민국의 수장인 노무현 대통령이 시무식에서 "국민 평가는 완전히 포기하고 2007년에는 신경 안 쓰는 게 좋겠다는 생각을 했다"니 그는 분명 자유 대한민국의 대통령이기를 포기한 셈이다. 그러면서 그는 "내가 가진 합법적 권력을 마지막까지 행사할 것이라"고 밝혔다니, 민주주의 국가 대통령이 기본조차 모르는 듯싶다. 권력 행사에 앞서 노무현 대통령의 현재 처지는 "그동안 나의 불민(不敏)으로 나를 대통령으로 뽑아준 국민에게 할 바를 다 못한 것을 깊이 반성, 임기가 끝날 때까지 책임을 다하겠다"고 했어야 했다. 막강한 대통령의 권한만을 아는 대통령이고 권력이 누구에게서 오고 또 누구를 위한 것인지는 안중에도 없는 대통령이니, 이제 막다른 골목에 이르면 무슨 일인들 안 일어나겠나 하는 불안한 심정이다. 제발 남은 임기 1년만이라도 도탄에 빠진 민생(경제) 문제, 특히 젊은이들의 실업 문제와 외교(한·미 동맹 관계), 국방(전시작전권 회수), 대북(북핵과 경협), 한미 FTA 협정 문제 등에 대한 국민의 고통과 불안을 불식시키며 국민이 더 잘 살 수 있게 하는 데만 전념하여 주었으면 하는 바람이다. 그렇게 하지 못해 노무현 대통령 시기는 자유 대한 헌정사에 불행했던 시기로 남게 되어 자손대대에 부끄러움이 되지 않았으면 한다. 제 시대도 제대로 못하는 현 정권이 다음 정권에 좋은 유산을 넘겨주기 위해서라는 "소가 웃다가 꾸러미가 찢어진다"는 식의 말일랑 하지 않는 것이 좋다.

내가 본래 노무현 대통령의 비판가는 아니었다. 물론 노무현 대통령을 부적격자로 보았지만 기왕 당선되었으니 잘해주기를 기대했다. 그렇기에 국회에서 탄핵 헌재 소원안이 절대 다수로 가결되는 날, 모 유력 일간지와의 전화 인터뷰에서 대통령의 탄핵이란 엄청난 국가적 후유증을 몰고 올 것이니, "헌재에서 노무현 씨가 심기일전하여 새로운 모습의 국민의 대통령으로 거듭날 것을 촉구하며 탄핵 소원은 기각함이 좋을 것"이라는 심정으로 인터뷰에 응했다. 국회는 국회 나름으로 할 바를 한 것이니 몰아치는 행태는 지양되어야 한다는 점도 분명히 했다. 이제 많은 국민은 그때 국회가 바로 판단했다는 생각에 이른 것을 탓할 수 없게 되었다. 그러므로 나는 노무현 대통령에게 계속 386 패거리 대통령 말고 진정 국민의 대통령이 되어 달라는 충고성 발언을 하다 최근에는 더 이상 구제불능인 것을 확신했다.

2007년 1월 23일 TV 3사를 동원한 노무현 대통령의 대국민 신년 연설과 25일 신년 기자 회견을 보며 또 한 번 참담한 심경이었다. 그것은 겨우 10% 초반대의 국민의 지지를 받는 노 대통령이, 모든 잘못은 전 정부, 더 나아가 여론과 반대하는 유력 일간지 탓으로 돌리니 그런 신문을 보는 절대 다수 국민은 잘못된 신문의 선동에 놀아난다는 이야기다. 어떻게 그런 논리와 확신을 가지며, 수준 높은 국민을 무엇으로 보느냐는 것이다. 민주 국가의 대통령이라는 막중한 자리에서 이제 임기를 다 마쳐가니 적어도 진정한 대통령의 본심, 즉 절대 다수 국민이 원하지 않는 분란만 일삼지 말고 진정 그들이 원하는 대로 봉사하려는 일념이기를 바란다.

2) 미래를 지향하는 오늘의 인류사상계 동향[100]

　미국 워싱턴 가톨릭대학의 "가치와 철학의 연구소"(Research in Values and Philosophy)는 도래하는 세계를 정신적·윤리적으로 연구하는 곳이다. 나는 그동안 약 20년간 간간히 자문 역할을 해왔는데, 근래 이메일로 받은 발전된 연구소의 모습을 일별할 수 있는 편지 몇 통의 내용을 요약하여 소개한다. 2006년에 주고받은 것으로서 ①1986년에 불광동 성당 주임 신부로, 연구소와 같이했던 국제회의에 대한 회고와 연구소가 앞으로 야심적으로 전개할 회의, 특히 2008년에 있을 문화들로부터의 철학의 발생 (The Emergence of Philosophy from Culture) 주제에 대해 요청받은 자문, ②2006년 가을 진행된 (10주간 분) 집중 세미나 역사와 문화적 정체성(History and Cultural Identity)에 대한 보고 형식과 나에게 요청한 자문, 세미나 내용 ③그런 내용에 대해 내가 그 연구소에 보낸 새로운 자문, ④연구소의 나의 자문에 대한 감사와 내 의견에 근거하여 앞으로 여러 해 동안 연구를 전개해 갈 것을 논의 끝에 결정하여 보내온 것. 그들은 나의 의견을 "반성과 격려와 예시"(reflection, encouragement, suggestion)라고 했으며 "우리는 당신이 제시한 또 다른 진보를 위한 기대를 희망한다"(We look for the resources for the alternative progressiveness you mentioned)라고 표현했다. 또한, 맥린(Prof. McLean) 소장이 다년간 교류에서 한 번도 쓰지 않던 "참으로 대단히 고맙다"(many thanks indeed)라는 표현 등은 매우 이례적인 것이다. 연구소는 내가 이메일 교신 ③에서 제시한 새로운 제안을 지표로 삼고 싶으나 상당한 문제가 그들에게 있을 것이 예

---

[100] 이 문제는 매우 폭넓은 것이기에 국제회의 발표와 자문과 관련되는 한에서 요점을 소개한다.

상된다. 그런 안은 현재 인류문화가 그 방향으로 갈 수밖에 없지만 그 방향의 국제회의를 하기 위해 자료 수집이나 학자발굴, 범례 등은 세계 어디서도 찾을 수 없기 때문이다. 연구소는 UN 등 국제기구와 학문의 세계를 비롯하여 탐험가의 세계, 민속학자들의 세계, 상품판촉을 위해 세계 오지를 누비는 상사의 노하우 등을 총동원하여 시작해야 할 것인데, 그것은 인류 미래적 필수과제이고 어디에선가 시작할 과제이기 때문이다. 이렇게 하여 수세기 앞에 이루어질 인류문화 사회가 많이 앞당겨져 도래할 것이다. 수세기 동안 세계 식민지 시대를 좌우한 영국에 뒤이어 새 세계 질서를 구상하는 미국의 권위 있는 연구소, 그것도 종말론적인 신앙관에 뿌리를 둔 가톨릭 연구소라면 이런 점에 선두주자 역할을 해야 할 것이다.

우리의 자랑인 반기문 UN 사무총장이 취임 후 가진 기자 회견(2007년 1월) 이라크의 사단 후세인 처형에 대한 질문에, '국내법의 문제'라는 표현으로 곤혹을 치른 것도, UN 등 국제기구나 세계학회에서는 모든 것을 '인간의 보편적 가치', '모든 실증법의 기본이 되는 인간의 천부적 가치와 권리와 의무'에 근거해 처리해야 하기 때문이다. 인간과 자연의 천부적 가치를 향해 인류문화는 전진하고 있으며, 그것은 모든 인간 존재에 해당한다. 어떤 의미에서는 이런 가치 판단과 실천은 자연과 우주 전체에도 해당된다. 인류문화는 여기에 도달할 때까지 계속 크고 작은 충돌과 재앙에 시달릴 것이다. 그렇다고 거기에 도달하면 인류가 낙원적 평화를 구가하는 것은 아니고, 또 다른 문제에 부닥칠 것이다. 앞으로 인류의 평화를 위해 큰일을 해야 할 반기문 UN 총장이 이런 면의 비전까지 겸비하면 금상첨화이겠다.

저간의 미국의 과정을 워싱턴 가톨릭대학의 가치와 철학연구소(RVP)의 움직임과 결부 좀 더 부연하면, 1974년 미국이 월남(베트남)에서 패배한 후 미국인들의 충격이 너무 컸기에 특히 젊은이들의 충격이 커 그들은 의기소침 감각주의, 쾌락주의, 극단적으로는 호모, 게이 등으로의 급격히 확산한 때였다. 연구소와 미국 국무성이 협동하여 미국 젊은이의 올바른 가치판단과 사기앙양, 앞으로 전개될 태평양 시대를 준비하는 것이 목적이었다. 먼저 베트남에서 베트콩이 승리한 정신적 근거를 종교적이고 윤리적인 가치관에 두고 연구하였다. 첫 번째 회합은 태평양 연안 국가인 멕시코에서, 두 번째는 아르헨티나에서, 세 번째는 일본에서, 그 다음으로 1986년에 한국에서 하기로 되었다. 한국에서는 다른 나라들의 예를 따라 국립대학이나 명문 사립대학에서 하는 것(일본은 큰 재벌회사가 주관하였음)이었기에 당시 백기수 교수(고인)를 통해 서울대학교에 교섭했지만 서울대학교 측에서는 자신들에게는 생소한 문제라고 사절했다. 그래서 당시 내가 주임 신부로 있던 불광동 성당에서 '윤리와 가치'라는 문제로 회의를 개최했다. 그 다음은 대만, 그 다음으로는 인도, 태국, 인도네시아 순으로 할 계획이었다고 했다. 한국 회의 때 나는 개회사와 여타 대화 중에서 문화적으로 문제를 다루어야 한다는 점을 지적했다. 수세기에 걸친 먼 미래지향적으로 다루지 않으면 식민지 시대의 앙금과 정신적, 심리적 갈등을 폭발 시킬 것(이라크 상태처럼)이라는 것을 지적했다. 그때 몇년 후, 중국에서 있을 홍콩 반환 이후를 생각해야 할 것이며, 그런 회의는 문화적 차원에서 해야 한다는 점을 지적하여 참가 멤버인 워싱턴 가톨릭대, 보스턴대학, 도쿄대 교수들에게 (더 근본적으로는 국무성에게) 충격을 주었다.

  그 줄거리는 다음과 같다. 영국이 홍콩을 99년간 점령하고 있었던 것은, 중국의 일만 년 역사에서, 중국인에게는 아무것도 아닌 것으로, 영국은 결국 승리자가 아니라 역사적으로 대패자(大敗者)라는 것을 알아야 한다. 영국이 세계를 제패했는데 동양에서는 중국의 일만 년 역사 앞에 중국에 공헌만을 하는 결과가 되었다. 영국은 수에즈 운하를 거쳐 중동 아랍 국을 석권하고 인도와 싱가포르를 거쳐 홍콩에 거대한 거점으로 놀라운 현대 도시를 건설하고 공전의 해상 항로(航路) 개척으로 동양을 제압하고 부와 영광을 누린 것이다. 그렇지만 중국은 모든 외래 세력, 정신적인 것, 종교적인 것, 물질적인 것, 무력적인 것 등 무엇이든 중국 문화에, 중국 대지(大地)에 흡수 동화한다는 것을 알아야 한다. 백인 5백 년 식민정책의 결정체로 개척한 해상항로에 따라 중국은 새로운 노력이나 투자를 하지 않고 영국인들이 침략해온 바로 그 루트로 역(逆)진출하여 대영제국(大英帝國)의 식민지권을 그대로 인수하게 될 것이라는 점을 말했다. 그 백 년 동안에 무수히 많은 중국인이 영국이 개척한 홍콩 해상항로를 통해 화교(華僑)로 동남아 일대와 중동, 아프리카 등을 위시하여 세계로 퍼져나가 화상(華商)이 되고 거부(巨富)가 되어 중국 본토 정부와 합세하여 영국과 세계를 압박하게 될 것이라는 점을 말했다. 지금 중국은 영국이 개척한 홍콩에서 출발하여 동남아, 중동, 아프리카의 영국 식민지에 대부분 손을 뻗친 셈인데 그 재력은 화교의 부와 중국이 미국과의 무역에서 번 막대한 달러다.

　이런 점을 그 당시에 말했기에 연구소(RVP)장(지금도 그 당시도 동일 인물)은 나의 조언을 계속 구하는 것이다. 2000년 11월 중국 본토에서 창립된 가톨릭의 명문 보인대학(輔仁大學) 70주년 기념 세계 가톨릭 철학 대회를 대만 보인대학에서 열게 될 때 나도 맥린 교수(Professor McLean)와 같이 발표를 하게 되었다. 그때 그분은 나의 발표를 중시하여 새로운 차원에서 자문을 구한 것이다. 그때 나의 강연 주제와 요지는 인류가 같이 살 수밖에 없는 3천 년대에 이르렀기에 '인류 공통문화' 창출이었다. 핵심 개념은 인류가 공통으로 간직한 '생명사랑과 생명 풍요화'였다. 그러나 로드맵(Road Map)은 충돌과 진통 과정을 거쳐야 할 것이라고 했다. 그런데 2001년 9·11 사태가 발생했고, 미국이 이라크를 침공했지만 무력으로 안 된다는 것을 체험하기에 이르렀다. 이런 사태 진전에 가치와 철학 연구소(RVP)는 활기를 띠고, 내가 제기한 문화 문제를 큰 슬로건으로 삼아 국무성 지원으로 연구했던 '태평양 시대' 과제를 폭을 넓혀 인류 공통문화 형성 관점에서 수많은 국제적 세미나를 하게 되었다. 2006년 9월, 10월, 11월에 걸쳐 세계 각지의 석학을 초빙하여, 집중적으로 인류문화에 관한 국제 세미나를 했다. 그러면서 이후 연속될 국제 세미나의 방향에 대해 내게 자문을 구하기에, 적어도 3천 년대의 전반기 3~4백 년 동안은, 비록 심산유곡이나 절해고도에 사는 인간이라도 인류가 다 같이 번영하는 삶, 즉 인권에 근거해 정당한 대우를 받으며 의무와 권리를 향유하는 공생(共生) 공영(共榮)의 세계를 이룰 구상을 하지 않으면 걷잡을 수 없는 대재앙(disaster)을 불러올 수 있다고 했다. 오늘날 강대국의 현재의 정치, 사회, 경제 등의 시스템의 해체를 구상하고 약소민족, 소수종족, 각종 종교, 인간의 손길이 닿지 않은 부족들의 개인적 인권 존중과 소공동체, 가족적 삶을 이른바 선진국과 같은 레벨에서 인정하고 보장해 주는 '인류 공통문화' 창출이 시급히 요구된다고 했다. 인류 공통문화 구성을 향해 나아가지 않으면 인류는 오히려 큰 혼란과 비극을 초래할 것이라는 점을 바탕으로 그런 방향을 설정하고 연구하여 노력해야 한다는 점을 제시해 주었다. 결국 3천 년대의 인류문화는 하느님 창조경륜의 실현이라는 점을 제시했다.

미국의 놀라운 저력은, 맨 먼저 현재의 미국 체제가 해체되어야 한다고 했는데도, 조금도 언짢은 기색이 없이 그런 자문을 자기들의 연구의 지표로 삼겠다는 데에 감탄을 금치 못했다. 연구소는 미 국무성의 자문역을 하니 나 역시 미 국무성을 자문하는 결과가 되었다. 참으로 '세상은 요지경'이고 '하느님의 창조경륜은 인간의 의도나 교회의 권력 일변도와는 상관없이 인간의 지혜와 선의에 의해 구현'되어 가는 것이라는 점에 경탄했다.

  2001년 아시아 가톨릭 철학회[101]가 인도네시아에서 그리스도교 문화와 이슬람 문화를 주제로 무슬림 학자들과 같이 국제철학 회의를 하려했으나, 동티모르 사건 등으로 인도네시아에서 불가능하게 되었다. 이 회의는 불발되었지만, 2003년 가치와 철학 연구소가 터키의 이스탄불에서, 인도네시아 회의 주제와 비슷한 내용으로 세계 각지에 온 120여 명의 학자들과 회의를 했다. 어찌 말하면 종교문화 회의를 한 것이다. 그런 중에 큰 보람을 느끼는 것은 내가 2000년 보인대학(輔仁大學) 창립 기념 70주년 기념 국제 철학회의에서 "생명을 사랑하자. 풍요롭게 하자"는 표어로 인류 공통문화 창출을 제안한 후 오늘에는 국제 철학회를 위시한 여러 국제회의에서 사상적인 것이건 실천적인 것이건 '생명문화'가 다각적으로 조명되거나 밑바탕에 깔리는 것이 상식화 되었다. 사실 내가 제안한 "생명을 사랑하자. 풍요롭게 하자"는 사상은 어느 종교나 철학이나 신학을 비롯하여 모든 학문과 실천계, 즉 인간 삶이 영위되는 곳 어디서든 기초가 되는 개념이다. 앞으로 수 세기 동안 인류의 중대한 과제는 인류 공통문화 창출과 실현이다. 그것은 인류가 다 같이 평화롭고 번영된 인간다운 삶을 살아야 하기 때문이다. 이런 문제에서 내가 낸 아이디어가 인류 사상의 새로운 차원을 여는 데 시조(始祖)적 역할을 하게 된 것은 우연이라 할 수밖에 없

---

101 당시 정의채 몬시뇰이 재임한 상태였다. - 편집자 주

다. 기실 하느님께서는 이런 과정을 통해 계속 인류사와 우주사의 발전을 이끌어 가신다. 이렇게 당신의 창조경륜을 전개해 가시는 하느님의 섭리는 놀랍고 감사할 뿐이다.

또한, 최근 한국 철학계뿐만 아니라 사상적으로 한국의 위상을 세계에 드높일 제22회 세계철학자대회를 서울에서 개최하게 되었다. 그것도 철학의 본원지라는 그리스의 아테네와의 경쟁을 뚫고 이루어낸 서울 회의라 의미심장하다. 서울 회의의 표어가 "오늘의 철학을 다시 생각한다"(Rethinking Philosophy Today)라니 본인이 제시해 왔던 철학의 진로와 일맥상통하는 것 같아 큰 의미로 다가왔다. 그러던 중, 세계철학자대회 한국 조직위원회 의장 이명현 교수(전(前) 문교부장관, 현(現) 서울대 교수)가 한국 조직위원회 고문직을 부탁해 나로서는 새로운 감회로 다가왔다.

이명현 의장 명의 안내문 일부를 여기 소개한다. "한국 철학회는 2003년 그리스 아테네와의 치열한 경합을 뚫고 2008년 제22차 세계철학자대회를 서울로 유치하였습니다. 국제 철학연맹(FISP)의 주관 하에 1900년 이후 매 5년마다 열리는 세계철학자대회는 세계 최대 규모의 철학 분야 학술 대회로서 흔히 '철학자들의 올림픽'이라고 불리고 있습니다. 2008년 서울에서 열리는 세계철학자대회에는 전 세계에서 약 3천 명의 철학자가 참가할 예정입니다 이에 정의채 선생님을 한국조직위원회 고문으로 모시고자 하오니, 허락해 주시면 대단히 감사하겠습니다."

이 기회에 한국교회와도 밀접한 관계에 있는 급변하는 사상계 동향을 더 부연한다. 그 하나는 2008년 마닐라에서 열리는 '세계 가톨릭 철학대학회'(COMIUCAP)이다. 이 모임은 새 천 년을 맞으며 교황청이 인류 사상을 하느님의 창조경륜에 따라 올바로 이끌기 위해 심혈을 기울여 만든 것으로서, 교황청 문화위원회의장 푸바르 추기경의 임석하에 파리의 유네스코 본부에서 유네스코와 프랑스 정부 문화성의 후원을 받고 파리 가톨릭대학교의 철학대학 주관으로 2000년 3월 창립 총회와 기념 세계 철학 학술회의를 열었다. 본인은 이 회의에 초청되어 '아시아에서의 철학과 그리스도교 사상'에 대해 아시아를 대표하여 발표했다. 그리고 아시아 지역을 책임져 달라는 부탁을 수차에 걸쳐 받았지만 사절했다. 그 후 미국과 남미에서의 국제회의를 거쳐 2008년에는 동양의 필리핀의 마닐라로 정한 것이다. 필리핀은 가톨릭 국가이긴 하지만 지정학(地政學)적으로만 동양에 위치할 뿐, 오랜 스페인과 미국의 식민지로 그들의 생활이나 사고, 사상, 종교, 관습 등 일체가 완전히 서구화된 나라이기에, 유교나 불교를 대표되는 동양사상과는 관련이 없다. 한국교회, 특히 서울 명동에 이런 일들을 위한 인프라가 구축되어 있어, 한국에서 그런 회의를 하는 것이 정상적이다. 새 천 년에 아시아는 인류문화의 중심축이 되어야할 뿐만 아니라 한국교회는 앞으로 가톨릭의 아시아의 중심이 되어야 하기에 이런 일에 대한 대비가 지금부터 필요하다. 물론 '세계가톨릭철학대학회' 회장(會長)도 UN 사무총장처럼 사무국은 파리에 두고 6대주(大洲)에서 돌아가며 해야 한다. 이런 안이 벌써 발의되고 지금쯤은 실천됐어야 할 것이다. 이런 가톨릭의 사상적 문제도 당대 출중한 젊은 선조(先祖) 석학들에 의해 도입된 한국교회가 중대한 역할을 해야 할 문제다. 한국 교계가 이런 점에 각별한 관심과 노력을 기울여주었으면 하는 마음 간절하다.

1980년대에 출발한 아시아 가톨릭 철학회가 1999년에 한국에서 열리게 되었다. 이 회의와 나의 관계는 독특하다. 이 회의가 가톨릭대학교 역곡 캠퍼스에서 열린 것을 계기로, 예외적인 회장직 연임을 하게 되었다. 또한, 2004년 방콕회의에서는 내가 회장이면서도 사정에 의해 불참했는데도, 그때까지 제도에도 없었던 명예회장직을 부여받게 되었다. 여러모로 한국과 한국교회는 세계 속에서, 더 구체적으로는 3천 년대 들어 인류의 공통문화 창출과 발전에서 비중이 커지는 것을 피부로 느끼게 한다.

3) 성모 성월입니다

힘찬 생명 소생의 계절입니다. 주님의 부활을 축하드립니다. 곧 성모 성월입니다. 은혜 많이 받으십시오.

그동안 때에 따라 만들었던 글과 그 후 새롭게 전개된 사태에 대한 저의 교회 내외의 유력 일간지, TV, 라디오 등에의 투고와 발표, 대담 등을 묶은 책자를 보내드리며 (벌써 보내드린 분들도 있음) 몇 말씀 드립니다. 이 책자를, 서로의 이해를 도와 교구장과 일치하여 현재적이면서도 미래지향적인 훌륭한 사목을 사제들이 수행할 수 있기 위하여 서울대교구 사제들과 관련 수도자, 평신도 지도자 분들께 보내드립니다. 지금은 공적인 모든 것이 투명을 핵심으로 발전하는 인류문화의 시대입니다. 그리하여 책임과 참여의식을 높이는 것이 교회 발전에 요체입니다.

그뿐만 아니라 교회가 살아 숨 쉬며 사명을 완수하는 현실 사회의 교회 활동에 대한 반향(反響)도 예의 주시하며, 사회 문화의 나아가는 방향과 요청을 반추하며 사목의 내용과 방향을 설정해가야 합니다. 예수님께서도 "'사람의 아들을 누구라고들 하느냐?' 하고 물으셨다. 제자들이 대답하였다. '세례자 요한이라고 합니다. 그러나 어떤 이들은 엘리야라 하고, 또 어떤 이들은 예레미야나 예언자 가운데 한 분이라고 합니다.' 예수님께서 '그러면 너희는 나를 누구라고 하느냐?' 하고 물으시자, 시몬 베드로가 '스승님은 살아 계신 하느님의 아드님 그리스도이십니다.' 하고 대답하였다. 그러자 예수님께서 그에게 이르셨다. '시몬 바르요나야, 너는 행복하다! 살과 피가 아니라 하늘에 계신 내 아버지께서 그것을 너에게 알려 주셨기 때문이다. 나 또한 너에게 말한다. 너는 베드로이다. 내가 이 반석 위에 내 교회를 세울 터인즉, 저승의 세력도 그것을 이기지 못할 것이다. 또 나는 너에게 하늘 나라의 열쇠를 주겠다. 그러니 네가 무엇이든지 땅에서 매면 하늘에서도 매일 것이고, 네가 무엇이든지 땅에서 풀면 하늘에서도 풀릴 것이다.' 그런 다음 제자들에게, 당신이 그리스도라는 것을 아무에게도 말하지 말라고 분부하셨다"(마태 16,13-20)라고 하셨습니다.

여기서 예수님께서 사람들(군중)이 당신을 누구라고 하느냐고 물으신 것은 분명 정교(政敎)일치의 유다 사회의 반응을 물으시며, 사회와 사도들의 반응을 보시며 당신의 위대한 구속 사업 교리의 초석을 놓으신 것입니다. 자칫 오늘의 한국교회는 실(實)없이 비대해져 자기가 살아 숨 쉬며 활동의 장(場), 들숨·날숨의 장인 사회의 현실 여건을 외면하고 자기 안에 자폐되어 오만과 독선에 빠져 질식사의 길을 걸을 수도 있습니다. 그렇기에 오늘날 인류문화 흐름의 중요한 요인 중 하나가 검증입니다. 즉, 모든 삶과 활동의 사회적 반향입니다.

저는 나름대로 교회 안팎으로 때의 좋음과 나쁨을 가리지 않고 개인적 이익이나 불이익에도 상관없이 오로지 하느님 창조경륜의 실현만을 위해 분투하고 노력했습니다. 그 결과 자비로운 하느님의 은혜로 나름대로의 결실을 얻은 것 같아 고마운 마음 그지없습니다. 더욱 건강하여 나라의 고비마다 하느님의 지혜와 용기로 나라가 나아가야 할 길을 비추어 달라는 말씀을 진심에서 하는 것을 들으며 위로를 받습니다. 제가 나름대로 근자에 발언과 활동을 하는 것은 한 가지 이유라고 해도 과언이 아닙니다.

그것은 지금 온 국민이 여러 가지로 큰 고통을 받는 이유는, 지난 1970년대 초반에서 1990년대 초반에 이르는 명동을 중심으로 전국적으로 일어난 독재 타도와 강한 반미 성향 극렬 데모의 정치 386이 막강한 정치권력을 한손에 움켜쥐고 공산 사회주의적 아류(亞流) 좌경 이념으로 국가를 몰아가기 때문입니다. 당시 명동 천주교에서는 그들을 교회의 사회 교리로 훈육한 바는 전혀 없고, 오히려 폭력화하는 좌경 세력에 편승했다는 비난을 면키 어렵게 되었기에 (물론 교회가 민주화에 지대한 공헌을 한 것은 사실이지만) 저는 보상 심리와 더불어 국민의 고통에 동참하며 그런 고통에서 국민이 헤어나 더 자유롭고 더 인간답고 더 윤택한 삶을 살고 하느님의 창조경륜에 따라 하느님의 모습으로서의 인간다운 삶을 살게 하려는 일념입니다. 많은 국민, 특히 지성인은 과거에도 그랬지만, 특히 최근에는 이해를 멀리 초월한 경지에서 문제의 핵심을 찌르는 말들을 거침없이 함으로써, 막연한 불만과 불평으로 우왕좌왕하는 민심과 사상에 물줄기를 잡아주고 갈 길을 명쾌하게 제시하여 국민 여론을 집결하고 선도했습니다. 그 결과, 국민의 올바른 의식 계도(啓導)에 크게 이바지했다는 것입니다. 따라서 근래에는 이념의 좌우(左右) 충돌이 좌좌(左左) 충돌로 변하기에 이르렀습니다. 한마디로 이런 현상은 이 나라 지성이 인류 사조의 큰 흐름을 감지하여 좌(左)를 벗어나려는 몸부림이라 보아도 과히 틀리지 않을 것입니다. 이 점에서도 그간 이 땅의 모든 정치, 경제적 파탄과 민족 분열 잘못의 큰 뿌리는 공산 사회주의적 아류 좌파 이념에 근거한다는 저의 강력한 비난이 우리의 정치, 경제와 사회 현실, 이념 사상계에 직·간접으로 큰 영향을 미쳤다는 것이 지성계의 평가입니다.

더욱이 2004년 11월 명동성당 하상 신앙대학 강의에서는 기세등등 하던 4대 개혁을 휘청거리게 만들었습니다. 그 후 계속 정곡을 찌르는 붓과 언변은 열린 우리당 내에 잘못된 4대 개혁안이 전면적인 민심이 탈을 가져왔다는 등의 여론과 갈등을 조성하여 결국, 열린 우리당의 해체로 이어지게 하는 데 중요한 계기가 되었습니다.

하상 신앙대학에서의 저의 강연은 1970년대 이후 전국 대학가의 학생회장을 비롯하여 모든 동아리 활동과 학생들의 여타 활동 전체를 좌경으로 휘몰아가던 주사파와 극좌의 기세를 꺾어 대학가에서 발붙일 여지(餘地)가 없게 되었다는 것이 명문 대학 경험 많은 교수들의 말씀들이었습니다. 일이 어떤 경로로 되었건 또 누구를 통해 되었건 이런 현상은 국가와 하느님 나라를 위해 좋은 일이니 천만 다행한 일이며 은혜입니다. 이렇게 미력이나마 제가 무엇인가를 할 수 있는 것은 첫째로는 하느님의 은혜입니다. 다음은 국민이 무엇인가를 절실히 고대한 것이고 거기 더해 극심한 생활고와 민족 난국에 처한 국민이 교회에 무언중에 많은 것을 기대하고 있었다는 증좌(證左)입니다.

이렇게 은퇴한 몸이지만 교구 사목과 민족적 난국을 위해 무엇인가 할 수 있게 해주신 주님과 성모님께 그저 고마울 뿐입니다.

4) 이병철 삼성 창업자의 인간 죽음 앞에서의 질문

여기에 제시되는 질문은 한국이 낳은 위대한 20세기의 기업 삼성의 창업주 이병철 회장의 죽음을 앞두고 제출한 사생결단의 절실한 질문이다. 이 질문은 극히 인간적인 것이어서 위대한 제왕이든 천하를 호령하는 대장군이든 인류 불후(不朽)의 위대한 사상가이든 최고의 부호이든 하나의 보잘 것 없는 범인이든, 심지어는 하나의 남루한 옷의 걸인이든 누구나 꼭 같이 마음에 품고 저승의 길로 떠나야 하는 문제다. 이는 세계가 놀라는 삼성의 창업주 이병철 회장이 한 인간으로서 적나라하고 논리정연하게 제기한 것으로 인간 누구나 숙연한 자세로 대하게 되는 문제다.

이병철 회장은 기업인으로서도 일본 식민지 시기 민족 자본을 형성하여 국권회복 후, 식민지 중에서도 가장 빈국(貧國)이었던 한국의 경제를 세계열강 수준에 올려놓는 데 지대한 역할을 한 위대한 경제인 중 한 사람임을 인정해야 할 것이다. 한국은 민족 각 분야에서 발전하는 사회상을 미처 좇아가지 못하는 법 체제와 국가 조직의 미비, 고식적 윤리관과 국민의식의 후진성을 비롯한 틈바구니 속에서 권력자, 특히 정치인과 관료의 권력 남용과 정경유착을 비롯한 부정부패와 부조리 속에 발전하는 사회상과 정치, 경제 분야 인사의 부정부패의 유착을 지나왔다. 이런 발전 과정에서 성공한 분야의 어느 인사인들 자유로웠다고 단언할 수 없는 것이 기적적인 한국 발전 도상의 현실이다. 그렇기에 그런 법의 정비 미비나 윤리의 적응 미비 등을 비롯하여 국민의식의 적응 미비, 학문과 사회의 전반적 후진성 등에 기인하는 범법 행위를 위시하여, 이기적 자산 축적을 위한 고의적 악덕 행위에서는 어느 재벌도 자유롭지 못하다. 세계가 하나가 될수록 빈자 착취와 악질적 이득 취득에 대해서는 가차 없는 정의(正義)의 제재가 강해져야 한다. 이런 측면에서 삼성도 자유롭지 못해 중소기업 착취, 막대한 유산 상속을 위해 탈법과 위법을 자행하는 등 사회의 비난의 대상이 된 것을 우리는 잘 알고 있다.

3천 년대 들어 인류는 완전히 새로운 인류 공통문화 형성과 우주 자원의 고른 분배와 향유 현상을 뚜렷이 하고 있다. 그것이 바로 자본 축적을 유일한 미덕으로 알았던 자본주의 시기를 지나 이제는 공생(共

生) 공영(共榮)의 인류문화로 진보해 간다. 그것은 2008년 자본주의 본산이며 심장이었던 미국 뉴욕 월가의 파탄은 새로운 세계의 도래를 세계만방에 선언한 것이지만, 소유 탐욕에 젖고 새 기운을 알아듣지 못하고 과거에 집착한 인간, 특히 가진 자들과 권력가들이 몽매에 사로잡혀 도래하는 비극을 느끼지도 깨닫지도 못한 채, 비극을 자초하고 있는 것이 현실이다.

인간 현실은 지난 해 미국 뉴욕에서 젊은이를 중심으로 1%가 자산을 소유하고 99%는 가난하기에 월가를 점령하자는 구호와 젊은이의 행동으로 나타났다. 이런 운동은 세계를 휩쓸었으며 인류 양심의 새로운 차원을 일깨워 세계를 뒤흔들었다. 그런 운동은 어느 때는 활화산과 같은 활동으로 나타나고, 어느 때는 다음 활동을 위한 휴화산처럼 잠잠해도 인간 의식과 양식에 집힌 점화는 결국 세상을 바꾸어 놓고야 말 것이다. 그렇기에 세상의 자본은 인류 공존(共存) 공영(共榮) 하느님의 창조경륜에 따라 분배하고 소유함이 앞서가는 사회상과 인간상이다.

우리에게 매우 고마운 것은 재벌, 특히 삼성의 놀라운 기업 발전이 있었기에 오늘날 한국 국민의 위상이 세계에서 빛나게 되었다는 것이다. 나는 해방 직후, 한국을 남양군도의 어느 섬쯤으로 알거나 그런 나라도 있는가 의아해 하는 출입국 관리들을 만난 적이 있다. 그러나 1970년대에 들어서면서부터 한국의 산업이 급속도로 발전하여 1980년 후반에는 한국 경제의 세계적 발전 양상으로 한국 국민이라는 것만으로 세계 어디를 가든지 자부심을 느끼게 되었다. 물론 이런 발전과 국민 위상 제고에는 경제인만이 아닌, 각계각층의 노력과 발전의 덕택이었다. 그러나 그런 현상이 두드러지게 나타난 것은 경제계, 수출의 놀라운 증가와 품질 향상으로 세계가 한국의 발전상에 압도되었기 때문이었다. 나는 한 성직자로서 그런 삼성에 대해 중립적 입장이다. 다만 사실을 사실대로 또 급격한 발전 선상에서 일어나는 일들을 지나가는 사회의 잣대만으로는 잴 수 없기에 단죄 일변도나 칭송 일변도일 수 없다는 입장이다.

이런 발전 선상에서 이병철 회장이 일으킨 삼성이 선두 주자이고, 창업자 이병철 회장은 세계의 경이의 대상, 세계 강국 원수들이 그분의 별세에 애도의 물결을 일으켰다. 부(富)로는 세계 몇 째로 꼽혀 한국의 국제적 위상을 좌우했기에 정부도 국회도 권력기관이 기업의 향방에 기댈 수밖에 없는 처지였다. 한마디로 천하의 부(富)와 권세와 명예를 한 몸에 지니다시피 한 이병철 회장이지만, 육신의 모든 것을 벗고 영원의 길을 떠나며 영혼의 심혼(深魂)에서 울려오는 소리는 죽음 앞에 선 일개 촌부의 울부짖음과 다를 바가 없다. 그렇기에 이병철 회장이 죽음 앞에서 던지는 질문은 모두의 심금을 울린다. 이병철 회장은 동·서의 경서와 독서로 명성이 높았다. 그렇기에 그분의 인생 마지막 길의 질문은 논리 정연하고 인간의 혼을 관통하는 질문이었으며 인생의 진지함과 고뇌가 묻어난다. 그것은 그 분 평소의 독서삼매를 거친 인생의 진지함 그대로다. 그뿐만 아니라, 그분은 그 당시의 학문 세계와 지도층의 풍조를 따라 수련된 인격과 사상과 언어구사의 품위를 갖춘 분이라는 풍문이다. 그렇기에 그 분은 당시 유명했던 한 분과의 대화 중에 자신이 수련한 어투나 품격, 인격에 맞지 않기에 대화를 중단하고 상대를 정중히 돌려보냈다는 말도 들을 만큼 젊었을 때부터 학문 세계나 지도층이 갖추어야 할 인품을 두루 겸비했다. 또한, 그런 교양도 중시한 분으로 알고 있다.

여기서 나는 그 분이 젊었을 때, 이 민족의 젊은 지성이 걸어온 단면을 말하고자 한다. 일정 식민지 말기 일인(日人)들이 군국(軍國)과 식민지 확장으로 제국(帝國)을 연장시키고자 일상화시킨 용어가 있었다.

그것은 '보국(報國)'이었다. 예컨대 교육보국, 산업보국, 근로보국, 특히 한국인들에게는 황국신민, 충성보국 등 별의별 보국이 명명(命名)되었다. 한국 지성은 오로지 상상이나 이념을 넘어 국권회복, 즉 독립이 지상 명제였다. 당시 독립 사상과 운동은 세 가지 갈래로 갈라져 있었다. 즉 민족주의 계열, 개신교 계열, 사회·공산주의 계열이었다. 그런 분위기는 지식층으로 가면 더욱 강도가 높았다. 정식 대학은 한국에는 서울(경성)에 경성제국대학이 하나 있었다. 그러나 학생 대부분은 일본인 차지였고 한국인은 10분의 1 정도였기에 한국 대학생의 대부분은 일본에서 면학했다.[102] 그러나 민족 독립이란 점에서는 국내외에 걸쳐 일치단결되어 있었다. 이병철 회장은 당시 젊은 분으로서 독립운동과 민족의 명운을 위해서도 핵심적 요소는 경제였기에 민족 자본 형성을 위해 노력했을 것이다. 그랬기에 그분은 해방 후에도 경영 철학이 산업보국이어서 개인만이 아닌 국민과 같이 잘사는 사회건설이었다고 한다. 다시 말해 산업보국에 전념한 분이다. 그런 노력의 결정(結晶)으로 일정(日政) 식민시대부터 민족자본을 형성한 분이다. 이런 저런 연유로 이병철 회장의 죽음 앞에서 이승 삶의 모든 것, 즉 육신을 벗고 홀연히 영원으로 떠나려는 심정에서의 질문은 진지함을 넘어 이승에 살고 있는 우리 모두의 심금을 울리는 혼의 절절한 울림으로 다가 온다. 삼성은 보국(報國)의 정신을 지금의 사회에 되살려 모범이 되어 주면 하는 것이 당시를 살아온 모든 분의 소망이다. 즉, 민족이 같이 잘사는 기업 발전과 자산 형성이다. 앞으로의 세계는 우주와

---

[102] 국내는 물론 제국주의 선봉으로 세계 착취에 앞장섰던 일본 미쓰비시 회사는 일본 천주교와 관계를 돈독히 했다. 이런 역사적 과정에서 교회가 도움을 받아야 하는 등의 문제는 지극히 난해하다. 일본의 경우, 일본교회는 미쓰비시 회사와 밀접한 도움의 관계를 공공연히 유지한다. 그 한 예가 조치(上智) 대학이다.

지상과 지하, 해상과 해중, 공중(空中)의 모든 자산이 하느님의 창조 의도를 따라 이 세상에 삶을 받고 오는 모든 사람이 공생(共生)·공영(共榮), 즉 같이 살고 같이 번영하는 문화로 발전할 것이니 삼성은 이 땅의 재벌 누구도 갖지 못하는 창업주의 산업 정신인 민족보국, 대한보국 정신을 새로운 차원에서 전개하여 민족과 세계인이 다 같이 잘 사는 인류문화 창달에 이바지 해 주었으면 한다. 이런 공생(共生)과 공영(共榮) 철학은 산업 시대나 착취 자본주의 시대의 노블레스 오블리주(noblesse oblige)를 넘는 3천 년대 인류가 하나 되어 발전하는 인류 공통문화의 핵심 이념이며 실천 개념이다.

내가 제시하는 이병철 회장의 문제는 그분이 돌아가시기 전에 당시 천주교에서 요직을 거치며 사회에도 폭넓은 교류를 갖고 있던 박희봉 신부에게 전해 받은 것이다. 이병철 회장이 돌아가시기 전인 1987년 9월 중순경이었는데 박희봉 신부를 통해 인생을 정리하고 싶어 한다는 말씀을 들었다. 나는 그보다 몇 년 전 이병철 회장의 형님인 이병각 씨의 임종을 도와 천주교에 귀의시켜 세례를 받고 세상을 떠나게 한 일이 있었다. 또 한 번은 이병각 씨에게 교리 설명을 위해 이병각 씨 자택 사랑채에서 대화를 나눌 때, 마침 이병철 회장이 형님(이병각 씨)의 병문안 차, 안채를 찾은 것을 보았기에 나는 형제간의 말씀에 지장이 될까 싶어 빨리 자리를 떠났다. 후에 생각해 보니 그 바쁘신 분이 하필이면 형님의 교리 시간에 병문안을 오신 것은 (교리 시간은 미리 정해진 것이었기에,) 일부러 나와 우연히 만나는 자리를 마련하기 위해, (치밀하고 만사에서 정확하고 시간의 분초를 아끼시는 분이 모르실 리 없었을 것이다.) 그분 형님에게 교리 전수 시간을 택한 것이 아니었을까 하는 생각도 들었다. 사정이 어찌 되었건 이병철 회장으로부터 그런 만남의 제안이 왔기에 그냥 불쑥 만나 이런 저런 말을 하기보다는 사전에 이야기를 나누어야 할 문제점을 정리해서 보내 주시면 나도 준비하여 심도(深度)있게 대답할 수 있을 것 같다는 말씀을 전했다. 이런 말들이 박희봉 신부를 통해 전해진 얼마 후, 나는 아래 제시하는 바와 같은 누구나 죽음 앞에서 당하는 고통스러운 인생 마지막 길 문제들을 논리 정연하고 놀라운 통찰력으로 광범위하게 제시하여 또박또박 필경(筆耕)한 24문제의 5장 질문지를 10월 초순에 받게 되었다. 이런 문제집을 받고 이 회장과 나는 만날 날과 시간을 박희봉 신부를 통해 조절하던 중, 이 회장의 건강이 좋지 않으니 치료를 받고 회복된 후에 시간을 다시 조절하자는 말을 받았다. 나는 그분이 여러 가지 병으로 고생 하지만, 동・서 명의(名醫)들의 치료를 받고 있기에 며칠간 치료를 받으면 나을 것이라는 말씀도 전해 들었다. 또 그렇게 믿고 있었다. 그분이 암인 것은 몰랐고 더욱이 말기라는 것을 몰랐기에 호전의 좋은 소식만 기다리고 있었다. 만일 내가 그때 그분이 세상을 떠나실 것이라는 것을 알았다면 어떻게든 그분을 찾아가서 내게 보낸 문제들을 풀고 세례를 베풀어 하느님께 가시는 길을 도왔을 것이다. 그러나 병은 급속도로 진행한 듯하다. 11월 19일 그분의 별세(別世) 소식을 듣게 되었다.

이병철 회장이 1987년 10월 초순 나에게 질문한 24문제(독자의 편의를 위해 후에 한자 밑에 한글 토를 붙임)를 아래에 소개한다.

1. 神(하느님)의 存在를 어떻게 證明할 수 있나?
   神은 왜 자신의 存在를 똑똑히 들어 내 보이지 않는가?
2. 神은 宇宙萬物의 創造主라는데 무엇으로 證明할 수 있는가?
3. 生物學者들은 人間도 오랜 進化過程의 産物이라고 하는데, 神의 人間創造와 어떻게 다른가?
   人間이나 生物도 進化의 産物 아닌가?
4. 언젠가 生命의 合成, 無病長壽의 時代도 可能할 것 같다. 이처럼 科學이 끝없이 發達하면 神의 存在도 否認되는 것이 아닌가?
5. 神은 人間을 사랑했다면, 왜 苦痛과 不幸과 죽음을 주었는가?
6. 神은 왜 惡人을 만들었는가?
    例: 히틀러나 스탈린, 또는 갖가지 凶惡犯들.
7. 예수는 우리의 罪를 대신 속죄하기 위해 죽었다는데, 우리의 罪란 무엇인가?
   왜 우리로 하여금 罪를 짓게 내버려 두었는가?
8. 聖經은 어떻게 만들어 졌는가?
   그것이 하느님의 말씀이라는 것을 어떻게 證明할 수 있나?

4. 사회 현실과 교회의 역할 | 659

9. 宗敎란 무엇인가?   왜 人間에게 必要한가?

10. 靈魂이란 무엇인가?

11. 宗敎의 種類와 特徵은 무엇인가?
    1) 기독교 (天主敎. 改新敎)
    2) 유태교
    3) 불 교
    4) 회 교 (마호멧교)
    5) 유 교
    6) 도 교

12. 天主敎를 믿지 않고는 天國에 갈 수 없는가?
    無宗敎人. 無神論者. 他宗敎人들 중에도 착한 사람이 많은데, 이들은 죽어서 어디로 가는가?

13. 宗敎의 目的은 모두 착하게 사는 것인데, 왜 天主敎만 第一이고, 다른 宗敎는 異端視하나?

14. 人間이 죽은 후에 靈魂은 죽지 않고, 天國이나 地獄으로 간다는 것을 어떻게 믿을 수 있나?

15. 信仰이 없어도 富貴를 누리고, 惡人 중에도 富貴와 安樂을 누리는 사람이 많은데, 神의 敎訓은 무엇인가?

16. 聖經에 富者가 天國에 가는 것을 약대(駱駝)가 바늘구멍에 들어가는 것에 비유했는데, 富者는 惡人이란 말인가?

17. 伊太利같은 나라는 國民의 99%가 天主敎徒인데, 社會混乱과 犯罪가 왜 그리 많으며, 世界의 模範國이 되지 못하는가?

18. 信仰人은 때때로 狂人처럼 되는데, 共産党員이 共産主義에 미치는 것과 어떻게 다른가?

19. 天主敎와 共産主義는 相剋이라고 하는데, 天主敎徒가 많은 나라들이 왜 共産國이 되었나?
　　例: 플랜드등 東欧諸國, 니카라구아등.

20. 우리나라는 두집 건너 敎會가 있고, 信者도 많은데 社會犯罪와 試鍊이 왜그리 많은가?

21. 로마敎皇의 決定엔 잘못이 없다는데, 그도 사람인데 어떻게 그런 独善이 可能한가?

22. 神父는 어떤 사람인가? 왜 独身인가?
　　修女는 어떤 사람인가? 왜 独身인가?

23. 天主敎의 어떤 団体는 企業主를 착취자로, 勤勞者를 착취 당하는 者로 断定, 企業의 分裂과 파괴를 助長하는데, 資本主義 体制와 美德을 否認하는 것인가?

24. 地球의 終末은 오는가?

앞의 질문지는 이병철 회장이 돌아가신 후 내 서재에서 오랜 동안 잠자다가 차동엽 신부께 전달되어 모든 사람에게 특히 지금의 젊은이에게도 좋은 답이 될 수 있는 『잊혀진 질문』(차동엽, 명진 출판, 2012)이라는 큰 책자로 발간되었다. 참으로 24년이라는 오랜 세월 후 진귀(珍貴)한 책자로 발간되었기에 이 땅 모두에게 필(必)히 일독(一讀)을 권고하는 바이다.

5) 박경리(대데레사) 선생의 별세에 즈음하여[103]

문학의 큰 별이 졌다고 이 땅의 온 매체는 연일 큰 뉴스를 쏟아낸다. 박 선생님은 2008년 5월 5일 별세했다. 그의 신앙에 대한 이야기는 세상에 전혀 알려지지 않았다. 이 문제는 오래 전에 그분에게 중대 문제로 제기됐으며 그 문제에 대해 나는 그분을 돕게 된 것이 인연이 되었다. 급기야 그는 그의 외동 딸 김영주(소화 데레사) 씨와 같이 6개월간 나에게 교리를 배우고 '대데레사'라는 이름으로 가톨릭 세례를 받았다. 그분은 폐암 4기 진단을 받은 지 일 년여에 뇌졸증으로 서울 풍납동 아산 병원 중환자실에서 2008년 4월 30일 나에게 (가톨릭 신자들이 이 세상을 떠날 때 받는) 병자의 성사(종부성사)를 받고 임종하였기에 5월 7일(수요일) 오전 10시 영안실에서 나의 영결미사 집전으로 저 세상으로 마지막 길을 가셨다. 나는 그분의 세상에 알려지지 않은 특이한 일 몇 가지를 요약해 보고자 한다. 그 이유는 이런 일련의 사건은 그분의 내면적 삶의 어떤 진면목이기 때문이다. 이 이야기의 대충을

---

[103] 원 제목: 박경리 대데레사 고별미사, 일시: 2008년 5월 7일 오전 10시, 장소: 서울 아산병원 박경리 대데레사 영안실, 집전자: 정의채 바오로 몬시뇰(서강대학교 석좌교수, 교황청 명예 고위성직자), 공동 집전자: 박홍 신부(서강대학교 재단 이사장, 예수회 신부)

영결미사 강론에서 말할 때, 사람들은 두 가지 점에서 몹시 놀랐다.

첫째는 그분이 가톨릭 신자였다는 것과 둘째는 왜, 어떻게 가톨릭 신자가 됐는지의 경로다. 그런데도 교회 생활과는 거리에 있다가 하느님의 섭리인 기묘한 경로를 통해 다시 나와의 만남이 이루어졌으며, 나는 세례를 준 사제로서 다시 그 같은 손으로 병자의 성사(종부성사)를 주고 또 같은 손에 의해 그분의 시신이 안치된 영안실에서 영결미사를 집전하여 박 선생님을 영원한 아버지의 나라로 떠나보냈다. 이는 세상에 그 유례가 드물고 참으로 기이한, 가히 기적적인 일련의 사건을 주재하게 되었던 것이다. 박 선생님께 일어난 일련의 사건은 하느님의 손길에 의한 것이라는 확신 외에 달리 설명될 수 없었다. 그런 일이 박경리 대데레사 선생님께 일어나는데 결정적인 역할을 한 분은 서강대학교 이사장 박홍 신부였다. 박홍 신부는 누구든 당신의 도움을 필요로 하는 사람이나 사건이나 장소에는 항상 도우려는 자세가 되어 있으며 실제로 그분은 그런 도움을 수많이 베푼 특이한 카리스마를 하느님으로부터 받고 이 땅에 타고난 분이다.

박경리 선생은 전혀 나와 만날 처지에 있는 분이 아니었다. 우리는 학문적으로나 지역적으로나 직업적으로나 전혀 다른 길을 가는 사람들이었기 때문이었다. 물론 지금 기억으로는 아마도 김동리 선생의 소개라고 들은 것 같은데 당시 박 선생이 1950년 대 말경 천주교에서 운영하던 〈경향신문〉에 연재소설을 썼다는 것이다. 그 소설의 주인공이 자살로 몰려가는 계제에 천주교 운영의 신문이었기에 자살을 시키지 말라는 압력과 독자들의 강력한 요청으로 애를 먹은 일이 있었다는 말씀을 들려 주었다. 그렇기에 그분과 나의 연은 전혀 다른 계기에 서였다. 그것은 교황청에서 열린 제2차 바티칸 공의회(1962-1965년) 때문이었다. 세기적 큰 문제로 등장한 교회의 전면적 개혁은 미증유의 물결을 일으키며 세계를 휩쓸고 있었는데 한국교회는 그런 기미조차 돌지 않는 형국이었다. 그 당시 한국 천주교의 대 사회 유일 언론이었던 가톨릭시보(현 〈가톨릭 신문〉, 〈평화신문〉은 그 당시 존재치 않았음)는 다음의 제안을 받아들였다. 그것은 한국의 교회 쇄신과 혁신은, 신자가 아닌 분들의 가톨릭교회에 대한 솔직한 견해를 듣고 쇄신의 방향을 잡아야 한다는 제안이었다. 필진으로는 막 성숙 도상에 있으며 앞으로 우리 사회를 이끌어갈 문인, 교수, 언론인, 종교인, 정치인 등의 견해를 들어야 한다는 것이었다. 나도 당시에 〈가톨릭시보〉에 투고하는 때였기에 기자 출입이 잦은 때였다. 박경리 선생의 글을 받으러 정릉으로 가는 기자에게 나는 별 생각 없이 (일면식도 없지만) 고맙다는 말을 전해 달라고 했다. 나는 쓰는 법도 배울 겸 우리네 사상의 흐름도 짚어 볼 겸 이런 글 저런 글들을 읽는 때였는데 박 선생이 연재하던 글과 그분의 단편을 읽으면서 글이 참 깨끗하고 토속적인 것이 퍽 마음에 와 닿았다. 그 말씀을 전했더니 박 선생은, 그런 당신의 글이 그분의 표현대로라면 "그런 승방(僧房)에서까지 읽힌다고요?" 하며 놀라시더라는 것이었다. 이런 말들이 기자를 통해 2~3회 오갔는데 어느덧 크리스마스 때가 되어 나는 인사로 크리스마스카드에 아기 예수 탄생의 축하와 하느님의 은혜를 빈다는 몇 자의 글을 보내드렸다.

얼마를 지났을까 박 선생님으로부터 『Q씨에게』라는 책 한 권이 전달됐다. 제목이 특이해 펼쳐 보았더니 여러 단편 묶음이었다. 그 중 한 대목에서 내가 전한 크리스마스카드에 대한 몇 줄 글이 있었다. 그 내용은 난생 처음으로 크리스마스카드를 받았고 이름은 밝히지 않은 채 그런 분의 축복까지 받아 무척 고마웠다는 말씀이었다. 그에 대한 감사의 말씀이 전해지며 혜화동 가톨릭 신학대학에서의 만남이 이루어졌다. 그때 나는 성직자의 정복, 즉 수단(검은 긴 옷)을 입고 있었는데 불교에 많이 젖어서였을까 그분은 그런 나를 무척 좋게 보았던 것 같았다. 어찌 되었건 대화는 단도직입적이었다. 그분은 남녀 사이를 분탕 칠하는 사랑이 아닌, 순수한 인간성에 바탕을 둔 깊이 있는 소설로 대성하고 싶다는 말씀이었다.

　이야기가 진행되는 동안, 그분은 자신의 고민스러운 말씀을 솔직 담백하게 털어 놓았다. 그것은 다름 아닌 죽음의 문제였다. 어차피 인간은 누구나 죽어야 하는데 그것이 요절의 형태이건 천수를 다한 것이건, 자살이건 수많은 형태의 죽음과 마주쳐야 한다는 것이었다. 그런데 죽음에 대해 전혀 무지인 상태에서 무엇이라 아는 척 써놓으면 위선이고 또 모르쇠로만 일관하려니 글이 안 된다는 식의 말씀이었다. 서구의 큰 문인들은 죽음과 마주쳐 그야말로 죽기 살기의 피투성이 사투(死鬪)를 벌인다는 것이었다. 그런데 자신은 인간 누구에게나 중대하고 필연적인 죽음의 정체를 모르기에 무엇이라 할 수 없어 고민이라는 것이었다. 그래서 그럴 때 어떻게 처리하시느냐고 물었더니 죽음을 직접 대면하지 않고 외면하거나 우회하는데 그럴 때마다 마음이 불편하다는 것이었다. 그때 나는 죽음의 문제이면 혹시 내가 좀 도와드릴 수 있지 않을까 한다고 했더니, 반색하시며 그 문제의 해결이라면 어떤 수고도 마다하지 않겠다는 것이었다. 그렇다면 6개월간 매주 한 시간씩 시간을 낼 수 있으시냐고 했더니 당신 딸(영주 소화 데레사 씨)과 같이 해도 되는 것이냐기에 더욱 좋은 일이라고 해 6개월간 명동 지성인 교리반에 참석하게 된 것이다. 그분은 성실한 분이었다. 당시 지성인의 특징은 일단 약속한 것은 꼭 지켰기에 6개월간 두 모녀가 참석해 가톨릭 영세(領洗)를 하게 된 시점에 이르렀다. 그런데 그분은 교리적으로는 수긍이 가지만 심정적으로 죽음 문제의 교리 설명이 와 닿지 않는 듯했다. 그래서 그 정도에서 물러설 듯한 기색을 내 비추었다.

　그때 나는 그분이 소설을 깊은 심성적 흐름에서 쓰는가 싶어 그렇다면 가톨릭교회의 다른 면을 보여드려야겠다고 생각했다. 그때 나는 명동의 아피(A.F.I.)라는 가톨릭의 국제 여성 교류단체에서의 교리반이 끝난 후, 박경리 선생이 딸과 같이 커피 대접을 받게 하였다. 그들을 대접한 회원은 20대의 아리따운 프랑스 여인이었다. 그 회원은 프랑스의 좋은 학벌과 좋은 가문 출신이었다. 그분은 손수 커피와 차를 끓이고 케이크를 준비하여 대접하는 것이었다. 박 선생은 의외의 대접을 받는 것이었다. 나는 그때 그분의 출신과 학문적 배경을 설명하며 당시 아피(A.F.I.) 단체는 수도자는 아니지만 수도자와 비슷하게 자기 일생을 하느님께 바쳐 한국과 같이 가난하고 고통을 많이 받는 나라에서 일생을 헌신한다고 했다. 그 원동력은 죽음을 넘어서의 세계, 즉 하느님 안에서의 영원한 삶이 봉사의 원동력이라고 했다. 신앙 안에서의 죽음의 이해와 극복은 놀라운 힘을 낸다는 설명을 곁들였다. 그런 현실과 설명이 박 선생님을 감동시킨 듯했다. 결국, 박 선생은 가톨릭교회의 깊은 영성을 개척한 스페인 '아빌라의 대데레사'라는 이름으로 세례를 받게 되었다.

　이런 영세가 확정된 후, 또 한 가지 종교적으로, 인간적으로 흥미로운 전무후무한 사건이 발생했다. 영세 전날, 나는 준비 차 그분의 정릉 자택을 찾았다. 박 선생은 나를 마당 한 모퉁이로 안내했다. 거기에는 돌로 얼기설기 세워진 조그마한 제단이 있었다. 그것은 박경리 선생의 노모님이 딸이 인생의 중대한 계기(세례)를 맞는다니 그 전날에 좋은 일만 있기 위해 고사를 정성껏 지냈다는 것이었다. 나에게는 전에 듣도 보도 못했고 상상조차 할 수 없었던 일이 일어난 것이다. 딸이 은총 많은 그리스도교의 세례를 잘 받기 위해 그리스도교에서 우상시 되는 고사를 지낸다고 하니 참으로 기이한 일이 아닐 수 없었다. 박 선생이 조금은 미심쩍어 하기에, 나는 그저 오매불망 딸이 잘 되기만을 기원하는 지고한 어머니의 사랑과 치성이고 그런 것밖에는 더 좋은 것을 모르시는 것이니 고마운 일이라고 하였다. 지성이면 감천이라는 동양의 격언도 상기시켰다.

나는 앞에서 말한 특이한 일, 박 선생과의 만남과 그분의 마지막을 보내드리는 고별미사 강론[104]에서 박 선생을 대하며 동서고금 만인의 사랑을 받는 아시시의 성 프란치스코를 연상했다. 성 프란치스코의 대지에 대한 사랑, 새들과 대화하는 사랑, 늑대와 노니는 사랑은, 급기야 땅(humus)에서 연유되는 겸손(라 humilitas; 영 humility)으로 성 프란치스코는 참 인간성의 도야와 깊은 영성 세계의 기초를 정초했다. 그리하여 성 프란치스코는 찬란한 '태양의 노래'를 불렀고 모든 사람의 마음에 위안과 기쁨과 평화의 새로운 힘이 솟구치게 하는 '평화의 기도'를 인류에게 선사했다. 박 선생님도 땅을 지키려 했고 땅이 주는 모든 것을 사랑하였고 드디어 순수한 인간성을 간직하며 사랑하려 노력하는 위대한 『토지』를 산출해 냈다. 그런 것이 두 자연(nature), 즉 자연 본성과 인간 본성의 지킴이로 박 선생님의 마음을 격동시킨 것이다. 나는 하늘과 땅 사이의 존재인 인간은 머리를 들어 하늘을 우러러보고 발 붙여 사는 땅을, 자연을 어머니의 품으로 삼는 인간 표현에

---

[104] 불후의 작품 『토지』는 그 말 이상의 깊은 뜻을 담고 있다. 우리의 토지, 즉 땅이라는 말은 라틴어의 humus(땅, 흙, 토지)에 잘 맞는 깊은 뜻을 내포한다. 사실 토지는, 땅은, 대지는 좋은 것뿐만 아니라 모든 것 나쁜 것, 폐기물, 구정물, 온갖 썩은 것, 부패물을 다 품에 안아 들여 더 좋은 것으로, 새로운 생명으로 전보다도 더 나은 것으로 재생, 승화시키는 한없이 크고 넓은 어머니의 품과 같다. 나는 박경리 선생의 『토지』가 그런 땅, 그런 대지의 품을 갖는 표현으로 생각한다. 그런 땅의 품을 사랑한 것이기에 박 선생은 그런 땅을 지키고 풍요롭게 하려고 자연 보호의 최전선에 뛰어든 것으로 생각한다. 이 내용은 시간 관계상 미사 강론에서 생략했다.

두 분의 궤가 비슷함을 느낀다.

드디어 사람은 하느님께서 "사람아! 너는 흙에서 왔으니 흙으로 돌아가라"고 하신 지엄한 운명의 순간을 맞이해야 하는 존재이기에 죽음 앞에서 모든 사람은 숙연해지는 것이며 놀라움과 공포에 휩싸인다. 박 선생님은 한 진솔한 자연인으로서 젊은 날 죽음과 대면하여 고뇌한 것이다. 그런 순수하고 진솔한 인간성을 하느님은 어여삐 보시고 당신 창조경륜의 실천자와 도우미로 택하시어 박 선생으로 하여금 당신 작품 창조물에 대한 위대한 저작을 남기게 하신 것이다. 그것은 하느님께서 천지만물을 창조하실 단계마다 보시니 좋다고 하셨는데 박 선생이 바로 이 땅에서 창조물 지킴의 주역을 하게 하신 것이다. 이제 이런 위대한 일을 박 선생은 놀라운 저작으로 남은 사람들에게 선사하고 하느님의 부르심으로 떠나시며 우리 모두에게 손짓하며 일러주는 신호 하나가 있다. 이렇게 인간은 죽음의 길, 영원한 생명의 길을 가는 것이라고. 참으로 박 선생은 행복한 죽음의 부르심을 받으셨다. 그것은 "내 아버지의 집에는 거처할 곳이 많다. 그렇지 않으면 내가 너희를 위하여 자리를 마련하러 간다고 말하였겠느냐? 내가 가서 너희를 위하여 자리를 마련하면, 다시 와서 너희를 데려다가 내가 있는 곳에 너희도 같이 있게 하겠다"(요한 14,2-3)고 하신 예수께서 승천하신 축일(5월 4일) 다음날 5일에 박 선생의 영혼을 당신이 계시는 아버지의 거처로 불러 올리셨기 때문이다. 진정 복된 죽음이었다. 오랜 세월, 그렇게 오랜 세월 만나지 못하다가 죽음이 무엇이냐는 40년 전 물어왔던 거목의 죽음의 길을 하느님의 품으로 인도하는 사제로서 마음의 착잡함과 뿌듯함과 보람은 이루 형용할 수 없었다.

박경리 대데레사 선생님, 영원한 안식을 누리소서! 아멘.

이런 사연의 글을 마치며 두고두고 못내 미안했던 한 가지 사연을 토로하고 싶다. 그것은 영세 얼마 후 박 선생은 나에게 제주도 이시돌 농장에서 몇 달 동안 거처할 수 없겠느냐고 청했다. 그때 그분은 몇 년을 두고 앞으로의 작품을 위해 큰 구상을 한다는 것이었다. 그것이 그 후 나타난 『토지』의 구상이었다. 그 당시 이시돌 농장은 아일랜드 선교사 신부가 지역민이 가난에서 벗어나 더 나은 삶을 하기 위해 아일랜드에서 양과 목초 등의 모든 것을 들여다 모범으로 목장을 경영하여 전국의 큰 관심과 기대를 모으고 있는 때였다. 그때 그 희망이 박 선생께 이루어졌으면 또 다른 풍요로운 자연과 인간성이 『토지』에 담겼을 걸 하는 아쉬움이 남는다. 그때 제주도행은 매우 불편한 때였기에 나는 용기를 내지 못했다. 삼가 박 선생의 영전에서 미안한 마음을 말씀드리는 바이다.

　이번 박 선생의 고별미사 그 자리에서 말할 수 없는 위안과 기쁨이 있었다. 그것은 박 선생을 끝까지 모셨다는 아그네타라는 부인의 말씀이었다. 내가 박홍 신부의 도움을 받으며 4월 30일 마지막 길을 떠나는 박 선생께 병자의 성사(종부성사)를 드린 후 박 선생은 많이 우시며 가톨릭에 대해 많은 것을 물으셨다는 것이었다. 나는 의식이 있는 것은 확실했지만 언어 소통이 전혀 불가능했는데 어떻게? 라고 했더니 자기는 오랫동안 박 선생을 모셨기에 소통의 방법이 있었다는 것이었다. 그 부인은 착한 신자 분이었기에 마지막 성사를 받지 못하고 그대로 떠나시면 안 되는데 하는 고민이 컸다는 것이었다. 이렇게 박 선생은 보내드리는 나에게 기쁜 소식을 전해주고 떠나신 것이다. 끝으로 박 선생은 남녀 작가 구별 없는 문학의 세계를 펼쳐야 한다는 소신이셨다. 이런 분이기에 『토지』같은 대작을 내 놓은 것이 아닌가 생각된다. 이 강론의 말씀을 마치며 유족에게 다시 한 번 심심한 조의를 표하는 바이다.

이번 박 선생의 가시는 길을 성공적으로 도울 수 있었던 것은 하느님의 격외의 안배로 선택된 박완서 엘리사벳 장례 위원장의 깊은 사려와 신심의 덕분이었다. 사실 병원 측에서는 영안실이 아니라 멀리 떨어진 큰 강당에서 고별미사를 지내라고 했으나 박홍 신부의 단호한 거부와 박완서 장례 위원장님의 적극적 도움으로 영안실 시신 앞에서 고별미사를 바칠 수 있었다. 박완서 위원장의 배려는 일 성사의 관건이었기에 심심한 감사를 드리는 바이다. 이런 일은 가시는 분에게 크나큰 은혜다. 또한, 아산병원 당국자들의 협조에도 깊은 감사를 드린다. 고별미사에 참여해 주신 분들과 보이지 않는 곳에서 수고하여 주신 모든 분께도 감사드린다.

6) 서울대교구 압구정 1동 성당 공현 주일(2009년 1월 4일) 강론

여러분, 먼저 성탄 축하드립니다. 새해가 밝았습니다. 새해에 하느님으로부터 복 많이 받으십시오. 올해 벽두에도 착한 목자이신 정병조 주임 신부님으로부터 주의 공현 대축일 미사를 집전 초대받고 이 자리에 서게 되었습니다. 지금 세태 변화에 따라 성직계에도 우리 전통의 소중한 인의예지(仁義禮智)의 예(禮)가 사라지기 쉬운 이때, 저 같은 은퇴 사제에게 이런 기회를 주시며 신자들에게 좋은 사목을 베풀고자 하시는 착한 목자이신 주임 신부님께 고마움과 경의를 표하며 보좌 신부님, 수녀님들과 사목회장단과 부서 책임자 분, 신자 여러분께 심심한 감사를 드립니다.

저는 오늘 주님의 공현, 즉 주님이 이방인들에게 나타나심은 전 세계인에게, 우리 민족에게, 또 우리 각 사람에게 특별한 하느님의 뜻이 있다고 확신합니다. 지금 우리는 일반인에게는 멀리 느껴지는 뉴욕 월가의 금융 파탄으로 우리나라 많은 사람이 실업자 신세로 또 사업 파탄으로 길거리를 헤매게 되었습니다.

3천 년대 들어 하느님의 창조 계획은 새로운 차원에서 이루어진다는 확실한 징표가 나타났습니다. 그것은 2001년 9월 11일 테러에 의한 뉴욕 세계 무역센터의 파괴였습니다. 또 하나는 지난해(2000년) 9월 16일 결정적으로 나타난 미국 월가의 경제 파탄이었으며, 11월 5일(현지 시간) 세계를 뒤흔든 미국의 흑인 대통령 출현이었습니다. 이런 놀라운 일련의 사건은 하느님의 창조경륜이 새로운 차원에서 이루어지고 있음을 나타내 주는 것이었습니다. 이런 하느님의 창조 계획의 새로운 단계의 실현은 하느님 아들의 강생과 십자가의 구속 정신 실현으로 완성되는 것입니다. 그렇기에 우리는 하느님 아들의 공현을 지금 새롭게 진행되는 하느님의 역사 지평에서 맞이하는 것입니다. 다시 말해 우리는 이 축일을 새로운 의미로, 즉 성탄전야 천사들이 유다 목동에게, 온 백성에게 "큰 기쁨을 전한다"는 희소식과 더불어, 하늘 중천에서 "지극히 높은 곳에서는 하느님께 영광 땅에서는 그분 마음에 드는 사람들에게 평화"(루카 2,14)라는 장엄한 선포로 탄생한 하느님의 아들, 아기 예수님이 동방 세 박사를 통해 온 인류에게 새로운 의미로 나타나는 공현을 맞고 있습니다. 이런 공현을 중심으로 하느님의 창조 계획은 우리의 일상 삶에서 펼쳐지는 것입니다. 금년 벽두의 우리 각자의 삶은 전과는 전혀 다른 형태, 어두운 한 해로 시작하지만 간택된 우리 신자들은 하느님 공현의 새로운 큰 희망 속에 큰 빛과 은혜로 출발하는 것입니다.

그렇기에 우리는 지금 우리 삶의 현장을 살펴 볼 필요가 있습니다. 지금 우리가 내딛고 있는 현실은 유례없이 냉혹한 것입니다. 견디기 어려운 냉엄한 경제적 현실이 우리 앞을 가로 막고 있습니다. 우리는 이런 현실 속에서 하느님의 창조경륜이 지금과는 완전히 다른 차원에서 실현됨을 알게 됩니다. 그것은 전 세계 경제 심장부 미국 월가의 파탄에서 시작하고 그 여파가 전 세계로 확산되는 것입니다. 이런 곤경에서 벗어나려 인류는 지금 안간 힘을 쓰고 있습니다. 물론 그런 노력이 어느 정도 효과를 거둘 것이나 그런 경제 파탄의 곤경을 세계 지도자들은 예외 없이 인간의 힘으로 지난날의 사치와 무절제한 소비 복구로 해결하려 합니다. 물론 그런 노력이 단기적인 효과는 거두겠지만 결국은 더 큰 실패를 자초할 것입니다. 지금 미국에서는 이번 경제 추락을 미국의 1930년대 대공황 극복과 번영에서 표본을 얻으려는 강한 충동이 있지만 실은 그런 것은 실상을 모르고 하는 동경입니다. 1930년대 미국의 대공황은 자본가의 노동자에 대한 무자비한 착취에서 일어난 것입니다. 무자비한 착취로 노동자가 극빈 상태로 내몰려 구매력을 완전히 상실하게 되었던 것입니다. 그런데도 공장에서는 상품을 쏟아내었고 생산품이 전혀 팔리지 않아 대공황이 일어났습니다. 그 수습과 번영은 루스벨트 대통령의 위촉을 받은 천주교의 성직자 라이언 몬시뇰 교수가 만든 노동법에 의해 이루어진 것입니다. 그것은 당시 창궐하던 공산주의 사상을 반대하기 위해 19세기 말 교황 레오 13세가 발표한 〈새로운 사태〉라는 교서에 근거한 것이었고 그 핵심은, 하느님의 모습인 인간에 걸맞은 인권 보장, 특히 임금을 노동에 상응하게 주라는 것입니다. 이 법이 발효된 후, 정당한 임금 수령으로 노동자의 삶이 빈곤을 벗고 윤택하게 되어 구매력이 왕성해지게 되었습니다. 그 결과 미국의 경제가 부흥할 뿐만 아니라, 윤택해진 미국의 거대한 소비 시장은 전 세계 자본가와 노동자의 선망의 대상이 되었습니다. 그러나 차차 본정신은 잃어버리고 자본가의 탐욕에 의한 상호 갈등과 불신, 더 나아가 대형 사기가 판치는 형국이 되었습니다. 드디어 세계경제 심장부 월가에서 자본주의의 얼굴인 금융기관, 즉 은행이 파산하여 도미노 현상을 일으키며 쓰러지게 되었습니다. 이런 파탄 현상을 일으키는 데 중요한 역할을 한 것은 과학 기술, 특히 사이버 디지털 기술이었습니다. 과학 기술과 파생 금융 기법이 융합하여 종이 거품을 마음껏 일으키게 하더니 드디어는 영상 거품으로 탈바꿈하여, 실물 경제와는 동떨어진 현상으로 치달아 급기야 파탄을 맞은 것입니다. 현 단계의 회생책은 어쩔 수 없이 옛 소비심리의 복구이나, 경제를 이 지경으로 몰아넣은 복고적 사치와 소비 성향일 수는 없고, 하느님의 창조 계획에 따라 근검절약하면서 재물을 모으되 사랑으로 나누는 마음이 근본을 이루어야 하는 경지에 이른 것입니다. 그것은 하느님이 우주와 지구를 창조하실 때, 이 세상에 오는 모든 사람이 같이 쓰고 행복하게 살게 하기 위한 계획이었기 때문입니다. 자연도 하느님의 얼이 깃든 것이기에 인간의 탐욕을 채우기 위해 마구잡이로 착취와 파괴 오염으로 독점할 수 없습니다. 즉 미국 산업이 한 것처럼 그런 일을 계속 자행한다면 창조주가 부여한 자연 본성에 따라 자연이 인간에게 심한 보복을 가할 것입니다. 과학 기술도 모든 인간 복지에 봉사해야 한다는 본연의 가치를 지켜야 할 것입니다. 이제 자연과 인간의 재화(財貨)는 더 이상 어떤 부류 사람들의 안락과 사치와 낭비와 쾌락의 전유물이 아니라, 하느님의 뜻에 따라 이 세상에 오는 모든 사람이 같이 나누어야 할 것임을 명심해야 합니다. 이제 인간은 하느님의 창조 계획에 따라 근검절약으로 재산을 모으고 나눔을 사랑으로 실천해야 하는 단계에 이른 것입니다. 이렇게 인간은 싫든 좋든, 의식하든 못하든 상관없이 하느님의 창조 계획에 순응할 수밖에 없게 되었습니다. 이렇게 인류문화가 진행해 가는 것은 하느님의 창조 계획이 단계별로 실현되는 것입니다. 아무리 고약한 절대 권력

자라도 하느님의 창조 계획을 어길 수는 없고 어느 기간 동안 질서를 표피적으로 교란시킬 따름이고, 결국 인간만사와 세상만사, 우주만사는 하느님의 창조 계획대로 이루어지는 것입니다. 그렇기에 하느님께 대한 절대 신앙과 희망과 사랑을 갖는 우리 신앙인은 어떤 상황에서도 절대 안심하며 삶을 영위하는 것입니다.

그런데 정치인과 경제인이 과거지향적인 무한 소비 시대로 복귀하여 해법을 찾으려는 데 근본적 문제가 있는 것입니다. 물론 당장의 위기를 극복하기 위해서는 그 길이 손쉬운 길이며 일면 어쩔 수 없는 것이나 그런 역주행 방식은 결국 머지않아 궤도 수정을 강요당할 것입니다. 오히려 나눔의 방식이어야 하는데 개인은 근검절약으로 재물을 쌓아 이웃과 나눔의 정신, 사랑의 실천을 해야 할 것이고 대자본이나 국가 기구 국제기구는 신뢰를 회복하고 공생(共生), 공영(共榮)의 정신으로 서로 협력하며 인류가 같이 잘 살아가는 데 초점이 맞추어져야 할 것입니다. 다시 말해 선진국이 후진국 혹은 저개발국에 투자하여 그들의 생활수준을 높여 주는 방도를 찾아야 합니다. 인류문화의 진화 향방은 저개발국도 선진화하고 자연을 보호하며 자연의 품 안에서 혜택을 누리며 사는 인간 삶을 지향하게 될 것입니다. 그런 일에 선두 지역은 두말할 것 없이 아시아입니다. 아시아는 방대한 대륙과 해양, 무한대의 자연, 고도의 인간 문화와 자연에 대한 깊은 정서가 숨 쉬는 곳입니다.

아시아 시대에 선두 주자로 나설 다음 세대는 지금 한국의 젊은이라고 확신합니다. 이 점은 이명박 대통령의 어쩔 수 없는 한계가 드러나는 것입니다. 그것은 다름 아닌 그 분이 미래지향을 말하면서, 그 중심이 젊은이인데, 젊은이가 고스란히 빠진 미래를 말할 정도로 '말에 다 걸기'를 하기 때문입니다. 한국의 지금 젊은 세대는 그 번뜩이는 두뇌와 뛰어난 예술 감각, 타의 추종을 불허하는 디자인과 아이디어 산출 능력을 갖고 있습니다. 지금 이들을 위해 전 세대가 인프라를 깔아주고 좋은 교육을 하면 틀림없이 아시아는 물론 세계를 석권할 것입니다. 그것은 다음 인류 시대는 아이디어가 모든 것의 승패의 핵심이 될 것이기 때문입니다. 이런 관점에서 혜성과 같이 떠오른 오바마도 전문가들에 의해 점점 회의의 대상이 되어가는 듯합니다. 우리의 실정은 더욱 그렇습니다. 4대 하천 준설 등은 매우 의미 있는 사업이지만 시대에 뒤떨어진 토목공사가 이 나라의 오늘과 내일의 운명을 가름하는 첫째 경제 정책일 수는 없습니다. 이제는 하늘을 날며 수십 년 앞을 보고 세계를 달리는 아이디어가 산업의 선제(先制)이며 핵심입니다. 이런 면에서 현재 경제 정책은 거의 맹목이기에 시간이 흐르면서 실패할 운명을 자체 내에 배태(胚胎)하고 있는 것입니다.

'녹색성장'은 매우 시급한 과제이겠습니다. 사실 벌써 박정희 대통령은 민둥산 천지의 남한을 푸른 숲으로 뒤덮는 '녹색성장' 정도가 아닌 '녹화혁명'을 이루었습니다. 앞으로의 '녹색성장'은 먼저 기술이 문제인데 이 점에서 일본과 독일 등 선진국은 수십 년간 연구와 기술 개발을 하여 우리보다 앞서 있습니다. 결국 그들의 기술을 사다 쓰는 것이 더 경제적일 것이고, 녹색성장에서 새로운 아이디어는 무진장 요구될 것이기에 아이디어에 승부를 거는 것이 실용적입니다. 우리의 젊은 세대는 그런 아이디어 세계에서 선두 주자 역할을 할 것입니다. 새로운 아이디어 창출은 삽시간에 새로운 기술 개발로 이어져 해당 선진국을 앞지를 것입니다. 우리는 이런 경험을 풍부히 갖고 있다고 생각합니다. 한 가지 예만 들더라도 근년 우리 제품이 세계 시장을 석권하는 휴대폰의 경우 한국의 대기업 좋은 예이겠습니다. 들리는 바로는 주요 부품들은 기술에서 일본 등 선진국에서 수입하나 디자인과 편리성 등 특수 부분에서는 타의 추종을 불허한다는 것입니다. 한마디로 아이디어로 세계를 제패하는 것입니다. 특히 지금 우리 젊은이들은 이런 아이디어 면에서 세계를 멀리 앞서 가는 것입니다.

새해를 맞아 국민은 희망을 북돋우려 안간힘을 쓰고 있습니다. 아마도 앞날의 어둠이 짙기에 더 나은 앞날에 대한 염원이 간절해서인가 싶습니다. 사실 우리는 국가적 역경을 희망으로 극복한 예가 적지 않습니다. 그러나 또 많은 간절한 희망은 결국 허망(虛妄)이었기에 낙담이나 망각으로 묻어버리기도 일쑤였습니다. 더 나아가 민족의 비운을 자초하기도 했고 많은 희생을 내기도 했습니다. 그렇기에 우리의 속담에는 "내일에 속아 산다"는 말이 있습니다. 그러면서도 계속 희망을 산출하며 살아가는 것이 인생인 것도 자명합니다. 그러나 이런 끊임없는 희망 산출의 인간 본성은 근거 없는 것이 아니고, 꼭 이루고 말겠다는 고차적 가치를 지니는 것입니다. 그것은 그런 본성을 주신 하느님 안에서 희망은 어떤 모양으로든 다 성취하고야 마는 고귀한 것이기 때문입니다. 우리는 각 개인의 체험은 물론, 이 나라의 기구한 운명의 고비에서 하느님의 기이한 도움의 손길이 같이 함을 체험했습니다.

그것을 저는 지난해 이 자리에서, 즉 이명박 당선자 시기 "고소영"이란 말이 나오기 전에 어색한 분위기가 감돌 때였습니다.

지난해 1월 6일 공현 미사에서 잠깐 언급하며 결국 이 땅은 순교의 피 속에서 성모님께 바쳐진 땅이기에 성모님의 각별한 은혜로 국운이 피어날 것이라고 했습니다. 사실 우리를 일본 식민지에서 해방시킨 것은 태평양 전쟁에서 일본의 패전으로 이루어진 것인데 일본이 미국과 전쟁을 일으킨 날이 12월 8일 '성모님의 원죄 없이 잉태된 대축일'이었고 전쟁이 끝난 날 즉 일본이 항복하여 한국이 해방된 날이

8월 15일 즉 '성모 승천 대축일'이었습니다. 즉 우리 민족의 간절한 염원 성취가 성모님의 지상 삶의 시작과 끝과 밀접히 연결되어 있습니다. 그뿐만 아니라 베트남이 공산 베트콩 공세에 의해 미군이 철수하여 공산화될 때 북한은 김일성 주석이 남한 공산화를 기정사실화 하며 "잃을 것은 38선 철조망이고 얻을 것은 남한 전부"라며 한반도의 적화통일을 호언했을 때의 일입니다. 그때는 베트남에서 미군이 패전으로 철수한 때라 북한이 다시 침공하면 남한의 미군도 떠날 것이 정설처럼 되어 있었습니다. 그렇기에 신의주에서 자유를 찾아 혈혈단신 젊은 학생으로 남하하여 숱한 고생 끝에 대학교수가 된 분은 "일이 이렇게 될 바에야 왜 그런 고생을 했는지 모르겠다"라며 저에게 한탄 겸 하소연했을 때 저는 이렇게 인간의 힘이 전혀 미치지 못하는 절대 한계 상황에서 성모님의 도우심이 드러나기 위한 것이니 묵주의 기도를 열심히 바치라고 했던 것입니다. 그 후 그 교수는 출퇴근길에 항상 묵주의 기도를 바쳤습니다. 그후, 김일성 주석이 남침을 위해 베이징에 가 당시 실권했다 복권하여, 권력을 한 손에 쥐고 있던 등소평에게 양해를 구했으나 등소평 자신도 복권한 지가 얼마 되지 않아 남침에 찬성하지 않아 남한이 무사했다는 후문이었습니다. 사실 저는 당시 미국인으로부터 일단 유사시 미국 민간인들이 신속히 먼저 철수할 계획인 것 같다는 이야기를 귀띔 받았던 것입니다.

우리는 성모님의 충성스러운 자녀로서 성모님께 묵주의 기도를 바치며 성모님을 본받아 성가정을 이루어 간다면 이 땅은 성모님의 큰 보호를 받을 것입니다. 저는 이 땅의 통일도 성모님의 도우심으로 인간이 생각하지 못하는 시기에 우리가 알지 못하는 방법으로 이루질 것을 믿습니다. 그렇기에 우리는 세상을 창조하시고 외아들을 세상에 보내시고 우리 모두에게 그 아들의 공헌을 성모님의 품 안에서 세 동방 박사와 같이 보게 하시는 하느님께 무한한 감사를 드리며 마음을 다짐합니다. 우리는 아기 예수의 공현을 맞이했기에 마음이 풍요롭고 큰 희망을 간직하는 것입니다. 성탄과 공현의 은혜는 우리 각 사람에게 필요에 따라 나아지는 것이며 우리가 바라는 소원 이상으로 다 이루어질 것을 믿어 의심치 않습니다. 우리에게는 하느님을 모르는 다른 사람들에게서와 같은 허탈감이나 속임, 더 나아가 희망이 소실된 실망이란 있을 수 없습니다. 그것은 희망의 원천은 하느님이시기에 우리에게 세상의 모든 희망은 영원한 희망, 종말론적 희망으로 승화되어 가는 것이기 때문입니다.

3천 년대의 하느님의 계획, 즉 탐욕과 사치와 무절제한 소비와 낭비를 지양하여 복음 정신으로 근검절약하여 모은 것을 이웃과 사랑으로 나누어야 하는 것은 하느님을 믿는 신자들의 몫입니다. 다른 이들은 이런 하느님의 뜻을 모르기 때문입니다. 인류의 삶은 점점 더 복음적 삶을 요청하게 되는 것입니다. 하느님의 창조물인 인간은 누구나 이 세상 삶을 잘 의식하지 못하면서도 창조주의 뜻에 따라 살 수밖에 없습니다. 그렇기에 하느님의 뜻을 알고 은혜를 받으며 실천할 수 있는 우리는 행복한 사람들입니다. 한마디로 하느님의 깊은 계획을 알고 모범적으로 실천하는 것이 하느님의 각별한 선택과 사랑을 받는 신자들의 몫이니 우리는 행복합니다. 그것이 바로 세상에 강생하여 온 아기 예수님이 오늘 이방인 세 박사에게 나타난 공현의 근본정신입니다. 이런 절약과 사랑의 실천이 시련을 겪으며 신음하는 오늘날 인류 전체에 요구되는 것입니다. 사실 세 박사는 일생 동안 근검절약으로 모은 모든 것, 가장 소중한 것, 즉 황금과 유향과 몰약을 탄생한 아기 예수께 드려 모범을 보여 줬습니다. 그렇게 하여 그들은 물질적으로 빈손이 되었지만 헤로데에게 돌아가지 말라는 천사들의 현몽을 받았습니다. 그들은 더할 수 없는 영의 희열과 기쁨, 은총을 가득히 안고 고향으로 돌아갔습니다. 물론 그들은 욥과도 같이 그 후 더 풍성한 물질적 은혜도 받았을 것입니다.

　세 박사에게 이루어진 공현은 오늘날 나에게도 이루어지고 있습니다. 오히려 나에게는 세 박사가 오랜 여정 끝에 가장 고귀한 것을 드리고 땅에 엎드려 경배하여 얻은 영광만이 아니라, 영성체로써 탄생한 아기 예수를 마음속에 모시는 크나큰 공현의 광영을 받게 된 것입니다. 이것은 많은 사람 중에서도 하느님이 유독 나에게 베푸시는 특은입니다. 그렇기에 우리는 몇 달에 걸친 긴 여행을 한 세 박사 이상의 열성으로, 또 그들이 소중한 모든 것을 주님께 바친 마음가짐으로 나의 모든 것을 봉헌하며 주님의 공현을 맞이해야 할 것입니다. 분명 이날은 천사가 목동에게 전한 바로 성탄의 '큰 기쁨'이 우리에게 그대로 나타나는 공현의 날입니다. 하늘이 주시는 큰 기쁨은 하느님이 당신 아드님을 세상에 보내시고 모든 사람에게 나타내 보이시는 큰 사랑이 온 천지를 뒤덮는 기쁨입니다. 이 아기는 후일 "내가 너희에게 새 계명을 준다. 서로 사랑하여라. 내가 너희를 사랑한 것처럼 너희도 서로 사랑하여라. 너희가 서로 사랑하면, 모든 사람이 그것을 보고 너희가 내 제자라는 것을 알게 될 것이다"(요한 13,34-35)고 하시어 오늘 공현의 의미를 명백히 하십니다.

　우리는 새해 벽두부터 주변에서 헐벗고 굶주리고 병들고 일자리 없이 길거리를 헤매는 수많은 군상을 보게 될 것입니다. 진정 우리는 지금 사랑으로 주님의 공현을 이웃에게 전하라는 명을 이 자리에서 받고 있습니다. 이런 삶으로써 자신과 가정과 사회를 성화시키는 것입니다. 우리는 지금 대통령을 위시하여 온 천지가 '말에 다 걸기'의 홍수 범람 속에 살고 있습니다. 물론 한승수 총리와 같이 실제에 근거한 합리적인 분도 있습니다. 저는 그들에게 '결과에 다 걸기'를 강력히 요구했습니다.

이 자리에서 저는 사랑하는 교형 자매님들께 '실천에 다 걸기'를 부탁드립니다. 사랑은 말도 아니고 결과도 아니고 실천이기 때문입니다. "새해에 하늘로부터 복 많이 받으십시오." 다시 한 번 하느님께 축원합니다. 감사합니다.

7) 서울대교구 압구정 1동 성당 성모성월 (2009년 5월 24일) 강론

> 장소: 서울대교구 압구정 1동 성당
> 일시: 2009년 5월 24일 주님의 승천 대축일(주일) 11시 교중 미사
> 강론자: 정의채 바오로 몬시뇰, 교황 명예 고위성직자, 서울대교구

친애하는 압구정 1동 본당 신자 여러분, 인사드리며 축하의 말씀 드립니다. 여러분은 좋은 목자를 맞았습니다. 새로 오신 박상수 주임 신부님은 성품이 온화하시면서도 자기 양들을 돌보시는 그야말로 성경에서 예수님께서 말씀하시는 착한 목자이시기 때문입니다. 오늘의 교회와 시대가 요구하는 지식과 경륜을 두루 갖춘 분이시기에 대한민국의 정치 경제 문화 종교의 1번지인 압구정 핵심지역 신자 여러분께 하느님의 은총을 풍성히 받게 해 주실 것입니다. 그렇게 신자들 사목에 열성이시기에 또 근래에 우리 사회에서 많이 퇴색된 어른 모시기에 소홀한 풍조인데도 변변치 못한 저 같은 사람을 선배 사제로, 또 옛 스승으로 바쁜 중에도 찾아주시고 오늘과 같이 중요한 날에 미사를 봉헌하게 해주시는 것입니다. 이 또한 신자들에게 색다른 신익(神

益), 즉 영혼의 유익을 주시려는 마음으로 생각합니다. 요즘 벌어지는 우리의 생활 속에서 몇 말씀 드리고자 합니다.

오늘은 참으로 뜻 깊은 주님의 승천 대축일입니다. 부활 대축일을 지난 지 40일에 예수님께서는 하늘에 올라 성부께 돌아가신 것입니다. 본래 이 축일은 지난 목요일이지만 한국교회는 특성상 신자들이 다 쉽게 미사에 참여할 수 있는 오늘 주일에 대축일을 지내는 것입니다. 예수께서는 승천하심으로써 이 세상에 탄생하시고 수난하시고 죽으시고 부활하신 일들, 즉 지상생활을 완전히 끝마치시고 당신의 본 거처인 하늘나라로 돌아가신 것이기에 오늘 승천 축일은 말할 수 없이 그 의미가 깊습니다. 이로써 주님은 전 인류로 하여금 새로운 위대한 희망, 즉 인간은 죽음을 넘어 영원한 삶으로 간다는 영원한 희망을 갖게 한 것입니다. 우리도 죽음에서 부활하여 승천, 하느님 나라에서 영원한 행복을 누린다는 믿음을 갖게 되었기에 우리는 이 세상의 어떠한 실패와 좌절, 절망도 다 극복할 수 있는 영원한 희망, 꺼질 수 없는 희망을 마음속 깊이 간직하게 된 것입니다. 그렇기에 우리는 오늘 이날을 주신 하느님께 무한한 감사를 드리며 그분이 하늘나라에 오르시며 우리에게 명하신 바에 충실하고자 마음에 다짐하며 오늘 축일을 지내는 것입니다.

성경은 오늘 주님의 승천 광경을 다음과 같이 기록하고 있습니다. "마침내, 열한 제자가 식탁에 앉아 있을 때에 예수님께서 나타나셨다. 〔…〕 예수님께서는 이어서 그들에게 이르셨다. '너희는 온 세상에 가서 모든 피조물에게 복음을 선포하여라. 믿고 세례를 받는 이는 구원을 받고 믿지 않는 자는 단죄를 받을 것이다'"(마르 16,14-16). 또 다른 곳에서는 "예수님께서는 이렇게 이르신 다음 그들이 보는 앞에서 하늘로 오르셨는데, 구름에 감싸여 그들의 시야에서 사라지셨다. 예수님께서 올라가시는 동안 그들이 하늘을 유심히 바라보는데, 갑자기 흰 옷을 입은 두 사람이 그들 곁에 서서, 이렇게 말하였다. '갈릴래아 사람들아, 왜 하늘을 쳐다보며 서 있느냐? 너희를 떠나 승천하신 저 예수님께서는, 너희가 보는 앞에서 하늘로 올라가신 모습 그대로 다시 오실 것이다'"(사도 1,9-11). 이렇게 넋을 잃고 승천하시는 예수님을 바라보는 제자들에게 두 천사는 예수님께서는 그들을 꼭 같은 모양으로 승천하게 하려 다시 올 것이니 명하신 바를 충실히 수행하라고 권고합니다.

또 다른 곳에서 예수님은 성령을 보내실 것을 약속하시며 성령이 오시면 모든 것을 가르쳐 주시며 교회와 우리를 안전하게 인도해 주실 것을 말씀하십니다. 성령은 우리에게 모든 것을 가르쳐 주시겠다고 하였습니다.[105] 그 후 성령은 사도들을 인도하시어 당신이 성령이 원하시는 곳에서 지혜와 용기, 기적으로 전교하게 했습니다. 우리 신자들도 세례성사로 성령을 받았습니다. 우리는 특히 견진성사로 성령을 충만히 받았습니다. 우리는 세상 삶의 많은 경우에 어떻게 해야 할지를 망설이는 경우가 많습니다. 그럴 때 우리는 주저 없이 열심히 성령의 비추심과 도우심을 청하며 배필이신 성모님의 도움을 청하면 큰 은혜를 받을 것입니다.

그뿐만 아니라 지금 우리는 성모성월을 지내고 있습니다. 지금 신자들은 너 나 할 것 없이 자기의 처지대로 성모님을 찬미하며 성모님과 같은 삶을 살기로 노력한다면 은혜를 받는 성모님의 달입니다. 이 땅은 혹독한 순교시기에 성모님께 받쳐진 성모님의 땅이기에, 또 성

---

[105] 요한 14,15-26 참조.

모님의 특별한 은혜로 국운과 개인과 가정이 축복된 나라이기에 성모 성월이 마감에 접어드는 이맘때면 나라 방방곡곡에서 성모님을 찬미 찬송하는 노래와 기도 소리가 울려 퍼지며 성모님의 은혜가 억수로 쏟아지는 때입니다.

자모이신 교회는 일 년 중 가장 소중한 두 달 5월과 10월을 성모님께 바쳐 신자들로 하여금 성모님을 찬미하게 하며 많은 은혜를 받게 합니다. 5월은 온 천지에 만물의 생명력이 약동하는 약속의 달, 희망의 달입니다. 10월은 결실의 달, 충족의 달이며 영원한 행복을 미리 맛보게 하는 하느님 축복의 달입니다. 그렇기에 우리는 이 5월 성모의 달 끝자락에서 소나기처럼 쏟아지는 성모님의 은총을 받게 되는 것입니다. 우리는 성모님을 모시는 교회의 신자이기에 행복한 것이고 축복 받은 사람들이고 선택된 사람들입니다. 어머니가 없는 가정은 큰 것이 비어있는 결손 가정입니다. 우리는 어머니가 계시는 교회, 그것도 한 사람 한 사람에게 그지없이 자애로우신 어머니가 계시는 가톨릭교회의 신자이기에 참으로 선택 받고 축복받은 사람들입니다.

예수님께서 십자가에서 숨을 거두시며 당신 어머니를 사도 요한에게 당신 어머니를 들어 "이는 네 어머니시다" 하시고 당신 어머님께는 요한 사도를 들어 "이는 당신 아들입니다" 하신 후 성모님은 우리 각 사람의 어머니가 되신 것입니다. 그러므로 교회는 제2차 바티칸 공의회의 〈교회헌장〉의 마지막을 성모 마리아께 바치며 대미를 완결합니다. 하느님과 사이에 유일한 중재자는 예수 그리스도이지만 성모님은 온 인류를 뒤덮는 모성애로 변호자(Advocata), 부조자(Auxiliatrix), 중재자(Mediatrix)라는 특수한 호칭을 받는 것입니다. 성모님은 이 고달픈 세상 삶에서 더 할 수 없는 희망의 표지, 영원한 희망의 표지로 나타납니다.¹⁰⁶ 그런데 여기서는 신학적 논의는 별도로 하고 성모 신심에 대해 말씀 드리고자 합니다.

예수님의 수난과 부활과 승천 후 성모님께서는 사도들의 어머니가 되셨기에 사도들이 성령을 받을 때도 어머니로서 그들 중심에 계셨고, 교회의 수난과 영광의 고비 고비에 항상 성모님은 풍성한 은혜로써 중심에 계셨으며 오늘도 계시며 앞날에도 그러하실 것입니다. 여기서 저는 교회와 같이 가시는 성모님, 우리나라와 같이 가시는 성모님, 우리 개개인과 같이 가시는 성모님을 몇 가지 예를 들어 말씀 드리고자 합니다. 로마가 3백 년대 박해를 받을 때도 야만인의 살인, 방화, 약탈, 파괴 등 포악한 침입 시에도 성모님은 항상 교회의 중심에 계셔 백성을 보호하셨기에 성모님은 '로마 백성의 구원'(Salus Populi Romani)이라는 호칭으로 불리게 되었으며 그 은혜에 보답코자 큰 성전을 성모님께 봉헌할 때, 성모님은 무더운 날씨에 눈을 내려 터를 표시해 주셨습니다. 그 때문에 오늘 로마의 성모 대성전을 설지전(雪地殿)이라고도 하는 것입니다. 북아프리카에서 번창하던 가톨릭교회를 무력으로 죽이고 빼앗은 사라센(중세의 유럽인이 서(西)아시아의 이슬람교도를 부르던 호칭)은 2천 년 중반 1571년에 다시 큰 함대를 동원하여 가톨릭의 심장부 로마를 점령하여 가톨릭교회를 뿌리째 뽑아 없애려 하였습니다. 그때 교황 비오 5세께서는 인간의 힘으로는 도저히 어찌할 도리가 없음을 알고 교회를 성모님께 위탁하며 로마의 모든 성직자와 같이 묵주의 기도를 바치며 여러 나라 신자들에게도 묵주의 기도로 성모님의 특별한 가호를 빌게 하였던 것입니다. 그러므로 전쟁터로 가는 군인들도 묵주의 기도를 바치며 싸웠습니다. 그 결과 도저

---

106 〈교의헌장〉 62-67항 참조

히 감당할 수 없었던 적의 막강한 함대는 전혀 뜻하지 못했던 큰 풍랑이 일어 전멸하였고 교회는 1571년 레판토에서 성모님의 도우심으로 대승리를 거두어 로마를 구원했습니다. 교회는 이 승리를 기념하기 위하여 10월 7일을 묵주의 기도, 즉 로사리오 축일로 지내는 것입니다. 이런 뜻 깊은 축일은 급기야 10월 한 달을 묵주의 성월로 신심 발전을 하게 된 것입니다. 어디 그뿐이겠습니까. 인간의 오만이 극에 달해 하느님 대신 인간의 지성을 최고로 삼아 하느님을 추방하는 죄악에 이르러 하느님의 격분을 사니 하느님의 벌을 막으려 성모님께서는 교회로 하여금 1854년 '원죄 없으신 잉태 교리'를 반포하셨고, 드디어 1858년에는 묵주의 기도를 바치는 벨라뎃다 소녀에게 루르드에서 18회에 걸쳐 '원죄 없이 잉태된 성모'로 나타나시어 문화라는 미명의 교만으로 교회를 떠나는 인류를 경고하여 순결과 겸손의 덕과 기도로써 전 세계에 루르드의 기적 바람을 일으켜 인류를 구하신 바 있습니다. 나아가 인류가 하느님을 떠나 무신론 풍조와 물리적 힘과 물질주의에 휩싸여 전쟁(제1차 세계대전)을 일삼을 때 성모님은 파티마에 1917년 6회에 걸쳐 세 어린이에게 나타나시어, 인류의 죄로 하느님의 진노로 쏟아질 벌을 피하기 위해 묵주의 기도를 계속 바칠 것을 강력히 권유하여 세계에 묵주의 기도 바람을 일으켰습니다. 이런 기도의 힘은 성모님의 큰 은혜를 지상 곳곳에 불러온 것입니다. 그때 성모님께서는 세계를 피폐와 처참으로 몰아넣은 전쟁은 곧 끝날 것이나 러시아에서는 이상한 주의 사상(공산주의)이 성공하여 많은 선의(善意)의 인간을 희생시키고 전 인류에게 고통을 줄 것이나 결국은 교회의 승리로 끝날 것을 예언하셨습니다. 그 예언은 그대로 적중되어 1989년 10월에서 1990년 5월에 걸쳐 공산주의 국가들은 급격한 도미노 현상으로 소련을 위시하여 서구 공산주의 진원지와 여타 국가에서 공산주의 정체

(政體)가 사라져 갔습니다.

이제 한국의 격동기마다 성모님이 보여 주신 큰 안배와 은혜에 대해 몇 말씀 드리고자 합니다. 먼저 무서운 박해 시 프랑스 선교사들이 피를 쏟으며 죽어 가면서도 이 땅을 당신들 나라에 발현하신 원죄 없이 잉태되신 성모님께 봉헌했던 것입니다. 그 후 이 땅은 성모님께서 각별한 보호로 지켜주시는 땅이 되었습니다. 우리의 순교사는 앞뒤로 꽉 막힌 조국을 근대 세계에 문호를 개방하는 큰 계기가 되었습니다. 최근에는 한국에서의 일본 식민 정책의 종언이 바로 성모님의 한국에 대한 가호로 이루어짐을 역력히 보여주었습니다. 사실 한국의 해방은 일본의 태평양 전쟁 시작으로 그 싹이 텄고 그 패전으로 이루어진 것입니다. 그런데 일본이 태평양 전쟁을 일으킨 날이 1941년 12월 8일인데 그날은 한국 땅이 원죄 없으신 성모님께 봉헌된 바로 그 축일이었고, 일본의 패전일 즉 1945년 8월 15일은 성모님의 승천 대축일, 즉 성모님이 하늘로 올라가신 날입니다. 이런 연고는 이 땅이 성모님의 보호와 축복 속에 있음을 극명하게 드러냄을, 그 과정을 젊은 시기에 체험한 저는 철저히 실감할 수 있었습니다. 그 후 국내 정치는 좌우의 격돌을 겪으면서도 우경으로 자리 잡아 감에 따라 UN의 승인이 절대 필요하게 됐는데 이 또한 성모님의 큰 은혜 속에 이루어진 것입니다. 그때 한국인으로서는 그 일을 담당해 낼 인물이 없었는데 독실한 가톨릭 신자인 장면 박사가 그 대임을 임명 받아 천신만고 끝에 성모님의 큰 도움으로 대사(大事)를 이루어냈습니다. 장면 박사라 할지라도 독실한 신자로서 미국에서 교회 품에서 공부는 했지만 정치나 외교 문제에는 전혀 문외한이었기에 임무 수락 자체를 극히 망설였다고 합니다. 장 박사는 당시 서울교구장이던 노기남 주교를 찾아 상의한 결과, 노 주교가 성모님의 이 나라에 대한 큰 배려이니 주저치 말고 수락하라는 뜻에 따라 순명의 정신으로 받아들였다는 말을 장면 박사로부터 직접 들었습니다. 그러나 막상 그 당시 UN 총회가 열리는 파리에 도착하니 할 일이 막막할 뿐이었다는 것입니다. 갓 해방된 한국이라는 나라를 아는 대사는 눈을 씻고 찾아보아도 없었고, 정치가나 외교관 중 아는 사람은 더욱 없었다는 것입니다. 독실한 신자로서 의지할 곳은 하느님과 성모님뿐이었다는 것입니다. 그런 형편이기에 장 대사는 성녀 소화 데레사의 가르멜 수녀원이 있는 리지외 시와 특히 한국이 바쳐진 원죄 없으신 성모님의 발현지 프랑스의 루르드를 순례하며 한국을 도와달라는 기도를 수없이 바쳤습니다. 파리 귀로 기차 안에서 귀인인 어느 수도자를 만나 기도를 부탁하며 고충을 털어 놓았더니, 그 수도자는 파리의 주 프랑스 교황 대사를 만나면 도움이 될 것이라는(이 수도자 이야기는 후에 다른 데서 들은 것임) 귀띔으로 당시 교황 대사 론깔리 대주교(후에 교황 요한 23세)를 방문한 것이 한국 UN 가입의 결정적 계기가 되었습니다. 교황 대사는 가톨릭 UN 대사들을 초청할 예정이었는데 그 자리에 장면 박사도 초청하여 일이 쉽게 풀리게 됐다는 것이었습니다. 그 당시 UN 회원국은 50여 개국이었는데 가톨릭 국가들이 많아 UN 총회에서 쉽게 한국이 승인될 수 있었다는 것입니다. 이 또한 루르드 성모님의 각별한 은혜였음을 모를 신자는 없을 것입니다. 이 UN 승인은 한국이 공산화되지 않고 자유민주주의로 오늘의 번영을 누리는 결정적 계기가 된 것입니다. 만일 그때 UN 승인이 없었더라면 6·25 한국전쟁 시 UN군 참전이 없었을 것입니다. 당시 공산군은 대구 지역 일부와 부산 지역 외의 전 한반도를 점령한 상태였으니 공산통일이 되었을 것은 불을 보듯 뻔한 것이었습니다. UN의 한국 승인과 거기 따른 UN군 참전과 장기 주둔은 세계가 안심하고 한국에 투자할 여건을 만들어 오늘의 자유민주주의 한국과 번영을 이루게 한 것입니다. 이런 것은 성모님의 은혜, 특히 한국에 바쳐진 원죄 없으신 성모님의 특별한 은혜로 이루어진 것입니다. 그 외에도 국난의 시기에 성모님의 손길이 이 나라를 감싸고 있다는 것을 느끼게 한 것이 어찌 한두 번이겠습니까. 앞으로 통일의 문제도 사람들의 생각과 능력이 미치지 않는 차원에서 성모님의 도우심으로 인간이 생각하지 못했던 방법과 경로로 이루질 것을 확신하고 있습니다. 성모님을 움직이게 하는 원동력은 무엇입니까. 그 원동력은 첫째, 이 역만리 타국에서 오로지 당신 아드님의 복음을 전하기 위해 프랑스 선교사들이 피 흘리며 죽어가면서 이 땅을 원죄 없으신 성모님께 바쳤기 때문입니다. 또 다른 중대한 연고는 우리 신자들의 성모님께 대한 열성입니다. 저는 두 번째에 더 무게를 두는 편입니다. 저는 지하철이나 버스를 많이 이용하는 편인데 그 안에서 묵주의 기도를 바치는 여성 신자들을 많이 만나게 됩니다. 물론 그런 남자 분들도 쉽게 만나는 편입니다. 이렇게 시도 때도 없이 묵주의 기도가 수없이 올려지는데 어찌 성모님께서 이 땅을 특별히 축복하지 않을 수 있겠습니까.

이제 우리는 개인적 체험을 언급하는 것이 성모 신심을 고양하는 데 더 좋을 것 같습니다. 저는 6 · 25 한국전쟁 시기인 1950년 6월 하순에서 11월 초순까지 이 세상에서 저를 아는 사람 누구도 저를 손톱만큼이라도 도울 수도 없었고, 내가 어디에 있는지도 알 수 없는 처지에 놓였습니다. 그러면서 순간순간 머리와 가슴에 총을 대고 어느 순간에도 방아쇠를 당기면 생명이 끊어질 운명에 처해 있었습니다. 저는 먹을 것도 없고 누울 자리도 내 것이라고 할 수 있는 곳은 한 곳도 없었습니다. 그렇게 죽어가도 아무도 알 사람이 없고 새들의 밥이 될 수밖에 없는 처지에 놓여 있었습니다. 가진 것이라곤 노끈으로 매듭을 지어 만든 초라한 묵주 하나뿐이었습니다. 그때 소망은 신학생이었으니 신품을 받고 일 년만 사목 생활을 하고 죽고 싶은 열망 하나뿐이었습니다. 그러나 사태는 점점 악화되기에 절망에 더해 올 따름이었습니다. 드디어 일 년의 염원은 한 달로, 한 달은 한 주일간으로 바뀌다가 급기야는 신품을 받고 한 번만 미사를 바치고 죽었으면 하는 간절한 염원으로 바뀌었습니다. 그저 정신이 있는 한, 노끈 묵주로 계속 성모님께 기도하는 것이 제가 할 수 있는 전부였습니다. 그런데 이게 어찌된 일입니까. 저는 드디어 어떤 보이지 않는 손길이 제 주위를 감싸고 있는 것을 느낄 수 있었습니다. 그리고 저를 죽음의 저승으로 끌고 가던 올가미가 스스로 풀리더니 드디어 신학교로 복귀할 수 있었습니다. 신품성사를 받고 한 번만 미사를 봉헌하고 죽게 해 달라던 간절한 소원은 지난 2003년 사제 서품 50주년 금경축을 맞이했고 금년이 2009년이니 오는 8월 22일이면 56년의 사제 생활과 수로 헤아리기조차 어려운 많은 날의 미사를 봉헌한 것입니다. 이렇게 성모님의 은혜는 큰 것입니다. 실제를 알면 참으로 빈약하기 짝이 없는 저에게도 그렇게 큰 것이라면 그 어느 누구도 성모님 앞에서는 저보다는 나은 것이니 그런 분들께 대한 은혜야 어찌 다 말할 수 있겠습니까. 용기를 내어 성모님께 충실하고 간절한 기도를 끊임없이 바치십시오. 반드시 놀라운 응답을 성모님으로부터 받을 것입니다.

우리는 성모님의 충실한 자녀로서 성모님의 삶을 본받아야 합니다. 성모님의 자애로우신 모성의 덕을 어찌 다 열거할 수 있겠습니까. 성모님의 모성애는 왕 중의 왕과도 같은 모성애이며 가히 모성애의 근원이라 말할 수 있습니다. 사실 모성애는 자기의 삶 전체를 불사르는 것이 본질입니다. 그렇기에 우리는 가끔 불길에 휘말린 어린 것을 구하려 불길에 뛰어들어 어린 것의 목숨을 건지고 스스로 타 죽는 모성애를 보게 됩니다. 우리는 이런 모성애를 동물 세계에서도 왕왕 보게 됩니다. 이런 모성애는 하느님이 창조 시 모성에 깊이 박아주신 본능적인 것입니다. 모든 모성이 그렇다면 인간적 모성애를 초월하는 그리스도 예수님 어머니의 모성애, 예수로 인해, 우리의 어머님이신 성모님의 모성애는 그 얼마나 자애로운 것이겠습니까. 성모님의 모성애는 인간의 붓과 혀로는 다 표현할 수 없는 것입니다. 이런 성모님의 모성애는 오로지 그 은혜를 체험함으로써만 느낄 수 있습니다.

성모님의 위대한 모성애는 어디에서 시작되었습니까. 이것은 우리 사제들과 신자들에게 중요한 점입니다. 우리는 여기서 잠깐 성모님 모성애의 출발점을 생각해 보며 우리도 성모님을 본받아야 한다는 것을 깊이 다짐해야 할 것입니다. 그것은 천사와의 대화에 나타납니다. "하느님께서는 가브리엘 천사를 갈릴래아 지방 나자렛이라는 고을로 보내시어, 다윗 집안의 요셉이라는 사람과 약혼한 처녀를 찾아가게 하셨다. 그 처녀의 이름은 마리아였다. 천사가 마리아의 집으로 들어가 말하였다. '은총이 가득한 이여, 기뻐하여라. 주님께서 너와 함께 계시다.' 이 말에 마리아는 몹시 놀랐다. 그리고 이 인사말이 무슨 뜻인가 하고 곰곰이 생각하였다. 천사가 다시 마리아에게 말하였다. '두려워하지 마라, 마리아야. 너는 하느님의 총애를 받았다. 보라, 이제 네가 잉태하여 아들을 낳을 터이니 그 이름을 예수라 하여라. 그분께서는 큰 인물이 되시고 지극히 높으신 분의 아드님이라 불리실 것이다. 주 하느님께서 그분의 조상 다윗의 왕좌를 그분께 주시어, 그분께서 야곱 집안을 영원히 다스리시리니 그분의 나라는 끝이 없을 것이다'"(루카 1,26-33). 이런 소식은 이스라엘 여인들이 수천 년 바라던 크나큰 은혜인데 일생을 하느님께 봉헌한 삶을 이루려는 마리아는 들떠 환호의 탄성을 올리기보다는 침착하였습니다. "마리아가 천사에게, '저는 남자를 알지 못하는데, 어떻게 그런 일이 있을 수 있겠습니까?' 하고 말하자, 천사가 마리아에게 대답하였다. '성령께서 너에게 내려오시고 지극히 높으신 분의 힘이 너를 덮을 것이다. 그러므로 태어날 아기는 거룩하신 분, 하느님의 아드님이라고 불릴 것이다. 네 친척 엘리사벳을 보아라. 그 늙은 나이에도 아들을 잉태하였다. 아이를 못낳는 여자라고 불리던 그가 임신한 지 여섯 달이 되었다. 하느님께는 불가능한 일이 없다.' 마리아가 말하였다. '보십시오, 저는 주님의 종입니다. 말씀하신 대로 저에게 이루어지기를 바랍니다.' 그러자 천사는 마리아에게서 떠나갔다"(루카 1,34-38). 성모 마리아의 천사와의 대화에서 마리아는 드디어 하느님의 뜻을 확인하고 천사에게 "보십시오. 저는 주님의 종입니다. 말씀하신 대로 저에게 이루어지기를 바랍니다"(fiat mihi secundum verbum tuum)라는 수락으로 하느님 아들의 어머니 됨, 즉 모성을 받아드린 것입니다. 우리가 여기서 주목할 것은 성모님의 "말씀하신 대로 저에게 이루어지기를 바랍니다"라는 말씀입니다. 이 말씀 한마디로 유복한 가정의 한 처녀가 그 아들의 운명에 따라 일생 말할 수 없는 고통의 여인, 고통의 어머니(mater dolorosa)로 변했다는 것입니다. 이런 고통의 어머니가 될 것을 예언자 시메온이 마리아가 아기를 성전에서 바칠 때 어머니 마리아에게, "보십시오, 이 아기는 이스라엘에서 많은 사람을 쓰러지게도 하고 일어나게도 하며, 또 반대를 받는 표징이 되도록 정해졌습니다. 그리하여 당신의 영혼이 칼에 꿰찔리는 가운데, 많은 사람의 마음속 생각이 드러날 것입니다"(루카 2,34-35)라고 예언했습니다. 우리가 성모님의 충실한 아들과 딸이고자 한다면 성모님과 같이 "말씀하신 대로 저에게 이루어지기를 바랍니다"라고 하며 하느님의 뜻에 충실하고자 하는 마음가짐이 필요합니다.

　성모 성월을 지내면서 한국의 특성에 따라 한 가지를 더 생각했으면 합니다. 한국에서는 5월을 가정의 달로 지내며 가정의 소중함을 생각합니다. 즉 우리 사회는 가족 사랑을 실천하게 하는 아름다운 전통을 만들어 가고 있습니다. 성모성월은 가정과 직결됩니다. 우리는 어머니와 가정은 떼어놓을 수 없는 관계임을 너무나 잘 알고 있습니다. 그런데 가족에 관한 가톨릭 신앙의 이상은 성가정(聖家庭)입니다. 예수, 마리아, 요셉이 꾸몄던 가정은 성가정입니다. 즉 거룩한 가정입니다. 성가정의 근원은 모든 가정의 원형인 하느님 삼위일체입니다. 성부와 성자와 성령의 삼위일체 안에 영원에서 영원으로 흐르는 존재와 생명과 사랑과 행복이 피조물 세계에서 가장 잘 반영된 곳이 가정입니다. 그렇기에 세상의 가정은 원형인 삼위일체의 사랑과 행복의 반영이어야 합니다. 거룩하다는 성(聖)이 붙은 성가정이 신자들의 이상이라는 것은, 하느님의 먼저 꼽히는 속성이 거룩함이기 때문입니다. 그렇기에 우리는 하느님께 대한 가장 훌륭한 기도, 예수님이 직접 가르쳐 주신 기도인 '주님의 기도'에서도 "하늘에 계신 우리 아버지, 아버지의 이름이 거룩히 빛나시며"라고 합니다. 이렇게 우리는 먼저 아버지의 거룩하심을 부르는 것입니다. 또한, 구약시기 호렙산에서 가까이 오는 모세에게 나타나 위대한 사명을 부여하시는 하느님도 모세에게, "네가 서 있는 땅이 거룩한 땅이니 신발을 벗으라"고 하신 것입니다. 무엇보다도 가톨릭 신자들의 성가정상은 예수, 마리아, 요셉이 이룬 가정이 표본이며 그것은 성가정이었습니다.

　우리나라 교회에도 예수, 마리아, 요셉의 가정과 같은 성가정이 실제로 존재했습니다. 그것은 성 루갈다와 성 요한의 가정이었습니다.

젊은 처녀와 총각 루갈다와 요한은 부부로 맺어지면서도 마리아와 요셉을 본받는 평생 동정을 하느님께 맹세한 가정을 이루었습니다. 성모 마리아와 성 요셉이 이룬 가정은 하느님의 아들 예수님을 중심으로 한 동정 부부의 가정이었습니다. 이런 초인간적 가정을 유지할 수 있는 힘은 하느님의 은총이었으며 그것은 매일 매 순간 인간적으로 보아 기적인 희생의 삶이었습니다. 이런 일이 땅에서도 일어났습니다. 그것이 바로 루갈다와 요한 가정이었습니다. 젊은이들의 가정생활이 순간순간 피나는 노력으로 어떻게 이어졌는지는 루갈다의 글에 잘 나타납니다. 그런 천사도 놀랄 성가정을 이끌어가는 힘의 원천은 오로지 기도로 얻어지는 하느님의 은총이었습니다. 이런 동정 결혼 가정은 예수, 마리아, 요셉의 성가정 이외에는 성 루갈다와 성 요한 가정이 세계 가정사에 유일한 것이겠습니다. 이렇게 우리는 신앙 안의 성가정사에서 찬란히 빛나고 있습니다. 이런 실정을 기록한 루갈다 글의 영역본을 어느 외국 수녀원장께 보냈더니 밤새도록 울면서 읽었다고 합니다. 사실 모든 신자 가정은 기도의 힘으로 예수, 마리아 요셉의 성가정을 본받을 수 있습니다. 성가정의 거룩함과 사랑과 행복은 어떻게 실현되는 것이겠습니까. 그것은 신자 가정들이 기도로 실천되는 것입니다. 예컨대 하루 한 번은 어떤 모양으로든 가족이 다 함께 기도하는 것입니다. 기도로 은혜 받는 것은 두말할 여지가 없습니다. 성가정은 하느님을 중심으로 가족애를 다지기에 가족애는 청순하고 건실하며 결실이 풍성한 것입니다. 그것은 스스로 느끼지 못할지라도, 신앙이 없는 가정에게는 자기들에게 없는 신선함과 거룩함을 풍기게 하는 것입니다. 저는 1954~1955년경 어느 젊은이의 가톨릭으로의 개종을 도와주었습니다. 왜 가톨릭을 선택했느냐 했더니, 이웃에 가톨릭 신자 가정이 있었다는 것입니다. 그 가정은 가족이 다 같이 주일 미사에 다녀오는데, 그들이 돌아올 때에는 자기네 가정에서는 느낄 수 없는 전혀 다른 분위기와 가정 행복과 가족애를 느꼈기에, 자기네 가정도 그런 분위기를 갖고 싶었다는 것이었습니다. 그것은 분명 성가정의 분위기였습니다. 신자들 가정의 사랑과 행복은 겉으로 보기에는 예사 가정과 다를 바 없이 부부의 사랑과 부모와 자녀 사랑과 부모 존경, 형제 사랑으로 이루어지지만 그 뿌리가 다릅니다. 신자 가정에서 남편은 아내를 하느님께서 영원으로부터 점지해 주신 자기의 한 부분으로, 아내는 남편을 하느님이 영원으로부터 점지하여 주신 자기의 한 부분으로 알고 사랑하며 희생하고 봉사하는 것이기에 하느님이 개재해 있지만 일반인에게는 그런 뿌리가 없고 은혜도 없는 것입니다. 그렇기에 신자 가정에서는 하느님이 그런 약점을 보완하기 위해 나를 배필로 붙여주셨다는 믿음과 상대는 남편이든 아내이든 하느님의 영원한 집으로 같이 가는 동반자라는 확고한 신념으로 살아가기에 또 그런 은혜를 하느님으로부터 받았기에 더 깊은 사랑과 행복을 갖는 것입니다. 그러므로 성가정을 이루는 데는 기도가 필수입니다. 그리고 자녀는 하느님의 가장 큰 선물이며 위탁품이기에 소중한 것으로 보존하며 가꾸는 것입니다. 아이들은 하느님의 품에서 자라게 될 때, 인간 본래의 모습대로 잘 자라며 오늘날 이 땅에서 무너지고 있는 효도의 정도 잘 키워 가는 것입니다.

 저는 이 땅의 개신교 개척에 지대한 공헌을 한 어느 가정을 개종시키게 되었습니다. 세태가 윤리적으로, 또 인간 교육적으로 안 좋은 때였는데도 그 가정의 젊은 형제들이 순수하게 잘 자란 것을 보고 비결이 무엇이었느냐고 물었더니 아침 식사 때 가족이 다 같이 식사 기도를 하는데 식구가 돌아가며 기도했다는 것입니다. 그런 기도 중 아이들은 그날 자기들의 일들을 솔직하게 표현하기에 거기에 맞추어 아이들을 교육해 왔다는 것입니다. 또 한 가지 예는 한국 가톨릭 신자의 큰 모범인 장면 박사 맏딸의 말이었습니다. 그 분은 미국 명문대 출신으로 아버님의 일을 도우며 워싱턴의 외교 무대에서 빛을 보게 되었다는 것이었습니다. 그런데 어떻게 수녀원으로 가게 되었느냐고 했더니, 아버지인 장면 대사는 저녁 기도를 꼭 가족과 같이 하셨기에 기도 덕분에 수녀원으로 가게 되었다고 합니다. 기도는 이런 은혜를 하느님과 성모님으로부터 받을 뿐만 아니라 세상사에 필요한 은혜도 부부와 자식들에게 풍성하게 받게 하는 것입니다. 기도는 성가정을 이루는 핵심 요소이며 가족애와 가정 행복의 원천입니다. 성가정상은 도무지 예측할 수 없는 젊은 세대에게 더욱 절실히 요청되는 것입니다. 성가정상은 참음과 용서와 상대 배려와 헌신으로 이루어지는 사랑의 결정체이며 어려움과 고통 중에서도 하느님의 은총 속에 행복할 줄 아는 가정입니다. 이런 고귀한 가정상은 일반이 말하는 좋은 가정상을 내포함은 물론, 그것을 초월해가는 행복한 가정상을 이루어주는 것입니다. 착한 신자 여러분! 참으로 좋은 가정을 꾸며 자식을 잘 기르고 싶거든 같이 식사하고 기도하세요.

8) 서울대교구 압구정 1동 성당 공현주일(2010년 1월 3일) 강론

> 일시: 2010년 1월 3일 작성, 후 4일에 부분적 추가.
> 장소: 서울 압구정 1동 성당
> 강론자 및 작성자: 정의채 몬시뇰, (교황 명예 고위성직자)

(다음 글의 I)은 신심 강론이고 II)는 우리 사회 현실에 대한 견해입니다.)

오늘 주님의 공현 대축일에 또 다시 이 자리에서 신자 분들과 같이 미사를 집전하게 된 것을 큰 기쁨으로 생각합니다. 밤낮 신자들의 선익을 생각하며 앞서가는 사목을 펼치시는 박상수 주임 신부님의 초청으로 미사를 드리게 된 데 대해 진심으로 감사의 말씀을 드립니다. 신부님이 사목 전반에 걸쳐 성의와 열의를 보이심은 물론이고 교회의 기간인 성소 후원회를 조직하시고, 교회의 생명이요 희망인 젊은이들을 위한 사목에 남다른 열의와 성과를 보이더니 최근에는 성가정 회식 등을 마련하여 신자들을 기쁘게 하시며 전체 교회에 사목의 새로운 차원을 열어 주었습니다. 저는 여러 곳에서 성가정 심신에 대해 많은 것을 보고 들었지만 성가정 사목을 회식과 같이 하는 것을 보지 못했기 때문입니다. 사실 예수님께서는 당신의 가장 중요한 행사인 성체성사 건립을 최후의 만찬 중에 하셨고 그 밖에도 제자들과 또 다른 사람들과 식사 중에 중요한 가르침을 주신 것을 우리는 잘 알고 있습니다. 그렇기에 압구정 1동 본당 신자들에게 이런 좋은 목자를 모시게 된 것은 큰 행운입니다.

I) 주님의 공현은 글자 그대로 주님이 공개적으로 세상 만민에게 나타나심을 뜻합니다. 오늘은 기실 그동안 지내온 성탄의 본 모습을 드러내는 날입니다. 다시 말해 오늘을 위해 천상 아기의 성탄이 있었습니다. 그렇기에 동방 교회에서는 오늘날 성탄을 성대하게 지내는 것입니다. 지난 성탄일은 유다 지방 베들레헴에 유다인에게 예수님이 나타나신 것이었는데 오늘은 예수님께서 유다 사람들이 아닌 세계만방 사람들에게 공식으로 나타난 날입니다. 만일 오늘이 없었다면 주님의 성탄은 유다 민족에 국한되어 우리에게는 그저 다른 공자나 석가여래 등과 같이 예수님은 유다에 국한된 한 훌륭한 인간으로 치부되었을 것입니다. 오늘 동방의 이교인 세 박사를 별로 인도하여 그들

에게 나타나시어 아기 예수는 인류의 구세주로서 당신의 성탄이 만민을 위한 탄생임이 드러난 것입니다.

그렇기에 지난 성탄을 잠깐 되돌아봄이 좋을 듯싶습니다. 우리는 유다 민족이 자기들의 잘못으로 불러들인 처절한 민족적, 개인적 불행 중에 구세주 오심을 간절히 바라던 수천 년을 생각하며 성탄을 준비했습니다. 우리는 이 기간 동안 해산을 기다리던 성모님과 같은 심정으로 4주간을 기도와 선행, 물질적 준비로 성탄을 맞이했습니다. 첫 번째 성탄에서는 밤샘을 하며 양을 치던 순박한 목동들이 천사의 성탄의 기쁜 소식과 천사들의 큰 합창을 듣게 됩니다.

"주님의 천사가 다가오고 주님의 영광이 그 목자들의 둘레를 비추었다. […] '나는 온 백성에게 큰 기쁨이 될 소식을 너희에게 전한다. 오늘 너희를 위하여 다윗 고을에서 구원자가 태어나셨으니, 주 그리스도이시다. 너희는 포대기에 싸여 구유에 누워 있는 아기를 보게 될 터인데, 그것이 너희를 위한 표징이다.' 그때에 갑자기 그 천사 곁에 수많은 하늘의 군대가 나타나 하느님을 이렇게 찬미하였다. '지극히 높은 곳에서는 하느님께 영광 땅에서는 그분 마음에 드는 사람들에게 평화!'"(루카 2,9-14).

"목자들은 아기를 보고 나서, 그 아기에 관하여 들은 말을 알려 주었다. 그것을 들은 이들은 모두 목자들이 자기들에게 전한 말에 놀라워하였다. 그러나 마리아는 이 모든 일을 마음속에 간직하고 곰곰이 되새겼다"(루카 2,17-19). 예수님의 성탄은 세상을 창조하신 하느님 아버지의 당신 아드님을 보내신 사랑의 극단적 표현이었습니다. 그것은 또한 인간에게 주어지는 하느님과 사람에 대한 사랑의 명령이었습니다.

그러므로 교회는 성탄 다음 주일을 예수 아기가 자라나야 할 사랑의 보금자리 가정을 생각하는 예수, 마리아, 요셉의 성가정 축일로 정해 하느님의 사랑과 가족들 사이에 사랑으로 충만한 가정상을 보여줍니다. 그 주간을 모든 신자의 가정 성화의 주간으로 하여 신자들의 가정이 아기 예수가 자라나는 가정을 본받아 성가정이 되게 하려는 것입니다. 이에 호응하여 신자 가정은 예수 아기를 키우는 마리아와 요셉의 가정과 같이 성가정을 이루려고 노력하는 것입니다. 성가정의 중심이 예수 아기였음은 두말할 여지가 없습니다. 그리고 성모님의 존재는 아기에게 가히 절대적이었습니다. 모든 아기에게 엄마의 존재가 절대적인 것 이상으로 말씀입니다. 아기의 모든 것은 엄마이고 엄마의 모든 것은 아기라고 할 수 있기 때문입니다. 그렇게 성모님의 존재는 예수 아기 가정에서 가히 절대적이었습니다. 성모님 자신은 말 없는 정숙한 모습이지만 성모님이 그럴 수밖에 없는 또 다른 이유는 놀라운 당신의 운명과 사명을 천사 가브리엘에게 듣는 순간부터 더욱 그러하였을 것입니다. 그렇기에 천사들로부터 아기 예수의 탄생에 대한 놀라운 기쁜 소식을 전해들은 목동들이 마구 뛰놀며 소식을 전할 때도, 마리아는 마음속 깊이 간직하고 곰곰이 두고두고 생각했다고 기록되어 있습니다. 또한, 아기를 성전에서 바칠 때도 생각하게 됩니다. 의롭고 경건한 시메온이란 하느님의 사람이 있었는데 아기 예수를 받아 안고 성모님께 말합니다.

"보십시오, 이 아기는 이스라엘에서 많은 사람을 쓰러지게도 하고 일어나게도 하며, 또 반대를 받는 표징이 되도록 정해졌습니다. 그리하여 당신의 영혼이 칼에 꿰찔리는 가운데, 많은 사람의 마음속 생각이 드러날 것입니다"(루카 2,34-35). 그러나 마리아는 아무 말씀이 없습니다. 물론 더 깊이 곰곰이 생각하며 마음을 다져갔을 것입니다. 이런 일들에 오늘의 엄마들은 각별히 유의할 필요가 있겠습니다. 아이를 기르는 것이 아니라 동물적 본능에 좌우되어 아이를 버리게 만들고 아이의 앞날을 망치는 수가 주변에 허다하기 때문입니다. 예수님의 성가정을 본받는다는 것은 신자들의 가정을 하느님과 성모님이 보장해주는 것입니다. 여기에 첨가할 것은 모든 가장의 표본인 요셉 성인의 삶입니다. 요셉 성인은 성경이 말하는 의로운 사람입니다. 의롭다(iustus)는 라틴어로 올바른 또는 종교적 의미까지 곁들이면 '성스럽다'는 의미가 있습니다. 그는 만사를 하느님의 뜻을 실행하며 사는 의로운 사람, 의인(義人)이었습니다. 그렇기에 약혼녀 마리아가 잉태한 것을 알았을 때 법에 의해 처단하려 하지 않고 아무도 모르게 마리아와의 관계를 조용히 끊으려 했습니다. 그러나 그런 일이 성령으로 말미암은 하느님의 위대한 계획임을 알게 될 때 조금도 지체 하지 않고 받아들였습니다. 또한, 마리아의 동정을 끝까지 지켜주는 놀라운 희생을 감수하며 예수와 마리아 성가정의 버팀목이 되어 주었습니다. 더 나아가 헤로데 왕이 어린 예수님을 죽이려 할 때 천사가 요셉의 꿈에 나타나 말했습니다. "'일어나 아기와 그 어머니를 데리고 이집트로 피신하여, 내가 너에게 일러 줄 때까지 거기에 있어라. 헤로데가 아기를 찾아 없애 버리려고 한다.' 요셉은 일어나 밤에 아기와 그 어머니를 데리고 이집트로 가서, 헤로데가 죽을 때까지 거기에 있었다"(마태 2,13-15).

한편, 성가정의 자녀들은 성경에서 말하는 예수님과 같은 모습이어야 합니다. 예수님은 열두 살에 성전에서 율법 학자들과 3일간이나 당당하게 질의응답을 했지만 "예수님은 부모와 함께 나자렛으로 내려가, 그들에게 순종하며 지냈다. 그의 어머니는 이 모든 일을 마음속에 간직하였다. 예수님은 지혜와 키가 자랐고 하느님과 사람들의 총애도 더하여 갔다"(루카 2,51-52)고 기록되었습니다. 성경에서 요셉 성인은 말 없는 분, 위기가 올 때는 전면에 나타나는 분, 일이 다 끝날 때 즉 예수님이 장성했을 때는 말없이 사라져 더 이상 등장하지 않는 분이십니다. 이런 성가정을 모범으로 이룬 우리 순교자들의 가정은 세계에서 유례를 찾아 볼 수 없는 놀라운 성가정상과 순교사를 형성합니다. 이순이 루갈다와 유중철 요한 부부, 권 데레사와 조숙 베드로는 동정 부부 가정을 이루었으며 다 같이 순교의 길을 가는 성가정이었습니다. 이승훈 선조의 후손은 5대, 권철신, 권일신 선조의 후손은 3대 내리 순교하는 성가정이 있었습니다. 이런 놀라운 초자연적 힘은 성가정, 즉 신앙의 힘, 은총의 힘이었습니다. 모든 성가정은 예수님이 중심이 되는 마리아와 요셉의 가정을 원형으로 하기에 신자들의 성가정에는 하느님과 성모님의 특별한 은총이 충만하며 오늘도 예수님의 구원 사업을 계속하는 많은 성직자와 수도자가 이런 가정에서 배출됩니다.

아기 예수는 하느님의 아들이시기에 교회는 아기의 어머니 마리아에게 당연히 하느님의 어머니, 즉 '천주의 모친'이라는 칭호를 드립니다. 그렇기에 교회는 한 해의 첫날인 1월 1일을 성모 마리아께 바쳐 '하느님의 어머니 대축일'로 지냅니다. 또한, 교회는 아기 예수가 평화의 왕으로 세상에 오셨기에 한 해의 첫날 1월 1일을 세계 평화의 날로 선포하여 세계 어디에선가 끊임없이 일어나는 미움과 분쟁, 인명 살상과 파괴를 없애고 평화로운 세계, 같이 살고(共生) 같이 번영(共榮)하는 세계 건설을 예수의 어머니 성모님께 기도와 희생, 노력으로써 위탁하는 것입니다. 근대에 교회의 큰 위기로 다가온 무신사상이 맹위를 떨치기 시작할 때 성모님은 루르드에서 벨라뎃다에게 나타나 잘못

가는 인류 사상을 잠재우는 큰 역할을 하셨고, 공산주의 무신유물 사상이 러시아에서 혁명으로 성공하여 인류에게 고통을 가할 것을 1917년 5월에서 10월까지 성모님이 파티마에서 세 어린이들에게 나타나 미리 말해 주었습니다. 극심한 전쟁과 인명 살상, 인류의 고통을 예고하시며 결국 당신의 중재로 교회가 승리하여 세계에 평화가 올 것이나 묵주의 기도를 열심히 바침으로써 가능하다는 것을 일러 주었습니다. 그 후 큰 전쟁과 인류가 많은 고통과 갈등을 묵주의 기도로써 그런 주의 사상과 정체(政體)와 무력(武力)이 한방의 총성도 없이 무너뜨리고 기적적으로 세계 평화가 온 것을 1989년 10월에서 1990년 5월에 걸쳐 일어난 공산정체(政體) 도미노 붕괴에서 체험했습니다. 천년 철옹성(鐵甕城) 같았던 공산 정체가 그렇게 무너질 것을 위대한 정치인도, 특출한 국사 전략가도, 대경제인도, 사상가도, 미래학자도 몰랐던 것입니다. 오로지 그것은 하느님의 능력으로 이루어진 것인데 평화의 모후 성모님께 대한 기도, 특히 묵주의 기도로 가능했습니다. 한국은 이런 일을 절절히 체험한 나라입니다. 앞으로 그보다 더한 일이 이 땅에서 벌어질 것을 확신하게 됩니다. 물론 세계 평화가 이루어지기 위해서는 각 사람 마음의 평화와 가정의 평화가 전제되어야 합니다. 그렇기에 우리 성모님이 어려운 여건 하에서 어떻게 평화를 누리며 살았는지 본받으며 먼저 각 사람의 마음과 가정에 평화를 누리는 사람이 되어야겠습니다.

이제 우리는 성탄의 본 목적인 주님의 공현에 대해 핵심적인 말씀을 드리고자 합니다. 별을 따라 이역만리 먼 길을 거쳐 새로 난 유다인의 왕 아기 예수를 찾아 나선 동방의 세 박사는 드디어 예루살렘에 도착하여 세속의 지혜를 따라 헤로데 왕에게 아기의 소재를 묻습니다. 헤로데는 유다인의 왕이라는 아기를 죽여 없애려는 악심을 품고 세 박사에게 소재를 알려달라며 떠내 보냅니다. 여기서 우리는 욕망에 사로잡힌 세속의 지혜와 하느님의 위대한 구속경륜이 마주쳐 결국 세속 욕망과 권력으로 뒷받침 되는 세속 지혜와 욕망이 여지없이 파멸됨을 보게 됩니다.

"그들은 임금의 말을 듣고 길을 떠났다. 그러자 동방에서 본 별이 그들을 앞서 가다가, 아기가 있는 곳 위에 이르러 멈추었다. 그들은 그 별을 보고 더없이 기뻐하였다. 그리고 그 집에 들어가 어머니 마리아와 함께 있는 아기를 보고 땅에 엎드려 경배하였다. 또 보물 상자를 열고 아기에게 황금과 유향과 몰약을 예물로 드렸다. 그들은 꿈에 헤로데에게 돌아가지 말라는 지시를 받고, 다른 길로 자기 고장에 돌아갔다"(마태 2,9-12).

이렇게 세 박사는 아기 예수의 탄생을 만났고 그지없이 기뻐했다고 기록되었습니다. 또한, 그들은 꿈에 놀라운 현시까지 받고 한없는 고마움과 흡족함을 안고 고향으로 돌아갔을 것입니다. 우리는 여기에 이르러 이런 은혜를 받게 되는 몇 가지 여건에 상도하게 됩니다.

첫째, 순수한 마음입니다. 하느님의 뜻에 절대 믿음을 두고 신뢰하는 마음입니다. 둘째, 징표(별)를 보고 그 뜻을 이루려는 결의에 찬 실천입니다. 세 박사는 고달픈 먼 길을 마다하지 않았습니다. 셋째, 도중 혼돈에 빠질 때 기도와 희생으로 하느님의 도움을 청하는 것입니다. 넷째, 세 박사에게서 드러난 바와 같이 하느님께서 주시는 별을 볼 줄 알아야 할 것입니다. 그 별이란 세 박사를 탄생한 예수께 인도한 것인데 모든 신자에게도 그런 징표가 주어지는 것입니다. 그것은 신자들의 일상생활을 통해 일어나는 사건입니다. 물론 그런 징표를 식별하기가 곤란하지만 기도하며 주의 깊게 살피면 대개의 경우, 읽혀지는 것입니다. 그런 면에 전문적 지식이나 경험을 갖고 있는 성직자나 수도자 등의 조언을 청하는 것도 한 방도입니다. 또 한 가지 매우 중요한 것은 하느님의 뜻을 따르겠다는 확고한 마음가짐이고 조급함을 피하며 기도와 희생을 바치는 것입니다. 세 박사에게 특히 빛나는 것은 그들이 가장 소중히 여겼던 것, 어쩌면 일생 공들여 모았던 귀중한 물품을 아낌없이 바친 것입니다. 그것은 당시에 매우 값진 황금과 유향과 몰약입니다. 우리도 그렇게 자기에게 귀한 것을 아낌없이 하느님을 위해 바치는 마음가짐이 요구됩니다. 우리가 유의할 점은 하느님의 아들이 사람들 사이에 강생하여 오시는 데는 말할 수 없는 희생이 있었다는 것입니다. 예수님께서 가난한 마리아와 요셉 집안을 택하였기에 외양간 말구유에 적빈(赤貧)의 몸으로 태어나셨습니다. 그리고 악의 권력에 의해 죽음의 문턱에 있었습니다. 그뿐만 아니라 수많은 2살 이하 어린이들의 생명이 희생되었습니다. 급기야는 헤로데의 악마적 마수를 피해 야간도주의 형태를 취해 이방인의 나라 이집트에서 여러 해 동안 요셉이 목수 일로 타향살이를 감수해야 했습니다. 한마디로 하느님이 안배하시는 운명을 기꺼이 받아들이면 기적과 같은 일들의 연속을 체험할 것이며, 세 박사가 체험한 바와 같은 일의 성취와 기쁨을 맛보게 되는 것입니다.

II) 이제 저는 우리가 살고 있는 이 놀라운 변화의 시기에 하느님의 창조경륜과 그 완성인 아드님의 십자가 구속 경륜의 새로운 실천 단계가 전개될 것이기에 몇 말씀 드리고자 합니다. 압구정동은 한국 정치 경제 문화의 1번지이고 특히 이명박 정부에 들어서는 더욱 그렇습니다.

첫째로는 지금 인류는 전에는 상상도 못했던 크나큰 변화의 격동기를 맞았습니다. 그것은 3천 년대를 맞은 인류의 운명이고 하느님 창조 계획의 새로운 단계의 실현입니다. 전 인류는 이제 하나의 인류의 삶, 즉 하나의 인류문화를 창출해 같이 살아야 할 긴급한 과제를 안게 된 것입니다. 저는 여러 문화가 때로는 서로 상극하여 공존하기 어려웠던 점을 감안하여, 국제회의에서 생명문화를 제창하여 큰 호응을 얻었습니다. 또한, 그 사상이 삽시간에 전 세계에 퍼져 큰 성과를 내는 것을 보았습니다. 제가 생명 사상을 초석으로 한 것은 모든 종교와 문화는 생명을 존중하고 사랑하며 풍요롭게 하려는 것이기에 "세상의 생명을 위하여"(Pro Mundi Vita)(요한 6,51 참조)라는 성경 말씀과 "생명을 사랑하자. 풍요롭게 하자"라는 기치를 높이 쳐들었습니다. 이런 생명 사상은 삽시간에 국제적 모든 학술회의와 실천적 회의, 유통구조의 회의에 이르기까지 모든 회의와 생산과정, 유통 시스템에 적용되는 것을 보았습니다. 저는 이런 운동에 앞서 1991년 서강대학교에서 생명문화연구소를 열어 이 같은 표어로 당시 매일 같이 일어나던 어린이 유괴살인 사건을 근절시켜 국가적·국민적인 큰 호응을 얻었습니다.

  둘째, 우리나라를 포함하여 전 세계가 공동으로 해결할 문제입니다. 그것은 자연 복원 문제입니다. 벌써 실천에 들어갔으면서도 다른 한편 그와 반대되는 것을 자행하는 어리석음이 도처에서 활개치고 있는데 우리나라는 그런 일에 선두 주자일 것입니다. 제가 중학교 시절만 해도 자연 정복이란 말만 있고 자연 친화라는 말조차 없었습니다. 그런 젊은이들의 패기는 자본가의 치부욕과 맞물려 자연 개발, 국토 개발 등의 사기적 용어와 맞물려 무자비한 자연 착취와 파괴로 시종했습니다. 드디어 인간은 자연의 가공할 보복에 직면하여 더 이상 반자연적 발상과 행태로는 인간의 삶을 지탱할 수 없음을 알게 되었습니다. 그래서 UN 기후변화 협약회의는 지난 해 12월 중순 코펜하겐에서 세계적 규모로 열렸으나 결국 실패로 끝났습니다. 실패의 이유는, 그 동안 방약무인(傍若無人) 약소국이나 약자의 권리 등은 안중에도 없고 오직 강자들의 권익에만 치중하던 G7 혹은 G8이 삽시간에 물거품처럼 사라져가는 형국이 되었습니다. 또한, 이명박 정부가 그동안 축적된 국력과 현 정권의 외교적인 큰 업적으로 치부하는 G20도 빈국들의 모임이라 할 수 있는 G77의 출현으로 시작과 더불어 위상이 흔들리는 조짐을 보이게 되었기 때문입니다. 기실 G77의 반란으로 UN 기후변화 협약도 실패할 수밖에 없게 되었습니다. 거기 더해 G2로 등장한 미국과 중국의 대립각은 실패를 부채질 했고 서로 협력을 요청하면서도 사사건건 부딪쳐 앞으로 혼란을 예고하기도 합니다. 코펜하겐 회의의 실패는 G7도 G20도, G2도, G77 빈국들도 당장 눈앞에 닥쳐온 자연의 요구를 충족시키려는 데 이해관계가 충돌했기 때문입니다. 더 근원적으로는 3천 년대 들어서의 하느님 창조 계획의 실현에 근거하여 세계 문화사는 급속한 변동을 일으키고 있는데 인간은 그것을 알지 못하기 때문입니다.[107] 단적으로 말해 머지않아 인류문화사에 등장할 용어는 '자연복원'과 '자연존중'입니다. UN 기후변화 협약은 그런 문화 진입의 극히 한 자락입니다. 그런데도 이명박 대통령이 4대강 개발에 열중하고 여당은 꼭두각시가 되어 심야에 4대강 개발안을 날치기로 통과시킨 것입니다. 물론 4대강 파헤치기가 좋으냐 해로우냐는 전문가에 의해 심도 있게 논의되고 국민의 동의를 얻어야 했습니다. 이명박 대통령은 벌써 자기가 국민 그 누구보다 낫다는 우월감에 빠

---

107 정의채 몬시뇰은 2천 년을 큰 분수령으로 인류문화의 중심은 아시아로 옮겨오는데 경제의 중심이 후진국에서 중진국으로, 중진국에서 선진국으로의 급속한 이행과 소비가 폭발할 아시아라는 점을 예리하게 제시하였다. - "지는 서방, 뜨는 동방 '21세기 富의 이동' 돈은 아시아로 통한다", 2010년 1월 4일자 〈조선일보〉 1면 헤드라인 참조.

진 것 같습니다.[108] 그분의 의식은 아직 30~40년 전 사우디 현장 시절의 이상(理想)을 넘지 못한 흔적이 묻어남을 부인하기 어렵습니다. 그저 돈이나 벌면 무엇이든 된다는 것 같습니다. 자연 복원이나 자연 존중이니 등 앞으로 인류문화사(史)를 이끌어갈 사상에는 맹목인 것 같습니다. 물론 가치 있고 중요한 것이기도 하지만 쇳가루와 큰 대(大)자에 집착합니다. 앞으로 3천 년대에 전개될, 지금 사상적 태동기에 접어든 새로운 문화에 조금이라도 감각이 있었으면 합니다. 큰 대자를 지상의 영광으로 알던 시대는 대영제국이나 대 프랑스니 대 일본 제국이니 등 제국주의와 식민지 시기의 인기 용어였습니다. 그런데 대통령 신년사에 '더 큰 대한민국'이란 용어가 국민이 받들고 가야 할 주제 용어로 등장합니다. 대한민국이란 용어에 큰 대자가 들어 있는데 또 큰 대자 하나를 더 붙여야 하니 지난날에 인기 있던 큰 대(大)자를 신년사의 주제로 내세워 스스로 제국주의 시기의 과거지향 인물로 만드는 것 같아 민망스러웠습니다. 제가 1950년대 후반, 유럽 유학시절에 한국에서 오는 편지에 한자로 대한민국(大韓民國)이라 쓴 것을 보고 중국인들은 자기들은 그 큰 땅덩어리를 중화민국(中華民國)이라고 중(中)자를 쓰는데 새끼손가락 반 같은 한반도의 반에 큰 대(大)자를 쓴다고 빈정거렸습니다. 일본인들은 일본인 나름으로 대일본(大日本)의 대(大)자를 없애 버린 지가 언제인데 새삼스럽게 큰 대(大)자냐고 빈정거리던 기억이 납니다. 인류문화사 흐름 속에서 용어 하나라도 제대로 되었으면 합니다. 한마디 더 곁들인다면 이명박 대통령이 그리도 좋아하는 실용(實用)의 실자도 용자도 말고 새로운 차원에서의 체(體)와

---

108 "4대강 정비에 대한 국민 여론은 사업 반대 54%, 찬성 37.9%이니 말입니다" - 〈조선일보〉 2010년 1월 2일 A5의 여론 조사 참조.

용(用)을 겸비한 패기만만(覇氣滿滿)한 젊은이들이 배출됐으면 하는 바람입니다. 또한, 정치 체제 문제에서는 1950년대 후, 서구에서 특히 이탈리아에서 공산주의 극좌(極左)와 그 대립각인 우가 첨예하게 대립할 때 중도 좌, 중도 우가 정권의 향방을 지시하는 용어였는데 이명박 대통령이 중도 실용을 강조하니 좀 어리둥절하게 했습니다. 중도하면 즉시 그 좌우가 연상되기 때문입니다. 중도실용이 무엇인지. 아마도 빈민과 서민에 중점을 두는 정치 표방인 듯하여 목표는 부유층과 빈민층의 중간을 지향하는 것 같습니다. 그렇다면 정책으로서는 중산층 형성을 의미하여 또 다른 정제되지 않은 용어를 용어만 남발하고, 오히려 지금 나타나는 결과는 빈부의 격차만 심화시켜 빈민을 현혹시키는 용어가 아닌지 하는 생각이 들었습니다. 더욱이 실용이란 낱말은 좋은 말이지만 그런 분들 입에서 실용주의란 낱말이 스스럼없이 등장하니 그것이 미국의 존 듀이의 실용주의에 연원되는 것이라면 그것도 진지하게 짚고 넘어가야 할 것으로 생각됩니다. 존 듀이의 실용주의는 현실적 실용적 가치가 모든 가치의 기준이기에 현실적 가치가 없는 근본적 원칙이나 종교적 불변적 원리 같은 영원불변의 가치는 설 자리가 없기에 가톨릭학계의 큰 반발을 샀던 것입니다. 물론 그런 사상이 미국 문화에 지대한 영향을 미치고 급기야는 미국 경제의 흥망과도 깊이 연결되어 있을 것이기에 오늘날 미국 경제의 파탄에 큰 구실을 했는지도 연구여하에 따라서는 간과키 어려운 면을 지닐 수 있을 것입니다. 특히 자연을 존중하고 실용보다는 예(禮)를 숭상하며 천리(天理)와 인륜(人倫)을 근본으로 삼는 동양, 그것도 지금은 서구 문명 특히 미국의 경제와 기술 문화가 한계에 부딪쳐 문화의 왕좌가 동양으로 이동하는 시기에 이동의 선구자를 자임해야 할 한국의 대통령이 그 정도밖에 안 되나 하는 데는 무엇인가 쓸쓸한 면이 있습니다. 그렇기에 가톨릭이 정신적 근본을 이루는 유럽에서는 '중도 좌우'를 말할 뿐 '중도 실용'이란 말을 쓰지 않습니다. 정말 국익을 말한다면 우리의 오래되고 관행적인 용어 '실리'(實利)가 더 와 닿는 용어인가 싶습니다. 예컨대 실용외교보다는 '실리외교'가 그렇습니다. 물론 용어는 시대의 발전에 따라 변할 수 있으나 한자 용어 문제는 한자 상용의 중국과 일본 등과도 연계하여 생각하는 것이 좋습니다.

또한, 3천 년대 들어 하느님의 창조경륜의 새로운 차원의 실현입니다. 그것은 이제 서서히 빈국(貧國)은 부국(富國)을, 약자(弱者)는 강자(强者)를 이리저리 끌고 다닐 시기로 인류의 문화사(文化史)가 변화되고 있습니다. 이런 점에서 부국과 강자는 기득권 옹호와 강화에 발버둥 칠 것이 아니라 자진하여 강자는 약자와, 부국은 빈국과 같이 사는 공생(共生)하며 같이 번영 공영(共榮)하는 지혜를 터득하여 실천해 가야 할 것입니다. 그것은 하느님이 우주를 창조하실 때 우주에 생을 받고 오는 모든 사람과 생명은 자연의 혜택을 골고루 받도록 만드셨기 때문입니다. 물론 응분의 노력과 재능을 발휘하여 상응한 대가를 받아야 한다는 전제 하에서입니다. 생각이 여기에 미칠 때 우리는 가톨릭 신앙이 가르치는 사랑의 실천이 또 다른 차원에서 얼마나 절실히 요청되는지 실감하게 됩니다. 이런 인류문화 이행을 억지로 할 것이 아니라 사랑으로 자진 실천해야 하는 것입니다.

다른 한 가지는 이 정권이 해야 할 중대한 일 하나를 간과하고 있는 것입니다. 그것은 지금 세계를 휘어잡으며 하늘을 나는 젊은이들의 앞날을 터주지 못하고 끼리끼리 도취에 빠져있는 것입니다. 이대로 가다가는 혹시 10-20년 후에 오늘의 일본과 같은 국운의 한계를 맞을 수도 있을 것입니다. 일본은 앞선 서구 기술문명 도입으로 경제 대국 대열에 끼었지만 문화적 선진화의 대열에 끼지 못했기에 오랫동안 경제적 수렁에서 벗어나지 못하는 것입니다. 우리의 앞날은 젊은이들에 달려 있으며 그들은 지금 세계 어떤 나라 젊은이들도 따라올 수 없는 새로운 아이디어로 번뜩이는데 이것이야말로 국보 중 국보이며 나라의 힘입니다. 앞으로 모든 승패는 손발로 해결하는 토목 공사가 아니라 두뇌의 우열에 달렸습니다. 지금 새로운 아이디어 창출에 기세를 올리는 우리 젊은이들에게 이런 면에서 도약의 발판을 시급히 마련해 주어야 할 것입니다. 물론 인문과학의 뒷받침과 더불어서입니다. 새해 들어 유력지들이 참 좋은 논단이나 견해를 많이 발표합니다. 과거에서 연장되어 오는 선상에서 새로운 면을 많이 짚어줍니다. 좋은 견해가 많습니다. 그러나 지금 우리가 연속성 안에서 개선 정도가 아닌 새로운 세계 질서에도 상도(想到)해야 할 것입니다. 앞에서 잠깐 언급한 약자가 강자를, 빈국이 부국을 종속국(從屬國)이 종주국(宗主國)을 이리저리 끌고 다닐 것이라는 것도 그 중 하나입니다.

새해 들어 〈조선일보〉 1월 2일 A6면의 한국 G세대 분석을 보니 자기 가족 만족도에 치중하는 경향이라고 합니다. 좋기는 한데 젊은이들이 푸르른 기상을 잃는 것이 아닌가 싶어 걱정입니다. 이런 점에서 지금 모든 것을 흥미 위주 내지는 편리, 안락, 상품성 위주를 넘어 인간본성과 자연 질서, 우주질서와의 조화에 도전하는 젊음의 기상 진작(振作)을 정부가 솔선하여 실천해 주었으면 합니다. 사실 G세대의 등장은 우리에게 다른 사회상과 미래상을 제시합니다. 그 용어 자체, 즉 '글로벌'(global)이 말하는 바와 같이 그들을 세계적, 미래적, 우주적 차원에서 바라보며 정부와 전 세대는 인프라를 깔아 주어야 하는데 이명박 대통령에게 기대하기는 어려울 듯합니다. 그렇기에 G세대가 이명박 대통령에게 박한 점수를 주고 오히려 비극적 고인이 된 노무현 대통령에게는 이명박 대통령과는 비교도 안 될 만큼 높은 평가를 내리고 있는 것은 당연한 것이고 그들이 나름대로의 정확한 판단을 갖고 있다는 점과 우려되는 점도 드러내는 것입니다. 이런 것은 젊은이들 전반에 해당합니다. 그렇기에 이명박 대통령은 국운의 핵심에 있고 머지않아 이 나라 중견과 간성이 될 세대에서는 완전히 소외될 것이며 허상 구실을 한다 해도 지나친 말이 아닙니다. 시대의 흐름, 인류문화의 흐름을 한참 잘못 볼 뿐만 아니라 후일 스스로 도취된 사람이었다는 말을 그 세대에게 듣기 십상입니다. 인류문화사의 흐름을 핵심은 물론, 언저리도 제대로 잡지 못했다는 평을 면키 어려울 것이기 때문입니다. 그렇기에 다른 전직 대통령들에게는 후한 점수를 주면서도 이명박 대통령에게는 숫자조차 밝힐 수 없을 만큼 저급한 점수를 주고 있는 것입니다. 그렇기에 지난 대선 때 절대 다수표로 몰아준 것이 취임 몇 달도 안 돼 이명박 대통령이 치적 1호 자랑거리인 청계천에서의 60만 젊은이의 촛불 속에 묻혀, 경찰 방어 차 뒤에 숨는 꼴이 되었고, 노무현 전 대통령 장례식에는 1백만 젊은이의 문상과 조문이 이루어졌습니다. 그런데도 오늘까지도 그런 낌새조차 채지 못한 것이 이명박 대통령의 본 모습인가 싶습니다. 물론 이명박 대통령의 장점도 인정해야 할 것입니다. 그것은 지난 10년간 국민의 절대 다수를 불안하게 했던 심한 좌경화와 북한의 핵 무기 개발과 미사일 개발의 원동력이 된 막대한 현금 제공 등의 종북(從北) 속북(屬北) 정책을 탈피한 것입니다. 또한 위기로 몰아넣고 있던 한·미관계를 상당 부분 복원한 것도 높이 평가해야 할 것입니다. 그러나 이 점에서는 시대 변화의 급격한 진행, 아시아가 중심이 되는, 상상을 초월하는 인류문화사의 변혁 중에 우리가 서야 할 위치 선정 및 이런 변혁의 핵심은 젊은 세대라는 점 등을 이명박 대통령은 전혀 감조차 잡지 못하고 있고 앞으로도 못할 것으로 보입니다. 근자에 있은 아랍에미리트 UAE

의 400억 불 원전(原電) 수주는 그동안 축적된 아이디어와 기술의 우수성을 바탕으로 이명박 대통령의 외교적 성과로 높이 평가해야 할 것입니다.

개인의 역사도 국가나 세계의 역사도 우연적이거나 인간 지혜의 소산만이 아니고 더 큰 능력에 의해 움직여 간다는 것이 저의 소신입니다. 앞으로 눈이 휘말릴 정도로 변해갈 인류문화사와 그리 멀지 않은 것으로 보이는 북한 통합, 물론 이런 통합은 시간과 단계를 두고 순리로 진행되어야 할 것입니다. 다시 말해 급격한 직접 통합보다는 자유왕래, 자유투자 분위기 조성 등의 과정을 거치며, 순리로 이루어지는 진행을 염두에 두고 하는 말입니다. 지금 많은 국민이 직접 통일이 되는 경우, 다시 말해 북한정체(政體)에 걷잡을 수 없는 이변이 생기는 경우, 강경한 북한 군부를 걱정하고 한편으로는 북한의 최악으로 열악해진 경제로 수백만 젊은이가 남한으로 물밀듯이 내려올 것을 크게 우려합니다. 그러나 저는 우리가 하기에 따라서는 그런 것이 그리 큰 문제가 되지 않는다는 것을 지난 몇 년간 지인들과 언론인, 정치인에게 말하는 것입니다. 그것은 첫째 군이란 상부의 힘이 무너지면 오합지졸에 불과하게 되어 아무런 힘이 없게 된다는 것입니다. 그 체험을 저는 몇 번이고 한 것입니다. 그것은 설령 군부가 정권을 장악한다 해도 공산정권이면 사상 교육 때문에 오래가지 못하고, 그런 정변은 공산사회에서 거의 불가능하다는 것입니다. 그렇지 못하고 공산체제 정권이 무너지는 경우는 강력한 절대자에 의해 유지된 군사력이 통수권자가 무너지면 순전히 오합지졸이어서 서로 자기 신변과 가족, 자식 챙기기에 정신이 없어집니다. 저는 이것을 태평양 전쟁 때, 일본의 패전에서 보았습니다. 군인 전원이 가미카제(神風)식의 자살 자폭 훈련이나 그에 버금가는 죽창(竹槍) 돌격 훈련을 받고 실천했지만, 국가 통수권자인 천황(天皇)의 울먹이는 항복 선언이 라디오 전파를 타자 언제 그런 일이 있었느냐는 식의 분위기가 휩쓸어 군부의 저항이나 사고 없이 다음 시대로 넘어가는 것을 보았습니다. 세계 최강이라 할 수 있었던 소련을 위시하여 동구 전역에 포진했던 막강한 공산군도 자유 세계 물결로 공산국들이 도미노 현상으로 앞 다투어 무너질 때, 강력한 군대도 총 한방 쏘지 못하고 군인 각자는 자기 살길을 찾아 산산이 흩어져 가는 것을 현장에서 체험했습니다. 그러니 북한의 공산 군사 정권을 대체하는 공산 군사 정권의 출현을 그리 염려할 필요는 없습니다. 설사 그런 정권이 성립되어도 단명할 수밖에 없고 스스로 궤멸할 수밖에 없습니다. 그렇게 절대 독재 체제가 붕괴될 경우, 그 동안 인민 사이에 내재해 있던 불평과 불만, 원한이 폭발하는 것을 감당할 길이 없을 것입니다. 그동안 직·간접의 수많은 남한과 중국 등 외부 접촉으로 북한 인민생활의 비참상이 인민들, 특히 젊은 층에 적지 않게 알려졌고 이 점은 더 가속화될 것이기에 남한에서의 조급은 금물입니다. 또 다른 면에서 지금의 철옹성 같은 감시와 감옥, 수용소 강제 구인체계도 일단 유사시에는 와해되어 제 구실을 못하게 되는 것입니다. 이런 경우, 남한 정부와 국민에게는 신중하고 사려 깊은 자중과 행동이 요구됩니다. 또 다른 염려인 북한 난민, 특히 젊은이 수백만 남하의 문제입니다. 그러나 독일 통일 때의 두통거리와 우리 민족의 특수성을 깊이 통찰하고 대비한다면 그 또한 우리의 저력으로 의외로 쉽게 해결할 문제일 뿐더러 오히려 역경을 역이용하여 전화위복(轉禍爲福), 민족 웅비의 호기로 삼을 수 있을 것입니다. 보기에 따라서는 해결의 실마리를 쉽게 찾을 수 있을 것입니다. 특히 북한이 앞으로 치명적 상처를 입을 것은 통치 사상의 혼란입니다. 그것은 2009년 최고인민회의가 개정한, 말하자면 인민헌법에서 공산주의가 빠진 것입니다. 이제 더 이상 박물관행이 된 지 수십 년이 지난 공산주의를 아무리 북한이라 해도 통치 기본 이념으로 할 수는 없을 것입니다. 공산주의 사상을 북한사회 통치의 기본 이념으로 할 때는 그래도 인민을 위한다는 명분이라도 세울 수 있었지만 공산주의를 빼고 난 지금은 인민을 위한다는 통치철학이 무너지고 남는 것은 세습 왕조의 전제(專制) 통치밖에는 없으니, 이런 역사 역행으로는 통치를 지속할 수 없습니다. 그렇기에 남한 정부나 국민은 서두를 필요가 없습니다. 북한의 경제적 피폐 내지 전면적 붕괴는 군부도 먹여 살릴 길이 없게 되는 것으로, 북한 일은 그 자체로 끝나는 것입니다. 어차피 시간 속에서 자연스럽게 해결나게 되어 있습니다. 물론 그 기간 동안 남북이 정상회담을 비롯하여 만남을 갖는 것은 좋으나 인권을 기초로 하는 핵 폐기 문제 등의 기본 원칙은 철저히 고수해야 합니다. 북한의 문제는 어차피 인권 문제로 풀어야 합니다. 저렇게 인간의 기본권이 바닥인데 침묵하거나 지금과 같이 외면하고 대화니 원조니 하는 것은 남한이 도와야 한다는 친북인사들 자체에 더 큰 문제가 있는 것입니다. 북한 인민이 극심한 가난과 질병에 허덕이기에 순 인도적 지원은 해야 할 것입니다. 인권 문제는 북한 문제의 알파요 오메가입니다. 물론 이 문제에 북한 핵 문제와 생화학 무기화 문제, 미사일 문제 등이 모두 내포되는 것입니다.

　북한 문제를 순리로 푸는 것은 통합의 호기가 올 때, 우리 정부와 민간자본이 총동원하여 북한을 돕는 것입니다. 우선 남한 자본이 북한으로 진출하여 그곳에 긴급히 요청되는 생필품과 의식주(衣食住) 제공과 개량, 예컨대 일정 말기보다도 열악해진 주택의 현대식 개축, 풍요로운 먹거리 산출과 제공, 안락한 가전제품 생산과 제공, 세계를 휘저을 젊은이들의 의상 생산과 제공, 도로 개수와 교통의 간편(簡便)과 편리 제공 등 삶의 활력을 생활 현장에 불어넣어 주고 노동 대가까지 고향 현장에서 받고 단란한 가정을 이룬다면, 더 나아가 모든 것이 새롭게 이루어지는 사회에서 앞날을 계획할 길이 많은데 당장 낯설고 차별대우가 불가피한 남한 사회로 젊은이들이 밀려들 이유가 어디 있겠습니까. 도로, 생필품 공장 건립을 우선하고 철도, 항만, 광산 개발, 관광업 등으로 순차적으로 혹은 병행적으로 한다면, 북한은 자연 자원도 많고 수려한 자연도 풍부하고 노동력이 풍족하여 우수한 젊은 두뇌도 넘쳐나는 곳이니, 남한의 세계를 주름잡는 기술과 민주 사회의 모든 면에서 앞서가는 노하우를 결합하면 세기와 세계를 놀라게 하는 일을 단시간 내에 이룰 수 있을 것입니다. 한 가지 모든 것을 좌우할 관건은 정신과 마음의 문제입니다. 6·25 한국전쟁 당시 남한 국군이 잠시 북한에 진주(進駐)했을 때 보인 추태, 즉 우월감과 착취 근성을 북한 인민에게 느끼게 하면 일은 큰 낭패와 갈등, 때에 따라서는 피 흘림까지 있게 된다는 점입니다. 북한 돕기는 무조건이라 할 수 있을 만큼 사랑에 찬 인간애와 동포애여야 합니다. 여기에 가톨릭교회의 큰 몫이 있습니다. 이런 것은 다름 아닌 인간성의 순리로써 해결해야 하기에 우리의 심성만 바로 먹고 사태 해결에 임한다면 저는 한국의 앞날을 매우 밝게 보는 것입니다. 지금까지, 특히 일제(日帝) 시기에 한국 사람들은 서로 질시하고 물어뜯고 단합을 못하기에 인종지말(人種之末)이란 말까지 (일인(日人)들은 물론) 우리 자신도 해온 것입니다. 그러나 조국의 놀라운 발전, 특히 젊은이들의 번뜩이는 아이디어와 화합하는 협동 정신을 보며 저는 그 실체를 달리 보아 새로운 면을 발견했습니다. 우리 젊은이는 세계의 또래들과는 달리 독창성에 뛰어나기에 제멋대로인 것 같지만, 독창성이 화합하여 새로운 차원을 이룰 때에는 기가 막힌 화합과 심포니를 이루어 차원 높은 일치와 단결력을 과시할 것입니다. 그것은 한류를 세계에 퍼뜨리는 새로운 노래와 춤에서도 여실히 드러납니다. 이러한 그들의 천부적 특질도 정부와 먼저 가는 세대의 절대적 뒷받침과 인프라 제공이 없이는 얼마 안 가 고사(枯死)될 것입니다. 저는 지난 근 15년 일본이 경제뿐만 아니라 문화 등의 모든 면에서 추락을 거듭하는 것은 시대를 지난 노년층이 모든 것을 장악하여 젊은이들이 발랄하게 새로운 기운을 뿜어낼 수 없도록 노령화 되어가는 사회 지배로 일관하기 때문이라고 생각합니다. 우리의 정부와 지도층 전 시대(前 時代)층은 그런 몽매(蒙昧)에 빠지지 말고 욱일승천(旭日昇天) 우주가 비좁다, 현재가 숨 막힌다 하늘과 미래를 주름잡는 젊은 세대육성에 튼튼한 기틀을 마련해 주어야 합니다. 물론 그렇다 해도 우리에게 수많은 큰 파도를 넘어야 할 크고 작은 고비는 계속 밀려올 것이기에 인간의 지혜로운 처세와 비상한 노력이 요구되는 것입니다. 당장 수년 내로 우리에게 큰 기회이면서도 큰 위협이 될 것은 중국의 놀라운 상승세와 중국 지도층의 장년(壯年)화와 더불어 젊은층의 경이로운 약진입니다. 이런 위기를 따돌릴 길은 오로지 우리 젊은 층의 아이디어입니다. 자칫 우리 정부와 지도층이 과거지향적인데도 자기기만에 빠져 진취적이라고 생각하여 젊은이 육성에 혼신의 힘을 쏟지 않는다면 후일 역사는 우매한 지도층이었다는 평가를 내릴 수밖에 없을 것입니다. 어쩌면 우리 주변 국가들이 머지않아 우리를 앞지를 차비를 지금 거의 마쳤는지도 모를 일입니다. 우리의 자산은 '젊은 두뇌'라는 점을 정부와 지도자들은 명심해야 합니다.

  우리 신앙인의 눈으로 볼 때 모든 것이 인간의 힘만으로 이루어지는 것이 아님을 잘 알고 있습니다. 그렇기에 저의 견해는 인간의 노력을 전제로, 인간 이상(以上)의 능력에 의해 국운은 융성할 것입니다. 그것은 인간 이상의 능력의 도움에 의한 것이며 구체적으로는 이 나라가 순교시기에 예수님의 어머니 성모 마리아께 바쳐졌기에 절대 존망의 위기에서 끊임없는 성모님의 도움으로 구출되어 오늘의 번영을 이루었습니다. 앞으로의 민족적 고난도 그렇게 극복하여 세계평화와 번영에 기여하는 국가로 발전할 것입니다. 일본의 패전으로 한국이 해방을 맞게 되었는데 일본이 태평양 전쟁을 일으킨 날이 1941년 12월 8일 '성모님의 원죄 없으신 잉태 축일'이었고 일본 패전과 조국 해방일이 1945년 8월 15일 성모님이 하늘로 올라가신 '성모 승천 대축일'이었습니다.

9) 성 바오로 딸 수도회 강화: 2012년 신년 하례 미사 후

> 일시: 2012년 1월 3일 10시 미사 후 강화 12시 30분까지
> 장소: 서울 성북구 미아리 성 바오로 딸 수도원 본부 성당
> 주례자 및 강화자: 정의채 몬시뇰(서울대교구)

저는 성 바오로 딸 한국 관구장 정 아우실리아 수녀님의 부탁으로 이 미사 집전을 의뢰 받고 이 자리에 서게 되어 감회가 깊습니다. 정 아우실리아 관구장 수녀님은 남다른 시대에 대한 사도적 통찰력과 실천력을 갖고 계시기에 앞으로 성 바오로 딸 수도회에 큰 희망을 거는 바입니다. 또 하느님의 특별한 안배로 다시 관구장 자리에서 성 바오로 딸 수도회 사도직을 성 바오로 사도의 정신으로 진두지휘하게 된 것을 하느님께 감사드리며 여러분에게 축하와 치하의 말씀을 드립니다. 이 수도회가 1960년 서울 흑석동에 처음 자리를 잡고 초기 지원자

들을 도울 때부터 저는 이 수도회와 깊은 인연을 맺게 되었습니다. 당시는 이탈리아인 에울랄리아와 리디아 두 분 수녀님과 일본인 산티나 수녀님이 계셨지만 언어 소통의 어려움으로 지원자들에 대한 미사와 강론, 고해성사, 상담 등의 도움이 필요했습니다. 또 앞으로 한국에서 수도회의 사도직 과업에 대한 상담의 도움이 필요한 때였습니다. 마침, 제가 로마에서 학위를 마치고 서울 가톨릭대학교에 교수로 재직한 때였기에 에울랄리아 원장 수녀님의 부탁으로 도움을 드리게 되었습니다.

수녀원이 흑석동에서 미아리로 옮겨오면서 본격적으로 명동에 서점을 개점하여 출판 사업을 하면서 저와의 관계는 더 깊어지게 되었습니다. 그것은 새로 도착한 사라(당시는 사베리아) 수녀님이 사실은 천주교중앙협의회의 부탁으로 보에티우스의 『철학의 위안』을 라틴어 원문에서 번역한 것을 성 바오로 딸 수도회에서 출판하게 해 달라는 간곡한 부탁을 하기에 한국천주교 중앙협의회(CCK)의 동의를 얻어 바오로딸에서 출판하게 되었습니다. 그 후로 홍 아우구스타 수녀님이 지부장으로 계실 때, 『형이상학』을 출판하여 한국 철학계에 기초를 놓은 셈이 되었습니다. 『형이상학』은 판을 거듭하여 3천 년대 들어서도 총 12쇄를 찍게 되었습니다. 더 나아가 한국교회의 위대한 작업, 한국 교회의 자랑인 토마스 아퀴나스의 『신학대전』 번역 작업을 홍 아우구스타 지부장 시기에 시작하게 되었습니다. 그 후 저는 여러 책자를 바오로딸 출판사에서 내게 되어 수도회와 저와의 관계가 깊어갔습니다. 한때는 철학 강의를 수녀원에서 수도자들을 위해 하기도 하였습니다. 또 수도원의 기념행사 기회에 미사봉헌도 하고 강론과 특별 강의를 한 때도 있었습니다. 이번에는 시대의 흐름에 대한 요청으로 식별적 감각이 뛰어난 정 아우실리아 관구장 수녀님께서는 미사를 지내되 시간에 구애 받지 말고 강론을 해 달라기에 미사를 집전하며 강론을 강의 대신으로 하는 셈입니다.

인천교구장 최기산 주교님이 3천 년대 들어 인간이 미처 생각하지 못한 변화가 온 세계를 휩쓰는 인류문화의 흐름을 알도록 신학생들에게 특강해 달라는 요청으로 인천 가톨릭대학교 신학대학에서 3시간 특별강연한 바가 있기에 그것을 참조하여 바오로 사도가 하느님의 특이한 부르심을 받은 정신에 따라 몇 말씀 드리고 싶습니다.

바오로 사도는 당시 인류문화의 한가운데로 특별한 식별력으로 뛰어들어 하느님의 아들 예수 그리스도의 육화의 신비와 복음을 세계만방에 전하게 되었습니다. 그 당시보다도 더 광범위하고 인류 전체를 커버하는 시기에 인류 공통문화 형성과 급변하는 흐름에 대한 개략이라도 말씀드려, 여러 수녀님이 일터에서 만날 인간 삶의 현장과 지금 꼭 이루어야 하지만 한국교회가 감을 못 잡고 있는 것을 깊이 깨닫는 데 도움이 되었으면 합니다. 이런 인류문화 흐름은 교회의 명운을 거는 문제이기에 바오로 사도와 같은 식별력과 열성으로 뛰어들지 않고서는 교회의 앞날이 몹시 어두운 것입니다. 그렇다고 제가 말하는 것은 다 옳은 것이고 절대적이라는 것이 아닙니다. 그런 저의 견해가 그동안 계속 맞아가고 있다는 것만은 말씀드릴 수 있을 것 같습니다. 여기서는 여러분이 수도자이기에 먼저 수도 생활의 본질을 짚고 바오로 사도의 특수한 열성적 사도직을 우리 시대, 특히 한국의 특수성에서 어떻게 수행해야 할지 그 핵심을 말씀드리고자 합니다.

첫째로는 수도 정신인데 복음 삼덕입니다. 청빈, 정결, 순명의 덕입니다. 청빈으로 물질 소유를 전면적으로 거부하고 정결로 육신의, 인간의 힘으로서는 거의 불가능하다고 하는 성(性)의 욕망을 완전히 제

어하고, 순명으로서 모든 것의 주체인 자기 자신 자아까지 완전히 포기하는 것입니다. 말하자면 자기를 완전히 비우는 상태입니다. 바오로 사도는 "나는 그리스도 때문에 모든 것을 잃었지만 그것들을 쓰레기로 여깁니다"(필리 3,8)라고 말했습니다. 그것은 바로 청빈, 정결, 순명의 덕으로 이루어집니다.

  둘째, 자기를 완전 채움의 과정입니다. 채워야 할 것도 요약하면 옛 표현으로는 향주덕(向主德)이라 하던 대신덕(對神德)입니다. 믿음 옛 표현으로는 신덕(信德)입니다. 그 다음은 바람 혹은 희망입니다. 옛 표현으로는 망덕(望德)입니다. 그리고 사랑입니다. 옛 표현은 애덕(愛德)입니다. 즉 하느님께 대한 믿음과 바람과 사랑 즉 신덕, 망덕, 애덕입니다. 저는 이런 요인에 덕(德)이란 말이 붙는 것을 좋아합니다. 그 이유는 덕은 그런 행위나 심성이 습성이 된 것을 뜻하기 때문입니다. 일회적이 아니고 습성이 되어 항상 자신과 같이 있는 것을 뜻하기 때문입니다. 지금 전 세계는 젊은이나 늙은이나 인간의 능력만으로 볼 때, 믿고 기댈 곳이 없는 것이 우리의 현실입니다. 우리 사회는 후진성을 면하지 못했기에 더욱 그렇습니다. 지금 우리 주변은 젊은 실직자로 넘쳐 납니다. 그렇기에 자살자는 한국이 세계 최고를 기록하고 있습니다. 이럴 때일수록 인간은 늙은이나 젊은이나 인간 본성의 요구인 내재적 믿음, 즉 인간의 힘에만 의지할 때 어쩔 수 없이 다가오는 실망을 초월적 힘, 즉 하느님께 의지하는 믿음인 신덕(信德)과 하느님으로부터의 도움, 즉 망덕(望德)이 절실히 요청됩니다. 또한, 지금 우리는 매일 주변에서 보고 느끼며 살고 있지만 산지사방으로 실망으로 둘려 쌓여 있습니다. 인간의 능력만으로는 세계적으로 엄습해오는 개인의 물질적·정신적 실망을 헤쳐나가기가 불가능하기에 젊음과 노년을 망론하고 자살률이 상상을 초월합니다. 이런 인간의 힘만으로는 감당할 수 없는 실망의 엄습기에 자기와 이 세계의 능력으로서는 감당하기 어려운 물심(物心)양면의 실망을 초월적 능력으로 즉, 하느님께 대한 믿음으로 도움을 청하는 마음, 다시 말해 망덕(望德)을 갖게 해야 하겠습니다. 사람은 끊임없이 희망을 뿜어내는 존재이기에 이런 본성을 하느님께 대한 희망으로 승화시켜 사람들의 마음에 새로운 용기를 북돋아주는 역할을 성직자나 수도자, 모든 신앙인은 생활과 말로 표현해야 할 것입니다. 하느님께 대한 믿음을 일상화하여 세상의 어려움을 극복하는 용기와 세상을 넘어 영원한 희망을 바라보는 망덕을 갖게 해야 합니다. 더 나아가 인간 사랑만으로는 한계를 갖게 되어 많은 가정이 부서지며 수많은 어린 생명이 불행의 나락으로 떨어지고 있습니다. 이런 불행을 낳는 세상 사랑을 넘어 인간의 마음이 궁극적으로 요구하는 영원한 사랑, 오늘의 수도자들은 하느님께 대한 영원한 사랑에서 인간 사랑을 실천하는 애덕을 사람들이 느끼도록 해 주어야 하겠습니다. 우리 시대, 더 나아가 앞으로의 시대는 더욱 더 진정한 신덕과 망덕과 애덕이 절실히 요구되는 문화, 즉 인류가 같이 살아가는 공통문화로 인류의 삶은 발전할 것입니다. 인류는 공생(共生), 공영(共榮)의 시대로 접어들수록 더욱 하느님께 근거한 신덕과 망덕과 애덕을 요구하며 수도자들은 특히 새로운 인류문화 시대에 새로운 바오로 사도의 그리스도의 삶의 화신이 되어야 합니다. 성 바오로 딸 수도회 수녀님들에게는 증인적 삶이 요청되는 것입니다.

바오로 사도는 "이제는 내가 사는 것이 아니라 그리스도께서 내 안에 사시는 것입니다"(갈라 2,20)라고 갈파합니다. 그것은 그리스도로 완전히 채워져 자신은 완전히 없어지는 형태로 수도자는 그리스도의 화신(化身)이 되는 것입니다. 그런 화신이 된다는 것은 어떤 삶입니까.

그리스도께서는 분명히 말씀하십니다. "'너는 마음을 다하고 목숨을 다하고 정신을 다하고 힘을 다하여 주 너의 하느님을 사랑해야 한다.' 둘째는 이것이다. '네 이웃을 너 자신처럼 사랑해야 한다.' 이보다 더 큰 계명은 없다"(마르 12,30-31)라고 하시며 그런 실천적 삶을 요구하시는 것입니다.

셋째, 더 나아가 모든 사람이 그런 삶을 살게 해야 합니다. "너희는 가서 모든 민족들을 제자로 삼아, 아버지와 아들과 성령의 이름으로 세례를 주고, 내가 너희에게 명령한 모든 것을 가르쳐 지키게 하여라. 보라, 내가 세상 끝 날까지 언제나 너희와 함께 있겠다"(마태 28,19-20). "너희는 온 세상에 가서 모든 피조물에게 복음을 선포하여라. 믿고 세례를 받는 이는 구원을 받고 믿지 않는 자는 단죄를 받을 것이다"(마르 16,15-16). 그것은 온 세상에 가서 모든 사람에게 주님의 말씀을 전하여 인간을 구원하기 위한 것입니다. 하느님의 능력으로 육화의 신비를 완성하기 위한 것입니다. 이렇게 할 때 당초에 하셨던 하느님의 창조경륜은 완성되는 것입니다.

이제 우리는 바오로 사도와 같이 우리가 하느님의 아들 그리스도의 인류 구속 대업을 전하기 위해 뛰어 들어야 할 세계란 어떤 것인지 그 정체를 알아야 하겠습니다. 지금 한국교회에 화급을 다투는 문제는 젊은이 95% 이상이 교회를 떠나는데도 그것이 얼마나 큰 적신호, 죽음으로 가는 병, 악성 암과 같은 무서운 병인지를 알지도 느끼지도 못하다가 근년 들어서는 조금씩 그 정체를 알아듣게 되었습니다. 이제는 심각성을 어느 정도 느끼게 되었습니다. 이제 성당은 예전 같이 붐비지도 않고 예전에 열성적으로 봉사하던 분들이 연로해 가는 징조를 보이게 되었습니다. 또한, 그들을 뒷받침할 다음 세대가 점점 희소해지는 것을 누구나 몸으로 느끼게 되었습니다. 지금 교회는 젊은이들의 대거 이탈로 병색이 완연한데도 전반적으로 그런 병원이 무엇인지 심각히 고민하는 기색은 보이지 않습니다. 이것은 국가도 마찬가지여서 이명박 정권의 소아적 정책으로 하늘이 준 한국의 절대 웅비(雄飛)의 기회를 완전히 놓치게 되는 것입니다. 한국교회의 발전은 한국 젊은이들의 세계 웅비와 밀접히 대비되는 것이기에 대략의 큰 밑그림을 제시해야 교회의 젊은이들을 교회로 회귀(回歸)시키는 구도를 잡을 수 있을 것입니다.

저는 교구의 요청으로 대통령이 위촉하는 국가원로회의 위원이 되었습니다. 한국 천주교는 이제 단일 교회로서 5백 만을 넘는 큰 단체이고 전 세계를 커버하는 유일무이(唯一無二)한 가톨릭이란 단체이기에 국가운명 결정에도 막중한 비중을 갖는 단체입니다. 그렇기에 국가 정책 수립에서도 가톨릭교회는 큰 무게를 갖습니다. 다시 말해 교회는 국가와 더불어 세상 질서를 하느님의 창조경륜에 따라 국민의 복지를 증진시키도록 노력해야 합니다. 그렇기에 저는 교구장 정진석 추기경께 온 위촉을 교구장의 천거로 제가 위촉된 것입니다. 그러나 저는 그런 자리라 할지라도 옳은 것은 옳고 틀린 것은 틀린다는 입장으로 만사에 임하기에 국가의 원수인 대통령이 여이든 야이든 상관없이 직언을 서슴지 않는 것입니다.

3천 년대 들어 인류는 같은 마당에서 하나로 같이 삶을 살아가야 하는 문화 단계에 도달했습니다. 이것은 본래 하느님께서 하늘과 땅을 창조할 때 구상한 하느님의 창조경륜입니다. 저는 이것을 구체적으로 그런 움직임이 인류문화적으로 나타나는 징조를 보며 그 중심에 한국이 서 있다는 것을 말하고, 그것은 지금 하늘과 땅을 휘어잡고 있는 한국 젊은이들의 기상에서 볼 수 있다고 생각하며 국가원로로서도 말한 바 있습니다. 그런 흐름 속에서 교회가 한국의 청년사목에 임하지 않고서는 교회를 등지고 떠나가는 젊은이들을 사목적으로 휘어잡을 수 없다는 것을 설명하고자 합니다. 그런 사목적 활동은 3천 년대 인류공통 문화의 지각 변동 속에서 바오로 사도의 사도적 활동의 재연을 요구합니다. 간단히 말해 3천 년대 인간 삶의 지각변동 속에서 지금 우리 앞에 펼쳐지는 인류공통 문화는 젊은이들의 향배가 핵심이기에 바오로 사도의 지혜와 열성이 새롭게 요청됩니다. 특히 한국에서는 그 정통 후예인 성 바오로 딸 수도회의 책무가 막급(莫及)합니다.

  2천 년의 개벽은 온 인류를 환희의 도가니로 몰아갔습니다. 그러나 2001년 9월에는 미국 뉴욕 세계무역센터가 항공테러로 수천 명의 세계 경제 두뇌들과 같이 삽시간에 흔적도 없이 사라져 갔습니다. 이 사건은 놀라운 하느님의 예시(豫示)이며 예언적 사건이었습니다. 오늘 인류 삶의 모든 척도는 경제인데 경제의 세계본부가 세계경제 두뇌들과 같이 삽시간에 사라져 흔적도 남지 못하는 예언적 비극을 연출했기 때문입니다. 그것은 2008년으로 이어져 세계 경제의 심장 뉴욕 월가의 파국으로 경제파탄을 일으켜 세계를 큰 혼란으로 몰아갔습니다. 그 후 미국의 경제가 회복하는 듯했지만 결국 미국의 뿌리인 유럽으로 파장을 일으켜 아일랜드, 포르투갈, 스페인을 휩쓸고 서구문화의 본원(本源)인 그리스와 이탈리아의 경제파탄 위기로 치달아 서구문화의 종언을 예고하였습니다. 그것을 대체할 곳으로 자연과 인간의 조화를 근거로 하는 동아시아로 인류문화의 중심이 옮겨오는 단계에 들어선 것입니다. 3천 년대 들어서도 경제가 문화의 가늠자로 등장하기에 앞으로 선진국이 쏟아내는 잉여 상품의 소비처는 막 신흥국의 단계에 이르러 경제 부흥과 더불어 놀라운 소비 단계에 들어선 아시아가 인류문화의 중심지로 떠오르게 되었습니다. 여기서 중심적 역할을 할 국가와 민족은 한국입니다. 그것은 1945년 8월 15일 제2차 세계대전 종식으로 서구문명의 지반을 이루었던 5백 년 식민 시기의 종식으로 식민지의 독립이 연달았습니다. 그런 식민지 중에서 가장 가난했던 한국은 해방 후 6·25 한국전쟁(1950-1953년)으로 전(全) 국토의 완전 폐허화와 전·후방 백만 명의 사상자와 1천 만 이산가족의 비운(悲運)을 딛고 끝없는 구제(救濟)와 수혜(受惠)에서 10대 경제대국으로 발전했습니다. 2009년에는 세계사(世界史)상 초유로 수혜국에서 빈국을 돕는 시혜국이 된 것입니다. 그것은 서구 문명국이 3백 년에 걸쳐 달성한 오늘의 부국(富國)상과 자유 민주국상(自由民主國像)을 단 50년에 이루었습니다. 이것은 인류사에 놀라운 성취(成就)이기에 저는 2010년 5월 청와대 국가원로회의에서 2011년의 G20 서울정상회의에서 한국이 주도적으로 개발도상국 170여개국의 개발안 상정을 이명박 대통령에게 강력히 주장하여 성공시켰습니다. 또한, 개도국 주요국을 옵서버로 초청하여 한국의 위상을 극상(極上)으로 높여 놓았습니다. 이런 제안은 제가 2010년 5월 25일 청와대 국가원로회의에서 조목조목 발언한 것을 간추린 것입니다. 이런 제안의 성취는 세계의 놀라운 반향을 불러일으켰습니다. 또한, 170여개 개도국을 한국 뒤에 일렬로 도열(一列堵列)하게 하여 한국의 위상을 높이 평가하게 했습니다. 한국과 개도국, 특히 동양 개도국의 눈치를 선진국을 위시하여 세계 모든 국가 민족국가가 보게 하는 결과를 이루었습니다. 그것은 선진국들은 매일 같이 쏟아내는 생산품을 개도국에게 팔아야 하기 때문입니다. 그런 개도국은 발전 모델을 한국으로 삼고 있습니다. 이런 와중에서 한국은 최빈국에서 중진국으로 중진국에서 선진국으로의 발전을 단 50년에 이루었고 이런 발전 과정, 즉 빈국에서 중진국으로의 과정에서 놀라운 소비를 했고 더 나아가 중진국에서 선진국으로의 진입 과정에서 더 많은 소비를 한 경험을 개도국이 밟을 것이기에 선진국 개도국의 눈치를 살펴야 하는 처지에 놓인 것입니다. 이런 경제적 중심 이동은 자연 인류문화의 중심을 동양으로 옮겨 오게 하는데 식민 지배국이었던 일본이 아니고 아직 공산 체제에 있는 중국도 아니고 한국이 그 중심 역할을 할 하늘의 운, 천운(天運)을 맡게 된 것입니다. 그렇기에 한국 젊은이들은 세계에서 전(前) 세대는 생각조차 못했던 K-pop의 선풍적 인기로 충천(沖天)하는 것입니다. 이런 젊은이들의 하늘을 날고 세계 곳곳을 누비는 기세(氣勢)에 가톨릭교회는 본래적 가톨릭성, 즉 유구한 역사와 세계성 발휘로 젊은이들이 마음의 공백, 즉 정신과 영(靈)의 허(虛)함을 채워주고 하늘을 날고 세계를 휘감는 기세에 충족과 방향 지시를 해주면 그들을 교회로 되돌려 올 수 있을 것입니다.

지금 젊은이들은 봉사의 정신으로 충일(充溢)한데 그런 정신은 3천년대의 예시(豫示)로 하느님께서 세상에 보내 주셨던 인도의 마더 데레사에게 잘 나타났습니다. 1980년대 유력 일간지의 르포에 의하면 마더 데레사가 운영하는 콜카타(구 캘커타)의 빈자와 병자 요양시설에서 봉사하려는 세계 각지로부터의 자원봉사자 젊은이들 약 7천 명이 대기 중이라는 것이었습니다. 인도 현지까지의 여비, 현지 숙박비 등의 비용 일절은 본인 부담이고 무료는 현지봉사 중 오전 오후 음료 휴식시간에 커피나 차 한 잔과 과자 몇 조각이 전부였습니다. 한국에서도 젊은이 열 명가량이 봉사를 하고 갔는데 그들은 무(無)종교자였다는 기사였습니다. 이런 경우, 한국 가톨릭교회가 본당이나 교구 단위로 국제적 봉사 활동에 자비로 참가하는 길을 열어주었다면, 수많은 젊은이가 참가하고 더 많은 젊은이가 교회를 찾는 분위기를 조성했을 것입니다. 지금 한국 젊은이들을 국가도 교회도 한국 내에 가두어 놓고 교육과 수련 등으로 이끌어가기는 불가능합니다. 한마디로 국가도 교회도 지금 천운(天運)으로 움직이는 우리 젊은이들을 품기에는 역부족인가 싶습니다. 그래도 개신교는 선교 명목으로 2만 명가량의 젊은이들을 해외 파견하고 있다니 큰 성공으로 보아야 할 것입니다. 그들은 기한부로 교체하는 시스템인 모양이니 예비군으로 그만한 숫자를 국내에 보유하고 있는 셈이 되어 해외 파견이 상당함을 알 수 있습니다. 그에 비해 가톨릭은 8백 명가량 해외 진출인데 그것도 수도 단체가 중심이니 (물론 다른 교회가 따라올 수 없는 장점이 있기는 하지만) 젊은이들의 힘에 넘치고 국내외 교회를 풍요롭게 하는 개신교 측 해외 파견을 연구하며 젊은이들의 평신도 사도직 활성화에 새로운 전기를 만들어 젊은이들에게 하늘과 땅을 누비는 계기를 마련해 주어야 할 것입니다.

지금 당장 성 바오로 딸 수도회가 할 일은 먼저 지금 외곽 단체 비슷하게 운영하고 있는 평신도 단체를 적극 활성화하여 그들의 활동에 관한 일들에 관해서는 내부의 결의 기구까지 참여시켜야 하겠습니다. 특히 젊은이들을 활성화하여 해외 봉사를 그들 나름으로, 즉 제2차 바티칸 공의회가 제시한 평신도 사도직을 활성고 수도자와 성직자는 그들을 돕는 선에서 본연의 사도직 활동을 하게 도와야 할 것입니다. 최소한 그들과 협조하는 선에서 나름대로 활동하게 해야 할 것입니다. 유럽 교회도 1950년대와 1960년대 초기만 해도 성당마다 신자들이 넘쳤고 교회 활동도 왕성했습니다. 그러던 교회가 지금은 젊은이 이탈로 폐허화되는 형국입니다. 우리도 지금 젊은이들이 떠나는 형국이니 그렇게 될 날이 그리 멀지 않다는 자각 하에 새로운 활로를 찾되 평신도, 특히 젊은이들의 교회 복귀와 활성화에 온갖 정성을 기울여야 할 것입니다.

이 점에서 오늘은 또 다른 차원에서 바오로 사도의 정신과 열성이 요청됩니다. 그것은 새로운 인류공통 문화 창출과 발전에 이바지하며 성과를 거두어야 하는 것입니다. 물론 큰 실패를 하는 경우도 있을 수 있습니다. 바오로 사도는 그 당시 종교가 사회 전부라 생각했던 문화 차원을 넘어, 즉 유다교 차원을 국내외로 다 넘어, 더 정확히는 유다교의 다른 단계로의 완성을 위해 전력했습니다. 더 나아가 이교 세계, 즉 이교 문화권으로 진출한 것입니다. 그런 문화 핵심에 그리스도의 가르침을 누룩으로 집어넣어 발효되어 부풀어 오르게 한 것입니다. 오늘의 인류문화는 가히 하느님 창조경륜의 더 높은 단계의 실현, 즉 인류의 공존(共存) 공생(共生) 공영(共榮)의 문화로 나타나는 것이니 가톨릭은 그 속으로 들어가 그런 문화의 자연적으로 좋은 것은 그것 나름으로 더 좋게 하여 승화시키고, 좋지 않은 것은 정화하고 더 큰 문화로의 발전을 돕되, 종교와 민족과 지역을 가리지 않고 순수 봉사 정신으로 충만한 것이 사랑의 충만으로 피어나야 할 것입니다. 또한, 가톨릭교회의 진수인 사랑의 영성을 심도(深度)와 진폭(振幅)을 더 깊고 넓게 하여 인류문화의 기저에 정신을 깔아주는 작업을 해내야 할 것입니다. 만일 가톨릭교회가 이 작업을 게을리한다면 인류의 자연 양심과 발전이 불완전하지만 나름대로 이루어 낼 것입니다. 지금 인류문화 추세는 머지않아 선의의 봉사를 넘어 사랑의 정신으로 밑받침되는 양상을 띠게 될 것입니다. 그것은 인간은 누구나 다 하느님의 모습이기에 비록 상처받은 인간성으로 인해 불완전하지만 또 우여곡절을 겪으면서 결국 하느님의 특성인 사랑의 모습으로서 작용할 것입니다. 또한, 상처 받은 인간이기에 불완전하지만 사랑의 작용으로서 인류문화를 이룰 것입니다. 사랑, 그것은 삼위일체 안에서 영원에서 영원으로 교류하는 것이 본원(本源)이고 그 얼을 표현하는 데에 가톨릭교회의 특수 지체인 수도회는 본령(本領)인 사랑의 진면모(眞面貌)를 발휘해야 할 것입니다. 이런 사랑의 본령을 세계에, 혹은 땅 끝까지 혹은 모든 피조물에게 실현하는 데에 바오로 사도와 같이 밤낮을 가리지 않고 발로 뛰고 마음으로 뛰어 이루어 놓은 사랑이란 달리 없을 것입니다. 그런 자취를 본받아 이루는 것이 오늘날 이 땅의 성 바오로 딸 수녀들입니다. 그 길을 쉬지 말고 정진해 주시기 바랍니다.

10) 제3차 순교자 시복 시성 수원 세미나

2009년 9월 19일(토) 수원교구 정자동 주교좌 성당 1층에서 열린 '제3차 순교자 시복 시성을 위한 세미나'는 내가 거의 평생 동안 가슴에 안고 있던 앙금을 털어주는 좋은 계기였다. 그것은 신학교 저학년 때부터 항상 마음을 어둡게 하던 의문이 풀렸기 때문이다. 그것은 한국 천주교회의 도입 설정 주역인 권일신, 권철신, 이승훈 선조의 배교 누명이 상당 부분 전문 소장 학자들에 의해 벗겨졌기 때문이다. 그들은 세계교회사에서도 유례를 찾아 볼 수 없는 교회사의 주역이다. 그들은 미신자로 이역만리(異域萬里) 선교사 지대를 찾아가 한문 필답(筆答)으로 교리를 배워 영세 입교하고 스스로 평신도가 되어 교회를 도입하고 전파한 교회의 초석을 놓은 분들이다. 그런데 당대의 절개가 대쪽 같은 사대부 출신의 신앙 최초 도입자들이 그들의 가르침으로 신자가 된 수많은 사람이 순교하는데 스스로 배교자가 되었다는 것을 수긍할 수가 없었다. 더 나아가 그런 주역이 한결같이 배교자로 치부되는 데는 무엇인가 잘못된 것이 있을 것이라는 생각을 지울 수 없었던 가슴의 먹구름이 이번 세미나 발표자들에 의해 거의 사라지게 되었다.

문제의 핵심인 그들을 배교자로 몰게 된 것은 한두 가지의 사건과 한국의 문화, 특히 한국의 충효(忠孝) 사상의 본질에 근접조차 할 수 없던 분들의 기록에 의존한 것으로 생각된다. 과연 당대 석학인 자신들의 골수(骨髓)와 심성(心性)에 조상대대로 깊이 각인되어 전래되는 충효 사상을 극히 외형적인 판단밖에 할 수 없었던 외국인들이 글 몇 줄로 다 이해할 수 있었겠는가. 바로 배교자의 깊은 심혼(心魂)의 신앙의 실상을 어찌 다 파악할 수 있었겠는가의 문제였다. 여기서 나는 발표자의 입장이 아니니 단적인 예로 논점의 핵심을 제시하여 지금까지와는 다른 각도에서 진상에 접근하며 전망하고자 한다. 다음에서 제시되는 논거는 확신이기에 다른 견해를 갖고 있어도 상관이 없다. 어차피 인류의 문화 발전은, 다시 말해 인간의 지성과 의지, 정서(情緖)의 올바른 삶은 앞으로 더욱 더 어떤 사건이든 사물이든 피상이나 외형에서가 아닌 내적 구성 요인, 즉 본질적 요인, 더 나아가 그런 본질이 내포하는 풍요로운 가능성의 실현까지 올바르게 판단하는 데서 이루어질 것이다. 이런 인류문화사의 진전은 하느님 창조 의지의 실현이다. 인류의 문화가 상처받은 인간성으로 인해 많은 오류와 착오, 우여곡절을 겪으면서도 올바르게 흐른 것은 인간은 천지만물의 창조주이며 만물의 운행과 실현되어야 할 운명을 정하신 하느님의 모습이기 때문이다. 또한, 우주 만물을 지배하라는 명, 즉 창조 의지를 성취시키라는 명을 받았기 때문이다. 나락으로 떨어진 인간성이 대업을 완성하기 위해 아버지의 창조경륜의 완성으로 아들 그리스도의 하느님에 대한 사랑과 인간에 대한 사랑의 십자가의 죽음과 부활의 구속경륜과 더불어 드높은 은총의 세계가 종말론적 신앙과 희망 속에서 펼쳐지게 되었다. 그렇기에 모든 인간은 결국 하느님의 창조 의지에 의해 움직여진다. 여기서 말하는 것은 예정론이 아닌, 자유를 향유하며 행한 바에 응분(應分)의 상벌(賞罰)을 전제로 한다.

세 분의 경우, 문제의 표본적 유형을 이벽 선조의 예에서 명백하게 볼 수 있다. 나는 심상태 몬시뇰의 예언자적 지혜가 번득이는 『새 세기의 한국교회와 신학』이라는 역저 출간 계기에 자청하여 〈평화신문〉에 2회(2006년 2월 12일과 19일)에 걸친 전면에 해당하는 서평을 실었다. 그때 이벽 선조의 배교 누명을 독살의 물적 확증으로 벗겼을 뿐만 아니라 그 분을 일약 성인의 반열까지 올려놓을 단초를 마련했다. 여기의 주인공인 권일신, 권철신, 이승훈 선조의 경우도 같은 유형이기에 그때의 기사 일부를 소개하는 것은 그분들의 저간의 배교설의 일축과 더불어 시성의 길까지 틀 수 있는 데 도움이 됐으면 하는 바람에서다.

"그(이벽 선조)는 끝까지 흠숭지례(欽崇之禮)를 드려야 할 하느님과 효를 바쳐야 할 아버지 사이에서 한 쪽을 택하고 다른 쪽을 배반하라는 아버지의 자살 위협에도 충(忠)과 효(孝)를 (전대미문의 절묘한 조화로) 병행하다 (이런 것 또한 한국교회만이 갖는 영성과 인간의 예로 생각되는 것) 결국은 독살로 생을 마감하였다는 설이 힘을 얻으니 이 한 구절만으로도 이 책의 진가는 다 발휘된 셈이다. … (여기에 이르러) 문화의 차이가 어떤 것인지를 다시 한 번 뼈저리게 느끼게 된다. … (여기에 이르러) 우리는 한국적 영성학의 새로운 차원이 열릴 것으로 기대한다."

세 분의 경우도 같은 것인데 이승훈 선조는 신앙으로 말미암은 참수형으로 권일신과 권철신은 신앙으로 인해 100대의 곤장으로 생을 마감했으니 이것은 분명 후대가 그 선조들에게 배교의 누명을 씌울 것이 아니라 순교자로 추앙하여 시성의 노력을 다하는 것이 도리일 것이다. 더욱이 이승훈 선조의 경우, 5대가 내리 순교의 길을 갔다는 가문의 순교 선조이고 여타 두 분도 대동소이한 가문의 순교 선조이니 더욱 그렇다. 또한, 이번 세미나에 세 분의 후손 약 130명이 열성적으로 참가했다니 가문 대대에 깊은 신앙의 유산을 남겨준 분들이다. 신앙으로 목숨을 바친 분들에게 과연 지난날의 흠잡을 점이 있었다고 해도 그것이 무슨 논란거리가 될 것이겠는가. 순교의 죽음으로 천상의 한없는 영광에 이르고서도 지상에서는 배교라는 누명을 벗지 못하는 것은 할 바를 다하지 못하는 후대의 못남 때문이라는 자괴심을 가짐이 마땅할 것이고, 순교의 영광을 누리실 선조에게는 아직도 지상에서는 그리스도 십자가의 죽으심이 그들을 통해 지상의 교회, 특히 이 땅의 교회를 더 풍요롭게 결실하게 하는 신비체 통공의 역할을 하고 있는 것으로 봄이 타당하다.

이제 나는 전통적으로 내려오는 서구의 사고방식 일변도의 순교관이 유일한 것일까의 문제에 상도(想到)하게 된다. 이 문제에 이르러 먼저 생각하는 것은 당시까지 수천 년 유다 선민과 유다교의 핵심 사상인 안식일에 대한 예수님 생각의 근본적 변화다. 예수님은 당신이 안식일의 주인이라며 사람이 안식일을 위해 있지 않고 안식일이 사람을 위해 있다고 하셨고 드디어 당신 구속 사업의 완성인 부활을 주간 첫째 날에 하시어 후일 안식일을 폐하고 주일로 대치시킬 근거를 마련하셨다. 그리고 그분은 이렇게 말씀하셨다.

"그러므로 너희는 가서 모든 민족들을 제자로 삼아, 아버지와 아들과 성령의 이름으로 세례를 주고, 내가 너희에게 명령한 모든 것을 가르쳐 지키게 하여라. 보라, 내가 세상 끝 날까지 언제나 너희와 함께 있겠다"(마태 28,19-20). 또 다른 곳에서는 최후의 심판에 대해 말씀하셨다. 예수님은 역사의 흐름 속 즉 인류문화의 흐름 속 다시 말해 대로마제국의 전성기가 기울어져 '모든 길은 로마로'에서 '모든 길은 땅끝까지, 세계 모든 민족에로' 흩어져 가야 하는 시점에서 종말론적인 관점과 하느님 창조경륜의 새로운 실천인 그리스도의 사랑에 의한 구속경륜의 실천을 세계를 향해 선포하신 것이다. 한마디로 예수님은 하느님의 창조경륜에 따라 단계를 높여가며 도도히 흐르는 인류문화의 한복판에서 그 흐름에 새로운 입김, 심혼(心魂)을 불어 넣는 작업을 완성하신 것이다. 그렇기에 그리스도의 말씀은 좁게는 종교적 영원한 구원의 말씀이지만 넓게는 인류문화적 차원에서의 말씀이다. 그것은 만물의 진행 과정은 창조경륜에서 결정된 것이기 때문이다. 이런 과정에 대한 통찰력 부족으로 성속(聖俗)을 막론하고 신성(神聖)을 빌린 교권(敎權)과 애당초 그 핵심을 권력에 두고 있는 속권(俗權)은 무지와 야합하여 하느님의 창조경륜에 따라 전진하는 인류문화 흐름에 역행하여 수많은 심대한 과오와 소실을 자초한 것도 부인할 수 없다. 물론 교회의 권력은 속권보다는 월등히 낫다고는 하지만 예외가 아님을 역사가 증명한다. 물론 앞의 주님 말씀의 실천자인 교회는 주님 말씀의 열렬 실천자인 바오로 사도의 뒤를 따라 공의회나 교황 교서 등을 통해 인류문화의 흐름에 적응하여 사명을 다하려 애썼고 놀라운 효과를 거두었다. 그렇지만 그런 종말론적 신앙 안에서의 미래 통찰력의 한계나 인류문화의 흐름에 대한 무지 내지는 역행적 발상으로 한계를 적지 않게 드러냈을 수도 있었다. 우리는 이런 사실을 겸허하게 받아들이며 깊은 반성을 필요로 한다. 다행히 교황 베네딕토 16세는 모든 것을 진리 안에서 그것도 근원적 진리 안에서 사랑으로 말씀하시니 분명히 현재와 미래 인류가 요청하는 분으로 생각한다. 바오로 사도는 이교도의 사도로 불린 것을 폐부에 사무치게 의식하여 유다인 선민의식의 첫 번째 표징인 할례를 거부했다. 그리하여, 이 문제에 이중적 태도를 보이는 베드로를 면박하고 자신은 할례가 필요 없는 이교도의 사도임을 명백히 하며 그리스도가 왔기에 더는 율법에 얽매이지 않는 높은 단계의 인간상을 제시했다. 그것은 믿음(구체적으로는 그리스도의 수난과 부활에 대한 믿음)의 새로운 신앙으로 기초로 하는 세계의 출현이었다. 사도는 말한다.

"여러분은 모두 그리스도 예수님 안에서 믿음으로 하느님의 자녀가 되었습니다. 그리스도와 하나 되는 세례를 받은 여러분은 다 그리스도를 입었습니다. 그래서 유다인도 그리스인도 없고, 종도 자유인도 없으며, 남자도 여자도 없습니다. 여러분은 모두 그리스도 예수님 안에서 하나입니다. 여러분이 그리스도께 속한다면, 여러분이야말로 아브라함의 후손이며 약속에 따른 상속자입니다"(갈라 3,26-29). 이렇게 바오로 사도는 오늘의 시간과 공간 안에서 인류문화가 지향하는 다양하면서도 하나인 새로운 인류 공통문화 형성을 드높은 종말론적 차원에서 2천 년 전에 앞질러 갈파한 것이다.

이제 인류는 3천 년대를 맞아 동·서 문화에 근거한 새로운 인류 공통문화 형성을 절실히 필요로 하는 절박성에 몰리고 있다. 앞으로의 인류문화 중심은 동양이라는 데 이의를 제기할 식자는 거의 없을 것이다. 나는 아시아가 인류문화의 중심이 될 것이라는 것을 제2차 바티칸 공의회 때부터 싹을 틔워왔으며 1980년대 후, 특히 2000년 들어서부터는 공공연히 주장했다. 지금 논하는 주제가 순교 선조의 시복 시성 문제인데 미래지향적 동·서 사상의 새로운 문화를 언급하는 이유는 우리의 선조가 동양, 특히 유교의 드높은 충효 사상을 그리스도교의 충효와 절묘한 화합을 이룬 신앙 속에서 순교를 당했기 때문이다. 그런데도 오히려 수준 이하의 외형적 판단으로 배교의 누명을 쓴 것이다. 이런 점 등을 학문적으로 또 민족 관습과 정서적으로, 한마디로 문화적으로 실상을 파헤쳐 그분들의 시복 시성에서 반영시켜야 할 것이다. 그렇지 않으면 유다이즘이나 그리스 로마 문화 테두리에 갇혀

교회는 앞으로 아시아 중심 문화권에서는 스스로 소외시키는 우를 범할 수 있을 것이다. 우리가 과거와 현재와 미래선상에서 문화 진전을 바라볼 때, 지난날 박해사의 핵심 쟁점들과 동양 문화에 대한 서구인의 잘못된 인식에서 입은 피해가 컸음을 솔직히 인정하고 다시는 그런 오류나 미흡함이 없기를 바라는 마음 간절하다.

그 한 가지 예는 다음과 같다. 박해의 구실을 준 큰 요인 중 하나가 '신위'(神位)라는 위패(位牌)의 거부였다. 그런데 신(神)자가 이단(異端) 일변도의 글자냐 또 위(位)자도 그런 것이냐는 한자를 깊이 아는 분들에게 상당한 논란거리가 될 여지가 있다. 신(神)자는 내가 어려서 한문학자에게 배울 때는 귀신 신이었다. 그것은 자연, 인간 이상의 능력을 갖는 존재이기에 그런 신(神)에는 여러 가지 존재가 내포되는 것이었다. 예컨대 가신(家神), 지신(地神), 해신(海神), 산신(山神), 산신령(山神靈), 천신(天神), 악신(惡神), 화신(禍神), 귀신(鬼神) 등 신(神)자는 수식 여하에 따라서는 여러 가지 형태의 모습이니 그리스도교 교리의 하느님(이 귀신 신은 현금에는 하느님의 의미로도 쓰이고 있다) 그 자체로 하느님 개념과 반대되거나 동등한 위치 일변도로 받아들일 필요가 없다. 이 귀신 신의 신(神)자는 때로는 죽은 인간의 혼에 사용되거나 출중한 인간 표현에도 널리 쓰이는 표현이다. 신동(神童)이라든가 신통(神通), 신묘(神妙) 같은 것이 그런 표현이겠다. 신위(神位)라는 위패에 붙어 있는 위(位)자만 해도 그렇다. 위(位)자는 위치, 자리를 뜻하니 그런 자연, 인간을 넘는 위치에 돌아가신 영(靈)이 놓인다고 한들 무슨 교리에 어긋나는 것이겠는가. 사실 한자에서 신(神)자와 영(靈)자는 서로 환치(換置)될 수 있는 글자다. 신위(神位)와 영위(靈位)는 동의어적 성격을 갖는다. 인간이 영혼(靈魂)을 갖고 있다는 것은 그리스도교의 기본 교리이기에 더욱 그렇다. 인간이 죽은 후 신위(神位) 혹은 영위(靈位)에 있다는 것이 왜 대박해의 빌미가 되었는가의 문제가 제기되는 것은 후기 토착화 학자들이 진지하게 짚고 넘어가야 할 문제다. 이렇게 토착 고급문화를 제대로 알아듣지 못한 외래문화가 지배한 곳에서는 상상을 초월하는 희생이 발생한다. 그것이 바로 우리의 순교사다. 만일 그 신위(神位)라는 위패(位牌)가 관습적으로 하느님의 위치로 알아듣는 것이었다면 말 자체를 잘못 이해한 것이니 정정당당하게 교회의 견해를 밝히고 관습을 본의미로 바로 잡아 주며 제례(祭禮)를 무리 없이 수용했을 수도 있었을 것이다. 사실 같은 제례가 1930년대 말과 1940년대 초에는 그대로 교회 안에서 해석을 달리하며 허용된 것이다. 그렇기에 세기적 큰 두뇌였던 다산 정약용 선생은 어째서 서양식 조상 숭배 례(禮)는 되고 동양식은 안 되느냐는 항변을 토로했다는 글을 어디에선가 읽으며 크게 공감했던 것을 기억한다. 이런 일을 교회가 비일비재로 겪을 수밖에 없는 세계 문화의 진화시기에 도달했다. 또 한국 교회는 앞으로 계속 시복 시성을 이루어 가야 할 것이기에, 교황청으로 하여금 사도로부터 오는 교리의 핵심은 견지(堅持)하되 지난날 유럽 문화 중심을 탈피하여 자연적으로는 최상이라 할 수 있는 동양 문화를 깊이 이해하고 융합하여 우리 교회 선조의 시복과 시성을 꼭 이루어야 할 것이다. 이런 견해로서는 제2차 바티칸 공의회 당시 명 TV 방영으로 미국 전토를 흥분의 도가니로 몰아넣고 세계 종교계에 새로운 혜성으로 떠오른 풀톤 쉰 주교의 발상이 떠오른다. 그분은 당시 교활하기 그지없고 가혹했던 동구 공산국의 종교 박해에 대해 새로운 형태의 순교관 형성이 필요하다고 했다.

우리 순교 시복 시성 청원 수가 2천 2백여 명이라는 항간의 말이니 이런 일의 마감은 부지하세월(不知何歲月)인 것이다. 지금의 절차로는 몇 백 년이 지나도 다 이루지 못할 일이다. 그러니 교황청으로 하여금 우리의 종교 정서를 이해하게 하는 한편, 이제 우리는 성인도 많이 갖게 된 것이니 다음으로는 이번 세미나 주제 선조들의 시복 시성을 서둘러야 할 것이다. 주교단으로서는 방대한 일거리겠기에 소속 교구에서 기본 조사와 절차를 철저히 마치고 주교단의 최종 승인을 득(得)하는 절차로 일의 효율성을 높여 주었으면 한다. 또한, 권일신, 권철신, 이승훈 선조들의 묘소가 수원교구에 잘 정비되어 있으니 이런 선조들의 시성과 시복에는 앞으로 수원교구의 큰 노력이 요청될 것이다. 여기 더해 이번 세미나에서는 논구(論究)되지 않았지만 새로운 유형의 순교자 이벽 선조의 시복 시성은 0순위로 진행됐으면 한다.

2009년 10월 25일

11) 성 베네딕토회 한국 진출 1백 주년

주제: 성 베네딕토회 수도회 한국 진출 1백 주년 기념 강연
장소: 경북 왜관 성 베네딕토회
일시: 2009년 10월 30일(금) 저녁 7시 30분~8시

인사 말씀: 특별한 사명을 받고 성 베네딕토회를 책임지신 이형우 아빠스와 수도회원 여러분께 1백 주년 기념을 진심으로 축하드립니다. 저는 이 자리에 서는 것을 몹시 주저했습니다. 저는 한국 진출 1백 주년을 맺는 베네딕토회에 외부적 한 열매로서 진심에서 우러나오는 축하 말씀을 드리려는 마음뿐이었습니다. 그렇기에 저는 지난 8월 30일 새 성전 축성식에 참가하고자 했지만 그때 행사는 내부적인 것이었으며 아직 장내가 정비되지 않은 상태였습니다. 9월 25일에는 국내

외적으로 큰 행사이기에 피하고 조용한 시간에 찾아 정성껏 축하 말씀을 드리되 오후에 돌아가려 했습니다. 그러나 후덕하신 이형우 아빠스께서 수도 형제들에게 한 말씀해주면 좋겠다기에 이 자리에 서게 되었습니다.

저는 수도원이 큰 화재로 소실될 때 외국 체류 중으로 전혀 모르다가 후일 알게 되어 매우 안타깝게 생각했습니다. 그러나 금년이 1백 주년임을 알게 될 때 하느님의 또 다른 백 년의 계획이 후덕하고 중후한 수도자 인품의 이형우 아빠스 시대에 형제들과 더불어 한국 베네딕토회에 주어진다는 것을 직감했습니다. 하느님의 위대한 계획은 항상 큰 희생을 전제하기 때문입니다. 저는 제 입에 친근한 분도회에 올 때마다 옛 고향에 오는 마음이어서 무엇을 말하기보다는 그저 옛날의 어머니 같은 푸근함을 느끼고 새로운 영기를 받고 돌아가는 것이 낙이었습니다. 그렇기에 오늘은 부담 없이 지나온 몇 말씀과 상상조차 할 수 없이 급변하는 세계 속에서의 한국교회의 앞날을 짚어보고 싶습니다. 그런데 한 가지 문제는 밖에서는 교회 내외에 걸쳐 또 국내외에 걸쳐 할 말이 많은데 이 자리에서는 할 말씀이 거의 없습니다. 그러나 베네딕토회 외부적 한 열매로서 내부에서 미쳐 보이지 않는 면도 있지 않을까 생각됩니다.

과거의 회상: 저는 1941년 태평양 전쟁 즉, 미·일 전쟁이 나던 해 3월 1일에 덕원 베네딕토회가 운영하던 덕원 신학교에 평양교구 신학생으로 입학했습니다. 1949년 5월 8일 야밤에 공산당원들의 수도원 폐쇄와 수사 신부와 교구 사제 전원 체포를 목도하며 그 후 1주간 신학교에 감금되었다가 5월 15일 풀려나 귀가 조치되었습니다. 이 일은 지금 나이가 많은 수도자 중 몇 분은 수도원 내부 체험으로 더 잘

알고 계실 것입니다. 저와 같은 교구 신학생(후에 사제가 된 분들) 체험, 즉 덕원 신학교 생활 첫날부터 폐쇄되는 순간까지 본 사람은 손꼽아 보아도 그리 많지 않습니다. 제가 체험한 8년여의 걸친 일화가 수없이 많지만 여기서는 한두 가지만, 그것도 분도회의 교육 정신이 얼마나 합리적이면서도 인간적이고 영성적인가를 말하고 싶습니다. 지금 이 나이에도 저를 교육한 것은 덕원 신학교 시절 제가 가장 많은 영향을 받은 안셀모 로머 교장 신부님의 지혜와 분별력, 영성과 유머와 타이르는 방식 등이었습니다. 신학생과 수사들과 사이에 어느 경우, 말다툼이나 시비가 붙는 일이 있었습니다. 그 때마다 교장 신부님은 항상 학생 편에 서 주었습니다. 그분 말씀이 자기는 베네딕토 수도자이지만 수도회가 자기에게 맡긴 일은 신학생 보호와 교육이기에 자기는 신학생들의 아버지요 어머니라는 것이었습니다. 한번은 신학생 한 명이 뒷산(좀 큰 산) 수사들의 산책길에 노루가 다니는 것을 보고 노루를 잡을 목적으로 1미터가 넘는 깊은 구덩이를 파 놓고 위장했으나, 수사를 잡는 결과가 되어 윗전에서 일이 좀 시끄럽게 됐던 모양입니다. 이런 일이 있으면 교장 신부님은 점심 식사 후, 그런 학생이 누구냐고 물어 당신 방에 불러 사정을 다 듣고 처리하시는데, 그날은 그런 사유를 당장에서 말씀하시니 당사자 학생이 자기라고 하며 노루 잡으려던 것이 그리 되었다며 사색이 되었습니다. 그런 사고의 경우, 신학생은 경중에 따라 퇴교되는 수가 있기 때문이었습니다. 하도 솔직한 고백이었기에 교장 신부님은 노루를 잡는 것은 좋은데 수사(그 수사님은 다리를 많이 저는 분이었기에 혼자의 힘으로는 나올 수 없는 분)를 잡는 것은 당신이 매우 곤란하다며 웃음으로 지나치는 것을 보며 그 인간성과 제자 사랑에 어린 마음에 감동했습니다.

또 한 번은 저보다 훨씬 윗반 이야기입니다. 수사들이 기르는 물고

기가 노니는 웅덩이 같은 작은 호수가 있었습니다. 수사들이 매일 먹이를 주었기에 사람만 나타나면 물고기들이 떼 지어 사람을 쫓아다녔습니다. 물고기 사냥을 잘하는 신학생이 잠자리에서 그 물고기들이 못 마땅한 생각이 들었다는 것입니다. 그 이유인즉 물고기가 사람 무서운 줄 알아야지 떼 지어 사람을 쫓아다니는 것은 도리에 어긋난다는 생각이었다고 합니다. 그래서 그놈들을 교육해야겠기에 밖으로 나가야겠는데 신학교라 침실에 있어야 할 시간이니 사방의 문이 다 잠겨 나갈 수가 없는데 곰곰이 생각하니, 지하 1층 겸 일층으로 쓰는 주방의 좁은 문이 김을 빼기 위해 열려 있는 것이 생각나 과연 자기 몸이 그리로 빠져 나갈 수 있는지 의심스럽지만 시도해 보니 되더라는 것이었습니다. 그래서 주방 용품을 갖고 물고기를 퍼 담아 사람 무서운 것을 알려주고 놓아주려던 것이 막상 잡고 보니 요리해 먹을 생각이 들어 몇 시간 요리해 먹고 침실로 돌아왔다는 것입니다. 그러니 이튿날 큰 소동이 벌어져 신발 자국으로 신학생으로 수배되었습니다. 교장 신부님은 점심 후 예와 마찬가지로 범인이 있으면 당신 방으로 오라는 통고가 떨어졌습니다. 그런 말씀이 떨어지자 그 자리에서 이실직고(以實直告)하니 그래도 가자기에 따라갔는데 신학교에서 퇴교를 당해도 몇 중으로 처벌 받아야 하나, 솔직하기에 다시는 그런 일이 없기로 굳이 서약하고 결국 사제 서품에까지 이른 경우도 있었습니다. 일언폐지하고, 인간적이고 가능한 한 사람을 살리는 방향으로 학생들을 교육하며 진정한 사랑을 보여주었습니다. 그러나 필요할 때는 온유하면서도 추상같은 면, 동양적으로 말해 내유외강(內柔外剛)이 몸에 배어 있었습니다. 제가 신학교에 처음 갔을 때는 오전 5시에 기상하여 기도와 미사로 하루를 시작했습니다. 얼마나 분초를 아끼는 공부를 시켰는지 이루 말할 수 없었습니다. 한 학기를 마치고 둘째 학기에 돌아와 보니 25명이 입학했는데 5명가량이 제적되어 있었습니다. 그 이유는 지능적으로 아예 사제직 이행에 적합하지 않다고 생각하는 학생은 퇴교하게 했습니다. 이런 과정이 3학년 1학기까지 계속되어 학생 수가 반감되는 가차 없는 과정을 밟게 했습니다. 이렇게 그때 베네딕토회는 우수한 인재를 양성했습니다. 그뿐만 아니라 저학년 때 반 친구 중 한 명이 병사했는데 안셀모 로머 교장 신부님이 그를 묻으며 부모라도 그렇게 슬피 울 수는 없을 만큼 크게 우시는 것이었습니다. 이런 내유외강 정신의 화신으로는 당시 수도원장이었던 루치우스 로트 신부님을 들 수 있습니다. 그분은 북한의 영하 섭씨 25도를 예사로 하는 혹한 중에도 두터운 외투 하나로 방에 불을 피우는 법 없이 겨울을 나고 남에 대해서는 한없이 너그러운 분이었습니다. 왜 이런 개인적인 면을 장황하게 말하는가는 훌륭한 성 베네딕토 영성과 교육이 그런 분들의 삶을 통해 드러났다는 것을 말하기 위해서입니다. 또한, 분들의 놀라운 업적과 영성은 결국 베네딕토회 수도규칙서의 표현이었기 때문입니다. 다음에 언급하는 성 베네딕토 정신의 결정체인 수도규칙서의 영성이 이 땅의 교회와 민족에게 얼마나 필요한지를 말하고 싶기 때문입니다.

은사들의 영향: 제가 여기서 열거하는 은사들은 물론 분도회 수사 신부님들입니다. 제일 먼저 교장이었던 노 안셀모 로머 신부님, 사감이었으며 윤리 신학 교수였던 남 밀네만 호노라투스 신부님, 라틴어 교수였던 공 구니베르트 신부님, 철학 교수였던 루페르트 신부님, 윤리신학 교수였던 루치우스 로트 원장 신부님, 교의신학 교수이며 영적 지도 신부 아도르프 신부님, 영어 교수이며 음악 교수였던 그레고리오 신부님 등이 주류였습니다. 그밖에도 교리교수였던 이춘근 신부

님, 수도 신부는 아니었지만 함흥교구 소속 사감 겸 라틴어 교수였던 구대준 가브리엘 신부님, 그 후임이었던 김동철 마르코 신부님, 교회사 교수였던 최병권 신부님 등이고 한두 분이 더 계셨는데 성함이 잘 기억나지 않습니다. 여기서의 호칭은 그때 쉽게 부르던 대로이고 지금 기억나는 대로입니다. 또한, 위의 소개하는 분들의 성함도 일반명과 세례명이 뒤섞여 있습니다. 그밖에도 중등부와 고등부 선생님은 일본인 2명과 한국인 2~3명이 있었습니다. 제가 오늘날 무엇인가를 갖고 있다면 그것의 기초는 이런 분들, 특히 베네딕토회 신부님들에 의한 것이기에 그 고마움은 이루 다 말할 수 없습니다.

지금 이 땅에서 『성 베네딕토 수도 규칙서』(이하 『수도 규칙서』)가 새로운 차원에서 해야 할 중요한 역할이 있지 않나 생각합니다. 저는 알셀모 로머 교장 신부님으로부터 베네딕토 성인은 인간적인 면을 많이 고려한 분이었다는 말씀을 여러 번 들었고 안셀모 신부님 자신이 그런 분임을 깊이 느꼈습니다. 예를 들어 취침 시간이나 음식에서 그런 면이 잘 드러납니다. 아침 일찍 일어나는 대신, 점심 후 시에스타(낮잠) 시간이 있다든가 식사도 신체에 충분한 영양을 취하도록 한다든가 등의 말씀이었습니다. 『수도 규칙서』를 훌륭하게 설명한 것들이 많은데 한마디로 하느님을 배경으로 만사에서 '나보다 당신을 먼저'로 요약될 것 같습니다. 그것은 성경 말씀 "'네 마음을 다하고 네 목숨을 다하고 네 정신을 다하여 주 너의 하느님을 사랑해야 한다.' 이것이 가장 크고 첫째가는 계명이다. 둘째도 이와 같다. '네 이웃을 너 자신처럼 사랑해야 한다'"(마태 22,37-39)의 구체적 사항에서의 실천 지향과 행동입니다. 사실 저는 신학교 저학년 시절에 교장 신부님의 강론에서 성 베네딕토 성인 이전에도 많은 은수자가 있었는데 그들은 자기와의 싸움, 즉 극단의 고신극기로 수련하는 것(이런 은수자 수련은 오늘날에도 동방교회 국가 루마니아나 불가리아의 험준한 계곡에서 흔히 볼 수 있다.)이었고 성 베네딕토 성인은 형제적 사랑 실천을 위해 가족적인 공동생활의 수도회를 창설했다는 말씀을 감명 깊게 들었습니다. 과학 기술이 발전하여 모든 것에 공간과 시간이 무너져 유비쿼터스로 변한 우리 시대에 그 이상의 인간상을 우주 안에 전개해 갈 때, 인간은 자기 제어나 자유 행사에서 지금보다 훨씬 어려운 처지에 놓일 것입니다. 이럴수록 『수도 규칙서』 근본정신 이행은 일반인에게도 절실해질 것입니다. 그것은 인간은 육(肉)과 영(靈)으로 되어 있기에 육이 영의 영역까지 침범해 오는 가치의 역주행을 허용할 수 없기 때문입니다. 영과 육의 경계가 없어지는 경지일수록 영은 더욱 더 그 경계를 요구할 것이며 그래야 육의 파탄을 막을 수 있기 때문입니다. 한마디로 과학기술이 더 신기(神技)의 묘기를 연출할수록 인간의 영은 더 허기를 느껴 『수도 규칙서』와 같은 삶을 더 요구하게 될 것입니다.

깊은 감명을 받은 한두 가지를 여기에 소개합니다. 제게 가장 많은 영향을 끼친 분은 '노 교장 신부'로 불리웠던 안셀모 로머 신부님입니다. 그분은 1921년 2월 서울 수도원 신학교 개교 시기부터 폐쇄되는 날까지 신학교, 즉 대신학교와 소신학교 교장직을 수행한 훌륭한 분이었습니다. 그분의 강론 중에 항상 저를 지탱하고 이끌어 준 말씀은 예수님께서는 사제가 제대로의 구실은 못해도 하느님은 돌로도 아브라함의 자식을 삼을 수 있으니 사제라는 의식으로 조금이라도 교만해져서는 안 된다는 것이었습니다. 더 나아가 그분은 그리스도의 십자가 구속 사업 실현은 오만해진 선민 유다인이 아닌 로마인으로 이루어졌다고 말씀하셨습니다. 그뿐만 아니라 자신의 삶을 자나 깨나 또 무슨 일을 하던지 다 신학생들을 위한 것이라는 것을 피부로 느끼게 하는 분이었습니다. 사제는 자기가 맡은 신자들을 영원한 삶으로 이끌어가야 하기에 올바른 사리를 판단하는 지혜가 필요하며, 자기의 성덕만을 추구하는 것이 본질인 수사와는 다르다는 점도 말씀해 주어 저의 사제직 형성에 큰 영향을 미쳤습니다.

베네딕토회의 외부적 큰 업적: 이번 1백 주년을 계기로 베네딕토회는 교회 내뿐만 아니라 교회 밖 일반 사회의 호응도가 얼마나 컸는지 베네딕토회 자체에서도 놀랐을 것입니다. 그것은 또한 베네딕토회에 대한 앞으로의 기대가 그만큼 크다는 것을 암묵적으로 말하는 것이기도 합니다. 저는 이 땅에서 베네딕토회의 내부적 업적에 대해서는 언급할 것이 없습니다. 그것은 1백 주년 계기에 영성적인 것을 비롯하여 전례, 문화는 물론, 그동안의 내부적 활동에 대해 심도 있는 여러 가지 회의와 발표회, 전시회를 했기 때문입니다. 그러나 저는 그동안 이룬 위대한 사명, 그러면서도 이번 행사에서 별로 알려지지 않은 몇 가지 일에 대해 언급하고자 합니다. 이 점이 부각되지 않는 한, 이 땅에서 베네딕토회의 지난 백 년과 앞으로 백 년의 새로운 사명의 경계선 내지 같으면서도 다를 수밖에 없는 점이 분명치 않을 것이기 때문입니다. 그렇기에 상트 오틸리엔의 본령인 선교지로서의 이 땅에서의 위대했던 핵심적인 사명 완수에 대해 몇 말씀 드리겠습니다. 그것은 상트 오틸리엔 베네딕토회가 선교지에서 함흥교구와 연길교구와 덕원 자치구를 설정한 것입니다. 그리고 그런 교구들의 기틀을 잘 잡아 준 것입니다. 세 교구는 자립도나 공고화에서는 미흡한 점이 있었으나 그것은 방인들의 몫일 것입니다. 교구의 가장 기틀이 되는 것은 역시 사제 양성인데 상트 오틸리엔회가 운영한 덕원 신학교는 이 점에서 훌륭한 사명을 완수했습니다. 세 교구에서 상당히 우수하고도 적지 않은 수의 방인 사제를 양성해 낸 것이었습니다. 더 나아가 덕원 신학교는 평양교구 사제 양성을 전담하고 있었습니다. 평양교구에서 메리놀 선교사들이 전쟁으로 모두 철수하는 상황에서도 교구장을 포함하여 교구 사제 총 15명 중 덕원 신학교 출신의 젊은 사제가 7명이었고 장선홍 라우렌시오 부제와 윤공희 빅토리노 부제(후에 대주교) 두 분이 덕원 신학교에 있었으니 과반을 넘는 성직자를 짧은 시간에 덕원 신학교가 길러낸 것입니다. 분명 덕원 신학교는 양질의 성직자를 광활한 북한 전체를 위해 양성해 낸 것입니다. 그뿐만 아니라 공산정권으로 인해 어쩔 수 없이 수도원과 교구가 다 폐쇄되고 압살되는 처지에서도 덕원 신학교 출신 신학생들이 대거 남하하여 사제가 되었고 수많은 본당과 다양한 사목 전선에서 괄목할 만한 사목을 했습니다. 특히 영광스러운 것은 윤공희 대주교를 비롯하여 지학순 주교, 김남수 주교, 박정일 주교 등의 네 주교(이들 중 윤, 김, 박 주교는 주교회의 의장 역임) 배출과 남한 교회의 심장부인 대신학교, 즉 서울 대신학교에서는 덕원 신학교 출신인 백민관 신부, 유봉준 신부와 제가 다년간 교수직과 학장직을 수행했습니다. 광주 대신학교에서는 덕원 신학교 출신인 이경우 신부가 학장으로 있으면서 덕원 출신인 박정일 신부(후에 이 땅에서 초유로 3교구장을 두루 거친 분)와 김성도 신부, 정환국 신부 등이 남한 교회의 간성인 성직자를 수없이 배출했습니다. 저는 신학생 교육과 영성 함양에서 가장 기초적이고 핵심적인 것이 기도라고 보았기에 기본적으로 한 것이 신학생들의 기도의 일상생활화였습니다. 기도 생활만 제대로 자리를 잡는다면 후일 사제 생활에 위기를 만나는 일이 있어도 좋은 생활로 돌아올 뿌리를 갖고 있다는 것이 저의 확신이기 때문입니다. 그런데 참으로 좋았던 것은 제가 1961년 신학교 교수 및 지도 신부로 임명됐을 때만 해도 신학교 본 건물은 1920년대 옛 분도회 수도원 건물이었기에 들어가는 정문에 "기도하고 일하라"(ora et labora)라는 표어가 그대로 새겨져 있었습니다. 그 내용을 무엇을 하든지 기도하며 해야 한다는 뜻으로 해석하여, 신학생 영성 훈육을 했던 것입니다. 제가 신학교 총책임자인 학장으로 되돌아 갈 때는 더욱 그랬습니다. 그때는 사회의 영향, 즉 군사 정권 독재 반대의 사회 풍조를 심하게 받아 신학생들이 공식 기도, 의무적으로 하는 기도 외에는 전혀 기도를 하지 않는 위기가 신학교 전반에 퍼져 개인 기도가 전폐되다시피 했습니다. 그렇기에 다시 '기도하며 일하며'의 분위기를 고취시켜 기도하는 신학생상을 되찾아왔던 것입니다. 그 결과, 서울의 어떤 주요 본당 보좌 신부들이 '아침기도' 등을 공동으로 바친다는 소식까지 들려왔습니다. 또한, 사제 생활의 본질은 애덕 행위이기에 토요일을 '애덕의 날'로 하여 신학교 6~7학년 고급반으로 하여금 3인조로 버려진 이, 병든 이, 소외된 이, 정신박약자, 독거노인, 산꼭대기 빈민촌 등을 찾아 봉사하게 했더니, 그 당시 신학교의 고민거리 중 하나였던 흡연 문제도 가난한 이, 불우이웃 돕기에 신학생들이 개인 용돈까지도 투입하는 바람에 말없이 해결되는 것을 보았습니다. 그때 그런 교육의 와중에 있던 신학생들은 말없이 애덕 행위 실천하는 사제들이 된 것입니다. 또 한 가지 놀라운 것은 교회의 본질인 한국 초유의 2백 주년 기념 사목회의, 즉 한국교회 2백 년만에 처음으로 성직자, 수도자, 평신도가 같이 하는 기념 사목회의를 교황 요한 바오로 2세의 임석과 격려로 개최한 것입니다. 교황청에서도 세계 초유이며 표본인 전국 사목회의라고 극찬했습니다. 이런 사목회의를 2백 주년 기념 담당 윤공희 대주교와 사목회의 담당 박정일 주교, 제가 실무 총책임자로서 주관한 것입니다. 이러 저러 것이 다 덕원 신학교 출신 성직자들에 의해 이루어졌으니 그것은 분명히 덕원 신학교 운영 주체인 상트 오틸리엔 선교 베네딕트회의 업적입니다. 특히 세계 선교를 본령으로 하는 상트 오틸리엔의 선교 성취 업적입니다. 상트 오틸리엔 세계 선교성도, 당시 풍조와 문화선상으로 보아 식민지를 갖는 나라의 특성에 따라 식민지에서 하는 것이었기에 프랑스는 프랑스 식민지에서 스페인은 스페인 식민지에서, 선교하는 것이었습니다. 독일인인 상트 오틸리엔은 동 아프리카에서 선교하는 쪽으로 기울던 차에 프랑스인인 뮈텔 서울교구장 주교의 간곡한 청으로 상트 오틸리엔이 기이한 인연으로 한국 선교를 받아들여 세계 선교의 길을 열었다니 한국은 참으로 하느님의 기묘한 섭리로 새로운 세계 선교 차원의 단초를 여는 나라가 되었던 것입니다. 이 또한, 한국 성 베네딕토회의 긍지이며 자랑거리이고 새로운 사명에 대한 인식을 가져야 할 점입니다. (여기에 한 가지를 더 첨가해야 할 것이 있습니다. 그것은 제2차 세계 대전이 발발했을 때, 일본 정부는 적국인 프랑스계의 신학교, 즉 서울과 대구의 신학교를 폐쇄하고 한국의 모든 교구 신학생은 그 당시 일본과 동맹 관계에 있던 독일계 성 베네딕토회가 운영하는 덕원 신학교에서 종전이 될 때까지 몇 년간 면학하게 되어 성 베네딕토회는 명실공히 한국교회의 전진 선교 기지를 이루었습니다. 그때 덕원 신학교 총 신학생 수는 1백 명을 약간 넘는 수였습니다. 본래 덕원 신학교 신학생 수와 비슷한 비례였으나 남한에서 온 수가 약간 더 많았던 것으로 기억합니다. 이렇게 선교 지대에서 사목자 고갈의 위기에 처할 때, 성 베네딕토회는 한국 사목자 양성의 전진 기지가 되었습니다. - 괄호 안은 후일 삽입)

성 베네딕토회와 문화: 다음은 3천 년대 들어 급변하는 인류문화사를 일별(一瞥)하고자 합니다. 하느님의 창조경륜은 인류문화사(文化史)의 흐름 속에서 이루어지며 로마대제국의 전성기, 다시 말해 그 후 수 세기에 걸쳐 로마제국은 사양길을 가야 할 시점에서 그리스도는 인류사에 강생육화로 개입하여 복음을 선포하셨습니다.

"너희는 가서 모든 민족들[109]을 제자로 삼아, 아버지와 아들과 성령의 이름으로 세례를 주고, 내가 너희에게 명령한 모든 것을 가르쳐 지키게 하여라. 보라, 내가 세상 끝 날까지 언제나 너희와 함께 있겠다" (마태 28,19-20). 또 다른 곳에서는 최후의 심판에 대해 말씀하셨습니다. 예수님은 역사의 흐름 속, 즉 인류문화의 흐름 속, 다시 말해 대로마 제국의 전성기가 기울어져 "모든 길은 로마로"에서 "모든 길은 예루살렘에서 로마를 거쳐 땅 끝까지, 세계 모든 민족에로" 흩어져가야 하는 시점에서 종말론적인 관점과 하느님 창조경륜의 새로운 실천인 그리스도의 사랑에 의한 구속경륜의 실천을 세계를 향해 선포하신 것입니다. 한마디로 예수님은 하느님의 창조경륜에 따라 단계를 높여가며 도도히 흐르는 인류문화사(人類文化史)의 한복판에서 그 흐름에 새로운 입김, 사랑의 심혼(心魂)을 불어 넣어 하느님의 창조경륜을 완성하신 것입니다. 그 실천자인 바오로 사도는 이교도의 사도로 불린 것을 폐부에 사무치게 의식하여 유다인 선민의식의 첫번째 표징인 할례를 거부, 이 문제에 이중적 태도를 보이는 베드로를 면박하여 자신은 할례가 필요 없는 이교도의 사도임을 명백히 하며 율법이 그것을 위해 있었던 바로 그 분, 즉 그리스도가 왔기에 더 이상 율법에 얽매이지 않는 높은 단계의 인간상을 제시했습니다. 그것은 믿음(구체적으로는 그리스도의 수난과 부활에 대한 믿음)의 새로운 신앙을 기초로 하는 새로운 하늘과 새로운 땅의 출현이었습니다.

사도는 말합니다. "여러분은 모두 그리스도 예수님 안에서 믿음으로 하느님의 자녀가 되었습니다. 그리스도와 하나 되는 세례를 받은 여러분은 다 그리스도를 입었습니다. 그래서 유다인도 그리스인도 없

---

[109] 사도행전은 "땅 끝에 이르기까지"

고, 종도 자유인도 없으며, 남자도 여자도 없습니다. 여러분은 모두 그리스도 예수님 안에서 하나입니다. 여러분이 그리스도께 속한다면, 여러분이야말로 아브라함의 후손이며 약속에 따른 상속자입니다"(갈라 3,26-29). 이렇게 바오로 사도는 오늘의 시간과 공간 안에서 인류문화가 지향하는 다양하면서도 하나인 새로운 인류 공통문화 (다양성 안에서의 일성; unitas in diversitate, 일성 안에서의 다양성; diversitas in unitate) 형성을 종말론적 차원에서 2000년 전에 앞질러 갈파하여 인류문화와 선교의 핵심을 제시했습니다. 모든 문화와 선교의 원형은 여기에 있기에 어떠한 선교도 이런 테두리에서 전개되는 인류의 문화 선상에서 맥을 짚어 나가야 합니다. 우리가 여기서 말하는 상트 오틸리엔은 이런 점에서 훌륭한 성과를 거두었기에 교회뿐만 아니라 사회 문화계 일반도 1백 주년 행사를 환호하는 것입니다. 물론 상트 오틸리엔이 한국 문화계가 갖지 못한 옛날의 우리 문화 기록을 갖고 있어 가톨릭의 문화적 저력은 한국 문화계에게 놀라움을 사고 있습니다. 저는 기고와 방영을 많이 하는 편이기에 유력 신문이나 TV, 라디오 등에 성 베네딕토회의 문화적 업적을 부각시킬 것을 끊임없이 직·간접으로 종용하고 있습니다.

앞으로 인류문화와 교회 및 이 땅에서의 성 베네딕토회: 앞으로 인류문화의 중심은 아시아로 옮겨 올 것이고 한국은 그 중심에서 중요한 역할을 하게 될 것입니다. 그런데 문화의 기저는 종교문화이기에 한국 가톨릭의 사명도 중대합니다. 그렇기에 저는 여기에 미래사목연구소 발행의 월간 〈사목정보〉 2009년 5월 호와 6월 호에 실린 저의 인터뷰 내용 일부를 소개하여 성 베네딕토 성인과 수도회가 유럽에서 이룬 놀라운 작용을 거울삼아 한국에서의 작용을 점쳐 보고 싶습니다. 물론 이것은 성 베네딕토회 신학교에서 훈련 받은 한 성직자의 견해라는 점을 전제합니다.

교회는 초기 300년의 모진 박해를 거쳐 자유를 얻고 세상의 빛을 마음껏 향유했으나 사방에서 몰려드는 야만의 침입으로 암흑천지를 조성하였습니다. 가톨릭교회는 그들을 덕성으로 훈육하여 그들의 놀라운 잠재력을 계발하고 새로운 천지를 전개했습니다. 그런 과업에 중대한 매체 역할을 한 것이 베네딕토 성인이고, 수도회였음을 식자로서 모를 사람은 없을 것입니다. 베네딕토 성인이 만든 『수도규칙서』는 그 후 많은 수도회의 발생 탯줄 역할을 한 것은 이제 상식에 속하는 것입니다.

"가톨릭교회는 먼저 로마제국 300년의 무자비한 박해를 거쳤습니다. 그 후 식민지 변방 한마을에서 탄생한 예수의 가르침으로 드디어 전 유럽은 가톨릭 국가가 되는 과정을 밟게 됩니다. 그러나 첫 번째 천 년대의 중반에 사방에서 몰려온 야만족의 침략과 행패로 로마제국은 다시 암흑천지가 되었습니다. 살인과 방화와 약탈과 파괴로 점 철되는 야만 침입의 한가운데서 교회는, 특히 교황들은 적장(敵將)을 만나서 고결한 인품과 성덕으로 그들을 감복시켜 그런 행위를 중단시키고 역으로 그들을 예수님의 복음으로 포용하고 순화시켜 그들의 능력을 십분 활용하여 새로운 세계 질서 건설로 이끌어 갔습니다. 한마디로 교회는 그들을 그리스도교 정신으로 교육하고 순화하였고 그리스도교의 깊은 지혜와 영성은 고달픈 인간 심령에 은총과 평화와 삶을 선사했으며 새로운 천지를 열어갔습니다. 이런 새로운 삶에 지대한 역할을 한 것은 성 베네딕토 수도회와 그 후 2천 년대에 나타난 프란치스코 수도회 등이었습니다.

2천 년대에 들어 성 베네딕토는 교회의 품 안에서, 인간의 삶이 짐승 취급을 받던 노예시대에서 민족 대이동의 암흑기를 거쳐 하느님의 모습으로서 가족 중심의 땅에 뿌리내리는 농경 사회로 정착시키는 데 크게 이바지했습니다. 그렇기에 베네딕토는 문화의 수호성인이 되었으며 교황은 그 공헌을 기려 자신의 호칭을 베네딕토 16세로 한 것입니다. 베네딕토 성인의 정신은 인간이 짐승 취급을 받던 노예 사회에서 하느님 모습으로 인정받는 드높은 사회 변혁을 이루었기에 인류사에서 그 어떤 것보다도 더 위대한 공헌이었습니다. 오늘, 이 놀라운 인류사 격변의 새 천 년대 여명에 가톨릭교회의 가르침과 노력으로 이런 변혁이 이루어졌다는 데 주목할 필요가 있습니다.

그런 터전에서 가톨릭으로 교화된 유럽 천지에 새로운 문화가 꽃피게 되었습니다. 그것이 중세 초반에 우후죽순(雨後竹筍)처럼 유럽 곳곳에 세워진 대학들입니다. 교회, 특히 수도회는 드높은 지혜와 깊은 영성으로 고달픈 인간의 마음에 빛을 주고 평화와 힘과 불굴의 용기를 주었으며 종말론적 희망을 주었습니다. 이런 변화는 인류문화사적으로 획기적인 것이었습니다. 가톨릭의 절대적 후원 아래, 전 유럽에 나타난 대학들은 인문과학, 사회과학, 법학, 의학, 자연과학과 예술을 꽃피워 현대 문명의 원천을 이루었습니다.

오늘날 문화의 형태를 잘 반영하는 것은 경제라 할 수 있습니다. 그런 측면에서의 고찰입니다.

"경제는 인간 삶의 문화의 가장 표면화된 한 단면입니다. 따라서 인간이 잘 알아듣기 위해서는 경제적 측면에서 말하는 것이 가장 효과적입니다. 2008년 세계와 미국의 경제 심장부 월가의 파탄을 보면 미국으로 상징되던 인류문화의 축은 구체적으로 아시아로 이동해 가는 운명을 맞았습니다. 아시아는 가장 광대한 대륙이며 인류 인구의 태반을 차지하며 수륙(水陸)에 무한대의 자원을 보유하고 있습니다. 더 나아가 인류의 가장 깊은 사상과 위대한 종교는 아시아에서 나왔으며 가장 우수한 인력을 보유하고 있습니다. 무엇보다 중요한 것은 동양 문화는 자연을 사랑하고 존중하며 자연을 모체로 생각하기에 자연과 혼연일체가 되는 것을 삶의 기본으로 삼고 있다는 점입니다.

미국 월가의 붕괴로 '무제한 소비가 미덕'이라는 경제 지상주의 시대가 끝났는데, 그 근본 원인은 인간 가치 전도에 기인한 것입니다. 이에 따라 올바른 가치 정립으로 경제가 소생해야 하는데, 이는 인류가 다 같이 잘 살아가는 방향을 취해야 합니다. 이 차원에서 동양은 그 중심 지대가 될 것입니다. 또한, 경제적 삶의 사회 체제 구축의 기반이 되는 문화에서도 동양과 그리스도교는 자연의 차원에서 잘 어울리고 그리스도교, 특히 가톨릭 교리는 그 핵심이 자연에서 초월(하느님)로, 초월에서 자연으로 쉴 새 없이 순환하고 교류하는 장점이 있습니다. 그래서 자칫 자연 안에 갇혀 이기화(利己化)하고 탐욕화 되기 쉬운 인간성을 순화하고 더 나아가 본연상(本然像)을 지키며 고양할 수 있습니다. 이렇듯 경제만을 바탕으로 성립되는 경제 체제의 재구축은 시간이 지나면 동양 문화권으로 중심이 옮겨 올 것입니다. 이런 인류 문화사의 변천이 일어날 때, 아태(亞太) 지역은 세계 문화의 중심이 되어 아·아(아시아와 아프리카), 아·미(아시아와 북·중·남미), 아·구(아시아와 유럽) 등의 문화권을 형성할 것입니다. 이런 현상은 3천 년대 전반부 1~3세기에 걸쳐 이루어질 것입니다.

드디어 오늘날 인류는 모두 위기와 불안에 직면하고 절제와 극기의 미덕을 살려야할 시점에 도달했습니다. 절제의 미덕은 과거식으로 개인 욕망 절제 정도가 아니라 절제한 것을 다른 사람, 특히 가난한 나라와 후진국 사람들과 나누는 애덕이 기본 사상이 되어야 합니다. 다시 말해 근검절약과 고신극기도 하느님의 창조 계획대로 사랑에 의한 것이어야 합니다.

그리스도교 관점에서 이는 하느님 창조경륜의 개입이며 본래 창조계획의 실천입니다. 하느님의 창조 의지는 모든 사람이 주어진 자연 속에서 다 같이 인간답게 살아야 하며, 창조경륜은 인간의 의도나 어떤 의미로는 교회의 권력과는 상관없이 인간의 지혜와 선의에 의해 구현됩니다. 그러나 하느님의 창조경륜은 반드시 교회를 통해서만 이루어지지는 않습니다. 교회가 제대로 구실을 하지 못할 때에는 교회 밖에서의 인간의 삶과 기구나 연구를 통해 이루어집니다. 이는 역사가 증명하며 학문 세계와 기술공학적인 면에서 이루어집니다. 하느님의 창조경륜은 인간의 의도와는 상관없이 결국 이루어지고야 마는 것입니다.

3천 년대에 들어 인류는 하느님 창조경륜의 실천에 더 가까이 다가섭니다. 여기에 그리스도의 '구속경륜'이 합쳐질 때, 올바른 길을 찾을 수 있습니다. 하느님의 바람은 아무도 막지 못합니다. 문화의 발전은 곧, 하느님의 경륜이 실천되는 것이며 이는 시간 속에서 자유로운 인간 지성과 양식(良識)의 활동으로 이루어집니다. 물론 이때 무지와 오만과 타락한 인간성 잘못으로 인간과 문화를 잘못 몰고 갈 수 있으니 교회는 복음의 빛으로 올바른 길을 제시해야 합니다.

한편, 인류 공통문화 형성에 관한 사상은 인류의 공통 과제인 공존(共存), 공조(共助), 공생(共生), 공영(共榮)이며 그것은 하느님의 창조 의지에 의해 인류 현세 삶의 시작이자 끝인 알파와 오메가입니다. 실례로 지난 미국 대통령 선거에서 77%의 백인과 23%의 유색 인종으로 구성된 미국 사회에서 흑인인 오바마가 당선된 것은 가톨릭교회가 꾸준히 주장해 온 가르침의 영향력이 컸습니다. 제2차 바티칸 공의회 이후, 학교에서 흑인과 백인의 차별을 없애고 함께 교육받도록 한 것은 가톨릭교회의 굳건한 교육 정책이었습니다. 미국이 그리스도교국이지만 이런 면에서 가톨릭은 어느 교회나 단체보다도 방대한 교육 시스템을 통해 선두에서 꾸준히 노력했으며 앞으로는 세계 차원에서 더욱 그럴 것입니다.

지난 수세기 동안 식민지의 착취와 독재로 인류를 이끌어 올 때 인류의 이상적 표어가 '사회 정의'와 '인권'이었다면, 공통문화 시대에는 '생명'과 '사랑'이 주제입니다. 이는 예수님의 마지막 기도인 '이들도 우리처럼 하나가 되게 해 주십시오'(요한 17,11)의 실현입니다. 가톨릭교회는 인류의 이런 흐름에 지대한 공헌을 하게 될 것입니다. 그런 의미에서 새 천 년에 전개될 '인류 공통문화'의 기저인 '생명문화'의 핵심은 모두가 같이 잘사는 것으로 향하며 이는 하느님 창조경륜의 실현입니다. 결국, 하나를 지향하는 인류의 역사흐름 속에서 교회는 새 역사 창출에 중요한 역할을 해야 합니다. 역사에서도 확연히 드러나는 바와 같이 가톨릭교회는 세상 질서에서도 인류를 위기에서 구원해야 하는 사명을 하느님께로부터 위임받았으며 이 사명을 신자들을 통해 수행해야 합니다."

저는 이제 상트 오틸리엔 베네딕토회의 열매가 즉, 선교지인 이 땅에서의 본 목적인 선교의 열매가 얼마나 큰 것이었는지에 대해 잠깐 언급하고 싶습니다. 사실 이 땅을 선교지로 찾아온 상트 오틸리엔 초창기 선교사들은 꿈에도 그리던 순교의 월계관, 바오로 사도가 달릴 길을 다 달려 승리의 월계관을 받게 된 것을 그들 자신이 순교로써 이루게 되었습니다. 다시 말해 그분들이 성인의 반열에 드는 것도 그리 오래지 않은 것입니다. 아마도 상트 오틸리엔 수도회가 한국에서 수많은 순교자 시성을 받게 되는 날도 그리 멀지 않을 것입니다. 그것은 상트 오틸리엔이 성인들을 갖게 되는 초유의 사건일 듯싶습니다.

그렇기에 한국 선교지는 상트 오틸리엔에게는 영광의 땅이 될 것입니다. 한국의 후예들에게는 성스러운 선조들의 피땀 위에 건설되는 것이며, 더할 수 없는 위로부터의 은총과 영성적 힘의 원천인 순교의 피는 앞으로 새로운 모습으로 계속될 한국 후예 활동의 동력원이 될 것입니다.

안셀모 로머 교장 신부님은 저에게 이런 말씀을 한 적이 있습니다. 선교지 한국으로 떠나기 전 마지막으로 베를린을 여행하면서, 예언한다는 여자에게, 한국으로 선교를 떠날 분들이 한국에서 순교할 수 있겠느냐고 물었더니 가능하다고 했다며, 듣기에 좋고 안 되어도 가능성을 말한 것이니 틀린 답이 아니었다라고 했습니다. 사실 그때 안셀모 로머 교장 신부님은 한국 순교사에서 깊은 감명을 받았다고 했는데, 순교의 열망을 그분의 얼굴에서 읽을 수 있었습니다. 또한, 교장 신부님은 독일에서 있을 때 어느 날 밤 꿈에 전혀 본 적도 상상해 본 적도 없는 마을을 선명하게 보았다고 얘기한 적이 있습니다. 한국에 파견 된 후, 산책을 나갔을 때 꿈에서 본 꼭 같은 마을을 보고 한국은 자기에게 하느님이 섭리해 주신 선교지인 것을 확신했다고 했습니다. 또한, 교장 신부님은 일본 경찰의 횡포가 극에 달했을 때 일본인의 포악성을 나타내는 실화를 들려줬습니다. 수원지구 매향리 예배당에 일본 경찰이 불을 지르고 튀어나오는 한국인을 전원 총살하는 장면을 설명해 주었습니다. 그 당시 그런 발언은 감옥행을 무릅쓰지 않고서는 발설할 수 없는 것이었습니다.

이제 3천 년대를 맞아 한국에서의 성 베네딕토회의 앞날을 멀리 미리 본 듯한 안셀모 로머 교장 신부님은 1940년대 중반에 한국 젊은이들이 수도 생활을 위해 덕원 수도원을 찾는 것을 보며, 상트 오틸리엔 선교회의 사명이 한국에서 형태를 바꾸어야 할 것이라고 말한 적이 있습니다. 한국 베네딕토회에 간절히 바라고 싶은 것은 특히 문화적인 면을 중시해 주었으면 하는 것입니다. 사실 1940년대 들어 일본의 식민 정책이 점점 더 가혹하게 되어 조선어 출판이 일절 금지된 상태에서도 덕원 수도원 인쇄소에서는 신약의 "서간 편"을 처음으로 번역하여 출판했으며, 『미사 경본』, 『신심서』, 『성가집』 등을 출판하여 놀라운 문서 선교와 신심 앙양에 공헌한 바가 큽니다. 덕원 수도원은 이런 면에서 한국에서 교회뿐만 아니라 문화계에서도 큰 공헌자였으며 공산 치하에서는 〈천주 존재〉, 〈영혼 존재〉 등의 팸플릿을 발행하여 무신(無神) 공산 정체(政體)와 항쟁한 혁혁한 전력(前歷)을 갖고 있습니다. 성 베네딕토의 정신과 영성은, 동양을 중심으로 하는 새 천 년대가 열리니 3천 년대 초반 100~200년 동안 그 중심에 서 있을 한국교회에서 성 베네딕토 성인 시기에서와 같이 큰 영성적 문화적 원천이 되어야 하는 새로운 사명을 부여 받는 것으로 생각합니다. 더 큰 테두리에서 한국교회는 지금 중대한 교리적, 사목적, 영성적, 한마디로 종교 문화적 큰 구원의 요구를 사회로부터 받고 있는 것입니다. 그것은 교회가 살아 숨 쉬며 활기를 뿜어낼 수 있는 장(場)이 사회이기에 그리스도께서 구속 사업을 위해 인간 삶 속 즉, 큰 변화의 와중으로 치닫는 인류 문화의 한복판에서 강생육화하신 것의 연속인 것입니다.

지금 시작되어 앞으로 치달을 우리 민족과 사회의 사활의 문제는 젊은이 문제와 노인 문제입니다. OECD 국가 중 한국은 최하의 출산율이고 노령화에서는 최고속을 달리는 형국으로 국가와 민족의 장래가 몹시 우려되는 형편인데, 이 두 문제는 이 사회 속에서 삶을 결정짓는 한국교회의 사활의 문제입니다. 그런데 실상은 지금 한국 가톨릭은 젊은이의 95%가 성당을 이탈한다는 우려되는 상황에 처해 있습니다. 마침 왜관 베네딕토회가 젊은이 수련의 장으로 큰 성과를 올리고 있다니 이 점에 각별한 관심과 노력을 기울여 지난 첫 번째 천 년의 중·하반기와 두 번째 천 년 초반에 성 베네딕토회가 유럽 천지의 가톨릭문화를 이룬 것처럼 위기에 이른 이 땅에서도 한국 베네딕토회가 가톨릭문화를 힘차게 일으키는 원동력 역할을 해 주기를 바라는 마음 간절합니다.

2009년 10월 29일 작성
11월 3일 수정 보완

① 덕원 성 베네딕토회 말기의 경제 문제

지극히 존경하올 이형우 아빠스께,

그동안도 하느님의 크신 은총 속에 심신의 평안 누리시며 주님의 영광을 드러내시기에 여념이 없으시라 믿습니다.

저는 덕원 성 베네딕토회 말기 경제 문제의 한 단면에 대해 말씀드리고자 합니다. 아래에 언급하는 사건은 지금까지 누구한테도 언급되거나 발설된 일이 없는 그야말로 '무덤까지 가슴에 묻고 갈 각오였던 사건'의 진상입니다.

먼저 다시 한 번 진심에서 축하의 말씀을 드립니다. 성 베네딕토회는 지난 일 년(2009)간 한국 진출 1백 년 동안에 얼마나 많은 훌륭한 일들을 하였고 어려운 일들을 겪었는지, 즉 이 땅에서 수도회가 어떤 시련과 노력과 기도와 희생으로 점철된 삶을 살아왔는지를 잘 보여

주었습니다. 또 그런 과정이 이 땅의 교회 성장에 얼마나 중요한 것이 었는지 교계와 신자들에게 잘 인식시켜주었습니다. 또한, 성 베네딕토회가 민족 문화 보존과 발전, 해외 홍보에 얼마나 큰 역할을 하였는지도 교회와 사회에 널리 알려주었습니다. 이 땅에서도 성 베네딕토회는 사랑의 가족 수도회의 효시로서 수도규칙을 베풀어 유럽 사회에서 정신적으로 영성적으로 새로운 인간상과 사회상 형성을 이룬 것과 유사한 역할을 해 준 것도 밝혀주었습니다. 다시 말해 성 베네딕토회는 이 땅에서도 가장 오래된 수도회로서 수도 원조(元祖)답게 수도 생활의 모범과 선교 수도회의 전범(典範)이 되어주었습니다. 그렇지만 1백 주년 계기에 덕원 성 베네딕토회가 공산 정권에 의해 폐쇄되기 전, 순교의 길로 내몰리기 전 경제 문제가 얼마나 어려웠고 그 배후에 어떤 일이 있었는지는 전혀 밝혀지지 않은 것 같아 본인이 직접 개입되었던 한 면을 소개합니다.

1945년 일본의 패전으로 한국이 식민지에서 해방은 되었으나 38선 분단으로 북한에는 공산 정권이 수립되었습니다. 북한 공산 정권이 처음부터 전 한반도의 무력 적화통일을 준비하는 데 가장 껄끄러운 장애물이 덕원 수도원이었으므로 수도원의 운명은 처음부터 어두울 수밖에 없었습니다. 물론 수도원 수뇌부는 결국은 수도원 폐쇄와 더불어 순교의 길을 가야 할 운명을 직감하고 있었습니다. 저는 이 이야기를 당시 덕원 신학교 교장이었던 독일인 안셀모 로머(노병조) 신부님으로부터 산책하면서 몇 번이고 들었습니다. 그러나 1945년과 1946년만해도 외국 원조 차단으로 쪼들리면서도 그런대로 지탱했으나 1947년경에는 더 이상 경제적으로 지탱하기 어려운 형국으로 몰려가고 있었습니다. 기실 덕원 수도원이 관리하던 함흥교구와 원산 수도원 자치 교구는 자력으로 유지될 힘이 없었습니다. 자립 본당이라야 원산 본당과 함흥 본당 정도이고 여타 수십 개 본당은 모두 수도원의 원조를 받아 유지되는 형편이었으나 경제적으로는 수도원 농장 수익이 전부였습니다. 따라서 수도원은 경제가 허용되는 한도 내에서 차차 하나둘 본당을 폐쇄하려 했고 신학교는 교회 생명의 탯줄이니 수도원과 운명을 같이 할 것이란 말이 흘러나오기 시작했습니다. 그 연유인즉, 공산정권 수립 전만 해도 수도원은 함흥교구와 수도원 자치 교구를 운영하는 데 큰 어려움 없이, 어찌 말하면 유족(裕足)하게 운영할 수 있었던 것입니다. 그것은 수도회 독일 본부와 교황청과 유럽, 미국 등 외국에서 많은 원조를 받았기 때문이었습니다. 공산 정권의 수립과 더불어 철저한 무신론적 반가톨릭 정책에 의해 외국 원조의 길이 완전히 끊기에 되어, 함흥교구와 원산 자치 교구까지 담당한 수도원은 날이 갈수록 경제적으로 어려워질 수밖에 없었습니다. 이런 경제 사정 악화일로에 특별한 탈출구가 열리게 되었는데 그것은, 쌓인 외국 원조를 서울을 통해 받을 수 있는 극비의 통로가 열리게 된 것입니다. 이런 통로가 당시 평양 공산 정권에 발각되면 관련자들은 극형감인 것이 물론, 그런 단체나 개인은 모조리 미국 제국주의 스파이로 몰려 모진 고문과 총살을 당한다는 것은 삼척동자라도 다 아는 상식이었습니다.

    1947년 봄기운이 아직 돌지 않은 초봄 어느 날, 신자도 아닌 저의 먼 친척 한 분이 덕원 신학교로 저를 찾아왔습니다. 그 분은 자기는 서울과 북한 사이의 물품 암거래 상을(당시 남북의 물품거래는 북한의 열악한 사정으로 남한산 약품이나 식품, 의류 등 생필품 반입이 어느 정도 공산당국에 의해 허용되는 시기였다.) 한다고 말하고, 남한 돈이나 외국으로부터 원조 받는 수도원 돈이 서울에 있으면 극비리에 북한 돈으로 바꾸어 수도원에 전달할 수 있다며, 자기는 생명을 거는 일이니 그에 상응한 대가를 받아야 한다는 것이었습니다. 그것은 반동(反動)에 대한 북한 공산정권의 무서운 처벌을 각오하고 수도원과 신학교의 운명에 관한 것이기에 저는 놀라 입도 열지 못하는 지경이었습니다. 더욱이 무서운 것은 그런 일이 공산당국이나 극렬 공산주의자들에 의해 조작된 덫일 수 있다는 두려움이 정신을 아찔하게 했습니다. 물론 저는 일언지하에 거절하여 그분을 즉시 돌려보내려 했습니다. 여하튼 그날은 사정없이 거절하는 식으로 헤어졌습니다. 그분은 평소 집안에서 상당히 통이 크고 보통 사람이 생각 못하는 엉뚱한 큰일을 잘하며, 사람들에게는 덕이 되는 인물이란 평을 받던 분이었습니다.

  그렇기에 어쩌면 수도원 측에 큰 도움이 될 수도 있을 수 있다는 생각이 들어, 독일인 안셀모 로머(노병조) 교장 신부님께 말씀드렸더니, 굉장히 위험한 일이지만 수도원 측으로선 경제 문제로 매우 어려운 처지에 있으니 수도원 원장이었던 독일인 루치오 로트(홍태화) 신부님께 말씀드려야 한다고 했습니다. 저를 만난 원장 신부님은 그 중개자에 대해 몇 가지를 물으며 전제 조건으로 그분의 성함이나 주소 등 일체를 당신에게 말하지 말라는 것이었습니다. 이유인즉 만일 일이 발각되면 관련자들의 혹독한 고문과 생명의 희생과 수도원의 존폐가 걸린 중대사로 모든 책임은 당신 혼자 져야 한다는 것이었습니다. 상대방의 이름을 알거나 인적 사항을 알면 당신이 무서운 고문으로 무의식중에 인적 사항을 발설하게 되어 연관 사람들의 희생뿐만 아니라 다른 수도자들과 수도원의 폐쇄가 올 것이므로 당신이 홀로 모든 책임을 지고 죽어야 한다는 결의 표명이었습니다. 저도 당시 공산 정권 하에서 그렇게 되리라는 것을 짐작하고 있었기에 이 문제는 무덤에 갈 때까지 가슴에 묻어야 할 비밀로 마음먹고 있었습니다. 저도 그때는 철학과 학생이었으니 성숙한 청년이었기에 사리 분별을 충분히 할 때였습니다. 그러나 이제는 상황이 완전히 바뀌었기에 그 일의 자초지종을 밝혀 역사에 남겨야 할 것입니다.

이런 환경과 분위기 속, 다시 말해 루치오 원장 신부님과 그 중간상인과 저 이외에 아무도 그 실상을 아는 이들이 없는 가운데 일이 진행되어 서울에 덕원 수도원 원조로 쌓여있던 거액의 외환이 덕원 수도원으로 전달되게 되었습니다. 그 후 수도원 경제 사정은 수도원이 공산 정권에 의해 폐쇄되어 몰수되는 날까지 큰 지장을 받지 않았습니다. 제가 루치오 원장 신부님과 그 중간상인 3자가 첫 번 만날 때 의사소통 과정에서 가장 중요했던 말은, 돈의 액수를 쌀을 다는 "말"(斗, 라틴 표기로 mal)로 표기하는 것이었는데 한 말은 당시로서 상당히 큰 액수였습니다. 그리고 그 표기와 오가는 말은 그 당시 성직자들 외에는 아무도 모르던 라틴어 표기였고 천에 간단히 타이핑한 것이었습니다. 라틴어로 "몇 말 받아씀. 루치오 신부"로 한다는 것이었습니다. 그리고 그 천은 옷 만든 천에 끼워 넣기로 했던 것입니다. 서울에서는 누구를 통해 되었는지 확실하지 않습니다. 지금은 60년도 훨씬 지난 6·25 한국전쟁 전의 일이니 잘 기억나지 않습니다. 당시 적화 무력통일 준비에 광분하던 북한 공산 정권 치하에서 종교 말살 정책이 시행 중이었습니다. 미국 제국주의(서방 세계를 싸잡은 표현)와 내통과 간첩행위로 몰릴 수 있는 외환 밀거래는 그 자체가 반동(反動)사건이었습니다. 그렇기에 저도 당시 무덤에까지 갖고 가야 할 비밀로 이 사건을 간직하고 있었으며 이 사건이 공산 정권에 발각되는 경우, 어느 순간이든 모진 고문과 죽음을 각오하고 살 수밖에 없었습니다.

성 베네딕토회 내한 1백 주년을 지내는 이 시점에서 지금까지 전혀 알려지지 않았던 이런 단면을 소개하는 것도, 성 베네딕토회 신학교에서 8

년여의 긴 세월동안, 정신적·영성적 신학생 수련을 받은 사람으로서, 보은의 의미로, 또 당시 저의 스승이었던 성 베네딕토회 수사 신부님들이 이제 시성 시복을 받으려는 영광스러운 계기에 큰 의미가 있다고 생각하여 몇 자 글월을 올립니다.

지극히 존경하올 이형우 아빠스님, 주 성모님의 풍부한 은혜 중에 풍성한 영적 사도적 결실을 거두시기 기도합니다.

2010년 7월 22일
정의채 바오로 몬시뇰 드림

② 성 베네딕토회 분도 지(誌) 인터뷰
 - 한국 가톨릭교회 대표 원로 정의채 바오로 몬시뇰

> 장소: 서울 강남구 정의채 몬시뇰 숙소
> 일시: 2011년 5월 3일 오후 3~6시
> 대담자: 왜관 성 베네딕토회 고 이사악 신부

인터뷰 요청을 하면서도 과연 성사될까 걱정이 앞섰다. 한국 가톨릭교회의 대표 원로이며, 석학으로 명성이 높은 분이라 부담되었다. 하지만 막상 일은 순조로웠다. 인터뷰 요청을 받은 정의채 몬시뇰은 자신의 학문적 토대를 쌓았던 덕원 신학교 이야기를 꺼내더니, 우리 수도회에 갚을 게 많다며 두말없이 승낙했다. 정해준 날짜에 맞추어 자택을 방문하니 원로는 손수 다과를 준비하여 우리를 기다리고 있었다. 낡은 소파와 원서로 가득 메운 서가가 있는 거처가 인상 깊었다.

1925년생, 올해 86세인 정의채 몬시뇰의 입에서 나온 첫 주제는 놀랍게도 프랑스에서 공연을 한 아이돌 그룹이었다. 하느님의 구원경륜을 이성적으로 밝히는 연구에 평생을 바쳐온 터라, 팔순이 넘은 나이에도 깊은 통찰력으로 세상을 바로 보고 있음을 알 수 있었다. "저는 문화의 흐름을 유심히 봅니다. 문화를 어렵게 생각하면 안 됩니다. 삶이에요. 하느님의 모습에 따라 잘 살 것 같으면 좋은 문화고, 그렇지 않으면 죽음의 문화이지요. 3천 년대 들어 인류문화는 급속하게 백인 세계의 식민지 시대를 벗어나고 있습니다. 새로운 문화 창출이 절실히 요구되는 시대가 온 것이지요. 문화의 축이 동양으로 옮겨오고 있다는 걸 느껴요. 한국의 젊은이들은 세계 속에서 한류 바람을 일으키며 세계를 놀라게 하고 있지 않습니까? 젊은이들은 이론적 혹은 학문적 차원이 아니라, 느낌으로 또 행동으로 전(前) 세대를 앞서가며 새로운 문화 차원을 열고 있습니다. 최근에 파리에서 한국 가수들의 공연을 보려고 유럽 각지에서 팬들이 몰려들어 샤를 드골 공항을 마비시키고 공연을 하루 더 연장하라는 군중 시위가 벌어졌대요. 세계 문화의 중심인 파리에서 그런 일이 벌어졌다는 것은 특별한 의미를 지닙니다. 이는 우리 젊은이들이 공연 예술로써 인류문화에 새로운 흐름을 제시한 것입니다. 앞으로 우리 교회가 그들에게 나아갈 길을 제대로 제시해 주고 동기 부여를 한다면 한국교회가 인류문화의 대변혁을 주도하게 될 것입니다."

새로운 문화 창출에 교회의 역할이 주도가 되어야 한다고 강조하는 정의채 몬시뇰은 문화의 주체인 젊은이들이 교회를 떠나는 현실에 안타까움을 감추지 않았다. "지난날 교회는 젊은이들에게 흡인력(吸引力)을 제공할 만큼 시대를 앞서갔는데, 근자에는 교회가 시대에 뒤떨어지는 양상을 보입니다. 그래서 앞을 예감하며 질주하는 우리 젊은이들이 대거 교회를 이탈하는 것이 아닌가 싶어 답답할 때가 있어요. 젊은이들이 교회를 떠나는 현상은 비단 유럽 교회에만 국한되지는 않습니다. 최근 한국 가톨릭계 종교 신문이 실시한 조사에 따르면 젊은이들의 93% 즉 100명 중 93명이 성당에 나오지 않는다는 겁니다. 저는 몇 년 전만 해도 80% 정도로 생각하고 있었는데, 어느 사이엔가 수치가 이렇게나 높아졌더라고요. 2~3년 뒤에는 95%가 될 것이고 그것은 곧 이어 97%의 젊은이들이 성당을 떠난다는 정확한 추론이 가능합니다. 젊은이가 다 떠난 성당은 무덤이나 박물관 신세가 되고 맙니다. 젊은이가 떠났는데 교세가 늘어난들 그게 뭐 대단합니까? 교회가 일차적으로 신경을 써야 할 부분은 젊은이를 위한 사목이어야 합니다. 지난날에 젊은이들을 끌어당겼던 교회였는데, 지금은 젊은이들이 떠나고 있으니, 하여간에 새로운 사목 시대로 넘어가는 시점인 것 같아요."

정의채 몬시뇰은 이 시대에 교회가 투자할 부분이 젊은이들에 대한 사목이라고 했다. 이 일은 수지를 따지면서 조심스럽게 할 일이 아니라는 것이다. 그만큼 시급하고 교회의 존망이 걸렸다고 했다. 아울러 새로운 문화 창달에서 종교의 역할에 대해 설명했다. "무엇보다도 교회는 문화에 힘써야 합니다. 그게 고급문화일 필요는 없습니다. 인간답게 사는 것, 자체가 문화이기 때문입니다. 문화란 고상한 음악 듣고, 멋진 공연 보는 게 아니라, 모든 사람이 하느님의 모습으로서 인간답게 잘 살아가는 방식입니다. 이것을 하느님 없이 하면 반드시 실패합니다. 공산주의가 이렇게 해서 실패했어요. 이념과 체제에는 인간의 욕심을 제재할 수 있는 힘이 없거든요. 자기중심적인 것을 극복하기 위한 힘이 없다는 말입니다. 인간의 욕심을 제재하고 비뚤어진 인간성을 바르게 하려면 하느님의 힘 아니고는 할 수가 없어요. 물론 이념을 정신적인 뿌리를 삼을 수는 있어도 실천적인 측면에서는 많은 한계에 부딪힙니다. 하느님은 이 세상에 오는 모든 사람이 골고루 잘 살도록 우주와 인간을 창조했습니다. 이게 종교의 역할입니다. 문화는 복음 정신으로만 가능합니다. 그동안 특히 수도 공동체에서 복음 삼덕의 실천을 통해 바른 문화를 창출하려는 시도가 많았습니다. 이 정신이 평신도 안에서 자연스럽게 일어나야 해요. 새로운 문화를 형성하려면 시대가 무엇을 요구하는지 정확히 알아야 합니다. 예전처럼 농경 사회에서 하던 식으로 하면 안 됩니다. 지금은 후기 산업 사회입니다. 평신도 많이 깨였지만, 교회가 그들을 지도할 만큼 지혜롭지 못하면 새로운 문화는 불가능한 일이에요."

정의채 몬시뇰은 교회의 지도자들이 시대를 식별하는 능력을 갖추어야 한다고 강조했다. 그러면서 젊은 시절 펼쳤던 사목 활동에 대해 회고했다.

"사제 서품을 받고 저는 6·25 한국전쟁의 비참한 폐허와 상처의 절망을 인간을 초월하는 하느님 은총의 힘으로, 즉 종말론적 희망으로 극복하고자 했습니다. 메리놀회 신부님 밑에서 보좌 신부 생활하면서 본당 사목을 했는데, 예비 신자 교리에 힘을 쏟았어요. 주임 신부와 함께 강론 때마다 가족과 친지들의 구원을 위해 노력하는 것이 신자들의 가장 중대한 의무라며 몇 달 동안 강조했습니다. 그렇게 신자들에게 예비 신자 권면 운동을 펼쳤더니, 약 2천 명에 달하는 예비 신자가 쇄도하더라고요. 예비 신자 교리교육을 하느라 몹시 애를 먹었죠. 그 중 약 1천 7백 명이 그 해에 영세를 받았으니 놀라운 결과입니다. 1960년대에는 명동 성당에서 지성인 교리반을 운영했어요. 그때는 우리 경제가 부흥하기 시작했고, 세대도 바뀌어 미국 일변도의 외래문화에서 벗어나 서양 문화의 원류인 유럽풍의 사고와 생활 문화가 서서히 고개를 드는 세태였습니다. 저는 이런 시대 기운과 사상의 흐름을 활용해서 미국 실용주의 문화의 원류인 유럽 문화, 더 근원적으로는 가톨릭 문화와 연결하여 교리 강좌를 열었습니다. 언론인, 교수, 문인, 의사, 정치인, 고위 군인, 예술인 등 약 1천 명의 지성인이 영세했습니다. 이분들이 1980년대 교황이 한국을 방문하신 때에 큰 역할을 해내더라고요. 교황의 첫 방문 때, 한국 천주교 2백 주년 기념 사목회의가 열렸는데, 제가 현장 준비 총책임을 맡았습니다. 제가 의도했던 바는 평신도의 적극적인 사회 참여와 이를 통한 사회 복음화였습니다. 물론 사목 회의가 여러 가지 주제와 분과로 나누어 진행되었지만, 핵심적 흐름은 사회 각 분야에서 전문가로 활동하는 평신도들이 교회적으로 역량을 펼칠 수 있도록 동기를 부여하자는 것이었어요. 한국 천주교회는 2백 주년 기념 사목회의를 기점으로 눈부신 발전을 거듭했는데, 그 동력을 여기에서 찾을 수 있습니다. 이렇게 시대적 요청 혹은 시대의 흐름을 보면서 사목 활동을 해야 효과를 거둘 수 있으며, 시대가 부여한 사명을 다했다고 할 수 있습니다."

정의채 몬시뇰은 덕원 신학교에서 현재를 바로 판단하고 미래까지 볼 수 있는 눈을 키웠다고 했다. 특별히 안셀모 로머 교장 신부를 회상하며, 그분에게서 세계 어디에 내놓아도 손색이 없을 정도의 교육을 받았다고 자랑스럽게 여겼다.

"그때 신학교가 서울, 대구, 덕원 세 군데가 있었는데, 같은 신학 철학을 가르치지만 그것을 전개하는 방법이 달랐어요. 우리 표현에 따르면 남한의 두 신학교는 좀 더 신심적인데 비해, 덕원 신학교는 좀 더 이론적이고 합리적이라고 했어요. 신학생들은 안셀모 로머 교장 신부님의 영향을 많이 받았는데, 이 분은 신학교 개교부터 폐교될 때까지 오로지 신학생 양성에만 전념하신 분입니다. 역사에 조예가 깊은 분이라 시대에 대한 통찰력이 매우 뛰어났어요. 그분의 두 가지 예언이 떠오릅니다. 한 가지는 중국의 공산화입니다. 일본이 패망하고 중국에서는 장제스(蔣介石)의 자본주의 정권으로 국토를 석권하고 있었는데도, 교장 신부님은 중국이 공산주의의 길을 거쳐야 할 것이라고 말씀하더군요. 그분의 말씀에 따르면 중국은 뿌리 깊은 가족 중심 문화가 있어서 그리스도교 문화가 들어갈 여지가 많지 않다는 것입니다. 그런데 온 인류의 그리스도 교화는 하느님의 섭리인데, 그렇게 되려면 동양의 맹주인 중국이 문제라는 것이죠. 그래서 중국이 그리스도교화 되기 위해서는 마오쩌둥(毛澤東)의 공산주의 혁명으로 가족 문화를 중심으로 한 유교 문화가 파괴되어야 한다는 것이었습니다. 나중에 문화 대혁명을 살펴보면서 저는 그분의 예언적 통찰에 놀랐습니다. 또 한 가지 그분의 예언적 말씀이 있어요. 선교사는 서구 가톨릭 국가에서 한국으로 오는 것으로만 알던 때였는데도 그분은 미래에는 한국에서 서구로 또 세계로 선교사들이 가야 할 것이라는 강론을 하셨어요. 1940년대 초반에는 그런 말씀을 도무지 믿을 수가 없었지만 지금은 상식이 되고 있어요."

정의채 몬시뇰은 안셀모 로머 교장 신부에게 성직자로서 갖추어야 할 필수불가결한 덕목인 실천적 판단력을 배웠다고 했다. 그러면서 한 가지 놀랄 만한 이야기가 있다고 했다. "교육은 감성을 키우는 게 아니라 지성을 키우는 일입니다. 동물도 감성은 있어요. 특별히 신학

교육에서는 지성을 키워서 바른 판단을 내리는 능력을 갖춘 성직자를 양성하는 게 가장 중요합니다. 수도자들은 자기 성덕을 위해서만 노력하면 됩니다. 그러나 성직자는 남의 영혼들을 인도해야 하므로 신심만 있어서는 안 돼요. 바른 판단을 해야 하는 것이 사제 성소의 본질입니다. 성직자는 영혼을 맡은 지도자로서 위기 상황에서도 그들을 올바로 끌어가야 합니다. 안셀모 로머 신부님이 이 점을 매우 강조했어요. 실제로 신부님은 영민한 현실 판단력을 가졌어요. 놀라운 이야기를 하나 들려드리죠. 신부님은 강론이나 수업 중에 한 번도 신학생들에게 수도 생활을 권유하지 않았습니다. 한번 저는 그 이유를 물었어요. 신부님이 대답하시기를, 자신의 임무는 선교지 신학교 교장으로서 교구 신학생을 양성해 훌륭한 교구 사제로 키우는 것이므로, 좋은 학생이 있다고 수도원 지원자로 빼내면 그것은 도둑질이라고 하대요. 신부님의 판단이 얼마나 지혜로웠는지는 제가 신학교 교수와 학장으로 있을 때 더욱 뼈저리게 느꼈어요. 인근 어느 나라에서 실제로 일어난 일입니다. 주교단 결정으로 여러 교구의 신학생을 어느 수도회가 운영하는 대학의 신학과에 보냈더니, 교수들이 우수한 신학생을 거의 다 수도회로 전입시키는 바람에 교구 사제 양성이 안 되었답니다. 그래서 주교단이 따로 신학생 양성 기관을 만들었는데, 결과적으로 수도회가 운영하는 신학과도 시원치 않게 되었고 주교단이 새로 만든 양성 기관 운영도 곤란을 겪는다는 말을 들으며, 안셀모 로머 교장 신부님의 지혜로웠던 판단에 다시 감탄한 적이 있었습니다."

안셀모 로머 신부님를 회상하는 노사제의 얼굴이 잔뜩 상기되었다. 마치 학창시절 존경하던 스승이 이 자리에 현존한 듯 신이 났다. 원로가 일생에 거쳐 쌓은 지혜를 듣기에는 예정된 시간이 너무 짧았다. 아쉬운 듯 인터뷰를 마무리하는 정의채 몬시뇰은 덕원에서 내려오는 훌륭한 전통을 왜관 수도원이 다시 살려줄 것을 거듭 당부했다. 변화를 요구하는 시대는 또한 한결같이 지켜나가야 할 전통을 요구한다.

추신: 지면 관계상 덕행, 특히 애덕 실천 및 감성 정화(淨化)와 고양(高揚) 부분 말씀이 빠진 것이 아쉽다.

대담 정리: 편집실, 사진 제공: 이수용 테오도로 수사

12) 한국 천주교 선조 시성 시복 준비 출판기념회 축사

이번 "한국 천주교 선조 시성 시복 준비 출판기념회"에서 축사를 하게 된 것을 영광으로 생각합니다. 저는 아래의 요약한 글에서 몇 말씀 드리겠습니다. 그 핵심은 한국교회의 선조들이 먼저 복자와 성인품에 올라야 했으나, 그들의 순교가 동양의 충효사상과 신앙 관계의 진의(眞意) 왜곡으로 배교자의 오명을 쓰고 누락되는 바람에 그리 되었던 것입니다. 그러나 이제 그들의 후손의 발전된 연구와 독특하고 진정한 한국적 충효 사상 정립으로 배교자의 오명을 벗을 뿐만 아니라 동·서를 아우르는 더 높은 단계, 다시 말해 대군 대부(大君 大父)에 대한 인륜(人倫)과 천륜(天倫)을 융합하고 조화한 충효(忠孝) 사상에서 교회 순교사에 새롭고 더 풍부한 차원의 순교자상을 정립하여 시성 시복에 임하게 된 것을 매우 기뻐하며 축하드립니다. 그것을 저는 아래와 같은 서평에서 제시한 구절을 인용 풀이로 앞으로 세계가 지향하는 인류문화 관점에도 비추어 말씀 드리겠습니다.

그것은 이벽 선조의 예에서 명백하게 볼 수 있습니다. 저는 심상태

몬시뇰의 예언적 지혜가 번득이는 "새 세기의 한국교회와 신학"이라는 역저 출간 계기에 자청하여 〈평화신문〉에 2회[110]에 걸친 전면에 해당하는 서평을 실은 적이 있습니다. 이 저서는 이벽 선조의 배교 누명을 독살의 물적 확증으로 벗겼을 뿐만 아니라 그 분을 일약 성인의 반열까지 올려놓을 단초를 마련한 것입니다. 여기의 주인공인 권일신, 권철신, 이승훈 선조의 경우도 같은 유형이기에 그때의 저의 기사 일부를 소개하여 그분들의 저간의 배교설을 일축함과 더불어 시성의 길까지 트는 데 도움이 됐으면 하는 바람에서입니다.

"그(이벽 선조)는 끝까지 흠숭지례(欽崇之禮)를 드려야 할 하느님과 효를 바쳐야 할 어버이 사이에서 한 쪽을 택하고 다른 쪽을 배반하라는 아버지의 자살 위협에도 충(忠)과 효(孝)를 (전대미문의 절묘한 조화로) 병행(이것도 한국교회만이 지닌 영성과 인간의 예로 생각된다.)하다 결국은 독살로 생을 마감하였다는 설이 힘을 얻으니 이 한 구절만으로도 이 책의 진가는 다 발휘된 셈이다. … (여기에 이르러) 문화의 차이가 어떤 것인지 다시 한 번 뼈저리게 느끼게 된다. … (여기에 이르러) 우리는 한국적 영성학의 새로운 차원이 열릴 것으로 기대한다."

더 나아가 세계 영성사에 새로운 자연적 요인과 영성적 요인이 어떻게 더 높은 단계로 승화되어 가는지를, 다시 말해 한 고귀한 순교자의 상상을 초월하는 독살이라는 장렬한 죽음을 통해 이루어지는 것을 알게 되는 것입니다. 오늘 우리가 축하하는 세 선조 순교자의 생애가 여기에 준하는 것이기에 저는 이런 관점에서 남다른 감회를 느낍니다. 그뿐만 아니라 이승훈 선조의 후손은 5대가 권철신, 권일신 선조의 후손은 3대가 순교의 길을 갔으니 우리 선조의 순교 신앙이 그대로

---

110 2006년 2월 12일, 2월 19일자.

후손에게 이어졌음을 직감하며 거룩한 전율조차 느끼게 됩니다.

순교는 신앙을 위해 목숨을 바치는 것이 아니겠습니까. 우리 선조에게는 그런 증좌가 뚜렷하지 않습니까. 생명을 다 바쳤는데 그전의 어떤 인간적 하자가 왜 걸림돌이 되어 배교자의 누명을 써야 합니까. 그렇다면 예수님의 첫 번째 지상 대리자 베드로 사도가 예수님의 수난 연장에서 예수님을 배반했는데도 어째서 성 베드로이고 교회의 열렬한 박해자였던 바오로는 어째서 가장 위대한 이교도의 사도 성 바오로입니까.

앞으로 세상만사와 교회의 운명은 틀림없이 인류문화사에 적극 동참하느냐 못하느냐에 운명이 달릴 것입니다. 그것은 지나온 인류사와 교회사가 증명하고도 남습니다. 단적으로 말해 예수 그리스도는 안식일을 폐지하시며 땅 끝까지 가라는 사도들을 파견하여 유다 민족에 묶여 있던 하느님의 나라를 이 지구에 사는 모든 사람에게 열어준 것입니다. 이방인의 사도 바오로는 할례 폐지로, 하느님의 나라를 이교 만방에 행동으로 실천함으로써 새로운 인류의 삶, 즉 인류문화를 형성한 것이 아니었습니까. 그뿐만 아니라, 교회는 중세에 가톨릭의 문화를 유럽 천지에 건설하여 하느님의 나라를 선포한 것이 아닙니까. 그 학문적 정신적 기반을 그리스 로마 문화에 뿌리 내린 것이 아니었습니까. 이제 인류의 문화사는 급변을 거듭하여 세계인을 하나로 묶는 3천 년대에 인류문화의 새로운 지평을 열고 있지 않습니까. 이런 흐름은 하느님 창조경륜의 새로운 차원의 실천이 아닙니까. 사람의 지혜와 능력, 하느님의 창조물인 자연에 의해 이루어지는 모든 위대한 일은 다 그들이 하느님의 모습과 흔적이기에 가능한 것이 아닙니까. 이런 면에서 심도 있게 접근하지 못했기에 자연적인 높은 문화를 형성한 동양, 특히 유교, 불교 문화 지대인 동양에서 천주교가 선교에서 매우 부진한 것이 아닙니까. 이런 관점을 소신학교 시절인 1943년 경 당시 신학교 교장인 안셀모 로머 베네딕토회 신부님으로부터 듣고 감탄한 적이 있었습니다. 그분은 동양에서 2%대의 천주교 선교의 부진은 동양이 워낙 높은 자연적 문화를 갖고 있기 때문이라고 했습니다. 상당히 이유 있는 견해였습니다. 이제 전 인류는 새로운 공통문화 창출에 전력하기 시작했습니다. 그리고 그 주도는 동양, 특히 동아시아가 될 것입니다. 그렇지만 앞으로 인류문화는 세상 안에서의 가치는 즉 내재(內在)성 일변도로 심령의 요구를 다 못 채우는 결함을 내포하고 있기에 초월(超越)에의 향수와 내재-초월, 초월-내재의 순환을 더욱 요청하는 시기로 기울어 갈 것입니다. 그리하여 위로부터의 은혜로 더 풍요로운 내면성을 직·간접으로 삶 속에서, 즉 문화 선상에서 추구하게 될 것입니다. 이 점을 신앙의 최초 도입자들은 순교를 통해 이루어 놓은 것입니다. 그렇기에 이번 신앙 최초 도입자들의 시성시복에서는 이런 동양적 정서와 문화면을 부각시켰으면 합니다. 동양문화와의 교류에 하느님의 넓은 아량으로 지대한 관심을 갖고 있는 교황청이 새롭고 더 풍요로운 차원에서 우리 선조를 시성시복하여 새롭게 열리는 인류문화 차원에서 전통을 간직하면서도 전 인류문화를 감싸 안는 시성시복이 되도록 한국교회가 노력해 주었으면 합니다.

지금 교황청은 세계 어디서이든 상관없이 하느님 나라 도래에 유효한 것이라면 무엇이든 수용하는 큰 아량을 갖고 있습니다. 수원 교구는 시성 시복 준비 위원회가 하는 바와 같이 교구 단위에서 어느 조직도 따라올 수 없는 열성과 실제 상황을 갖고 있으니, 상위 단위에서는 중요한 대요를 관리하고 실질적인 사안들은 전부라 할 만큼 교구 차원 혹은 현지 차원으로 이양하는 것(본래 교구 자체의 것이지만)이 좋을 듯싶습니다. 자체 힘이 모자라는 데는 더 큰 힘을 들여 주어야 하겠습니다.

앞으로의 시대는 인간의 삶 전부가 문화 선상에서 이루어질 것이기에 그런 차원에서 종교 문제를 심각하게 고려해야 할 것입니다. 우리는 이 점에서 쓰라린 과거와 경험을 갖고 있습니다. 외국 선교사들이 하느님의 신앙을 이 땅에 전해주고 놀라운 순교 정신을 심어준 것은 이루 표현할 수 없이 고마운 일입니다. 그러나 다른 한편, 한국 문화에 대한 지식이 없었기에 순교의 큰 빌미가 된 신위(神位) 위패 문제도 더 융통성 있게 해석할 수 있었을 것을 하는 아쉬움이 남습니다.

한국은 수많은 무명(無名) 순교자가 있습니다. 중요한 것은, 이름이 아닙니다. 목숨을 바쳐 신앙을 증거한 것이므로 이름과 상세 자료가 없다 해도 순교한 것이 확실하면 무명 순교자를 시성 시복하는 것입니다. 마치 국가의 무명 전사자탑처럼 말씀입니다. 어쩌면 이런 무명 순교자들은 더 신자들의 마음을 울릴 것입니다. 어떤 경우에는 수십 명에 달하는 학살극도 있을 수 있는 것입니다. 또한, 순교의 수법에서도 직접적 재판 심문이 될 수도 있지만, 사회 제도와 과학 기술 발달 혹은 변태로 순교가 아닌 것처럼 꾸며졌지만 실은 순교가 확실한 경우도 얼마든지 있을 것입니다. 예컨대 실제로는 신앙 때문에 처형하면서도 적국과의 내통, 즉 간첩 혐의로 처형당하는 경우도 상정할 수 있습니다. 이런 경우 비밀문서나 기타 정황으로 보아 확실한 순교이면 시성 시복을 주저 없이 할 수 있는 계기가 되었으면 합니다.

끝으로 우리 신앙의 최초 도입자들에게 시성 시복이 이루어져 그들 순교의 큰 영광이 이 땅에서 빛날 날을 고대합니다. 모든 것은 기도와 희생으로 하느님께서 이루어 주시는 것이니 기도합시다. 희생합시다. 감사합니다.

2010년 1월 23일

13) 심상태 몬시뇰의 "순교의 교의 신학적 고찰"에 대한 소감과 보충 시안[111]

이 국제 세미나는 세계적 가톨릭 신학자 발터 카스퍼(Walter Kasper) 추기경을 위시하여 유럽 가톨릭 국가들, 프랑스 이탈리아 등의 저명한 신학자들이 참가하는 국제 학술 대회다. 심상태 몬시뇰의 논고에는 2009년 9월 19일 수원교구청 정자동 주교좌 성당에서 열린 '제3차 한국 순교자 시복 시성을 위한 세미나에서 한 인사 말씀을 기초로 한, 『한국 천주교회 창설주역의 천주신앙 2』에 특별 기고로 실었다.

1) 그리스 로마 문화가 사라지고 새로운 인류문화권은, 그리스 로마 문화보다 훨씬 더 오랜 문화권인 동양에서 이루질 것이라는 것이 정설로 자리잡고 있다. 그것도 새로운 혜성으로 떠오르는 한국에서, 한국이라야 한반도의 반쪽인 남한이 주동이 되는 인류문화 진화다. 그런 와중에 한국교회의 역할은 중요하다. 모든 새로운 인류문화의 형태는 천차만별의 우여곡절을 겪으면서도 인간의 지성과 양심과 정서, 즉 지정의(知情意)로 엮어지는 것인데, 결국은 하느님 모습으로서의 인간의 하느님 창조경륜의 진전된 단계 실현으로 나타나는 것이다. 물론 깊은 상처를 입은 인간성이 옳음과 그름, 진(眞)과 위(僞), 선과 악 실현의 수많은 우여곡절을 겪으면서 이루게 된다. 이런 자연 인간성의 발로를 앞으로의 문화 진화선상에서, 권위 행사로 일관하다시피 한 지난날의 과오를 교회는 매우 중요한 경험으로 생각해야 할 것이다.

---

[111] 위 제목은 한국 순교복자수도회가 2012년 10월에 '순교'를 주제로 개최하는 국제 학술대회에서 발표할 초고다.

2) 무엇보다도 안타까운 것은 당시 인류사에서 최고도의 문화를 이루었던 인간성을 하느님의 권위 명색으로 억압하고 말살한 것이다. 그것은 인간성의 고귀한 발로인 우리의 충효(忠孝)사상과 삼강오륜(三綱五倫)으로 아름답게 엮어진 혈연, 족보, 신의로 이루어진 가장 인간적인 가정과 종족, 민족, 국가 사회의 근간을 짓밟고 말살하는 결과가 된 것이다. 물론 그런 인간성이어도 폐쇄성을 유발할 수 있기에 하느님의 개방성으로 극복하면서, 삼위일체 사이에 교류하는 사랑의 상호 침투성으로 그런 폐쇄성은 더 높은 초월의 단계로 이끌어 올릴 수 있는 절호의 계기가 될 수 있었다. 실제로 우리 순교 선조들은 충의 정신으로 순교를 의연하게 감행했다고 보아야 할 것이다. 한국은 동방예의지국(東方禮儀之國)으로서 중국에게도 존중 받던 나라인데 당시 교권의 제사금지령 하달은 한반도 전부를 '순교'란 명목으로 피로 물들인 결과가 되었다. 결국은 심 몬시뇰이 지적하는 바와 같이 교황의 영으로 전국을 피로 물들인 같은 사건을 교황의 영으로 1930년대 말에 취소하여 허용하게 됐다. 여기 대해 교회가 무엇이라 변명하든 훗날 납득할 수 없는 것으로 남게 된다. 물론 이런 말을 하는 것은 교황의 수위권을 옹호하고 순종한다는 전제 하에서의 말이다. 앞으로의 인류 문화는 진실과 사실에 기초할 수밖에 없게 될 것이다. 더욱이 그 바탕에는 인간 본성의 발로인 오늘날 학문 세계에서 말하는 자연과 초자연, 내재(內在)와 초월(超越)의 문제가 깔려 있다. 자연적 혹은 내재적으로 볼 때, 충효와 삼강오륜으로 엮어진 인간의 삶은 참으로 고귀하다. 그런 자연적 인간 본성이 초자연, 혹은 내재를 넘어 초월을 지향할 때, 우리의 조상숭배 같은 자연본성의 발로도 아름다운 하느님으로부터 받은 인간 본성의 표현이다. 자연 본성으로는 부족한 점이 있지만 그렇다고 서구식, 혹은 그리스도교적 방식만 유일한 것은 아니

다. 그렇기에 교회도 이런 것은 존중해야 했다. 그러나 그런 인간성이 초자연 세계로 넘어 갈 때, 즉 영원한 생명으로 넘어갈 때 죄악과 허약성으로 깊이 상처 받은 인간 본성만으로는 불가능하여 계시와 은총의 도움을 받아야 한다. 가혹하기 그지없는 '순교'로 해결할 것이 아니라 그 부족한 부분을 초자연적으로 보충하는 쪽으로 방향을 잡아야 했을 것이다. 그 당시 물불을 가리지 않는 식민지 정복 지배 사상으로 오염된 흔적이 농후한 교회도 그런 사조에 업힌 꼴이 되었다. 제사금지령 등으로 하느님께 받은 아름다운 인간성의 발로를 크게 훼손하거나 말살하는 과정에서 대박해를 촉발하게 되어 전국을 피로 물들게 하고 점차적으로 전국이 가톨릭화 될 길을 완전히 짓밟은 결과가 된 셈이다. 그 결과 가톨릭은 소수 역적 집단화 되어 깊은 산악 지대로 도피하게 된 셈이다. 물론 순교는 고귀하며 가톨릭이 지켜야 할 기본적 가치다. 그러나 동양사상의 기본이 없는 외래인(外來人)에 의해 이들은 '순교'라는 고귀한 명칭으로 짓밟혔다는 비난을 면하기 어렵게 됐다.

  3) 앞으로도 계속 염려되는 것은 오늘에도 서구의 쟁쟁한 신학자들이 동양사상, 특히 한자 문화권의 하늘천(天) 따지(地) 사람인(人)과 같은 인류문화의 깊은 뿌리를 갖고 있는 기본 글자와 기본 개념을 모르니 동양 중심의 문화 형성기에 교회가 무엇을 할 것인지 몹시 염려스럽다. 그러므로 깊은 뜻을 간직한 억조창생(億兆蒼生)이니 사해동포(四海同胞) 등 인류애(人類愛)로 흘러넘치는 동양사상을 제대로 알아듣기 어려울 수밖에 없다. 그렇기에 이번 순교 주제의 국제 학술회의가 서구 중심의 신학자 회의가 되어서는 안 되고 가톨릭의 기간 교리에 능통한 동양학자 특히 유불선(儒佛仙) 학자들이 주동이 되어야 한다고 생각한다. 다시 말하면 동양인 학자들이 주(主)가 되고 서구(西歐) 신학자

들은 자기들의 학설을 말하는 것은 좋지만 지금은 서구 문명의 한계와 더불어 동양문화의 상승 시기라는 것을 명심하고 연구해야 할 것이다. 서구 신학자들은 적어도 몇 세기 동안 동양인들이 서구 신학을 추종 일변도로 배운 것을 상기하여, 배우는 자세로 임해 앞으로 새로운 문화 지평에서 가톨릭 신학이 어떻게 정립되어야 할 것인지를 진지하게 탐색해야 할 것이다.

4) 실정은 이러한데 한국의 경우, 과연 이런 식으로 국제회의를 이끌 만큼 한국교회의 학문적 역량(力量)이 준비되어 있느냐의 중대한 물음에 봉착하게 된다. 그렇지 못하다고 할 수밖에 없는 것이 우리의 현실임을 솔직히 인정해야 할 것이다. 가톨릭교회가 전래되면 어느 민족이든 국가든 사회든 2백 년가량이 지나면 모든 분야에서 스스로 설 뿐만 아니라 남을 도울 수 있도록 뿌리를 내리게 되는 게 상례(常例)다. 우리의 순교 선조는 당대의 뛰어난 학자 출신으로서 깊은 학문적 탐방으로 외국에서 들숨의 형태로 신앙을 이끌어 순교까지 감행했지만, 오늘날 한국 가톨릭은 요청되는 학문 분야에서 전혀 준비가 되어 있지 않기에 답답한 심정이다. 이 점에서 한국 교계 지도층과 교회 전반은 맹성(猛省)을 촉구 받고 있다는 것을 마음속 깊이 새기고 분발해야 할 것이다. 물론 오늘의 한국교회가 이태석 신부와 같이 날숨의 형태로 타국에서 뒤떨어진 원주민들, 특히 젊은이들의 기아와 질병과 무지를 털어주려 애쓰다, 한마디로 문화 향상을 위해 사랑으로 있는 힘을 다하다 불치의 병으로 생을 마쳐 온 세상의 심금을 울린 것은 선조의 피를 이은 날숨 형태의 순교로 보아야 할 것이다.

5) 이런 논리가 힘을 얻게 되는 것은 심상태 몬시뇰이 결론에서 정확히 지적한 바와 같이, 요한 바오로 2세 교황이 역사의 흐름 속에서 가톨릭교회가 잘못을 인정했지만 그것은 서구 세계에 한정된 것이기

에 동양에서의 조상 숭배 금지로 야기된 순교에 대해서도 잘못을 인정하고 사죄해야 한다는 것은 지당한 요청이다. 진일보하여 교회의 모든 권한을 교황청 집중에서 지역 교회로 대폭 이전하여 지구상 도처에 산재해 있는 고귀한 인간 문화, 다시 말해 토착민들의 고귀한 역사적 삶에서 판단하고 실천해야 한다. 3천 년대에 인류가 이룰 인류 공통 문화, 즉 말할 수 없이 다기다양(多岐多樣) 하면서도 하나의 인류를, 한 가족이나 한 마을 한 민족과 같이 형성할 것에 대비하여 교회가 선도적 역할을 해야 할 것이다. 지역 교회로의 권력 이양은 예를 든다면, 교황청은 세계교회에 필요한 것을 관장하는 교회 최고 기구로서의 역할을 하는데 그것은 마치 법 체제에서 대법원과 같이 중대사에서 최종판결을 내리는 역할을 해주는 것과 같다. 그렇게 하는 것이 3천 년대를 관통하는 인류 공통문화 시기를 선도(先導) 내지 선도(善導)하는 데 효과적이 아닐까 싶다. 사실 교회가 융성한 시기는 인류의 삶, 즉 인류문화에 크게 공헌하는 시기였다. 그렇기에 그리스도께서 인간 역사에 개입해온 첫 번째 천 년대에는 사람이지만 사람대우를 못 받던 노예에게도 심지어 죄인에게도 하느님 모습으로서의 인간 모두에게 같은 인권을 인정하여 노예제도를 폐지해 인류역사상 위대한 공헌을 했다. 두 번째 천 년대 초반에는 그런 가치를 갖는 인간이 하느님의 뜻을 따라 하느님이 주신 자연 속에서 수도회나 성당을 중심으로 가족 단위의 농경사회를 이루고 높은 수준의 대학들을 도처에 창출하여 학문과 예술을 꽃피우는 문화를 형성했다. 그러나 교권, 즉 교회 권력이 속권(俗權), 즉 왕권도 제압하는 사회가 되어, 결국 스스로 배출한 높은 수준의 앞서가는 두뇌를 포용하고 수용할 수 있는 함량(含量) 부족으로 종교개혁이라는 반항에 부딪쳤다. 이후, 고삐 풀린 망아지처럼 날뛰는 산업혁명, 프랑스 전토를 왕족과 정직자의 피로 물들인 프랑스 대혁명, 무신 사상의 문화계 전반 석권, 결국에는 온 인류를 괴롭힌 공산혁명에 이르기까지 혁명으로 이어져 전 세계를 피 흘림이 뒤덮는 형국이 되었다. 다른 편으로는 상상을 초월하는 인권 유린과 영토와 재물 수탈의 5백 년에 걸친 식민 시기가 그리스도교국에 의해 자행됐다. 이런 흐름 속에서 교황 요한 바오로 2세는 교회의 역사적 오류를 인정하여 세상을 놀라게 했다. 그런 역사적 사건을 배경으로 3천 년대의 인류 공통문화 시기에 한국에서 열리는 '순교'를 주제로 한 이번 학술회의가, 교회의 새로운 인류 공통문화 흐름에 공헌하는 작은 계기라도 된다면 우리 순교 선열이 전(全) 가톨릭교회에 내놓는 작지 않은 선물이 될 것이다. 사실 우리 순교 역사에서, 1~3만 명의 순교자를 추정하니, 지금과 같이 1백 명 혹은 2백 명 식으로 시복과 시성을 하기보다는 모든 나라가 나라를 지키기 위해 생명을 바친 군인을 수십만 내지 몇 백만이라도 모시는 국립묘지를 조성하여, 후대에 공적을 기리게 하고, 더 나아가 명단이 잡히지 않는 무명 전사자탑까지 세워 은덕을 기리는 것이 하느님께 받은 인간 본성의 발로다. 교회도 지역 문화와 민족 역사를 고려하여 순교가 확실한 분들을 좀 더 쉽게 시복 시성하는 장치를 마련하면 하는 바람도 간절해진다.

6) '순교'의 개념을 한국에서는 다른 나라나 민족의 경우와는 달리 해석하여 숭앙해야 할 것이다. 그것은 쉬운 예로 '들숨'과 '날숨'의 형태로 과거를 넘어 미래지향적으로 해석하여 젊은이들의 미래를 열어가는 기개를 살려 놓아야 할 것이다. 우리 순교사는 유교 도덕의 진의(眞意)붕괴로 사회 전반이 진부하기 그지없이 된 터에 소장 학자 선조들이 새로운 천지를 찾아 나선 것이 북경에서의 천주교와의 해후였으며 자진 교회 영입이었다. 그들은 새로운 하느님의 나라와 천지를 들

숨의 형태로 받아들여 순교로서 오늘날 한국교회의 초석을 놓았으니, 후손인 우리는 날숨의 형태로 온 인류를 향해 인류의 시대적 사명과 요청에 응답해야 할 것이다.

젊은 이태석 신부는 아프리카 원주민들이 기아와 무지와 헐벗음과 온갖 가난과 질병을 벗어나는 데 혼신의 힘을 쏟다가 자신은 불치의 병으로 죽음을 맞이했기에 세계인의 심금을 울린 것이다. 이것은 들숨의 형태로 신앙을 받아들여 순교로서 교회의 초석을 놓아 준 신앙 소장 학자들의 후예다운 날숨 형태의 순교다. 이 점에서 새로 선출된 서울대교구장 염수정 대주교는 한국교회의 사명을 깊이 자각하고 있기에 한국교회의 앞날이 밝음을 느끼게 한다. 염수정 주교의 이번 서울대교구 대주교 임명은 날숨을 길게, 깊게 내쉬라는 하느님과 순교 선조의 특별한 배려로 생각된다. 새로운 세대 젊은이들의 날숨의 평신도 사도직 활동은 7)항에서 말하는 것, 즉 젊은이들의 교회 이탈 현상을 잘만 하면 교회로의 회귀로 바꾸어 놓을 수 있을 것이다. 또한, 이것은 국가, 민족에게도 가톨릭으로 하여금 하느님의 교회다운 반향을 불어 일으키며 인류의 앞날을 열어가는 놀라운 날숨이 될 것이다. 다시 말해 3천 년대에 하느님의 창조경륜을 새로운 단계에서 실천는 것이다. 이것은 새로운 차원에서의 바오로 사도의 말씀 "그리스인도 유다인도, 할례 받은 이도 할례 받지 않은 이도, 야만인도, 스키티아인도, 종도, 자유인도 없습니다. 그리스도만이 모든 것이며 모든 것 안에 계십니다. 〔…〕 이 모든 것 위에 사랑을 입으십시오. 사랑은 완전하게 묶어 주는 끈입니다"(콜로 3,11.14)의 실천이다. 떠나는 젊은이들을 교회로, 하느님의 품으로 되돌려 온다는 것은 오늘 '순교' 주제의 학술회의 중요한 요인일 것이다. 그것은 신앙의 최초 도입자인 젊은 학자들이 신앙을 품고 돌아와 신앙을 지키기 위해, 또 당대와 후대에 전해주기 위해 순교했기 때문이다. 3천 년대 들어 세상 질서도 하느님의 창조 질서이기에 교회는 세상 질서가 있어야 할 모습을 견지하게 할 의무가 있다. 서울대교구 대교구장 염수정 대주교가 해외선교 · 문화봉사부를 만들어 젊은이들이 개발도상 지대에서 텐트 학교를 운영하여 문맹 퇴치 및 봉사 활동을 하게하는 것이 바람직하다. 과거 극빈의 경험을 살려, 마구 낭비하고 있는 의류, 신발, 양식 등을 위시하여 간단한 의술과 의약품 제공, 가옥 건축, 수리는 물론이고 도로, 하천 개설 등을 원주민과 같이하여 돕고 머지않아 인류에게 다가올 진정한 사랑의 봉사로 한다면 효과는 놀라울 것이다. 우리 교회가 앞서 가면서 그런 봉사 활동을 한다면 많은 젊은이에게 큰 보람을 안겨 줄 것이다. 다른 한편으로는 젊은 성직자의 열성과 활력을 그런 지대에서 평신도 젊은이의 능력과 같이 쏟으면 그야말로 금상첨화다. 서울대교구의 경우, 젊은 성직자의 활력이 정체 상태를 나타내고 있기 때문이다. 땅 끝까지 가서 복음을 선포하라는 주님의 말씀을 따라 일을 대담하게 용기있게, 열렬한 기도와 진정한 그리스도의 희생정신으로 한다면 실패는 있을 수 없다. 하느님의 눈에, 이런 활동을 하는 우리는 대견한 것으로 비칠 것이며 우리는 항상 하느님의 창조경륜 완성의 도정(道程)에 있게 되는 것이다.

7) 젊은이 95%가량의 교회 이탈 문제를 차제에 반드시 짚고 넘어가야 한다. 교회 젊은이들의 교회 현상이, 어쩌면 유럽 교회 조락(凋落) 형상이 1970년 1980년대에 싹터 온 젊은이들의 교회 이탈 현상에 기인한 것과 같은 선상일 수도 있다는 이런 이탈 현상을 교회의 죽음으로 가는 전주로 받아드려 그들을 되돌아오게 하는데 전력을 다해야 할 것이다. 해결책의 효과적인 방법 중 하나를 앞의 6)항에서 제시했다. 즉, 국가와 민족과 교회가 우리의 선조가 만난(萬難)을 무릅쓰고

감행한 들숨의 형태로 이끌어 들인 신앙을 세계 속에 날숨의 형태로 뿜어내야 한다는 것이다.

2012년 7월 31일

5. 런던 하계 올림픽(2012년)의 큰 성과와 한국 젊은이들의 세계 파견

2012년 런던 하계올림픽에서의 한국 선수단의 성과는 기대를 훨씬 넘는 것이었다. 본래 기대는 1010, 즉 금메달 10개와 10등 안에 드는 것이었다. 그런데 결과는 금메달 13개, 은메달 8개, 동메달 7개로 순위 5등이었다. 64년 전인 1948년 런던 올림픽에 한국이 국호를 정하지 못한 시기에 '조선'이란 명칭으로 사상 처음으로 참가해 동메달 2개와 59개국 참가에 32위로 온 국민을 열광의 도가니로 몰아넣은 이래, 이번 런던 올림픽에서는 금 13과 은 8과 동 7에 참가 205개국 중에 5등, 즉 미국, 중국, 영국, 러시아 다음으로 한국이라니 예상치 못했던 놀라운 성과를 거두어 국민을 열광시켰다. 프랑스, 독일, 이탈리아, 일본, 캐나다 등의 선진국을 추월했다. 한마디로 세계인이 기절초풍하도록 우리 젊은이들이 기염(氣焰)을 토했다. 무엇보다도 놀라운 것은 축구의 종주국인 영국을 그 안마당에서 웨일즈까지 합친 통일 팀을 격파한 것이다. 3천 년대 들어 하느님 창조경륜의 새로운 단계 실현으로 창출될 인류 공통문화의 중심축이 동양으로 옮겨 오는 새천년 여명에 연이어 동양의 강호 일본팀을 2대 0으로 격파한 것은 이제 하늘의 기운이 한국 젊은이들의 편임을 분명히 했다. 또 대영(大英)제국의 정통(正統)이며 축구 종주국인 영국의 축구팀을 아시아 대륙 끝자락의 조그마한 한반도, 그것도 그 반쪽인 대한(大韓)민국 무명의 축구팀이 격파한 것이니 앞으로 한국 젊은이들이 세계를 이끌어 가야 할 운명과 기상을, 마침 세계를 휩쓸고 있는 K-pop의 기세와 더불어 확신하게 한다. 이제 새 천 년대를 맞아 인류를 이끌어가야 할 대한민국의 천운(天運)은 젊은이들이 하늘을 치솟으며 세계 속에서 등등(騰騰)하는 기세(氣勢)를 전 세대와 특히 정부가 어떻게 키워갔느냐에 달렸다. 잘못하여 이들의 기개가 좌절되지 않기를 바라는 마음 간절하다.

우리는 이 문제를 되짚어 실천에 옮겨야 한다. 이 땅의 가톨릭교회에게는 더 중차대한 사명이 주어졌다. 3천 년대에 들어 한국은 선진국이 3백 년은 족히 걸려 이룬 민주와 풍요를 50년 만에 이루어냈다. 그것도 최빈(最貧) 수혜(受惠) 식민지에서 인류사(史)에 유례를 찾아 볼 수 없는 시혜(施惠)국으로 풍요와 민주를 구가하는 국가를 이루어 인류의 경이의 대상이 되었다. 지금 한국은 수백 년의 착취로 원한이 사무친 개발도상국에게 희망과 용기와 분발의 원동력이 됐다. 이런 흐름 속에 한국은 세계를 선두 질주하며 특히 억압과 착취로 뒤떨어진 민족들의 이상향(理想鄕)이 되었다. 그러므로 우리 젊은이들이 세계에 산지사방(散之四方)으로 흩어져, 하늘이 내린 사명, 개도국 사람들을 다 같이 잘 사는 인류 공통문화 건설을 도와야 한다. 이런 것은 정부의 몫인데, 정부의 수반인 이명박 대통령은 G20 서울정상회의를 맡아오면서 G20이 무엇인지조차 모르는 상태이기에 우려스럽다. G20은 1980

년대 후반 세계경제 위기를 거치며 세계 경제의 돌발 사태에 대비하여 창설되었는데, 2008년 미국 뉴욕 월가 파탄을 G20 정상회의를 전면에 등장시켰다. 어차피 선진국 공장에서 매일 산더미처럼 쏟아져 나오는 잉여 상품을 소비할 능력이 있는 곳은 세계 인구의 3분의 2를 내포하며 수(水) 육(陸) 공(空)의 무한대의 자연 자원을 보유하는 아시아, 그것도 초기에는 동아시아를 향할 수밖에 없다. G20 주도국들은 높은 문화와 경제적 눈부신 발전을 한 한국을 G20 의장국으로 지정하였다. 나는 3천 년대에 이루어질 하느님 창조경륜의 한 단계 더 높은 실현을 위해 2010년 5월 25일 청와대 국가원로회의에서 이명박 대통령에게 G20 서울정상회의의 '개도국개발안'을 의제로 할 것을 강력하게 의견을 피력하여 그 해 브뤼셀의 ASEM 회에서 이 명박 대통령이 '개도국개발안'을 G20 서울정상회의 의제로 발표하여 G7 식민 종주국들을 당황하게 하였다. 더 나아가 G77을 활용하여 그들의 그룹별 지도국을 옵서버로 초청할 것을 강력히 제안하여 한국의 위상을 높였다. 그러나 역시 이명박 대통령은 한계를 즉시 드러내 경제 착취 기구인 IMF 회의를 G20 서울정상회의에 앞서 경주에서 열게 하는가 하면 IMF의 지분 조절과 강화 등으로 스스로 모순에 빠져들어 일을 망치는 장본인이 된 셈이다. 나는 "서울 개도국 개발은행 창설안"을 제시했으나 이명박 대통령의 한계를 완전히 넘는 안이었기에 시도도 해보지 못한 채 무산되었다. 그런 허점을 최대한 이용하려든 것일까. 프랑스는 2011년 11월 초 칸에서 열릴 G20 정상회의를 앞둔 시점에서 이명박 대통령 부부를 특별 초청하여 극상 대접함으로 IMF의 건재를 과시한 셈이다. 지난 날 수많은 식민지를 거느린 프랑스는 역대 IMF 총재직을 거머쥔 나라로서 이명박 대통령의 무지와 자기 모순적 행태가 고마웠을 것이다. 그러나 나의 IMF관은 차동엽 신부가 운영하는 미래

사목연구소가 발간하는 영문 다이제스트 〈사목정보〉를 통해 교황청을 위시하여 세계 주요 천주교 내외 기관과 대학, 연구소 등에 배포되었다. 교황청 정의평화위원회는 G20 칸 정상회의를 약 10일 앞둔 시점에서 IMF 무용론 발표하여, IMF는 동력을 상실하게 되었다. 하늘에 치솟는 우리 젊은이들의 기상(氣像)을 정부가 선두에서 지휘하여 세계에 송출하여 한국의 기개(氣槪)를 세계만방에 드높여야 할 것이나 이명박 정부는 40년 전 아랍 사막에서 건설회사 현장 소장 정도의 수준을 넘을 수 없었다. 천부의 수려한 산천 파헤치기에 30조라는 어머어마한 국비를 쏟아 붙는, 자연과 인간성을 거스르는 만고역적의 잘못인 4대강 사업을 만용으로 감행했다. 그런 그의 사고와 만용 배후에는 만사형통(萬事亨通)과 종교까지 작용하여, 고소영, 사돈의 팔촌의 권력형 부정부패 등의 온갖 악업이 다 곁들였으니 청와대와 정부 관료는 물론, 군까지 부패와 기강해이가 말할 수 없는 지경에 이른 것이 아니겠는가. 그렇기에 지금 이 땅의 정치, 경제, 사회 전반과 심지어는 학계도 물들어 전체적으로 전진과는 반대의 역주행하는 형국이 된 것이다.

 젊은이 세계 파견은 분초(分秒)를 다투는 중대사이기에 사족 몇 마디를 더 달고자 한다. 정치 지도자들과 경제인, 심지어 학문 세계도 그렇게 정신적으로 물질적으로 부정부패와 이완, 역주행의 길을 달린다면 종교계라도 참신한 길을 정진(精進)해야 할 것이 아니겠는가. 그러나 그 길도 대형 교회를 필두로 요직의 세습, 부정 등 사회 비판 여론에 시달리는 형국이다. 국가와 여타 조직이 아무리 좋지 않은 상태에 처해 있어도 한국 가톨릭은 시대적 요청을 깊이 깨달아 새로운 세계, 새로운 인류문화 건설, 또 다른 말로는 하느님 창조경륜의 새로운 차원의 실현을 위해 전력 투신해야 할 것이다. 한국 가톨릭은 인류의 삶, 즉 인류문화에 한국 젊은이들이 핵심적 역할을 위해 심기일전 타성에서 벗어나야 할 것이다. 이런 시대적 사명은 성과 여하에만 집착할 것이 아니다. 실패해도 할 것을 다 했으면 성공이니 최선을 다하면 되는 것이다. 3천 년대 들어서는 모든 것을 전과는 다른 각도에서 조감해야 할 것이다. 과거 5백 년 식민 시기에는 알게 모르게 모든 것이 선교관과 실천에서도 식민 종주국의 가치관에 업히는 수가 많았지만, 새로운 천 년대에는 잘못을 저지른 선진국이나 문화가 피해 당사자에게 속죄의 심정과 행동, 봉사 정신으로 일관해야 한다. 그것도 순 인간적 차원을 넘어 종교적 차원에서, 즉 진실한 사랑의 차원에서 봉사해야 한다. 이런 사랑의 차원에서는 그 주장(主將)이 가톨릭일 수밖에 없다. 가톨릭은 인간에 대한 사랑, 심지어는 원수에 대한 무조건적 사랑이 본질이다. 그렇기에 식민지 시기에 선교사들이 알게 모르게 기댔던 본국의 식민 정신을 일소하고 순수한 인간애, 하느님 삼위 성부와 성자 성령 안에서 영원에서 영원으로 넘쳐흐르는 사랑에 기인하는 인간애에서 이루어지는 봉사가 절실히 요청된다. 그런 봉사는 젊은이들을 붙잡는 불가항력(不可抗力)적인 흡인력(吸引力)을 갖기에 교회는 사랑 실천으로 많은 젊은이를 교회로 되돌리게 할 수 있을 것이다.

서울대교구의 제3지구장이며 현 불광동 성당 김민수 주임 신부는 지난 해 역촌동 성당 주임 시절, 약 20명의 젊은이를 이끌고 캄보디아의 낙후된 빈민촌에서 10여 일간 원주민은 말할 것도 없고 역촌동 지역 성당의 젊은이들도 흡족한 봉사 활동을 했다. 금년에는 규모를 더 넓혀 몇 개 본당이 연합하여 사랑의 봉사 활동을 해외에서 할 계획이다. 이것은 일석이조(一石二鳥)의 놀라운 효과를 거둘 것이다. 하나는 현지인들의 생활 향상과 교회로의 귀의이고 다른 하나는 한국에서 성당을 다 떠났다고 할 수 있는 젊은이들을 되돌려오는 것이다.

봉사자들 중 어떤 이는 직장 휴가 기간에 맞추어 하기까지 했다는 것이다. 젊은이들, 특히 한국 젊은이들은 그들이 앞으로 전진해 가는 발향에서 사목을 펼쳐주면 틀림없이 세계 속에서 놀라운 성과로 응답할 것이다. 또한, 주목할 것은 미래사목연구소장 차동엽 신부의 3천 년대를 맞아 발족시킨 미씨오 3000(Missio 3000)의 기발한 아이디어다. 차 신부는 〈사목정보〉의 영문판 다이제스트 〈Catholic Pastoral Information〉을 발간하여 한국교회의 실상을 알리는 데 중요한 역할을 하고 있다. 해외교포가 이제 7백만이니 그 10% 정도만 치더라도 한인 가톨릭 신자가 70만을 웃돌 것이다. 이 70만을 미씨오 3000이 조국과 또 그들 상호 간을 종횡(縱橫)으로 묶어주며 의사소통을 하게 한다면 놀라운 사목적 효과에 더해, 교포 사회 전체와 해당국에 미치는 국위 선양 및 한국교회의 저력을 드러내는 것이겠다. 이것은 디아스포라(산지사방으로 흩어 있는 유다인들)를 찾아다니며 이교도에게 복음 선포를 하던 바오로 사도의 선교 열성을 우리 시대에 재연하는 결과가 될 것이기에 시사하는 바가 크다. 금상첨화 격으로 새로 서울대교구장직에 오른 염수정 대주교가 해외 젊은 선교사와 젊은이 문화봉사단 파견에 큰 관심을 두고 선교·문화봉사부 신설을 구상한다고 한다. 그 획기적인 발상 자체가 3천 년대 초엽 하느님의 한국교회에 대한 특별한 사명 부여와 안배로 생각되어 감회가 깊다.

2012년 8월

6. 제18대 박근혜 대통령의 취임을 보며

먼저 새 대통령이 민의에 의해 탄생한 것을 진심으로 축하드린다. 어찌되었건 혼전에 혼전을 거듭하며 국론이 갈기갈기 찢기듯 하던 대선이 48% 대 51%라는 근소한 차이기는 하지만 박근혜 후보자 당선으로 무사히 마무리된 것을 기뻐하며 축하한다.

무엇보다도 나에게 떠오른 것은 33년 전 부모를 흉탄으로 잃고 어린 두 동생을 데리고 17년인가를 살았다는 청와대를 고아처럼 쫓겨나듯이 떠날 때의 그분의 처참한 심경이 떠올랐다. 그런 그녀가 33년 후 국민의 지지로 대통령이 되어 다시 청소년기를 키우고 인생 비극의 극한을 맞은 현장 청와대에 대통령으로 돌아가게 되니 감회가 어떠할까 하는 마음이었다.

취임사는 나름대로 균형 잡힌 것으로 생각됐다. 그 핵심은 '경제 부흥', '국민 행복', '문화 융성'이고 그 풀이를 다각적으로 하며 듣는 이들에게 공감할 점이 적지 않았다. 이것이 잘만 되면 성공한 대통령이 될 것이다. 5년 후 임기를 마치고 청와대를 떠날 때 수고가 많았다고 국민들이 '박 대통령님, 말씀하신대로 우리는 나름대로 행복하게 되었습니다. 참으로 감사합니다'라는 말이 박근혜 대통령 퇴임 때 처음이지만 국민으로부터 듣는 대통령으로 국민의 박수갈채를 받으며 사저로 돌아갔으면 하는 염원이다. 그러나 우리네와 같이 복잡 미묘한 정치적 상황, 더 구체적으로는 여야 국회 관계와 복잡미묘함을 지나, 예측불허 혹은 엉뚱하기조차한 민심 와중에서 긍정 일변도의 출발 밑그림이 과연 얼마나 성과를 거둘까 매우 회의적이다.

여기서는 길게 말할 계제가 아니기에 한두 가지 주요한 점만을 지적하고 싶다. 거의 모든 것이 비밀에 쌓이다시피 한 인수위와 내각 인선이 어떻게 된 것이기에 헌법재판소장과 총리 지명자가 정계와 여론의 지난날 고위직 재임 시 불미스러운 사건 폭로로 자진 사퇴하였을까. 새 총리가 국회 인준을 받았으나 여타 장관 임명이 다시 지난날의 고위 탐관오리의 막강한 자리로의 재소집이라는 여론이 뒤끓는다. 이것이 항간에 떠도는 '성시경' 즉 '성(성균관대학교) 시(고시) 경(경기고)'이란 말인 모양인데 그전 대통령 초기 '고소영' 즉 '고려대학교', '소망교회', '경상도'를 연상하게 하는 풍자일까. 그렇지 않다면 초기부터 왜 국민의 논란거리일까. 도대체 베일에 싸여 진행된다는 고위층 인사 배후는 어떤 분들일까 하는 국민의 의혹을 지우기 어렵게 됐다. 만일 그런 것이 사실이라면 그런 인사 배후는 어떤 분들일까 하는 국민의 의혹은 커져만 갈 것이고 불신은 커 갈 것이다. 그런 루머가 사실이 아니기를 바라는 마음 간절하다. 국회 청문회와 여론을 좀 더 지켜볼 일이다.

박근혜 대통령의 공약은 공감이 가는 면이 많았기에 근소한 차이지만 승리한 것이다. 그러나 나 같은 사람은 공감은 하면서도 (또 우리네 현실 대다수가 그렇게 여기지만) 근본은 전혀 다르기에 평면적으로 그럴싸하게 넘어간 점 한 가지, 새 천 년대 들어 크고 작은 우여곡절을 계속 겪으면서도 일관되게 흘러 결국 이루어지고야 말 근본적 인류 공통문화사의 창출과 발전, 그런 흐름 속에서 이루어질 근본적인 것 한 가지는 여기서 말해 두고자 한다.

그것은 첫 번째 천 년대에는 하늘을 찌르는 위세로 천하를 호령하던 대로마 제국을 밑받침 하던 위력 즉, 사람이면서도 사람이라 할 수 없는 수많은 노예의 혹사로 대로마 제국이 이루어졌다. 노예라는 사람들도 하느님의 모습으로 창조되었기에 인간은 노예이건 자유인이건 다 같이 고귀하다. 변방 치고도 변방인 중동의 빈촌 베들레헴에서 태어난 한 위인의 말씀이 인류역사상 그 전에도 그 후에도 없을 변화 즉, 인간은 그 누구를 불문하고 노예까지도 황제와 다 같은 인간 품위로 도약시킨 것이다. 그런 세계성은 한국의 입장 특히 떠오르는 젊은 층이나 심지어는 지식인들에게도 전혀 알려지지 않은 인류문화사의 근본 밑바닥 흐름(底流)이다. 이런 흐름은 인류문화사의 흐름을 때로는 빛나게 때로는 어둡게 드러내나 결국은 발전적으로 인류의 삶을 바꾸어 간다. 그것이 바로 이번 한국 제 18대 대통령선거의 핵심 쟁점이었다. 그것은 앞으로 3천 년대 인류의 공통의 삶, 즉 공통문화를 창출해가는 과정으로 나타날 것인데 그것의 단초가 이번 선거의 핵심 쟁점으로 나타난 것이다. 아무도 이런 저류는 감지하지 못하고 표면 현상만을 왈가왈부했는데 그것이 국민 행복의 문제다. 그것은 앞으로 이 사상은 전 인류의 문제로 확산되고 3천 년대 인류의 공동 테마가 될 것이다. 박 대통령 본인이 알았는지 모르겠으나 우리 현실에서 정곡을, 그 징조를 지적해 낸 것을 승리의 근본으로 본다. 그 일면이 투표 이틀 전 북한에 대한 명백한 태도 표명을 한 것도 한 몫을 하였다. 야당 후보도 국민의 행복을 강조했는데 도가 지나쳤고 이전의 386세대를 잘못 읽은 것이다. 이전의 386세대는 이제 40대를 훨씬 넘어 50대가 된 셈이다. 이들은 세상사의 중심부에서 가족을 거느리고 살아오면서, 세상이 젊었을 때의 이상도 아니고 학생 때처럼 변해가지 않고 전혀 다르게 전진해 간다는 것을 몸으로 체험했다. 야당은 386 세대가 생계 문제를 피부로 느끼고 있다는 것을 전혀 모르는 것 같았다. 20대도 이념보다는 취업 등의 생활 문제와 인류 세계에 큰 관심이 있는데, 야당은 당장 정치 발목 잡기에 총력하였다. 야당은 다음 국회를 장악하려 들 것이고 국민은 국민대로 정부가 여간한 능력이 아니고는 비좁은 땅에서 극복할 수 없는 약속만 하니 그까짓 48% 대 51% 승리로서는 다음 국회와 대권을 빼앗는 것은 시간 문제라고 생각하기 일쑤였을 것이다. 그렇기에 나는 이명박 대통령 시기, 여당도 아니고 야당도 아닌 무소속이 나타나 큰 혼란을 일으킬 것을 강력히 경고했는데, 안철수 교수란 무소속 인물이 느닷없이 정국의 태풍의 눈으로 떠올랐다. 지금의 젊은이들이 야당 성격이 강한 것은 사실이지만 이전의 386 세대 때와는 전혀 다른 요인에 의한 것이라는 점을 간과한 것이다. 이 점은 여당 박근혜 후보의 경우도 마찬가지이고 지금도 그 점은 여야가 여전하기에 앞으로 국정 수행에 수많은 난관과 감당키 어려운 문제로 나타날 것이다. 거기에 편승하여 야당은 더욱 더 정부가 정책을 수행하는 데 수많은 큰 장애를 초래할 공산이 크다. 이상의 것을 극복하는 것은 박근혜 대통령의 몫으로, 그분이 갖고 있는 '국민행복'관은 맞긴 하나, 인류 공통문화 창출과 인류 공조(共助) 공영(共榮)의 3천 년대 흐름과는 거리가 먼 지류의 조그마한 한 가닥이다. 이런 흐름은 원류의 색다른 큰 흐름이 도도히 흐르게 될 때, 자취조차 사라지고 모처럼 인류사 처음으로 선거 이슈로 승리한 지역적 이기적 행복론은 성공하기도 어렵고 젊은이들에게는 싹부터 실패한 것이나 다를 바 없으니, 자취를 감추게 될 위험이 다른 데가 아닌 행복론을 강력히 주장한 한국 여야 자체 내부에 도사리고 있다. 그 흐름의 저류를 제대로 파악만 하면, 미국의 노예 해방으로 인류사에 큰 인물이 된 링컨 대통령을 능가하는 인류사에 빛나는 한국의 첫 번째 여성 대통령, 첫 번째 부녀 대통령, 첫 번째 독신 대통령이 될 뿐만이 아니라 3천 년대 인류 공통문화사를 실제적으로 촉발시켜 3천 년대 인류의 진로를 연 위대한 대통령으로 기록될 것이다.

취임사에서 언급한 20세기형 자본주의는 더 이상 인류문화 진화상 맞지 않는 것이기에 변질되어야 한다는 것은 옳은 것이다. 그것은 지금 우리가 체험하고 있는 지성이라면 다 아는 사실이다. 그런데 문제는 대통령이 3천 년대 인류의 삶, 즉 인류 공통문화 지각변동 속에 들어서기 시작한 이 시점, 3천 년대 초기 단계에 박 대통령이 생각하는 바와는 달리 세계가 기본적으로 한국을 필요로 하는 특히 한국의 젊은이들(때로는 40대까지)을 필요로 하는 새로운 천 년대로 인류 전체가 한국을 본받으며 환영할 것이다. 다른 글에서 말했듯이 지난 5백 년 식민 통치가 인류사에 공헌한 바도 있기는 하다. 하지만 우리가 맞이한 새 천 년대, 즉 3천 년대에는 인류 전체가 하나의 마을이나 가족처럼 될 수밖에 없는 운명으로 접어든 찰나에 위대한 사명의 단초가 앞으로 수십 년간은 한국에 주어졌다는 점을 대통령은 인식하여 한국을 세계라는 넓은 터전에서 이끌어 가야 할 것이다. 다만, 20세기를 석권하다 망조에 이른 자본주의의 겉모습만을 볼 뿐 내부에서 새로운 토대가 한국에서 시작되었다는 점을 전혀 보지 못하는 점이 몹시도 아쉽다. 이 점은 실은 인수위원회에서 발의되고, 깊이 있는 논의를 거쳐서야 했을 것인데 취임사에서는 그런 세계적 운명과 한국의, 특히 젊은이들의 사명이 언급되었더라면 한국의 언론뿐만 아니라 세계 언론이 인터넷으로 또 급전으로 한국인과 세계인의 정신을 일깨웠어야 할 것이었는데도, 그런 점에는 접근할 엄두도 못내 아쉬움이 남는다. 다시 말해 2천 년대에 벌어진 것 중 정치적으로 또 민간 생활을 지배한 것의 핵심은 5백 년 식민주의요 그것의 종언인 듯하였다. 하지만 실은 영토는 다 내 놓고 앞선 지식과 기술로 오일 쇼크라는 경제위기 하에 만들어진 G7과 경제 착취 기구, 미국 주도의 착취 파이프라인인 IMF 통해 속속들이 세계를 다른 차원에서 경제적으로 착취한 것이 5백 년 식민지를 지배한 선진국이라는 G7이 아니었던가. 결국 2008년 세계 금융의 본산인 뉴욕 월가의 파탄은 세계 경제 혼란의 불길을 당겼다. 그리하여 전혀 다른 형태의 새 천 년대인 3천 년대의 서막이 시작되었다. 물론 그렇다고 서구 문명의 사양길이 급경사하는 것은 아니고 경제와 문화 중심이 인간의 지혜로는 상상하지 못하는 경로를 통해 동양으로 기울어져 오는 것이다. 단적으로 예를 들어, 2010년 11월에 서울에서 열린 G20 정상회의 경우다. G20 정상회의가 선진국 밖에서는 처음으로 개최하게 되며, 이명박 대통령이 G20 정상회의의 의장국 의장을 맡는 인류사의 새로운 세계 질서의 전환점인데도 그런 것에는 맹목(盲目)이었다. 청와대가 '국가원로회의' 위원들에게 공식적으로 의제 선정을 요청할 때, G20이 무엇인지조차 인식되지 못했고 누구에게서도 답이 없었다. 그 다음 회의에서 나는 청와대 국가원로회의에서 꼭 발언해 달라는 세 번에 걸친 요청으로 G20의 태생과 사명과 운명을 설명하였다. 한국이 인류 전체의 공통문화의 새로운 창출의 계기가 될 '개도국개발안'을 G20 서울정상회의의 의제로 제시하였다. 장내는 숙연하여졌고 이명박 대통령은 만면의 웃음으로 맞이했다. 결국 이명박 대통령은 같은 해 벨기에 브뤼셀에서 열린 ASEM 회의에서 G20 서울정상회의 의제를 '개도국개발안'으로 발표하여 구미(歐美) 세계에 큰 충격을 주었다. 나는 개도국의 원천 모임인 G77의 그룹 대표 정상들을 옵서버 자격으로서 초청할 것을 제안했다. 투표권은 회헌에는 없으니 할 수 없으나, 여타의 모든 것은 선진국 정상들과 꼭 같은 예우로 초청할 것을 제안했다. 이런 발표를 구미 각국 주요 신문은 물론, 세계 유력지인 영국의 〈가디언〉지는 3천 년대 인류 진로의 가이드라인을 한국의 이명박 대통령이 발표했다고 크게 보도하여 서구인들을 속으로 경악하게 하였다. 그 이유는 개도국개발안의 경비를 5백 년 식민 착취국이 떠안아야 하고 자책감과 외부적 압력이 가해지기 때문이었을 것이다. 그리고 나는 이명박 대통령에게 이메일로 서울에 '개도국 개발은행' 설립을 강력히 권장했고 그 같은 안을 다른 글에서도 발표했다. 그 결과, 착취 선진국은 짐이 무거워졌고 170여 개도국은 환호하며 한국 뒤에 한국 지지로 일렬 도열하는 형국이 되었다. 그것은 한국이 가장 가난하던 식민지에서 선진국이 3세기에 걸쳐 이룬 부(富)와 민주화를 50년만에 자력으로 이루었고 수혜(受惠)국에서 시혜(施惠)국으로 발전하였기에 그것을 본받으려는 것이었다. 그 결과로 나타난 것이 기후변화기금 사무국 유치에서 독일의 본과 한국의 송도의 대결에서 구미(歐美)국의 강한 반대에도 개도국의 후원으로 송도가 승리하여 막대한 자금이 송도로 흘러들게 되었다. 그러나 그런 것은 아무리 방대한 계획이라 해도 결국은 자동차 공장, 원자력 시설의 난립으로 걷잡을 수 없이 일어난 기후 변화 문제다. 대부분의 자본이 선진국 위주로 쓰일 것이고 개도국의 의식주 질병, 무지, 상태 개선과는 거리가 멀 것이다. 이로써 이명박 대통령은 국제적으로 놀라운 명성을 얻게 되었다. 한마디로 3천 년대 인류문화 진화는 권(權)은 민(民)에게, 부(富)는 빈(貧)에게, 강(强)은 약(弱)에게 봉사하며 나누어 주어야 하고, 급기야는 그런 것들이 자리바꿈해야 할 처지로 변하게 될 것이다. 이것은 상처받은 인간성으로 인해 많은 우여곡절을 겪으면서도 결국 새로운 3천 년대에 이루어져야 할 하느님 창조 계획의 실현이다. 다시 말해 창조 계획은 이 세계에 오는 인간은 누구나 하느님의 모습이기에 다 같이 이 세계의 재보를 골고루 누리며 행복하게 살 권리가 있는 것이고 이것은 이루어져야하는 것이다. 다만 조건은 '모든 것은 제대로여야 한다'와 '모든 것은 한 만큼이어야 한다'는 것이다. 그런데 놀라운 것은 지난번 한국 대선의 주요 이슈가 바로 이 점이었고 이런 위대한 하느님의 창조 계획이 바로 한국에서부터 시작되는 것이니 한국은 이 점에서 하느님의 선택을 받은 나라로 생각하며 감사한다. 그렇기에 박근혜 대통령은 이런 위대한 인류 공통문화사의 창조와 계획과 실천 계획 계기가 본인도 모르는 사이에 주어졌고 이 점에 초점을 맞추어 젊은 세대를 교육 육성하여 세계에 파견하면 아무도 넘볼 수 없는 위대한 정치력을 발휘할 것이다. 이 점의 앞으로의 진행 과정을 어느 정도 이명박 전 대통령에게도 보내온 비서에게 이야기했고 직접 이메일을 통해서도 알려드렸으나 첫째 난관은 알아듣지 못하는 것이고, 둘째는 공명심에 찬 것이고 뒤에서는 친척 고관의 권력남용 부정부패가 큰 낭패를 불러왔다. 그렇기에 나는 대통령 자문 기구인 '국가원로회의' 위원의 세 차례에 걸친 청와대 측의 제안, 즉 제3차 위원직 요청을 거부했다. 그러나 희망에 찬 새 정부이어야 할 박근혜 정권은 지금 야당의 반대에 직면하여, 내각명단 제출 30여 일이 지나도 국무회의조차 열지 못하는 것이 여야 정치 현실이니 실망스럽기는 하나,

나는 하느님이 특별 섭리로 한국에게 주어지는 인류사적 사명은 실현될 것을 믿어 의심치 않는다. 그것은 하늘의 명에 성실한 민초들이 이 나라를 뒷받침하고 있기 때문이다. 그렇기에 가장 비난한 식민지에서 6·25 한국전쟁과 같은 참상을 겪으면서도 8대 경제교역국을 이루고 시혜(施惠)국이 된 기적의 나라이기에 앞으로도 위로부터 주어지는 천부의 사명을 다할 것을 믿는다.

1980년대 후반기에 세계를 휩쓸었던 세계 경제위기는 학문과 과학에서 타의 추종을 불허하던 미국은 경제혼란과 기존 세계질서의 붕괴를 미리 보는 선견지명으로 만일에 경우에 대비하여 G20이라는 테두리를 만들었다. 아마도 1989년에 만들고 한 번도 회의를 하지 않다가 2008년 뉴욕 월가 파탄 후, 한국을 G20 의장국으로 하여 첫 번째 G20 회의를 열었고 한두 번 회의를 더 거친 후 선진국 밖에서는 처음으로 G20 서울정상회의를 열게 했다. 말하자면 한국은 이제 중진국을 벗어난 형세가 되었다. 어차피 그것은 계획된 만일의 경우에 대비한 대비책, 즉 들러리 신세가 아니겠는가. 그러나 '개도국개발안'은 5백 년 식민종주국에게는 날벼락 같은 것이었으며 조상대대로 자연과 인권의 참담한 착취를 당해가며 노예로 전락해 인간성 죽음에 직면했던 170여 개도국에게는 폭포수를 만난 셈이었다. 그밖에도 나는 '개도국개발안'과 더불어 '개도국 개발은행 서울 설립안'을 제시했고, 특히 개도국의 역사와 상호관계 등 복잡 미묘한 현지 사정에 대한 상당한 수준의 교육과 젊은이 문화봉사단 파견을 건의했는데 적지 않은 수를 파견하여 현지에서는 성공했으나 한국에서의 교육과정 등에서 소홀과 기강해이 등으로 국내에서 실패했다는 풍문이었다. 이런 글이 앞에서 즉 전편(前篇) 등에서 더 상세히 설명되었으나 박근혜 대통령은 성심여고와 서강대학교에서 좋은 인간성에 대한 교육을 받았으니, 부디 그런 인격과 원만한 인품과 하늘에서 주어지는 지혜와 용기로서 한국에 주어진 이런 원대한 하느님의 창조 계획을 수행하는 위대한 대통령이 되기 바란다. 나에게는 여도 야도 없다. 다만 한 성직자로서 국민과 인류에 봉사하는 대통령이면 누구라도 좋다고 생각하며 기도한다.

2013년 3월 6일

7. 교황 베네딕토 16세 사임에 즈음하여

　교황 베네딕토 16세는 2013년 2월 28일 부로 교황직을 사임했다. 2005년 4월 19일 교황에 선출되었으니 만 7년을 좀 넘는 기간 로마 가톨릭교회를 통치한 셈이다. 사임 이유는 85세를 넘은 나이에 교황의 중책을 감당키 어려운 건강 문제라는 점을 분명히 했다. 교황의 자진 사임은 교회 역사상 극히 이례적인 일이기에 온 세계 언론이 뒤끓었다.
　베네딕토 교황은 본래 큰 신학자였다. 1962~1965년 제2차 바티칸 공의회에서는 진보적 신학자로 알려져 있었다. 그러던 그가 공의회 후, 특히 교황이 되신 후에는 보수적 교황으로 알려져 진보적 진영으로부터는 못 마땅히 여겨진 바도 있다. 가톨릭교회는 사도로부터 이어오는 그리스도의 정통 교회이기에 그 후 발생한 모든 그리스도교의 뿌리다. 그렇기에 정통성을 굳건히 지킬 의무가 있다. 그러나 2천 년 이상의 인류문화는 교회 초기와는 상상도 할 수 없을 만큼 다양하고 놀라운 변화를 일으키며 3천 년대에 들어서는 전 인류가 하나의 공통문화를 창출할 필요성에 몰리며 다양성(多樣性) 속에서의 일성(一性)과 더불어 일성 속에 다양성(unitas in diversitate 혹은 divertitas in unitate)을 내포하는 전 인류의 한나절 공동생활 즉, 인류 공통문화 창출의 문화 지각 변동 속에서 그리스도 교리의 정통성 견지라는 막중한 사명을 수행해야 하는 것이었다. 다시 말해 교황은 전통을 진보, 즉 과학 기술의 인간생명 조작에 이르는 분초를 다투는 상상을 초월하는 급변에 적응하여 지휘해야 했기에 그야말로 진퇴양난의 입장이었다고 해도 지나친 말이 아니겠다. 2천 년 전의 그리스로부터 사도들을 통해 전해오는 같은 교리와 신앙을 2천 년 후 완전히 달라진 인간 삶 속에서 지킨다는 것은 자연적 인간의 능력으로는 불가능한 것이고, 자연 이상의 초자연적 능력, 즉 교회의 용어를 빌린다면 성령의 인도로써만 가능한 것이다. 그렇기에 교황은 자칫 그 전통성 수호 때문에 보수주의자로 인정되어 신자들의 혼란은 물론 때로는 교회의 분열이 발생할 수도 있고, 3천 년대 초반인 현재와 같이 종교 무관심을 넘어 무신앙적 세태에 휘말려 교회의 쇠퇴기를 맡게도 된다. 이런 풍조에 휘말린 구미(歐美) 가톨릭교회의 수장으로서 교황 베네딕토 16세는 서구 교회의 세속화와 교회의 쇠퇴 현상을 막기에 전력투구하셨기에 진보파에게 보수 교황으로 지칭되어 온 셈이다. 그러나 그분은 젊은 시절 진보파 신학자로 인정받았을 만큼 교리의 신앙적 진보성 일변도가 어떤 것이고, 제2차 바티칸 공의회 후 그런 도를 지나치는 경향이 일으킨 교회에 대한 해독과 손실이 얼마나 큰 것인지를 잘 아시기에 전통 교리를 굳건히 지키며 현대 인간 구원에 임하는 입장을 취한 것으로 생각된다. 그분은 교황으로서 첫 교서 〈하느님은 사랑이십니다〉(1995년 성탄절) 제목에서부터 영성교의 신학의 경향을 뚜렷이 하는 것으로 보인다. 3천 년대 들어 사이버 기술 발달로 세계 질서, 다시 말해 5백

년 식민시대 질서가 종언을 고하고, 완전히 다른 세계질서, 어찌 말하면 전 시대 즉 2천 년대와는 정반대의 인류 질서가 성립될 것이다. 즉 권(權)은 민(民)에게 부(富)는 빈(貧)에게 물리적 강(强)은 약(弱)에 봉사할 뿐만 아니라 인간 심성에 깊이 자리 잡고 있는 무조건적 봉사 정신을 지나 심성 근저에 내재해 있는 사랑의 실천을 현재와 앞으로 전개될 3천 년대에 인류가 실천할 사랑을 교회는 멀리 앞질러 지금 행해야 할 것이다. 그런 사랑의 발로를 교회가 솔선수범하며 더 강한 이론화와 더불어 현재는 물론, 3천 년대를 관통하는 하느님의 사랑의 인간을 통한 발로라는 것을 전(全) 교회가 확신하여, 지금부터 실천해야 할 것이다. 베네딕토 16세 교황 재임 시, 특히 젊은이들에게 이런 사랑에 뛰어들게 해 주시면 하는 바람이 간절했다. 물론 그분의 모든 교서에 사랑 실천이 핵심임을 두말 할 필요가 없다. 교황이 뿌린 사랑의 씨앗, 하느님 사랑의 씨앗이 앞으로 3천 년대를 통해 교회에 의해 새로운 인류 공통문화의 공생(共生) 공영(共榮)으로 피어날 것을 기원한다.

그분이 교황이 되기 전 위대한 업적, 길이 남을 업적 하나를 여기에 덧붙여야 할 것이다. 그것은 오늘의 인류 공통문화 변화에서 실천할 새로운 『가톨릭교회 교리서』를 신앙교리성 장관 추기경으로 계실 때, 제2차 바티칸의 정신에 따라 전 세계교회의 의견을 장시간에 걸쳐 수집하고 대성했다.

베네딕토 16세 교황은 은퇴는 했을망정 젊었을 때 본당 사목을 거쳐 명성이 높은 신학 교수로서의 풍부한 지식과 뮌헨대교구장을 거쳐 교황청의 신앙교리성 장관 추기경을 거쳤고 인류의 더 없는 대변혁기인 3천 년대를 맞은 특이한 분이시다. 또한, 이제 1백 세 인생 시기를 맞았으니 교황직 사직이 드물지 않을 것으로 예상되기에, 베네딕토

16세 교황의 자진 사퇴는 그런 교황직 사퇴에 새로운 의미 부여와 출발점으로도 생각할 수 있는 새로운 계기를 제공한다. 그렇기에 이번 베네딕토 16세 교황의 소박한 사임은 또 다른 역사적 의미를 갖는다. 이번 교황 사임은 비록 고령에 의한 것이나 정신력에서는 건강한 편이고, 총명과 기력을 다 해 뜻하시는 신학을 완성하시어 험난한 교회의 앞날에 큰 빛이 되어주시기를 기원하며 바라는 마음 간절하다. 물론 깊이 상처 입은 인간성으로 인해 인간은 심한 착오와 우여곡절을 겪으면서도 전진할 것이다. 그러나 삼위일체 사이에서 영원에서 영원으로 흐르는 사랑인 하느님의 모습으로 창조된 인간이기에 결국 인간은, 인류 비극에 무조건적 봉사를 최고 가치로 보는 현재의 인류문화를 넘어, 무조건적 사랑으로 이루어지는 인류의 문화, 즉 인류의 삶을 지향할 것이다. 그것은 우주 만물, 특히 인간의 창조가 넘쳐나는 하느님 사랑의 표현이기 때문이다. 이런 흐름을 가톨릭교회가 실천할 때, 우리가 매일 몇 번이고 되뇌는 '하느님의 나라가 임하시며'가 먼저 가톨릭 신자들에 의해 이루어지고, 인류 공통문화도 그와 유사한 모습을 뒤따라 드러내게 될 것이다. 끝으로 명예 교황의 만수무강과 소기의 뜻을 다하시기를 기원한다.

부록

1. 서평_〈평화신문〉 2013년 3월 3일

정의채 몬시뇰 저서 『인류 공통문화 지각변동 속의 한국I』
- 한국 현실과 미래, 선구자의 눈으로 분석, 전망

줄 그어가며 읽는 책이 있다. 처음부터 끝까지 읽는 책도 있다. 하지만 처음부터 끝까지 줄 그어가며 읽는 책이란 학자인 나에게도 흔치 않은 일이다. 정의채 몬시뇰님의 『인류 공통문화 지각변동 속의 한국I』은 그런 이례적 저작이었다.

정의채 몬시뇰이 누구이신가? 60년대 초 토마스 아퀴나스 사상에 바탕을 두고 세계 최강국 미국의 실용주의는 반드시 망한다고 결론내린 지성이 아니던가? 80년대 말 공산주의의 붕괴를 60년대에 이미 예언하신 분 아니시던가? 60년대 경부 고속도로와 80년대에 KTX를 제안하신 분이 아니던가? 지구상에 "생명문화"라는 새로운 용어를 창출한 장본인이 아니시던가? 나라와 세상의 위기마다 정확한 진단과 예언자적 처방을 제시하던 분 아니시던가?

이 책은 숲속의 숲을 안고 있는 입체적 저작이다. 나무를 본다. 숲을 본다. 그렇다고 숲을 본 것도 나무를 다 본 것도 아니라는 게 정직한 결론이다. 그 풍성한 내용과 깊이를 어찌 정리 요약할 수 있겠는가? 모차르트와 베토벤을 종합한 것 같은 체계이다. "철학은 신학의 도우미"라는 격언이 떠올랐다. 철학만으로는 도저히 헤아릴 수 없는 체계, 그 위에 탄탄한 신학이 있기에 비로소 가능한 장대한 스케일의 저작이다.

이 책은 몬시뇰의 강연, 방송, 대담, 메모, 보충, 독백이 어우러져 있다. 실용주의, 신자유주의, 천안함 폭침, 연평도 포격, 북핵, 평창동계 올림픽, 4대강 개발, 명동 개발, 한미 FTA, IMF폐지, 개발은행 설치, 독도 문제, 후쿠시만 원전 폭발, 역대 대통령 평가, 여야당 정치 행태, 등 일일이 열거할 수 없는 수많은 주제를 다룬다. 촌철살인의 금언이 무수하다.

동과 서, 옛과 지금, 하늘과 땅, 초자연과 자연을 잇는다. 궁극의 진리에서 21세기 한국의 현실에 뿌리내린 정확한 분석과 전망이 폭포수처럼 쏟아진다. 몬시뇰님은 말씀하신다. 하느님께서는 인류를 한 번 창조하시고 그냥 내버려 두시는 것이 아니고 늘 지켜보신다. 역사의 흐름이라는 게 있는데, 상당한 아픔도 주고 보람도 준다. 그걸 사람들이 만드는 것으로 생각하나 그게 아니다. 독재자도 폭군도 나오지만 결국은 사라지고, 하느님 모습으로 창조된 인간이기에 상처받은 인간성에도 불구하고 바로 서려고 노력하는 가운데 인간사는 발전해 나간다. 모든 것이 하느님 창조 계획에서 이루어진다.

이렇게 볼 때 인류가 하나 되어 더 좋은 삶, 공통문화를 이루는 3천년대는 하느님 창조경륜의 더 높은 실천단계이다. 인류 전체의 공생,

공영이다. 인류문화의 중심은 서구에서 동양으로 이동 중이다. 2010년 G20 세계정상회의를 연 한국은 그 중심축에 있다. 그렇다면 이 책이 발행된 뒤에 일어난 2012년 인천 송도 세계 녹색기금 유치도 혹 그 연장선상에서 이해되어야 하는 것이 아닐까? 그렇다. 양자 간에는 중요한 연결고리가 있는 것이다. 몬시뇰이 국가원로회의에서 내어놓은 '개도국 개발안'이다. 송도 세계 녹색기금 유치가 몬시뇰 아이디어에서 비롯한 것이라는 것, 그럼에도 몬시뇰의 워낙 포괄적인 비전에서는 멀리 떨어져 있음을 전율 속에 깨닫는 것도 독자들의 몫이겠다. 몬시뇰의 입을 통해 나왔으나 하느님의 창조계획에서 나온 것으로 하느님께서 하신 것이라고. 경이의 파노라마이다.

 몬시뇰이 들려주는 또 다른 교향곡은 젊은이 20만 명 해외 파견 프로젝트이다. 오로지 봉사의 목적으로 20만 명 젊은이를 해외에 파견한다. 매달 250만 원 정도의 보수를 준다. 생활비, 저축, 부모 송금 3분의 1씩 하도록 한다. 내수가 살아난다. 기업은 돈을 풀고, 빈곤층은 경제적 뒷받침으로 힘을 얻는다. 세대 간의 갈등이 해소된다. 한국 젊은이들의 봉사 활동에 개도국은 변하고 한국과의 우호관계는 전례 없이 강화된다. 21세기 세계 문화 선도 및 선도국으로서의 한국의 위상이 드높아진다. 그런 점에서 반값 등록금보다 청년 실업 해결이 근본 과제라 한다면, 그리고 국민 통합을 염려한다면 차기 대통령과 인수위원들에게도 일독을 권하는 바이다.

 책을 읽어가는 동안 토마스 아퀴나스 성인이 꿈속에서 지시받았다는 교수 취임 강의 주제가 떠올랐다. "(하느님께서는) 높은 궁궐에서 산 위에 물을 쏟으시니 온 땅이 손수 내신 열매로 한껏 배부릅니다"(시편 104,13 : 공동번역). 아울러, "토마스의 강의를 들은 이 가운데, 어느 한 사람 하느님께서 몬시뇰을 새로운 빛으로 비추고 계심을 의심하는 이가 없었다"는 구이의 베르나르도의 평이 생각났다.

  방대한 분량을 독파하려면 상당한 시간과 인내를 요한다. 가급적 책상에 정좌하고 읽어야 한다. 그렇다고 다 이해할 수 있는 것도 아니다. 그렇다면 간단히 소파에 앉아 한 대목씩 읽으면 안 되는가? 되고말고. 모차르트와 베토벤을 종합한 것 같은 체계라 하지 않았던가? 흡사 베토벤 음악처럼 간단히 들을 수 없는 것이면서, 모차르트 음악이 조금씩 들어도 재미있는 것과 같은 이치이다.

  제2차 공의회 개막 반세기, 지금 우리는 '신앙의 해'를 통과 중이다. 그동안 교회에서는 무슨 일이 일어났었나? 왜 교황 베네딕토 16세는 공의회 이후의 수많은 변화를 "자기 개혁"에서 "자기 파멸"의 단계로 들어선 것이라고 표현했을까? 왜 교황님은 공의회의 참된 시기는 아직 도래하지 않았다"고 하셨을까? 갖가지 개혁, 신학 이론, 사회적 발언 속에 포도나무에 붙어있지 않는 가지들이 워낙 무성했다는 뜻이었을까?

  나는 몬시뇰님의 이 책을 읽으면서, 교황님께 기쁘게 이의를 달고 싶어졌다. "교황님, 정의채 몬시뇰님의 진단과 처방은 신앙의 유산을 조금도 바꾸지 않으면서 신앙을 보다 효과적으로 세상에 드러내 보이자는 공의회의 참뜻이 시의 적절하게 드러난 탁월한 예가 아닐까요?"

  몬시뇰의 저작은 가톨릭 신학자들의 아이디어가 예수 그리스도의 가르침에 뿌리내리기만 한다면 세상 끝까지 어떤 상황에서든 얼마든지 다양한 방식으로 무한히 뻗어나갈 수 있음을 보여주는 가톨릭 승리의 예표가 아닐까.

  120년 전 교황 레오 13세의 회칙 〈레룸 노바룸(새로운 사태)〉의 비중과 영향을 생각할 때, 인류문화의 중심축이 동양, 특히 한국으로 이동 중인 가운데 생명 중심의 인류 공통문화를 다루는 정의채 몬시뇰의 사자후는, 1930년대 뉴딜정책의 기조를 이룬 라이언 몬시뇰의 노동법보다 오히려 한 수 높은 "2012년 한국판 레룸 노바룸"을 연상케 한다.

글: 정종휴
전남대학교
법학전문대학원 교수

2. 관련기사

1) 월간 〈사목정보〉 특별대담: 정종휴 교수 & 차동엽 신부

정의채 몬시뇰의 『인류 공통문화 지각변동 속의 한국1』

정의채 몬시뇰은 한국천주교회 최고의 지성이며 석학이다. 세계사의 흐름을 간파하고 인류의 미래를 예견하는 혜안을 가진 선구자로서 우리가 나아가야 할 길을 제시한다.

월간 〈사목정보〉에서는 '신앙의 해'를 맞아 교회의 현안을 풀 해법과 미래 전망을 모색하기 위해 정 몬시뇰의 저서 『인류 공통문화 지각변동 속의 한국』을 중심으로 전남대학교 법학전문대학원 정종휴 교수와 본지 주간 차동엽 신부의 대담을 준비했다.

일시: 2013년 4월 5일 오후 2~5시
장소: 본사 회의실

차 신부_ 이 책을 읽은 어떤 분들은 정 몬시뇰께서 여러 가지 사회문제뿐만 아니라 정치에도 관심이 많으시고 대통령에게까지 코치를 하느냐고 말하는데 이 모든 것을 한마디로 말하면 사랑입니다. 공생 공영, 함께 향유하는 것, 그런 의미에서 답답한 현실을 고민해 보시고 답을 얻었던 것입니다. 대한민국의 여러 가지 아픔은 우리 신부님들도 함께 고민해야 합니다. 하지만 이제 그 아픔을 너무 도식화하지는 말았으면 좋겠습니다. 예를 들면 기업가와 노동자를 양분해서 고민하는, 어떻게 보면 옛날 방식의 도식화된 고민, 이것을 질병으로 말하자면 세상에 존재하는 질병을 몇 가지로 도식화해 환자가 오면 그 약을 처방하는 것과 같습니다. 지금 질병이 수만 가지도 넘는데 말입니다. 그래서 수만 가지도 넘는 언어로 고민해야 된다는 것입니다. 어떻게 생각하십니까?

정 교수_ 훌륭한 의사는 환자의 상태마다 처방을 달리해야 합니다. 그런데 과거에는 세상의 실존적인 모습이 그렇게까지 다양한 것은 아니었기에 또 사회 자체가 정적이었기에 어느 정도 도식적인 것으로도 충분히 통했습니다. 도식적인 것은 지금도 그 자체로 큰 가치가 있는 것은 틀림없지만, 이 도식적인 것이 더 풍요로워져야 합니다. 말씀하신 것처럼 현장 언어로 말할 수 있어야 하고, 이를 수만 가지 언어로 표현할 수 있으려면 우리에게 조금 더 낙천적인 면이 있어야 하는데 그 근원이 결국은 가톨릭 신앙 진리이고 세상을 향한 구체적 사랑입니다. 베네딕토 16세 교황님은 정치를 '정의를 위한 노력'이라고 하셨고, '정의를 위해 노력한다는 것은 구체적으로 평화의 기본 조건을 충족하는 것'이라고 하셨습니다. 인간 사회의 수없이 많은 정치 경제 사회 문화 각각의 환경 속에서 가장 영향을 미치는 것을 하나로 꼽자면 역시 정치 아니겠습니까? 그런 점에서 정 몬시뇰님께서 상대적으로 정치 관련 발언 기회가 많았을 뿐이지 경제나 문화에 초점을 두셨다면 이 또한 말할 수 없이 정확한 표현으로 지혜를 드러내셨을 것입니다.

차 신부_ 조금 더 나아가면 정치를 바라보는 시각에서도 좌우, 진보, 보수 진영 논리에서 입장이 정해진 일부 신부님들이 정 몬시뇰님을 반대파라고 이야기하는 현상이 있습니다. 하지만 그런 진영 논리는 포스트모던 시대에는 맞지 않는 것 같습니다. 제가 권하고자 하는 시각은 스펙트럼으로, 파노라마로 가자는 것입니다. 아직도 많은 사람이 이 세상에 오직 흑과 백만 존재하는 듯이, 흑과 백의 색깔론만 입혀서 흑이니 백이니 서로 정의내리며 상대방을 적대시하는 모순에 빠져 있습니다. 지성인일수록 더 그런 것 같습니다. 이제 총천연색의 시대에 들어왔으니 스펙트럼과 파노라마로 그대로의 자연을 바라보면서 거기에서 우리 교회가 해야 하는 역할을 찾아 이행하는, 그런 풍족하고 풍요로운 교회가 되었으면 좋겠습니다. 이 대목에 있어 몬시뇰님은 탁월한 안목을 지니신 분이라고 생각합니다.

정 교수_ 제가 70년대 말에 일본에 가서 보니 한국에서 쓰던 민주라든가 평화라든가 자유라든가 정의·진보라는 말이 다른 방식으로 쓰이더군요. 도대체 왜 좋은 말이 다를 수 있을까? 하는 저의 고민을 풀어준 분이 교황 베네딕토 16세셨습니다. 그분은 "보수와 진보로 나누는 것은 정치판에서나 통하는 어리석은 이분법이다"라고 하셨습니다. 저는 그 말에 동의합니다. 왜냐면 보수라는 말은 뭘 지킨다는 측면이 있기에 이걸 지키지 않고 바꾸는 것을 그 반대라 한다면, '보수'의 반대는 '개혁'입니다. 그렇다면 보수가 옳으냐? 개혁이 옳으냐? 이렇게 생각해야 할 것이고, 진보라는 말은 앞으로 나간다는 것이기 때문에 진보의 반대는 퇴보입니다. 그렇다면 역시 퇴보가 맞느냐? 진보가 맞느냐? 가 됩니다. 때문에 보수와 진보는 서로 전혀 다른 평면에 있는 것입니다. 진보(progress)로 말하자면 뭔가 플러스적인 의미를 담은 것인데 그걸 갖다가 한 특정 경향에서 진영논리로 구사함으로써 원래 그 말이 갖고 있는 플러스적인 의미를 진절 머리가 나게 만들어버리는 것입니다.

이 논리가 교회까지 들어오면 안 됩니다. 옳으냐? 그르냐? 의 판단을 하려면 기준이 있어야 하는데, 가톨릭 신자는 신앙을 기준으로 판단해야 합니다. 구체적인 현실에서 신앙의 진리가 사랑으로 나타나야 한다면, 결국 사랑의 관점에서 사랑을 촉진시키고, 전파하고 실천하는 것이라고 한다면, 바꾸는 것("개혁")이 나쁠 수도 좋을 수도 있는 것이고, 그대로 지키는 것("보수")이 좋을 수도 나쁠 수도 있는 것입니다. 따라서 보수이면서 진보일 수가 있는 것이고 개혁이지만 퇴보와 같은 것일 수도 있기에 진보와 보수의 이분법은 아니라는 것입니다. 이것에 대한 확신이 생기다 보니 한국의 지성인 중에서는, 과문한 탓이겠지만 특히 대학 교수들 중에서는 진보와 보수에 대해 말할 수 있는 사람이 없는 게 아닌가 싶은 거예요. 그것을 정 몬시뇰님이 정확하게 이해하시고 말씀하신 것입니다.

차 신부_ 좋은 예로 '나를 진보라고도 얘기하지 말고 보수라고도 얘기하지 마라. 나를 네이밍(naming)하지 마라'는 말씀을 저도 공감합니다. 많은 대한민국의 지성인들이 여전히 학문의 이름으로 매너리즘에 빠져있고 퇴색한 옛날 용어를 극복하지 못해 휘둘리는 것이 안타까웠는데 정 교수님은 진리라는 관점에서 학문의 관습적 매너리즘을 많이 극복하셔서 그런지 자유로우십니다. 또한, 정 몬시뇰님을 못 알아보는 이들이 여전히 많은데 이를 감별하신 정 교수님의 안목도 대단하십니다.

정 교수_ 저는 늦게야 그분을 찾았습니다. 다른 분들은 영광스럽게 정 몬시뇰님의 가르침을 직접 받기도 했지만 저는 그게 아닙니다. 훌륭한 은사님도 많이 계시지만 현재 생존하신 분으로서 제게 영향을 가장 많이 끼친 두 분을 꼽자면, 신앙과 공의회의 관계를 일러주신 베네딕토 16세 교황님과 공의회 이후의 교회의 갈 길을 알려주신 정의채 몬시뇰님입니다.

정 몬시뇰님을 재발견하게 된 계기는 미래사목연구소에서 출간한 『모든 것이 은혜였습니다』입니다. 이 책이야말로 천의무봉(天衣無縫) 솔기 없는 하나의 옷이었습니다. 제가 줄을 쳐가면서 읽은 몇 안 되는 책입니다. 다 같은 음식 재료지만 요리사가 누구냐에 따라서 음식이 전혀 달라지지 않습니까? 오선지에 악보를 그리는 것도 똑같습니다. 제가 정 몬시뇰의 스타일을 음악가로 말하자면 바그너같이 웅대하고, 아기자기 그지없는 모차르트와 같은 면모도 있습니다. 같은 걸 말씀하시더라도 그게 조금 지나면 선율이 바뀌는 것 같은 미묘함이 저는 좋습니다. 교향곡도 한 번 들어서는 잘 모르잖아요. 규격화된 천편일률적인 말씀이 아니고 그때그때 상황에도 맞고 상황이 속한 전체에도 맞는 말씀으로 풀어준다는 점에서 듣고 또 들어서 새로워지는 정 몬시뇰님의 지혜의 말씀은 참으로 대단합니다.

요한 23세 교황께서 두 차례 세계대전 후에 신앙의 언어를 변화하는 사회에 새롭게 규정하시기 위해 공의회를 여셨는데, 베네딕토 16세 교황께서는 공의회 그 자체보다 더 중요하고 어려운 과정이 공의회의 성과물, 즉 새로운 어법을 현 실제에서 어떻게 나타낼 것이며 그런 와중에 신앙의 내재적인 가치를 어떻게 지킬 것인가라고 하시면서, 참된 공의회의 시대, 즉 '교회의 봄은 아직 오지 않았다'라고 말씀하셨습니다. 그동안 수많은 사람이 '공의회의 정신'을 이야기했지만 공의회의 가치를 드러냈다기보다는 한편으로 교회를 자가당착으로 몰아가는 부정의 언어가 없지 않았다는 것입니다. 열매를 보고 나무를 안다고 했습니다. 공의회가 그렇게 좋은 것이라고 하는데 공의회 이후에 교회가, 성직자가, 신학생들이, 수도원이, 신자 생활이 진정 잘 되었느냐? 왜 교회를 풍요롭게 한다는 공의회였다는데 그 후의 교회의 모습은 이렇게 되었느냐? 하는 것이 저의 고민이었습니다.

그런데 공의회의 성과를 바로 현실에서 정확히 드러내면서 그 와중에 신앙의 내적인 가치를 견지하는 안목을 유럽도 아니고 21세기 바로 한국에서 찾았다고 할까요. 제가 바라는 공의회의 정신, 즉 하나의 신앙의 바탕 위에서 미래를 향해 전파시키고, 복잡한 현대 생활에서 이를 자신 있게 표현할 수 있는 예가 바로 정 몬시뇰님의 저서에 있었습니다. 이거야 말로 진짜 공부구나 하는 생각이 들었던 것입니다.

차 신부_ 그런 의미에서 가톨릭교회가 나아갈 길을 꿰뚫고 있는 몬시뇰님의 글이, 새로운 길을 고민하는 바티칸에 전달된다면 그 역할이 클 것입니다.

정 교수_ 프란치스코 교황이 선출되셨을 때 차 신부님이 〈동아일보〉에 "이분 큰일 내시겠구나!"라고 쓰셨잖아요. 새 교황님의 핵심 키워드를 사랑이라고 한다면, 여기에 온갖 철학과 신학의 토대위에서 사랑의 문화를 설파하신 정 몬시뇰님의 지혜가 합해진다면 진짜 이 세상에 큰 일이 벌어지겠구나 싶습니다.

이러한 관점에서 정 몬시뇰님의 메시지를 베네딕토 16세 교황께 전할 수만 있다면, 그것도 일종의 사도적 사명이 되리라고 생각합니다. 제가 시사토크 〈판〉에서 베네딕토 16세 선대 교황의 역할에 대해 말했습니다. 두 가지 겸손이 있다. 파킨슨병에 시달리면서도 끝까지 베드로 사도의 후계자로서의 책무를 다하신 요한 바오로 2세 교황님도 겸손의 훌륭한 모범이셨지만, 건강이 허락하지 않자 총명성이 그대로 남아있는 상태에서 퇴위를 발표하신 베네딕토 16세 교황의 결단은 순교에 버금가는 영웅적 겸손이었다고 생각합니다. 그러면 이분이 앞으로 어떻게 할 것인가. 기도하고 꽃밭에 물이나 주실 것인가? 아닙니다. 이분 나름대로 이제 교황에게 주어지는 온갖 행정적인 일을 떠나셨으니, 참으로 본질적인 문제를 깊이 고민하시고, 기도를 통해 하느님의 지혜를 받아 결국 교회의 자산을 풍요롭게 하시지 않으려나 싶습니다. 그런 점에서 선대 베네딕토 16세 교황의 지혜가 발휘되어 새 교황께 전달되면 좋겠다는 생각입니다.

차 신부_ 몬시뇰님의 『인류 공통문화 지각변동 속의 한국』1과 앞의 책 『모든 것이 은혜였습니다』를 출판하면서 누군가 단 한 사람이라도 그 가치를 알아보는 사람이 있을 것이라는 마음이었습니다. 정 교수님께서 이를 알아보게 되기까지의 전사와 소회를 말씀해 주십시오.

정 교수_ 저는 민법학자이며 대학 교수입니다. 하느님께서 베풀어주신 가장 큰 은혜가 저를 천주교 신자로 불러주신 것입니다. 비록 기도나 표양은 시원찮을망정 그렇습니다. 그런 제가 1978년 일본에 유학을 가서 보니까 우리 신자가 평소 배웠던 내용과 일본 천주교회 안에서 실제 일어나는 일들, 말하자면 미사, 교리, 신부님 강론, 수도원, 온갖 것들이 왠지 어울리지 않다는 느낌을 받았습니다. 혼돈을 겪으며 거기에는 늘 신앙 옆에 공의회가 있다는 생각에 이르렀는데 이 가톨릭 신앙과 공의회가 어떤 관계에 있는지 혼란스러웠습니다. 천주교가 절대 진리에 바탕을 둔 것이라고 한다면 믿어야 할 것이 있고, 바랄 것이 있고 사랑하는 방식이 있을 것입니다. 믿어야 할 진리는 사도신경인데 사람들이 사도신경과는 다른 것을 믿는 것 같기도 하고 믿으라고 하는 것처럼 보였다는 것입니다. 이걸 어떻게 이해해야 할까? 그다음에 천주교 신자는 당연히 믿는 사람답게 소망도 달라야 합니다. 주님의 기도에 들어있는 모든 것이 소망으로 엮어져 있지 않습니까? 예컨대 하늘에 계신 아버지의 이름이 거룩히 빛나십시오. 이게 언제 어디서나 천주교 신자의 첫째 소망이 아닌가요? 그런데 사람들은, 특히 신학자들, 공의회를 거론하는 사람들은 소망을 주님의 기도와는 다른 곳에서 찾는 것처럼 보였고 주님의 기도와 같은 내용이라도 주님의 기도와 무관한 방식으로 이해를 하려고 하는 것처럼 보였습니다. 또 향주삼덕의 마지막 애덕, 그러니까 천주교 신자는 어떻게 사랑을 해야 하는가? 저는 그게 십계명과 교회법이라고 교리에서 배웠는데 사람들이 전체적으로 십계명을 조금씩 왜곡시키는 것으로 보이고, 교회법도 무시하는 것처럼 보였습니다. 왜 그럴까? 거기에는 늘 제2차 바티칸 공의회가 걸려 있는 것이었습니다. 공의회가 가톨릭 신앙을 제대로 믿고 그 바탕 위에서 인간답게 소망하고 사랑하는데 디딤돌이 되어야 할진대 걸림돌이 된단 말인가? 거기에서 고민이 많았습니다.

그러던 중 1990년 여름 독일에 가기 한 달쯤 전에 토마스 모어의 『유토피아』를 라틴어에서 일본말로 번역하신 일본 학자가 교회 현상에 대해 써 놓은 논문을 읽었는데 마지막 각주에서 교회의 현상에 대해 알고 싶으면 라칭거 추기경의 『신앙의 현재 상황(Zur Lage des Glaubens)』을 읽어 보라고 했습니다. 그런데 독일 가자마자 어학코스 가는 길목에 있는 이냐시오 성당 건물 가톨릭 서원의 쇼윈도에서 그 책을 발견한 거예요. 독일말 일상회화나 간신히 배우는 단계였는데 그 내용이랄까 줄거리에 묘하게 관심이 끌려 읽다가 아하 이것이구나 하는 생각이 들었습니다. 교회라고 하는 것은 원래 하나이고, 공의회 이후에 새로운 교회가 생겨난 것이 아니고 공의회 전이나 후나 늘 항상 새롭고 새로워져야 하는 하나의 교회인데 사람들이 공의회를 악용해서 '공의회 정신'이라는 이름으로 공의회 문헌을 전체 맥락에서 읽지 않고 입맛에 맞는 것만 끌어들이다 보니, 결국 공의회 폐막 후 지금까지 교회는 자기 부정의 단계를 넘어서 자기 파멸의 단계로 접어들었다. 이것은 공의회의 정신(Geist)이 아니라 일종의 공의회의 망령(Un-Geist)이다. 당시 신앙교리성 장관 라칭거 추기경이 가톨릭교회의 보화인 공의회를, 가톨릭교회의 신앙 진리를 지키고 살리기 위해서 쓰신 이 말씀이 맞겠다는 생각이 들었습니다. 그래서 저는 어떻게 하면 신앙의 바탕 위에 그 신앙을 새롭게 하기 위해, 변화된 세상에서 신앙의 언어를 어떻게 새롭게 이해하고 사람들에게 전달할 것인가? 어떻게 하면 가치 있게 나타낼 것인가? 그런 고민을 했습니다.

그러다가 어떻게 하여 정 몬시뇰님의 『모든 것이 은혜였습니다』를 읽었습니다. '공의회의 참된 시기, 교회의 봄은 아직 오지 않았다'는 교황의 말씀처럼 아차 이것이구나. 공의회 정신을 살리는 것, 실제로 변하는 것, 그러면서 그 와중에 가톨릭 신앙에 내재된 가치를 유지하는 것이 공의회 자체보다 더 중요한 과정이라는 점에서 정 몬시뇰님의 저서에서 빛이 비쳐 오는 것을 보았습니다.

차 신부_ 긴 역사입니다. 사실 모든 것을 보면 개인의 구도 과정이라든가 문제의식의 과정은 긴데, 어떤 인연을 통해서 만남이 이루어지고 또 해갈이 되는 것 같습니다. 제 입장에서 정 몬시뇰님에 대한 말씀을 드리면, 저는 신학교에서 몬시뇰님 수업을 직접 들으며 이분이 꿰뚫어보고 계시다는 것을 인지하는 정도였었습니다. 이후 유학을 가서 공부하며 본 인상적인 면은, 독일어권에서 현대의 대학자로 라칭거, 라너 두 분이 있는데, 보통 대학자들의 가르침은 다른 학자들이 그분에 대한 해제(解題)를 쓴다거나 대담집을 내서 발언할 수 있는 기회를 드린다거나 하며 도와주더군요. 제가 박사과정을 마치고 와서 사제연수 때 정 몬시뇰님이 강사로 오셔서 생명과 청소년에 관해서 말씀하시는 걸 들었는데, 그분 말씀에서 유럽에서 어떤 학자도 건드리지 못한 부분을 이미 넘어서는 것을 보며 대단한 거목이시라는 것을 느꼈습니다. 그렇지만 주변에서는 자신과는 관계없고, 사목하는 데는 상관없는 이야기라고 해 답답함을 가지고 있다가 신부님들이 알아듣지 못한 것, 사목하고 연결되지 않았다고 생각한 것을 해소해 주고 싶은 생각이 들어서 〈사목정보〉에 정 몬시뇰님을 초대했습니다. 그렇게 해서 『모든 것이 은혜였습니다』가 출간된 것입니다. 그 과정에서 들으면 들을수록 정 교수님의 말씀처럼 크게 얘기 하시면 크게 얘기하시는 대로 듣게 되고, 구체적으로 얘기하시면 구체적으로 얘기하시는 대로 듣게 되는 체험을 했습니다. 이것을 우리 교회가 있는 그대로 기록해 두어서 나중에 큰 학자들이 나올 때 이분의 새로움을 찾아 교회에 대물림하면 좋겠습니다.

그 다음 『인류 공통문화 지각변동 속의 한국』이라는 책은 과거에 대한 기록과 미래에 대한 예견도 있는데, 한국교회가 한국 정치 문제나 한계를 돌파하는데 지혜가 얼마나 큰 힘이 되는가를 반증하는 기록이기도 합니다. 한 마디로 표현한다면 한 시대가 한계에 봉착 했을 때 그 한계를 뚫어주는 돌파력 있는 지혜가 필요한데 정 몬시뇰님의 지혜가 바로 그 시대의 벽을 뚫는 돌파력을 지닌 지혜라고 할 수 있습니다. 그런 관점에서 교수님께서 읽으신 정 몬시뇰님 저서의 요지를 간추려주시기 바랍니다.

정 교수_ 저는 몬시뇰님의 이 책을 동서고금의 종합 같다고 하겠습니다. 미래를 말하려면 동서고금이 통해야 하지 않겠습니까? 저는 또

선이 있고 평면이 있고 입체가 있다고 한다면 이 책은 그야말로 입체적 저작이라는 생각이 드는 것입니다. 숲 속의 숲이라는 생각도 들구요.

형식적으로 보자면 정 몬시뇰님의 강의, 방송, 대담, 독백이 들어있습니다. 그렇지만 그 줄기의 폭이 워낙 넓어서 이를 테면 실용주의, 신자유주의, 천안함, 연평도 포격, 북핵, 평창 올림픽, 4대강 개발, 한미 FTA, IMF 폐지, 개도국 개발안, 후쿠시마 원전 사고, 역대 대통령에 대한 평가 등 다루고 있는 방대한 주제들을 일일이 열거할 수가 없습니다. 그런데 이것들에는 한결같이 일관된 메시지가 있다는 것입니다. 제가 파악할 역량이 부족해서 이게 화려한 꽃밭을 다 구경하고 나서 남들 눈에는 저 사람이 꽃을 구경한 것으로 보이더라도 결론은 내가 여전히 입구에 서 있구나 하는 그런 생각이 드는 것입니다. 다만 입구에 서 있다는 것은 처음보다는 조금 더 확실히 인식을 했다고나 할까요. 말하자면 숲 속의 숲이기 때문에 이걸 읽어도 나무를 보기도 하고 숲을 보기도 하지만 나무를 본 것도 아니고 숲을 본 것도 아닌, 끝없이 반복되는, 그때마다 나아지고 정도가 높아져야 되는 것이 끝없이 요구되어지는 그런 점에서 저의 결론은 다시 화려한 꽃밭을 구경하고 다시 꽃밭 입구에 섰다. 이런 것인지도 모르겠습니다.

차 신부_ 아주 적절한 표현입니다. 그걸 우리가 모두 파악한다면 결례죠. 대화를 나눌 때나 글 속에서 저도 감동하게 되는 것이 이분의 시스템 전체가 방금 말씀하신 것처럼 동서고금 최고의 정보를 이미 동시에 연결하신 것으로 느껴집니다. 그 비밀이 컴퓨터로 치면 이분의 엄청난 기억 용량입니다. 독서량으로 쳐도 어마어마한 독서량입니다. 젊어서 공부하실 때 칼 맑스를 옥스퍼드 도서관에서 공부했다는 얘기도 그렇고, 평소 시사를 다 읽으시고, 철학을 꿰뚫고, 성경에도 일가를 이루는 이 분을 찬찬히 바라보면 여러 학자가 함께 토론하는 것보다 훨씬 더 깊이 들어가는 돌파력이 느껴집니다. 한 가지 빼놓을 수 없는 것이 하느님께서 특별히 쓰시려고 이분에게 명오(明悟)를 열어주셔서 지혜를 쏟아주신 것입니다. 직접 제자가 됐던 신부님들이나 이분에게 배우지 못했던 젊은 신부님들이 우리 대한민국에 이런 지성이 있다는 것을 꼭 알아주었으면 합니다. 맨날 어쭙잖은 서양의 신학자들을 인용하기보다 이제 앞으로는 최고의 자랑으로 이분이 이런 말씀을 하셨다는 걸 인용해도 절대로 실수하는 일이 아니라는 것입니다. 그렇게 정 몬시뇰님의 학술적인 안목이나 이런 결과물들이 신부님들 사이에 사랑받았으면 좋겠습니다.

듣기로는 교수님께서 『인류 공통문화 지각변동 속의 한국』에서 훌륭한 점들을 발견하여 요약해서 국제 학계에 발표하고 계시고 또 바티칸까지 전할 생각을 하신다는데 그 과정에서 확인된 이분의 견해에 대한 장점을 말씀해 주십시오.

정 교수_ 몬시뇰님 말씀 속에는 동서고금이 들어있고 하늘과 땅, 자연과 초자연이 복합적으로 교차됩니다. 결국 궁극의 진리에서 또 21세기 여기 한국에 뿌리 잡은 정확한 분석과 전망이 폭포수같이 쏟아지는 것 같습니다. 베네딕토 16세 교황의 표현을 빌자면 하느님은 인류를 한번 창조하시고 인류 역사에는 개의치 않으시는 게 아니라 궁극적으로는 그리스도께서 모든 피조물과 역사의 주인공이신데, 정 몬시뇰님 말씀을 보면 교회의 이러한 가르침과 맥이 같습니다. 베네딕토 16세 교황님도, 몬시뇰님도 역사의 흐름 속에는 상당한 아픔도 있고 보람도 있는 것이라고 말씀하십니다. 사람들이 만들어가는 측면도 없지는 않지만, 독재자도 나타나고 폭군도 나오지만, 결국은 이 사람들은 사라지고 인간은 궁극적으로 하느님께서 하느님의 모습으로 창조하신 존재이기 때문에 인간성은 상처를 받아도 결국은 그 속에서 인간 역사는 발전해 나간다는 것입니다. 그런데 이 모든 게 우리를 사랑하셨기 때문에 우리를 창조하셨다는 하느님의 창조 계획에서 나온다는 것입니다. 그렇다고 한다면 앞으로의 진로뿐만 아니라 현재의 문제를 분석하고 해결하고 전망하는데 궁극으로 하느님의 창조 경륜 즉 사랑을 출발점으로 해야 한다는 것이지요. 베네딕토 16세 교황님께서 아우구스티누스 성인의 『고백록』에서 "세계의 역사라고 하는 것은 결국은 두 가지 형태의 사랑싸움이다. 자기를 위한 사랑은 세상을 멸망에 이르게 하는 수가 있지만 남을 위한 사랑은 자기의 포기에까지 이르게 한다"는 말씀을 인용하시면서 이 싸움은 지금도 진행 중이라고 하셨는데, 하느님을 향한 사랑 즉 남을 위한 사랑에 입각해야 우리가 비로소 흐름을 놓치지 않고 보람 있는 삶을 살게 되는데, 개인은 개인대로 사회는 사회대로 국가는 국가대로 민족은 민족대로 인류는 인류대로 그쪽 흐름으로 서야 하고, 한국사회와 교회가 빨리 그 선에 서야 되지 않느냐 이것을 가장 효과적으로 호소하고 있는 것이 아닌가 하는 생각이 듭니다.

차 신부_ 사실은 역사를 그렇게 바라보는 사람이 많지 않고 못 알아듣는 사람도 많습니다. 내재적인 어떤 힘과 초월적인 힘을 아우르면서 지금의 역사를 보는 것이지요. 그런데 대부분은 내재적으로 멈춰버리니 이분의 견해가 훨씬 원대하게 유효하다고 봅니다. 주변사람들에게 이런 말씀을 하셨을 때 그분들의 호응이나 학계의 반응은 어떻습니까?

정 교수_ 어쩌다 한 번씩 던지면 교수들이 깜짝깜짝 놀랍니다. 정 몬시뇰님이 1960년대 초에 토마스 아퀴나스 사상을 바탕으로 박사 논문을 쓰실 당시는 미소 양 강국 시대 아닙니까? 이 1960년대에 1980년대 말의 공산주의 붕괴를 예견하셨습니다. 주위에서 그 말을 진지하게 받아들인 사람이 몇이나 있었을는지는 모르겠지만 공산주의가 무너진다는 것을 어떻게 예언할 수 있었을까요. 또 1960년대에 어떤 계기로 경부 고속도로를 제안하셨고 나아가 KTX도 제안하셨습니다. 물론 하나의 정책 결단에는 하나의 까닭만이 있는 것은 아니지만, 그 생각을 더 깊게 하면 이 정책의 포인트를 제공하신 분이 몬시뇰님이시라면 이분이 만들어 내신 용어가 굉장히 많을 것 같습니다. 그래서 저는 몬시뇰님의 렉시콘(lexicon) 작업을 해야 되지 않나 싶습니다. 21세기 한국에 뿌리를 내리는 개성이 분명히 드러나는 몬시뇰님 만의 렉시콘을 만들 가치가 있다는 생각이 들었습니다.

차 신부_ '생명문화'라는 표현도 정 몬시뇰님이 만드셨습니다. 이분이 단순히 당신의 영웅담을 얘기했으면 저 말이 과연 진실일까? 하며 많은 사람들이 무용담으로 치부할 수도 있습니다. 그런데 저는 이 책에 나온 이야기의 일부분이 진행되는 것을 들었던 사람입니다. 몬시뇰님으로부터 "내가 이런 얘기했다"라는 말을 들었고 나중에 여기저기서 결과가 나왔습니다. 이분이 얘기하는 것과 여기 기록된 것은 액면 그대로 사실적으로 믿어야 한다고 생각합니다. 또 하나 저로서는 경탄을 금치 못하는 대목이 유진호 박사와 만나 '정의'를 풀어내신 이야기입니다. 정의가 무엇인지 말하기란 어렵습니다. 거기서 인격을 말하기는 더 어렵습니다. 그 당시만 해도 인격은 100% 서양의 개념으로, 한국 사람에게 인격(人格)이라는 한자는 있었지만 페르소나(Persona)라는 개념이 없었습니다. 유진오 박사도 법을 하신 분으로서 이것에 경탄하면서 천주교에 매료가 됐단 말이죠. 순간적으로 이루어진 일입니다. 평소에 공부가 얼마나 잘 준비되어 있었는지를 얘기해 주는 대목입니다.

정 교수_ 유진오 박사와 박경리 선생 이야기는 두 번 세 번 읽었습니다. 사실 인격이라고 하는 것이 법에서 권리와 의무의 주체의 전제가 됩니다. 그런데 이를 알아듣게 설명을 못하는 것입니다. "내가 갖지 않은 것을 남에게 줄 수 없다"는 로마법 격언이 있습니다. 마찬가지로 내가 알 수 없는 것을 저 사람이 알게 할 수는 없단 말이죠. 그 유진오 박사 당시 학자들은 누구나 다 '인격'을 말로는 알고는 있었어요. 그러나 그 구체적 모습을 몰랐던 것입니다. 이게 촌철살인의 지혜죠. 오죽하면 천하의 유진오 박사가 깜짝 놀랐겠습니까? 전 그래서 그 얘기를 여러 번 써 먹었습니다.

차 신부_ 지금도 그 인격이라는 개념을, 인문학을 한 사람들과 나누다 보면 대화가 안 되는 경우가 있습니다. 그 한계 때문에 한국의 인권 의지의 질이 높질 않은 겁니다. 예를 들면 요즘에 프라이버시보다 국민의 알 권리가 우선이라는 말이 나오는 것은 어찌 보면 문화적인 천박성이거든요. 국민의 알 권리가 어떻게 한 개인의 프라이버시를 내둘러도 된다는 겁니까? 인격의 가치에 대한 이해가 시원찮으니까 그런 얘기가 나오는 것입니다. 그런 면에서 반드시 기초 법학 과정의 법철학을 통해 인권이라는 기본이 갖춰지고 인격의 가치를 철학적으로 사유하는 인간 이해가 마련되어야 합니다.

정 교수_ 그렇습니다. 가치에는 단계가 있는 법인데 사람들이 가치에 관한 이해가 없기 때문에 감각적인 것만 발달되었습니다. 국민의 알 권리, 이걸로 참 어쩌란 말입니까? 제가 인권운동 하는 분들한테 얘기합니다. 인권을 진정으로 알려면 인격을 알아야 하고, 근대적 의미의 인격개념을 잘 살리려면 가톨릭의 깊은 맛을 아는 것이 도움이 될 거라고요. 『모든 것이 은혜였습니다』에서 유진오 박사와 박경리 선생의 가톨릭 입문 배경에 관한 이야기가 정 몬시뇰님 역량의 일단을 일러줍니다. 그런 지적 수준의 분들을 어떻게 감당하셨겠습니까? 저는 정 몬시뇰님 이전에 한국인 지식인 성직자로 윤형중 신부님과 주재용 신부님 이렇게 두 분을 생각했었습니다. 그분들은 군계일학, 너무나 훌륭한 삶을 살았습니다. 이제는 그분들은 가시고 정 몬시뇰님이 계시는 것이 아닌가? 생각합니다.

차 신부_ 최근 〈조선일보〉에 나간 제 인터뷰 기사 제목이 "그래, 난 잘난 척하는 신부다 … '그분' 앞만 빼고"라고 얘기한 것도 따지고 보면 일부로였습니다. 예수님은 진리이고 그 진리를 따르는 우리가 잘나지 않았으면 누가 잘났겠냐는 뜻입니다. 적어도 세상이 지혜를 요구를 할 때는 예수님의 진리로 지혜를 가르쳐 줄 수 있는 것이 필요합니다. 저만 필요한 게 아니라 교수님도 필요하고 적어도 예수님의 지혜를 조금이라도 배운 사람은 잘난 척해야 됩니다. 내가 누구한테 배웠냐? 예수님에게서 배웠다. 이 배짱이 바로 몬시뇰님의 기운을 받아 생긴 것입니다.

정 교수_ 예수님이 겸손하시다고 해서 아무 말씀도 안 하고 "나는 몰라요" 하신 것은 아니지 않습니까? 무섭게 호통도 치시고 그때그때에 따라 지적도 하시고 하실 것을 다 하신 것 아니겠습니까? 그런 점에서 세속에서 요구하는 매너로서의 겸손이라는 것과 신앙에서 말하는 덕성으로서의 겸손은 완전히 구별해야 하고 다르다고 생각합니다. 사람들이 세상의 잣대를 가지고 자꾸 평가하려고 하니까 큰 산을 못 알아보고 지혜를 못 알아보는 것 아니겠습니까?

차 신부_ 지난 4월 2일 로마 라테라노 대학에서 두 분의 학자가 한국에 와 인천 가톨릭대학교가 주최한 국제 심포지엄에 참석했습니다. 지금 이런 것도 있습니다. 교회의 실천 신학 관점에서 봤을 때 바티칸은 많은 지혜를 필요로 하는 듯 느껴집니다. 교황 베네딕토 16세께서 대단하신 것은 알고 있지만 그분의 지혜도 유럽의 지혜도 이미 유럽의 틀 안에 갇혀가지고 뚫지 못한 것이 있다는 것입니다. 관념주의랄까 이런 것들이 있어 현장의 언어, 현대인에 대한 감각이, 현장에 대한 개념이 약한 것이 바티칸의 단점이라는 것입니다. 제가 봤을 때는 현장에 중심이 없기 때문입니다. 나아가 바티칸의 최고 단점을 꼽자면 그동안 가지고 있던 많은 전통들의 무게감에 압도돼서 창조적인 신학화를 못하고 있다는 것입니다. 저는 이번 심포지엄에서 나름의 관점으로 한국에서 일어나고 한국에서 고민하고 고뇌해서 나온 것을 소개했습니다. 인용이 없으니 비판한다면 비판을 받겠다며 발표를 했습니다. 심포지엄 후 식사를 마치고 작별하기 전에 라테라노에서 온 그 두 학자가 나를 끌어안고 자기들이 듣고 싶었던 것이 그것이라고 말하는 것입니다. 매번 자기들의 내용을 인용한 발제를 한국에 들으러 온 건 아니지 않습니까? 그런 점에서 오히려 우리가 바티칸에 신학적인 영감을 줄 수 있다는 걸 확인하는 자리였습니다. 제가 정 몬시뇰님의 제자이기에 그렇게 할 수 있었던 것입니다. 이분의 저서에 담긴 글로벌한 의미는 놀랍습니다. 이제 정 몬시뇰님이 진단하시는 미래 한국의 역할에 대해서 파악하신 대로 말씀해 주십시오.

정 교수_ 이분이 파악하시는 관점의 다양성을 제대로 파악할 자신은 없습니다. 가치론 방향적으로 보자면 결국 인류의 공생 공영 이것이야말로 앞으로 인류가 따라가야 할 사회상의 표현인 것 같습니다. 결국 공생 공영자체가 공통문화가 되는데 이를 다른 말로 하면 사랑입니다. 함께 사랑하고 함께 사랑을 나누고 실천하자는 뜻입니다.

 그런데 현실을 가만히 보면, 사람이 영혼과 육신으로 이루어져 있는데 육신이 죽으면 현세에서는 영혼이 기능하지 못합니다. 육신의 기본 활동은 경제 아니겠습니까? 그렇게 볼 때 서구 사회 풍요의 근간이 이 경제였다고 한다면 풍요의 경제가 세상 전체에 퍼져야 되지 않을까? 그런 면에서 인류문화의 중심은 서구에서 동양으로 이동 중인데 세계를 선진국, 중진국, 개발국으로 나누자면 지금 중진국 내지 개발국의 수가 압도적로 많은데 거기 롤 모델이 한국이라는 얘기입니다. 한국이야말로 서양이 300년 걸쳐 이룬 풍요를 최빈국의 상태에서 50년 만에 이루어 냈습니다. 식민지 경영이라는 정 몬시뇰님의 말씀이 의미심장합니다. 지금의 풍요가 식민지 경영을 통해서 이루어진 것이라고 한다면, 하느님의 정의로 볼 때 결코 개인만 반성하고 회개해야 하는 것이 아니라 민족은 민족대로 사회는 사회대로 국가는 국가대로 반성하고 회개해야지, 그냥 넘어가는 법이 없다는 무서운 말씀입니다. 이렇게 보면 한국은 해방 후 5~60년 동안에 최빈곤 상태에서 나라를 세우고, 전쟁의 참화를 극복하고, 학생혁명과 군사쿠데타를 거쳐서 경제 발전을 이루고 산업화를 이루었으며 민주와 정보화를 이루어 선진국 반열에 들어섰다는 사실은 많은 국가의 롤 모델이 된다는 것이고 게다가 한국에는 식민지 수탈이라고 하는 갚아야 할 업보도 없어서 한국의 역할이 만만치 않을 것이라는 것입니다.

　단적인 예로 다수결로 결정하는 국제회의 결과에서 2012년 송도 국제기구 녹색기후기금(GCF) 사무국 유치는 독일과의 접전 끝에 이루어 낸 성과라고 이해됩니다. 이미 사무국이 본에 있었고 당연히 독일에 넘겨줘야겠다고 하던 국가들의 의도가 완전히 깨져 버린 것이 아니겠습니까? 송도 결정은 그만큼 한국의 비중과 한국의 역할 또 한국의 무게를 세계 모든 국가들이 인정해 주었다는 풀이가 됩니다. 그런데 실은 G20 정상회의와 송도 녹색기후기금 유치는 연결고리가 있습니다. 그것은 차 신부님께서 정 몬시뇰님은 보통으로 그 시점에서 말씀하신 것이지만 계속적인 것이고 그 결과가 나타난다고 말씀하셨듯이, G20 정상회의를 앞두고 몬시님이 국가원로회의에서 "G20 정상회의에 G20 국가 정상들만 모이게 할 것이 아니라 세계 여러 나라 중진국 후진국 국가 원수들도 초청해 발언권은 없지만 대우는 G20 국가 원수들과 똑같이 하라."고 말씀하셨습니다. 이 말씀이야말로 탁월한 지혜의 말씀이었습니다. 그렇게 함으로써 그 중·후진국 원수들이 국빈 대우를 받으면서 한국 상황을 보았다는 것, 이젠 유럽의 눈치를 굳이 볼 필요 없음을 느꼈다는 것, 이와 같은 것들이 더욱 한국을 본받아야 할 롤 모델로 만드는 것이고 따라서 그 인식들이 집약되어 녹색기후기금 유치라는 성과로 나타났다면 이게 몬시뇰님의 아이디어에서 비롯했다고 하는 것이 분명해지는 것을 제가 이 책을 통해서 인지했습니다. 몬시뇰님께서는 세계개발은행 서울 설치안을 내셨는데 개발은행이라는 것이 결국 공생 공영, 사랑과 생명의 관점에서 비롯한 것이라면, 녹색기금은 그 자체 거대한 것임에도 환경 문제나 기후 문제만 대상으로 하므로 경제 문제, 문화 문제, 온갖 영역이 다 포함된다고 해도 개발은행안에 비하면 제한적인 것이 아니겠습니까? 그런 점에서 몬시뇰님의 구상에서는 한참 떨어진 것인 셈인데, 아무튼 이런 것들을 생각한다면 인류공통 문화 지각변동이라는 흐름 속에서 문화의 중심축은 서에서 동으로 이동 중이고 동에서는 한국이 그 역할을 맡아야 한다는 사명이 있고 이것을 국가로서 국민으로서 각 개인으로서 인식해야 함을 말씀하시는 것이라는 생각이 들었습니다.

차 신부_ 지금 말씀하신 게 정치 경제 외교적인 관점에서의 한국의 위상 재고라고 할 수 있을 것 같은데, 하나의 역사를 더듬어 볼 때 저는 이렇게 표현하기를 좋아합니다. 성경에 하느님께서 내 발등성이(발판)를 예루살렘에 두겠다는 말씀이 있습니다. 당신의 좌정 말입니다. 말하자면 예루살렘 성전은 그런 의미로서 자부심이 컸습니다. 야훼의 어좌다. 야훼의 발등상이다. 누가 이걸 침공하겠냐? 그런데 그 발등상이라는 표현이 제가 보기에는 영혼의 지대입니다. 각 시대마다 필요한 영혼의 지대를 설정하셔서 당신께서 가장 강력하게 그 지대를 통해서 소통하시고 퍼뜨리고 하시는데, 그것이 그리스 문화권으로 갔다가 사도 바오로를 통해서 동방교회를 중심으로 있다가 결국에는 후반부로 넘어가면서 지금 얘기하는 바티칸 중심에 있다가 아메리카 쪽으로 넘어갔습니다. 영혼의 지대, 즉 강력한 센터가 있게 되는 관점에서 놓고 본다면 한국은 차기 바통 주자임은 틀림없습니다. 욕을 먹든지 말든지 한국 개신교가 세계에서 최강인 건 사실입니다. 개신교회는 미국이 아니라 한국에 최대 교회가 있고 러시아, 동남아, 아프리카 등지 교회들의 모교회가 되었습니다. 이미 개신교의 영혼의 지대는 한국에 왔습니다. 놀랍게도 가톨릭 역시 그 영혼의 지대가 바티칸에서 한국으로 올 공산이 크다고 보는 것입니다. 제가 봤을 때 국부격으로 사무엘과 같은 역할을 하시는 분으로, 우선 김수환 추기경 님이 인격으로 전 국민을 감화시킨 큰 기둥이시고 그다음 균형을 갖추신 지성으로 정 몬시뇰님이 일부분 역사하고 계시지 않나 그렇게 봅니다.

정 교수_ 교황 베네딕토 16세의 퇴위 발표부터 지금 프란치스코 교황님 선출과 그 뒤의 추이를 보면, 비 가톨릭국가치고 한국의 매스컴처럼 가톨릭관련 보도를 적극적으로 쏟아내는 나라가 없는 것 같습니다. 뿐만 아니라 비 가톨릭계 언론의 어떤 기자의 표현이 가톨릭계 언론 이상으로 잘 정제된 표현으로 전달되기도 합니다. 저는 2011년 말 한국 가톨릭신자 비율이 10.3%인데 이대로 나가다 보면 앞으로 한 10년 안에 신자 점유율이 특히 지성인 층부터 과반수에 이르지 않을까 하는 생각이 들었습니다. 하나의 가톨릭 국가가, 가톨릭 사회가 만들어 지는 것이 얼마나 힘듭니까? 그런 점에서 이 시대에 가톨릭 신앙의 이름으로 공의회라는 지렛대를 활용한 일종의 가톨릭 르네상스가 필요한데 그 주역이 실은 한국교회가 아니겠는가? 또 풍요 경제의 세계적 확산이라는 관점에서 보아도, 정신이 제대로 되지 않으면 제대로 문화는 꽃 피울 수 없는데, 가톨릭 신앙만한 제대로 된 정신의 보고가 없지 않느냐. 그런 점에서 정 몬시뇰님께서 세상의 모든 지역교회 가운데 한국교회가 가장 중요하다고 말씀하셨고 그것이 우선 한국교회의 존재 의의가 되고 그 다음에 국가로서의 한국의 존재의의가 된다고 생각합니다.

차 신부_ 유럽교회와 미국교회를 체험한 제가 교회 현상, 소위 말해서 소공동체나 집회들을 볼 때 한국교회 신자들의 결속도가 가장 좋습니다. 뭐 하나 하자고 하면 다 모일만큼 적극적입니다. 하지만 아직도 신학자 분들은 체계적으로 우리가 가지고 있는 것이 이 정도다 하고 스스로 평가하지 못합니다. 많은 분들이 이렇게 잘 되는데도 또 밖에서 뭘 배워오려고 합니다. 그런데 우리가 배워오는 데는 허당입니다. 공부하면서 용어에 휘둘리는 겁니다. 예를 들어 영어로 공부를 한다면 자신보다 영어를 멋있게 쓰는 미국 학자의 말에 휘둘리는 거는 좀 바꿔야 됩니다. 현상을 그대로 설명하는 학자가 되어야 합니다. 물론 무턱대고 한국교회가 잘났다는 것은 아닙니다. 객관적으로 봐도 한국교회에는 여러 가지 문화적으로 경제적으로 차기 가톨릭에 큰 영향력을 끼치는 학문적, 영성적 바람이 일어나야 합니다. 또 일어날 것입니다. 이런 예견도 예견이지만 우리의 책임을 말하고 있는 것입니다.

정 교수_ 그렇습니다. 예견도 예견이지만 책임도 느껴야 합니다. 비유가 어쩔지 모르겠지만 구약성경에서 하느님께서는 어떤 위기에서 그

위기를 돌파할 소수의 의인을 두셨습니다. 그렇다면 현대의 복잡함 속에서도 하느님의 경륜으로 타개해야 할 난제가 있을 것이고, 그 난제를 풀어내기 위한 꺼지지 않는 불꽃이 어딘가 있을 것입니다. 이 불꽃이 우리가 모르게 많을 수도 있고 또 찾으면 있는 것입니다만 그중에 가장 현저하게 모든 사람들이 알아볼 수 있게끔 하는 존재가 정 몬시뇰과 한국교회라고 생각합니다.

차 신부_ 한국이 영혼의 지대가 되는 것은 주변국과의 관계 속에서 이뤄내야 합니다. 우리가 중국과 일본을 이끌어가는 인권 선진국, 도덕 선진국, 영성 선진국 즉 문화선진국이 되어야 합니다. 일본은 책임감이나 기업문화가 성숙되어 있긴 하지만 일본 국가 정신 자체가 침략주의적이고 제국주의적이며 독도 분쟁이나 영토 문제로 세계의 신용을 얻고 있지 못한 것이 사실입니다. 중국은 완전히 하부구조가 유물론으로 가버렸습니다. 이제 아시아를 놓고 바라봤을 때, 결국 스위스나 오스트리아 같은 작은 나라들이 유럽에서 문화의 꽃을 피운 것처럼 아시아에서는 우리 한국의 몫이라고 봅니다.

정 교수_ 제가 독일에서는 2년, 미국에서는 잠깐 맛만 보았으나, 그에 앞서 일본에서 6년을 공부했습니다. 그래서 일본이라면 조금 말할 수 있습니다. 일본 친구들은 저를 일본 사람보다 일본의 장점을 더 잘 뽑아낼 수 있는 사람으로 더러 인정해 줍니다. 제가 일본이 세계 인류에게 전파해야 할 미덕이라면서 어떤 것들을 말해주는 게 있기 때문인데, 당연히 쓴 소리도 많습니다. 그 쓴 소리 중의 하나가 독도 문제와 센카쿠 문제입니다. 왜 중국이 센카쿠 열도를 자기네 땅이라고 우기고 티격태격 하게 되었느냐? 그것은 일본이 독도를 견강부회, 적반하장 자기네 땅이라고 우기기 때문이니 빌미를 제공한 것은 일본이라는 것입니다. 일본이 독도에서 깨끗이 손을 떼었다고 한다면 중국이 차마 센카쿠를 손대지 못한다고 했습니다. 일본인들이 왜 빤한 것을 못하는가 하면 일본인은 자기네 문화를 보편화시킬 수 있는 역량이 없기 때문입니다. 일본에는 자기네 민족이 갖고 있는 뛰어난 문화적 장점을 인류 전체로 펼치기에는 보편적인 충격파가 없습니다. 과거사 반성을 보세요. 이 보편적인 충격파를 무엇이 제공 하냐면 저는 천주교밖에 없다고 생각합니다. 바로 그런 점에서 정 몬시뇰님의 저서가 희망을 갖게 하는 것입니다. 스위스나 독일이 나라는 작지만 유럽문화의 꽃을 보여 주고 있듯이 한국에 그런 사명이 확실히 있다는 것을 한국인들이 깨달아야 한다면 더욱 그 사명을 이루기 위해서도 그리스도교 신앙이 필요하다는 것입니다.

차 신부_ 교수님의 말씀에 보태어 왜 몬시뇰님과 저희가 만날 수밖에 없었는지 저희 연구소의 존재방식과 연결시켜 말씀드리겠습니다. 제가 공부를 마치고 돌아올 때 쮜레너(P.M. Zulehner) 교수가 제게 말씀해 주신 딱 한 문장을 가지고 왔습니다. 한 마디로 사목이 뭐냐? "사목은 사람을 살리는 것이다." 사람은 교회 안에도 있고 교회 밖에도 있습니다. 그 다음 사람이 죽어있는 양태도 다양합니다. 몸으로만 죽어있을 수도 있고 심리적으로 죽어있을 수도 있습니다. 여러 가지 죽음의 양태에서 교회가 그들을 구제해 주는 것이 사목입니다. 그 문장 하나를 얻어 내고 제가 살을 붙여 가지고 있다가, 저희 교구장님께서 사목연구소를 하라고 하셔서 이 정신을 구현하고 있는 것입니다. 이것은 공의회의 핵심으로 〈사목 헌장〉 2항과 똑같은 말입니다. 처음에는 제가 이걸 구조적으로 접근했습니다. 먼저 선배들이 교육을 했었지만, 신부님들에게 새로운 연구 주제나 학풍, 교회 비전을 전달하는 의무가 있어서 사목을 주제로 전국 교구의 사제 연수를 4~5년 정도 꾸준히 다녔습니다. 그러다가 신자들의 기초적인 신앙에 중점을 두고 교육을 하다 역량이 비축되어 교회 밖에 있는 사람들에게도 영향을 끼치다 보니 몇몇 어른이 응원해주셨는데 한 분이 김수환 추기경님입니다. 제가 그야말로 쳐다보지도 못하는 윗분이시지만 일대일 관계에서는 제 책을 가장 많이 읽어 주신 팬이셨습니다. 그리고 은사님 중에서는 정 몬시뇰님이 응원해 주셨어요. 마침 제가 신부님들을 위해 정 몬시뇰님과 대담을 가질 생각으로, 가지고 계신 생각을 마음대로 털어놓아 달라고 청해 만들어진 만남입니다.

정 교수_ 하느님의 섭리지요. 놀랍습니다. 미래사목연구소가 하지 않았다면 다른 곳에서 몬시뇰님과의 대담은 상상할 수도 없었을 것입니다. 편견과 무지 탓이겠지만 저는 지금도 누가 뭘 쇄신한다고 하면 우선 의심쩍은 눈으로 보는 버릇이 있습니다. 제대로 된 거냐 아니냐 이것이죠. 그런데 몬시뇰께서 무제한 용량으로 하실 말씀 다하시고 이를 곱게 받아서 전달하셨다는 것 아니겠습니까? 그 장이 결국 미래사목연구소였다는 점에서 미래사목연구소의 사명감 안에서 나온 한 열매가 아닌가 합니다.

차 신부_ 다 하느님께서 하신 일입니다. 그때그때 사람을 보내주시는데 정 몬시뇰님을 저희에게 보내주셨고 오늘 대담을 나누며 느낀 것, 정 교수님 역시 쓰시기 위해서 갈고 닦아 놓으신 하느님의 도구라는 생각이 듭니다. 히브리서에 "사실 하느님의 말씀은 살아 있고 힘이 있으며 어떤 쌍날칼보다도 날카롭습니다. 그래서 사람 속을 꿰찔러 혼과 영을 가르고 관절과 골수를 갈라, 마음의 생각과 속셈을 가려냅니다"(히브 4,12)라는 말씀이 있습니다. 이것은 말씀이 진리이기 때문에 뼈와 골수를 쪼개는 분별력이 있다는 것입니다. 정 교수님이 그 분별력과 심미안을 가지셨기 때문에 이 책을 알아보신 것입니다. 우리도 당연히 그런 역할을 해야겠죠. 그것을 우리 신부님들이 공용하셔서 풍요로워졌으면 좋겠습니다.

정 교수_ 이 대담을 통해서 한 분이라도 더 정 몬시뇰님을 알게 되길 바랍니다. 제가 〈평화신문〉에도 썼듯이 이 책을 읽는 데는 체력과 인내가 필요하다. 그렇다면 군데군데 읽으면 안 되는가. 그것도 물론 좋다. 모차르트를 알려면 600곡을 다 들어야 되는 것인데 600곡을 다 못 들을 바에는 하이라이트 50곡이라도 듣는 것이 낫습니다. 그러다 보면 생각이 바뀌어 나머지도 또 듣게 될 수도 있기 때문입니다. 베네딕토 16세 교황께서 페터 제발트와의 대담 중에, 가톨릭교회가 다른 세계 문명들과 마찬가지로 예수님 탄생 후 2천 년이 지나서 쇠진된 것이 아니냐는 질문에 하신 대답을 기억합니다. "그건 사람들이 겉만 보고 또는 서구 교회만 보고 평가를 한 것이다. 속을 보면 다를 수 있다. 자세히 들여다본다면 가톨릭교회는 이 시간 완전히 새로운 창조 앞에 서 있다." 공의회도 이 측면이 있다는 것입니다. 말씀하셨다시피 진리는 쌍날칼 아니겠습니까? 진리를 다른 측면에서 사랑이라고 한다면 사랑은 고통을 수반하는 것이기 때문에 필요한 고통은 기쁘게 겪어야 하고 또 이러한 것들이 하느님 구세사의 완성에 나아가는 과정이 아닐까 하는 생각이 듭니다. 결국은 하느님께서 더 많이 갚아주실 것입니다.

차 신부_ 오늘 의미 있는 대담 감사합니다. 저에게도 힘이 되고 몬시뇰님께도 큰 응원이 되고 이 책을 읽으신 독자들에게도 풍요로운 나눔이 되겠습니다. 고맙습니다.

정 교수_ 우리가 공연히 서양의 눈으로 새로운 모델을 찾아 헤맬 필요는 없습니다. 서구 교회는 쇠진하고 새로움이 없어요. 전통이 남아 있는 것도 아니고 새것이 피어나지도 못하고, 희망적 조짐이 없는 것은 아니지만 대체로 시들어가는 중입니다. 난무하는 건 엉터리 신학입니다. 신학자들이 못 믿다 보니 아예 믿는 사람들까지 못 믿게 만드는 신학인 거지요. 요한 바오로 2세 교황님의 관심사 중에 우리는 앞으로 오실 그리스도를 생각해야 한다는 것이 있었지요. 2천 년 전에 오셨던 그 분은 앞으로 다시 오실 분이고, 이런 관점에서 우리는 미래를 지향하는 신앙생활을 해야 한다고, 다시 오실 그리스도의 관점에서 신앙의 진리를 다시 설명할 줄 알아야 한다고요. 이렇게 보면 서구교회의 모습은 한심하기 그지없어요. 우리 스스로 '진리가 우리를 자유롭게 하리라'는 신앙 진리의 바탕 위에 대담하게 나아가다 보면 그게 일종의 모범을 보여주는 것으로 그 자체가 세계교회의 모델이 될 수 있습니다. 서양에서 안 했으니까 라고 말할 필요는 전무합니다. 〈사목정보〉가 한 발 앞서서 지휘하시기 바랍니다. 지휘자라는 게 무엇이겠습니까? 연주자들과 동시에 호흡한다면 지휘가 아니잖아요. 외람되지만 공의회의 성과를 통한 교회의 미래를 만들어가는 썩어지는 밀알 역할에 미래사목연구소의 사명과 본령이 있지 않을까? 생각합니다. 전능하신 하느님의 축복 있으시길 빌겠습니다.

정리: 김양석

2) 〈가톨릭신문〉 2012년 12월 9일

[정의채 몬시뇰 특별 인터뷰]

사랑으로 열매 맺는 인류 공통문화로 향하다

정의채 몬시뇰(바오로·서울대교구)의 이름 앞에는 대개 '20세기 가톨릭 최고의 지성'이라는 수식어가 함께 자리한다. 그는 석학으로 인정받으며 한국교회 학문 발전과 후학 양성에 이바지해 왔을 뿐 아니라, 복잡다단한 역사적 사건들 안에서 '시대의 징표'를 읽어내고 그에 관한 대안을 제시하는 면에서 탁월한 역량을 보여왔다.

올해 미수(88세)를 맞이했지만 그의 학문 연구와 복음 실천에 대한 열정은 여전히 뜨겁다. 특히 정 몬시뇰은 제 삼 천 년대는 인류문화의 중심이 서구에서 동양, 그 안에서도 한국으로 옮겨오는 시기라고 강조한다. 그는 인류가 하나가 되어가며 더욱 좋은 삶, 공통의 문화를 이루는 제 삼 천 년대는 하느님 창조 경륜의 더 높은 실현 단계라고 확신한다. 이어 제 삼 천 년대 거대한 변화의 흐름 안에서 한국의 선도적 역할과 한국교회의 질적 성숙의 필요성을 강조한다. 무엇보다 세상 안에서 교회는 사회를 선도(先導)하고 또한 선도(善導)해야 한다고 목소리를 높인다.

정의채 몬시뇰의 미수연을 앞두고 진행한 특별 인터뷰를 통해 한국교회와 사회가 나아갈 미래 지향적인 방향에 대한 제언을 들어봤다.

정의채 몬시뇰은 토마스 아퀴나스 사상뿐 아니라 현대의 각종 사상에 능통한 학자로서, 제 삼 천 년대 들어 인류가 다같이 살아야 할 삶, 즉 인류 공통문화 형성을 주창하며, 국내외 학문계와 실천계에 새로운 바람을 불어넣었다. 특히 그의 의견은 세상 안에서 구현돼야 할 교회의 모습과 역할에 구체적인 힘을 실어준다.

정 몬시뇰은 "세속사와 종교사는 모두 하느님의 창조 경륜이고 어느 것도 독자적인 분리 형태로 있을 수 없다"며 "존재론적, 우주론적, 자연사적, 인간학적으로 서로 얽혀 있는 두 면을 분리시켜 완성하려는 것은 큰 착오"라고 지적한다.

이에 따라 "'사랑'을 핵으로 하는 가톨릭교회의 위대한 영성이 제 삼 천 년대 들어 급속히 진행되는 새로운 인류 공통문화 창출과 발전에 빛과 소금, 누룩의 역할을 해야 할 중대한 사명을 지닌다"고 역설한다.

인류 공통문화 창출

현대 사회의 모습에서 먼저 돌아봐야 하는 것 중 하나가 미래에 대해 질문하지 않는 우리의 모습이다. 현재는 미래를 위한 준비과정이기도 하다. 하지만 현대인들은 지금 이 순간의 나만을 생각하고, 지금이 꼭 끝인 것처럼 살고 있다.

정 몬시뇰은 이러한 모습을 지적하며 모든 사람들이 하나로 일치되어 살아가는 '인류 공통의 문화'에 대해 설명한다.

그가 말하는 인류 '공통문화'는 생명을 사랑하고, 인지(人智)의 발전과 양심, 기술 발전은 모든 생명이 분수에 맞게 해당 권력과 부에 골고루 참여하고 각자의 능력을 충분히 발휘하도록 하는 것이다. 다시 말해 공통문화 안에서 실현되는 인간 삶은 평면적이고 지역적인 성격을 넘어 세계적, 우주적 성격을 지닌다.

정 몬시뇰은 지난 2000년 11월 중국 보인(輔仁)대학교 설립 70주년 기념 세계 철학자 대회에서 이미 제 삼 천 년대 새로운 인류 공통문화 창출을 제안한 바 있다.

그리스도교를 뿌리로 하는 서구 사상은 각양각색의 동양 종교 사상과 만나 인류가 같이 살아가는 공통문화를 형성해야 한다는 것이 정 몬시뇰의 핵심 주장이었다. 그리고 이러한 의견의 초석이 된 공통이념은 '생명문화'였다. 그는 '생명문화'야말로 이 세상의 패러다임을 바꿀 수 있다고 말한다.

정 몬시뇰은 "역사 전체를 보면 전쟁과 그릇된 이념의 지배 등 어둡고 혼란스러운 시기들도 있었지만 이것은 지나가는 역사의 한 토막이며, 다시 하느님께서 창조하신 모습 그대로의 인간성이 발휘되면 아름다운 세상의 모습을 회복한다"고 전한다.

정 몬시뇰은 "인간이 자유를 그릇되게 사용하고, 또한 잘못인 줄 알면서도 일시적인 욕심과 이기심을 부려 혼란이 일고 인간성 자체가 상처받은 것은 사실"이라며 "하지만 전체적으로 인류 역사는 결국 발전되어가며, 이제 인류가 하나 되어가는 과도기에 서 있다"고 말한다.

제 삼 천 년대가 열리면 인류 역사에 새로운 빛이 비칠 것이라고 기대했다. 하지만 경제적 성취와 안락에만 도취된 인류에게 주어진 것은 사회경제 기반의 붕괴와 대립 등이었다.

정 몬시뇰은 "식민지 착취에 이어 미국을 중심으로 세계경제를 멋대로 휘몰아가며 착취를 감행했던 서구 문화는 이제 그 한계에 이르렀고 사양의 길을 걷고 있다"고 지적한다. 이어 "지난 2000년 동안 이어진 서구 중심의 인류문화는 끝이 나고 서서히 그 중심이 동양으로 옮겨오며, 새로운 삼 천 년대 인류문화사의 진화를 영원까지로 제시한다"고 강조했다.

정 몬시뇰은 제 삼 천 년대 인류문화의 중심이 동양으로 이동하는 것은 "예수의 수난과 죽음, 부활에 이르는 인류 구원 경륜에서, 하느님의 모습으로 온 인간이 비록 상처를 받아 탈선을 반복하게 될 지라도 결국은 하느님의 창조 경륜을 이뤄낼 수밖에 없는 전 인류문화사의 흐름을 조감한 결과"라고 밝혔다.

제 삼 천 년대는 하느님 창조 경륜의 더 높은 단계
"세상 질서와 영성 질서는 모두 하느님의 계획에서 나온 것이기에 하느님 창조 경륜의 실천으로 인류 공통의 삶, 즉 인류 공통문화 형성을 교회가 선도(先導) 혹은 선도(善導)해 완성해야 합니다."

정 몬시뇰은 젊은 시절에는 거의 교회 내 활동에 치중했지만, 연륜이 쌓여갈수록 새로운 차원에서 실현되는 하느님의 창조 경륜을 투시해왔다. 이러한 경험을 바탕으로 그는 교회뿐 아니라 사회 전반을 아우르는 통합적 시각을 세워왔다. 이에 따라 정 몬시뇰은 "세상 질서 진행도 결국은 창조주 하느님의 참과 선, 미를 지향해야 하는 것이며 앞으로도 그럴 것"이라며 "그 완성은 그리스도의 사랑의 구속사업 구현"이라고 말한다.

즉 일련의 인간 발전 과정들은 하느님 창조 경륜의 새로운 실현단계로 인류 공통문화 창출과 증진을 촉진시키는 하느님 창조의지의 표출이라는 것이 정 몬시뇰의 설명이다. 물론 인류 공통문화는 끊임없는 확신과 의심 등의 혼란 속에서 많은 시간 동안 시련과 실패와 지속적인 노력을 거쳐 실현될 것이라고 전망한다.

아울러 인류의 공존과 공조, 공영을 실현하기 위해서는 그 어떤 기구나 조직보다 가톨릭교회의 역할이 중요하다고 강조한다.

인류 공통문화 지각변동 속의 한국

정 몬시뇰은 평소에도 우리사회의 모습을 보며 '제대로'와 '한 만큼'의 정신을 강조해오곤 했다. 아무리 작은 일이라도 정성을 들여 '제대로' 하지 않고, 자신이 '한 만큼'보다 더 많은 것을 원하기에 정치·사회적으로 어지러운 문제만 나온다는 것이다.

정 몬시뇰은 지난 2010년 국가원로회의 위원 자격으로 정책 자문을 하는 가운데 "G20 서울선언의 개발도상국가 개발 제안이 실천만 된다면, 그야말로 서울 정상회의는 인류에게 역사적 큰 공헌의 단초를 열어줄 것"이라며 "이번 G20 서울정상회의에서 개도국 개발의 실천적 기구 성립이 있었으면 하는 큰 아쉬움이 남는다"는 의견 또한 전한 바 있다.

최근 인천 송도에 유치된 개도국 녹색성장을 위한 세계기구인 '녹색기구기금'을 예견한 듯한 발언이다. 그는 제 삼 천 년대, 한국의 역할에 더욱 주목해야 하는 이유로 "가장 빈곤했던 식민지 국가, 이념 전쟁으로 초토화된 나라에서부터 세계 10위권 경제 대국으로 성장하고 수혜국에서 시혜국으로 발돋움한 것은 한국뿐이기 때문"이라고 밝혔다. 이어 더욱 구체적으로 서울에 개도국을 위한 개발은행을 설립하고, 청년 문화봉사단을 전 세계에 적극 파견해야 한다고 강조한다.

"선진국과 개발도상국 사이에 위치한 한국의 정치·경제적 위치를 적극적으로 이용하면 시련에 직면한 자본주의 경제를 따뜻한 자본주의 경제로 이끌 수 있습니다. 또한, '행복한 발전' 등으로, 증오와 갈등, 대립과 투쟁의 위기에 직면한 인류 사조의 흐름을 사랑의 실천과 나눔으로 바꿔나갈 수 있습니다."

교회의 선도(先導)와 선도(善導)

그렇다면 누가 어떻게 앞으로 이끌 것인가, 어떻게 착하게 이끌 것인가. 정 몬시뇰은 특히 "평신도들이 사회 곳곳에서 본연의 역할을 할 수 있도록 교육과 지원에서 변화를 이끌어야 한다"고 조언한다.

세상 속에서 살아가는 교회는 세상 변화에 적응하고 선도하면서 함께 호흡하고 함께 변화해 나간다. 그런데 정 몬시뇰은 "이제 교회는 세상 변화에 적응하는 차원을 넘어서 먼저 실천함으로써 미래 지향의 전망을 제시하고, 역사의 흐름을 이끌어나가는 모습을 보여줄 순 없는가"라는 질문을 먼저 던졌다. 교회가 먼저 개혁과 쇄신에 앞장서야 한다는 것이다. 또한 그 안에서 여전히 제시되는 과제는 평신도들의 올바른 역할이라고 말한다.

"현재 한국교회 위치가 어떠한 지 냉정히 돌아봐야 합니다. 보편교회에서는 아시아 및 세계 복음화를 위해 한국교회에 기대하는 바가 큰데, 우리는 과연 그 기대에 응답할 모습을 갖췄는지 고민해야 한다는 것입니다. 무엇보다 고령화되는 현실에서 교회의 앞날이 얼마나 남았을까 심각하게 생각해봐야 합니다."

따라서 정 몬시뇰은 젊은이들이 다시 교회에 돌아올 수 있도록 전력을 다해야 한다고 역설한다. 교회에서 젊은이들의 자리가 비는 것은 막연한 미래에 마주할 문제점이 아니라 현재 맞닥뜨린 사안이라는 것이다.

구체적으로는 젊은이들이 교회에 머물고, 각자의 역량을 올바로 발휘할 수 있도록 돕는 대안으로 이른바 '선교·문화봉사국' 설치를 권고했다.

교구 차원에서 전문 부서를 두고 사제들을 포함한 젊은이들이 넓은 세상으로 나아가 이웃들과 더불어 살아볼 수 있도록 지원해야 한다는 말이다.

정 몬시뇰은 "이제 한국에서만 선교를 하던 시대는 지났으며, 새 시대에는 사랑 실천의 모양새도 바뀌어야 한다"며 "개개인의 의지에만 기대는 사랑 실천이 아니라 교회 차원에서 힘을 실어, 다양한 문화를 이해하면서 돕고, 나아가 보다 폭넓은 공동선을 실현하며 국가 정책도 바꿀 수 있도록 새로운 형태의 사랑을 실천하는 것"이라고 전한다.

생명의 문화에서 사랑의 문화로

앞서 밝힌 대로 정 몬시뇰은 우리 사회 안팎에 '생명의 문화' 개념과 실천사항을 본격적으로 알린 인물 중 한 명이기도 하다. 그는 "새로운 시대는 인류 구원을 위한 새로운 가치관의 정립을 요구한다"며 "지금까지는 물질문명이 정신문화를 압도했지만, 이제는 문화를 더욱 근본적으로 다룰 필요성이 대두됐다"고 설명한다.

"생명수호는 모든 것의 기초입니다. 생명을 사랑하고 윤택하게 하자는 것은 바로 미래를 향한 새로운 인류 가치관의 초석으로, 어떤 종교나 문화도 생명의 가치에 대해서 이의를 제기하진 않습니다. 바로 여기에서 공존과 공생, 공영의 가치관이 나옵니다."

이에 따라 정 몬시뇰은 이른바 '문화회의'도 제안했다. 인류는 인간 본성에 근거한 문화를 바탕으로 전쟁과 같은 다양한 갈등을 해소할 수 있기 때문이다. 정 몬시뇰은 "인간 문화는 결국 누구나 하느님의 모상이기 때문에 결과적으로 하나를 지향한다"며 "문화회의 등을 통해 모든 사람들이 모여 서로 어떻게 존중하고 협력할 지, 생명을 함께 살아갈 방안을 논의해야 한다"고 전한다.

이러한 노력은 무엇보다 젊은이들을 더 높은 단계의 봉사활동, 즉 '사랑의 무조건적인 문화봉사 활동'으로 인도하기 위해 필요한 과정이기도 하다. 정 몬시뇰은 "하느님의 모상대로 만들어진 인간 삶의 표현인 인류문화는 어차피 '사랑의 문화'로 진화해간다"며 "교회가 개인의 연민이나 호의의 애덕과 같은 구태를 벗고 먼저 선도(先導)와 선도(善導)로 생명의 문화를 이끌면, 수많은 젊은이들을 하느님의 나라로 다시 돌아오게 할 수 있다"고 말한다. 젊은이들이 무의식중에 감행하려는 봉사의 원천인 사랑은 하느님 삼위일체의 사랑에서 흘러나온 것이기 때문이다.

"지금 한국의 젊은이들은 그 누구도 상상하지 못했던 놀라운 기운을 세계 곳곳에서 발산하고 있습니다. 지난여름에 열렸던 런던 하계 올림픽에서 이룬 성과만 봐도 알 수 있습니다. 제 삼 천 년대 하느님의 창조 경륜을 실천하는 데에는 한국 젊은이들의 역량이 큰 몫을 차지할 것입니다. 그리고 그들의 몫은 사랑의 문화를 향한 봉사활동을 통해 세계 곳곳에서 이뤄져야 할 것입니다."

정의채 몬시뇰 약력

정의채 몬시뇰은 1925년 평안북도 정주에서 태어나 덕원 신학교 고등부와 가톨릭대학교를 거쳐 1953년 사제품을 받았다. 이탈리아 로마 우르바노 대학교에서 우수한 성적으로 철학 박사학위를 취득한 후 가톨릭대 교수와 대학원장, 총장 및 신학대학장을 역임했으며, 서강대 석좌교수로도 오랜 기간 활동했다.

특히 정 몬시뇰은 서강대 부설 생명문화연구소를 설립, 초대소장을 역임하며 '생명의 문화' 확산과 이를 '사랑의 문화'로 승화시키는 데 매진해왔다. 이렇게 교회 안팎에서 펼친 교육과 학문적 업적 등을 인정받아 제5회 한국가톨릭학술상 본상과 한국가톨릭매스컴상 특별상을 수상했으며, 국민훈장 석류장과 모란장도 받았다.

그동안 펴낸 저서 35권도 학계에서 새로운 지평을 열어나간 결실로 큰 관심을 모아왔다.『형이상학』,『존재의 근거 문제』,『철학의 위안』을 비롯해 토마스 아퀴나스의『신학대전』라틴-한글 대역 시리즈와 차동엽 신부와의 대담집인『모든 것이 은혜였습니다』등이 대표적이다. 특히『신학대전』라틴-한글 대역은 서구 그리스도교 국가의 대표 언어인 이탈리아어와 프랑스어, 독어, 스페인어 및 영어 외 문화권에서는 처음 번역돼 세계 학계에서도 호평한 바 있다. 또한 정 몬시뇰은 수많은 학술 발표문과 시론, 대담 등을 통해 국내는 물론 국제 사회에서 삼 천 년대 인류의 삶인 '인류 공통문화'의 형성과 방향 지시에 탁월한 시각을 제시해왔다.

최근 펴낸 저서『인류 공통문화 지각변동 속의 한국 1』에서는 제 삼천 년대 인류문화 속에서 한국이 나아가야 할 진로와 한국교회의 역할을 탁월한 안목과 혜안으로 밝혀냈다. 이 책은 총3권으로 기획된 인류 공통문화 관련 기획 시리즈 첫 권으로 '한국사회'를 중심으로 내용을 풀어갔다. 앞으로 출간할 2권과 3권에서는 각각 '인류 공통문화 지각변동 속의 한국교회의 역할'과 한국의 현대화·미래화 측면에서 하느님 창조계획의 비전과 실천을 다룰 예정이다.

글: 주정아 기자

3) 〈평화신문〉 2013년 1월 13일

2013년 새해 벽두, 정의채 몬시뇰에게 듣는다

개발도상국 개발안, 하느님 창조경륜 실현의 길

2013년 새해 벽두에 정의채(서울대교구 원로사목자) 몬시뇰을 찾았다. 한해를 시작하면서 세상이 어떻게 돌아가고 있는지 묻고 싶었다. 앞길이 막막할 때 흔히 지혜의 샘인 고전(古典)에서 해답을 찾는다. 살아있는 고전 같은 어른이 정 몬시뇰이다. 인류 문명의 흐름과 인류가 나아갈 방향까지 짚어내는 원로는 정말 흔치 않다.

지난해 미수(88살)를 지내고 아흔을 눈앞에 둔 나이임에도 인터뷰 3시간 내내 보여준 열변과 열정은 한겨울 혹한을 무색하게 했다. 우리나라와 한국교회, 나아가 인류를 향한 무한한 애정이 없다면 불가능한 일이다.

박 대통령 당선인은 법과 원칙 지켜야

최근 대한민국을 요동치게 했던 것이 제18대 대통령 선거다. 앞으로 5년간 대한민국을 이끌 박근혜 대통령 당선인에게 하고 싶은 말을 물었다. 정 몬시뇰은 박 당선인이 2010년 4월 서강대에서 명예박사 학위를 받을 때 만찬장에서 만나 당부했던 말을 상기시켰다.

"박 당선인 평소 소신처럼 원칙을 지켜야 합니다."

정 몬시뇰은 먼저 박 당선인이 많은 정치인들과 달리 말을 쉽게 바꾸지 않는 정치인이라는 점을 긍정적으로 평가했다. 그러면서 무엇보다 법과 원칙을 준수해달라고 요청했다. 편법이 난무하는 사회에서 원칙을 지킨다는 말처럼 무서운 것도 없다고 했다. 대기업과 노동자 관계 등 특히 경제 분야에서의 원칙 고수를 강조했다.

"지금 우리 기업은 세계적 수준입니다. 기업가들은 지금까지 그래 왔던 것처럼 앞으로도 알아서 잘 기업을 운영할 겁니다. 그냥 두면 됩니다. 그러나 부정한 상속이나 탈세, 담합 등과 같은 행위에 대해서는 법에 따라 철저하게 다스리고 세금을 부과해야 합니다. 법에 의거 국가가 회수한 돈은 근로자와 소외된 이웃을 위해 써야 합니다. 억울함을 없애고 자연스럽게 정의를 실현하는 방법입니다."

정 몬시뇰은 박 당선인이 원칙과 법에 따라 국가를 운영하려면 같이 일할 사람을 잘 골라야 한다고 주문했다. 인사를 공개적으로 투명하게 해야 문제가 있는 사람은 걸러내고 제대로 된 인물을 뽑을 수 있다는 지적이다. 정 몬시뇰은 "법과 원칙에 따라 일할 수 있는 사람들이 분명히 있을 것"이라면서 국민에게 읍소를 해서라도 인재를 구하는 일에 적극 나서야 한다고 목소리를 높였다.

정 몬시뇰은 박 당선인이 성심여중·고를 다닐 때 담임을 했던 지인에게서 전해들은 당선인의 학창 시절 일화도 들려줬다. 박 당선인이 줄곧 반장을 한 것이 대통령 후광 때문이라는 인식은 잘못됐다는 것이다.

"학급에서 문제가 생기면 박 당선인이 나서 조용히 해결하고 반을 편안한 분위기로 이끄는 지혜로운 면모를 보였다고 합니다. 그러니 반장 선거를 하면 꼭 뽑혔다는 겁니다. 대통령 딸이라 담임이 반장을 시켰다느니 하는 말은 전혀 근거가 없답니다."

함께 잘 사는 미래를 꿈꾸며

정 몬시뇰은 '2010 G20 서울정상회의' 의장국 의장으로서 의제를 고민하던 이명박 대통령에게 2010년 5월 청와대 국가원로회의에서 '개도국개발안'을 의제로 삼을 것을 강력히 제안하고, 이 대통령이 이를 받아들여 의제로 정한 것은 잘 알려진 이야기다. 영국의 〈가디언〉을 비롯한 세계 유력 언론들은 새 천 년대 인류의 지표가 대한민국에서 나왔다고 대서특필했다. '개발도상국 개발안'이 세계인의 화두로 떠오른 것이다.

정 몬시뇰은 개발도상국 개발안은 '너나 할 것 없이 모두가 함께 잘 살자'는 보편적 연대의 다른 표현이라고 설명했다. 물론 그 뿌리는 예수 그리스도께서 가르쳐주신 사랑이다. 이 의제가 21세기 인류에게 큰 충격을 준 이유는 무엇일까.

"지난 500년간 선진국들은 식민지 착취를 통해 배를 불려왔습니다. 비록 식민지는 없어졌지만 선진국들이 세계 경제를 주무르고 있는 것은 변함없습니다. 제가 주창한 '개발도상국 개발안'은 선진국들이 서구 중심 경제의 한계를 인정하고, 함께 잘 사는 지구촌을 만들기 위해 개발도상국들에게 손을 내밀어야 한다는 것입니다. 경제적 부에서만 행복을 찾는 뉴욕 월가(街)식 가치관은 새 천 년대와 어울리지 않습니다. 선진국에 기득권을 포기하라고 했으니 충격일 수밖에요."

정 몬시뇰은 인류문화의 중심이 서구에서 동양으로 옮겨 오고 있으며, 그러한 문화의 흐름을 이끄는(先導) 데서 그치지 않고 잘 이끄는(善導) 열쇠는 우리나라가 쥐고 있다고 단언했다. 일제 치하와 6·25전쟁의 폐허를 딛고 기적과 같은 발전을 이룩한 대한민국은 그러한 역할을 충분히 해낼 수 있다는 판단이다.

"일단 경제적 관점에서 보더라도 선진국이 쏟아내는 그 많은 상품들을 소화할 수 있는 지역은 동양밖에 없습니다. 문화의 축도 경제력이 있는 동양으로 따라 오게 돼 있습니다. 우리나라가 또 어떤 나라입니까? 개발도상국에서 선진국 문턱에 들어선 거의 유일한 나라입니다. 172개 개발도상국이 부러워하고 본받으려는 나라입니다. 선진국과 개발도상국의 접점으로서 할 일이 많은 거죠. 그런데다가 '개발도상국 개발안'이라는 화두까지 던진 나라이니, 그 위상이 더할나위 없이 높아진 겁니다."

청년들을 세계로 파견

정 몬시뇰은 점심식사를 할 때 젊은이들이 많이 모이는 식당을 자주 찾는다. 젊은 층 분위기도 보고, 주위에서 들리는 이야기도 귀동냥하고, 이것저것 직접 물어보기도 한다. 요즘 젊은이들은 어떤 생각을 하고 사는지 궁금해서다. 한시도 젊은이들에 대한 관심을 놓은 적이 없다. 정 몬시뇰은 젊은이들을 세계로 내보내야 한다고 주장했다.

"청년 문화 봉사단을 만들어서 파견해야 합니다. 6·25전쟁으로 우리는 말로 표현하기 힘든 고통을 겪었습니다. 그렇지만 굶주림과 무지, 질병 등을 극복하며 문명사회를 이룩했습니다. 그 경험과 최근 불고 있는 한류 바람은 이전 세대가 생각지 못했던 새로운 문화 동력으로서 개발도상국뿐 아니라 선진국까지 휘어잡을 힘을 갖고 있습니다. 그 중심에 있는 젊은이 수십 만 명을 해외로 내보내야 한다는 것입니다. 청년들은 사랑의 봉사로 세상을 바꿔야 합니다."

정 몬시뇰은 "젊은이들에게 보수를 주고 외국에서 문맹퇴치와 교육·의료 봉사 등을 하게 하려면 적지 않은 비용에 들겠지만, 청년실업 문제로 생길 수 있는 세대 간 갈등을 막는 모범사례가 될 것"이라며 "우리 젊은이들이 지구촌 인류의 삶을 향상시킨다면 그보다 좋은 일이 어디 있겠냐"고 반문했다.

모든 것은 하느님의 구원 섭리

정 몬시뇰은 새 천 년대는 하느님 창조경륜이 더 높은 단계로 나아가는 시기임을 확신했다. 정 몬시뇰은 인류의 삶이 함께 잘 사는 방향으로 나아가는 것이나 한국이 그 중심축을 이루는 것 모두 하느님 뜻이 실현되는 과정이라고 말했다.

"하느님은 이 세상에 태어나는 사람 모두가 행복하게 살게 하고자 만물을 창조하셨습니다. 인류가 함께 만들어가는 문화의 새로운 흐름은 하느님을 닮으려는 인간의 사고와 행동이 결집된 결과입니다. 새 천 년대는 사랑으로 하나가 되는 때입니다. 모두가 함께 잘 살려고 노력하는 때입니다. 그리스도교는 사랑의 종교입니다. 그리스도교의 역할이 커져야 합니다. 그리스도인이 더욱 분발해야 하는 이유입니다."

글: 남정률 기자

4) 〈조선일보〉 2012년 10월 26일

세 번째 밀레니엄은 한국이 선도할 것

'천주교 지성' 정의채 몬시뇰 한국 미래 내다본 새 책 발간

"G20 서울선언의 개도국 개발 제안이 실천만 된다면 그야말로 서울정상회의는 인류에게 역사적 큰 공헌의 단초를 열어 줄 것이다. 필자에게는 이번 G20 서울정상회의에서 개도국 개발의 실천적 기구 성립이 있었으면 하는 큰 아쉬움이 남는다."(2010년 11월 13일 · 622쪽)

한국 천주교의 대표적 지성인 정의채(鄭義采 · 87) 몬시뇰이 『인류 공통문화 지각변동 속의 한국』(위즈 앤 비즈) 1권을 펴냈다. 2000년 이후 최근까지 언론 인터뷰 및 기고 등을 묶고 새 글들을 보탰다.

정 몬시뇰의 지론은 "세 번째 밀레니엄(2000년대)은 동양, 그중에서도 한국이 선도하게 된다"는 것. 신간에도 그런 주장이 예언자적 선언처럼 담겼다. 그는 "새 천 년 새 질서는 '새 술을 새 부대에 담으라'는 지혜를 실현하는 것"이라고 말한다. 그가 한국의 역할에 주목하는 이유는 "가장 빈곤했던 식민지 국가, 이념 전쟁으로 초토화된 나라로부터 세계 10위권 경제 대국, 수혜국에서 시혜국으로 발돋움한 것은 한국뿐"이기 때문이다. ▲ 20만 청년 문화봉사단 파견 ▲ 서울에 개도국 위한 개발은행 설립 등은 그가 제시하는 실천 방안이다. 선진국과 개도국 사이에 자리한 한국의 정치 · 경제적 위치를 적극 활용할 수 있다는 이야기다. 정 몬시뇰은 또 "'따뜻한 자본주의', '행복한 발전' 등의 말에서 나타나는 인류 사조 흐름의 근본은 사랑으로 나누는 것"이라고 지적한다. 노무현 정부 이후 굵직한 이슈와 사건들에다, 세계사와 사상계의 흐름까지 조망하는 거대한 책인데도, 1980년대 말 민주화 운동 시기 명동성당 주임신부를 맡았던 기억이나 G20 회담을 앞둔 국가원로회의 일화처럼 세상을 움직인 사건의 이면도 들여다볼 수 있다.

제자인 미래사목연구소장 차동엽 신부는 발간사에서 "복잡다단한 역사적 사건 속에서 '시대의 징표'를 읽어내고 굵직한 대안을 제시하는 실천 이성에서 정 몬시뇰은 그 지혜의 크기를 가늠할 수 없는 거목"이라고 했다.

글: 이태훈 기자

5) 〈조선일보〉 2013년 4월 15일

몸으로 먼저 섬기는 교황… 이게 새 밀레니엄이 갈 길

[정의채 몬시뇰이 본 새 교황]
섬기고 나누는 삶은 이상적? 모두가 사는 가장 현실적인 길, 더 이상 말이 아닌 실천해야… 한국도 훌륭한 성직자 많지만 더 성찰하고 더 노력해야 해

"워런 버핏 같은 억만장자들이 사후(死後) 재산 기부 운동을 합니다. 또 동남아 쓰나미, 아이티 대지진 같은 재난 현장에는 세계 젊은이들이 모든 것을 걸고 남을 살리려 뛰어듭니다. 아무도 억지로 시키지 않았는데도요. 인류의 의식이 과거와 다른 수준으로 고양되고 있는 것입니다. 가난, 겸손, 섬김을 강조하는 새 교황은 이런 변화의 상징입니다."

프란치스코 교황의 행보는 연일 파격이다. 13일에는 각 대륙에서 1명씩 뽑은 추기경들로 자문단을 구성해 교황청 개혁 작업에 착수했다. 세계사적 흐름을 관통하는 혜안을 가진 가톨릭의 대표적 석학 천주교 원로 정의채(88) 몬시뇰에게 새 교황 행보의 의미를 물었다.

― 새 교황이 드러낸 시대적 의미는.

"요한 바오로 2세 교황은 세 번째 밀레니엄을 맞이할 기반을 닦았다. 동구 출신으로 공산주의가 무너지는 데 큰 영향을 끼쳤다. 신앙은

보수적이지만 행보는 진보적이었다. 위대한 신학자인 베네딕토 16세는 진리의 문제에 집중했고, 교회도 '숨 고르기'를 했다. 이번 교황은 젊어서부터 스스로 실천해온 가난, 겸손, 섬김을 새 시대정신으로 제시했다. 강자와 약자, 부자와 빈자, 선진국과 개도국이 겸손하게 나누고 섬기며 함께 살아가야 할 세 번째 밀레니엄의 첫 삽을 뜬 것이다."

― 역사적 관점에서 본다면.

"첫 밀레니엄에 교회는 '하나님 앞의 평등' 메시지로 고대 노예제를 무너뜨리는 데 주도적 역할을 했다. 두 번째 밀레니엄엔 신학·철학·음악·건축·미술 등 문화의 꽃을 키웠다. 하지만 세계는 […] 인류의 지적 고양을 감당하지 못했다. 무신론에 끌리고, 물질주의 혁명이 일어나고, 인간이 인간을 착취했다. 폭력의 식민지 시대가 수백 년 이어졌다. 새 교황은 식민지였던 남미 출신이지만 가계(家系)는 유럽이다. 케냐인 아버지와 미국인 어머니의 오바마가 미국 대통령이 됐듯, 그 자체로 거대한 세계사적 의미가 있다."

― 예수회 출신으로 교황 명을 프란치스코로 했다.

"비대해진 교권을 비판하며 본래 정신으로 돌아가자는 수도원 운동의 대표 인물이 프란치스코 성인이다. 예수회는 선구적 대학 교육과 세계 선교 시대를 열었다. 새 교황은 실천이 전면에 부각되는 시대정신을 드러낸다. 세상엔 한 끼니, 주사 한 대가 없어 굶어 죽고 아파 죽는 사람이 여전하다. 부자도 선진국도 겸손해져야 나눌 때 위세 부리지 않는다. 그것이 시대적 의미의 속죄이고 진정한 섬김이다. 교황은 말이 아니라 실천해야 할 때임을 이름으로도 웅변하는 거다. 그를 통해 이 시대정신은 계속 확산할 것이다."

— 선진국이 개도국을, 부자가 빈자를 섬긴다는 게 이상적이긴 하지만, 가능할까.

"모두 함께 살아남는 가장 현실적인 길이기도 하다. 지금 선진국은 잉여 생산물을 팔 데가 없다. 개도국을 발전시켜 구매력을 갖추도록 도와야 같이 살 수 있다."

— 한국 가톨릭교회에 갖는 의미는.

"아르헨티나는 나눔·겸손·섬김을 실천해온 성직자와 교회의 전통이 축적됐기에 새 교황을 낳을 수 있었다. 한국에도 훌륭한 분들이 많았지만, 더 성찰하고 더 노력해야 한다. 특히 젊은이들을 어떻게 돌볼 것인지 고민해야 한다."

— 다들 힘들다고 아우성인데, 몬시뇰님은 늘 희망을 말한다.

"옛말에 '내일에 속아 산다'고 했다. 6·25와 전후 시대에도 우리는 희망을 잃지 않았다. 스탈린과 히틀러 체제도 결국 무너졌고, 인류는 더 발전했다. 청년 60만 명을 '문화봉사단'으로 미개척지에 내보내자고 늘 얘기해왔다. 청년은 일자리를 얻으니 살고, 새 시장을 개척하니 기업이 살고, 모두가 함께 살게 된다. 교황의 '섬김' 정신에 동참하는 길이며, 우리 스스로 희망을 개척하는 길이다. 그 근본은 인간과 자연

사랑의 실천이다."

글: 이태훈 기자

6) 〈중앙일보〉 2013년 3월 28일

한국 정치 불안해도 젊은이들 똑똑해 30~40년은 괜찮을 것
사제 수품 60년 정의채 몬시뇰 … 오늘 명동대성당서 축하 행사

국내 천주교계 원로인 정의채(88) 몬시뇰. 가톨릭 고위 성직자에게 붙이는 존칭인 몬시뇰이 그처럼 어울리는 사제도 흔치 않다. 그가 신부가 된 건 한국전쟁 막바지인 1953년 8월. 그의 사제 수품 60주년을 축하하는 자리가 28일 오전 10시 서울 명동대성당에서 열린다.

정 몬시뇰은 신학에 대한 해박한 지식과 현실에 대한 따끔한 발언으로 한국 가톨릭의 '맏형' 역할을 해왔다.

지난해에는 문명비판서『인류 공통문화 지각변동 속의 한국 1』도 냈다. 세계사의 중심이 서양에서 동양으로 넘어가고, 그 과정에서 한국의 역할이 크다는 내용이었다. 앞으로 2, 3권을 계속 낼 예정이다. 서울 압구정동 숙소에서 그를 만났다.

— 사제생활 60년, 흔한 경우가 아니다.

"만감이 교차한다. 시간이 빠르다는 걸 실감한다. 거의 아흔이니 상당히 오래 살았다. 한바탕 꿈만 같다. 이만큼 살았지만 솔직히 말해 죽을 것 같지는 않다. 신앙인으로서 영원히 산다고 믿으니까 그런 것 같다. 나이 드니 좋은 점도 있다. 나쁜 기억은 사라지고 좋은 기억만 남는다."

― 가장 보람 있던 일이라면.

"평북 정주에서 태어나 한국전쟁 때 월남했다. 인민군이 내 머리와 가슴에 총을 겨눈 적도 있다. 우여곡절 끝에 부산에 내려가 초량동 성당에서 사목활동을 했다. 너무나 힘겨웠던 시절, 희망을 불어넣어야 했다. 강론 시간에 우리는 다시 일어설 수 있다, 반드시 통일 될 거다, 이런 얘기를 자주 했더니 매년 신자가 크게 늘었다. 사목 생활 4년째인 56년에 1700명에게 영세를 줬다. 신부 한 명이 한 해 100명 세례 주면 잘 주는 거라고 하던 때였다."

정 몬시뇰은 진보·보수 어느 한쪽에 갇히지 않으면서 사회 현안에 대해 적극적인 발언을 해왔다. 노무현 정부 때는 대통령의 '가벼운 언행'을 꼬집었고, 이명박 대통령 시절엔 4대강 사업을 비판했다. 그는 박근혜 대통령에 대해서도 "사람을 잘 써야 하는데 인사가 폐쇄적으로 됐다"고 지적했다.

― 지난해 발표한 책의 스케일이 컸다.

"세계사를 1000년(밀레니엄) 단위로 끊어 보자고 했다. 첫 번째 1000년에는 예수가 태어나 노예제가 없어졌다. 두 번째 1000년에는 서구 열강의 제국주의가 성했다. 앞으로 새 1000년에는 세계사의 중심이 서양에서 동양으로 넘어올 것이다. 경제 기적을 일군 한국이 할 일이 많은데 새 정부는 이런 거대한 변화에 둔감한 것 같다."

― 담론이 너무 큰 것 아닌가.

"아니다. 우리 젊은이들은 어디 내놔도 경쟁력 있다. 우리나라는 정치인들이 제 역할을 못해도 젊은이들 때문에 앞으로 30~40년은 괜찮을 거다. 특히 한국은 서방 선진국들이나 일본과 달리 아프리카·아시아의 개도국들에 역사적으로 빚진 게 없다. 지난해 UN 녹색기후기금(GCF) 유치에 성공한 것도 170여 개도국들의 지원을 받은 결과다. 이런 점을 잘 활용하면 한국은 더 발전할 수 있다."

― 기성세대가 분발해야 하나.

"박 대통령이 이런 변화를 감지하고 좀 더 큰 안목을 가졌으면 한다. 세계의 흐름을 통괄하는 사람이 대통령 주변에 별로 없는 것 같아 안타깝다."

이야기는 자연스럽게 최근 새 교황 프란치스코를 맞아 뭔가 분위기 일신을 꾀하고 있는 로마 가톨릭 쪽으로 넘어갔다.

― 새 교황 덕분에 변화가 올 것으로 보나.

"교황이 유럽 밖에서 나왔다는 것, 역사의 터닝포인트를 찍은 셈이다. 백인 중심, 로마 중심의 세계가 달라질 것이다. 가장 심하게 착취당했던 남미에서 교황이 나왔다는 것 자체가 그렇다. 다음 교황도 유럽에서 나올 가능성이 크지 않게 됐다."

― 기대가 매우 크신 것 같다.

"새 교황의 인상이 굉장히 부드럽다. 자기 덕성에서 나온 얼굴이다. 가난과 겸손이다. 남미의 가난, 선진국 착취에 따른 가난을 뼈저리게 느꼈을 것이다. 다음 시대에 교회가 가야 할 길을 제시했다. 취임 미사 때 섬김을 하자고 했다. 바티칸의 힘은 보통이 아니다. 우리도 손을 잡아야 한다. 권력은 평민에게, 그리고 부는 빈자에게, 그 밑바탕에는 사랑이 있어야 한다."

– 요즘 지내시는 건 어떤가.

"지난해 척추수술을 받았다. 석 달 동안 병원에 있었다. 지팡이 짚고 앉았다 일어나는 게 불편하지만 식사는 잘하고 있다."

글: 신준봉 기자

3. 정의채 몬시뇰의 삶_ 편집부 편

정의채 몬시뇰은 2012년 초 3개월 간 입원하고 미수(米壽)를 지내는 노령인데도 무게 있는 책, 3천 년대 들어 이 민족과 인류에게 갈 길을 제시하는 3권의 거작(巨作)을 내셨다. 30여 년간 독자적으로 (근년 들어서는 문하생 학자들과 후배 학자들과 공동 번역) 해오던 가톨릭 학설의 핵심이며 정수인 성 토마스 아퀴나스의 『신학대전』 라틴-한글 대역의 제12권도 출판하는 계기에 놀라운 학문적 활동과 교회적, 국가적, 세계적이며 인류사(史)적이고 미래지향적이며 예언적이고 실천적 활동을 어떻게 해 왔는지를 요약 제시하고자 한다.

정의채 몬시뇰은 민족의 비극 6·25 한국전쟁을 겪으며 전전하는 피난살이 신학교 삶을 거쳐 사제직에 올라 부산에서 보좌 생활을 시작했다. 이 기간에 가장 많을 때에는 1년에 1,700명을 영세시키는 등 지칠 줄 모르는 사목 활동을 했다. 정 몬시뇰의 어린 시절 남·북한 통틀어 약 15만 명이었던 신자에서 남한으로 올 때는 약 18만(그 중 3

만 정도는 북한 신자)이었던 것이, 2009년경에 5백 만을 넘는 30배 교세의 획기적인 증가세를 이룩한 기간 내내 선교 핵심에서 활동하게 된 것을 하느님의 크나큰 은혜였다고 회고한다.

한편 정의채 몬시뇰은 3천 년대에 들어서도 변함없이 철학계, 자연과학계, 사회정치 경제학계와 실천계, 미래학계에 나타난 비범한 신학자나 성서학자도 제시하지 못했던 인류사의 흐름과 평범한 일상사건, 수없이 명멸(明滅)하는 삶 속에서, 하느님 계획의 더 높은 단계의 실현으로 풀어 예언자적 지혜를 발휘한다. 그렇기에 차동엽 소장 신부의 발간사 말대로 사건 사건에 따라 시간이 지나면 그대로 적중되고 실현되어 가는 것을 실감하게 되며 사람들을 놀라게 한다.

정의채 몬시뇰은 어린 시절 일제(日帝)식민지 시기에 나라를 지키려다 일본 경찰의 고문횡사 비운에 간 독립투사 가정에서 태어났다. 백부(伯父)가 29세 피 끓는 나이에 신간회 사건, 이른바 105인 사건에 연루되어 일경(日警)의 3개월 모진 고문치사로 사양길을 거듭하던 지사(志士)집 안에서 유년 시절을 보냈다. 소년 정의채는 애국지사였던 남강 이승훈, 도산 안창호, 고당 조만식 선생 등의 민족정신으로 훈육되던 평북 정주 오산학교 시절을 지냈다. 정 몬시뇰이 메리놀회 선교 신부를 통한 천주교와의 해후로 성소의 길을 밟던 중이었다. 한국은 일제 식민 극악 착취와 징용, 징병, 위안부의 성 노예화 등 온갖 억압 중에 해방은 되었어도 38선 이북은 만주를 중심으로 한 일본 관동군과 싸우던 소련군이 38선 이북의 일본군 항복을 받고 남한의 일군 항복은 미군이 받는 등, 미·소(美蘇)의 38선 양분 정책으로 나라는 두 동강이 된 상태였다. 그로부터 근 70년이 되어 오는 오늘에도 혈육조차 오가지 못하는(정치적 쇼의 극소수의 가족 상봉이 있기는 했지만) 조국의 비극 속에 북녘 땅은 종교 박해와 인간성 박해의 비극이 현실화 되었다.

1949년 5월 9일 자정 야밤에 공산정권은 성 베네딕토 수도원과 신학교 사제 수사 전원을 체포 했다. 이는 폐쇄와 더불어 평양교구 주교 신부 평신도 지도자의 전원 체포가 다발적으로 이어졌다. 곧 이은 38분단선에서 남침 총공세로 북한의 하늘과 땅은 신앙 최초 도입자들의 피로 붉게 물들었고 남한도 대부분이 공산 남침으로 순교의 선혈로 젖어 든 형국이 되었다.

국가 비운과의 지극한 우연 속에서 소년 정의채는 가톨릭과의 해후로 사제직 소명(召命)을 받아 수학하며 수련하였다. 당시에는 모든 것을 무위(無爲)로 돌리는 공산정권에 의해 교구와 신학교, 수도회, 주교와 사제, 수사, 수녀 전원과 평신도 지도자 다수의 체포와 학살, 6·25 남침으로 조국 전체 적화(赤化)의 절대 위기 상황이었다. 남·북 젊은 이들이 손에 총칼을 잡고 서로 죽이려다 죽어간 시체의 산더미를 넘었다. 이 세상에서 정의채 신학생의 지기(知己) 중 누구도 그의 소재도 알 수 없었고 어찌 도울 수도 없는 죽음의 극한 상황에서, 오로지 혼신의 기도 하나로 기적적으로 살아 남하(南下)하여 사제의 삶을 받았다. 그러나 국제 공산화와 국제 민주화의 대리전장으로 초토화되어 황폐화된 조국, 남·북 전후방(前後方)에서 1백 만이 넘는 젊은이들의 전사상자(戰死傷者)와 국민 행불자, 아사자, 1천만 이산가족, 계속되는 국민 대다수의 극빈 상황 하에 조국은 국제 최빈국(最貧國)에서 10대 경제국으로의 발돋움하여 인류사(史)상 유례가 없는 수혜국(受惠國)에서 초유의 시혜국(施惠國)으로 발전했다.

정의채 몬시뇰은 주변에서 수없이 일어나는 고락의 크고 작은 사건 속에서 하느님의 창조경륜 실현을 체험하며 틀림없이 읽어 낸다. 정의채 몬시뇰은 절세(絶世)의 큰 두뇌이고 큰 그릇이기에 온 인류 문화사의 종말까지 한쪽 품에 안고 다른 한 손으로 그 갈 길의 새로운 지평을 정확히 지시하였다.

지난 2천 년 서구 중심의 인류문화는 이제 서서히 중심이 먼저 동양으로 이동하고 연이어 혹은 동시적으로 지구 전역과 우주 공간으로 흩어져 갈 지평, 새로운 천 년대, 즉 3천 년대 인류문화사의 진화를 구체적 상황에서 확고한 신념으로 짚어냈다. 정의채 몬시뇰은 조국의 탈바꿈과 놀라운 삶을 국가와 교회에서 체험하며 구현한 인사들 중 지금 몇 안 되는 산 역사의 증인이기도 하다. 젊은 시절에는 거의 교회 활동에 치중했지만 차츰 연륜을 쌓아가며 쉴 새 없이 새로운 차원으로 실현되는 하느님의 창조경륜을 투시함으로써, 국가적이며 세계적인 놀라운 공헌을 하기에 이른 것이다. 그는 세속적인 파당(派黨) 편향은 일절 배척하고, 오로지 세상 질서 진행도 결국은 창조주 하느님의 참(眞)과 선(善)과 미(美)를 지향하며 앞으로도 그럴 것이라고 한다. 그 궁극은 언제나 창조주의 창조경륜이며 그 완성인 그리스도 사랑의 구속사업 구현이라고 한다. 정의채 몬시뇰은 교회나 세속을 막론하고 선행(善行) 성취를 위해 권력 핵심부에서 움직이고 있으나, 언제 어디서나 정정당당하게 말하고 실천하기 위해 권력 자체와는 항상 일정 거리를 두는 것이 그의 삶의 지침이다.

미래사목연구소 차동엽 소장 신부는 "이런 기록을 역사에 남겨야 하겠다"는 의지를 표명하였다. 정의채 몬시뇰은 미래사목연구소장 차동엽 신부에 대해, 우리 시대의 독특한 사도적 일꾼이며 젊은이들의 앞날을 세계로 미래로 열 가능성이 크다고 평가하고, 그의 형안과 과단성에 대해서 찬사와 격려를 보냈다. 차동엽 신부는 정의채 몬시뇰과의 장장 8개월에 걸친 대담을 끝내고 『모든 것이 은혜였습니다』를 발간했다. 또한, 이 3권의 저서 출판을 자청하여 발간사를 쓰면서 20세기 중후반의 세계 신학계와 서구 문화사(史)계를 독무대로 주름잡던 대가 칼 라너 교수(차 신부는 유럽 독일계 대학에서 칼 라너 주제의 논문으로 박사학위 취득)를 앞서 가는 전 인류적이고 우주적이며 종말론적 예언의 큰 사상을 만났으니 그가 바로 자신의 옛 스승 정의채 몬시뇰이라고 말한다. 또한, 차동엽 신부는 정 몬시뇰의 의견을 받아들여 경제적 어려움을 무릅쓰고 〈사목정보〉 영문판을 발간하여 한국교회의 활력에 넘치는 실상을 교황청을 위시하여 세계교회 중추기구와 연구 기관에 알리는 작업을 하고 있어 오늘날 한국교회와 더 나아가 세계교회에 필요한 역할을 하고 있다.

정 몬시뇰은 이제 3천 년대 초기의 사이버 시기를 맞으며 그것도 곧 지나는 '슈퍼 사이버'라고 했다. 이후, 그분의 말씀대로 SNS 시기가 도래했다. 이런 모든 이기(利器)를 매개로 인류는 공존(共存) 공영(共榮)의 삶을 형성할 것이라는 것이 정의채 몬시뇰의 확신이다. 그는, 이런 일련의 인간 발전 과정은 바로 하느님 천지 창조경륜의 새로운 단계 실현인 인류 공통문화 창출과 증진을 촉진시키는 하느님 창조의지의 표출로 보고 있다. 그러므로 정 몬시뇰은, 인류는 선후진(先後進), 빈부차(貧富差), 신분의 존비(身分尊卑), 좋고 싫음(好不好) 등의 어떤 인간 의지와도 상관없이 인류 공통문화를 창출하도록 되어 있다고 확신한다. 지난 세기까지 인간을 움켜쥐고 좌지우지 하던 주의사상도 한바탕 꿈처럼 사라져 가고, 볼 수 있는 눈과 선의의 마음을 가진 사람들로 하여금 원대한 하느님의 계획 실현을 쉽게 이해시킬 것이라고 한다. 시편의 말씀대로 "어리석은 자 마음속으로 '하느님은 없다.' 말하네"(시편 14,1)고 할 교만과 그로 인해 발생할 많은 혼란은 지혜의 이름으로 계속할 것이다. 정의채 몬시뇰은, 물론 이런 혼란 진행 와중에서 인류 공통문화는 많은 시간과 시련과 실패와 노력을 거쳐 실현될 것이라고 전망한다. 그는, 이런 놀라운 인류의 공존(共存), 공조(共助), 공영(共榮) 실현에는 그 어떤 기구나 조직보다 가톨릭의 역할이 중요하다고 확신한다.

정 몬시뇰은 한국인 저자로는 초유의 『형이상학』(2010년 12판), 『중세철학사』(공저, 1998년 10판) 후 저자 요청으로 절판, 성 토마스의 『유와 본질에 대하여』(라틴-한글 대역 2011년 총 7판), 『존재의 근거 문제』(2000년 4판) 등 중판을 거듭한 학문적으로 무게 있는 저서들을 비롯하여 보에티우스의 『철학의 위안』을 번역하여, 2010년 13판을 출간했다. 이는 국내 철학 출판계에 기적에 가까운 일이며, 국내 뿌리 있는 서구 철학을 본연의 자세로 정초(定礎)하는 데 절대적 작업을 한 셈이다. 그렇기에 『중세철학사』 발간을 전후하여 중세 천년의 기초 없는 서구의 근·현대 철학은 허구에 찰 수밖에 없다는 정 몬시뇰 필설(筆舌)의 강력한 소리는 국내 지성계의 폐부를 찔러 4년제 유수 인문대학을 필두로 모든 4년제 인문대학이 중세철학 과목을 개설하게 되었다. 이에 더해 그리스도교의 도래, 즉 하느님의 계시에 근거하여, 완전히 변모 승화된 서구 문화의 핵인 성 토마스 사상의 정수(精髓)인 『신학대전』의 라틴-한글대역 작업은 세계 학문 세계에 한국의 학문적 저력을 과시하게 했다. 『신학대전』 라틴-한글 대역은 선진 그리스도교 국어인 영, 불, 독, 이, 서반어 등 외(外)의 문화권에서는 처음이었다. 일본도 『신학대전』 라틴-일어 대역은 엄두도 내지 못했다. 이는 인류 사상사(史)에서 가장 깊고 오랜 문화를 형성한 중국도 못하던 시기에 한국만이 착수하여 수많은 번역서를 냈기 때문이다.

정의채 몬시뇰은 약 35권의 학문적으로 무게 있는 저·역서와 약 400편의 학술 논문, 대담, 정곡을 찌르는 시사문, 담론 등을 국내외로 발표하여 인류 문화사(人類文化史)적 차원에서 큰 변화의 물결을 일으켰다. 특히 모든 것이 상상을 초월하는 변화 와중에 휘말려 새롭게 될 수밖에 없는 3천 년대 인류 공통문화 형성 여명에 새로운 차원을 열었다. 또한, 내년이 그 분의 사제 서품 60주년인데 금년 미수(米壽)에 『인류 공통문화 지각변동 속의 한국』 1, 2, 3 세권과 성 토마스의 『신학대전』 제12권 등 4권의 책자를 발간하기 시작했다.

염수정 서울대교구장은 자신의 신학교 생활 10년과 서울대교구장이 되기까지 정의채 몬시뇰이 스승이자 인도자로서 자신의 운명과 밀착된 관계를 다음과 같이 표현한다. "신학생 시절 본인은 정의채 몬시뇰에게 철학을 배웠다. 형이상학과 중세 철학, 현대 실존주의와 공산주의 이론 등의 철학 강의를 들으며 기뻐하였다. 그뿐만 아니라 정의채 몬시뇰이 가톨릭대학교 총장으로 계실 때는 사무처 일을 담당하며 보좌하던 일이 새롭다."

염수정 대주교는 신학생 시절에 정 몬시뇰에게 교육을 받았고 오늘에 이르기까지 정 몬시뇰의 헌신적인 도움과 보살핌에 힘입어 서울대교구 보좌 주교직과 총대리직을 거쳐 서울대교구장직에 올랐다. 직무 수행에서 그의 예언자적 통찰과 실천 예시(豫示)에 힘입는 바가 지대했고 앞으로도 그러할 것이기에 그지없는 고마움을 마음속 깊이 간직하고 있다고 한다.

정 몬시뇰은 성 토마스 사상을 깊이 천착하고 현대 사상에도 능통한 분으로서 한국교회와 국가, 사회 인류가 다 같이 살아야 할 삶, 즉 인류 공통문화 형성을 주창하여 국내외 학문계와 실천계에 놀라운 반향을 불러일으켜 인류사 흐름과 전진에 새로운 차원의 변화와 발전을 일구어내는 분이다.

정 몬시뇰은 젊은 한 사제로서 4년여간 자진하여 보좌 생활(6·25 한국 전쟁 시, 사제들의 피랍과 살해, 실종 수가 많았기에 사제 서품과 동시에 주임 신부로 임명되는 것이 관례였다.)을 했다. 6·25 한국전쟁 시, 역사상 유례없는 동족상잔과 1천 만 이산가족으로 찢길 대로 찢기고 허(虛)할 대로 허해진 사람들의 마음에 새로운 희망을 불어 넣으며 희망에 찬 조국의 앞날과 영원한 삶을 제시하는 강론과 교리 강화로 사제 서품 첫 해부터 사목적 성과를 이루었다. 당시 상례(常例)인 일 년에 약 1백 명 영세자를 냈으나 둘째 해에는 5백 명, 셋째 해에는 7백 명을 영세시켰고, 넷째 해에는 2천 명의 예비자를 운집, 1천7백 명 영세자를 내어 큰 화제가 되었다. 한편, 가톨릭교회는 이 땅에서 지성 세계에서 취약하여 지성인 교리반, 즉 대학교수, 여타 교육계 인사, 법조인, 문인, 정치인, 군 고위 인사 등도 정 몬시뇰의 인도로 영세하게 되었다. 앞으로 한국 사회의 발전이 제 궤도에 오를 때에 대비하고자 정 몬시뇰은 더 높은 학문의 연마를 느껴 유학의 장도(壯途)에 오른다. 단층의 부산역은 전송 나온 2천여 명의 전송(餞送) 신자로 뒤덮여 역장이 직접 역내 정비에 나서 진땀을 빼는 등 일대 혼란을 일으키는가 하면, 떠나는 검정 사제복의 한 젊은 사제의 마지막 강복을 받기 위해 꿇어 앉은 신자들이 온 역사와 선로, 플랫폼을 뒤덮은 장관(壯觀)은 그 후 얼마 동안 부산 시내의 화제가 되었다는 후문이다.

서강대학교 문제: 정 몬시뇰은 6·25 한국전쟁 피난 시절, 제주도 피난 신학교와 부산 영도 신학교 시절을 거쳐 사제가 되고 부산에서 보좌생활을 했다. 부산을 떠나기 전, 자신도 의식하지 못했지만 후일

큰 일로 발전할 학문 전당의 기초 작업을 하게 된 것은 하느님의 놀라운 섭리였다는 것을 알게 되었다. 그야말로 보잘 것 없는 자를 당신의 도구로 쓰시는 하느님 섭리의 손길은 신비롭기만 하다.

1956년 경, 예수회 미국 위스콘신 관구장 번즈(Leo Burns) 신부가 부산 서대신동 성당으로 찾아 왔다. 그때 그 본당 주임 신부는 메리놀회 권 요셉 신부(Fr. Joseph Connors M.M.)였다. 권 요셉 신부는 북한 평양교구에서 30년간 선교를 했고 평양 주교좌 성당 주임 신부도 했으며, 메리놀 신학대학장 신부도 역임했기에 문하생 신부들이 한국에도 여러 명 있었다. 그런데 그 예수회 미국 관구장 신부는 예수회 신부가 되기 전에, 권 요셉 신부는 메리놀회 선교 신부가 되기 전에 각각 일반 대학교에서 친한 동기생이었다고 했다. 그런데 서울에 가톨릭 고등교육기관, 즉 대학교가 필요하다는 요청이 교회 내에 팽배해, 노기남 서울교구장 주교가 로마 교황청과 예수회 본부를 방문 요청하여 예수회에서 서울에 설립키로 되었다. 그래서 동양에서 고등교육 경험이 많고 도쿄의 조치(上智) 대학 창립과 운영으로 큰 성공을 거둔 독일계 예수회원 게페르트(Gepert) 신부가 서울에 파견되어 1년여 기간 동안 준비했다. 당시 독일은 패전국이고 한국의 정치 경제 교육 등 사회 전반이 미국식 일변도이기에 서울에서의 대학 건립 건이 결국 미국 예수회 관구로 넘겨졌다는 후문이었다. 그래서 미국 위스컨신 예수회 관구장 신부가 사전 준비 차 한국을 찾게 되었다. 6·25 한국전쟁 이후 당시 거의 모든 외국 비행 왕래와 연결이 부산 수영 비행장을 통해 이루어질 때였다. 그래서 미국관구장 신부가 먼저 동급생이며 친구인 서대신동 본당 주임 메리놀회 권 요셉 신부를 찾아 왔다. 그 본당에 두 주간 넘게 투숙하며 서울 이승만 대통령과 장면 박사를 위시하여 정부 요인들과 접촉하게 되었다. 권 요셉 주임 신부는 한국 문화의 수준 높음을 알고 계셨고 보좌 신부였던 정의채 신부를 아끼고 존중한 분이었다. 미국 관구장 신부는 워낙 출중하고 한국에 대한 경험이 많은 대학 친구 동기생인 메리놀회 권 요셉 신부께 전적으로 대학 창설 문제 자문을 의지하는 편이었다. 그러나 문화에 관한 한, 메리놀 권 신부는 모든 것을 보좌인 정의채 신부와 의논하고 결정하라는 권유했다. 그런데 어느 날 미국 예수회 관구장 신부가 서울 가서 일주일여 동안, 교육계 요로들과 접촉하고 부산으로 돌아와 대학 교육을 시작하지 않고 상당 기간 먼저 고등학교를 하겠다는 것이었다. 그 이유는 대학 교육은 사회에 필요한 인재를 키워내며 책임지는 것인데 한국의 그 당시 현상(극심한 전생 직후라 모든 것이 파괴된 폐허)을 목격하고 온 듯하여 그런 상태에서 교육 받은 고등학교 졸업생들을 받아 대학 4년이 어떻게 제대로 된 인재를 교육하여 사회에 내보내, 책임질 수 있겠느냐는 것이 요지였다. 그는 일본을 거쳐 왔기에 일본 문화 수준의 높이와 한국의 비참과 문화에 대해 말하기도 했다. 사실 그때 한국의 참상은 거지와 문맹(文盲)의 나라였다. 이 모든 것을 어린 사제인 정의채 신부에게 털어놓은 것은 메리놀회 권 요셉 주임 신부가 교육과 문화에 관한 한, 자기 이상으로 생각하고 있는 한국인 정의채 보좌 신부와 대담하라는 제안 때문이었다.

정 신부는 일언지하에 조목조목 반박하며 일본보다 한국 문화가 월등이 높다는 것을 밝혔다. 일본은 문화를 한국에서 전수 받았으며 일본은 2천년 역사이고 한국은 5천 년 역사라는 점, 한국의 비참상은 국제 공산화, 특히 태평양과 아시아, 세계 공산화를 막기 위해 한국이 무수한 생명 희생의 처절한 전선이었기 때문이었다는 논리를 폈다. 또한, 한국인은 본래 근면하고 두뇌가 명석하기에 몇 십 년 후에는 반드시 일어설 것이라는 주장을 폈다. 그러나 관구장의 입장은 일관되었다. 정의채 신부는 그렇다면 정 신부의 선배 신부들도 고등학교 2~3곳을 시작하고 있으니 한국 가톨릭이 하지 못한 것을 요청했다. 개신교는 미국의 힘을 업고 오래 전에 대학을 시작하여 대학교육에서 큰 성공을 거두었으니 한국 가톨릭의 힘이 전혀 미치지 못하는 대학교육을 예수회의 고등교육으로 도와 달라고 애걸했다고 한다. 그래도 요지부동이기에, 그렇다면 '오지 말라'는 당돌한 말까지 하게 되었다는 것이다. 그 마지막 말은 상당히 충격적이었듯 좀 흠칫하더니 그날 밤 기도를 많이 하고 다음 날 아침 미사와 아침 식사 후에 확답하겠다며 헤어졌다. 그분은 밤새도록 자지 않고 기도했다. 그 다음날 아침 식당에서 만났는데 기쁜 소식을 전한다며 어제 밤에 정 신부의 마지막 말, 그렇다면 "오지 말라"는 말을 듣고 정신이 번쩍 들어 기도도 많이 하고 생각을 깊이 해보았는데 대학할 것을 약속한다고 했다. 그러면서 한 가지를 분명히 말해 두어야 한다고 했다. 그것은 약 5백 명의 이르는 관구 사제들의 총회를 거쳐야 하는데 그런 건의는 자문적 성격(당시는 1950년대이고 제2차 바티칸 공의회 전)이기에 관구장 직권으로 결정하고 실행하겠다는 말씀까지 곁들였다는 것이다. 실제로 사제총회에서는 한국이 통일된 다음에 대학을 시작하자는 결의였다. 이런 말은 그 후 2000년 서강대학교 40주년 기념 국제학술회의 때 서강대학교에서 12년간 총장을 지낸 데일리 신부(그 당시 미국 주재)도 젊은 사제로서 그 회의에 참석했는데 총회가 그렇게 건의했는데도 왜 그런 결정이 내렸는지 이해되지 않았다는 것이다. 확실한 것은 그때 총회 결의대로 했으면 아직도 한국이 통일되지 않았으니 서강대학교는 존재하지도 않았을 것이라며, 당시 관구장의 한국에서의 대학 결정과 실천은 가히 예언자적이었다는 분위기를 풍겼다는 것이다.

성심여자대학 설립과 가톨릭대학교 흡수 문제: 가톨릭대학교에 정의채 몬시뇰이 로마 유학에서 귀국하여 혜화동 신학대학에서 철학 교수로 후진 양성을 시작한 다음 해인 1962년 6월 예수성심축일이었다. 정 몬시뇰은 원효로에 있는 성심수녀회로 초청되어 미사를 거행하고 점심 대접을 받고 상담하게 되었다. 그것은 춘천에 성심여자 대학 설립 문제였다. 그때는 바티칸 제 2차 공의회 전이라 엄격한 수녀원 규정으로 당시 비서 수녀를 맡고 있던 주매분 수녀가 윗분들의 의사라며 그런 안에 대한 정 몬시뇰의 의견을 물었다는 것이다. 실은 주매분 수녀를 중간에 세우고 주 수녀가 안으로 밖으로 의견을 날라 회의하는 형국이 되었다. 정의채 몬시뇰은 사리에 밝고 학식이 풍부하며 앞을 투시한다는 평이어서 사방에서 촉망받았다.

정의채 몬시뇰은 왜 하필이면 서울이 아니고 춘천이냐고 물으니, 춘천시에서 교지를 제공한다는 것이었다. 그러면 교지가 어떤 곳이냐고 물었더니 산을 하나 제공받았다고 하기에, 그 산을 정지하는 데 돈이 얼마나 드느냐고 물었더니 당시 돈으로 1억 원이 든다고 했다. 그때 1억 원은 재벌급의 막대한 재산이었다. (박정희 군사정권이 자금 조달을 위해 혁명 후 화폐개혁을 했을 때, 그 당시 5인 가족 1가구에 생활비로 돌려준 돈이 5백 원이었다.) 사실은 반대 목소리가 여기저기서 터져 나오게 될 것을 예상하여 젊은 사제로서 평판이 좋은 정의채 신부가 찬성했다고 답변하려는 것이었던 것을 그 후에 알게 되었다.

정의채 신부는, "노기남 서울교구장 주교가 로마에서 교황청과 성심회 본부에서 청한 것은 서울 시내에서 최고 수준의 가톨릭 여자대학을 위한 것이었다"는 것이다. 정의채 신부는 단도직입적으로 그 때 산 정지(整地)에만 그런 어마어마한 돈을 들이지 말고 수유리(당시에 강남은 아예 개발 생각도 못했던 때)는 원시 상태 그대로이며 땅 값이 싸니 정지 작업에 쓸 돈으로 10만 평 정도 사서 기숙사와 교사를 지어 교육하면 좋을 것이라고 하였다. 마침 유럽에서는 성심회가 여러 나라 왕비 교육도 했다. 그 당시는 일본의 황태자비 미치코(현재 일본 황비)가 마침 동경의 성심여자대학 출신이어서, 성심여자대학 개교는 우리나라 전체의 화제 거리며 최고 교육의 관심사였다. 그렇기에 정의채 신부는 한국교회가 원하는 것은 서울에서 가장 우수한 가톨릭 여자대학을 해야 성공하지 지방에서 시작하면 실패할 확률이 높다는 것을 일러주었다. 그때 마침 성심수녀회에는 로마의 총원장 수녀 일행이 입국 체류하며 춘천 성심여자대학 건립을 심도 있게 논의하는 중이었다. 그들의 생각은 구미(歐美)의 예를 들며, 옥스퍼드 대학도 시작이 런던이 아닌 시골 마을 도시이고 하버드 대학도 시작이 뉴욕이 아닌 시골마을이었다는 것이다. 그리고 총장 수녀는 옥스퍼드 대학 학위소지자라는 권위까지 동원했다는 것이다. 그렇기에 성심여자대학도 서울이 아닌 춘천이라는 것이었다. 그러나 정의채 신부는 수백 년 전에 그것도 그리스도교국인 구미에서 그렇게 했다고 이조(李朝) 왕도(王都) 5백 년으로 모든 것이 서울이 중심이 된 한국에서 그런 논리와 실천 강요는 식민지적 발상이라고 하며, 먼저 서울에서 시작하자고 했다. 여력이 있으면 지방에서도 고등교육을 실천하는 것은 좋지만 지방으로 밀고 나간다면 실패할 것이니 10년 후에 다시 이야기 하자고 대화를 끊었다.

    그뿐만 아니라 정의채 신부는 긴 안목과 시대의 큰 흐름 속에서 중대한 발언을 했다. 그 당시에 (대 신학자, 미래학자도 이해하기 어려웠던) 인류문화는 그렇게 바뀌어 갈 수 밖에 없다는 말을 했는데 그것은 폐부를 찌르는 것이었다. 말 그대로 인류와 특히 교회에 일어날 큰 물결을 예언한 것이었다. 정의채 신부는 당신들이 그렇게 밀고 나가면 꼭 실패할 것인데 그때 당신들은 서구인이니 고국으로 돌아가면 그만이지만, 지금 자라고 있으며 아무 결정권이 없는 방인 수도자들은 파탄의 결과를 고스란히 떠 안고 가야 하니, 이것이 과연 그리스도의 정신이냐고 했다. 정의채 신부가 말한 대로 사태가 진행하면서, 성심여자대학이 폐교의 운명을 맞는다는 소식이 교회 내 특히 로마와 신학계에 퍼지게 되었다. 선교 지대의 문화 존중 사상, 즉 토착문화 존중 사상이 교회 내외를 1970~1980년대에 걸쳐 강타하다시피 휩쓰는 풍조를 몸으로 느끼게 했다. 한국의 교육 사태는 시간이 흐를수록 더욱 더 서울 중심이 되다가 지방에 따른 학군제가 실시되어 성심여자대학은 하위 학군에 묶여 쇠퇴일로를 질주했다. 정의채 신부가 말한 지 만 십 년이 되던 해, 김수환 추기경을 통해 성심여자대학이 서울로 올라와야 할 처지이니 혜화동 신학교 영내가 넓으니 할애할 수 없겠느냐는 문의가 전달되었다. 신학교에서 교수회의를 열었으나 다른 대학이 자리 잡을 만큼 교내가 넓지 않고, 독신 수련을 하는 젊은 청년 신학생들 울안에 묘령의 특출한 여자 대학생들을 불러들여 어쩌겠냐는 반론이 제기 되어 모든 것이 무위가 되었다고 한다.

가톨릭대학 종합대학 문제와 강남 가톨릭 문화 타운 문제: 1980년 가을, 한국 천주교 200주년 기념사업이 한국 주교회의 정기총회에서 결정되었다. 같은 해 12월 말에 실무자 급인 사제 준비 모임을 한 후, 이듬해 1981년 1월 정식 모임을 거쳐, 1984년 12월 하순에 주교단과 임원 종결미사로 한국 천주교 200주년 기념사업 공식 행사를 마쳤다. 그 후, 몇 개월에 걸친 마무리 작업으로 200주년 기념행사는 마쳤다. 교황 요한 바오로 2세 사상 초유의 방한과 한국 순교자 103위 시성식이 교회 역사상 처음으로 순교 현지인 한국에서 거행되어 화려함은 극치를 이루었다. 그러나 200주년 기념행사의 핵심적 행사는 '한국 천주교 200주년 기념 사목회의'였다. 교회의 생명은 언제 어디서나 사목이 그 핵심이기 때문이다. 정의채 몬시뇰은 현장 총책임을 지고 처음부터 200주년 기념 사목회의를 진두지휘하며 세부 사항을 일일이 점검했다. 한국교회는 성직자, 수도자, 평신도가 혼연 일체가 되어 교회 내와 사회 전반에 걸쳐 빛과 소금과 누룩의 역할을 하려 전력을 쏟고 전국 교회가 열화와 같이 한 덩어리로 불을 뿜었다. 그러나 박해에서 살아남기 위해 심산(深山)으로 피신하기에 바쁜 교회였으나 한 번 심호흡을 들이쉬고 내쉬며 큰 기지개를 켜니 효과는 엄청났다. 무엇보다도 경탄과 놀람을 자아낸 것은 교계에 수명 일변도였던 평신도들이 사회 각 분야의 뿌리를 갖는 각 분과의 소속 위원이 되었다. 각 분과위원장은 사제였지만 각 위원은 평신도였고 언론계를 비롯하여 교육계, 정치계, 경제계 등 모든 분야의 전문가가 평신도였기에 그들 자신이 각 분야의 안건을 시작부터 끝까지 책임지고 완성하는 형국이었다. 평신도 사도직을 사회 각 분야에서 활성화 시키는 것이 주목적이었기에 당시 전체 현장 총책임을 진 정의채 몬시뇰은 기회를 십분 활용하여 교계에 대한 충성심 고취와 더불어 평신도 각자가 보유한 전문 지식과 경험 노하우를 십분 발휘하게 하였다. 원래 한국교회 신앙의 최초 도입자는 쇄국주의를 넘어 새로운 천지와 사상과 접할 수 있는 북경에서 한문 글자 서필(書筆)로 교리를 깊이 탐구하고 영세를 받아 스스로 한국교회의 기초를 놓았다. 교황청에서는 한국 200주년 기념 전국 사목회의가 앞으로 전개될 세계 각국 전국 사목회의의 표본이 되리라는 찬사를 보냈다. 한국교회는 선교사가 아닌 평신도가 교회를 외국에서 끌어들인, 교회 역사상 유례가 없는 것을 특징으로 하여 교황청을 위시하여 전 교회가 주목하였다. 정의채 신부는 그때 사상과 도의(道義)로서는 파산을 면치 못할 국가, 즉 국민의 암담한 앞날을 개척하려 몸부림치며 젊은 지성이 명운(命運)을 걸고 중국으로 가 천주교와의 해후했기에, 출발은 미신자(未信者)였으니 그들이 한국에 천주교를 이끌어 들였다는 광의(廣義)의 해석을 한다면 교회뿐만 아니라 세계인을 놀라게 할 사건이라고 했다. 협의(狹義)로는 그들이 북경에서 영세를 받고 교회를 도입했으니 평신도가 자진하여 이끌어 왔다고 해야 하지만, 오늘날 인류문화 선상에서는 더 넓은 해석도 가능하다.

한국 200주년 기념 사목회의 안건은 민초의 뿌리에서 제기된 것이었기에 생기발랄하고 의기 충천하는 것이었다. 그 후 각 교구에서 열린 교구 특성의 여러 사목회의는 200주년 기념 사목회의의 영향을 받았다. 정의채 몬시뇰은 염수정 현 서울대교구장 대주교가, "200주년 사목회의는 원천적이며 통 큰 사목회의였는데 그 후 전국 교구에서 열린 사목회의는 그 후 세세하게 재탕한 것에 불과하다"는 말씀이 기억에 새롭다고 회고한다.

사실 이런 200주년 사목회의는 교황청에 큰 충격을 주었다. 그때 전국 사목회의 일선 총책임을 졌던 정의채 몬시뇰은, 제2차 바티칸 공의회가 훌륭했어도 각국이 자기 실정에 적합하게 되기에는 많은 시간이 걸리고 좋은 점도 많지만 시행착오도 적지 않았는데 한국의 200주년 기념 사목회의는 시작부터 제2차 바티칸 공의회 문헌에 기초했다고 한다. 그 기초 실정은 미래지향적으로 평신도의 가정과 사회생활에서 우러나왔고 교황청에서도 제2차 바티칸 공의회에 바탕한 전국적 사목회의는 세계 초유이고 앞으로 세계 모든 전국 사목회의 모범이 되는 사목회의였다는 찬사도 받았다. 또한, 정 몬시뇰은 세계교회에 한국교회의 실상을 알리고 도움을 주기 위해 의안 전체를 세계교회가 읽도록 영어, 불어, 이태리어, 서반어로 번역하자고 제안했다. 비용은 절약하고 남은 돈 중에 5천만 원만 국제어 번역에 할애해 달라고 간청했다. 그런 소액을 갖고 어떻게 그런 일을 할 수 있느냐는 반론에 정의채 몬시뇰은 선교사 중에서 우리말에 익숙한 선교사들을 차출하여 중요한 번역 일에 봉사하게 하고 우리나라 학자나 외국어에 능숙한 분을 한 분씩 붙여 봉사하게 하되 꼭 필요한 분에게는 생활비로 월급을 주도록 하자고 했다. 그런데도 이 안은 부결되었다. 정 몬시뇰은 그 남은 돈은 200주년 기념 사목회의 분과에서 근검절약한 것이니, 그 전액을 당시 대 기근으로 200만 명이 굶어 죽는다는 이집트에 보내자고 제안하여 일정 부분 이집트에 보냈다고 한다. 그래서 정의채 몬시뇰은 전체 현장 총책을 질뿐만 아니라 가장 왕성했던 평신도 분과를 지도하고 책임지고 있었기에 비용을 아껴, (평신도 자신이 맡은 분야 비용을 직접 대어 절약한 비용까지 합쳐) 평신도 의안을 영역했다. 이를 로마 교황청에 들러 보고 차 영역본을 드렸더니 매우 반가워 했다고 한다. 당시 영국인 교황청 몬시뇰이 그 자리에서 내리 읽으며 자못 놀랐다는 것이었다. 그러면서 그가 하는 말이, 한국에서는 무엇인가 크게 했다 하면 대형 사진이나 보내는데 그런 것은 한 번 보고 감탄하면 그만이기에 실제로 교황청이 전 세계교회를 위해 필요한 것은 그 나라 교회 밑바닥에서 살아 숨 쉬며 움직이는 교회상이라며, 이런 소상한 영역본을 주니 전 세계 대교구에 배부하겠다는 것이었다. 그 후 정 몬시뇰은 수차에 걸쳐 5백 부가량 교황청에 『200주년 기념 사목회의 평신도 영역 의안집』을 보냈다.

    정의채 몬시뇰은 이듬해 남미 여러 나라를 방문하게 되었다. 마치 파라과이의 아순시온 대교구장 대주교를 면담하던 중에, 정의채 몬시뇰이 주도한 『200주년 기념 사목회의 평신도 영역 의안집』을 읽고 있기에 그 책자를 어디서 구했으며 내용이 어떠냐고 물었더니, 로마 교황청에서 받았고 두 번 읽었는데 내용이 좋아 복사하여 파라과이의 모든 교구에 보내 평신도를 일으키는 데 효과적이겠다고 했다고 한다. 그 후 들리는 소식이 그런 식으로 평신도를 활동하게 했더니 파라과이는 물론, 인접한 아르헨티나 교회까지 평신도 운동으로 큰 효과를 거두었다는 후문이다. 또 한 가지 놀란 것은 그 때만 해도 교황청에 평신도 위원회가 있었는데 그 장(長)인 추기경도, 차관 대주교도, 비서도, 사무원도 없이 몬시뇰 한 분 뿐이었다. 그 후 일 년 정도 지나는 동안, 추기경과 차관 대주교 몬시뇰 비서진 등의 모든 기구가 훌륭히 갖추어졌다고 한다. 그것은 분명히 한국 200주년 기념 사목회의 평신도 의안 영역을 교황청에서 돌려가며 읽은 결과다. 그 후 교황청에서 평신도 시노드를 할 때, 영역(英譯)본 수 백부를 더 요청하기에 보내드렸다고 한다. 만일 12개 분과 전체를 영역해 교황청을 통해 전 세계교회에 배부했다면, 상상을 초월하는 결과를 냈을 것이다. 그것은 정의채 몬시뇰의 특징인 가톨릭, 즉 세계적이며 미래지향적인 면이 도처에 내재해 있기에 자칫 곧 지나갈 과거나 현재에 묶이기 쉬운 교회에 현실에 막 다가오는 세계와 미래가 알게 모르게 읽는 이들의 마음을 사로잡기 때문일 것이다.

한국 평신도의 가정과 사회 삶 중에서도 거의 신명을 다 바치다 하는 것이 자녀들의 교육열이다. 신자들의 열심한 신앙생활은 교육, 특히 고등교육, 대학교육에 대한 교회에 대한 기대는 대단한 것이다. 그런 것은 지난 날 교회의 앞날을 환히 밝히며 사회의 빛과 소금, 누룩 역할을 할 교육을 받고자 하는 열성의 폭발이었다. 정의채 몬시뇰은 젊은 사제 시기에 동료들과 함께 앞으로의 사회는 대학교육 여하에 달린다는 것은 강력히 주장하며, 우리 선교사들이 논밭과 소를 사주는 식 말고, 모든 현대 조직 사회 구조를 이루며 시대를 따라 사회 자체를 바꾸어 가는 대학교육의 필요성을 강력히 주장했다. 또한, 이를 여론화하여 결국, 서울교구장 노기남 주교를 적극적으로 움직여 신학교를 대학으로 승격시켰고 서강대학교와 성심여자대학을 유치했다.

한국 천주교 200주년 기념 사목회의의 핵심은 신자가 200만 가까이 불어났고 나라도 세계적인 발돋움을 시작할 정도에 도달했으니 더욱 더 가톨릭 대학의 수가 많아져야 한다는 것이다. 질적인 면에서는 유럽의 명문 대학이 모두 가톨릭에서 시작되었고 훌륭히 성장하여 오늘날 구미 선진 사회를 이루었으니, 200주년 기념 사목회의의 혼은 한국의 일류 대학이라야 한다. 그런데 한국 가톨릭 대학은 세계대학 수준에서 뒤떨진 형편이기에 정 몬시뇰은 인류사회를 급변시키고 대학을 올바르게 변화시킬 선진 대학의 필요성을 강조하여 널리 사람들의 의식을 일깨워 놓았다. 그 결과 평신도 지성층이 대대적인 대학교육의 필요성을 절감했다. 그리하여 자기 자녀들에게 가톨릭 교육을 시키고자 하는 열정이 불타올랐다. 그렇지만 정의채 몬시뇰은 전국 사목회의의 책임을 맡고 있었기에 직접 그 일에 뛰어들 수 없었다. 그것은 기존 가톨릭 대학은 서울대교구의 것이기에 별도의 일이었다. 그러나 내용적으로는 교육 문제에서 사목회의와 밀접하게 관계되어 있었다. 그래서 이 문제는 별도로 서울 유력 평신도 사이에서 진지하게 논의되며 실천되고 있었다. 그들은 우리 사회의 교육 문제 전반은 정의채 몬시뇰의 가르침과 지도를 받는 처지였다. 그런 미래지향적 선진 대학으로 탈바꿈하여 종합대학을 만들려면 앞으로 다가오는 3천년대 인류 공통문화를 선도(先導) 내지 선도(善導)해야 할 것이 핵심이었다. 그런데 정의채 몬시뇰은 자신에 차 있었다. 당시 한국의 대학은 곧 닥쳐오는 인류 변화에 대해 구태의연하고 자아도취에 빠진 처지였다. 그런 상황에서 가톨릭교회가 오랜 역사와 천 년 대마다 인류에 대해 이룬 천지를 바꾼 치적(治績)을 생각하면 새 천 년대에 실현될 인류 공통문화 형성과 한국에서 가톨릭교회가 자리 매김을 하는 데 앞서가는 종합대학을 설립하는 것이 바람직했다. 그렇기에 정의채 몬시뇰이 직·간접으로 널리 일으킨 의식 개조에 바람을 불어넣으니 요원의 불길처럼 가톨릭대학 종합대학화와 첫 번째 천 년대, 두 번째 천 년대에 이루었던 위대한 대학 설립 정신과 노하우를 살려 가톨릭교회가 한국에서 대학의 본연상을 제시하며 참 대학을 설립하자는 불길이 서울대교구 성직자들 사이에 요원의 불길처럼 퍼져나갔다.

  1983년 겨울 방학 때, 혜화동 대신학교에서 열린 서울대교구 사제 피정에서 자유 토론 분과회의마다 가톨릭 종합대학안이 상정되어 일률적으로 종합대학안을 토의한 후, 만장일치로 통과되었으나 유야무야 되어 버렸다. 그런데 이 안은 지도적 위치에 있던 유력 평신도들 사이에 큰 문제로 제기되어, 평신도 사계 굴지의 전문가들의 심도 있는 연구를 거쳐 가톨릭 종합대학안이 완벽하게 준비되어 교구장의 재가를 기다리는 형국이었다. 이 안은 당시 교구장 로마 체류로 총대리 주교인 경갑룡 주교가 서강대와 성심여자대학과의 합치도 생각해 보라는 조건 하에 승인된 것이었다. 그 일도 정 몬시뇰에게 맡겨져 접촉한 결과, 두 대학은 독자적으로 하겠다는 의도임을 보고하여 가톨릭 종합대학의 단독 승격안이 본격적으로 추진되어 완성된 단계였다. 그 과정에서 큰 난관이 제기되었다. 그것은 서울 시내에서 대학 학과 증설이나 학생 증원제가 다 묶여 있는데 가톨릭대학만 예외로 허락하는 경우에 일어날 큰 혼란이 불을 보듯 뻔하다는 것이었다. 당연한 난관이었다. 그러나 몬시뇰의 생각은 달랐다. 그때가 마침 광주 민주화 운동의 군부 탄압으로 많은 젊은이가 희생되어 전두환 정권이 세계에 살인마 정권처럼 비쳐지는 때였다. 세계에서 한국의 이미지가 말이 아닌 때였다. 정의채 몬시뇰은 두 가지 반론을 제기하여 이 기회가 나라의 위상을 높이고 대학 교육도 순리로 제 궤도에 올리는 절호의 계기로 삼자는 탁견을 내놓았다. 전두환 대통령의 체면이 광주 사건으로 인해 국제적으로 말이 아닌데 세기적인 하느님의 평화의 사도 교황 요한 바오로 2세의 방한 의미는 지대하며 이번 방한 기회에 공동 평화선언문을 내게 되었다. 이것은 하늘이 안배해 주는 놀라운 천운이며 한국을 6·25 한국전쟁의 피비린내로 세계를 뒤덮은 인간 살육의 나라, 광주 민주화와 총탄 탄압으로 제 나라 젊은이들을 파리 목숨처럼 수없이 살육한 나라라는 인상에서, 하늘의 평화 사자의 내방과 더불어 두 정상 간의 평화 선언문 발표는 한국을 평화의 나라로 탈바꿈시킬 수 있는 기회임을 상기시켰다. 그런 평화 선언은 일회적 사건으로 끝내지 말고 항구하게 지속될 수 있는 결과를 도출해 내야 한다는 것이 정 몬시뇰의 발상이었다.

어차피 두 정상은 감사의 뜻으로 선물을 교환하는 것이 국제적 관례였다. 한국 대통령은 교황에게 가톨릭대학을 종합대학으로 승격시키는 것이 큰 선물이다. 교황은 한국 젊은이들이 세계에서 앞서가는 훌륭한 가톨릭 교육을 받아 한국은 물론, 세계 발전에 크게 기여하길 바라는 뜻을 전두환 대통령에게 알리면 전 대통령의 고민을 해결할 것임을 즉석에서 발표했다. 물론 사전에 비서진을 통해 교황의 의사가 정확하게 전해져야 한다. 그렇게 하면 교황 방한으로 세계 방방에 자국 민주화 젊은이들을 학살한 야만국 인상을 벗고, 교회 역사상 처음으로 한국 현지에서 시성식을 거행하니 한국은 단연 평화의 나라로 세계에 부각될 것이라는 정 몬시뇰의 발안(發案)에 모두 어안이 벙벙할 지경이었다고 한다.

교황 요한 바오로 2세 방한은 한국의 추락된 위상을 세계에 높인 것인데, 교황이 처음 방문하거나 위대한 공헌을 하는 경우, 국제 관례에 따라 특별한 기념물을 세우거나 학술 단체를 세우는 등이 관례이니 그 경우도 두 정상 간에 선물 교환이 있을 것이다. 그런 의전에는 사전에 의견 교환이 있을 것이니, 교황 측에서는 한국교회가 이 나라를 위해 필요한 것을 선물로 받았으면 하는 차원에서, 서울에 있는 유서 깊은 가톨릭대학을 종합대학으로 승격하여 가톨릭의 유구한 원리로 유능한 한국 젊은이들을 교육하여 한국과 세계 발전에 공헌하기 원하는 것이었다. 이것은 한국의 그림이나 자개 공예품 등 세계에 없는 귀한 것들을 선물로 받아 바티칸 박물관 등에 보관하는 것보다 더 좋은 선물이 될 것이었다. 정의채 몬시뇰은 한국 대통령도 좋아하고, 전 국민도 하느님 평화의 사도다운 분이라는 감탄을 자아낼 것이라고 말했다. 그런 뜻을 전두환 대통령께 전하게 했는데 돌아오는 말이 무릎을 치며 기가 막히는 아이디어라고 그렇게 할 것으로 준비했다는 후문이었다. 30년이라는 시간이 흐른 후에 들으면 대단해 보이지 않지만, 당시에는 하늘에서 떨어지는 기담(奇談) 같은 아이디어였다. 일은 순조롭게 진행되고 교구장 대리 역할을 하던 경갑룡 주교의 재가를 받고 진행되었지만, 교구장의 허락이 나지 않아 무산되는 결과가 되었다. 정 몬시뇰은 그 당시 10개를 훨씬 넘는 단과대학을 포함하는 종합대학은 결국 서로 발목 잡는 결과가 되어 곤경에 빠질 것으로 생각하여 6~7개, 그 대학으로서 앞으로 국제성까지 염두에 두는 단과대학에 주력하고, 다른 과목들만 전문으로 하는 대학을 여러 대학이 협동으로 만들거나 정부에서 별도로 세워 이수하게 하는 것이 효율적이라고 생각했던 것이다. 이제 거의 30년이 지난 근년에 미국 어느 지역에서는 그런 제도로 대학을 운영하여 효과를 본다고 한다.

부지문제와 관련하여, 신학생 기숙사가 당시에는 교사 안에 있었다. 정 몬시뇰은, 교육적으로나 정서적으로 좋지 않고 기숙사는 학교와는 별도로 있어 등·하교(登下校) 개념이 뚜렷한 것이 좋다고 하여 현재 신학교 기숙사를 낙산에 짓게 되었다.

종합대학을 하려면 무엇보다 중요한 것은 재정 문제다. 정 몬시뇰은 여기에도 해결책을 강구하고 있었다. 정 몬시뇰은 당시 장관을 지내고 재정 문제에 귀재로 알려진 장덕진 씨를 만났다. 장 씨는 고려대학교가 경제적으로 어려울 때 독특한 아이디어로 고려대의 경제적 기반을 튼튼하게 만들었다는 평판이 있을 때였다. 정 몬시뇰은 장 씨에게 혜화동의 가톨릭대학과 반포동의 의과대학 등의 부지, 교사, 교원 현황 등의 필요 자료 등을 제공하며 약 6~7개의 알짜배기 종합대학을 포함하는 종합대학 승격 내용 설명과 함께 경제적 측면에서 검토를 부탁했다. 장덕진 씨는 삼복더위 중에도 정 몬시뇰 연구실에서 자기 일 이상의 열성으로 이상적인 종합대학안을 작성했다고 한다. 핵심 사항은 다음과 같다.

가톨릭대학은 혜화동 부지가 좋고 넓은 곳이며 유명한 의과대학도 있어, 우선 대학 설립이나 발전에 가장 큰 난관인 부지 문제가 완전히 해결되어 있다는 점(동성 고등학교의 강남으로의 이전을 전제)이다. 그 다음 당장 어려운 문제가 교수 채용과 직원 보수 문제였다. 이 점은 벌써 유서 깊은 두 대학이 있으므로 거의 다 해결되어 있다는 것이다. 말하자면 신학대학과 의과대학은 본래 명성있는 대학이어서 교사나 운동장 기숙사가 완비되어 있고 교수진이나 직원이 모두 완비되어 있었다. 또한, 신학대학 교사는 오전에 교실의 일부분만 이용되고 남는 공간이 많고 오후에는 거의 비어 있었다. 그래서 우선 몇 대학의 1학년을 받는 데는 문제가 전혀 없었다. 또한, 매년 수많은 학생이 거액의 등록금을 내니 과에 따라 매년 필요한 교수를 한두 명씩 증원하면 되기에 좋은 종합대학을 만들 수 있다는 확고한 결론이었다. 4년 후에는 학교 큰 빌딩 두 채를 지을 수 있는 여력이 생긴다는 결론도 나왔다. 다만 한국에서는 역사적이며 모범적인 대 사업인 만큼 자금이 약 2억(당시 대학이라는 큰 단체로서는 큰돈이 아니었음)이 필요한데, 교구가 이사진이니 저리 대출을 받아 운영하면 4년 후에 갚고 두 채의 큰 건물을 지을 수 있다는 계획이었다. 그런 안을 토대로 전직 대통령 비서실장, 전직 장관을 지낸 분, 정권과 청와대에 정통한 평신도 분들이 나서서 일이 순조롭게 진행되어 갔다. 그렇지만 가톨릭종합안 자체가 일언지하에 무산되었으니 더 할 말이 없게 되었다.

또 한 가지는 동성 중·고등학교의 강남 지구 이전이다. 당시 앞을 보는 교육자는 쌍수를 들어 환영할 발상이었다. 정의채 몬시뇰은 한국교회의 중심인 서울대교구가 교회의 앞날은 물론, 국운까지 좌우할 수 있는 가톨릭 종합대학교가 현 서울 혜화동 신학교 지대를 활용하려면 동성 중·고등학교가 더 넓고 앞날이 있는 지대로 옮겨가야 한다고 보았다. 이 문제에 대한 정의채 몬시뇰의 말은 다음과 같다.

"당시 정부와 서울시는 강남 지대를 광범위하게 개발하는 때라 많은 주민과 기관, 교육기관 등이 강남 지대로 가기를 권유당하는 시기였다. 나는 먼저 개포동 끝에 연이은 곳을 생각하며 탐방했으나 마음에 들지 않았다. 그래서 서울시에 문의했더니 남쪽이 더 좋을 것이라는 조언이었다. 그래서 아직 꼴이 제대로 잡히지 않은 울퉁불퉁한 고개를 넘어 고개 같은 강남 초기 개발지역을 둘러보았는데 앞으로 크게 발전할 전망이 보였다. 따라서 이참에 강남 지대에 가톨릭 문화 타운 정도의 부지를 마련함이 좋을 것이란 생각이 들었다. 때마침 강북 명문고교들도 강남으로 가는 중이었기에 나는 동성학교를 강남으로 옮기려면 한 50만평 정도를 잡아 강남에 가톨릭 타운을 계획함이 좋겠다고 생각했다. 그러나 땅값이 당시에는 논밭으로 남아 있는 곳이 태반이기에 싼 편이었다. 지금 기억으로는 평당 1,600원과 1,700원 사이로 기억한다. 그런 처지에서 가톨릭 교육기관은 물론, 교구나 수도회 등의 기관이 대부분 산을 끼고 있는 것이 전통과 관례였다. 그래서 우면산을 중심으로 20만평 정도는 잡아야 학교와 여러 가톨릭 문화기관을 수용하여 긴밀한 협력과 양성, 상호교류로 국내 활동뿐만 아니라 세계 진출의 발판도 만들 것이라 생각하고 그 당시 시청의 해당 기관에서 강남 계획도(計劃圖)를 보며 설명을 들었다. 내가 생각하는 것을 대충 말했더니 친절한 직원은 쌍수로 환영하며 할 수 있는 모든 편의를 보아 주겠다는 호의였다. 그러나 가톨릭 종합대학안이 일언지하에 무산되니 모든 것이 무위로 돌아갔다."

가톨릭대학교 신학대학 설립 연대(年代) 문제: 현행으로는 설립 연대를 배론 신학교로부터 잡고 1855년을 기준으로 하기에 2005년에 가톨릭대학교 개교 150주년 행사를 치렀다. 그런데 정의채 몬시뇰이 가톨릭 대학총장(당시 문교부 대학 정책실장 모기영 박사는 가톨릭 대학은 신학대학과 의과대학, 간호대학 등 좋은 단과 대학을 내포하는 큰 대학이니 그 장(長)을 총장으로 칭하라고 했으며 한국 대학교수협의회 사무총장 구병린 교수도 총장 명칭을 쓰라고 통보했다.) 시절, 1991년 가톨릭대학사 자료집을 발간했다. 당시 총장 정의채 몬시뇰은 앵베르(Laurent Marie Joseph Imber) 주교가 1838년 입국 직후 사제 양성을 위해 정하상과 3명의 청년들에게 직접 신학 강의를 했던 것을 상기시켰다.

가톨릭 대신학교의 기원은, 예수 그리스도 사도 양성의 모범을 따라 주교가 직접 사제 양성을 목적으로 사제 지망생을 모아 공동체를 형성하고 신학 강의 등의 교육을 실시하면 신학교라고 하는 교회 규정에 따라 배론 신학교 출발을 기준으로 정해졌다. 그러나 정의채 총장은 17년가량 더 소급되어야 한다는 지론을 폈다. 신학교 규정은 제2차 바티칸 공의회의 〈사제 양성에 관한 교령〉 (제60항)에서도 언급되었다. 1990년 10월 열린 제8차 시노드(세계 주교 대표 회의에서 정의채 몬시뇰은 요한 바오로 2세 교황 특명으로 전문위원으로서 참가 발표)가 열렸는데, 그 회의의 토의 과장에서도 신학교의 정의를 사제 양성의 집[112]이란 점을 전보다 더 자세히 설명하고 규정하여 신학교 성립의 핵심적 요인으로 제시하였다. 그렇기에 여타의 요인, 예컨대 정부가 학교로 승인하느냐 안했느냐, 규모나 내용이 얼마나 충실하냐, 건물이 있느냐 등의 외부 요인은 신학교 설립과는 하등 문제조차 되지 않는데도 그런 요인을 신학교의 성립 요인으로 제시한다면 신학교 성립의 본질적 개념을 잘 모르는 것밖에 되지 않는다는 것이 정 몬시뇰의 확신이었다. 그렇기에 모진 박해 중에 지하로 숨어든 교회도 주교가 사제 지망자를 모아 어떤 형태의 공동체를 만들고 영성과 지성 교육을 하면 그 자체로 신학교가 성립되는 것이다. 이런 말을 당시 서울 대신학교에서 말할 때, 현 서울대교구장 염수정 대주교도 당시 총장 겸 서울대교구 관구 신학 대학장이었던 정의채 몬시뇰의 주장에 매우 긍정적이었다. 그렇기에 가톨릭대학사의 연원은 신학교 설립 시점에서 출발할 수밖에 없으니 배론 신학교 출발보다는 앵베르 주교의 사제 양성에서 기원을 찾는 것이 더 정확하다. 정의채 몬시뇰은 이화학당 1백 주년을 성대하게 지낼 때, 그 기원을 외국 선교사 부인이 당시 어느 사저에서

---

112 Seminarium ut domus formationis. Elenchus Unicus Propositorum, prop. 20 Synodus Episcoporum VIII, Coetus Generalis Ordinarius, 1990

개신교 측 부인 몇 명에게 영어 교습을 한 데서 시작한다는 라디오 해설을 우연히 들었다고 한다. 대학의 기원 문제는 연륜이 깊을수록 권위가 있고 공적이 크기에 가톨릭대학의 기원을 앵베르 주교의 1838년으로 소급시킨다면 가톨릭이 이 땅에서 훨씬 더 오래 전, 즉 지금 셈하는 것보다 17년가량 앞질러 1988년경에 개교 150주년 경축 행사를 하여 가톨릭교회를 통해 세계 선진 문화가 한국에 도입된 것이 되어 한국 문화 풍요화에 더 크게 공헌한 것이 된다는 것이다.

정 몬시뇰은 로마 유학시절 불타는 선교열로 교황청에, "경제대국 선진국에는 선교사나 수도자를 수없이 보내 별 할 일 없이 소일하는데도 세계적 민주주의와 공산주의 이념의 대 결전장으로 세계 공산화를 저지하고 모든 것이 사지(死地) 초토화(焦土化)가 되면서도 선교에 금지가 된 한국은 도외시 된 실정(實情)이니 진정한 그리스도의 정신이라면 그럴 수가 있느냐"는 항변으로 교황청의 지대한 관심과 중재로 1960년대 들어서는 거의 모든 수도회와 선교회가 앞 다투어 한국에 진출하게 되었으며 한국에 대한 원조도 몇 배로 증가하여 오늘날 한국교회 형성에 밑거름이 되게 하였다. 그뿐만 아니라 학업에도 뛰어나 숨마 쿰 라우데(Summa cum Laude)라는 한국인 초유의 최우수 성적으로 학위를 취득하여 가톨릭 세계에서 가장 유서 깊은 로마대교구 라테란대학 교수로 수차 제청되었다. 그러나 그런 현직(顯職)은 후대의 몫이라며 고사(固辭)하고 폐허화된 조국에서의 후배 양성에 뛰어들어 지금 한국의 고위 성직자를 위시하여 수많은 성직자를 양성하여 오늘날 교회 융성의 터전을 마련했다. 교수직 사양 때, 파브로 지도교수는 다른 한 가지를 제안했다. 그것은 몇 년 간 교수직에 있다가 교황청 고급 관리로 전직 교황청에서 근무하다 고국에 수도 대교구나 그와 맞먹는 대교구 교구장 대주교나 추기경으로 고국으로 돌아갈 수 있다는 것이었다. 파브로 교수는 명성이 높고 발이 넓어 교수 자신이 그런 길을 교황청 고위 성직자들을 통해 열 수 있다는 것이었다. 당시 미국 뉴욕대교구장 스펠만 추기경이 그런 사례라는 소문이 자자하던 때였다. 정 몬시뇰은 이에 관심을 두지 않았고 당시에는 미국을 모르고 한국에서 효과적인 큰일을 할 수 없는 것을 감안했다. 정 몬시뇰은 면학을 마치고 노기남 주교의 허락을 얻어 미국 체류 후 귀국을 서둘렀다. 이런 일도 그 당시로서는 한국인 유럽 유학 사제들 사이에서는 초유의 일이였다고 한다.

정 몬시뇰은 석사를 마치고 박사과정에 들어가 20세기의 위대한 토마스주의자인 C. 파브로 교수께 논문지도를 의뢰했다. 그러나 파브로 교수는 번번이 이런저런 핑계로 지도를 피했다. 교수는 학생의 지도를 맡아야 하는 의무가 있다는 것을 안 정 몬시뇰은 한 달 동안 계속 파브로 교수의 강의가 끝나는 강의실 문 앞을 가로 막고 강청(強請)하는 일대 시위를 폈다. 결국 파브로 교수는 지도를 허락했다. 계획서를 제출하니 일별(一瞥)하고 의외라는 듯 긍정적이었다. 그러나 매주 쓴 것을 갖고 교수를 만나는데 몇 년 간 한 말씀도 없었다. 다른 학생들은 칭찬도 받고 견책도 듣고 오는데 정 몬시뇰은 묵묵부답 교수와의 대면의 연속이었다. 논문이 다 끝날 무렵, 파브로 교수는 느닷없이 프린트에 넘기라며(논문 지도교수 인정) 어느 장의 첫 머리를 그 앞장의 끝으로 보내라는 조언 한 가지뿐이었다. 나는 어차피 논문은 실패로 알고 있다가 너무 놀라 그렇다면 왜 그 긴 시간에 아무 말씀도 없었느냐는 항변 아닌 놀람의 반항조로 말했다. 파브로 교수는 150명 이상의 세계 수재(秀才)들의 논문을 지도했는데, 전혀 자기가 생각하지 못했던 사고방식과 투시력을 드러내, 어떤 학자나 논문 작성자, 저술가도 그런 사고를 하지 못했으니 어떻게 결론을 낼지 두고 볼 수밖에 없었다고 했다. 따라서 파브로 교수 자신이 전혀 생각하지 못했던 사고와 접촉하게 되었다는 것이다. 논문 심사는 최상의 성적인 최우등(Summa Cum Laude)이었다. 그 결과를 전제로 파브로 교수는 또 다른 제안을 했다. 논문 중 세 장을 영, 불, 독어로 번역하라는 것이었다. 논문이 라틴어로 작성되었기 때문이었다. 그 이유는 영, 불, 독 3개국의 대표적인 철학지에 게재하도록 교수 자신의 추천으로 보내겠다는 것이었다. 이런 놀라운 은사의 은혜가 얼마나 고맙고 소중한 것인지도 모른 채, 정 몬시뇰은 귀국을 서둘렀다. 어째서 처음에 논문 지도를 기피했느냐의 반문에 파브로 교수는, 동북아 문화권 즉 중국, 일본 학생들은 자기네 문화는 높은 모양인데 서구권 언어 구사에 능하지 못해 논문이 빈약하게 되기에 한국을 포함하여 동북아 문화권 학생들의 지도를 피하려 했다는 것이었다.

정 몬시뇰은 가톨릭대학교 총장 겸 서울 관구 신학대학 학장 재임 시, 신학 교육에서 성서학을 장기간 연구한 성서학 교수들과 교의신학 교수, 윤리신학 교수들을 모시어 일급 수준의 학문 전수를 했으며, 통일에 대비하여 북한학 과목을 국내 최초로 개설했다. 정 몬시뇰은 문화 창달에도 형안으로 대처하여 세계에서도 앞서가는 지성과 심성 교육을 실시했다. 한편 영성 교육에서는 영성부를 신설, 사회의 삶 속에서 살아 숨 쉬는 교육을 지향하였다. 한국교회가 앞으로 해야 할 국제적 선교 사명까지 대비하여, 현재 대전 성모병원장이며 한국인 최초의 영성학 박사인 박재만 신부를 중심으로 영성지도 신부단을 구성하면서, 메리놀회, 글라렛회 등 외국 선교회 사제들도 영입하여 대폭 강화했다. 한편, 3천대에 인터넷과 사이버 시대에 지도자가 될 사제 양성을 지향(指向), 컴퓨터 교육을 실시(당시 최고 재벌급 회사에서도 회장

측근 비서실 정도에만 컴퓨터 시스템이 완비)하고 인류 공통문화 시대, 즉 인류가 한 가족 한 마을과 같이 살아갈 시대의 도래에 대비하여 사랑의 봉사 문화를 선수(先手) 구축하여, 진정한 사랑의 문화 확립과 실천의 선봉이 되어야하는 사제교육을 고려했다. 이에 신학교 고급반 학생들에게 토요일을 애덕(愛德)의 날로 지정하여 불우한 어린이, 버려진 환자, 신체 부자유자, 의지할 곳 없는 독거노인, 정신박약자, 노숙자 등을 찾아 사랑 실천의 습성을 몸에 배게 하는 영성 실천 교육을 실시, 신학생들이 스스로 인간의 비참을 체험하여 자기 용돈까지 다 털어 내 주는 사랑 실천 교육을 하였다. 이렇게 오늘날 한국교회의 기도와 사랑 실천의 힘을 길렀다. 그 당시 사무처장으로 지금 서울대교구장으로서 그는, 그때 그런 수련을 받은 사제들이 서울대교구의 중추가 된 것을 보며 다시 한 번 정 몬시뇰의 선견지명(先見之明), 예언적 형안에 감탄한다. 어려움에도 불구하고 예언자적 지혜와 용기로 확신에 찬 정 몬시뇰은 설득과 더불어 과감하게 실천하였다. 염교구장은 그때 그런 교육이 얼마나 앞서 있었고 시간이 많이 지난 지금도 그것과는 거리가 먼 신학 교육이 이루어지고 있는가를 반성하게 된다고 한다. 그렇기에 세월이 갈수록 정 몬시뇰의 예언자적 실천이 더욱 절실해지며 고마운 마음을 속 깊이 느낀다고 한다.

정 몬시뇰은 3천 년대 교회는 그 향방과 운명이 평신도의 열성과 활동 여하에 달린다는 확신으로 150여 년 동안 금녀의 영역이며 평신도 일반에게 금단의 지대였던 신학교 강의실을 남녀 수도회와 평신도에게 과감히 개방했다. 한국교회의 질적 향상과 앞으로 세계로 뻗어가야 할 한국교회의 저력 축적을 당시로서는 누구도 생각조차 하기 어려웠던 지혜와 용단을 내려 놀라운 한국의 교회상을 준비하였다. 때마침 1990년 교황청에서 열렸던 제8차 시노드(세계 주교 대의원 회의)에 정 몬시뇰은 교황 요한 바오로 2세의 명으로 사계 전문가로 참석하여 한국교회의 변화상을 소개하고 교회의 미래상 비전을 제시했다. 신학생 시기 동안, 종합대학 안에서의 평신도와 공동의 장에서의 교육을 받아야 하는 것을 주 내용으로 하는 강연으로 박수갈채의 호응을 받았다. 한국교회는 세계교회에 크게 공헌한 바가 되었다.

정 몬시뇰의 강연 5일 후에, 성직자 한 분이 정 몬시뇰이 일어서기를 기다렸다. 그분은 정 몬시뇰께 강의 내용 중, 특히 다가오는 3천년대에는 평신도와 같이 하는 교회가 아니면 새로운 세계에서 성직자들이 복음 선교 사명을 할 수 없음을 정확한 예증을 들며 말한 것이 참가했던 수도자들에 큰 충격을 주었다고 한다.

정 몬시뇰의 강연 후, 로마의 큰 수도회 장상회의 특별 긴급회의가 소집됐다. 정 몬시뇰의 제언대로 신학생 교육을 일정 기간 가톨릭대학에서 평신도와 같이 해야 한다는 데 동의하고 실천하기로 결의했다고 한다. 이에 수도사(修道史)에 대변혁을 일으킨 결과가 되어 감사의 뜻을 로마 수도 장상회의 의장으로서 수도 장상회의를 대표하여 감사한다는 의사표시가 있었다. 당시 장상회의는 베네딕토회, 성 프란치스코회, 도미니코회, 예수회, 살레시오회가 있었다.

한편, 정 몬시뇰은 지성인 교리반을 명동성당에서 운영하여 각계각층의 수많은 영세자를 배출했다. 이 시기, 지성인 교리반에서 직·간접으로 국제적으로 한국의 위상으로 드높일 가톨릭 인재들이 속출했다.

특히 정 몬시뇰은 한국 천주교 200주년 기념사목회의 실무 총책임자로서 한국교회의 쇄신과 평신도를 전면으로 등장시켜 한국교회를 교황청의 찬탄을 받는 교회로 부각시켰다. 교황청의 표현대로 각국의 전국 사목회의 표본으로 교회상을 탈바꿈시켰다. 이 사목회의 후,

한국 가톨릭의 교세는 급격히 증가하여 해방 당시 약 18만 신자에서 2000년 후반기에는 5백 만을 넘는 신자를 보유하게 되는 기적 같은 선교 효과를 나타내는데 일조했다. 이는 민족 복음화와 문화 창달을 지향한다는 한국 천주교 200주년 기념사목회의 모토를 실현한 것이다.

첫 번째 명동 주임 신부 교섭을 정 몬시뇰이 사양하고 미룬 것을 짚어 볼 일이다. 그것은 당시 막대한 예산을 들인 불광동 성당 신축 공사가 부실 공사가 되어 부임한지 2주 만에 강력한 태풍으로 성당 안이 완전히 풀장 상태가 되었다. 정 주임 신부는 그 현장을 동영상으로 필름에 담았다. 주일 미사에서는 성가대는 오르간이 있는 데까지 뗏목을 타고 가고 주임 신부는 제대 쪽의 물 샘으로 3~4회 자리를 옮겨가며 미사 집전을 했다. 이런 사정을 그 당시 굉장한 권력을 배경으로 한다는 건축 회사에 긴급 통보하며 사후 대책을 논의하고자 사장 면회를 약 반년 요구했으나 대답은 매번 꼭 같았다. 외국 체류 중이라는 것이었다. 그러면서 잔금을 다 지불하라는 내용증명 우편물만 보내왔다. 빨리 잔금을 지불청산하지 않으면 법적 조치를 취한다는 뜻이라고 변호사였던 사목회 총회장이 풀이했다. 정 주임 신부는 사업 진도에 맞추어 비용을 현찰 지불했는데도 부실 공사는 아랑 곳 없고 돈밖에 모른 파렴치한에게는 본때를 보여 시정하게 해야겠다는 생각으로 그 회사에 버금가는 두 건설사에 건축의 성실성 여부를 조사하게 하여 실태를 파악하고 수리 방안도 완전히 파악했다. 그리고 회장을 만나기를 요청했으나 대답은 여전했고 잔금 내 놓으라는 내용증명만 우송할 뿐이었다. 정의채 신부는 할 수 없이 회사 사장 지명 수배령을 내리게 하니 그렇게도 외국 체류설로 일관하던 회장 등 4곳에서 주임 신부를 30분 내에 찾을 터이니 만나 달라고 애걸복걸이었다. 1시간 내에 교회 측과 타협이 안 되면 그 자리에서 수갑 차고 구금된다는 것이었다. 괘씸함을 생각하면 혼쭐이 단단히 나야 할 인간이라고 생각하면서도 성경 말씀을 생각하며 면담을 허용했다. 그 회장에게 돈을 버는 것도 좋은데 성당 신축은 아들딸에게 용돈을 받은 할머니나 할아버지들이 버스 비용까지 절약하여 하느님께 바친 성전 건축인데 탐욕에 눈이 어두워 도둑질 형태의 갈취를 해야겠느냐고 했다. 그래도 주임 신부는 하느님의 대리자 사제이니 회장은 엎드려 사죄하고 전적으로 책임지고 완전 복구하겠다는 서약 같은 다짐을 회사 측과 성당 측 십 여 명의 증인 앞에서 받았다. 그는 동영상 필름을 보며 정 주임 신부가 따로 준비한 두 벌의 거의 일치하는 복구 계획서 복사본을 내놓으니 그들은 놀랐다. 당시로서는 놀라운 발명품이었던 실리콘 공수(空輸) 수리를 요구했다. 그것도 사전에 한국에는 최대 3대 기업만이 갖고 있다던 국제 선전 책자 원본을 내 놓았더니 말은 들었는데 본적이 없다며 정신없이 그 원본을 어루만졌다.

불광동 성당 건축과 관련 정 신부와 한국을 대표하는 세계적 설계사 고(故) 김수근 교수와의 만남이 있었다. 성당 설계를 김 교수가 한 것이기에 일 처리 전에 정 주임 신부는 김 교수를 만나 필름 동영상을 보여 주며 설계자와의 관련도 물었다. 그분은 국제적 명성을 지닌 분으로서 성당의 필름을 지켜보며 얼굴이 창백해져 경련을 일으킬 정도로 안절부절 못하다, 내 작품이 어떻게 저렇게 하는 긴 한숨을 내쉬며 당황했다. 그분은 귀가하자 회장을 불러 그렇게 대노하는 것을 수십 년 같이 살면서도 처음이고 상상도 못했다는 것이 김 교수 부인의 후일 말씀이었다. 결국 그분은 불치의 암으로 되돌아 올 수 없는 길을 떠날 때, 정의채 신부는 "하라는 대로 다 하시겠다"고 말씀하셨는데 훌륭한 성당을 마지막 작품으로 하느님께 바쳤으니 주임 신부 손에서 세례를 받고 영원으로, 하느님께 가시라고 했더니 선뜻 수락하여 세례를 받고 떠났다는 전설 같은 후문(後聞) 이야기다.

정 몬시뇰의 지금까지 누구도 상념(想念)하지 못했던 인류문화사의 종말까지 갈 길을 정확히 지시하면서, 인간의 모든 영적 질서가 세상 질서 속에서 성취되기 때문이라고 한다. 정 몬시뇰은 지난 2천 년 동안 서구 중심의 인류문화는 끝나 서서히 그 중심이 동양으로 옮겨 오며 연달아 지구 전체와 우주 공간에 산지사방으로 흩어져 갈 다른 한 천 년대, 즉 3천 년대 인류 문화사의 진화를 구체적 상황 속에서 확고한 신념으로 지시하며 영원까지 지시한다. 그 저력의 원천에 대해, 정 몬시뇰의 대답은 극히 단순하다. 그것은 하느님의 창조경륜과 그 완성인 사랑으로 인한 그리스도의 십자가상에서의 수난과 죽음과 부활의 인류 구원 경륜에서 하느님의 모습으로서의 인간이 깊은 상처를 입었기에, 정도(正道)에서의 탈선을 반복할지라도 결국은, 하느님의 모습인 인간은 하느님의 창조경륜을 이루어 내는 전(全) 인류문화사의 흐름을 조감한 결과일 뿐이라는 것이다. 지금까지 위대하다는 정치인, 경제인, 군인, 사회학자, 철학자, 신학자, 미래학자 등의 여러 사상가는 거개가 서구 문명 테두리 안의 사람들이거나 창조경륜과는 무관한 세계 안에 한정된 인물들이다. 그런 사고력으로는 아무리 큰 사상가일지라도 존재와 진리와 선(善)과 미(美)를 그 원천인 영원과의 교류와 그 흐름까지 총괄하여, 전폭(全幅)적으로 명확하게 투시하지는 못하는 것이기에 곧 한계를 드러내고 만다. 때문에 정 몬시뇰은 거의 독자적인 사고와 실천으로 일관한다. 이런 하느님의 창조경륜은 본시 하느님 삼위일체의 사랑에서 이루어졌고 창조계에서 사랑으로 이루어지는 그리스도의 구속사업을 기반으로 한다. 즉, 진정한 사랑을 기반으로 인류 공통문화 창출과 발전을 가톨릭교회가 선도(先導)의 의무를 지고 이끌어 가야 한다는 것이다. 교회는 이런 역할을 잘 할 때에 발전하고 흥하며 제대로 못할 대는 쇠퇴의 길을 걷는 것이 역사의 교훈이다.

서울대교구장 염수정 대주교는 서울대교구에 정 몬시뇰의 강력한 권유로 사제와 젊은이들을 위한 해외 선교부를 신설하고자 하던 중에 정 몬시뇰의 진일보한 선교·문화봉사부 신설안은 반가운 낭보(朗報)로 받아들였다. 이는 보기 드물게 미래지향적이고 세계 지향적인 인류 공통문화 형성에 크게 이바지하는 놀라운 안으로 평가되었다. 사실 영혼과 육신의 실체적 합치로 이루어지는 인간, 특히 문화적 후진국에서 그들의 빈곤과 기아와 질병과 무지로 고통에 또 고통의 나날을 보내는 것과는 상관없는 영혼만의 구원 선교가 어떤 결과로 끝날지는 잘 알고 있다. 이런 점에서 문화 봉사 차원의 활동은 젊은이들이 큰 보람을 느끼며 할 수 있다. 다시 말해 정 몬시뇰이 수십 년 전부터 즐겨 쓰는, 인류문화 흐름에 선도(先導) 내지 선도(善導)적 역할과 신앙 최초 도입자가 들숨의 형태로 받아들여 순교로 전해준 신앙을 이제 후손이 날숨의 형태로 세계에 전할 시점에 도달한 것이다. 실제로 이것은 벌써 시작됐다.

이와 같은 예는 또 있다. 그것은 신학교 시절 정 몬시뇰의 제자였던 안동교구 유강하 신부가 이태석 신부와 같은 지대에서 같은 시기에 같은 일을 하다 생명을 바쳤다. 유강하 신부는 안동 상지대학 총장을 지내며 대학의 튼튼한 기초를 놓은 유능한 사제였다. 그는 정년을 마치고 아프리카 선교를 자원하여 원주민을 돕다가 불치의 암으로 세상을 떠났다. 이태석 신부와 같이 날숨의 순교를 감행했다. 그는 약 2년 전 정 몬시뇰이 서울 성모병원에 입원했을 때, 옆방에 먼저 입원했는데 2~3일 후 퇴원하여 안동교구로 돌아가면서 정 몬시뇰에게 3개월 후 부고로 인사드리겠다고 작별을 고한 후, 3개월쯤 후 세상을 떠났다. 이런 것이야말로 날숨의 순교이다. 그 뒤를 잇는 수많은 사제들, 버려진 땅에서 버려진 불행한 사람들의 봉사에 사제들이 줄을 잇기에 3천 년대에는 이런 문화선상의 봉사 없이는 교회가 그 사명을 완수할 수 없다. 정 몬시뇰은 이런 사명 완수에는 젊은이들의 용기 있는 투신이 필수 조건이라는 것을 강조한다. 정 몬시뇰은, 계곡이 깊으면 산은 높을 수밖에 없듯이 젊은이들의 대거 교회를 이탈하는 아픔은 앞으로 교회가 하기 여하에 따라서는 더 큰 희망의 징조라는 점을 힘주어 말한다. 젊은이들이 무의식중에 감행하는 무조건적 봉사의 원천인 사랑은 사랑의 원천인 영원에서부터 영원에로 교류되는 하느님 삼위일체의 사랑에서 흘러온 것이기 때문이다.

지금 한국의 젊은이들은 그 누구도 상상조차 하지 못했던 놀라운 기운을 세계에서 발산하여 세계를 흥분의 도가니로 몰아넣는다. 그것이 지난 2012년 7월 27일에서 8월 12일까지 17일간에 펼쳐진 런던 하계 올림픽에서의 놀라운 사건들이다. 1948년 지금으로부터 1964년 전 일본 식민지에서 해방 직후, 한국이 조선이라는 국호로 제14회 런던 올림픽에 처음으로 출전, 동메달 두 개를 따 59개국 참가 중 32위로 온 국민을 흥분의 도가니로 몰아넣었다. 이번에는 금메달 10개에 10등 안에 든다는 목표를 넘어 금메달 13개에 205개 참가국 중에서 5등이라는 성적이다. 그것도 한반도의 반쪽 나라가 그런 위력을 발휘했다. 이것이야말로 정 몬시뇰의 상상을 초월하는 한국 젊은이들의 기운(氣運)이 세계에 발산한다는 예언적 말씀이 그대로 한 치의 어긋남이 없이 적중 되어 감을 피부로 느끼게 한다. 이것도 이 민족의 젊은이들의 날숨 형태의 기력 발산이라는 것이 정 몬시뇰의 확신이다.

가장 놀라운 것은 해가 지지 않는다는 대영제국(大英帝國) 후예인 영연방(英聯邦)의 종주국이며 축국의 모태인 대영국(大英國)을 그 집 안마당에서였다. 영국처럼 대 자가 붙기는 했어도 우리의 대(大)자가 영국의 대(大)자와 어찌 비교가 되겠는가. 그런데도 대영제국의 대자를 비웃기나 하듯 그 집 안마당에서 축구대승으로 영국을 쓰러뜨리고 식민 종주국으로 우리를 식민지로 침공하여 고통을 주었던 일본을 인류 평화 증진의 진수인 인류 올림픽에서 축구를 2 대 0으로 완파했다. 이야말로 하늘의 이치, 즉 천리(天理)의 실현, 더 나아가 3천 년대에 하느님 창조경륜의 새로운 단계 실현 향방을 드러내는 예표(豫表)다. 그것이 한국 젊은이들에 의해 이루어진다는 상징성을 극명하게 드러내 주는 것이고 이런 창조경륜 실현은 누구보다도 교회의 몫이다. 한국 교회야말로 젊은이들을 통해 날숨의 형태로 하느님의 창조경륜과 그 완성인 그리스도 십자가 사랑의 구속경륜을 젊은이들의 사랑의 문화 봉사 활동을 통해 세계 속에서 이루어야 한다는 것이 정 몬시뇰의 확고한 신념이다. 그것은 한류의 선풍을 통해서도, 이번 올림픽에서의 젊은이들의 놀라운 기운(氣運), 즉 천기(天氣), 하늘의 기(氣) 발산에서도 극명하게 드러난다. 그렇기에 교회는 주저하지 말고 젊은이들을 해외 사랑의 문화 봉사와 선교에 적극 참여하게 해야 한다는 것이 정 몬시뇰의 확신이다.

정 몬시뇰은 자신이 초유로 주창한 생명문화, 지금 세계를 뒤덮은 생명문화의 핵은 "생명을 사랑하자! 풍요롭게 하자!"였기에 연륜을 더해가는 동안 그 속 깊이 간직했던 생명사랑이 이제 표면화 될 시기로 인류문화, 생명의 문화가 발전했다는 것이다. 그런데 한국은 정계와 재계 학계, 일반 사회에 이르기까지 사회 전반에 만연된 거짓과 부패, 인간성 타락, 폭력으로 특히 천인공노(天人共怒)할 어린이 성폭력과 살해, 위선과 위증으로 만연된 것이니 '진실의 문화' 혹은 '사실의 문화'의 한 단계를 더 거치고 '사랑의 문화'로 넘어 가야 할 처지라고 정 몬시뇰은 한탄한다. 이런 진실과 사랑의 단계로의 비약에서 가톨릭은 개인적 연민과 희사 정도의 구태를 벗고 교회의 본질이며 모든 것인 사랑으로 헌신, 인류가 한 마을, 한 가족처럼 사는 인류 공통의 문화 형성에 앞장서며 특히 이런 일에 젊은이들의 헌신이 요청된다. 이런 면을 개척하고 실현하려는 참신한 아이디어와 진지한 노력을 교회가 보인다면, 더 나아가 미래지향적 비전을 보인다면 수없이 많은 젊은이가 이런 사랑의 문화 실천에 뛰어들 것이라는 것이 정 몬시뇰의 확신이다.

미국의 한 유수 대학의 권위 있는 연구소, 때로는 미 국무성의 정책개발에 이바지하는 연구소가 2000년 중국의 명문 가톨릭 보인대학(輔仁大學) 70주년 국제 학술회의에서 정 몬시뇰의 생명문화관, 즉 앞으로 인류가 하나가 되어가는 공통의 개념을 찾아야 한다는 것이다. 그것은 인종, 종교, 이념이 다 같이할 수 있는 개념이어야 한다는 것이다. 그것은 "생명"이라는 개념이었기에 "생명을 사랑하자! 풍요롭게 하자"라는 주제 강연을 했다. 그 발표는 곧 바로 전파와 인터넷을 타고 세계 방방곳곳에 삽시간에 전파되어 모든 국제 학술회의와 국제 실천회의의 기조가 되었다. 지역의 실천은 물론 구멍가게에 이르기까지 무소부재(無所不在)의 영향을 주는 결과가 되었다.

1992년 일본 지바(千葉)현의 아카데미 센터에서 아시아 가톨릭 철학인회와 세계 형이상학회가 공동으로 학회를 개최했다. 그 제목이

(1991년 뉴욕의 '세계 무역센터' 아랍테러직후) "현대 세계의 폭력과 정의와 평화"였다. 이는 당시 아시아 가톨릭 철학인회장인 정의채 몬시뇰이 정했다. 회장인 그는 '유교를 배경으로 하는 동양 평화관과 그리스도교를 배경으로 하는 그리스도교를 배경으로 하는 평화관 비교 연구'를 발표, 만장의 갈채를 받았다. 그뿐만 아니라 발표가 끝나고 휴식 시간에 정의채 몬시뇰이 세계 철학회장을 역임하게 되었는 결정을 루뱅 대학의 라드리에르 교수가 정 몬시뇰을 만나 간단하게 전하며 이제부터 자기는 성 토마스 연구에 치중 하겠다고 했다는 것이었다.

정 몬시뇰은 그리스도교 윤리의 핵심을 이루는 성 토마스의 윤리관을 발표에서 말했다. 1950년대에 로마 대학파와 루뱅 대학파는 심한 갈등을 빚었고 그 후 완화되기는 했어도 개운치 않은 면이 있었다. 라드리에 교수는 당시 서구철학의 거두였다. 그것도 로마나 루뱅이나 파리 국제학회라면 모를까 어떻게 동양학 학회에서 동양인의 발표에 의해, 성토마스 연구로 대 철학자가 방향 전환을 할 수 있단 말인가. 이런 말을 직접들을 때, 회장이며 동시에 발표자였던 정의채 몬시뇰은 정신을 잃을 지경이었다. 정 몬시뇰은 인간이 알아듣기 어려운 것이 하느님의 안배이고 이 또한 인류문화의 중심이 서구에서 동양으로 옮겨오는 어떤 전주로 받아들였다. 이런 저런 이유로 정 몬시뇰은 규정을 고쳐가며 단연(單年)직 회장직을 연임하고 다음 방콕 회의에서는 규정을 개정하여 명예회장직까지 받게 되었다. 정 몬시뇰의 놀라운 발상의 진원(震源)을 물으면 하느님 창조경륜의 새로운 단계 실현, 즉 창조경륜의 알파에서 오메가 포인트로의 이행이라는 발상이다. 이는 그 완성인 그리스도의 구속 경륜의 구체적 실현이며 학문적으로는 성 토마스의 사상에서 이론적 실천적 영향을 받았다. 또한, 동·서의 근·현대의 비중이 큰 학설들의 섭렵과 놀라운 인류문화사(史)의 변혁을 보며 나름으로 비판적으로 생각한 독자적인 것이라고 한다. 물론 최근에는 인간 지혜에서 취할 점이 있지만 별로 큰 도움이 되지 않아 그 모든 것을 넘어, 모든 예지의 원천이며 귀결점인 하느님 창조경륜의 새 단계 실천 흐름에서 사상적으로 전혀 새롭게 인류 사상사 문화사를 보게 되었다는 것이다.

여기에 한·일(韓日) 문제의 해결 한 가지를 제시하고자 한다. 그것은 정 몬시뇰이 일본 국제교류기금(日本國際交流基金)의 초청으로 일본 학계에서 일어난 일이다. 정 몬시뇰은 그때 가톨릭대학 대학원장 재직 시절이었다. 일본의 대표적 사학자인 도쿄대학교 하야시 켄타로(林健太郎) 총장을 야시키(邸宅) 응접실에서 만나 한·일 관계 역사와 미래에 대해 약 3시간 동안 이야기를 나누었다. 총장과는 예정에 없던 한림원 식당에서 식사를 했고, 문제가 다 풀리지 못함으로 일본의 혼이라 할 수 있는 대형 일본사(日本史) 연구소 야마타(山田) 교수 소장을 만나기도 했으나 문제가 풀리지 않았다.

문제의 핵심은 일본의 거의 유명 박물관이 (정 몬시뇰이 보기에는 분명 한국에서 온 것으로 보이는 것도) 모두 당(唐)에서 온 것으로 전시되어 있었기에 그것에 대한 반론과 해명을 요구했으나 대답이 충분하지 못했다. 초청자 측은 마땅한 대담자를 전(全) 일본에 물색하여 오사카(大阪) 대학교의 문학부장(대학원장을 겸임)인 사학자 우메타니 노보루(梅溪昇) 교수와의 대담을 마련했다. 정 몬시뇰은 단도직입적으로 일본의 혼이라고 하는 야마토 타마시(大和魂)의 유래를 물었다. 그분은 백제에서 왔는지 신라에서 왔는지 혹은 고구려에서 왔는지는 분명치 않지만, 백제에서 온 것으로 생각하는데 한국어에 무리(群)란 말이 있지 않느냐며 그 말의 무슨 뜻이냐 물었다. 정 몬시뇰은 그 말은 먼저 많은 수의 동물을 가리킨다고 했더니, 당시 한반도에서 내일(來日)한 사람들이 원주민들이 무리지어 살았기에 원주민을 '무리'라고 했다면서, 차차 교육을 받게 되어 촌락(村落)을 이루고 무리의 발음이 변화하여 무라(村)가 되고 그런 무라가 촌(村)라는 공동체 단합 생활에서 야마토 타마시라는 일본의 혼이 발생한 것으로 보았다. 정 몬시뇰은 언어학적 접근의 역사관을 갖고 있다 하기에 일단 대화를 마치며 과학적(인체 해부학적)으로 연구 할 필요가 있다는 여운을 남기고 자리를 떴다. 귀국 후에 일본 나가사키 의대에서 일본인의 몽고반점을 조사했다. 관서(關西) 지방(동경에서 시모노세키(下關)에 이르는 지역; 한국에 가까운 지역)에서는 주민의 85%가량이 몽고반점을 갖고 있었다. 이와는 달리 관동(關東) 지방(동경에서 동쪽, 즉 아오모리(靑森) 지역)에 이르는 지대에서는 주민의 85%가량이 몽고반점이 없는 것으로 나타났다고 발표했다. 이로써 일본 문화의 원류는 한반도라는 것이 자명하게 됐다. (『현재와 과거, 미래와 영원을 넘나드는 삶 3』, 72~77쪽, 2003년, 가톨릭출판사 참조)

독일 등지에서도 괄목할 만한 일이 있었는데 이는 독일 장학금의 차별 문제였다. 1970년대에 이르기까지 한국 학생들에게는 한 단계 낮은 대우, 즉 기혼자도 남자 독신만 초청했다. 그 자격도 선진국 초청자에 비해 한 단계 낮았다. 물론 6·25 한국전쟁의 국제 공산화와 민주 사수 전쟁으로 전 국토가 초토화되고 남·북 합쳐 가히 백만 명을 넘을 전사상(戰死傷)자와 기아자, 일천만 명의 이산가족을 갖는 그들의 눈에 후진국인 한국 유학생을 받아 교육시켜 준다는 자체가 대견했던 것은 사실이다. 그렇지만 정 몬시뇰이 문화 선상에서 볼 때, 한국은 높은 문화 수준인데도 불구하고 미개국으로 취급하니 부당하다고 느꼈다. 그래서 결혼한 부부를 부부동반으로 초청할 것을, 성직자 친구를 통해 강력하게 요구했다. 더 근본적인 이유는, 그리스도교 정신으로 돕는다면서 결과적으로는 그리스도교 근본 교리를 파괴하는 결과가 된다는 뼈아픈 이유를 제시했다. 그것은 장학금의 일방적 지원으로 남자만을 5~6년 동안 초청하는 것은 결국 가정을 파괴하는 결과를 촉진하는 결과가 된다는 점이다. 이 점은 상당히 설득력이 있었다. 또 한 가지는 대우 문제였다. 선진국 학업(學業)자를 초청할 때는 독인인 학업자와 같은 대우를 하는데 한국 학생의 경우, 대학원생을 독일인의 대학생 수준으로 격을 낮추어 대우하는 것은 옳지 않다는 것이다. 또한, 의료보험 등에서도 선진국 학생들에게 주는 혜택, 즉 독일 학생과 같은 대우를 한국 학생에게도 주어야 한다고 주장했다. 불연(不然)이면 그 당시 아프리카에서 흑인들이 백인들을 무자비하게 폭행하고 살인도 서슴지 않기에 백인들은 공포에 사로잡힌 때였다. 그 당시 흑인 지도자 대부분이 식민 종주국인 프랑스 파리나 영국 런던에서 공부할 때, 본국인과 심한 차별을 당했기에 공부를 마치고 고국에서 권력을 잡으면 백인 공격에 가담하여 공산주의 원천국인 소련의 모스크바와 연결되니, 얼마나 어리석은 일이냐는 것이 정 몬시뇰의 논리였다. 자신들의 식민지 종주국인 파리나 런던에서 본국 학생과 같은 대우나 우대를 받았다면, 다른 친구들의 나라와 우방이 되었을 것이다. 그렇게 대우한들 선진국의 막대한 부(富)에 비해 그 비용은 아무 것도 아니지 않느냐며 뼈아픈 반성 촉구의 논리를 폈다. 서구인에게 좋은 점은 선의와 더불어 이론을 논리 정연하게 전개하면 의견을 받아들여 사후책을 강구하는 것이다. 그런 경우 비용이 많이 들고 여러 가지 고려해야 할 점이 있어 3년간 유예 기간을 두고 연구와 기금을 충분히 마련 후에 정 몬시뇰이 낸 안 그대로 실시할 계획이라고 했다. 실제로 3년 후에는 정의채 몬시뇰의 안대로 후진국 학생에게도 선진국 학생과 같은 대우를 했다는 후문이었다. 그러는 동안 정 몬시뇰은 미국을 통해 귀국했는데 동양 3국, 즉 한국, 일본, 중국은 같은 문화권이니 3국의 독일 장학금 문제를 정 몬시뇰에게 일임할 터이니 책임을 맡아 달라는 간곡한 요청이 있었다. 그러나 정 몬시뇰은 자신이 할 일이 아니라며 거절했다고 한다. 그러다가 한국이 OECD 회원이 되었을 때, 선진국형 나라들의 학생 초청 원조가 근절됐다고 한다.

　이상 정 몬시뇰의 학문적 깊이와 그 국내적·국제적 영향력을 부분적으로 짚어보았다. 확실한 것은 정의채 몬시뇰이 살아온 시대적 참상과 삶은 다음 세대에게는 상상할 수도 없었고 더 나아가 신기한 기담(奇談)이 될 것이다. 이 모든 것은 한 시골 소년이 불리움을 받아 민족의 존망과 모진 시련, 인류의 하나의 공동체 형성의 하느님 창조경륜 실현이 이루어지는 새 천 년대에 이르는 과정의 기록이다.

4. 정의채 몬시뇰 이력

1925	평북 정주(定州) 생
1948	덕원 신학교 고등부 졸업
1952	가톨릭 대학교 졸업
1953	사제 수품
1953-1955	부산 초량 천주교회 보좌 신부
1955-1957	부산 서대신동 천주교회 보좌 신부
1961	로마 우르바노 대학교 철학 박사 학위
1961-1985	가톨릭 대학교 철학 교수
1974-1976	가톨릭 대학교 대학원장
1978-1979	성심학원 재단 이사장
1981-1985	한국 천주교 200주년 기념 사목회의 부위원장(실무 총책임자)
1984-1988	서울 불광동 천주교회 주임 신부
1985	'윤리와 가치-윤리와 교육' 국제 학술회의 주최

1985-1988	서울 명동 천주교회 주임 신부
1988-1991	가톨릭 대학교 총장 및 신학대학장
1990	제8차 시노드(세계 주교 대의원회의, 교황청-교황 요한 바오로 2세 특명) 발표 – "가톨릭 종합대학 안에서의 신학교 교육"
1992-1993	서강대학교 부설 생명문화연구소 창설 및 초대 소장
1992-2009	서강대학교 석좌교수
1999-2003	아시아 가톨릭 철학인회 회장 2회 연임
2000	가톨릭 철학 국제회의, 주제: 아시아 철학과 그리스도교(Philosophy and Christianity), 주최: 교황청, 집행: 파리 가톨릭 대학교 철학대학, 장소: 파리 UNESCO 본부, 후원: UNESCO, 프랑스 정부
2000	중국 북경 보인 대학(공산정권 추방으로 現대만 소재) 70주년 국제 가톨릭철학대회 발표, 주제: 3천 년대 동·서 문화의 기초 개념으로서 새로운 생명문화관 정립 (The Philosophy of Life in the Oriental and the Western Philosophy), 표어: "생명을 사랑하자, 풍요롭게 하자!"
2000	제1차 한국가톨릭교육자연합회 창설 및 개최
2002	"우리 시대의 폭력, 정의와 평화"(Violence, Justice and Peace in our Times) 발표, 제5회 아시아 가톨릭철학회와 미국 워싱턴 가톨릭대학교, "International Society for Metaphysics and Council for Research in Values and Philosophy"와 공동 주최. 장소: Okura Academia Center, Chiba, Japan
2004-	현재 아시아 가톨릭 철학회 명예회장

2005-	현재 한국 가톨릭 철학회 명예회장
2005	교황 명예 고위성직자 서임
2008	대한민국 60주년 기념사업위원회 위원 고문(대통령 직속)
2008-	현재 대한민국 국민원로회의 회원
2009-2011	대통령 자문 국가원로회의 위원 2회 연임, 제3회 연임 요청 사절
2009-현재	대한민국 태평관 기영회(耆英會)위원(33인 원로 학자 모임)
2010	제2차 한국가톨릭교육자대회 및 한국 천주교 주교회의 가톨릭교육자연합회 고문

수상

1982. 12. 4.	국민훈장 석류장 수상(교육 공로)
1991. 8. 3.	국민훈장 모란장 수상(학문적 업적과 공로)
1993. 5. 5.	평안북도 문화상 수상
2003. 10.	한국 가톨릭 학술상 수상
2003. 11.	'칭찬합시다' 운동 중앙회 시민상 수상
2009. 12. 2.	한국 가톨릭 매스컴 특별상 수상(토마스 아퀴나스의 "신학대전 번역 시리즈 공로), 한국 천주교회 주교회의 매스컴 위원회

*정의채 몬시뇰의 저서와 역서는 2004년 12월 말 현재 30여 권에 달하며 논문, 국내외 학술회의 발표문, 시론, 신문 인터뷰, TV, 라디오 대담 등은 2004년 12월말 현재 350여 편에 달한다. 그 후 오늘에 이르기까지 수많은 학술 발표문, 시론, 대담 등을 발표하여 국내와 국제 사회에서 3천 년대 인류의 삶인 인류 공통문화 형성과 방향 지시에 지대한 공헌을 했다. 앞으로 인류 공통문

화는 1990년대 초반에 인류사상 초유로 시작한 "생명문화"가 (모든 것이 거짓인 한국에서는 "사실문화" 혹은 "진실문화"를 거쳐) "사랑의 문화"로 뒷받침되는 한, 마을 혹은 한 가정의 삶과 같은 인류 공통문화로 진화할 것이다. 정의채 몬시뇰은 인류가 이를 실현하는 과정에서 많은 우여곡절을 겪으며 하느님의 창조경륜을 전진적으로 실현해 갈 것이라고 한다. 〈편집자 주〉

저서

- 『모든 것이 은혜였습니다-인류공통문화의 흐름과 한국사회와 교회』, 미래사목연구소, 초판, 증판 총 4쇄, 2010~2011.
- 『사상과 시대의 증언』I, II, 바오로딸, 1990.
- 『삶을 생각하며』, 바오로딸, 1995.
- 『시간과 영원 사이의 진리』, (영문과 한글 공저, 영문편은 정의채 신부 저) 한국그리스도사상연구소, 2004.
- 『인류공통문화 속의 한국』1,2,3권, 위즈앤비즈, 2012, 출판 중.
- 『젊은이들을 위한 철학』, 가톨릭철학교재편찬위; 위원장 정의채 지휘로 편찬, 이문출판사, 1988.
- 『존재의 근거 문제』, 성바오로 출판사, 1판, 1981, 증보판, 2판43쇄, 2000.
- 『존 듀이의 윤리학설과 토마스 아퀴나스의 윤리학설의 비판적 고찰』
- 『형이상학적 관점에서』, 가톨릭대학교 출판부, 1995.
- 『주님의 기도 묵상』, 바오로딸, 초판, 2003, 4쇄, 2008.
- 『중세철학사』(공저), 10판, 지학사, 1998.
- 『철학』(고등학교 교재), 가톨릭 철학교재 편찬위, 위원장 정의채 지휘로 편찬, (문교부 인정 우수 교재), 이문출판사, 1989.
- 『하이데거의 철학사상』(공저), 분도출판사, 1978.

- 『현대의 무신론』(공저), 분도출판사, 1982.
- 『현재와 과거, 미래, 영원을 넘나드는 삶』1,2,3, 가톨릭출판사, 2003.
- 『형이상학』, 13판, 바오로딸, 1판, 1975, 4판 총13쇄, 2010.

외국어 저서 및 논문

- De naturalismo experimentali secundum John Dewey quatenus est fundamentum ethicae ejus pricipiisque theoriae ethicae deweyanae et critica eorum secundum Thomism, Universitas Urbaniana, Roma, 1960.
- 日本の文化視察をえて, Paper to the Japan Foundation, Tokyo, 1975.
- Seminary Formation in the Context of Catholic University, Synods Episcoporum VIII, Vatican City, 1990.
- La mission des catholiques en Asie, in RAISON PHILOSOPHIQUE ET CHRISTIAISM A L'AUBE DU IIIe MILLINAIRE, Cerf, Paris, 2004 (이 논문은 위 불어 단행본에 2편으로 출판).
- La reconcontre entre les représentations orientale etoccidentale de l'homme, Ibidem.
- Comparative Study on Ethics of John Dewey and Thomas Aquinas, Journal of Philosophy and Religion Vol. 7 No. 1, 2006.
- Contrasting the Phiosophy of Life in Eastern Philosophy and in the Philosophy of Aquinas from the Perspective of Immanence and Transcendence, Ibidem, Vol.7, No. 2.
- The Philosophy of Life in Oriental Philosophy and in the Theory

of Thomas Aquinas (the Original Subject, Violence, Justice and Peace in Our Time with subtitle A Comparative Study of St. Thomas and Confucianim, Ibidem. Vol. 10 No.1-2, 2009.
- New Flow of Common Human Culture, Korean Society and Religion- As a Realization of Divine Economy of Creation, 〈Catholic Pastoral Information〉, 2010.

역서

보에티우스,『철학의 위안』(A.M.S. Boetius, De Consolatione Philosophiae), 초판, 1964, 3판 총12쇄, 열린책들, 2003.

성 토마스 아퀴나스,『有와 본질에 대하여』(De ente et essentia), 라틴-한글대역, 가톨릭대학교 논문집, 서광사, 2판, 총 7쇄 이상, 바오로딸, 2011.

제2차 바티칸 공의회 문헌 번역:

- 교회에 관한 교의헌장(라틴-한글대역판, Lumen Gentium, C. Vaticanum II), 한국천주교중앙협의회, 1966.
- 그리스도교적 교육에 관한 선언(Gravissimum Educationis, C. Vaticanum II), 한국천주교 중앙협의회, 1967.
- 교회의 선교 활동에 관한 교령 (Ad Gentes, C. Vaticanum II), 한국천주교중앙협의회, 1967.
- 수도생활의 쇄신·적응에 관한 교령 (Perfectae Caritatis, C. Vaticanum I), 한국 천주교중앙협의회, 1967.
- 토마스 아퀴나스,『신학대전』I, II, III, IV, V, VI, X, XI, XVI, (라틴-한글 대역) 1985~2003.
    I (제1부 제1~12 문제), 제5판, 바오로딸, 1985~2002.

Ⅱ (제1부 제13~19 문제), 제2판, 성바오로, 1993~1994(제2권만 한글 단역)

Ⅲ (제1부 제20~30 문제), 제4판, 바오로딸, 1994~2000.

Ⅳ (제1부 제31~38 문제), 제1판, 바오로딸, 1997.

Ⅴ (제1부 제39~43 문제), 제1판, 바오로딸, 1998.

Ⅵ (제1부 제44~49 문제), 제1판, 바오로딸, 1999.

Ⅹ (제1부 제75~78 문제), 제1판, 바오로딸, 2003.

ⅩⅠ (제1부 제79~83 문제), 제1판, 바오로딸, 2003.

ⅩⅡ (제1부 제84~89 문제) 출판 예정, 바오로딸, 2012.

ⅩⅥ(제2부의 2, 제1~5 문제), 제1판, 바오로딸, 2000.

논문, 국내·외 학술회의 발표문, 시론, 신문 인터뷰, TV 대담 등(일부 게재)

「과학기술 시대와 비인간화의 문제」, 성심여자대학 자연과학연구소 연보, 1980. 2.

「동·서양 문화의 융합과 우리의 진로, 한국 선진화의 싱크탱크」, 〈時代精神〉, 2008, vol. 41.

「東西倫理와 그 사상의 만남」, 가톨릭 대학교, 1991.

「서강 우리의 자랑이어라, 서강 40년과 새천년의 과제」, 개교 40주년 기념 학술대회 개회기조강연, 서강대학교, 2000. 5.

『성직자, 한국교회 선교 의안 해설집』, 정의채 신부 고희 기념문집, 한국 그리스도사상연구소. 1994.

「200주년 기념 사목회의 20주년을 맞으며, 200주년 기념 사목회의 의안 재조명」, 정의채 몬시뇰 명예고위성직자 서임 기념호, 한국그리스도 사상연구소, 2004.

「인간 복제와 생명의 존엄성」, 서강대학교 개교 40주년 기념 심포지엄

폐회 기조강연, 서강대학교, 2000. 11.

「존 듀이의 實用主義的善觀과 토마스 아퀴나스의 內在超越的善觀의 比較硏究」, 『토마스 아퀴나스의 철학과 신학체계, 東西思想의 만남』, 한국 그리스도사상 연구소, 2004.

『한국가톨릭대사전』, 한국교회사연구소, 1994~2005: 유(有), 스콜라학, 무신론, 데카르트, 보편논쟁, 성 토마스 아퀴나스, 인과 원리, 형이상학.

Aurelius Augustinus의 『神國論』; 硏究-歷史哲學的見地에서, 가톨릭대학교, 1976.

전·후임 서울대교구장과 함께, 2013
염수정 대주교(왼쪽), 정의채 몬시뇰 (중앙), 정진석 추기경 (오른쪽)

사제서품 60주년 기념식, 2013
정의채 몬시뇰(왼쪽), 염수정 서울대교구장 (중앙), 조규만 주교 (오른쪽)

색인

2백 주년 사목회의 11, 160, 403, 573, 575
3천 년대 9, 10, 12, 13, 15, 16, 20, 23, 24, 28, 29, 30, 32, 33, 35, 36, 37, 46, 52, 58, 66, 72, 82, 83, 92, 94, 97, 98, 101, 102, 103, 106, 127, 128, 129, 130, 132, 133, 134, 135, 136, 142, 160, 179, 186, 199, 232, 238, 250, 251, 252, 359, 441, 449, 483, 484, 538, 565, 567, 616, 622, 626, 644, 645, 649, 653, 657, 671, 678, 704, 705, 706, 708, 717, 718, 722, 723, 725, 733, 746, 751, 752, 754, 755, 762, 770, 777, 778, 779, 780, 782, 783, 784, 786, 787, 790, 791, 792, 793, 794, 795, 798, 799, 800, 805, 859, 860, 862, 863, 865, 877, 888, 889, 892, 894, 895, 903, 904
4대강 개발 705, 805, 819
4백만 조문객 16, 134, 626
6·25 한국전쟁 10, 19, 35, 56, 57, 62, 80, 164, 166, 169, 171, 173, 174, 231, 277, 355, 391, 402, 418, 440, 457, 477, 488, 489, 505, 508, 518, 548, 583, 586, 589, 605, 614, 636, 687, 688, 714, 724, 760, 764, 796, 859, 866, 867, 879, 899
6자회담 168, 169, 285, 508, 586, 603, 606, 617, 620, 630
9·11 186, 645
16대 대선 232
40주년 210, 477, 478, 869, 908
103 순교자 시성식 479
386세대 159, 161, 167, 173, 175, 176, 335, 346, 347, 558, 559, 583, 588, 597, 617, 619, 621, 633, 597, 791
1571년 레판토 685
1858년 685

1930년대 11, 72, 129, 672, 735, 774, 808
1945년 56, 72, 111, 129, 131, 168, 277, 391, 637, 686, 716, 724, 757
1948년 782, 894
1954년 277
1955년 17, 277, 693
1960년대 72, 81, 235, 245, 271, 274, 275, 277, 278, 281, 315, 335, 346, 429, 447, 476, 525, 541, 570, 612, 622, 726, 765, 821, 822, 885
1980년대 39, 46, 60, 81, 85, 134, 160, 186, 267, 271, 274, 299, 344, 361, 364, 379, 504, 522, 525, 634, 648, 725, 733, 765, 780, 783, 796, 821, 850, 872
1988년 172, 272, 278, 335, 352, 396, 397, 414, 441, 495, 520, 521, 523, 526, 528, 549, 885
1989년 15, 32, 157, 275, 278, 279, 344, 353, 413, 479, 496, 526, 549, 556, 620, 685, 701, 796
1999년 43, 48, 566, 648
2001년 94, 130, 356, 358, 645, 646, 671, 723
2003년 12, 20, 218, 221, 228, 238, 242, 247, 251, 254, 280, 291, 295, 304, 306, 309, 312, 321, 323, 326, 329, 330, 382, 384, 388, 495, 499, 516, 564, 646, 647, 689, 899
2005년 2, 43, 103, 138, 216, 276, 284, 286, 301, 321, 323, 325, 326, 328, 329, 331, 508, 593, 798, 883
2008년 60, 61, 99, 104, 105, 130, 131, 133, 432, 452, 453, 454, 470, 486, 495, 504, 520, 641, 647, 648, 654, 662, 723, 750, 784, 793, 796
2020 서울도시기본계획 19, 244, 247, 248, 251, 291, 309, 421, 422, 537
Advocata 683
A.F.I. 666

aggiornamento 138, 534
Anselmus Romer 354
ASEM 12, 100, 131, 784, 794
Auxiliatrix 683
C.C.K. 276
Chaplain of Honor of His Holiness 329, 512
COEX 368
COMIUCAP 647
divertitas in unitate 799
Edmonton 368
episcopus coadjutor cum jure succesionis 575
FABC 538
Fiat 468, 611
FISP 647
Fr. Burns 477
Fr. Gerard E. Hammond, M.M. 486
Fr. Joseph Connors 279, 510, 867
G7 23, 51, 99, 101, 104, 106, 131, 132, 705, 784, 793
G20 23, 51, 99, 100, 101, 104, 106, 131, 132, 705, 783, 784, 785, 793, 796, 826, 827, 839, 849, 850
G20 서울정상회의 11, 82, 99, 100, 101, 106, 130, 131, 132, 133, 724, 783, 784, 794, 796, 839, 846, 849
G77 12, 705, 784, 794
GCF 12, 826, 857
Gepert 867
home-stay 446
IMF 23, 51, 101, 104, 106, 107, 131, 132, 361, 784, 785, 793, 805, 819
IMF 무용론 785
immensitas 541
Ivan Dias 487
KBS 241, 316, 353, 484
K-pop 725, 783
KTX 804, 822

Ladrière 358
Laurent Marie Joseph Imber 883
Leo Burns 867
MBC 316
Mediatrix 683
Msgr. George Caroll 277, 488
N.C.W.C. 277
NGO 204, 486, 487, 488
NSC 604
OECD 155, 596, 634, 755, 901
ora et labora 76, 744
persona 355, 822
P.M. Zulehner 831
Prelate of Honor of His Holiness 216, 329, 512
Prof. George F. McLean 356
PSI 585, 607
Q씨에게 664
Research in Values and Philosophy 356, 641, 903
Salus Populi Romani 684
SBS 316
UNESCO 242, 903
unitas in diversitate 31, 135, 748, 799
UN군 참전 614, 687
UN 기후변화 협약회의 705
UN 대학 344, 416, 417, 526
UN 승인 687
UN 총회 183, 687
Walter Kasper 773
YMCA 236, 245, 425, 434, 436, 439, 451, 452
YWCA 236, 245, 425, 426, 434, 436, 439, 451, 452, 465, 466
Zur Lage des Glaubens 816

ㄱ

가디언 12, 100, 131, 794, 846
가미카제 611, 711

가우디 250, 365
가정체류 446
가치와 철학 연구소 356, 357, 645, 646
가테도라루 244, 245
가톨릭교회 13, 21, 27, 30, 50, 52, 57, 88, 89, 90, 91, 93, 97, 99, 100, 102, 105, 106, 125, 133, 135, 136, 157, 203, 206, 219, 221, 232, 233, 246, 247, 254, 270, 286, 303, 309, 345, 355, 362, 374, 383, 413, 433, 439, 444, 446, 447, 464, 502, 556, 557, 565, 580, 621, 626, 637, 664, 666, 683, 684, 714, 722, 725, 727, 749, 750, 752, 753, 761, 776, 778, 783, 798, 799, 800, 801, 814, 817, 833, 836, 838, 853, 866, 877, 878, 885, 893
가톨릭교회의 가르침 304, 750
가톨릭 국가 33, 95, 182, 269, 327, 565, 648, 687, 749, 766, 773, 828
가톨릭 기업인상 24, 199
가톨릭 명동청년연합회 522
가톨릭시보 664
가톨릭신문 27, 352, 577, 835, 904
가톨릭 영성 38, 197
가톨릭 의과대학 270, 272, 430, 465
가톨릭 종합대학안 25, 183, 259, 267, 272, 336, 338, 351, 878, 883
가톨릭출판사 167, 187, 346, 353, 417, 500, 899, 906
가톨릭회관 246, 286, 290, 293, 299, 311, 366, 367, 371, 380, 384, 385, 397, 456, 460, 467, 521
간도사 175
강대국 58, 101, 108, 204, 590, 604, 605, 620, 645
강우일 413, 575
개도국개발안 23, 82, 99, 100, 101, 106, 132, 133, 784, 794, 796, 846
개발도상국 12, 100, 130, 131, 724, 783, 839, 844, 846, 847

개발은행 23, 101, 104, 106, 132, 784, 794, 796, 805, 827, 839, 849
개성공단 584, 585, 591, 606
개신교 46, 47, 59, 75, 78, 88, 91, 220, 223, 236, 245, 254, 279, 336, 425, 426, 431, 434, 439, 445, 446, 465, 466, 476, 497, 556, 626, 656, 694, 726, 828, 869, 885
건국 60주년 기념 사업위원회 479, 483
게페르트 신부 867
겨울 연가 482
경갑룡 266, 267, 336, 337, 878, 880
경수로 168
경제위기 793, 796
경향신문 18, 230, 231, 302, 349, 390, 391, 426, 465, 542, 663
경향잡지 18
계성학교 226, 237, 247
고광만 477
고구려사 175
고딕양식 378, 457
고려대학교 403, 789, 881
고르바초프 611
고백록 821
고소영 676, 785, 789
고신극기 96, 741, 751
고 이사악 761
공공복지 209, 210
공 구니베르트 신부 740
공존 공조 공영 21, 29, 30, 752, 838, 864
공동성 198
공동 성명 261, 585
공산당 선언 15, 46, 157, 602
공통문화 1, 2, 10, 12, 21, 23, 30, 37, 42, 44, 46, 49, 51, 62, 82, 92, 94, 97, 99, 100, 101, 102, 103, 106, 130, 131, 133, 135, 160, 161, 186, 205, 206, 250, 251, 252, 356, 357, 424, 449, 452, 464, 483, 567, 622, 644, 645, 646, 649,

653, 657, 718, 720, 733, 748, 752, 753, 771, 777, 778, 783, 790, 791, 792, 793, 795, 798, 799, 800, 801, 804, 805, 807, 809, 815, 818, 820, 825, 835, 836, 837, 838, 839, 843, 849, 855, 863, 864, 865, 877, 878, 888, 893, 904

공통사명 206

공통 소명 45

공평 세제 156, 620

과거사 규명법 166, 167

과거사 정리 개혁안 167

과학기술 37, 44, 45, 47, 152, 204, 205, 232, 484, 541, 552, 554, 557, 742, 908

관료형 주택 601

광장문화 287, 298, 366, 382, 384, 385, 626

광주 대신학교 744

광주 민주화 항쟁 260, 261

광화문 24, 225, 234, 287, 291, 298, 310

교구 시노드 26, 363, 418, 473, 532, 533, 534, 537, 538, 555

교구장 대리 418, 473, 519, 533, 576, 880

교구청 20, 30, 39, 65, 228, 230, 243, 244, 245, 272, 281, 282, 284, 287, 288, 292, 293, 297, 300, 302, 324, 331, 332, 339, 363, 365, 372, 375, 381, 383, 384, 396, 397, 407, 423, 425, 426, 429, 430, 431, 436, 453, 454, 458, 459, 460, 470, 471, 473, 499, 545, 547, 560, 573, 773

교보문고 431

교의헌장 143, 145, 534, 684

교환 정의 208, 209, 210

교황 대사 313, 321, 322, 323, 326, 327, 328, 330, 331, 332, 372, 421, 422, 516, 568, 687

교황 명예 고위성직자 24, 49, 51, 127, 216, 328, 329, 518, 680, 695, 904

교황 비오 5세 684

교황 선출권 283, 284, 326, 327

교황 요한 바오로 2세 9, 15, 16, 29, 60, 69, 77, 89, 134, 138, 205, 260, 261, 265, 270, 278, 283,

326, 329, 336, 338, 479, 546, 566, 621, 632, 633, 745, 778, 872, 879, 889, 903

교황청 18, 22, 40, 41, 42, 51, 66, 71, 72, 77, 101, 108, 117, 118, 132, 179, 180, 181, 221, 243, 253, 259, 274, 284, 294, 303, 304, 305, 312, 316, 320, 321, 322, 328, 329, 330, 331, 334, 335, 345, 349, 350, 356, 359, 361, 364, 372, 377, 379, 395, 403, 412, 415, 417, 424, 429, 444, 453, 468, 472, 473, 475, 476, 477, 479, 486, 488, 491, 494, 500, 503, 504, 506, 507, 512, 518, 526, 544, 545, 552, 560, 565, 566, 567, 568, 569, 570, 573, 576, 622, 632, 647, 648, 662, 663, 735, 745, 758, 771, 777, 785, 800, 851, 863, 867, 870, 873, 874, 875, 876, 885, 886, 888, 889, 903

교황청 문화평의회 304, 567

교황청 민족들의 복음화 성성 108

교황청 종교 간의 대화 평의회 304, 567

교회상 28, 47, 83, 98, 127, 139, 142, 333, 362, 516, 534, 538, 540, 547, 571, 573, 875, 888, 889

교회의 전교 활동에 관한 교령 534

교회 이탈 39, 61, 136, 232, 370, 779, 780

구국사제단 359, 543, 557

구대준 741

구속경륜 140, 141, 193, 357, 413, 433, 434, 450, 512, 702, 729, 732, 747, 752, 895

구천우 275

국가 안전보장회의 604

국가원로회의 11, 12, 99, 131, 722, 724, 784, 793, 806, 827, 839, 846, 850, 904

국가인권위원회 598

국립묘지 271, 395, 427, 778

국민원로회의 904

국보법 개혁안 167

국수주의 156, 173, 590, 602

국제 철학연맹 647

국제 학술회의 23, 127, 181, 186, 275, 775,

896, 902
군사 백색 독재 601
군종교구 509, 563
권일신 700, 728, 730, 736, 769
권철신 700, 728, 730, 736, 769
그레고리오 신부 740
그리스도교 8, 13, 17, 47, 95, 96, 102, 103, 128, 130, 134, 135, 148, 154, 181, 186, 190, 195, 198, 233, 234, 241, 299, 304, 425, 432, 439, 449, 497, 498, 534, 563, 564, 565, 566, 567, 646, 648, 666, 733, 734, 749, 751, 752, 753, 766, 774, 778, 798, 831, 837, 843, 848, 864, 871, 897, 900, 907
그리스도교적 교육에 관한 선언 534, 907
그리스도 우리의 평화 32, 275, 344, 413, 414, 549
그리스도의 신비체 145, 189, 191, 192, 193, 195, 196, 206
그리스도의 왕국 151, 189, 199
그리스 사상 72, 128
글라렛회 887
금강산 관광 172, 584, 585, 591, 606, 610
기도하고 일하라 76, 744
김경하 516
김근태 584, 587
김남수 71, 327, 333, 744
김남조 483
김대건 17
김대중 584, 586, 588, 608
김동리 663
김동철 741
김득권 516
김민수 294, 300, 301, 318, 362, 364, 365, 389, 498, 786
김병도 317, 529
김병학 73, 353
김상협 403

김성도 744
김수환 11, 35, 37, 67, 268, 272, 273, 274, 275, 279, 320, 323, 326, 327, 328, 334, 336, 339, 344, 345, 347, 348, 349, 350, 351, 354, 362, 393, 396, 400, 403, 407, 412, 415, 417, 429, 430, 473, 518, 526, 528, 529, 543, 575, 576, 828, 832, 872
김여수 242
김옥균 272, 339, 397, 401, 528, 529, 575
김우중 343
김운회 39, 284, 302
김정남 491, 492
김정은 492
김정일 491, 588, 623
김진하 516
김진현 116, 484
김창석 266, 336
김철규 543
김포공항 267, 334, 550
까마라 대주교 545

ㄴ

나가사키 의대 115, 899
나는 누구이며 어디로 가는가? 167
나보나 233
나토군 165, 614
나폴레옹 553
낙동강 페놀 오염 사건 38, 102, 402
남미 정상회의 44
남북관계 52, 66, 172, 173, 275
남산 24, 222, 223, 230, 235, 236, 242, 245, 246, 287, 378, 392, 430, 457, 499
남정률 848
납골당 245, 249, 250, 252, 289, 318, 332, 496
내재성 140, 153
노기남 10, 19, 35, 62, 73, 166, 220, 230, 231, 244, 281, 333, 349, 350, 351, 391, 418, 477,

915

517, 686, 867, 870, 877, 886
노년층 256, 715
노무현 155, 158, 159, 161, 162, 165, 166, 169, 175, 178, 319, 335, 375, 559, 582, 584, 585, 586, 587, 588, 590, 591, 593, 594, 595, 596, 597, 599, 600, 603, 605, 608, 616, 617, 618, 619, 620, 623, 624, 630, 631, 633, 634, 635, 637, 638, 639, 640, 709, 710, 850, 856
노벨 평화상 32, 275, 344, 414, 415, 417, 526, 549
노병조 757, 759
노예제도 7, 28, 29, 43, 203, 250, 777
노인 문제 254, 256, 257, 438, 755
노태우 231, 272, 395, 396, 397, 405, 520
노트르담 성당 297
녹색기후기금 12, 826, 827, 857
녹색성장 437, 675
녹화혁명 675
농경사회 203, 204, 777
농지개혁법 427
뉴딜정책 808
뉴에이지 304
뉴욕 94, 99, 105, 130, 133, 315, 356, 368, 383, 483, 490, 493, 512, 612, 654, 670, 671, 723, 784, 793, 796, 846, 871, 886, 897

ㄷ

대공황 15, 672
대구대교구 47, 560, 568, 572
대로마 제국 747, 790
대신덕 719
대신학교 35, 36, 37, 63, 69, 74, 76, 220, 268, 274, 275, 317, 345, 347, 348, 404, 412, 417, 441, 496, 510, 519, 526, 527, 528, 553, 568, 569, 570, 571, 742, 744, 878, 883, 884
대영제국 644, 706, 895
대우 343, 406, 407

대장금 482
덕원교구 517, 577
덕원 신학교 70, 94, 354, 737, 738, 743, 744, 745, 746, 757, 758, 761, 765, 766, 842, 902
델리(J. Daly) 신부 478
도교 72, 103, 181, 187
도미노 현상 157, 673, 685, 712
도미니코회 570, 889
도이 추기경 244, 469
도쿄대교구 84, 86, 109, 416, 468, 469, 475, 557, 566
독도 115, 805, 830, 831
독립운동 109, 175, 656
독일 5, 10, 12, 37, 58, 70, 79, 93, 165, 171, 346, 354, 411, 416, 477, 489, 492, 516, 553, 559, 564, 571, 572, 614, 675, 712, 746, 754, 757, 758, 759, 782, 794, 816, 818, 826, 830, 831, 863, 867, 899, 900, 901
독일계 예수회 477, 867
독재정권 75, 157, 393, 542, 630
동방교회 742, 828
동방예의지국 774
동·서 사상 127, 129, 180, 733
동성 중·고등학교 270, 271, 882
동아시아 23, 114, 127, 128, 133, 134, 723, 771, 784
동아일보 814
동양사상 128, 437, 464, 567, 648, 775
동티모르 186, 646
두뇌의 우열 709
두오모 광장 250
드골 공항 82, 762
등소평 615, 677
디아스포라 787
떼이야르 신부 45

ㄹ

라너 5, 6, 818, 863
라드리에르 교수 358, 897
라벤나의 기적 250
라이스 국무장관 584, 585
라이언 몬시놀 672, 808
라칭거 816, 817, 818
라테라노 대학 63, 824, 825
러시아 104, 279, 299, 344, 356, 416, 445, 449, 685, 701, 782, 828
런던 26, 383, 564, 782, 842, 871, 894, 900
런던 올림픽 782, 894
레룸 노바룸 807, 808
레오 13세 15, 29, 546, 568, 632, 672, 807
레임덕 323
레지오 마리애 440
렉시콘 822
로마 7, 23, 43, 63, 69, 73, 74, 76, 78, 79, 84, 107, 108, 128, 149, 150, 166, 182, 195, 219, 224, 230, 233, 250, 259, 266, 268, 329, 333, 334, 336, 358, 365, 382, 486, 487, 488, 489, 493, 500, 526, 564, 570, 610, 611, 630, 632, 684, 685, 717, 731, 733, 742, 746, 747, 749, 770, 773, 790, 798, 824, 842, 857, 867, 870, 871, 872, 875, 878, 885, 889, 897, 902
로마대교구 31, 885
로마법 823
로마 수도자 장상회의 570
로스앤젤레스 337
로얄호텔 237, 385, 421, 423, 431, 454
론갈리 대주교 687
롯데 플라자 401, 524
루르드 31, 56, 366, 369, 685, 687, 700
루마니아 742
루뱅 대학 358, 897
루시아 수녀 373
루치우스 로트 신부 740
루카 43, 70, 76, 151, 424, 581, 671, 690, 691, 697, 698, 700
루터 233
루페르트 신부 740
르네상스 436, 829
리먼 브라더스 130, 131, 133, 460
리버풀 1980 535
리지외 시 687

□

마더 데레사 9, 15, 29, 45, 88, 89, 134, 196, 442, 633, 725
마르 135, 150, 151, 280, 681, 721
마오쩌둥 95, 766
마이너스 성장 277
마카오 160
마태 71, 133, 150, 151, 197, 205, 450, 507, 547, 580, 650, 699, 702, 721, 731, 741, 747
마태오 리치 129
맑스주의 204, 270
망덕 719, 720
매들린 올브라이트 국무장관 607
매스미디어에 관한 교령 534
매향리 예배당 754
맥도널드 611
맥클린 교수 356, 357
메리놀 17, 25, 76, 80, 277, 279, 418, 477, 478, 486, 487, 488, 489, 490, 491, 494, 506, 507, 508, 510, 511, 512, 517, 576, 744, 764, 860, 867, 868, 887
명동 개발 20, 24, 25, 222, 223, 225, 227, 228, 229, 234, 235, 236, 237, 238, 242, 243, 244, 245, 248, 249, 252, 253, 254, 255, 269, 275, 276, 280, 281, 282, 286, 287, 288, 290, 291, 292, 293, 294, 295, 296, 297, 298, 300, 301, 302, 305, 306, 308, 309, 310, 312, 313, 317, 318, 332, 333, 362, 363, 364, 365, 369, 370, 372, 374, 375, 376, 377, 378, 380, 382, 385,

386, 388, 427, 428, 434, 456, 460, 467, 471, 472, 498, 499, 502, 504, 552, 571, 574, 805
명청련 398
명동 개발위원회 247, 297
모든 것이 은혜였습니다 5, 13, 50, 118, 123, 813, 815, 817, 818, 823, 843, 863, 905
모란디니 320, 321, 326, 327, 330, 422
모스크바 611, 900
모자이크 성당 광장 250
모자이크 예술 562
모차르트 805, 807, 813, 833
모택동 95, 346, 411, 525
몽고반점 115, 117, 899
무디스사 168
무량성 541
무명 순교자 772
무샤고지 416
무소부재 259, 541, 896
무상 분배 156
무신론 8, 29, 136, 152, 534, 621, 685, 758, 852, 906, 909
묵시 149, 150, 151
문화봉사단 787, 796, 839, 849, 853
문화봉사부 780, 787, 893
문화위원회 180, 403, 503, 648
문화 충돌 449
문화 타운 271, 427, 872, 882
물질문명 45, 841
뮈텔 주교 317
뮌헨 48, 235, 800
미국 가톨릭 구제회 277, 510
미국 위스컨신 예수회 867
미국의 이라크 침공 632
미 군정청 426, 465
미군 철수 232, 239, 400
미도파 340, 401, 524
미디어 전문대학원 255, 257, 316, 502

미래사목연구소 13, 748, 813, 832, 834, 862, 905
미리내 천주 성삼 성직 수도회 17
미사일 발사 589
미셸 캉드쉬 361
미쓰비시 468, 469, 656
미씨오 3000 787
미치코 871
민족 공조 523, 584, 589, 590, 591, 602, 604, 612
민족문화 창달 11, 46, 160, 178, 278, 302, 535, 536, 538
민족 복음화 23, 46, 61, 80, 142, 150, 178, 207, 262, 278, 279, 535, 536, 538, 890
민족복음화성성 372
민족사관 167, 168, 173, 175
민주화 운동 278, 850, 878
밀네만 호노라투스 신부 740
밀레니엄 849, 851, 852, 856

ㅂ

바다 이야기 599, 620
바르셀로나 365, 564
바오로딸 서원 435
바오로 사도 17, 55, 68, 191, 192, 193, 236, 305, 372, 412, 431, 434, 445, 476, 510, 569, 716, 718, 719, 720, 721, 723, 727, 728, 732, 733, 747, 748, 753, 779, 787
바오로 서간 145, 146
바움 추기경 570
박경리 26, 662, 663, 664, 666, 667, 668, 823
박권상 353
박근혜 27, 788, 789, 790, 791, 795, 796, 844, 856
박상수 680, 696
박완서 670
박재만 76, 887

박정일 364, 402, 509, 513, 744, 745
박정희 162, 163, 231, 245, 334, 396, 398, 465, 520, 542, 638, 675, 870
박해의 구실 734
박홍 38, 102, 402, 570, 662, 663, 669, 670
박희봉 657, 658
반기문 620, 642
반미 운동 232
발터 카스퍼 773
발해사 175
방인 주교 교구 440
배교자 728, 729, 768, 770
배아 243
백기수 교수 643
백남용 219, 226, 238, 248, 291
백민관 신부 744
백인 5백 년 식민정책 644
번즈 신부 477
범우관 410
법적 정의 209
베네딕토 16세 9, 27, 28, 283, 322, 326, 331, 355, 373, 472, 500, 516, 626, 732, 750, 798, 799, 800, 801, 807, 810, 811, 813, 814, 815, 820, 821, 825, 828, 833, 852
베네딕토의 벗 563
베네딕토회 8, 17, 26, 62, 70, 95, 354, 543, 570, 736, 737, 740, 741, 743, 746, 748, 749, 753, 754, 755, 756, 757, 760, 761, 771, 889
베네치아 233, 250, 286, 383, 564
베드 147, 149
베드로 194, 650, 732, 747, 770
베드로 대성당 31, 250, 365, 367, 476
베트남전 632
벨기에 12, 100, 131, 794
벨라뎃다 685, 700
변호자 683
보감 18, 390

보복 정의 209
보에티우스 717, 864, 907
보유론 129
보인대학 182, 356, 358, 449, 644, 646, 896
보좌 주교 39, 55, 266, 267, 325, 331, 336, 401, 575, 865
보편성 90, 99, 135, 198, 220, 444
보프 신부 415, 545
복음 삼덕 718, 764
복음 선포 26, 128, 146, 391, 404, 426, 557, 566, 579, 582, 787
봉사활동 442, 841, 842
부메랑 효과 168, 174
부산 62, 63, 80, 430, 435, 440, 441, 477, 511, 519, 614, 687, 856, 859, 866, 867, 868, 902
부에노스아이레스 30, 33, 415
부조자 683
북경 16, 17, 41, 182, 494, 514, 565, 591, 615, 630, 778, 873, 874, 903
북한 난민 712
북한 원조 508, 612
북한 적색 독재 601
북한 체제의 붕괴 609
북핵 168, 169, 170, 285, 336, 508, 584, 585, 586, 587, 591, 592, 594, 602, 605, 607, 608, 612, 617, 621, 622, 629, 630, 637, 639, 805, 819
분도출판사 500, 905, 906
분도회 62, 737, 738, 740, 744
분배우선 156, 157, 158, 163
분배 정의 209, 210
불가리아 742
불광동성당 35, 160, 268, 272, 273, 339, 396, 529, 641, 643, 786, 890, 891
불교 72, 75, 78, 91, 103, 181, 182, 187, 220, 449, 556, 565, 626, 648, 665, 770
붉은 악마 232
브뤼셀 12, 100, 131, 784, 794

비 그리스도교에 관한 선언 534
비엔나 224, 385, 564
빈민 구제 29

ㅅ

사도 13, 17, 24, 55, 145, 146, 150, 185, 192, 206, 207, 244, 260, 361, 442, 464, 521, 607, 650, 682, 683, 684, 735, 770, 798, 799, 815, 828, 879, 880, 883
사도신경 816
사도직 24, 140, 141, 151, 154, 178, 180, 183, 185, 186, 189, 190, 195, 196, 197, 446, 536, 716, 717, 718, 726
사도회 138, 180
사도행전 193, 747
사람의 아들 150, 547, 649
사립학교법 개혁안 167
사목적 인프라 471
사목정보 13, 27, 748, 785, 787, 809, 818, 834, 863
사목헌장 153, 534
사이버네틱스 254
사이버 전문대학원 239, 254, 316, 503
사이버 학습 239
사제단 25, 39, 147, 244, 248, 249, 252, 280, 281, 282, 294, 307, 309, 335, 359, 389, 391, 404, 474, 539, 542, 543, 557, 578
사제 양성에 관한 교령 534, 884
사제의 직무와 생활에 관한 교령 534
사제직 24, 61, 62, 79, 142, 143, 147, 148, 149, 185, 187, 188, 189, 194, 206, 579, 740, 743, 859, 861
사제총회 41, 228, 229, 243, 247, 248, 249, 254, 280, 281, 282, 293, 295, 336, 338, 349, 367, 368, 370, 391, 869
사제피정 267
사이버 24, 35, 48, 75, 239, 240, 241, 254, 255,

256, 280, 314, 424, 444, 445, 501, 503, 519, 541, 559, 561, 673, 799, 863, 887
사하로프 598
사해동포 775
사회과학연구소 416
사회보장 535, 596, 620
사회주의 사상 157
사회복음화 40
사회 정의 44, 203, 205, 209, 210, 211, 278, 409, 522, 529, 753
산업혁명 8, 29, 156, 204, 596, 777
살레시오회 570, 889
삼강오륜 774
삼위일체 7, 9, 21, 48, 89, 135, 191, 692, 727, 774, 801, 842, 892, 894
상설고해소 408, 521
상트 오틸리엔 743, 745, 746, 748, 753, 754
상파울로 526
새끼 호랑이 607
새로운 복음화 23, 138
새로운 사태 15, 29, 46, 632, 672, 807
새 천년 복음화 사도회 138, 180
생명문화 44, 102, 358, 427, 537, 646, 704, 753, 804, 822, 837, 895, 896
생명문화연구소 102, 179, 180, 402, 537, 704, 842, 903
생명사랑 205, 207, 402, 403, 449, 645, 895
생명수를 지니신 예수 그리스도: 뉴 에이지에 관한 그리스도교적 성찰 567
생명 아카데미 403
생명위원회 179
생명 전문대학원 503
생명철학 103, 181
생화학 45, 584, 713
생활고 155, 652
샬트르 성 바오로 수녀회 17, 237, 458
서강대학교 38, 50, 73, 91, 102, 179, 180, 199,

220, 228, 266, 313, 402, 453, 469, 475, 477,
478, 537, 570, 662, 663, 704, 796, 866, 869,
877, 903, 908, 909
서대신동 440, 441, 477, 511, 867, 902
서울대교구 19, 20, 22, 26, 35, 36, 37, 38, 39,
40, 41, 42, 47, 99, 184, 216, 228, 232, 237, 243,
247, 248, 251, 252, 253, 254, 257, 261, 267,
268, 272, 274, 275, 280, 281, 282, 283, 284,
287, 288, 290, 293, 294, 295, 296, 297, 301,
302, 303, 304, 305, 306, 307, 309, 310, 312,
313, 316, 318, 320, 321, 322, 323, 324, 325,
327, 329, 330, 331, 332, 333, 336, 337, 347,
349, 350, 351, 352, 353, 359, 360, 361, 369,
370, 374, 375, 376, 380, 382, 385, 387, 388,
389, 392, 400, 408, 418, 420, 422, 423, 425,
426, 427, 428, 429, 430, 431, 432, 436, 442,
446, 448, 454, 470, 473, 474, 487, 490, 494,
495, 496, 498, 500, 506, 508, 509, 516, 517,
518, 533, 537, 538, 539, 542, 545, 551, 552,
553, 554, 555, 560, 561, 565, 566, 567, 569,
574, 575, 576, 577, 578, 621, 622, 623, 625,
626, 649, 670, 680, 695, 716, 779, 780, 786,
787, 835, 844, 865, 874, 877, 878, 882, 884,
888, 893
서울대교구 민족화해 위원회 519
서울대교구 시노드 26, 532, 533, 537, 538, 567
서울대교구 인사제도 위원회 559
서울대교구청 교구 주교회의 453
서울 대신학교 36, 37, 76, 268, 274, 441, 553,
568, 569, 570, 571, 744, 884
서울시장 19, 24, 218, 227, 229, 238, 291, 421
선거권 209, 327
선교문화봉사국 41
선교사 10, 16, 17, 18, 36, 59, 72, 80, 85, 95,
108, 184, 262, 269, 271, 321, 427, 435, 436,
441, 445, 451, 477, 478, 488, 491, 497, 507,
510, 511, 548, 569, 570, 581, 669, 686, 688,

728, 744, 753, 766, 772, 786, 787, 873, 875,
876, 884, 885
선군정책 630
선진국 12, 101, 133, 161, 162, 177, 261, 357,
396, 445, 446, 447, 562, 603, 614, 625, 645,
674, 675, 705, 723, 724, 725, 782, 783, 784,
786, 793, 794, 796, 826, 830, 839, 846, 847,
849, 852, 853, 857, 858, 885, 899, 900, 901
성가 소비녀회 17
성 가정 성당 광장 250
성 골롬반 외방 선교회 17, 76
성 대 레오 교황 502
성 루갈다와 성 요한 692, 693
성 마르코 광장 233, 250
성모성월 26, 409, 520, 680, 682, 683, 692
성 바오로딸 500
성 베드로 광장 250, 286, 289, 314, 366, 369,
371, 373, 378, 379, 382, 385, 626, 627
성 베드로 꼴레지오 108
성시경 789
성심 성당 233, 250
성심여자대학 73, 74, 75, 266, 870, 871, 872,
877, 878
성 아우구스티누스 631, 633
성 안나 수도원 235
성장률 158
성장 위기 153
성조기 232
성체대회 32, 275, 278, 344, 366, 381, 408,
413, 414, 415, 526, 549, 576
성체 만찬 195
성체성사 145, 149, 196, 197, 577, 696
성 토마스 450, 474, 859, 864, 865, 897, 907,
909, 911
성 프란치스코 광장 311, 369, 371
성 프란치스코회 17, 33, 34, 235, 372, 570
세계 가톨릭 철학대학 연맹 창립총회 181

세계 가톨릭 철학대학회 647
세계교회 11, 16, 40, 41, 42, 52, 66, 71, 72, 75, 90, 101, 127, 134, 139, 140, 178, 184, 252, 253, 301, 304, 307, 316, 361, 362, 427, 433, 446, 502, 538, 547, 548, 550, 571, 728, 777, 800, 834, 863, 874, 875, 876, 889
세계 무역센터 130, 671, 897
세계 복음화 55, 129, 840
세계 철학자 대회 356, 495, 837
세례자 요한 649
세속화 799
세습체제 136, 602
세실극장 423
센카쿠 830, 831
소공동 227, 234, 291, 292, 426, 465, 535
소공동체 535, 645, 829
소다노 추기경 216, 217, 570
소련 29, 157, 160, 275, 344, 414, 416, 526, 556, 571, 592, 597, 598, 610, 611, 614, 620, 635, 685, 712, 860, 900
소련 대표 말리크 614
소 바르톨로메오 515
소피아 대학 233
손병두 313, 469
솔제니친 598
수도규칙 740, 749, 757
수도자 대학원 570
수도자 생활의 새 쇄신 적응에 관한 교령 534
수로 공사 291
수원 가톨릭대학교 23, 51, 118, 124
수원교구 정자동 주교좌 성당 728
수원 신학교 572
수위권 774
순교 10, 17, 18, 26, 27, 31, 52, 56, 57, 180, 196, 220, 229, 230, 271, 302, 333, 383, 390, 424, 435, 436, 479, 504, 513, 514, 515, 518, 556, 615, 676, 682, 686, 700, 716, 728, 730,
731, 733, 735, 736, 753, 754, 757, 768, 769, 770, 771, 772, 773, 774, 775, 776, 777, 778, 779, 780, 815, 861, 872, 893, 894
순환도로 222
스웨덴 596
스위스 492, 830, 831
스케마 539, 566
스페인 76, 182, 233, 250, 327, 369, 371, 378, 559, 564, 648, 666, 723, 746, 843
시노두스 183, 544
시노드 26, 46, 47, 66, 69, 243, 308, 312, 363, 377, 379, 418, 473, 504, 532, 533, 534, 537, 538, 539, 540, 541, 542, 546, 552, 554, 555, 567, 568, 569, 574, 575, 578, 637, 876, 884, 888, 903
시라야나기 추기경 46, 84, 85, 86, 109, 244, 279, 416, 469, 475, 557, 566
시복 시성 26, 728, 733, 735, 736, 773, 778
시청 광장 19, 24, 225, 234
시카고대교구 572
시편 151, 806, 863
식민시대 131, 132, 204, 800
식민화 204
신국론 631, 633
신덕 719, 720
신문법 개혁안 167
신사이바시 226, 235
신심행위 149, 195
신앙교리성 800, 817
신앙의 해 807, 809
신앙의 현재 상황 816
신앙 최초 도입자 178, 179, 180, 183, 220, 227, 262, 383, 728, 771, 861, 893
신자유주의 106, 205, 805, 819
신자 증가율 277, 278
신준봉 858
신학교 22, 26, 35, 36, 37, 41, 57, 62, 63, 64,

65, 66, 67, 68, 70, 71, 76, 83, 84, 85, 86, 92, 94, 96, 115, 117, 123, 167, 220, 228, 267, 268, 269, 274, 275, 317, 337, 340, 345, 348, 351, 352, 354, 441, 488, 496, 502, 504, 509, 538, 543, 546, 548, 565, 568, 569, 571, 572, 573, 574, 576, 689, 728, 737, 738, 739, 741, 742, 743, 744, 745, 746, 749, 757, 758, 759, 760, 761, 765, 766, 767, 771, 817, 842, 859, 861, 865, 866, 872, 877, 881, 882, 883, 884, 888, 893, 902, 903
신학대전 50, 216, 322, 717, 843, 859, 864, 865, 907
신학대학원 377, 570
신학원 268, 274, 345, 347, 417, 528, 568
실업률 154, 155, 285, 634
실용주의 81, 707, 765, 804, 805, 819
실존주의 152, 865
심상태 22, 27, 49, 50, 71, 72, 122, 123, 128, 129, 303, 304, 328, 415, 416, 730, 768, 773, 776
쓰나미 225, 324, 851

ㅇ

아도르프 신부 740
아르헨티나 30, 33, 415, 632, 643, 853, 876
아른스 추기경 32, 33, 344, 414, 526, 545, 549
아빌라의 대데레사 666
아시시의 성 프란치스코 30, 286, 311, 369, 371, 372, 373, 378, 385, 667
아시아 가톨릭 철학회 357, 358, 359, 646, 648, 903
아시아 교회 184, 283, 328, 447, 538, 566
아시아 주교대의원회 566
아시아 주교회의 303, 538
아우구스티누스 631, 633, 821
아웅산 395
아조르나멘토 138, 534
아키노 414

아테네 495, 647
아폴리나 수녀 458
아프가니스탄 186, 445, 497
아피 666
안경렬 228, 229, 569
안병철 415, 436, 461, 470
안셀모 로머 354, 738, 740, 742, 754, 757, 759, 765, 766, 767, 771
안식일 731, 770
안창호 860
애덕의 날 38, 67, 68, 124, 442, 550, 745
애덕 행위 195, 244, 280, 507, 510, 633, 745
애티슨 라인 614
앵베르 주교 884, 885
양기섭 신부 426, 465, 466
억조창생 775
에드먼턴 368
에페 147, 150, 412, 413
여의도 236, 246, 430
역곡 91, 258, 261, 571, 572, 648
연임제 638
연평도 589, 805, 819
연희동 395
열린 우리당 592, 593, 635, 636, 638, 652
염수정 19, 20, 22, 35, 36, 37, 38, 39, 40, 41, 42, 219, 234, 237, 248, 251, 252, 284, 286, 288, 290, 291, 295, 296, 300, 302, 313, 317, 328, 329, 360, 363, 364, 368, 377, 384, 385, 387, 436, 442, 454, 460, 498, 553, 574, 779, 780, 787, 865, 874, 884, 893, 910
영국 12, 82, 100, 109, 131, 160, 469, 535, 559, 564, 632, 642, 643, 644, 782, 783, 794, 846, 875, 895, 900
영성 교육 36, 73, 77, 241, 571, 887
영성사 769
영원한 도움의 성모 수도회 17
영원한 아버지 568, 663

예례 241
예루살렘 7, 68, 510, 701, 747, 827, 828
예수회 17, 79, 469, 477, 478, 570, 571, 662, 852, 867, 868, 869, 889
예언직 13, 24, 142, 143, 147, 149, 150, 185, 187, 188, 189, 195, 207, 288, 290, 295, 297, 299, 305, 308, 313, 316, 370, 375, 386, 389, 432, 453, 506, 579, 582
예일 대학 345, 417
오바마 104, 482, 675, 752, 852
오사카 114, 226, 235, 898
오산학교 175, 860
오순절 193, 194
오스트리아 93, 233, 385, 830
오커너 추기경 368
오쿠라 아카데미 센터 356
옥스퍼드 대학 8, 871
옵서버 12, 586, 724, 784, 794
왕직 24, 142, 143, 147, 150, 151, 185, 188, 189, 195, 206, 207, 208, 579
왜관 17, 62, 563, 736, 755, 761, 768
외국인 노동자 257
외래문화 81, 425, 735, 765
요한 9, 43, 44, 135, 145, 150, 151, 190, 197, 212, 213, 282, 402, 420, 668, 679, 682, 683, 692, 693, 700, 704, 753
요한 바오로 2세 9, 11, 15, 16, 29, 61, 69, 77, 89, 134, 138, 205, 249, 260, 261, 265, 270, 278, 283, 326, 329, 336, 338, 373, 472, 479, 546, 566, 568, 621, 626, 632, 633, 745, 776, 778, 815, 834, 851, 872, 879, 884, 889, 903
용산신학교 427
우경 164, 686
우메타니 노보루 교수 898
우르바노 대학교 504, 842, 902
우면산 271, 883
워싱턴 가톨릭대학 103, 356, 357, 641, 642, 903
원산 62, 757, 758
원조활동 277
원죄 없으신 성모님 615, 686, 687, 688
월가 99, 105, 130, 131, 133, 460, 461, 470, 654, 671, 672, 673, 723, 750, 751, 784, 793, 796, 846
월드컵 232
위령 미사 392
위스컨신 867
위패 734, 735, 772
유강하 893
유교 72, 95, 103, 181, 187, 358, 449, 648, 733, 766, 770, 778, 897
유다교 181, 727, 731
유럽 경제 58, 130
유럽통합 44
유물사관 136, 347
유봉준 73, 744
유불선 134, 136, 775
유비쿼터스 501, 502, 541, 742
유와 본질에 대하여 864
유전자 45
유진오 822, 823
유토피아 816
윤공희 35, 349, 350, 428, 509, 513, 744, 745
윤형중 824
은사 5, 49, 191, 192, 193, 359, 415, 740, 813, 832, 887
의과대학 8, 246, 270, 272, 430, 465, 503, 881, 883
의료보험 900
의정부 교구 신설 473
이경우 744
이광수 175
이기우 410
이기헌 509, 563

이동익 503
이동호 575
이라크 186, 356, 357, 632, 642, 643, 645
이명박 12, 19, 24, 82, 99, 101, 130, 131, 218, 219, 220, 221, 222, 223, 227, 229, 235, 237, 238, 239, 242, 248, 251, 291, 292, 310, 384, 421, 479, 481, 486, 499, 564, 674, 676, 703, 705, 706, 707, 709, 710, 711, 722, 724, 783, 784, 785, 791, 793, 794, 795, 846, 856
이명현 647
이문희 568
이반 디아스 추기경 372, 487
이벽 730, 736, 768, 769
이병각 657
이슬람교 181, 684
이승만 10, 64, 231, 391, 477, 542, 634, 638, 867
이승훈 16, 175, 700, 728, 730, 736, 769, 860
이시돌 농장 669
이윤분배 156
이주민 문제 257
이춘근 740
이탈리아 93, 130, 221, 386, 468, 481, 483, 559, 564, 610, 611, 707, 717, 723, 773, 782, 842, 843
이태석 776, 779, 893
이태훈 850, 854
이해찬 165
이형우 563, 736, 737, 756, 761
인간복제 243
인간 탄압 131, 204
인격 79, 91, 108, 111, 210, 211, 230, 232, 250, 264, 269, 497, 623, 655, 797, 822, 823, 828
인권 44, 104, 114, 152, 162, 163, 166, 171, 173, 187, 204, 205, 207, 231, 244, 263, 264, 268, 278, 340, 355, 392, 409, 415, 449, 466, 492, 494, 505, 520, 525, 529, 545, 583, 597,

598, 599, 610, 620, 630, 635, 645, 672, 713, 753, 777, 778, 796, 823, 830
인도네시아 114, 182, 565, 643, 646
인류 공통문화 지각변동 속의 한국 12, 42, 804, 809, 815, 818, 820, 839, 843, 849, 855, 865
인류문화 20, 22, 23, 37, 46, 51, 52, 55, 56, 58, 59, 60, 64, 66, 71, 77, 82, 83, 88, 89, 92, 93, 94, 97, 98, 99, 100, 101, 102, 104, 105, 106, 107, 118, 121, 130, 131, 132, 133, 134, 135, 139, 156, 160, 161, 181, 238, 250, 251, 252, 259, 262, 263, 264, 265, 269, 286, 287, 299, 301, 314, 338, 347, 348, 354, 355, 361, 386, 396, 420, 423, 426, 427, 432, 433, 435, 440, 441, 444, 448, 449, 450, 453, 454, 455, 457, 461, 462, 464, 465, 470, 481, 483, 484, 494, 501, 505, 564, 598, 604, 616, 621, 622, 627, 642, 645, 648, 649, 650, 654, 657, 673, 674, 704, 705, 706, 708, 710, 711, 718, 720, 722, 723, 725, 727, 729, 731, 732, 733, 746, 747, 748, 750, 751, 755, 762, 768, 770, 771, 773, 774, 775, 777, 785, 786, 790, 792, 795, 798, 801, 806, 807, 826, 835, 837, 838, 842, 843, 846, 862, 871, 874, 892, 893, 895, 897
인류사상 5, 26, 160, 626, 641, 905
인류화 129
인명살상 204
인민헌법 713
인천 가톨릭대학교 13, 22, 51, 52, 53, 718, 824
인천교구장 최기산 주교 51, 54, 55, 116, 718
인천 신학교 117, 572
인터넷 세대 561
일교조 164
일본 10, 11, 19, 23, 46, 51, 56, 72, 79, 80, 82, 84, 85, 94, 107, 108, 109, 110, 111, 112, 113, 114, 115, 117, 118, 127, 129, 136, 164, 165, 166, 167, 170, 174, 182, 226, 244, 275, 279, 280, 321, 326, 327, 329, 330, 344, 346, 356,

358, 391, 411, 414, 416, 422, 427, 445, 465, 468, 469, 475, 476, 477, 478, 482, 483, 511, 516, 557, 565, 566, 571, 575, 585, 586, 588, 590, 591, 592, 608, 611, 614, 615, 637, 643, 653, 656, 675, 676, 686, 706, 708, 711, 715, 716, 717, 725, 741, 746, 754, 755, 757, 766, 782, 783, 811, 815, 816, 830, 831, 857, 860, 864, 868, 871, 887, 894, 895, 896, 898, 899, 901
일본교회 46, 72, 182, 656
일본 국제교류기금 109, 110, 898
일성 속에 다양성 799
일치 운동에 관한 교령 534
임인섭 365
잉여 농산물 511, 512
잊혀진 질문 662

ㅈ

자본가 45, 105, 106, 156, 465, 597, 672, 704
자본론 15, 46, 157
자본주의 94, 105, 162, 204, 393, 461, 492, 493, 534, 653, 654, 657, 673, 766, 792, 839, 849
자연 권리 210
잠수함 강릉 앞바다 좌초 사건 589
장긍선 490
장면 477, 686, 687, 695, 867
장선홍 744
장익 575, 576
장제스 94, 766
장충동 543
적십자 403
전두환 231, 395, 396, 520, 878, 879, 880
전례 71, 72, 73, 169, 195, 289, 314, 366, 371, 373, 379, 381, 382, 387, 428, 536, 566, 626, 627, 743, 806
전례헌장 154, 196, 534
전승규 248
전시 작전권 594, 595, 605, 622, 636

절두산 220, 221, 271
젊은이 문제 61, 254, 755
점거농성 406
정달영 353
정병조 670
정 아우실리아 수녀 716
정약용 735
정의구현사제단 359, 392, 543, 544, 557
정의를 위한 노력 810
정종휴 27, 808, 809
정주 842, 856, 860, 902
정진석 25, 35, 39, 40, 47, 99, 216, 217, 228, 234, 237, 251, 254, 282, 283, 284, 286, 288, 290, 293, 296, 300, 301, 308, 309, 312, 313, 317, 320, 321, 322, 323, 328, 329, 330, 331, 333, 337, 359, 360, 362, 363, 370, 385, 386, 387, 389, 396, 418, 419, 420, 421, 422, 425, 428, 431, 432, 436, 448, 454, 459, 460, 461, 471, 473, 474, 479, 486, 487, 490, 491, 494, 499, 505, 506, 507, 508, 512, 515, 516, 518, 533, 546, 551, 568, 574, 576, 577, 722, 910
정치 8, 39, 47, 73, 113, 139, 158, 174, 176, 186, 243, 248, 256, 281, 314, 335, 353, 357, 358, 359, 389, 392, 394, 397, 411, 419, 425, 438, 447, 474, 485, 490, 527, 528, 529, 538, 543, 544, 545, 551, 557, 558, 580, 583, 588, 594, 599, 602, 609, 616, 619, 621, 623, 624, 625, 645, 651, 653, 680, 686, 707, 785, 791, 795, 805, 810, 811, 818, 827, 839, 849, 855, 867
정치선전 209
정환국 744
제2차 바티칸 공의회 9, 15, 16, 23, 29, 36, 66, 76, 138, 140, 141, 142, 143, 144, 145, 146, 152, 154, 198, 206, 259, 270, 428, 534, 536, 557, 625, 663, 683, 726, 733, 735, 752, 798, 799, 816, 869, 874, 884, 907
제2차 세계대전 72, 85, 129, 131, 204, 355,

557, 630, 724
제8차 시노드 69, 377, 884, 888
제18대 서울대교구장 22, 35
제22차 세계철학자대회 495, 647
제국주의 159, 160, 629, 656, 706, 758, 760, 830, 856
제네바 비핵화 협정 605
제례 735
제사금지령 774, 775
조군호 294, 300, 318, 389
조규만 302, 436, 910
조만식 175, 860
조복산 344, 416
조상 숭배 735, 777
조선 17, 18, 41, 229, 230, 511, 515, 589, 782, 894
조선교구 초대 교구장 17, 515
조선일보 27, 158, 320, 638, 705, 706, 709, 824, 849, 851
조선총독부 175
조선호텔 234
조성만 273, 340, 399, 400, 401, 404, 409, 523, 524, 525
조지 캐롤 몬시뇰 277, 418, 488, 518
조총련계 575
조치대학 469, 477
조학문 460
존 F. 케네디 대통령 447
존재의 근거 문제 843, 864, 905
종교문화예술 광장 20, 221, 226, 227, 232, 235, 238, 240, 241, 245, 247, 250, 254, 286, 287, 289, 290, 292, 294, 295, 296, 298, 299, 303, 304, 305, 306, 309, 310, 314, 316, 319, 363, 367, 369, 370, 371, 375, 378, 385, 388, 389, 425, 457, 459, 467, 473, 496, 498, 499, 503, 504, 561, 563, 571, 627
종교, 문화, 예술의 도시 564

종교 서적부 236, 246, 429
종교 자유에 관한 선언 534
종교재판 338
종교혁명 8, 29
종로서적 431
종말론 80, 100, 132, 141, 153, 154, 199, 220, 264, 335, 337, 347, 359, 362, 395, 420, 432, 642, 678, 729, 731, 732, 733, 747, 748, 750, 764, 863
종묘공원 239
좌익서적 164
좌파 학생 단체 628
주교좌 성당 80, 319, 366, 382, 383, 386, 413, 510, 520, 728, 773, 867
주님의 기도 208, 282, 692, 816, 905
주매분 870
주몽 482
주재용 824
주정아 843
중국 23, 55, 57, 72, 94, 95, 103, 104, 114, 127, 129, 136, 155, 160, 170, 174, 180, 182, 275, 322, 330, 344, 356, 357, 414, 416, 445, 449, 483, 487, 492, 493, 494, 526, 571, 576, 577, 585, 586, 587, 591, 592, 606, 608, 612, 614, 615, 617, 618, 643, 644, 705, 706, 708, 712, 715, 725, 766, 774, 782, 830, 831, 837, 864, 874, 887, 896, 901, 903
중림동 221, 271
중세철학사 864, 908
중앙일보 27, 638, 855
중재자 683
증인적 삶 720
지성인 교리반 81, 665, 765, 866, 889
지성인 평신도 178, 183, 266, 278, 536
지정은 773
지학순 509, 744
집권층 173, 263, 397

쮸레너 교수 831

ㅊ

차동엽 6, 13, 27, 556, 662, 784, 787, 809, 843, 850, 860, 862, 863
착취계급 156
참사회의 454, 461
참회와 속죄의 성당 418
창세 202
창업주 왕회장 462
창조경륜 6, 7, 9, 10, 12, 13, 31, 58, 100, 105, 106, 107, 118, 119, 121, 128, 140, 141, 153, 189, 192, 256, 258, 299, 339, 357, 361, 376, 399, 413, 427, 433, 434, 439, 440, 443, 444, 447, 450, 452, 453, 470, 502, 505, 508, 579, 582, 597, 605, 622, 623, 631, 645, 646, 647, 650, 651, 654, 668, 671, 672, 703, 708, 721, 722, 727, 729, 732, 746, 747, 752, 753, 770, 773, 779, 780, 782, 784, 785, 805, 844, 848, 861, 862, 863, 892, 895, 897, 898, 901, 905
천안함 805, 819
천주교중앙협의회 276, 333, 334, 717, 907
철학의 위안 717, 843, 864, 907
청계천 19, 24, 218, 219, 221, 222, 223, 224, 225, 229, 234, 235, 239, 287, 291, 298, 369, 498, 499, 710
청년사목 22, 58, 242, 248, 299, 302, 304, 305, 438, 451, 452, 465, 467, 496, 498, 559, 562, 563, 564, 627, 723
청년 실업률 285, 634
청문회 789
청소년 사목 26, 281, 532, 556, 558, 559, 560
청소년 센터 315, 425
청와대 12, 19, 99, 131, 165, 260, 261, 333, 334, 395, 455, 479, 480, 527, 584, 585, 594, 595, 599, 604, 617, 618, 619, 620, 621, 629, 633, 636, 724, 784, 785, 788, 789, 793, 795,

846, 882
청·장년층 223, 256
체력 대주교 328, 330, 331, 422
체이스맨허턴 은행 362
초대교회 52, 68, 101, 195, 445, 510, 563
초월성 153, 626
촛불시위 232, 455, 467
최고인민회의 712
최병권 741
최일남 353
최창무 575
축구 61, 438, 782, 783, 895
출산율 256, 496, 561, 755
친일파 166, 167, 174

ㅋ

카스퍼 추기경 303, 304, 305
칼 라너 5, 6, 863
캐나다 14, 365, 368, 782
캘커타 134, 725
컨벤션 센터 315, 363, 371, 379, 424, 429, 459, 504
코린 145, 146, 150, 151, 191, 192, 193, 305, 306
코소보 186
코스타리카 대통령 414
코스트홀 228
코엑스 368
코펜하겐 705
콜로 150, 193, 779
콜베 신부 633
콜카타 134, 725
클린턴 정부 607

ㅌ

탄핵 가결 587
태국 114, 182, 565, 566, 643

태평양 전쟁 230, 355, 468, 676, 686, 711, 716, 737
테살 150
토마스 모어 816
토마스 아퀴나스 50, 103, 181, 216, 322, 358, 474, 717, 804, 806, 821, 835, 843, 859, 904, 905, 907, 909
토지 수용령 465
토착화 23, 50, 71, 72, 73, 75, 94, 102, 127, 128, 129, 135, 136, 262, 464, 535, 735
톰코 추기경 544, 570
투투 대주교 414
트리엔트 공의회 9
티모 372, 510

ㅍ

파라과이 327, 875, 876
파리 8, 17, 82, 224, 233, 242, 250, 269, 297, 346, 356, 383, 411, 483, 525, 548, 549, 564, 648, 687, 762, 897, 900, 903
파리 가톨릭대학교 648
파리대교구장 추기경 548
파리 외방전교회 17
파브로 359, 885, 886, 887
파스카 195
파티마 286, 366, 369, 373, 385, 685, 701
페르소나 822
페터 제발트 833
평신도 교령 151, 186, 195
평신도 단체 573, 726
평신도 사도직 24, 81, 138, 139, 141, 142, 151, 152, 154, 178, 179, 184, 186, 189, 443, 726, 779, 873
평신도 사도직에 관한 교령 534
평양교구 25, 26, 277, 284, 320, 321, 322, 323, 324, 326, 327, 332, 349, 418, 419, 488, 489, 490, 491, 506, 507, 508, 509, 510, 511, 513,
514, 515, 516, 517, 518, 519, 532, 575, 576, 737, 744, 861, 867
평양교구장 277, 283, 284, 309, 313, 320, 321, 322, 326, 327, 328, 330, 331, 333, 418, 419, 422, 487, 488, 491, 494, 506, 507, 508, 509, 510, 511, 512, 515, 516, 518, 568, 576, 577
평창 올림픽 819
평화 TV 353
평화라디오 255
평화 문제 344, 345
평화봉사단 447
평화선언문 879
평화신문 27, 43, 255, 352, 353, 374, 502, 577, 664, 730, 769, 804, 833, 844
폴 푸파드 추기경 304
풀톤 쉰 주교 735
프라하 224, 233, 564
프란치스칸 374, 550
프란치스코 9, 33, 127, 138, 178, 235, 286, 311, 369, 371, 372, 373, 378, 385, 415, 517, 570, 667, 749, 852, 857, 889
프란치스코 교황 9, 22, 28, 29, 30, 31, 814, 828, 851
프랑스 8, 17, 18, 29, 31, 56, 58, 59, 85, 109, 167, 181, 220, 229, 264, 265, 270, 271, 296, 339, 346, 356, 411, 415, 427, 435, 436, 492, 515, 549, 559, 564, 648, 666, 686, 687, 688, 706, 746, 762, 773, 777, 778, 782, 784, 843, 900, 903
프랑스 대혁명 8, 29, 270, 778
프레세디움 440
프리마코프 344, 416
프리코트 345
피렌체 233, 250, 365, 564
피조물 132, 135, 150, 153, 208, 280, 681, 692, 721, 728, 820
필리핀 114, 181, 414, 565, 586, 614, 648

필타르치크 대주교 570

ㅎ

하느님 백성 23, 46, 143, 144, 145, 185
한국가톨릭매스컴상 842
한국가톨릭학술상 842
한국교회 10, 11, 18, 22, 31, 35, 37, 40, 48, 55, 66, 71, 72, 82, 83, 90, 91, 92, 101, 123, 127, 140, 160, 178, 180, 182, 183, 184, 227, 240, 261, 262, 268, 270, 283, 290, 294, 302, 303, 304, 318, 322, 323, 324, 328, 329, 330, 331, 333, 334, 336, 352, 359, 361, 364, 367, 376, 380, 383, 385, 395, 419, 422, 427, 429, 433, 448, 473, 490, 507, 508, 509, 511, 512, 520, 528, 535, 538, 539, 550, 557, 558, 559, 561, 564, 565, 567, 575, 621, 622, 647, 648, 649, 650, 664, 681, 717, 718, 721, 722, 730, 735, 737, 745, 746, 755, 762, 768, 769, 771, 773, 776, 779, 787, 818, 829, 830, 835, 840, 843, 844, 863, 865, 871, 873, 874, 880, 882, 885, 887, 888, 889, 895, 908, 909
한국 그리스도사상연구소 23, 49, 50, 127, 128, 134, 318, 328, 909
한국 순교 복자 성직 수도회 17
한국 순교 복자 수녀회 17
한국 외방 선교회 18
한국 천주교 2백 주년 기념 사목회의 22, 66, 81, 138, 160, 260, 266, 267, 278, 337, 535, 565, 765
한국 천주교회 16, 18, 31, 36, 41, 47, 50, 55, 57, 60, 66, 72, 82, 84, 87, 117, 127, 129, 134, 138, 142, 183, 296, 432, 506, 562, 564, 582, 728, 765, 773, 904
한국 철학회 647
한나라당 238, 291, 593, 608
한류 52, 58, 60, 82, 136, 424, 425, 482, 501, 558, 715, 762, 847, 895

한미 FTA 639, 805, 819
한·미 국방장관 회의 584, 607
한·미 연합사 636
한승수 총리 453, 480, 481, 679
한총련 628
할복투신 273, 401
함세웅 342, 353
함제도 486, 487, 488, 491, 494, 506, 507, 575
함흥 577, 758
함흥교구 10, 277, 517, 741, 743, 757, 758
향주덕 719
해방신학 415
해외선교 780
핵무장 608
핵 실험 584, 586, 588, 589, 602, 603, 605, 606, 607, 630
핵우산 165, 584, 585, 604
햇볕 정책 588
헬싱키 조약 598, 610
현대화 138, 141, 534, 617, 843
현상학파 358
현세관 24, 141, 152, 153
현세사 153, 154, 184
현승종 483
현재와 과거, 미래와 영원을 넘나드는 삶 12, 187, 338, 346, 353, 417, 899, 906
형이상학 357, 358, 717, 843, 864, 865, 896, 906, 909
혜화동 26, 74, 124, 183, 220, 221, 254, 255, 258, 260, 267, 270, 271, 272, 317, 352, 366, 374, 376, 377, 386, 392, 422, 496, 503, 526, 543, 548, 552, 565, 568, 571, 572, 573, 574, 664, 870, 872, 878, 881, 882
홍문택 353
홍용호 511, 517
홍콩 160, 186, 356, 362, 482, 495, 577, 643, 644

홍콩의 까리타스 495
홍태화 759
황인국 490
황태자비 871
황해도 577
후쿠시마 819
흠숭지례 730, 769
히로시마 637
히브 149, 150, 151, 832
히키 추기경 570
힌두교 181